2012煤炭企业管理现代化创新成果集（上）

2012 Management Modernization Innovation Achievements of Coal Enterprises

中国煤炭工业协会　编

企业管理出版社
EMPH ENTERPRISE MANAGEMENT PUBLISHING HOUSE

图书在版编目（CIP）数据
2012 煤炭企业管理现代化创新成果集/中国煤炭工业协会编．-- 北京：企业管理出版社，2013.4
ISBN 978 -7 -5164 -0289 -4

Ⅰ.①2… Ⅱ.①中… Ⅲ.①煤炭企业 - 工业企业管理 - 科技成果 - 中国 -2012 Ⅳ.①F426.21

中国版本图书馆 CIP 数据核字（2013）第 054190 号

书　　名：2012 煤炭企业管理现代化创新成果集
作　　者：中国煤炭工业协会
责任编辑：启烨
书　　号：ISBN 978 -7 -5164 -0289 -4
出版发行：企业管理出版社
地　　址：北京市海淀区紫竹院南路 17 号　邮编：100048
网　　址：http：//www.emph.cn
电　　话：总编室（010）68701719　编辑部（010）68414643
电子信箱：80147@ sina.com
印　　刷：北京楠萍印刷有限公司
经　　销：新华书店
规　　格：170×240 毫米　16 开本　108¼印张　2121 千字
版　　次：2013 年 3 月　第 1 版　　2013 年 3 月　第 1 次印刷
定　　价：180.00 元

编 委 会

前 言

根据中国煤炭工业协会《关于组织申报2012年煤炭企业管理现代化创新成果的通知》（中煤协会综合〔2012〕22号），经过各省（区、市）煤炭行业协会、中央企业组织推荐，协会组织初审、专家评审，煤炭企业管理现代化创新成果审定领导小组严格审定，网上公示等程序，共有212项成果获得“2012年煤炭企业管理现代化创新成果奖”，其中特等奖3项，一等奖16项，二等奖72项，三等奖121项。

2012年，煤炭企业管理现代化创新成果涉及了煤炭企业管理的各个领域，反映了我国优秀煤炭企业深化改革、创新管理所取得的最新成就，比较突出反映了近几年我国煤炭企业管理创新中的难点、热点问题，具有广泛的示范借鉴作用和推广应用价值，在管理理论研究和推广应用方面有新的突破，具有新的特点。

一是对标管理引起了企业的足够重视，应用范围得到扩大。推行对标管理，就是要把企业的目光紧紧盯住业界最好水平，明确自身与业界最佳的差距，从而指明了工作的总体方向。如今，标杆管理已经在库存管理、质量管理、市场营销、成本管理、人力资源管理、新产品开发、企业战略、研究所管理、教育部门管理等各个方面得到广泛的应用，并不断拓宽新的应用领域。辽宁铁法能源有限责任公司《煤炭企业对标管理研究与实践》、河南煤业化工集团中原大化有限责任公司《立体化综合对标管理在煤化工企业的探索与应用》、山西煤炭进出口集团公司《岗位对标在煤炭企业安全管理中的实施》、河南煤化集团永煤公司陈四楼选煤厂《基于对标管理的降耗提效模式的构建与实施》等创新成果，具有一定的代表性。

二是班组管理方法不断创新。班组是企业的最基层组织，是生产和经营的基本单位，也是各项管理工作的落脚点。改变传统班组管理理念、方式、方法，推行班组管理标准化、规范化、科学化、系统化、信息化管理，打造信息化班组，已经成为煤炭企业班组建设的必然选择。如太原煤炭气化（集团）有限责任公司创造的《煤炭企业“11756”班组建设体系探索与实践》，平顶山天安煤业股份有限公司继白国周班组管理法之后，其六矿又提出的《大学生采煤班建设与管理》，这些都是典型的实例。

三是云计算、物联网、数字化、信息化得到广泛应用。这些高端信息技术的推广应用，让煤炭企业的管理水平有了质的飞跃，帮助企业实现了从传统管理模式向标准化、精细化、可视化等现代化管理模式的转变。义马煤业集团开祥化工有限公司创造了《大型煤化工企业两化融合的创新与实践》、郑州煤电股份有限公司通信分公司提出了《煤炭企业智慧矿山系统建设与运营》、枣庄矿业（集团）有限责任公司的《智慧矿山建设技术研发与管理体系研究》等，这些都是信息技术应用的典型案例。

四是企业经营风险控制得到加强。面对复杂多变的外部经营环境，对企业内可能产生的各种风险进行识别、衡量、分析、评价，并适时采取及时有效的管理方法进行防范和控制，用最经济合理的方法来综合处理风险，以实现最大安全保障。淮北矿业（集团）有限责任公司的《大型企业产业链延伸风险管理体系的研究与应用》、国投新集能源股份有限公司的《大型煤炭企业财务风险预警指标体系建设》、新汶矿业集团孙村煤矿《煤炭企业人力资源风险管理的探索与实践》、兖州煤业股份有限公司兴隆庄煤矿《“五五”风险评估安全确认的探索与实践》、中国平煤神马能源化工集团公司的《煤炭施工企业法律风险防范体系的构建与实施》等，从不同的角度提出了防范风险的管理方法。

五是大型煤炭企业集团化管理方法得到有效推广。近几年，煤炭企业以资源、资本、技术、产业联合为纽带，充分发挥优势企业的带动作用，加快推进资源整合和企业战略性重组，实现上下游产业一体化经营，形成了具有较强竞争力的国际化、多元化发展的大型煤炭企业集团。这些新组建的大集团，如何进行管理，福建省永安煤业有限责任公司的《南方煤炭企业重组的协同效应》、兖州煤业股份有限公司提出的《卓越绩效管理在中国大型煤炭企业的应用与创新》、冀中能源集团的《大型企业集团的投资项目全过程工程造价管控模式的构建与实践》、中国煤炭地质总局提出的《煤炭地质企业运行模式总体方案构建实践》。这些成果都是近年组建的大集团探索形成的，适应企业发展，体现了我国煤炭企业管理现代化水平和创新趋势。

六是循环经济、低碳、绿色环保，生态文明矿山建设等仍然是煤炭企业关注的焦点。随着社会的进步和发展，对环境的要求越来越高，绿色环保，仍将是摆在煤炭企业面前的一道难题和追寻的主题。冀中能源邯郸矿业集团有限公司云驾岭煤矿的《低碳运行生态矿山运行模式与考核体系建设》、山西潞安矿业集团的《绿色新型能化集团的节能减排管理体系的构建》、兖矿集团有限公司的《大型煤炭企业以可持续发展为目标的生态文明矿区建设模式探索》等成果，反映了煤炭企业转变经济发展方式，加大管理创新，在理论和实践方面取得的最新成就。

为促进广大会员单位深入学习贯彻党的十八大精神，结合《煤炭工业“十二五“规划》，认真组织推广和应用管理现代化创新成果，不断推进煤炭企业的管理、体制和技术创新，全面提高煤炭企业管理科学化水平，我们在公布年度煤炭企业管理现代化创新成果的基础上，编辑出版年度创新成果集，已经成为协会服务会员的品牌。《2012 煤炭企业管理现代化创新成果集》收入了本次所有获奖成果，为会员单位之间互相学习交流提供了第一手资料。

由于时间仓促，《2012 煤炭企业管理现代化创新成果集》中一定存在缺点和错误，我们诚恳地希望广大会员批评指正。同时也希望对《成果集》的编写、内容设置、发布活动等方面提出宝贵的意见和建议，以便于我们不断改进工作，把煤炭企业管理现代化创新成果的发布宣传工作做得更好。

编　者

2013 年 3 月

中国煤炭工业协会文件

中煤协会综合〔2012〕158号

关于发布和推广2012年煤炭企业管理现代化创新成果的通知

各会员单位：

为提高煤炭企业管理现代化水平，推进企业加快转变经济发展方式。根据中国煤炭工业协会《关于组织申报2012年煤炭企业管理现代化创新成果的通知》（中煤协会综合〔2012〕22号），经过各省（区、市）煤炭行业协会、中央企业组织推荐，协会组织初审、专家评审，煤炭企业管理现代化创新成果审定领导小组严格审定，网上公示等程序，共有212项成果获得“2012年煤炭企业管理现代化创新成果奖”，其中特等奖3项，一等奖16项，二等奖72项，三等奖121项，现予以发布（获奖名单详见附件）。

全国煤炭企业管理现代化创新成果审定工作是贯彻落实国务院国有资产监督管理委员会《关于进一步组织做好全国企业管理现代化创新成果有关工作的通知》（国资改革函〔2003〕

62号）精神，按照全国企业管理现代化创新成果审定委员会有关要求，在全国煤炭行业已经坚持开展多年的一项重要活动。2012年，煤炭企业管理现代化创新成果涉及了煤炭企业管理的各个领域，反映了我国优秀煤炭企业深化改革、创新管理所取得的最新成就，以及当前我国煤炭企业的管理水平和发展趋势，具有一定的示范借鉴作用和推广应用价值。

希望广大会员单位深入学习贯彻党的十八大精神，结合“十二五规划”，认真组织推广和应用管理现代化创新成果，不断推进煤炭企业的管理、体制和技术创新，努力提升企业核心竞争力和可持续发展能力，全面提高煤炭企业管理科学化水平。

煤炭企业管理现代化创新成果属行业级管理科学的研究成果。请各获奖单位根据国资改革函〔2003〕62号文件精神，结合企业实际情况，对成果创造者进行表彰。具体奖励办法可参照《国家科学技术奖励条例》及其《实施细则》，由企业自主决定。

附件：2012年煤炭企业管理现代化创新成果获奖名单

中国煤炭工业协会

二〇一二年十一月二十八日

附件：

2012年煤炭企业管理现代化创新成果获奖名单

等级	成果名称	申报单位	主要创造人	参与创造人
特等	煤炭企业对标管理研究与实践	辽宁铁法能源有限责任公司	韩有波 苏立功	朱　瑜、尤德斌、赵家廉、郭　超、林式巨 高双喜、王　丹、燕波涛、李俊峰、尚闯红
特等	以创新发展方式为主线的和谐矿区建设	淮南矿业（集团）有限责任公司	王　源 孔祥喜	
特等	大型煤化工企业两化融合的创新与实践	义马煤业集团河南开祥化工有限公司	吴东升 于华锋	杨　刚、林发现、张向阳、任树明、赵作涛 常明强、林　伟、张　伟、张广华、张永强
一等	以打造一流品牌企业为目标的基础管理体系构建	中煤平朔集团有限公司	伊茂森 王天润	白　金、杨淑琴、倪　洁、崔雅玲、李光烨
一等	以战略管理为导向的大集团对标管理体系的构建与实施	开滦（集团）有限责任公司	张文学 冬伯文	高焕民、李树兴、郝常安、张志友、刘瑞芹 龚立新、赵林根、吕宏斌、孙　进、郦守龙
一等	大型企业投资项目全过程工程造价管控模式的构建与实践	冀中能源集团有限责任公司	王社平 张汝海	赵金鹏、袁永军、赵中敏、苏晓梅、史贵书 徐晓静、耿俊利、武　玉、郭益人、雷爱平
一等	基于战略管理的内部控制体系构建与实施	冀中能源股份有限公司	王社平 祁泽民	陈立军、郑温雅、崔　梅、石恒涛、赵文汀 姜艳红、张岭川
一等	大型能化企业机电设备管理创新与实践	山西潞安矿业（集团）有限责任公司	李晋平 白宏峰	翟生勤、李卫东、罗自明、秦卫斌、郝文清 魏红亮、曹　兴、耿新宇、张　宇、高　欣
一等	基于煤矿企业兼并重组的财务策略研究与实践	山西潞安矿业（集团）有限责任公司	洪　强 杨广玉	李卫东、申秀凤、赵雪兰、孙晓光、郭成刚 陈亚平、闫凌云
一等	煤炭企业"11756"班组建设体系探索与实践	太原煤炭气化（集团）有限责任公司	王良彦 胡耀庭	宋旗跃、谢　涛、麻国斌、雷永红、赵　凯 吴志明、赵鹏明
一等	大型企业产业链延伸风险管理体系的研究与应用	淮北矿业（集团）有限责任公司	王明胜 张国建	孙　方、张其广、战彦领
一等	南方煤炭企业重组的协同效应	福建省永安煤业有限责任公司	黄　和 陈荣万	宋文珍、唐福钦、苏始烟、石绍军、郑美加 周文裕、李光煌、连勇军、陈光龙
一等	"三位一体"式环境友好矿区创建	兖矿集团有限公司	石学让 冯　腾	陈聚武、杨继贤、李　斌、张秀兰、王洪记 黄淑丽、戴长青、王　峄
一等	卓越绩效管理在中国大型煤炭企业的应用与创新	兖州煤业股份有限公司	李位民 张英民	田丰泽、殷　馨、张国梁、赵青春、梅德琪 刘福河、高　峻、戴长青
一等	以战略协同为导向的大型能源集团重组整合	山东能源集团有限公司	卜昌森	翟明华、彭业廷、东忠领、李君清、靳玉彬
一等	大型集团多元化分层次全面薪酬体系构建与实践	河南煤业化工集团有限责任公司	申顺更 陈祥恩	任　雷、曲鸣钟、张国平、石仁义、李红煜 龚　鹏、毛永生、司德木、程英豪、张　华

等级	成果名称	申报单位	主要创造人	参与创造人
一等	立体化综合对标管理在煤化工企业的探索与应用	河南煤业化工集团中原大化有限责任公司	陈国平 严　媛	周瑞庆、冯怀成、耿　健、常瑞英、陈　魁 张思维、岳婷婷、亓渊博、肖军英
一等	大学生采煤班建设与管理	平顶山天安煤业股份有限公司六矿	张革委 宋伟毅	郑跃华、马伊安、尹光彩、刘慧勋、史建平 林生良、于冠军、童　柯、孙崇洋、郑成杰
一等	煤炭企业材料成本管理体系的构建与应用	郑州煤电股份有限公司告成煤矿	周振东 郭矿生	郜治国、何华来、张绍伟、翟红伟、王仕文 吴跃刚
二等	大型能源企业发展循环经济的管理实践	神华准格尔能源有限责任公司	张维世	王启瑞、郭昭华、杨振华、李雁峰、王　辉 张　峰、王永旺、潘建国、赵志宏、高润英
二等	以科技创新为先导打造数字化矿山	中煤平朔集团有限公司	伊茂森 王天润	王喜贵、李进荣、郭锅扣、李　财、李文平 杨军晟、王　浩、王　斌、汤海龙、黄　丹
二等	煤矿铁路运输企业安全管理“五步法”	中煤集团上海大屯能源股份有限公司徐沛铁路管理处	高道云 董道雷	崔　瞳、刘培根、陈松辉、吴庆超、胡传宝 赵岩松、郑静静
二等	基于价值链的过程识别、设计、实施及改进管理	中煤张家口煤矿机械有限责任公司	马　利 穆润青	郭英坤、侯　斌、王　菲
二等	以提升人才聚集效应为目标的人才强企战略实践	中煤张家口煤矿机械有限责任公司	马　利 冀永红	郭英坤、单志刚、罗贤飞
二等	“大经营”理念在煤炭施工企业中的应用	中煤河北煤炭建设第四工程处	李连山 杨占宾	夏敬忠
二等	煤炭地质企业运行模式总体方案构建实践	中国煤炭地质总局	徐水师 侯慎建	何　伟、于运强、罗　伟、崔小苏、王　磊 刘佳宁、刘　景
二等	战略性绩效评价在煤炭企业集团中的创新应用	开滦（集团）有限责任公司	冬伯文 高焕民	张瑞玺、李树兴、龚立新、李改革、王　彭 王瑞海、高志强、潘继元、王素贤、张志敏
二等	利用网络手段实现电子档案收管用一体化的实践	开滦（集团）有限责任公司	殷作如 王建政	马金平、赵伯亚、焦建国、孙会华、郎秀伟 刘秀娟、赵秀敏、龚艳馨、孟顺生、王建菊
二等	推进煤化工产业科学发展机制的探索实践	开滦（集团）有限责任公司	张文学 裴　华	梁文平、曹玉忠、侯树忠、刘培国、徐贺明 毛雅军、王爱国、郎弘轶、王硕鹏、陈英琦
二等	以实施公司发展战略为统领的融资模式创新	开滦能源化工股份有限公司	裴　华 曹玉忠	王连灵、史国胜、张嘉颖、邹世春、闫金凤 曹永国、王玉秋、田　亮、周玉军、张庆贺
二等	以实现企业整体经营目标为核心的绩效评价机制构建	开滦（集团）蔚州矿业有限责任公司	张连海 郝国祥	张庆峰、唐继昌、王洪学、武建洲、郝春雨
二等	星级管理在建筑工程项目管理中的创新与应用	冀中能源股份有限公司	李彩惠 杜　刚	康东起、袁华民、石利英、曹宏伟
二等	安全隐患“三级闭环查办”体系的构建与实施	冀中能源峰峰集团有限公司	陈亚杰 赵鹏飞	李瑞敬、张生温、张青合、张术义、梁刚勇 关　键、郭中峰

等级	成果名称	申报单位	主要创造人	参与创造人
二等	国有煤企在变革中的战略转型与蜕变	冀中能源峰峰集团有限公司	陈亚杰 赵兵文	张建峰、赵秀章、张风国、李庆寿
二等	煤炭企业全面风险管理机制的建立与实践	冀中能源邯郸矿业集团有限公司	班士杰 成　昆	陈海永、王福泉、朱建利、王呈祥、张文红 郭永芹、姬海霞、高　英、石丽娟、朱　达
二等	低碳运行生态矿山运行模式与考核体系建设	冀中能源邯郸矿业集团有限公司云驾岭煤矿	班士杰 李世波	刘庆顺、段福林、苑　鹏、胡海江、葛习强 王呈祥、庞盼林、刘金安、王增茹、王昕宇
二等	全面风险管理体系以财务预警为中心的构建和实施	冀中能源井陉矿业集团有限公司	李明朝 李春生	辛保文、赵来朋
二等	星级职工评定体系的构建与实施	山西焦煤西山煤电（集团）有限公司杜儿坪矿	王建鹏 李瑞琪	冯　清、高应山、王敬仁、白永吉、崔宇英 李德鹏
二等	建设立体式安全文化体系提升煤矿安全管理水平的实践	山西西山煤电股份有限公司马兰矿	薛润根 宋传校	张卫平、薛泽龙、李争春、阴永生、赵荣峰 赵鸿生、贾淳博、周小艳、易忠新、张文成
二等	企业实施卓越绩效管理的实践	山西西山煤电股份有限公司太原选煤厂	刘志明 姚海生	都蜀晋、郭永明、昝培娟、刘春发、邢彦伟 朱鹏瑞、黄　建、张景丽、樊晓华、刘仙平
二等	煤矿高层专业技术人才实践工程的实施	山西焦煤霍州煤电集团有限责任公司	李国彪 杨新华	李慎举、刘永洲、张小康、张万红、张立忠 马丽芳、张旭平、白建民、郑斌斌、张随喜
二等	基于“全过程控制”的经营风险防控体系构建与实施	山西焦煤集团国际贸易有限责任公司	胡建伟 张文平	罗　劼、李学龙、张晓玲、栗荣杰
二等	“安全5个零”活动管理体系创建	山西长平煤业有限责任公司	王永革	李永军、赵海峰、宋晓晓
二等	绿色新型能化集团节能减排管理体系的构建	山西潞安矿业（集团）有限责任公司	刘克功 栗少卿	刘娟娟、盛团秀、洪　鹏、魏红亮、潘国杰 赵耀仲、张彦禹、马飞仙、孙小娟
二等	“0123456”大安全管理体系构建与应用	山西潞安环保能源开发股份有限公司漳村矿	韩玉明 段贵德	程国平、冯晋红、张文斌、白勇军、王常胜 苗焕萍、张亭云、蔺志刚、王云峰、王　光
二等	国有煤炭企业高素质技能人才培养新模式的构建与实施	山西潞安矿业（集团）有限责任公司王庄煤矿	贾双春 苏　海	李永勤、张林红、杨校宏、王志敏、王海峰 苗建斌、张学建、张德平、侯　军
二等	统计信息共享系统的开发与应用	阳泉煤业（集团）有限责任公司	廉　贤 张卫星	王建强、逯新保、周秀云、弓志忠、王　琪 陈彦得、李建军、张慧芳、魏文英、乔丽花
二等	群众性隐患排查治理管理系统的建立与实施	阳泉煤业（集团）有限责任公司五矿	郝秀明 王　辉	王小华、段海青、张少娜、王伟卫
二等	岗位对标在煤炭企业安全管理中的实施	山西煤炭进出口集团长治经坊煤业有限公司	王山虎 李广俊	景剑峰、成一伟、郭继平、宋大伟、付中华 李跃祥

等级	成果名称	申报单位	主要创造人	参与创造人
二等	多维度综合考评体系在山煤集团煤炭铁路运输管理的运用	山煤国际能源集团股份有限公司	郭　海 高成春	葛海涛、刘　英、李　清、武　忠、侯　健
二等	资产所有权虚拟责任制管理体系的构建与实施	山西沁新能源集团股份有限公司	孙宏原 张　健	孙永才、张　宝、韩兔平、温国伟、郭　泰
二等	MEAP 技术在大明煤矿安全管理中的应用	铁法煤业（集团）有限责任公司大明煤矿	宋伟林 李　静	叶玉清、王　杰、李　娜、刘国峰、苗亚臣 陈晓蕾、任立庆、曹晓明、高凤山、张树宏
二等	煤炭企业基于绿色开采的资源管理与利用	黑龙江龙煤矿业集团股份有限公司鹤岗分公司	赵　凯 孙丕云	王贵军、王立波、严祥武、王延彬、黄国胜 李金龙
二等	煤炭企业全面信息化管理实践	黑龙江龙煤矿业集团股份有限公司双鸭山分公司	李庆军 张胜存	刘东光、赵维国、张长山、门占楼、杨云飞 郑彦山、高芝良、孙龙云、王牮东、栾晓岩
二等	大型企业标准化工作的创新实践	淮北矿业（集团）有限责任公司	葛春贵 王和志	刘　尹、杨　健、孙凯民、韩同舜、马玉平 王建文
二等	安全技术经济一体化管控模式的建立与实施	淮北矿业（集团）有限责任公司	张国建 李　伟	周四新、芮绍发、何玉东、方　峰、刘怀伦 张　来、章建光、马亚林
二等	大型矿井辅助运输集群化管理的创新实践	淮北矿业股份有限公司袁店一井煤矿	张　清 孙辉煌	李敬佩、付　军、王明全、李　志、董运凯 芮秀武、马　飞、朱莉娜
二等	大型煤炭企业财务风险预警指标体系建设	国投新集能源股份有限公司	刘　谊	王　丽、倪井喜、薛　银、王　森、赵洪超 杜立东、范　伟
二等	以实现建筑工程"模块化生产"为核心的地铁联络通道施工标准管理	中煤第三建设（集团）有限责任公司上海分公司	王灵敏 曹化春	秦一雄、张景钰、段若同、倪元园、王　磊 余东耀、项　勇、周　骏、王先锋、郝　雷
二等	大型煤炭企业以可持续发展为目标的生态文明矿区建设模式探索	兖矿集团有限公司	许金新	李　彬、朱建国、马　磊、淳于江辉、狄传军 路　涛、韩钟琦、唐洪洲、王　鹏、李　俊
二等	井下绩效实时核算精准管理系统的探讨与实践	兖州煤业股份有限公司南屯煤矿	郝　伟 朱桂艳	李树荣、陈峰教、朱　秋、王登国、张传见 陈剑锋、何翠平、康守凤、陈　琛、王琳娜
二等	基于风险导向的企业内部控制	兖州煤业股份有限公司鲍店煤矿	李仲辉 吕立安	杨书增、程述斌、李占琳、闫庆芬、董志华 王文峰、李渝和、雷　洋
二等	现代化矿井关键作业流程管控体系构建与实践	兖州煤业股份有限公司东滩煤矿	孟祥军 刘福生	刘　健、梅德琪、韩少华、徐仁亚、刘增宝 张　涛、罗虎臣、周　波
二等	以信息化手段构建财务报告体系的实践	山东能源集团有限公司	张　波	于志东、赵红秀、张裕科、王　猛、孔娟娟 郑　华

等级	成果名称	申报单位	主要创造人	参与创造人
二等	智慧矿山建设技术研发与管理体系研究实践	山东能源枣庄矿业（集团）有限责任公司	江　卫 王明南	满慎刚、杨尊献、李景恒、孙建忠、邓　涛 张　杰
二等	安全高效型矿井生产管理探索与实践	山东能源新汶矿业集团有限责任公司翟镇煤矿	何希霖 张志利	刘　峰、王广顺、何　冰
二等	煤炭企业人力资源风险管理的探索与实践	山东能源新汶矿业集团有限责任公司孙村煤矿	和富平 尹承东	臧云廷、邵　勇、闫　红
二等	以激发价值创造力为目标的企业评价体系建设	山东能源新汶矿业集团有限责任公司华丰煤矿	唐　军 李　文	安伯义、许兴胜、时衍柏
二等	以远程智能控制位平台创建矿区铁路安全高效运输模式探索实践	山东能源淄博矿业集团济宁北矿区铁路运销处	任明强 陶永宏	刘　华、张卫江、赵兴文、顾正洪、屈翠绒 刘　斌、王振军
二等	以流程为载体的全面风险管理体系建立与实施	山东能源肥城曹庄煤矿有限公司	李明君 韩其贵	陈明明、顾文东、许　伟、赵素红
二等	基于动态平台化的煤炭企业经营一体化管理系统构建与实施	河南煤业化工集团永煤公司陈四楼煤矿	王向东 陈群忠	金　新、韩　彦、李红涛、强浩波、孔令云 高新社、董　冰、张　鑫、王启善、张雪云
二等	基于内部市场化运作的煤矿成本管控体系研究与实践	河南煤业化工集团永煤公司城郊煤矿	上官书民 宋来武	张瑞玉、王丽娜、何灵通、孙东红、赵　鹏 丁文星
二等	“三标一流”管理模式的构建与应用	河南煤业化工集团永煤公司新桥煤矿	王太续 郑向民	李志友、仲前成、徐显锋
二等	基于对标管理的降耗提效模式的构建与实施	河南煤业化工集团永煤公司陈四楼选煤厂	付才国 孙　乾	李兆忠、王明才、李　英、汤秋林、孔令云 杨　明、王尔刚
二等	煤矿供电系统开放性主动式风险预控安全管理体系的构建与实施	河南煤业化工集团永煤公司供电处	胡宏军 戚志伟	田　立、郭云川、史春光、许　栋、仝铁军 王新文、黄　鑫
二等	煤矿安全精细化管理体系构筑及实践	河南煤业化工集团焦煤公司古汉山矿	杨建增 李乔成	袁德铸、李志敏、刘　利、张克正、温世平 禹新生、张修振、毋绪勇、张超伟、褚占友
二等	煤炭产品结构效益模型的构建与实施	河南煤业化工集团鹤煤公司	马正兰 董正亮	冯修民、黄宪平、尹乐东、秦艳俊、赵鹤民 王利红、石　楠、田　莉
二等	企业学习型组织“12345”体系构建的创新实践	河南煤业化工集团中原大化公司	陈国平 谢剑军	周瑞庆、冯怀成、晁忠谱、康　乐、王啸宙 王玉洁、王翠民、任许娜
二等	大型化工企业事业部制改革的实践与探索	河南煤业化工集团中原大化公司	陈国平 周瑞庆	冯怀成、晁忠谱、谢剑军、王啸宙

等级	成果名称	申报单位	主要创造人	参与创造人
二等	以精细化为导向的和谐矿井建设	平顶山天安煤业股份有限公司二矿	秦海清 杨志安	丁永民、吴　龙、李晓方、谢璐璐、孟朝阳 裴君雷、范跃丽、赵　宇、高红恩、刘继娜
二等	以提升资源整合煤矿发展潜力为目标的“双五”管理	中国平煤神马能源化工集团有限责任公司梨园矿	王焕忠 刘地生	魏耀东、马庆林、赵玉祥、谢秀国、郑远新 王　征、安国周、李红彦、段雅丽、陆　斐
二等	大型煤炭企业销售物流体系构建与实施	平顶山天安煤业股份有限公司运销公司	王万恩 吕文培	颜世文、毛晓康、郭许平、任文芳、陈红民 颜　林、张诚冰、刘　燕、薛剑亚、周福庆
二等	选煤企业卓越绩效管理模式研究与实施	平顶山天安煤业股份有限公司田庄选煤厂	孔忠伟 李军民	李金良、张同军、张丙申、朱玉爱、曾庆刚 晋学硕、尚　勇、赵　勇、樊军恒、刘永红
二等	监理企业以提升竞争优势为目标的绩效管理	河南兴平工程管理有限公司	裴大文 洪　源	王万恩、徐继民、徐　君、刘自鑫、张晨英 李军伟、李晓峰、孟明福、张　雪、尚巧玲
二等	煤炭企业智慧矿山系统建设与运营管理	郑州煤电股份有限公司通信分公司	郜振国 赵洪建	陈顺生、孙怀领、牛立新、李效华、王召力 贾锦波、张绍伟、李丽君、朱清泉、张爱芳
二等	运用借壳上市方法推动企业资本运作的创新实践	义马煤业集团股份有限公司	乔国厚 李永久	王东民、张银通、宁建刚、于华锋、畅元林 乔晓冬、王保伟、张　群、牛起元
二等	大型煤矿战略成本管理的构建与实施	河南大有能源股份有限公司常村煤矿	李书民 姚建武	董银厚、范留香、张　丰、张　铁、李忠鹏 李伟杰、刘乐义、王　娟、杜文丽、段　倩
二等	企业内外市场联动机制的研究与应用	义煤集团义翔铝业有限公司	李煜峰 翟强子	于华锋、王新科、席红波、段朝辉、于　洋 李文博、林晓刚、张东升、杨　阳、丁　丽
二等	煤矿企业“五精”品牌班组管理法的构建与应用	河南神火煤电股份有限公司	刘永俊 崔振亚	朱德泰、韩士辉、李静波、刘亚东、曹国堂 何志刚、朗　伟、钱继学、张金峰、蔡胜伟
二等	“九位一体”打造澄合特色煤炭企业管理品牌	陕西煤业股份有限公司	樊志斌 叶东生	屈永利、杨晓民、吴树林、杨建旭、刘江雄
二等	以自主经营为核心的岗位价值精细化管理模式探索实践	陕西煤业股份有限公司	梁　平 赵应升	陈明贵、孙震生、张海峰、张　娟
三等	信息化建设在洗选生产中的应用	中煤平朔集团有限公司煤炭洗选中心	赵　虎 任晓迪	胡永春、周学东、逯海峰、肖　鹏
三等	党建工作考核综合评价体系研究和实践	中煤集团上海大屯能源股份有限公司	义宝厚 高建军	李占福、许之前、倪宝新、张　进、李志祥 马　靖、金道平、崔　瞳、公祥新
三等	大型煤机制造企业目标日清激励管理体系研究及应用	中煤张家口煤矿机械有限责任公司	高建炯 马　利	冀永红、侯　斌、郭英坤、沈志诚、郭立福 单志刚、王秀玲
三等	煤机制造企业产品领先战略的制定与部署	中煤张家口煤矿机械有限责任公司	马　利 李国平	郭英坤、薛海强、庞浏富、刘　清
三等	打造中国煤机制造品牌的自主创新实践	石家庄煤矿机械有限责任公司	魏景生 张敬凯	黄建农、韩　健、陈　晔、马明玉、温元旭 施彤辉

等级	成果名称	申报单位	主要创造人	参与创造人
三等	煤炭企业人力资源市场化配置体系的构建与实施	开滦（集团）有限责任公司	殷作如 裴　华	张志友、赵景华、马　兰、张洪春、宋瑞灵 陈国强、陶传玉、王志增、何树友、刘国峰
三等	集团公司内部控制体制的构建与实施	开滦（集团）有限责任公司	张志芳 郝常安	董养利、肖爱红、史林山、刘中元、张晓玲 任玉良、应朝晖、覃春平、张升世、邹世春
三等	大型煤炭集团重大项目法律风险控制体系创建	开滦（集团）有限责任公司	张文学 冬伯文	霍志斌、张柏林、马海生、周纯伟、易灿辉 申甜甜、王秀卓、周美辰、甄　涛、黄俊斐
三等	以矩阵式办公为平台创建纪检监察工作管理系统	开滦（集团）有限责任公司	李　国 王　卓	陈彦华、刘士奇、王志刚、王春军、方绍华 郭文祥、钱　瑛、刘迎新、高靖人、黄俊斐
三等	基于和谐分配体系建设的工资管理机制构建	开滦（集团）有限责任公司	殷作如 张志友	梁　刚、刘志宏、魏达生、杨雪松、吴勇兵 王祥福、李峰松、王志增
三等	融资租赁在煤炭企业的实施与应用	开滦（集团）有限责任公司	张文学 殷作如	张志芳、刘中元、覃春平、邹世春、武卫军 侯利燕、闫玉荣、王玉秋、王　宇、王力峥
三等	以打造现代物流领军企业为目标创新物流发展新机制	开滦（集团）有限责任公司	张文学 吴爱民	梁文平、付同军、石尚杰、毛雅军、郑昌宏 向　言、史安刚、王永宏、李俊杰、陈英琦
三等	大型煤炭集团水资源绿色循环利用系统的构建	开滦（集团）有限责任公司	张文学 冬伯文	刘瑞芹、韩宗礼、程丽霞、倪剑锋、王军林 宋超杰、王晓东、李海蓉
三等	数字化安全信息站管理系统在单侯矿安全管理中的应用	开滦（集团）蔚州矿业有限责任公司	杨宏俊	赵默堂、刘国峰、吴小方、袁志峰、李二军 葛永杰
三等	五精管理模式的构建与实施	开滦（集团）有限责任公司钱家营矿业分公司	魏金奎 郑庆学	周立冰、吴　庆、揣玉新、刘　杰、姚久莉 王冠喜、王明杰、陈　威、吕　葭、王相军
三等	托管式代储管理在煤炭企业的应用创新实践	开滦（集团）有限责任公司物资分公司	陈瑞林 白春良	朱长福、彭　革、李　耕、李明艳、张晓春 何盛峰、谢春艳、苗晓云、计　旭、肖桂丽
三等	单项预算在财务精细化管理中的应用	开滦（集团）有限责任公司服务分公司	张　文 周会江	郭　颖、霍全平、郑小康、任淑敏、梁海滨 王秋云、贾秀慧、阴春丽、陈素文、王振芳
三等	目标管理在煤炭企业经营管理中应用	新疆开滦能源投资有限公司	佟文左 赵　杰	雒文辉、王久峰、刘东旺、宁保军、刁开民 张玉久、刘勇胜、王忠强、孙建忠、周国良
三等	权力运行监控质量机制的构建	冀中能源集团有限责任公司	徐文俊	索旭军、王统伟、刘振平、戴树峰
三等	稳健货币政策下大型企业集团资金开源管理的探索与实践	冀中能源集团有限责任公司	王社平 张汝海	李笑文、王玉江、李艳芳、康红霞、杨双艳 周绍瑞、张天水、武　玉
三等	以构建农民工转正长效机制为核心的“五给”工程管理	冀中能源股份有限公司	王社平 宋全保	祁泽民、王保贤、陈振安、王敬民、孙洪涛
三等	大型煤炭企业实现和谐发展的探索与实践	冀中能源股份有限公司	祁泽民 宋全保	康志改、曹云颇、孙聚虎、秦江曼、王志彪 郝顺义、曹　起、时凤爽、赵媛媛、孙新涛

等级	成果名称	申报单位	主要创造人	参与创造人
三等	搭建以煤炭物流为链接的商贸联动发展平台	冀中能源峰峰集团有限公司	陈亚杰 张建忠	王务平、张清水、张蕴志、段力勇、任宏斌 李庆寿、赵　宁、林　琳、王　云、李矿成
三等	国有煤企多维度考评体系的构建与实施	冀中能源峰峰集团有限公司	陈亚杰 陈爱军	张金富、周显怀、穆睿宏、谭世海、李庆寿
三等	水害防控体系的构建与实施	冀中能源峰峰集团有限公司	成光星 王铁记	陈亚杰、赵兵文、王君现、关永强、岳卫振 解振伟、杨守全
三等	煤炭企业作业成本预算管理的实施	冀中能源峰峰集团有限公司	夏学英 高文赞	周　涛、程宏滨、叶中兴、窦如军、张玉平 连卫芳、董　莉
三等	煤矿安全“三个三”班组管理体系构建	冀中能源峰峰集团有限公司	李雁军 郭子然	乔九卫、任宏明、杨荣兴、李瑞敏、张亚峰
三等	煤炭企业实施精煤战略的研究和实践	冀中能源邯郸矿业集团有限公司	班士杰 白忠胜	李隽源、张志武、闫克勤、闫鸿祥、王呈祥 马立强、李万斌、席　琪、田红坤、朱　达
三等	物资招投标管理体系的构建与实施	冀中能源集团国际物流有限公司	李建忠 孙晋响	范忠宽、梁瑞军、李志坚、陈　爱、庞玉龙 姚广达、李德库
三等	设备生命周期信息化管理体系的创建	冀中能源邯郸矿业集团有限公司云驾岭煤矿	李世波 冯常洪	王呈祥、马永忠、秦　杰、刘　坤、聂玉明 李宏伟、岳建宾、徐昌盛、朱　达、杨智杰
三等	“六位一体”精诚品牌文化的创新与实践	冀中能源邯郸矿业集团有限公司云驾岭煤矿	刘俊明 李世波	杨茂君、张道周、王呈祥、朱　达、陈　奎 韩洪海、徐春辉
三等	“目标、绩效、薪酬、督评、宣导”五位一体管控体系构建与实施	冀中能源张家口矿业集团有限公司	董传彤 李永海	孙力秋
三等	任期经济责任审计评价指标体系的创建与应用	冀中能源井陉矿业集团有限公司	李明朝 李春生	张志刚、张捧端
三等	工程建设领域“三三三”监控机制的构建与应用	冀中能源井陉矿业集团有限公司	李明朝 刘春明	张志刚、栾文会
三等	煤电集团组织管理体系建设创新实践	山西焦煤霍州煤电集团有限责任公司	李国彪 杨新华	陈俊杰、张立忠、王雁平、加　斌、孙光华 解晓丽、闫晓丽、姚　伟、任敏力、方偏偏
三等	基于物联网技术的运销调度信息化管理系统创新与应用	山西焦煤汾西矿业集团营运分公司	李贵生 孟丽诚	侯瑞岗、王　锐、魏　高、程新春、杨长林 闫俊生
三等	安全质量标准化自主管理模式的深入创建与实施	山西晋城蓝焰煤业股份有限公司成庄矿	王德璋 谷国兴	单军武、秦海忠、陈　宁、张　鹏
三等	煤矿企业实施异体安全督查的探索与实践	山西晋城蓝焰煤业股份有限公司古书院矿	牛保炉	郑跃兵、牛东利、苏吉亮、王晋波、李文凯 胡泽涛

等级	成果名称	申报单位	主要创造人	参与创造人
三等	综合绩效管理体系的构建与实施	山西晋煤集团沁秀煤业有限公司	赵学斌	彭业晋、田　强、卫秀红、梁小兵、王瑜华 丁　敏
三等	以提升企业经济效益为目标的全面预算管理	山西晋城无烟煤矿业集团有限责任公司寺河矿二号井	李学慧 高欣奇	苗惠东、吕宝春、王海明、杨天庆、吴　伦 原晋强、连　成、黄泽伟
三等	国有煤炭企业构建集团化战略管控模式的实践	山西长平煤业有限责任公司	王永革 常新乐	张育恒、李永军、郭建光、焦新庆、王　夏 司继荣
三等	大型煤炭企业机电员工培训体系建设实践	山西潞安矿业（集团）有限责任公司	刘克功 白宏峰	陈亚平、王　昕、张建军、王克智、王　韬 荀鸿菲、杨　刚、徐霁宇、郭　波
三等	全面预算管理在企业运营中的应用	山西潞安环保能源开发股份有限公司常村煤矿	唐军华 张国庆	贾乃银、方　瑜、岳　鹏、陈利民、刘宇霞 杨　凯、李　智、王　华
三等	以业绩考核体系促进转型跨越发展的创新实践	阳泉煤业（集团）有限责任公司	赵石平 廉　贤	裴平星、张卫星、韩俊平、王建强、张瑞红 王　玫、杨　杰、张洪博、张　伟
三等	跨区域现代煤化工集团公司工程管理模式的创新实践	山西阳煤丰喜肥业（集团）有限责任公司	韩喜民 王康平	荆云峰、吴冬果、李建华、徐　丹、安　静 郭亚清、王红萍、高建梅、张改花、王红艳
三等	区域煤矿安全隐患排查闭合管理	阳煤集团寿阳煤炭管理有限责任公司	刘秀庭 郑拴龙	张吉林、田克先、陈金堂、覃光宝、周世勇 杨宇斌、贾东红、李清文、胡召阳、方祖华
三等	集约化管理推进资源整合矿井安全高效的实践	山西煤炭进出口集团蒲县豹子沟煤业有限公司	孙百锁 翟吉平	邢四旗、菅海宽、左朝玉、黄　奕、赵文杰
三等	基于战略目标的流程标准化创新实践	山煤国际能源集团秦皇岛有限公司	孙亚明	王显光、魏　巍、高　峰、李世鹏、高　栋 马俊林、赵　敏
三等	战略事业单元（SBU）理念在煤炭企业薪酬绩效体系建设中的应用	山煤国际能源集团华远有限公司	郭　海 苏清政	曹文海、原小静、张　超、温智远、贾丽萍 郝　刚、朱慧君、赵海瑞、胡伟明、张宇峰
三等	“全面预算管理”与“平衡计分卡管理”为核心的精细化管理模式的应用	山西金石达国际贸易有限公司	李乃鹏 刘晓煜	李晓兰、李　葳
三等	企业信息化建设在“两化融合”中的创新与实践	山西义棠煤业有限责任公司	梁立勇 武明文	续继俊、王旭亮
三等	煤炭企业井下煤质管理体系建设	辽宁铁法能源有限责任公司	陈荣德 吴维权	裴印昌、张荪茗、王大志、赖增春、陈　伟 毛英敏、张树滨、任玉才、聂宏喆、张德才

等级	成果名称	申报单位	主要创造人	参与创造人
三等	财务管理信息化在物流管理现代化建设中的应用	黑龙江龙煤矿业集团股份有限公司七台河分公司	孙文凯 单法医	汝玉仁、孟祥平、张　强、张　宏
三等	党务公开在国有企业权力运行监督中的运用	淮北矿业（集团）有限责任公司	王明胜 袁兆杰	王声辰、马向东、武文斌、张文彬、吴传远
三等	安全隐患信息闭合管理机制建设	淮北矿业股份有限公司祁南煤矿	臧明甫 王　彦	梁东明、沈永铜、王　卫、李贺武、华三斌 李　凯
三等	绩效为本宽带调节薪酬管理的创新应用	淮北矿业股份有限公司袁庄煤矿	李金泉 徐崇建	陈龙寿、王新光、陈帮金、朱永刚
三等	煤矿安全实训手段创新与实践	淮北矿业股份有限公司临涣煤矿	张　清 刘险峰	张连福、孔　超
三等	矿建施工企业工程项目内部承包体系创建与应用	中煤矿山建设集团有限责任公司第七十一工程处	刘洪才 张燕武	方体利、王桂运、宋　亮、洪晓芬、安一栋 黄宝义、罗延潮、刘　宁、候志芳
三等	绩效考核在冻结施工企业管理中的应用与创新	中煤第三建设（集团）有限责任公司淮南工程处	陆卫国 沈华军	梅家敏、唐厚龙、王晓雪、曹永涛、姚　敏 武胜男
三等	基于提升企业核心竞争力的人力资源管理创新	安徽开源路桥有限责任公司	管万忠 梁华庆	纪光星、钮殿洲、孙　宝、张玉红、于晶晶 张立梅
三等	“五五”风险评估安全确认的探索与实践	兖州煤业股份有限公司兴隆庄煤矿	李佃平 王　鹏	渠树臻、宫志杰、谢强珍、刘洪儒、孙建全 刘统信、卞　峰、刘　亮
三等	基于可持续发展的煤炭资源综合开发和利用	兖州煤业股份有限公司鲍店煤矿	李仲辉 唐子波	王顺新、王　震、许学勤、胡殿文、刘延欣 刘　苹、吕显洋、李　建、彭庆存
三等	国有大型煤矿全面推行精细化管理研究和探索	兖州煤业股份有限公司东滩煤矿	孟祥军 罗虎臣	褚衍文、赵　琳、张　涛、明　真、孙宏涛 李　刚、丁慎营、焦　珊、周　波、刘伟建
三等	煤炭供应业务流程建设与管理	兖矿煤化供销有限公司	石建一 杨广文	杨建刚、秦贞福、袁春光、王秀国、李景永 张昭贵、张艳青、陈　燕、许太强
三等	大型煤电铝产业集团国际化战略的构建与实施	兖矿集团有限公司电铝分公司	韩　华 刘　杰	路敦常、李连运、汤　宁、王克成、周玉霞 曹玉芹、李胜利
三等	国有企业舆情防控管理机制的构建	山东能源枣庄矿业（集团）有限责任公司	满慎刚 孙建忠	张文胜、周脉海、褚衍珍
三等	“3＋1”岗位价值管理创新实践	山东能源枣庄矿业集团新安煤业有限公司	祁方坤 提文科	董汉伟、谢学勇、李全强

等级	成果名称	申报单位	主要创造人	参与创造人
三等	深部复杂矿井“安全工资制”下的安全自主管理创建	山东能源新汶矿业集团有限责任公司孙村煤矿	莫　技 颜　磊	王加强、王德玉、丁　琦、刘元丽、秦卫真 郗　磊、张　名
三等	以推动煤矿稳健发展为核心的法律风险防控建设	山东能源新汶矿业集团有限责任公司孙村煤矿	和富平 尹承东	孙兆伟、岳公峰、李　彬、秦惠芳、王启航
三等	国有百年老矿拓展延伸内部市场化管理之路探行	山东能源新汶矿业集团有限责任公司华丰煤矿	唐　军 许兴胜	陈　涛、时衍柏、陈良栋
三等	衰老矿井可持续发展战略决策和实施	山东能源新汶矿业集团有限责任公司华丰煤矿	唐　军 李　文	安伯义、许兴胜、时衍柏
三等	以企业核心资源结构优化升级为先导的战略管理	山东能源新汶矿业集团有限责任公司华丰煤矿	唐　军	许兴胜、陈　涛、时衍柏、曹　林
三等	培育企业文化“珍珠链”工程的探索与实践	山东能源新汶矿业集团有限责任公司鄂庄煤矿	靳　锋	潘长松、赵清营、卓正玉、刘建军、亓增海 尹雪峰、刘　凯
三等	科学发展观维度下企业环境风险管控的实践与探索	山东能源新汶矿业集团万祥矿业有限公司	孙华璋 邹长新	辛成会、李　力、段元柱、李　婧
三等	预防性安全管理的研究与应用	山东能源新汶矿业集团万祥矿业有限公司	孙华璋 邹长新	辛成会、李　力、段元柱、孟庆续
三等	基于精细化管理的煤炭企业发展模式构建的实践与思考	山东能源新汶矿业集团万祥矿业有限公司	孙华璋 邹长新	辛成会、李　力、孟庆续、邢林立
三等	现代化企业“五型”班组管理的探索与实践	山东能源新汶矿业集团盛泉矿业有限公司	聂　翊	郎庆山、王敏杰、边岱印、胡　燕、付亚东
三等	以提高资源保障能力为核心的“3331”生产组织模式研究与实践	山东能源淄博矿业集团有限责任公司	季海波 刁兴建	李景慧、马忠德、王德龙、王利民
三等	“三全三预”企业风险管理体系构建	山东能源淄博爱科化工有限公司	栾国玉 黄元刚	滕　卫、李明清、孔祥博、秦贤艳
三等	煤炭企业清洁生产审核体系的构建与实施	山东能源肥城曹庄煤矿有限公司	李明君 崔建忠	许　伟、赵素红、胡阔海、赵学玲、李茂林 孙　康
三等	铝材加工企业价格风险管控体系的创建与实施	山东能源肥城矿业集团平阴铝业有限公司	史兴华 仇　涛	张兴广、吕　强、郑龙居、王建华、廉裕航 李　勇、张树国、杨光海

等级	成果名称	申报单位	主要创造人	参与创造人
三等	多元产业下的产业链关联考核	山东能源龙口矿业集团有限公司	王　勇 袁景安	石广超、于安洪、刘志杰、高月兆
三等	精细化全面预算管理在煤炭企业中的应用	山东能源临沂矿业集团东山王楼煤矿有限公司	肖庆华 单井林	李善祥、赵治国、庄申溪、张宏伟、吴　晓 孔文会、胡乐义、刘　强、丛贵梅
三等	"岗位描述绩效量化考核"管理模式创建与应用	山东能源机械集团有限公司	周　峰 郭彦光	潘立强、李　旭、陈文思
三等	"陈矿大学"学习型组织构建与应用	河南煤业化工集团永煤公司陈四楼煤矿	曹志安 王向东	陈群忠、杨青松、王利伟、韩　彦、陈　雷 李矿军、王　珏、黄　涛、李红涛、郝永科
三等	"六卓"文化体系建设的探索与实践	河南煤业化工集团永煤公司城郊煤矿	上官书民 武付军	李　磊、韩新华、张露雨、熊文兵、汤欢欢 薛近近
三等	煤矿安全管理责、权、利一体化建设研究与实施	河南煤业化工集团永煤公司城郊煤矿	上官书民 郑克俭	何　敏、王　翼、陈　昱
三等	"五合一"班组管理模式的探索与实践	河南煤业化工集团永煤公司新桥选煤厂	郑长科	吴鼓勇、陈保安、刁侠光、张智勇、吉英华 卢晓军
三等	"一体三制"精益化过程管理	河南煤业化工集团焦煤演马电力有限责任公司	刘国强 连文中	芦利华、杜海强、张爱霞、韩利明、陈　辉 王传军、申宏栋、秦新平、张喜庆、许　强
三等	中小型火电企业内部市场链式管理模式构建与实施	河南煤业化工集团焦煤冯营电力有限责任公司	赵立军 孔未林	陈昭明、张顺利、崔翔洲、何钟琳、郑秀方
三等	预决算在内部市场核算中的实践与应用	河南煤业化工集团焦煤鑫珠春工业有限责任公司	郭利坤 陈海军	陈玉琴、王惠颖、高庆峰
三等	基于精细化管理思想的企业成本控制创新与实践	河南煤业化工集团洛阳 LYC 轴承有限公司	杨建文 李宗宝	蔡舒颖、王海霞、焦世杰
三等	大型煤化工企业"1+3"绩效管理模式的创新与应用	河南煤业化工集团中原大化公司	陈国平 冯怀成	周瑞庆、崔发科、耿　健、严　媛、陈　魁 张红刁、封　瑾、张思维、岳婷婷
三等	"三网联动"安全管理在煤化工企业中的创新与实践	河南煤业化工集团中原大化公司	陈国平 史悦智	周瑞庆、张家礼、张敬旭、刘　亮、孙振梅 高永建、浮雪艳、石　永
三等	煤化工企业进销存管理体系的构建	河南煤业化工集团中原大化公司	陈国平 陈　魁	周瑞庆、冯怀成、崔发科、耿　健、郭全普 朱少甫、毛子学、牛志民、张思维
三等	闭环管理在企业物资供应计划工作中的探索和应用	河南煤业化工集团中原大化公司	陈国平 王亿章	王东娥

等级	成果名称	申报单位	主要创造人	参与创造人
三等	基于效益提升的材料管控	河南煤业化工集团鹤煤福源精煤有限公司	赵春沛 梁志晨	李春胜、户顺保、冀红兵、李志宏、李有军 王挺国
三等	“十化煤场”在煤化工企业成本管控中的应用	河南煤业化工集团煤气化公司	贾粮钢 王万星	李文松、杨创举、邓　峰、李社强、朱晓斌 赵毅伟、朱平均、师淑贞、沈文丽、冯朝旭
三等	纵向对标管理在煤化工企业班组经济建设中应用	河南煤业化工集团煤气化公司义马气化厂	刘明忠 宋军丽	王秋生、李文涛、赵正强、王艳珠
三等	隐患排查“七步法”在煤化工的应用与实践	河南煤业化工集团煤气化公司义马气化厂	任富强 郭振龙	张义勇、姬鹏霞、郜新照、毕　辉
三等	“人本”安全文化体系的构建与实施	平顶山天安煤业股份有限公司一矿	岳殿召 程同军	杨平怀、焦振营、向长军、褚平安、张胜利 郭国营、宋小鹏、陈晓娟
三等	基于员工能力提升的煤矿人力资源优化管理	平顶山天安煤业股份有限公司十矿	郝相龙 闫学太	刘　岗、韩发堂、牛大伟、杜思远、安秀荣 梁慧丽、刘　新、刘玉华、郜丽娜、饶同润
三等	选煤企业争创名优品牌的探索与实践	平顶山天安煤业股份有限公司八矿选煤厂	孔忠伟 武明亮	陈文军、邵建刚、朱淑娜、李元成、刘　冰 李民强、陈森林、李振成、李秀强、杨文生
三等	基于构建一体化多业态新型网络平台的“三网融合”管理	中国平煤神马能源化工集团计算机通讯分公司	盛　璐 王　彧	陈　豪、杨小军、王旭明、岳　芳、牛彦巍 王世伦、张晓斌、梁　焱、胡松伟、黄　炜
三等	煤炭施工企业法律风险防范体系的构建与实施	平煤神马建工集团有限公司土建处	高山林 李少辉	刘兴华、郝振芬、张予军、孙　沛、王灿海 杜润普、石　炜、翟丽纳、陈　锴
三等	“资源节约型、环境友好型”绿色电力企业的创建与实施	中国平煤神马能源化工集团有限责任公司坑口电厂	张允春 姚振华	黄启欣、张福根、李虎明、刘锦霞、崔喜军 杨培友、刘　敏、王晓倩、刘永红、张国兴
三等	煤炭企业物业服务市场化管理	中国平煤神马集团阳光物业有限公司	张羡洲	刘淑萍、王亚东、孙玉晓、张红俊、付延霞 康　华、孙延磊
三等	矿山医疗急救救护体系的构建与实施	中国平煤神马医疗集团	王明君 孙晓维	刘锦霞、陈志强、金建科、刘克涛、史文辉 张　廷、张志强、李洪荣、王　鹏、卢占兴
三等	煤炭企业“低碳发展之路”的探索及应用	郑州煤电股份有限公司超化煤矿	郭金陵 郝照森	刘永生、胡贵森、王永亮、张松峰、孙萍如 李小伟、张慧鹏、黄忠伟、贾志强、胡国党
三等	煤矿创建循环经济实现绿色管理实践	河南省大有能源股份公司耿村煤矿	吴同性 薄玉起	王立军、杨希哲、赵光武、李超亚、董雪云 夏晓红、张从灵、曹学明
三等	以风险控制为导向的预算管理系统在大型投资项目中的应用	义煤集团孟津煤矿有限责任公司	安新红 张伟伟	段雅鹏、尚海涛、王　昆、张红艳
三等	基于精煤最大产率原则的工艺管理优化与实践	河南大有能源股份有限公司石壕洗煤厂	李学武 马　杰	郭建锋、姚军民、谢树伟、吴明轩、王青峰
三等	煤矿物资信息化管理系统的构建与应用	河南神火煤电股份有限公司	王天喜 朱心亮	孙　振、张红星、李振川、刘亚东、何志刚 李传松、崔文放、栗书涛、吕　远、李贺强

等级	成果名称	申报单位	主要创造人	参与创造人
三等	煤炭企业精细化成本管控体系构建与实施	国投煤炭郑州能源开发有限公司	路聚堂 张林芝	崔子强、张昌利、都世锋、桑培森、李伟敏
三等	百年企业精益管理	郑州煤矿机械集团股份有限公司	王新莹 杨　辉	王家鑫、吴海涛、杨　鹏、罗海波、杨永超 李　磊、王德印、张军伟、赵新亚
三等	煤机企业智能网络工程建设与管理	平顶山煤矿机械有限责任公司	段士奎 郑献华	余乐欢、冷　冰、孙　鑫、唐　转、杨晓峰 张月兰、熊道华
三等	在母子公司架构下探索建设省属国有大型煤炭集团企业法制工作体系	四川省煤炭产业集团有限责任公司	任　炬 彭　韬	
三等	基于转型的公司治理结构的探索与实践	贵州盘江投资控股（集团）有限公司	张仕和	王　岗、孙成谷、唐书扬、万　红、马海然 刘俊丽
三等	以提升经营管理水平为导向细化成本管理	陕西煤业股份有限公司	郝晓利 仪瑞亮	
三等	煤炭企业战略转型与管理创新研究实践	窑街煤电集团有限公司	王奕明 张　虹	李生彩、王文杰、何武献、贺兴洲、刘建荣 许　啸、祁建中、何正宗、滕　澎
三等	窑街矿区环境综合治理研究与应用	窑街煤电集团有限公司	王奕明 谢晓锋	温克珩、杨云峰、穆家成、张　虹、段军锋 黄占斌、候云龙、吕新存、何武献、滕　澎

目录

CONTENTS

特等奖

一等奖

二等奖

2012 煤炭企业管理现代化创新成果

特等奖

煤炭企业对标管理研究与实践

辽宁铁法能源有限责任公司

辽宁铁法能源有限责任公司是一个以煤炭生产为主，集煤层气开发利用、油页岩炼油、机械制造加工、建筑建材、物流商贸等为一体，多元发展的国有大型能源企业。2011 年，公司原煤产量完成2600 万吨，企业销售收入达到191 亿元，实现利润17.9 亿元。2012 年全国工业500 强排名415 位。公司采掘机械化装备水平位于全国同行业先进行列，多次荣获中国煤炭工业“金石奖”、全国“五·一”劳动奖状、中国煤炭工业优秀企业等称号。

一、煤炭企业对标管理研究与实践的背景

1. 实施对标管理是提升企业管理水平的需要

对标管理蕴含着科学管理规律的深刻内涵，较好地体现了现代知识管理中追求竞争优势的本质特性，具有巨大的实效性和广泛的适用性。以企业发展战略分解确定的各项指标为目标，对照先进，量化差距，树立标杆，做到干有标准、学有榜样、超越目标，实现企业工作的不断改进、追求卓越的宗旨。煤炭企业实施对标管理的关键在于借鉴、引进标杆单位先进的管理方法，通过对标管理，重点完善和改进在生产作业流程中人、机、物、料、环各个方面的管理措施，从井下生产设计开始，到煤炭升井后的加工销售，在整个过程中，通过对工序的研究，进一步理顺生产过程中的关系，形成顺畅的生产流程，进而减少生产环节，提高工作效率，实现“低成本、高效益”的经营模式。对标过程中，在筛选各项投入产出指标时，会重点针对煤炭企业的生产特点和管理模式，从设计、生产、供应、销售等各个环节入手，设置不同的关键指标，与其他单位和行业水平进行对比，可以客观评价企业自身的生产能力、运营能力和盈利水平，实现企业工作绩效的科学、合理、公允的评价，从而促进企业走上一条良性循环的发展之路。

2. 实施对标管理是加强煤炭企业成本控制的需要

实施对标管理的目的是用更低的成本，取得更好的效益。煤矿属于资源采掘业，基于煤层赋存条件的不可预见性、生产工艺的复杂性以及安全等方面的要求，生产管理的难度大，导致煤炭企业在成本管理上存在诸多困难。实施对标管理，对促进煤炭企业成本管理工作有很强的现实作用。首先，有利于加强成本控制。传统的成本管理以事后的统计和分析为主要手段，对标管理则要求从历史数据中找出最优指标值，作为成本预算、过程控制和成本分析考核的基准，贯穿于成本管理的全过程，特别是企业内部对标，可以对煤炭成本定额、实物消耗等指标及时地加以纵向、横向对比分析，及时发现差距和问题，进而改进生产工艺和流程，加强成本的过程控制，降低材料消耗。其次，有利于成本指标设定和考核。针对煤炭企业的生产特点和管理模式，通过纵向和横向对标，增强了成本指标测算的针对性，为确定成本指标和考核提供有效的参考依据。再次，有利于加强成本考核。对标管理的基础是“标”，即相关指标的最优值，包括超支率、丢失率、消耗定额等，这些都是量化指标，而成本管理的关键在于考核的定量化。因此对标管理和成本管理具有很强的关联性，对标管理可以找出客观差距，为进行成本考核、改进管理中存在的问题提供现实依据。对标管理的实质是以优秀榜样为目标找差距、增效益的方法和过程，对铁法能源公司充分调动各个生产要素的积极性并实现动态的最佳组合，提高企业经济效益，能够发挥积极有效的作用。

3. 实施对标管理是企业不断追求卓越的需要

铁法能源公司自2006年以来，确立了建设“平安铁能、富裕铁能、和谐铁能、绿色铁能、长久铁能”的长远目标和做强做久煤炭主业、做优做大非煤产业的发展思路，逐步建立起主业非煤双轮驱动、本部域外齐头并进的发展格局，煤炭主业和非煤产业发展速度明显加快，经济总量和效益明显提升。但铁法能源公司与国内同行业企业相比，整体上与先进水平存在一定的差距。所以，引入对标管理机制，以先进企业为标杆，强势推进各项管理上台阶，提高企业综合发展水平，不断提升企业核心竞争力，是企业不断追求卓越发展的需要。

二、煤炭企业对标管理研究与实践的基本内涵和主要做法

铁法能源公司以科学发展观为指导，以提高经济效益为中心，以公司“十二五”发展规划为目标，以建设“平安铁能、富裕铁能、和谐铁能、绿色铁能、长久铁能”的长远目标和“做强做久煤炭主业、做优做大非煤产业”的发展思路为基础，着力在战略发展、安全生产、经济效益、节支降耗、管理创新等方面，抓对标，创一流，强管理、促发展。明确提出“对比标杆、改进短板、总体提升、争创一流”的总体目标。公司“十二五”期间对标管理目标：“十二五”末煤炭生产规模要达到5000万吨，销售收入400亿元，企业资产规模400亿元，控制煤炭资源80亿吨，煤炭产业争创国内一流，非煤产业要追赶国内和世界一流，其他产业要全面自我提升。

开展对标活动，对处于快速发展期的铁法能源公司来说，是企业在自身发展过程中，进一步转变观念、拓宽思路的必然要求，是发现差距、找准症结的必然要求和提升企业综合发展水平、提升自我创新能力的必然要求。

1. 对标管理模式的框架体系

对标管理模式是铁法能源公司在系统思考对标理念的指导下、对标管理实践的过程中固化下来的一套操作系统，它包含一整套具体的对标管理理念、对标管理机制、对标管理程序和对标管理方法。其已经反复运用于铁法能源公司各矿（厂）的对标管理实践，已经成为铁法能源公司运营中自觉遵守的管理规则。对标管理的运营框架体系如图1所示。

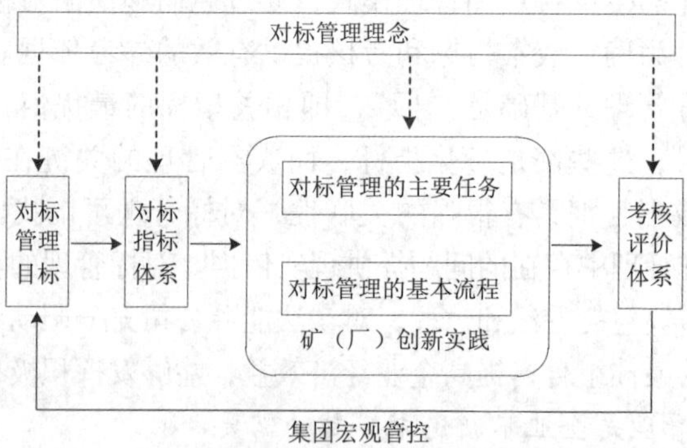

图1　对标管理模式的框架体系图

(1) 对标管理模式的基本理念。对标管理总体的指导理念是“统筹兼顾、系统思考”。铁法能源公司具体实践中，可以总结为“三项原则”和“四个结合”。

①对标管理的三项原则：

一是全面、开放、动态原则。在对标范围上，实现了与国内同行业不同层面的比较；在对标内容上，实现了指标标准、管理手段与方式的比较；指标体系根据企业的发展状况、不同阶段重点工作以及同业对标的成果，开放性地调整对标内容，按动态比较的管理模式不断确定企业最优指标。

二是分级、分层、渐进原则。指标体系的建立和对标过程体现了同行业指标、标杆企业指标、公司指标、本单位指标（包括科室、车间、班组指标）等多个层次，将指标的重点性和全面性相结合；对标内容切合公司实际，由少到多，由主及次，逐步递进。

三是闭环、持续原则。同业对标系统不断完善，改进指标体系与管理标准，突出流程管理、过程控制和管理手段的创新，实现同业对标工作的闭环管理。

②对标管理的四个结合：

一是对标活动与公司“十二五”发展战略规划相结合。把开展对标活动作为公司“十二五”期间加强企业管理的一项重要任务，与公司“十二五”发展战略规划结合起来。

二是对标活动与生产经营管控重点相结合。集中精力抓好以安全管理和成本控制为重点的五项对标。

三是对标活动与精细化管理相结合。将对标活动与企业管理创新相结合，按照管理程序化的要求，更新对标理念，进一步细化、量化和简化各项管理工作，实现各项管理工作之间无缝衔接，促进公司业绩指标长期持续提升。

四是对标活动与公司所属单位经营者业绩考评相结合。将对标指标分解落实到相关部门和岗位，纳入绩效考核，根据公布的对标指标完成情况，考评公司所属单位经营者业绩，建立对标考核机制。

（2）确定对标指标体系。铁法能源公司确定的对标指标体系，包括经济技术指标和基础管理指标两大类。

经济技术指标涉及安全对标、生产技术对标、成本对标、质量对标、效益对标等 5 大项 21 小项定量化对标指标。结合各行业实际，对五大项对标设立具体的对标指标，见图 2。

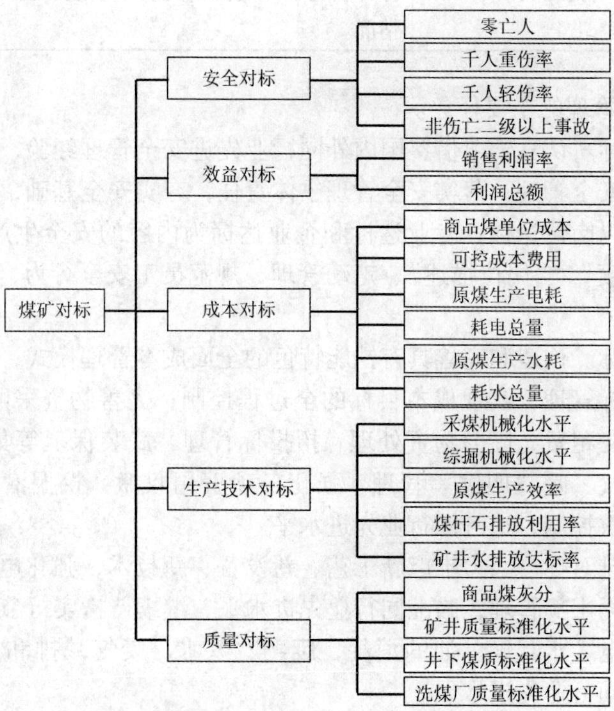

图 2　铁法能源公司对标经济技术指标体系图

基础管理对标指标内容指定性化考核内容。主要考核基层单位对标基础工作情况，见表1。

表1　基础管理对标项目和内容表

序号	对标项目	对标内容
1	对标活动实施方案制定与实施	组织领导机构；确定标杆企业；对标目标；对标指标体系；对标活动实施范围、内容及时间安排及落实情况；制定措施。
2	本企业与标杆企业对标分析报告	分析本企业与标杆企业存在的优势和差距有哪些（在指标、管理、技术、创新等方面）找准症结，明确对标方向，确定整改措施。
3	内部对标活动开展情况	开展区队班组对标活动安排；评比考核办法；指标分解到部门、区队；月份对标竞赛台。
4	建立对标数据库	建立对标数据库，车间、本企业、集团公司、标杆企业最优目标值、行业最优值和平均值（二年指标值）。
5	对标活动情况反馈	对标指标完成情况及分析、总结等材料上报及时；与标杆企业学习交流情况；本企业和公司内部组织交流情况。

（3）对标管理的主要任务。

①安全对标。认真学习借鉴国内外同行业先进安全管理经验，对照先进，查找差距，创新安全管理；落实安全管理主体责任，夯实安全基础，规范安全管理与操作；开展以岗位达标、专业达标和企业达标为内容的安全生产标准化建设；深化“三项制度”、“岗位描述”、走动管理，规范员工安全行为，打造本质安全型企业。

②成本对标。构建和完善具有铁能特色的全面成本管理模式，对各项成本指标实施全面对标管理，实现成本目标的全过程控制；完善物资采购、产品销售、资金使用、设备租赁、废旧物资处理、招投标管理、武装保卫等集中管控机制；加强水、电、气、暖“四供”管理，强化各项费用收缴，挖掘潜力，使各项成本费用得到有效控制，追赶同行业先进水平。

③节能减排对标。大力推广新工艺、新设备、新技术，强化电、水、煤、油的全面工序能耗定额管理，瞄准同行业先进水平，继续严格实行节能减排奖罚机制，力争公司电、水、煤、油的消耗，废物、废水、废气减排和循环再利用工作，逐步达到同行业先进水平。

④质量对标。以矿井质量标准化、煤质标准化和选煤标准化为重点，努力提高工程质量，降低工程造价，打造优质精品工程；以提高煤质和产品质量为重

点，健全产品质量监控体系，提高经济效益；以“窗口服务”竞赛为龙头，提升服务质量，打造各具特色的服务品牌。

⑤效率对标。依靠科技进步，努力建设高产高效矿井和高产高效企业，不断提高生产自动化水平，实现企业增产增收，提高劳动生产率；加强劳动组织管理，破解一线缺员、二线满员、三线超员的难题，打造出一批具有同行业先进水平的高产高效企业。

（4）对标管理模式的基本流程。全面开展对标工作，是铁法能源公司的一项全局性、长期性、系统性的重点工作。为确保对标管理目标的实现，着重抓好“六个步骤”开展工作。

①分析现状。一是经济规模总量小。铁法能源公司经济规模总量和行业重点企业相比差距较大，特别是非煤产业经济规模较小。二是非煤产业盈利能力偏低。铁法能源公司大多数非煤企业是依附主业安置型的，缺乏技术研发能力、缺乏有竞争力的产品。另外非煤产业发展不平衡，建筑和建材产业、热电厂和煤层气综合利用规模较大，发展较快；商贸物流和油页岩炼油等产业初具规模，一些项目尚在建设当中，大幅提升效益还需要一定过程。通过对标指标的分析，找准了自己在行业中所处的位置，发现问题，找准症结，明确了追赶目标。

②选定标杆。组织人员对潜在标杆企业进行研究分析、考察或在行业协会的帮助下，选定国内同行业一流标杆企业，确定对标指标目标值。

③制定方案。通过与标杆企业或行业协会进行交流，分析标杆企业在管理及技术等方面的优势，查找自身差距，制定切实可行的改进方案、措施和实施进度计划。

④对标实践。公司强化责任落实，将对标指标层层分解，搞好不同层次的对标，做到单位有目标、部门有任务、员工有指标，形成全员参与、分级控制、齐抓共管的工作局面。

⑤对标评估。将对标活动与长效机制建设相结合，加强对标活动的检查与考核，定期评估对标工作的成效，发现对标工作中存在的问题和不足，突出抓好指标优化，力争实现指标先进和管理最优。

⑥改进提高。在对标实践基础上，总结经验和做法，持续改进提高本企业管理水平，进而开展更高层次的对标活动。

2. 建立对标管理数据库

（1）对标管理数据库建设。铁法能源公司为了增强所属单位行业对标的可比性，与中国煤炭经济研究会合作，对煤矿、热电厂、煤矸石制砖厂、铁运部等主要生产经营单位，共同研究行业分类对标办法，并建立煤炭企业对标数据库，从数据库中甄选同类企业标杆。在华北、东北、华东和中南地区选择 12 家大型煤炭企业集团，通过函调采集煤矿、洗煤厂、电厂、砖厂和铁运部等对标管理数据。已收到煤矿对标管理信息资料 68 家，洗煤厂对标管理信息资料 24 家，电厂对标管理信息资料 18 家，煤矸石砖厂对标信息资料 12 家，铁运部对标信息资料 10 家，能够适应铁法能源公司和相关煤炭企业对标管理的要求。

①对标数据库范围。根据煤炭企业实施对标管理要求的迫切程度，先将煤炭开采与洗选业和煤矸石制砖、综合利用电厂（热电厂）和铁路专用线运输等传统的多元经营行业纳入对标管理数据库建设。

②数据库信息采集和使用对象。矿、厂、处（部）是生产经营和服务的基本单位，组织机构和经营范围相对稳定，是开展行业对标的基本载体，是对标数据库信息采集和使用的主要对象。

③数据库采集信息主要内容。煤炭行业对标数据库采集信息主要内容包括行业对标基础条件和经济技术指标两大类。以煤矿对标信息采集为例，说明煤矿对标两大类指标数据构成情况。

煤矿对标基本条件。包括煤炭资源条件、资源赋存条件、资源开采状况和员工构成状况。设立了主采煤层厚度、主采煤层煤种、瓦斯等级、煤层倾角、地质构造类型、水文地质类型、核定生产能力、开采深度、矿井投产日期、全部职工人数、原煤人员等 11 项指标。依据这些基本条件指标对煤矿进行分类，实施煤矿分类对标管理。

煤矿对标管理经济技术指标。包括安全生产、生产技术、成本、质量、效益和职工收入等方面 27 项具体指标，依据这些指标数据择优选择同类煤矿的标杆，见表 2。

表 2　煤矿对标管理经济技术指标调查表

序号	指标名称	单位	指标值	序号	指标名称	单位	指标值		序号	指标名称	单位	指标值	
							2010 年	2011 年				2010 年	2011 年
一	基本情况指标			二	对标指标				14	洗煤加工费	元/吨		
1	主采煤层厚度	米		1	工亡人数	人			15	可控成本费用	元/吨		
2	煤层倾角	度		2	非伤亡二级以上事故	次			16	原煤生产效率	吨/工		
3	地质构造类型			3	千人重伤率				17	矿井水排放达标率	%		
4	水文地质类型			4	千人轻伤率				18	煤矸石排放利用率	%		
5	主采煤层煤种			5	原煤产量	万吨			19	瓦斯排放利用率	%		
6	瓦斯等级			6	其中机采产量	万吨			20	万元产值综合能耗	吨标煤/万元		
7	开采深度	米		7	掘进总进尺	万米			21	原煤生产电耗	千瓦时/吨		
8	核定生产能力	万吨		8	其中综掘进尺	万米			22	原煤生产水耗	立方米/吨		
9	全部职工人数	人		9	入洗原料煤	万吨			23	总产值	万元		
10	原煤人员	人		10	商品煤产量	万吨			24	销售收入	万元		
11	矿井投产日期	年		11	商品煤灰分	%			25	利润总额	万元		
				12	商品煤平均成本	元/吨			26	质量问题投诉	次		
				13	原煤成本	元/吨			27	职工平均工资	元/年.人		

④煤矿对标基本条件分类。铁法能源公司本部的 8 个生产煤矿，按照基本条件测算分值，对应煤矿分类方案，分别属于较好、中等、较差三个类型。8 个煤

矿的煤种、煤层倾角、地质构造、水文地质、开采深度等大体相同，主要差异是主采煤层厚度、瓦斯等级。铁煤集团本部的八个煤矿对标管理基本条件类型划分，是符合煤矿实际情况的，见表3。

表3　铁法能源公司煤矿对标基础条件表

序号	指标名称	单位	大平矿	大兴矿	小康矿	大隆矿	晓南矿	晓明矿	小青矿	大明矿
1	主采煤层厚度	米	0.6－14	2.5－7	3－5	5.4	0.8－3.7	2.32	0.8－3.7	0.8－4.2
2	煤层倾角	度	7－9	6－15	8－12	2－8	0－22	7	5	0－21
3	地质构造		中等	中等	中等	中等	中等	中等	中等	中等
4	水文地质		复杂	中等	简单	中等	中等	中等	中等	中等
5	主采煤层煤种		长焰煤	长焰煤	长焰煤	长焰煤	长焰煤	长焰煤	长焰煤	长焰煤
6	瓦斯等级		高瓦斯	双突	高瓦斯	双突	高瓦斯	高瓦斯	高瓦斯	高瓦斯
7	开采深度	米	－220至－700	－727	－632	－710	－650	－701	－750	－515
8	核定能力	万吨	405	390	260	295	210	195	250	120
9	投产日期	年	2004	1990	1990	1972	1980	1968	1984	1959
10	基础条件类型		较好	中等	中等	中等	较差	较差	较差	较差

（2）对标指标分析。

①差异性分析。通过与标杆指标的比较，寻找指标及其管理的差异；差异性分析的对象是终端指标或过程指标，单项指标、专业指标或相关的一组指标。通过对多组指标数据的分析，主客观因素的分析，确定影响指标先进性的原因和程度。

②阶段性分析。对指标数据在不同时段的特点、不同年份同时段的指标数据比较和该时段指标数据对年终指标数据的影响进行分析和跟踪，并进行趋势预测。阶段性分析的对象是终端指标或过程指标，单项指标、专业指标或相关的一组指标。通过多组指标数据的分析来确定指标与时间因素的相关性及其规律。

③典型性分析。选择对企业绩效影响较大的关键因素、关键指标或关键单位和部门进行深入分析，对照最佳实践，找出差距，分析原因，重点改进。典型性分析应形成分析报告。内容包括：分析对象、业务现状、最佳实践、与最佳实践的差距、差距原因和改进措施。

④综合性分析。对企业总体绩效水平进行分析与评价，从总体角度确定企业对公司战略和绩效要求的完成程度，确定差距、改进方向及措施。综合性分析的

重点是反映安全、质量、效益等方面的评价指标。

(3) 指标分析的组织与实施。

①指标分析。坚持真实、科学、定量与定性分析相结合的原则，并根据实际，灵活运用一种或多种分析类型。

②专题分析。公司各部门、单位结合专业管理实际，借助指标专题分析会、专业工作会等形式，在指标日常管理工作中提出并开展指标四种分析。公司对标办组织开展公司对标指标的综合性分析。

③阶段分析。阶段性分析一般以季度为周期进行，也可根据需要对部分指标以月度为周期进行分析；差异性分析、典型性分析根据实际需要进行；综合性分析评价每半年一次。

④持续改进。各单位在开展同业对标分析的同时，要将分析结论作为企业制定持续改进措施的重要依据，各专业管理部门要根据分析结果制订相应的整改计划，并滚动修订企业的年度工作计划和发展规划。

3. 建立对标管理考核体系

(1) 对标考核的组织与管理。

①对标考核的组织与领导。按照“统一领导、专业管理、综合考评”的原则，公司对标活动领导小组履行对标活动考核的领导职能，公司对标活动办公室（设在企管处）按照对标活动领导小组要求，负责牵头组织和协调公司对标活动的具体考核工作。

②对标考核的专业组设置及分工。公司对标活动设置八个考核专业组，具体负责对标考核的部门及考评指标见表4。

表4 对标考核部门及负责考评指标表

序号	组别	考核部门	负责考核指标
1	安全指标考评组	安监局	安全对标指标
2	财务指标考评组	财务部	利润成本对标指标
3	节能减排考评组	机电处	电水对标指标
4	质量（煤质）指标考评组	生产处	矿井质量及井下煤质标准化
5	选煤指标考评组	销售公司	商品煤灰分及选煤厂质量标准化
6	效率指标考评	人力资源部	效率指标
7	对标管理考评组	企管处	对标基础管理
8	服务质量考评组	宣传部	文明窗口竞赛

③对标管理组织职责。对标管理组织职责见表5。

表 5 对标管理组织职责表

组织机构	主要职责
对标活动领导小组	1. 全面领导公司对标工作。审批《铁法能源公司“精细管理对标年”活动实施方案》，决定对标工作中的有关重大事项。 2. 定期召开工作例会，特殊情况召集临时会议，听取各工作小组对标工作汇报，指导、协调重大事项。 3. 审批领导小组办公室提交的考核意见，做出考核决定。
对标活动办公室	1. 负责制定公司对标工作方案、制度、措施等，监督分解目标，落实责任。 2. 负责公司对标工作的组织实施和相关工作信息的发布，加强过程控制和监督、检查、指导，查找执行中的问题，提出解决建议。 3. 负责管理公司对标指标体系以及对标指标数据库的维护和更新，负责审核各工作小组向领导小组提报的季度和年度分析报告，编写年中和全年公司对标指标发布报告。 4. 负责公司对标工作的分析、总结、上报和考核，组织对各专业工作小组进行综合评价，汇总并提出考核意见。 5. 组织开展同业对标工作研究、内外部对标经验交流。 6. 负责同业对标对外联系、沟通和协调工作。 7. 落实达标奖励，推广典型经验。
专业组	1. 在公司整体工作计划的指导下，负责制定本专业组同业对标工作方案。 2. 实施计划、进行指标的差异分析，制定并落实改进措施，达到管理提升的目标。 3. 负责所在部门分管指标的管理、统计，对标指标数据进行系统分析，按季度、年度定期上报。 4. 负责与对标活动办公室的汇报、联系和沟通。
各单位	在公司对标活动领导小组的统一部署和相应专业小组的直接领导下，加强对标的管理，明确工作流程和实施重点，确保工作有效开展。

（2）对标管理考核的程序。

①重视考核过程。注重搞好活动过程控制，使活动能够贯彻始终，是对标管理取得成功的重中之重。对标考核主要体现在以月度为周期的工作考核上。考核机制要不断强化过程考核的作用，使对标办对标杆改善活动的统筹能力不断加强，使标杆改善活动的运行更加顺畅有效。

②半年专业考核。对标活动考核采取听汇报、现场查看、对标数据核实、专业考评组日常考评等方式进行，分专业半年考核一次，年度结束后实施综合考评。年末考评以财务账面报表数为准。

③年度综合考评。年终对标考评专业组负责本专业对标指标完成情况的考核

工作，并将考核结果于次年1月25日前报对标活动办公室，由对标活动办公室汇总，考评结果报公司主管领导及公司对标活动领导小组审定后，根据对标活动考核办法规定进行奖励。

④考核结果的使用。将半年的分专业组考核结果及时反馈给被考核单位，由被考核单位在考核工作组指导和协助下进行考核结果总结分析并制定整改方案；年终由对标活动办公室牵头组织大规模的对标管理总结活动，将每一次考核变成各单位改进工作的重要契机。

对标考核工作在公司对标活动中的地位和作用如图3所示。

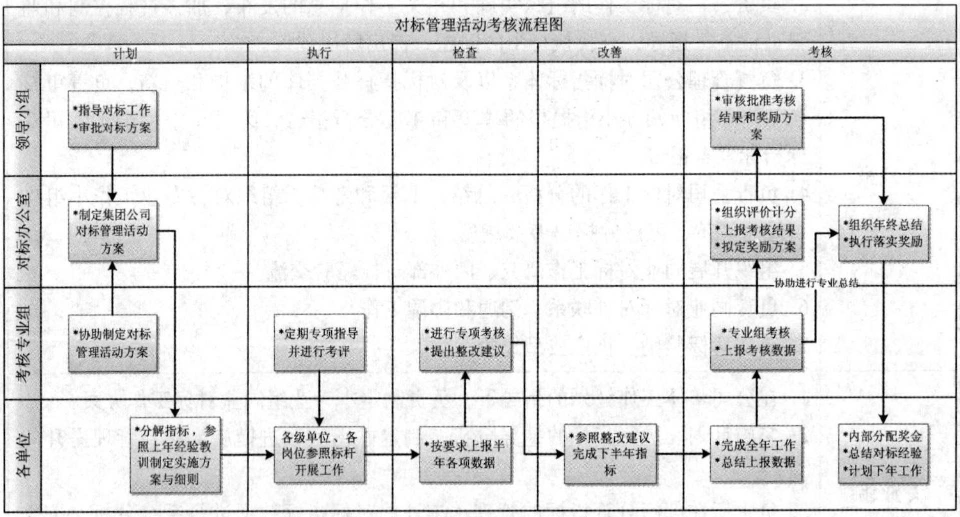

图3 对标活动考核流程图

（3）对标指标考核计分方法。在实施对标管理的开始阶段，为了简化方法便于实施，取$\alpha_1=\alpha_2=0.5$，取$\beta_1=\beta_2=\beta_i=1$，制定如下现行对标指标考核计分方法。

①成长类对标指标计分方法。

$$单项指标得分=\left[\left(1+\frac{本年度值-标杆值}{标杆值}\right)\times\beta_i\times\alpha_1+\left(1+\frac{本年度值-上年度值}{上年度值}\right)\times\alpha_2\right]\times基本分$$

控制降低类对标指标计分方法。

$$单项指标得分=\left[\left(1-\frac{本年度值-标杆值}{标杆值}\right)\times\beta_i\times\alpha_1+\left(1-\frac{本年度值-上年度值}{上年度值}\right)\times\alpha_2\right]\times基本分$$

单项指标最高得分不超过基本分的1.2倍。

②专业考评。安全、矿井（煤质和选煤）质量标准化和管理考核类对标指

标由各专业考评组依据月份考核评分计算。

③加分项目。单项指标达到或超过标杆企业最优目标值的加 0.5 分；单项指标达到行业最优值（国资委制定的 2011 年企业绩效评价标准值）的加 1 分；地面单位参加文明窗口竞赛评比在基本分基础上，取得第一名加 0.5 分，取得第二名加 0.4 分，取得第三名加 0.3 分。

4. 建立对标管理信息化体系

铁法能源公司建立了对标管理信息化体系，利用网络资源和信息化手段，实现对标数据采集、查询、指标管理、标杆管理、流程管理、系统管理全过程控制。

（1）系统架构。对标管理信息系统整体架构如图 4 所示。操作功能由指标浏览查询、指标管理、指标统计分析和指标评价打分四个基本功能构成。

图 4　对标管理信息系统整体架构图

（2）流程设计。数据由统计平台数据接口导入、剩余数据由各单位维护人员手工录入。数据通过功能模块计算和分析处理后可输出各种统计汇总表、指标分析图表、指标评价和指标填报打分表。

（3）应用效果。以业务为驱动，将对标管理的先进思想通过信息技术广泛应用于生产经营中，建立了铁法能源公司特有的管理模式。

通过数据搜索与分析的自动化，将管理人员从繁杂、琐碎的基础工作中解放出来，更多地进行优化分析与目标调整。

通过网络信息发布，加快信息共享，使各级管理人员能够快速、准确地掌握指标统计、分析、评价等数据，便于指标的监控与考核。

通过业务数据的图形化，对指标进行综合对比展现，实现了生产情况的全面分析。

5. 建立对标管理的奖励机制

铁法能源公司在对标管理实践过程中，按制定的改进措施和实施方案，全面实施整改，并适时评估，在此基础上积极转化和推广对标成果，不断完善管理平台和指标体系，形成最佳实践方法。在开展对标管理初期，标杆改善活动会有除日常奖金之外的单独奖励，但是，随着标杆改善活动的常态化，随着对标考核与日常考核体系融合得越来越充分，单独奖励的作用将会逐步转移到日常奖金上，直至单独奖励取消。

为了促进对标管理活动深入开展，奖优罚劣，铁法能源公司制定“精细管理对标年”活动考核办法和考核细则，划分矿井和地面三个赛区考核评比，年末进行总评比奖励。

三、煤炭企业对标管理研究与实践的实施效果

1. 企业管理水平持续提升

铁法能源公司通过深入开展对标管理活动，瞄准同行业先进水平，深入剖析本单位管理工作中的差距，进一步明确了企业的发展战略、定位和目标，进一步强化了成本对标管理，夯实了企业管理基础。同时，把对标管理与精细管理有机结合起来，构建了具有铁法能源公司特点的管理模式和运行机制，推进了企业管理工作持续提升，多项指标创出了全国同行业一流水平和本企业历史最好水平。安全生产保持全国先进水平，2011 年全公司百万吨死亡率 0. 039，同比降低 0. 133，比全国国有重点煤矿百万吨死亡率 0. 163 降低 0. 124；矿井质量标准化保持全国行业先进水平；煤炭主营业务利润率创出全国煤炭行业先进水平，2011 年公司煤炭主营业务利润率为 37. 79%，同比增长 3. 52%，比全国煤炭行业主营业务利润率优秀值 32% 提高 5. 79%；2011 年万元产值能耗同比节能率完成 5. 63%，比计划降低 1. 86%，节能量完成 7. 75 万吨标准煤，比计划节约 2. 57 万吨标准煤。

2. 企业经济效益快速增长

铁法能源公司开展对标活动以来，经济运行质量不断提高，企业核心竞争力逐步提升，创造了显著的经济效益，实现了企业跨越式发展。2011 年原煤产量 2566 万吨，同比增长 11. 2%；实现利润 17. 9 亿元，同比增长 27. 42%；企业经营收入完成 190. 24 亿元，同比增长 33. 2%。

（成果创造人：韩有波　苏立功　朱　瑜　尤德斌　赵家廉　郭　超　林式巨　高双喜　王　丹　燕波涛　李俊峰　尚闯红）

以创新发展方式为主线的和谐矿区建设

淮南矿业（集团）有限责任公司

淮南矿业（集团）有限责任公司是一个以煤炭生产和销售为主，集火力发电、房地产、金融、物流、技术服务等产业为一体的国有大型能源企业。公司现有员工 72000 人，2011 年生产煤炭 6751 万吨，百万吨死亡率 0.103，电力权益规模1228 万千瓦，实现营业收入696 亿元，实现利润20.6 亿元，上缴税费68 亿元，职工可支配收入人均 82000 元，资产总额 1283 亿元。公司先后获得中华环境友好煤炭企业、全国煤矿瓦斯治理工作先进单位、安徽省高新技术企业等称号。

经过十年探索与实践，淮南矿业集团逐步形成了具有淮南煤矿特色的和谐矿区建设的基本经验和做法。2007 年6 月，国家发改委在淮南召开全国煤炭工业和谐矿区建设座谈会，推广了淮南矿业集团的基本做法。2012 年5 月，中国煤炭工业协会在淮南召开全国煤炭工业和谐矿区建设现场会，系统总结了淮南矿业集团和谐矿区建设的基本经验并上升到行业指导意见，以此推动全行业和谐矿区建设。

一、和谐矿区建设的历史背景

淮南煤矿 1903 年开矿，1930 年成立淮南煤矿局，1950 年成立淮南矿务局，1998 年改制为淮南矿业（集团）有限责任公司。上世纪五十年代被誉为全国“五大煤矿”之一，九十年代进入中国煤炭工业企业十强。十年前，淮南矿业集团是当时全煤行业最困难的企业之一：由于生产力水平低下，煤炭产量连续多年徘徊在年产 1000 万吨左右，企业连续多年亏损。由于投入和管理不到位，造成安全事故频发，1980 年到 1997 年发生瓦斯爆炸事故 17 起，死亡 392 人。由于经济效益下滑，职工收入处在行业后位，一度减发欠发工资，职工住房差或无房住，工程技术人员流失五分之一。由于政策原因，煤矿压煤村庄搬迁难度大，工农关系长期纠缠不清，采煤沉陷带来一系列社会问题等。淮南矿业集团当时所面临的困境，实质是煤矿安全、生态保护、工农关系三个世界性历史性难题，制约着企业的发展。

2002年以来，淮南矿业集团认真贯彻落实科学发展观，遵循资源开采型企业发展规律，围绕破解煤矿三个世界性历史性难题，积极探索发展方式的创新，提出并形成“以创新发展方式为主线的和谐矿区建设”的思路，努力解决好和谐矿区建设中的“发展什么，怎么发展?”一系列重大问题，坚持实践十年，坚持十年不变，使科学发展观在淮南煤矿具体化。从这个意义上讲，建设和谐矿区就是发展方式的创新。

二、和谐矿区建设的基本内涵

淮南矿业集团提出并实践的“以创新发展方式为主线的和谐矿区建设”思路，体现了我们党构建社会主义和谐社会的基本思想，体现了国有大型煤炭企业可持续发展的内在要求，体现了国有煤炭企业履行社会责任、促进区域社会经济发展的高度负责精神，是市场经济条件下的一个战略选择，是转变发展方式的一种全新理念，其基本内涵主要有：

1. 企业宗旨：一切为了发展，一切为了职工

企业宗旨是企业的最高价值取向，核心是维护职工的生命权、利益权、发展权和受尊重权。淮南矿业集团确立的“一切为了发展，一切为了职工”的企业宗旨，从根本上回答了办企业的最终目的，就是为了大多数职工谋利益，为了大多数职工搞发展。发展是手段，为职工是目的。让职工充分享受企业发展和改革的成果，使企业兴盛几十年，惠及几代人，把建设和谐社会的要求落到企业实处。

2. 企业精神：负责任，能创新

淮南矿业集团提出的企业精神“负责任”的内涵是：职工要向岗位负责，领导干部要向职工负责，干部、职工要向企业负责，包括向企业的明天和可持续发展负责。向社会负责，包括各种社会关系，如股东、用户、金融机构、运输通道、塌陷区的农民、所在地政府、区域经济。“能创新”的内涵是：理念创新，发展方式创新，整合社会资源创新，技术和管理创新。没有离开发展的创新，有什么样的发展目标就进行什么样的创新。没有离开提高管理的创新，有什么样的管理目标就有什么样的创新。

3. 核心价值观：心系职工，科学发展，自主创新，构建和谐，造福社会

淮南矿业集团提出的企业核心价值观，是把党的全心全意为人民服务宗旨和唯物辩证法的方法论在市场经济条件下的坚持和发展，使它具有鲜明的时代特征和生生不息的生命力。在这种企业哲学下面，走出了一条科学发展、安全发展、和谐发展、绿色发展、创新发展的路子。

4. 发展方式：发展先进生产力，保护生命，保护资源，保护环境

淮南矿业集团的发展方式，实质上是坚持以人为本共赢发展，正确处理好企业发展与人的全面发展、发展与资源、发展与环境、发展与社会的各种关系。遵循社会化专业分工的规律，把煤炭主业做精做强，创造条件延伸产业链。发展该稳则稳，当进则进，关键是提高发展质量和市场竞争力。

5. 和谐理念：稳定是硬任务，和谐也是政绩

和谐理念的基本内涵是：和谐是发展条件，也是发展目标。稳定和谐工作要以企业宗旨为统领，坚持为发展服务，为职工服务，为履行企业社会责任服务。利益和谐是一切和谐的基础，没有利益和谐，就没有矿区和谐。积极营造价值追求和谐，最大限度地增加企业内部及企业与社会之间的和谐因素。

三、和谐矿区建设的主要做法

淮南矿业集团从企业发展大局出发，确立了和谐矿区建设的阶段性目标是：安全生产的矿区、资源节约的矿区、环境友好的矿区、民生富裕的矿区、工农和谐的矿区。按照这个目标，淮南矿业集团有计划、分步骤、稳步推进五项工作：

1. 发展先进生产力，增强企业经济实力，为和谐矿区建设创造必要的物质基础

（1）高标准建设现代化煤矿群。矿区要和谐，首先要发展。建设和谐矿区，重要的是取决于煤矿生产力的发展水平，取决于煤矿安全产能和经济效益的提高。2002 年以来，淮南矿业集团实施“建大矿、办大电、做资本”的发展战略，按照“国内一流、国际先进”的标准，用五年时间新建七对装备现代化、系统自动化、管理信息化现代化矿井，高定位技改六对矿井，新建和技改矿井中包括四对千万吨级矿井，形成了矿区煤矿群。煤炭产量平均每年以 700 万吨幅度递增，“十一五”期间共生产原煤 3.2 亿吨。2011 年，安徽省原煤产量 1.37 亿吨，其中两淮煤炭基地四家大型煤炭企业产量 1.31 亿吨，淮南矿业集团占 52%。2008 年 12 月，国家发改委、国家能源局在淮南召开两淮亿吨级煤电基地竣工投产仪式，宣布它是第一个建成的亿吨级煤电基地。规划“十二五”末，淮南矿区煤炭产量 9000 万吨，内蒙古鄂尔多斯 3000 万吨，总计 1.2 亿吨。建设坑口煤矿群的优势在于：有利于提高区域能源保障度和调控度，有利于电网网架的布局和输配电集中管理，有利于环境统筹和“三废”循环利用。

（2）率先推进煤电一体化体制创新。按照国家“皖电东送”发展规划，淮南矿业集团根据煤炭生产规模，遵循社会化专业分工的规律，量入为出地发展电力，有多少煤，办多少电，先坑口，再省内，兼顾省外，采用独资、均股、参股三种方式，探索煤电一体化。目前，淮南矿区已形成坑口电站群共八个电厂，装机规模 1062 万千瓦，其中淮南矿业集团权益规模 591 万千瓦。企业供应这些坑口电厂煤炭 2400 万吨，占总用量的 87%。预计“十二五”末，淮南坑口装机规

模 1858 万千瓦，淮南矿业集团权益规模 1089 万千瓦，供应煤炭 4400 万吨，占总用量的 92%。到 2011 年底，淮南矿业集团独资、均股、参股三种电厂权益规模 1228 万千瓦，规划“十二五”末达到 1500 万千瓦。实施煤电一体化的好处：一是煤电企业通过产权链接，提高产业融合度，为调整平衡两个产业之间的利益关系找到了一条新路；二是电力企业有了稳定可靠的煤源，困难时期对减亏增盈有一定帮助；三是煤矿企业锁定了煤电市场，煤电市场一有风波，可以风险对冲，有利于长期稳定发展。

（3）积极参与城市化工业化建设。2002 年以来，淮南矿业集团从煤矿棚户区改造起步，积极参与安徽省城市化、工业化和保障性住房建设，不追求暴利，不恶意竞争，做有特色有影响力的国有房地产企业，使房地产开发成为三大主业之一。目前，淮南矿业集团开发的城市化工业化项目有：上海、浙江、合肥、芜湖等地区的旧城改造，淮南泉大 22 平方公里资源枯竭矿区生态修复，淮南山南新区 14 平方公里一级开发，合肥淮南同城化工业走廊淮南工业集中区 13 平方公里建设，安徽铜陵市 16.6 平方公里城市建设等。从而拉动了经济发展，美化了当地环境，增加了社会就业，促进了社会和谐。淮南矿业集团参与城市化工业化建设的经验表明：一个城市的房地产，如果有一两家国企担负市场主体，对于执行国家政策、平抑市场房价、保障群众住房好处极大。

（4）精心培育做资本的产业基础。2002 年以来，淮南矿业集团按照“资源是煤矿的资本，是做资本的源头”“资本运作必须自己有利，合作方有利，社会有利”的理念，遵循煤炭产业资本运动的规律，根据中国国情，坚持走和谐资本运作道路。利用芜湖港上市公司、芜湖扬子农村商业银行、财务公司、上海淮矿资产管理公司四个平台，实现煤炭产业与金融业之间集成，2011 年，芜湖港上市公司实现产值 300 亿元，财务公司为成员单位代理融资 239 亿元，上海淮矿资产管理公司沿产业链、供应链进行股权投资和收购。参与蒙西至华中煤炭大通道建设，连同包西线接宁西线，形成了三条战略通道。参与荆州、岳阳、镇江、曹妃甸煤炭港口建设，建设芜湖国家煤炭应急储配库，构建了铁水联运的物流网。

2. 综合治理瓦斯，提高安全保障能力，把保护职工生命作为和谐矿区建设的出发点

（1）职工生命得到可靠保障。淮南矿区历史上曾是瓦斯事故重灾区，特别是 1997 年不到两周的时间内，发生两起重特大瓦斯爆炸事故，共牺牲矿工 133 人。安全上必须万无一失，否则一失万无。没有安全就没有一切，发展之功抵不了安全之过。如果没有对职工的深厚感情，企业要治住瓦斯是不可能的。淮南矿业集团痛下决心治理瓦斯，率先提出“瓦斯事故是可以预防和避免的”理念，以此引领体制、机制、技术和管理创新，大力实施“可保尽保、应抽尽抽”的

瓦斯治本战略，落实“高投入、高素质、强技术、严管理、重利用”的瓦斯综合治理措施。瓦斯治住了，职工生命得到可靠保障，安全与生产的矛盾得到有效的统一。企业已经连续 15 年没有发生瓦斯爆炸事故，2006 年以来没有发生瓦斯突出事故，瓦斯超限由每年上千次下降到 10 次以下，2011 年百万吨死亡率 0.103，比 2001 年以前历史平均水平下降 40 倍。淮南矿业集团探索出的高瓦斯矿区瓦斯防治的新路子，在行业内外产生了广泛影响。2005 年 12 月，煤矿瓦斯治理国家工程研究中心在淮南揭牌成立，标志着淮南矿业集团的瓦斯治理技术具有国内先进水平。2005 年 4 月，国务院在淮南召开全国瓦斯防治现场会。2011 年 11 月，国家再次在淮南召开现场会，推广淮南矿业集团瓦斯治理经验。

（2）生产力得到进一步解放。2002 年以来，淮南矿业集团先后建成谢一矿千米深井、国家高瓦斯试验矿井，建成顾桥矿国家高瓦斯示范矿井和标志性矿井。双突出矿井采煤工作面单产达 500 万吨，矿井产量达千万吨规模。近十年来，采煤机械化程度从 66.7% 提高到 94.16%；掘进机械化程度从 39.9% 提高到 53.1%；综采工作面月平均单产从 11.25 万吨提高到 17.2 万吨；原煤工效从 14.18 吨/工，提高到 32.17 吨/工。煤炭产量，从建国以后五十多年的千万吨左右，增长到近几年 6000 万吨以上，2011 年为 6751 万吨。淮南矿业集团的经验表明：治住了瓦斯，降服了危害职工生命的老虎，同时砸碎了束缚生产力的镣铐，保护生命、发展生产力两个目标同时实现。

（3）获得一批以瓦斯防治技术为主体的重大科研成果。按照“技术创新要走产学研一体化道路”“技术要先进、适用、集成、节省”和“瓦斯不仅治得住，还要治得快、治得省”的理念，淮南矿业集团独立承担完成或正在实施“十五”“十一五”“十二五”国家重点科技攻关项目和国家科技重大专项 7 项，以及国家“863”和“973”计划项目 3 项。探索形成“卸压开采抽采瓦斯，煤与瓦斯共采理论”“无煤柱快速留巷 Y 型通风煤与瓦斯共采理论”等一批理论成果。取得了“低透气性煤层群无煤柱煤与瓦斯共采技术”“井上下立体瓦斯抽采技术”等 20 项关键技术创新成果。“十一五”以来，共获得国家和省部级科技进步奖 45 项，其中国家科技进步二等奖 5 项；获得国家授权专利 224 项（其中瓦斯治理 75 项），发明专利 21 项（其中瓦斯治理 13 项）。目前，淮南矿业集团正在整合已拥有的煤矿瓦斯治理国家工程研究中心、煤矿生态环境保护国家工程实验室、深部煤炭开采国家重点实验室三个国家创新平台，申请组建中国煤炭工程技术研究院，实现技术创新从经验式上升为工程理论。

（4）部分企业标准上升为国家法规、规划和标准。淮南矿业集团创新的“发展先进生产力，保护生命，保护资源，保护环境”“可保尽保、应抽尽抽”等瓦斯治理理念和措施进入煤炭行业“十一五”“十二五”规划及煤层气“十一五”“十二五”规划等 5 个规划，并上升为煤矿安全规程等 4 个部门法规。煤矿瓦斯抽采基本指标、煤矿低浓度瓦斯气水二相流安全输送系统标准等18项企业标准上升为行业标准。淮南矿业集团还参与制定了《2010年煤矿瓦斯治理专家会诊指导纲要》《2010年煤矿瓦斯治理专家会诊评分标准》和《瓦斯治理示范矿井建设审查标准》等。国家和安徽省有关部门不断总结和提升，推广了淮南矿业集团一些经验做法，如：《防治煤与瓦斯突出规定》（国家安全生产监督管理总局令第19号）、《关于印发〈煤矿瓦斯治理经验五十条〉的通知》（发改能源〔2005〕457号）、《安徽省煤矿瓦斯综合治理与利用办法》（皖政办〔2011〕62号）等。

（5）开展瓦斯防治技术服务和技术培训。经国家相关部门授权，淮南矿业集团以煤矿瓦斯治理国家工程研究中心为平台，坚持“技术服务要搞研发、卖技术、学经验”的原则，开展面向行业的瓦斯防治技术服务。技术服务项目部已经发展到11个，实现了山西、陕西、黑龙江全覆盖，延伸到新疆部分地区，创建了技术服务“沙曲模式”。2008年以来，先后对山西、陕西、黑龙江、新疆等省区的近100对煤矿开展了瓦斯治理评估会诊，编制了《全国煤矿瓦斯治理专家会诊指导纲要标准》和《全国瓦斯治理示范矿井建设验收标准》，承担片区专家会诊，指导各示范矿井建设。2007年以来，受国家发改委、国家煤监局的委托，承担了全行业煤矿瓦斯治理技术培训任务，累计举办培训班42期，培训7000多人次，其中包括45家国有重点监管的煤矿企业高管和部分地方煤矿企业的高管。同时，淮南矿业集团先后与日本能源研究中心、澳大利亚联邦科学院、德国鲁尔集团等国际知名科研机构和企业，合作开展50多个项目的瓦斯防治技术研究，取得了一批具有国际水平的科研成果。从2007年起，受国家发改委、中国工程院、安徽省人民政府、中国煤炭工业协会委托，先后承办四届中国（淮南）煤矿瓦斯防治技术国际研讨会，使国际研讨会成为重要的技术交流平台。淮南煤矿的瓦斯治理理念、技术和管理经验在国际上影响力越来越大，成为淮南矿业集团对外交往的一张国际名片。

3. 致力改善民生，提升矿区幸福指数，把利益和谐作为矿区和谐的重中之重

（1）大幅度补偿性增加职工收入。利益和谐是一切和谐的基础，没有利益和谐，就没有矿区和谐。2002年以来，淮南矿业集团率先在全煤行业把职工收入作为年度和展期重要目标，提出“让职工充分享受改革和发展成果，不能让他们一味地承担改革成本”“干部要全心全意为广大职工谋利益，绝不能把职工看成是苦力”等理念，坚持企业的销售收入、上交利税与职工收入增长“三对称”原则，前五年补偿性增加职工收入，后五年进入正常性增长。2011年，在岗职工人均收入81167元，加上住房公积金和企业年金共10万元，比2001年增长了10倍。随着职工工资收入大幅增加，职工住房公积金个人缴费和企业注入大幅

增长。到 2011 年底，累计归集住房公积金总额超百亿。目前，住房公积金账户累计结存金额 50. 66 亿元，人均账户累计结存金额 6. 17 万元。2004 年，在省属企业中率先建立企业年金制度。2011 年底，企业年金存量 26. 7 亿元，人均 2. 78 万元。累计支付年金总额（14391 人）2. 35 亿元，人均支付 1. 64 万元。国家规定的煤矿职工享有的津补贴，全部不折不扣执行到位。2006—2011 年共支付井下津贴 10. 3 亿元，夜班津贴 1. 73 亿元，发放班中餐费用 4. 9 亿元。职工收入大幅提高，买得起房，买得起车，过上体面生活，还带动了所在城市居民收入的提高，多年来淮南市城镇居民收入居全省第一。

（2）大规模实施棚户区改造工程。淮南矿区历史上形成棚户区共 102 处，7. 9 万户，26 万人，旧房面积 298. 5 万平方米。从 2003 年开始，淮南矿业集团提出“让职工告别几代人无房住、住房差的历史，是企业的政治责任”“不刻意追求行业位次，最看重的是职工的安全、收入和居住条件位于行业前列”“改造棚户区，让人们看到政府心里有百姓，企业心里有职工”等理念，在全行业率先开展大规模棚户区改造，规划新建住房 900 万平方米。现已累计投入 82 亿元，开工 753 万平方米，竣工 537 万平方米，建成 43 个小区，2000 多栋楼，回迁安置 5. 4 万户。淮南矿业集团大规模实施棚户区改造工程的特点：一是建设标准高，小区容积率控制在 1. 4 左右，绿地率达到 35% 以上，户均面积约 90 平方米，人均面积近 30 平方米。二是公建设施齐全，已建成的 43 个小区中，有幼儿园 28 所，小学 6 所，会所 43 个，地下停车场 15 处，医院 14 个，菜市场 8 个等，其中绿地面积 254 万平方米、公建面积 37. 25 万平方米，是总建筑面积的 32% 。三是注重小区周边生态环境建设，将小区内环境美化和小区外生态环境修复相结合，大尺度、大空间修复资源枯竭矿区、生态遭破坏区等，打造宜居环境，让棚改回归自然，职工享受生态。四是职工享受实惠，棚户区改造建设资金主要来源企业，棚户区职工购买一套 90 平方米的房子只需 4 万多元，其余企业补贴。在职工得到实惠的同时，也有效平抑了当地市场房价，与周边同一量级的城市相比，淮南市的房价相对较低。

（3）倾力救助弱势群体和困难职工。淮南矿业集团在企业发展过程中，关注由于历史原因和煤矿特殊行业所形成的弱势群体及困难职工，提出“对待弱势群体、困难职工的态度，反映出企业领导干部的品德”“只要职工真有困难，企业有承受能力，又不至于引起连锁反应，就要给予解决”的理念。十年来，淮南矿业集团多次上调待岗、内退、伤病等不在岗人员生活费标准，年均增幅 22. 3% 。慰问困难户 50 万户次，发放日常救济资金 1. 15 亿元。对特困群体每月定期救助 1920 万元，大病救助 2683 万元，资助贫困生 1795 万元。全面实施职工带薪年休假制度，90% 以上职工带薪年休。重视职业病防治工作，接尘职工体检支出 2. 24 亿元，职工疗休养支出 5613 万元，同时对在岗职工进行全面体检。

（4）有情后续支持分离和改制单位。2004年，淮南矿业集团实施社会职能分离和辅业分离改制3.8万人，2005年子公司改制分离7000人。除国家规定的资产资金划拨足额到位外，企业还分5年共补贴25亿元。7个改制单位1.7万职工置换身份，企业共支付经济补偿金8.5亿元。社会职能分离和辅业分离改制后，淮南矿业集团仍然在市场、融资等方面给予后续支持。2011年，改制参股单位总收入17亿元，是2005年的3.6倍，职工年平均收入6.5万元，是2005年的2.6倍，成为淮南市居于矿业集团之后的第二大经济实体。

（5）尽心尽力满足职工精神文化需求。2002年以来，淮南矿业集团按照“建设共同美好的家园，建设共同美好的精神家园”“不仅关心职工的衣食住行，还要关心他们的医教娱游”的理念，关心职工的精神文化需求，引导职工做情趣健康的人。企业累计投入1.2亿元，改善文体设施，开展文体活动，与前一个十年相比增长30倍。企业现有各类协会成员4270人，其中省部级作家、艺术家协会会员189人，国家级作家、艺术家协会会员28人。基层单位共有各类文体协会20多种150个，社区文体娱乐团队82个。推进大型职工文体活动中心建设，已建成3座，在建2座，今年计划建设2座。定期举办职工运动会、职工艺术节，为普通职工展示才艺提供舞台。定期举办大学生和青年职工集体婚礼、青年职工联谊活动，使广大职工对企业有着认同感和归属感。报纸、电视、网站充分体现企业本质化，不但职工愿意看，当地政府、高校和其他企业也喜欢看。不少干部和职工把追求知识、提高自我当作一种享受。工作当成学问做，学问做在工作中，企业和职工始终有一种向上向前的精神状态。

（6）切实加强高素质技术人才教育和培养。技术是第一生产力，人才是企业第一资源。淮南矿业集团按照“德好是人才，有真才实学、解决实际问题的是人才，岗位不可替代的是人才”的理念，坚持“实学、实践、实用，技术、技能、技巧”的原则，注重开展职业技术教育，着力培养好工人、好技师、好班长、好队长。2003年以来，淮南矿业集团主办的职业技术学院共毕业学生15025人，就业人数14527人，就业率达97%。在淮南矿业集团就业的学生中，近70%已经成为企业一线的技术能手，近50%已经担任科区和班队长的岗位。2008年，在淮南矿业集团授予的100名高技能拔尖人才中，职业技术学院毕业生有65名；表彰的20名优秀大学毕业生中，职业技术学院2名毕业生在众多名牌高校本科毕业生中脱颖而出；万名青工技术大比武中，26名技术状元有14名是职业技术学院毕业生。同时，淮南矿业集团委托其他专业院校培养订单式急需操作人才，企业招聘3900人。

4. 履行社会责任，坚持环境保护自律，把资源节约、环境友好作为和谐矿区建设的基本内容

（1）主动修复资源枯竭矿区生态环境。泉大资源枯竭矿区是1903年开采、

1978 年收作报废的老矿区。长期以来，由于历史变迁，造成权属不明，产权不分，城市不问，企业不管，一些加工厂和化工厂的违法侵占和强度开采，使该区域的地貌、水系等生态环境遭到严重破坏，形成22 平方公里的“城市荒地”，严重影响生态环境和城市形象。2003 年以来，淮南矿业集团按照“大尺度空间、长时间跨度地解决好资源枯竭矿区和山川河流问题”和“修复与开发并重，围绕开发搞修复”的思路，遵循生态环境自恢复规律，采取中医调理方式，顺其自然，返璞归真，宜山则山，宜水则水，宜林则林，主动进行生态修复和开发。规划投入100 亿元，其中环境修复与生态恢复15 亿元，城市基础配套设施建设15 亿元，产业整合退出及居民拆迁安置20 亿元，棚户区及住宅区建设50 亿元。目前，已完成10.4 平方公里，包括生态修复7.2 平方公里，山体修复87 万平方米，水面修复15 万平方米，开发利用3.2 平方公里，还增加了2.2 平方公里的城市绿地，使“城市荒地”变成以“山、水、林、居”为特征的最佳宜居环境，成为淮南市新老城区中间地带的“绿肺”。这在全国煤炭城市和安徽的城市中并不多见。煤矿职工和市民们纷至沓来，亲近自然，享受生态。该修复项目已被列为国家首批循环经济试点示范项目和国家矿山公园，为煤矿城市转型探索了新路。

（2）统筹淮河中段洼地和煤矿沉陷区治理。淮河流经矿区，淮南矿区约105 亿吨煤炭储量分布在淮河及其支流水系下，大量优质煤炭资源不能开采，难以发挥国家级大型煤电基地的作用。同时，淮南地势低洼，而且天然洼地80%以上和煤矿沉陷区完全重合。因此，统筹处理好淮河治理与建设国家亿吨级大型煤电基地之间的关系意义极大。淮南矿业集团提出“动态看淮河、动态治淮河、动态用淮河”的思路，统筹淮河中段洼地和煤矿沉陷区治理，利用好沉陷区域内水系发达、天然洼地多、采煤沉陷面积大等条件，顺势建设具有减洪、除涝、水资源利用等功能的蓄洪与水源工程（即平原水库），留住淡水，造福社会。目前，平原水库库容达2 亿立方，预计2020 年7 亿立方，2030 年13 亿立方，最终达到30 亿立方。

（3）大力实施矿区绿色工程。2006 年以来，淮南矿业集团本着“以树为景，还原生态”和“绿色、植树、自然、简单”的原则，以植被恢复为主体，在全矿区大力实施绿色工程。企业累计投入2.5 亿元，新增绿化面积204.6 万平方米。目前，矿区拥有15 平方公里林地，其中有8.5 平方公里树龄50 年以上、类似原始森林的山林。矿区绿化覆盖率由2005 年的30.7%提高到2011 年的34.6%。

（4）加大以“三废”治理为主的节能减排力度。淮南矿业集团按照“煤矿废弃物是资源型污染，是废也是宝，是循环经济的原料，是新的经济增长点”的理念，坚持瓦斯抽采和利用最大化，瓦斯利用量由2002 年的431 万立方米增加到2011年的8818万立方米，瓦斯利用率由4%提高到20%。2011年，瓦斯发电装机容量47732千瓦，瓦斯民用6.2万户。新建矿井不建矸石山，矸石综合利用率95%以上。2011年，煤矸石制砖年生产规模6亿块，利用煤矸石220万吨，节约土地1680亩。粉煤灰综合利用率2011年达100%，比2007年提高30个百分点。矿井水反复利用，建成12座矿井水处理站，年利用量超过2000万吨。选煤厂煤泥水、电厂工业废水全部实现闭路循环。所有新建电厂同步安装脱硫装置，实现脱硫运行。田集、凤台电厂脱硫率90%以上，烟尘去除率99.8%以上，处在行业先进水平。矿区烟尘排放量逐年降低，2011年为0.3%，比2007年低18个百分点。淮南矿业集团在消费领域节能同时，更加注重生产领域的节能，把节能的重点放在提高煤炭资源回收率上，工作面回采率、采区回采率、矿井回采率分别保持在96%、85%、67%以上，处在行业先进水平。被誉为“代表中国煤炭工业的发展方向”的顾桥煤矿，配套建有煤矸石综合利用电厂、瓦斯电厂和粉煤灰砖厂。“十二五”期间，将建成2×33万千瓦煤矸石综合利用电厂，年利用煤矸石、煤泥等低热值燃料270万吨。电厂余热供工广供热、取暖，建成瓦斯发电机组9台、5416千瓦，矿井水利用率100%。

5. 实施地企统筹，变利益冲突为利益和谐，把工农矛盾统一于建立新型和谐的地矿关系

采煤塌陷搬迁，是矿区工农和谐不可回避的问题，关系矿区稳定和民生，关系国家煤电基地建设。淮南矿业集团按照“把工农矛盾统一于建立新型和谐的地矿关系，变利益冲突为利益和谐，变博弈关系为合作关系”“通过地企统筹，使社会优势和企业优势互补，社会资源和企业资源优化配置，实现共建和谐，互利共赢”的理念，创造性提出并实施地企统筹战略，坚持政府主导、地企统筹、规划优先，将采煤塌陷搬迁与城镇化建设、生态环境治理“三合一”，选择不压煤的地方，并村入镇、并村扩镇、并村建镇，使采煤塌陷搬迁工作整体推进，做到搬得动、搬得稳、搬得省，采煤塌陷搬迁区农民一次性城镇化。

2002年以来，淮南矿业集团与安徽省颍上县迪沟镇探索地企统筹新城镇试点，分六期搬迁安置了6个行政村、41个采煤塌陷自然村约5600户村民，总建筑面积80万平方米，成功将迪沟镇建成集住宅、商贸、教育、生态旅游为一体，以塌陷搬迁安置为主体的现代化新城镇。迪沟镇先后被评为全国环境优美镇、全国十佳小城镇、全国综合改革试点镇、全国首批农业旅游示范点、全国煤矿塌陷安置建设示范点等。

（1）实施地企统筹的基本内容。

①三统筹：统筹规划编制，统筹建设标准，统筹资金投入。

②三家抬：地企统筹解决新城镇建设成本，煤炭企业占70%、政府占20%、农民出资占10%。

③五统一：统一领导、统一规划、统一设计、统一建设、统一管理。

④六公开：规划公开，建设管理公开，塌陷补偿费使用管理公开，工程招投标公开，房屋造价公开，房型和楼层的选择公开。

⑤一监督：推举村民代表全过程监督资金的拨付使用、工程招议标、工程造价和工程质量等。

⑥“八个一点”：统筹资金，争取国家支持一点，煤炭企业补偿一点，地方财政投入一点，政策优惠减免一点，涉农资金倾斜一点，帮扶单位赞助一点，社会各界捐助一点，受益农民自筹一点。

（2）实施地企统筹的社会效益。

①统筹建设新城镇，对农民、地方、企业三方都有利。农民看得见，摸得着，有利益，改善基础设施，方便生产生活，实现准城市化。政府有塌陷补偿资金支撑，可以迅即启动新农村建设，节约大量土地，节省新农村建设成本。煤矿可以大幅度解放压煤量，充分发挥生产能力，减少与农民的利益磨擦，节约成本。

②统筹建设新城镇，有利于促进产业聚集发展，推动传统农业向现代农业转变，从自然经济向市场经济转变，从以乡村为依托，以农业和农村经济为主体的传统县城经济，向以县城和中心镇为依托、以非农经济为主导，一二三产业协调发展的现代县城经济转变。

③统筹乡村发展，客观上引发了农村产业结构、劳动力结构的调整和农民收入的大幅度增长，推动了农村城镇化、工业化步伐，发展农村先进生产力，有利于促进农民生活方式，思维方式和价值观念向现代化的转变。

（3）实施地企统筹的辐射效应。实施地企统筹搬迁建镇后，采煤塌陷搬迁工作进度明显加快。2009 年 7 月份以来，共开工建设 24 个搬迁新村，建筑面积 458 万平方米，目前已建成 15 个、建筑面积 256 万平方米、安置 16870 户，4. 2 万人；9 个在建，建筑面积 202 万平方米、可安置 31273 户，约 7. 8 万人。

安徽省推广迪沟镇统筹搬迁建镇经验，淮南矿区又出现“两城两镇”四大亮点。潘集新城：规划占地 3000 亩，安置 1. 2 万户。目前一期 3000 户已建成，二期安置 2000 户已启动建设。凤凰湖新城：规划占地 2. 8 平方公里，安置 2. 6 万户、8 万人。目前一期工程已建成，可安置 1. 37 万人。夹沟新镇：规划占地 1109 亩地，安置 3899 户、9700 人。目前一期已建设 61 栋，安置 1700 户、3975 人。

四、和谐矿区建设取得的成效

1. 基本经验

（1）要创新发展理念。和谐矿区建设涉及当地经济、社会、资源和环保等方面的协调发展，实质是区域经济社会发展问题，是企业和矿城发展方式的创新，涉及到要建设什么样的煤矿、什么样的矿城的问题。要深入理解和落实科学发展观，设立和谐矿区、和谐矿城的发展目标；要打破条块分割的思维方式，政府主动服务，企业主动融入，地企携手共进，才能实现双方共赢的目的。

（2）要创新工作机制。建设和谐矿区，是国有企业履行社会责任的新形式，是地方转换政府职能的新课题。要建立煤炭企业与地方政府协调机制，由经济建设型政府向公共服务型政府的转变，由经济效益型企业向社会责任型企业转变。地企统筹是政企转型、政企合作的工作机制创新，可以做到政府优势和企业优势互补，社会资源和企业资源优化配置，有利于推进和谐矿区建设。

（3）要创新思维方法。淮南矿业集团的经验表明：创新和谐矿区建设的思维方法，最关键的就是善于用辩证的眼光看待和谐矿区建设中的矛盾，以积极的态度对待和谐矿区建设中的矛盾，以建设性的方法化解和谐矿区建设中的矛盾，把矛盾的对立面最小化，统一面最大化，把利益冲突变成利益和谐，把博弈关系变成合作关系，在建设和谐矿区的大目标下所有矛盾达到对立统一。

（4）要坚持科学规划。和谐矿区建设是科学发展的体现，实现科学发展离不开科学规划。淮南矿业集团遵循煤电能源企业的发展规律，制定了煤电一体、循环经济、生态保护、搬迁建镇等 9 个规划。经过地企统筹，将淮南市的地方经济社会发展规划、城乡建设规划、土地利用规划与淮南矿业集团的规划“四规合一”，从法治化角度逐步解决了和谐矿区建设中的各方利益主体关系，取得了良好的社会效果。

（5）要坚持统筹发展。和谐矿区建设，必须争取地方政府的积极支持，必须发挥煤炭企业的主体作用，通过政府与企业的密切合作，统筹产业发展，统筹资源开发和生态保护，统筹城市建设和城镇发展，统筹企业发展和社会发展，促进煤炭资源开发与区域经济社会发展相同步、煤炭企业经济增长与矿工生活质量提高相一致，实现矿区人与社会全面发展、煤炭与相关产业协调发展、矿区与社会和谐发展。

（6）要有政策支持。目前，煤炭市场需求放缓，煤矿企业负担加重，仅增值税就是税改前的 3 倍以上。和谐矿区建设仍处在起步阶段，政策支持必不可少。安徽省在全国率先出台了煤矿安全基金和矿业权价款返还政策，惠及安徽煤矿企业。安徽省政府和有关部门支持煤炭企业增长工资，不强求增加利润指标，把钱用来治瓦斯，长工资，搞安居工程，生态治理，工农和谐，新项目投入等，这些政策值得推广。

2. 实施效果

（1）和谐矿区建设，提高了企业经济实力。原煤产量 2011 年为 6751 万吨，是 2001 年 1800 万吨的近 4 倍。百万吨死亡率 2011 年为 0.1，比 2001 年前平均 4.01 下降 40 倍。电力权益规模 2011 年为 1200 万千瓦，是 2001 年 7.5 万千瓦的

160 倍。销售收入 2011 年为 696 亿元，是 2001 年 32 亿元的 22 倍。缴纳税费 2011 年为 68 亿元，是 2001 年 3.6 亿元的 19 倍。资产总额 2011 年为 1283 亿元，是 2001 年 136 亿元的近 10 倍。目前，淮南矿业集团是安徽省煤炭产量规模、电力权益规模、房地产规模、资产规模最大，上缴税费较多，职工收入较高的企业，从过去的行业和省内第三方阵走到了第一方阵，成为黄河以南最大的煤电能源企业。企业经济实力的提高，不仅增强了企业的凝聚力和社会美誉度，而且也为和谐矿区建设提供了物质保证。

（2）和谐矿区建设，带动了社会经济发展。从工业总产值看，淮南矿业集团从 2001 年的 32.15 亿元，上升到 2011 年的 476.52 亿元，占淮南市工业总产值的 53.35%。从上缴税费看，淮南矿业集团从 2001 年的 3.6 亿元，上升到 2011 年的 68 亿元，占淮南市财政收入的 57%。从固定资产投资看，2011 年淮南矿业集团投资 105 亿元，占淮南市固定资产投资的 21%。同时，淮南矿业集团直接提供就业岗位 10 万人，推动全市城镇居民收入水平居全省第一，淮南煤矿已成为当地政府招商引资的重要平台。

（3）和谐矿区建设，发挥了示范引领作用。近十年来，淮南矿业集团综合防治瓦斯、煤电一体化体制创新、资源枯竭矿区生态环境修复、发展循环经济、煤矿棚户区改造、补偿性增加职工收入、地企统筹建设新城镇、统筹淮河中段洼地和煤矿沉陷区治理、开展职业技术教育等经验和做法，有些上升到国家法规和行业标准，有些进入政府或行业发展规划，有些作为典型在国内外推广，淮南煤矿的品牌在国内外产生了积极影响。

（成果创造人：王　源　孔祥喜）

大型煤化工企业两化融合的创新与实践

义马煤业集团河南开祥化工有限公司

河南开祥化工有限公司是义马煤业集团股份有限公司的全资子公司，是河南省重点支持发展的煤化工企业。开祥化工始建于2005年，是以生产精细化工产品为主，进行行业技术研发、兼营行业咨询的大型煤化工企业。公司坚持走引领行业发展的精细化工发展方向，以“资源节约型、环境友好型企业”为奋斗目标，实现了产融结合、两化融合。2011年资产规模达到30亿元，销售收入15.3亿元，利税1.5亿元，至“十二五”末，公司将形成资产总规模100亿元，年销售收入150亿元，年利税30亿元的大型煤化工生产企业。

一、云服务理念下煤化工企业两化融合框架的研究与实践背景

1. 开祥化工走高端化、国际化的需要

2009年金融危机以来，中国政府审时度势，对国内制造业提出了《关于推动信息化与工业化深度融合的若干意见》，明确提出了要着力推动制造业信息通信技术的集成应用，促进生产性服务行业的发展等能力，以提升中国制造业管理水平，提高“中国制造”市场竞争力。开祥化工是一家以甲醇为原料，1.4－丁二醇为中间产品，生产PTMEG、PBT等产品的精细化工企业，部分产品已出口韩国晓星、巴斯夫等国际知名化工企业。开祥化工要想立身于激烈竞争的国内煤化工行业中，就必须定位精细化工，走国际化、高端化道路，从生产型转向重研发和市场开发，以市场为导向，供应商和客户管理实现全球化。因此，必须结合企业自身实际，建设以“云服务理念”引领下的信息化管控体系以满足供应商客户管理和电子商务需要。

2. 适应集团公司和开祥化工战略发展的需要

义煤集团是以“煤、煤化工、铝加工”为三大支柱产业，实现“产业化、高端化、国际化、资本化”的国有大型煤业集团。2011年义煤集团提出打造

"数字义煤"战略，实现义煤全面信息化管控。开祥化工作为集团公司煤化工板块的奠基人和先行者，有责任、有义务承担起集团公司煤化工板块发展的重任，成为集团公司煤化工产业发展、技术研发、人才培养基地。公司以"云服务理念"信息技术服务下的战略管理体系为基础，建设"行业示范、国内领先、世界先进"的专用煤化工典范企业，至"十二五"末，开祥化工要形成资产总规模 100 亿元，年销售收入 150 亿元，年利税 30 亿元的大型精细煤化工生产企业，为集团公司煤化工板块发展不断创新、不断探索。

3. 提高企业自身管理，提升企业成本优势的需要

开祥化工、精细化工、天源化工是由一套班子管理下的三个独立核算的公司，管理及核算业务繁杂，头绪太多。公司结合自身实际，创建了扁平化组织架构，大部制管理，线性集约化生产管控体系，有效地提升了公司自身管理水平，以落实开祥"成本领先"战略。2011 年公司提出了"创新技术、创新管理、科学组织、追求卓越"的管理理念，要求全体员工在工作中高标准、严要求。生产过程要优化工艺、再造流程，以提高工作效率，降低生产成本；管理上要简洁、高效，用时间赢得空间、用创新提升能力、用智慧赢得市场，实现企业成本领先战略。建立科学的信息化管理体系，更是现代化企业立于不败之地的关键法宝，它是一种向内精益求精的控制策略，在降低企业生产成本、提高经营效率、提升竞争形象、保持高速发展方面将起到重要的作用。

二、云服务理念下煤化工企业两化融合框架的内涵

1. 云服务理念下两化融合煤化工企业框架的基本内涵

以云服务引领为理念，以门户建设、应用系统和数据中心为内容，以 B2E（企业信息化）、B2B 和 B2C（信息化企业）、B2D 和 B2S（云服务企业）为步骤，实现企业战略管控落地和制度管理落地，提升企业效率和效益。

2. 两化融合煤化工企业框架的理念

（1）"集中管理与分散管控结合下的共享、协同信息化服务系统"理念。就是通过 DCS 生产管控与 ERP 融合实现生产管控与业务管理一体化、战略管控与 NC 融合实现战略管控与业务管理一体化、组织协同与 OA 融合实现组织协同与行政管理一体化。在"云服务"理念下实现数据管理、信息管理、客户管理、员工管理、DCS 生产管控、OA 组织协同、NC 业务流程管控等系统的高度有机融合。

（2）"服务无处不在"理念。就是实现数据共享、知识共享和门户共享；实现随时随地访问系统，人人协同、处处协同和时时协同；实现服务客户和供应商、服务企业和员工、服务企业战略和管理决策。

（3）"制度流程化、流程表单化、表单信息化"理念。就是要通过把制度落实为流程，流程落实为表单，通过表单的信息化管理实现制度管理落地。

（4）“企业战略落实为企业目标，企业目标落实成经营预算，经营预算落实到绩效指标，绩效指标考核至全体员工”理念。就是把战略管控信息化过程落实为：企业目标管理信息化、预算管理信息化和绩效考核信息化，通过几个战略管控措施闭环运转流程信息化实现战略管控与信息化系统的高度融合。

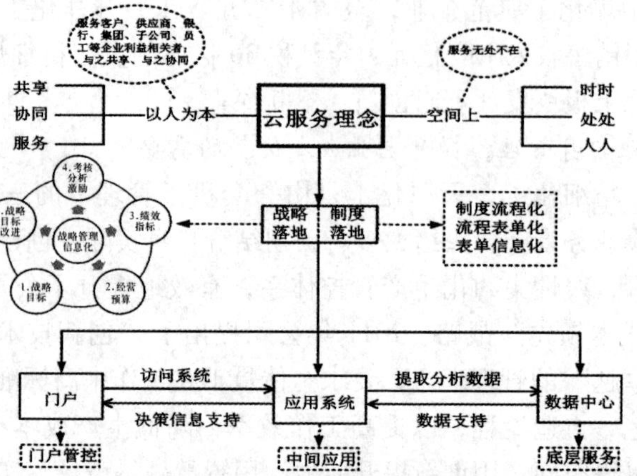

图1　开祥化工云服务理念架构图

三、云服务理念下煤化工企业两化融合框架的内容

云服务理念框架主要包括：企业信息化目标、企业信息化内容、企业信息化步骤三方面内容，以信息化目标作统驭，以信息化内容为基础，以信息化步骤为抓手，三者组成协调统一的整体，每一项信息化内容都要符合信息化目标，每一信息化实施步骤都要围绕信息化内容进行，并与信息化目标关联，用信息化目标来检验和控制。

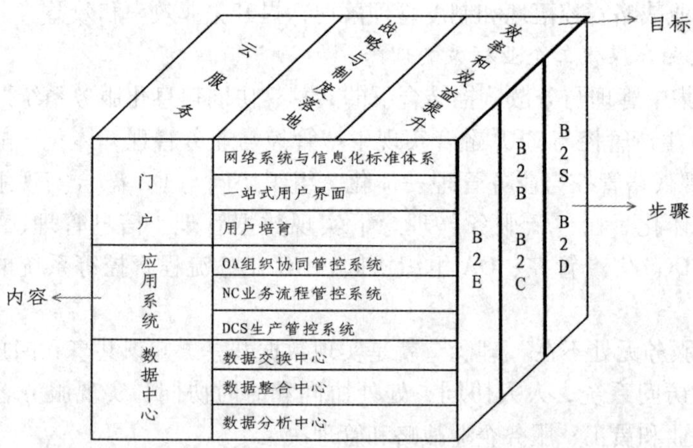

图2　云服务理念下煤化工企业两化融合框架图

1. 云服务理念下煤化工企业两化融合框架的目标

云服务理念下煤化工企业两化融合框架的目标是：实现“云服务”，让用户享受无处不在的服务；通过战略管控和制度管理信息化把战略管控和制度管控落实到位；实现企业效益和效率提升的目标。

（1）以云计算技术把 DCS 生产管控、OA 组织协同和 NC 业务管控系统高度融合，将企业资源进行汇总、分类、处理，随时随地服务于企业、员工和客户，实现“云服务”。

（2）以公司制度流程化、流程表单化、表单信息化为步骤，将企业制度流程进行固化，固化的流程在 OA 组织协同平台上形成固定的工作表单，形成“改制度就是改表单”的管理思路；通过全员绩效考核将战略目标管理固化到信息系统中，通过信息化实现动态战略管理，从而实现企业战略和制度管理落地。

（3）通过云服务理念下煤化工企业两化融合框架的实施，实现企业内组织高度协同，企业外组织有限协同，实现管理数据一次输入，人人、时时、处处共享，以服务和共享实现企业效率和效益提升。

2. 云服务理念下煤化工企业两化融合框架的内容

（1）门户。门户建设包括三部分内容。一是基础网络系统和信息化基础网络体系。开祥化工公司建设了信息计算中心，提供集中计算和信息化管理等服务；基础网络覆盖到每一个岗位，实现了千兆到公司，百兆到岗位，公司办公楼和宿舍楼全部无线网络覆盖；手机、IPAD 和电脑等各种终端设备可随时随地登陆公司办公网。二是一站式用户界面，公司信息化系统建设采用一站式服务平台，公司员工和客户等用户通过授权身份认证通过一个界面进入办公网络，到达不同的使用空间，办理不同业务，查阅不同报表。三是用户培育，实现了公司根据需求建立了用户群，培育了客户、供应商、银行、物流、工程施工单位、工程监理单位等用户，实现企业与利益相关主体信息共享，服务共享。

（2）应用系统。

①OA 组织协同系统，使基础业务信息化。OA 组织协同系统实现了办公协同、公文审批发布、知识文档管理、表单审批、公车调度、会议日程安排等日常工作，OA 组织协同系统可以根据人员的角色、权限等来定制多维信息空间，可以定制公司空间，显示公司相关新闻、公告及调查；可以定制部门空间，发布部门的计划、考核，显示部门的学习资料及部门相关的协同事务；可以定制个人空间，根据自己的权限看到与自身相关的所有需要处理的各种事务，包括自己的待办事项、跟踪事项、在线消息等等与个人相关的信息内容；所有空间的排版都可根据需要自行在页面修改，形成个性化的多维信息空间。

OA 日常的协同工作，系统提供两种流程进行处理。一种是柔性流程，用户可以根据工作的情况，将协同工作发送给公司范围内的任何人员，并可设置成串发或并发；第二种是刚性流程，这种方式可以将开祥化工所有以前通过纸质文件走审批流的事务，全部固化到系统中，让系统自动判断，自动流转，代替纸质审批，例如：请假条、合同审批单等等相关纸质单据。

②与OA系统协同的NC业务流程管控系统。OA组织协同管控和NC业务流程管控实现了人力资源管理、财务报表自动生成、绩效考核、合同管理、成本管理等业务流程管控。OA组织协同管控进一步延伸至ERP系统管控，NC业务流程管控进一步升级为电子商务，将客户和供应商进一步融入系统。

NC业务流程管控中，通过物资采购和销售模块的实施，将财务、供应、销售和磅房软件连为一体，使物资采购和产成品销售完全在ERP系统控制下运作，避免差错和舞弊现象的发生。

将财务NC系统的会计科目体系和仓库物资编码科目体系相对接，使物资领料依照仓库物资科目编码体系予以分配，月底生成材料出入库汇总表，财务实时生成材料出库凭证，缩短出库分配时间，提高财务核算效率。

整合仓库物资资源，备品备件等资源统一由开祥化工仓库分发，关联公司办理领用手续，由物资供应软件系统将领料信息及时传递给财务NC模块，实现财务实时核算，减少资金占用，提高了仓库备品备件的使用效率。

根据在建工程转固定资产工作的要求，使在建工程科目体系与仓库工程物资出库科目编码体系相对接，使领用工程物资直接出到相对应的工程科目体系中，出库明细至末级科目，更有利于财务在建工程科目的核算，使得结转固定资产工作更加快捷、准确。

③DCS生产管控系统。开祥化工公司采用的是世界上最先进的美国霍尼韦尔公司的PKS系统，该系统涵盖了霍尼韦尔三十年来在过程控制、资产管理、行业知识等方面积累的经验，是新一代DCS系统的标准。该DCS系统对公司的甲醇、二甲醚、BDO等生产装置实现了分散控制、集中管理，提高了装置工艺指标的控制精度和安全运行水平，从而保证了相关产品的高纯度和装置的满负荷、长周期运行。同时，该DCS系统还把生产装置运行数据通过云计算虚拟技术直接提取到了ERP系统，通过ERP系统实现了生产数据的汇总分析，可及时调整装置的运行参数，从而保证了装置的长周期稳定运行，优化了生产工艺，降低了生产成本。

（3）数据中心。信息化数据中心建设包括三部分内容。一是通过建设数据交换中心，实现公司数据在OA、NC、DCS系统之间进行交换，实现数据共享；二是通过对提取到的有效信息数据进行梳理，把数据整合到应用系统和服务平台上，实现公司内外数据的整合；三是通过对整合的数据进行分析，为生产运行和公司决策提供依据。

3. 云服务理念下煤化工企业两化融合框架的实施步骤

（1）B2E（企业信息化）。通过OA组织协同管控系统和NC业务流程管控系统的实施，实现了工作协同、公文管理、财务管控、物资管理、设备管理等基础业务信息化，这一阶段以企业内部信息化建设为主，实现企业的信息化。

（2）B2B 和 B2C（信息化企业）。通过对门户的建设做到人人、处处、事事协同，通过用户培育，实现电子商务，与客户、供应商、银行等各类用户共享信息化系统，这一阶段以外部企业协同为主，实现信息化的企业。

（3）B2D 和 B2S（云服务企业）。通过公司信息中心建设，信息平台集成和 IT 服务管理等实现数据和服务共享，实现企业内外部用户高度协同，让用户享受到无处不在的服务。

四、云服务理念下煤化工企业两化融合框架的主要做法

开祥化工以云服务理念为引领，围绕企业战略决策和制度管理目标，以门户、应用系统和数据中心为内容，以 B2E（企业信息化）、B2B 和 B2C（信息化企业）、B2D 和 B2S（云服务企业）为步骤，全面落实信息化建设，使两化融合在开祥化工得到全面应用。首先将企业战略落实为企业信息化目标，将企业目标分解到预算管理中，通过企业绩效考核信息化实现企业战略落地。其次将企业制度落实到流程当中，将流程固化到信息当中，将信息制成表单，在网上实施，实现制度落地。再次，通过 OA 组织协同和 NC 业务流程的实施，实现企业效率和效益的全面提升。将门户服务于外部客户，实现网络时时、处处登陆。开祥化工将煤化工企业线性集约化生产管控模式和大部制扁平化组织架构与岗位精细化管理相结合的生产管控体系与信息系统融合在一起，实现了精细管控和精准管控，做到了效率和效益双提升，形成了甲醇—二甲醚—BDO—PBT、PBS、PTMEG 的精细化工产业链条，提高了企业的市场竞争力和抗风险能力。具体做法如下：

1. 以 OA 组织协同为平台，提升工作效率、效益

开祥化工 OA 组织协同平台采用北京致远 A8 移动协同办公软件，通过多年的实施和完善，实现了工作流程再造、制度表单化、知识共享、人力资源管理、移动办公、公文管理等内容，提高了工作效率，提升了公司效益和竞争力，增加了员工的幸福指数。

（1）制度表单化实现制度落地。表单是通过工作流的原理来建立表单填写审批的流转机制，通过流程模版和流程节点保证业务流程，确保在组织机构变动和人员变动的情况下表单的审批填写流程无需更新可继续使用，通过节点权限控制表单数据项的填写，编辑，审批批示。目前开祥化工系统中已经固化合同审批、用印申请、请假条等 160 余张表单，实现了公司各项规章制度落地，是公司各种规章制度的体现，公司规章制度的变更就是表单流程的变更。表单的应用大大地提高了管理工作的质量，加强了各项流程和制度的控管力度，从各类表单数据中还统计分析和总结出日常管理中出现和将要出现的问题和症结所在，从而达到了高效、有序的日常管理工作要求。

（2）OA组织协同优化工作流程，提高工作效率。公司把OA组织协同系统集成在手机、IPAD等终端上应用，做到随时随地处理业务，发起协同，并可以用手机发送语音协同，使业务方便快捷的解决和运行，并随时随地查看公司的公告、调查、处理公文等等。系统提供公文管理功能利用工作流的原理来建立公文流转机制，通过流程模板和流程节点保证公文流程，确保在组织机构变动和人员变动的情况下公文流程无需更新可继续使用；利用文单确保公文文单与手工文单一致；通过节点权限控制公文的审批批示；通过正文套红，文单套红完成正规格式公文，并形成手工文单归档；通过公文交换送达到各个单位，替代人工传送，保证公文的安全和准确。通过OA组织协同的应用，极大地提高了办公工作效率，增加了公司效益。

（3）知识共享，打造学习型企业。知识中心中的知识管理是帮助使用者管理个人、单位和集团的文件、公文以及审批流转的各种信息，并提供相应的编辑、借阅，共享，转发等操作，还提供了RSS订阅和博客功能，可以进行显性知识和隐性知识的捕获、积累、共享、利用和创新，使知识成为生产力。

知识中心的建立不仅限于内部知识的传播与流动，还注重外部信息的获取与整合，而其中又设计良好的信息收集接口。开祥化工系统地设计知识内部转移问题，建立项目文档制度和项目交流制度，使项目开发中形成的知识采取规范方法形成必要的文档，从而保存宝贵的项目知识资源，避免重复开发，利用OA系统中知识中心、项目管理模块建立了企业知识内部共享、转移的有效机制，疏通知识转移路径、可能存在的障碍，促进知识内部转移的速度和效果，从而最大程度发挥知识资源的作用。由此建立了学习型组织，打造了知识性企业。

（4）移动办公系统提升员工幸福指数。通过应用移动办公系统可以将OA组织协同工作集成在手机上应用，通过手机的网络相关安全验证直接连接进入企业内部网络，实现了全公司865名员工人人有账户，能够随时随地处理业务、发起协同、查看公司公告、调查、处理公文等等，大大减少了员工的工作量，使企业营造了一种轻松和便捷的工作氛围，让员工在企业能够幸福快乐的工作，提升了员工的幸福指数。

（5）OA组织协同优化人力资源管理。开祥化工以OA组织协同系统为平台，创建了公司网上职工学校，与郑州大学、河南大学合作，实现了网上授课，不断提升员工的文化水平。公司从生产实际出发，依照培养复合型人才的宗旨，创建H型人才成长通道，为员工提供良好的发展平台，实现复合型人才培养体制。公司以总经理和副总经理为老师开办了职工学校，利用周六休息时间为员工讲课，传授自己在多年工作中积累的经验和教训，提高员工在工作中的判断能力和理论水平，为公司后续项目发展提供了良好的人才支撑，创建了开祥化工特色的人力资源管理模式。

2. 以 NC 业务流程管控系统为平台，实现公司战略管控落地

公司与用友公司合作，在义煤集团原有 NC 平台上，将供应链模块、销售模块、合同管理与财务模块逐步融合，实现资金流、实物流与信息流的三流合一，打通了从战略目标到企业管理措施的通道，在提升企业信息化水平的同时，实现了公司战略管控与信息化的融合。

（1）以 NC 系统为平台，落实成本领先战略。通过供应链管理信息化，将财务、供应和磅房软件系统连为一体，实现了财务管理到现场，可随时随地了解成本信息，实现动态成本管理。如：购进的原材料如煤炭在磅房过磅，直接将车载吨位同步传输至供应仓库软件系统和财务 NC 核算系统，由供应部业务员根据磅房传送过来的数据办理煤炭入库登记手续，由财务部材料会计根据磅房传送过来的数据记录购进煤炭吨位进行审核，使物资采购在 ERP 系统监控之下运作，避免差错和舞弊现象的发生。通过实施销售模块，将财务、销售和磅房软件系统连为一体，每日将出库的产品数据直接传递至销售和财务模块进行对账、开票、价格结算，确保销售和财务统计的销售吨位一致。通过财务、供应、销售和磅房系统的整合，实现了数据流实时传送，确保信息源采集单一、可靠，数据相互对照、对比，实现了财务数据的高度准确。

（2）通过 NC 精细化管理，缩短核算时间，提高工作效率。通过 NC 建设，实现财务核算到现场，管理到现场，核算数据可直接汇总到财务，保证了财务核算数据及时、准确，提升了财务工作效率。如：根据精细化管理理念和在建工程结转固定资产工作需要，使在建工程科目体系与仓库工程物资出库编码科目体系无缝对接。根据工程物资领料单直接出到相应的物资出库编码科目体系末级明细，月底系统自动生成工程物资出库分配汇总表，根据工程物资出库分配明细，财务实时生成工程物资出库凭证，缩短出库分配时间，提高财务核算准确性和效率。根据财务在建工程科目体系设置，将待摊投资支出根据建筑工程和安装工程所占比重予以分配，再将各自分配的金额在在建工程各级明细科目下予以分摊，最大限度实现固定资产价值的实时分配入账，提高固定资产入账的准确性和及时性。

（3）实现设备物资信息化管控。在信息化管理系统中，全面采用编码管理，按照公司编码标准，对每一台设备、备品备件的身份进行编码确认，确保编号的唯一性。编号确定后，进行信息录入建立设备档案，建立完善的设备信息收集和处理体系，包括物料管理、设备及维修管理。该系统实现了对全公司设备的统一管理，实现了对设备的分类、设备的相关部件信息参数管理，如设备易损件使用周期及需要更换的时间、润滑油更换时间等信息，实现了对每台设备的有效管理。同时实现了备品备件的计划申报、审批、采购、入库、出库等一系列繁杂的工作流程。通过对全公司物料的统一编码和规范，为设备信息化管控奠定了基础

数据。

（4）备品备件统一管理实现网上结算厂商储备。建立设备备品备件的库存预警分析系统，为设备管理保养提供了及时的备件准备，提高了设备运行质量，减少了停车时间。开祥化工及下属的开祥精细化工和开祥天源化工财务上独立核算，管理统一，为了减少备品备件对资金的押滞，三个公司通过信息化实现备品备件统一管理、统一储备，实现了备品备件在线及时监控和提醒，始终把备品备件数量控制在一个合理范围内。通过近一年的客户管理，公司与选定的供应商战略伙伴实现了信息共享，让供应商在公司库房进行备品备件储备，供应商可以通过公司信息化外门户进行登录，及时掌握备品备件数量，及时进行备件补充。公司备件使用情况信息会及时传送到财务 NC 系统，对应的公司财务会通过网上银行与供应商进行价格结算，实现了公司与供应商双赢的局面。

（5）建立 NC 全面预算管理，实现全面预算管理的信息化。良好的公司经营管理，离不开预算的合理、合规编制和执行分析。用友 NC 预算管理系统为公司预算的事前编制、事中控制和事后分析提供了一个有利平台。开祥化工公司通过将企业战略落实为企业目标，将企业目标分解到预算管理中，通过企业绩效考核实现企业战略落地。开祥化工公司以生产计划为全面预算的起点，采用自下而上的方式编制班组、区室、部门预算，然后汇总生成公司整体预算，再由公司预算管理委员会根据具体情况审核调整后确认，并下发执行。采取预算总额控制和分项费用控制相结合，严格控制预算执行。结合公司实际，制订了《目标成本管理办法》，根据 2012 年的各项经营指标任务，实行目标成本管理，按部室制定责任目标，实现责任目标与部室领导绩效挂钩考核；按季度对所属各单位目标成本完成情况进行考核，并按单位成本升降幅度进行奖罚。

（6）以 NC 为平台提升集团资金管控，实现资金业务流程再造。义煤集团原有资金结算模式以分散管理为主，资金信息不集中，对于集团资金流向、流量预测无法提供有力的数据；而对于集团资金集中管理，基础信息管理、资金日常管理等方面，信息集中程度不高。通过 NC 系统建立集团统一资金管理平台，将资金组织体系、资金计划组织体系、资金基础信息、子公司日常业务处理、资金计划等方面都纳入到统一的平台中，实现集团对资金统筹监管。开祥化工在集团原有平台上，将开祥、天源、精细供应链业务、结算业务、核算业务连通，在 NC 系统中实现了全流程、跨业务的业务流、数据流和信息流大整合，实现资金业务流程再造。

（7）以 NC 为平台，提升财务核算水平，实现会计监督。NC 上线以前，财务大部分时间消耗在事后核算工作上，而 U8 系统没能将供销业务与财务模块实现良好衔接。NC 上线后将供应链、销售、设备管理、磅房等业务逐步纳入到统一平台，业务数据直接由各业务人员来录入，反映的财务信息自动入账，同时构成相关分类账，并自动生成报表，进一步提升了财务核算水平。NC 系统自动处置反复冗杂的核算工作，完成了公司关键业务的财务数据由相对滞后的手工汇总向过程化同步生成的方向跃变，把财务人员从单调的数字中摆脱出来，进一步使会计管理职能愈加突出，会计职能由核算型向管理型转换，使财务工作重心进行转移，即从以往对数字的计量与记载，转向到对信息的加工、再加工上来。

（8）RFID 的设备巡检管理系统实现设备点检智能化。基于 RFID 的设备巡检管理系统实现了设备管理的智能化与信息化，通过 RFID 智能标签的特点，在厂区所有重要设备区域安装相应的 RFID 智能标签，巡检人员拿着 PDA 巡检手持机，到既定的区域进行设备巡检，通过 RFID 技术，系统自动会将巡检区域路线、设备参数、外观破损情况等相关内容，显示在显示屏上并同步无线传送到 ERP 系统电脑服务器上进行相关数据分析，提出合理的设备维修建议，保障设备的正常运转，实现设备管理的自动化、智能化、信息化。

3. 以 DCS 系统为中心，实现生产精度管控

开祥化工分为甲醇、二甲醚、BDO 三大厂区，为了保证系统一致性和兼容性，斥资 1500 多万元购买了世界上最先进的美国霍尼韦尔公司的 PKS 系统。该 DCS 系统既提高了公司甲醇、二甲醚、BDO 等生产装置工艺指标的控制精度和安全运行水平，又将生产装置运行数据通过云计算虚拟技术直接提取到了 ERP 系统。同时通过 DCS 系统生产工艺管控与 ERP 信息系统的对接，实现了设备自动点检，提高了设备运行质量。

（1）实现生产过程的高精度自动控制。DCS 系统主要分为三部分，第一部分为分散在现场各处的各种变送器，例如：压力变送器，温度变送器，流量变送器等。第二部分为机柜室，现场所有变送器送来的信号都在机柜室集中处理，处理后通过交换机送至中央控制室的电脑上显示出来，即为系统的第三部分。人工的控制周期只能做到数秒钟，操作的精度基本在 1% ~5% 量级，同时操作的实际情况还要受到操作者熟练程度、精神状态等因素的干扰。而 DCS 系统可以做到毫秒级控制周期（这对汽轮机控制等重要设备运行极为重要），控制参数的精度可以做到 0.1% ~0.5%，对于特殊的回路，精度还可以更高。公司甲醇装置采用的是世界上最先进的 SHELL 粉煤气化工艺，该工艺具有高温高压、操作复杂的特点，靠传统的操作方式是无法完成的。因此，DCS 控制系统不仅提高了装置运行安全性和稳定性，还提高了产品的品质。

（2）通过云计算虚拟技术与 ERP 无缝连接。通过云计算虚拟技术，开祥化工将 DCS 系统中的甲醇、二甲醚、BDO 等装置的生产数据直接提取到了 ERP 系统中。在 ERP 系统又实现了生产数据的实时汇总分析，可自动生成实时生产报表，为及时调整装置的运行参数提供了保证。总之，实现了从生产现场到装置、从单个装置到车间，从车间到全厂，从全厂到整个公司的信息采集、整理，从而

实现全厂的综合监控，提高了整个生产过程的效率。

（3）向ERP系统传递点检数据。开祥化工的DCS系统通过云计算虚拟技术向ERP系统传递了一些重要设备的温度、振动、位移等重要参数。比如煤气化工段中最重要的激冷气压缩机，其温度、振动、位移等重要参数由相应传感器将数据送入到DCS系统中，DCS系统再将数据传递到ERP系统中，利用ERP系统中的设备管理模块可以帮助预测和分析激冷气压缩机的故障，从而减少其检修的次数和时间，提高了其运行周期。

4. 建立开祥化工持续信息化管理体系

开祥化工在决定上信息化系统时，做了大量前期调研，如外部市场环境调研、企业人员状况调研、企业内部环境调研等，根据调研情况公司编制了信息化实施方案，确定了“整体规划、分步实施、效益优先、阶段推进”的实施原则。公司为了保证信息化建设按计划实施，专门成立了信息化建设指挥部，负责信息化建设工作。制定了信息化实施方案及管理制度，每月底召开一次信息化进度协调会，落实本月信息化工作进度，处理信息化建设过程中存在的问题，并对未按时完成信息化工作计划的部门进行考核，从而确保了信息化工作的稳步推进。

（1）总体规划、分步实施。开祥化工信息化建设工作结合对外部环境和内部环境的调研报告、公司十年发展规划、公司信息化基础条件等内容，制定了公司信息化实施方案，确定了“整体规划、分步实施、效益优先、阶段推进”的实施原则。公司信息化建设工作分规划设计、基础建设、全面建设、完善整合、创新发展五个阶段分步实施，在各阶段实施过程中对存在的问题进行总结，以便及时调整下一阶段工作内容。

（2）把握全局、重点突出。开祥化工在信息化建设过程中涉及到各个部门和2个子公司的各环节工作，在“总体规划、分步实施”的大原则下，必须“把握全局、突出重点”。既要对全局进行考虑，又要突出重点。公司根据当初调研和规划设计，决定重点需要先解决物流和资金流同步的问题，以保证公司正常工作的开展，具体包括的部分为：财务管理系统、成本管理系统、供应链管理系统、磅房及过磅物资管理系统、办公自动化OA系统、人力资源管理系统等，所以本规划遵循“效益优先、阶段推进”的基本原则。

（3）循序渐进，逐步提高。任何一个企业信息化发展都不是一蹴而就的，而是循序渐进，逐步提高的，开祥化工也不例外。随着企业的逐步发展、逐步壮大，企业规模也在相应扩大，企业的管理水平在不断提高，企业的人员素质同时也在提高，可以说企业是动态的、变化的。企业的信息化发展策略也应相应调整和改善，所以企业的ERP的建设必须伴随着企业一起变化。开祥化工是一个正在逐步发展壮大的公司，公司当初的信息化建设水平还比较低，如果各个部门、控股公司、各个子系统同时展开，无论是对企业本身还是系统供应商都是一个特大的考验，所以公司采用从最基础部分开始，循序渐进，逐步提高。

（4）保护投资，降低风险。“总体规划、分步实施”的最大好处就是“保护投资、降低风险”，“总体规划”可以充分体现规划的前瞻性，避免系统的重复建设，“分步实施”可以充分利于现有可用资源。公司在信息化工作总体规范时，就考虑到了如何把公司原来的各部门管理软件和硬件进行整合，如财务 U8 管理软件、供应仓库管理软件等，以降低公司投入，节约开支，使公司信息化建设工作风险相对降低。

（5）持续发展，改善健全。公司信息化建设是一个动态变化的过程，如企业在不断地发展壮大，管理水平在不断的提高，管理模式在不断的变化，信息技术在不断的提高，所以公司在信息化建设过程当中不断地对信息化发展策略做相应的调整和改善，以适应企业的发展。

五、云服务理念下煤化工企业两化融合框架实施的效果

通过两年的研究和实践，开祥化工云服务理念下两化融合系统在公司安全、生产、财务、供应、销售、工程建设等领域发挥了重要作用，初步估算累计创造效益 8900 万元，为公司的快速发展奠定了基础。

1. 信息化的实施，实现了公司战略管理和制度落地

通过云服务理念下两化融合框架管理模式的实施，实现了公司战略管理和制度落地，公司产值从 2009 年的 1.7 亿增长到 2011 年的 15.5 亿，资产规模由 2009 年的 15 亿增加到 2011 年的 30.5 亿，利润由 2009 年的亏损 7600 万元到 2011 年的盈利 1300 万元，实现了企业由巨额亏损到盈利的转变。

2. 信息化将预算管理落实到一线，节支降耗效果明显

开祥化工信息化实现了预算管理到一线，实现了企业全员绩效考核。2011 年装置全年运行质量大幅提高，运行质量发生质的飞跃，全年两煤单耗从 2010 年的 2.8 吨降低至 2.6 吨/吨、一次水单耗从 29 吨/吨降低至 25 吨、电量单耗从 655kwh/吨降低至 620kwh/吨、化工原材料单耗从 38 元降低至 31 元/吨，单原料消耗全年降低 4912 万元，为公司生产经营提供良好基础。实现了三个公司备品备件的统一储备预警，实现了备品备件采购的网上结算，实现了备品备件供应商在公司的储备，为公司减少资金占用 2000 万元以上。

3. 信息化和工业化的高度融合，创造全国壳牌装置高负荷连运纪录

云服务理念下煤化工企业两化融合框架以 DCS 生产集散式管控系统与 ERP 信息化管控系统的高度融合，实现了生产装置的分散控制和集中管控，并对装置运行参数通过 ERP 系统进行分析，以便及时调整运行参数，实现了转动设备运行时间及质量的在线监控，并根据转动设备监控参数进行及时有效的备用设备切换，提高了生产装置系统的运行可靠性，保障了壳牌气化炉的长周期稳定运行。在壳牌气化炉装置投运以来，不断刷新壳牌煤气化各项记录。其中：2009 年创

造了国内壳牌运行最高负荷、2010年四季度开工率最高记录、2011年全年开工率达到91%及2011年在105% -110%高负荷下A级连运103天等多项国内同类壳牌装置先进纪录。

4. 管理效率明显提升，创造了化工工程建设速度

经过两化融合公司工作流程再造，使公司各项工作效率明显提高。比如公司1.4-丁二醇一期工程建设工作，本项目总投资15.7亿元，在工程建设过程中，坚持“工程质量无偏差，第一次就做对”的理念，不断加强对施工过程的控制，严格把握工程节点，实现工程进度精细化管理，并在施工过程中实行现场盯安全、盯质量、盯进度、盯设计、盯设备的“五盯”责任制，科学组织，实现了化工行业中大设备吊装、配管、土建立体交叉施工难题，大大提高了工程施工进度，实现了本装置当年开工当年投产，创造了新的化工工程建设速度，项目投资比概算节约6000万元，提前三个月建成投产，赶上了1.4-丁二醇历史最高价，为公司创造了4000万元利润。

（成果创造人：吴东升　于华锋　杨　刚　林发现　张向阳　任树明　赵作涛　常明强　林　伟　张　伟　张广华　张永强）

2012 煤炭企业管理现代化创新成果

一等奖

以打造一流品牌企业为目标的基础管理体系构建

中煤平朔集团有限公司

中煤平朔煤业有限责任公司的前身平朔煤炭工业公司创建于1982年，1997年6月并入中国中煤能源集团公司。2008年8月成立中煤平朔煤业有限责任公司，属中国中煤能源股份公司全资子公司，负责平朔矿区上市资产的运营管理，目前拥有职工一万余人。经过20多年的建设发展，平朔公司已拥有两座生产能力2000万吨/年的特大型露天矿，三座生产能力千万吨级的现代化井工矿，入洗能力8000万吨/年的五座配套洗煤厂，总运输能力8600万吨的三条铁路专用线，正在建设的平朔东露天矿将新增产能2000万吨以上。截至2011年底，平朔公司拥有在册职工11626人，资产总额513亿元，已累计生产原煤8.6亿吨，外运商品煤6.5亿吨，缴纳税费347亿元。

一、公司组织机构改革背景

随着公司快速发展，平朔公司于2005年调整了组织结构，推动组织管理向扁平化和专业化发展，实行直线职能制管理，公司经理层直线指挥各成本中心，各职能专业部门作为经理层决策参谋机构，履行管理、指导、服务职能。经济核算采取公司本级、二级成本中心两级核算体制，通过实行内部市场链明确了责权关系。

组织结构向扁平化和专业化方向调整后，平朔公司管理水平曾明显提升：打破了层级复杂的科层组织结构，减少管理层级，提升了沟通效率和速度，降低了控制监督成本；分工进一步细化，专业化得到进一步强化。但随着企业的快速发展，新的问题也随之涌现出来：组织扁平化和分工进一步专业化，管理幅度和宽度进一步增加，需要部门之间的协作和配合增加，部门之间的边界增大，对平朔公司集中协调能力的要求大大提高。但是在实际运转过程中，还存在一些问题。

具体问题表现在：

1. 平朔公司扁平化组织高效运作的基础是横向协作和配合流程的有效运行

只有贯穿于各横向部门的流程顺畅和高效，整个公司才有可能实现高效顺畅。平朔公司虽然在组织结构上进行了扁平化调整，但是相当一部分的关键流程缺失或流程不清晰，流程各环节的工作标准和要求也不够明确，造成工作的随意性、经验性、人为推动比较多，即使有明确要求的，执行也不够彻底，造成滞后现象时有发生，影响工作效率，让相关部门感觉扁平化后工作开展更加不顺畅。比如：设备管理、物资采购等流程就存在缺失和不清的问题，导致设备管理主体不明，监管不力，采购环节则出现供货不及时，采购周期太长等问题。

2. 职能部室在行政划分上体现了专业化，但缺乏清晰的配套流程，致使职能管理弱化

有相当一部分部门的职能发挥不充分，部分重要业务没有做到有效管控和高效管理，在实际运作过程中没有真正体现出专业化的能力。如生产技术管理缺失，公司层面没有统一的管理、指导、协调、监督。生产调度指挥职能弱化，没有建立高效的调度指挥系统。机电管理职能弱化，设备账、卡、物不符，无法实现统一管理和高效调配。安全监督与安全生产责任主体界限模糊，安全派驻监督职能弱化。

3. 传统的部门壁垒习惯没有彻底打破，难以实现集中协调、高效运作

横向部分划分为：生产单位、生产辅助单位、机关职能部室、后勤服务单位四大板块，横向分工更加专业化，横向部门增加，横向沟通和协调能力要求大大提高。但是传统的部门壁垒习惯没有彻底打破，难以实现集中协调、高效运作，比如：设备管理中心要实现对设备进行统一管理的目标，需要财务部门、生产单位、维修单位等相关部门的大力配合和支持，才有可能全面掌握、了解设备的信息和状况。但是，在现实运作过程中，部门之间的沟通、协作和配合并不够理想，部门壁垒没有被有效打破，各种信息和资源没法实现有效共享，对设备专业化管理的功能和能力没有充分发挥出来。

4. 具体工作职责中存在边界界定不清，推诿扯皮的问题

平朔公司对生产单位、生产辅助单位、机关职能部室、后勤服务单位四大板块部门职责定位的界定是比较明确的，但是具体工作职责的细节界定不够清晰，甚至存在边界界定不清，存在管理空白或交叉，导致推诿扯皮，责任落实不到位的问题。比如边坡管理工作，边坡日常管理由露天矿负责，监测测量则由测量单位负责，安全管理的主体责任未明确；设备管理中心在行使设备管理监督时，决策权和执行权没有有效分离。

5. 生产单位和生产辅助单位是紧密相连，需要密切配合才能高效运作

在调研过程中发现，相当一部分生产辅助部门的职能发挥不够充分，部门的

专业能力不足，对生产的辅助和支持作用不充分。比如：设备管理中心、设计院、技术中心等部门的职能发挥不够理想。设备管理中心对设备的总体状况不够了解，难以对设备进行有效管理，设计院和技术中心等部门的能力也很不足，难以对生产部门提供有效的支持和服务。

二、公司优化组织结构的具体做法

企业管理只有起点没有终点，只有更好没有最好，在企业发展过程中，必须根据客观情况的变化不断修正，使之更加符合和适应企业发展的需要。2009 年平朔公司从集团公司发展战略和法人治理结构调整的基本要求出发，结合自身实际及发展需求，以强化和改进运营管控及加强专业化管理为核心，对现有组织管理结构、业务流程、管理制度进行了全面审视和诊断。打造“职责划分清晰，权力有效制衡，物流、人流、资金流、工作流、信息流规范有序、运转流畅、资源共享、精干高效”的企业组织体系，以此来提升公司管理水平。

重新设置机构以明确权责，专业分工；协调合作，沟通顺畅；强化管理，提高效率为基本思路，重点在五个方面进行优化设置：一是加强运营领域的职能管理，相关管理职能上移，更好地发挥参谋作用，为公司决策提供依据；二是强化职能部门履职能力，加强信息传递与协调，部分职能部门下挂支持性机构；三是进一步加强专业化管理，充分利用和调配公司各种生产要素，提高运行效率，降低运营成本；四是加强安全生产管理，加大防范力度；五是加强成本控制和经营核算，提高盈利能力。具体措施为：

1. 强化与生产直接相关的运营管理领域的职能

针对公司的设备管理职能薄弱，缺乏系统、完整的统一管理，成立机电动力部作为设备管理责任主体，全面负责公司设备的监督管理，设备管理中心只负责设备日常运行的业务操作管理。在设备管理的体系中，明确不同部门的定位与职责，以使其责权明确，系统运转高效。

针对公司安全监督与安全生产责任主体界限模糊，安全监督职能弱化的问题，从增强公司的安全预防管理、强化安全监管职能出发，安全生产监察局增设了监察室，对各矿井实行了安监派驻制；成立救护大队，由通风救护部负责管理。

煤质部与地测部合并，实现钻探、测量、煤质分析一体化，井下测量由各矿管理，露天测量由公司统管，变原来部门之间的协调为部门内部的协调。

新成立营销管理部，负责制定公司对外、对内销售政策、确定销售策略、定价策略，并负责产、销的协调等工作。

新成立质监造价部，负责对参建各方质量行为的监督检查、工程实体质量监督、工程质量检测管理等工作，全面负责平朔公司基建投资、专项资金计划及成本费用的造价管理工作，配合相关部门做好审计、调概、清标等工作。

2. 建立强有力的计划与调度部门

提高调度的集中度，将调运中心与集团、铁路部门进行沟通的职能划拨公司总调度室，使公司能够直接对外沟通。

公司将总体生产计划的编制、执行交由生产技术部来负责；生产技术部内部的机构、岗位设置使其能够完成计划管理、技术标准化、技术方案审核的能力；同时，核心运营部门有对接部门，以加强生产技术部门的指挥能力。

3. 职能管理中划分分析性部门与支持性部门

职能管理中，有些职能是分析性的，有些职能是支持性的。如果支持性的工作比较多，则将其独立出来成立专门的机构。比如：设备管理划分为机电动力部和设备管理中心，实现决策权与执行权的分离；人力资源分为人力资源部和教育培训中心、社保中心；基建管理分为工程管理部、项目组。

4. 实现总部职能管理与集团公司管理架构的对接

与集团公司业务对接，2010 年成立企业管理部，原规划管理部部分职能归属工程管理部、企业管理部、法律事务部。强化监察审计部的履职监察、任中审计、工程审计职能，成立企业文化部，加强企业文化建设，提升企业形象。

5. 统一设置生产单位组织机构

对两个露天矿、四个井工矿的内设机构统一设置，合并 5 个洗煤厂，使设备共享、技术人员统一调配，职能管理机构精简。

6. 生产辅助及服务单位实行专业化管理

合并电动、燃动维修中心为露天维修中心，新设井工设备维修中心；合并物流中心、采购中心为物资供应中心；整合矿区和生活区的水、暖、气、电业务，统一划归动力中心；分解原生活服务公司职能，成立生活服务中心。新成立车辆管理中心，统一管理全公司非生产用车；新成立档案馆，实现档案管理的集中化、数字化和专业化；教育培训中心负责全公司职工的培训工作。

7. 梳理公司业务及管理流程，并完善修改管理制度

虽然组织结构进行了扁平化调整，但相当一部分的关键流程缺失或不够清晰，整个组织难以高效运作，工作开展和工作推动无法实现有序运行。针对此问题，公司不断对流程进行梳理优化，截至目前，形成 15 类 202 个关键的业务及管理流程；结合公司业务发展情况，本着“管事顶用、虚功实做”的原则，对 16 家二级单位进行管理制度的梳理优化工作，初步形成制度目录658 条，对公司制度进行了完善修改，最终确定的管理制度 17 类 229 个，成为平朔公司企业管理的基础。

8. 平朔公司机构调整后潜在问题及改进建议

机构调整后，在一年多的运行中，平朔公司权责明确、分工专业、集中协调、高效运作，管理整体水平明显上升。2010 年实现年产原煤过亿吨，建成了

国内首座露井联采单一亿吨大矿区，成为继神东之后我国第二个年产亿吨原煤的大矿区。伴随着企业的快速发展，组织机构方面一些潜在的问题也显露出来，比如公司洗选中心现负责公司五个 4 万吨级的洗煤厂运行管理，随着东露天矿的建成投产，北岭矿的投产运行，洗选中心负责班组型的洗煤厂将逐渐增多，虽然机构专业化，扁平化的思路得到有效执行，但随着专业化管理范围的不断扩大，管理难以做到横向到边，纵向到底，出现了新的管理盲区，有待进一步研究。

鉴于此，平朔公司认为在现有组织架构下，对这种专业化程度高、战线又比较长的二级单位，如洗选中心、露天设备维修中心等，在专业化管理的前提下，实行板块式、区域化的管理，适当增设内部职能科室，强化区域管理，缩短管理的横向、纵向距离，以减少盲区，进一步实现高效运作的管理目标。

三、构建完善制度、流程体系的成效

1. 平朔煤业公司管理制度、流程体系构建完善工作

2009 年以来，平朔公司提出了“11456”发展目标，把建设亿吨级煤炭生产基地和高标准循环经济工业区作为企业的发展战略，与此相匹配，公司在组织结构、流程体系、核岗定编、管理制度、企业文化等方面开展了一系列卓有成效的工作，使企业的管理模式和理念更好的服从和服务于战略目标的实现。一是科学设置组织机构，按照“行业领先、专业管理、层次清晰、集约经营”的原则，完成了组织机构的优化设计，实现了组织结构的专业化、扁平化；二是明晰管理和业务流程，总结提炼出公司一级流程和二级流程，实现了工作程序的标准化、制度化；三是优化人力资源配置，按照“精干高效、因事设岗、规范化、一般性”的原则，完成了管理和操作岗位的核岗定编工作；四是完善企业管理制度，对公司现行管理制度进行了修订完善，对短缺部分进行了补充，增强了制度的指导性、操作性和实用性。

平朔煤业公司管理制度、流程体系包含了三个层面的内容：组织结构层面、管理职能层面、管理制度层面。

组织结构层面的管理制度即依据中煤集团公司的层级定位形成的各自管理制度。其中，中煤集团总部的管理制度是平朔煤业公司的根本性制度；平朔公司的管理制度依据中煤集团总部管理制度进行建设，是对集团总部管理制度的逐级细化、具体化、本土化。

管理职能层面的管理制度体系是依照企业内部管理职能区分的管理制度。企业的每一项管理职能均有相应的管理制度加以规范。《平朔煤业有限责任公司公司管理制度》共收录管理制度 17 类 192 项，涵盖了包括行政管理、人力资源、党务管理、财务管理、安全管理、生产管理、设备管理、物资管理、科技环保、纪检监察、档案管理、保密工作、工会工作、团青工作、工程管理、生活服务等在内的企业管理的各个方面，与业务及管理流程一起形成了比较完整的企业管理

体系，使企业的各项管理工作有章可循，为公司科学化、规范化、制度化运营提供了基本保障。

制度层次层面，是指纵向地在每一项管理职能的制度之内按照其规范内容的详细程度可以分为不同层次的制度。一般来说包括基本制度、管理办法、实施细则、管理要点四个层次。基本制度是企业管理系统的基本框架，是保证企业正常经营管理的根本性行为准则。管理办法是对管理制度的延伸，是对企业某专项工作做出的规定和要求。实施细则是对管理办法的实施步骤和具体工作流程的具体规定。管理要点是对企业内部局部性、阶段性及不属于一个系统的相关方面的工作所做出的具体要求和规定。平朔公司管理制度包括了规则、规定、办法、准则、细则等多个层面。

2. 平朔公司管理制度的表现形式

书面形式确实是管理制度的最基本表现形式，也是目前最主要的表现形式。但除此之外，平朔公司管理制度表现形式还包括了信息化这一方式。

信息化表现形式日益成为平朔公司管理制度的主要表现形式。平朔公司将每一项管理制度细化为一个个流程，建立其相应的管理标准，将之转移到 OA 信息化系统上，增强了管理制度的规范性和高效率，并在其管理制度体系建设中提出了这样的理念——“管理制度化，制度流程化，流程信息化”。

3. 平朔公司管理制度、流程体系建设的参与者

随着管理的发展，企业管理制度、流程体系的建设不仅仅是一个部门的职责了，而需要公司内部全员参与。职能部门负责制定计划，组织实施，各相关部门均积极参与到制度的建设过程中。对于工作流程、实施细则等具体操作层面的制度规定，还积极邀请一线员工加入到建设、修订、优化工作中来。在企业文化的洗礼下，公司员工愿意将个人的智慧贡献给企业，使他们好的工作经验和成功的工作方法可以被反复使用：只要员工有好的想法、建议和方法，经过大家充分讨论，不断修改完善，经上级批准后，就可以作为标准工作程序固定下来，以便员工可以按照标准作业程序执行和操作。

4. 管理制度、流程体系仍需进一步完善

基于前期工作的进一步认识，平朔煤业制度、流程方面还存在以下问题：

（1）流程体系尚需健全。已有的 202 个流程所涉及的制度部分欠缺；表单虽然经过初步梳理，但系统性还不够，还需要进一步系统设计；流程责任主体还未细化到岗位，责任到人。

跨二级单位的流程尚还缺失，使得二级单位之间的协作缺乏标准的程序；二级单位跨部门流程还未梳理，还有待进一步丰富，因此需要增加流程。

从整体上看诸多流程的缺失导致了流程架构的不够全面和接口的缺失以及有些接口的勉强，从而破坏了流程整体上相互联系的特性。

二期流程发布之后，缺乏从流程的角度体现和加强企业内控的考虑。

（2）流程固化成果有待夯实。对于平朔煤业而言，整体流程信息化的 IT 规划还不够，致使流程信息化缺乏方向指引和无章可循。各个模块相对分散孤立，如 ERP、ARIS、OA、金蝶等。

目前的流程绩效尚缺乏动态和准确的测量，致使管理者不能有效掌控流程运行态势，阻碍了流程绩效反馈，同时也不能很好的度量流程优化的效果。

（3）流程优化尚有空间。流程优化需要对优化进行分析，应该有优化的目标，然后确定范围，最后进行优化。

整体流程尚未从“顾客”的角度加以认真的审视，对于流程中真正对客户增值的节点尚未进行识别、充实和扩大。

整体流程尚未从成本的角度对流程中的节点进行识别，在保证客户价值的前提下，流程成本还有降低的空间。

流程是否得到了优化，有赖于监控系统实施后对流程绩效在优化前后的对比测量，只有这样，才能准确衡量优化结果。这一点也是目前有待提高的方面。

5. 平朔煤业公司目前流程问题的解决方案

在以往所做核心流程梳理的基础上，流程管理信息化二期项目已完成。接下来的流程工作可分别依三期、四期、五期展开。

（1）三期——全面流程梳理。

①制度、表单、岗位细化。二期对 202 项流程相关的表单做了初步梳理，三期将进一步完善，并将制度加入到流程中去。三期中对表单下大力气进行规范，形成统一规范的格式并设计部分表单。三期可以在管理和操作定岗定编基础上，进一步将流程责任单位细化到岗位。

②二级单位及部门内部流程。前次的流程优化工作主要是 202 项跨部门的流程，并未涉及二级单位流程。三期将以此为切入点，对平朔煤业二级单位跨部门的流程进行梳理，在关键流程的基础上，进一步丰富平朔的流程体系，发挥其作用。

③流程结构和接口优化。在二级单位和部门的内部流程得以充实之后，对照领先企业的流程最佳实践，充实流程架构。

在二级单位和部门的内部流程得以充实之后，三期应该能够做到流程皆有接口，以此将全部平朔内部流程整合为一个整体。

④内控手册。三期可以研究在现有的流程下，内部控制达到何种状态，平朔煤业理想的内部控制应该达到何种状态，这两者之间的差距通过那些流程的梳理、优化或者设计可以弥补。这将作为三期的一个重点工作，从而形成内控手册，提升平朔煤业的内部控制水平。

（2）四期——流程信息系统实施。

①流程 IT 规划。北大纵横将在理解平朔煤业发展战略和评估企业 IT 现状的基础上，结合煤炭行业信息化方面的实践和对最新信息技术发展的认识，以北大纵横对平朔煤业的透彻理解为基础，提出企业流程相关信息化建设的远景、目标和战略，以及具体信息系统的架构设计、选型和实施策略，全面系统地指导平朔煤业流程相关信息化建设，满足平朔煤业可持续发展的需要。

②流程信息化实施。平朔煤业可以购买并实施一些软件信息系统，北大纵横作为实施过程指导方，代理甲方扮演角色，将纸面的流程固化到信息系统中去，达到软件系统与所涉及流程的完美契合，从而使得员工更好地执行流程，以使流程真正落地。

③与其他系统兼容。北大纵横研究先行的其他管理系统（如 ERP 系统等），从中寻求现有流程与现有管理系统的结合兼容之道，以使得平朔煤业的流程系统与其他系统彼此兼容，避免实际系统与流程相脱节，从而架空流程的现象发生。

④ARIS Controlling Platform。二期使用 ARIS Design Platform 进行了流程管理信息化和部分优化工作，四期可采用 ARIS 的第 4 个平台 ARIS Controlling Platform 进行流程的监控工作，进一步提高平朔煤业的流程管理信息化水平。

（3）五期——流程优化。

①流程优化分析。流程优化需要对优化进行分析，应该有优化的目标，然后确定范围，最后进行优化。通过与高层领导沟通，确认优化方向与目标。

②流程增值降低成本。从客户的角度去考察流程中的每一个节点，寻找出那些能给客户带来价值的节点，并保证这些节点在流程中得到全面的充实，以此使流程对客户增值。

在保证客户获得价值一定的前提下，仔细考察流程中产生成本的关键节点，对其进行考察分析，有效降低节点成本，从而降低整个流程的成本。

③流程优化实施。将需要优化的流程按照优化原则进行优化，并修改完善到系统中，形成优化流程汇编手册。同时，通过培训将优化成果夯实。

④流程优化总结。流程是否得到了优化，有赖于监控系统实施后对流程绩效在优化前后的对比测量，只有这样，才能准确衡量优化结果。通过总结，使流程优化转化为企业效益。

通过三期、四期、五期的持续努力，流程工作将为平朔煤业“5448”工作要求奠定基础，并进而为平朔煤业“11456”发展目标贡献力量。

（成果创造人：伊茂森　王天润　白　金　杨淑琴　倪　洁　崔雅玲　李光烨）

以战略管理为导向的大集团对标管理体系的构建与实施

开滦（集团）有限责任公司

开滦（集团）有限责任公司前身为开滦矿务局，始建于1878年，享有“中国煤炭工业源头”和“北方民族工业的摇篮”等盛誉。新中国成立以后，开滦矿务局曾先后隶属国家燃料工业部、煤炭工业部管理，1997年以后隶属河北省政府管理。1999年，原开滦矿务局改制为开滦（集团）有限责任公司。2002年至2004年，开滦集团先后实施了企业内部专业化重组，完成了张家口蔚州矿业公司并入和精煤股份公司成功上市，初步形成了煤炭生产、多种经营、经济贸易、后勤服务4个专业化公司和精煤股份公司、蔚州矿业公司2个控股子公司的管理格局。在此基础上，积极推进产权制度改革，2007年成立了开滦集团债转股新公司，开滦由国有独资公司转变为由河北省国资委控股的多元产权新公司。2006年、2008年先后成立了内蒙古开滦投资公司和新疆开滦能源投资公司，2009年托管兴隆矿务局，2010年托管河北国和汽车投资有限公司，2011年成立了开滦集团财务有限责任公司。

开滦集团已形成五大区域、七大战略基地的生产布局，分布在河北唐山、河北张家口蔚州、内蒙古鄂尔多斯、新疆伊犁和准东、山西介休地区和海外加拿大盖森地区，发展成为一个集煤炭生产、洗选加工、煤化工、现代物流、装备制造、建筑施工、文化旅游和房地产开发等多产业并举的大型企业集团。2011年期末总资产为577亿元，在册员工75207人，在中国企业500强排名第91位。

一、构建实施以战略管理为导向的大集团对标管理体系的背景

1. 是加快转变经济发展方式的需要

河北省委七届五次全会指出：“我省经济结构不合理，归根结底是产业、行业技术水平低，低端产品多、产品附加值低，直接影响到经济运行的质量和效益。”因此，省委省政府组织企业开展对标行动，既是提高企业核心竞争力的有

力举措，也是加快转变经济发展方式的现实需要。通过引导各行业和企业，特别是国有企业瞄准同行业先进水平，自觉在调整产业结构、转变发展方式上不断尝试和改进，促进全省工业企业争先进位，着力打造一批具有强大市场竞争力的优势产业、企业和产品。

2. 是加快推进集团公司转型发展的需要

作为煤炭企业的开滦集团公司要实现企业基业长青，就必须大力推进企业转型发展，在"一基五线"产业发展格局的基础上，2011 年又确立了"十二五"时期"一基、七业、一区"的产业新格局。在这些产业中，既有传统产业，又有战略性新兴产业和现代服务业，有些产业对开滦集团来说是新兴产业，这就要求集团公司要抓好与同行业先进企业的对标，通过对标推动各产业向行业标杆学习，提高企业整体素质，提升企业加快转型发展的能力。

3. 是全面提高企业管理水平的重要手段

管理是提升企业经济效益的重要手段。对标管理是一项系统工程，它贯穿于企业经营管理过程中，涉及产品、技术、管理、工艺、人才等方方面面，通过对标可以发现差距，找出不足，有的放矢地制定改进措施，对标工作可以加快企业管理和技术创新步伐，成为企业不断提高管理水平，提升企业核心竞争力的助推器。

4. 是激发集团公司上下内在活力的客观要求

2008 年到 2010 年连续三年企业实现了跨越式发展，取得较好的成绩。面对复杂多变的经济形势和激烈的竞争环境，面对新形势、新问题和新要求，要求通过对标工作来发现工作中的差距和问题，从而增强广大干部员工的使命感和责任感，进一步激发谋求跨越发展的强大精神动力。

二、以战略管理为导向的大集团对标管理体系的主要内涵

1. 以战略管理为导向的大集团对标管理体系的内涵

以战略管理为导向的大集团对标管理体系的构建是以构建现代产业体系，实现科学发展为目标，以企业经济规模及运行质量快速提升为主要任务，通过在集团公司之间，集团公司所属单位之间全面开展对标工作，以可量化的指标对标为内容，以过程控制和优化流程为手段，以组织建设和考核机制做保障，找寻自身差距，制定和落实追赶先进的战略方案和措施，促使产业结构进一步调整和优化，增强可持续发展能力，实现集团公司及所属成员公司经济快速增长。

2. 以战略管理为导向的大集团对标管理的范围

集团公司对标工作实施范围共包括四个层面：

（1）集团公司层面。即集团公司与省内、国内，甚至国外先进煤炭企业进行对标。

（2）二级公司层面。包括各专业公司、事业部、内蒙公司、新疆公司、兴隆公司。这些公司在集团公司内选择同类公司进行对标，其中：能源化工、蔚州矿业、国际物流公司及兴隆等法人企业，要与省内、国内同类先进企业进行对标。

（3）三级公司层面。包括煤类公司各个矿，服务公司的各个社区、医院、学院，物流事业部的销售、物资、进出口、铁路运输、港口储运等公司，多经事业部的热电、基建、机械制造、酒店旅游、化工、开大等公司，能源化工公司的焦化、煤化工等公司。这些公司或单位除在集团公司内选择同类先进公司或单位进行对标外，还要与市内、省内、国内同行业同类公司进行对标。

（4）三级公司所属基层单位、系统或部位层面。是指煤类公司高效区队，比如快速掘进队、百万吨综采队等，公司内较重要的易于对标的相对独立的管理系统或部位，比如标准化的井下系统、本质性安全人行为养成的部位、员工生活小区、员工集体公寓、食堂、更衣室等。

3. 以战略管理为导向的大集团对标体系的内容

开滦集团通过收集近三年来国内外同行业先进企业的关键参数，对河北省国资委下达的对标指标体系进行补充与完善，形成完整的适合开滦集团特点的标杆指标体系。主要由可以量化的，便于比照操作的，能够反映对标实施主体经济规模、运营质量、增长速度、技术进步、管理精细、节能减排及安全稳定等方面的指标体系构成。2010 年制定了涵盖煤炭、物流、煤化工、多经、服务等行业，包括综合、技术装备、产品研发、节能减排、员工队伍等 6 大类 18 大项 93 小项的对标指标体系，根据对标指标重要程度，将集团公司对标指标体系分为重点对标指标和参考对标指标。重点对标指标纳入对标指标考核体系（即计权重），参考对标指标不纳入对标指标考核体系（即不计权重），只作为重点对标指标考核结果的补充。

2011 年，在 2010 年的对标实践的基础上，通过反复调研与测算，制定了含无形指标、经营技术指标和发展指标的更为完善的指标体系。

4. 以战略管理为导向的大集团对标体系实施的步骤

以战略管理为导向的大集团对标体系实施主要按以下六个步骤进行：

（1）分析现状。集团公司各对标实施主体首先要对自身发展状况进行深入分析，客观评估和掌握本单位（或部位）基本情况及各项指标完成度，在此基础上，结合集团公司发展战略要求及对标参考指标体系，确定本单位（或部位）对标的关键指标。

（2）选定标杆。对标分为内部对标和外部对标。在有关部门的指导和行业协会的帮助下，组织人员对潜在标杆企业进行研究分析，并结合自身实际，选定集团公司内部标杆和省内、国内等行业标杆企业，确定对标指标目标值。

（3）制定方案。通过与标杆企业或单位展开交流，或通过行业协会、互联网等收集有关标杆企业或单位的资料，分析标杆企业或单位在管理及技术等方面优势，查找自身的差距，制定切实可行的改进方案和措施，安排出追赶、跨越的路线图和时间表。

（4）对标实践。各对标实施主体根据改进方案和实施进度计划，将改进措施和目标分解落实到各相关部门和个人，加强管理，严格考核，保证对标工作落到实处。

（5）对标评估。各对标实施主体每半年对对标成效情况进行自评，对改进方案、措施的科学性和有效性进行分析，撰写对标指标评估分析报告，报集团公司对标工作领导小组办公室。对标工作领导小组办公室依据对标实施主体提交的对标指标评估分析报告，组织集团公司有关部门负责人，组成集团公司对标工作综合评估组，对各对标实施主体进行综合评估。最后依据综合评估报告结果，对各对标实施主体进行奖罚，以督导各对标实施主体加快改进步伐，尽快缩小与标杆企业的差距。

（6）改进提高。各对标实施主体在对对标实践过程中形成的行之有效的措施、手段和制度等进行总结的基础上，制定下一阶段对标工作实施计划，调整对标标杆，进而开展更高层面的对标工作，将对标工作深入、持续地开展下去。

三、以战略管理为导向的大集团对标管理体系实施的主要做法

1. 构建对标工作领导组织机构

为保证对标工作的组织领导，全面、有效地推进企业对标工作，成立由集团公司主要领导任组长的对标工作领导小组，对标工作领导小组主要负责对集团公司开展对标工作把关定向，组织、指导所属各公司开展对标工作；负责组织审定开展对标工作的实施方案、考评奖惩机制及评价结果；组织调度对标工作开展情况，平衡解决在对标工作中出现的重大问题等。设立对标工作领导小组办公室，主要负责对集团公司及其所属公司开展对标工作情况的调度、督导、反馈、考评等日常业务，同时负责协助对标单位搜集对标指标、对标标准。按专业分工设置六个对标工作专业组，即综合指标专业组、技术装备指标专业组、产品研发指标专业组、节能减排指标专业组、安全指标专业组和人才队伍指标专业组。其主要职责是依据管理职责及分管的对标指标情况，负责所管专业的对标指标完成情况的调度和考核工作，2011 年，由于对标指标体系的变化，对对标工作专业组进行了调整，增加了无形指标专业组和发展指标专业组，为集团公司开展对标工作提供了组织保证。

集团公司所属二级公司、三级单位，按照集团公司要求，层层建立对标领导小组和办公室，集团二、三级公司对标领导小组及办公室按照集团公司的设置方式，由公司相应业务部门组成。

集团公司对标工作按照层级管理的原则实施分级管理，即集团公司负责管理

到二级公司、事业部及直属公司；各二级公司、事业部、集团直属公司负责管理到所属三级公司或部位；各三级公司负责管理到所属区（队）或班组。

2. 构建对标工作内外部标杆

（1）内部对标标杆选定步骤。

①上报公司经营数据。集团公司所属二、三级企业向集团公司上报经营数据，为对标工作制定内部对标标杆提供数据参考。

②经营数据汇总。集团公司收集所属公司的经营数据，并通过数据的汇总，形成不同层级、不同经营业务及不同时期的经营数据。经营数据汇总后，提交集团对标工作办公室进行对标标杆的数据分析工作。

③标杆确定。集团对标工作办公室，对集团及所属二级、三级公司的经营数据进行分析与排名，选定数据作为标杆并提交对标工作领导小组进行标杆确定的审核。

④标杆导入。对标标杆审核通过后，进行标杆的导入工作，并由集团制定对标工作政策性文件下发下级公司，开展对标工作。

⑤对标工作开展。集团二、三级公司接收到集团下发的对标工作政策性文件并开展企业对标工作，上报指标基础数据，根据内部标杆信息进行对标，并上报经营过程数据。

（2）同行业及竞争对手对标标杆选定步骤。

①收集行业及竞争对手先进数据。集团公司通过官方网站获取上市公司相关的财务报表数据；向煤炭行业协会获取煤炭企业上报的数据；通过行业咨询机构获取国内外同行企业、竞争对手企业相关数据及其他途径来获取数据。

②标杆确定。集团对标工作办公室，根据集团公司生产经营的实际情况，对数据进行分析，选定标杆，提交对标工作领导小组进行标杆确定的审核。

③标杆导入。对标标杆审核通过后，进行标杆的导入工作，并由集团制定对标工作政策性文件下发下级公司，开展对标工作。

④对标工作开展。集团二、三级公司接收到集团下发的对标工作政策性文件并开展企业对标工作，上报指标基础数据。

3. 构建对标工作进展情况调度机制

定期对集团公司对标工作开展情况进行督导，及时发现和解决对标工作中出现的问题。集团公司对标工作办公室每月通过走访、汇报等形式，对各公司对标工作开展情况进行调度。每个季度集团公司组织对标专题调度会议，听取对标工作开展情况，研究和部署下步对标推进措施。各二级公司也都建立了对标工作调度和督导制度，实现了对标工作调度督导的机制化和常态化。

4. 构建对标工作考评奖惩机制

为确保集团公司对标工作和目标的落实，制定下发了集团公司对标工作考核办法。对标工作考核办法对考核对象、考核遵循的原则、对标考核工作的组织与管理、对标工作考核的内容与考核标准、对标指标的计分方法、对标考核程序等内容进行了明确。按照办法要求，集团公司对各二级公司对标工作进行了严格考核。各二级公司按照集团公司的要求，分别建立了对标工作考核办法，按规定对三级单位的对标工作情况进行了考核，确保了集团公司对标目标的层层落实。

对对标工作的考核内容包括两部分：对标工作落实情况和对标指标达标情况。具体如下：

（1）对标工作落实情况考核。二级单位对标组织机构建立情况，即成立对标工作领导小组及其办公室情况；二级单位对标工作实施方案制定情况，包括对标目标体系，对标工作实施范围、内容及时间安排，对标及追赶标杆的工作措施等；二级单位对标工作考核办法制定及实施情况；对标数据库构建情况，包括二级及三级单位数据库；对标工作的开展及信息反馈情况，包括对标指标完成情况及分析、对标工作总结等资料上报及对标工作信息随时向上反馈等情况；组织经验交流情况，包括公司内组织经验交流会、与对标标杆企业学习交流情况等。

（2）对标指标达标情况。根据对标指标重要程度，将集团公司对标指标体系分为重点对标指标和参考对标指标。重点对标指标纳入对标指标考核体系（即计权重），参考对标指标不纳入对标指标考核体系（即不计权重），只作为重点对标指标考核结果的补充。

（3）对标指标计分方法。对标工作考核采取计分的方式进行考核。考核基准分为 100 分，其中对标工作落实情况占 40 分，对标指标达成情况占 60 分。

5. 构建对标工作不断延伸机制

对标工作不仅要在纵向延伸，延伸到基层区科、班组，还要向无形指标延伸，提高企业的软实力。无形指标重点有四个方面，一是重点在学习先进单位、先进企业的发展理念、领先气魄、开放胸怀等方面开展对标；二是重点在事业心、责任感、组织纪律、全局观念等方面进行对标；三是重点在经营机制、品牌形象建设等方面进行对标；四是工作标准的对标，重点是在工作质量、工作效率、节奏，注重细节，追求完美，争创一流等方面进行对标。

6. 构建对标工作常态化管理机制

对标管理本身是一个动态的、开放性的、非规定性的管理体系，要建立常态化的对标管理机制，将对标工作日常化。对标管理是世界级的成功企业的先进管理理念和方法，不同的企业有不同的对标体系，需要企业在实践中融会贯通，根据本单位、本行业特点，建立特色对标体系，开展对标工作。

四、以战略管理为导向的大集团对标管理体系实施的效果

从 2010 年开展以战略管理为导向的企业对标工作以来，通过细分目标、制定措施、定期调度、严格考核等管理手段的实施，有力地推动了各项生产经营目标及战略任务的完成，取得了很好经济效益和社会效益。

1. 经济总量大幅提高，实现经济较快发展

2011 年，开滦集团公司原煤产量实际完成 7058 万吨，精煤产量实际完成 1700 万吨，营业收入实际完成 1455. 88 亿元，企业利润实际完成 15. 02 亿元，分别比 2009 年增长了 74. 49%、65. 37%、160. 26% 和 42. 78%；安全生产百万吨死亡率为 0. 042，创出了历史最好水平。

2. 实施战略转型，企业可持续发展

煤炭等传统产业得到优化提升，现代物流、文化旅游等接续和替代产业发展步伐加快，新一代电子信息、新能源、新材料等战略性新兴产业进入前期准备工作阶段。按照构建现代产业体系要求，确立了“一基、七业、一区”转型发展产业新格局发展的新思路、新模式、新路径，突出解决制约经济发展的结构性矛盾。在新能源、新材料、现代物流等领域取得突破。开滦物流进入全国物流 5 强，煤化工进入全国化工百强企业。

3. 优化了经营管理，提高了企业经济运行质量

集团公司了现有 11 个矿井达到安全高效标准，23 个采煤队达到等级队水平，回采单产同比提高 3%，原煤效率同比提高 6%；抓好产品结构调整，加快技术改造步伐，狠抓洗煤生产管理，提高了精煤产率和精煤总量，提高了市场话语权，增强了市场控制力；拓宽融资渠道，强化资金管理，防范了企业风险。加强应收账款、预付账款和其他应收款管理，开展应收款项清收月活动，最大限度地减少资金占用，提高了资金效率。开滦集团被中国企业联合会、中国企业家协会评为“AAA 级信用企业”，成为信用等级最高的企业之一；重点排污口监测治理，节能减排各项指标均在要求范围之内，污染物达标排放。开滦集团以总分第一名的成绩被河北省评为节能减排目标考核优秀单位。

4. 企业影响力大幅度提升

2011 年开滦集团在中国企业 500 强排名第 91 位，三年前移了 200 位，是全国名次前移最快的企业；被评为影响世界的中国力量品牌 500 强企业，中国企业成长 100 强第 7 名，在煤炭企业 100 强中，开滦由第 14 名提升到第 8 名。并先后获得河北省最具影响力企业、最具成长性企业，全国节能减排先进企业等荣誉称号。开滦“特别能战斗精神”被评为新中国 60 年最具影响力的十大企业精神，开滦集团被评为企业精神培育十大摇篮基地，在 2010 年中国国际煤炭发展高层论坛上，开滦集团获得了特别贡献奖。

（成果创造人：张文学　冬伯文　高焕民　李树兴　郝常安　张志友　刘瑞芹　龚立新　赵林根　吕宏斌　孙　进　郦守龙）

大型企业投资项目全过程工程造价管控模式的构建与实践

冀中能源集团有限责任公司

冀中能源集团有限责任公司是国有特大型独资公司。2009 年 6 月，冀中能源重组华北制药集团，2010 年 6 月，冀中能源组建了河北航空集团和河北航空公司。目前下辖峰峰集团、冀中股份公司、华北制药集团、河北航空集团、张矿集团、邯矿集团、井矿集团、邢矿集团、机械装备公司、山西矿业公司、国际物流公司等 11 家子公司，拥有冀中股份、华北制药和金牛化工三个上市公司，是以煤炭为主业，医药、航空、化工、电力、机械装备、物流等多个产业综合发展的大型现代企业集团，地域纵贯河北，横跨晋冀，外延内蒙，西拓新疆，拥有河北邯郸、邢台、井陉、张家口，山西晋中、吕梁，内蒙古鄂尔多斯和锡林郭勒盟等煤炭生产矿区，煤炭资源储量 260 亿吨，是中国第二大主焦煤基地。企业资产总额 1205 亿元，在册职工 13 万人，位居全国煤炭企业前三强，2011 年位列世界企业 500 强第 458 位。

2011 年，冀中能源集团以“调结构、扩规模、强管理、增效益”为主线，统筹产业板块发展，推动“一体两翼”战略布局，强化内部要素整合，增强集团管控能力；大力实施自主创新，加快转变发展方式，实现了企业的全面协调可持续发展。全年原煤产量突破 1 亿吨，销售收入突破 2000 亿元以上。

一、大型企业集团投资项目全过程工程造价管控模式的构建与实施背景

近几年，冀中能源在国家经济飞速发展的大形势下，顺应能源需求，果断决策，积极投资，上项目、上规模、上档次、调结构、增效益，迈出跨越发展步伐。2009 年冀中能源集团重大项目投资 90 亿元，2010 年 99 亿元，2011 年 107 亿元。统计数字表明集团公司随着企业产能扩张，项目建设投资额度不断加大，如何创新管理方法以管理好建设投资，千方百计节约在千米矿井深处辛苦创造的

企业财富（建设资金），成为摆在集团公司项目管理领导及技术人员面前的一道课题。冀中能源管理层通过不断摸索和尝试，决定在公司内部推行全过程造价控制，以期解决项目建设过程中造价控制方面存在的以下问题：

1. 不够重视投资决策阶段工程造价的确控

投资决策是产生工程造价的源头，这一阶段耗资约占总投资额的 0.5% ~ 3%，占比虽不大，但对投资效益的影响却是深远而巨大的。

长期以来，我国的工程建设存在投资严重膨胀的现象，造成工期越拖越长，工程造价越来越高，原因是缺乏建设前期确定工程造价的有效依据，只能由专家、决策者们借鉴已完成的项目工程造价进行估算，但又往往因为诸多因素影响，造成概算超估算、预算超概算、决算超预算的“三超”现象相当普遍。

2. 设计阶段的工程造价控制不严

设计阶段是建设项目工程造价控制的龙头。设计阶段是把技术与经济有机结合在一起的过程。目前我国大部分设计单位对工程项目的技术与经济进行深入分析不够、在设计中大多重技术、轻经济，设计人员似乎只对设计工程的质量负责，对工程造价的高低不太关心，导致建设单位无法通过优化设计方案编制初步设计、概算起到控制总造价的作用；另外，工程设计图的质量和深度等不够，工程量清单中的工程量错算、漏算，引起暂估项目的增多，使招投标工作的质量难以保证，因而也无法有效控制工程造价。

3. 施工阶段对工程造价控制不够

施工阶段因为自然地理、人为因素或环境变更等，会导致各种变更发生，在此阶段，建设单位、监理单位、施工单位的管理往往出现脱节，造成工程造价的失控，出现设计变更过多甚至私自改变项目审批的建设规模等现象。

4. 工程竣工结算阶段的工程造价控制不力

建筑工程竣工决算是整个工程造价控制最重要的一环。竣工决算最终结果真实地反映整个工程的实际造价，也反映了发包方和承包方对工程造价管理的能力。我国大多数工程项目在工程竣工决算时，施工承包方在竣工结算书中普遍地多算工程量和金额，而发包方则千方百计给予压减，扯皮现象严重，工程结算一拖再拖，大大影响工程建设项目的使用和建设工程造价的确认。

冀中能源集团推行全过程造价控制，目的是要有效地控制建设投资，这就要求坚决地把建设投资控制重点前移到建设前期阶段上来，使建设投资控制工作深入至投资决策、设计、招标代理、合同签定、施工过程和竣工结算等各阶段，变被动控制为主动控制，变事后控制为事前、事中控制，以取得事半功倍的效果，最终达到促进冀中能源集团建设资金的合理使用，取得最佳投资效果。

二、大型企业集团投资项目全过程工程造价管控模式的基本内涵

全过程工程造价控制是指建设项目从可行性研究阶段工程造价的预测开始，

到工程实际造价的确定、经济后评价为止的整个建设期间的工程造价控制管理；是建设项目投资决策的一种分析工具，是一种用来选择决策备选方案的数学方法，是建筑设计的一种指导思想和手段；是可以计算工程项目整个服务期的所有成本（以货币值），即涵盖直接的、间接的、社会的、环境的成本等等，以确定设计方案的一种技术方法；是一种实现工程项目全生命周期，包括建设前期、建设期、使用期和翻新与拆除期等阶段总造价最小化的方法；是一种可审计跟踪的工程成本管理系统。

全过程工程造价管理方法是指在投资决策、工程设计、工程招标、项目实施、工程竣工结算、后评价等多个基本环节里，将工程造价管理与包含所有环节的设计及其实施有机结合，通过工程造价分析方法，指导建设项目的全过程造价管理，以期获得理想效果的一种先进、适用的管理理念与措施的集合。对于建设单位而言，可产生更好的经济效益。

三、大型企业集团投资项目全过程工程造价管控模式构建的主要做法

冀中能源集团自 2011 年始，在项目投资管理中正式推行全过程工程造价控制，通过一年的应用实践，将工程造价管控工作，由事后控制前置到事前控制，取得了一定的成绩和经济效益。冀中能源集团在全过程工程造价管理控制方面主要侧重以下几个方面的管理：

1. 正确的决策是控制工程造价的前提

决策的正确与否直接关系到项目建设的成败，关系到工程造价的高低，在整个项目建设过程中，决策阶段影响工程造价的程度高达 80% 以上，决策阶段的各项技术经济指标，特别是建设标准的确定，直接关系到工程造价的高低。决策阶段影响工程造价的主要因素有：

（1）项目的建设规模。任何一个建设项目都应选择合理的建设规模。建设规模过小，使得资源得不到有效配置，建设和生产成本高，经济效益低下；建设规模过大，超过了项目产品的市场需求量，导致销售不畅，资金回收缓慢，也会使项目经济效益低下。因此，建设规模的合理选择是决策阶段控制工程造价的关键。

（2）项目建设水平。项目的建设水平主要指建设规模、占地面积、建筑标准、技术装备、配套工程等方面的标准或指标。建设标准是编制、评估、审批项目可行性研究和投资估算的重要依据，是衡量工程造价是否合理的客观尺度。建设标准是否合理，对控制工程造价有很大影响。建设标准应根据技术进步和投资者的实际承受能力制定，标准定得过高，只能无谓地增加造价，浪费投资；标准定得过低，不利于技术进步，影响国民经济的发展和人民生活的改善。因此现阶段大多数建设项目应采用适当超前、安全可行的标准，既考虑现时投入，又考虑长远效益。

（3）项目建设地点。合理选择项目建设地点，在很大程度上决定着拟建项目的命运，影响工程造价的高低、建设工期的长短、建设质量的好坏和日后的经营状况。建设地点的选择具体应考虑以下几个因素：国民经济的发展规划、国家工业布局总体规划和地区经济的发展；根据项目的特点和需要，充分考虑原材料、能源、水源和运输等条件，遵循就近原则，以降低原材料、能源采购、运输费用；综合考虑气象、地质、水文等建矿（厂）自然条件，遵从工业项目适当聚集的原则；充分考虑劳动力来源、生活环境、施工力量等社会环境因素的影响。

（4）可行性研究与投资估算。可行性研究是项目投资决策的科学依据，它不仅要评价项目在技术、经济、效益上是否具有可行性，更重要的是对方案进行优化。科学的可行性研究有助于防止和减少因决策失误而造成的浪费，提高经济效益。投资估算是确定可行性研究阶段工程总投资的限额，同时也是项目决策的重要依据之一。根据项目的建设程序，任何一个拟建项目都必须经过全面的技术经济论证，才能决定是否正式立项。显然，投资额是经济论证必不可少的依据，它的准确程度也决定着工程造价的高低。

冀中能源峰峰集团查干卓尔一号矿井项目，估算总投资 27 亿元，矿井生产能力 800 万吨/年，服务年限 129 年，属于集团公司重点建设项目。峰峰集团工程造价主管部门，通过了解项目周围环境、地理位置、土地、气候条件等对投资产生影响的因素，开展影响工程投资的因素分析，利用方案比较和技术经济分析，做到力求新建工业广场少占土地，从而减少土地购置以及工农关系协调等诸多问题。通过在决策阶段控制工程造价，该项目在总投资不变的前提下，增加工程量 30%。仅此一个项目即可看出决策阶段对控制工程造价的重大影响。

冀中能源这一阶段的主要工作就是实现项目决策规范化、程序化，杜绝未批先建现象，防范投资风险。一是合理确定项目建设规模，合理有效配置企业资源，将建设、生产成本高低与项目预期市场需求、销售回款快慢对经济效益的影响进行综合平衡；二是将项目建设水平、建设标准框定在适度超前、安全可行之间，兼顾现实与长远；三是将项目建设地点与国民经济规划、国家工业布局、地区经济发展结合，框算原料、能源、水源、运输、气象、地质、水文等条件，严格论证人力资源、生活环境、施工力量等要素影响当量，并按适当聚集原则进行优化与估算。

期间，主要发挥了专家评审委员会、项目评审委员会两方面咨询意见，以其向董事会提交的项目议案作为决策关注重点。

2. 设计阶段是控制工程造价的关键

工程设计是建设项目进行全面规划和具体安排实施意图的过程，是工程建设的灵魂，是科学技术转化为生产力的纽带，是处理技术与经济关系的关键性环节，是控制工程造价的重要阶段。

一些专家指出：设计费用虽然占工程总造价的比例不足1%，但设计出的建筑安装工程费用却占工程总造价的50%～60%。在决策正确的条件下，它对工程造价的影响程度约为35%～80%。由此可见设计工作的重要性，所以应该采取限额设计，通过招投标的方式确定设计单位，并运用价值工程原理优化设计方案，在满足功能要求或尽量提高功能的前提下降低成本。价值关系式如下：

价值（V）＝功能（F）/成本（C）

冀中能源张矿集团严格控制设计变更关，严禁通过设计变更扩大建设规模，提高设计标准。如遇确需发生的设计变更及现场签证等，须由各职能部门代表共同签字后方可变更；通过严格控制，张矿集团经综合验收的竣工项目：宣东矿井扩建工程、张家梁煤矿股权及技改项目、官板乌素煤矿股权收购项目竣工决算均控制在概算投资范围内。

3. 合同阶段的造价控制同样不容忽视

签订合同阶段对工程造价的影响程度为30%～35%。在这个阶段，需要确定合同价，即通过签订总承包合同、建筑安装承包合同、设备材料采购合同、以及技术和咨询服务合同确定价格。招标人通过招标活动来择优选择条件优越者，使其力争用最优的技术、最佳的质量、最低的价格和最短的周期完成工程项目任务。

招标制度的出现，使计划经济条件下的建设任务的发包，从以计划分配为主转变到以投标竞争为主，投标竞争有利于在满足业主要求下降低工程造价，即确定经济而且合理的承发包价，进而达到了控制工程造价的目的。

冀中能源股份公司在做大做强，跨越发展的背景下，基建工程日渐增多，许多重大项目相继上马，工程招投标工作量随之大幅增多，股份公司的造价管理人员，克服人员少、任务紧的实际困难，保质保量地完成各工程标段拦标价的审核工作，保证了基建招标的正常进行。仅2011年就完成了多项重点工程和近30项中小型工程拦标价审核工作，总计审核拦标价资金达2.83亿元，审减金额1600余万元。

冀中能源这一阶段的主要工作就是用制度规范招投标活动，按照上级有关政策规定进行规范性招标，杜绝虚假招标等突出问题，以体现公开、公平、公正原则。

4. 施工阶段是工程造价控制的重要环节

工程项目的施工阶段是建筑物实体形成阶段，是人力、物力、财力消耗的主要阶段；有工程量大、涉及面广、影响因素多、施工周期长、材料设备价格以及市场供求波动大等特点，决定了施工阶段在工程造价管理中具有不可忽视的重要地位，它对工程造价的影响程度为10%～30%。

控制工程造价，提高建设质量，发挥投资效益，都要靠施工阶段加强工程建设的管理和监督来实现，这就要求加强施工阶段的造价控制，进而实现对工程项目建设的全方位、全过程的造价控制。施工阶段的造价控制主要包括以下几方面：

（1）有效控制工程变更。在工程项目建设过程中，工程变更是不可避免的，但工程变更会带来工程造价的变化，为了有效地控制工程造价，就要对工程变更进行有效地控制。坚持“施工图设计漏洞消灭在开工之前”的原则，严把各个关口。设计变更应尽量提前，变更发生得越早，损失会越小。因此，必须加强设计变更管理，尽可能把设计变更控制在设计阶段初期，尤其对影响工程造价的重大设计变更，要严格程序、科学管控，这样才能使工程造价得到有效控制。

（2）正确处理索赔与反索赔。工程索赔是工程承包中经常发生的常见现象。由于施工条件、气候条件的变化，施工进度、物价的变化，以及合同条款、规范、标准文件和施工图纸的变更等因素的影响，使得工程承包中不可避免地出现索赔。它的发生必然导致工程造价的变化，所以为了有效控制工程造价必须做好索赔工作。

（3）严格审核工程施工图预算。根据施工图设计的进度计划和现场施工的实际进度，及时核定施工图预算。对于预算超出相应概算的施工图设计部分，要加以详细分析，找出原因，并及时与项目负责人沟通，调整或修正控制目标，对工程造价实施动态控制。

（4）择优确定专业分包单位，防止垄断价的滋生。在工程建设中，有些特殊专业工种不得不委托专业施工单位承担，如变电所安装工程、绿化工程等，而这些行业往往又带有一定的垄断性质。那么在这些项目中，一方面应该尊重供电部门的“规定”，由其总承包变电系统，另一方面要求允许另一家供货商参与竞争，以最终取得较好的效果，在若干项目的实际执行中，设备采购价比供电局原指定厂商的报价降低 20% 左右，很好地遏制了垄断价。

施工阶段在工程造价方面的管控，各子公司都高度重视，各有先进的管理经验与长处。其中：邯矿集团在工程款拨付方面，每月将工程进度报表经监理单位审核后报工程管理部门签批后，由发展规划部做出工程款拨付审批表，由集团公司领导、主管领导及有关职能部门签字，方可进行工程款的拨付；井矿集团则积极组织相关部门参与基建部牵头的月度工程进度验收，深入现场了解情况，掌握施工第一手资料，合理确定施工进度，为工程结算做好基础工作。

股份公司结合邢台定额站等权威部门，针对工程中高档装修材料在邢台市场上无法确认市场价格的情况，组成询价小组，多次跨市、跨省运用各种方式咨询材料价格，使工程材料价格不偏离市场的正常行情，合理控制了工程造价。

冀中能源这一阶段的主要工作是加强工程建设实施和工程质量的管理、加强物资采购和资金安排使用管理。一是着重解决工程建设项目实施阶段的建设质量、施工进度、安全生产等方面问题，保证项目如期、高质量完成，杜绝重特大生产安全事故发生；二是着重解决工程建设项目物资采购监管、资金管理使用及工程严重超概算等问题，规范物资采购活动，结合对投资项目的审计评价，促进工程建设资金规范、高效、安全、廉洁使用。

5. 竣工结算阶段对工程造价控制有一定的影响

竣工结算阶段是项目建设全过程的最后一个程序，是全面考核建设工作，检查设计、工程质量是否符合要求，审查投资是否合理的重要环节，它对保证工程质量，促进建设项目及时投产，发挥投资效益，总结经验教训都有重要作用。竣工结算阶段对工程造价的影响程度为10%以下。

在此阶段，工作人员应全面汇集在工程建设中实际花费的全部费用，编制好竣工决算，以达到工程造价的全过程控制。

冀中能源峰峰集团严格落实集团公司工程预结算业务管理重点工作目标，贯彻执行集团公司建设工程预结算管理规定和计价办法，认真把好工程预结算业务审查或备案等关口工作。针对棚户区及沉陷区改造工程中，实际施工图纸与招标临时图纸工程量变化较大，造成招标清单项目和清单工程量调整量大的实际情况，考虑各项目部工程计价人员缺乏，难以组织及时有效地审核，专门制定了峰集企便字【2001】12号《关于棚改（沉陷）项目工程造价外委审核的通知》，以满足工程竣工计价结算审核质量的要求。这些文件的制定和贯彻执行，为集团公司建设项目合理确定和有效控制工程资金发挥了重要的指导作用。仅2011年峰峰集团完成233个单位工程预结算审查，审定工程预算资金16.7527亿元，节约投资计划资金1.3219亿元，审减率11.32%。整个冀中能源集团2011年完成521个单位工程预结算审查，审定工程预算资金20.122亿元，节约投资计划资金3.113亿元，审减率13.39%。

6. 建设项目后评价是工程造价全过程控制方法的必要补充

后评价是在项目投资完成以后，通过对项目目的、执行过程、效益、作用和影响等所进行的全面系统的分析，总结正反两方面的经验教训，使项目的决策者、管理者和建设者学习到更加科学合理的投资监管方法和策略，提高决策、管理和建设水平。

实际上，工程造价控制归根结底是对人行为的控制，而后评价是增强工作者责任心的重要手段。由于后评价的透明性和公开性特点，通过对投资活动成绩和失误的主客观原因分析，可以比较公正客观地确定投资决策者、管理者和建设者工作中实际存在的问题，以提高人们的责任心和工作水平，进而达到控制工程造价的目的。

冀中能源集团通过2011年后评价工作试点项目：峰峰集团万年矿技术改造工程、冀中股份东庞下组煤开采技术改造项目的试行，经过集团公司对后评价编制工作的督导、对后评价报告的初审，已经完成了两个项目的后评价报告的编制并出具审查意见，总结出30多条建设项目管理经验，查找出一些管理中的不足并加以改进。

总揽整个成果的初步设想、制度建设、组织推进、实施考评及系统总结全过程，企业的工程造价有效控制就是在坚持“全过程造价控制”理念下，突出程序报批的重点、落实制度效果的保障、健全责任考核的机制，使项目的造价在策划、初步可研、科研与设计、评估、审贷与批贷、实施及监督检查、后评价等阶段都能得到有效控制，以确保工程项目总体目标的实现。

四、大型企业集团投资项目全过程工程造价管控模式的构建与实施效果

1. 制度效果明显、企业形象展现、社会影响扩展

冀中能源集团2011年在项目投资管理中推行了全过程工程造价控制，将工程造价工作由事后控制前置到事前控制，注重造价控制工作重点的前瞻性，使造价控制工作前后向延展，渗透进投资决策、设计、招标（代理）、合同签订、施工过程、竣工结算和后评价等阶段，真正变被动控制为完全主动控制，变事后控制为事前、事中控制，掌控了投资建设管理大局。

此举可谓一举而多得，事半而功倍，节省了宝贵的投资建设资金，提升了企业核心竞争力，促进了企业的健康可持续发展，不但经济效益明显，推广后的社会价值将更加显著。

2011年8月在全国煤炭行业建设工程造价工作会议上，冀中能源集团荣获全国煤炭行业优秀工程造价管理企业称号并名列20家获奖单位榜首，冀中能源集团是河北省唯一一家获此殊荣的河北省国资委监管企业。同时全国100名优秀造价员评选中，集团公司五位造价专业人员获得全国优秀造价员称号。

2. 人员素质提升，利于企业发展

冀中能源集团很注重工程造价专业人员业务水平的提高，不定期地组织业务更新和注册执业培训学习，集团公司工程造价人员队伍稳定、专业设置合理，2012年在邢台市首届工程造价技能竞赛中获得团体第一名，很好地展现了冀中能源集团工程造价专业人员的风采和水平。

3. 建设投资节约，利于市场竞争

冀中能源集团通过在实践中全力推进全过程造价控制，有效地控制了建设投资，使建设资金得到合理的配置使用，取得了较有利的投资效果。

整个冀中能源集团2011年完成920个单位工程预结算审查，审定工程预算资金241270万元，经济效益计算按相关因素合成计算法（PCP）分析，节约投资计划资金20850万元，审减率7.96%。

（成果创造人：王社平　张汝海　赵金鹏　袁永军　赵中敏　苏晓梅　史贵书　徐晓静　耿俊利　武　玉　郭益人　雷爱平）

基于战略管理的内部控制体系构建与实施

冀中能源股份有限公司

冀中能源股份有限公司是冀中能源集团有限责任公司的核心子公司，是以煤炭开采、洗选、水泥、化工等多种产业共同发展的大型国有控股上市公司，1999年在深圳证券交易所挂牌上市。2011 年底公司的总资产为 378 亿元，完成原煤产量 3505 万吨，实现营业收入 375 亿元，较 2010 年同期增长 24.17%，净利润 30.42 亿元。公司上市十多年，凭借多方面优势，连年取得良好的经营业绩，先后荣获中国上市公司纳税百强企业、中国十佳最重分红上市公司、中国最具价值上市公司 50 强企业、全国纳税 500 强企业、河北省明星企业、河北省诚信企业、中国最具影响力企业等多项荣誉称号。公司同时还连续入选深证成指、深证 100 及巨潮 100 指数。

一、基于战略管理的内部控制体系构建与实施背景

冀中能源通过对内部控制和风险管理理论的认真研究，结合企业的具体情况，借鉴了国际先进的内部控制和风险管理经验，提出了内部控制体系的建设方案以及以战略管理为导向的思路。具体来说，冀中能源构建以战略为导向的内部控制体系主要有以下五个方面需求：

1. 有效实现企业战略目标的需要

随着冀中能源经营环境的变化，为了使企业在激烈的竞争中生存发展，提高竞争力，企业内部控制就要以战略为导向，从企业的宏观层面通盘分析企业环境，评估企业风险，提出风险应对方案，并实施相应的控制手段。冀中能源为实现“十二五”发展目标，需要借助这种方法梳理企业发展战略及内外部环境，促进企业实现战略目标。

2. 内、外部监管环境的强制要求

冀中能源作为在深圳证券交易所上市的国有控股公司，直接面临着证监会、

证券交易所、社会公众、国资委等外部的监管，冀中能源需要以此为契机，逐步建立一套与上市公司管理模式相适应、投资人充分信任、符合最新监管要求并具有国际水平的内部控制体系。这样，既能够树立冀中能源在资本市场的形象，又能够增强投资者对冀中能源的信心。

3. 适应业务环境变化的需要

近几年冀中能源生产区域发展态势非常显著。目前，下属公司已遍布河北，并发展至山西、内蒙等外省市。生产区域发展，必然带来信息不对称、资源如何有效配置等经营管理方面问题，需要通过内部控制支持经营管理活动，提升运行效率。引入内部控制体系的管理理念和方法，是优化企业综合效益和提高整体管理水平的有效途径。

4. 提升经营管理效率的需要

随着冀中能源经济规模不断扩大、经营范围拓宽、公司管理幅度与层次增加、管理难度不断加大，如何创新管理模式、提升经营管理效率，成为冀中能源面临的首要任务。而内部控制作为经营管理的重要组成部分，能够通过设计、实施一系列政策、制度、流程等措施，规范公司的各项经营管理活动，防范和化解企业面临的各种风险，提升企业经营管理效率。

5. 提高企业知名度、拓展省外整合市场的需要

建设具有国际水平的企业内部控制体系，不仅可以优化企业资源配置，促进管理流程改善，提高企业综合竞争力，而且有利于进一步转变员工思想观念，强化市场意识、创新意识和效益意识，调动员工参与改革、创新和经营管理的积极性和主动性。通过提高冀中能源在资本市场上的良好形象，提高公司知名度，为公司对外投资奠定良好基础。

二、基于战略管理的内部控制体系构建的主要内容

冀中能源引入国际先进的内控管理理念，借鉴国内外最佳内控实践经验，立足于公司的实际情况，初步构建了以战略管理为导向的内部控制框架体系。该体系围绕冀中能源“十二五”战略规划，明确了内控目标、内控组织及职责权限，确立了冀中能源业务与管理流程控制体系、监督与评价及管理改进等内控系统的基本程序与方法，提出了内控环境建设等内控支持系统的具体要求。

1. 基本内涵

冀中能源基于战略管理的内部控制体系构建的内涵是指公司在推进内部控制机制建设中，由传统的内控建设关注风险，转变为关注公司战略目标，着眼于战略目标导向与风险控制的平衡。具体来说就是：根据公司内外环境、业务管理状态以及战略发展规划，以强化内控责任的落实从公司组织架构、流程整合、人力资源管理、投资管理、风险内控等方面提出了实施目标的配套措施，从而提高战略执行效果；制定系统的战略评价和管理体系，强化绩效管理与战略落实的协同

性，发挥绩效考核的战略导向作用。

2. 体系架构

冀中能源以符合中国证券市场监管要求为基础，同时参考了国内大型煤炭企业的经验，立足公司的实际情况，把战略管理作为内控主线融入企业管理过程中，从而真正实现内控的纽带作用，确定以战略管理为导向的内部控制架构体系。具体由以下 6 个部分组成，如图 1 所示。

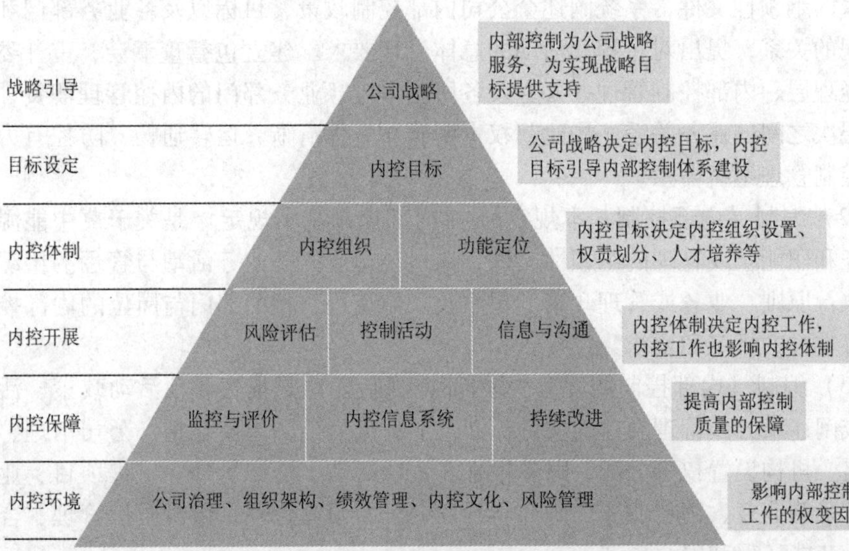

图 1　冀中能源基于战略管理内部控制体系框架

3. 设计目标

按照冀中能源发展战略，适应和满足五部委等监管部门的要求，确立冀中能源内部控制体系的战略目标、经营目标、资产安全目标、报告目标和合规目标，构建一个“战略引领、风险导向、流程为纲、功能集成、一纵两横、奖惩成网”的内部控制体系。

（1）战略引领。内部控制以冀中能源的战略发展目标为出发点和归属点，成为冀中能源发展战略的有机组成部分。

（2）风险导向。内部控制以业务发展领域中重大风险的识别、评估、管理为基础，设计和实施内部控制，降低风险、实现冀中能源的既定目标。

（3）流程为纲。内部控制以流程优化和再造为纲，带动组织调整、制度完善、技术进步等，以达到优化内部控制的目的。

（4）功能集成。按照不同业务、不同管理活动的内控需要，将相关内控功能（如风险管理能力、信息沟通能力、信息支撑能力）加以集成，并使之模块化、组件化，提升内部控制对冀中能源安全有效运行的保障能力。

（5）一纵两横。形成自上而下的内控责任体系；以流程和制度分解、落实内控责任体系。

（6）奖惩成网。以职能为基础，以目标为导向，建立涵盖不同业务、不同管理活动、不同层级的奖惩机制。

4. 主要内容

（1）编制《内部控制管理体制》。《内部控制管理体制》是冀中能源内部控制体系的纲领性文件，系统阐述全公司内部控制政策、目标以及各业务部门和管理之间的关系，提出对过程和活动的总体管理要求。建立包括董事会、审计委员会、经理层、内部控制管理办公室及各所属单位、业务部门的内控管理职责，明确各层次之间的业务关系，构建起权责明确、流程清晰、运转通畅、防控有力的内部控制管理组织体系。

（2）编制《内部控制基本规定》。《内部控制基本规定》是关于冀中能源主要业务和职能条线管理的纲领性文件，描述公司业务等业务活动与管理的组织架构、执行原则、业务或管理政策、程序及操作流程、相关部门与岗位的内部控制职责等方面的规定和要求。

（3）编制《内部控制制度》。《内部控制制度》是描述各项活动政策、活动过程或阐述某方面管理要求的文件。涉及业务流程范围主要包括：公司治理、发展战略、机构设置权责分配、财务报告、资金活动、资产管理、工程项目、业务外包、采购业务、销售业务、研究与开发、全面预算管理、煤炭质量管理、合同管理、节能环保和安全生产。

（4）编制《内部控制手册》。《内部控制手册》是对上述业务活动或管理活动如何具体操作进行详细描述的文件。冀中能源内部控制制度主要包括组织层面、业务层面及管理支持层面共 30 个内部控制手册。

三、基于战略管理的内部控制体系构建的主要做法

冀中能源在深入研究国内外内部控制与风险管理相关理论及实践经验的基础上，结合对本企业的实际情况的诊断和分析，以战略管理为切入点，确定内部控制体系的目标与原则、体系建设阶段、内控职责以及开展内控持续监控与评价、持续完善等方面，构建、推动和完善了以战略管理为导向的内部控制体系，其具体做法如下：

1. 以战略管理为切入点，明确业务发展方向

以战略为导向的内部控制体系建设从战略出发，以业务流程为基础，贯穿公司经营管理方方面面内容。冀中能源在分析自身因素、外部环境及其相互关系与未来变化的基础上，制定了清晰的发展战略，提出了明确战略目标和战略部署，作为全公司一致行动的指南。公司通过对战略进行梳理，并结合企业运营环境分析，提出内部控制设计方案。

（1）战略的梳理。通过企业战略的梳理与识别，明确企业的发展方向与业务特点，以此为基础可以进一步明确企业战略对于内控建设的要求；针对企业的发展诉求，以及产品特点，确定企业经营风险的主要类别，进行针对性的设计与规划。为配合公司发展，公司在完成《冀中能源"十二五"发展规划》的同时，同步编制了《物流发展规划》《人力资源发展规划》等职能规划。

（2）企业运营环境的分析。根据内部控制体系的需要，通过资料研读、人员访谈、问卷调研、跟踪分析等各种方式，以核心产品、关键业务模块为重点对现有的内部管理体系进行全面系统的评估分析，明确企业经营现阶段的经营管理现状，汇总企业经营风险的分布情况，确定内部控制体系建设重点。

（3）内部控制体系的设计。以企业战略为指导、以运营环境的分析评估结果为基础，围绕内部控制框架的控制环境建设、风险识别、控制活动、信息与沟通、监督等五个方面的具体要求，设计公司级的内部控制体系。

2. 从风险管控现状评估入手，确定风险控制重点

（1）制定风险识别的流程和方法。风险辨识评估过程涉及各个方面，公司各个层面保持了良好沟通以获得全面、可信、确实的信息，在此基础上运用全面风险管理的专业技术和手段，进行分析研究，并征求多方面的意见和建议，把风险管理方法与公司的运营实际充分结合，形成评估成果。公司制定风险识别的流程和方法，主要包括：风险信息收集、风险识别、风险分析和评估等。

（2）重大风险识别。为进一步落实全面风险管理体系建设，加强经营管理业务流程的风险管控，保障企业安全、健康运营，公司风险管理办公室组织相关部门对经营管理中涉及对外投资、并购重组、对外担保、工程项目建设、物质采购、产品销售、应收账款、劳动用工、环保、安全生产等方面业务进行全面评估。

（3）制定和完善重大风险管理策略和解决方案。冀中能源针对以上重大风险要求制定相应的制度措施和应对方案，并建立相应的预警机制。为保证重大风险管理策略和解决方案能够落到实处，公司组织召集公司各部门负责人共同学习、研究风险策略和解决方案的设计方案，建立起以设计方案为统领、以相关制度为基础、以指标预警体系为保证的风险防控体系。

3. 明确重大风险的应对策略，强化风险防范职能

（1）确定重大风险偏好与策略。针对每一重大风险，明确具体的风险偏好和风险策略。要在风险辨识和评估的基础上，根据自身实际和外部环境，围绕企业发展战略，确定风险偏好、风险承受度、风险管理有效性标准，选择风险承担、风险规避、风险转移、风险转换、风险对冲、风险补偿、风险控制等适合风险管理工具的总体策略，并针对不同的风险确定系统性的风险策略，据以指导具体风险控制活动。

(2) 提出重大风险解决方案。针对每一具体重大风险，从事前、事中到事后，建立全过程的风险控制体系。要对识别出的各类重大风险，除了一般性的程序控制之外，制定出针对性的具体解决方案，事前预防，事中控制，并确保事后一旦风险发生，通过采取一定的方式，最大限度地避免或者减少损失，把风险控制在企业能够承受的范围以内。

(3) 建立重大风险预警指标。针对每一具体重大风险，选择预警指标，界定指标区间，建立动态预警体系。对重大风险进行持续不断的监测，及时发布预警信息，启动应急预案，并根据情况变化调整控制措施。实现风险的预警、预报、预控，向风险管理的前端推移，增加重大风险的受控度。

4. 注重管理改进，持续提升风险管控能力

冀中能源重点针对面临的资金管理风险、投资管理风险、安全风险，实施了管理改进。

(1) 针对资金管理风险，构建资金集中管理体系。为了防范资金风险，冀中能源统一了资金管理和资金运作，从资金预算、资金收支、借款融资和闲置资金运用等方面，建立了目标、责任、关键控制、控制工具、控制方法、报告和检查的流程与制度体系。该体系核心和管理重点是：以账户管理为基础，对各分(子) 公司资金收支实行集中管理，实现收入全部集中，利用资金预算控制支出，对债务融资及担保进行统一管理，对闲置资金进行集中应用，并对管理过程和风险进行有效监督。

(2) 针对投资管理风险，加强投资决策管理。近几年冀中能源对外投资项目较多，投资额较大，这些投资项目的成败关乎公司的发展，对企业的未来具有深刻的影响，当前必须把投资风险的防控作为一项重点，加强研究，针对对外投资中存在的风险因素，制定相应的控制措施，避免和防范风险发生，并为未来对外投资决策提供借鉴。一是抽调公司各方面专家对投资项目进行详细调研，从投资环境、地方政府的政策导向、被投资方的资产状况、或有事项等方面出发，重点了解投资项目可能出现的各个风险点，增强基础工作论证的真实性、全面性；二是要加强投资项目决策的过程控制，实行项目风险评估机制，建立专家评审制度，多级审查，提高决策的科学性；三是慎重选择投资伙伴，对其信用情况进行调查，确保投资伙伴诚信，防范风险；四是强化约束性条款，在公司章程、合同、协议等中增加强制性约束条款，保障合作协议的履行，规避风险；五是对投资过程中可能出现的重大风险因素，要提前制定风险预案，风险因素一经出现，立即采取措施，规避和减少风险带来的损失。

(3) 针对安全风险，坚持安全长效机制。煤炭行业是高危行业，安全生产是企业生产经营管理的重中之重。公司始终把安全当作“天字号”大事来抓，建立起了完善的安全管理责任体系、安全教育培训体系、责任追究机制和业务保

安制度等，坚持不懈地实施科技兴安，提高装备水平，保持了安全生产的持续稳定。公司已经建立起了覆盖省内外煤炭生产矿井的安全在线监控系统，实现了生产现场的远程监控，建立了全面的安全监控预警及应急机制，煤矿安全生产管理作为内部控制的一个子系统，已渐趋完善，为实现安全生产发挥了十分重要的保障作用。

（4）针对市场风险，做好市场分析与预测。一是高度关注市场形势变化，加强市场分析与调研工作，及时了解市场信息，加强信息沟通；二是坚持“货款优先”和“效益优先”的销售原则，在保证传统重点用户的基本需求的基础上，对已经建立起来并长期合作，资金充足、经营形势良好的民营企业用户，给予发运倾斜和政策倾斜；三是继续加强煤炭质量管理工作，严格控制外购煤质量，保证产品质量稳定。面对同样的市场形势，相同品种，比价格；相同价格，比质量、比服务，保证销售畅通。

5. 评价整合，建立风险、岗责、绩效“三合一”的全公司内控体系

冀中能源审计部，承担公司内部审计职能。根据《冀中能源股份有限公司内部审计制度》，对公司内部控制制度的建立和实施、公司财务信息的真实性和完整性等情况进行检查监督。公司审计部作为公司内部审计部门对公司审计委员会负责，按规定向审计委员会报告工作。审计部独立设置、依照法律和公司规定独立行使审计监督权。审计部负责人为专职，部门配备 10 名专职从事内部审计工作的人员。为了强化监督与评价，冀中能源在工作中形成不同层次、不同内容、不同深度的立体防控网络，交叉实时检查。对重要业务部门、重要岗位、重要环节进行突击检查，对重点环节严查严防，监督检查坚持持续开展内控安全管理诊断和内控监督与评价，及时发现内部控制缺陷，纠正内部控制偏差，保证内部控制的有效性和可靠性。

6. 以提升执行力为重心，建立以责任追究为主体的处罚制约机制

内部控制体系是冀中能源对实现各项目标及经营结果提供保证的过程，冀中能源内部控制体系评价主要把查防风险与追究责任统一起来，增强执行的约束性。建立以责任追究为主体的处罚制约机制，对发现大差错和问题要进行责任划定和确认，实行“谁的责任、谁签字、谁盖章”的工作原则，确保差错责任落实到人；量情定罚，提高内控制度执行力。

7. 以信息技术为切入点，着力提高内控效率和质量

结合冀中能源信息化建设，在进一步完善风险预警体系的基础上，积极探索内部控制信息系统建设工作。在学习其他企业先进经验的基础上，配备必要的资源，借助专业机构力量，逐步建立起涵盖内控管理基本流程和内部控制系统各环节的信息系统，包括信息的采集、存储、加工、分析、测试、传递、报告、披露等，提高风险管理的科学化程度，为管理决策提供更加准确、及时的信息支持，

促进内控管理上水平。

四、基于战略管理的内部控制体系构建的成效

1. 实现了“七种认识”的转变，初步建立了内部控制体系

通过构建基于战略管理的内部控制体系，冀中能源管理取得长足进步，实现了“七个转变”：一是管理思想与风险意识的转变；二是内控文化与经营理念的转变；三是质量管理与领导方式转变；四是执行责任与问责制度的转变；五是业务发展与内部控制及风险管理的认识转变；六是内部控制的长期目标与持续改进的理念转变；七是对内控体系的作用及局限性的认识转变。

经过“七个转变”，冀中能源建立了一套符合全面风险管理要求，具有科学性、适用性的内控体系，通过战略导向的内部控制，公司内部控制从零散的局部控制上升到了完整的理论框架，从作业层次上升到企业内部各层次范畴，将风险上升到企业的整体风险，充分体现了战略导向内部控制的特点，为公司快速扩张平稳发展打下了坚实的基础。

2. 为冀中能源实现跨越式发展提供了保障

通过实施内部控制体系，有效地防范和化解了风险，提高了企业经营管理效率。2011 年冀中能源原煤产量和销售量分别达到 3505 万吨和 3893 万吨，比 2010 年分别增长了 12.99% 和 13.76%。从 2009 年至 2011 年，营业收入从 202 亿元，增加到 375 亿元，年复合增长率达到 22.90%；净利润从 16.12 亿元，增加到 30.42 亿元，年复合增长率 23.58%。

3. 提高管理决策水平

（1）管理更加标准化，业务操作更加精细化。按照《内部控制指引》的要求，公司系统梳理、优化业务流程和管理流程，理顺流程之间的关系和接口，绘制清晰的业务和管理流程图，构建完整的流程体系；在流程梳理与控制评估的基础上，明确不同岗位，不同部门的职责与权限、建立岗位部门与操作风险点控制之间的对应关系。由此，公司管理更加标准化，业务操作更加精细化。

（2）强化了财务、销售、物资供应集中管理。

①资金集中管理。公司制定了《资金管理办法》等文件，推进账户的集中管理，将所属分、子公司通过 NC 报账中心系统全部纳入资金结算中心统一管理，定期分析资金动态，监督考核分、子公司的现金流，加速资金周转，提高资金使用效率。

②销售集中管理。公司在销售已经较高集中的基础上，为进一步推进煤炭销售集中管理，重新修订了《煤炭销售集中管理工作条例》，规范了集中销售业务程序。主要内容是：实行“集中管理，一级销售，公司主导，各矿配合”的销售管理体制，提高了市场话语权，保障了公司利益。

③物资供应集中管理。2011 年，冀中能源成立了物资供应分公司，重建采

购与物流体系，在公司及下属各单位推广全新的物资管理模式，分公司成立后，显现了四方面成效：一是及时保证，避免了由于物资不到位而影响生产；二是狠抓规范运作，原来在各分公司分散进行的比价工作，统一集中到公司进行，按物资品种计算，降价比例达到了 92%；三是实行集中管理、适地储备，大力推行代储代销；四是实行实际价结算。各矿厂物管科积极组织市场调研、价格对标，使得对采购价格监督制约力度增强，强化了对物资采购的监督制约。

（3）增加了问责管理机制，增强员工内控意识。冀中能源制定并出台了《机关科室考核办法》等系列文件，建立了问责机制，形成了“奖惩成网”的考核体系。增强了全员内控意识，逐步形成了良好的内控文化。公司从一般员工到高层管理人员，遵守行为准则，严格按照流程、制度办事，内控工作已融入公司日常运营管理之中。保证了信息质量与及时性，大大提升了公司管理决策水平，形成了“内控有制度、部门有制约、岗位有职责、操作有流程、过程有监督、风险有监测、工作有评价、成绩有奖励、责任有追究”的良好局面。

4. 提升了公司治理水平

冀中能源的公司治理水平不仅适应了更为严格的监管环境，而且获得了投资者及公众的高度认可，为提升公司的核心竞争力打下了坚实的基础。公司上市以来，凭借多方面优势，先后获得“中国十佳最重分红上市公司”“河北省明星企业”等多项荣誉称号。

综上所述，冀中能源构建的基于战略管理的内部控制体系规范了公司管理结构、明确了部室职能、优化了工作流程、确定了岗位职责，强化了约束监督机制，有效提高了经营效率效果，确保了发展战略目标的实现。冀中能源通过内部控制体系建设为做大做强、跨越发展奠定了坚实的基础。

（成果创造人：王社平　祁泽民　陈立军　郑温雅　崔　梅　石恒涛　赵文汀　姜艳红　张岭川）

大型能化企业机电设备管理创新与实践

山西潞安矿业（集团）有限责任公司

路安集团是山西五大煤炭企业集团之一和12户国有资产授权经营单位之一。集团坚持立足煤、延伸煤、超越煤，走煤基多联产发展之路，目前已发展为跨行业、跨地区、跨所有制的大型企业集团。

集团坚持开展设备管理创新，以高可靠性装备保障高安全，以高标准设备保障高生产，2011年集团营业收入达到1138亿元，非煤产业全年收入占到总收入的65%，实现利润45.36亿元，资产总额1040亿元，位列中国企业500强第100位。

一、大型能化企业集团机电设备管理创新的实施背景

设备是企业进行生产活动的物质技术基础，是决定企业生产效能的重要因素之一，设备管理好坏不仅关系到企业的生产安全、产品质量，而且将直接关系到企业的生产与发展，特别像潞安集团这样以煤为基、多元发展的大型能化企业集团，每个环节、每台设备，若管理不善，都将对连续性的生产构成威胁。近5年以来，潞安集团不断进行机电设备管理创新主要基于以下四方面的考虑：

1. 紧跟“转型发展、跨越发展”的根本要求

设备管理是企业管理的一个重要组成部分，大型国有企业作为转型发展的先锋队、跨越发展的排头兵，更应首当其冲去积极探索、创新设备管理新模式，潞安集团作为山西省五大煤业集团公司之一，长期以来一直紧跟时代发展的脚步，非常重视设备管理模式创新，为企业高速发展做好物质技术基础，也是实施推进“建设亿吨煤炭新基地、打造产业发展新高地、开创潞安幸福生活新天地”和“全力冲刺世界500强”战略目标的有效切入点和重要抓手。

2. 构建“本质安全、源头安全”的迫切需要

近年来，国有大型能化企业纷纷走上了产业多元化的道路，产业已涵盖煤

炭、电力、化工、新能源等多个领域，随着煤矿开采机械化、自动化程度越来越高；电厂装机容量不断增大；化工、新能源领域更是朝高端化和智能化发展，机电设备在这些企业安全生产中的地位越来越重要。它既贯穿于生产一线的各个环节，又遍布于后续生产加工的各个角落，涉及范围广，技术性强。同时，随着企业产能的扩大，现场作业条件和生产环节日趋复杂，给机电设备管理工作提出了新的课题，传统的机电设备管理方法已不适应当前形势的发展。因此，大力加强机电设备管理工作，制定行之有效的管理办法，提高管理水平，创新管理手段，确保本质安全、源头安全。

3. 实现“集约高效、减员提效”的重要支撑

随着全球经济一体化时代的到来，企业面临的竞争也越来越激烈，同时，煤炭资源作为一种不可再生资源，更是要求以煤为基的能化企业集团必须走“集约高效、减员提效”之路，而在企业实现“集约高效、减员提效”的过程中，先进的技术设备、先进的设备管理手段将发挥至关重要的作用，先进的设备为企业集约高效发展提供技术支撑、先进的设备管理手段更是能使先进设备的技术支撑最大程度地服务于企业的集约高效发展，同时设备作为一种生产工具，其最本质的作用就是减轻、减少工作人员的劳动强度和数量，先进的设备及先进的设备管理方式、方法必然将设备的本质作用发挥到极致，从而为企业从根本上、源头上实现“减员提效”提供重要支撑。

4. 创建“质量标准化、操作规范化”的必由之路

先进的装备配之以先进的管理模式是企业发展之根本，一系列高科技含量的机电设备、设施应用到安全生产当中，既保证了生产安全，同时也为企业“质量标准化、操作规范化”奠定了坚实的基础。机电设备管理创新是企业实现“质量标准化、操作规范化”的根本，是整个企业管理中的重要组成部分，是多年来企业管理经验的科学总结，标准化、规范化工作同企业的生产和安全息息相关，企业机电设备管理从实现“人、机、环境、管理”四个方面的本质安全入手，规范了人员、机器、环境、制度管理四个主要因素，强化了现场管理的基础，实现了全方位、全过程的“质量标准化、操作规范化”。

二、大型能化企业集团机电设备管理创新的内涵

机电设备管理创新，就是紧紧围绕企业转型跨越发展目标，以科学发展观为指引，坚持“管理、装备、培训”并重原则，将设备提供方、设备管理人员、设备使用人员三者紧密、有机地结合起来，坚持“三个三分之一工作法”，即三分之一时间走下去，深入现场、了解装备实际使用情况；三分之一时间走出去，以“装备与工艺相结合”为切入点，坚持“产学研”创新模式，与设备生产厂商、科研机构充分沟通，为企业研发最适合生产实际的装备；三分之一时间走进去，在自己的本职管理工作中，探索日常机电设备管理方法，以“培养智慧型员

工”为目标，创新培训模式，提高设备使用人员技能，为企业“本质安全、持久安全、转型发展、跨越发展”提供物质技术保障，具体见图 1。

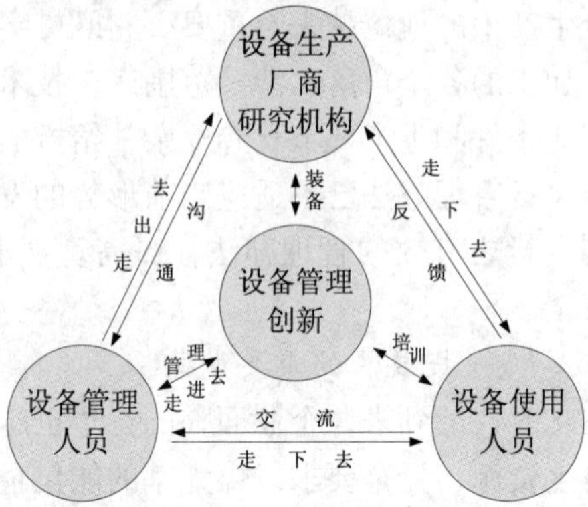

图 1　设备提供方、设备管理人员、设备使用人员三者有机结合及辩证关系

三、大型能化企业集团机电设备管理创新的主要做法

1. 利用“计算机辅助管理、物联网”等新手段进行设备综合管理

自上世纪 80 年代初期以来，随着计算机，特别是微型计算机的出现与成熟，许多院校、科研单位以及 IT 企业都投入了大量的人力、物力将计算机应用于现代化的企业管理，取得了许多阶段性的成果，但由于大型企业生产设备种类多、相当大的一部分设备使用地点不固定，这都给计算机辅助管理系统很好的应用带来不便，为改变这一现状，潞安集团公司根据设备管理的实际需要，将计算机辅助管理和物联网相结合开发了“机电设备管理信息系统”（见图 2），涵盖了从设备选型、招标、购置、日常管理、检修到设备报废整个过程，对设备进行全方位的管控。

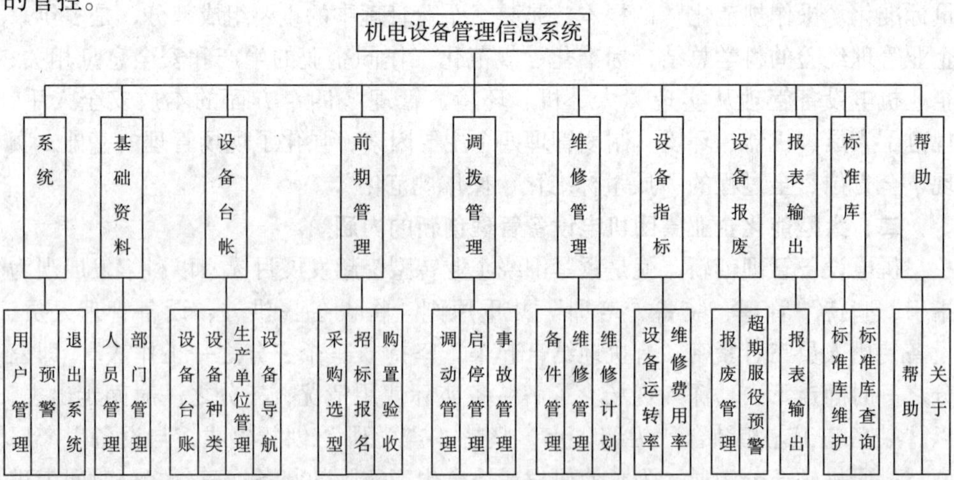

图 2　机电设备管理信息系统架构体系

尤其是利用物联网技术对特种设备、大型固定设备、生产一线关键设备等进行状态监测，完成了对企业井下和地面各种设备排查、危险源辨识及日常管理信息的采集、传输和分析，实现了对现场的实时感知、准确辨识、快速响应及有效控制。

（1）核心子系统一：招标采购投标人 Internet 网上报名系统。招标采购投标人 Internet 网上报名系统主要是解决符合设备技术要求的厂商进行网上报名这个环节，同时在设备信息项目中能够方便快捷地查询到所要了解的设备各种信息，从而提高报名效率和准确率，改善服务质量，同时快捷精准地了解所需招标设备的所有详细信息和资料。

①设备信息公布。在设备购置计划管理中，将所需招标设备的数量、技术要求等信息进行公布，并具有打印、查询等功能。

②报名厂商统计管理。对任一公告项目的报名厂商可进行自动汇总、自动生成表格；同时能反映出报名厂商的相关信息。

③报名时间限定。准确、及时的报名时间限定功能要求报名厂商必须在设备一次或二次公示后一周时间内进行报名，超出报名时间限定后，将不能进入系统进行报名。

④数据的检索功能。模块化设计模式，可以任意对系统数据对象进行扩充，包括各投标厂商信息、设备信息、项目信息等。

（2）核心子系统二：机电设备购置管理系统。机电设备购置管理系统主要针对设备购置工作中，前期计划管理、招标、决策、合同管理、领用、验收及其过程中的台账管理等繁琐过程，借助计算机辅助管理的方式，将其程序化、透明化，其内容主要包括以下 5 个模块：

①计划管理：对每年度全公司的计划进行管理。主要包括：维简资金、安全费用、环保资金、基本建设资金、整合矿井技术改造投资等计划，可通过使用单位、设备类别、关键字等多种方式进行查找，执行编辑、备注等操作。

②决策管理：在对计划金额不足 30 万的设备进行采购时，可在系统中查询往年同类设备购置价格，同时可在供方名录档案中查询拟采购产品生产厂商是否有不良记录，为设备采购人员提供依据，此外还可以生成相关表格，主要包括设备购置集体议价表、商务谈判记录、中标通知书等。

③合同管理：计划中经过招标形式采购的设备，在经过商务谈判后，生成中标通知书及合同；集体决策会确定采购的设备，直接通过系统生成合同。

④台账管理：信息主要来源于计划、议价、谈判、合同、验收领用和付款，生成各类计划的总台账，不同等级的管理员可以在其权限范围内进行查看。

⑤机电设备管理：对设备的验收领用信息进行管理。包括设备名称、规格型号、到货时间、合同号、供货商、验收日期、开箱情况及参与验收的人员等信息

进行记录。

(3) 核心子系统三：机电设备周期性检修安全预警管理系统。机电设备周期性检修安全预警管理系统主要针对整个集团公司机电设备维修进行协调、管理和监督。使得每一个生产企业、每一个生产部门的每一个检修工作都能正常、按时、按量完成，保证企业生产机电设备的正常、有效运转。

根据各类设备的检修内容及检修周期、完善的检修质量评价体系，建立数据库系统，并通过计算机管理系统，实现设备周期性预防性检修的预报、评价和辅助管理功能：

①当有机电设备进入检修期时，根据系统管理员的设置，系统可以给出分级别预警和报警，提醒管理人员及时对机电设备的维修作出安排，包括提前组织材料、组织人员和制定措施等。

②各种检修计划报表的自动生成、网络上报及网络审批功能。

③列表显示或存储打印设备及其检修信息，包括的主要信息有：设备名称、检修内容、检修周期、上次检修时间、检修工时、检修负责人、检修质量评定等。并提供灵活的查询功能：对机电设备的检修状态进行查询，包括综合查询，临检查询，按维修项目查询，按设备名称查询，按厂（矿）、区、队查询以及按时间查询，方便管理人员掌握机电设备的检修情况。

④对历史检修记录进行查询，包括综合查询，按维修项目查询，按设备名称查询，按厂（矿）、区、队查询和按时间查询，使管理人员对设备检修情况进行总结和评定，得出更合理的检修方案。

⑤具有自动刷新功能。“上次检修时间”在本次检修完成并确认后，本次检修日期自动生成为“上次检修时间”，并对整个数据库相关数据进行自动刷新和修改。

⑥友好的数据维护人机界面。包括方便的设备数据管理、项目数据管理、设备技术档案数据管理、检修项目参数管理、各单位信息管理、各工作人员信息管理等功能。

⑦具有管理权限的划分功能。可以设定为集团公司、矿（科）、区队三级管理权限：区队只有本部查询功能；矿（科）可以添加或减少设备、更改除周期长短和质量标准的其它信息；集团公司具有全部功能权限。

⑧可以实现与局域网以及集团公司 OA 办公系统的连接，实现远方通讯功能。

⑨完整的机电设备检修体系建设。包括检修技术规范、安全技术措施、检修管理文件等及其实现。

“机电设备管理信息系统”的成功应用，帮助全公司机电设备管理人员告别了人工处理大量复杂数据的工作，从繁重的传统管理中解脱出来。

2. 坚持“产、学、研、用”创新模式进行设备技术创新

企业是国家创新体系的主体，占据主导地位的国有企业自然应该成为国家创新体系主体中的领军者，但从国际上看，中国企业整体上在核心技术方面还有一定的差距。潞安集团作为一个以煤为基、多元发展的大型能源化工企业集团，坚持“产、学、研、用”创新模式，与国内外知名高等院校、科研院所、生产企业等建立了良好的合作关系，构建了潞安集团公司机电创新平台，并在此基础上引进、消化、吸收先进技术，结合实际生产需求，研发了一系列对生产实际有重大影响的技术和装备，为企业健康有序、集约高效生产奠定了基础。

（1）研究零时限供电网络穿越性故障点对点周波制系统，保障井下供电安全。针对目前煤矿供电系统采用中性点经消弧线圈装置接地后向井下供电的方式存在线路短、多级变电所级联导致拓扑结构复杂，过流保护、速断保护整定困难，没有时间级差裕度，在发生两相故障、三相故障、单相接地、漏电时出现穿越性越级跳闸，导致停电范围扩大等缺点，通过成立科研小组，与相关研究单位共同进行方案讨论，将光纤传输、数字化变电站技术相集合，利用纵差保护两侧电流比较原理、光纤纵差保护技术，成功解决了煤矿供电系统广泛存在的越级跳闸的问题。

（2）研究超大功率矿用主通风机及高压变频技术，保障矿井通风安全。针对潞安常村煤矿中央主通风机系统存在的大功率电动机 7～9 倍额定电流的启动过程对电网造成很大冲击，致使主通风机启动困难；大功率主通风机噪音污染、切换时间长；大型电动机防止电网电压波动及雷击停机等问题，通过多次技术方案讨论，对矿井轴流式主通风机、高压变频技术进行了深入的探讨。通过技术攻关，首次在网侧采用 36 脉动整流技术及应用 IGCT 九电平变频技术，实现了 4000kW 高压电机控制；研发的超大功率矿用轴流式风机高压变频的 8 回路自动切换控制技术，实现了主通风机之间的交叉自动控制；降低了轴流通风机的通风损失；解决了大功率矿用主通风机启动过程对电网电压波动的问题。

（3）研制自移悬挂式设备列车，确保煤矿工作面设备推移安全、高效。针对从综放工作面开始割煤到结采之前，需要不断地重复移动设备列车，在巷道底板起伏不平的情况下，为避免列车掉道，还需铺平道轨，对底板拉底，增加了额外的工作量。集团公司开展了自移悬挂式设备列车的研制工作，取消了牵引绞车，以液压系统为动力，通过操作两个液压阀组就可控制油缸，协调完成设备列车的制动和推移，工作效率高、安装运输简单，操作灵活方便，能实现遥控和远程网络监控。

（4）研制矿井救援装备，保障矿井抢险救灾。针对矿井水灾事故频发、而目前没有能够在井下透水环境中使用的动力型皮划艇，集团公司与相关科研单位从现场应用出发，研制了防爆动力皮划艇，能在具有煤尘、CH_4 等爆炸性气体环

境条件下使用，携带方便、安装快速，能在井下发生透水事故后，快速通过被水淹没的巷道，使救援在第一时间即可进行，并在3.28王家岭透水事故中配合救援人员发现了第一缕生命之光，救出来第一批9名被困矿工，收到了良好的效果。

与此同时，矿井水灾两栖载人救援潜艇项目也在紧张的进行中，该项目被山西省经济和信息化委员会企业列为重大项目，并给予专项经费支持。

(5) 研究松软厚煤层一次采全高综采装备与工艺，提高煤矿开采回收率。一次采全高综采已在国内多个矿区得到应用，并成为6m左右厚煤层实现安全高效高回收率的主要方法之一，但在松软厚煤层的条件下实施一次采全高在国内尚无先例可寻。由于没有放煤工序，可以避免综放开采中采放不均衡、工作面循环放煤时间长、放煤时煤炭损失等问题，而且一次采全高工作面通风断面加大，可减少瓦斯对工作面生产造成的影响，减少安全隐患和进一步提高资源回收率。目前松软厚煤层一次采全高综采试验正在潞安集团王庄煤矿进行，项目试验成功后将使资源回收率提高10%。

潞安集团坚持以实际中生产问题为出发点，变问题为课题，在项目研发的过程中锻炼了队伍，提升了机电专业人员技术水平，进一步提升了企业自主创新能力。

3. 以培养“智慧型员工”为目标，进行全方位、多层次培训

员工培训工作是企业人力资源开发的重要内容，是企业长远发展的战略支撑和坚强保证，现代化的生产设备更是需要高素质的员工来驾驭，潞安集团公司构建了符合自身特色的机电系统员工培训体系，从思想、制度、环境等多个方面进行突破，全方位、多层次的培训网络日趋完善。

(1) 加强培训理念和观念引导，为培训奠定思想基础。潞安集团公司提出了“打造创新型企业、培养智慧型员工”目标，与此同时提出了“培训创新、理念先行”的工作方法，从员工培训的认识根源入手，以转变思想、更新观念为切入点，先后开展了培训标语征集、培训理念宣传等活动。通过一系列的全员性活动，在各级员工中注入了全新的培训理念，营造出了培训学习的浓厚氛围，“培训工作不仅是企业的需要，也是员工个人生存和发展的需要”的观念已经深入到广大员工心中，员工对培训的态度有了明显的改善。初步实现了员工培训工作由被动向主动的转变，员工由要我学向我要学转变，为培训工作的深入开展和不断创新打下了扎实的基础。

(2) 建立健全培训制度、机制，为培训提供制度保障。健全的培训体系是搞好员工培训的基石，完善的培训制度、机制是推动培训工作有序开展的重要保证。基于这个思路，提出了“以体系保运作，以制度促管理”的工作方法。

①健全了公司机电培训管理体系。集团公司完善了机电培训两级管理体系，

公司机电处成立“潞安集团机电培训工作委员会”是全公司机电培训工作的领导决策机构，对各级各类机电培训实施机构和培训管理部门实施职能管理，各下属公司、矿、厂机电管理部门设立机电培训工作委员会，负责各基层处级单位机电培训工作，实施职能业务管理，形成公司与基层两级机电培训管理机构。

②完善了员工机电培训实施体系。在培训管理体系的总体框架下，设置了员工机电培训三级实施体系：一级培训机构（潞安集团机电培训中心）重点负责各基层单位机电副总、机电科长及后备青年干部政治理论、业务、安全培训；二级培训机构（各基层单位实训基地）重点负责培训各机电队长、各车间机电副主任、技术员的业务、技能培训；三级培训机构（各基层队组、车间）主要负责本单位内部员工的日常技能、安全培训，采用灵活多样的方式，因地制宜、因时制宜地开展生产急需的、有针对性的培训。

③建立健全了一系列员工机电培训制度和运行机制，使员工机电培训工作进一步纳入了规范化的轨道。在充分调研论证的基础上，结合企业实际，下发了各项管理制度，逐步推行“先技能达标，后上岗工作”模式，基本上建立起了一套较为完善的员工机电培训管理、考核、激励制度体系，使机电培训工作进一步纳入了制度化、规范化的轨道。

（3）加强培训机构、基地建设，为培训夯实环境基础。进一步加大机电培训投入力度，着力构建功能完备、特色鲜明、优势互补的机电岗位技能培训基地。

2009 年以来潞安集团公司先后投资 1500 多万元，对“山西潞安煤炭科技中专”的培训设施、教学设备、办学环境、实训基地进行改善，目前正投资 700 万元建设 5000 平米的实训大楼，价值 450 万元的实训设备已经到位，大楼主体工程已经完工，加上学校原有的电子信息设备，未来该校将拥有国内一流的实训设备和实训场地，成为全国一流的煤炭机电工实训基地。

①强化扩充师资队伍，提升培训软实力。为了适应员工对新技术、新知识的渴求，集团公司机电处一方面安排公司各级机电培训机构专业教师去国内各高校学习，另一方面在公司内部实行新老教师结对听课制度来培养教师，同时，从上海等地聘请专家教授到公司指导学员，2011 年度，又新招聘 10 余名煤炭主体专业研究生、本科生扩充到公司各级培训机构机电教师队伍中，使公司机电培训软实力得到稳步提升。

②加强培训过程中的管理，发挥培训机构的管理职能。为了促进培训工作的开展，各培训基地专门成立了培训中心，负责协调培训相关事宜，从入校建档到毕业反馈，从安排食宿到制定教学计划、安排课程、指导实操训练，培训中心成为培训学员与学校沟通的纽带。凭着在培训中积累的丰富经验，编写了涵盖潞安文化，体现潞安特色的适合潞安员工的培训教材，制定了员工培训制度等一系列

切实可行的制度，完善了培训制度，促进了学员管理。

四、大型能化企业集团机电设备管理创新与实践的实施效果

1. 设备可靠，产能提升明显

通过5年持续进行机电设备管理创新与实践，各类机电设备均平稳运行，各项指标均创历史最好水平，2007～2011年，连续四年实现大型固定设备完好率100%，机电设备及小型电器失爆率为0%，机电设备综合完好率维持在97%以上的高水平，机电设备事故率、机电设备待修率分别实现0.22%、2.8%的低指标运行，所完成的主要机电综合指标均达到国际先进水平，保证了矿井安全集约高效生产。

2. 技能提高，创新成果丰硕

通过5年持续进行机电技术培训、设备技术创新，公司机电技术人员在全国、山西省、长治市、集团公司各级技能大赛、技术比武中成绩优异，同时在中国煤炭工业协会、山西省、长治市、集团公司等各级科学技术进步奖评选中获得了可喜的成绩。漳村煤矿马俊波同志在2008年全国综采维修电工技能比武大赛中上获得第9名、王庄矿王晓红同志在2011年全国综采维修电工技能比武大赛上获得第17名、常村矿赵云露同志在2011年山西省综采维修电工技能比武大赛上获得第8名。2011年集团公司组织机电技术比武中名列前茅的选手都是经过机电培训的学员。在2011年度中国煤炭工业协会科学技术奖评选中公司机电处申报的三个项目分别获得一等奖、二等奖、三等奖各一项，同时获得2011年度山西省科学技术奖二等奖一项，2010年度、2011年度连续获得长治市科学技术奖一等奖一项。2011年度获得集团公司科学技术进步奖一等奖两项、二等奖两项。

3. 能耗降低，节能效果突显

通过5年持续推行节能新技术、新工艺，淘汰落后产能，加大技改力度，在生产设计源头严把设计关、优化系统环节，采用高效节能设备，初步实现了装备的重型化、自动化、智能化、信息化和网络化，减少了无效中转环节和工序；采用自主创新的大采高综采放顶煤为核心的绿色开采技术，使采区资源回收率达到了82%，保持了行业先进水平，生产环节节能减排效果明显。2011年投入1.1亿元大力推进燃煤工业锅炉（窑炉）改造、电机系统节能工程，年节约标煤18555.2吨，节电5740800kW·h，在公司所属五阳煤矿、常村煤矿大力推行超大功率矿用主通风机及高压变频技术，年节电1732.45万kWh，约合6236.9吨标煤。目前正在大力推行松软厚煤层一次采全高综采工艺与装备技术，项目的成功应用将使煤炭资源回收率达92%。

4. 经济和社会效益显著

通过5年持续进行机电设备管理创新与实践，机电从业人员素质得到大幅提升，各类技能大赛成绩显著；机电系统形成浓厚的创新氛围，各类科技成果丰

硕；机电技改、设备创新项目稳步推进，经济效益显著；矿井提升设备数字化改造的成功应用，使常村煤矿主立井提升能力增加 78 万吨/年，提升吨煤节电 1.03kWh，年节电 721 万 kWh，五阳煤矿主立井变频改造后提升能力增加 30 余万吨/年；零时限供电网络穿越性故障点对点周波制系统应用实现了矿井供电系统的安全可靠运行，每年减少 13 次停电事故，每次事故送电时间按 2 小时计，减少影响矿井停产时间为 26 小时，矿井多出煤近 3 万吨；常村煤矿单套自移悬挂式设备列车应用，近三年为矿多生产原煤 16.8 万吨、18 万吨和 20.5 万吨，累计增加产值约 3 亿多元。

通过 5 年持续进行机电设备管理创新与实践，构建了潞安机电从业人员“体面工作、幸福生活”的工作环境、大幅提高了日常机电管理工作效率，同时解决了一个又一个困扰企业安全集约高效生产的难题，为企业培养了一大批“政治强、业务精、纪律严、作风正”的创新型员工，为潞安集团全力冲刺世界 500 强，建设具有国际竞争力的能源品牌企业，打下了坚实的基础。

（成果创造人：李晋平　白宏峰　翟生勤　李卫东　罗自明　秦卫斌　郝文清　魏红亮　曹　兴　耿新宇　张　宇　高　欣）

基于煤矿企业兼并重组的财务策略研究与实践

山西潞安矿业（集团）有限责任公司

潞安集团是省属五大国有重点煤炭企业集团之一，有80年的开采史，其前身是成立于1959年1月的潞安矿务局，曾以“艰苦奋斗、勤俭办矿”的石圪节精神闻名全国；1987年，建成了全国煤炭工业第一个现代化矿区。2000年8月集团改制成立，现有职工6万人（包括潞安新疆公司），子分公司75个，在中国企业500强中名列第100位，2011年进入资产总额、营业收入“双千亿”企业行列。在省国资委两个任期考核中，潞安均被评为A类企业，被评为“特殊贡献企业”。

一、潞安集团基于煤矿兼并重组的财务策略研究与实践的实施背景

近年来，国家大力支持煤炭企业兼并重组，根据国务院办公厅转发国家发展改革委《关于加快推进煤矿企业兼并重组若干意见的通知》（国办发〔2010〕46号），为促进煤炭工业持续稳定健康发展，要加快推进煤矿企业兼并重组，淘汰落后产能，重点支持优势企业开展跨地区、跨行业、跨所有制兼并重组，努力培育一批具有较强国际竞争力的大型企业集团。山西、河南、内蒙古、陕西、宁夏、贵州、湖南、黑龙江等省相继开展了各自的煤矿企业兼并重组。在这样的背景下，大型煤炭企业集团如何选择并实施合理的并购策略，对企业扩充资源储量，扩大产能，加快企业发展壮大非常重要。但煤矿企业兼并重组之路并非坦途一片，在兼并重组决策制定、实施以及兼并重组后的整合管理过程中，稍有不慎，便可能埋下各种风险，致使企业陷入进退两难的地步。其间涉及的大量财务决策和财务实施活动，与企业日常经营活动相比，其涉及面更广，影响因素更多，内容更为复杂，对企业发展前景产生影响更大。因此，企业兼并重组所选择的财务决策是否正确，所实施的财务策略是否妥当，对顺利推进煤矿企业兼并重组工作意义重大。

1. 实施合理的财务策略是降低企业并购中财务风险与成本的必然选择

煤矿企业兼并重组中的财务风险，是指对目标企业的定价、并购融资与支付，而使企业发生财务危机的可能性，主要表现为：

（1）支付过高的收购价，损害兼并重组方资产权益。一些被兼并地方煤矿财务管理粗糙、基础资料不全、会计信息失真，兼并重组方无法准确估计被兼并重组煤矿的资产价值、资源储量和获利能力，以至出价过高而超过了自身的承受能力，大大降低了兼并重组方预期的投资回报率。

（2）兼并重组后资产质量差。不少被整合的地方煤矿由于安全管理等原因，长期以来沉淀了很多的不良资产，还存在大量的或有负债，信息不对称使得收购方对潜在的风险浑然不觉，收购这样的企业必然为将来的重组埋下隐患。

（3）融资压力和风险加大。大规模的兼并重组必然要求大量的资金融通。目前，企业通常可采用自有资金、借款、发行债券、发行股票等融资渠道。影响兼并重组方的融资财务风险有两大因素，一是融资能力的影响。因为如何利用企业内、外部的资金渠道按时足额的筹集到资金，是关系到企业兼并重组活动能否成功的关键所在；二是融资结构的影响。包括企业资本中债务资本与股权资本结构。债务资本中包括短期债务与长期债务结构等，企业融资结构是否合理，是影响融资风险的一个主要因素。当兼并重组后的实际效果达不到预期时，实际经营利润率小于负债利息率时，就可能产生利息支付风险和按期还本风险。

（4）兼并重组支付价款带来的风险。主要表现在：一是现金支付产生的资金流动性风险以及由此最终导致的债务风险。现金支付工具的使用，是一项巨大的即时现金负担，公司所承受的现金压力比较大；二是股权支付的股权稀释风险。一方面稀释原有股权，另一方面也为其资本运营带来风险。

因此，为了确保兼并重组行为的成功实施，就需要利用财务手段选择并购的方式方法，了解目标企业的资产质量和财务状况，了解其可能存在的财务缺陷或者财务陷阱，通过对财务资源的有效配置，最大可能地降低企业并购中的财务风险与成本。

2. 实施合理的财务策略是提升兼并重组矿井财务管理水平的主要途径

财务管理是企业管理的核心，是最直接、最有效的影响企业获得经济效益的管理环节。但被兼并重组的地方中小煤矿大都财务管理水平低、会计基础薄弱、人员素质不高。因此，并购方在接管后，必须实施合理的财务策略，加强对原有财务资源的整合，整顿和规范财务基础工作，提升企业财务管理水平，彻底扭转粗放的管理局面，确保企业有效运营。

3. 实施合理的财务策略是对兼并重组矿井实施有效控制的必要手段

并购方能够对兼并重组矿井实施控制的重要标志就是有权控制对方的生产经营财务决策，这就要求并购方能够确保及时、准确掌握对方大量的财务信息，并据此判断，采取针对措施。财务具有信息反映功能，是并购方获取兼并重组矿井信息的重要途径。为此，并购方需要通过一系列财务策略的实施，加强财务整合，在兼并重组煤矿建立统一的、适应母公司管理需要的核算制度、核算方法、报表统计等财务管理体系。

4. 实施合理的财务策略是集团战略有效实施的基础

煤矿兼并重组后，集团成员单位增多，集团经常会从战略发展高度、从集团整体发展角度出发开展投融资活动，往往制定不囿于单个企业发展的经营决策，以确保集团整体利益的最大化。为此，也需要通过实施财务策略进行整合，统一财务目标，统一财务制度体系，减少制度冲突，实现企业各种资源在集团内部的高效配置。

二、基于煤矿企业兼并重组的财务策略研究与实践的主要内涵与做法

潞安集团在兼并重组煤矿实践中，实施财务策略的指导思想是：聚合集团内部财务系统资源，通过流程安排、制度规范，运用财务手段，强化财务管控和融合，降低收购风险，确保并购目标，全力以赴推进集团煤矿企业兼并重组。

潞安集团兼并重组工作实施的财务策略包括：兼并重组前的财务审查、兼并重组方式的设计和选择、目标企业价值评估风险防范、融资策略、支付收购价款的风险防范、兼并重组中的财务接管和兼并重组后的财务整合等等。具体做法是：

1. 积极开展充分、详尽的财务审查

为了确保兼并重组的可靠性，减少兼并重组可能产生的风险和损失。潞安集团在兼并重组中加强了对目标企业的财务情况进行审慎的调查和了解。主要包括：会计基础工作是否扎实、信息质量是否可靠、资产规模大小、盈利能力、负债规模、偿债能力、成本构成等等，结合参照同类可比煤矿的规模、产能、煤质等，据以分析目标企业价值以及收购的可行性。

2. 科学设计，灵活选用收购模式

潞安集团针对目标企业的不同情况主要采取了资产收购和股权收购方式。股权收购是指不改变被整合煤矿生产经营现状，通过与被整合煤矿股东沟通谈判，收购被整合煤矿股权来达到控制、改造被整合煤矿的目的，其谈判对象是被整合煤矿的股东。资产收购是指收购企业运用现金通过购买被整合煤矿主要生产经营性资产，来达到收购、控制该煤矿的目的，其谈判对象是被整合煤矿本身，这与股权兼并重组有很大的不同。股权收购下，被整合煤矿仍然存续，其人员、设备等均不发生改变，只需要兼并重组方通过资金、技术等方面的支持，即可保证被整合煤矿的正常运行。而且采用股权收购，在税收方面相对最优，即兼并重组双方通常只涉及到印花税、契税和部分所得税；如果采用资产收购，对转让一方则需要交纳巨额的增值税、营业税等，额外加重了兼并重组成本，为此遭到被整合

方的抵触，变相要求整合一方负担税收支出。股权兼并重组的主要风险在于兼并重组完成后，作为整合方要承接被整合煤矿存在的各种法律风险，如或有负债、法律纠纷等等，因此股权收购方式下要求被收购煤矿的资产权属无争议、债权债务清晰，否则可能面临不可估计的债务偿还风险。相比较股权收购方式，资产收购方式下整合方对被整合煤矿自身的债权债务无须承担任何责任，资产收购方式操作较为简单，仅是整合方与被整合煤矿的资产买卖。资产收购可以有效规避被整合煤矿所涉及的各种问题，如债权债务、法律纠纷等等。

另外还有一种兼并重组方式，即增资扩股。考虑到对小煤矿整合后，都需要对其进行大规模的技术改造，增加安全保障，下一步煤矿技改扩能还需要大量建设资金，因此在被整合矿井产权清晰、证照齐全、管理规范的情况下，潞安集团与被整合股东协商以增资扩股方式开展合作。确定收购对象后，设计和选择合理的兼并重组方式能够降低收购成本，优化资产结构，提高兼并重组效率。

3. 认真组织，做细做实资产评估

为确保兼并重组活动中双方交易的公平公正，需要对被兼并重组煤矿的资产或净资产进行评估，通过资产评估，摸清家底，核实权属，为双方交易提供价值参考依据。在潞安集团兼并重组的地方煤矿中，有一部分被兼并重组的地方煤矿中，财务管理基础工作非常薄弱，多数资产未能取得正规票据、账实不符、大额工程未有预决算资料、有些煤矿长期停产无法下井等等，使审计评估机构很难核实煤矿的家底有多大。然而资产评估价值又是资源整合中整合双方交易价格的重要依据。因此，为合理确定被收购项目的价值，防范国有资产流失，做细做实资产评估工作尤为重要。

（1）严格按照程序组织开展审计评估工作。首先要严格按照招标程序选聘中介机构，经被兼并重组方同意，委托资质级别高、信誉好、注册会计师和注册评估师经验丰富的中介机构开展审计和评估工作。同时，潞安集团作为兼并重组方安排了由生产、机电、基建、地测、监察、审计等专业人员组成，配合中介机构对被整合煤矿进行资产盘点和核实，对是否纳入评估范围进行界定，对被兼并重组煤矿的采掘平面图等技术资料的合理性进行鉴定。

（2）加强评估报告审核。为夯实被评估煤矿的资产价值，评估报告需要认真审核、修改，并经上级国有资产监督管理部门核准后方可确认评估结果。为防范评估失实，避免收购方支付过高收购价格，潞安集团特别加强了对评估报告的审核，规定资产评估审核工作组在审核评估报告时，要关注资产评估报告中是否存在资产权属资料不全面、评估程序受到限制以及资产评估对应的经济行为中存在可能对评估结论产生重大影响的瑕疵等问题。重点关注纳入评估范围的资产是否经整合方确认，资产的数量、质量、技术状况、原值、净值等指标等是否与现场盘点核实一致，清查盘点表是否经审计、评估、整合方、被整合方四方签字认可，评估报告对盘点核实过程中存在的限制情形（如密闭井巷等）是否进行了详尽的批露，并重点关注执行的替代核实方法是否合理；关注纳入评估范围的资产权属，特别是评估报告对土地使用权、矿区外公路、输电线路、车辆、房屋建筑物等资产权属的批露情况；注意审核对矿井服务年限的计算过程，核实矿井动用储量情况以及井巷工程的实际已服务年限，根据既有规模设计要求和井田保有储量分布状况核实各井巷工程开拓巷道和准备巷道的尚可服务年限；核实报告对资源价款的缴纳情况、井田可采煤量的分布情况、动用情况的说明；核实报告中各项资产的成新率以及取值是否适当合理；重点关注报告中对一些特别事项的说明，防范产权交易风险。

4. 多措并举，控制支付风险

（1）恰当使用评估报告，审慎确定被兼并重组煤矿的资产价值。就是注意结合评估报告书中的评估声明、评估假设、评估限定条件以及特别事项说明等参考使用评估结果。以评估报告为参考，合理确定煤矿资产的实际利用价值。

（2）认真组织财产清点和移交接管工作。对被兼并重组煤矿接管时，严格按照审计盘点表认真清点资产，认真编制财产移交清册，办理移交手续，对照评估报告所列资产的数量、质量、技术状况，按照实际移交资产情况核实数量、价值，对被兼并重组煤矿的剩余储量做专门的核实，并充分考虑评估基准日至实际接管日的矿井储量变化、各项资产变化等期后调整事项，确定最终交易价格。

（3）约定支付方式及风险担保。对于兼并重组方来说，分期或附条件的付款方式比较符合自己的利益。潞安集团在兼并重组协议中约定分期支付款项，将一部分款项作为尾款，用于防范潜在风险和或有债务的保证金。在一定期限内，一旦因出让方或目标公司的原因，致使兼并重组方承担了额外的债务或者损失的，作为兼并重组一方有权以该保证金或者通过相应的担保充抵该债务或者损失。该期限届满后，没有发生未包含在协议内的额外债务或风险的，则将上述保证金支付给出让方，相应的担保亦依约终止。

5. 开拓多元化融资渠道，保障兼并重组资金需求

（1）积极利用外源融资，拓宽融资渠道。为满足煤矿兼并重组的资金需求，潞安集团按照“优化筹资结构、降低财务费用、规避财务风险”的融资理念，在积极争取银行信贷支持，加强银企合作的同时，开拓多元化融资渠道，不断丰富融资链条。通过发行企业长短债、信托计划、中期票据等金融工具，比银行同期同档贷款利率综合下浮 10 个百分点，大大降低了融资成本。

（2）积极利用内源融资，降低融资成本。利用集团内部财务公司的资金平台，大力推行资金集中管理，推动内部资金融通，加快资金周转，节约资金成本，有效发挥集团资源的聚合效应，为兼并重组提供资金支持。

（3）创新“融资租赁模式”，支持兼并重组矿井技术改造。新的矿井在重组

之后，都需要大额资金进行技术改造，但新矿井的安全生产许可证、生产许可证、营业执照等证照手续批办的时间跨度较长，尚不完全符合独立信贷融资条件，以及合作股东不容易跟进投资的情况下，资金问题就成了煤矿整合速度的“瓶颈”。

潞安集团发挥潞安财务公司具有融资租赁的优势，进行金融产品创新，提供融资平台。融资租赁业务的工作流程是这样的：兼并重组后矿井作为承租人提出申请——潞安集团项目评估委员会审查主体资格及项目风险——潞安集团煤矿设备主管部门确定选型配套——潞安集团财务有限公司作为出租人进行租前调查、内部决策——潞安集团煤矿设备主管部门组织技术谈判和商务谈判——财务公司与兼并重组后矿井签订租赁合同、购买合同——进行设备验收、安装——支付货款——财务处理——租金结算——租赁期满租赁公司按设备残值收购——经营性租赁——设备报废处置。在此基础上，潞安集团进一步拓展思路，实施从综采综掘设备到电缆、轨道等成套设备融资租赁方式。融资租赁是个一举多得的好办法，一方面解决了企业短缺资金买设备的难题，推进了企业现代化矿井建设；另一方面，又防范了大规模基建投资带来的巨大潜在经营风险。

6. 加强财务管控体系建设，稳妥推进财务整合

通过兼并重组地方中小煤矿，实现了企业规模和业务的迅速膨胀。但是，伴随着企业的兼并重组必然会带来管理幅度加大、管理对象差异扩大、协作难度加大等诸多挑战，如果处理不好，不仅无法产生规模经济效益，还会造成企业内部沟通效率降低，执行力减弱，交易成本提高，企业集而不团，以及重局部利益轻整体利益等一系列负面效应。因此，煤矿兼并重组后的整合工作是企业实现规模经济的重要保障。而其中财务整合就是非常重要的一个环节。潞安集团对兼并重组后煤矿进行了有效的财务整合，即利用一定的财务手段对原煤矿财务管理系统进行调整和修复，实现与集团财务管理体系的统一化和规范化，真正与母体企业在财务管理上无缝对接。

（1）实行集权式财务管控模式，顺利推行财务整合。并购后，因兼并重组煤矿大部分都要进行大规模的技改扩建，扩大产能，提高安全装备水平，大量的资金需求对集团依赖仍然很强，而且即使并购煤矿投产后，出于集团安全监管责任的特殊需要，也必须加强对下属煤炭企业的生产管理和控制。与此相适应，潞安集团实行集权式财务管控模式。在这种管控模式下，兼并重组煤矿的重大投资、融资活动都置于母公司的严格监控之下，集团对兼并重组煤矿的战略方案、财务计划、投融资计划、财务预算等进行分析和整合，制定集团总体的战略规划、财务经营决策以及投融资计划等。采用集团公司的考核体系对兼并重组煤矿的业绩进行考核，把对集团的利润贡献大小作为衡量兼并重组煤矿业绩的主要标准。

（2）实施财务制度整合，健全完善新公司财务管理体系，快速提升整合矿

井财务管理水平。

①通过“以矿带矿”，把集团现有大矿在资金结算、成本管理、费用控制、财务预算、内控建设、税务管理等方面的成熟管理制度，成套克隆到兼并重组矿井。大规模的煤矿兼并重组，仅仅依靠集团总部的管理资源对兼并重组煤矿进行进驻、接收和管理，显然力不从心。潞安集团充分发挥下属原有大矿在人才、技术、管理等方面的资源优势，调配充实到整合矿井，施行一个大矿带动若干个小矿，现有大矿人员到整合矿井进行传帮带，整合矿井人员到大矿学习取经的双向交流机制，整体带动整合矿井管理水平快速提升。

②规范财务机构设置和人员聘用管理，明确财会人员岗位责任制，规范会计处理流程，强化内部会计控制。为改变以往小煤矿一个财务人员身兼会计、出纳等多个岗位的状况，潞安集团在兼并重组煤矿设立独立的财务部门，并根据实际情况和业务量，至少设置了财务部（科）长、业务核算会计、出纳等岗位。凡涉及收付、结算的财务工作，必须由两人或两人以上分工办理（操作和复核岗位相分离）。

③执行统一的会计核算体系，启用统一的报表体系。会计核算体系的整合是统一财务制度体系的具体保证，也是集团及时、准确获取兼并重组煤矿信息的重要手段，更是统一绩效评价口径的基础。潞安集团按照自身核算特点和管理要求，对兼并重组煤矿施行了统一的企业会计制度，规范会计科目使用和会计核算办法，制定了财务工作规范手册，明确了每个环节的检查复核程序、办法和检查复核要点。依据集团业务核算特点和财务管理要求，启用了统一的报表体系。

（3）强化兼并重组煤矿“投入产出”理念，加强矿井基建技改投资审批监管。

①煤矿兼并重组后，大部分煤矿都要进行现代化技术改造。潞安集团认真权衡投入与产出的关系，合理安排投资活动，要求各矿井改造充分进行科学论证，设计投资规模应当考虑矿井资源储量、盈利水平、投资回报率等，并严格控制地面非生产性建设投入。要对各兼并重组矿井的投资预算进行测算和效益评估，对投资见效快、投资回收期短和投资收益率高的矿井优先投入、快速建设，其他矿井分步投入、分期建设。并加强了对投资见效快矿井的收益管理，确保及时取得投资收益，缓解集团资金压力，将取得的投资收益用于缓建矿井的投入，实现兼并重组矿井的梯次投入，确保了整合矿井现代化改造建设有序推进。

②细化和落实投资预算管理，加强资金审批。潞安集团本着“优化设计、简化系统、安全可靠”的原则，对改扩建矿井进行了严密的投资预算，对土建工程、井巷工程、设备采购、安装工程等项目进行精打细算，合理确定投资计划，最大限度降低投资成本。严格按照程序对整合矿井资金使用做好审批工作，对资金使用的申报、发放、使用及管理，做到“有计划、有审批、有检查”。严格按

计划和项目进展、资金需求等情况申请拨付，每笔资金的申请、发放经集团基建、计划、财务等相关业务部门共同审核后实施。

③加强矿井基本建设、技改项目全过程跟踪审计，确保了建设资金合理使用。潞安集团充分发挥跟踪审计的事前预防功能，在建设项目正式立项时，即将其纳入审计视野，关注各项前期准备工作，建设过程中对工程投资有较大影响的环节予以重点关注，在设计、招投标、签订合同、设备材料采购、工程施工、竣工验收、索赔和竣工决算环节设置审计工作关键控制点，制订各环节跟踪审计细则，加强对工程项目的管控和全过程监督力度，及时纠正不良行为，确保了建设资金合理使用。

(4) 强化兼并重组煤矿“集团主导，法人为融资主体”的融资理念，加强兼并重组矿井筹融资管理。潞安集团凭借对兼并重组煤矿股权的控制，对兼并重组煤矿的筹资决策加以引导，施加影响。引导各兼并重组煤矿树立“集团主导，法人为融资主体”的融资理念，主动与金融机构对接，选择多种融资模式。一是矿井基建融资由兼并重组煤矿利用集团信誉或担保贷款，充分发挥集团的信用和谈判优势，取得优惠利率，降低财务费用。集团公司因其规模大、实力强、声誉好，在资金市场上具有较强的融资能力，在向银行借款时，集团采用统一授信模式在资金市场上寻求资金，通常会取得较大优惠的条件，从而降低融资成本。二是兼并重组煤矿采用采矿权质押方式向银行取得贷款。

(5) 加强财务监督和指导。

①加强对兼并重组煤矿财务会计工作的监督和业务指导，并定期组织检查，防范财务风险。由于煤矿兼并重组是企业的重新布局，不少煤矿股权结构多元化，很多业务要涉及方方面面利益的调整，导致在会计处理上也非常棘手。潞安集团主动深入兼并重组煤矿，对企业在账务处理、报表合并、涉税申报方面存在的问题，以及正确区分基建技改与生产的支出界线，合理界定基建期资本化、费用化，正确归集建设成本等，予以认真解答、辅导和规范。不定期组织人员对制度执行情况进行抽查，重点对经济效益、投资回报、现金流量、货币资金内控制度、收支两条线以及其他财务管理制度执行情况进行监督检查，督促其对不合理的财务处理进行整改，促使兼并重组煤矿规范了会计处理流程，强化了内部会计控制，做到了事前有制度可规范、事中有流程可依据、事后有记录可检查，保证了会计信息合法、真实、准确、完整。

②委派财务负责人，加强财务人员管理。由于兼并重组煤矿在成立初期尚需要集团更多的扶持和保护，同时也是集团加强对兼并重组煤矿管控的需要，潞安集团推行财务委派制，明确派出财务负责人的权限与职责，理顺派出人员的薪酬分配、业绩考核等关系，保证了集团财务经营决策贯彻落实。针对兼并重组煤矿财务工作要求，开展了各种适应性的培训，增强了财务人员政策理论水平和实际

应用能力，提高了财务管理的效率。

三、基于煤矿兼并重组的财务策略研究与实践取得的效果

在大规模的煤矿企业兼并重组中，潞安集团采取了一系列的财务决策和财务策略，积极推进了煤矿兼并重组工作，2008 年以来，潞安集团共整合矿井 101 座，提升产能 3120 万吨/年，获得资源 30 亿吨，经过重组形成了 34 个主体矿井，煤矿兼并重组取得了明显的成效。

1. 有效降低了整合成本，规避了经营风险

在开展煤矿兼并重组中，通过财务审查、财产清查、评估报告审核、移交接管盘点等手段，剔除各类不良资产、无效资产，降低整合成本近 3 亿元。通过产权确认、合同约定、交易价款支付控制，有效防范了各类诉讼风险、隐性负债风险和税务风险。

2. 促进了整合矿井规范化运作、有序化管理

通过制订财务管理制度、加强投融资管理等一系列财务策略的实施，整合矿井按照现代企业制度规范化运作、有序化管理、自主经营、自负盈亏、自我发展意识进一步提高，抵御市场风险能力不断增强，产业预期盈利能力和市场竞争优势明显提升。2009 年 –2011 年已累计增加企业经济效益 30370 万元。

3. 促进了整合矿井安全健康发展

2009 年以来，集团通过对子公司分割授信、依托财务公司融资租赁等手段，为各兼并重组煤矿搭建了多元化的融资平台，累计筹融资 97 亿元，保障了资金需求，积极推动了整合矿井的现代化改造建设，为企业转型跨越发展和可持续发展奠定了坚实的基础。通过大规模的矿井技术改造，各整合矿井技术装备水平进一步提升，安全管理体制机制进一步完善，职工安全意识和安全素质进一步提高，安全预警和应急救援体系进一步健全，一批整合矿井迈入了全省、全国安全质量标准化矿井和安全高效矿井行列。2011 年潞安集团成为全煤系统唯一荣获全国“安康杯”竞赛十一连冠企业，山西省唯一的“全国安康杯竞赛示范企业”，全国总工会颁发了“五一劳动奖状”。

潞安集团成为山西省煤炭资源整合的楷模，受到广泛关注和高度评价。通过实施煤炭资源整合，潞安集团进一步促进了煤炭基业稳固，夯实了煤炭产业发展基础，进一步丰富了发展新型煤化工的原料储备，为潞安集团“十二五”构建煤炭、电力、煤基合成油、煤基天然气、多晶硅、太阳能等多层次、立体化的能源输出体系，跻身世界 500 强，打造国际知名能化企业奠定了坚实基础。

（成果创造人：洪　强　杨广玉　李卫东　申秀凤　赵雪兰　孙晓光　郭成刚　陈亚平　闫凌云）

煤炭企业“11756”班组建设体系探索与实践

太原煤炭气化（集团）有限责任公司

太原煤气化（集团）有限责任公司成立于1981年，是由原煤炭部和山西省发起设立的国内首家煤炭综合利用大型联合企业。30年来，公司始终坚持“建成煤炭综合利用示范性企业和实现太原城市煤气化”的办企宗旨，致力于发展煤炭综合利用和城市燃气事业，经过不懈努力，现已形成集煤炭开采、洗选、炼焦、制气、煤化工产品生产、煤矸石发电供热和城市煤气输配、服务、管理为一体的产业链条，煤—焦—气—化—电煤炭综合加工利用产业格局初具规模，为我国煤炭资源实现清洁高效利用走出了一条示范之路。与此同时，公司城市燃气事业得到长足发展，太原和晋中市区78.3万户居民、工业、营业和福利用户用上了管道煤气和天然气，太原的城市气化率近96.95%，位居全国大中型城市前列。公司现有10座煤矿（6座生产煤矿、3座技改煤矿、1座基建煤矿）、3个洗煤厂、2个焦化厂、1个煤矸石热电厂、3个燃气公司等19个生产单位和10多家经营、辅助单位，深交所挂牌上市的太原煤气化股份有限公司是公司的控股子公司。公司2011年实现营业收入64.9亿元，实现利润4.7亿元，总资产121.2亿元，在岗职工16000余人，连续三年实现了安全生产“零死亡”的奋斗目标。

一、“11756”班组建设体系探索与实践的背景

分工不明、责任不清、奖惩不当、缺乏制度与规则的约束、流程与标准执行不到位等基础管理问题是许多大型企业集团面临的困惑，特别是基层管理薄弱、发展根基不牢固的问题长期难以得到彻底解决。作为大型煤炭综合利用企业，太原煤气化公司同样存在这样的问题。特别是2008年发生的三起事故，给公司造成了巨大的经济损失和严重的负面影响。公司在深入分析自身发展的基础上，作出了“开展班组建设，提升基层管理水平”的重要决策，按照上级管理部门提出的班组建设工作具体要求，充分结合企业自身的行业特点与发展需求，从公司

层面谋划，全面系统，深入细致地推动班组建设工作。

1. 班组建设是企业安全生产的需要

安全管理的重点在基层，班组是安全管理工作的主要承担者，班组只有主动、从严、从细抓安全管理工作，把安全责任分解、落实到人头，通过班组建设规范安全、生产管理工作，督导职工树立牢固的安全意识，自觉形成“保安全、促生产、增效益”的良好习惯，在生产过程中主动去发现问题、解决问题，才能为企业安全生产提供前提保障。纵观近年来的煤矿安全事故，绝大多数都发生在基层班组，大部分都是由基层职工的“三违”行为造成的，煤气化公司深刻剖析事故案例产生的原因，把握基层管理在安全生产工作中的关键环节，从根本上提高安全生产保障能力。

2. 班组建设是企业提升基层管理水平的需要

班组管理是企业管理的重要基础，是企业实施科学管理和管理创新的重要前提。只有切实建立健全班组安全、生产、设备、成本、质量、学习培训等标准化管理制度，并通过有效的激励、约束机制，才能充分调动班组职工的积极性和创造性，高效地完成各项生产指标。因此，基层班组管理水平的高低直接影响着企业许多方面的工作。太原煤气化公司在对班组管理工作进行调研时发现，部分基层班组长、班组职工对班组管理没有科学的认识，对班组的管理及未来发展没有合理的规划与措施，只是抱着干活、挣钱的心态来工作，对班组管理在企业安全、生产、管理工作中重要性的认识不够。不仅是基层班组存在许多问题，更严重的是在二级单位中，班组管理部门不专职、管理队伍不专业、管理人员不上心等问题都成了制约班组管理水平提高的重要因素。太原煤气化公司深刻认识到“基础不牢，地动山摇”的严重后果，决心通过抓班组建设，不断提高基层管理水平，进一步夯实基层管理基础。

3. 班组建设是企业战略转型跨越发展的需要

近年来，全国在转变经济发展方式，调整产业结构上，全面加快转型跨越发展步伐，既为企业加快发展步伐、实现转型跨越创造了难得机遇，也给企业发展提出了新的要求。作为煤炭综合利用企业，太原煤气化公司现有 533 个班组，有生产型班组、辅助型班组、服务型班组，分布于煤、焦、气、化、电、运输、后勤等多个行业领域。企业产业链延长使基层班组管理工作呈现了点多、面广、线长的特点。作为企业生产运行的实施主体，基层班组是确保产业链条平稳运行，生产组织有序衔接的第一道防线，如果基层班组没有严格的制度、完整的流程、健全的机制，或者是不按照标准的要求执行规范流程，落实制度要求，明晰责权，企业的安全措施、生产运行、考核奖惩就得不到有效落实。加强班组建设，就是要把各项基层基础管理工作做实做好，为企业转型跨越发展奠定坚实基础。

4. 班组建设是企业提高核心竞争力的需要

作为资源加工型企业，企业管理水平、技术装备水平、企业文化和员工素质是其核心竞争力的重要组成部分，如何将这些核心竞争优势展现出来，不仅需要企业硬件的提高，更需要企业基层班组强有力的执行能力，企业持续不断地推进班组建设是提高其核心竞争力的重要途径。

规范的作业流程、严格的管理制度、有效的安全措施都要通过基层来落实，可以说基层职工队伍是保障企业健康持续发展的基础与关键。太原煤气化公司开展班组建设工作，就是重新梳理、再造班组管理流程，规范管理，精细操作，构建科学、有效、适用的管理体系和技术标准体系，实现安全生产均衡稳定运行的目标；运用班组建设的有效平台，通过制度规范、行为引导和业务培训，丰富理论知识，提高技能水平，把更多的员工培养成知识型员工、技能型员工，不断提升职工的综合素质，培养造就一支高素质的职工队伍，为企业培养人才、积累经验。太原煤气化公司一线生产职工有 8087 人，是企业职工中的主流人群，加强班组建设就是给职工的生活、学习、发展提供平台与机会，让职工感受到企业的关心与爱护，不断增强职工的荣誉感、责任感、凝聚力，把企业文化和理念贯穿到基层，深入到每一名员工，引导员工树立正确的价值理念，实现企业与职工相互促进、相互发展，营造人才强企的氛围，努力提高企业的核心竞争力。

二、"11756" 班组建设体系的内涵与主要内容

1. "11756" 班组建设体系的内涵

"11756" 班组建设是根据煤炭企业的行业特点及发展需求，依据科学管理思想，在公司层面不断探索班组管理职能定位、制度规范、工作流程、素质提升、考核激励、文化传承等内容的改进途径，以健全体系、强化体制、典型引领等方式，在各项工作中贯彻系统化思想引导、精细化理念推进、标准化流程实施的思路，力争把班组建设成为"管理规范、安全高效、学习进取、团结和谐"的企业基层组织。

2. "11756" 班组建设的主要内容

"11756"，即"围绕一个目标，突出一条主线，抓住七个方面，把握五个关键，实现六个提高"。

一个目标：通过区队（车间）班组建设，把班组打造成"管理规范、安全高效、学习进取、团结和谐"的基层组织。

一条主线：以系统化观点、精细化理念、标准化流程为主线，持续深入推进区队（车间）班组建设，全面提高班组管理水平。

七个方面：基础管理、安全管理、生产管理、现场管理、经济核算、培训管理、团队文化。

五个关键：强化组织体系与制度建设；强化激励与考核机制；强化科学系统性的培训；强化稳定高效的专业管理队伍建设；强化区队长（车间主任）、班组长选拔任用机制。

六个提高：提高班组长的管理能力；提高班组的安全保障能力；提高班组的创新能力；提高班组的学习能力；提高班组员工操作技术水平；提高班组团队凝聚力。

三、"11756" 班组建设体系的主要做法

"11756" 班组建设是建立在基于公司层面的一种对基层班组建设的管理，是以系统化的观点完善各体系、机制和制度，以精细化的理念推进企业各项基础基层工作，以标准化的流程衔接并实施各项工作，使各项管理工作横向到边、纵向到底，从而达到企业内"事事有人管、件件有落实"的管理效果，公司层面在实际管理过程中既要做到协调全公司的班组建设整体发展水平，又要做到鼓励发展水平较高的单位发挥引领模范作用，同时还要带动发展水平落后的单位，从而使公司班组建设水平得到全面提升。整体规划、稳步推进、分层引导、分类指导、评优选树、齐抓共管是"11756" 班组建设推进基层班组建设健康发展的鲜明特色。

1. 建立完善班组建设管理体系标准

在一般的企业标准体系（管理标准、工作标准、技术标准）下，太原煤气化公司根据企业自身的发展要求创造性地提出了构建企业"四大标准"体系，即建立健全企业各项管理标准、工作标准、技术标准和考核标准，其中考核标准主要是从管理标准和工作标准中提取出来，独立成为一个完善又闭合的标准，更加凸显绩效考核管理的重要性。而在班组建设这项具体管理工作中，太原煤气化公司着力构建班组建设"三大标准"，即班组建设管理标准、班组建设工作标准、班组建设考核标准，形成了太原煤气化公司特有的班组管理体系标准。

班组建设管理标准是对班组建设中全部管理工作的规范和要求，包括班组建设组织体系、班组建设培训管理、创新管理、会议制度以及班组管理中基础的七项主要内容。

班组建设工作标准则主要从班组建设的角度规范了主要责任部门和岗位的工作规范，主要有班组建设领导组工作标准、二级单位班组建设领导组工作标准、区队（车间）班组建设工作标准，以及区队长（车间主任）、班组长、班组专管员等班组主要岗位的工作标准。

班组建设考核标准是对班组建设管理标准和班组建设工作标准落实和执行情况的监督、检验和改进标准。"三大标准"形成一个紧密联系、互为一体的管理体系，将班组建设工作纳入到企业日常管理系统中，发挥企业系统性作用，促进班组建设发展提高。

（1）公司、二级单位组织机构。太原煤气化公司班组建设工作实行统一管理，分级负责，共分四个级别：公司级管理、二级单位级管理、区队（车间）级管理、班组级自身管理。

公司明确了公司级、二级单位及班组自身的组织机构建设，区队（车间）级的组织机构由各二级单位按照生产经营实际情况建立完善。

公司成立班组建设领导组，由公司领导班子成员组成，为班组建设最高领导机构。负责贯彻执行国家、省有关班组建设工作的要求；审定公司班组建设工作的总体规划、实施意见、经费核算及相关管理规定和措施；研究探索公司班组建设新思路、新方法。领导组办公室设在企业管理部，是公司班组建设工作的具体实施者，负责对公司所属各单位班组建设工作的指导、检查、监督、考核、验收、评比，以及年度工作安排、总结、评比等工作。

各二级单位必须成立班组建设领导组，负责本单位班组建设工作的组织领导和相关制度、办法的制定及实施。同时设立班组建设管理部门，并由专人负责。负责本单位班组建设的规划、组织、管理、检查、验收、考核、考评；负责有关材料、报表的收集、汇编上报工作。

（2）班组组织机构。基层班组必须配备“两长五大员”：煤矿单位班组，设立班组长、工会小组长、安全检查员、技术质量员、经济核算员、瓦斯检查员和宣传员；地面工厂单位班组，设立班组长、工会小组长、安全检查员、技术质量员、经济核算员、生活福利员和宣传员。

2. 规范班组长选拔任用机制

班组长是班组的主心骨、素质标杆、管理核心，班组长过硬的素质和能力，是班组各项工作成功的保障。选拔和建立一批优秀班组长队伍是非常重要的。一是要有明确的任职条件，制定班组长岗位任职资格标准和岗位规范；二是要抓好班组长的选拔和培训工作，如公开招聘、民主选举，建立培训制度，保证把优秀的职工选拔到班组长岗位上来，使他们不断接受先进经验，具有先进管理理念；三是管理激励机制，通过班组长职业生涯管理、业绩评价、薪酬激励、选拔提干、换岗交流、罢免警示等机制，把优秀班组长选拔到各级管理、技术或领导岗位上来。通过这些措施使班组长变压力为动力，既有目标又有奔头，从而积极主动地历练自己，增长才干，提高素质能力。

（1）班组长任职资格。一是思想政治素质好，责任意识强，具有较好的职业道德；二是熟悉生产、懂业务、技术精，具有较强的生产实践经验和技术技能，有 3 年以上现场工作经验；三是取得《班组长岗位资格证书》，了解现代管理知识，具有一定的管理水平和分析问题、解决问题的能力；四是有协调人际关系的能力，以身作则，坚持原则，办事公道，关心爱护和团结员工，有较好的群众基础；五是能较好地完成各项工作任务。

（2）班组长选拔任用办法。公司所有班组长实现竞聘上岗、公推直选的方式，候选人必须满足班组长的任职资格。

班组长选拔任用程序：班组长岗位招聘→候选人报名（组织推荐）→资格审

查→笔试→面试→公开投票选举→公示当选班组长→二级单位党政联合下文任命→公司备案。

各单位要根据公司班组长任职条件，结合本单位产业类型、业务性质、组织规模和人员状况等，制定班组长选拔的具体标准，可选择竞聘上岗、公推直选等选拔方式，严格按照班组长选拔任用程序，把思想道德好、工作作风正、管理能力强、技术业务精、工作经验丰富、群众威信高、身体素质好的人员选拔到班组长岗位上来。各单位要切实重视班组长选拔工作，对选拔工作中违反原则和程序的人员，要严肃追究责任。

班组长退出办法：班组长评定每年一次，由公司组织审核，对于超龄、身体原因以及其他原因不能再担任班组长的班组长实行退出制度，对于不符合班组长任职资格和不能胜任班组长岗位的班组长要及时撤换，并进行二次竞聘。

（3）班组长职责和权限。班组长的主要职责：一是贯彻执行上级对安全生产的规定和要求，定期组织班组员工开展岗位培训和安全生产教育活动，增强员工健康、安全、环保意识；二是严格贯彻落实各项规章制度和规程，并落实到工作现场；三是全面负责本班组的生产运行、安全管理、现场管理、考核落实、员工教育培训等各项工作；四是负责组织召开班前会，做好交接班工作，优化工作现场各项管理工作，合理组织班组员工进行安全生产，对本班安全生产负全部责任；五是对班组现场隐患进行排查，杜绝“三违”行为，发现事故隐患应积极采取有效措施并按程序上报，协助有关部门做好本班组事故处理工作，保护好现场；六是定期组织班组员工开展民主管理会，对班组考核奖罚，奖金分配等事项进行讨论，坚持做到公开、公平、公正；七是根据班组自身情况组织班组开展生产技术革新和管理创新实践活动。

班组长的主要权限：一是组织指挥和管理本班组的生产经营活动，根据生产经营活动的需要调整本班组的劳动组织；二是拒绝违章指挥和制止违章作业；三是向上级提出对本班组员工的奖惩建议；四是按照企业内部经济责任制的规定，在民主管理的原则下，对班组的奖金进行分配；五是推荐本班组优秀员工学习深造、提拔和晋级，维护班组员工的合法权益。

3. 强化专业管理队伍建设

专业的管理队伍是班组建设不断推进提高的重要保证，专业管理人员不仅对班组建设工作起着监督、检查的职能，更是对基层班组起着服务和指导的重要职能，太原煤气化公司从加强专业队伍监督、检查、服务、指导职能入手，强化管理队伍建设，不断强化专业管理人员服务和指导意识。对基层班组专管员、机关职能部室专业管理人员提出了具体的工作标准和要求。

（1）班组专管员。各二级单位班组管理部门设班组专管员一名。要求具备丰富的基层管理经验和专业管理能力，沟通能力强，责任心强，有较强的服务、指导意识。持有《班组专管员岗位资格证书》上岗，证书由集团公司企业管理部会同人力资源部、培训中心颁发并组织年度审验，未通过年检的将予以注销。

(2) 机关部室班组检查指导人员。公司班组建设办公室从各职能部室抽调专业管理人员，每季度都进行班组培训、考试，合格人员组成班组建设检查指导组，深入二级单位一线班组进行检查、调研指导工作，现场指导帮助班组解决存在的各种管理问题，对检查出的问题及时反馈，并提出整改意见。在月度和季度检查期间，检查指导组人员必须按规定完成本专业的检查项目并提出检查反馈意见，对检查、指导、服务工作不到位的人员，检查组要对其进行反考核。

4. *建立科学系统的培训机制*

标准的建立完善和人员的科学合理选拔与配置，对班组建设都起着非常重要的作用，但如何高效执行和落实管理目标，则取决于是否有一支高素质、执行力强的班组队伍去完成。持续不断的、科学系统的教育培训是提高员工素质的重要途径。太原煤气化公司针对企业员工自身素质情况，展开广泛调研，完善各项班组培训制度和办法，制定详细的班组中长期培训计划，优化培训流程，从师资配置、课程设置、课时安排、效果评估、考核评价等多个方面使培训取得最大成效，形成了科学系统的长效培训机制。

(1) 班组培训标准。公司以三年为周期，每年详细列出班组培训计划，分年对班组长、区队长（车间主任）、厂矿长及班组管理人员进行专项班组培训。

各单位根据公司的计划，针对性地提出本单位的培训计划，班组专管员和班组长每年必须培训一次，由公司实施年审并备案；各区队（车间）按计划每月开展一次专业技术培训，每季度开展一次政治理论学习；各班组开展每日一题、每周一案例、每月一考试等多形式的培训，并建立师徒传帮带培训，签署培训协议，进行培训检查、评估。

严格班组长、班组专管员持证上岗制度：没有资格证或考核不合格的班组长、班组专管员不准上岗；各单位对新上岗的班组长及时进行培训学习，并报公司备案，公司每年分两次（上、下半年）集中对取证人员考核，并对成绩合格者颁发《班组长岗位资格证书》或《班组专管员岗位资格证书》。

班组培训按照分层管理原则，各级要建立健全培训档案，班组长培训要按照教考分离的要求，在培训机构和考核部门分别建档，公司定期组织检查。

(2) 班组培训流程。有效的培训来自认真的态度和严谨的流程。规范培训流程，能全面提高培训的针对性，大幅度提升学习的有效性。培训流程为：需求分析→方案制定→具体事宜→现场调研→课程发开→组织实施→效果评估。

需求分析：根据班组建设的现状和管理需求，在广泛调研的基础上分析班组培训需求。

方案制定：制订初步方案，并与培训部门和人力资源等部门沟通，重新修订方案，使之基本符合实际需求，并通过公司班组建设领导组审核。

具体事宜：确定培训时间、地点和日程安排，确定培训讲师等其他事宜。太原煤气化公司坚持理论与实践有效结合的原则，从机关、二级单位抽调专业管理技术人员，与外聘的大学教授共同组成培训师资队伍，使培训取得预期的良好效果。

现场调研：培训讲师深入一线对培训对象及相关人员进行问卷调查、电话访谈、面对面访谈等形式获取培训内容的相关资料。

课程开发：根据需求调查结果及公司整体培训体系的特点对培训课程进行二次开发研究，细化培训课程内容，使之更具实效性和针对性。

组织实施：采用集中培训和现场培训相结合的方式，培训中举办座谈会、讨论会等活动。

效果评估：通过学员考试结果，对培训效果进行分析评价，同时收集学员评价表，对培训组织进行总结分析，并跟踪实际工作中的效果，提出具有针对性的实施意见。

5. 班组建设检查考核

科学合理的检查考核机制是推动管理工作的有效手段。太原煤气化公司在班组建设的 7 项主要管理内容的基础上建立了班组建设考核机制，考核机制主要包括考核方法、考核目标评价、结果分析以及反馈指导下轮考核活动，形成了一种持续不断改进的考核机制。立体式考核，不仅面对二级单位，还针对基层班组进行考核，由于涉及考核内容多，所以覆盖面广，能做到基层管理全方位考核。同时，将所有考核管理内容都进行指标量化（即班组建设考核细则），7 项 31 条考核内容共量化为基础分 1000 分，考核采用负激励，即未完成任务扣分，任务完成不加分。结合企业目标绩效考核总体方案中 KPI 指标，对考核目标进行科学公正的评价、分析考核。这种考核机制的特点在于将所有班组建设考核工作纳入到企业绩效考核管理大系统中，把班组建设与企业整体管理工作联系起来，通过局部与整体的考核思路，共性与个性问题的解决方式（共性问题集中解决，个性问题个别处理），定量和定性分析的方法，不断克服管理的薄弱环节，调整班组建设管理的方向，达到有目标、有针对性的持续改进提高。

（1）班组检查考核内容。班组建设检查和考核内容共 31 条，包括基础管理、安全管理、生产管理、现场管理、经济核算、培训管理、团队文化 7 个方面（见图 1），量化为班组建设考核细则共 1000 分，其中基础管理 150 分、安全管理 200 分、生产管理 200 分、现场管理 150 分、经济核算 50 分、培训管理 150 分、团队文化 100 分。

太原煤气化公司通过将每年的班组检查数据分析，查找出管理中的短板和弱点，不断改进提高，使基层班组建设的管理工作有了明显改善。

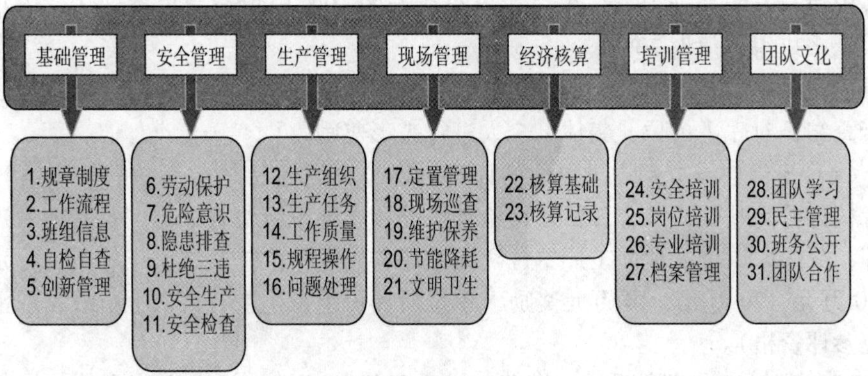

图 1　班组建设考核标准

（2）班组检查流程。

公司检查：月度检查，公司每月按计划对各单位进行班组建设重点检查，并深入基层区队班组进行抽查；季度评比，公司每季度根据各单位经自查排序后申报的班组进行班组评比。

二级单位检查：各单位按月对班组进行检查，并纳入目标责任制考核；各区队（车间）每周按计划对所属所有班组进行检查，并对检查出的问题及时进行整改；班组每日由班组负责进行自检。

（3）班组达标率。班组达标率是班组建设最基本量化指标，班组建设考核内容 7 项 31 条量化共计 1000 分，按照班组建设管理考核得分在 850 分以上为达标班组。

班组达标率分阶段目标：第一阶段，地面单位班组达标率 80% 以上，煤矿单位 60% 以上；第二阶段，地面单位班组达标率 90% 以上，煤矿单位 70% 以上；第三阶段，地面单位班组达标率要达到 100%，煤矿单位要达到 95%。

集团公司在日常检查和抽查时，发现达标班组有未达标现象，视同排名在该班组之后的所有班组都不达标。

6. 班组建设竞赛评选机制

良好的激励机制是班组建设持续推进的重要保障，奖优罚劣、选树典型是班组建设激励的重要手段。太原煤气化公司完善了评选的各种制度和办法，首先在制度层面规范，并使之成为长期运行机制，本着充分调动基层班组工作的积极性与主动性和“三公”（公开、公平、公正）原则开展班组竞赛工作，每年列单项班组建设奖励资金 300 万元，用于奖励班组建设中优秀单位、集体和个人。由于作业环境、工作性质的不同，不能对煤矿单位和地面工厂采取“一刀切”的方法，为切实体现公平、公正的原则，竞赛分为两个序列，即煤矿单位和地面工厂。同时为体现全面提高的班组建设思路，按照班组建设考核细则的评分标准，在各单位自查的基础上，各单位按班组数量的10%申报公司检查评比，申报班组中生产班组必须占70%。

公司每季度通报评选结果，年终召开班组建设总结表彰会，对班组建设工作进行总结，对先进单位、集体、个人进行表彰奖励。

（1）班组建设竞赛先进单位的评选。以公司《目标绩效考核总体方案》月度考核得分为基础，结合日常班组检查情况和季度班组检查评比，及其他管理荣誉等，分煤矿单位、地面工厂单位两组，评选先进单位一、二、三等奖，分别给予30万元、20万元、10万元奖励（单位所属班组发生重特大以上事故，取消该单位参评资格）。

（2）班组建设竞赛明星、模范、优秀班组的评选。评选方法具体为：每季度，各单位按照《班组建设考核细则》对所属全部班组进行检查、考核、评分，并由高到低进行排序。根据排序结果，按单位班组总数10%上报公司企业管理部（上报班组数量按照班组性质分类所占比例为生产班组70%、辅助班组30%）。公司检查组对各单位季度报送班组进行检查、验收、评分，并将1－3季度每季度所评选的前10名作为集团公司模范班组，前11－50名作为集团公司优秀班组。年终，各单位根据全年4个季度检查得分情况，申报年终评优班组，经公司检查组验收评比并进行年度排名，所评选的前10名评为公司明星班组，前11－50名作为集团公司优秀班组。公司对明星班组的奖励标准为3万元，对模范班组的奖励标准为2万元，对优秀班组的奖励标准为1万元。

（3）班组建设先进个人的评选。班组建设竞赛年度明星班组长、优秀班组长评选：班组建设竞赛设年度明星班组长10名，奖励标准为每人1万元，年度优秀班组长40名，奖励标准为每人5000元。评选的标准为：所在班组为公司年度明星班组、优秀班组，符合班组长任职条件，经公司培训取得班组长上岗资格。优秀区队长（车间主任）的评选以各单位制定的区队长（车间主任）考评方案为依据，经各单位自查申报后，集团公司进行评比验收，同时区队长（车间主任）必须参加公司组织的班组建设培训并考试合格，所辖班组无重大伤亡事故，班组达标率100%。每年公司评选10名，奖励标准为每人1万元。

7. “11756”班组建设的实践基础——六型班组

“11756”班组建设的实践基础就是六型班组，即管理型班组、安全型班组、创新型班组、学习型班组、技术型班组、和谐型班组，太原煤气化公司创建六型班组的过程就是实践并检验“11756”班组建设的过程。

六型班组不是只注重某一方面，而是以夯实管理和打造本安班组为基础，结合班组自身特点，重点突出班组创新、学习等各方面能力，全面提高班组的管理水平。所以，六型班组不只是班组某一方面比较突出，而是以“11756”班组建设为理论指导，在高标准完成班组建设所要求的管理内容和达到安全本质型班组的基础上，将班组建设工作与班组工作特点相结合，使班组建设工作成为一种系统性、日常性的工作。目前，太原煤气化公司“六型班组”建设，树立了一批特色鲜明、可借鉴性强的班组，不仅更加丰富“11756”班组建设的实践形式和理论内涵，也为其他班组树立了标杆和模范，极大地促进了班组建设持续发展。

四、“11756”班组建设体系的实施效果

1. 安全效益

通过实施“11756”班组建设体系，不断加强班组建设工作，煤气化公司安全形势持续好转。公司 2009 年轻伤同比降低 24.4%，重伤降低 88.9%，2010 年轻伤同比降低 58.62%，无重伤事故，实现“地面无轻伤、煤矿无重伤”的安全管理目标，2011 年轻重伤事故起数同比下降 16.7%，连续三年实现了安全生产零死亡的目标。

2. 经济效益

公司通过抓班组建设，不断激发基层班组的创新能力，自加强班组建设以来，QC 活动成果、专利发明等工作取得较好成效。焦化厂炼焦车间热工工段通过《提高 1#炉燃烧室温度合格率》QC 项目，获得“全国优秀 QC 小组”荣誉称号，全年创效近 50 万元，煤气公司管线所调压 QC 小组等 15 个小组被评为山西省优秀质量管理小组，第二焦化厂供排水车间 QC 小组等 30 个小组被评为煤炭行业优秀质量管理小组。焦化厂机修车间机加工工段、晋阳选煤厂电气车间检修班等基层班组在近年来的班组建设过程中，成功获得离心机油压控制装置、台式夹具、机械夹可调内孔精车刀、机械夹可调内螺纹重磨式车刀等 20 余项专利成果。

3. 社会效益

太原煤气化公司的“11756”班组建设体系是对煤炭综合利用型企业班组建设的一种探索和实践，在企业管理、效益等方面取得了一些突出成绩，同时也得到了上级管理部门的肯定，“11756”班组建设在全国煤炭行业有关研讨会和山西省煤炭行业管理部门组织的班组建设经验交流会上作为班组建设典型经验进行了交流推广。同时，“11756”班组建设也被中国煤炭学会评为现代大型煤炭企业 20 大经典管理案例，并在煤炭行业领域进行推广。

（成果创造人：王良彦　胡耀庭　宋旗跃　谢　涛　麻国斌　雷永红　赵　凯　吴志明　赵鹏明）

大型企业产业链延伸风险管理体系的研究与应用

淮北矿业（集团）有限责任公司

淮北矿业是以煤炭采选、煤盐化工、现代物流为主的国有大型骨干企业，国家“十二五”重点建设的十四个大型煤炭生产基地之一。其前身为淮北矿务局，始建于1958年5月，1998年3月改制为淮北矿业（集团）有限责任公司。公司现有资产总额750亿元，员工8万多人，生产矿井22对，核定产能4100万吨，年产冶炼精煤1000万吨，位列全国第三、华东第一。50多年来，淮北矿业累计生产原煤6.9亿多吨，上缴利税近300亿元。在2011中国企业500强排名第243位，煤炭企业100强排名第20位。

一、大型企业产业链延伸的风险预警体系研究与应用的背景

1. 煤炭产业链延伸风险研究滞后

在当今的经济学和管理学研究中，产业链已经成为一个相对独立的研究层次。学者们从各种不同角度展开研究，取得了丰硕成果，但至今没有形成统一的研究基础，为该领域的研究带来很大的负面影响。从理论研究的现状看，虽然国内学者认识到煤炭产业链延伸的必要性，但相关理论的系统研究明显不足，甚至在基本概念的界定上仍然模糊不清，使得国家在制定促进产业链延伸的政策方面，以及企业投资决策问题上缺乏理论指导与依据，导致煤炭企业在产业链延伸过程中存在着诸多误区。理论研究的贫乏，往往导致实践上的盲目和简单化。随着国际金融危机对煤炭产业的冲击日益加深，煤炭企业产业链扩张热产生的后遗症将逐步显现：从宏观层面看，危及国家能源安全；从中观层面看，造成煤炭行业剧烈起伏；从微观层面看，诱导煤炭企业巨大风险。因此，迫切急需加强对煤炭产业链风险的理论研究，建立煤炭产业链延伸的风险预警和控制体系，指导具体实践，从而推进煤炭产业链有序演进。

2. 煤炭企业产业链延伸蕴藏较大风险

煤炭产业链的形成和演化受政策、市场、环境等外部因素和资源、管理、资本等内部因素的综合影响，理论上存在一个合理的扩展边界。研究表明，产业链延伸的增值效应具有不确定性，对特定经济区域或企业来说，从纵向看，产业链不是越长越好；从横向看，也不是越粗越好，现实中并不是对产业链的每一次延伸都能产生正的附加价值。从煤炭企业发展看，近年来，国内煤炭企业竞相掀起了一轮“产业链扩张”热潮，在许多矿区，出现了不顾实际、盲目拉长产业链的倾向，对经济社会持续、健康、稳步发展将产生潜在的负面影响。因此，迫切需要加强产业链边界研究，适度控制产业链延伸的风险。

3. 保障煤炭企业跨越式发展战略实施，也需要加强产业链延伸的风险预警与控制研究

近年来，基于对矿区内外部发展环境的深入思考，淮北矿业确立了“做精做强做大煤炭主业、调整巩固发展非煤产业”的发展战略。在战略实施的过程中，由于外部经营环境中各种因素的变化，以及集团公司内部组织管理体系的复杂性，使得集团公司战略管理的过程受到由此引起的各种风险因素的影响，从而影响战略的有效性。因此，如何辨识集团公司的战略风险因素，并采取措施规避由此引起的风险，形成分析和辨识战略风险因素的系统方法和控制机制，成为加强战略管理的当务之急。

二、大型企业产业链延伸风险管理体系研究与应用的内涵和主要做法

鉴于我国煤炭产业发展的实际，煤炭产业链大多是由一个大的煤炭企业集团控制的，煤炭产业链实质上是这些煤炭企业集团通过内部产业链延伸所形成的。从演化经济学的角度看，煤炭产业链是一个复杂的巨系统，它的形成与演化受产业政策、技术进步、市场需求、生态环境等外部因素和资源、管理、资本、知识等内部因素的交互影响，理论上存在一个合理的扩展边界。煤炭产业链延伸风险管理，本质上是煤炭企业对产业链延伸风险进行有效防范和控制的一种战略管理手段，它是基于产业链边界理论的视角，通过建立基于 ELBT 的煤炭产业链风险综合评判模型，从产业链延伸度、产业链长度、产业链宽度、产业链厚度等多个维度，度量现实中产业链延伸的某种状态偏离理论边界状态的强弱程度，据此对可能发生的产业链延伸风险进行识别、分析和预警。在此基础上，通过建立煤炭产业链优化整合模型，从纵向、横向、侧向等多个维度实施产业链分化整合，有效降低产业链延伸的风险，实现产业链整体效用的最大化和风险的最小化，为推进企业持续稳健发展提供科学依据。

近年来，淮北矿业按照“依托煤炭、延伸煤炭、超越煤炭”的发展思路，在积极延伸煤炭产业链的过程中，主动加强产业链延伸风险的预警与控制研究，逐步建立了煤炭企业产业链延伸的风险管理体系，并应用于具体实践，有效防范

了产业链风险，成功抵御了世界金融危机，推动了企业持续科学发展。主要做法是：

1. 建立评价指标体系，构建煤炭产业链延伸评价模型

（1）界定煤炭产业链演化的影响因素。从煤炭产业链的形成与演化过程看，它是典型的系统自组织过程，其运动过程中包含着一系列序参量的产生，其中煤炭企业作为一个重要序参量，对煤炭产业链的运行起着关键的作用，外部环境、产业政策、市场需求、技术进步等作为产业链系统的序参量，也在一定程度上对整个系统的演化产生重要影响。序参量作为系统众多子系统联盟的表征，一旦形成，便对一切子系统的运动产生作用，共同决定着产业链这一系统的总体发展趋势和演化方向。

基于对演化过程的多视角分析，借鉴迈克尔·波特的钻石模型和国外学者对企业演化影响因素的研究成果，结合我国的现实国情，界定煤炭产业链演化的9类主要影响因素。按照影响因素的作用途径与机理，可划分为两类：一类是产业链演化的外部影响因素：①产业政策；②技术进步；③市场需求；④相关产业的变化；⑤环境承载能力；一类是产业链演化的内部影响因素：①资源因素；②管理控制能力；③技术创新能力；④投资能力。

（2）煤炭产业链演化影响因素测度分析。在科学界定煤炭产业链演化影响因素的基础上，运用结构方程模型（SEM）等计量经济学工具，对煤炭产业链演化的影响因素进行定量研究，为建立煤炭产业链评价指标体系提供依据。

①建立测度模型。煤炭产业链是一个不断发展和完善的过程，首先是从单个产业节点的形成开始，单个产业节点的发展，扩大了市场的规模和需求，有力地带动了产业链条上各节点的纵向拓展，通过产业链长度（Length）的延伸，产业由点向带转化。

产业链各个产业环节的不断发展，促进产业进入横向集成化阶段。各个产业环节向更多、更新的模块领域拓宽。因此，可以用产业链的宽度（Breadth）对产业链各环节及领域的数量和范围进行衡量。

随着产业领域的拓宽和发展，产业间日益加强的产业关联，将使产业链向网络化阶段过渡，促进产业链上各环节及其节点领域的实力大幅提升，各个节点领域由相对“单薄”的实力状态向“雄厚”的实力状态转变。因此，产业链的厚度（Thickness）作为煤炭产业链目标最终实现程度的重要参考指标之一，可以用以测度煤炭产业链的整体实力状况。

基于煤炭产业链的演进分析，提出煤炭产业链ELBT测度模型，建立煤炭产业链演化影响因素作用的综合测度模型，见图1。

②设置指标体系，见表1。

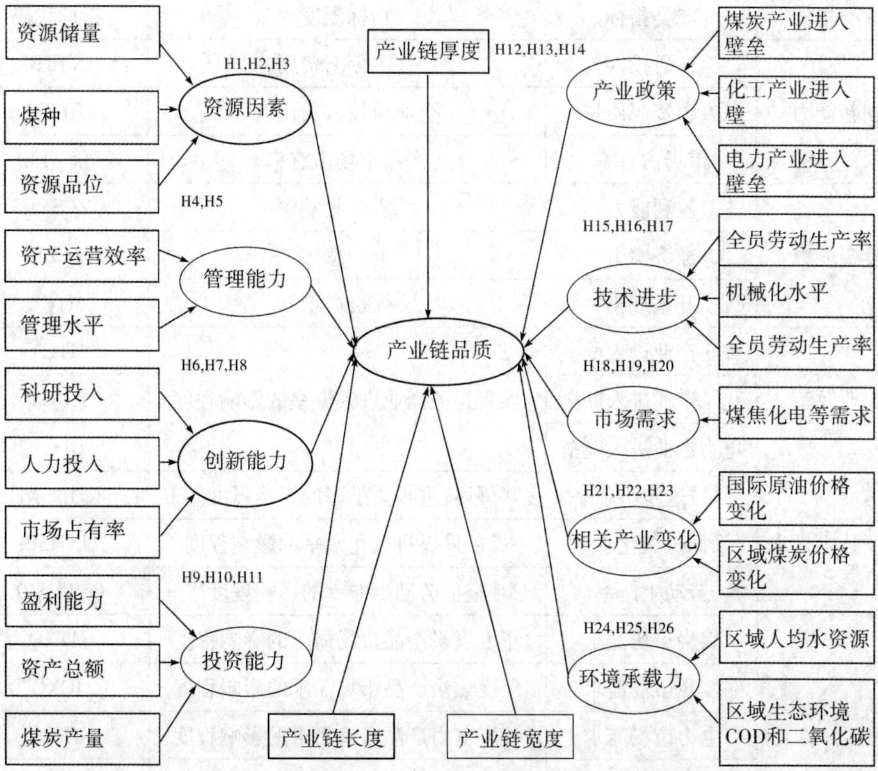

图 1　煤炭产业演化影响因素的综合测试分析框架图

表 1　煤炭产业链测度指标表

一类指标	二类指标	指标测度	指标代码
产业链扩展度	产业链长度	产业链的纵向产业节点数	CYLCDL
	产业链宽度	产业链的横向各个产业环节以及每一环节中各个节点企业数	CYLKD
	产业链厚度	产业规模指数	CYLHD
煤炭资源	资源储量	煤炭可采储量	KCCL
	资源品位	灰分	MTHF
	煤炭品种	煤种	MZ
管理能力	运营效率	资产周转率	YYXL
	管理成本	管理费用比例	GLFY

<table>
<tr><th>一类指标</th><th>二类指标</th><th>指标测度</th><th>指标代码</th></tr>
<tr><td rowspan="3">创新能力</td><td>科研投入</td><td>技术创新费用</td><td>KYTR</td></tr>
<tr><td>人力资源质量</td><td>企业科技人员比例</td><td>RLZY</td></tr>
<tr><td>市场占有率</td><td>产品市场占有率</td><td>SCZYL</td></tr>
<tr><td rowspan="3">投资能力</td><td>盈利能力</td><td>总资产收益率</td><td>ZCSYL</td></tr>
<tr><td>经济实力</td><td>资产总额</td><td>ZCZE</td></tr>
<tr><td>开采规模</td><td>煤炭产量</td><td>MTCL</td></tr>
<tr><td rowspan="3">产业政策</td><td>煤炭产业进入壁垒</td><td rowspan="3">煤炭相关产业进入壁垒的影响程度</td><td>MTCY</td></tr>
<tr><td>化工产业进入壁垒</td><td>HGCY</td></tr>
<tr><td>电力产业进入壁垒</td><td>DLCY</td></tr>
<tr><td rowspan="3">行业技术进步</td><td>科技进步贡献率</td><td>科技进步贡献率的影响程度</td><td>KJJBGXL</td></tr>
<tr><td>采掘机械化水平</td><td>煤矿采煤机械化水平的影响程度</td><td>JXHSP</td></tr>
<tr><td>劳动生产率</td><td>全员劳动生产率的影响程度</td><td>QYLDSCL</td></tr>
<tr><td rowspan="4">市场需求</td><td>煤炭市场需求</td><td>年度煤炭产品市场需求的影响程度</td><td>MTXQ</td></tr>
<tr><td>焦炭市场需求</td><td>年度焦炭产品市场需求的影响程度</td><td>JCXQ</td></tr>
<tr><td>电力市场需求</td><td>年度电力产品市场需求的影响程度</td><td>DLXQ</td></tr>
<tr><td>煤化工产品需求</td><td>年度煤化工产品市场需求的影响程度</td><td>HGXQ</td></tr>
<tr><td rowspan="2">相关产业变化</td><td rowspan="2">国际能源价格变化</td><td>国际原油价格变化的影响程度</td><td>GJYYJG</td></tr>
<tr><td>国际煤炭价格变化的影响程度</td><td>GJMTJG</td></tr>
<tr><td rowspan="3">环境承载能力</td><td>区域人均水资源</td><td>区域人均水资源量的影响</td><td>RZSZY</td></tr>
<tr><td rowspan="2">环境污染指数</td><td>区域固体废弃物排放的影响</td><td>GTFQW</td></tr>
<tr><td>区域排放 so_2 的影响</td><td>EYHL</td></tr>
</table>

③数据采集。对内部影响因素，选用我国煤炭工业 30 家大型煤炭企业为样本，通过购买《煤炭行业专题研究报告》《煤炭工业年鉴》《煤炭工业信息》以及前往煤炭企业采集等多种方式，直接获取各煤炭企业的相关数据。鉴于数据来源的限制，本研究的样本区间为 2001 - 2007 年，采集四类 11 项指标共 2310 个微观企业的完整数据。

对外部影响因素，鉴于外部因素难以测度，且可获得的数据较少，不能满足结构方程模型的要求，本研究根据假设，采用李克特 5 级量表形式进行问卷调查，获取包括产业政策、市场需求、技术进步、生态环境承载力以及相关产业变化等五大因素的影响数据。本次调查问卷发放 351 份，回收 332 份，有效问卷达到了回收问卷的89.46%，表明调查得到了绝大部分人员的支持。

④测度分析。运用软件 AMOS7.0 分别对影响因素进行拟合分析，反复进行模型修正优化后，得到模型最优拟合解，据此对 28 项研究假设进行验证，见表2。

表2 煤炭产业链演化影响因素假设检验结果表

序号	假设	验证结果
H1	煤炭资源储量与产业链扩展度呈正相关关系	该假设得到支持
H2	煤炭资源品位与产业链扩展度呈正相关关系	该假设得到支持
H3	煤炭资源品种对产业链扩展度有显著影响	该假设得到支持
H4	煤炭企业的资产运营效率与煤炭产业链的扩展度呈正相关关系	该假设得到支持
H5	煤炭企业的管理成本与煤炭产业链扩展度呈负相关关系	该假设得到支持
H6	煤炭企业人力资源质量与煤炭产业链扩展度呈正相关关系	该假设没有得到支持
H7	煤炭企业科研投入水平与煤炭产业链扩展度呈正相关关系	该假设没有得到支持
H8	煤炭产品市场占有率与煤炭产业链扩展度呈正相关关系	该假设没有得到支持
H9	煤炭企业的资产规模越大，融资能力越强，煤炭产业链扩展度越高	该假设得到支持
H10	煤炭企业的盈利能力越强，投资能力越强，煤炭产业链扩展度越高	该假设得到支持
H11	煤炭企业的煤炭产量越大，融资能力越强，煤炭产业链扩展度越高	该假设得到支持
H12	煤炭产业的进入壁垒越高，煤炭产业链扩展度越高	该假设没有得到支持
H13	电力产业的进入壁垒越高，煤炭产业链扩展度越低	该假设得到支持
H14	化工产业的进入壁垒越高，煤炭产业链扩展度越低	该假设得到支持
H15	煤炭行业技术进步对煤炭工业经济增长的贡献份额越高，煤炭产业链扩展度越高	该假设没有得到支持
H16	煤炭行业的机械化水平越高，煤炭产业链扩展度越高	该假设没有得到支持

序号	假设	验证结果
H17	煤炭行业的全员劳动生产率越高，煤炭产业链扩展度越高	该假设没有得到支持
H18	冶金产业的市场需求变化与煤炭产业链扩展度呈正相关关系，市场需求增加越快，煤炭产业链扩展度越高	该假设得到支持
H19	焦炭产业的市场需求变化与煤炭产业链扩展度呈正相关关系，市场需求增加越快，煤炭产业链扩展度越高	该假设得到支持
H20	电力产业的市场需求变化与煤炭产业链扩展度呈正相关关系，市场需求增加越快，煤炭产业链扩展度越高	该假设得到支持
H21	化工产业的市场需求变化与煤炭产业链扩展度呈正相关关系，市场需求增加越快，煤炭产业链扩展度越高	该假设得到支持
H22	国际石油价格的变化对煤炭产业链扩展度有显著影响，国际原油价格的上涨幅度越大，煤炭产业链扩展度越高	该假设得到支持
H23	国际煤炭价格的变化对煤炭产业链扩展度有显著影响，国际煤炭价格的上涨幅度越大，煤炭产业链扩展度越高	该假设得到支持
H24	区域人均水资源供应水平越高，区域环境承载能力越强，煤炭产业链扩展度越高	该假设没有得到支持
H25	区域固体废气物排放量越高，区域环境承载能力越差，煤炭产业链扩展度越低	该假设没有得到支持
H26	区域空气二氧化硫排放量越高，区域环境承载能力越差，煤炭产业链扩展度越低	该假设没有得到支持

研究表明，煤炭资源、投资能力、管理能力等内部因素对煤炭产业链延伸有显著性的影响，产业政策、市场需求、相关产业变化等外部因素对煤炭产业链延伸具有显著的影响，这为指导煤炭产业链科学合理地延伸提供了理论基础和实践依据。

（3）煤炭产业链评价指标体系。基于以上分析，对煤炭产业链演化产生显著影响的因素可以提炼为 6 大因素，其中内部因素为：资源因素、管理因素、投资因素；外部因素为：产业政策、市场需求、相关产业变化三个因素。相关影响系数见表 3。

考虑这些因素对煤炭产业链影响程度的大小，建立煤炭产业链扩展优化的评价指标体系，包括六大因素 15 项指标见表 4。

表 3　煤炭产业链演化影响因素路径系数表

被解释变量	解释变量	观测变量	路径系数
煤炭产业链延伸度	资源因素		0.70
		资源储量	0.49
		资源品位	-0.18
		煤种	1.0
	管理因素		-0.19
		管理成本	1.0
		资产运营效率	-0.1
	投资因素		0.60
		资产总额	1.0
		利润总额	0.83
		煤炭产量	0.88
	产业政策		-0.68
		煤炭产业政策	0.62
		电力产业政策	0.85
		化工产业政策	0.72
	市场需求		0.65
		冶金需求	0.96
		电力需求	0.95
		化工需求	0.72
		焦炭需求	0.57
	相关产业变化		0.65
		国际原油价格变化	0.75
		国际煤炭价格变化	0.93

表 4　煤炭产业链评价指标体系

影响因素	测量变量
资源因素	资源储量
	煤种
管理能力	管理成本

影响因素	测量变量
投资能力	资产总额
	利润总额
	煤炭产量
产业政策	煤炭产业政策
	电力产业政策
	化工产业政策
市场需求	冶金需求
	电力需求
	化工需求
	焦炭需求
相关产业变化	国际原油价格变化
	国际煤炭价格变化

（4）LBT 的煤炭产业链评价模型。

①设计评价流程。根据 ELBT 测度模型，建立煤炭产业链的测度指标体系；确定评价因素，对煤炭产业链演化的内部影响因素指标赋予客观数值，进行客观测度；对煤炭产业链演化的外部影响因素进行评价，各指标赋予主管数值，进行主观测度；对主、客观测度结果进行加权平均，输出煤炭产业链延伸度综合测度结果；将煤炭产业链延伸度综合测度值，与煤炭企业的产业链延伸度实际值进行比较，得出煤炭企业产业链延伸度的评价结果。如果不一致，则需要进行优化整合；对煤炭产业链延伸度的三个维度分别进行分析，找出产业链延伸度不合理的根源，分类进行优化整合。

②建立计量模型。作为多指标综合测度的基础，首先需要对不同量纲的统计指标值进行无量纲化处理，且不同类型指标需采取不同的标准化计算公式。对于正向指标，用公式（1）进行无量纲化处理；对于测度体系中反向指标，用公式（2）进行无量纲化处理。

$$\text{正向指标：}B_{ki}=\begin{cases}\dfrac{O_k}{S_k};\ O_k<S_x\\ 1;\ O_x\geq S_k\end{cases}\quad i=1,2,\cdots,n \tag{1}$$

$$\text{反向指标：}B_{ki}=\begin{cases}1;\ O_k<S_k\\ 1+\dfrac{S_k-O_k}{S_k},\ S_k<O_k<2S_x\\ 0;\ O_k<2S_x\end{cases}\quad i=1,2,\cdots,n \tag{2}$$

公式（1）、（2）中，B_{ki} 为某单项统计指标测度指数值；O_k 为某单项统计指标的现状值；S_k 为某单项统计指标的最大值或参考值。

各类因素综合测度值分别由下一层各相应指标依其权重加权计算而得，则煤炭产业链扩展度综合测度模型为：

$$D_{coalchain} = \sum_{i=1}^{n} W_i B_i = \sum_{i=1}^{n} \sum_{k=1}^{m} W_{ik} B_{ki} \tag{3}$$

公式（3）中，$D_{coalchain}$ 为煤炭产业链扩展度的综合测度值；W_i 为某项因素指标权重，B_i 为某项因素指标值；w_{ik} 为第 i 项因素下一层第 k 项指标的权重，B_{ki} 为第 i 项因素下一层第 k 项指标值。其中，$\sum W_i = 1$；对于第 i 项因素中各个指标（$k=1, 2, \cdots$），有 $\sum W_{ik} = 1$。

③确定指标权重。公式（3）中各项因素权重指标值 w_{ik}，分别对应为煤炭产业链演化各影响因素的路径系数 P_{ik} 进行标准化处理后的系数值 p_{ik}。

$$p_{ik} = \frac{P_{ik}}{\sum_{k=1}^{m} P_{ik}} \tag{4}$$

④计算测度值。根据公式（3），将各因素无量纲化处理后的指标值以及相应权重代入计算公式，分别计算出煤炭产业链扩展度内外部因素的测度值 $D_{coalchain1}$、$D_{coalchain2}$。则煤炭产业链综合测度值 $D_{coalchain}$ 为：

$$D_{coalchain} = \lambda_1 D_{coalchain1} + \lambda_2 D_{coalchain2}$$

公式中，λ_1、λ_2 分别为煤炭产业链扩展度的内部因素测度值、外部因素测度值的权重，取值可采用专家评分法确定，$\lambda_1 + \lambda_2 = 1$。

⑤实施综合评判。建立煤炭产业链扩展度优化评判模型。

$$D_{coalchain} < D_{shiji} \tag{5}$$

公式中 D_{shiji} 为煤炭产业链扩展度的实际值。评判准则：若公式（5）成立，则说明现实中煤炭产业链扩展过度，超出了煤炭企业的承载能力，有必要对煤炭产业链实施优化整合。

2. 识别风险因素，建立基于 ELBT 的煤炭产业链风险评判模型

根据煤炭产业链的内部结构和系统原理，以煤炭产业链演化影响因素定量分析和煤炭产业链 *ELBT* 评价模型为基础，建立基于 *ELBT* 的煤炭产业链风险判别模型。

$$\begin{cases} \text{煤炭产业链总体风险评判}: D_{coalchain} < D_{shiji} \\ \text{煤炭产业链长度风险评判}: L_{coalchain} < L_{shiji} \\ \text{煤炭产业链宽度风险评判}: B_{coalchain} < B_{shiji} \\ \text{煤炭产业链厚度风险评判}: T_{coalchain} < T_{shiji} \end{cases} \tag{6}$$

下面对基于 *ELBT* 的煤炭产业链风险判别模型进行说明。

（1）煤炭产业链总体风险判别。煤炭产业链总体风险判别，是从煤炭企业产业链整体的角度进行分析的，用于判别煤炭产业链延伸程度与煤炭企业资源禀赋、管理能力、投资能力等自身条件和产业政策、市场需求等环境的匹配程度。

①若 $D_{coalchain} < D_{shiji}$ ，则说明煤炭产业链延伸过度，存在产业链延伸的风险。

②若 $D_{coalchain} > D_{shiji}$ ，则说明煤炭产业链延伸不足，产业链整体表现为产业链短、窄、薄，煤炭产品附加值低，资源优势没有充分发挥，应积极延伸煤炭产业链。

③若 $D_{coalchain} = D_{shiji}$ ，则说明煤炭企业产业链延伸程度与煤炭企业的内部条件和外部环境比较匹配，煤炭产业链延伸总体上不存在产业链延伸的风险。

（2）煤炭产业链长度风险判别。

①若 $L_{coalchain} < L_{shiji}$ ，则说明煤炭产业链纵向延伸过度，超出了煤炭产业链纵向延伸的边界。现实中，如地方政府基于地方利益保护的考虑，拒绝进行产业链的区外延伸，不顾客观条件地将煤炭产业链的延伸环节全部控制在本区域的范围之内。这种行为会获得一定的短期收益，却遏制了各地区之间基于专业化分工协作而带来的长远互惠。同时，也给煤炭企业发展带来了较大的发展隐患。

②若 $L_{coalchain} > L_{shiji}$ ，则说明煤炭产业链纵向延伸不足，煤炭产业链较短，导致煤炭企业难以获得煤炭深加工的高附加值，积极延伸产业链是煤炭企业发展的现实选择。

③若 $L_{coalchain} = L_{shiji}$ ，则说明煤炭产业链纵向延伸比较适度，与煤炭企业自身条件和外部环境比较匹配，是较为理想的方案。

（3）煤炭产业链宽度风险判别。煤炭产业链宽度反映煤炭企业相关多元化发展战略的程度，实际上获取煤炭产业范围经济效应，下面从三个方面进行分析。

①若 $B_{coalchain} < B_{shiji}$ ，则说明煤炭产业链横向拓展超出了企业可行性边界，相关多元化过度，产业链风险积聚。

②若 $B_{coalchain} > B_{shiji}$ ，则说明煤炭产业链横向延伸不足，表现为产业链过窄，没有充分利用范围经济效应。

③若 $B_{coalchain} = B_{shiji}$ ，则说明煤炭产业链横向延伸程度与煤炭企业自身的条件和外部环境较为匹配。

（4）煤炭产业链厚度风险判别。煤炭产业链厚度反映的是煤炭企业规模经济的利用程度。阿尔弗雷德·马歇尔（*Alfred Marshal*1）在《经济学原理》一书中研究了规模经济报酬的变化规律，即随着生产规模的不断扩大，规模报酬将依次经过规模报酬递增、规模报酬不变和规模报酬递减三个阶段。基于此，对煤炭产业链厚度风险判别从三个角度分析：

①若 $T_{coalchain} < T_{shiji}$ ，则说明煤炭产业链厚度过大，煤炭企业进入了规模报

酬递减的阶段，即呈现规模不经济的特性，需要实施产业链分化与整合。

②若 $T_{coalchain} > T_{shiji}$，则说明煤炭产业链太薄弱，没有充分利用规模经济带来的好处，此时煤炭企业处于规模报酬递增的阶段，可通过实施兼并扩张，提升规模经济效应。

③若 $T_{coalchain} = T_{shiji}$，则说明煤炭企业处于规模报酬不变的阶段，煤炭产业链充分利用了规模经济带来的收益。

以上四个方面是一个有机的整体，分别从不同角度对煤炭产业链延伸的风险进行了识别，为煤炭企业下一步实施产业链整合提供理论依据和方法论。

3. 实施应用分析，识别淮北矿业煤炭产业链延伸风险

（1）实施综合测度。应用基于 *ELBT* 的煤炭产业链综合测度和风险判别模型，对淮北矿业煤炭产业链延伸风险进行识别。内部因素数据采用淮北矿业2007年度相关数据，外部因素数据为问卷调查相关因素数据的均值，对淮北矿业煤炭产业链扩展度进行综合测度，综合测度结果见表5。

表5 淮北矿业煤炭产业链综合测度结果

评价维度	评价指标	实际值	评价指标	理论值	偏离度
煤炭产业链扩展度	D_{shiji}	2.2737	$D_{coalchain}$	2.0043	-13.44%
煤炭产业链长度	L_{shiji}	1.4872	$L_{coalchain}$	1.5651	4.98%
煤炭产业链宽度	B_{shiji}	2.201	$B_{coalchain}$	1.7417	-26.37%
煤炭产业链厚度	T_{shiji}	2.0089	$T_{coalchain}$	1.6675	-20.47%

（2）煤炭产业链扩展度综合评价。依据评判准则，煤炭产业链扩展度指标实际值 D_{shiji} 大于煤炭产业链扩展度指标理想值 $D_{coalchain}$，说明淮北矿业煤炭产业链延伸程度已经超出了企业内部资源、能力以及外部发展环境的承载能力，煤炭产业链延伸过度，已经存在一定的产业链延伸风险，有必要对煤炭产业链实施优化与整合。

（3）煤炭产业链长度维度评价。依据评判准则，煤炭产业链长度指标实际值 L_{shiji} 小于煤炭产业链长度指标理想值 $L_{coalchain}$，说明淮北矿业煤炭产业链长度延伸不足，表现产业链偏短，没有充分享受煤炭产品深加工带来的附加值。但偏离度不足5%，说明淮北矿业可在现有产业链的基础上进行适度延伸。

（4）煤炭产业链宽度维度评价。依据评判准则，即煤炭产业链宽度指标实际值 B_{shiji} 大于煤炭产业链宽度指标理想值 $B_{coalchain}$，且偏离度为26.37%，说明淮北矿业煤炭产业链延伸过宽，表现为煤炭产业链相关多元化过度，超出了煤炭企业的负荷能力，蕴藏着较大的风险，迫切需要进行产业链分化与整合。

（5）煤炭产业链厚度维度评价。依据评判准则，煤炭产业链厚度指标实际

值 T_{shiji} 大于煤炭产业链长度指标理想值 $T_{coalchain}$，偏离度为20.47%，说明淮北矿业煤炭产业链过厚，表现为煤炭产业链发展已由规模经济递增进入规模经济递减阶段，规模不经济问题突出，超出了煤炭企业的合理边界，需要从煤炭产业链厚度维度对淮北矿业煤炭产业链进行优化和整合，下一步应当对煤炭产业链实施“瘦身”运动。

基于ELBT的煤炭产业链综合评价模型，综合以上四个方面的评判，淮北矿业产业链延伸已与企业的内部能力和外部环境不相匹配，存在着较大的发展风险，迫切需要进行产业链的优化与整合。

4. 实施产业链整合，控制淮北矿业煤炭产业链延伸风险

产业链的整合是降低产业链风险的有效手段，对煤炭产业链进行整合可以有效降低矿区的环境、资金、技术和需求波动等一系列风险，使资本和知识在产业链条上能够快速流动。煤炭产业链整合是根据煤炭产业链的内生逻辑，对煤炭产业链实施纵向、横向、侧向三维整合，实现产业链由点到线、由线到面、由面到网的演化突破，进而提高各类生产要素的配置效率的过程，最终目标是实现产业链整体效用最大化和风险的最小化。

基于上述研究结论，为消除煤炭产业链延伸的风险，淮北矿业按照统筹规划、分步实施和区分轻重缓急的原则，有步骤地推进不同产业链间的网络化整合，剥离多经产业，实施“瘦身”运动，接通断链环节，取得了好于预期的效果。同时将研究成果运用于指导“十二五”规划编制，有效规避了煤炭产业链延伸的风险。

（1）推进产业链整合。淮北矿业以资源禀赋为底线，从纵向、横向、侧向三个维度，大力推进煤炭产业链由点到线、由线到面、由面到网的演进升级。

①纵向——内圈整合：淮北矿业着眼于产业链环节的完整性、扩展力以及耦合度，通过对资源要素的控制，对其他节点企业形成强大吸引，建立以资源、资本与知识为载体的合作机制，实现产业链的微观整合。目前，以临涣焦化、中利发电、安徽华塑、神源煤化工等一批合资企业的建立为标志，已建成从煤炭资源开发到洗选加工再到精深加工的煤炭产业链体系雏形，建成了煤－焦炭－煤气－甲醇、煤－电－建材、煤层气－电、煤矸石（煤泥）－电－建材等多条产业链，使产业链向高附加值的下游拓展。

②横向——中圈整合：淮北矿业着眼于产业链整合范围的横向集群式扩展，凭借纵向整合积累的资本与知识进一步控制链外资源，积极运用投资参股、兼并收购、重组上市等方式与链外相关企业进行合作，目前正着手实施在初始资源性质或终端产品结构等具有相似属性的产业链间整合，如煤炭产业链与盐化工产业链、煤炭产业链与伴生资源（高岭土、天然焦、煤层气）产业链之间的整合，获取资源开发的范围经济效应。

③侧向——外圈整合：淮北矿业着眼于不同性质的产业链间整合，借助于资本与专用性知识，对异地异质资源进行整合，既从地理空间，也从产业空间向外扩展。自2009年来，淮北矿业借助资本驱动，正在整合物流、金融等配套产业，目前“十二五”物流发展规划初稿已完成；同时大力实施“走出去”战略，成立了资源办、西北能源公司，与陕西府谷、奇瑞携手共同开发煤炭资源，成功控股陕西、内蒙古两处近60亿吨优质煤炭资源，并开始了走向全国的战略布局。

（2）实施“瘦身”运动。淮北矿业进行了一系列的改革和调整，在体制、战略和政策上不断寻求变革。

①实施辅业改制：淮北矿业大力推进主辅分离、辅业改制工作，截至2009年底，淮北矿业分三批完成了多经总公司、金蟾药业、水泥公司、机电公司、勘探公司、汽运公司、林星板业、设计院、医疗集团、职教中心、农林工贸等18单位的分离改制工作，主辅分离、辅业改制全面完成，共妥善处置国有资产总额近20亿元，妥善安置各类职工3万余人，实现了主业精干高效、辅业放开搞活。

②剥离多经产业：按照省政府要求，将第二、第三批实施辅业改制的多经总公司等13家单位，合并组建安徽淮海实业发展集团有限公司，淮北矿业将以上单位的国有资产全部移交淮海公司，共移交资产15亿元，移交人员2.8万人。2009年12月，淮海公司正式分立运行。

③推进关闭破产：淮北矿业积极争取利用国家有关政策，大力推进资源枯竭矿井政策性关闭破产，截止目前已经实施8对资源枯竭矿井关闭破产，争取中央财政补贴29.7亿元，妥善安置职工3.6万人，使一批不适应市场竞争要求的资源枯竭矿山退出了市场，有效地解决了矿区多年形成的历史包袱。

（3）谋划“十二五”战略。

①产业布局。应用研究成果指导“十二五”战略制定和规划编制，确立了“依托煤炭、延伸煤炭、超越煤炭”的战略发展思路，统筹发展煤炭采选、煤化工、盐化工三大主业，实现煤炭采选、煤化工、盐化工、煤电铝四大主导产业群和现代物流、工程建设、生物质能源、房地产四大支持产业群协同发展，构建“以煤为基、结构合理、循环利用、绿色发展”的产业格局。到2015年，淮北矿业经济总量在“十一五”末的基础上翻一番，达到“88841”，力争建成资产规模、销售收入双千亿元的大型能源化工集团。

②主攻方向。调整产品结构，“十二五”末煤炭生产规模达到6000万吨以上，力争8000万吨，精煤产能达到1500万吨以上；调整产业结构，科学规划和建设临涣、定远、南坪和涡北四大园区，延伸煤炭产业链条；调整产权结构，积极开展资本运作，打通直接融资渠道，引进战略投资者；调整资源结构，立足国内、放眼全球，扩充资源储备，增强发展后劲。

三、大型企业产业链延伸风险管理体系研究与应用的效果

本研究从产业链的视角对大型煤炭企业产业链延伸的风险进行了系统研究，

建立了煤炭产业链延伸风险预警与控制的理论框架体系，构建了基于 ELBT 的煤炭产业链延伸风险识别与预警模型，从产业链扩展度、产业链长度、产业链宽度、产业链厚度多个维度，对产业链延伸水平与企业内部能力和外部环境的匹配性进行综合评价，识别出了煤炭产业链延伸风险产生的根源，并运用产业连整合理论对煤炭产业链实施纵向、横向、侧向三维整合，有效降低了淮北矿业产业链延伸的风险。自 2008 年 9 月开始在淮北矿业推广实施，经过三年多的应用实践，取得了明显的经济效益和社会效益。

1. 填补了理论研究空白，具有较高的学术价值

本研究首次提出了煤炭产业链风险预警与控制的理论框架及测度方法，填补了煤炭产业链相关理论研究空白，不仅为淮北矿业产业链风险控制提供了有价值的方案和对策，也为其他资源型企业提供了一套实施风险识别、预警和控制的科学方法，具有较高的学术价值和推广应用价值。目前，本研究已在国家工业经济核心期刊发表学术论文 2 篇，内部刊物 2 篇，国际学术会议 1 篇（ISTP 检索）。

2. 推动了企业科学发展，经济效益显著

本研究成果在淮北矿业的深入实施，对淮北矿业制定企业发展战略、防范产业风险具有深远的现实意义，使企业逐步摆脱了“点多、线长、面广”的产业格局，显著提升了淮北矿业的可持续发展能力，产业运行质量和效益稳步提升。

鉴于该创新成果作用的范围具有全局性，涉及企业总系统，且成果在时间和空间上具有交叉性，故采用复合因素分离计算法（CSP）计算该成果的经济效益。本成果创造于 2008 年，基准年度为 2007 年。

“CSP”的计算公式如下：

$$E_C = (P_1 - P_0) - (N \pm \sum_{a=1}^{n} T_a \pm \sum_{b=1}^{n} R_b \pm \sum_{c=1}^{n} F_c) - (\sum_{d=1}^{n} C_d + I)$$

公式中：E_c 表示以“CSP”方法计算出的综合管理成果效益

➢ 该成果 2008 年实施的经济效益：

E_{c1} =（243465 - 16440）-（14972 + 316.9 + 191016 + 15）= 20705 万元。

➢ 该成果 2009 年实施的经济效益：

E_{c2} =（43671 - 16440）-（14972 + 316.9 + 10580 + 15）= 1297 万元。

➢ 该成果 2010 年实施的经济效益：

E_{c3} =（133590 - 43671）-（14972 + 316.9 + 45320 + 15）= 29295 万元。

➢ 该成果 2011 年实施的经济效益：

E_{c4} =（220169 - 133590）-（14972 + 316.9 + 40750 + 15）= 30525 万元。

（成果创造人：王明胜　张国建　孙　方　张其广　战彦领）

南方煤炭企业重组的协同效应

福建省永安煤业有限责任公司

福建省永安煤业有限责任公司于2001年11月由原福建省永安矿务局和福建省上京矿务局联合重组新设成立，企业注册资本1.56亿元，是福建省能源集团有限责任公司的全资子公司，也是福建省重点煤炭生产企业和百家重点企业之一。矿区跨福建省永安和大田两县市，矿区土地面积84.33平方公里。公司现有9对生产矿井和1对基建矿井，另有煤炭筛选厂、运销公司、物业公司、物供公司、劳动服务分公司等10个权属单位。企业主要产品有优质无烟煤、洗精块煤、动力煤等，年生产原煤150万吨，同时经营小水电（装机容量6000KW/h）、参股福建南埔电厂、福建省福能投资担保公司等与原煤主业相关联产业。现有在岗职工6300人（其中工程技术人员和技术工人3700多人），离退休职工近5000人。公司先后荣获全国五一劳动奖状、全国煤炭工业优秀企业、福建省经济建设先进单位、福建省文明单位、福建省思想政治工作优秀企业、福建工业行业十强、福建省纳税100强和福建省最佳信用企业等称号。

一、企业重组的背景

1. 企业重组前的状况

永安矿务局与上京矿务局均属福建省国有独资煤炭企业，具有南方煤矿企业的规模小，抗风险能力差；产品单一化，多种经营能力差；原煤生产条件差，地质构造、煤层赋存情况条件差等特点，造成南方煤矿资源量不大、井型小、劳动效率低。重组前两个企业同在福建省三明市区域内，又有其个性特点：一是两个企业普遍存在资源枯竭、矿井衰老、企业冗员等；二是两个企业长期以来，存在着产权关系不明晰，国有资产所有权人主体缺位，企业没有独立的经营权，生产经营职能被弱化；三是两个企业同在三明区域，产品目标市场相近，与政府及地方的关系处理与协调方面存在各自为战的状况，造成市场不正常竞争与资源浪费等问题。

2. 企业重组的动因

(1) 国家政策及政府决策动机。福建省《十五计划纲要》把结构调整作为主线，永安矿务局与上京矿务局重组是煤炭行业结构调整的必然需要，是国有企业改革发展的必然要求。

(2) 战略动机。一是争夺市场发言权，提高市场占有率；二是实施大发展战略，提高企业竞争力；三是集中资源，开展多元化经营。

(3) 效率动因。从重组后对企业效率改进的角度来看，通过重组，将本来分散在不同企业的生产要素集中到一个公司，由建立起现代化管理制度的公司管理，产生协同效应，从而提高经济效率。

3. 企业重组后期望达到的目标

通过重组改制，企业实现由计划经济体制下形成的企业机制体制向适应市场经济体制的产权多元化的现代企业制度的历史性转变；实现由产业分散、多路出击、广种薄收向突出主业、优化结构、转变增长方式、提升经济质量的历史性转变。并通过三至五年或更长时间的持续努力，使公司逐步成为产业结构合理、企业管理规范、盈利能力强劲、文化特色鲜明、企业环境优美、员工安居乐业的区域一流能源企业。

二、企业重组的基本内涵与主要特征

1. 基本内涵

永安矿务局与上京矿务局重组的基本内涵是：在重组过程中通过“规范管理、精细管理”实现重组的成功，产生巨大的协同效应。重组后企业建立鲜明特点的管控体系，这个管控体系具有高效、协同的管控制力与控制力。规范管理，是指根据现代企业管理制度和法人治理结构及企业改革发展的需要，建立起适应现代企业管理要求的公司法人治理结构、机构与管理制度等。精细管理是指融合永安和上京两个矿区优秀管理文化的基础上，实行人事、资金、物资、销售、安全质量标准化“五统一”管理，努力实现企业“严、细、实、新”管理工作要求。规范管理与精细管理体现在公司治理、财务管理、生产技术管理、安全管理、销售管理、企业文化整合等方面。

2. 主要特征

(1) 公司法人治理结构。主要是改变了原矿务局体制，成立了自主经营、自负盈亏的国有独资公司。明确企业投资主体和产权关系，企业拥有独立的法人财产权，充分享有法人财产的占有、使用、收益和处置权，并以全部法人财产对债务承担有限责任，真正做到自主经营、自负盈亏，促进国有资产的优化配置和合理使用，确保国有资产保值增值。

(2) 规范管理。由于原两个企业同属煤炭行业，在各个管理方面具有很大相似性，同时有各自的优势与不足。永安煤业公司成立后，认真梳理、分析两个企业的管理优点与不足，通过重新建立与完善企业管理制度，形成制度管理文件，注重执行管理，培养建设执行力文化，注重执行过程的跟踪管理。按照“责权明确、分级管理、科学管理”的规范要求，实现了规范管理的目标。

(3) 精细管理。按照“严、细、实”的工作作风做好精细管理。“严”就是严格管理，坚持以制度管人、管事，实现政令畅通、强化执行力文化建设。“细”就是坚持“事事讲标准、处处有人管、项项抓落实”的管理观。“实”就是坚持扎实的思想作风和工作作风，讲原则、重落实，分层次、分阶段推进，循序渐进、长抓不懈。

(4) “五统一”管理。即对企业的人事、资金、物资、销售、安全质量标准化工作实行统一管理。抓住煤炭企业的人、财、物、产品生产、销售这五个方面的管理重点，分级管理、权责一致。在人事管理方面，对企业中级以上管理人员由企业直接管理与聘用，对初级管理人员（除公司与分公司两级机关人员外）由各下属矿井或单位进行管理与聘任；在资金管理方面，明确公司、分公司与各下属单位的资金管理权限，明确了审批的相关流程，对审批权限进行了更加合理的归类和划分，增强了资金管理的控制力；对物资管理实行统一计划、统一采购、统一储备、统一配送、统一管理；对销售管理做到销售“计划、合同、定价、结算、货款回笼”的统一；安全质量标准化管理方面，制定统一的技术标准、管理考核标准、统一检查与考核标准。

(5) 协同效应。主要体现在管理协同、经营协同、技术协同等方面。永安、上京矿务局在福建省煤炭区域的规模不大，对企业管理、特别是人力资源成本均未达到最佳的效果。在重组后可使劳动和管理的专业化水平大幅度提高。重组后改变原有各自为战的状况，细分产品的目标市场，提高市场的调控能力；在技术方面，重组后取长补短，优势互补，相互学习，促进企业的技术进步。

三、永安煤业公司重组的主要做法

1. 深化内部改革，转换经营机制

(1) 建立起适应现代企业管理要求的公司法人治理结构。新成立的福建省永安煤业有限责任公司是原福建省煤炭工业（集团）有限责任公司的全资子公司。其性质为国有独资公司。同时，取消永安矿务局、上京矿务局的法人资格，上京矿务局改制为永安煤业公司的分公司。原两家企业的全部资产划入新设立的公司，并以清产核资后净资产作为公司的注册资本。

(2) 设置现代企业公司的机构。新成立的福建省永安煤业有限责任公司按照建立现代企业制度和适应社会主义市场经济的要求，坚持“精干、高效”，科学合理设置组织机构，建立直线扁平型管理模式，新设立12个职能组织管理部门以及相应的生产矿井及二级核算单位。

（3）建立与完善现代企业管理制度，规范公司管理。根据企业的实际，共修订完善各类管理制度计300余项，并按年度形成管理制度汇编。同时，先后两次组织全面修订岗位责任制，现有的654个工种都有明确的岗位职责。通过开展立项效能监察等活动，强化对企业管理环节的监管，及时发现和纠正制度执行不严、执行不到位的行为，初步建立与完善现代企业管理制度及公司管理规范化。

（4）深化企业改革，推进主辅分离。公司成立后，面对原来两家企业机构臃肿、冗员严重的实际，实施了机构整合和产权制度改革。

①实施产权多元化改革。按照“一厂一策”的原则，先后对灵川水泥厂、煤矿机械厂、永丰水泥厂、燕归酒店等单位进行了相应改革，认真做好非主业清理工作。

②解决企业历史包袱。企业筹资7296万元率先在全系统解决医保、住房补贴等历史包袱。从2002年开始分三年摊销资金2830万元，为6600多名职工办理医保。2004年和2005年两年筹资4466万元解决职工住房工龄补贴和一次性支付职业病患者伤残补助金。

③剥离企业办社会职能。企业出资1621万元，在地方党委和政府的大力支持下，原有的两个公安分局及两个职工医院顺利从企业分离移交地方政府，共剥离企业资产1166.85万元，分流人员180多人。

（5）建立了现代企业的劳动人事制度。

①深化组织机构改革。公司成立之初，率先对公司总部工作机构和管理人员进行整合，实行公司总部管理人员全员竞聘上岗，职能部室减少了20%；中级管理人员减少43.9%，公司总部一般管理人员减少13%，原煤万吨用人由原有的33人降到25人。

②深化干部人事制度改革。推行干部聘任和公开竞聘上岗制度，实行干部试用期和年度考核定级制度，奖优罚劣。

③深化劳动关系改革。从2002年开始分三年提取经济补偿金5400多万元，率先在全系统对全员进行身份置换，共解除劳动关系2945人，重新聘用1782人，取现走人200多人，变更合同600多人。

④深化收入分配制度改革。建立管理、技术、技能三个工资分配体系，推行全员岗位效益工资制、公司总部绩效工资制和技术职称津贴及技能等级工资，实现了员工收入随企业经济效益和岗位贡献变化而浮动。

⑤推行两个矿区之间管理人员的交流，促进管理的优势互补。为削除两个矿区间管理的差别和员工间隔阂，公司加大两个矿区间管理人员的交流力度，特别是中级管理人员的交流。公司重组以来，中级管理人员交流190人次，占中层管理人员总数130人的146%，相当于1个中层管理人员交流调整了1.5次；初级管理人员交流调整235人次，占初级管理人员总数346人的68%，相当于1个初

级管理人员交流调整了0.68次。

2. 深化预算管理，完善管控体系

新设立的公司实行《企业财务通则》和《企业会计准则》，按照《公司法》和国家有关规定建立适合现代企业管理的财务制度。

（1）统一投、融资管理。公司重组后，对外只有新设立的永安煤业公司一个法人主体，分公司没有投资与融资的决策权，统一了企业投资与融资的管理。

（2）统一会计核算。统一会计核算工作主要实行以下五个方面的统一。一是统一成本核算对象。改变了成本核算对象同时针对原煤和商品煤的通行做法，统一以商品煤进行成本归集；二是统一会计基础工作。对全公司的会计基础资料逐步进行了统一；三是统一会计科目、账簿报表体系。制订公司范围内统一的会计科目和账簿体系，并引进ERP财务管理软件系统；四是统一业务核算流程。公司根据新会计准则的变化，为提高核算业务以及财务管理水平，在原有的业务核算流程的基础上进行了完善；五是统一票据管理。公司财务部及核算中心设专职税费核算人员集中管理全公司各类票据。

（3）统一归口管理资金。多次组织修订完善《资金分级归口管理办法》，明确了审批的相关流程，对审批权限进行了更加合理的归类和划分，确立了“业务审批”与“财务审批”相分离的管理办法，规范了对资金管理的事前计划、事中控制、事后审批制度，增强了资金管理的控制力。实行高度集中的资金计划管理制度，将企业账户从23个清理为目前的9个。同时，二级单位、机关部门每月上报用款计划，公司按照合理性、合规性，以及量入为出、轻重缓急的原则进行审批控制。

（4）统一固定资产管理。通过明确管理责任，建立定期和不定期盘点制度，强化对各项资产的管理。公司分别对固定资产、低值易耗品和仓库材料等制定了相应的管理制度。审计等部门结合日常审计工作，对各单位资产管理制度情况进行检查，有效地保证了各项财产物资的安全与完整。

（5）实施全面的财务预算管理。全面推行预算管理，实现业务预算、投资预算和财务预算的有机结合。以单位经济责任制和机关部门工作责任制为主线，着力健全公司、分公司、各下属生产经营单位的三级预算体系。

3. 实行质量生产，科技兴企

（1）统一生产技术管理制度，完善生产技术管理体系，制定统一的技术标准和管理规范。公司重组后修订与完善了36项技术管理制度与管理规范。建立了在行政主要领导领导下，以总工程师为首的技术管理体系、矿井生产技术贡献率评价体系和生产技术业务长效机制。采取激励措施加大地质找煤、薄硬煤层开采、老采区复采力度，全面释放原经济不可采资源，目前9对生产矿井中有4对矿井的煤炭复采量占煤炭总产量的60%以上，矿井回采量占生产总量的50%左右，矿井回采率提高了近 10%，矿井的资源潜力得到了充分挖掘。

（2）观念改变、科学管理手段的运用，实现存量资源最大限度有效利用。

①在员工中树立资源危机意识。企业明确提出“没用不可利用的储量，只有不可用的观念”的理念，并反复宣传，使企业员工、特别是管理人员在观念认识上有重大转变。

②政策作保障、技术革新作支撑，实现资源挖潜工作。在采用老采区复采、地质找煤、薄硬煤层开采等手段进行挖掘工作时，公司出台一系列经济政策予以支持，如：地质找煤专项资金、老区复采恢复系统补贴、薄硬煤层和复采成本补贴等政策作保障。还通过组织技术人员通过攻关与实验，针对薄硬煤层提出“树枝状”采煤方法，改善了作业环境与提高了回采率。

③规范管理，常抓不懈做好资源挖潜工作。实施了“准备煤量—回采煤量—回采率”循环考核办法，形成检查、考核、奖惩、完善的管理闭合环。同时，要求矿井推行采面块段储量“细化管理”和终采时“过程管理”，并与采煤员工的收入挂钩，奖惩兑现到个人。

（3）加大科技投资力度，科技兴企。永安煤业公司重组后，每年安排专项资金进行科研投入，且逐年增加，重组后共投入科研经费 2000 多万元。实施 60 项重点科研项目，其中集团公司立项 18 项，公司评奖 99 项，奖励 28. 9 万元。

对工程技术人员实行年度“五个一”（即一项技术或业务成果、撰写一篇论文、参与实施一项科研项目、提出一项合理化建议、参加一次技术业务培训或活动）考评工作，共奖励 100 多万元，对专业技术人员采取每两年评比“专业技术带头人”的做法，共有 76 人次获评，共奖励 43. 3 万元。

公司重组以来投入资金近 4 亿元，实施矿井生产系统完善、设备更新和安全生产专项整治，不断完善安全生产系统、改进安全生产作业环境，提升了系统的安全运行能力。目前矿井轨道、电缆及无“煤安”标志设施基本上都得到了更新。

4. 深化现场管理，落实主体责任

煤业公司重组后，集中了两个矿务局在安全生产管理方面的优势，从规范安全生产制度和安全培训两个方面入手，对两个矿务局原有做法进行有机结合，形成“以人为本，强化责任”的新安全管理理念。

（1）完善安全生产规章制度。针对永安矿区和上京矿区的安全生产管理制度有些区别的问题，公司先后补充完善安全生产办公会议、安全生产监督检查、领导 24 小时值班、管理人员下井检查、安全教育与培训等 23 项安全生产规章制度。

（2）建立长效的安全生产监督管理机制。一是推行队干安全责任工资；二是重新修订各级领导及业务部门安全生产责任制及其考核办法；三是修订完善矿井季度安全生产抵押考核办法；四是推行重点“违规”和一般“违规”管理，规范了各级管理人员制止“违规”重点，补充完善“三违”处罚规定；五是推行违规罚款返还，有效地促进安全隐患整改落实；六是持之以恒地开展安全动态抽查，强化了薄弱时段检查；七是加大安全生产工作创新考核。

（3）重视员工安全技术培训和安全观念教育。一是加大安全技术培训中心建设力度，促进培训水平提高。按照国家标准，公司在丰海煤矿建立了一个三级安全技术培训中心，在 9 对生产矿井建立四级安全技术培训中心；二是实行分级培训，即公司三级安全技术培训中心与矿井四级安全技术培训中心分级培训；三是推行学员带薪参加培训制度。公司每年从吨煤提取 1 元作为安全技术培训基金；四是重视操作技能培训；五是不断地开展技能比武，营造浓厚的比、学、赶、帮、超学习采掘技能的氛围；六是重视安全培训师资队伍建设，不断提高教学水平；七是形成党政工青妇齐抓共管局面；八是结合本公司安全生产实际，编写安全知识手册；九是加强安全警示标志工作。

5. 深化资源危机意识，内挖潜力外拓资源

公司成立后实施“两条腿”走路的战略：一是走内涵扩大再生产的路子，充分挖掘矿井内部潜力，加大地质找煤力度，发挥现有存量资源效益，延长矿井服务年限；二是加快寻找后备资源的步伐，增加煤炭资源拥有量，并通过合作开发方式，进行新井基本建设，弥补衰老矿井的产量不足，保持煤业公司的生产规模。

（1）积极获取矿权。

①积极取得探矿权证。按矿权申报的规范程序，2002 年 5 月首次取得了溪尾、苏桥两个井田的探矿权证书。之后分别取得了青水新村东、溪南、龙头坑东和铭溪等 4 个井田的探矿证，其中溪南、龙头坑东井田为福建省专项项目，铭溪井田为国家危机矿山项目。

②从 2003 年开始，公司与地质单位合作武陵井田项目，提交普查报告，估算煤炭资源量 737 万吨；元沙和桃舟南等项目，提交详终报告，分别提交资源量 1408 万吨和 792 万吨。

③做好福建省专项项目的全程跟踪工作。对吉口井田和剑溪井田勘查过程进行了跟踪。其中吉口井田已提交了详终报告，提交资源量 1285 万吨，待专家评审通过；剑溪井田已完成了普查工作，并提交了普查地质报告，估算资源量 2200 万吨。

（2）挖掘矿井内部潜力。公司老矿井面临存量资源不足问题，将对公司的生存与发展构成威胁。为此，自 2002 年开始，先后对丰海煤矿、小华煤矿、半罗山煤矿、京东煤矿和苏桥煤矿进行了补充勘探工作，共增加资源量 741 万吨，为延长矿井服务年限提供了新增资源的保障。

6. 以品牌为战略，灵活营销策略

（1）成立专门的煤炭运销公司（部门）。实行销售“计划、合同、定价、结

算、货款回笼”五统一。

①销售计划由运销公司（部门）根据公司年度生产经营计划，结合市场实际需求状况和公司目标市场发展战略分年度和月度进行编排并组织实施。

②销售合同由运销公司（部门）根据《合同法》及公司《合同管理规定》，组织对外洽谈和签订煤炭买卖合同；煤炭销售价格除政府规定或限制外，一律实行“随行就市、按质论价”。

③销售价格由运销公司（部门）根据上级有关销售政策、市场变化情况、用户状况、产品质量等因素提出定价或调价方案，报公司煤炭销售领导小组讨论决定后执行。

④运销公司（部门）货款结算员与单位财务部门共同办理，统一结算。

⑤坚持“款到发货”，货款回笼坚持“谁主管谁负责”的制度。区域主管和业务主办为第一责任人，对该区域用户货款实行终身负责。

（2）实施品牌发展战略，构建“永京”煤炭产品品牌。作为福建省的主要煤炭生产企业，公司整合后牢固树立“质量是生命、质量是效益”的企业经营理念，为使“永京”煤区别于其它煤种，树立“永京”煤的良好形象，公司从2004 年开始着手注册“永京”煤商标，2009 年通过正式注册，有效期 10 年。

7. 构建统一招投标平台，规范物资管理

（1）物资统一招标采购，降低采购成本。凡属省集团公司负责招（议）标的物资按集团公司制定的招标方法进行规范外，未列入集团公司招（议）标范畴的其他物资由公司物资供应部负责招（议）标比价采购，招标比价率基本达到 100%。

（2）加强储备资金管理，切实降低储备物资的资金占用。物资供应部门在编制采购计划时，必须结合库存状况，做好清仓利库工作。对于闲置积压的物资，物资供应部门统一进行调剂，盘活了储备物资，加快了物资的周转效率。

（3）生产物资统一进行配送。公司永安尼葛新建了物资总仓库，提高机械化程度和物资仓库管理的标准化程度。物资总库根据各单位汇总的材料计划及各单位的地理位置，合理安排车辆进行配送。

（4）强化物资管理现代化制度建设。在 2004 年引入物流软件信息系统，公司充分利用计算机建立信息网络，沟通生产、机电、供应、财务、审计的联系，有效地利用现有资源、资金，实现了数据共享，取消了手工账，实现分物流信息自动化处理。

8. 提炼和培育核心价值观，凝聚员工战斗力

企业重组中，两个矿区文化能否实现融合将是影响重组成功与否的决定性因素。建立新型的煤业文化是煤业公司自身管理和改革发展的客观需要。永安煤业公司在企业重组的一开始，就把加强企业文化建设作为提高管理水平增强企业竞

争力手段，既继承传统，又大力改革创新，不仅在口号上、企业理念上进行明确和规范，而且在实践中扎扎实实地做细做实做出成效。

（1）提炼核心理念，塑造新的企业文化。对原有两个矿务局企业文化进行调研和评估，找出原有两个企业的文化差异，对差异进行深入分析，预测这种差异所带来的冲突与风险。

一是在企业文化建设中，立足于扎根于煤矿企业优秀传统文化的土壤之中，实行“五统一”管理，从企业管理的本质要求入手，提倡艰苦奋斗、推行“严、细、实、全”的管理理念。二是在企业 CI 的策划中，先后组织各单位各部门征集了《永安煤业之歌》的创作。公司还组织征集、提炼确定了“追求卓越、奉献光热”的企业精神，在矿区工业广场、交通路口以及重点场所制成大幅标语，使企业精神和公民基本道德规范成为员工追求和效仿的行为准则及价值理念。

（2）提炼与加大执行力文化建设，宣传和贯彻新的企业文化。2010 年，在集团公司文化的框架下，公司总结提炼执行力亚文化。其中有“四不”工作态度：即不违反规章制度、不降低工作标准、不推诿岗位责任、不拖延任务期效。“四落实”执行理念：即执行落实在行动上、管理落实在细节上、责任落实在岗位上、创新落实在成效上。同时提炼出各岗位和各类别员工行为规范，印制了执行力文化手册，公司总经理在文化手册上写上“执行必须从自身做起”的题词。公司企业文化建设实现了与思想政治工作、安全质量标准化、安全生产管理和文明礼仪教育的四个结合，取得了初步成效。

四、企业重组的实施效果

1. 经济运行质量逐年提高，主要经济指标完成理想

企业总资产：从 2001 年到 2010 年，企业总资产从 3.98 亿元上升到 16.68 亿元。年销售收入：从 2001 年的 3.98 亿元提高到 2010 年的 10.38 亿元。利润总额：从 2001 年 0.07 亿元提高到 2010 年的 1.8 亿元。上交税收：2001 年至 2010 年共上交了 10.8 亿元。职工收入：从 2001 年的人均 1.1955 万元增长到 2010 年的人均收入为 4.7463 万元。国有资产保值增值率：从 2001 年的 96.21% 提高到 2010 年 104.23%。

2. 改变资源利用理念、生产方针与管理措施，保持矿区规模稳定

公司重组后面对两个矿区多个矿井资源量进入衰老期的现状，通过改变资源利用观念与理念，在员工中树立起“没用不可利用的储量，只有不可用的观念”的资源利用理念。通过实施“超前、控制、挖潜”的六字生产方针，抓好各项资源利用的管理配套措施的制定与实施，取得了保持公司原煤产量规模稳定的巨大成绩。主要体现在以下几个方面：一是原煤产量从 2001 年的 139.0964 万吨提高到 2010 年的 158.3804 万吨，提高 13.86%，十年稳定生产规模；二是投入地探工程量 246306 米，新增煤量 602 万吨，地质找煤采出量达 477.8 万吨；三是

采取激励政策加大老采区复采和薄硬煤层开采的力度，开展薄硬煤层开采技术攻关，创造性地提出了“树枝状采煤方法，把临界可采煤层的厚度由 0.55m，降至 0.35m，大大地提高了存量资源的利用率。老采区复采、薄硬煤层产量分别为 511 万吨和 501 万吨。

3. 提升市场调控能力，细分目标市场，销售收入提高显著

煤炭销售实现量价差逐年升高，煤炭销售量从 2001 年的 171.42 万吨提高到 2010 年的 195.31 万吨；销售价格从 162.91 元/吨提高到 2010 年的 625.97 元/吨；实施品牌发展战略，构建“永京”煤炭产品品牌，注册了“永京”煤商标；同时公司在区域煤炭供应、市场定价方面赢得了相当权力的发言权；重点合同兑现率达到 100%，实行款到发货，使应收账款降到历史最低。

4. 集中优势人力、物力、财力，办好企业重大工程的项目建设

公司重组成立后，规模扩大，财力雄厚，人力资源丰富，能够更好集中优势的人力、物力、财力办好企业重大工程的项目建设，使原有两个矿务局不易单独做的重大工程项目得以顺利实施。重点做好苏桥煤矿建设（设计井型为 21 万吨/年）、元沙煤矿建设（设计井型为 30 万吨/年），广平矿区配套项目建设。

5. 安全质量标准化工作走在全省煤炭行业前列，主要生产技术指标位居全省同行前列

目前 9 对生产矿井中 5 对矿井达到一级、4 对矿井达到二级安全生产质量标准化标准煤矿。正规生产的产量从 2001 年的 11.5 万吨提高到 2010 年的 42.25 万吨，提高率为 367.4%，正规产量共有 264.16 万吨，其中正规单体产量从 2001 年的 1.4 万吨提高到 2010 年的 22.56 万吨，单体面的个数从 2001 年的 8 面/次提高到 2010 年的 85 面/次。

6. 企业核心竞争力的提高

（1）企业的发展已具一定规模。福建省永安煤业有限责任公司进入福建省重点煤炭生产企业和百家重点企业，在区域经济社会中发挥着重要的作用，企业在行业中的地位及作用稳步提升，企业在省内的地位及作用也得到了提升，促进了上下游产业的发展。

（2）企业改革迈出了重要步伐。按照现代企业制度要求，通过企业改革、改制，贯彻“有所为、有所不为”的调整方针，逐步从“小、散、弱”的多种经营企业中退出，集中精力发展主业，产业结构调整方向更加明确。

（成果创造人：黄　和　陈荣万　宋文珍　唐福钦　苏始烟　石绍军　郑美加　周文裕　李光煌　连勇军　陈光龙）

“三位一体”式环境友好矿区创建

兖矿集团有限公司

兖矿集团以发展循环经济为主线，以构建高端高质高效产业体系为支撑，以实施资源综合利用示范工程为重点，创新管理机制，转方式调结构，积极创建环境友好矿区，实现了经济、社会、环境协调发展。2011 年，提前一个月完成年度节能减排任务。荣获我国工业领域最高奖项“第二届中国工业大奖”、中华环境友好煤炭示范矿区、煤炭工业环境保护先进单位、首届低碳中国突出贡献企业、中国节能减排十大功勋企业等荣誉。

一、“三位一体”式环境友好矿区创建的实施背景

1. 现状调研

（1）煤炭行业环境污染形势。煤炭开采、加工和利用过程中不可避免地要排放一些固体废物、液体废物和废气。另一方面，由于煤炭开采过程中，不可避免地要破坏和改变自然环境，产生大量的污染物质，给生态环境和人体健康带来危害。由于生态环境治理远远滞后于污染物治理，因此煤炭行业形成了污染性和生态破坏性并存而且以生态破坏性更为严重的环境污染特点。

（2）兖矿集团环境保护和能源消耗结构现状。

①兖矿集团经济发展总体情况。多年来，兖矿集团注重推进煤炭清洁高效生产和转化深加工，构建环境友好产业体系。一是坚持重装备、高可靠性、自动化、用人少、素质高的方向，推行绿色开采技术，做强煤炭主业。二是转变对煤炭由普通燃料到重要化工原料的认识，有效利用高硫煤，发展煤化工产业。三是坚持综合利用，发挥煤电综合利用优势，发展煤电铝产业。

随着产品、产业结构的不断调整，产业链的不断延伸，企业规模的不断壮大，势必导致矿区污染结构的改变以及污染物产生量的增加。

②矿井水处理与复用情况分析。矿井水是煤炭采掘业的废弃物，经处理又是

一重要的水资源。矿井水除用于洗煤外，经深度处理后，可用于电厂循环冷却水、煤化工用水等。

兖矿集团各煤矿矿井水每天净化处理量 60638m^3，处理后综合复用量达 57780m^3/d，综合复用率 93.4%；工业复用量 45536m^3/d，工业复用率 78%。

③煤矸石综合利用情况分析。兖矿集团当年产生煤矸石综合利用率保持 100%。历史遗留下来的矸石山正在逐步减小，南屯煤矿矸石山 2004 年就已经消失了，矸石山数量已经由“十五”期间的 11 座减少到 6 座，仅存的矸石山作为制砖的原料，也成了稀缺资源。

④能源消耗结构情况分析。在煤化工、电解铝等诸多大项目陆续建成投产的情况下，2009 年，兖矿集团工业产值综合能耗比“十五”末降低 13.75%，原煤生产、电解铝、供电等主要产品单位能耗分别降低 18.75%、4.4%、10.5%。

2. 选题理由

为推动煤炭企业积极践行环境友好理念，2006 年，经环境保护部批准，中华环保联合会与中国煤炭加工利用协会共同组织开展中华环境友好煤炭企业的评估工作。截至 2009 年底，在全国煤炭行业共评出包括兖矿集团、神华集团、山西焦煤、淮南矿业、潞安集团、冀中能源等大型煤炭集团下属的煤矿在内的 36 个中华环境友好单位，其中兖矿集团占 8 个；共评出包括兖州煤业股份有限公司、神华集团神东煤炭分公司等大型煤炭集团在内的 16 个中华环境友好企业，其中兖矿集团占 2 个；共评出 2 个环境友好煤炭示范矿区，兖矿集团第一个获此荣誉。

兖矿集团在建设环境友好企业方面做了大量的实践工作，取得了一定的成果，为了更好总结典型，推广先进经验，对兖矿集团环境友好模式进行研究，树立环境友好矿区典范，从矿区、煤炭企业层面，引导更多的煤炭企业、生产矿井投身环境友好企业建设中来，开展环境友好生产，推出环境友好产品和服务。

3. 预期目标

开展环境友好矿区研究与建设，树立兖矿集团科技含量高、经济效益好、资源消耗低、环境污染少、环境与经济“双赢”的煤炭企业典范。探索环境友好矿区建设模式和关键技术，设计环境友好矿区指标体系，提炼的兖州矿区环境友好模式，初步构建了煤炭工业环境友好型矿区建设框架。不仅使集团公司环境友好矿区建设战略、规划的制定和节能减排管理有了具体依据，而且为集团公司推进生态文明矿区建设工作指明方向，为我国煤炭企业的环境友好矿区建设提供技术支持、理论依据和成熟的模式。

二、“三位一体”式环境友好矿区创建研究与实践过程

1. 运用的现代管理科学原理与方法

本研究依据环境生态学、循环经济、工业可持续发展等理论，协同运用环境

管理学、水污染控制工程学、大气污染控制工程学等多学科理论和知识，应用统计、计量、比较等方法，系统研究兖州矿区环境友好模式。界定环境友好矿区的内涵和定义，研究并构建环境友好矿区框架体系，建立环境友好矿区的环境方针、目标和指标体系、环境友好管控创新体系、环境友好产业结构优化体系和环境友好技术支撑体系。

2. 环境友好矿区的内涵

本研究所讲的环境友好矿区指的是以绿色、低碳发展为前题，以资源消耗和废物减量化、资源再利用、废弃物资源化为主要措施，注重以人为本，依靠管理创新、技术进步，推动产业结构优化升级，加快转变经济发展方式，提高资源产出效率和回收利用率，保护环境，实现可持续发展的煤炭矿区。

3. “三位一体”式环境友好矿区框架

“三位一体”通常用来比喻三个人、三件事或三个方面联成的一个整体。本课题中环境友好矿区框架正是由三个方面联成一个整体的现实表现。

“三位”：环境友好矿区的三个支撑体系，包括管控创新体系、产业结构优化体系和技术支撑体系。要发挥出体系内部各要素和体系间的有机协调和运作是一个系统问题。当这三大支撑体系高效率、优化地发生作用时，体系就开始显露出其能量，环境友好矿区建设就会获得持续不断的动力，企业就会在可持续发展的道路上健康成长。因此，环境友好矿区建设需要三大支撑体系的协调运作。

“一体”：环境友好矿区的一个方针和一个目标指标体系。

“三位一体”：以环境方针为宗旨，以创建环境友好矿区为目标，以一组可实测的指标完成为依据，以管控创新体系、产业结构优化体系和技术支撑体系等三个体系为支撑的环境友好矿区框架。

“三位一体”式环境友好矿区框架如图1。

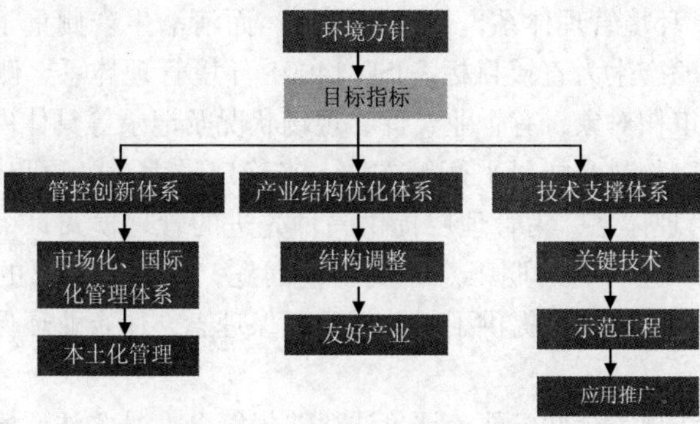

图1 环境友好矿区模式框架图

4. 环境方针

环境方针是企业环境管理的宗旨和工作方向，建设环境友好矿区的意图与原则，是目标指标体系的框架。兖矿集团环境方针是：建设绿色企业，保护地球家园。追求生态效益，守法控制超前。提供洁净精品，合理开采能源。全员关注环境，综合持续发展。

5. 环境友好矿区指标体系

环境友好矿区指标体系的构建围绕着遵守法律法规、污染控制和清洁生产、环境生态建设与管理等三个方面，参考《中华人民共和国环境保护行业标准——行业类生态工业园区标准（试行）》中的指标、中华环境友好煤炭企业评估标准中的指标、单位产品综合能耗、污染物排放总量等指标，细分了 50 个小项。每项设定了具体的指标值以及得分权重。指标权重是根据国内外关于环境友好城市、环境友好企业和环境友好工程评分标准，并结合了企业实际情况等设定的。

6. 管控创新体系

（1）建立市场化、国际化环境管理体系。管理体系是技术体系和产业结构调整的保障。兖矿集团在环境管理方面积极引入国际先进的环境管理模式，实现管控创新。兖矿集团南屯煤矿在全国煤炭行业率先开展了环境管理体系的认证工作，并顺利通过审核。目前兖矿集团“三大主业”均已通过环境管理体系认证，集团公司及专业化公司和矿（厂、处）获得环境管理体系认证证书 24 张。

（2）环境管理体系改进方向和管控创新体系分析。

①组织领导层面。ISO 14001 环境管理体系，侧重于描述最高管理者、管理者代表以及相关职能部门的职责。对于兖矿集团，属于多层次管理的集团公司，建立组织领导体系、目标责任管理体系和信息化体系更有利于环境管理体系的建立与实施。

②技术层面。像清洁生产、对标管理等，都是环境管理体系技术方面的有益补充。ISO 14001 环境管理体系，侧重于管理。而清洁生产侧重于生产，以改进生产、减少污染的产生为直接目标。ISO 14001 环境管理体系，侧重于检查企业自我管理状况，审核对象，有企业文件、现场状况及记录等具体内容。清洁生产以工艺流程分析、物料和能量平衡等方法，来确定最大污染源和最佳改进方法。ISO 14001 环境管理体系，为管理层提供一种先进的管理模式，将环境管理纳入其他的管理之中，让所有的职工意识到环境问题，并明确自己的职责。清洁生产，向技术人员和管理人员提供了一种新的环保理念，使企业环保工作重点转移到生产中来。

③环境法律法规符合性方面。评价法律法规符合性是关注环境法律法规的要求，体现了 ISO14001 环境管理体系的“预防原则”，以相关法律法规为参照标准，对环境质量和环境管理质量系统进行内部或外部评审。由于我国的环境法律法规制定与修改工作正在积极进行之中，企业对跟踪获取到的新的环境法规也要

对其适用性和自身的符合性进行评审。从法律法规评审的程序规定到评审完成、评审报告的形成及决议的贯彻，一个法规的符合性评审就较全面地得到了执行。为了更好地评价法律法规的符合性，兖矿集团建立并实施了监测体系。

④提高公共形象方面。在提高公共形象方面，环境报告书等方法是 ISO14001 环境管理体系的有益补充。“用户满意原则”是 ISO14001 环境管理体系的核心原则，企业必须把消费者或用户放在第一位，应当认真地研究和考虑用户的要求和期望，并不断地满足这些要求和期望。这种方法是以顾客满意为始点对体系进行评价，目的是提高顾客的满意度。这种对顾客期望与满意的定期评价有利于企业适应社会对产品的环保要求，及时调整自己的环境管理目标。

⑤环境管理过程诊断方面。诊断是通过自我评价找到环境管理的劣势所在，有针对性地进行“过程改进”，最终达到过程的不断提高。因此，这类评价是组织改进计划的输入。它首先以企业环境管理目标为参照来评价“结果”，再根据一定的参考模型来评价系统因素和过程，然后从分析“结果”中的薄弱环节入手，确定产生“结果”的相关“过程”及作用于过程的“系统因素”的原因，通过改进“系统因素”、提高“过程”的性能，达到改进环境“结果”和实现节约资源、提高效益等目的。为此，除了继续必要的内部审核、管理评审以外，兖矿集团还建立并实施了监督考核体系。

⑥环境管理过程细化方面。环境管理体系是一个框架，一个模式，在引入兖矿集团这类大型企业的时候，需要一些精细的管理方法、管理制度作为环境管理体系的延伸与细化。比如兖矿集团实施的精细化管理、标准化管理、企业文化管理，建立应急预案等。

兖矿集团环境友好矿区管控创新体系是以引进国际化、市场化的 ISO14001 环境管理体系为基础，健全了五个体系，即：组织领导体系、目标责任管理体系、监测体系、信息化体系和监督考核体系。实施四个管理纳入，即：纳入对标管理、纳入精细化管理、纳入标准化管理、纳入企业文化管理。引入三个管理方法，即：实施清洁生产审核、建立环境应急预案、编制环境报告书。形成全员、全方位、全过程促进环境友好发展的良好局面。环境友好矿区管控创新体系详见图 2。

7. 产业结构优化体系

环境友好产业结构的形成主要通过结构优化调整，关停淘汰落后产能产业与产品；发展低能耗、低污染、高附加值的环境友好型产业与产品。

兖矿集团坚持清洁能源、精细化工、高端产品方向，积极推进煤炭高效生产、加工转化和洁净利用，培育技术含量高、资源能源消耗低、环境污染轻、生态损害小、产品质量优、市场竞争力强的产业体系。集团公司主业逐步形成环境友好型煤炭产业、环境友好型煤化工产业和环境友好型煤电铝产业，称为动脉产

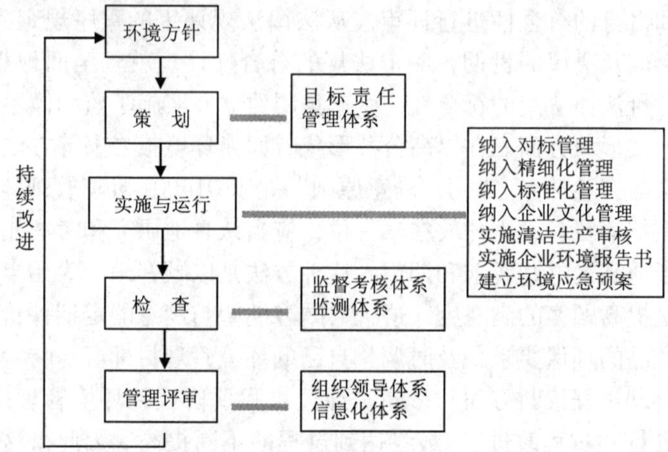

图2 环境友好矿区管控创新体系图

业。围绕着煤炭采掘、煤化工、电－电解铝“三大动脉产业”产生的废弃物，兖矿集团采取吃净榨干后成为再生资源，进入往复循环的方式，形成了与动脉产业融为一体的静脉产业。环境友好矿区产业结构优化体系见图3。

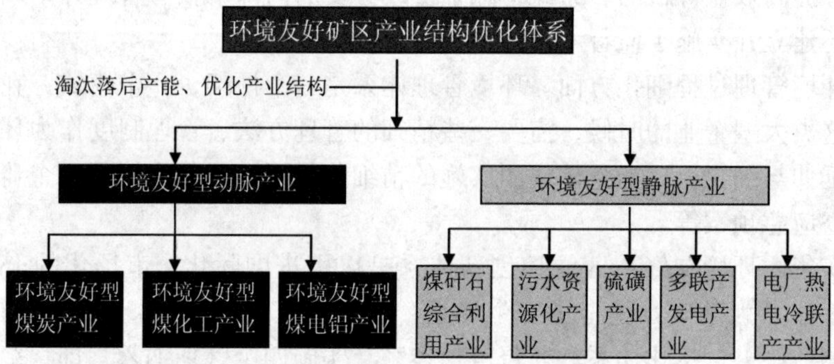

图3 环境友好矿区产业结构优化体系图

（1）结构优化调整促环境友好动脉产业发展。

①大力实施结构调整，关停落后产能。一是进行结构减排，先后关停设计规模年产55万吨的水泥厂和设计规模年产16万吨焦炭的矿区焦化厂，每年可节约能源9.6万吨标准煤。二是通过电厂余热利用，推广热－电－冷联供先进模式，对矿区供暖、供冷系统进行改造，停用矿内蒸汽锅炉房，逐步替代分散小锅炉供热模式，实现矿区集中供热、供冷。取消燃煤供暖锅炉24台268蒸吨，年节约燃煤约10万吨，实现节能量7万吨标煤，通过结构减排共实现减排 SO_2 达8500吨，减排氮氧化物7400吨。

②以高效绿色开采技术发展环境友好煤炭产业。兖州矿区地处经济发达、人口稠密的华东平原地区。兖州矿区厚煤层开采造成的地表塌陷，大部分土地处于

当地潜水位以下，矿区 80% 左右的土地最终将成为沼泽地。因此，兖矿集团坚持以绿色高效综放开采为主，探索发展普通综放开采、分层开采、薄煤层机械化开采等技术，推广应用旋转开采、条带式开采、充填开采、不搬迁开采等工艺，减小煤炭开采过程中造成的塌陷地等对生态环境的影响，加大厚薄配采和边角煤开采力度。2009 年集团本部采区回收率 80.01%，比国家规定高出 5.01%。

③以高硫煤资源化利用技术发展环境友好煤化工产业。兖矿集团积极响应国家产业政策，加快推进煤化工核心技术工业化。在国内首家成功开发水煤浆气化、粉煤加压气化、低压羰基醋酸合成、煤炭间接液化等多项具有自主知识产权的煤化工核心技术。对于煤中的硫采用超级克劳斯炉进行回收，回收率达 99.6%，回收后制成液体或固体硫磺。研究二氧化碳回收利用技术，将煤中的碳元素进行回收生产碳酸二甲酯等化工产品。通过以上技术的研究与应用，兖矿集团煤化工产业呈现出以低碳、低硫、环境友好的特征。

④以产品高端化技术发展环境友好煤电铝产业。兖矿集团在国际上率先研发出 35 吨/小时煤泥、煤矸石异比重循环流化床洁净燃烧发电技术，建设了 8 座煤泥、煤矸石等低热值电厂，成为煤炭系统最大的综合利用煤矸石、煤泥等热电联供节能项目基地。发挥煤电综合利用优势，建成年产 14 万吨电解铝项目。2008 年 6 月，又引进国际最先进的铝型材加工关键设备，开工建设年产 14 万吨工业铝型材项目。项目全部建成后，兖矿集团将成为我国装机水平最高的铝挤压材生产基地。

（2）废物资源化促环境友好静脉产业发展。静脉产业主要是通过废弃物资源化利用实现的。一是煤炭产业产生煤矸石、煤泥等固废，配套建设坑口热电厂，将固废中的碳转化为热能、电能，该洁净能源又反哺于动脉产业。二是矿井水，经处理又是一重要的水资源。三是兖矿集团的高硫煤用于发展煤化工产生的单质硫生产硫磺。四是煤化工产生的各种可燃废气和部分煤制油尾气用于联合循环发电，并供应生产过程中需要的电力和蒸汽，污染物接近零排放。五是引进溴化锂技术，实现了综合利用电厂热电冷联产。

8. 技术支撑体系

兖矿集团环境友好矿区的技术支撑体系主要依托的技术有矿井水、生活污水处理与零排放技术，氨氮废水烟气脱硫技术、煤矸石无害化处置与资源化利用技术、煤炭开采塌陷预防与生态恢复技术和高硫煤资源化技术。环境友好矿区技术支撑体系详见图 4。

（1）矿井水、生活污水处理与零排放技术。兖矿集团通过对高矿化度、高悬浮物矿井废水进行深度处理，成功解决了矿井水复用的水质问题，2009 年本部矿井水涌水量为 1972 万吨，矿井水处理率达到 100%。处理后的矿井水主要用于电厂、井下生产、洗煤厂等用水，回用率达到 93.4%。对生活污水主要采用氧化沟处理技术，2009 年产生生活污水 1900 万吨，处理率达到 100%。处理后的

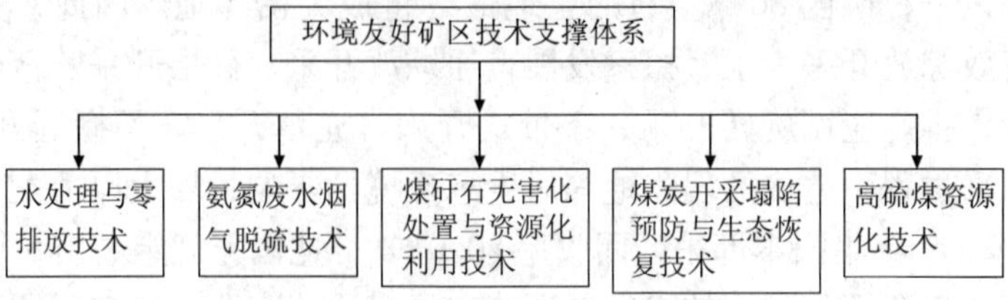

图4　环境友好矿区技术支撑体系图

中水作为电厂循环冷却水补水、洗煤、绿化等回用，回用率达到65.3%，其余达标外排。外排水主要指标达到了当地地表水水质标准，从而实现了真正意义上的污水“零排放”。

（2）氨氮废水烟气脱硫技术。兖矿集团峄山化工公司生产过程中有氨氮废水产生，该氨氮废水用做兖矿集团华聚能源公司烟气脱硫工程的吸收剂，生成脱硫副产物硫酸铵作为化肥用于农业生产，构成了氨氮废水烟气脱硫技术体系。

（3）煤矸石无害化处置与资源化利用技术。

①低热值燃料发电技术。围绕煤泥、煤矸石处理和能源综合利用，兖矿集团大力开展煤泥、煤矸石等低热值燃料发电技术的研究开发，先后取得科研成果一百多项，荣获多项省（部）级科技进步奖，国家专利十余项，相继研究开发出首台35t/h、75t/h、220t/h、440t/h煤泥循环流化床锅炉，为低热燃料发电奠定了基础。在沸腾锅炉、循环流化床锅炉燃烧及煤泥螺旋给料。

②煤矸石烧结制砖技术。兖矿集团鲍店煤矿矸石烧结空心砖项目，是以煤矿产生的工业废料煤矸石为原料，生产制造空心砖这一国家大力推广的新型墙体材料，具有利废、节地、节能、保护环境等优点，其性能比粘土砖具有强度高、费用低等优势。采用煤矸石烧结技术，兴隆庄煤矿、鲍店煤矿、杨村煤矿分别建设了煤矸石制砖项目，年耗矸石70多万吨。

③矸石山绿化造景技术。煤矿的矸石山和其他固废的无害化技术就是将上到地面的矸石和其他的固体废弃物通过绿化的手段，使之不对环境造成污染和破坏，并能够创造一定的经济和环境效益的技术。煤矿在采矿过程中，不可避免地会有煤矸石随煤炭上井，另外还有其他的固体废弃物堆存在地面。为了减少它们的危害，矿区在总体规划阶段就根据地形地势，设计矸石堆存处，以边堆山边绿化为基本原则，积极探索矸石表面复土种植技术，减少矸石山的危害。

④矸石填充塌陷区生态恢复技术。采用矿井井下掘进矸石和洗选矸石充填塌陷区，矸石直接用自卸汽车由井口和选煤厂运至复垦区，用推土机整平。为提高农田复垦质量，将井下掘进矸石充填于下部，分层充填（也可全厚充填），自然碾压，分层厚度以1.0m为宜；矸石复垦地上部选用粒径较小、颗粒级配较好的洗选矸石充填于掘进矸石之上，以使复垦后的土地有一定的保水性。洗选矸石分

散均匀排放，以免集中充填，以防洗选矸石因含硫含碳量较高而日后发生自燃。

⑤矸石井下回填技术。煤矿以矸石井下处理技术为主的洁净开采技术，消除了地面矸石堆存成山的现象，保护了农田，减少了对大气环境的污染；另外矸石作为井下充填材料，加固的矸石带作为地下结构支撑体，替代了煤柱作为巷道支护，使得建下煤炭等得以回收，增加了煤炭产量；同时矸石的地下充填，又减少了地面沉降和塌陷等问题。兖矿集团通过几年的洁净开采技术的实践，煤矿不仅取得了显著的经济效益，而且也带来了巨大的社会效益。

（4）煤炭开采塌陷预防与生态恢复技术。

①煤炭开采预防塌陷技术。煤炭开采会造成地表塌陷，然而水体下、建筑物下和铁路下的开采是不允许出现塌陷的，水体下、建筑物下和铁路下的特殊开采技术简称为“三下”开采技术。其中，水体下特殊开采技术中的水体包括地表明水体，如江河、湖海、水库等；松散层含水体，如第三、四纪松散层中的水体和基岩含水体，如砂岩、石灰岩含水层。建筑物下特殊开采技术中的建筑物包括城镇建筑物、民房、工农业建筑、公路、桥梁等。

②塌陷地生态恢复技术。一是塌陷区充填复垦技术。在已经塌陷的地区回填适宜厚度的矸石、粉煤灰、河砂、河道淤泥等废料，恢复被破坏土地的种植性能和作为建筑物地基的性能，可以作为治理的主要方法。二是开采塌陷采区的挖深垫浅治理技术。取土筑坝、分隔鱼塘，作为农田灌溉水源和发展养鱼产业，作为上述各种治理方法的一种补充措施，矿井矸石不再占用耕地，开采塌陷区综合治理以后，大量的土地简单复垦以后即可以耕种。

（5）高硫煤资源化技术。

①新型水煤浆气化技术。在煤炭气化领域，兖矿集团成功开发出多喷嘴对置式水煤浆气化炉，各项工艺指标达到国际先进水平。利用 2 台日处理 1150 吨煤的多喷嘴对置式水煤浆气化炉配套生产 24 万吨甲醇、联产 8 万千瓦发电，碳转化率高达 98.8%，有效气成分提高 2 ~ 3 个百分点，CO_2 含量降低 2 ~ 3 个百分点，年节能量达到 1.6 万吨标准煤，达到世界领先水平。

②碳减排及回收利用技术。采用拥有自主知识产权的甲醇低压羰基合成醋酸技术、先进的洁净煤气化技术、多联产工艺技术和洁净煤发电技术，高效回收利用甲醇生产排放的 CO_2，每年可以回收利用及减少大量 CO_2 排放，实现了生态环境和经济效益“双赢”。

三、“三位一体”式环境友好矿区创建的效益分析

1. 经济效益分析

经济效益计算对应本研究的结构，即分为产业效益、技术效益和管理效益。产业效益虽然巨大，但是目前还不能有效地单独计算出产业中环境友好产生的效益。同理，管理效益也难于计算。因此，环境友好技术产生的效益作为本研究效

益计算的主要依据。

高硫煤克劳斯硫回收项目实现经济效益9738万元/年，IGCC发电项目可实现经济效益9575万元/年。新型水煤浆气化技术等专利转让费已达4.25亿元。济二煤矿矿井水井下直接处理利用年经济效益238.8万元。华聚能源公司三家电厂氨氮废水烟气脱硫工程年经济效益为447万元。济三煤矿井下矸石填充年节约运提费204.8万元；每年多回收煤炭资源20万吨，净增产值2700万元；每年可减少土地购置费257.88万元。南屯煤矿使用溴化锂制冷年节约电费49万元。经计算，经济效益最高每年达22173.48万元。

2. 社会效益分析

（1）环境治理与生态恢复，促进了矿井可持续发展，改善煤矿企业和周围村庄之间的关系。

（2）矿井水深度处理技术、氨氮废水脱硫技术、煤炭开采塌陷预防与生态恢复技术等多种环境治理生态恢复技术的突破推动了煤炭行业环保技术进步。

（3）减少了地下水取水量，有效地维持了原生的水文地质环境，保护了宝贵的地下水资源，有利于解决矿区用水量日益增加和水资源越来越短缺的矛盾。

（4）煤矸石发电等综合利用产业为企业富余劳动力提供了新的就业机会，其他环保设施的建设也为企业提供了富余劳动力的机会。每座煤泥、煤矸石电厂可安置人员500人左右。

（5）高硫煤煤化工技术的突破彻底改变了高硫煤的命运，为全国乃至全世界高硫煤找到了出路，社会效益显著。

（6）溴化锂制冷技术等节能、节电技术的发展，降低了企业成本，缓解了用电紧张局面，具有显著的社会效益。

3. 环境效益分析

（1）污染物排放总量明显下降。兖矿集团在2009年煤炭产量、销售收入、利润比2005年分别增长34%、99.2%、73.3%的前提下，主要污染物SO_2、COD和氨氮排放量比2005年分别减排13%、83%和89%。

（2）污染物排放浓度达到全国最好标准。通过污染治理设施改造升级，兖矿集团主要污染物SO_2、COD排放浓度分别能够达到50mg/l、20mg/l以下；最佳状态能够达到监测设备监测不出污染物排放浓度的情况。

（3）资源综合利用率明显提高。2009年矿井水复用率达到93.4%，生活污水复用率达到65.3%，外排水主要指标达到了地表水Ⅲ类水质标准。煤矸石、煤泥综合利用率达到了100%，废气中二氧化硫的率用率达到了99.6%。

（4）生态环境得到恢复性治理。污水回用实现最大限度的少采用地下水，对防止水源枯竭，维持地下水的良性循环，改善矿区生态环境具有有积极作用。煤泥、煤矸石综合利用，可以减少占用土地，减少对环境的污染、改变了矿区黑乱脏的形象。利用矸石堆山造景，兴隆庄煤矿和济三煤矿分别形成了矸石山景观，实现了矸石山的四季长青植被覆盖，在矸石山上修建了上山的盘道、磴道；在山顶上修建了休息亭等设施，形成了矿区的一道风景。矸石井下充填可以构筑矸石井下支撑结构体，有效控制地表下沉，大幅度地减少地面沉陷。利用矸石充填塌陷地，复垦后可重建为农田，有效地恢复了生态环境。

（5）节能效益显著。集团公司工业产值综合能耗比“十五”末降低17.3%，原煤生产综合能耗比“十五”末降低21.4%。2006～2009年累计实现节能量27.73万吨标准煤，提前一年完成了省政府下达的节能量指标。南屯煤矿、济三煤矿被国家能源局确定为全国煤炭行业节能示范试点企业。

四、结论

（1）提出了环境友好矿区的概念，创建了环境友好矿区模式。该模式由环境友好矿区环境方针、目标指标体系和实现目标指标体系的三大支撑体系构成。三大支撑体系包括管控创新体系、产业结构优化体系和技术支撑体系。

（2）建立了环境友好矿区的环境方针、目标和指标体系。环境友好矿区目标指标体系的构建围绕着发展目标、遵守法规、环境生态建设与管理、污染控制和清洁生产等方面，细分了50个小项，每项设定了具体的指标值以及得分权重，提出了指标的数据采集和计算方法。

（3）建立了环境友好管控创新体系。在国内外首次构建了比较完善的环境友好矿区管控体系。兖矿集团构建了集团公司、专业公司、基层单位三级组织领导机制，目标责任机制和奖惩机制等三个机制；实现对标管理、标准化管理、企业文化和精细化管理的四个纳入，建立了比较完备的管控创新体系。形成了全员、全方位、全过程促进环境友好发展的良好局面。

（4）建设以高效绿色开采洁净利用为特征的环境友好产业结构体系。包括以煤炭高效绿色开采技术形成环境友好煤炭产业；以高硫煤资源化利用技术形成环境友好煤化工产业；以产品高端化技术形成环境友好煤电铝产业；以溴化锂制冷技术应用，实现煤泥、煤矸石综合利用电厂热电冷联产产业。

（5）构建基于煤炭全生命周期废物资源化利用为导向的环境友好技术支撑体系。包括：在采空区净化矿井水并复用，采用微涡流反应器解决井下注浆期间矿井水处理，采用电吸附技术解决含盐量高的矿井水处理等矿井水处理与利用技术；在循环流化床锅炉采用氨氮废水进行烟气脱硫技术；多喷嘴对置式水煤浆气化技术，三级克劳斯硫回收技术，煤气燃气轮机发电技术等高硫煤洁净利用技术。

（成果创造人：石学让　冯　腾　陈聚武　杨继贤　李　斌　张秀兰　王洪记　黄淑丽　戴长青　王　峄）

卓越绩效管理
在中国大型煤炭企业的应用与创新

兖州煤业股份有限公司

兖州煤业股份有限公司地处中国煤炭消费中心和北煤南调的前沿，东临日照港、青岛港、连云港，京沪、兖石铁路比邻而过，得天独厚的区位和交通优势，使公司成为东北亚，中国华东、华南沿海地区最具竞争力的大型煤炭企业。公司是迄今中国唯一一家在境内外三地上市的煤炭企业，是中国煤炭行业第一个在境外成功收购煤炭资源的企业，是第一个将采煤技术和设备向发达国家输出的企业，是第一个同时获得全国质量奖、中国质量鼎和亚太质量奖的企业。经过多年的发展，兖州煤业初步建成了山东、陕西榆林、内蒙古鄂尔多斯和澳大利亚四大运营基地，成为一家以煤炭、煤化工和电力为一体的国际化矿业集团。

一、兖州煤业实施卓越绩效管理的背景

1. 实施卓越绩效管理是兖州煤业持续发展的需要

按照SWOT分析方法，总结归纳出了兖州煤业的优势、劣势和面临的机遇、威胁。见表1。

表1　兖州煤业SWOT分析

优势（S）	劣势（W）
1. 具有较强的技术创新能力。建立了完备的技术研发和技术创新管理体系。	1. 本部煤炭资源量不足，“三下”压煤严重，搬迁费用逐年攀升，制约了本部煤炭生产。
2. 具有较高的管理水平。建立了较为完善的管控体系，在安全、生产、建设、经营等方面具有丰富的管理经验。	2. 现有煤化工产业链条短，处于产业链低端，初级产品比重大，产品附加值低。

优势（S）	劣势（W）
3. 具有一定的人才优势。拥有一批素质较高的经营管理、专业技术和操作技能人才。	3. 企业税费负担较重。
4. 具有资本运营和国际化经营平台。重组并购了国内外重大项目，积累了丰富经验。	4. 人力资源结构不尽合理，特别是金融、法律精细化工研发和技术人才较为缺乏。
5. 具有扎实的产业基础。形成了较完善的煤基产业链，构筑了循环经济发展模式。	5. 外部煤炭资源开发难度大，获取资源的附加条件多。
6. 具备良好的市场信誉和品牌优势。	
7. 具有较为丰富的国内外战略资源储备。	
8. 具有优越的地理、交通等本部区位优势。	
机会（O）	威胁（T）
1. 宏观经济稳定发展，煤炭行业发展前景良好。	1. 国家对落后、过剩和高耗能产业将采取更严格的淘汰机制，煤炭下游企业总量减少。
2. 相关产业的发展，将引发煤化工消费的增长。	2. 国家环境保护和低碳经济要求更严格，环境容量的制约将影响企业发展。
3. 国家鼓励煤矿企业兼并重组，为公司跨越发展提供了良好机遇。	3. 大型煤业集团控制市场趋势日益明显。煤炭企业间多产业、多领域竞争加剧。
4. 国家鼓励企业积极实施“走出去”战略及金融危机对国外企业形成冲击，为兖州煤业收购、兼并国外资源性企业提供了机会。	4. 随着经营范围和区域跨地区、跨国界拓展，不可控因素增多，管理幅度和难度加大。

2. 实施卓越绩效管理是兖州煤业实施“二次创业、加快发展”战略的需要

从2010年开始，兖州煤业全面实施“二次创业、加快发展”战略。“二次创业、加快发展”战略的近期目标是：到2012年，经济总量比2009年翻一番，煤炭产量7500万吨；建成“四大产业基地”，实现“四地上市”。中长期目标是：“十二五”期间，建成产量过亿吨、销售收入过千亿，形成大型跨国能化公司。公司通过实施卓越绩效管理模式，能够形成集聚效应，推动公司实现新一轮大发展、大跨越。

3. 实施卓越绩效管理是兖州煤业加强和提升科学管理水平的需要

兖州煤业在推进卓越绩效管理模式之前，建立质量管理、环境管理、职业健康安全三大管理体系，形成了一套较为完备的管理模式，在此基础上实现从优秀

管理到卓越管理的跨越。通过这种创新，彻底解决管理中存在的问题，加快公司发展速度。

二、兖州煤业卓越绩效模式实践创新成果内涵和主要做法

内涵：兖州煤业导入卓越绩效模式后，紧密结合自身实际，通过综合的组织绩效管理方法实践与创新，确保使组织和个人得到进步和发展，并不断提高组织的整体绩效和能力，为顾客和其他相关方创造价值，并使组织持续获得成功。其核心是从创新再造企业业务链和价值链流程出发，不断强化组织的顾客满意意识和创新活动，在企业文化、战略、顾客和市场、测量分析改进、人力资源、技术创新、过程管理、经营结果等方面，追求卓越、持续改进，从而达到创新发展模式、提高发展质量、实现永续经营的目的。兖州煤业实施卓越绩效管理的主要做法：

1. 建塑先进文化，打造企业发展品牌

兖州煤业把品牌建设与文化建设有机结合，共同作为公司发展的重要支撑，走过了一个从文化启蒙到文化培育再到文化自觉的过程。

（1）继承创新，熔炼形成天地人和责任文化。兖州煤业汲取孔孟之乡儒家文化精髓和中华传统文化的博大精深，博采众长，熔炼出充满活力的以天地人和为核心的“责任文化”。

（2）责任文化理念体系：核心内涵为天地人和。

品牌名称：企业品牌为“兖州煤业”；品牌标识：由黑红两种基本颜色组成的变形太极图，象征着兖州煤业对人类社会光和热的奉献与公司的和谐发展；品牌使命：为国争光，为行业争气；品牌个性：火神精神。整体上，以品牌内核为主，扩展到包括高资本运作、安全、高诚信、高水平管理、和谐等品牌外延。

企业使命：奉献光热，创造价值；企业愿景：和谐兖煤，追求卓越；核心价值观：立责于心，公允至信；企业精神：创新领先，合力致远。

（3）“四位一体”文化体系。兖州煤业汲取所属单位文化建设成果，最终形成以“3+6”模式为支撑。见表2。

表2 “四位一体”文化体系

安全文化 “三为六预”	本质安全	以人为本　安全为天预防为主	预教　预测　预想 预报　预警　预控
管理文化 “三自六精”	绩优高效	自动　自发　自治	精细　精益　精准 精确　精致　精美
廉洁文化 “三廉六端”	风清气正	学廉　思廉　勤廉	端心　端身　端言 端行　端责　端权
美德文化 “三德六立”	德润和谐	树公德　修品德 崇美德	立仁　立义　立礼 立智　立信　立俭

2. 科学分析决策，部署实施战略规划

（1）可持续发展战略。兖州煤业在战略制定、目标设计和实施整个过程中，不断追求方向、规模、质量、速度的合理性和实效性。

①战略制定。兖州煤业通过内外结合，论证分析，上下沟通，审慎选择，确立了公司发展战略，即：坚持以人为本，充分利用国内、国外两种资源和两个市场，坚持内涵挖潜和外延扩张、资本运营和产业运作相结合的发展方式，加快建成具有强大国际竞争力跨国公司，努力担负起在中国煤炭工业结构调整中挑大梁的重任。

②“十二五”发展规划。兖州煤业具体实施方案为“两步走”：2011－2013年，煤炭产量每年以1000万吨以上幅度递增，到2013年，实现“三年三大步，年产量过亿吨，跨入国家亿吨级煤炭企业行列”；销售收入比2010年翻一番，职工人均年收入达到10万元。2014－2015年，煤炭产量每年以2500万吨以上幅度递增，到2015年，实现“煤炭年产量1.5亿吨，年销售收入突破1000亿元，年利润突破300亿元，跨入世界500强”，职工人均年收入达到行业领先水平。

（2）依托六大支撑体系，部署分解战略规划。六大战略支撑体系即产业运营体系、科技创新体系、安全保障体系、人力资源体系、资本运营体系、节能环保体系。具体内容见表3。

表3　六大战略支撑体系内容

六大战略支撑体系	主要内容
产业运营体系	构建完善“433”科学发展新格局。 “4”，即：在境内外建成“四大运营基地”。 1. 在山东省内，建成山东煤炭、发供电产业运营基地，为外部发展提供技术、人才、管理支撑。 2. 在陕西省，建成榆林煤炭、煤化工产业运营基地。 3. 在内蒙古自治区，建成鄂尔多斯煤炭、煤化工产业运营基地； 4. 在澳大利亚，建成澳大利亚煤炭生产及资源开发运营基地。 “33”，即：转方式调结构“3个3”的发展策略。 1. 在产业发展上，实施产业一体化、布局区域化、发展国际化“三向并进”产业发展策略。 2. 在运营发展上，实施生产经营、资本运营、产品贸易“三位一体”运营发展策略。 3. 在生产组织上，实施稳省内、增省外、拓国外“三地支撑”生产组织策略。

六大战略支撑体系	主要内容
科技创新体系	1. 创新科技发展思路。以新技术、新工艺、新材料、新产品引进和开发为重点，集中突破一批关键技术，促进发展方式转变和产业结构优化调整。 2. 实现“两个提高”。即科技进步对经济增长贡献率进一步提高，2015年达到65%以上；科技投入占主营业务销售收入比例逐步提高，2015年达到6%以上。 3. 保持“四个领先”。即企业自主创新能力保持行业领先；主导产业核心技术保持国际领先；综放开采技术、煤炭气化、煤炭液化以及多联产等核心技术保持国际领先；科技创新绩效（数量、质量和成果转化能力）保持行业领先。 4. 形成“四个一批”。即形成一批具有自主知识产权的新产品和名牌产品；培育形成一批高新技术企业；建成一批高水平研发机构；参加制（修）订一批国家、行业或地方技术（产品）标准。
安全保障体系	1. 突出优化安全风险预控管理。优化完善“六预”管理流程，推动安全工作由“被动管理”向“主动尽责”转变。 2. 突出科技兴安。坚持“重装备、高可靠性、自动化、用人少”方向，形成和完善煤矿六大系统，实现本质安全目标。 3. 突出员工综合素质提升。推进安全培训由“应知应会”向“必知必会”转变。 4. 职业安全健康管理体系规范运行。加强职业危害检测、评估，优先采用有利于保护员工健康的新技术、新工艺、新材料，定期组织员工健康查体，做好职业病防治工作，切实保障员工生命健康权益。
人力资源保障体系	1. 着力改善人才资源结构。优化人才学历、专业、年龄、职称等结构，提升人才队伍建设整体水平。 2. 健全人才资源合理流动机制。建立公平公开公正、规范有序、良性竞争的人才流动体制机制，促进人才合理流动和配置。 3. 着力加强人才能力建设。开展多层次多形式职业能力培训，分类别、分层次、有重点地进行专业技术技能培训。 4. 构建良好的人才发展环境。完善人才培养引进机制。通过职务提升、职称晋升、技能晋级、评先树优等，为实现自我价值提供平台。
资本运营体系	1. 大力实施“走出去”战略，加快兼并收购步伐。 2. 利用现有的海外资本运营优势，加快境外资产证券化进程。 3. 运用上市公司平台，做好融资工作。 4. 充分发挥财务公司作用，积极开展融资理财。
节能环保体系	1. 推行清洁生产。 2. 推进煤基相关产业低耗循环多元化。 3. 应用先进环保节能技术工艺装备。 4. 全面推进生态文明矿区建设。

3. 以市场为导向，提供优质产品和服务

（1）多元化煤炭品种。公司可以生产各种级别的精煤、块煤、经筛选原煤、混煤、半硬焦煤、半软焦煤、喷吹煤、动力煤等煤炭品种，以适应冶金、电力、化工等多种行业的要求。

（2）过硬的产品质量。实施以“管理‘零缺陷’、产品‘零杂物’、顾客‘零投诉’”为主要内涵的“三零”工程和以建设“标准化选煤厂、标准化储煤场”为目标的“两厂（场）”建设，“兖矿煤”精煤万吨含杂率 1.0 千克左右，达到国际洁净煤领先水平，被日本、韩国的顾客列为免检产品，被评为“中国名牌”和“同行业第一品牌”，入选首届中国品牌 500 强，名列第 68 位。

（3）优质一流的服务。以稳定的供货满足顾客，以卓越的质量取信顾客，以超值服务感动顾客，被中国质量评价中心评为“全国售后服务先进单位”。公司于 2011 年初委托山东省质量评价协会进行了顾客满意度调查，顾客满意度指数为 85.26 分，表明兖州煤业服务达到了顾客要求。

（4）灵活的交付方式。公司本部拥有 184 公里的自营铁路，并与兖石、京沪国铁干线接轨，可通过日照、青岛、岚山、烟台和连云港出海，自有的泗河口码头直通京杭运河，形成火车直达、海港、汽运、内河港转、自营运输五种互为补充的运输方式。

（5）领先的市场地位。2010 年公司国外市场占有率达到 0.86%，国内市场占有率达到 1.14%，在同行业中名列前茅。尤其在中国华东地区煤炭市场具有举足轻重的地位，煤炭销量在华东地区煤炭占有率居全国各供煤企业前列。

（6）密切的合作关系。

①建立与顾客良好的合作伙伴关系。

一是以稳定的供货满足顾客。根据顾客对“兖矿煤”市场销售和经济效益的重要程度，划分为战略顾客、重点顾客、一般顾客、潜在顾客四种类型，采取不同的工作重点。

二是以卓越的质量取信顾客。以“向顾客提供最满意的产品和服务”为质量核心理念，确保产品质量、确保装车计量、确保价格统一、确保合同兑现、确保服务周到。

三是以超值服务感动顾客。建立顾客走访、接待、座谈交流机制，邀请部分顾客到公司考察参观，持续改进服务。

四是以真诚的态度留住顾客。实行“四个一样”，即：内贸与外贸一样、省内与省外一样、地销与铁运及水运一样、重点与一般顾客一样。

②建立与供应商长期稳定的合作关系。

一是建立畅通的信息沟通渠道。采取召开供应商座谈会、邀请供应商来矿区参观等不同方式，与供应商建立畅通的信息沟通渠道。

二是营造公平竞争的市场环境。建立供应商管理体系、供应商准入制、供应商考评档案及供应商信息反馈、质疑和投诉机制，保障供应商的合法权益。

③规范投资者关系管理。

一是建立健全投资者关系管理制度。制定并完善《投资者关系管理工作制度》《信息披露管理制度》。

二是细分投资者类别。公司将投资者分为三大类，即直接投资者——已购买公司股票的投资者；潜在投资者——可能投资公司股票的投资者；影响投资决策媒介——证券分析师，证券网站、报纸等媒介。

三是注重投资者关系沟通的多样性和及时性。公司定期与投资者进行沟通。

④平衡其他各利益相关方的关系。对政府：构建资源节约型、环境友好型社会及和谐社会、实施“走出去”等国家宏观战略；履行社会责任，超额完成电煤供应任务。对价值链伙伴：共同推动产业繁荣。对同业者：共同营造健康、有序的竞争环境。对公众：力求创造更加透明、开放的沟通环境。

4. 保护员工权益，实现公司与员工共同发展

（1）坚持以人为本，为员工职业生涯发展建立绿色通道。

①打破“三个界限”。即打破身份界限：改变过去只有正式员工才能晋升管理岗位的做法，在集体和合同制员工中选拔使用干部；打破所有制界限：从集体、民营企业中招引人才；打破地域界限，在全球范围内吸纳人才。

②提供“三条通道”。即员工发展通道：普通员工可以向初技工、中技工、高技工和管理岗位方面发展；专业技术人员发展通道：专业技术人员可向技术员、助理工程师、工程师、高级工程师方面和高级管理岗位发展；管理人员发展通道：一般管理人员可以从办事员、科员、科级、处级、局级方面发展。

（2）建立绩效评估考核体系，完善人力资源激励机制。

①建立全员综合绩效考核评价指标体系。创新“123”经济责任联挂互保考核、全员绩效考核和分管工作条线考核体系。

②采用360度员工绩效评估方式。即自我评价与员工评价相结合，领导评鉴、同级评价、员工评议相结合，定期与不定期相结合，定性与定量相结合，日常评估与重点评估相结合的方法。

③建立人力资源“三维激励机制”。创造性地构造了物质激励、精神激励、目标激励三维立体动态激励模式。

（3）科学分析测测量，提供健康舒适工作环境。在煤炭行业率先把安全管理和监察工作纳入ISO9000管理体系中。

（4）注重应急救援，建立应急管理体系。依据上级法律法规和《生产经营单位安全生产事故应急预案编制导则》（行业标准AQ/T9002 -2006），建立应急管理体系。见表4。

表4 应急管理体系一览表

应急机构	公司成立应急管理领导小组，下设应急救援指挥部和9个应急救援小组，实行24小时值班制度。
应急预案	建立《煤矿生产安全事故综合应急预案》以及和包括煤尘、瓦斯、火灾、顶板等在内的12个专项应急预案。
应急资源	1. 应急费用由安全生产费用据实列支，严格按照国家规定标准提取。 2. 公司内部建有专职应急救援队伍矿山救护大队。 3. 公司设有物资供应中心，各矿井设立应急救援物资和设备储备仓库，配备应急救援物资、设备。 4. 公司配套建设有总医院、第三医院等医疗机构。
应急培训与演练	1. 分级、分专业、分系统组织实施应急培训工作，培训重点为应急法律法规、应急知识、应急预案等内容。 2. 公司、各煤矿每年至少组织一次综合预案或专项预案演练，演练采取实战方式，提高应急反应和处置能力。

（5）采取有效措施，确保经营连续性。公司制定有效防范措施，维护员工和顾客的利益。见表5。

表5 影响经营连续性因素及防范措施

影响方面	影响因素	防范措施
生产过程	停电	生产矿井配备双回路电源；配套建设内部电厂，保障电力供应。
	停风	生产矿井配备两台主通风机，且备品备件一律存储在现场。
	设备物资供货质量和周期	与供应商建立长期合作关系，并有备选供应商；内部有物资供应、综机管理“两个中心”，确保物资、设备供应。
营销过程	市场波动	生产矿井配有选煤厂、煤仓和煤场，煤炭品种多样，运输有火车、船运、汽运多种方式，确保营销连续性。

（6）鼓励员工参与多种形式的质量管理活动。公司成立各种小组，提高员工参与质量管理的积极性。见表6。

表6 公司质量管理活动一览表

主要形式	制度保障	评定考核
QC小组活动	企管部门QC小组注册、汇总、备案和日常指导	每年召开一次“QC成果发布会”，对优秀项目和个人进行表彰奖励。

主要形式	制度保障	评定考核
合理化建议征集	征集对公司发展、安全、生产、经营、等工作的合理化建议	统一汇总、分类、分析、评定，对有价值的建议进行表彰奖励。
小改小革	基层单位组织制定小改小革实施计划，组建课题研究小组。	不定期对成效突出的革新小组和成果进行评定考核；每三年召开科技大会，对特别有效创新项目进行考核奖励。
创新团队	专业技术人员组成创新团队，提供经费、设施支持。	每年对创新团队的项目建设绩效、人才队伍建设、科研条件进行考核；三年为一周期，进行全面评估。

（7）员工的满意度。

①为员工提供个性化支持。公司建立了以职代会为基础的民主管理制度，确定影响不同员工权益、满意程度和积极性的关键因素。见表7。

表7　影响员工权益、满意度和积极性的关键因素及个性化支持措施一览表

员工分类	关键因素	可能影响	个性化需求	个性化支持措施
高层管理人员	事业发展、学习发展、薪酬待遇	管理绩效、事业心、责任感、科学决策	提供事业平台、价值实现、素质提升、充分授权	授权制度；考察学习；中长期激励：股票期权、绩效薪金兑现、企业年金；高层论坛；入选企业年度人物。
一般及中层管理人员	职务晋升、荣誉薪酬、教育培训、工作环境	管理积极性、工作主动性、工作业绩	灵活用人、价值实现、素质提升	选拔聘任；特别嘉奖；担当项目主要负责人；进修深造、专题培训班、进修学习。
专业技术人员	职业发展空间、培训教育、薪酬福利、业绩认可	创新能力、业务素质、工作潜力发挥	学习成长、业务水平提升	职称评聘；专业培训；技术（技能）人才评聘；年度评选先进个人、年度考核。
岗位操作人员	薪酬福利、工作环境、生活环境、培训学习	工作积极性、岗位绩效、作业安全、身心健康、	工作稳定、生活需要、技能提升、精神需求	社会保险、薪酬保障机制；实施环境、职业健康安全体系；多形式培训；职代会办实事制度；社会治安防控。

②公司高层主动关注员工建议、意见并及时反馈处理，高层管理者主要通过四种方式与员工交流。见表8。

表8　高层领导与员工交流方式一览表

交流方式	交流频次	交流内容	反馈处理
接待日	每周	工作、生活中的热点难点	现场解答；落实部门责任；改进工作。
经济调研	季度	对公司的意见和建议	现场落实相关部门责任。
下井（现场）	不定期	安全生产过程中的隐患	现场落实责任，解决消除安全隐患。
基层慰问	重大节日	精神和物质慰问基层员工，听取困难员工意见	针对反映的生活难点，安排相关部门解决。

③实施满意度调查，促进持续改进提升。通过内部问卷调查方式进行上年度员工满意度调查。

5. 开发利用技术及装备，促进全面精细管理

公司建立管理机制，完善运行体系，促进战略目标实现。

（1）提供基础设施，确保满足过程管理要求。建立《设备设施管理程序》《建设工程管理实施细则》等制度，择优配置基础设施。编制《年度设备购置计划》《基本建设投资计划》，经审批后，由各职能部室和需求单位按计划实施。

（2）坚持预防维护保养，保持设备完好。编制《年度维检计划》《设备大修计划》《特殊设备作业规程》《设备定期保养及日常维护规程》及《设备安全操作规程》，要求操作工按规定对设备进行操作及维护。

（3）制定更新改造计划，提高基础设施技术水平。公司坚持技术更先进、经济效益更高、寿命周期更经济的选型原则，对设备设施进行更新改造，持续改善、提高设备性能及效率，降低能耗和污染。

（4）重视环境治理和健康安全的防护。实施《建设项目节能评估和审查工作管理办法》，坚持基础设施改扩建“三同时”原则，在基础设施运行中，定期开展环境监测和职业健康安全检查，及时处理基础设施引起的环境和职业健康安全隐患。

（5）强化技术创新，提高企业核心竞争力。

①注重技术评价分析，拥有领先的技术优势。公司开展技术评估，定期或不定期分析评价行业生产技术发展状况和趋势、核心技术研发水平、新技术发展方向。

②开发、引进和采用先进技术和先进标准。公司依据战略目标及发展规划，积极开发、引进和采用国际一流的先进技术和标准，增强自主创新能力。

③规范实施技术开发与改造流程。公司通过信息检索、调研，多渠道获取技术信息，提出技术需求，经论证、评审后制定技术创新计划。技术开发计划下达后，公司拨付技术开发项目专项资金，由各矿处和部室按照计划目标要求，具体负责技术开发项目实施。

6. 高效实施过程管理，创造价值最大化

（1）资本运营过程的实施。经管理层讨论初选项目后，由专业小组组织前期调研、风险评估，项目可行即按公司资本运营流程确定实施运营方案。通过系列战略性资产收购、投资和股权出售等，在避免与控股股东同业竞争的同时，资产规模不断扩大，产业链条不断延伸，经济效益和经济规模实现新突破。

（2）煤炭生产过程的实施。兖州煤业多项行业领先采煤技术工艺的应用，使矿井实现了集约化生产。见表9。

表9　煤炭生产过程实施一览表

对策	对策实施
按章作业全过程控制	对矿井开拓方案、采区方案设计、工作面设计、规程措施、采煤生产安全、掘进、巷修、运输、提升管理、机电、“一通三防”、防治水等过程进行有效管理。
多措并举优化现场管理	1. 开展质量标准化建设，实现动态达标。 2. 推行定置管理，实现物品管理标准化、规范化。 3. 推进工序控制，实施全员、全面、全过程的控制。
对生产过程实施系统化监测	建立健全了综采（放）工作面工况监测系统，主要对液压支架初撑力、泵站、运输机、采煤机进行监测和对两顺槽进行矿压支护观测，能够及时发现存在问题，及时维修、维护设备和确定合理的超前支护范围。
	在煤巷锚网支护巷道，建立健全了地应力测试和矿压观测监测系统等，能够根据监测结果及时优化设计、修改支护参数，确保安全生产。
	开展质量标准化达标活动。公司每季度组织职能部门一次覆盖采煤、掘进、机电、运输、通防、地测、调度专业的质量标准化检查，对检查出的问题提出具体的整改意见，以质量整改单的形式下发到各矿限期整改。
煤炭生产过程中的成本最小化	积极探索绿色开采技术。济宁三号煤矿巷道矸石充填技术自2008年至2009年，共施工矸石充填巷10条，计2450米，共充填矸石巷6条，计2157米，充填矸石8.28万t，置换煤炭7.48万t。
	研制推广顺槽连续牵引车，每个工作面安装可实现直接经济效益90万元。研制推广斜巷架空乘人装置，该套设备实现了无人值守。

（3）洗选过程的实施。在全行业率先研制应用了“铁路装车线自动添加系统”“选煤厂自动配煤系统”“精煤产品质量控制系统”，实现了洗选加工的高质量、高效益。

（4）营销过程的实施。构建“五统一”集中销售新型营销体系，形成了独具特色的“12345”煤炭营销模式。见表 10。

表 10　营销过程实施一览表

对策	对策实施
按章作业	实施并保持《沟通与协商控制程序》《顾客需求评审控制程序》《顾客满意监视控制程序》《不合格品控制程序》等规定。
超前判断	把握市场变化，坚持市场现场“两贴近”、国际国内“两并重”原则，创新推行“12345”营销模式，构建一体化营销体系。
锻造核心品牌	煤炭企业间的竞争已从产品、价格、技术、资源等领域的局部竞争转向了以品牌、形象为代表的综合实力竞争。
选煤厂煤场建设	把选煤厂和储煤场标准化建设作为进一步提高管理水平、实现管理创新的重要手段，确保煤炭质量继续保持行业领先水平。
“三零工程”	实施“管理零缺陷、产品零杂物、顾客零投诉”“三零”工程，持续改进工作质量、产品质量和服务质量，提高企业的市场竞争力。
“四个优化”	营销过程中实施“优化产品，优化客户，优化运输和优化流向”，降低成本和费用，提高利润率，最终增加企业效益。
“五统一”	煤炭营销管理推行“五统一”，即统一市场，统一计划，统一定价，统一结算和统一发运。实现了煤炭销售的集中管理。
优质服务保增值	销售过程实行一票制，便于及时结算，保证专人为顾客全程式服务。实行即时送达，减少顾客的库存量，减少资金占用，提供生产工艺、技术指导、行情分析、营销指导等增值服务。
成本最小化	采用竞标、竞价和届时价等营销策略，有效实施“12345”营销模式，实现了营销过程的成本最小化。

5. 价值创造过程的改进

利用季度经营分析会、管理评审、过程审核、内审、卓越绩效模式自评等方式，不断优化价值创造过程。见表 11。

表 11 创造价值各过程改进一览表

改进过程	改进内容
资本运营	统筹考虑资本运营架构、融资方案和后续整合发展规划，实施了“内保外贷、上市融资还贷”的运营方式，改变了以“输入型”为主的运作模式。
煤炭生产	在原煤开采方面：“采放顶煤技术”“倾斜特厚煤层高产高效综放开采成套技术”自主研发应用，国际领先。实现了生产方式的根本性变革，生产工效快速提高，由年单产 100～200 万吨，提高到 600～700 万吨。
	单面年产达到 650 万吨以上，创出了井工开采亚洲最高水平。
	在巷道支护方面：研究并制定《煤巷锚杆支护技术规范》在全国出版发行，形成了具有国内领先水平的锚杆支护设计、施工、管理、支护材料生产加工、质量监测、机具配套等一整套综合技术。
洗选过程	选煤厂全部实现生产过程微机和工业电视监控，主要环节自动化，产品灰分在线检测与控制，主要设备自动保护、自动报警，仓位、液位、浓度、流量、介质密度等方面的自动检测。
营销过程	一体化的综合优势确保煤炭供应周期不断缩短。
	实施贴近顾客、贴近市场、“窗口”前移服务模式，以卓越的质量取信顾客，以稳定的供货满足顾客，以超值的服务感动顾客。

三、兖州煤业实施卓越绩效管理效果

1. 经营管理成效显著

2011 年公司利润总额、销售收入、煤炭产量、贸易规模等多项指标再创历史新高。在 2011《财富》中国 500 强排名中，净利润位居第 29 位，营业收入位居第 109 位。公司在产矿井增至 18 对，新增产能 1100 万吨，煤炭总产能突破 7000 万吨，为加快建成亿吨级煤炭企业奠定了基础。

2. 创新发展格局进一步优化

“433”科学发展格局创新确立，山东、榆林、鄂尔多斯、澳洲“四大运营基地”初步建成；产业一体化、布局区域化、发展国际化“三化并进”产业布局基本形成；生产经营、资本运营、产品贸易“三位一体”运营发展稳健高效；稳本部、增新区、拓境外“三地支撑”生产策略成效显著。

3. 安全生产健康发展

创新实施“511”安全管理工程，推动高危行业向安全行业转变，为行业安全管理提供了示范和借鉴。截至 2011 年 12 月 31 日，公司实现连续安全生产 2011 天，安全产煤突破 2.5 亿吨，创出中国特大型煤炭企业安全生产最好水平。

4. 核心竞争优势进一步增强

“十五”以来，共获得省部级以上科技进步奖 252 项，获得国家专利授权 303 项。综采放顶煤技术推动了厚煤层开采工艺及装备进步，在我国煤炭开采工艺史上具有里程碑意义。自主成功研制世界上第一套“两柱掩护式放顶煤支架”，先后向德国 DBT 公司和美国比塞洛斯国际公司实施技术许可，实现我国向发达国家输出先进采矿技术的历史性突破。在向发达国家输出两柱掩护式放顶煤支架技术之后，已有 14 项技术进行了有偿转让，转让收入达到 3. 26 亿元。

5. 资本市场形象持续提升

上市 10 年来，连年名列我国上市公司 50 强，荣获全国质量管理奖、中国质量鼎和亚太国际质量管理奖等百余项国家级荣誉。2011 年，公司再次问鼎“全国质量奖”，成为中国煤炭行业唯一一家两次获此殊荣企业。公司董事会荣获国务院国资委颁发的 2011 年度“董事会奖”，成为山东省和中国煤炭行业唯一获奖企业。依靠良好资本市场表现，公司首次进入英国《金融时报》2011 全球企业 500 强榜单，位列第 407 位。对标“2011 中国 100 大跨国公司及跨国指数”排行榜，位列第 21 位。

（成果创造人：李位民　张英民　田丰泽　殷　馨　张国梁　赵青春　梅德琪　刘福河　高　峻　戴长青）

以战略协同为导向的大型能源集团重组整合

山东能源集团有限公司

山东能源集团有限公司是经山东省委、省政府批准，由新汶矿业集团有限责任公司、枣庄矿业（集团）有限责任公司、淄博矿业集团有限责任公司、肥城矿业集团有限责任公司、临沂矿业集团有限责任公司、龙口矿业集团有限公司六家企业重组而成的山东省属国有独资公司。注册资本人民币100亿元。现有员工23万人，资产总额1673亿元，位列中国企业500强75位。集团总部设在济南市。山东能源集团坚持以煤为基、适度多元，规模增长与价值增长并重、产业运营与资本运营并举、传统能源与新型能源并行的方针，把传统能源与新型能源作为基础性主导产业，在发展煤、电、油、气等产业的基础上，坚持以市场为导向、效益为前提，积极进军风能、核能、太阳能、生物质能等新型能源领域，大力发展能源装备制造业，培育发展与主导产业相融合的现代服务业，创新发展煤化工等产业，实现安全发展、内涵发展、转型发展、跨越发展。力争到“十二五”末实现主要经济指标翻一番，主营业务收入达到2700亿元，利润总额270亿元，煤炭产量2亿吨，员工人均年收入随企业效益递增并突破9万元，进入世界500强，把山东能源集团建设成为国际化、现代化的大型能源集团。

一、以战略协同为导向的大型能源集团重组整合的背景

山东是一个传统能源特别是煤炭消费大省，煤炭工业在全省经济社会发展中发挥着重要的支撑作用。大型化、规模化、集约化是煤炭产业改革发展的主要趋势和成功之路。山东能源集团的组建，是顺应能源产业发展趋势的必然选择，是加快转变经济发展方式的重要举措，也是增强山东省煤炭企业对外资源开发能力和提高市场竞争力的迫切需要，对于巩固和提高山东省在国家能源战略中的地位、创造经济发展新优势、促进山东省经济社会又好又快发展具有重大而深远的意义。

1. 是顺应能源产业发展趋势的需要

能源是人类生存和发展的重要物质条件，关系国计民生和国家安全。我国能源储量“富煤、缺油、少气”，决定了煤炭是我国重要的基础能源和原料，形成了以煤炭为主体，电力为中心，油气、新能源全面发展的能源结构。在我国一次能源结构中，煤炭将长期是主要能源。当今，在能源市场的激烈竞争和环境要求的双重压力下，特别是风能、生物能、地热能、太阳能、核能、氢能等新型能源的开发和利用，煤炭行业受到了严重挑战和冲击。为此，世界各国煤炭企业根据自己的实际情况，纷纷寻求对策，走上了大型化、规模化、集约化的发展之路，努力提高企业竞争力，以图生存和发展。为促进煤炭工业健康、稳定、安全发展，近年来，我国先后出台了一系列法律法规和政策措施，鼓励煤炭企业打破地域、行业和所有制界限，实施强强联合和兼并重组。国家发改委《煤炭工业发展“十一五”规划》《煤炭产业政策》，国务院《关于加快推进煤矿企业兼并重组的若干意见》《关于加快培育和发展战略性新兴产业的决定》，都对严格煤炭产业准入、实施企业兼并重组、推动产业优化升级等方面提出了具体要求。在国家政策的推动下，内蒙、山西、黑龙江、陕西、河南等12个省（市、区）相继组建了大型煤炭集团，组建山东能源集团是顺应国内外能源产业发展趋势的必然选择。

2. 是促进地方经济快速发展的需要

山东是经济大省，也是能源特别是煤炭消费大省。山东省煤炭占全国2.2%的储量、4.6%的产量、9.9%的消费量，煤炭在全省经济发展中具有举足轻重战略地位。随着山东省经济的进一步发展，产煤大省、耗煤大省、资源小省的矛盾日益突出，煤炭供需缺口也不断增大。而山东省省管煤炭企业规模相对较小、后备资源严重不足、产业链条较短、资源综合利用水平低、安全生产压力增大等问题，越来越难以安全稳定保障山东省能源供应，成为制约山东经济社会持续快速发展的重要因素。山东能源集团有限公司的建立，是促进地方经济快速发展的迫切需要，是加快转变经济发展方式的重要举措，有利于集中山东省煤炭企业的资金、技术、管理、品牌等优势，形成合力，变单体优势为集群优势，为山东省经济发展提供能源支撑，这对巩固和提高山东省在国家能源战略中的地位、创造经济发展新优势、促进山东省经济社会又好又快发展具有重大而深远的意义。

3. 是整合内部资源提高市场竞争力的迫切需要

山东能源成立之前，六家矿业集团在发展煤炭产业的同时，均形成了以煤为基、多元发展的格局。2005年起，省国资委先后审批公布了六家矿业集团的主业，共包括煤炭、电力、煤化工、玻璃纤维及制品、油页岩炼油、装备制造及生产服务业、医疗器械及健康产业、电解铝、建材及新型材料等九个产业类型。除此之外，能源集团新矿、枣矿、临矿的现代物流产业，新矿的盐化工、枣矿的橡胶化工及轮胎制造、临矿的铁矿、龙矿的煤炭储配基地等也形成了较大的规模。然而六家矿业集团虽经济总量较大，但结构性矛盾突出。2010 年六家集团合并报表后，煤炭与非煤的营业收入比例为46：54，但利润比例为99：1，仍然是靠煤吃饭、靠煤盈利。非煤产业普遍小、散、弱，多数产品仍处在初级加工阶段，科技含量和附加值不高，盈利水平差。在产业结构上，能源板块只介入了煤、电等传统能源，风能、太阳能、生物质能等新型能源领域基本未涉足，产业机构存在较大隐患。就煤炭资源来讲，山东省内老区矿井大部分进入衰老期，后备资源严重不足，为数不多的可采储量中“三下”压煤又占60%以上，且所压覆的绝大部分是低灰、低硫、高发热量的优质煤。而新开发的可采煤炭储量由大多集中在新疆、内蒙，受运输条件、转化等因素制约，资源优势短时间内难以转化为经济优势。因此，成立山东能源集团是整合内部资源提高市场竞争力的迫切需要。

二、以战略协同为导向的大型能源集团重组整合的内涵和主要做法

山东能源集团坚持“以煤为基，适度多元，实现内涵发展、安全发展、绿色发展、转型发展和跨越发展，打造国内领先并具有国际竞争力的世界500强大型能源集团”的战略思路，以增强能源集团重组后的战略协同性为导向，从树立重组整合的指导思想、原则和目标入手，优化管控模式，调整产业结构，开展文化建设，完善人力资源体系，统一技术、物资、营销、资金管理平台，大力提升了企业价值增长点和核心竞争力，为建设国际化、现代化和具有较强竞争力的大型能源集团迈出了坚实的一步。主要做法如下：

1. 树立重组整合的指导思想、原则和目标

（1）明晰重组整合的总体思路。坚持“以科学发展观为指导，以国家煤炭工业发展规划和产业政策为依据，以产权为纽带，以市场为基础，优化产业布局和结构，提升经营管理水平，建立主业突出、核心竞争力强的大型煤炭企业集团，增强企业可持续发展能力”的重组思路，借鉴外省区经验做法，综合考虑山东省煤炭企业地域分布、产业结构、资源储备、发展战略、人才技术等因素，重组新矿、枣矿、淄矿、肥矿、临矿、龙矿等6户企业国有资产，组建“以煤为基、适度多元，规模增长与价值增长并重、产业运营与资本运营并举、传统能源与新型能源并行”的大型煤炭企业集团。

（2）确定重组整合的基本原则。一是坚持以科学发展观为指导，以增强企业核心竞争力，推动企业转方式、调结构，提高发展质量，实现全面、协调、可持续发展为重组目标。二是坚持以国家政策为导向，正确把握并遵循国家及所在省区的政策，科学分析产业发展规律，超前预测产业变化趋势和政策调整方向，提前采取正确应对措施，确保企业整合符合国家政策导向。三是坚持高境界、新思路，树立国际化经营理念，从更高、更远、更宽的战略视角去考虑重组问题，以创新的观念、思路、方式谋划企业发展，充分利用国内外“两个市场、两种资

源”，拓展发展领域，提高发展速度和质量，实现跨越式发展。四是坚持规模增长和价值增长并重，价值增长优先。在重组过程中，在坚持规模增长和价值增长并重的同时，将价值增长放在优先位置，推动企业转变发展方式，实现安全、高效、转型和创新发展。五是坚持以煤为基、适度多元。重组在做强做优煤炭产业的基础上，大力发展煤基关联与非煤能源产业，适度选择具有战略协同性的相关产业，打造主业突出、适度多元、产业相互支撑、综合效益突出的现代能源企业；六是坚持企业发展与社会和自然环境和谐统一。重组中注重构建企业与员工、企业与社会的和谐关系，使企业的发展惠及员工、回馈社会；推进转方式、调结构，构建清洁、高效的能源生产方式，建设资源节约、环境友好型企业。

（3）确定重组整合的目标。通过重组整合，推进6户省管煤炭企业的结构调整和技术进步，转变发展方式，构筑产业体系合理，法人治理结构规范，集团管控有力，出资人职责到位，经营管理先进，规模效益明显，竞争优势突出，在国内外有较高知名度的大型企业集团，打造新的煤炭主业上市公司，进入中国煤炭行业综合效益及生产规模前五位。到2010年底，资产总额达到1200亿元，煤炭产量8400万吨，实现营业收入880亿元，利润100亿元。到2015年，争取资产总额达到2000亿元以上，煤炭产量2亿吨，实现营业收入2400亿元，利润300亿元。

2. 优化管控模式，为战略协同提供组织支撑

为增强山东能源集团重组后的战略协同效应，确定了山东能源集团“三个层次”“三个中心”管理架构，即：能源集团为战略管理中心、资本运营中心和人力资源管理中心，对权属企业行使出资人职责，承担国有资产保值增值责任；依法享有权属企业管理者选择权、重大事项决策权、资产收益权，负责战略规划、预算管理、业绩管理、财务管理、人力资源管理、企业文化建设、安全管理、风险防控等管理职能，为权属企业提供政策信息、技术研发、共享平台建设等方面的协调服务；各子公司为利润中心和生产经营中心，承担公司内资产保值增值、生产经营责任及安全管理责任；各子公司下属的经济实体，为成本中心，负责项目建设、产品生产、安全管理、质量管理和成本管理。

山东能源集团总部坚持“大集团、小机关”建设原则，最大限度地减少管理层次，强化管理效能。能源集团总部共设立17个职能部室、4个直属机构（技术研发中心、信息中心、物资公司、销售公司），分别为三大中心的功能实现部门和职能、业务支持部门。

同时山东能源集团按照《公司法》设立了董事会、监事会和经理层，不设股东会。董事会为决策层，对省国资委负责，主要职责为：审定集团公司发展战略和中长期发展规划；决定集团公司组织机构设置和重大人事调整；决定重大投融资活动；决定重大产权事项管理；决定集团公司改革方案和政策。经理层为执

行层，对董事会负责，主要职责为：组织实施董事会决议；组织实施集团公司发展战略和中长期发展规划；拟订公司规章制度；主持集团公司安全生产、经营管理和资本运营工作；制定并实施年度生产经营及投资计划。监事会为监督层，主要职责为：根据法律法规规定，对集团公司生产经营各项活动及董事、高层管理人员的管理行为进行监督，确保国有资产保值增值。

3. 优化产业结构，为战略协同提供产业支撑

山东能源集团原有产业格局是以六家矿业集团原有产业为基础的多元化结构。能源集团成立后，在对产业前景、产业现状、拥有资源充分分析的基础上，重新确定了采矿业、电力、化工、装备制造及现代服务业等四大产业作为能源集团的主业。产业确定重组后，各个产业呈现勃勃生机。

（1）在煤炭产业方面：一是产业布局不断优化。在国内“3+7”发展格局的基础上，重点项目建设不断加快。全年共完成煤炭项目投资150亿元，占项目总投资的62%。新矿上海庙西部矿区建设顺利。枣矿云南斯派尔、贵州绿塘、内蒙金正泰煤矿实现矿矿增收。淄矿加快了内蒙杨家村、巴彦高勒、陕西高家堡等矿井建设。肥矿杨营、华兴等3对矿井转为生产矿井，牛场煤田列入贵州煤矿开发“十二五”规划。临矿会宝岭铁矿实现联合试运转。龙矿山西三矿产量超过500万吨，利润4亿元，产量、效益占据企业半壁江山。二是煤炭产品结构不断调整优化。各单位以市场为导向，努力挖掘煤炭增值潜力。新矿对23座选煤厂进行技术会诊，精煤回收率提高2%以上，增收2亿元。同时，主动为客户提供配煤方案，实现了由“以产定销”向“以需配销”的转变。淄矿实施“精煤战略”，增收2亿元。肥矿狠抓煤质管理，商品煤价同比提高45元/吨。临矿新增入洗能力940万吨，完成精煤产量300万吨，效益1.8亿元。四是实施绿色开采。积极推广充填开采等先进生产工艺，新矿全年完成“以矸换煤”260多万吨，淄矿绿色采煤35万吨。

（2）在非煤产业方面：一是培育高端高效产业群。新矿山能机械成为全国唯一的矿山设备再制造基地。枣矿煤化工、电力等产业发展态势良好。淄矿新华医疗加大了产品研发和产业并购力度。龙矿中颗粒油页岩炼油工程投产，形成年处理油页岩120万吨、产油12万吨的综合利用产业链。二是现代服务业成效显著。能源集团全年实现物流贸易收入528亿元。新矿全年物流贸易收入135亿元，规模优势初步显现。淄矿控股建设鲁中煤炭交易中心，完成订货量1763万吨。龙矿煤炭贸易量突破1500万吨，利税1.1亿元。生产服务业渐成规模。新矿整合13家专业化公司，成立矿业管理服务集团，形成了集勘探、设计、基建施工、托管服务为一体的“保姆式”生产服务模式。淄矿在工作面安撤、井下钻探等领域实行专业化管理，促进了内部资源优化配置。融资租赁业发展迅速，新矿国泰租赁公司资本实力跃升为国内内资融资租赁试点企业第三位。

4. 开展文化建设，为战略协同提供文化支撑

在优化产业结构和加强企业组织机构建设的同时，山东能源集团从引导、改变、固化企业、员工的价值观念入手，建立企业文化运行体系，整合形成了统一的核心价值观、企业使命、发展理念、经营理念，确定了理念、行为、视觉系统。通过统一能源集团标识、举办企业文化骨干培训班和巡回报告会等形式，增强了员工对企业文化的认同。

（1）吸收优秀文化元素，构建“超越”文化内涵。山东能源集团在重组过程中，在借鉴和吸收二级企业优秀企业文化成果的基础上，形成内涵丰富、凝心聚力、独具特色的“超越”文化，成为支撑企业持续发展的强大文化动力。主要内容包括：一是超越资源，多元发展，超越现有资源的制约，除了不断挖掘煤炭资源外，还要不断挖掘多元化的发展资源。二是超越差异，共赢未来，超越六家权属企业的文化差异，超越各利益相关方的文化差异，取长补短，求同存异，整合优秀文化，形成更高层次、更加先进的山东能源企业文化系统，形成企业强大的文化软实力与核心竞争力，助力山东能源实现和谐发展、共同发展。三是超越地域，走向世界，超越山东地域局限，放眼全国市场，调整战略布局，在巩固国内市场竞争地位的同时，积极参与国际能源领域的市场竞争，向世界企业 500 强进军。四是超越历史，创新驱动，超越传统的管理思想与作业方式的限制，引入新思维、新技术，弘扬齐鲁文化创造精神，紧跟信息时代潮流，走科学发展和创新发展之路。五是超越小我，敢当大任。超越自我中心的局限，担负起能源大企的社会责任，响应国家节能减排和低碳经济发展的要求，创造和谐环境，塑造良好形象，实现安全发展、绿色发展，提供清洁、高效的能源，服务于经济发展和人民生活改善的需要。

（2）推行 CI 体系，导入“明德立新、包容超越”的核心价值观。在明确“超越”文化内涵的基础上，吸纳各家所长，提炼、整合、实施了山东能源集团的 CI 设计规划，逐步建立了企业理念识别系统、视觉识别系统和行为识别系统，“明德立新、包容超越”的核心价值观深入人心，形成了集团统一领导下的和谐有机整体和奋发向上的企业氛围，推动了企业的融合发展、跨越发展。“明德立新、包容超越”的核心价值观主要包括：明德是根本，是企业道德的价值导向。立新是动力，是企业保持活力的源泉。人无信不立，企无德不长，德为企业之魂。明德是山东能源人矢志追求的崇高境界，是山东能源成功的坚强基石。山东能源将以建设国际化、现代化大型能源集团为己任，在改革中创新，在创新中发展，在发展中超越，在超越中前进，立志走出一条独具特色的能源发展之路。包容是前提和基础，超越是方向和目标。山东能源以开放的思维、博大的胸襟最大限度地协调好利益相关者关系，形成坚不可摧的利益共同体、命运共同体和精神共同体。山东能源站在新的历史起点上，超越成为企业发展的主旋律。山东能源

将不断超越资源，超越差异，超越地域，超越自我，在包容中超越，在超越中实现卓越。

（3）组织文化活动，促进企业文化体系建设。在对企业文化体系进行宣贯的基础上，能源集团开展了“责任、奉献、超越”主题教育活动，组织了“感动山东能源省外创业先进集体和个人”评选，举办了“超越杯”职工书画摄影大赛，筹建山东能源电视台，召开企业文化骨干培训班和巡回报告会等一系列文化活动，有效保证了超越文化在能源集团内部的生根发芽。

企业文化体系的建立与贯彻，使全厂员工成为企业共同价值观的自觉执行者、自觉维护者、自觉建设者，保证了企业经营管理活动的高效、稳定的运行，有利于以战略协同为导向的大型能源集团重组整合活动进一步深化。

5. 完善人力资源建设，为战略协同提供人力支撑

员工是山东能源活的灵魂，员工的能动性是企业前进和创新的不竭动力。尊重员工的权利，让合适的人在合适的岗位上，做出出色的绩效，使企业和员工获得共同进步是能源集团管理的重要准则。山东能源从加强人力资源管理入手，通过引进和培育关键人才为优秀员工提供舞台，通过建立激励机制将企业价值与员工价值挂钩，逐步营造了尊重人才、使用人才、依靠人才的工作环境，为实现山东能源重组整合目标提供了智力支撑和人才保障。

（1）建立了引进和培育关键人才机制。一是用足用好现有人才。创新政策，精选、聚合、重置权属企业人才资源，将其优化配置到能充分发挥其作用的岗位，激活现有人力资源，优化配置现有人才，实现人员结构的调整和优化。二是引进关键人才。通过收购兼并、社会化招聘等方式，引进各个产业高端的经营管理、专业技术和技能操作人才，培育和打造一流的创新团队。2011 年能源集团向社会公开招聘了 83 名急需人员，引起社会广泛反响。三是大力培养企业所需要人才。加强企业职业培训体系建设，强化与高校联合的人才培育工作，依托兼并收购的煤化工、新能源等企业实体建立产业发展的人才培养基地，全面提升人才素质和企业运营管理水平。

（2）建立了有效激励机制。一是按照效率优先、兼顾公平的原则，积极建立了按劳分配与按生产要素分配相结合的分配制度，建立了市场化的人才薪酬管理体系。二是建立和完善了多轨制职业发展通道，实现管理、技术、技能、政工等人才按照不同的路线发展，并享有相应的社会地位和经济待遇。三是建立向优秀人才和关键岗位倾斜的分配政策和分配机制，通过政策引导和薪酬待遇吸引，使人力资源配置到了最需要的岗位。

6. 统一平台，为战略协同提供资源支撑

通过重组整合，整个能源集团的协同效应逐步显现。在资源开发中，对外统一以山东能源名义协调地方关系，对内统一规划矿区建设，做到了省外资源开发

"一个主体、一种声音、一个拳头"，改变了各自为战、无序竞争的局面。2011年能源集团在省内先后与菏泽、聊城、潍坊、日照、济宁、枣庄、省地矿局、省监狱局加强合作，在建设菏泽煤化工园区、聊城煤田开发、发展现代物流产业、收购地方煤矿、监狱煤矿托管等方面取得了积极成果。在省外，相继召开两次省外资源开发座谈会，先后到新疆、内蒙、贵州等省区和地市拜访政府高层，为省外资源开发营造了良好环境。在海外，先后到加拿大、澳大利亚、缅甸、德国、俄罗斯等国家考察，就煤炭资源开发、小颗粒油页岩炼油技术引进等达成了初步合作意向，加拿大马鹿河煤田开发开始启动，香港及加拿大公司进入筹备程序。

在市场营销中，山东能源集团以下属山能国贸为主体，将能源集团下属煤炭企业的销售公司整体划入，统一市场规划和销售，统一价格、渠道、政策和销售队伍管理，实现产销分离，消除内部竞争，发挥规模优势、优化资源配置，提高市场营销能力。山东能源集团成立仅一年时间就举行了2012年煤炭订货会，完成订货量5953万吨，占省内可供资源量的91.5%。初步实现了统一订货、统一计划、统一定价、统一发运等"六个统一"，市场话语权和议价能力明显增强。仅稳定精煤价格、减少电煤供量两项，综合创效就达2.4亿元。

在供销集中管理中，山东能源启动大宗物资集中采购工作，充分发挥各单位人才和管理优势，对钢丝绳、电缆等五个业务单元集中采购，招标金额4.1亿元，节约资金2135万元。逐步完成67个品种的集中采购后，采购金额将达百亿，年节约资金4亿元以上。

在资金统一管理中，山东能源一方面提升融资水平。积极拓宽融资渠道，努力构建并巩固与金融机构的战略合作关系，积极争取国家政策性资金补助，大力开拓短期融资券、中期票据、公司债券、信托融资等低成本融资渠道，增强了融资灵活性，实现由间接融资为主向直接融资与间接融资并重转变，规范集团公司权属企业融资通道，提高内部资金利用效率。另一方面，把握好了投资方向和力度，集中优质资源于集团战略性产业，力争在技术和人才要求高、进入难度大的产业高端和高端产业形成竞争优势，提高了企业市场竞争能力和持续发展能力。2011年能源集团有序清理了各单位账户，资金账户实现了集中管理。与五大国有银行合作，获得银行授信3500亿元。首期80亿元中期票据发行工作正式启动。发挥能源集团资信优势，帮助有关企业延期偿还银行贷款，确保了发展的资金需求。

在技术管理中，山东能源以主体产业的核心技术研发为重点，坚持开放式、联合式的合作创新之路，一是整合并依托现有科研资源，组建技术研究院，建立技术结构合理、功能定位明晰的自主技术研发体系，实现权属企业技术信息共享，增强自主创新、科技创新能力，打造并完善了山东能源集团自主创新平台，省级、国家级技术中心正在筹建过程中；二是积极与高等院校、科研院所联合，筹建了博士后流动站，走产—学—研一体化道路，扩大技术领域的国际投资与合作，通过委托研发、联合攻关、购买核心技术、兼并高科技企业等模式，多渠道提升了企业创新能力。

三、以战略协同为导向的大型能源集团重组整合的实施效果

山东能源集团通过以战略协同为导向的重组整合，重塑了企业管控模式，优化了企业产业结构，建立了企业文化体系，完善了人力资源建设，统一了资源开发、物资、营销、资金、技术平台。经过 2011 年一年多的实施运行并持续改进，管理模式更趋完善，企业内部的生产经营风险日趋下降，取得了显著的经济效益和社会效益。

1. 提升了企业管理水平

山东能源集团通过以战略协同为导向的重组整合工作的实施，强化了企业内部管理，优化了资源配置，使全集团的经营管理水平、安全管理水平、技术管理水平大幅提高，提高了企业竞争能力和盈利能力。在煤炭市场方面，煤炭产量突破亿吨大关，完成 10821 万吨，同比增加 1701 万吨，增幅 18.65%，圆满完成了省国资委下达的各项考核指标，实现了“十二五”良好开局。在资源开发方面，重点项目建设不断加快。全年共完成煤炭项目投资 150 亿元，占项目总投资的 62%。

2. 取得了显著的经济效益

经济效益方面，山东能源集团 2011 年度完成 10821 万吨，实现销售收入 1560 亿元；同比增加 345 亿元，增幅 32.54%；实现利润 172 亿元，同比增加 33 亿元，增幅 24%；资产总额 1673 亿元，比上年同期增加 378 亿元，增幅 29%；从目前指标完成的情况看，有望进入世界 500 强。

（成果创造人：卜昌森　翟明华　彭业廷　东忠领　李君清　靳玉彬）

大型集团多元化分层次全面薪酬体系构建与实践

河南煤业化工集团有限责任公司

河南煤业化工集团有限责任公司是2008 年12月5日经河南省委、省政府批准，由永煤集团、焦煤集团、鹤煤集团、中原大化集团、河南煤气集团等5家单位战略重组成立的国有独资公司，是一家集煤炭、化工、有色金属、装备制造、物流贸易、建筑矿建、现代服务业等产业相关多元发展的特大型能源企业集团。2012 年位居世界500 强企业第 397 位，2011 年位居中国企业500 强第58 位，连续2年位列中国煤炭企业100 强第2位，连续2年进入世界著名品牌500 强，连续3年位列中国煤炭开采和洗选业行业“效益十佳”第1位、河南工业百强企业第1位。

河南煤化集团发展后劲充足，产业遍布河南、贵州、新疆、内蒙古、安徽、四川、青海、上海、陕西等省（区）以及几内亚等国家。拥有煤炭资源储量400多亿吨，形成了煤炭资源勘探开发、洗选加工、销售和高效利用一体化产业体系；拥有钼金属工业储量120 万吨；拥有国内外铝土矿资源近16 亿吨；钼、铝产业均形成了从采矿、选矿、深加工、贸易直至消费终端一体化的完整产业链；掌握煤化工世界高端技术，是目前华中地区最大的甲醇生产企业，将在河南建成国内最大的高性能碳纤维生产基地、全球最大的煤制乙二醇生产基地，全力打造煤炭综合利用最完善、产品链耦合度最科学、产业链最系统完整的现代新型高科技煤化工产业园区（体系）。同时依托洛阳LYC 轴承、开封空分和河南煤化重装公司，倾力打造国际一流的轴承研发生产基地、空分基地和煤机制造基地。

一、构建大型集团多元化分层次全面薪酬体系的提出背景

河南煤化集团重组后，面对所属各成员企业发展历史不平衡、文化不统一、管理水平差异大，以及产业、规模和效益、管理链条的巨大差异，迫切需要加快

探索构建多元化分层次统一的薪酬管理体系，建立科学合理、规范有序的薪酬激励约束机制，深入推进各成员企业深度融合，以促进文化、品牌、战略、人才、市场、资金、资源等各类要素优化聚合与提升，全面激发重组规模优势。

1. 构建多元化分层次全面薪酬管理体系是大型企业集团深度融合、实现跨越式发展的需要

大型企业集团战略重组后，要想在激烈竞争的市场经济中实现超常规发展，就必须在统一的文化理念引领下，对品牌、战略、人才、市场、资金、资源等各类要素统一管理，集中规模优势，取得协同效应。而薪酬统一管理是其他要素统一管理的基础，只有加强薪酬科学管理，构建适应不同产业、各类人员统一的薪酬管理体系，制定具有外部竞争性、内部公平性，符合企业文化导向的统一的薪酬制度体系，才能稳定员工队伍、吸引人才，激发员工劳动热情，增强员工归属感和自豪感，真正促进企业实现跨越式发展。

2. 构建多元化分层次全面薪酬管理体系是大型企业集团实施产业多元化发展的需要

企业发展战略是企业薪酬体系设计及管理工作基础和依据。战略重组后，河南煤化集团和全国大多数大型企业集团一样，为拓宽经营领域，降低经营风险，实现各类要素资源共享，发挥协同效应，增加市场竞争力，积极实施了以煤为主、相关多元化的发展战略。为促进企业战略实现，有必要制定符合企业产业发展特点的薪酬制度体系，反映各产业产品工艺工序不同、劳动性质和经济效益差异、向员工传递企业的战略意图、调动员工的积极性，以多元化分层次薪酬管理体系支撑企业集团化发展战略。

3. 构建多元化分层次全面薪酬管理体系，是大型企业集团提升管控能力、调动各单位及各层次员工积极性的需要

为进一步加强管控，各大型企业集团结合自身情况分别采取了财务管控型、战略管控型和经营管控型等不同管控模式，这就需要相应采用不同的薪酬策略。同时，各产业板块关键业绩指标不同，应该制定不同指标考核联挂比例和标准，并以此实现对各产业单位薪酬总额和水平的统一控制；另外，从组织机构上看，大型企业集团一般由若干个具有独立法人地位的企业以多种形式组成的联合组织，管理层级较多，不同层级员工承担的工作性质和责任不同，劳动特点各异。只有针对不同管控模式、不同管理层级制定不同薪酬管理制度才能正确反映各层级员工劳动环境、劳动强度、劳动能力等要素，才能增强激励的针对性和实效性，才能真正调动各单位及各级员工的生产积极性。

4. 构建多元化分层次全面薪酬管理体系是多出人才、快出人才、增强企业核心竞争力的需要

集团公司战略重组后，人才是企业振兴的关键。在薪酬管理方面统一设计人

才成长阶梯，打开管理、技术、技能人才职业通道，以统一薪酬激励制度优化配置人才结构，促进多出人才，快出人才。同时，为加快资源依赖型企业向创新驱动型、综合效益型转型，集团公司成立了研究院，针对研发人员制定专门薪酬政策，推动企业科技创新、管理创新，激活企业发展引擎。

5. 构建多元化分层次全面薪酬管理体系是大型企业集团加强薪酬管理的内在要求

战略重组后，由于集团公司基本薪酬制度不统一，无法准确衡量行业之间、单位之间、外派员工与本地员工之间分配的合理性以及收入差距，无法确定薪酬水平与集团总体经济效益、子公司经济效益的关系。特别是个别单位随意增加津贴补贴项目和标准，把薪酬激励变成福利待遇，引发了单位之间、部门之间、岗位之间员工相互攀比等等。这些问题的存在，弱化了薪酬分配绩效、效益导向作用，造成员工对分配的不理解，影响了员工合理流动，挫伤了单位和员工生产经营的积极性，如不及时解决，将影响和制约集团公司可持续发展。

二、构建大型集团多元化分层次全面薪酬体系的内涵和理论依据

1. 基本原则

根据集团发展战略、产业板块特点及所属单位实际，确定薪酬管理原则：

（1）内部公平一致性原则。通过建立企业、岗位价值评价指标体系，以统一的价值尺度衡量不同单位、不同岗位员工对企业整体目标贡献的大小，并以此作为支付报酬的依据，从而达到企业内部薪酬水平相对平衡，促进员工公平感和归属感。

（2）外部竞争性原则。以市场为导向，在企业发展、经济效益不断提高的前提下，努力保持薪酬水平及增长幅度在同行业、同地区的领先地位，增强薪酬吸引力，提升企业核心竞争力。

（3）全面激励原则。坚持货币和非货币激励相结合，当期和中长期激励相结合，业绩、薪酬与职业发展相结合，不同管理对象与不同薪酬制度相结合，全面调动员工生产经营积极性和主动性。

（4）与企业发展战略相适应原则。以企业先进文化为引领，实现薪酬制度与企业战略、产业链布局及各层和各类员工岗位相匹配，保障企业战略顺利实施。

（5）以业绩为导向原则。科学设计薪酬结构，根据产业特点适度增加可变薪酬比例，建立对单位和员工个人业绩指标考核体系，使员工劳动成果与岗位业绩贡献、企业经济效益和外部市场竞争相联系，提高薪酬分配活力，培育创业氛围。

（6）保障员工快速成长原则。建立管理、技术、技能人才多通道薪酬制度，促进员工与企业共同发展。

2. 基本内涵

多元化分层次薪酬体系是根据集团人力资源及薪酬管理战略建立起来的以企业战略为依据、以企业文化为引领、以经营业绩为导向，以企业价值和员工职位、岗位价值评价为基础，以激发各类员工工作积极性和创新热情、实现“人企合一”为目标，符合不同产业、不同岗位、不同类型员工个性特点，内部公平、外部竞争性，包括工资总额、基本薪酬管理等一系列制度的总称。多元化分层次薪酬管理体系的具体内容如图 1 所示。

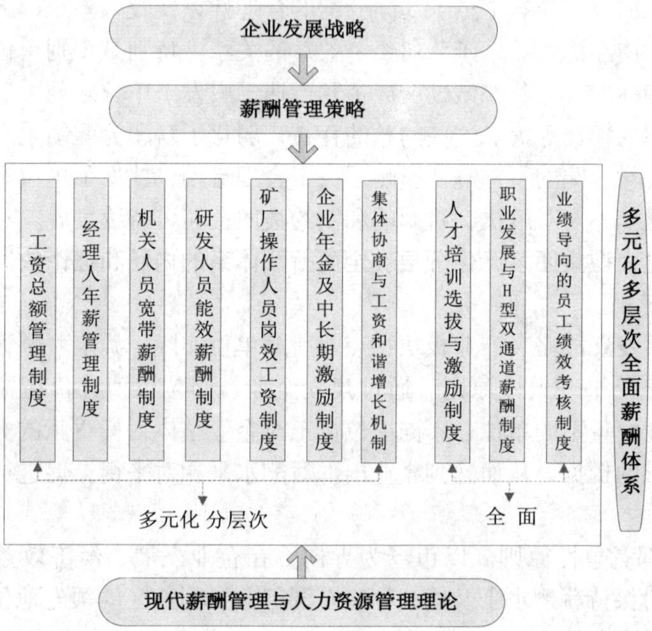

图 1　多元化分层次全面薪酬体系构成图

3. 理论依据

构建多元化、分层次全面薪酬管理体系离不开激励理论的指导。激励理论是行为科学中用于处理需要、动机、目标和行为四者之间关系的核心理论。主要有内容型激励和过程型激励两种模式，其中内容型主要有三种代表性的理论：马斯洛的需求层次理论和赫茨伯格的双因素理论；过程型有代表性的理论包括期望值理论、强化理论等。

三、构建大型集团多元化分层次全面薪酬体系的主要做法

1. 高端定位，紧扣发展，确立多元化分层次薪酬体系的战略思路

（1）坚持领先性薪酬策略。以市场为导向，在企业发展、经济效益不断提高的前提下，对煤炭等盈利持续向好的板块较大幅度持续提升员工整体薪酬水平，对化工等盈利水平平稳乃至亏损的板块稳健提升员工薪酬水平，努力保持薪

酬水平及增长幅度和比例在同行业、同地区的领先地位，增强薪酬吸引力，构筑人才高地，稳定员工队伍，持续提升企业核心竞争力。同时，根据不同管理对象各有侧重，对企业的高级管理人员、研发人员、关键技术人才，提供高于市场水平的薪酬，对普通员工实施匹配型的薪酬政策，对那些在劳动力市场上随时可以找到替代者的员工提供低于市场价格的薪酬。

（2）确立一体化设计思路。根据集团发展战略和组织架构，结合制定的薪酬目标，按照统一性和差异性兼顾的原则要求，坚持岗位价值和绩效评价在薪酬分配中的基础作用，调整优化薪酬结构，着力实施“三统一”推进薪酬“一体化”，即推进岗位序列的统一、薪酬结构的统一和固定薪酬标准的统一，将集团的核心管理职能有效地落实到具体岗位，更好地激励广大员工的工作积极性，快速提高各成员企业的运营效率和盈利能力。

按照整体设计思路，采用“固定＋浮动”模式统一薪酬体系、引导绩效提升。“固定”部分指以岗位价值测评为基础确定的固定薪酬单元；“浮动”部分指基于单位和个人绩效而确定的浮动薪酬单元。同行业、同地区、同样价值的岗位，固定薪酬标准统一；但各成员单位群体效能不同、经济效益有差异，浮动薪酬也不同，切换过程中，以总量基本持平为原则。这样，便可有效地解决重组过程中的薪酬有效整合问题。

（3）借助外部专业咨询机构。为站在国际化视野和行业领先高度，兼顾当前，超前谋划，保障薪酬管理体系的科学化、现代化、规范化，集团公司聘请人力资源和社会保障部劳动工资研究所、中国人民大学、北京力行合德咨询公司等单位进行专业辅导和设计，切实保障企业发展战略顺利实施，实现企业可持续发展。同时，在薪酬体系设计与实施的具体过程中，严格按标准的操作流程来推进，保证了多元化分层次全面薪酬体系的科学、规范和高效。

2. 科学规范，建立企业、职位、岗位价值评价体系

集团公司借助外部专业管理咨询机构，以全球企业、职位和岗位价值评估技术为基础，结合集团公司实际情况，建立符合集团公司特点的价值评价体系，统一价值尺度，实现内部公平一致。

（1）对各成员企业及其下属生产经营单位领导班子成员实行企业价值评估。依据企业规模和价值链、岗位影响或贡献、管理难度、环境和风险等 4 项因素建立企业价值评价指标体系。其中企业规模和价值链分为营业收入和人员规模 2 个维度；岗位影响或贡献分为利润贡献和岗位影响范围两个维度；管理难度分为对外沟通，创新复杂度、业务和职能跨度及独立性三个维度；环境和风险分为岗位人身风险、偏远地区和责任风险 3 个维度。把评价结果作为制定企业经理人年薪管理制度及确定各单位“正职”基薪的基础和依据。

（2）对机关管理、技术和研发人员实行职务价值评估。以国内通用的太和

职位评估工具为依据，以工作分析为基础，结合集团具体管理幅度、跨度及职位特点，建立机关管理技术人员职位评价指标体系，由影响、解决问题、领导力、沟通、知识和工作领域6大指标、12个维度、53个要素构成。例如，影响分为影响范围和影响程度2个维度，影响范围分为集团、公司或业务单元、部门和团队4个要素；影响程度分为首要影响、重要影响、直接影响、部分影响和极少影响5个要素；知识分为知识经验范围和知识级别2维度，知识经验范围分为所有职能体系、多个职能体系、某个主要职能体系和某个次要职能体系4个要素；知识级别分为专家、丰富经验、深入了解、基本了解和较少了解5个要素。把评价结果作为制定机关管理技术人员和研发人员薪酬制度设计的基础和依据。

（3）对矿厂操作人员实行岗位价值评价。按照岗位劳动强度、环境危害、劳动能力、劳动难度、人际关系、劳动责任等6项要素建立岗位价值评价指标体系。其中，劳动强度占20%，分为无强度、轻度、中等、重度和超重五级；环境危害占15%，分为后果和危害时间两个维度，其中危害后果分为轻微、中度和重度三级，危害时间分为低暴露、中暴露和高暴露三级；劳动能力占35%，分为专业能力和管理能力两个维度，其中专业能力分为基础、掌握、宽广、专业和专家五级，管理能力分为独立、团队和多团队三级；劳动难度占10%，分为创新性和复杂性两个维度，其中创新性分为遵从、检查、修改和改进四级，繁杂分为明确的和模糊的两级；人际关系占10%，分为人际环境和沟通目标两个维度，其中人际环境分为内部一致、外部一致和内部分歧和外部分歧四级，沟通目标分为表达、交流和影响三级；劳动责任10%，分为有限、部分、直接、重要、首要五级。把评价结果作为制定矿厂岗效工资制度的基础和依据。

3. 梳理岗位，开展分层次开放式价值评价

集团公司产业多、地域广、单位之间管理水平差异大，同样岗位名称不一样、名称一样的岗位职责范围不统一，难以实现科学高效管理，也是进行岗位价值评价、建立岗效工资制度的极大障碍。采取多种措施，推进岗位标准化、一体化和规范化。一是在集团范围内分板块开展岗位梳理，将各单位申报的11000多个岗位整合规范为24个专业1049个岗位。其中煤炭板块包括煤炭生产、矿建、煤炭洗选、铁路运输、发供电、水泥建材、土木建筑和机修等8个专业；化工板块包括煤化工、盐化工、生物化工、煤焦化、民爆炸药制造、新兴复合材料（碳纤维）生产等6个专业。这样就为下一步的岗位说明书撰写及岗位测评与归级打实根基。二是组织各单位管理、技术和操作方面专业人才在咨询机构专家的指导下，对梳理后岗位进行岗位说明书编写工作，做到岗位名称统一、岗位职责一致、岗位技能分级科学合理。三是组织不同板块不同层次管理、技术、技能等专业人才，通过经验评估、综合平衡和多方论证等方式，分板块按测评要素对各岗位价值进行科学测评，并依照测评结果对各个岗位进行科学归级，确定岗位价值

序列，为多元化分层次全面薪酬管理体系构建奠定了基础。

4. 开展全面薪酬调研，保障内部一致性和外部竞争性

为使岗效工资制度的设计既符合实际，又与外部市场相衔接。按照集团公司安排，人力资源部及时开展了企业内部和外部市场薪酬制度及工资水平的调研工作。

（1）在企业内部，集团公司人力资源部统一设计调研表格，专门召开会议，布置开展典型岗位薪酬水平调研工作。典型岗位薪酬水平调研分板块按照承担产品生产、加工作用不同划分不同区队（车间），并根据各类区队（车间）劳动岗位在生产环节中的不同分布，重点选取代表性岗位进行分类调研。每个典型岗位又按初、中、高、技师、高级技师不同技能水平分类统计。共调研不同板块典型岗位 271 个，为岗效工资制度实施的可行性分析提供依据。

（2）外部调研方面，选派精兵强将赴淮南矿业、山东兖矿、山西焦煤和冀中能源等单位进行专题学习，对各个企业的工资总额管理、年薪管理、基本薪酬制度等方面进行全面调研，给薪酬管理及薪酬水平确定提供了宝贵的经验，也为制定岗效工资制度提供了重要的借鉴和参考。通过外部调研、咨询机构市场调查数据，结合集团公司经济效益和发展阶段，对高管人员、管理技术人员、一线员工岗位采用 90% 分位值；其他替代性强的一般岗位采用 75% 分位值，保持薪酬水平在同地区、同行业的竞争性，增强企业核心竞争力。

5. 建立多元化分层次薪酬管理体系

（1）基于集团管控模式的工资总额管理制度。充分发挥工资分配的导向作用，建立健全工资总额宏观调控机制，集团公司制定了工资总额管理制度。

①推行工资总额预算制度。随着企业用工形式、分配方式的多元化，进一步规范、加强工资总额和人工成本管理越来越重要。实施工资总额预算管理，建立了“预算 + 监控 + 统算”的管理体制，对工资总额实行工效挂钩制度内预算、制度外审批，各单位负责跟进生产经营情况自主预算管理，集团公司负责过程监督、结果考核。由单一的工效挂钩工资总额控制转为总量和水平调控并举，更加注重人工成本投入产出效率，依据市场、效益、成本承受能力等合理调控工资总量和增长水平。

②针对不同产业板块确定不同的挂钩指标及相应比例。不同产业的盈利模式不同、资本投入和劳动力要素的投入比例不同，对利润增长的贡献和推动作用也会不同。根据集团公司年度各项生产经营目标，把安全、营业收入、利润总额和总资产收益率等作为共性指标，按照各产业板块发展水平确定个性指标。对于产量、营业收入和利润总额等量值指标主要与计划目标完成水平挂钩，适度拉开单位之间初次分配差距，体现大发展、大增长，不发展、不增长，以发展保增长，以增长保提高。对经济效益快速增长的煤炭、有色金属，注重加大对利润、产量

等指标的挂钩比例；对目前正在升级扩能、提升经济增长潜力的化工、装备制造等产业突出对营业收入等指标的挂钩比例。

③创新完善工效挂钩指标体系。引入科学发展指标，工资总额除与各项经营指标总量挂钩外，增加与人均经济效益指标挂钩的比例和幅度，实行经济效益总量指标与人均效益指标“双挂钩、双考核”。人均经济效益指标按各单位人均利润、人均产量（产值）和人均营业收入本期当月和累计月人均水平分别除以上年相应指标平均月水平确定，实行动态同向考核，即本期当月与累计同向提高或降低时，按当月人均水平提高或降低幅度的一定比例增减当月结算工资。着力引导各单位转变经济发展方式，减人提效，实现发展向主要依靠科技进步、劳动者素质提高、创新管理转变。

④加强管控和预算。按照集团公司“事业部专业化管理+成员企业区域化管理”相结合的管控模式，对煤炭、化工、有色金属、装备制造和金融等战略支撑产业实施经营管控，对工资总额实行月度预算、月度审核，以加强经营过程和结果的跟踪管理；对矿山建筑、物流贸易和实业等重点发展产业实施战略管控，对工资总额实行季度预算、季度审核，重点对经营结果进行监控。同时，建立工资项目统计报表制度，实行不定期监督检查。年终进行统算，对没有提足工资的单位可给予追加，对超提超发和违反集团公司工资总额管理规定的单位按上述监督检查规定给予处罚。切实做到工资使用量入为出，统筹兼顾，合理分配。

（2）基于企业价值评价的经理人年薪管理制度。规范年薪制度体系，构建以企业价值评价为基础、以业绩和效益为导向的基薪坐标体系，科学设定“基薪+效薪”的年薪管理模式。

①基薪是按照企业价值测评结果排序确定。企业价值评价主要根据企业资产规模、职工人数、年营业收入、年创利润水平、安全环境条件和企业覆盖区域大小及所在地域（艰苦边远地区、省外环境艰苦地区）等企业指标，结合企业特点，将上述指标赋予相应系数权重，并考虑企业所处地区艰苦程度适度修正权重系数后进行企业价值评价。根据企业价值评价结果确定企业领导班子成员基薪标准，同一价值区间的企业领导班子成员基薪标准一致，实行同价值同基薪标准，以企业经营起点的公平一致来体现基薪的规范有序性。

②效薪是按照经营业绩和效益不同拉开分配差距，体现分配活力，引导分配向高业绩、高效益倾斜。根据经营团队业绩效益完成情况，按照基薪1~3倍浮动确定效薪基数，根据个人绩效成绩拉开经营团队内部分配差距（效薪=效薪基数×个人业绩绩效系数）。根据实际经营成果核算效薪，以企业经营终点的效率不同来体现效薪差异性。以效薪的不同实现工资分配活力，不断探索高效有序的企业经营人员激励机制，倾力打造和培育企业家队伍，体现经营者在企业管理中的主导作用，开创提升企业管理水平和经济效益跃升的新局面。

③适应集团跨越发展的需要，设置了奖励年薪。奖励年薪是对单位经理人业绩特别优秀或围绕集团公司年度重点工作，集中破解集团公司发展瓶颈问题，如在矿井技改扩能装备升级、内部市场化管理、资源整合、传统产业优化升级项目、高端煤化工和高端装备制造、区域瓦斯治理、节能减排、体制机制创新、企业文化建设等项目中，取得突出成绩的，根据绩效考核或项目评价结果给予奖励。

（3）基于职位评估的机关人员宽带薪酬制度。战略重组后，按照集团公司发展战略、组织机构和管理体制要求，建立精干高效机关部室，同时各成员企业机关也进行了重新确定管理跨度和幅度，实行扁平化管理。为适应这一要求，设计了机关管理技术人员宽带薪酬制度。

①基本内容。薪酬由基本工资、绩效工资和奖励工资三部分构成。其中基本工资按月发放，包括岗位工资、级别工资、年功工资和各种津补贴。适用于集团公司、各成员企业和直属单位机关员工。

②职位设置。在职位工资设置上，根据职位评价指标体系评价结果，结合职位任职条件、实际业务范围和数量等因素确定。在薪级和薪档设计上，打破原来机关管理技术人员薪酬管理惯性，由十几个级别压缩成行政业务管理员、部门主管、部门负责人和集团公司负责人四个薪级。四个薪级最高值和最低值区间变动比率分别为 160%、193%、171% 和 165%。其中行政业务管理员 12 个薪档，部门主管 24 个薪档，部门负责人和集团公司负责人各是 12 个薪档，有效减少薪级个数，加宽每个薪级薪档，着力突出员工能力横向拓展，只要员工在自己岗位上不断提高技能、改善绩效，就能获得更高的薪酬。

在级别工资设置上，为鼓励员工在企业的职业发展，根据员工的能力和资历，结合历史因素设定行政级别和技术级别，反映员工的职业生涯积累。行政级别设置科、部室（处）和集团公司三级，同时与相应技术级别相对应，首席和资深专家级别工资高于集团公司级行政级别，营造尊重科技创新氛围，突出和引导员工走技术通道。

③制定任职资格、工资评级标准和绩效考核办法。根据宽带薪酬制度特点，建立任职资格、工资评级标准，实现员工职业发展。同时，制定绩效考核办法，根据岗位高低逐步提高绩效工资比例，最低岗位为 45%，最高岗位为 70%，按照考核周期进行严格考核，以考核结果兑现绩效工资。

机关管理技术人员宽带薪酬制度，打破了传统薪酬结构所维护和强化的等级观念，减少了工作之间的等级差别，有利于各级机关扁平化管理，提高工作效率，创造学习型的企业文化，引导员工重视个人技能的增长和能力的持续提高。

（4）基于能力测评的研发人员能效薪酬制度。集团公司始终坚持把推进自主创新作为调整优化产品产业结构、转变经济发展方式的主要环节，作为推动企业高效可持续发展的引擎，专门成立研究院，积聚、吸引一大批研发人员。针对研发人员自主意识强、非规律化、绩效评价周期长和难度大等工作特点，制定以能力和绩效为导向的能效薪酬制度。

①薪酬构成。研发人员能效薪酬由基本工资、能效工资和奖励工资三部分构成。基本工资又分为岗位工资、级别工资、年功工资和津补贴四部分。奖励工资是对工作业绩特别突出、提前完成各项目标任务的研发人员的嘉奖。包括但不限于科技成果转化提成、科技成果奖励、项目风险抵押、股权激励等，实现知识、技术、劳动和资本等生产要素参与分配、中长期激励相结合，全面调动研发人员科技创新的积极性、主动性。

②职位设置注重能力。能力素质是研发人员创新、科技攻关的基础，在职位价值评价中，把能力素质细化为创新能力、技术能力和项目管理能力等因素进行详细描述，提高能力素质权重。职位设普通、辅助类员工、技术员、主任师、特聘师、尖端人才、中级专家、高级专家、研究员级专家、资深专家、首席专家等10个岗级，每个岗级设6薪档。同时，提高研发人员薪酬等级，以同行业同地区领先策略确定岗位薪酬水平。

③工资收入突出绩效。根据员工承担研发任务的性质和重要程度，以及技术创新能力、研发能力确定能效工资，加大活工资比例，适度拉开分配档次。能效工资比例以职位由低到高依次为20%、30%、40%和50%。能效工资=岗位工资÷岗位工资比例×能效工资比例×考核月数。

④实行项目津贴、股权激励等中长期激励相结合。为满足研发人员福利多样化的需求，最大限度地激发其工作热情，创新引入弹性福利制度。除按国家法定标准提取"五险一金"、企业年金外，研发人员每年可享受体验、疗养、带薪休假等待遇；根据科研项目的重要程度及研发人员在项目中承担的责任，享受项目补贴。对于项目完成好、业绩突出的给予项目分配优先权、优先安排培训、进修、参与国际交流或出国留学。

（5）基于岗位价值测评的矿厂操作人员岗效工资制度。为进一步加快各产业板块深度融合，统一构建集团公司薪酬管理体系，实现薪酬分配科学合理、规范有序，激发各类员工生产经营和创新热情，促进集团公司可持续快速发展。根据中华人民共和国《劳动法》《劳动合同法》和《公司法》等相关法律法规，结合集团公司制定矿厂基层单位岗效工资制度。适用于集团公司成员企业所属基层矿厂生产单位，以及集团公司直属生产单位除实行年薪制领导班子成员以外的所有管理、技术和操作、工勤人员，占集团公司人数的80%以上。

①矿厂岗效工资构成。岗效工资由岗位工资、效益工资、津补贴三个单元组成。岗位工资是主要体现岗位劳动差别的工资单元，是岗效工资的主体和基础，在一定时期内具有刚性，是岗效工资中相对固定部分，不随企业经济效益上下浮

动，反映企业工资分配的有序性，体现规范性。效益工资是指在一定时期内根据企业实现的经济效益和员工岗位劳动绩效贡献确定的弹性工资单元。随单位整体经济效益和员工技能素质对岗位绩效的贡献度上下浮动。津补贴由岗位技术津贴、年功工资、各种政策性津补贴和集团外派补贴四部分组成。

②岗位工资水平确定及岗级、薪档设置。岗位工资标准依据员工所在岗位价值评价结果和企业当前薪酬水平，参照劳动力市场工资指导价位等因素，在引入专家咨询、研讨基础上，由集团公司统一确定。岗位工资标准分为管理技术岗位和操作工人岗位两个序列，其中管理技术岗位按照部门管理职能、岗位职责权限设定岗级，从低到高分别为见习期管理技术人员、一般管理技术人员、科区队（车间）部门副职、科区队（车间）部门正职和副总师五级共 22 个薪档；操作工人岗位按照板块不同、岗位价值大小划分岗级，每个岗级根据员工个人素质能力和绩效贡献划分薪档。如煤炭板块共分 14 个岗级，一至三岗每岗分别设 1 个薪档，四至九岗每岗分别设 3 个薪档，十至十四岗每岗分别设 5 个薪档，一至十四岗共 46 个薪档。

③效益工资。效益工资 = 效益工资基数 × 岗效系数 × 单位效益系数。效益工资基数由集团公司根据年度效益情况、社会平均工资水平、物价增幅、企业发展等因素综合核定，每年核定一次。岗效系数根据岗位价值评价和员工技能素质对岗位绩效贡献程度综合确定，与岗位工资标准相对应由低到高分别设置不同岗级和档次，在核算员工效益工资时直接对应套入。单位效益系数由各单位根据当期经济效益情况、工资结算额度和成本因素自行确定，以 0 为起点向上浮动。各单位可自主掌握效益工资与量化考核、安全质量结构工资和市场化考核的关系，鼓励创新二次分配形式，根据员工个人绩效贡献自主分配，适当拉开收入差距，杜绝了“出工不出力，出勤不出效”现象发生。

(6) 基于员工职业发展的“H”型双通道薪酬制度。针对长期以来管理、技术人员岗位晋升通道单一，技术通道不通畅，大量高技术人才聚集在管理职务序列中的问题，积极倡导职业化理念，建立“H”型人才发展双通道，让具有优秀管理才能又掌握业务技术的人才进入管理通道，让在业务、专业技术上有建树的人才进入业务技术通道。从而打破只有担任行政职务才能发挥作用的旧观念，引导人才向经营管理和专业技术两个方向发展，通过技术评审客观评价专业技术人员的能力，通过业务水平的不断提升，促进技术职务的持续晋升，充分拓展专业技术人才的职业发展空间，提高其勇于创新、多出成果的主动性和积极性。

①管理技术双通道薪酬制度主要内容包括：管理技术双通道职务名称与层级对应关系、评聘分级管理、各类专业技术职务聘任期限、评聘条件、评聘程序、管理技术职务晋升转换、薪酬待遇等。管理行政职务和专业技术职务分别一一对应设置 10 个职级。行政管理职务序列由低到高为新员工定级、业务管理员、区

队（车间）副主任、区队（车间）主任、区域公司或专业公司机关部门副职、区域公司或专业公司机关部门正职、集团机关部门副职、集团机关部门正职、集团副职和集团正职。专业技术职务序列由低到高分别为新员工定级、技术员、主任师、特聘师、尖端人才、中级专家、高级专家、研究员级专家、资源专家、首席专家。

②薪酬设计方面，技术人员享受所在岗位对应行政序列的薪酬待遇。对尖端人才及以上专业技术职务实行模拟年薪或机关绩效工资发放，参照所在单位年薪管理制度或机关绩效工资制度办理。特聘师及以下专业技术职务执行所在单位薪酬制度，享受相应职级待遇。另外，在职业生涯发展过程中，专业技术人员可以结合集团公司发展需求和个人实际情况及职业兴趣，在不同通道之间进行转换。

（7）基于中长期激励的企业年金与股权激励制度。集团公司始终坚持以人为本，把人的发展作为企业发展的根本目的和归宿，不但注重职工当前利益，更加关注员工长远利益和幸福指数。企业年金结合职工对企业经营业绩贡献的大小，职工的岗位责任，工作年限等因素综合确定，缴费视企业经济效益完成情况每年确定一次。企业年金所需费用由企业和职工个人共同缴纳。同时，在各单位探索建立技术折股、股权出售和奖励股权等激励形式，实现知识、技术、劳动和资本等生产要素的共赢。

（8）基于员工成长的人才培训选拔与晋升激励制度。坚持以企业核心价值观为统领，以业绩为导向，按照公开、平等、竞争、择优的原则，构建人才引进、培养、选拔、评价、使用、激励、交流、约束等一系列创新机制，全力营造积极向上，公平公正的人力资源管理环境，促进各类人才快速成长。

①畅通人才引进渠道。通过构建统一招聘机制，搭建招聘平台，广揽优秀人才。重组以来，累计对外招聘各类管理技术人才 1364 人（包括中国工程院院士 2 人，外籍专家 2 人，留学人员 16 人，博士 22 人、硕士 358 人），招聘大中专毕业生近 9281 人，有力支撑了集团产业升级和未来发展。

②加强人才培养工作。完善各类人才培训制度，把培训作为各类人才成长的福利和投资，办好各类专业和层次培训班，结合企业发展瓶颈，增强教育培训的实效性和针对性。坚持“请进来”与“走出去”相结合，有计划地组织优秀人才到国内一流大学深造，定期邀请国内知名专家来集团举办专题讲座，不断提升各类人才的素质。

③完善人才选拔机制。把群众推荐、组织推荐、领导干部推荐、个人自荐、后备人才库选荐等多种提名方式有机结合。加大竞争性选人用人力度，促进各类人才脱颖而出。

④完善人才考核机制。重点考核人才的“德”和“绩”，坚持把“德”放在第一位，以业绩论英雄。针对生产、研发一线人才，坚持把平时考核和年终考核

相结合，专业考核和综合考核相结合，相互补充，相互印证，增强考核的系统性。

⑤畅通人才成长通道。通过管理和技术 H 型双通道薪酬制度和矿厂岗效工资制度，在职位、岗位设置和薪酬标准设计上，打通了管理、技术、技能人才成长通道，拓展了各类人才职业生涯的发展空间。

⑥做好人才使用和交流。以多岗位历练、艰苦地区锻炼为手段，围绕企业发展、重点产业规划、重点项目建设等，加大人才交流力度，加快复合型全面人才的培养步伐。

（9）基于业绩导向的全面绩效考核制度。根据各产业、各单位生产经营特点，建立详细的业绩指标考核体系，通过单位、个人工资与经营业绩、各经济技术指标联挂考核，树立业绩导向，充分发挥各项薪酬制度激励作用，实现薪酬分配与企业经济效益、市场竞争对接。

①集团公司对所属单位的考核主要依据集团与成员企业、成员企业与所属单位签订的年度生产经营承包责任书，考核部门依据各单位年度指标任务，逐月进行考核，并出具考核报告，各单位主要生产经营指标完成情况与工资挂钩；矿（厂）单位按照本单位内部市场化考核办法对区队（车间）结算工资；区队（车间）对员工个人采取计分制考核。

②集团公司对各成员企业班子成员的考核主要与生产经营指标（煤炭产量、销售收入、利润、全员效率、重点工程）、关键业务指标（管理技术创新、企业文化、三化管理）、综合评价（干部年终考核、效能监察）三类指标挂钩。对机关部室绩效考核采用目标管理考核，每季度对部室进行考核，各部室将部门的绩效指标分解为员工每一个考核周期的工作任务计划，对员工进行考核打分，考核结果按强制分布法分为 A、B、C、D、E 五个等级。对各级管理人员创建了“KPI + 360°测评 + 管理评价”的全方位考评方式，将量化考核与定性考核相结合，实现了对各级管理人员绩效指标的全面考核。同时强化考核结果运用，除兑现薪酬外，亦把考核结果作为人才晋升、任用、教育培养、管理监督、激励约束的重要依据，全面调动各单位、各类人员生产经营的积极性。

（10）基于集体协商的工资和谐增长机制。秉承“关爱员工、依靠员工”的理念，按照劳动法、公司法和劳动合同法等国家相关法律法规的规定，建立了行政、工会、员工代表三方参加的工资分配、工资增长决策和协调机制，从制度上保障员工工资的正常增长。集团公司各项工资奖励制度的制定，工资水平的增长及工资分配关系的调整等，都要通过与工会协商、签订集体合同、员工代表民主参与表决等流程，使员工充分依法享有工资分配参与权、工资取得权、工资知情权、工资支配权和工资保障权。在这种制度的指引下，河南煤化集团 2011 年总体人均工资达 5 万多元，是重组时的 1.8 倍多，促进了员工与企业的共同发展。

尤其是一些化工单位在市场持续低迷、效益不断下滑的重重困难中，工资做到了及时发放，部分单位有所增长，保持了企业的和谐稳定。

通过上述一系列改革创新，集团公司形成了具有自身特色、科学规范、极具活力的薪酬绩效体系，树立了正确的业绩和效益导向，使收入分配真正与企业效益、个人劳动成果相联系，有效激发了广大员工的工作和创新热情，有力地促进了企业经营业绩的大幅提升。

6. 加强薪酬管理和调控，保障贯彻执行

（1）加强组织领导。构建好薪酬体系、做好薪酬管理事关集团公司改革发展大局，政策性强，涉及面广。为保证此项工作的顺利实施，集团在董事会下面专门设立薪酬专业委员会，成立了以董事长为组长，分管副总为副组长，组织、人力资源、财务、发展规划、工会等部室负责人为成员的领导小组，全面负责此项工作的实施，并定期召开会议，研究部署重大问题。集团所属各单位也成立了相应机构，具体负责相关工作。强力的组织机构保证了多元化分层次薪酬管理体系的顺利构建与实施。

（2）明确管理职责。按照重组后河南煤化集团“管制度、管流程、管规划、管资金、管考核”的管理定位，着力构建“集团总部→成员企业→基层矿（厂）”分级管理模式，明确管理职责，理顺管理流程，提高管理效率，在实现平稳过渡、调动各单位薪酬管理积极性方面，起到了显著的促进作用。其中，集团总部主要负责制定总体薪酬政策与基本薪酬制度，并按规定对所属单位具体的薪酬管理制度实施备案管理；审批年度工效挂钩工资预算总额，定期对其工资发放情况进行调控和监控；具体负责成员企业、直管单位班子成员及总部机关员工的薪酬管理。各成员企业负责按照集团薪酬政策，进行各项具体的薪酬管理制度及实施细则的设计；按规定编制年度工资总额预算方案并报集团审批后执行，并定期向集团反馈工资发放信息；具体负责所属矿（厂）等生产单位的薪酬总额管理及矿（厂）班子成员的年薪管理。成员企业所属的基层矿厂负责执行上级单位的薪酬制度，做好单位除班子成员以外员工的日常薪酬管理工作，做好薪酬公开和信息反馈。

（3）加强监控与监督。借助人力资源管理信息化系统，制定各项管理流程，加强对成员企业、直管单位的薪酬管控，加强分析和预警，保障集团公司薪酬政策与发展战略的协调一致，薪酬结构、薪酬水平科学合理，规范有序。

四、大型集团多元化分层次全面薪酬体系的实践效果

通过一系列的薪酬改革创新，树立了正确的业绩、效益导向，使员工工资真正与企业效益、个人劳动成果相联系，激发了广大员工的劳动和创新热情，形成了具有河南煤化特色，富有活力和效率、科学规范、“内具公平，外具竞争”的多元化、分层次全面薪酬管理体系，有力地促进了集团公司业绩大幅提升和强势发展。

1. 调动了员工生产经营的积极性，实现了员工收入快速、和谐增长

多元化、分层次全面薪酬管理体系构建，得到广大员工的充分参与和支持，在薪酬制度实施过程中，通过职工“最关心、最直接、最现实”问卷调查支持系统、实施系统和分析系统，在集团公司职工代表和各单位基层员工中开展了薪酬管理问卷调查活动，满意率达到90%以上，初步得到广大员工的一致肯定。2011 年人均薪酬水平是重组初期 2008 年的 1.75 倍，同时通过构建和实践活动，使各单位、各类员工薪酬结构水平更加合理，在快速提高员工薪酬水平的同时，实现和谐增长。

2. 得到了各方的好评，为大型企业集团提供了宝贵经验

2011 年 8 月 12 日，由国家人社部、财政部、发改委等部门联合组织的国有企业工资管理改革座谈会在烟台召开，河南煤化集团作为代表性企业受邀参会，并在会上就多元化分层次全面薪酬体系建设方面的做法和经验进行了现场交流，得到了有关部门领导和与会专家、学者的高度评价。大家一致认为：河南煤化集团多元化分层次全面薪酬体系的构建与实践，实现了与企业发展战略的一致，有效加强了大型企业集团的薪酬管控，提高了各类员工的积极性和创造性，为其他大型企业集团的薪酬管理提供了宝贵的经验。

3. 经济效益大幅度跃升，实现了企业快速可持续发展

通过多元化分层次全面薪酬管理体系的构建和实践，全方位调动了广大员工的积极性，促进了集团公司战略、文化、管理体制等方面深度融合，孕育形成强大的发展态势、趋势和气势，实现了经济效益的大幅跃升。从重组之初的 2008 年到 2011 年，集团公司资产总额从 733 亿元到突破 1700 亿元以上，约占全省省管工业企业总额的 40%。营业收入从 821 亿元到突破 1800 亿元，约占河南省管工业企业总额的 40% 以上；同口径实现利润超过 100 亿元，约占全省省管工业企业总额的 60%；集团公司国有资产保值增值率约为 16%。

（成果创造人：申顺更　陈祥恩　任　雷　曲鸣钟　张国平　石仁义　李红煜　龚　鹏　毛永生　司德木　程英豪　张　华）

立体化综合对标管理在煤化工企业的探索与应用

河南煤业化工集团中原大化有限责任公司

河南煤化集团中原大化公司前身是河南省中原化肥厂，1985年注册登记，是国家“七五”期间的重点建设项目，具有当代世界先进技术水平和生产装置，1990年5月建成投产，1997年改制成立为河南省中原大化集团有限责任公司，2008年12月与永煤、鹤煤、焦煤、省煤气公司重组为河南煤业化工集团。目前，企业下属3个事业部（甲醇事业部、化肥事业部、三聚氰胺事业部），9家子公司，4家中外合资公司，拥有两个省级研发中心和一个市级研发中心，是河南省化工行业生产、科研、人才的三大培训基地。现有装置规模为30万吨合成氨、52万吨尿素、50万吨甲醇、10万吨复合肥、6万吨三聚氰胺，是河南省最大的化肥生产企业和亚洲最大的三聚氰胺生产企业之一。其中2008年建成投产的年产50万吨甲醇装置，是国内首先实现驰放气回收利用的第一家，最大程度地体现了煤化工装置和天然气化工的完美融合。

一、立体化综合对标管理的实施背景和基本内涵

1. 立体化综合对标管理的背景

在当前化工产品市场低迷的形势下，化工企业面临着巨大的困难：煤炭、天然气等原材料价格攀升，水电运价格上涨，市场疲软等一系列困难都在影响着化工企业的生存和发展。由于外部市场的不可控性，要想在竞争中取得优势，必须向内挖潜，向管理要效益，这就对管理水平提出了更高的要求，而如何提升管理水平也是企业迫切需要解决的问题，只有不断和同行业中先进企业进行对标分析，寻找差距，改进自己管理中的不足，才能不断提升管理水平。因此，实施立体化综合对标管理是中原大化有效应对困难、破解困局、增强企业活力、提升管理水平的重要手段。

2. 立体化综合对标管理的基本内涵

对标管理是运用标杆管理（benchmarking）的基本思想，通过规范且连续的比较分析，帮助企业寻找、确认、跟踪、学习并超越自己的目标。“标杆”是一个值得模仿的榜样，可以是人、模式、流程、或是某一个具体标准。“标杆管理”就是对其进行模仿的方法和过程，简单的讲，就是“拿来主义”，所以又被称为“对标管理”。其核心功能是使企业向业内或业外的最优企业学习，通过学习，企业重新思考和改进经营实践，创造自己的最佳实战方法，最终从模仿走到创新。运用标杆管理方法，企业能迅速提高管理水平和组织绩效，成为市场竞争中的强中之强。

中原大化在 2011 年开始实施的立体化综合对标就是在对标管理的基础上进行了拓展和提升。实施立体化综合对标后，按照“对标一流、持续提升”的要求，公司各单位自我加压，找差距，明方向，定措施，全面推进各项工作的落实。通过立体化综合对标活动，进一步增强工作的目标性、主动性、紧迫性，激发广大干部职工干事创业的激情与活力。

二、立体化综合对标管理的概要

1. 立体化综合对标管理体系的建立

立体化综合对标管理体系包括“横到边”的横向对标、“纵到面”的纵向对标、“深到底”的深度对标三个维度。所有对标项目不仅和自己的历史最好水平对标、还要进行外部对标，和同行业先进水平对标。

横向对标是指公司所有单位都实施对标管理，覆盖各事业部（一线生产单位)、辅助生产单位（二线生产单位)、机关部室（后勤单位)、各独立分公司等。

纵向对标是指实施的对标项目类型多样，除进行技术对标、指标对标、效益对标等浅层次对标外，还对管理方法、文化环境、甚至思维模式等进行深层次对标管理，覆盖到了企业日常管理的方方面面。

深度对标是指实施对标管理的层次不仅仅局限于公司层面，不仅深到各二级单位，还延伸到了各分厂、各班组个人。各二级单位内部也把综合对标管理当作日常管理的得力抓手，对各分厂和运行部实施综合对标管理，对其产量、消耗、学习等情况进行对标排名；各分厂同样应用综合对标管理的方法加强内部管理，对分厂内各化工班组之间进行各项指标的对标排名；班组内部同样用该方法管理职工。

一项管理制度推行是否顺利关键在于考核体系是否科学合理。2011 年初，公司高度重视，多次召开相关会议分析研究，科学谋划，制定详细的执行考核方案。指标考核体系分为内部对标和外部对标两部分。内部对标指公司各单位之间的对标和与历史数据进行对标，外部对标指与同类型企业中的各项指标进行对

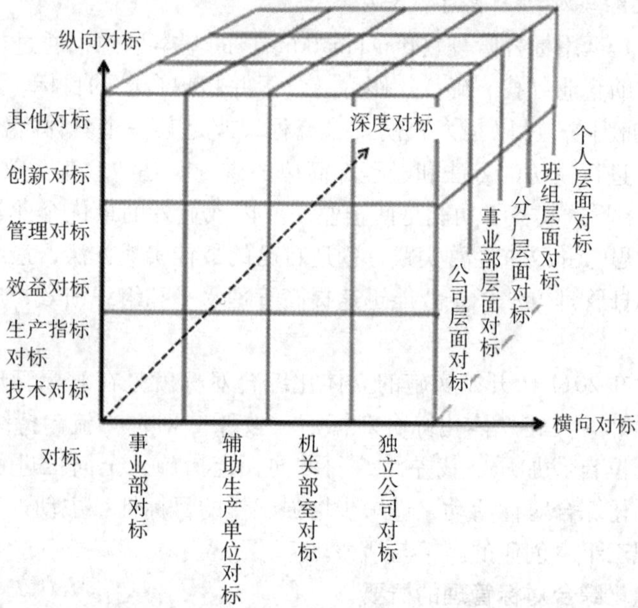

图1　中原大化公司立体化综合对标模型

标，从中取长补短，提升自己。

2. 应用范围

适用于公司生产单位、辅助生产单位、机关部室、独立公司等所有单位。

3. 对标结果应用方法

对标结果除了每周在周清会、LED显示屏、厂务公开栏、报纸媒体上公示外，各层次的对标考核结果均按照各自考核方案与绩效工资挂钩，保证了综合对标管理的实施力度和应用效果。这套管理考核体系在公司形成“比有对手、学有榜样、赶有方向、帮有伙伴、超有目标”的良好氛围。

三、立体化综合对标管理在公司层面的实施

1. 生产单位对标比业绩

为充分调动生产单位对标竞争的积极性，公司经过充分研究筛选，确定了涉及安全、生产工艺、设备、管理数个方面的对标项目，要求各单位同时确定内部和外部对标单位。内部对标最好记录，自我加压；外部对标同行经验，取长补短。

公司对生产单位的考核权重分配：产量占30%、利润30%、综合消耗20%、安全环保20%。通过不断找差距，明方向，定措施，进一步增强工作的目标性、主动性、紧迫性，激发广大干部职工干事创业的激情与活力。

化肥事业部以全面加强生产现场管理为契机，针对一段炉存在的问题，在制定应急处理预案的基础上，安排人员 24 小时监控；实施技术改造，变更脱硫装置料浆泵密封方式，减少了现场的跑冒滴漏。双氧水事业部大力倡导“深化、巩固、完善、落实”的管理理念，团结协作，真抓实干，上半年实现了安全生产零事故，创造了建厂以来装置长周期运行 242 天，日均产量 80.5 吨的历史新纪录。

2. 辅助单位对标比服务

辅助生产单位指维持生产运转的电气、仪表、检修、分析等单位。为给不同专业、不同工种的辅助生产人员画一条标准的起跑线，实施统一的对标管理，公司为不同岗位、辅助生产单位实行内部“工时制”管理。工时管理就是辅助生产单位按照工时的多少进行绩效考核和工资分配的方法。工时是指服务于生产单位的电气公司、仪表公司、检修公司和中心化验室等辅助生产单位根据历史经验数据，参照技术水平、工作量、工作标准、工作难度系数等制定出单项工作工时定额。按照工时定额计量出每个工人当天完成的工作量（即工时），按工时乘以一定的工时单价，算出每个工人当天的收入，真正做到以工时论业绩，以工时定收入。工时管理一举打破了原来的平均主义，多劳多得大大提高了职工的积极性，从根本上解决了辅助生产单位工作不好安排的难题。

3. 机关部室对标比执行

各部室同事业部一样，自我选定对标对象，与公司内部部室对标，与兄弟企业对标。各部室职能不同，业务种类也不同，因此对标指标只有两项，工作计划完成率和督察督办工作完成情况。工作计划完成率主要对标的是对本月公司对该部门制定的工作计划的完成情况，监督的是日常工作执行力。督察督办工作完成情况指的是对公司临时交办的重要工作的完成情况，监督的是随机工作的执行力。

通过这种对标，大幅提高了职能部室的行动力和执行，工作效率、工作业绩得到明显提升。生产管理部、机械动力部、安全环保部互相较劲，围绕现场分别开展走动式管理、CTPM 精益管理等活动，管理水平和服务意识普遍得到提高。

4. 其他单位对标比效益

物流公司发挥自身优势，狠抓进销存工作，利用各个产品的季节差，利用方方面面的关系，利用公司的存储条件，超前谋划，找商机，抓机遇，宜存则存，宜销则销，初步达到了“进的低位、销的高位、存的合理”，在集团公司进销存工作评比中，原料煤购储增效排名第一，产品销售排名第二；全年进销存管理增效 2000 多万元，物流贸易全年实现毛利润 700 多万元。

四、立体化综合对标管理在事业部（二级单位）的应用

甲醇事业部是中原大化公司最大的一个事业部，主要产品是甲醇。在改制以后，事业部运行部经理和各分厂职责存在交叉，易出现管理盲区，为进一步理顺管理流程化，明确责任，发挥各自优势，使企业效益最大化，甲醇事业部结合公司实施立体化综合对标管理的要求，在生产运行中进行“横对纵比”。

“横对”——横向对标，即对各运行部制定具体的物耗、能耗指标，定期进行公布，希望大家找差距，赶先进，进一步降低能耗、物耗。

“纵比”——纵向对标，主要是对各分厂的工艺指标、记录报表、技术培训、执行力、包机卫生、备机率及装置泄漏点进行定期的检查和考核。在保证装置平稳的同时，储备技术力量，并加强备机率和装置泄漏的检查，为装置的安稳长满优打下良好的基础。

1. “横对纵比”总体要求：对照先进、查错纠弊、持续改善、不断超越

（1）对标管理工作是标准化、精细化管理工作的深入推进，是推动标准提升的有效手段，要充分运用标准化载体来推动对标工作。

（2）通过寻标、建标、对标、达标，找准存在的差距，分析原因，借鉴优秀企业的成功经验与做法，制定措施，全面揭示与先进水平的差距和目标，促进流程的规范和效率，找到流程的关键控制节点，增强自我改善的压力和不断超越的动力，不断优化各项指标。

（3）通过召开专题会议、专题讲座、交流研讨等形式，进一步完善内部管理制度和考核办法，将责任落实到各个运行部、分厂、班组和岗位，实现层层有指标，人人有目标的对标链条，看到业务流程上、管理上的差距和薄弱环节，挖掘隐藏在指标背后的本质原因，对存在问题进行分析研究，及时制定措施，解决存在的问题，使企业指标不断得到提升。定期检验工作成果，不断纠偏与总结，营造“我要对标”的良好氛围。

（4）建立对标管理工作长效机制，认真总结对标管理的经验，不断完善对标管理制度，特别是要完善激励约束机制，将对标管理业绩、薪酬二位一体的考核机制。

2. “横对纵比”组织领导

为使对标管理工作顺利开展，甲醇事业部成立管理领导小组。组长由事业部总经理担任，全面负责对标管理工作的总体指导和协调。

对标管理领导小组下设办公室，办公室设在技术部，由部长兼任办公室主任，每半月召开一次由相关人员组成，具体负责对标管理工作的办法制定、体系建立、实施及活动的开展、考核监督、综合评价等工作，确保各项工作顺利开展。

各专业、分厂要相应成立领导小组，专业领导、分厂负责人为对标管理工作的第一责任人，负责责任范围内的对标管理工作。

3. 实施范围

运行一部、运行二部、运行三部、运行四部、给排水厂、蒸汽动力厂、空分厂、气化厂、甲醇厂。

4. 对标管理的实施

在对标实施前，中原大化对装置的物耗、能耗进行统计分析，通过计算分析，发现装置还有提高的空间。经过对运行部横班的具体消耗进行摸底，制定出了运行部横班在甲醇产量、原料煤耗、燃料煤耗、电耗三方面的考核指标，并制定出了具体的考核措施。

（1）横向对标。横向对标对象为各运行部经理，对标项目：一轮班（96 小时，每班工作 24 小时）甲醇日产量，原料煤耗、燃料煤耗、电耗。在各部运行四天后，张榜四个运行部之间进行排名，并张榜公布一次。甲醇产量由技术部负责收集数据、计算原料煤耗、燃料煤耗。考核结果将在下月份的市场化工资内进行体现。

（2）纵向对标。为了使各分厂的管理水平再上一个台阶，采用纵向对标管理。纵向对标对象为给排水、蒸汽动力、空分、气化、甲醇厂。纵向对标时间为每十天一次。

纵向对标项目：工艺指标、记录报表、包机卫生、执行力、培训考核、设备备机率、装置漏点。

工艺指标考核：对分厂工艺指标由事业部技术部统一抽查，指标合格率作为考核项目，本项满分 15 分，指标合格率低于 0.5%，扣 0.5 分。

记录报表考核：由技术部统一抽调人员对各分厂记录本和报表进行交叉检查。记录本和报表字体不用仿宋、涂改、无签名等一次扣 0.2 分，本项满分 15 分。

包机卫生考核：由技术部统一组织各分厂人员对现场包机卫生进行检查，发现一处卫生不合格，扣 0.5 分，本项满分 15 分。

执行力考核：此项甲醇事业部领导对分厂安排工作执行情况及各分厂对各部室配合工作情况进行评分，此项满分 10 分。

培训考核：培训考核项目有班组培训、工程师培训、岗位描述、大学生培训等，上中下旬由培训主管组织人员针对以上内容进行综合评分。本项目满分 15 分。

设备备机率：设备备机率主要检查分厂设备情况，备机率低于一个百分点，扣 0.5 分。本次满分 15 分，由技术部设备工程师负责考核。

装置漏点：本项主要检查各分厂泄漏点情况，取得节能降耗，节支增效的效果。本项满分 15 分，发现一处漏点扣 1 分。

5. “横对纵比”实施效果

（1）通过横向对标，以产量消耗为核心，强化了成本节俭意识，由以前各单元独立优化操作改变为以最终产品为导向的系统操作。甲醇事业部实施横向对标以来，煤耗呈下降趋势，甲醇产量呈上升趋势。

甲醇产量前后对比分析：实施前平均 16615 吨，实施后平均 31643 吨，提高 15028 吨。

原料煤耗：实施前平均 1.72 吨/吨，实施后平均 1.67 吨/吨，降低 0.05 吨/吨。

燃料煤耗：实施前平均 0.99 吨/吨，实施后平均 0.83 吨/吨，降低 0.16 吨/吨。

电力消耗：实施前平均 801 度/吨，实施后平均 506 度/吨，降低 295 度/吨。

计划利润：实施前平均 –3992.6 万元，实施后平均 –3101 万元，多减亏 891.1 万元。

(2) 在实施纵向对标以来，各分厂基础管理工作有了显著提升，随机故障率、现场设备泄漏点较少，形象工程（包机卫生、记录报表）在公示职能部室考核中排名落后局面有所改观。管理程序进一步理顺了，工作执行力得到强化。班组人员操作技术水平有了提高，装置稳定时间得到延长，职工主动工作的积极性变化较大，有了比、赶、超的热情。

6. 实施“横对纵比”管理后的体会

(1) 突出主线作用，是取得对标管理实效的根本保证。作为中原大化公司最重要的产品 – 甲醇，在市场价格疲软的情况下，甲醇事业部于 2011 年 8 月初开始实施“横对纵比”，通过对标提升实现技术装备、技术指标、经济效益、企业形象、管理机制、人才队伍“六个一流”的奋斗目标，始终把对标管理和维护装置安稳长满优运行作为工作的主线，紧紧抓住一个“实”字，重实干、办实事、求实效，每项指标必对标，每项工作必结合对标，对标管理工作开展得扎实有效，企业管理水平实现了新提升。

(2) 完善组织体系，是取得对标管理实效的重要前提。中原大化成立了以事业部主要领导为组长的对标管理领导小组，制定了对标管理实施方案、考评标准和实施细则，明确了总体思路、总体目标、基本原则和主要步骤，建立了包含对标管理指标体系、组织体系、责任体系、评估体系和考核体系等内容，自上而下、归口管理、分级负责、有效运作的规范化、系统化对标管理体系，有效解决了“干什么”、“怎么干”、“谁去干”和“干到什么程度”的问题，为对标管理工作的有序推进奠定了坚实的基础。

(3) 构建“大对标”格局，是取得对标管理实效的有力支撑。为使对标管理工作深入人心，先后开展了大讨论等活动，营造了浓厚的工作氛围。在主控室大厅展示了对标管理公示栏，使事业部职工时刻掌握对标管理最新动态。按照职责分工，加强对标管理过程控制，将工作层层落实到班组和个人。各专业工作小组每月按规定格式和内容总结、报送工作完成情况，各班组建立对标活动记录，专业组进行定期检查考核，确保对标管理措施落实到最基层，齐抓共管的“大对标”格局，为提升对标管理成效提供了有力支撑。

五、立体化综合对标管理在分厂（三级单位）的应用

气化厂是甲醇事业部的一个分厂。日常管理中，分厂也把对标管理当成了有

效抓手。气化厂下设化工一班、化工二班、化工三班、化工四班，负责日常化工生产运行，对标对象就是四个化工班组，班组长为其对标负责人。对标时间为每月一次。

对标项目：工艺指标、记录报表、包机卫生、执行力、培训考核。

工艺指标考核：分厂负责对各班组的工艺指标进行抽检，指标合格率作为考核项目，本项满分 20 分。

记录报表考核：采用技术部统一抽调结果，本项满分 20 分。

包机卫生考核：采用事业部统一检查结果，本项满分 20 分。

执行力考核：此项为分厂对各班组安排工作执行情况，此项满分 20 分。

培训考核：分厂检查班组培训效果，本项目满分 20 分。

每月分厂根据各班组的考核结果除了进行张榜公示，还作为绩效工资的分配和划分依据。

六、立体化综合对标管理在班组（四级单位）的应用

班组对个人的对标考核主要为出勤工时、劳务、单项奖罚，工时和劳务根据各班组情况按比例分配（供水、空分、锅炉、气化工时占 70%，劳务占 30%），单项奖罚主要为专业市场、技术培训、三星员工及其它。其中出勤工时每个人按权重系数计算，即实际出勤小时数 × 系数 = 个人当班分数。劳务由各班班长或考核员根据劳务价格目录进行实际考核。单项奖罚不计分，主要是金额兑现。各班组可根据实际情况进行适当调整，实现动态考核。

1. 工时考核结算办法

（1）根据岗位权重不同（系数不同），个人班出勤得分 = 出勤小时数 × 个人系数，班班进行结算，个人月工时工资 = 个人实际出勤工时 × 系数。

（2）凡是请假者，将根据其出勤工时数计算出其应得的工时工资，并将缺勤工时工资分配给岗位其他人员。

2. 劳务考核结算办法

（1）根据工作价格目录和工作量与每个人进行结算。

（2）日常劳务按照日劳务结算单与个人进行班班结算得分，月底个人劳务工资 = 劳务工资 × 个人得分/班组总分数。

3. 专项考核结算办法

根据事业部奖励的情况，班组按照当月班组对个人内部市场化考核嘉奖到人。主要从专业市场、技术培训、劳动力市场、三星级员工和其他几方面进行奖励。

七、实施立体化综合对标管理取得的成效

1. 经济运行质量不断提升

2011 年累计实现营业收入 49.17 亿元，同比增加 14.82 亿元，增幅 43.14%；

利润同比减亏 1.8 亿元。2012 年上半年减亏 1.63 亿元，主要经济指标在集团公司化工板块位次均有不同程度的提升，其中部分指标走在了前列。

化肥事业部于 2011 年 3 月份、10 月份分别生产尿素 52600 吨、51423 吨，创出同期历史最好水平。甲醇事业部通过实行“横对纵比”管理方法，加快装置技术消化步伐，创造了单台锅炉运行保证装置稳定生产的新纪录，顺利完成向乙烯供应甲醇和氮气。三胺事业部先后解决了三套三胺熔盐泵填料泄漏等 10 多项技术难题；2011 年年生产三聚氰胺 56656 吨，创装置建成以来的历史新纪录。

2. 新的体制机制彰显活力

中原大化强力推进体制机制创新，重新梳理组织架构，构建了以利润为中心、适应市场经济的管理模式；实行全员竞聘上岗，激发了员工工作的主动性和积极性；实施技术管理双通道，开辟了技术人员成长、成才的新平台；实行末位淘汰制，增强了各级管理人员的危机感，提高了执行力等等。通过一系列改革措施的实施，在装置不变、人员不变、外部市场环境变化不大的情况下，企业重新焕发出勃勃生机。广大干部职工在对标中树立了“成果为王，业绩为先”的新理念；树立了“先人一步，持续创新”、“敢闯敢干敢试敢冒”的新理念；加快发展、赶超发展成为广大干部职工的共识，主动工作、积极工作成为广大干部职工的习惯，奋勇争先、奋力赶超成为广大干部职工的目标，形成了人心思变、人心思干、人心思发展的浓厚氛围，为企业发展提供了不竭的动力源泉。

（成果创造人：陈国平　严　媛　周瑞庆　冯怀成　耿　健　常瑞英　陈　魁　张思维　岳婷婷　亓渊博　肖军英）

大学生采煤班建设与管理

平顶山天安煤业股份有限公司六矿

平顶山天安煤业股份有限公司六矿，始建于1958年，1970年简易投产，原设计生产能力90万吨/年，经过三次技术改造，原煤产量逐步提高，2006年核定生产能力320万吨，目前已具备400万吨生产能力。矿井采掘机械化程度保持100%，建有生产调度、安全监测、局域网等较为先进的信息化网络。矿井配套建有一座年筛选、洗选加工能力400万吨的大型动力煤选煤厂，对原煤进行筛分洗选加工，确保商品煤质量满足市场不同用户需求。矿井先后获得全煤行业特级安全高效矿井、行业级质量标准化矿井、全国煤炭工业企业文化示范矿、全国煤炭行业“五精”管理样板矿、河南省级文明单位、河南省“五优”矿井、河南省五一劳动奖状、河南省煤炭系统安全生产先进单位等省级以上荣誉称号。2011年各项经济技术指标顺利完成，利润额居集团生产矿首位，矿井继续保持强劲发展态势。

一、建设大学生采煤班的实施背景

1. 大学生采煤班建设的必要性

（1）我国经济发展的能源提供一直以煤炭为主，由于历史原因形成国有煤矿历史包袱重，大部分矿井面临着整体超员、人多，而从事井下原煤生产的男员工，尤其是掌握现代综采、综掘技术的员工相对不足的局面。一方面人员富余、浪费，另一方面一线生产人员、技术员工不足的矛盾，成为煤矿管理优化的突出问题。

（2）随着开采深度的增加，除矿压、地温、瓦斯、水、火等自然灾害外，冲击地压、煤与瓦斯突出、岩爆等重大灾害在一些煤矿有所发生，煤矿安全管理难度陡增；安全费用投入增加，生产成本大幅提高，煤矿要完成目标成本、增加员工收入，实施人力合理配置，实现人力资源优化管理显得十分重要。

（3）由于历史以来煤矿劳动密集型生产方式的存在，长期以来煤炭企业对员工的知识水平要求不高，致使员工知识水平参差不齐、普遍较低，综合素质不高，影响安全意识的进一步提高，不利于煤炭这一高危行业的安全生产。随着科技的发展，信息化、自动化技术引入煤矿，全自动综采设备逐步在煤矿投入使用，这是煤炭企业原煤开采发展的方向，迫切需要高知识水平、高技术优秀人才来掌控自动化综采、综掘设备，使其发挥先进技术优势、达到提高工效的目的，但现实中煤矿高知识水平、高技术优秀人才相对不足，形成对人才的高需求与实际短缺的矛盾。

（4）在我国资源整合、煤矿兼并重组的大环境下，各煤炭企业努力提高自身的核心竞争力。煤炭企业的竞争在一定程度上逐步演绎为人才的竞争；而煤炭企业在人力资源管理方面起步晚，管理水平提高缓慢，创新难度大，形成企业管理的短板。

同时，经济发展方式由劳动密集型向技术密集型转变，经济增长方式由粗放型向集约型转变；煤炭企业受传统体制影响，用人机制仍以出身定岗位，人才管理和人力资源结构不甚合理，是造成发展方式和经济增长方式转变缓慢的一个方面。

2. 大学生采煤班建设的充分性

（1）随着煤炭企业结构性调整以及煤炭资源整合效果的逐步显现，煤炭企业经济效益不断提高，经营形势趋于良性发展，对人才的吸引力逐渐增强，为煤炭企业引入技术人才创造了条件。

（2）大学生毕业人数逐年增加，社会就业压力不断增大，大学生的择业理念也发生着较大的变化，一部分大学生渴望在煤炭事业做出贡献，为煤矿优化人力资源结构提供了条件。

（3）我国自动化综采设备的投入使用，为当代大学生展示自己的才华构建了平台，为煤炭企业实施人力资源优化管理奠定了基础。

（4）煤炭企业内部改革不断深入，企业发展步入高效轨道，为煤矿尝试大学生采煤班建设与管理实施创造了良好环境。

（5）我国首套全国产自动化综采设备的研制成功是大学生采煤班建设的基础条件。

二、大学生采煤班建设与管理的内涵

借鉴吸收现代人力资源管理理论，立足当前，着眼发展，根据外部环境和内部条件的发展变化，不断变革管理方法，实现企业管理科学化；研究市场经济条件下，企业人力资源开发与管理规律，实施大学生采煤班组建设与管理，打破岗位限制，完善人才引入、培养、开发机制，创建矿井持续发展的人才成长平台，以人才促创业、在创业中吸纳人才、培养人才，使大学生发挥技术优势和成长优势；实施“人尽其才，才尽其用”的人才使用机制，发挥大学生的管理优势和创新优势，扩大大学生采煤班的导向作用，使人力资源整体技能、素质不断提高；通过大学生采煤班建设与管理，建立起人才聘用、培养、使用和劣汰的人才管理机制，实现人力资源的良性循环，为煤矿持续安全高效发展提供强力支撑。

三、大学生采煤班建设与管理的主要做法

我国自主研制的自动化综采设备的投入使用，使采煤工作面实现割煤、拉架、推溜、自动喷雾、运输等计算机程序化控制，实现综采工作面无人跟机作业，每班人员由过去的20多人减到12人，达到减人提效的目的，为煤矿科学管理、持续发展提供基础条件。平煤股份六矿以大学生采煤班组建设为突破口，在实践中探索，在探索中提升，不断实施管理优化，取得良好效果。

1. 大学生采煤班筹划与建设

胡锦涛总书记到河南视察时，针对我国作为世界第一产煤大国，却一直没有攻克采煤机核心技术——电液控制系统的情况，明确要求把“这一核心技术攻克下来”，自主生产全自动化综采设备。郑州煤矿机械集团经过不懈努力，生产出我国首套全自动化综采设备，设备总投资5800万元，相当于进口同类设备的十分之一。

我国首套自动化综采设备，采煤机为MGTY250/600－1.1D型智能型电牵引采煤机，可实现智能化远程控制，自动化记忆割煤，截深800mm，功率为600KW；液压支架采用ZY5000－14.5/31型两柱掩护式液压支架，装有电液控制阀，可实现单台支架的多动作自动顺序联动控制和成组自动控制，自动升降、移动、推溜、喷雾，初撑力3877KN，单架工作阻力5000KN；运输机为SGZ－764/500双中链框架式刮板运输机；转载机为SZZ－764/200型顺槽桥式刮板转载机；控制系统为可探测101型通讯、控制一体化系统；泵站采用WRB－400/31.5F型乳化液泵站，装有微机全自动控制和综合保护系统，实现自动配液。

平煤股份六矿作为集团的主力矿井，经过长期的发展，已经在技术、人才、管理等方面积累了宝贵的经验，为更好地发挥自动化综采设备的性能，平煤股份六矿首先担当起了自动化综采设备使用和管理的“第一人”。

全自动化综采设备的投入，首次实现割煤、移架、推镏、喷雾计算机程序化；首次实现转载机、运输机破碎机、割煤机顺序起车，避免三机同启，瞬间电流过高对电机造成冲击的安全隐患；首次实现采煤工作面主要设备工况参数和运行数据的采集、监测、传输、记录、图形模拟显示、故障诊断功能，做到信息共享、连锁控制；首次实现采煤工作面无人跟机作业，正规循环、提高效率、采面安全。

为确保这项创新工程顺利实施，使这套设备尽快得到完善提高、发挥应有的作用，结合矿井实际和客观条件，平煤股份六矿适时筹建大学生采煤班，操纵这套自动化程度达100%的综采设备，经过对全矿员工的筛选和考核，最终确定大学生采煤班编制12人，其中硕士研究生董刚、王香瑞2人，本科生6人，大专学历4人，平均年龄只有25岁。把高素质人才配置到基层，与现代化设备结合起来，提升煤矿生产力水平，加快煤炭企业生产方式转变。

2. 大学生采煤班的日常学习管理

（1）学习业务知识，提高感性认识。自动化综采设备技术含量高，标准要求严，一切需要从头做起。为使班组成员全面掌握自动化设备的知识、性能，提高员工的整体技术素质，本着全面、实用的原则，以全体人员都能全面掌握设备的各方面性能、更好地服务安全生产为目标，制订班组学习制度。

每月5、15、25日上午9：00－11：00为集中学习时间，重点学习设备的原理、操作和维护知识，一方面请厂家、综机办等专家讲课；另一方面由本班职工轮流当讲师，每次讲课必须有主题、有重点、有针对性。讲课时以自己所学专业与生产实际相结合，重点讲解设备在本专业方面的知识；采矿专业的大学生重点讲解井下工作中的技术管理、安全管理等知识。

大学生采煤班组统一分发学习资料，自己利用业余时间自学，利用网络、书籍等途径，了解自动化设备知识，提高服务生产的技术能力。

利用井下电脑中的各种学习资料，有效利用生产间隙，对照实物开展学习，不断熟悉设备的各种性能。利用检修时间，集中现场讨论，互相交流学习体会，在设备出现故障时，集体处理，增强个人发现问题、处理问题的能力。

鉴于大学生采煤班组学习专业不同，从事工作所需知识存在较大差异，无法实行统一考试，每月在月底的班会上开展“学习之星”评选活动，评选采取无记名投票的方式进行，每月评出一名“学习之星”，给予一次性200分的奖励。

（2）开展经验学习活动，提高实操水平。大学生采煤班除每人配有一位高学历的技术导师外，还配有一位实际工作经验丰富的生产导师，签订“一帮一”导师带徒合同，既传授高精技术，又传授实际操作经验，让大学生采煤班组成员更快地掌握自动化综采方方面面的生产技能。

3. 大学生采煤班的现场管理及技术攻关

在生产过程中，大学生采煤班组成员充分发挥专业知识面广和技术水平高的优势，对我国首套全自动化综采设备的一些不完全符合现场生产实际的部位进行改进和创新，科学管理现代化综采工作面。

（1）由于采煤机拖移电缆在移动中影响采煤机红外发射装置，使支架检测不到采煤机位置，无法实现支架跟机作业，影响正常安全生产。

大学生采煤班攻关小组经过探索、研究，结合红外线发射器将在25°范围内发出圆锥型红外线光束，红外线接收传感器起作用的范围是水平的正负30°，垂直的正负35°，当红外线发射器和红外线接收传感器在同一平行轴上时，才会接收到信号。攻关小组决定将探头向上移动100mm，使红外线发射器和红外线接收传感器中心接近在同一直线上，经过此项改造解决了支架因收不到采煤机信号而产生无法跟机作业的问题。

（2）在自动化采煤机向前推进的过程中，综采工作面上下端头锁口托棚传移过程中容易出现因钢梁翻转、跌落而造成事故。

大学生采煤班组成员多次跟踪支架推进，观察钢梁翻转、跌落情况，然后集体讨论、研究，找出解决问题的方法，使用Φ20×1000mm的圆钢作轴，用Φ150×800mm的中空圆钢配合两盘轴承，在两端出头的轴上固定两根可调高的挂钩，即组成滚动托移传梁装置。在使用时，将两端的挂钩分别挂在花边钢梁两侧顶板的锚网上，将钢梁两端的单体柱卸下，花边梁即落在可滚动的圆钢上，钢梁两端分别一人手扶钢梁进行传移，到达预定位置停止并升柱支护，完成整个传梁作业。当钢梁弯曲或顶板不平时，调高挂钩可进行调高，达到理想高度。使用这个装置，只需两名工人站在原地手扶钢梁推移即可，而且可实现生产状态下作业，安全可靠。

（3）由于采煤机上使用的刀齿是新型的手枪式刀齿，过机头机尾时刀齿挂着锚网和锚杆丢刀齿现象严重，既增大刀齿消耗量，又影响正常生产。

通过观察分析，发现造成这种现象的主要原因是采煤机滚筒上刀齿挂着锚网和锚杆把刀齿甩掉的，特别是在经过机头、机尾和钻场过程中丢失更为严重，并且要停车安装截齿，浪费生产时间。要解决这个问题，就要在保证正常割煤的前提下，从刀齿不挂锚网锚杆的角度入手，经过大学生采煤班攻关小组探讨，把原有的刀齿割掉尾部，减少刀齿尾部与锚网和锚杆相挂的机会，减少挂掉截齿的现象，保证采煤机滚筒刀齿的正常使用，减少刀齿的丢失，仅此一项一年节约材料费131400元。

（4）在平时生产作业时，采面割煤机、运输机、转折机三机系统冷却水需要一名员工专门开关水阀，此与自动化采面、自动化设备不相符合。

通过研究实验，利用ktc101集中控制系统的下位机来实现冷却水的自动开关。利用破碎机电机的2号电机起动点闭合下位机的节点，在下位机处添加一个继电器，当节点闭合后通过继电器给电磁阀供电，使电磁阀工作供水。经井下试验，破碎机启动同时电磁阀工作能及时提供冷却水，当停车时能及时闭合。有效解决了三机冷却水的自动开关问题，每班节约一个劳动力，同时，不会因员工没有及时开冷却水，造成三机温度过高或不及时关闭冷却水浪费水资源、恶化生产环境、影响煤质的情况发生。

（5）在自动化采面的生产中，曾出现电液控和液压系统突然停机，指挥失灵，电液控和液压系统处于瘫痪的状态，瘫痪原因难以查找，影响正常生产。

经过攻关小组的细致分析，认为造成系统瘫痪的关键因素就是液压系统的清洁和电液控系统的精密，电液控和液压系统对清洁度要求非常高，细微的粉尘侵入就可能造成系统瘫痪，而采面煤尘、粉尘根本不能全部抑制。因此，大学生采煤班针对生产现场的实际情况采取保洁、清洁措施。

对液压系统的清洗管理：停产后，在所有设备尚未拆卸前，将所有液压系统的外部彻底清理干净，先后用压风、压风与清水混合、清水进行细致的、全面的清洁。拆卸液压管路时，先进行管路系统内部清洁，按照压风、压风与清水混合、清水、乳化液的流程，对管理系统进行四次清洁。要求拆卸工、安装工进行编码管理，注明拆卸和安装的时间、架号、负责人等信息，一旦出现问题，按照记录进行责任追究。

对电液控系统的清洁管理：停产后，在所有设备尚未拆卸前，将所有电液控系统的外部彻底清理干净，先后用压风、压风与清水混合进行细致的、全面的清洁；电液控元件拆卸时，必须首先用毛刷清洁，保持拆卸下的电子元件的防尘处理；所有拆卸下的电子元器件，用毛巾包裹，再用厚塑料袋包裹，并装箱集中存放、管理。

（6）戊8－22140工作面是无人跟机自动化工作面，自动化程度高，因此对设备和生产等各个方面的管理提出更高要求，传统的采煤队管理方法已经不能适应新型自动化综采的要求。

大学生采煤班利用Vb和Access自行开发的自动化综采队生产管理和设备管理软件，主要功能是实现对自动化综采设备和生产运行组织情况的信息化管理，能够对各种与生产和设备检修等相关的历史记录进行管理查询。尤其针对检修工作，具有指导意义，能够将每天的检修内容自动显示打印，并且具有历史存档的功能，为设备的完好管理提供足够的信息。

4. 大学生采煤班的精益管理

（1）煤矿原煤生产从普通的综采作业到自动化综采的转变，是一个质的飞跃；在现场诸多因素的影响下，自动化综采设备是否能成功使用是六矿担心的问题，也是集团关心的问题，从普通综采向自动化转变的过程中，需要实施以下几方面的转变：

①创新管理理念的转变。树立全新的管理理念，形成“安全第一、设备至上、注重人才、技术至尊”的管理理念。

②生产管理机制和管理制度的转变。以自动化综采新工艺实施采煤生产，在机巷远程操控自动化综采设备，实现程序化、数字化、无人跟机作业生产机制；建立自动化综采操作规范、自动化操作岗位职责等制度，完善油脂管理制度、交接班及验收制度、设备检修制度、设备管理制度、煤尘管理制度等一系列管理制度。

③用人机制和人才管理制度的转变。建立大学生采煤班候选人储备库，根据

大学生采煤班人员变动及时择优补充大学生采煤班成员，并提拔重用优秀人才，构建优秀人才成长通道。

（2）自动化综采是否能成功使用，受多方面因素的影响，在从普通综采向自动化综采转变的过程中，人是决定性因素，大学生采煤班组成员不懈努力，积极实践尝试，加强人的因素管理、加强制度管理，实现管理升级。

①建立规章制度，督察规范生产行为。面对全新的综采自动化设备，大学生采煤班组成员树立全新的管理理念，改变过去粗放的管理方式，实行全方位、精细化管理，建立完善《自动化操作工操作规范》《油脂管理制度》《设备检修制度》《设备管理制度》《煤尘管理制度》等管理制度。针对自动化综采设备跳眼、搬家安装期间各项繁杂工序，精密设备易受损伤，电液控系统易受污染等现象，制订《采面跳眼搬家设备管理制度》，明确施工细节标准。按要求定期对转载机、运输机、采煤机、乳化液泵站、液压支架进行维护，保证综采自动化设备的安全运转，发挥其最佳性能。

②建立质量检查小组成员跟班制度，现场监察各项措施的落实情况。对规范职工行为的各项措施落实情况进行全面监察，保证全队职工的行为规范化、标准化；对职工的安全要求、规范要求、操控要求熟练掌握情况进行全面监察，保证全队职工做到手指口述；对现场环境美化的各项措施进行监察，保证工作场所的环境优美、规范；对各项设备管理制度的落实情况进行监察，保证设备管理的规范化、制度化；对措施落实不到位的班组和个人进行批评教育和处罚；对造成事故的班组和个人进行事故追查，总结教训，并提出处理意见，为自动化综采工作面质量达标工程确定标准并监督执行。

（3）优化管理流程，实现管理方法不断升级。

①实践“6532”班组安全管理法，确保安全生产；大学生采煤班把岗位价值精细管理与班组建设相结合，以“学习成就未来”理念为指导，突出安全文化特色，摸索出独具特色的“6532”班组安全管理法。

“6”即“六个结合”学习法：集中学与单独学相结合、学习与实践相结合、请进来与走出去相结合、学外与树内相结合、携手与提高相结合、专业与通用相结合，不断提升综合素质。

“5”即“五个必须”安全管理法：必须坚持隐患排查、必须坚持定时确认、必须坚持手指口述、必须坚持定期重启、必须坚持正规循环作业，确保安全生产。

“3”即“三步引导”思想工作法：引导自强自信、引导爱岗敬业、引导团队协作，完善自主管理，最大限度发挥团队成员的潜能与智慧。

“2”即“两项活动”技能提升法：开展导师带徒活动、开展创新增效活动，推动技术创新，先后完成“自动化工作面的管理”“自动化冷却喷雾系统改造”

“采煤机红外检测系统改造”等技术创新项目，实现自动化综采工作面的科学管理。

②建立完善“评选星级员工”激励机制；坚持每月底召开一次班会，全面反思、总结当月的工作情况，对员工工作进行点评，并在班会上以无记名投票方式评选出“安全之星”“学习之星”和“创新之星”，通报表扬和经济奖励，充分发挥典型引导作用。

③建立和完善管理制度，带动职工队伍整体素质的提升。建立自动化综采设备操作工操作规范、自动化综采设备操作工岗位职责制等制度，完善油脂管理制度、交接班及验收制度、设备检修制度、设备管理制度、煤尘管理制度等一系列管理制度。在大学生采煤班组浓厚学习氛围的带动下，职工队伍的整体素质得到明显提升，积极探索高科技设备管理方法，为设备升级积累管理经验。

（4）推行岗位价值精细管理，实现增收节支。

①推行岗位价值考核，实施精细管理。大学生采煤班在岗位价值精细管理创建中，积极探索，勇于实践，按照“六元合一”精细管理模式和要求，把“安全、质量、任务、学习、文明、节约”六项元素融为一体，全部纳入岗位价值考核，修订完善考核标准，坚持班组管理分类账、员工工作明细账、ABC 三卡和管理人员日清卡制度，实现走动式巡查考核，使员工成为成本控制的主体，让员工更加深刻地认识到：材料费也是工资，做到合理使用材料，杜绝浪费材料，形成“创造正价值、减少零价值、消灭负价值”的良好氛围。

②大学生采煤班成员按照精细管理模式和要求进行操作，在具体实施过程中，首先确定材料使用周期，并把产量任务按比例系数分解，形成价值分解后的岗位价值。每割一刀煤，班组对个人计 60 分，并根据安全、质量、任务、学习、文明、节约六项考核元素每项 10 分，对员工进行综合考核，全额浮动。如果安全质量方面出现问题，将按考核标准对责任人进行扣分。同时，把材料消耗、电费等可控成本指标分解到岗位，计入岗位绩效工资，对岗位付出、效果进行核算，集中反映岗位创造的价值效果，切实体现“岗位增值、企业增效、员工增收”。

（5）设计使用岗位价值精细管理软件，实现管理的精细化、数字化。大学生采煤班研究设计的岗位价值精细管理软件系统不仅适用员工岗位价值考核，还适用于设备检修、成本消耗、采面搬家等项目。

岗位价值精细管理软件系统的设计使用，使成本管理精细化。将每班入井材料、消耗材料、库存材料及材料价格等进行详细记录，对每班消耗材料进行汇总对比。同等条件下，如果当班消耗成本超出正常值，月底将对其班组工资进行考核，超出消耗部分从班组工资中扣除。

管理软件系统的设计使用，使采面搬家程序化。管理软件系统编制有自动化综采工作面搬家工作进度正规循环表，明确标注出各阶段工作任务、责任人，实施正规循环作业，即“在规定的时间内、由规定的人员、按照有关规定要求、完成规定的任务”。在自动化综采工作面首次搬家过程中，把所有配品、小件全部进行编码，与大型设备同步跟进，对号入座，精确到位。特别是所拆的支架控制器等精密电子元器件全部用新毛巾、塑料包裹，并贴上标签，确保防尘、防潮、防震。按照程序精确操作，圆满完成自动化综采工作面搬家任务，顺利实现一次性试车成功，做到“科学搬家、文明搬家、精准搬家”。

（6）自动化综采工作面实施生产全过程分析法，实时跟踪生产情况，对生产全过程进行分析，并及时采取应对措施。

（7）建立“五清楚、六必访、七必谈”制度，建设和谐奋进优秀团队。坚持人性化管理、落实以人为本管理理念，体现人的生命尊严和价值，有针对性地开展工作，建立“五清楚、六必访、七必谈”制度。

“五清楚”：即对员工家庭状况要清楚；对员工性格爱好要清楚；对员工工作表现的优缺点要清楚；对员工业余生活和社会交往要清楚；对员工不同时期的思想变化要清楚。

“六必访”：即员工婚丧嫁娶要必访；员工家庭发生矛盾要必访；员工生病住院要必访；员工家庭有困难要必访；员工缺勤旷工要必访；员工本人和家庭发生重大变故要必访。

“七必谈”：即员工思想波动要必谈；员工受到批评要必谈；员工人际关系紧张要必谈；员工工作变动要必谈；新员工入队要必谈；员工完不成工作任务要必谈；员工发生“三违”要必谈。

四、大学生采煤班建设与管理的实施效果

1. 经济效益

大学生采煤班建设与管理的实施，实现了我国民族工业自动化综采设备在平煤股份六矿井下的成功运用，创出单面日产 6985 吨、月产 18. 5 万吨的生产新水平，以大学生为代表的人力资源得以科学管理，员工的积极性、能动性得以激发，大学生的引领作用得到发挥，采煤生产实现了自动化、数字化，煤矿安全生产的现代化水平迈上新的台阶，实现了减人提效、一年增产原煤 13 万吨，产生经济效益 4631. 9 万元。经济效益计算：

（1）创建大学生采煤班，实施全自动化综采设备生产，提高工效，全矿井实现安全高效，增产原煤 13 万吨，增收 $S_2=7280$ 万元；

（2）大学生采煤班的建设，实现综采割煤、移架、推镏自动化操作，实施生产材料精细管理，节约支出 $S_3=500.2$ 万元。

（3）大学生采煤班在实践中探索，在实践中创新，实施采煤机红外检测系统、乳化液装置、自动冷却喷雾系统等多处改造，2011 年度节约支出 $S_4=365.5$

万元。

（4）非本成果实施产生的效益之和 F = 2068.3 万元。

（5）各因素之间重复计算的效益 H = 98.5 万元。

（6）各种综合性实施费用 ΣC_b = 690.2 万元。

（7）未包含的综合性损失费用 I = 656.8 万元。

本成果效益计算公式为：

$$E_P = \sum_{a=1}^{n} S_a - F - H - (\sum_{b=1}^{n} C_b + I)$$

= 7280 + 500.2 + 365.5 − 2068.3 − 98.5 − 690.2 − 656.8

= 4631.9（万元）

2. 社会效益

（1）大学生采煤班建设与管理的实施打破了以身份定岗位的用人制度，实现了煤矿员工身份和整体形象改变。

（2）大学生采煤班建设与管理，为人力资源合理配置起到了引领作用，也为大学生就业煤炭行业，创业成才起到良好的导向作用。

（3）大学生采煤班建设与管理的实施，丰富了企业文化内涵，促进了煤炭企业人才培养机制的改革，提升了煤矿的科技含量，增强了煤矿的综合实力和核心竞争力，为煤矿的发展注入了活力，为煤炭企业转变经济发展方式、转变经济增长方式起到较强推动作用。

（4）煤矿人力资源队伍素质得到较大提高，管理人员、专业技术人员的文化结构、专业结构、年龄结构均得到优化，保证了双高矿井的和谐稳定发展。

（5）大学生采煤班建设与管理的成功经验受到各大主流媒体的广泛关注和宣传报道，产生了较好示范带动效应，为我国煤炭事业的科学发展起到了引领作用。

（成果创造人：张革委　宋伟毅　郑跃华　马伊安　尹光彩　刘慧勋　史建平　林生良　于冠军　童　柯　孙崇洋　郑成杰）

煤炭企业材料成本管理体系的构建与应用

郑州煤电股份有限公司告成煤矿

郑州煤电公司告成煤矿是“八五”期间国家重点建设项目、“九五”期间全煤行业十大重点建设项目之一。矿井1990年底开始筹建，设计年生产能力90万吨，核定年生产能力100万吨，1999年9月正式投产，2001年实现达产，现有职工3000余人。井田走向长10Km，倾斜宽3.5Km，面积35Km^2，资源储量丰富，具有广阔的发展前景。所产煤炭是低灰、低硫、高发热量的无烟贫瘦煤，具有可磨性好、燃点低、起火快、无烟、无异味等特点，是电力、建材、染织等行业及民用的优质煤炭，不仅销往省内各地，还远销湖北、湖南、河北、山东、浙江等省区，良好的产品质量和信誉赢得了省内外客户的好评和赞扬。先后获得河南省五优矿井、全煤企业文化示范矿井和全国瓦斯治理示范矿井等多项省级以上荣誉称号。

一、煤炭企业材料成本管理体系构建与应用的实施背景

1. 国际及国内环境的影响

从外部环境看，国际金融危机持续蔓延，国际大宗商品价格高位运行，实体经济收到很大冲击；从国内环境看，国内通胀压力不断显现。而政府对能源市场的价格管制和由于资源短缺造成的制造业成本上升成为阻碍能源企业特别是煤炭企业提高效益的两个根本问题，煤炭企业原煤的材料成本上涨压力越来越大，企业盈利水平不断降低，因此告成矿要想在激烈的市场竞争中站稳脚跟、持续健康发展，就必须在保证安全的前提下，合理降低成本。

2. 企业内部管理的需要

告成煤矿自投产以来，不断摸索有效的材料成本管理体系，在学习借鉴兄弟单位先进管理经验的基础上，充实完善材料管理体系，构建了矿对系统、系统对部室、部室对区队、区队对班组的四级管理模式，通过不断地学习、摸索和实

践，管理水平得到了逐步提高，在当时企业经营管理中确实发挥了一定的作用，但也存在很多问题。

（1）管理职能不协调。各系统重生产、保产量意识过强，忽略了材料管理，主管生产领导不算账，造成管、用两条线，重复投入多，且该回收的不能及时回收，造成材料浪费严重，材料成本居高不下。

（2）材料计划编报随意性强。各单位在编报材料计划时，没有根据生产经营计划中下达的产量、进尺等任务进行提前核算，而是凭经验上报，造成计划与实际严重不符，导致库存材料增多，增加了材料成本。

（3）材料考核未能落实到个人。各单位在材料考核过程中，只考核到班组，节超情况对班组给予执行，没能把压力传递到个人身上，让职工仍然有种“大锅饭”的意识，责任意识得不到增强。

（4）考核执行不到位。由于在材料考核过程中奖罚执行不到位，没有与各级管理者的工资挂钩，只考虑生产所需，不考虑复用和修复，重新投入新物资，增加了材料成本。

二、材料成本管理体系的内涵及主要做法

所谓材料成本管理体系，就是以降低材料成本为目标，运用系统工程的原理和方法，把各部门、各区队、各环节的材料消耗管理职能组织起来，形成一个有明确任务、职责、权限，互相协作，能对材料成本进行有效控制的管理系统。它在企业管理系统中，既是一个跨部门的水平分系统，又是一个专业管理的垂直分系统。它在降耗管理中，要能通过 PDCA（计划、执行、反馈、控制）四个程序的不断循环，使降耗目标得到优化，起到降低材料成本的作用。告成煤矿的主要做法是：

1. 建立材料成本管理体系

告成煤矿材料成本管理体系分为组织体系、责任体系、指标体系、信息反馈与控制体系、考核奖惩体系五大部分。

（1）组织体系。成立以矿长为总负责人的管理小组，领导小组下设办公室。

领导小组职责：负责研究企业降耗目标和年度降耗工作重点；明确部门职责分工和协作要求；检查各部门的降耗工作情况；研究降耗中影响全局的重大问题，对各级降耗工作进行业务指导、仲裁、考核等。

办公室职责：汇总分析企业内部材料消耗信息，提出企业降耗方针、目标、措施等意见，提交降耗领导小组审议、决定；负责会同相关部门制定年度总体降耗规划和分解下达降耗目标，并检查、督促各部门的降耗工作，评价完成情况，对材料消耗全过程进行总体控制；综合协调各部门之间的材料消耗工作；推广有关降耗的现代化管理方法、技术、手段和先进经验；负责各区队材料指标完成情况的考核等。

（2）责任体系。

①细化材料成本指标。材料成本是一个综合性的数字化指标体系，只抽象不具体就难以落实，只定性不定量就难以考核，只粗放不细化就难以责任到人。为此告成煤矿将材料分为消耗性材料、自有周转材料和租赁周转材料，从确定材料管理范围、细化材料标准、量化指标入手，将矿井的年度经营目标分为系统管理目标、部室承包目标、区队承包指标和班组消耗指标，由矿长、部长、队长和班长分级控制管理。同时对全矿各部室、区队分别建立了指标控制账户，按工作性质的不同进行细化指标（对采煤系统按棚考核、掘进系统按米考核、服务系统按单项定额指标考核），实行节奖超罚，与工资捆绑使用。

②开展闭环系统管理。闭环式管理是指从指标核定、领用环节、装车及运输环节、现场交接、管理使用、回收管理、台账记录、现场跟踪、考核与奖罚的每一个程序、每一个环节、每一道工序、每一种材料进行全过程的闭合式控制。按照横向和纵向分解原则，确定各层次、各环节、各岗位的指标，做到人人肩上有责任，个个头上有指标，形成从上到下的层层分解、层层落实，从下到上级级负责、级级保证的闭环责任网络。在制度落实过程中，明确责任、措施，实行责任追究制，形成了从下到上逐级考核的闭环考核体系。

（3）指标体系。为了使降低材料消耗工作方向明确，避免盲目性，有效地控制和降低材料成本，告成煤矿将全矿材料成本指标按系统、部室、区队进行了逐级分解，再由区队落实到班组和个人，形成一套完整的指标体系，经层层落实，确保总指标的实现。

（4）信息反馈与控制系统。为了及时掌握各项材料消耗情况，以便和指标进行比较，发现偏差，及时分析研究，找出原因，采取措施调整或纠正，确保材料指标顺利完成，建立了信息反馈与控制系统，即与各指标项目相对应，在各部室、区队设立相应的材料消耗管理原始凭证和统计报表，按期如实填写、统计、分析、汇总上报到组织体系办公室。

企业材料消耗信息系统由两部分组成：一个是材料消耗实物量信息系统，即吨煤单耗、材料利用率等，由物资管理部汇总；一个是单耗管理价值信息系统，即原煤材料成本和吨煤材料费，由财务部汇总。这两个部门的信息最后报到领导小组办公室，领导小组根据反馈过来的信息及时进行分析、控制。

（5）考核和奖惩体系。为调动全矿各基层单位合理使用材料的积极性，依据《2012 年材料费分解分管实施办法》对各种材料费用进行了指标分解并进行严格考核，节奖超罚，按月兑现，严格按指标考核执行。主要根据材料使用性质不同制定了奖罚标准：对区队定额材料按当月节超额的 50%，限额按节超额的 100% 比例奖罚；对各区队队长按节超额的 30% 比例奖罚；对各区队经营管理员按节超额的 20% 比例奖罚。

2. 精细制度，分解指标，落实责任

为严格控制材料成本，相继修订完善了《告成煤矿经营管理方案》《材料计划管理办法》《材料领用发放管理办法》《区队小仓库标准化考评细则》《材料跟踪管理办法》《自制加工件管理办法》等 10 多项管理制度，规范了材料管理，确定了矿级、部室、区队、班组四级管理责任制，将责、权、利层层分解，层层承包，逐级落实，逐级考核，初步形成了全方位、全过程、全员参与的闭环管理模式。按月召开材料计划会、材料分析会，分析各单位材料费用完成情况，找出差距，制定下月控制的重点及相应措施。

（1）开展全员控制，实行闭环式管理。在全矿范围内实行"材料管理全员控制法"，以降低消耗为目标，以岗位责任为中心，以全面落实为重点，确定每一个工序、每一个层次、每一个环节、每一个岗位的责任人，使材料成本控制工作处处责任到人。无论是矿长、主管矿长、部长、区队长及一线职工，都有明确的责任区、责任指标和考核目标，以此激励各级管理者在责任区内积极、主动地落实各项材料控制措施，消除了材料控制的"死角""盲点"，进一步提高了管理的绩效。

（2）狠抓过程管理，严格控制消耗。在材料管理上，坚持以建立台账为基础，以指标控制为前提，以考核验收为手段，以降耗增效为目的，澄清井上下各类材料分布情况。分采区、巷道健全了 19 份台账，分区队建立了 40 种台账，按性质对 56 种材料建立了明细台账，为管理奠定了良好的基础。在材料管理上具体采取如下措施：

①摸清家底，为管理提供基础数据。年初，由企业管理部、物资管理部、机电运输部、通风部、防突部、纪委、审计部及各区队组成的物资清点小组对建矿以来投入的各类物资包括矿工钢、U 型钢、道轨、风水管、设备、开关、电缆等进行了清点，按投入数、在用数、库存逐项进行核实清点，并建立了台账。对井下分采区、采面、巷道建立了物资动态牌板，工作面开工时由施工队负责记录每项投入，工作面移交时按投入数核实无误后进行移交；工作面结束时，清点物资后交回收单位，回收单位按应回收数将物资回收后由企业管理部、物资管理部、审计部等部门进行验收。

②严格材料计划管理。为规范各类材料的使用程序，避免盲目投入，每月在 25 日召开生产作业计划会后，及时召开材料计划会，由各单位依据生产安排编制材料计划，经主管部室、系统矿长审核后交企业管理部汇总，然后由常务矿长亲自组织各系统矿长、部长、队长参加的材料计划会，每个单位根据当月作业计划将各种材料的投入地点、数量，大到一部设备，小到一个螺丝，要做到切合生产实际，同时优先考虑修复、周转，再结合各区队月末库存量，最后编制全矿月需材料计划。通过严把材料计划关，极大程度地提高了计划准确率。

③严格材料审批、领用管理。为规范材料审批、领用程序，对材料审批、领用等各项工作进行了制度化规范，推行项目与金额双向控制，严格执行《材料领用管理规定》，并先后组织两次培训班，对全矿从事材料审批、管理人员进行了严格的培训，让每个人员都能熟悉各项规定和程序要求，做到小到一个钻头，大到一台设备，在审批前要先到现场落实具体情况，再根据实际用量进行审批。其中采煤队材料按推进度、产量审批发放，掘进队材料按断面及掘进体积审批发放，辅助队按限额标准审批发放，对非生产性投入必须由矿长审签后方可审批，对大型材料、专项工程、安装拆除等大项投入优先考虑周转、复用后再审批的原则，并实行大型材料投入会签制，同时在材料费用指标控制方面，推行日清日结制度，根据每天的产量、进尺情况，严格控制材料费投入，真正使每一项材料达到物尽其用。每日出一份材料日报表，报矿长、常务副矿长、经营矿长，使各级领导准确掌握材料费用使用情况，有效地减少了不必要的材料投入。

④加强材料支票的审核监督。为了强化材料的结转管理，对支票结转实行“三对照”（材料转账支票、领用部门料单和实际消耗三对照），企业管理部每天出一份材料消耗日报表，做到日控制、日分析。

⑤加强 56 种专控材料的管理。为严格控制非生产用料、“两用”材料审批关，将 56 种材料范围扩大到 69 种（增加了水泥、沙子、石子等），逐一按区队或使用地点建立了消耗台账，同时将 69 种材料的指标与审批人员的工资挂钩，超指标按百分比下浮工资，增强了审批中心人员的责任心和工作主动性。

⑥抓好回收复用、修旧利废管理工作。为加大材料回收复用、修旧利废力度，及时修订了《物资交旧领新制度》，对全矿 29 类 386 种物资实行交旧领新。一是严格按标准执行交旧领新制度。每月 10 日对上月未交旧物资进行统计并通报罚款。二是对待修物资由机电运输部下达物资月修复计划，并组织机修队及时修复，经验收合格后转交其他单位合理使用，同时制定废旧物资回收奖励办法和标准，按回收价值进行奖励。三是加强对升井材料的监督回收工作。对井下升平地材料，矿设岗专人监督，对凡经过此岗的矿车进行逐一检查，发现渣料混装现象的，除对机运队罚款外，并责令把材料卸车按指定地点分类码放，能周转使用的转交其他单位使用。四是扩大自制加工件范围，制订了《告成煤矿自制加工件管理办法》，能自制加工的坚决不采购。五是对无法修复利用的废旧材料，采取以旧换新的方式公平合理、等价交换。

⑦狠抓材料的现场跟踪管理。建立了材料巡视制度和现场管理员奖罚制度，每天有经营管理人员下井，将现场落实情况及存在问题于早调度会通报，同时将每周四定为“经营督查日”，各经营职能部室人员和区队材料管理人员上午下井全面经营检查，下午召开经营会议，对检查出的问题进行通报和调度。

3. 实行闭环式考核

制度定了不等于完成，工作做了不等于有效益。为此告成煤矿推行闭环式考核，认真落实事前计划（确立计划指标、明确重点措施）、事中控制（在实施过程中及时发现问题、偏差，进行整改）、事后考核（本着人人都有事干、事事都有人管、人人都把每件事做好、每件事都有人考核的思路，对全矿的各个岗位的职责、岗位标准进行梳理整合，使每个岗位、每项工作都有章可循，形成全方位的闭环考核体系）的闭环式管理。把工作重点放在过程控制中，以考核促制度落实到位、以奖惩促责任落实到位，形成了人人有考核、人人有监督的闭环式考核体系。

三、煤炭企业材料成本管理体系构建与应用的实施效果

1. 形成了“一个氛围”

以全矿井整体利益为中心，以安全生产为基础，以经营管理为主线，以责任落实为重点，责任明确到人，实行“四级”管理目标责任制，形成一级对一级负责、一级对一级考核、一级对一级保证、全员降材料成本的良好氛围。

2. 养成了“一个好习惯”

通过实施材料成本全员控制，让员工自觉养成了从大处着眼，从小处着手，抓西瓜拣芝麻，堵漏洞挖内潜的良好习惯，浪费现象明显减少，设备空转、材料浪费、常明灯、水常流、大马拉小车的现象没有了，人人都把企业这个大家当作自已的家，处处精打细算，事事讲究节约。

3. 增强了“三个意识”

目前，告成煤矿广大干部职工通过立足本职岗位，争先创优，时时精打细算，处处注意节约，大大增强了大局整体意识、岗位竞争意识和成本效益意识。

4. 实现了“四个有利于”

有利于增强成本效益观念和责任感，由少数人管理变成大家共同管理；有利于总结经验，找出差距和不足，明确整改措施；有利于改进管理方法，决策更加灵活；有利于增强执行力，促进成本管理意识改变。

（成果创造人：周振东　郭矿生　郜治国　何华来　张绍伟　翟红伟　王仕文　吴跃刚）

2012 煤炭企业管理现代化创新成果

二等奖

大型能源企业发展循环经济的管理实践

神华准格尔能源有限责任公司

神华准格尔能源有限责任公司是集煤炭开采、坑口发电、粉煤灰提取氧化铝、铁路运输为一体的大型综合能源企业，是神华集团公司的控股子公司。公司拥有年生产能力为3300万吨、3200万吨的黑岱沟露天煤矿和哈尔乌素露天煤矿及配套的选煤厂；装机容量200MW的坑口发电厂、960MW的矸石电厂；正线全长264公里、年运输能力7000万吨的大（同）—准（格尔）电气化铁路专用线；2010年开工建设粉煤灰提取氧化铝工程项目，计划到2012年建成年产100万吨氧化铝工程；还有配套的供电、供水、通讯、计算机网络、污水处理等生产辅助设施。

矿区拥有丰富、优质的煤炭资源，煤炭资源储备总量计258亿吨。公司注册资本金71.21亿元，2005年随中国神华能源股份有限公司成功上市。2011年，公司生产原煤5923万吨，销售商品煤5620万吨，发电23亿度，铁路发送货物7630万吨；营业收入175.39亿元，实现利润42.4亿元，上缴税费34.96亿元。

一、大型能源企业发展循环经济的实施背景

1. 企业实现可持续发展需要循环经济

神华准能公司已经建成为集煤炭开采、坑口发电、铁路运输为一体的特大综合能源企业，走上了以科技进步和管理创新为动力，降低资源消耗，不断增强企业可持续性发展的新型工业化道路。但是，近年由于煤价的高起，国内的火力发电企业大面积亏损，国家通过限制电煤价格、提高电价等手段进行干预，积极鼓励煤电联营，曾经引以为豪的煤电路一体化经营的“准格尔模式”逐渐被复制，各板块互相补充、抗风险能力强的独特优势开始弱化，企业急需探索新的发展模式，增强核心竞争力，寻找新的经济增长点。

2. 发展循环经济是企业生存的必然选择

随着国家大型煤炭基地的相继建成和新能源的广泛应用，煤炭产能过剩的倾向已日益明显，加上国家经济发展方式的转变要求，“十二五”期间，各项税收改革的步伐加大，资源获取、项目审批难度越来越大，落实战略规划目标需做出更多深入细致和超前的工作，这些都为煤炭企业的生存带来了巨大的挑战。

资源环境约束压力不断增大，发展的可持续性对资源环境的约束性要求不断提高，绿色发展的世界潮流将不可逆转。

目前，蒙西地区富铝煤炭资源的开采量已超过 1.5 亿吨，主要作为火力发电的燃料燃烧。其中含高铝粉煤灰 4500 万吨，可提取氧化铝 1800 万吨左右，相当于 2010 年我国氧化铝消费量的 50%，其经济价值高达 600 亿元左右，远远超过了煤炭自身的价值。而目前这些宝贵的煤铝共生矿物资源并未得到科学合理的开发利用，不仅造成了我国紧缺的含铝矿物资源的大量浪费，而且粉煤灰的运输和大量囤积产生了严重的占地和环境污染问题。

准能公司成立了循环经济产业筹备处，专门负责循环经济产业建设工作；成立了以副总经理为主任，绝大多数由博士、硕士研究生组成的神华煤炭伴生资源综合开发研究及工程示范中心，在技术方面攻关，先后发明了粉煤灰制取氧化铝“酸碱联合法”“水酸联合法”“一步酸溶法”工艺技术、镓提取技术、硅提取技术，并通过了自治区科技厅成果鉴定，工艺技术达到了国际领先水平。

3. 循环经济发展模式的形成

三十多年来，准能公司的发展模式一直连续不断、一脉相承，中间主要经历了三次重大的变化。

第一次，从 1976 年到 2000 年，完成了准格尔一期工程的论证、筹备、开发和建设，建立了公司各项规章制度，形成了经营管理体系，首创了煤电路一体化模式。

第二次，从 2001 年到 2010 年，以公司制改造为标志，完成了黑岱沟露天煤矿及配套选煤厂的扩能改造工程和哈尔乌素露天煤矿及其选煤厂的建设工程，煤炭产量平均年增长 400 万吨以上，电厂装机容量 116 万千瓦，铁路运输能力达到 7000 万吨，完成了量的积累，走出了一条以煤为主、煤电路“三位一体”高效联动的现代化能源企业发展之路。

第三次，2011 年随着粉煤灰提取氧化铝中试成功和氧化铝示范工厂的开工奠基，新一届领导班子决定以煤炭产量达到 6000 万吨和氧化铝示范工厂开工为标志，转变经济发展方式，大力发展循环经济，实现准能发展质的飞跃。

二、循环经济发展模式的主要内容

2012 年初，公司循环经济战略部署进一步明确和完善，在煤电路一体化工业模式的基础上，加快转变经济发展方式，积极推进氧化铝项目和生态农业建设。通过打造准格尔矿区亿吨级黑色煤炭基地、建立白色氧化铝循环经济工业园区、形成以大准铁路为核心的金色运输网络、全面推进矿区绿色生态与城镇化同步建设，提升橙色警觉管理水平、创建蓝色幸福员工工程、担当红色企业社会责任，进而走出一条产业与文化共同发展的“4+3”七彩模式的新型工业化发展道路，走出一条更加环保、更加科学、更加合理的“绿色开采、低碳高效、综合利用、和谐共赢”的可持续发展道路。具体内容为：

1. 打造黑色、白色、金色、绿色四色产业

（1）黑色煤炭产业。就是打造一个基地，建设亿吨级煤炭基地，打造世界一流的露天样板煤矿，这是产业的基础和根本。打造准格尔矿区亿吨级煤炭基地，主要包括总产能为6000万吨/年的黑岱沟和哈尔乌素两个露天煤矿，产能为1000万吨/年的神华黄玉川煤矿，剩余的产能提升须通过煤炭板块的战略转移来实现。一是通过建设霄家砂岩、龙王渠、暖水三个煤炭集装站收购煤炭3000万吨/年以上；二是利用自身技术、人才、装备和资产负债率低的融资优势，采取收购周边煤矿和合作经营的方式，达到生产煤炭3000万吨/年；三是按照自治区政策，通过氧化铝及其配套项目的投资建设，获得一部分后续煤炭资源储量，促进煤炭板块的持续发展。计划“十三五”期间建设一个年产1000－2000万吨的煤矿，最终使商品煤销售量达到1.4亿吨以上。

（2）白色氧化铝产业。就是要建立一个园区，充分发挥准格尔煤田“高铝、富镓”优势，发展氧化铝循环经济产业链。2010年开工建设了循环流化床粉煤灰生产4000吨/年氧化铝工业化中试厂，其工艺系统流程已于2011年8月25日一次性全面贯通，这标志着循环流化床粉煤灰“一步酸溶法”生产氧化铝工艺技术是切实可行的。中试成功后，公司将建设年产40万吨的氧化铝工厂，届时，将逐步形成“劣质煤及煤矸石－发电、粉煤灰－氧化铝－原铝－铝型材、镓、硅及废渣制砖等”一体化完整的循环经济产业链，开辟一条资源综合利用的新途径。粉煤灰提取氧化铝项目的建成对国家的经济和社会发展具有重要的战略意义。同时，也将为本地区经济和社会发展做出更大贡献。

①劣质煤及煤矸石利用。2003年以来，公司相继投资建设了一期2×150MW和二期2×330MW的矸石电厂，矸石电厂的耗煤量为98.3万t/a，其中洗中煤用量68.8万t/a，煤矸石用量29.5万t/a，一期工程已于2006年投产发电，二期工程2×330MW机组已于2011年底正式投产，将为公司及社会带来更大的经济效益和环境效益。

同时，矸石电厂所产生的灰渣中含有很高的氧化铝、镓、硅含量，为准能公司以粉煤灰为原料的循环经济产业提供了强大的基础保障。

②粉煤灰利用。准格尔矿区电厂排出的粉煤灰含有较高的铝和镓，为有效利用这部分资源，神华准能公司和相关科研单位遵循科学研究方法先后对粉煤灰的

综合利用进行了实验室工艺技术研发、工业化技术系统研发等一系列工作并取得了重大成效，为神华准能公司在煤、电、路一体化经济的基础上，延伸了企业产业链。

准格尔矿区现有神华准能公司所属的2×100MW准能发电厂、2×150MW矸石电厂及其2×330MW矸石电厂二期工程和4×330MW的国华电厂，目前年排灰量达到370万吨。2009年8月，准能公司委托内蒙古煤炭地质研究所和北京煤科研究总院对准格尔矿区电厂所排粉煤灰成分进行了化验分析，其中的氧化铝含量高达50.57%左右。经过多年技术研发，氧化铝工艺取得了重大进展，该项目已有31项专利获得国家专利局初审。目前，准能公司已成立了循环经济产业项目筹备处和煤炭伴生资源综合利用研发及工程示范中心，公司粉煤灰提取三氧化二铝工业化试验厂正在建设，氧化铝深加工技术研究也正在有序展开。

③废渣及其他利用。神华准能公司矸石电厂投资建设年产量为1000万块的粉煤灰砖厂，正式投产后日产量达到5万余块，砌块日产量在4000块，粉煤灰每日利用量达到30吨。减少了灰渣堆放所占用的土地量，实现了经济效益、社会效益的双赢。通过采取循环流化床技术，利用煤矸石发电，粉煤灰提取氧化铝、镓及氧化硅等措施，实行“减量化、再利用、资源化”循环经济模式，使劣质煤和矸石得到就地高效转化，实现了资源高效综合利用。

（3）绿色生态农牧产业。就是坚持生态环境保护与煤田开发并重，打造现代化循环经济生态农业产业链。多年来，神华准能公司一直注重环境的保护，把土地复垦、生态保护、水土保持纳入到“三同时”管理中，投产以来，累计投入土地复垦资金11.05亿元，完成绿化复垦面积1200公顷，种植各种乔、灌6042.56万株（丛），牧草1240平方公里，植被平均覆盖率达75%以上，植被覆盖度比自然地貌提高2—3倍，水土侵蚀量减少80%以上，征用土地复垦熟化后，表面土壤结构已得到良好改善，矿区人工生态系统质量显著优于原有自然生态系统，植被种群多样化，水土流失得到根治，生态系统呈良性发展。

煤炭企业发展现代生态农牧业是一个新课题、新任务。为了保证工作扎实推进，神华准能公司委托辽宁工程技术大学编制了《神华准格尔能源有限责任公司黑岱沟露天矿排土场现代生态农业发展规划》，并聘请相关专家对规划进行了审查，同时，组织人员奔赴平朔公司等九个农业基地进行了考察学习，积累了宝贵的经验。经实地考察，结合准格尔地区气候干旱，雨水少、蒸发量大、风沙严重、土地贫瘠等地质环境因素，选择西排、东排这些土壤肥力较好、较适宜种植的区域先行推开，目前已经种植土豆470亩，玉米50亩，谷类150亩，大豆37亩，油菜57亩。

在项目建设上，神华准能公司按照“大投入、大力度、大建设、大提升”的要求，采取“项目配套、边干边补”的形式，单项设计方案成熟一项，列专项计划一项，补专项资金一块，组织实施一项，边列边补边干，保证重点项目建设顺利实施，稳步推进。规划项目工程建设计划总投资 14.235 亿元，其中近期规划投资为 0.475 亿元，远期规划投资 13.76 亿元。计划到 2020 年，将建成总面积达到 3100 公顷，集生态设施农业、农业种植基地、现代畜牧养殖、生态景观防护林、农业观光、农业科普展示为一体，符合现代农业发展方向，并融合国内外生态农业先进发展理念，具有鲜明的煤炭矿区特色，具有一定辐射力和一定规模的生态农业产业化示范基地。

（4）金色铁路运输网络。就是构建以大准铁路为核心的铁路运输网络，形成以大准铁路为基础，全面辐射周边地区，向西与巴准线连接，向北修建天贲铁路，与集通线连接，向南修建准池铁路，与朔黄线连接，通过实施 600 多公里的铁路网改造，最终实现铁路运能 3.5 亿吨，彻底解决煤炭运输通道的瓶颈问题。

黑色煤炭产业是神华准能公司各产业发展的基础和根本，是原动力，白色氧化铝产业是公司未来发展新的增长极，是驱动力，绿色产业农牧业基地建设，引进高科技产业，实现产业转型是公司未来发展的希望，金色铁路运输物流网络是一体化经济模式的枢纽。

2. 建设橙色、蓝色、红色三色工程

（1）橙色警觉管理水平。实施管理提升再造工程是公司现阶段发展的必然选择，是建设具有核心竞争力的世界一流综合能源开发利用企业的必由之路，是打造五型企业的坚实保障。神华准能公司经过 36 年的迅猛发展，成绩斐然、亮点纷呈。但是面对成绩准能清晰地认识到准能在经验管理方面还存在较大的不足，执行力不高、管理效率低，而且在成本管理、考核体系、激励机制等方面仍有很大的提升空间。2011 年，神华准能公司借助外脑，针对问题，反复研讨最终形成了具有针对性和系统性的《神华准能公司管理体检报告及提升建议》，决定实施管理提升再造工程，工程按照“总体规划，分步实施”的原则，计划用三到五年时间，对公司的企业文化、幸福员工工程和学习型组织、组织管控、人力资源、绩效考核、战略规划等七大模块进行系统提升，解决公司在管理上的瓶颈点，打造企业核心竞争能力，提升软实力，加快公司向世界一流企业迈进的步伐。

管理提升再造工程要实施文化引领，神华准能公司经历基本建设“团结、奉献、求实、创新”的创业岁月，发扬“诚实、正直、敬业、创新”的市场搏击精神，准能企业文化的传承，在三次创业大幕掀起之后，再次总结提炼出独具特色的“准能”文化，“你能、我能、大家能，准能”。“准能”文化的确定，成为神华准能公司企业管理提升再造工程启动的最好切入点，结合企业文化建设工程，神华准能公司“创先争优”活动、“找抓促”活动与提高党建工作科学化水平等具体活动相结合，全面部署管理提升再造工程，促进企业文化落地，提升公司软实力。工程计划用三到五年时间，分四个阶段，完成企业文化、人力资源、绩效管理、组织管控、战略规划、幸福员工工程与学习型组织建设等七个模块的提升。

（2）蓝色幸福员工工程。就是全力推进幸福员工工程建设，为职工创造良好的安全环境，提供良好的工作环境、生活环境和家庭环境，持续提升职工幸福感。

企业为职工创造良好的安全环境，营造良好的安全氛围，保护职工人身、财产安全，是幸福员工工程的根本所在。深入推进本安体系建设和安全文化建设，加大本安体系考核力度，严格落实三级考核制度，确保安全生产无事故。

企业使职工享受企业快速发展成果，全力打造幸福员工工程，持续提升职工幸福指数，密切关注职工职业生涯发展，解决职工后顾之忧是幸福员工工程的必然选择。形成所有员工“思想上同心同德，目标上同心同向，行动上同心同行”的新格局，最大限度地激励员工的工作积极性和创造性。

（3）红色企业社会责任。就是主动承担地方责任，带动地方经济发展，承担自然环境责任，与地方政府一道建设和谐准格尔，创全国文明城市、国家卫生城市、国家环保模范城，不断提升准格尔旗的知名度和美誉度，促进全旗经济社会健康、持续、快速发展，进一步形成文明、和谐、宜居、宜业的城市创业环境和生活环境。

三、循环经济发展规划

神华准能公司 2012 年计划完成商品煤 6000 万吨，通过运用现有的采矿及洗选加工控制技术，使开采出来的煤经电厂燃烧后的粉煤灰中氧化铝含量达 50%以上。按年产商品煤 6000 万吨计算，其中粉煤灰中含氧化铝 800 万吨/年，镓 2000 吨/年；每年排矸石 1000 万吨，其中含氧化铝 400 万吨，镓近 400 吨。两项合计，含氧化铝 1200 万吨/年，镓 2400 吨/年。现在每年除神华集团公司准格尔坑口电厂自用煤 400 万吨及区内签订长期订煤合同的单位用煤 1250 万吨外，其余煤全部销往区外，这样不仅增加了运输成本，而且损失了煤中大量的氧化铝、硅及镓宝贵资源。

为此，神华集团公司和神华准能公司决定本着经济合理、就近使用原则，发展煤—电—铝循环经济产业。建设矸石发电厂、粉煤灰生产氧化铝厂、铝厂、铝加工厂及硅、镓系列产品厂，最终形成 6 条高铝煤炭资源循环经济产业链，规划报告已编制完成。具体规划如下：

一是 2011 年开始，在神华准能公司已运行的 2×150MW 机组和 2×330MW 机组矸石发电厂附近建一座循环流化床粉煤灰生产 2×50 万吨/年氧化铝示范厂，可研报告已编制完成，计划 10 月份开工建设。其配套的 50 万吨/年铝厂、50 万吨/年铝加工厂及硅、镓系列产品厂计划建在准格尔旗大路开发区。投资约 180

亿元，可创利润50.75亿元。

2×150MW机组和2×330MW机组循环流化床矸石发电厂有效发电时间达到7000小时/年，每年燃煤470万吨（其中掺矸石190万吨），年排粉煤灰约230万吨，每2吨粉煤灰可产1吨氧化铝，每2吨氧化铝可产1吨铝，因此建设这条循环经济产业链原料有保障。

二是计划2012年开始，在准格尔旗大路开发区新建已运行的神华国华准格尔4×330MW电厂煤粉炉粉煤灰生产2×50万吨/年氧化铝示范厂及其配套的50万吨/年铝厂、50万吨/年铝加工及硅、镓系列产品厂。投资约180亿元，可创利润48.9亿元。

4×330MW机组煤粉炉电厂有效发电时间达到7000小时/年，每年燃煤550万吨，年排粉煤灰约210万吨，每2吨粉煤灰可产1吨氧化铝，每2吨氧化铝可产1吨铝，因此建设这条循环经济产业链原料有保障。

三是在“十二五”期内，在准格尔旗大路开发区新建4条循环经济产业链。每条产业链包括：2×600MW的循环流化床矸石发电厂；粉煤灰生产2×50万吨/年氧化铝厂；年产50万吨铝厂；年产50万吨铝加工厂及硅、镓系列产品厂。投资约907.2亿元，可创利润217.6亿元。

每座2×600MW机组循环流化床矸石发电厂有效发电时间达到7000小时/年，每年燃煤530万吨（其中掺矸石210万吨），年排粉煤灰约230万吨，每2吨粉煤灰可产1吨氧化铝，每2吨氧化铝可产1吨铝，因此建设这4条循环经济产业链原料有保障。

四是神华集团公司规划，将来其余1800万吨/年神华准能公司煤全部供神华集团公司所属盘山、台山等电厂使用，并在这些电厂附近建设3条循环经济产业链，规模为粉煤灰生产300万吨/年氧化铝厂、150万吨/年铝厂、150万吨/年铝加工厂及硅、镓系列产品厂。并与长期使用神华准能公司煤的新丰、岱海等电厂合作，建设煤炭资源循环经济产业链，建设粉煤灰生产200万吨/年氧化铝厂、100万吨/年铝厂、100万吨/年铝加工厂及硅、镓系列产品厂。

四、循环经济预期效益分析

促进神华准格尔矿区煤炭绿色开采及资源综合利用示范基地的可持续健康发展，是神华集团构建资源型循环经济生态园区和环境友好型、资源节约型企业建设发展的重要组成部分，是拉动地区经济实现跨越式发展、全面建设小康社会的重要举措。

1. 预期资源效益分析

项目建成后，示范基地每年可消耗煤矸石1500万吨、粉煤灰1410万吨，生产冶金级氧化铝600万吨、镓990吨、硅480万吨。

示范基地的成功经验可推广至周边东胜、桌子山、晋北等地区的高铝煤综合利用项目建设。仅鄂尔多斯地区1000多亿吨高铝煤中高铝粉煤灰就达300亿吨，相当于增加可利用的含铝资源储量330多亿吨，鄂尔多斯地区将成为我国重要的铝资源后备基地。

另外，示范基地位于丘陵、荒漠地带，区内两露天煤矿每年开采面积约200公顷，通过露天排土复垦为草地、林地，土地复垦率可达100%，相当于每年改良优质土地资源近200公顷，改善生态环境的同时亦能有效缓解土地供需矛盾。

2. 预期经济效益分析

循环经济产业园区总投资1400亿元。项目投产后，预计利润300亿元/年，缴纳各种税费165亿元/年。

3. 预期社会效益分析

示范基地的建设响应国家资源及环境政策号召，显著提升矿产资源开发利用水平，提高资源利用效率，缓解我国铝土矿资源紧缺的局面，改变铝行业战略格局，对后期硅、镓等伴生资源综合利用项目建设也提供了科学思路和方法，起到良好的示范、带动作用。

示范基地的成功经验，可推广应用至乌海、东胜、卓资山、晋北等地区的高铝煤综合利用项目建设，乃至国内铝硅比偏低的铝土矿生产氧化铝项目建设，在我国发展循环经济及创新铝资源方面起到良好的示范、带动作用，给我国的煤炭及铝、镓等金属产业的可持续发展、科学发展与和谐发展提供科学思路和方法。

此外，示范基地的建设能创造巨额税收，带动地方经济发展，并给当地提供23000多个直接就业岗位，促进社会和谐发展，创造出显著的社会效益。

4. 预期环境效益分析

煤炭伴生资源综合利用遵循按照循环经济减量化、再利用、资源化的原则，减量化优先，对煤矸石、粉煤灰等工业废弃物进行深度利用，既变废为宝，化害为利，又节约了土地资源，产生显著的环境效益。

同时，产业链按自然生态系统的模式形成了物质封闭循环流动，充分利用生产过程中产生的水、热、气，尽可能降低废弃物排放，实现自然资源的低投入、高利用和废弃物的低排放，达到节约能源、保护资源、保护环境的目的，促进“资源节约型、环境友好型社会”目标的尽快实现。

（成果创造人：张维世　王启瑞　郭昭华　杨振华　李雁峰　王　辉　张　峰　王永旺　潘建国　赵志宏　高润英）

以科技创新为先导打造数字化矿山

中煤平朔集团有限公司

井工一矿隶属于中煤平朔煤业有限责任公司，2003 年开工建设，2005 年正式投产，设计生产能力 1000 万吨/年。建矿 8 年以来，连续 4 年获全国特级安全高产高效矿井称号，先后获全国煤炭工业科技进步先进矿井、全国文明煤矿、全国企业文化建设优秀单位、全国首批 45 座本质安全型矿井试点单位、“双十佳”煤矿、山西省五一劳动奖状等称号；2010 年被评为国家级安全质量标准化矿井；2011 年被安监总局授予“全国 85 家安全文化建设示范企业”荣誉称号。

一、井工一矿数字化矿山实施背景

按照《国家中长期科技和技术发展规划纲要（2006—2020 年）》确定的指导方针、目标和部署，以及党的十七大提出的“两化融合（工业化和信息化）”的新战略、新思维，加快数字化矿山建设，实现煤炭工业的现代化管理是确保煤炭工业稳步和安全发展的必由之路，也是改变煤炭工业形象的唯一道路。

1. 煤炭企业安全管理的需求

安全生产是煤炭企业的管理核心，影响安全生产的三大要素是“人、机、环”，人的不安全因素、不良的操作习惯，是导致煤矿发生事故的主要因素。

“无人则安”是一种全新的煤矿安全管理理念，减少井下作业人员，通过自动化集控平台进行远程作业控制，对各类异常进行及时预警，是降低井下人员伤亡事故行之有效的方法。要从根源上避免安全事故，需借助“两化融合”手段，实现安全管理由静态管理向动态管理的转变、由被动管理向主动管理的转变、由程序管理向工序管理的转变。

要完成这个转变，措施有两个：首先是要形成企业危险源辨识清单，建立企业自己的危险源信息库，把危险源的辨识信息与综合自动化的实时数据有机地结合起来，从而产生联动效应，通过系统自动分析，在生产控制过程中完成危险源辨识、预防、控制和解决方案的一体化，把危险控制在萌芽状态；其次是建立标准的操作工序，可运用三维技术等信息化手段为员工提供直观形象的标准培训，使员工做到“上标准岗、干标准活”，消除人的不安全因素。

2. 煤炭企业精益管理的需求

借鉴ERP的先进管理理念，充分利用数字化矿山提供煤炭企业管理所需的及时、准确、完整的数据，重点实现两大主题管理，即以成本控制为重点，以提高设备完好率、开机率为突破口，辅助企业领导决策。

（1）成本管理与“两化融合”。成本管理是煤矿企业生产经营活动的关键环节，是反映煤矿企业工作质量和劳动成果的综合性指标。煤矿企业成本水平的高低，直接影响企业的经济效益及发展。如何加强成本控制也是煤矿企业信息化建设的一个重点，通过综合信息化平台对物资管理、财务管理、生产计划管理（MES）等子系统的二次集成，自动提取材料消耗、能耗、人工费等数据，并能够对当天的制作成本进行分析计算，做到日清月结，进而为合理确定消耗费定额、劳动定额提供依据，及时查找分析波动原因，进行控制，从而找出企业成本控制过程中的缺陷，为制定合理定额提供理论依据，使成本管理实现由粗放型管理向精细化管理转变、由静态控制向动态控制转变、由事后控制向事前控制和事中控制转变。

（2）机电设备管理与“两化融合”。机电设备的完好率、开机率是高产、高效矿井的根本保障。将设备点检系统数据集成到信息化平台，完成设备从采购、入库、出库使用、维修到报废的全生命周期的管理，特别是通过对点检数据的实时分析，对设备当前运行状态做全面评估，估算设备寿命和即将发生故障的概率，进行预防性维修，避免因为设备问题带来的安全及生产事故。

结合设备点检和相关分析软件，借助综合信息化平台，对机电设备的工况即时监测，实现机电设备的动态管理。对机电设备做到预防性检修和计划检修，提高完好率、开机率是“两化融合”规划建设的又一个重点。

3. 数字化矿山是煤炭行业信息化建设的趋势

“十一五”时期，伴随着我国煤炭工业整体快速发展，煤炭信息化也进入快速发展时期。多数煤炭企业制定了符合实际发展需要的信息化规划、目标，通过建立和完善各种信息化制度、标准，有序、规范地组织了信息化项目的实施和运行。各种适用于煤炭工作业务的网络、信息系统被广泛应用，信息化建设逐步由生产经营辅助管理，转变为推动和引领企业管理模式创新，优化企业资源配置，提高经营决策水平，保障安全、清洁、高效发展的推动力。

未来煤炭行业信息化的发展方向是“感知型矿山”，但“感知型矿山”建设需要一个不断积累和优化的过程，也会经历不同的发展阶段。而数字化矿山的建设是实现“感知型矿山”基础。

二、井工一矿数字化矿山实施的内涵

1. 数字化矿山建设目标

井工一矿以计算机技术为基础，以自动化技术和信息化技术为支撑，以安全生产的自动化和管理经营的信息化为手段，实现管控一体化为目标，实现可视化、无人化、自动化，建设智能安保型数字化矿山，打造国内一流世界领先的数字化矿山。

（1）应用计算机技术、网络技术、信息技术、控制技术、智能技术和煤矿生产工艺技术，实现企业的经营、生产决策、安全生产管理和设备控制等信息的有机集成。

（2）通过应用软件，实现经营管理科学化，生产计划、生产安全调度、生产过程控制最优化。

（3）保证煤矿生产安全，提高产量和质量，提高企业经济效益和竞争能力。

（4）提高对客户多种要求的响应能力。实现可视化、无人化、自动化，建设智能安保型数字化矿山。

2. 数字化矿山建设原则

井工一矿经过多年的数字化矿山建设实践，总结出数字化矿山建设应遵循以下基本原则：

（1）实用性与先进性。采用技术成熟的网络技术和设备及通讯技术，同时对现有设备和自动化系统充分利用，保护用户原有的投资。

（2）开放性与标准化。总体设计，应采用开放式的体系结构使自动化集控平台易于扩展，相对独立的子系统易于进行组合调整。适应外界环境变化，即在外界环境改变时，系统可以不作修改或仅做小量修改就能在新环境运行。

（3）可靠性与安全性。系统要有较高的可靠性，各级网络应具有网络监督和管理能力，要适当考虑关键设备和线路的冗余，能够进行在线修复、更换和扩充，要确保系统的正确性、数据传输的正确性以及防止异常情况所必须的保护性设施。

（4）经济性。从经济性着眼，建成的系统必须具有良好的可扩充性和升级能力，且其扩充和升级必须要以降低成本为前提。

（5）高性能及扩展的灵活性。在保证系统高性能的同时，还兼顾到用户对未来平台扩展性的要求。

（6）可管理性。要求在网络管理中采用先进的、可视化的管理技术。

（7）可用性。应满足峰值业务需求，保证在 3－5 年内的先进性，并具有很好的可维护性。

（8）易操作性。采用良好的人机界面，便于整个平台系统的操作及故障诊断。

3. 数字化矿山建设蓝图

井工一矿数字化矿山包括信息安全保障体系和运行管理保障体系，主要内容如图 1 所示。

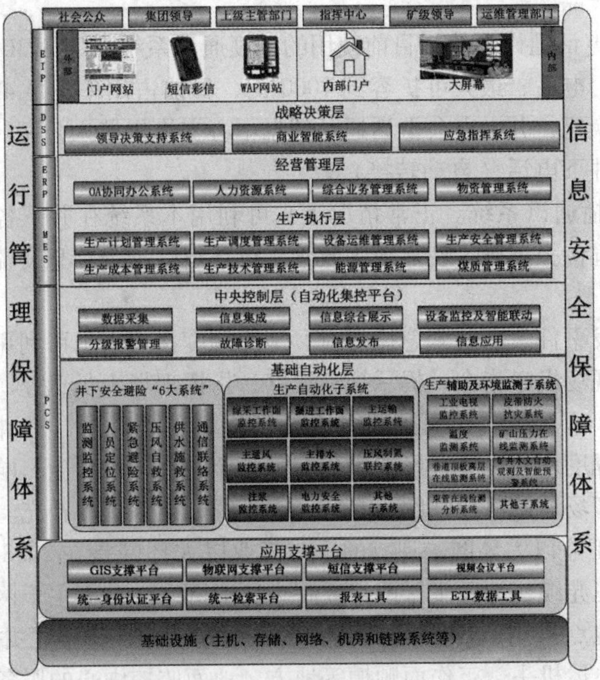

图 1　井工一矿数字化矿山示意图

三、井工一矿数字化矿山实施的主要做法

1. 基础设施建设

（1）调度大厅、监控机房（包括局域网、供配电、防灭火、空调等各种服务器等设施和设备）。该项目立足于“国内领先，行业一流”的出发点，选择了性能稳定、技术适度超前的产品，调度大屏建设采用了三菱 LED 光源的 DLP 拼接显示产品，设计寿命达到 10 年以上。

调度台采用人体工学设计，长度的适当可调、集成转角和转边、操作员的排列可根据最理想的视角来弯曲去满足观看前方投影机的需要。

设备机房分强电机房与弱电机房，整体设计装修水平力争为平朔公司弱电机房建设做一个标杆，在墙面、顶面、地面的处理上都选用了机房专用的产品，建设完成后能够达到国内行业的领先水平。

项目建设完成后能够满足煤矿企业安全生产调度指挥，中煤平朔公司对外的接待参观，满足调度人员对全矿安全生产的全天候实时监控和管理，最终实现一个集形象展示、监控调度、数据交换的一体化多功能的生产指挥管理中心。

（2）工业电视监视系统。目前使用的工业电视监视系统采用KJ28煤矿井上下工业电视监视系统。该系统依靠以太环网实现数据上传，视频压缩采用最新的编解码技术，基于最新的IP流媒体技术进行发布，可实现网页直接浏览，是目前比较先进的产品。

（3）调度电话通讯系统。目前使用的调度通讯系统采用SP30－CN系统，调度机容量256门电话，最大可扩容到1000门，目前占用率不足40%。井下电话均接入矿内交换机，井上办公电话通过信息中心交换机接入公网。公网电话可通过矿内总机转井下电话（自动转接）。

（4）IP广播通讯系统。正常情况下，可利用本系统在井下各地点播放背景音乐、新闻、宣传报道等，使之成为改善生产环境、加强信息交流、提高精神文化建设的工具。

在发生突发事件、需要紧急撤离时，地面调度指挥人员可利用本系统以扩音喊话的方式向现场发送指令、提示撤离线路，指挥现场人员迅速、有序、安全地撤离危险区域；现场人员也可通过井下任意终端就地喊话、对讲，汇报现场情况，从而最大程度地减少灾害影响和受灾后救援过程中的次生影响。该系统主要用于井下各要害场所的直接呼叫，是有线、无线通讯系统的补充。

（5）千兆工业以太环网。现有的千兆工业以太环网是在2008年建成的，主干网络采用千兆光缆，地面主干网组成一个环形网络。井下主干网组成一个环形网络，分散的地点采用节点交换机以支线的方式接入，覆盖了井下所有的变电所、水泵房、主运机头、工作面顺槽等地方。地面监控中心的服务器和核心交换机实现了双机热备冗余，并通过硬件千兆防火墙接入了公司局域网，形成了整个信息化的高速公路。

（6）无线网络（含无线通讯及人员车辆定位）。系统集无线网络通讯和Zigbee人员定位于一体，不仅可以实现矿的千兆工业环网无线延伸覆盖、wifi手机通信，而且实现人员/机车的定位管理，还可以集成数字广播、视频画面的采集及数据采集传输等多种功能，是一个综合性的通信系统。

2. 综合自动化生产层建设

（1）综采工作面监控系统。该系统实现对工作面全景及采煤机动态图像的实时监视；对液压支架、采煤机、运输机、破碎机、转载机、乳化泵、清水泵站、高低压移动变压器、组合开关等设备的运行状态的实时监测。能够控制工作面的照明；提供视频模拟输出接口功能供调度大屏使用；以WEB方式发布监测组态界面与视频画面从而实现分布式访问。对设备的开停状态、电压、电流、功率、压力、流量等进行集中数据采集与分析，构成集设备运行数据、现场图像采集、指示功能为一体的工作面生产信息监测中心。

（2）掘进工作面监控系统（含掘进胶带机系统的监控、局部通风系统监控）。该系统充分利用掘进巷道覆盖的无线网络，实现掘进工作面实时图像上传、实时监测掘进机、胶带机的工作电流、电压、开停状态以及其他参数，自动读取安全监测监控系统的掘进工作面的环境参数等；现场人员进入危险区域，掘进机自动闭锁功能；采用先进的高精度激光测距技术，自动统计掘进尺度；此系统的开发为实现自动化无人控制掘进面提供技术基础。

（3）主运输监控系统（含产量监控和钢丝绳芯胶带在线监测系统）。井工一矿的主运输监控系统是从2005年逐步建设、扩展和完善的，该系统利用PLC系统对主运输系统的电机、变频器（调速型液力偶合器）、减速机、皮带保护系统进行全过程的监控。并且增加了产量监控和钢丝绳芯胶带在线监测等功能。

（4）主排水监控系统。太西九煤水泵房的自动化排水系统于2009年9月建成，该系统利用PLC对电动闸阀、电动球阀、水泵电机进行控制，通过对水位、泥位、抽水压力、真空度、排水量、水仓入水量进行全程监测，监测数据稳定，采用手动、单回路自动、全自动方式进行水泵房自动化排水。

（5）主通风监控系统。井工一矿的主通风机监控系统对电机的前后轴温度、三相电流、功率、全压、静压、动压及风温和风速都实现远程监测，并能够远程起停、切换风机。

（6）压风制氮联控监控。压风监控系统2010年年初建成，2011年第二季度实现压风制氮联控。该系统通过PLC系统对排气压力、主管压力、排气温度、主机温度、排气量进行在线监测，根据气压和用气量自动控制压风机的起停。

（7）电力安全监控系统。现有的电力安全监控系统是在2010年11月份建成的，对地面主井主驱动机房、通风机房、太西压风车间配电室，井下的太西四煤变电所、太西四、九煤主运皮带、4108顺槽皮带的供配电系统实现了遥测、遥信、遥调、遥控。

（8）矿山压力在线监测系统（含巷道顶板离层在线监测）。目前4108采用的矿山压力在线监测系统，已经实现在线监测功能。4109正在安装KJ216顶板动态检测系统。该系统将计算机检测技术、数据通讯技术和传感器技术融为一体，实现在复杂环境条件下对煤矿顶板在线监测和分析。

（9）矿井水文自动观测及智能预警。水文监测系统由地面水文遥测系统和井下水文监测系统组成，集水文数据采集、数据处理、数据网络共享、水害预警、辅助决策于一体，采用现代化监测手段对地下水的各种参数进行监测，实现对涌水量、水压（水位）、水温进行自动测量与记录的自动化监测和井筒淋水的实时监测以及对井下集中放水试验的实时动态监测。从而及时掌握水文动态，达到对水害事故的早发现、早预报、早防治等效果，保障矿井安全生产。

（10）安全监控系统。目前安全监控系统使用天津中煤电子有限公司生产的KJ86系统。在使用过程中，井工一矿严格按照安全规程的要求，设置了相应传感器，各综采工作面实现了瓦斯电闭锁，掘进工作面均实现风电闭锁和瓦斯电闭锁。所有甲烷传感器和一氧化碳传感器均按安全规程规定日期进行定期校验，并在井下现场做断电试验。

（11）人员车辆定位管理系统（含虹膜考勤管理系统）。系统采用 Z-NET 系统，含 ZigBee 人员定位和无线通讯功能。管理人员平时可利用系统进行日常的人员考勤管理，督促相关工作人员及时到位，避免职工的敷衍渎职，尽量减少事故中的人为因素；另一方面，在发生安全事故时，工人可通过标识卡报警按钮及时地将事故报警信息发送至地面，并为事故调查提供重要的依据，取得第一手资料。事故发生后，地面管理人员也可通过声光报警将紧急撤离信息及时地通知到每位井下工人，与此同时，地面事故抢险人员可以及时掌握人员的动态分布及人员姓名、位置、数量，可以第一时间找到被困人员的位置，为事故抢险提供重要依据和导向。

（12）束管在线检测分析系统。目前使用的系统为东西电子有限公司束管监测，于2005 年建成，用于监测采空区发火情况。

（13）皮带防火抗灾系统。该系统实现了井下各救灾风门及现有自动风门的地理位置定位；实现在地面调度中心进行远程监测风门的运行状态及控制风门的开启和关闭，同时可以本地远距离控制风门开、关，确保灾害发生时，根据救灾预案，救灾风门正确动作；在线监测风门附近关键点的粉尘浓度、风速、温度、烟雾、一氧化碳等环境信息，实时记录异常信息并报警。当灾害发生时，系统自动监测并根据预案自动动作风门，实现风流的短路或断路，将井下灾害区域迅速有效隔离，防止灾害的进一步恶化，在灾害发生的萌芽期进行有效预警，为有效控制灾害恶化提供可能，最大程度地减少损失，为人员的撤离赢得宝贵的时间。

3. MES（生产执行）层建设

MES 系统功能结构包括三部分：第一部分是信息展示，主要面向所用系统使用人员，提供公示性各种安全信息和数据、文件等，该部分不需要通过工作流系统进行表格、文件、数据等信息的交互。第二部分是专业事务处理，面向各不同业务部门使用人员，按照权限使用各自系统，并进行数据交流。第三部分是后台数据处理，为了满足各功能部分的要求，组织数据和利用一些数据挖掘算法处理数据，实现从各安全监测系统和自动化系统中采集数据，实现安全预警、汇总、数据存档等功能。

4. 其他已建成的信息化应用系统

（1）三维矿井模型。系统主要利用矿井实际数据，采用虚拟现实技术和各种实体建模技术，构建三维可视化，并能够通过与其他系统的接口（如瓦斯监测系统、视频监控、ERP 系统等），显示监测、供电等实时数据，浏览、查询井下设备的各种参数和实时状态信息，从而达到无需下井亦可掌握矿井最新生产信息的目的。主要包括工业广场三维可视化、巷道三维可视化、煤层三维可视化、三维井上下对照、基于三维巷道井下监测信息、井巷工程进度可视化、基于三维巷道井下设备三维可视化与管理、三维漫游、三维剖切、三维线路展示以及与 ERP 系统对接等功能。

（2）本质安全管理系统。现有的本安管理系统于 2008 年开始建设，通过信息公开、透明公布，将安全管理的所有流程全方位、多角度地展现在广大职工面前。这样一来，既能保证信息沟通渠道畅通无阻，又能让全员充分发挥舆论监督作用，积极参与到安全管理的各个流程中来，最终实现安全管理的客观化、公正化、规范化。

（3）矿井生产计划调度管理系统。系统基于三维可视化及 B/S 模式基础，实现了煤矿安全监测和生产调度信息的网上传送、管理及三维可视化显示、查询等功能。能够快速地为决策者提供依据。主要体现在生产计划的编制、审核、反馈、调整以及生产信息的填报；值班情况、出勤情况、生产准备工作的编制、事故的等级及处理结果；综采设备的安装拆除；生产日报、全局生产情况及生产材料的库存情况等。

（4）辅助设计系统。该系统主要指矿建、采掘工程辅助设计及供电辅助设计等内容。

（5）作业规程、安全技术措施管理系统。该系统集成 OA 功能的平台基础；完善并优化作业规程编制、审批、贯彻、补充措施、资料存档等各个环节的管理，帮助煤矿提高作业规程管理水平；专业化的规程编制指导工具，实现作业规程的规范化编制；完善的各类模板、规程编制的填空式操作，帮助提高作业规程的编制效率及质量；灵活定制的作业规程审批流程；以人为本的用户界面和便捷的用户操作；平台具备可扩展性；系统采用智能客户端，安装更方便。

（6）设备综合管理系统。主要实现设备采购计划管理，设备档案管理，设备的调拨、转移、报废、变动管理，运行及维修管理，统计报表，备品备件管理等一系列管理事务；提供设备台账查询、设备卡片查询，设备管理员可以随时了解各种设备的调拨、转移、报废、变动、事故、维修、检验、技术资料、现在所处地点、运行状况、设备状态等所有信息；实现设备运行状态的在线监测，特别是大型固定设备的在线监测和主要设备的在线集中控制等，能够实现一级、二级管理层对在线监测的数据查询与观察，三级进行监测与控制等。

（7）办公自动化系统。井工一矿目前已经使用了集团公司统一的办公自动化系统，在通讯和数据文档传递上使用 Gocom 软件，大大提高了办公效率。

（8）门户网站。内设首页、企业概况、新闻动态、安全管理、党群建设、经营管理、培训园地等子栏目。井工一矿各个部门的负责人和相关负责同志，可以通过登录网站后台系统添加各种图片、新闻、培训资料等内容。

（9）信息发布平台。信息发布平台主要包括办公大楼LED显示屏、副井口LED显示屏、候车大厅LED显示屏，以及短信平台，主要展示矿的各项规章制度、下井人员信息等，发布生产动态以及主要设备（主通风系统、主运系统）的起停信息。

四、井工一矿数字化矿山的实施效果

经过信息化全面建设和不断的强化应用，井工一矿在战略决策层、经营管理层、生产执行层、自动化集控平台层、基础自动化层实现如下的主要效果：

1. 战略决策层：信息全面，有效分析，科学决策

通过提供准确及时的决策信息和管理数据，提高了井工一矿决策层的分析研究和决策能力，提高决策的效率和质量，有效推行战略决策和战略推进。

通过领导决策支持系统的建设与应用，提高了井工一矿对各类资源的运用效果进行分析的能力，提高了资源利用效率，同时通过对经营数据的深度分析，发现运营管理中的问题及其产生的原因，提高了井工一矿运营效率和管理能力。

通过商务智能系统的建设与应用，加强了井工一矿战略目标和经营预算指标的分解逻辑关系和准确性，同时，能够及时准确地收集到考核的原始数据，增加考核的公平性和准确性，同时减少数据统计分析中的大量工作，提高绩效管理工作的效率。

2. 经营管理层：信息共享，资源整合，高效协同

经营层面主要是通过对信息的管理来管理井工一矿的各类资源，通过ERP系统与各主要经营管理系统，建立包含人、财、物、生产、采购、物资、设备管理高度集成的信息管理平台，实现部门之间的高效协同运作，降低财务成本、采购成本、设备管理成本、人力成本等。

通过ERP系统的应用，提高了井工一矿对各类资源基础数据即家底的掌握，从而更好地盘活或激活各类资源，以致更好地配置各类资源，降低资源使用成本，提高资源利用效率。

通过综合业务管理平台的应用，全面提升各职能管理模块的效率和能力，最大限度地支撑井工一矿业务和战略的发展。

3. 生产执行层：流程固化，数字说话，高效运营

通过生产执行系统的应用，实现了在确保实现安全生产前提下，通过信息化手段对生产过程进行精细化管理，以达到节能降耗、降本增效的目的。

通过生产计划管理系统的应用，实现了生产的精细化管理，实现了对煤炭生产操作层面的细致计划管理，达到了合理安排、有序组织煤炭生产的进行，提高了生产的保障能力。

通过生产调度管理系统的应用，实现了企业的生产经营调度信息有效整合，使各厂矿安全管理、生产指挥、经营管理的各个方面，通过该系统可直观地、全

面地掌握全公司的生产、经营状况。同时为企业生产经营决策提供及时、准确的信息支持，并辅助调度室调度管理人员的日常安全生产管理与应急指挥。

通过生产安全管理系统的应用，显著提高了井工一矿的安环意识、安全和环保管理流程，及时发现安全隐患，准确判断隐患与事故地点，通过技术手段提前做好防范和应急措施；系统与煤矿六大安全避险系统高度集成，全面促进了本质安全矿井建设。

通过煤质系统的应用，实现了通过煤炭生产矿井、洗煤厂等企业之间以及企业内部煤质、生产、运销、调度等相关信息的有效整合，实现了煤质信息的及时、准确传送与信息共享，为平朔公司及企业职能部门及时跟踪煤质问题提供决策服务，对煤炭质量产、运、销全过程进行全面管理，加强了煤炭市场需求与生产的结合，为提高公司煤炭品种、质量、价格提供了全面的支持。

4. 自动化集控平台层：综合统筹，准确计划，柔性生产，自动控制

以电力、冶金、化工等资产密集型行业先进的综合自动化管理经验为标杆，高起点、高标准规划井工一矿的综合自动化应用，不再是简单的自动化系统集成，而是建立一个自动化集控平台。

通过自动化集控平台的应用，有效提升矿井安全性，通过自动化集控平台进行远程作业控制，减少井下作业人员，“无人则安”，并通过对各类异常进行及时预警，降低井下人员伤亡事故。

同时，对机电设备的工况即时监测，实现机电设备的动态管理。对机电设备做到预防性检修和计划检修，提高机电设备的完好率、开机率，更能避免因为设备问题带来的安全及生产事故，建设高产、高效的大型现代化矿井。

通过井工一矿自动化集控平台的建设经验，建立平朔公司的自动化集控平台标准，降低整个平朔公司各井工矿建设成本、运维成本、备件库存成本等，从而有效降低企业生产成本。

5. 基础自动化层：采集基础数据，规范基层操作，强化现场管理

统一建设标准，保证各所属二级单位的基础自动化应用系统在实施厂家、产品、功能、软硬件架构、开发平台、集成等各角度统一规划和建设。

通过基础自动化层的改造和建设，提高了自动化应用系统建设效率，降低管理难度，真正实现整个平朔公司内信息集成与共享。统一了自动化系统功能标准，完全满足企业在生产管理和安全管理层面的需求，提高了井下数据的及时性、可靠性，提高了自动化应用系统的可扩展性，实现灵活的性能和功能扩展。

（成果创造人：伊茂森　王天润　王喜贵　李进荣　郭锅扣　李　财　李文平　杨军晟　王　浩　王　斌　汤海龙　黄　丹）

煤矿铁路运输企业安全管理“五步法”

中煤集团上海大屯能源股份有限公司徐沛铁路管理处

徐沛铁路管理处隶属中煤集团大屯公司，拥有内燃机车 9 台，自备车辆 240 辆。铺轨全长 181.875 公里，正线总长 72.46 公里，共有 14 条专用线、年货运量 1100 多万吨，发送旅客 50 多万人次。在组织机构上，按照铁道部铁路技术管理规程实行二级管理，目前共设 12 个管理部门和机务段、车务段、车辆段、通信水电段、工务段、机车车辆修厂等生产单位，共有职工 1290 余人。

一、煤矿铁路运输安全管理“五步法”的实施背景

铁路处 2007 年发生两起路外事故，造成机车严重破损，直接经济损失 100 多万元，险些出现人身安全事故。近年来随着大屯矿区铁路货运量的不断增加，安全形势更加严峻。通过调查分析，事故的产生有人、设备、环境、管理四个方面的原因。

人操纵、控制、监督各项设备，完成各项作业，与环境进行信息交流，与其他作业协调一致。人的失误是产生各类事故的主要原因，比如机车司机，劳动强度大，作业环境差，极容易产生误判，因此，按工种的事故分类中，机车司机所占比重最大。

设备是完成各项作业的物质基础，设备的不完备也是诱发各类事故的原因，如果通过设备的升级改造，取消了不合理因素，这样就能从设备层面，彻底地消除机车司机失误造成的危害。

铁路点多线长，穿越众多的村镇，这决定了运输生产和环境之间有着密不可分的联系，运输系统和环境之间时刻进行着物质、能量和信息的交换，环境的好坏也直接影响着安全的稳定程度。比如道口事故，大多由于附近的村民，缺乏安全常识和法律意识，强行穿越造成的。特别是无人看守道口，更是事故的多发地带。

人们通常认为，事故都是由人、物（设备、材料）或者环境条件不良等因素所致，但深入分析后可发现发生事故的根本原因多是管理上的缺陷。只有在科学的安全管理理念的指导下，狠抓管理，建立健全各项规章制度，并严格执行和考核，完善企业的安全文化，才能从根本上消除事故，确保安全。

二、煤矿铁路运输安全管理“五步法”管理模式的内涵

本项目利用安全系统工程和本质安全理论分析研究了煤矿铁路运输企业影响安全生产的主要原因，得出了安全事故的产生是由于人、设备、环境、管理四个方面的原因。有针对性地提出预防措施，减少事故的发生，提出构建煤炭铁路运输安全管理模式，创立了“安全管理五步法”，即抓住五项重点：思想上抓认识、干部中抓作风、职工中抓纪律、管理上抓“三基”、作业上抓质量标准化；把好四个关键：关键岗位、关键环节、关键人员、关键时间；控制三个环节：对安全工作班前布置、班中检查、班后总结评比；实行两不过班：本单位发生事故分析处理不过班、其他单位对照排查不过班；做到一个坚持：坚持考核评比制度。实现安全管理的科学化、规范化和系统化，有效地提升了徐沛铁路处的安全管理水平。

三、推行“安全管理五步法”管理模式主要做法

铁路运输生产属于车机工电辆联动运作，线路穿桥爬坡，越村过镇，遍布道口，不安全因素较多。“安全管理五步法”是徐沛铁路管理处经过长期的实践，在总结多年经验的基础上形成的一套适合煤炭铁路企业的安全管理模式。这一模式重点突出，环节紧密，操作性强，既是对铁路安全管理经验的归纳总结，也是确保运输安全的管理程序和工作标准，在煤炭铁路企业中具有一定的应用和推广价值。

1. 对“安全管理五步法”探索实践的过程

“安全管理五步法”的研究与实践，经历了以下五个发展阶段。

（1）调研阶段。铁路处组织精兵强将，通过搜集现场资料，梳理归纳有用信息；对沿线各车站、岗点、人员、设施、作业标准、典型事故进行深入细致的调查研究，收集相关资料；前往国铁和兄弟矿务局铁运处取经求教，借鉴他山之石，撰写出了专题调研报告，为建立新的安全管理模式掌握了第一手资料。

（2）设计阶段。总结铁路企业安全运行特点，完成管理模式的方案设计。针对联动运作、点多线长、人员分散等特点，从基础工作、关键点选取、环节控制、事故警示、检查考核等方面，初步提出“安全生产五大步骤”管理模式，反复讨论修改后成型。

（3）实践阶段。选取试点单位，推行“安全生产五大步骤”。在车务段、机务段、车辆段、工务段、水电段、修理厂等六个生产单位的推行过程中，安监科及各单位专兼职安监员、安全网员、青年岗员对实施情况进行收集和反馈。处组

织人员对安全生产五大步骤进行了数次修改和调整，使之更符合作业现场的特点，便于班组和职工个人操作、执行。

(4) 认知阶段。提高对深化安全文化建设的认识，确立修改思路和原则。2008 年以来，集团公司启动安全文化建设，铁路处提出精细化管理目标。面对新的形势，处党政领导认识到，"安全生产五大步骤"需要按照安全文化建设的要求，在集团公司安全核心理念的统领下，进行重新修改和细化，明确每个要素及具体释义，充实新的内容。处成立了课题研究组，排定计划和时间，多次召开专题研讨会，研究相关问题。

(5) 深化阶段。重新修改"安全生产五大步骤"，确立课题研究实践的总体目标。课题组对多年来安全生产五大步骤的实践进行全程审视，总结经验，解剖问题。出于对管理模式合理定位的考虑，将"安全生产五大步骤"更名为"安全管理五步法"，并基于新的认知高度，确立了总体目标，重新定义和阐释每个管理环节，对组成要素的顺序进行了调整，使之更符合管理流程的特点。

2. "安全管理五步法"的实施办法

(1) 抓住五项重点。即思想上抓认识，干部中抓作风，职工中抓纪律，管理上抓"三基"工作，作业上抓质量标准化。树立"安全为天、生命至尊"的安全核心理念，增强干部职工的安全文化素质。

①思想上抓认识。树立"五个理念"，统一思想认识，强化职工安全意识，增强业务技能素质，提升安全管理水平。一是树立安全核心理念。向职工灌输集团公司"安全为天、生命至尊"的安全核心理念，引导干部职工树立正确的安全管理观、安全行为观、安全价值观、安全效益观，做到安全工作，理念先行。二是树立科技保安的理念。坚持科技兴处，以技术进步提高安全系数，确保安全技措工程的实施，尽最大可能加大对安全的投入，不断提高铁路技术装备水平，为运输生产创造安全、高效的环境和条件。三是树立齐抓共管的理念。从组织上突出安全生产的位置，把安全管理作为本处各系统常抓不懈的共同目标，形成行政管长、党委（纪委）管党、工会管网、团委管岗、安监管防的"五位一体"的安全管理体系。四是树立教育为先的理念。把职业技能教育、职业道德教育与安全业务知识教育相结合，通过教育和引导，提高职工队伍整体素质，增强职工的安全意识和自我保安能力。五是树立经济推动的理念。确立和坚持安全与经济挂钩的思路，提出"没有考核不到的事，没有考核不到的人"，利用经济杠杆对安全各方面的关系进行调节。通过利益调整，激发职工将保证安全化为自觉行动，调动工作责任心和积极性。

②干部中抓作风。在领导干部中树立深入高效、尽心尽责的工作作风。一是坚持"安全第一、生产第二"的安全管理观。领导干部保持清醒头脑，自觉摆正安全生产的位置，改变安全工作"说起来重要，干起来次要，忙起来不要"

的不良现象，扭转重生产、轻安全，重经营、轻管理，重经济手段、轻思想教育，重事故处理、轻安全预防的错误倾向，坚决做到“不安全、不生产”。二是坚持安全生产责任制。对安全目标实行层层分解，作为衡量考核单位工作和领导干部政绩的重要指标。推行安全工作逐级负责制，要求自身业务范围内的事项，由本单位、部门自主安排，自行制订措施，自行处理。三是坚持领导干部联系点制度。执行“三联三责”、“三要六必到”制度，两级党政班子成员平均每月下基层不少于4次，深入现场及解决安全生产问题需签字确认，并作记录。坚持领导干部安全评议制度。每季职工代表进行安全巡视时，听取基层单位领导安全述职，根据个人工作表现和单位安全情况进行评议，依据相关办法综合评分，列为个人绩效考核依据。

③职工中抓纪律。纪律包括劳动纪律和作业纪律。解决“两纪”松懈、职工上班松松散散、出工不出力及习惯性作业的现象。修订加强劳动纪律的规章制度，制定职工行为规范、工作规范考核细则，成立考核办和考核小组，每月考核结果在绩效工资中进行奖罚兑现。一是检查约束。成立安监小分队，执行24小时动态检查制度，不打招呼、不定地点、不定时间进行现场抽查。既查“三违”、隐患，又查“两纪”，既查职工，也查领导，既查设施设备，又查作业标准化。二是考核约束。坚持重奖重罚原则，对“三违”人员和防止事故有功人员当场予以处罚奖励。严格考核增强了职工的工作责任心。

④管理上抓“三基”。“三基”是指基础工作、基层工作和基本功。一是抓基础工作。以“坚持和创新”为原则，严守“四个不变”：即无论企业如何改制，坚持“安全第一”的方针不变；坚持党政工团齐抓共管的原则不变；坚持安全生产重奖重罚的制度不变；坚持反“三违”、反事故的劲头不变。二是抓基层工作。对基层实行“放权让利”，在布置安排工作任务的同时，赋予基层一定的自主权限，推行基层职责范围内的工作由基层安排的做法，减少干预，释放能量，形成各具特色的管理方式。三是苦练基本功。加强安全培训，提高技能；进行技术比武，锤炼素质；宣传教育，强化意识。采取学习班、经验交流会、事故分析会、座谈会、攻关会、班前会等形式，开展安全技术教育、操作规程教育、制度教育等。

⑤作业中抓质量标准化。一是以活动推进达标。开展“质量标准化，安全创水平”“三体系贯标”活动，开展“上标准岗、干标准活、说标准话、交标准班”的四个标准活动和以个人保班组、班组保车间、车间保站段、站段保全处的达标创建活动，制定完善各工种的管理标准、工作标准和技术标准。二是以考核保障达标。按照《质量标准化班组、个人达标验收办法》，凡达标的职工每月给予一定的补贴，但在动态检查中，发现失格即予取消资格，停发补贴，并给予一定的罚款，进而影响班组车间、单位的标准化创建工作。

（2）四个关键。即抓关键岗位、关键环节、关键人员、关键时间。强化安全生产动态管理，综合分析人的行为诱因、机具状态诱因、环境诱因等与安全的关系，确定关键控制点，将隐患消除在萌芽状态。

①抓事故易发岗位。对行车室、信号楼、机车乘务组、调车组、扳道房、道口房等事故易发岗位，建立安全管理控制重点，制定特殊措施和标准化作业规范，实现对管理关键点的监控，并实时找出影响安全生产的主要因素，不断改善劳动作业环境，制定针对性的防范措施，提高对这些事故易发岗位的安全保障力。

②抓安全行车不利环节。对安全行车不利的环节高度警惕，重点是非正常情况下的接发列车。不良天气、站区停电、设备维护检修、施工作业等，不能按照常规作业方法及程序，需要改变原作业方法进行接发列车作业，制定了《特殊条件行车办法》和其他切实有效的安全措施，确保安全行车畅通无阻，实现小灾不停运、大灾不断线。

③抓重点人员。对一些技术业务素质较差的职工和经常出现“三违”的人员，实行区别对待、重点掌握。对其作业技能、文化水平、劳动态度、作业习惯等登记造册，在技能上重点培训，在作业中严格管理，在措施上严格执行，对出现的问题严肃处理，在教育和管理过程中采取领导一对一帮促及监控。对特种作业人员进行严格的培训，做到持证上岗。

④抓事故易发时间。通过对历年事故分析，结合人的生理规律，确定行车中易发事故的时间，即节假日、早上、夜间、交接班时间，人精神疲劳，容易产生麻痹。采取“一抓早、二抓晚、三抓夜间两三点、四抓交接班”的方法，结合调度询问、查岗和班内控制等办法，加强关键时间的安全防范，降低事故发生率。

（3）三个环节。即安全工作布置在当班之前，班中进行检查，班后进行总结评比。加强班组基础管理，严格执行一班作业标准化程序，发挥作业中的自控、互控、他控作用，使安全生产始终处于动态控制之中。

①班前布置。班前会二十分钟，针对当日天、地、人、车、货情况，展开班前预想，对有可能影响安全的不利因素制订应对措施，加以防范。其中穿插每日一题的规章试问和安全知识学习，在明确安全事项的同时，接受技术业务培训。

②班中检查。职工上岗后严格按作业程序，做到上标准岗、干标准活、用标准语、交标准班。除职工自查、互查，各单位领导现场检查外，安监人员及有关职能部门人员动态巡查。对查出的问题，填发限期整改通知书，按定措施、定责任者、定时间的“三定”要求加以整改。整改完毕后进行复验，整改不力者，根据《安全奖惩条例细则》从严处理。对“三违”人员，当场下发罚款通知书，对当事人予以处罚。

③班后总结、评比。各班组尤其是行车班组，班后对本班安全工作和标准化作业情况进行总结，对不安全因素和存在问题，在交接班时通知下一班予以防止。对班组中每人工作表现，根据有关规定进行评分，以此作为月度计酬的依据。开展班组互评活动，采用自评、互评、他评、旬评、月评、季评、班组竞赛等方式，对各班组工作质量进行评比，评比结果与经济挂钩。

（4）两不过班。即本单位发生事故分析处理不过班，兄弟单位发生事故对照检查不过班。及时处理事故，消除事故对各项工作的影响，并利用事故教材，吸取教训，警钟长鸣。

①本单位发生事故分析处理不过班。按照对事故原因、责任分析不清不放过，职工未接受事故教训不放过，未制定出今后的防范措施不放过的“三不放过”原则，对本单位发生的事故分析、责任者处理、制订措施不过班。

②其他单位对照排查不过班。事故发生后，其他单位须及时组织当班职工进行当班分析，对照事故发生的原因，排查隐患，提高认识，加强防范。

（5）一个坚持。即坚持考核评比制度。通过考核评比，反映安全工作成果的优劣、效益的高低，兑现奖罚，确保安全管理措施有效实施，降低各类事故的发生率。

①明确目标原则。每年以行政1号文件的形式，对安全工作提出目标、做出部署，并明确全年考核奖惩措施。

②层层分解原则。为实现安全目标，上至处长，下至普通职工，层层制订目标，落实责任制，并把考核责任制度贯穿于日、旬、月、季、半年、全年，做到日有考核，旬有分析，月有总结，季有评比，半年进行表彰。

③修订完善原则。制订完善制度，为安全工作开展和考核评比提供依据。制定《安全管理办法》《安全管理细则》《安全奖惩办法》《安全教育检查标准》等管理制度，确立安全例会制度、事故分析制度、安监小分队24小时活动在现场制度，总值班24小时值班制度等。根据实际需要不定期修订《安全责任制》和《岗位责任制》。

④利益捆绑原则。考核结果与经济挂钩，建立安全经济保障机制。相关制度如安全风险抵押办法，二次分配中关于安全的规定，机车百趟、调车组班数竞赛和检车万辆无事故等安全活动办法。

⑤区分档次原则。安全奖向一线倾斜，向承担安全风险大的岗位倾斜。在二级单位积极推行二次分配，将职工个人收入中的安全风险抵押金、安全奖、班中餐贴、岗位津贴等与职工个人的工作质量和效果捆在一起，多劳多得，不劳不得。以机车乘务员为例，推行该办法以来，同工种月收入差距最大达到800元。

⑥安全否决原则。将安全与单位、职工的政治荣誉挂钩，实行安全一票否决。凡年内安全工作差、出现事故，发生“三违”的单位和个人，在评先等方

面相应取消资格。同时根据有关规定，对发生事故情节严重者，给予行政处分和经济制裁。

四、煤矿铁路运输安全管理“五步法”的实施效果

煤矿铁路运输安全管理模式建立了一整套安全管理的措施，创立了“安全管理五步法”，实现了安全管理的科学化、规范化和系统化，有效地提升了徐沛铁路处的安全管理水平。

自2009—2011年起货运量始终保持在1200万吨以上，至2011年底实现了安全无重大、大事故，无险性事故。安全效果极其明显，成果应用期（2009—2011年）与成果实施前（2006年—2008年）相比：每年防止各类行车事故10余件，避免机车机械故障12件，相应增加运输时间折合66. 5—78. 7台班的运量（按3000吨/每台班计算），应用相关因素合成计算法（PCP），成果经济效益为3090. 8万元。

（成果创造人：高道云　董道雷　崔　瞳　刘培根　陈松辉　吴庆超　胡传宝　赵岩松　郑静静）

基于价值链的过程识别、设计、实施及改进管理

中煤张家口煤矿机械有限责任公司

中煤张家口煤矿机械有限责任公司前身为张家口煤矿机械厂，始建于1926年，曾是冯玉祥将军的造币厂和傅作义的兵工厂。解放后成为我国三大采煤机械生产制造企业之一，是中国煤机行业规模最大、建厂最早的国家大型一档骨干企业、国家一级企业。2000年5月18日，经河北省煤炭工业局（河北煤业集团有限公司）和河北省现代企业制度工作领导小组办公室批准，改制为张家口煤矿机械有限公司，2003年4月整体并入中国中煤能源集团公司。

2006年更名为中煤张家口煤矿机械有限责任公司，公司现有职工3800人，公司拥有完善的、高水平的科研开发机构，拥有国家级技术中心、国家认可测试实验室和博士后科研工作站。公司主导产品为煤矿机械化采煤工作面用刮板输送机、转载机、破碎机、刨煤机等采煤、运输设备。公司为国家火炬计划重点高新技术企业、河北省高新技术企业、河北省创新型试点企业，是国家CAD、CIMS应用示范单位，河北省企业信息化示范单位。

一、基于价值链的过程识别、设计、实施及改进管理的实施背景

作为煤机行业排头兵的张煤机面对接踵而至的订单和快速发展的增长态势，经营管理上和制造能力上出现各种各样瓶颈，严重制约着企业的发展。通过对经营管理现状进行了全面的分析和内部诊断，主要有以下问题：

1. 面临世界级跨国企业相继开发中国市场的激烈竞争

在煤机制造行业中，国外竞争对手有着产品技术含量高、资金雄厚等优势，具有较强的竞争力，加入WTO之后，由于投资壁垒的削弱，关税和其他进口费用的降低，投资环境的改善，进一步增加了国外煤机产品在我国市场的竞争力，更多的外国公司来华投资，国产煤机产品的价格优势逐渐减弱。如果不及时采取

应对措施，快速反映，提升自己的管理水平和竞争能力，则有可能置企业于生存的危险境地。

国内主要竞争对手实力在不断增强，与张煤机在技术、质量方面的差距在不断缩小。同时民营企业具有新的机制和灵活的营销手段，社会化协作程度较高，在盈利方面、资产负债方面、交货期方面具有优势，对张煤机构成较大威胁。由于煤炭市场持续好转带动了煤机市场需求的持续上扬，原有煤机生产能力远远不能满足现实煤机市场的需求，行业外的国内大型制造企业也纷纷不断转入煤机制造业，对张煤机构成竞争压力和潜在的威胁。

2. 企业过程管理差距成为企业管理的短板

张煤机虽然一贯注重企业管理，并在基础管理方面取得了较好的成绩，但是国有企业长期在计划体制框架下，体制和机制上的固有缺陷，管理方面存在的“大企业病”，仍然不同程度地存在管理粗放，信息不畅，职能僵化，执行力较差，对市场变化反应迟缓。

由于发展规模的快速加大，导致原有的生产经营体系很多方面的不适应，生产经营中存在的具体问题有：订单处理流程不规范；生产体系计划性差、不精确，库存积压、浪费严重；信息不畅，合同进度计划与控制力度不够，产品不能按照销售部门与客户商定的交货期生产；成本管理过程控制不到位，产品的实际成本和利润不准确，产品制造成本底数不清；目标要求没有细化、量化，考核机制与效果不佳，导致组织行为和人员行为控制和导向不力；工艺规范执行不严，产品质量在外观、可靠性方面与国外产品相比差距大。最终体现在企业经营效果上：库存资金占用过高、流动资产周转率低，成本高、利润低，交货期和售后服务不能满足用户需求。

为确保企业战略目标和战略规划的实现，实现过程增值和企业增值，高层领导授权企业主管领导，组织相关部门人员对过程进行识别，对主要价值创造过程和关键支持过程进行精心设计并严格管理和积极改进创新。

二、价值链管理的内涵

张煤机从2005年开始贯彻实施卓越绩效评价准则国家标准，按照标准要求，依据企业发展战略、满足顾客需求及其他利益相关方需求，由公司高层领导主持，相关部门和单位参加，从为顾客、企业和其他利益相关方创造更高价值的高度，通过对价值链进行投资回报、投入产出分析、产品对顾客的价值和为企业创造利润等方面进行分析，确定两大类产品（刮板输送机成套设备和圆环链产品）为主要产品，两大类产品的市场营销、设计开发、生产制造、物资供应过程为主要价值创造过程。为了达到战略目标，优化资源配置，围绕价值创造过程的要求，以过程增值为准则设计过程流程，并根据市场需求不断调整和改进，确保主要价值创造过程的有效运转。在过程设计和管理中，张煤机形成了市场营销、设计开发、生产制造、物资供应过程相互协作运行的格局。在各部门、各专业内部，流程独立设计，符合内部管理效率的需要，各专业、各部门之间的流程留有接口，减少了流程中不必要的弯路，又避免了部门之间的矛盾和冲突，确保战略目标的实现。

根据公司价值创造过程要求，综合利益相关方的要求及公司的战略规划，充分考虑到煤机行业生产运作的特点，确定了人力资源管理、财务管理、设备管理、环境安全管理四个关键支持过程。将支持过程的要求进行分类、均衡、融合，并考虑新技术和有关信息，逐个进行过程设计，并进行优化，使其运行成本最小化，支持价值创造过程的有效性和效率。

三、价值链管理的主要做法

1. 过程识别

（1）价值创造过程的识别与确定。价值创造过程是企业生存的关键，因此，张煤机高层领导组织各责任部门对这四个主要价值创造过程进行分析，确定其具体要求，并设定相应的清晰并可测量的指标，以便于随时检验价值创造过程的发展动态，具体的价值创造过程的要求，见表 1。

表 1　主要价值创造过程要求表

价值创造过程	主要要求	指标	责任部门	所占比重
市场营销过程	开拓市场、了解顾客要求 合同要准确规定顾客要求 按期交货 处理投诉及时有效 增强顾客满意、实现顾客忠诚	市场占有率 新增市场销售额 合同履约率 顾客满意度 销售收入	市场营销总部 市场营销管理部 国际业务部	40%
设计开发过程	产销一代、储备一代、研制一代 技术水平国内领先、国际先进 产品和技术开发周期满足顾客的需求 产品功能和性能要求	科技计划完成率 科技贡献率 设计开发周期 评审一次合格率	技术中心	20%
物资供应过程	优选供应商建立合作伙伴关系 供应商要求及时付款、长期合作 供货及时满足生产要求 采购物资质量满足设计要求	核心供应商数量 供货及时率 质量合格率 采购成本	物资供应部 产品检验部 质管办	15%
生产制造过程	产品质量符合设计要求 生产能力满足按合同交货 生产效率提高 生产过程现场 6S 管理	产品合格率 生产成本 环保指标 安全指标	生产制造部 产品检验部 设备动力部	25%

企业通过市场营销活动获取顾客需求和订单，产品订单直接输入生产制造过程，需要对产品进行改进或研发新产品，则进入设计开发过程，最后由生产制造过程完成。物资供应直接影响产品交付和成本，对企业价值和获利能力造成影响。

（2）支持过程的识别与要求。张煤机全面分析了来自价值创造过程、顾客及分销商、供应商及合作伙伴、经营者的要求，以价值链分析为基础，识别出与价值创造过程有关的支持过程，包括人力资源管理、信息管理、财务管理、设备管理、环境管理、职业健康安全管理、行政管理、后勤服务等。根据支持过程对主要价值创造过程增值的影响程度，按照精干高效、保证整体成本最小的原则，确定了主要支持过程为：人力资源管理、财务管理、设备管理、环境安全管理，见表2。

表2　支持过程的识别

序号	主要支持过程	确定为主要支持过程的理由
1	人力资源管理	员工是进行一切生产和管理活动的主体，只有建立了高效的团队，才能在竞争激烈的市场中保持优势。
2	财务管理	提升财务管理水平和资金利用效率，不断降低运营成本，是保持利润增长的重要举措。
3	设备管理	产品实现过程中，生产设备是重要的资源，设备的合理配备和科学管理是企业实现战略目标的基础。
4	环境安全管理	为员工提供安全健康的工作环境和污染物达标排放。

张煤机按照满足关键价值创造过程的需求、使价值链能够创造更大的价值、满足来自内外部顾客、供应商和合作伙伴的需求、给价值创造过程提供快捷优质服务的原则，确定对主要支持过程的要求，见表3。

表3　主要支持过程要求表

过程	要求	绩效测量指标	责任部门	所占比重
人力资源管理	员工工作绩效的提高、满足员工对薪酬、福利等各种激励手段的要求，对学习培训和能力提高的要求。	员工年培训课时数 全员出勤率 员工满意度	人力资源部 工会	40%
财务管理	提高收入和利润、严格预算管理、优化成本管理、满足战略规划及内部营运所需的资金需求。	资金周转率 财务报表及时率 其他财务指标	资产财务部	25%

过程	要求	绩效测量指标	责任部门	所占比重
设备管理	科学管理，高效运行	设备完好率	设备动力部	20%
环境安全管理	职业安全卫生符合法律法规、标准要求 污染物排放符合标准要求	工伤事故率 污染物排放达标率	安全环保部	15%

2. 过程设计

（1）价值创造过程设计。

①市场营销过程设计。张煤机建立了以市场营销总部、市场营销管理部、国际业务部为龙头，其他责任单位支持的市场营销系统。市场营销部门负责市场规划，定期对细分市场进行调研和分析，形成分析报告，评价现有产品对细分市场的覆盖程度，明确企业需要关注的主要细分市场和潜在市场。公司对每个细分市场都派专人负责，更全面、准确，及时地了解顾客的需求，获取顾客订单，并安排市场营销人员跟踪服务，实现与顾客的零距离接触，确保为顾客提供最快、最周到和最便捷的服务，满足顾客需求。同时，公司在价值创造过程中采用新技术和信息化手段，提高过程的有效性和效率。

②设计开发过程设计。张煤机建立了以技术中心为核心的设计开发团队，针对顾客不同的需求，合理调配研发人员，组成专题项目组，对专题进行攻关。技术中心负责进行新技术、新产品、新工艺等信息的收集，网络办公平台可以有力保证市场信息和顾客需求以及合作伙伴的需求，在最快时间内传递到技术中心。针对市场信息和顾客需求，根据产品特点和顾客需求，确定项目研发先后次序，根据对市场的调研分析、市场需求、顾客投诉和顾客满意度调查中的不满意项进行技术改进项目的确定。张煤机实行严格的项目立项和项目负责人制度，对项目的各项经济技术性能指标、设计任务或技术协议等均有书面要求。明确关键环节和实施措施，及时将获得的新技术融入设计，同时确保达到现行标准和法律法规的要求，确保项目按计划完成。

③物资供应过程设计。为保证及时提供质优价廉的物资，在满足生产需要的前提下，减少物资库存、缩短物资周转周期。张煤机建立了供应商管理、物资采购质量管理、库存管理、招投标管理等制度，实行采购程序公开和采购结果公开，使物资采购管理全过程得到有效控制和管理，保证了过程需求。对采购产品的质量按照《检验和试验程序》和原辅材料、外购件检验规程进行验证，保证未经检验和检验不合格产品不得入库和使用。

④生产制造过程设计。生产制造过程是将顾客需求的图纸及工艺转化为切实能为顾客创造价值、使企业获利的产品的过程，生产制造过程的设计图，见图 1。

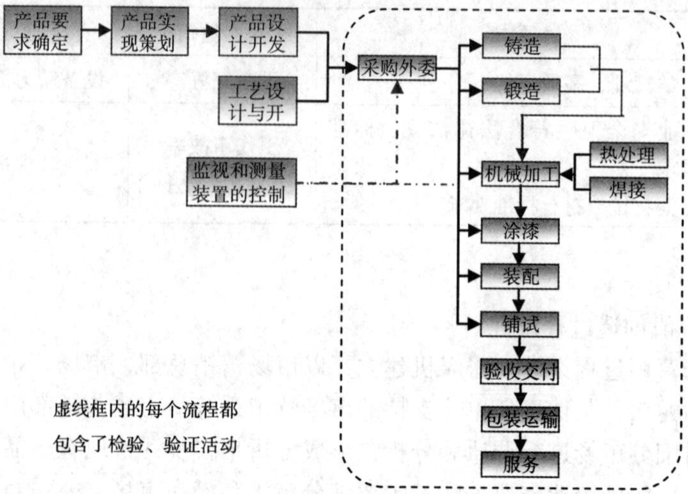

图1　生产制造过程的设计

（2）支持过程的设计。

①人力资源管理过程设计。人力资源部按照企业以人为本的战略，对人力资源规划、人才招聘、培训学习、考核激励、职业发展等方面进行优化设计，设计形成了人力资源管理过程，见图2。

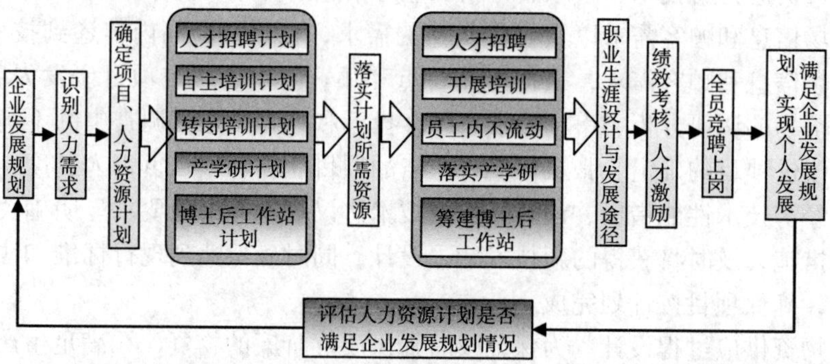

图2　企业的人力资源管理过程设计

②财务管理过程设计。财务部围绕企业的生产经营目标，推行全面预算管理，规范会计核算，深化管理体制改革，加强固定资产管理，形成了完善的财务管理框架，进一步提升财务管理水平和资金利用效率，见图3。

③设备管理过程设计。公司产品工艺研究所负责新增生产设备的调研选型，设备动力部负责更新设备的立项选型，设备动力部和设备使用单位共同负责公司设备管理和维护保养工作。公司制定了《设备能力控制程序》，保证公司的设备

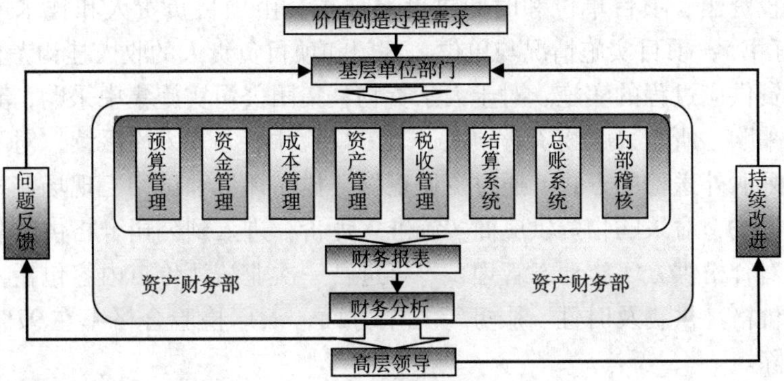

图3　财务管理流程

能力满足产品的制造要求。

④安全环保管理过程设计。为提高职工的安全意识和安全技能，公司制定了《安全健康教育管理制度》《特种作业人员安全管理规定》。为控制和减少工伤事故的发生，公司制定了《安全生产监督检查办法》。为确保公司具备安全生产必要条件，公司重视安全生产投入，制定了《安全健康投入保障制度》《安全技术措施管理制度》。环保管理以控制污染物排放符合政府环保管理部门下达的总量控制指标为核心，制定各项管理措施和技术措施，确保完成环保总量控制目标。加强日常环保设备设施检查，督促分厂车间加强环保设备设施的维护保养，确保正常运转。

3. 过程实施与改进

（1）价值创造过程的实施。

①市场营销过程的实施。张煤机根据市场和客户的需求信息以及企业的现实状况进行分析，确定有效的营销策略，不断完善市场信息系统、引导顾客需求，不断提高顾客满意度。企业建立了《市场营销管理制度》《顾客满意度测量与分析控制程序》《用户质量信息员与信息反馈处理管理办法》等管理制度，并按文件规定组织实施。张煤机根据市场营销过程的各个环境，设定可测量的指标，控制市场营销过程的实施。测量市场营销过程是否达到或完成计划下达的指标。一是市场占有率、主营业务收入、成本、顾客投诉等指标的对比分析；二是赢利能力分析，主要是测定不同产品、不同销售区域、不同顾客群体、不同销售渠道及不同定货规模的赢利能力，据此做出取舍，调整工作重点。

②设计开发过程的实施。设计开发过程由公司技术中心负责，采取“项目责任制”的管理办法。针对顾客需求和市场信息确立研发项目，依据对市场的调研分析、市场需求、顾客投诉和顾客满意度调查中的不满意项来确定科研和技术改进方向，形成设计开发方案，通过高层领导研究审定，以文件形式下达年度“设计开发计划”，按新产品开发、新技术推广、技术改造三类明确项目数量、项目

负责人、投资额、项目单位和时间进度等要求；由项目负责人和技术中心签订《项目责任书》，项目实施情况与单位、部门和项目负责人的收入挂钩考核。

③物资供应过程的实施。对于大宗货物，集团公司实施集中采购，其他物资实施招标采购，所有采购物资必须通过入厂检验才能办理入库手续，对不具备检验手段的采取外送检的方式。通过资质审核、样品评价和试用、现场审核评价及业绩评价方式，对采购物资供应商实施准入评价，进入到公司合格供方名单中方可采购。对合格供方实施动态管理，每年进行一次业绩评价，内容包括入厂检验合格率、价格、供货及时性、服务等几个方面，入厂检验合格率在 97% 以下的要予以剔除。

④生产制造过程的实施。张煤机按照产品特性要求，提供适宜的生产和服务条件，下达生产计划，执行生产计划和生产调度管理制度，合理组织生产；编制相应的控制程序和作业指导书，确定生产和服务的方式。制定了《生产过程质量控制程序》《特殊工序质量控制程序》《设备能力控制程序》《检验和试验控制程序》和《生产现场工艺纪律管理和考核办法》等制度，规定了生产过程人、机、料、法、环、测六个方面的管理和技术上的质量控制要求，保证了各项活动有章可循。公司从 2011 年 7 月开始正式导入精益生产管理模式，以铆焊中部槽生产为试点，实施了一系列改进方法，使中部槽产量由实施精益生产管理项目之前月均 1500 节提升到现在每月 1700 节以上。

（2）价值创造过程的改进。为达到更好的过程绩效，减少波动性，张煤机积极推行过程改进方法；过程改进的结果列入组织的知识资产，在各部门和过程中分享，适当时可与顾客、供方和合作伙伴，以及在行业内或跨行业分享，促进社会发展。张煤机每年都对价值创造过程进行有效性评价，然后按照 PDCA 循环进行价值创造过程的改进，并对改进结果进行检验，继续改进，验证有效后推广实施。

（3）支持过程的实施与改进。

①人力资源管理过程的实施与改进。人力资源管理部门由人力资源部组成，负责一般管理人员、专业技术人员、操作人员、中层领导的管理。企业建立健全了员工绩效考核评价机制，对员工业务能力、技术水平等方面的测量指标进行了定义，定期进行统计、测量、分析评价，对发现的问题提出有效的改进措施。为进一步提升公司人力资源管理水平，提高员工工作积极性，优化人力资源管理流程，公司 2011 年聘请我国知名管理咨询公司对公司人力资源管理进行提升研究。通过人力资源部、管理咨询公司项目组及各单位的共同努力，使人力资源管理更上一个台阶。达到管理流程通畅、管理体系健全、管理方法科学、管理制度规范的新型人力资源管理模式。

②财务管理过程实施与改进。实行资金集中管理，推行“统一采购、统一收

货、统一管理、统一结算、统一上缴、统一调拨"，所有的收支都通过会计核算中心。严格按照月度资金预算筹措、使用资金，合理测定最佳资金需要量，优化资金结构，加速资金周转，满足生产经营与项目建设资金的需要，保证经济活动安全运行。日常工作严格执行《财务管理制度和会计核算办法》，明确每笔资金管理权限，准确、及时地进行账务处理，提高资金使用效益。企业制定《会计人员集中管理制度》及配套的管理规定、考核分配办法，明确会计人员集中的范围、职责与权限及其考核办法。对会计人员进行定期岗位轮换，使企业财务管理工作迈上了新台阶，有效防止了会计核算失真现象，保证成本构成真实。实行全工序（岗位）成本核算体制，将分散在企业的众多"成本管理基因"组成企业的成本控制网络，将主材、辅材等各项可分解费用全部分解成指标纳入单位的成本核算体系，下达到岗位和人员，并实行挂钩考核，按月兑现、节奖超罚，充分调动了全员节约成本的积极性。目前，经营单位工序核算面达到85%以上，在钢材等原材料大幅上涨的情况下可比产品成本上升率控制在1.3%以内。同时，严格控制非生产性费用支出，对会议费、办公费、业务招待费、差旅费等管理费用下达考核指标，下达到部门，进行挂钩考核、节奖超罚，使管理费用连年有大幅度降低。企业制订《销售货款回收管理办法》，下达单位资金占用额，节奖超罚，严核硬兑，督促各单位加大应收账款回收力度，保证了三年以上动态应收账款为零，资金周转率2次/年，当年应收账款挂账不超过销售收入20%。

③设备管理过程的实施与改进。公司从2010年开始导入TPM管理，具体做法是：用培训来导入理念，用制度来规范管理、用项目来推进管理、用主动来进行运作，用表格来记录行为，用检查来验证结果，用激励来保证执行。以中部槽焊接机器人生产线为例，建立了TPM管理模式，制订了《焊接机器人成套设备管理办法》机器运行表格。本着"谁使用谁负责、谁维修谁负责"原则，明确责任，加强考核，避免了只追求产量、不关心设备状况、拼设备现象的发生。明确了操作每天做的三件事：清扫点检、润滑、紧固。制定了具体操作内容，将焊接机器人进行肢解，制定点检标准，设计检查和维护标准。同时制定了维修钳工和维修电工的维护检查表格，按时点分期限进行维护，做到分工明确、协作密切、责任落实、作业标准化，切实起到预防预报的作用；在点检的基础上，优化定修模式。定修模式以点检总结和分析为依据，充分考虑各生产工序之间的联系，尽最大可能减少物流和能源损失，以各生产工序间必要的物流平衡和能源平衡保证生产的平衡。全员参与设备点检定修，实现了操检合一。操作、维护和专业技术人员共同维护管理设备，操作者精心操作，维护者精心维护保养，点检定修信息互通有无，发现故障严格按分类控制，使设备运行始终处于动态受控状态，保证集中统筹、全面高效运行。

④安全环保管理过程的实施。新入厂职工三级安全教育由人力资源管理部门

安排培训时间。厂级安全教育由安全管理部门工程技术人员按照国家法律法规规定的培训大纲和课时要求，编制培训讲义并授课。车间级安全教育由车间安全员或技术主任授课，班组安全教育由班组长授课。三级教育完成后，由授课人员和职工本人在三级安全教育卡上签字，三级安全教育卡长期保存。特种作业人员安全教育培训由公司安全管理部门组织，委托有资质的培训机构进行培训，培训合格后，由发证机构颁发资格证书。公司安全管理人员坚持经常进行安全检查，深入开展隐患排查与治理，对发现的事故隐患实行闭环管理，并建立事故隐患排查与治理台账。

三、基于价值链的过程识别、设计、实施及改进管理的实施效果

1. 主要价值创造过程运行绩效结果

主要价值创造过程的运行绩效结果见表4。

表4　主要价值创造过程运行绩效表

价值创造过程	主要绩效指标	2009—2011 年实际值		
		2009 年	2010 年	2011 年
市场营销过程	市场占有率（%）	51.5	50.4	51.2
	新增市场销售额（万元）	22148	26656	32290
	合同履约率（%）	100	100	100
	顾客满意度（%）	90.3	91	90.3
	产品销售率（%）	93.46	92.67	92.41
设计开发过程	科技计划完成率（%）	100	100	100
	科技贡献率（%）	43	47	50.7
	评审一次合格率（%）	91	92	93
物资供应过程	核心供应商数量（个）	161	161	161
	供货及时率（%）	97	96	98
	质量合格率（%）	96	96	97
生产制造过程	产品合格率（%）	100	100	100
	计划完成率（%）	120.04	122.38	119.77
	全员劳动生产率（万元/人）	57.12	70.54	81.70
	设备利用率（%）	85.22	87.42	90.75
	万元总产值综合能耗（吨/万元）	0.15	0.13	0.12

2. 关键支持过程运行绩效

关键支持过程的运行绩效结果见表5。

表5　主要支持过程运行绩效表

价值创造过程	主要绩效指标	2009—2011年实际值		
		2009年	2010年	2011年
人力资源管理	全员出勤率（%）	96	98	98
	员工满意度（%）	80	82.6	83.4
	员工流失率（%）	0	0	0
	员工年平均培训时间（小时）	43	45	48
	大专以上员工比率（%）	30.65	30.91	31.68
信息管理过程	故障排除及时率（%）	100	100	100
	档案归档率（%）	100	100	100
	终端用户增长率（%）	10	11	13
财务管理过程	财务报表及时率（%）	100	100	100
	资产总额（万元）	258971	360952	444973
	主营业务收入（万元）	221645	264676	313235
	利润总额（万元）	13742	19607	26665
	纳税总额（万元）	17711	24473	24023
	总资产贡献率（%）	13.38	13.64	12.07
	资产保值增值率（%）	119.51	169.69	154.54
质量管理过程	产品合格率	100	100	100
	计划完成率	100	100	100
	设备利用率	85.22	87.42	90.75

（成果创造人：马　利　穆润青　郭英坤　侯　斌　王　菲）

以提升人才聚集效应为目标的人才强企战略实践

中煤张家口煤矿机械有限责任公司

中煤张家口煤矿机械有限责任公司前身为张家口煤矿机械厂，始建于1926年，曾是冯玉祥将军的造币厂和傅作义的兵工厂。解放后成为我国三大采煤机械生产制造企业之一，是中国煤机行业规模最大、建厂最早的国家大型一档骨干企业、国家一级企业。2000年5月18日，经河北省煤炭工业局（河北煤业集团有限公司）和河北省现代企业制度工作领导小组办公室批准，改制为张家口煤矿机械有限公司，2003年4月整体并入中国中煤能源集团公司。

2006年更名为中煤张家口煤矿机械有限责任公司，公司现有职工3800人，公司拥有完善的、高水平的科研开发机构，拥有国家级技术中心、国家认可测试实验室和博士后科研工作站。公司主导产品为煤矿机械化采煤工作面用刮板输送机、转载机、破碎机、刨煤机等采煤、运输设备。公司为国家火炬计划重点高新技术企业、河北省高新技术企业、河北省创新型试点企业，是国家CAD、CIMS应用示范单位，河北省企业信息化示范单位。

一、实施人才强企战略的背景

1. 实现战略总目标的需要

公司的战略目标非常明确，通过创造世界一流品质的中国煤机产品品牌、建造具有国际化水平的煤机工业园区，形成“两大亮点”，最终实现打造世界第一竞争力的煤机装备制造企业。在对国内外煤炭及煤机市场等外部环境和企业内部资源的科学分析基础上，按照中煤集团“22255”战略目标，优化并践行企业“1555”发展战略，“1458”工作思路，纲举目张、引领未来。战略目标的达成系于公司发展模式的成功变革。在发展形态上，装备现代化；在发展方式上，管理精细化；在发展定位上，发展高质化；在发展方向上，产品高端化；在发展动力上，队伍专业化。

2. 激烈市场竞争的挑战

公司主要的竞争对手是美国久益公司、DBT公司、天地奔牛公司，竞争对手竞争力逐步提高；由于中低端产品技术含量低，市场准入门槛低，竞争更加激烈；大型煤炭企业整合重组，设备也集中采购，供需双方接洽方式的变化，导致高质量、低成本、短周期地交货成为订单赢得与否的关键要素，公司必须依靠专业化队伍来谋求主动，赢得发展，除此之外，别无选择。

3. 突破人才节约陷阱的需要

装备制造企业发展过程中存在人才节约型技术进步导致人才涌现在一定程度上受到抑制的陷阱。人才节约型技术进步表明，并不是所有的企业做大以后都必然带来与之相对称的人才聚集，人才节约型企业的发展、聚集带来的是与之不相称的人才聚集，存在着人才聚集弱化的现象，这是因为资本和普通劳力会对人才产生挤出效应。不少制造企业由于装备依赖路径，步入人才节约陷阱，而发展后劲不足，导致发展中断，公司领导吸取教训，高瞻远瞩，谋划转型发展、创新发展、跨越发展，摸索突破人才节约陷阱的“人才强企、创新驱动”路径。

二、人才强企战略的内涵

不同生产要素在企业发展的不同阶段的重要性是不同的，企业发展的不同阶段中对劳动力素质的要求也不相同。企业发展过程中先后呈现出依赖资本、人才为核心资源的现象。在人才化程度由低到高的演变进程中技术进步遵循由人才节约型技术进步为主，经中性型技术进步为主，过渡到人才密集型技术进步为主，这三种技术进步在企业演进的不同阶段分别依次扮演着重要角色。企业发展的演化以人才节约型企业经中性型企业过渡到人才密集型企业。资本增量和资本增量结构的变化是推动企业高级化、现代化的直接原因，技术进步是推动和实现企业变革的动力，而实现技术进步主要依赖研发设计人员、经营管理人员等人才群体。人才要素在产出和分配中对资本、人力资本、普通劳力具有强外部性，人才聚集的强大作用推动着企业朝着更加合理化和高级化的方向演进，增长方式由高投入、高产出向低投入、高产出的方向转变，向可持续发展的方向转变。

三、践行人才强企战略的具体做法

公司按照“文化先行、党政并举、人才强企”的方针，分阶段、有步骤地开展职工素质工程建设，加大人才工作力度，培养、引进、使用并重，开创人才辈出、人尽其才、才尽其用的新局面。培养一批管理创新领军人物，建设一支有抱负、懂经营、善管理、敢创新的中层管理队伍，造就一支素质过硬、结构合理、活力迸发的管理队伍，尽心尽力干工作，尽职尽责促发展。

1. 积极推进文化建设，确定和贯彻企业的价值观

张煤机公司是有着80多年历史的老企业，经过长期的生产建设及经营管理，

创造和积淀了大量宝贵的特色文化，特别是 1991 年晋升国家一级企业时，职工积极性高涨，凝聚力增强，企业充满了生机与朝气，具有张煤机特色的企业文化已具雏形。

公司于 2000 年 5 月 18 日实行了体制改革，而后加入中煤集团，公司抓住煤机市场持续回升的良好机遇，抓改革、促发展，企业一步步走出困境，保持了强劲的发展势头，并围绕“以人为本”的现代企业文化核心理念，强化“创新”是企业实现不断进步和发展的根本，明确提出了“团结、敬业、务实、创新”的企业精神、“诚信为本、用户第一”的企业价值观、“从客户利益角度出发，为煤矿客户提供满意的、成本最低的整套采煤及相关设备，并与全体员工共同努力，为员工和股东创造价值”的企业使命，“进入煤矿装备制造和服务的世界三强，成为结构合理、技术先进、管理科学、面向两个市场、具有强大竞争力、备受客户、员工和投资商赞誉的企业”的企业愿景，“以人为本，人尽其才，凝心、集智、聚力，紧抓经济效益和社会效益”的经营管理理念，“严格严谨、高速高效”的企业作风等一系列企业文化理念体系。

张煤机公司从实际出发，以煤炭市场形势稳步回升、企业生产经营状况逐步好转、职工精神面貌焕然一新为契机，制定下发了《关于加强企业文化建设的指导意见》，并相继制定了公司企业文化建设“十一五”“十二五”规划，明确了企业文化建设的目标、任务、方式和具体要求。在组织领导方面，成立了公司企业文化领导小组和公司企业文化建设办公室，形成了党政工团齐抓共管的企业文化建设机制。

2. 创新人力资源开发与管理，强化职工综合素养

（1）加大招聘力度，补充新鲜血液。2010—2011 年两年间招聘优秀毕业生 170 余人，其中硕士研究生 28 人，重点大学一本院校本科生 70 余人。对新入职大学生实行导师制管理办法，要求导师与新入职大学生共同制定实习期培训计划，具体到每周一总结，每月一汇报，使他们快速融入企业，快速成长。公司人力资源状况在煤机制造行业里已经名列前茅。

（2）工作扩展锤炼柔性工人。柔性工人应该掌握多种技能，且具备随时从一个工种转换到另一个工种的能力。他们比专业工人接受更为广泛的培训。同时，柔性工人的工作还需要有主管人员和其他职员的配合以适应工作指令的灵活变化。柔性工人的培养，得益于人力资源管理的创新，主要在于培训、轮岗、工作设计中工作扩展、团队合作。员工接受交叉培训以从事有多种技能要求的工作，随着公司致力于精简规模，希望现有的劳动力能够胜任更多不同种类的工作任务。应用员工参与和团队方法来组织工作，这是全面质量管理持续改善的最重要特征。工作扩展包括横向扩展和纵向扩展，横向工作扩展是为了抵消工作的过于简单化，允许工人对更多工作都能够操作；纵向工作扩展通过授予工人对自己的工作活动的一定的管理权，尝试在转变过程中扩大工人对其工作的影响，员工

能够对他们的工作拥有一定的控制权，能够决策和自行处理一些事情。公司通过工作扩展在质量和生产效率方面都获得了一定的利益。

（3）OEC 管理改变工作作风。2010 年底，公司开始推行 OEC 管理，通过日事日毕、日清日省、日省日高，改变了工作作风，提升了工作质量。制定、分解目标要明确具体、量化可衡量、具有挑战、长短结合、确立完成时限。宣贯时间价值观念，每年工作 254 天，每日工作 8 小时，年收入五万元的员工，每天价值 196.85 元，每小时价值 24.61 元，每分钟价值 0.41 元。OEC 管理指导员工要第一抓重点，分清事情的轻重缓急、设定优先顺序，把最重要的事情摆在第一位，这样就能永远把时间用在最有生产力的地方。开发 OEC 日清应用系统，做好主管以上人员日清考核及按月通报工作，推进日清表（3E 卡）的应用和日清会的开展。通过 OEC 管理弥补了目标管理重结果、轻过程的不足，补强了过程管理；达到工作有目标，目标有结果，管理不漏项，事事有人管，提高了职工工作效率。执行过程不能打折，弱化直至杜绝 90% ×90% ×90% ×90% ×90% =59% 现象。满足自己的成就的同时达到了组织预期的目标，实现了个人与组织的共同发展。

（4）改进员工绩效管理，助推管理全面升级。张煤机为落实企业战略目标，分解经营目标，明确业绩要求，传递经营压力，规范企业各级绩效管理，牵引企业经营目标的实现，制定了适应企业发展的绩效管理体系，成立了薪酬考核小组，全面负责绩效管理工作的指导和决策。并依据公司发展战略细分出关键绩效指标体系（KPI），制定相应的绩效考核流程，对部门和员工全方位进行考评，张煤机绩效管理体系设计立足于公司战略目标，建立科学系统的部门与员工两级绩效管理体系。

员工绩效管理科学合理的评价各级员工的绩效，为合理报酬提供依据，通过员工绩效考核，及时发现与改进工作中的不足，改善各级员工工作表现，以达成各级 KPI 指标，提高员工工作成就感。

员工绩效指标体系针对不同层级员工采用不同的考核形式：部门正职季度绩效考核系数依据个人季度考核等级进行设置；部门正职年度绩效考核系数根据其考核成绩及得分排名在公司所有部门正职层面采用强制分布，设置不同的等级；部门其他员工根据其考核成绩及得分排名采用强制分布，设置不同的等级分布。

员工绩效考核结果应用在四个方面：一是绩效考核结果作为绩效收入的依据；二是根据绩效实行岗位调整和有效的激励；三是根据绩效考核结果调整薪酬等级；四是确定员工培训需求、帮助员工改进绩效。

同时，通过对战略发展贡献、影响因素的分析，参照绩效评价结果，准确测量人才业绩贡献，完善、规范激励方案，公司岗位价值评估小组成员使用 APE 岗位价值评估工具对岗位的价值进行了评估确定了岗位与岗位之间的价值，保证了内部公平性。根据岗位价值评估结果，参照外部薪酬水平，设计了薪档表，建立了公平、激励的分配机制。

在薪酬动态调整设计层面，结合绩效管理设计了动态的薪酬调整机制。绩效考核结果作为确定薪酬的直接依据，员工薪酬增长与业绩考核结果直接挂钩。针对公司成熟业务和不成熟业务提成系数的设计采用分段设计的形式，切实体现了为岗位价值付薪、为业绩贡献付薪、为个人能力付薪这一薪酬理念。

(5) 员工的学习和发展。张煤机公司把“以人为本，人尽其才”作为用人理念，以育好、管好、用好领导人员队伍、专业技术人员队伍和技术工人队伍为重点，始终把职工培训和发展工作作为一项系统工程来抓。

公司培训中心面积达 230 平方米，现可容纳学员 200 人。同时建立健全了各项职工培训工作制度，如《中煤张家口煤矿机械有限责任公司职工培训工作意见》《中煤张家口煤矿机械有限责任公司技师、高级技师评聘和考核办法》《职工岗位规范》等。

职业资格技能培训。公司按照国家职业标准，开展各工种、各等级的职业技能培训。并制定相应的激励机制，高级工以上技术工人享受职业技能津贴。在公司内形成了一支以中级工为主体，高级工为骨干，技师、高级技师为带头人的技术工人队伍。

任职资格标准体系、员工发展通道构建。公司不断优化完善员工任职资格标准体系，构建了 26 个主要岗位的任职资格标准，从筹划职业发展通道、设计任职资格标准、提炼必备知识和基本技能、任职资格认证与应用四个方面对公司员工进行划分，对每名员工所处的职业发展层次进行认证，使每一名员工都能清晰地看到自己的晋升通道以及自己该如何走到通道的最上层。

3. 加强党组织自身建设，增强党建工作活力和实效

张煤机公司党委下设分厂党委 1 个，党总支 7 个，党支部 44 个。截至 2011 年 11 月底，公司在册党员 1351 名，党员队伍的结构逐步合理，整体素质逐步提高，是企业生产经营的骨干力量。

(1) 以作风建设为重点，深化“四好”领导班子建设。按照集团公司“四好”领导班子建设要求，公司党委把加强领导人员队伍建设作为一项重要工作，抓班子、带队伍，有效提升了领导人员队伍的整体素质。一是建立健全并严格落实公司《会议制度》《议事规则》等相关制度，坚持重大问题、重要事项集体研究决策，规范各级领导人员用权行为，发挥了各级领导班子的合力。二是坚持民主生活会制度。坚持定期召开公司和基层领导班子两级专题民主生活会，2011 年分层次召开了以“提升质量”为主题的“质量年”活动领导班子专题民主生活会，对公司发展、党组织、领导班子、领导班子成员个人等方面的短板和差距进行再审视、再查找，进一步明确了差距和不足，制定了有针对性的整改措施，并积极推进各项工作的落实，保证了生活会的质量。

（2）坚持正确的用人导向。按照干部年轻化的要求，建立健全领导人员选拔任用和交流轮岗机制。积极推动部室之间、生产单位之间、部室与生产单位之间人员的良性互动，以互动发现、锻炼和培养后备管理人员。重在“赛场选马”，注重在科学发展主战场，在急难险重任务面前，在应对复杂局面、处置疑难问题的关键时刻，识别和选拔干部。一方面在严格程序、认真考察、多方面征求意见的基础上，大胆起用年轻干部，优化各级领导班子的年龄结构和知识结构。另一方面，加大领导人员轮岗力度，2009 年以来对 43 名领导人员岗位进行轮换调整，进一步激发了各级班子的活力。中高层管理人员能更清醒地审视自己，提升思想境界；更严格地要求自己，提升工作境界；更刻苦地磨练自己，提升责任境界。管理人员开阔心胸，拓展视野，增强集团意识，树立团队精神，激发工作热情，提高管理能力，更好地担当企业发展的重任。

四、提升人才聚集效应突显人才聚集效果

人才聚集是为实现成果产出、人才涌现、产值增长等特定目标，企业创造性地进行优化并按照一定的聚集模式构造成为一个有机整体系统，从而更大程度地提升聚集体的整体性能，适应环境的变化，更加有效地实现其目标的过程。人才聚集效应是在企业内外和谐环境作用下，相关人才按照一定的相互联系相对集中在一起所产生的超过各自独立作用的效应。

1. 信息共享支撑精确决策精确管控

企业因其克服了时间和空间障碍，导致搜索信息的成本大大降低，同时，拥有知识的主体出于互惠、声誉、利他和信任的目的也可能推出一些成本极低的信息或者免费信息予以共享，产生信息共享效应。2011 年安排信息化投资 545.4 万元，完成了集团公司综合管理信息系统项目，保证了集团公司范围内信息的高度集成与共享，实现了 ZMJ/ERP 系统与集团 ERP 系统的集成开发。根据生产经营实际，对 ERP 系统进行升级改造，开发和改进了查询系统，保证了信息流和物流的一致。推进信息系统集成工作，完善应用系统，推进工程设计、制造工艺、ERP 系统、制造执行系统的集成、客户关系管理系统、OA 系统的信息系统集成，推进 ZMM/ERP 与 CCERP 的信息集成，推进诸系统与财务系统的信息集成，充分发挥其决策支撑能力，价值创造能力，风险管控能力，统筹协调能力。

2. 协同效应强化同步制造，缩短交货期

企业中存在着知识之间的协同、人才之间的协同、各单位之间的协同、企业自组织进程与复杂产品制造之间的协同等，上述协同过程中协同效应促进了人才涌现与复杂性成果涌现。推动物流信息流同步化，完善信息职责考核管理制度，加强数据精确的检查和督导。对账卡物机中物流信息流不符的问题，确定专人进行日常检查，确保一致性，发挥信息化对企业管理工作的推动、管控作用。逐步解决能力平衡问题、出产衔接问题、满负荷工作问题。信息共享助推同步制造。

公司现有的ERP系统就是一个数据共享的平台，任何有权限的岗位都能得到所需要的数据。传统的生产计划决策模式是一种集中式决策，而改进后的管理环境下的决策模式是分布式的、群体决策过程。每个节点单位的生产计划决策都受到其他单位生产计划决策的影响，需要一种协调机制和冲突解决机制。提升同部署、同落实、同检查、同考核的能力，获得同步化的响应。

加强信息化建设，落实"四精"理念，设计开发了"订单签订及履行节点时序量化考核表（TT表）"模块，明确了从获得订单信息、技术准备、生产制造、产品发运到实现销售收入全过程的时间节点，缩短交货期。公司大大提高了快速响应市场的能力。其中变型产品设计、工艺、工时定额等技术准备周期由4周缩短为1周；计划下达时间由1周缩短为1天；综采产品平均生产周期由3~4个月缩短为2个月。这为提升客户满意度、公司赢得订单打下了坚实的基础。

3. 人才结构效应成为核心竞争力之一

企业的结构主要就是人才之间关联方式的总和，具体分为框架结构、运行结构、时间结构、空间结构。一般来说，结构效应在复杂技术创新中、产品设计、产品制造中往往起重要作用。由于结构方式不同，使得人才之间相互激发与相互制约的方式出现差异，导致对技术创新、产品设计、产品制造所能达到的程度也不尽相同。公司1926年建厂，50年代开始专注于生产刮板输送机，不仅技术工人、管理人员素质高，技能人员也素质过硬。多年来，完善管理、持续改进、提升组织效率，使得公司生产一台刮板输送机平均所用工时达到行业最佳水平，确保企业研制新产品所需的时间以及转变工艺生产新产品所需的时间处于行业领先地位，成为竞争对手短期内无法模仿的核心竞争力之一。

4. 人才规模效应扩大了市场占有率，降低了生产成本

规模是事物发展到一定程度发生质变的临界点。企业中人才聚集规模大小不同而引起的在复杂技术创新、产品设计、产品制造效果和效率方面的差异，称为规模效应。没有规模就没有规模经济，同样，没有一定的人才聚集规模也就没有聚集效应。企业整体功能的发挥与人才聚集规模的大小有关，没有必要的规模支撑，可能无法产生人才涌现与超重型刮板输送机产出的整体特性。

公司有在职职工3940人，其中各类专业技术人员805人。专职研究开发人员207人，具有高级以上专业技术职称人员184人，中级专业技术职称人员299人；博士5人，硕士61人。享受政府津贴的专家、省部级技术拔尖人才等16人。订单赢得要素是企业的产品区别于竞争对手产品的评价标准；而订单资格要素仅仅是允许一家企业的产品参与竞争的资格筛选标准。公司一直以来就是刮板机行业的排头兵，重型超重型刮板机市场占有率在60%以上。公司的人才资源支撑了公司核心竞争力，赢得订单的主要基于产品领先、质量上乘、交付可靠、改变产品改变批量的柔性能力。

5. 科技型人才涌现与技术创新的良性互动

复杂性涌现具体包括人才涌现与复杂性成果涌现。企业中的技术创新和管理创新会大大降低企业发展的不确定性或风险，其自反馈作用又会产生人才聚集条件下的创新积累优势，在各种聚集效应的共同作用下，各种各样的“子技术”或“模块技术”以实现复杂性成果的涌现和人才的涌现，进而助推企业可持续发展。人才在企业中的资源共享促进了人才涌现，使得人才涌现速率远大于人才沉淀速率，进而人才群体增长加速。

公司拥有完善的、高水平的科研开发机构，拥有国家级技术中心、国家认可测试实验室和博士后科研工作站。公司为国家火炬计划重点高新技术企业、河北省高新技术企业、河北省创新型试点企业。不断加强技术创新体系建设，加大科技投入，2010 年科技投入比率达到 5.18%；在 2011 年国家认定的 729 家企业技术中心综合评价中，公司技术中心评价结果为 82.2 分，比上一轮评价结果提高 0.5 分，在参评的 729 家国家认定企业技术中心中排第 157 位，居参评的 19 家煤炭企业、煤机制造企业第二位。发挥博士后工作站的作用，工作站先后招收博士后研究人员 3 人，开展了“刮板输送机链传动系统动力学分析及试验研究”、“刮板输送机关键零部件创新及优化设计”和“煤矿刮板输送机传动系统动力学分析”课题研究，共发表学术论文 18 篇，获授权实用新型专利 2 项。

坚持自主研发，以高端产品开拓市场，成功研制了国内最大 SGZ1400/3 × 1600 型智能化超重型工作面刮板输送机，并投放市场。注重薄煤层设备开发，实施了集团公司重点科技项目“薄煤层自动化无人工作面成套设备与技术研究”，顺利出产了薄煤层自动化工作面成套输送设备，正在井下进行工业性试验，完成了薄煤层自动化刨煤机样机的试制，并通过出厂验收。“年产千万吨放顶煤工作面成套输送设备”产业化项目列入 2011 年度国家火炬计划，“薄煤层全自动化刨煤机工作面成套设备研发及应用示范”项目通过河北省科技厅专家评审，已被推荐到国家科技部，正在进行国家“863”备选项目的报评工作。

6. 经济指标成绩喜人

企业逐步走出了一条“人才强企、创新驱动、跨越发展”的路子，集约发展、科学发展的能力显著增强，企业连年进入机械行业 500 强，连年被评为信息化 500 强。营业收入由 2005 年的 10.94 亿元增长到 2011 年的 31.19 亿元；利润总额由 2005 年的 2500 万元增长到 2.637 亿元；全员劳动生产率由 2005 年的 22.81 万元/人年增长到 2011 年的 81.12 万元/人年；人均收入 2005 年的 1.7 万元增长到 2011 年达到 6.5 万元，这条路子实现了员工与企业的共同发展。

（成果创造人：马　利　冀永红　郭英坤　单志刚　罗贤飞）

“大经营”理念在煤炭施工企业中的应用

中煤河北煤炭建设第四工程处

中煤河北煤炭建设第四工程处，是以承建大中型煤矿工程以及金、铜、铁等非煤矿山工程为主业的矿、土、安综合性施工企业，具有矿山施工总承包一级资质，通过了ISO9001国际质量管理体系认证。现有在册职工4000余人，其中专业技术人员400余人，机械设备3000余台（套），其中大型凿井设备1200余台（套），总资产4亿元。可同时施工15个立井筒及平斜巷工程。下设十余个矿建项目部、二个机电安装工程部以及建筑工程部、矿山机械厂、支护器材厂等。

自成立以来，施工范围涉及晋、冀、鲁、皖、湘、鄂、赣、陕、蒙、辽、京等十余个省市自治区。独立建成28座大中型煤矿，参与过80余座矿井建设，数次在立井、暗立井、岩平巷、井壁砌筑施工中创造全国纪录，有30多项工程被评定为全国煤炭行业优质工程，连年获评重质量守信用单位、河北省先进集体、全国煤炭行业优秀施工企业等荣誉称号。

一、“大经营”理念在煤炭施工企业中的实施背景

1. 外部因素

（1）市场及经济环境。煤炭施工企业是在五六十年代伴随着煤炭工业的大发展而诞生，并在计划经济体制下统一命名编号而成长起来的，虽然大部分企业已调整重组，但在市场经济大潮的推动下，煤炭施工企业面临着许多问题和困难：招投标未能做到真正的公开、公正、公平；竞相压价，微利甚至亏损；资源配置不合理，进行集约化生产困难；工程款不能及时到位，坏账数额大。

（2）竞争对手。煤炭施工企业业务比较单一，施工技术科技含量不高，竞争对手较多。基建投资总量还不能满足施工企业的任务需求，但受市场范围局限，都通过提升管理水平，依靠科技创新，降低成本，提高质量，来实现生存和发展，竞争日益激烈。

2. 内部因素

（1）组织制度。机制不够灵活，制度不够完善，效率不高，在很大程度上限制了企业的发展。

（2）技术水平。工程项目技术含量低，科技投入少，机械化水平和劳动生产率低下。

（3）生产与安全。地域分布广，人力、物力投入大，组织协调困难。

（4）人力资源。工作和生活环境相对较差，企业很难留住人才，更难招揽人才，人员素质不高。

（5）盈利能力。工程取费低，施工成本难以下降，企业经济效益很难得到提高。

二、"大经营"理念在煤炭施工企业中的应用主导思想

1. 系统结构思想

一个组织执行力的提高，从长期性和根本上来说，取决于这个组织的战略定位，制度与规范的建设能力，领导者的素质修养及能力。从短期性和直接性来说，与工作计划，有效控制，和组织成员间的相互配合与协调能力等要素直接相关，而组织文化与成员素质则直接影响以上三个要素，所以工程处提出了根据组织战略定位，加强组织文化建设，提高组织成员素质，优化工作流程，建立目标和激励机制，全面提高本部门管理水平的初步方案。如图 1 所示。

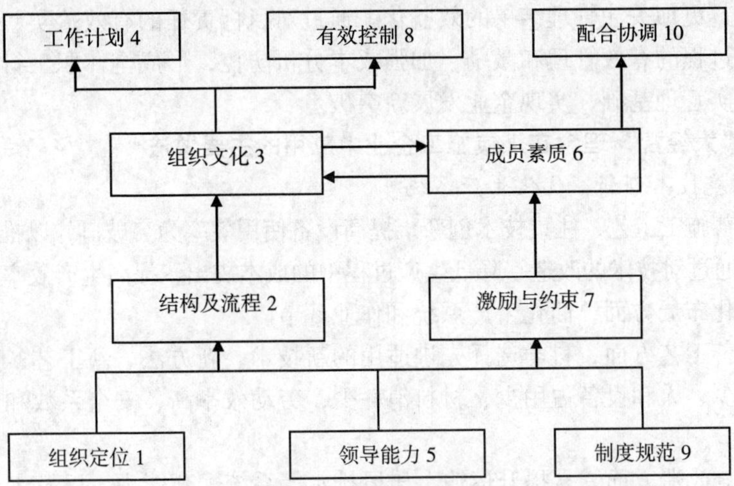

图 1　系统结构模型

2. 系统结构分析

（1）组织管理制度化。任何管理是建立在组织制度和流程之上的，而执行力的保障也来自这样的基础，只有建立起符合管理工作需要的制度和流程，使其充分扎根于管理创新之中，渗透到日常管理之中，才能使职工在动态的细节管理

中不断完善自我，使企业在动态的细节管理中不断得以创新。

（2）过程实施标准化。标准化作业是实施管理与控制的有效方法。将生产经营过程中的各种要素、细节进行最佳组合，把每个工作岗位的责任和权利界定清晰，按照实际要求，制定相应的工作标准，建立标准化、规范化的管理控制体系，形成标准量化、管理严细、责权明确的管理模式，从而实现工作现场的环境标准化和现场作业人员的行为规范化，有效防止管理缺位，堵塞管理漏洞。

（3）表现形式简单化。任何科学有效的管理方法，其表述方式和管理模式都是简单的，充分认识和感悟“大道至简”的道理，尽量把复杂的事情简单化，倡导繁多的事专一地做，复杂的事简单地做，简单的事认真地做，用简单的管理理念指导细节，用简单的管理方法掌控细节，最终获得事半功倍的效果。

（4）实施目标全员化。落实“以人为本”管理思想，让企业内部的每名职工都成为管理的对象、载体和参与者，成为管理的主体和实施者，最大限度地发挥职工的能动性，全方位调动职工的积极性，实现管理的全员化。

3.“大经营”理念的应用

树立“大经营”理念，就是应用系统结构思想，根据企业的总体发展战略，以实现整体持续有效协调发展为目标，以计划与流程控制为主线，转变思想观念，用综合的、全面的、系统的思维方式，从单纯追求成本管理向精益化管理转变，建立安全、生产、技术、经营一体化“大经营”格局。不仅注重管理过程的精细化，更加关注管理结果的效益化。通过对目标责任的有效落实、资源的有效配制，过程的有效管理和激励，加强成本分析防控，形成全体职工行动，挖潜增效，夯实管理基础，实现企业发展新突破。

三、“大经营”理念在煤炭施工企业中应用的主要做法

1. 围绕技术创新，优化生产系统

以完善施工工艺，注重技术创新，提高设备使用效率为突破口，以推广新技术为重点，通过对技术的改造，降低生产过程中的成本支出，提高生产效率和效益。

在优化布局方面，简化生产系统和作业环节。

在完善工艺方面，科学选择先进适用的新技术、新方法、新工艺，努力达到系统环节少、人和设备占用少、材料消耗少，劳动效率高、安全系数和经济效益高的目的。

在系统改造方面，从提升运输、压风排水等系统配套能力，以及工作面循环进度、辅助生产和设备运转环境等方面进行论证和改造，提高各生产环节的匹配性、实用性和可靠性。

在简化工序方面，要对每道工序制定和落实具体标准，对生产过程中影响工序操作标准和质量的人员、设备、环境等因素进行有效的细节控制，进而形成科学、细致、规范、顺畅的生产流程。

2. 围绕生产管理，强化激励考核

建立科学的奖惩机制，强化激励手段，把生产目标和质量、安全、材料消耗有机结合，考核结果与利益分配挂钩。

（1）实行延米工资单价承包办法。与掘进队签订掘砌工程承包办法，采用延米工资单价。在正常生产条件下，采取延米综合工资单价承包形式，规定平均月成井不得低于120米，打钻注浆及揭煤、开口其他工程，工资单位另议。

（2）实行“小班奖”。在延米工作量为主的基础上，结合实际，预测每个班的工作用时，编制作业循环图表。根据作业循环图表，实行小班奖，完善奖励制度。

奖励标准。打眼班：18元/人；出矸班、打灰班：12元/人；修理工、电工、绞车、铲车、司机：10元/人；调度、跟队技术员：15元/人；供应、压风、食堂、锅炉：8元/人；掘进队部20元/人，信号每循环按10元/人；机电队部15元/人；班组长取本班平均数的1.5倍。掘进队、机电队队部按所服务的队部整个循环考核。部室、铲车、后勤服务两个井的人员，一个井完成任务，发60%，两个都完成任务，发100%。

调度负责统计循环时间；测量对岩性和规格、进尺、质量确认。

3. 围绕安全发展，提升防范意识

树立安全就是效益的观念。目前煤矿安全事故多发，既有生产设施设备落后、生产力发展和安全科技水平不高等因素，更有人的不安全行为影响。每一个细节的失控，都可能成为诱发事故发生的主导因素。

（1）建立安全管理体系。根据安全管理体系，要从根本上控制安全事故，必须通过自上而下地实施系统管理，搞好每个生产流程、作业工序、操作过程的有效监管，增强全员安全意识。紫金项目部通过实施“五抓五提高”，从设计、施工、检查等关口，做到正规化操作、标准化作业，为安全生产创造先决条件。

①抓安全教育，提高安全意识。建立安全教育培训机制，采取寓教于乐、喜闻乐见、易于参与的宣教活动，通过自学或集体组织学习等形式，开展以安全生产法律法规知识、基本常识和岗位技能为主要内容的全员培训活动。普及安全生产法律法规知识，增强安全意识和法制观念。让安全文化理念在职工中入耳、入脑、入心，真正使职工具有较高的业务本领、高度的纪律和责任意识。

②抓管理制度，提高责任意识。严格落实安全生产责任制，建立安全隐患排查机制。设置群安员，持证上岗，对企业日常执行规章制度进行检查，发现问题，一票否决。建立安全测评机制。利用多种形式开展民主评议，对干部进行群众测评、民主监督。建立安全投入保障机制。考虑安全投入，考虑安全技术，为搞好安全生产提供制度保障。

③抓技术措施，提高技术手段。对落后的设备和工艺进行坚决淘汰，解决影

响安全生产的一系列难题，落实技防和人防措施；开展对设备的整治，使设备保持良好运行状态；做好设备评估，开展状态检修等工作，为搞好安全生产增强物质保障。

④抓隐患排查，提高监督力度。加大安全监督的力度，增强安全监督的权威性，易出现安全隐患的施工部位，一定要深入现场靠前指挥，认真履行自己的职责。做到处罚和追究同步落实，对发生的事故严格按照“四不放过”的原则，从严、从快公开分析并进行处理，提高制度的执行力。

⑤抓安全整改，提高防范能力。在细节上下工夫，抓施工现场管理，对各个系统的安全设施、消防应急设施及劳动防护用品进行检查，特别是工作面、井口、车房和车群的重点部位和环节，并负责对生产装置运行状况及备用设备进行隐患排查治理。

（2）实施与考核。实行安全风险抵押金制度。

①考核机构：成立安全考核办公室，由安全副经理兼任办公室主任，调度室、经营部、技术部、办公室、掘进队、机电队等部门具体负责考核工作。

②适用范围：各区队队长、副队长、班组长、群安员，部室部长、副部长（主任、副主任）。

③考核内容：杜绝重伤以上伤亡事故；各区队、部室不发生直接经济损失5万元以上的非伤亡事故；项目部不发生重大盗窃、赌博、打架斗殴等治安案件及影响破坏正常生产生活秩序的其他事件；项目部从业人员培训率100%，特种作业人员培训合格率100%，持证率100%；重大隐患排查整改和安全风险预警控制率100%；质量标准化考核达到“优良”标准；施工安全技术措施编制、贯彻、执行率达到100%。

④奖罚标准：月度内，发生工亡事故，事发区队及相关部室成员扣除安全风险抵押金，且季度内不予以安全风险抵押金奖励。月度内，每发生重伤一人，对事发区队成员扣除安全风险抵押金的50%，相关部室成员扣除完全风险抵押金的30%。月度内，每发生轻伤一人，对事发区队成员扣除安全风险抵押金的20%，相关部室成员扣除安全风险抵押金的10%。区队长（部长、主任）每月查处“三违”、发现并汇报安全隐患、提出安全合理化建议共计7项，副职5项、班组长3项。完不成考核内容的扣除当月风险抵押金的20%。发生治安案件及影响正常生产生活秩序事件，对事发区队、部室及管理部室成员扣除当月风险抵押金的20%。对重大隐患排查整改不到位，对相关区队、部室成员扣除当月风险抵押金的50%。质量标准化考核达不到优良标准，对相关区部室成员扣除当月风险抵押金的50%。

4. 围绕经营挖潜，提高经营效益

“挖潜提效”是控制生产成本、减少内耗的一项重要举措，也是提高生产效率和效益的重要途径之一。煤炭施工企业在产业基础、装备技术、工艺工序、生产条件和市场因素大致相同的情况下，竞争就主要靠管理，靠管理挖掘潜力、创造价值、提高效益。

（1）科学规划，建立成本控制体系。规划好挖潜项目的科学做法，建立成本控制体系，把措施变成经常化。根据项目成本表，明确哪些项目是可控费用，哪些项目是不可控费用，可控费用超支的部分做出解释。把目标成本层层分解到各个部门甚至个人，各部门要明确成本任务，对每个环节的时间、运行进行分析，对比成本与收益。对每项费用进行合理预算，测算出各项费用的最高限额。然后横向分解落实到各部门，纵向分解落实到小组与个人，并与奖惩挂钩，使责、权、利统一，做到事前有预算，事中有控制，事后有分析。最终使整个项目形成纵横交错的目标成本管理体系。

（2）多措并举，降低材料消耗。

①严格物资供应。对仓库物资进行整理，必须做到按类别、固定位置堆放。注意留通道，做到整齐、美观；为及时反映库存物资数额，及时开出“仓库收料单”。领用物料，应立即做相应的记载，做到面向生产，收发迅速，数量准确，质量完好，确保安全；所有物资都配上卡片，及时反映物资的增减变化情况，做到账、物、卡三相符；仓库应每月对库存物资进行一次盘点，发现升溢、损缺，应办理物资盘盈、盘亏报告手续；自采物资通过询价、比价制度，认真填写物资采购询价、比价表，并留有记录；对常用的、通用的、货源充足的材料和配件采取供销管理模式，自采超市物资存放量占总储量的比例符合要求；在邢台区域内，物资采购统一归属物资供应部集中管理。

②分析每个循环的材料成本，控制主材料消耗。按照总量控制，资源统筹，突出重点，细化预算的原则，坚持自上而下，上下结合的方针。主动介入生产过程，进一步完善预算指标体系，严格预算过程控制。加强定额核定和动态管理。建立科学的预算管理基础信息资料并及时发现执行中存在的问题，提高预算的准确性、有效性。每日填写主材料消耗及盈亏表，在调度会上分析每个循环的主材料实际用量及盈亏量，形成当日数据“当日统计，当日分析；人人讲成本，全体讲效益”的观念。

（3）奖惩激励，抓正规循环作业。抓正规循环作业是立井快速施工的基础和保证。在整个循环中，打眼班是每个循环的关键环节，为了压缩循环时间，节省材料，完成生产任务，针对各掘进队的实际，制定和实施打眼班考核办法。

（4）挖潜增效，探索节能的有效途径。积极推进节约型项目部建设，面对新形势，分析新问题，树立勤俭节约意识。紫金项目部注重细节管理，开源节流、挖潜降耗，提高生产力能动性同时，广泛修旧利废，挖掘成本潜能，加强过程控制，有效配置资源，创造了良好的经济效益。

5. 围绕企业文化，提高保障能力

注重企业文化的引领，通过激发人的创争热情，开发人的潜能，极大地调动人的积极性和创造性，使企业的管理更加科学化，更有凝聚力。全面实施“1341”工程，即：围绕“一个中心”（经营效益中心），突出“三个重点”（精神文化，物质文化和行为文化），抓好“四个提升”（提升思想认识，提升发展质量，提升凝聚力和提升企业形象），实现“一个目标”（建立核心竞争力目标），创造凝心聚力、规范高效的发展环境。

（1）树立效益至上的宗旨。针对当前施工项目面临的新情况、新问题，紧密结合生产经营实际，将企业文化渗透到生产经营活动之中，提高文化建设的实效性和针对性。一是建立健全工作制度，通过制度的硬性约束规范行为。二是建立健全工作标准。把经济效益的增长、领导班子整体功能的发挥、精神文明建设、职工队伍的稳定，作为检验工作成效的标准。三是建立健全工作程序。做到责任、任务、检查明确，在实际运作中具可操作性，更加科学合理。四是通过采用新设备、新材料、新技术、新工艺等措施，减少用工，提高效率，增加工资。在全体职工中植入“益”的理念，积极把全体职工的思想和行动统一到实现生产经营目标上，全体员工积极参与，投入生产经营工作。

（2）坚持以人为本的原则。坚持以人为中心，充分反映人的思想文化意识，要通过尊重人，理解人来凝聚人心，把人视为管理的主要对象和最重要的资源。通过全体人员的积极参与，发挥首创精神。

①注重发挥领导干部的表率作用。领导干部应带头践行以人为本的文化。积极改进工作作风，用自己的言行影响和带动身边的职工。实施人文关怀，真心实意为职工办实事、解难题。最大限度满足职工的物质和精神方面的合理要求。

②增强服务意识。重视职工的权益，企业内部要保持相对畅通的信息度，充分发挥内部工会和外部社会监督的作用。重大决策、利润分配方案必须让职工共同参与，让职工认同企业的价值观，进而对企业核心价值观的无限忠诚。

③营造良好氛围。制定了《文明公约》和《文明守则》，倡导全体干部职工文明施工，不但在生产上做标兵，还要在生活中做榜样，形成了人心思进、争创一流的良好工作局面，使企业职工之间形成强大的凝聚力和向心力。

④建立长效机制。把职工工作环境好不好，职工心情舒畅不舒畅，职工价值得没得到实现，积极性、创造性得没得到发挥，作为企业文化建设的衡量标准。

（3）强化队伍建设。统筹抓好领导班子思想政治建设、组织建设、作风建设、能力建设。紧紧围绕增强核心竞争力，主动上位进档，创先引领，内强素质，外塑形象，为扩大市场打好基础。

①思想引领，加强学习。注重互通、互动，利用班前班后会、调度会等形式，结合“创先争优”活动，提高干部职工理论驾驭实践的能力和水平。

②树立标杆，强化激励。采取带徒、考核、奖励等形式，树立学习标杆、标兵，使职工学有目标、赶有方向。利用青年突击队、党员先锋岗、红旗车间等形式，“亮身份、树形象、促发展”，发挥了典型示范教育作用，取得了项目上水平、群众得实惠的良好效果。

③主动关怀，凝心聚力。成立家属委员会，定期不定期走访慰问困难职工群众，并想方设法为职工送温暖、解难题、办实事，使职工队伍更具凝聚力和战斗力，形成了人心思进，争创一流的良好工作局面。

四、“大经营”理念在煤炭施工企业中应用的效果

1. 提升了竞争能力

紫金项目部安全快速施工，甲方给予了高度的评价，把第三方正在施工的风井井筒掘砌工程交由该处施工，实现了三井同建。节前甲方又把二三期工程全部交由该处施工，这是进入市场经济 20 多年来，真正意义上的矿土安综合施工工程，总造价数亿元，创出该处近年来之最。

2. 提高了队伍素质

通过培养全体干部职工树立不断创新的开拓精神，充分调动了职工的主动性、积极性和创造性，提升了全体干部职工的职业素质与涵养。

3. 夯实了管理基础

把笼统管理提高为指标数字管理，把外延式增长提升为内涵式挖潜，创新了运行机制，夯实了管理基础，保持了稳步发展的良好态势。

4. 取得了直接经济效益

（1）工作量超额完成。紫金项目部 2011 年全年实现工作量 6466.7 万元，下达计划 4206 万元，超额完成 153.7%；

（2）成本显著下降。紫金项目部 2011 年成本节约 715.05 万元，2010 年成本节约 391.04 万元。

（3）工效大幅提高（万元/工）。

紫金项目部 2010 年出勤工数：91587 个，完成工作量 6774.9 万元。工作量/工 = 6774.9 万元/91587 = 0.074 万元。

紫金项目部 2011 年出勤工数：69795 个，完成工作量 6466.7 万元。工作量/工 = 6466.7 万元/69795 = 0.0927 万元。

年增长率：（0.0927 − 0.074）/0.0927 × 100% = 20.17%

（4）职工收入稳中有升。年日均工资增长额：121.01 元 − 111.42 元 = 9.58 元；年增长率：（121.01 − 111.42）/121.01 × 100% = 7.9%。

（成果创造人：李连山　杨占宾　夏敬忠）

煤炭地质企业运行模式总体方案构建实践

中国煤炭地质总局

中国煤炭地质总局成立于1953年，隶属于国务院国有资产监督管理委员会。下辖14个二级企业和19个事业单位，分布在北京、江苏、浙江、湖北、广东、广西、青海、河北、陕西等省市。承担煤炭、化工资源规划和地质技术标准制定等行业管理职能，肩负着为国家煤炭和化工工业发展提供资源保障的重任，形成了以“地质勘查、研究及矿业开发，相关工程施工、服务与专用设备制造”共同发展的主营业务。截至2011年末，资产总额125.45亿元，净资产42.06亿元；所属地质单位共有职工44835人，其中在职职工20885人，离退休人员23950人；实现营业收入135.17亿元，同比增长42.5%，利润总额8.22亿元，同比增长42.9%。

一、煤炭地质企业运行模式总体方案实施背景

“十一五”前四年，总局资产总额年均增长21.5%，经营业务收入年均增长41.9%，利润总额年均增长65.0%，经济实现了跨越式发展。2009年，进入国资委管理的中央企业分规模排序的第三类，并在该类47家央企收入、利润增长幅度排名中位列第7名；初步具备实施“做强做大”的战略基础。以上成绩的取得，是总局在积极探索和实施企业化经营之路，积极探索适应市场经济的管理体制和经营机制方面所进行的卓有成效的改革。

但是，总局在企业化改革过程中也遇到了一些急需解决的问题，事企混合运行的管理体制和机制、企业管控方式、产业雷同以及提升产业竞争力等问题都需要研究解决；地质勘查单位在特定历史条件下形成的积累少、底子薄、资金短缺等问题还未根本改变；当时，在金融危机影响的大背景下，总局面临更加激烈的国际国内市场竞争。

在上述背景下，总局确立了“做强做大”的战略方针，形成以“三转三保”

和“对标一流央企，实现二次创业”为主要内容的工作思路。根据总局学习实践科学发展观整改方案，通过本管理创新课题的实施，为推动煤炭地勘企业全面企业运行，为总局积极寻找转变经济发展方式，实现科学式发展，提供清晰的发展思路，奠定坚实的管理基础。

二、煤炭地质企业运行模式总体方案的内涵和主要做法

煤炭地质企业运行模式总体方案的内涵是：紧紧围绕“企业运行”展开，目标是找到适合总局企业发展的道路，并为转型升级、集团化管理设计一整套行动纲领和工作计划，切实保障企业运行目标的最终达成和落实。

工作中重点关注了“企业运行的现状、指导思想与目标、管理体系、专业化发展组织体系、保障总体要求、实施计划”等七个核心内容。体现从前提条件到模式选择，从实施路径到保障措施的整体逻辑。

企业运行模式是总局改革创新、增强活力、提升竞争实力的管理理念和管理方式的创新，是总局改革与发展的原生动力，是准确而动态把握总局未来发展的科学定位。

煤炭地质企业运行模式总体方案的主要做法：

1. 企业运行的现状

（1）总体规模。近年来总局经济实现了持续快速增长，但经济规模和利润水平较一流央企还有相当的差距。2009 年，在国资委管理的 133 家中央企业中，总局经营收入位列 90 多位；2009 年，央企平均利润率为 6.3%，而总局利润率为 4.6%。

（2）业务状况。在业务发展方面，总局已经在煤炭地勘行业取得了较好的市场份额，树立了行业地位，但由于地勘行业市场总量有限，严重地限制了总局总体规模的进一步扩大；在业务布局方面，总局已经基本形成了自身的业务板块，但是层次仍不够清晰，缺乏强劲增长潜力的明星业务。总局所属二级单位已经形成了具有各自特点的业务体系，但是各二级单位之间业务重叠同质化严重，虽然有助于以多个业务主体参与市场竞争，但是行业资源分散，难以发挥集团式经营的合力。

（3）内部管理。经过企业化改革，总局明确了对下属单位的产权关系，但统筹管理职能没有有效实施，难以发挥整体规模效应和战略协同。按照地区或历史形成的二级单位组建的二级子公司，没有突出专业优势，业务资源分散。在企业内部管理方面，总局虽然已经取得了显著的成效，企业运行状态良好，但距离最佳企业标准还有一定的距离。

2. 企业运行指导思想与目标

（1）指导思想。以科学发展为主题，以一流央企为标杆，以二次创业为动力。转变主业发展方式保强局，着力提升核心竞争力；转变企业运行方式保富

局，着力创新企业管理体系；转变市场创收方式保惠民，着力提高职工生活水平。保持经济持续、快速发展，加速构建和谐地质单位。

（2）发展目标。

①业务目标：在中长期时间内，力争资产总额和经营总收入达到千亿元以上，成为具有国际影响力的综合性产业集团。在国资委管理的中央企业内部，成为具有行业特色的一流中央企业；成为实施国家“走出去”战略、承担国际矿产资源开发的领军队伍。

②管理目标：构建符合自身行业地位、符合市场竞争需要、治理结构完善、组织体系合理、权责划分清晰、激励到位、以资产关系为纽带的集团化企业组织体系。

3. 企业运行管理体系

（1）企业管理体制。

①总局企业管理总体架构。总局进一步加速推进管理体制变革，完善总局—二级公司—三级公司的三级企业管理架构。总局企业管理总体架构如图1所示：

图1　总局企业管理总体架构图

②总局各层级间管理关系。总局作为出资人，享有对二级公司的管理权和收益权。二级公司组建后，通过试点，逐步建立和完善规范高效、有效制衡的法人治理结构，设置相应的董事会、监事会及专业委员会。对于新设公司，设立伊始，就要构建公司法人治理结构。总局通过向二级公司外派董事、监事，行使作为出资人的管理权限。

总局：履行出资人职责，指导监督公司运作，是公司的权力机构。

监事会：以财务监督为核心，对公司的财务活动及其高级管理人员经营管理行为进行监督，确保国有资产及权益不受侵犯，是公司的监督机构。

董事会：维护出资人权益，行使总局授予的权利，负责公司经营活动的指导与管理，是公司的决策机构。

经营团队：负责公司日常经营管理，是公司运行的执行机构。

③各层级职能定位及职能设置。

◆各层级职能定位。

总局：负责制定总局整体的发展规划，对下属企业进行投资、管控，优化资源配置，以保证各企业按照总局规划进行发展，最终实现总局价值最大化。

二级公司：按照总局确定的自身业务的发展规划，开展生产经营，控制成本、提高经营收入，达成总局制定的利润目标和其他各项指标。

三级公司：完成上级公司下达的各项生产经营指令。

◆各层级职能设置。

总局总部职能设置。根据总局定位，总局总部应承担七大类职能：战略与投资、资本运营、财务监管、风险控制、技术研发、市场开发、统筹协调。总局总部根据上述职能，设立相应的业务管理部门，制定相关的规章制度，配置相应的管理人员。

二级公司职能设置。根据二级公司“生产经营中心”的定位，二级公司设置三类职能：生产经营类、职能管理类、行政支持类。

三级公司职能设置。三级公司根据自身的生产经营职责，设置相应的部门。

2. 企业管理机制

总局企业管理机制核心要从以下八个方面进行构建。这八项管理机制的关系见图 2。

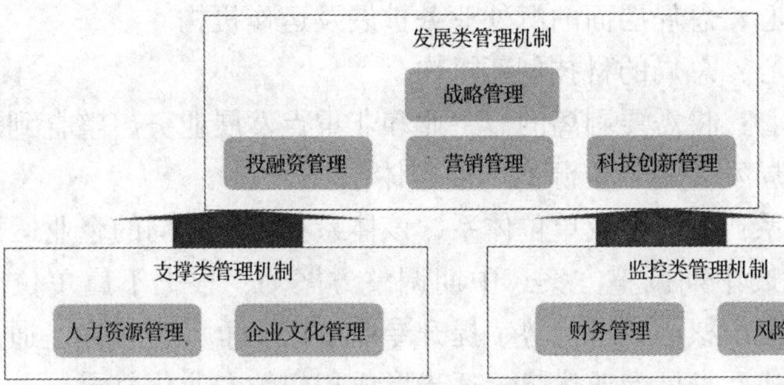

图 2　总局企业运行八项核心管理机制

3. 总局管控体系

（1）总局关键职能的管控。总局对下属企业的管控需遵循“集权有道、分权有序、授权有章、用权有度”的原则。

集权有道：关键权力集中在总局和主要领导人手中，对总局经营活动进行总体控制，并统筹安排公司核心资源。

分权有序：在集中关键权力的同时，要有程序、有步骤地配置职能部门、下属公司决策层和执行层的权力。

授权有章：对于授权给什么人、这个人具体拥有什么权力、操作范围有多大、流程是什么样的，都应该有章可循。

用权有度：对于权利的使用要有制衡机制加以约束，既要防止权力过度集中，又要杜绝放权后权利的滥用和失控。

依照上述原则，总局对二级公司在战略、投资、财务、人力资源四项关键管控职能（涵盖了人、财、发展三个方面）方面的具体管控方式。

（2）总局管控保障体系。总局对二级企业的管控需要完善或建立法人治理结构管控（关键人员管控）配套保障体系：通过向各下属企业委派产权代表，在授权范围内按照总局的意愿行使资本表决权；按照法定程序和公司章程向各下属企业外派董事长、董事、监事、监事会召集人，按照章程行使决策管理权或经营监督权；依法通过下属单位董事会向下属单位委派/外派经理层和财务负责人，在总局和任职单位的董事会共同领导下开展工作，并对任职单位的资产保值增值负责。

4. 专业化发展组织体系

（1）专业化发展目标组织体系。总局专业化发展的目标是总局成立中国矿产资源开发集团（暂定名），重点发展地质勘探和矿业开发的核心业务板块，形成“4 +1 +1 +1”的“七星”管理体系，即形成四大专业产业板块，一个海外业务中心、一个科研创新中心，一个资产管理中心。事业单位体系从总局的企业运作体系中分离。

①四大产业板块：地质勘探、矿业开发、工程施工、专用设备制造。

②海外业务中心：总局层面的海外业务扩展及运作机构。

③科研创新中心：总局的科技创新机构。

④资产管理中心：将需要剥离的非主业和非重点发展业务，整合到资产管理中心，形成支持总局发展的“资源池”业务体系。

⑤事业单位体系：保留事业单位体系，该体系独立于总局的企业运作体系。

（2）专业化发展中期调整方案。中期调整方案为：根据下属单位的实际情况和业务特点，以突出核心技术优势、提升专业市场竞争力为目标，通过重点引导、资源倾斜的方式，发展专业优势，逐步形成相应的专业化公司。

①成立中国矿产资源开发集团（暂定名）。

②地质勘探板块。以现有企业为基础，突出发展核心技术，陆续设立：特种地质勘探、矿山地质服务、灾害地质治理、地理信息服务等公司。

③矿业开发板块。设立矿业开发集团公司：实施煤炭、化工及其他矿产开发。

④工程施工板块。设立建筑工程集团公司：以地基基础、房屋建筑、市政工

程、路桥施工等为核心业务，成立相应专业工程公司。

⑤专用设备制造板块。装备制造公司：以地勘、矿业开发专用设备制造为核心业务，分别依托现有装备制造资源，组建1－2家机械制造公司。

⑥国际业务。设立国际矿业集团公司：整合体系内国际业务资源，以地质勘查及矿业开发为核心，成立国际矿业集团公司，统筹开拓国际勘探、开发市场，开发矿产资源。

（3）专业化发展组织体系演变路径和方法。总局业务管理组织体系通过“先成立专业公司，再整合为产业集团”实施完成。具体分三阶段逐步实施：

第一阶段：在总局体系内，选择成熟的下属单位，构建专业公司，开展试点工作。主要方法为：以试点企业的优势业务为基础，逐步整合总局内相关资产。可以先在相邻区域内整合，再进行跨区域整合。

第二阶段：专业公司试点以后，逐步推广，进行大范围的专业公司的整合和组建工作。在此阶段，采取两种方式。

方式一：对于发展较成熟的业务，以总局内该业务领先的二级公司为基础，整合总局内相关资产；采取先区域内整合，再跨区域整合的逐步推进方式；对于这类专业公司，采用全资或控股的紧密型的管理架构。

方式二：对于尚处于探索阶段的业务或新兴业务，总局新建专业公司，以新公司为基础，逐步整合总局内的相关资产，同时通过吸引战略投资者、合资、合作等方式，整合外部相关资源，迅速扩大规模、获得相关经营管理经验。对于这类专业公司，初期部分考虑采用不掌握控制权的松散型的管理架构。实力壮大后，逐步扩大控制权。

第三阶段：专业公司发展成熟之后，按照专业板块组建专业集团。做实相应的产业集团，使之成为独立法人运作实体。产业集团成熟后，最终形成总局矿产资源开发集团下辖数个专业集团的企业运行组织体系。

（4）专业化发展模式。在产业公司或产业集团的整合和发展过程中，总局需广泛采用外延式发展的模式，即：大力引进战略投资者，实现股权多元化；并推动条件成熟的产业公司或产业集团上市。通过这种模式，解决总局产业发展资金不足的问题，同时推动总局和二级公司经营管理水平的快速提升。

5. 企业运行保障总体要求

（1）聚焦主业总体要求。

①战略规划突出主业：明确战略规划的指引作用，通过产业板块选择，业务选择、优化与配置等，构建围绕主业进行相关延伸发展的产业布局。

②投资管理保障主业：加强总局投资项目的主业导向，以前期选项、审批权限等控制手段，投中监控和投后评估等方法，保证投资项目向主业聚焦。

③财务资源引导主业：以资金等财务资源的倾斜配置，保障主业发展资金充裕。

④人力资源支持主业：优先优化主业板块的人才结构，给予人力成本的足够空间。

（2）提升执行力总体要求。

①思想教育提高执行力：强化员工责任心教育，培养脚踏实地、严谨务实的作风，从主观上提升执行力。

②有效沟通促进执行力：建立沟通机制，提高执行者对决策的认知程度。

③过程监控强化执行力：建立执行人的定期汇报机制，汇报决策执行进度和实施效果；建立执行过程的监督检查机制，及时发现执行风险及时纠正。

④奖惩机制保障执行力：对决策机构做出的决议、方案完成情况极好的，对监督管理负责人、执行者给予物质和精神奖励；完成情况极差的，对监督管理负责人、执行者给予物质处罚。

（3）维稳管理总体要求。

①专业整合要维稳：专业化整合过程中，制定配套办法，保障单位的经济利益，保证人员安置和员工福利水平不因企业改革而受损。

②强化管控要维稳：管控体系优化过程中，划分权责，既要加强总局统一规划和统筹管理的职能，又要保障下属单位适度自主权和积极性。

③机制改革要维稳：人力资源管理机制改革过程中，在科学构建薪酬体系的同时，考虑员工历史贡献、员工接受程度和档案级别，保障员工合理利益。

④明确各级负责人职责：各级单位负责人是本单位维稳工作的最终责任人，将维稳相关工作纳入年度考核指标。

⑤建立内部申诉和协调机制：建立各级单位的申诉渠道及调解机构。

（4）资金支持总体要求。

①设立实施专项资金：在总局层面设置实施专项基金，全面保障方案推行过程中的资金支持。

②配套倾斜重点领域：根据实施方案的推行进度，有针对性、有目的性地重点扶持关键环节、关键领域的方案实施工作，支持重点突破、克服难点障碍，保证方案的顺利实施。

三、煤炭地质企业运行模式总体方案的实施效果

“企业运行模式”管理创新实施两年来，总局按照《总局企业运行模式总体方案》的要求，紧紧围绕“做强做优做大、培育具有国际竞争力的一流特色央企”的战略目标，全面实施企业运行模式，总局各项工作都取得新的进展，“企业运行”管理模式取得丰硕成果。

1. 经济实现了持续快速发展

2010 年，实现营业收入 94.8 亿元，经营收入 85.5 亿元，同比分别增长 26.1%、29.3%；利润总额达 5.56 亿元，同比增长了 88.3%；全局实现利润总额超过地勘事业费拨款 1.15 亿元，首次实现了真正企业盈利。

2011 年，总局实现营业收入 135.17 亿元，同比增长 42.5%，营业收入首次突破了百亿元大关。经营收入 119.64 亿元，同比增长 39.60%，利润总额 8.22 亿元，同比增长 42.9%。

2. 产业结构调整取得新进展

两年来，总局围绕提升核心主业发展质量，积极调整主业结构，着力推进主业转型升级，有力提升了主业发展能力，促进了经济发展方式转变。2011 年第一主营业务收入（地矿业和工程施工业）占总收入的 63.7%，其利润达到 81.8%，产业集中度进一步得到提升。2010 年成功收购了广东瑞丰建设集团有限公司后，发挥建筑业高资质优势，与总局内部 8 家企业、外部 7 家企业建立了合作机制，为建筑业整合重组创造了条件；总局物探研究院牵手系统内 4 家物探单位共同签署了《地球物理勘探业务合作框架协议》，产业协同优势效果明显。

3. 企业管理工作进一步提升

两年来，针对经营管理中的突出问题和薄弱环节，加强和完善各项基础管理，确保了经济活动的健康运行。围绕推进股权多元化，实施资本运营，对信息产业、金石彭源、生物科技进行了股份制改革，航测遥感局信息产业公司上市工作进入全面启动阶段；积极开展董事会试点工作，中煤地总公司在认真研究的基础上，率先完成了董事会组建；对部分资产规模小、经营收入小、利润总额小的企业进行了优化重组；加强国有资产管理工作，规范国有资产流转，确保了国有资产的保值增值；积极推进经济增加值考核，考核制度不断健全与完善，并通过宣传和培训，使价值创造理念在三级经营班子中得到强化。加强全员业绩考核工作，实现了全员业绩考核工作的全面推进，

4. 改善民生及履行社会责任取得新成效

两年来，高度关注和改善民生，2010 年职工年人均工资收入为 40166 元，同比提高 19.1%，通过市场创收补贴离退休人员生活费达到 10655 万元，同比提高 22.9%；2011 年职工年人均工资收入为 47326 元，同比增长 17.8%；向国家争取到 2010 年、2011 年退休人员规范津补贴预算资金 6.65 亿元，退（离）休人员同城待遇问题逐步得到解决，实现了改革发展成果的共享，维护了单位的和谐稳定。发挥专业优势，积极履行社会责任，勘查总院参与了河南千秋煤矿抢险救灾；总局总部及各二级企业积极开展对口扶贫，在支援新农村建设方面做出了积极贡献，服务经济社会发展。

（成果创造人：徐水师　侯慎建　何　伟　于运强　罗　伟　崔小苏　王　磊　刘佳宁　刘　景）

战略性绩效评价在煤炭企业集团中的创新应用

开滦（集团）有限责任公司

开滦（集团）有限责任公司前身为开滦矿务局，始建于1878年，享有“中国煤炭工业源头”和“北方民族工业的摇篮”等盛誉。新中国成立以后，开滦矿务局曾先后隶属国家燃料工业部、煤炭工业部管理，1997年以后隶属河北省政府管理。1999年，原开滦矿务局改制为开滦（集团）有限责任公司。2002年至2004年，开滦集团先后实施了企业内部专业化重组，完成了张家口蔚州矿业公司并入和精煤股份公司成功上市，初步形成了煤炭生产、多种经营、经济贸易、后勤服务4个专业化公司和精煤股份公司、蔚州矿业公司2个控股子公司的管理格局。在此基础上，积极推进产权制度改革，2007年成立了开滦集团债转股新公司，开滦由国有独资公司转变为由河北省国资委控股的多元产权新公司。2006年、2008年先后成立了内蒙古开滦投资公司和新疆开滦能源投资公司，2009年托管兴隆矿务局，2010年托管河北国和汽车投资有限公司，2011年成立了开滦集团财务有限责任公司。

开滦集团已形成五大区域、七大战略基地的生产布局，分布在河北唐山、河北张家口蔚州、内蒙古鄂尔多斯、新疆伊犁和准东、山西介休地区和海外加拿大盖森地区。目前，已发展成为一个集煤炭生产、洗选加工、煤化工、现代物流、装备制造、建筑施工、文化旅游和房地产开发等多产业并举的大型企业集团。2011年期末总资产为577亿元，在册员工75207人，在中国企业500强排名第91位。

一、开滦集团实施战略性绩效评价体系的背景

1. 开滦集团战略绩效评价系统研究与实施的必要性和迫切性

在经济全球化、贸易自由化以及信息网络化的知识经济时代和后工业社会，顾客需求瞬息万变，技术创新不断加速，产品生命周期不断缩短，市场竞争日趋

剧烈，企业管理面临越来越多的挑战与冲击。成功管理业绩，成为企业持续成长、永续经营的重要条件。而其条件是建立一套符合企业成长的、能促使企业业绩提升的绩效评价体系。同时，市场与环境的急剧变化，还要求企业绩效评价体系的建立要有全新的视野，不断更新变革传统的业绩考核体系。

2. 开滦集团现行绩效评价系统存在的问题

当前开滦集团进入全面落实集团公司发展战略规划的重要时期，由于距离“十一五”末，只有一年半的时间，时间紧迫，落实调整后的发展战略目标，任务繁重。同时，当前开滦集团公司的经营绩效评价管理办法存在需要完善的地方，并与集团战略规划相脱节，直接影响发展战略规划的落实。

(1) 战略不能清晰沟通，缺乏重点和共识。一般地，除了高层管理人员，企业大多数中层经理和员工对企业的战略都只有一些了解，不能真正理解该战略对于企业的重要性。由于企业无法使员工都能理解并参照执行企业战略，难以使战略目标成为其工作的最高指导原则。

(2) 部门及个人目标缺乏与战略的清晰链接。缺乏对战略的分解评价，缺乏如何将实现战略目标与实现企业经营指标相联系的明确而详实的计划。

(3) 短期决策与战略相关性差。中高层管理者只把企业的财务指标当作他们奋斗的目标，较少考虑企业战略，结果导致资源配置与战略重点脱节，造成企业年度预算及业务目标与战略相关性较差。

二、开滦集团实施战略性绩效评价体系的内涵及主要做法

1. 开滦集团战略绩效评价体系的内涵

战略性绩效评价系统紧紧围绕企业的战略目标，将企业的长期战略与短期行动联系起来，通过把企业的战略、任务和决策转化为企业各层次具体、全面、可操作的目标和指标，成为集评价与激励、传播与沟通、团结与学习的多功能的战略管理系统。战略性绩效评价系统是企业管理者用来保持或者修正企业活动形式的所有正式的以信息为基础的方法和程序的总称。通过比较实际结果和战略目标之间的差距来帮助管理者时时注意追踪企业战略的实施，成功的管理者借助这一系统，能够认识到或者创造出机会使企业在竞争中领先。

2. 开滦集团实施战略性绩效评价的特点和基本思想

(1) 基于战略的绩效评价系统的特点。基于战略的绩效评价实际上就是结合企业战略来动态地衡量战略目标的完成程度并提供及时反馈信息的过程，由此可见，战略和战略目标在绩效评价中起到了关键作用，这也构成了基于战略的绩效评价系统与传统绩效评价系统的不同之处：

①战略相关性。战略绩效评价始终围绕企业战略这个核心，通过绩效评价密切监督和控制子公司（或战略经营单位）战略的实施过程。

②前瞻性。从某种意义上说，传统绩效评价是对过去事项执行结果的总结反

映，如利润指标仅能说明在过去会计期间的盈利能力，但却很难说明将来的盈利状况如何。

③协调性。战略绩效评价作为集团内部上下之间沟通的纽带，可促进彼此间的信息交流、团结与协作，以保证集团总体战略的实施效果。

④外部性。战略绩效评价把视角更多地投向了企业生存的外部环境，密切注视外部政治、经济、法律等因素的变化及行业内其他竞争对手的情况，重点考察企业相对竞争地位的变化。

⑤动态性。战略绩效评价的指标不是僵化不变的，它产生于集团战略，随战略改变而改变，同时亦因时因地而宜，从而时刻保证其战略相关性。

（2）战略的绩效评价系统的基本思想。系统是指由两个以上相互联系、相互作用、又相互区别的要素组成的具有特定功能的集合体，这个集合体又是一个更大集合体的组成部分。结合系统的特点，战略绩效评价系统的特点如下：

①系统的目的性。任何系统都具有一定的功能、目的，系统的各个部分都是为了完成某一任务或达到某个目的而组合在一起的。

②系统的集合性。系统至少由两个以上的要素组成，它是一个有机的整体。

③系统的相关性。系统内各要素或子系统是相互作用和相互联系的，它们之间某一要素发生变化，意味着其他要素也将相应地改变和调整。

④系统的层次性。每一个复杂的系统都是由若干个子系统组成的，子系统又包括若干更小的系统。

⑤系统的环境适应性。系统总是在一定的环境中存在和发展的，它与环境之间进行着物质、能量和信息的交流，理想的系统必须能够适应外部环境的变化，这是系统保持稳定的外在动态表现。

3. 战略性绩效评价指标体系的构成

（1）开滦集团对相关部门负责人的绩效评价指标。

①开滦集团对所属二级公司负责人的绩效评价指标。《开滦集团公司所属二级公司负责人2010年绩效评价管理试行办法》中指出，年度负责人绩效评价指标体系包括预算指标、安全指标及否决指标。

②开滦集团对直属机构单位负责人的绩效评价指标。《开滦集团公司直属机构单位负责人2010年绩效评价管理试行办法》中指出，根据各直属机构单位经营性质和管理特点不同，设置不同的绩效评价指标。

③开滦集团对多经事业部负责人的绩效评价指标。《开滦集团公司多经事业部负责人2010年绩效评价管理试行办法》中指出，根据多经事业部经营性质和管理设置了负责人绩效评价指标。

④开滦集团对内蒙古公司、新疆投资公司负责人的绩效评价指标。《开滦集团公司直属机构单位负责人2010年绩效评价管理试行办法》中指出，根据内蒙

古投资公司、新疆投资公司经营性质和管理特点，设置绩效评价指标。

内蒙古公司绩效评价指标包括：利润总额，原煤产量，营业收入，成本费用，重点工作，集团公司布置工作落实情况。

新疆公司绩效评价指标包括：利润总额，原煤产量，营业收入，建设费用，重点工作，集团公司布置工作落实情况。

（2）开滦集团对公司机关职能管理部门的绩效评价指标。《开滦集团公司机关职能管理部门 2010 年绩效评价管理试行办法》中指出，集团公司机关部门绩效评价指标由国控指标体系及预算指标体系两部分构成。

国控指标即省国资委考核集团公司负责人设置的年度经济指标体系，具体包括：利润总额，净资产收益率，EVA（经济增加值），万元增加值综合能耗，成本费用占主营业务收入比重，总资产周转率。

预算指标是指集团公司内部根据管理需要设置的集团公司主要预算监控指标。包括：利润总额，综合成本，集团公司总部机关管理费用，全员效率等四项共性指标及部门职能管理个性指标。部门职能管理个性指标包括管理创新、对企业贡献度、服务满意度、部门履职情况四个指标。

（3）开滦集团对所属二级公司负责人 2010 年建设项目绩效评价指标。《开滦集团公司所属二级公司负责人 2010 年建设项目考核办法》指出各公司考核指标为重点建设项目，每一重点建设项目考核四项指标，即年度工程形象进度、投资控制、单位（分部、分项）工程质量、安全和文明施工。

4. 战略绩效评价系统权重的分配

权重是在考核过程中对被考核对象的不同侧面的重要程度的定量分配，对各考核要素在总体考核中的作用进行区别对待。事实上，没有重点的考核就不算是客观的考核，每个人员的性质和所处的层次不同，其工作的重点也肯定是不能一样的。因此，相对工作所进行的业绩考核，必须对不同内容对目标贡献的重要程度做出估计，即权重的确定。

5. 战略绩效评价指标体系计分方法

（1）开滦集团对所属二级公司负责人的绩效考核计分方法。年度负责人绩效评价综合得分 = 160 分制的绩效评价指标体系得分 + “双四”目标贡献分。其中，“双四”目标贡献分是指“双四”目标按规定计分标准计分时，超过 2 倍封顶分以上的部分得分。发生重大环境污染责任事故的公司，绩效评价结果下降两级，即绩效评价结果为 A 级、A + 级、A + + 级时降为 C 级，绩效评价结果为 B 级、B + 级、B + + 级时降为 D 级，绩效评价结果为 C 级时降为 E 级；发生特别重大环境污染责任事故的公司，绩效评价结果直接降为 E 级。

（2）开滦集团对直属机构单位负责人的绩效考核计分方法。直属机构单位负责人绩效采取赋分的形式进行评价，绩效评价指标合计基本分为 100 分，单项指标实得分按评价指标完成幅度计算求得，并通过对单项指标得分加总计算单位绩效综合得分。

（3）开滦集团对多经事业部负责人的绩效考核计分方法。多项事业部负责人绩效采取赋分的形式进行评价，预算评价指标合计基本分为 100 分，单项指标实得分按评价指标完成幅度计算求得，并通过对单项指标得分加总计算单位预算综合得分。内部投资及重点工程项目、公司管理工作、集团公司布置工作落实情况等指标，由主管评价部分根据本办法制定评价细则，交由集团公司企业管理部统一下发，年终依据评价细则由主管评价部门进行评价赋分。发生重大环境污染责任事故的公司，绩效评价结果下降两级。年度负责人绩效评价综合得分 = 160 分制的绩效评价指标体系得分 + “双四”目标贡献分。

（4）开滦集团对内蒙古投资公司、新疆投资公司负责人绩效考核计分方法。开滦集团对内蒙古投资公司、新疆投资公司负责人绩效采取赋分的形式进行评价，绩效评价指标合计基本分为 100 分，单项指标实得分按评价指标完成幅度计算求得，并通过对单项指标得分加总计算单位绩效综合得分。

（5）开滦集团对公司机关职能管理部门的绩效考核计分方法。开滦集团对公司机关职能管理部门的绩效评价指标包括：国控指标体系及预算指标体系两部分。国控指标得分是计算总部机关薪酬总额和个人年度薪酬额的依据。内控指标评价标准为集团公司下达的预算标准（未纳入预算管理的指标使用集团公司确定的计划值）。内控指标得分是部门进行优劣排序和支付个人月薪的依据。

6. 战略性绩效评价在开滦集团中的实施

（1）开滦集团绩效评价系统的评价程序。

①开滦集团对所属二级公司负责人的绩效考核的评价程序。

A. 开滦集团对所属二级公司负责人绩效评价系统的评价程序。年终，先由集团公司相关领导、有关评价部门，按规定时限向企业管理部提供二级公司负责人绩效评价指标的基准值和实现值，然后由企业管理部负责汇总赋分进行综合评价。

B. 开滦集团对直属机构单位负责人的绩效评价系统的评价程序。集团公司直属机构单位负责人绩效评价实行月度考评、年终总算的方法。有关职能部门每月向企业管理部报送单位绩效评价指标完成情况，由企业管理部负责汇总进行综合评价，计算各单位负责人月度绩效评价综合得分。其综合得分经集团公司主管领导审定后，报人力资源部作为单位负责人月度预支年薪的依据。

C. 开滦集团对多经事业部负责人绩效考核的评价程序。多经事业部月度当期及累计利润指标的完成情况，由集团公司财务部负责，于次月 10 日以前向企业管理部报送。人力资源部依据累计利润指标完成情况为多经事业部负责人预支月份薪酬。

D. 开滦集团对内蒙古投资公司、新疆投资公司负责人绩效考核的评价程序。年终，由考核、提供指标的集团公司领导及部门按集团公司通知时间向企业管理部报送（或由企业管理部取回）内蒙古投资公司、新疆投资公司年度指标的完成情况或赋分情况。企业管理部根据财务决算及部门评价结果，计算各单位年度绩效综合得分（包括绩效系统得分和“双四”目标贡献分），经集团公司主管领导审定后，报人力资源部。人力资源部依据蒙古投资公司、新疆投资公司绩效评价综合得分为直属机构单位负责人计提年薪和“双四”目标贡献奖。

②开滦集团对公司机关职能管理部门绩效考核的评价程序。年终根据财务决算数和部门个性指标得分，计算出每个部门预算评价指标体系的综合得分，并由企业管理部负责按得分多少进行排序分档。排序分档结果经集团公司主管领导审定后，报人力资源部。人力资源部依据机关职能管理部门排序分档情况、国控指标得分等情况，为总部机关职能部门管技人员计提年薪。

（2）开滦集团绩效评价系统的监控。开滦集团主管领导、企业管理部、财务部、资本运营部、战略发展部等部门依据二级公司、直属机构单位、多经事业部、内蒙古投资公司、新疆投资公司月度快报、季度经济运行分析、工作调度和企业重要情况报告等，对年度经营业绩责任书的执行情况进行动态跟踪检查与监控，对经营业绩执行情况明显滞后的相关负责人，提出预警并进行督导。

建立较大安全生产事故、环境污染事故，重大经济损失，重大违纪和法律纠纷案件，重大投融资、重大贷款担保和资产重组等重要情况报告制度。二级公司、直属机构单位、多经事业部、内蒙古投资公司、新疆投资公司发生上述情况时，企业负责人应当立即向开滦集团总部相关部门和负责人报告。

（3）开滦集团绩效评价报告的建立。绩效评价报告是企业内部管理控制过程中的重要项目，必须定期编制，以报导企业整体或部门绩效，使各部门了解自身工作情况及成果；使各级管理人员能了解下属工作的概况和成果。它是组织上下层级有效的沟通工具。

（4）开滦集团绩效评价系统的反馈。在总公司依据绩效目标计划对二级企业、直属部门、机关职能部门负责人进行绩效评估后，需要将绩效信息反馈给他们。绩效反馈是绩效管理的一个重要环节。通过绩效反馈，下属企业可以知道自己的工作绩效、优势和不足以及今后努力的方向，从而有助于子公司和总公司绩效的共同提高。

三、开滦集团实施战略性绩效评价体系的主要成效

开滦集团战略性绩效评价体系实施以来，通过实际运行已经收到了实际效果，绩效评价管理体制得到了理顺，工作效率有了明显提高，各项经济指标情况明显好于上年，有效促进了集团公司绩效评价的全面进步。具体成效主要体现在以下几方面：

1. 发挥了战略导向作用，运营效益显著提升

战略性绩效评价体系的建立，有效地控制了企业的生产经营活动，使集团公司战略目标和年度经营目标层层分解直至每名员工，使企业目标、团队目标和个人目标有机融合，并最终化为有效可行的战略活动，对集团收入、利润的大幅度增长和生产经营目标的顺利实现发挥了积极的导向作用。通过实施战略性绩效评价，开滦集团取得了显著的经济效益。2010 年，集团公司总资产 489 亿元，同比增长 84 亿元，增长 20.74%；经营收入 933 亿元，同比增加 374 亿元，增长 66.91%；实现利润 12.65 亿元，同比增长 2.14 亿元，增长 20.34%。

2. 战略性绩效评价加强了对子公司的管控

随着“亿吨基地、千亿规模、百年企业、能源旗舰”战略愿景的快速实施，开滦集团子公司数量增加，通过绩效评价体系的建立和完善，将子公司及经营业绩纳入了绩效评价体系，加强了对子公司的管控力度，一方面使子公司考核结果同其工资总额挂钩，另一方面通过对子公司经营者的统一考核评价，使考核结果同其经营者的年薪进行了挂钩。

3. 战略性绩效评价系统，加强了对管理阶层的考核评价力度

围绕关键绩效指标，对领导班子成员的评价进行了大胆的革新，改变了传统的数值考核评价方式，使领导人员的考核评价有了一个很好的载体和平台，同时将领导人员的工作绩效评价结果与薪酬激励、能力提升和职业发展规划有机结合，严格考核兑现，建立起了管理者能上能下，薪酬能高能低的有效激励约束机制。2010 年，集团公司对百余名处级领导人员进行了战略性绩效评价，这种评价方法，不仅增强了领导干部的责任心和干劲，同时传递了压力，对促进战略指标目标实现起到了良好的保障作用。

4. 战略性绩效评价系统实现了完善的闭环管理，提升了绩效评价管理水平

战略性绩效评价系统建立以来，从绩效评价指标体系、绩效评价模式到绩效评价结果应用不断创新、改进和完善，同时通过对战略性绩效评价考核过程的监控和反馈，提出了改进方向，将各级人员引导到企业战略目标的实现中去，使组织和员工从自己发生工作关系的所有主体那里获得关于绩效的信息，并根据这些信息调整工作思路，改善工作方法，最终实现了业绩水平的持续提升。

（成果创造人：冬伯文　高焕民　张瑞玺　李树兴　龚立新　李改革　王　彭　王瑞海　高志强　潘继元　王素贤　张志敏）

利用网络手段
实现电子档案收管用一体化的实践

开滦（集团）有限责任公司

开滦（集团）有限责任公司前身为开滦矿务局，始建于1878年，享有“中国煤炭工业源头”和“北方民族工业的摇篮”等盛誉。新中国成立以后，开滦矿务局曾先后隶属国家燃料工业部、煤炭工业部管理，1997年以后隶属河北省政府管理。1999年，原开滦矿务局改制为开滦（集团）有限责任公司。2002年至2004年，开滦集团先后实施了企业内部专业化重组，完成了张家口蔚州矿业公司并入和精煤股份公司成功上市，初步形成了煤炭生产、多种经营、经济贸易、后勤服务4个专业化公司和精煤股份公司、蔚州矿业公司2个控股子公司的管理格局。在此基础上，积极推进产权制度改革，2007年成立了开滦集团债转股新公司，开滦由国有独资公司转变为由河北省国资委控股的多元产权新公司。2006年、2008年先后成立了内蒙古开滦投资公司和新疆开滦能源投资公司，2009年托管兴隆矿务局，2010年托管河北国和汽车投资有限公司，2011年成立了开滦集团财务有限责任公司。

开滦集团已形成五大区域、七大战略基地的生产布局，分布在河北唐山、河北张家口蔚州、内蒙古鄂尔多斯、新疆伊犁和准东、山西介休地区和海外加拿大盖森地区。目前，已发展成为一个集煤炭生产、洗选加工、煤化工、现代物流、装备制造、建筑施工、文化旅游和房地产开发等多产业并举的大型企业集团。2011年期末总资产为577亿元，在册员工75207人，在中国企业500强排名第91位。

一、利用网络手段实现电子档案收管用一体化的实施背景和动因

随着开滦集团信息化建设的快速发展，档案存储数字化、管理自动化、利用网络化是必然的发展趋势。在集团公司领导的高度重视下，开滦集团数字化档案

馆建设步伐加快。目前，集团公司直属机关区域和24个基层主要立档单位已经完成开滦集团综合档案信息管理平台软件建设；开滦集团重要档案数字化转换正在加紧推进，档案馆以每日近万自然页的扫描速度进行，基层各立档单位通过自行扫描、电子版档案拷贝存储等形式在加速库存档案数字化进度；电子档案的收集归档工作也基本步入了正常轨道；在电子档案提供利用方面也实现了网络全部目录查询及网络部分原文查询，在集团公司直属机关区域和24个基层主要立档单位中初步实现电子档案网络资源共享。开滦集团电子档案的收集、管理和利用工作进入了一个新的阶段，实施对电子档案全方位、全过程监管和数字化档案服务已具备了基础。

但是开滦集团电子档案收集与管理和网上利用仍存在三大问题：一是档案信息存储总量不足，信息割据现象仍然存在；二是电子档案随着数量、种类增加，在分类、标识、著录等方面还缺乏一定的规范，给电子档案管理提出了新的课题；三是在实施构建数字化档案馆过程中，虽然能够做到电子档案网络查询，但是还依然存在着电子档案的网络查询方便利用与电子档案安全管理有效控制相矛盾等问题。

因此，积极推进利用网络手段实现电子档案收管用一体化的项目，不仅是当前开滦集团档案管理急需解决的关键问题，也是开滦集团数字化档案馆建设过程中不可逾越的重要环节。实施好这一项目，对于在档案管理工作中全面应用数字化档案馆建设的成果，创新档案管理手段，适应档案管理现代化具有非常重要的现实意义。

二、利用网络手段实现电子档案收管用一体化的内涵与主要内容

1. 利用档案网络管理，加速电子档案的收集与归档

（1）依据档案综合信息管理平台的扫描著录功能，加快存量档案数字化转换速度，在保证质量的基础上，实现了年初预定的数字化存储总量目标。为了实现利用网络手段实现电子档案收管用一体化的预定目标，集团公司档案馆采取了两项措施：一是加强外聘数字化公司员工的监督与管理，档案馆工作人员与外聘公司管理者共同想办法，出措施，来提高档案数字化扫描速度与质量。二是为了进一步提高数字化扫描工作效率，在库房提卷方面作文章，通过新卷与老卷相结合提卷方式，让数字化员工在扫描的难易程度上得到很大改善，使员工工作的积极性得到大幅度的提高。

（2）加强电子档案收集，实现增量档案电子化。办公自动化产生的电子文件实施逻辑归档，通过档案综合信息平台与OA办公自动化的无缝链接，采取定期电子文件数据的导出导入形式进行网络化归档。其他电子文件实施物理归档，由档案部门对应归档部门的电子数据特别是非红头文件类的电子文件资料进行整理归档。集团公司档案馆和各主要立档单位档案部门通过电子档案的收集整理归

档，有力加速了增量档案电子化进程。

2. 利用档案网络管理，实现电子档案科学规范化管理

（1）不断加强归档电子档案的管理，确保档案数据库安全。一是针对电子文件易被改动、易被窃取、易于传播、易于消失、不能直接识读而必须依赖于特定的设备和软件才能被读取等特点，严格按照国家标准要求，在确保电子文件可以长期不失真、不失密和不丢失，重要的电子文件中的信息能够在多年以后还能被读取利用的基本前提下，做到了异质备份超前预防工作。同时还采取了必要的安全措施防止载体退化、自然灾害和人工错误。二是做到了电子档案存储服务器的异地备份，同时为了增加其电子档案的安全系数，还采用了移硬盘、光盘等移动存储介质对其进行存储并保存到专用的档案防磁柜中，按照电子档案管理标准进行保存。三是在档案提供利用过程中，通过直接使用电子档案，从而避免了纸质档案在利用过程中人为损坏因素。四是在实施档案数字化加工过程中，利用档案从库房移进移出之机采取了对原有的档案进行再包装，通过借助档案装具加以防护。五是落实安全保密和“八防”要求。

（2）在存量档案数字化转换和增量档案电子化过程中，进一步做好馆藏纸质档案和互联纸质档案的规范整理，实现了系统化、规范化管理。库存档案的数字化过程，也是一次档案目录与实体档案核查与对档案原件重新整理的过程。利用这过程，排查了由于历史原因所造成的档案目录与实体档案原件模糊之处，对档案目录进行了必要的修改，使档案目录与实体档案原件链接互见程度大大提高，有力增强了电子档案与纸质档案的查全率与查准率，同时还摸清了库存档案底数，为规范准确上报统计报表奠定了基础。

（3）同信控中心紧密结合，做好现有服务器和综合档案信息管理平台软件的维护、管理、使用工作，确保电子档案收、储、管、用的安全运转。基本作到了档案馆数字化管理与信控中心服务器管理相结合，定期维护与日常管理相结合，使服务器在日常运转过程中，保持了相对的稳定、安全，使服务器保存的数据与数据库处于安全正常运行状态。

（4）同步建立电子档案管理体系。按照国家标准加快了档案信息化管理体系、档案信息化标准规范体系、档案信息化安全体系的建设，重点建立了“一个平台、三个系统”，即电子档案数据交换平台、电子档案的前端控制系统、电子档案原数据登记系统、电子档案管理系统。

3. 利用档案网络管理，完善电子档案的查询利用功能

（1）努力扩展开滦集团综合档案信息管理平台软件的建设。对基层主要立档单位，大力宣传利用档案管理平台查询系统所带来的方便、快捷、有益档案查询利用者与档案原件安全的电子档案查询，使基层单位积极安装使用档案综合信息平台管理软件。

（2）完善建立档案信息服务利用平台。各单位、各部门综合档案信息管理平台软件全部实现联网，建立了档案信息利用服务平台窗口，在确保档案信息安全保密的前提下，实现档案信息资源共享，并通过集中培训，个别现场培训等形式使档案利用者能够熟练掌握电子档案查询技能。为了解决电子档案方便利用与安全管理有效控制的矛盾，还专门下发了《开滦集团集团公司档案网络信息查询利用管理暂行办法》，使电子档案在提供利用过程中，查有所获，管有所节。

三、利用网络手段实现电子档案收管用一体化的实施效果

利用网络手段实现电子档案收管用一体化的实施，有力推动和完善了《电子自动化归档与管理》《重要档案数字化转换与管理创新》《电子档案的集成管理与体系创新》《建设数字化档案馆，实现档案管理现代化》等成果，在完善纸质档案收管用一体化的基础上，又实现了开滦集团电子档案收管用的一体化。通过依托档案综合信息平台推进档案网络化管理，通过科学合理的分设权限来控制电子档案的利用，重点解决了电子档案的方便利用与对电子信息有效控制的矛盾，使档案系统在电子档案信息安全可靠的基础上成为集团公司电子文件管理中心和电子档案信息查询利用中心，在集团公司和主要立档单位之间以及基层各立档单位之间建立起以集团公司档案馆为核心，以基层立档单位为基础的互联互通的档案信息共享平台，从而实现了资源共享、提高效率的目的，为当前企业如何搞好电子档案管理利用起到引领作用，同时使开滦集团档案信息化管理在河北省企业范围内达到领先水平。

（成果创造人：殷作如　王建政　马金平　赵伯亚　焦建国　孙会华　郎秀伟　刘秀娟　赵秀敏　龚艳馨　孟顺生　王建菊）

推进煤化工产业科学发展机制的探索实践

开滦（集团）有限责任公司

开滦中润煤化工公司是开滦集团实施转型发展战略重点打造的新型煤化工企业，企业总投资35亿元，拥有年产220万吨焦炭、20万吨甲醇、30万吨煤焦油、20万吨苯加氢产能规模，在全国处于领先水平。中润煤化工园区成为河北省产业链最长、节能减排最优、综合规模最大、经济效益最好的煤化工园区。2011年，生产焦炭221万吨、甲醇23.7万吨、粗苯加工量20.6万吨、煤焦油32.24万吨。在全行业普遍亏损的情况下，销售收入达到71.48亿元，实现利润940.67万元。被授予全国焦化苯行业优秀示范企业、节能中国贡献奖等多项荣誉称号。2011年通过推进煤化工产业科学发展为企业带来经济效益1738.69万元。

一、推进煤化工产业科学发展机制的背景

随着国家产业结构调整力度的不断加大，能源资源有效利用、生态环境保护、价值目标攀升等多方面因素对企业发展提出了新的更高要求。中润煤化工公司作为开滦集团发展现代煤化工产业的龙头和骨干企业，加快构建煤化工产业科学发展机制，优化提升传统产业，对加快开滦现代煤化工产业发展，推动资源型企业转型有着重要的引领、带动和示范作用。

1. 推进开滦煤化工产业科学发展是深入贯彻落实科学发展观的需要

“十二五”期间，国家在发展规划中明确提出要以科学发展为主题，以加快转变经济发展方式为主线，把科技进步和创新作为重要支撑，建设资源节约型、环境友好型社会的指导思想。在宏观政策指引下，开滦中润煤化工公司作为传统煤化工企业，只有全面贯彻落实科学发展观，以调结构、转方式为导向，加快优化提升传统产业，加大科技创新和节能减排力度，推进煤化工产业科学发展，才能有效克服能源资源和生态环境约束，与国家产业政策合拍同步，赢得国家政策

支持，实现企业健康可持续发展。

2. 推进开滦煤化工产业科学发展是加快开滦集团转型发展进程的需要

“十一五”期间，开滦煤化工产业为集团公司提升产业规模，扩大经济总量，推进转型发展产生了重大而积极的作用。进入“十二五”以来，开滦集团把发展煤化工产业摆到了更加突出的位置，煤化工产业已是开滦集团加快转型、加快发展的重要支柱，煤化工产业发展速度的快慢，发展水平的高低，直接影响着开滦集团转型发展的速度、质量和水平。因此，加快推进开滦煤化工产业科学发展，加快产业升级，是推动资源型企业转型发展的重要支撑和可靠保证。

3. 推进开滦煤化工产业科学发展是增强企业核心竞争力的需要

2008 年以来，受国际金融危机影响，我国煤焦化市场竞争不断加剧，河北省焦化企业都不同程度的出现了亏损。探究其根源，主要是产品结构单一，煤基下游产品匮乏，产品附加值不高，节能减排相对落后，企业核心竞争力不强等因素的制约和影响。因此，只有构建煤化工产业科学发展机制，走产业高端化发展路径，延伸煤基产业链条，打造多样化、高端化、高附加值产品，不断提升企业核心竞争力，才能保证企业在激烈的市场竞争中立于不败之地，实现做大做精做优煤化工产业的战略目标。

二、推进煤化工产业科学发展机制的内涵和主要做法

推进煤化工产业科学发展机制的内涵：按照国家“十二五”发展规划和煤化工产业政策，以做大做精做优煤化工产业为目标统领，充分发挥自身比较优势，不断延伸产业链条，加大科技创新力度，完善经营管理体制和机制，加强人才培养，发展循环经济，着力提高产品附加值，保证企业始终走在行业前沿，打造全国最大的独立煤化工旗舰企业。其主要做法是：

1. 把握行业发展大势，明确产业发展定位

在深刻领会国家产业发展政策，准确研判煤焦化行业发展趋势的基础上，明确了开滦煤化工产业“做大做精做优”的产业发展定位。“做大”：以规模化、园区化、基地化建设为主攻方向，打造河北省综合规模最大、产业链最完整、节能减排最优的煤化工科学发展园区，成为全国最大的独立煤化工企业。“做精”：不断延伸产业链条，与石油化工、盐化工等产业技术对标，实施精细化工战略，打造高端产品。“做优”：形成工艺先进、装备精良、技术领先、附加值高、节能减排的最优产业路径。

在此基础上，进一步明确了建设“行业示范、国内领先、世界先进”的新型现代能源化工旗舰企业的目标，明确了“以化为主、以焦为辅”的产业发展重点。“以化为主”：通过延伸产业链条，实施精细化工，在萃取焦炭副产品上做足文章；“以焦为辅”：科学稳定焦炭基础产业，为延伸产业链，向新材料、新能源领域迈进提供坚实的原料保障。

产业发展的科学定位为中润煤化工园区的发展明确了方向，使企业走上了持续健康发展的快车道。

2. 不断延伸产业链条，形成完备的产业链经济

（1）延伸煤化工产业链，打造高附加值产品。公司以打造产业集聚、用地集约、布局优化、节能环保、功能配套、技术领先、效益突出的绿色可循环现代煤化工基地为目标，按照基地化、规模化、上下游产业一体化、公辅工程整体配套化的循环经济发展要求，加快形成了“三大产业链条”：一是煤焦化产业链。以煤炭为原料，通过焦化项目生产焦炭、煤气、焦油、粗苯、硫铵等产品。二是煤化工产业链。通过延伸产业链，将焦化项目产生的煤气制成甲醇，主要生产甲醇、杂醇油、硫磺、弛放气等产品；将焦化项目产生的粗苯、焦油进行精制加工，主要生产高纯苯、高纯甲苯、二甲苯、重苯、轻油、硬沥青、软沥青、炭黑油、轻油、溶剂油、工业萘、洗油、粗酚等产品。三是节能环保产业链。通过干熄焦、污水深度处理、中水回用、弛放气利用等节能环保项目，余热发电全部并网，污染物实现零外排。同时，规划在“十二五”期间，进一步延长和作精煤化工产业链。构建焦炉煤气——甲醇——甲醇燃料和聚甲醛；甲醇制烯烃；煤焦油——精细化工和合成材料；粗苯——精制苯——已二酸——尼龙 66 盐——尼龙 66 工程塑料和纤维系列产品；煤气化等五条产业链条，形成能源类产品、合成材料和精细化工产品三大产品体系。

（2）技术装备高标定位，产业技术保持领先。在生产工艺选择和技术装备引进应用上，始终坚持国内和国际一流标准。焦炉均为 6 米顶装焦炉，且全部配套 140T/H 干熄焦装置，在国内独立煤化工企业中尚属首例。30 万吨煤焦油加工项目，采用美国考伯斯技术，是目前国内单套规模最大，工艺最先进的焦油加工装置。20 万吨煤气制甲醇项目，采用化学工业第二设计院自主研发的专有技术，技术处于国际领先水平。20 万吨苯加氢精制项目，采用具有国际领先水平的气相低温加氢优化工艺，装置单套规模位于国内前列。在谋划建立苯加氢项目时，尽管自身粗苯产能只有 2 万吨，但根据规模经济的要求，分两期建设了 20 万吨的加工装置，外购 18 万吨粗苯用于深加工，充分发挥了设备的经济效能，年产苯类产品达到 14 万吨，成为重要经济增长点。

3. 坚持绿色低碳发展理念，大力发展循环经济

探索建立了六大循环系统，做到了“吃干榨净”。一是余热循环系统。干熄焦项目与焦化项目配套建设，通过回收红焦显热产生蒸汽和发电，可满足园区 70% 的用电和 40% 的用汽，同时减少了环境污染，提高了焦炭质量。二是氮气循环系统。甲醇项目在生产氧气的同时产生大量的富余氮气，富余氮气在干熄焦过程中充分利用，同时用于油库、电捕焦油器等易燃易爆装置的保护。三是弛放气循环系统。将甲醇项目产生的废气——弛放气，一部分送到炼焦分厂用于焦炉加

热，置换出部分焦炉煤气，用以制成甲醇，大大提高了甲醇的产量；另一部分弛放气用于苯加氢项目的制氢系统，减少了苯加氢投资，降低了运行费用。四是产品循环系统。220 万吨/年焦化项目的产品焦油，经 30 万吨/年煤焦油加工项目加工处理后产生的洗油，作为焦化项目净化车间粗苯工段洗苯的重要原料。五是水循环系统。各生产系统产生的工业废水全部进入生化污水处理系统，经处理合格达标后再进一步深度处理，用于全厂循环水补水，实现了工业废水零排放。六是废渣回收系统。从生产系统中回收来的工业废渣全部送到备煤车间，掺入到原料煤中返回到焦炉炼焦，实现了废渣不落地、不出厂。

循环经济发展模式的建立和运行，使园区节能环保效果达到了国内最优。其主要生产废弃物回收利用率已达到 100%，各类能耗综合利用处于国内同行业领先水平。在大气环境保护方面，两套干熄焦装置每年可减排二氧化碳 25 万吨，二氧化硫 1500 吨，氮氧化物 162 吨，烟尘 78 吨。干熄焦申报 CDM 项目，园区减排的二氧化碳外售奥钢联，每年获利 2500 万元。在水污染防治方面，污水深度处理技术达到国际领先水平。针对焦化废水中硬度、有机物、含盐量较高的特点，研究采用世界领先的超滤加纳滤双膜法技术，对废水进行物化处理，深度处理后出水 COD 指标可达到 30mg/L，优于国家一级排放标准，全部用于循环补充水，每年可节约新水 260 多万吨，减少 COD 排放 300 余吨，创效益近 600 万元。中水回用技术达到国内领先水平。采用国内成熟先进的膜处理技术，对深度处理后的水、厂区热力车间浓盐水、循环冷却水和排污水进行工艺技术处理，使处理后的“工业废水”达到工业原水水质标准，作为循环冷却水系统的补充水再次利用，实现了污水的资源化，每年节约新鲜水 220 万吨。

4. 实施科技兴企战略，走创新驱动型发展路径

（1）搭建科技创新平台，推进重大科技创新项目。公司始终把科技创新作为推动企业发展的原动力，建立了技术创新经费软预算机制，创新经费投入上不封顶，为创新项目尽快落地提供了雄厚的资金支持。为突破制约发展的技术瓶颈，深化产学研结合的路径，依托与北京化工大学联合成立的开滦煤化工研发中心，加快研发煤化工自主技术，为提升产业技术水平提供技术支撑。坚持重大科技创新自主研发与联合开发并重，重点在优化焦炭、甲醇、苯下游产品开发上形成自主知识产权。目前已经申报了污水深度处理、弛放气回收等 6 项国家专利。自主研发的 M15 车用甲醇汽油企业标准成功通过审查并确定为省级标准。

（2）优化生产工艺，提高生产效率。围绕质量达标、安全技术、节能减排等重点，确立了 8 大攻关系统，由主要领导挂帅、各专业的技术权威牵头，组成课题攻关组，持续开展攻关，在四个方面取得明显突破，取得了良好效益。一是优化配煤和运焦工艺。将配煤后粉碎工艺改为先粉后配再粉碎工艺，提高了价格相对较低的瘦煤或弱粘煤的配入比例，既降低了配煤成本，又提高了焦炭质量。

将炼焦运焦系统由原来需要经过多条皮带及汽车倒运，改为将筛选后的焦炭经皮带直接输送堆放到焦场，有效防止了焦炭多次倒运产生的破碎，减少了倒运成本，使冶金焦率保持在90%以上。二是优化焦炭结焦工艺，结焦时间由19.5小时缩短到19个小时，焦炭产量提高2.6%，全年增加产量6万吨。三是优化净化系统工艺。采取在净化系统粗苯生产工段增加洗苯塔的方法，使洗苯能力显著提高，粗苯收率由0.79%提高到0.95%，在国内处于领先水平。通过工艺改造，焦油收率达到3.35%，硫铵收率达到1.16%，在保证产品质量的基础上，有效提高了产量。四是优化甲醇和粗苯加氢系统工艺。通过对生产系统实施系统改造，使甲醇产量连续创造了国内同规模装置甲醇产量、粗苯加工量的最高纪录，取得了良好的经济效益。

（3）技术创新“平民化”，充分激发全体员工创新动力。公司党委牵头深入车间、班组向员工面对面讲意义、搞动员，深入开展“科技创新提效年”活动，提高员工创新积极性，使科技创新由“象牙塔”走入了“平民化”。配套建立科技创新奖励机制，对提出合理建议的员工给予每条50－200元的鼓励奖，能够创价值的建议给予500－1000元的奖励。每年开展员工创新成果评选活动，单项最高奖励金额达5000元，从而形成了“人人有课题、人人有立项”的生动局面。甲醇分厂及精苯分厂技术创新攻关小组，对生产系统实施了100多处改造，使设备潜力发挥到了极致，甲醇、精苯出率比设计分别提高24%和13%，连续刷新了国内同行业最高纪录，甲醇、精苯质量达到国内一流水平。

5. 优化内部资源配置，深入推进管理创新

（1）建立精干高效、扁平化的组织结构，提高管理效率。严格定员，把住机关管理人员进口，机关人员安排决不搞安置型，把管理技术精英充实到机关部门。按照企业经营战略的要求，本着精干高效的原则，科学设定机关管理职能，重点强化“技术、信息、人才、资金”等共享资源的管控。机关部门按照大部制设置，减少管理职能交叉，体现精简、效能、统一。目前，公司机关管理人员共有53人，与同行业企业相比用人达到最少。其中公司领导层7人，副总工程师3人，建立了“六部一室”的机关管理模式，降低了管理费支出，提高了决策和管理效率，保证了管理的高效运行。

（2）下移管理重心，实现自主管理。针对甲醇、苯加氢等项目陆续投产后，园区的管理幅度加大、专业技术性增强的实际，为充分调动基层管理者的积极性，提高精细化管理水平，对管理体制、管理模式进行了进一步调整，简化管理环节，逐步改变车间管理的模式，探索实施了分厂制的管理模式。成立了炼焦分厂、甲醇分厂、苯加氢分厂、动力分厂等四个分厂。机关部室的职能由职能型管理向服务型管理转变，从指标考核，安全、技术等方面实施调控和检查督导。下放管理权力，赋予分厂生产经营、劳动组织、非核心业务外包等方面的自主管理

权，分厂按照利润中心的定位模拟市场运转，实施单独核算，实现了责权利有机统一，调动了基层单位自主经营、自主管理的积极性。

（3）社会资源为我所用，非核心业务一体化外包。公司坚定不移地走用人少、效率高的管理路子，能推向市场的尽量推向市场。将所有非核心业务交给外包队伍去做，部分岗位操作和检修合一。在全国范围内招标，引入了上海五冶、化六建、石家庄焦化厂等六家专业化外包队伍，对所有区域的设备安装、检修、仪表维护、技改工程等非核心业务实行了整体外包。目前，外包范围又扩展到工业广场保洁、机关卫生、宿舍、食堂等后勤系统。在外包管理中，通过科学设定结算价格、明确服务标准、纳入管理体系等手段，保证了健康运行。打破了国有企业传统的“大而全、小而全”的管理模式，建立了“用人不养人”的灵活用工机制。同时在上海五冶、石家庄焦化厂的“保姆式服务”中学到了许多先进的理念。

6. 深化业务流程再造，拓展经营增值空间

（1）创新营销策略，建立战略联盟。在原料煤采购环节，充分发挥开滦炼焦煤的煤种优势，建立了以直接采购为基础、以委托采购为补充的双重互补采购方式，保持货源的稳定性，同时，根据炼焦煤市场价格的波动情况，动态调整外采煤量，努力降低采购成本；在产品销售环节，科学进行产品定位，充分发挥干熄焦工艺优势，凭借良好的产品质量和完善的售后服务，打造产品品牌，提高话语权，与大用户建立稳固的合作关系。适应不同层次客户的需求，实施订单式生产、个性化服务，对产品进行分级、分储、分销，克服金融危机对市场的影响，保证了产品全产全销。为防止同行业恶性竞争，联合唐山区域同行业龙头企业建立战略联盟，建立每季度一次的沟通机制；谋划建立物资采购、备品备件储备、产品销售等方面的信息共享平台，有效降低了经营成本。

（2）借鉴物流企业经营模式，建立全过程、现代化成本控制系统。公司经过认真测算认为，煤化工企业如同大的物流企业，每年要采购 300 万吨精煤，外购 18 万吨粗苯，销售 220 万吨焦炭、20 万吨甲醇、20 万吨苯系列产品，全年有近 600 万吨的物流量，平均每天有 2 万吨的物资进出，如果每吨降低 1 块钱成本就是 600 万元的经济效益。为此，公司引入了 ERP 管理软件，以信息化为支撑对经营流程实施再造，实现数字化管理。目前软件正在升级改造中，利用管理信息平台，动态监控物资采购、产品销售、库存、产品质量、成本支出等方面的信息，最终实现信息流、资金流、价值流“三流合一”，所有数据实现“不落地”，逐步做到“日清日结”，及时发现问题，变事后控制为事前、事中控制，据此调整经营策略，进一步挖掘提效潜力。

（3）推进标准化体系建设，提高规范化管理水平。公司以建立我国煤焦化示范企业为目标，与国内外同行业先进标准对标，按照全面覆盖的原则，制定管

理标准、技术标准、操作标准。其中操作标准以作业指导书的形式体现，提出利用三年的时间制定完成68个工种的作业指导书，对每一个岗位的员工从上班开始到下班结束干什么、达到的标准，正常状态、事故状态下如何操作等环节，做出详细的规定，在国内同行业率先形成具有示范性的管理模式。通过推行标准化管理，提升了企业规范化管理的水平，促进了产品质量的持续提升。公司被大连商品交易所确定为焦炭期货交割库，所产焦炭被权威研究机构鞍山热能院确定为冶金焦炭反应性对比样品，吨焦炭综合能耗保持同行业最低水平，甲醇纯度达到99.99%，苯加氢产品指标均达到优级石油苯类产品标准。

（4）引入信息化手段，开辟本质安全型管理新境界。针对煤化工行业属高危行业的特征，从人机环角度建立本质安全系统。确立了“安全事故都是可以预防，事故风险都是可以控制”的本质型安全理念。建立动态安全预警系统。按照系统追问的原则，对煤气柜、焦炉地下室等10大危险源严密设定监控指标，利用信息化技术，实现在线动态监测。依托网络信息技术，保证走动式管理效果。投用巡更、巡检系统，操作工每1－2小时必须按要求到所管区域巡检一次，现场进行安全确认；管技人员按规定到10大危险源进行巡检，到达被检测地点后，通过触摸屏进行指纹确认，打造了动态生产过程中实时发现隐患、及时处理隐患的专家技术支撑平台，为建立详细的安全评价及考核、预警系统提供了高科技支撑。关键部位实施无人值守。引进先进的仪表设备，实现了动力1号10KV配电所、苯加氢变电所、动力201开闭所等6处无人值守，有效避免了人工管理的随意性。截至2011年底，公司保持了轻伤及以上人身事故为零的安全生产目标。

7. 实施人才兴企战略，为企业快速发展提供人才支撑

（1）拓宽人才引进渠道，四面八方广聚英才。为给项目建设提供人才保证，公司先后从即将破产的唐山焦化厂、天津第二煤气厂，引进了焦化专业技术人员、操作岗位员工40人。又相继从鞍钢、迁安大化、濮阳甲醇、河北建滔、石家庄焦化厂、宣钢焦化厂、哈尔滨气化厂、河南神马、宝钢梅山钢铁、沧州大化、内蒙等地的煤化工企业“挖”来大批高素质人才，逐步形成了公司的核心人才团队。在项目筹建过程中，这些人员从质量监督、工艺设计、设备安装调试、试生产等方面发挥了关键作用，保证了焦化项目建设、试生产、投产和安全运行。

（2）与项目建设同步，实施定单式培养。为保证操作人才与项目建设无缝衔接，创造性地实施了三项人才开发策略：一是变招工为招生，与高校联姻，订单培养操作员工。责成开滦能源学院订单式培养，从理科专业在读大专生“掐尖”，举办了两期焦化班，为公司专门培训了98名焦化工艺操作员工。二是千方百计组织实训。充分利用部分院校具备上岗培训的渠道，与河北工业职业技术学院、辽宁石油化工大学、辽宁石油化工职业技术学院进一步拓展了校企合作关

系，从院校筛选了一批精英。组织169名开滦子女和院校毕业生一起到石家庄焦化厂和邯钢焦化厂进行了为期10个月的定向上岗实习。通过上岗实习，回到开滦后很快适应了各个生产操作岗位的操作任务。三是核心技术工种培训肯花大价钱。公司出资225万元，选派50名员工赴外培训3个月，保证了炼焦、甲醇、精苯等项目的顺利建设。

（3）强化培训，持续提升。深入推行“一岗多能”。将小工种合并为大工种，鼓励员工掌握多个岗位的理论知识和操作技能。目前，50%的人员基本掌握了至少两个工种的理论知识，20%的员工具备独立操作两种设备的能力。自主编写了155万字煤化工专业培训教材。其中《精苯生产工艺》在国内同类教材中属首创教材，弥补了之前国内尚无精苯生产成型教材的空白。通过公司局域网、内部刊物《家园》《技术交流论文汇编》等各种载体广泛宣传先进经验和做法，构建员工学习交流的平台，丰富了员工生活，扩展了知识视野，有效促进了员工素质的全方位提升。

（4）搭建竞争平台，不拘一格用人才。严把入口，畅通出口，促进员工合理流动。推行试用期考核机制，对考核不合格的人员解除劳动关系；在合同到期后，对不符合公司发展要求的员工，与其终止劳动合同。通过灵活的考核机制，使员工更加珍惜自己的工作岗位，加倍努力工作，使勤劳工作、爱好学习的员工逐渐成为企业的中流砥柱。推行公开选拔、竞聘上岗制度。彻底打破“干部、工人”“在册、劳务员工”身份界限，将新毕业的大中专毕业生全部安排到生产一线进行锻炼，在逐步掌握专业技能和实践经验的基础上，通过竞聘将优秀员工选拔到管理岗位。

（5）加大激励力度，高技能员工享受高待遇。深入开展了“学练比”“无纸化考试”“师徒结对子”等丰富多彩的素质提升活动。在集团公司率先推出了技术比武状元享受劳模疗养待遇的做法，每年召开技术比武表彰会，现场向技术状元发红包，免费送出休养，极大地调动了员工参与技术比武的主动性。公司还借鉴驾照考试的做法，每半年举行一次所有岗位的无纸化考试，考试成绩与薪酬、工作紧密挂钩，建立了一次不及格扣奖金，第二次不及格待岗，第三次不及格解除劳动合同的制度，进一步激发了全员学技术的热潮。建立员工年度考核尾数淘汰机制，近几年淘汰的人数达到30人以上，营造了学技术得实惠、学技术受重用的浓厚氛围。

三、推进煤化工产业科学发展机制取得的效果

通过构建和实施开滦煤化工产业科学发展模式，企业实现了快速发展，主要体现在以下七个方面：

1. 经济规模快速扩大

2008—2010年，焦炭产量分别达到103、181、218万吨；2010年达到了年

产220万吨焦炭、20万吨甲醇、10万吨苯加氢、30万吨煤焦油生产规模；2011年达到了年产20万吨苯加氢的生产规模；2011年生产焦炭221万吨、甲醇23.7万吨、粗苯加工量20.6万吨、煤焦油32.24万吨。

2. 盈利水平持续提升

2008—2010年，销售收入分别达到23、35.54、58.73亿元；在全行业普遍亏损的情况下，2008—2010年累计实现盈利9012万元。2011年，在全行业普遍亏损的情况下，销售收入达到71.48亿元，实现盈利940.67万元，成为河北省经济效益最好的现代煤化工园区。2011年通过实施管理创新为企业带来经济效益1738.69万元。

3. 产业链条不断延长

焦化副产品全部进行了深加工，已经形成煤炭到甲醇、精苯、焦油精制完整的煤化工产业链，并向下游己二酸、聚甲醛化工新材料继续延伸，能够生产32种煤化工产品，焦炭、甲醇、苯类产品、焦油等化工产品质量达到国内外同行业最高标准。

4. 节能减排在国内最优

煤焦化过程中形成的副产品全部回收利用，工业“三废”实现零排放。连续两年被中国煤炭工业协会、中国煤炭加工利用协会授予“煤炭工业节能减排先进单位”称号，被中国节能协会授予“节能中国贡献奖”荣誉称号。

5. 打造了行业一流员工队伍

公司1180名员工中，平均年龄29岁；拥有大专以上学历的占75%，其中本科以上学历的员工达到19%；具备高级职称的管理和技术人才达到18人。目前，云南昆钢、峰峰焦化厂，都看重了中润的工艺标准、员工技能，都在多方与中润联系岗前培训。

6. 企业自主创新能力显著增强

近年来，累计投入科技创新资金7800万元，实施重点科技攻关项目89项，申报6项国家专利，其中2项达到国际领先水平。2011年投入创新资金3250万元，完成创新成果12项。

7. 企业品牌和社会影响力迅速提升

被评为“全国焦化苯行业优秀示范企业”“石油和化学工业企业文化建设先进单位”等称号。

（成果创造人：张文学　裴　华　梁文平　曹玉忠　侯树忠　刘培国　徐贺明　毛雅军　王爱国　郎弘轶　王硕鹏　陈英琦）

以实施公司发展战略为统领的融资模式创新

开滦能源化工股份有限公司

开滦能源化工股份有限公司是能源化工类上市公司，成立于2001年6月30日，由开滦集团公司作为主发起人，联合中国信达、上海宝钢、中国华融、煤科总院、西南交大共同设立。2004年6月2日，首次公开发行15000万股A股股票，在上海证券交易所挂牌上市；2008年12月5日，公开增发5612万股A股股票上市交易。开滦股份的主营业务范围包括煤炭及伴生资源开采、原煤洗选加工、煤炭产品经营销售，焦炭及相关产品的生产和销售等。

一、以实施公司发展战略为统领的融资模式创新的实施背景

正值“十二五”规划开局之际，随着欧美央行量化宽松货币政策的推出，国内的通胀形势逐渐升温，中国的货币政策也由“适度宽松”逐步回归“稳健”，2011年初，中国人民银行分别在1月、2月、3月份三次调高存款准备金率，在2月、4月、7月三次调高存贷款利率，银行贷款规模受限，企业融资成本提高，融资难度加大。公司母公司截至2010年末，货币资金余额11亿元，扣除2亿元汇利达业务抵押存款外，可动用资金仅有9亿元，应收票据15亿元。而在2011年初，母公司将有几亿元的银行贷款到期，4月初将有11亿元的短期融资券到期。并且，公司所投资建设的中浩公司15万吨/年己二酸项目、6万吨/年聚甲醛项目都处于投资建设的关键时期，中阳公司甲醇汽油项目也即将启动，由于短期内资金需求量大，母公司面临着巨大的资金压力。

二、以实施公司发展战略为统领的融资模式创新的主要内容特点和主要做法

1. 以实施公司发展战略为统领的融资模式创新立项前的状况

2011年1月该成果实施前，公司债务筹集资金的方式仅有银行贷款和发行的短期融资券两种形式，存量资金除少部分采用银行定期存款存放外，大部分以活期存款方式存放，公司年度内投资项目较多，资金需求量较大，受国家金融调控

政策的影响，公司债务融资环境很差。

2. *以实施公司发展战略为统领的融资模式创新的主要内容和目标*

受国际金融危机的持续影响，国内外经济环境异常复杂，针对公司 2011 年投资项目较多、资金需求大的特点，公司认真研究宏观经济形势和金融政策变化，超前谋划资金筹措工作，在力争获得更多银行授信额度和项目贷款的同时，充分研究了发行短期融资券、中期票据、公司债券、融资租赁等债务融资渠道的可行性，积极尝试开发新兴融资方式。根据公司资金需求进度，公司以财务部门详细的分析和测算为依据，对比银行贷款、票据贴现、发行短期融资券、发行中期票据等多种方案融资成本及筹资所需时间的差异，经统筹考虑，最终确定了上半年以银行贷款和发行短期融资券为主，下半年以发行中期票据为主的阶段性融资方案，具体实施情况如下：

（1）发行短期融资券，补充流动资金。年初，为补充公司营运资金和优化债务结构、降低融资成本，公司充分研究发行短期融资券、中期票据和公司债券等多种债务融资渠道的可行性，结合相关法律法规和公司资信评级以及资产规模等特点，公司决定实施由中国民生银行作为主承销商发行短期融资券的债务融资方案。

按照公司管理层的统筹安排，财务部组织相关部门全力合作，并在中国民生银行、新世纪资信评级公司、中磊会计师事务所和国枫律师事务所等中介机构专业人员的积极配合下，1 月 18 日制作完成募集说明书；1 月 30 日在指定的中国债券信息网和中国货币网发布了公司 2011 年度第一期短期融资券募集说明书、发行公告；2 月 17 日，主承销商中国民生银行采用簿记建档、集中配售的方式进行发行；2 月 18 日披露了短期融资券发行情况公告，公司 2011 年度第一期短期融资券发行价格为 100 元/百元，实际发行总额 7 亿元人民币，利率为 4. 61%，期限 365 天。当日，主承销商中国民生银行将本期融资券募集资金净额 69，720 万元（扣除承销费 280 万元）划入公司指定银行账户。2 月 18 日，公司 2011 年度第一期短期融资券（简称 11 开滦股 cp01，代码 1181060）在全国银行间债券市场上市流通。

公司短期融资券的发行，大大降低了公司的融资成本，补充了公司的自有流动资金，为公司用自有资金归还上一期短期融资券发挥了有力的支撑作用。

（2）续借原有贷款，低成本新增银行贷款。由于公司年初有几笔短期贷款即将到期，2010 年发行的 11 亿元短期融资券也将在 2011 年 4 月 2 日到期，短期内资金需求量大。考虑到受市场紧缩影响，应收票据贴现率高于同期银行贷款利率，并且应收票据贴现虽然解决了短期内资金需求，却影响了公司应收票据的正常到期循环。通过权衡比对，公司最终采取了从资金管理上压缩货币资金支出、续借原有银行贷款、新增银行贷款补充公司流动资金的筹资方式。通过与银行的紧密沟通和积极跑办，公司自 2011 年年初至一季度末从交通银行、工商银行、中国银行等金融机构按基准利率借入人民币 5.3 亿元，补充了流动资金，为公司以自有资金归还到期短期融资券提供了保障。

（3）发行中期票据，筹措长期资金。截至 2010 年 12 月末，母公司银行借款为 4.5 亿元，其中：短期借款 4 亿元，占借款的比例为 89%；短期融资券 11 亿元，债务融资中短期借款比例大。随着公司能源化工发展战略的积极推进，煤炭资源的开发和煤化工项目的建设需要大额资金投入，受国家货币调控政策的影响，原有的债务结构将造成短期还款压力大，融资成本高。为调整债务结构、降低财务费用，优化财务结构，提高资金使用效率及公司盈利能力。公司依据有关法律规定和政策要求，结合公司资信评级和资产规模等特点，在前期进行深入分析论证的基础上，公司制定了发行中期票据募集长期资金的债务融资方案，并确定中国民生银行作为主承销商，中国光大银行作为联席主承销商。公司发行中期票据部分用于补充公司的营运资金，部分用于归还银行贷款，以保证生产经营和项目投资活动的顺利开展。

公司本期中期票据发行工作于 2011 年 4 月 7 日正式启动，历时 4 个多月，此期间中国人民银行两次上调存款准备金率，且存贷款利率上调 0.25 个百分点，国家信贷政策持续紧缩，交易商协会接受注册速度放缓。依据公司的科学决策，按照公司管理层抢抓发行进度的要求，财务部门积极协调相关部门，并及时与中国民生银行、中国光大银行、联合资信资产评估有限公司、中磊会计师事务所和国枫律师事务所等中介机构专业人员沟通，加班加点核实上报交易商协会和对外公告资料；积极配合中国人民银行石家庄中心支行、中国人民银行唐山中心支行、河北省发展改革委财经处等部门的专项调研并提交调研报告；及时反馈交易商协会提出的核查问题。经过不断的反馈与修改，8 月 5 日，公司本期中期票据发行资料经交易商协会专家评审会审查通过；8 月 12 日，交易商协会对公司下发了接受注册通知书（中市协注［2011］MTN131 号），接受公司中期票据注册；8 月 17 日，公司在指定的中国债券信息网和中国货币网发布了募集说明书、发行公告；8 月 24 日，主承销商中国民生银行、联席主承销商中国光大银行采用簿记建档、集中配售的方式进行发行；8 月 25 日，公司披露了中期票据发行情况公告，公司 2011 年度第一期中期票据发行价格为 100 元/百元，实际发行总额 14 亿元人民币，利率为 6.21%，期限五年；8 月 25 日，主承销商中国民生银行将本期融资券募集资金净额划入公司指定账户。8 月 25 日，开滦能源化工股份有限公司 2011 年第一期中期票据（简称 11 开滦股 MTN1，代码 1182227）在全国银行间债券市场上市流通，标志着公司 2011 年度第一期中期票据发行工作顺利结束。

公司成功发行五年期中期票据 14 亿元，不仅大大降低了公司融资成本，为公司稳步推进资源并购、项目建设提供了有力的资金保障，也进一步优化了公司债务结构、缓解了公司短债长用的局面。通过发行中期票据，可以使公司逐步摆脱单纯依靠银行贷款的局面，提高直接融资比例和优化融资结构。

（4）充分利用存量资金，提高存量资金的获利能力。公司发行短期融资券和中期票据融入的资金是一次性到账，但项目建设和对外投资资金则是有计划的分期支出，公司正常生产经营活动也需要保持一定数额的存量资金。在不影响资金使用的前提下，根据资金支出的统筹安排，公司从时间差上下功夫，充分利用存量资金，分别在多家银行适时办理了七天通知存款、三个月定期存款、智能管家－对公利滚利存款、协定存款等，虽然这些工作增加了财务人员的工作量，但却大大地提高了存量资金的获利能力，降低了财务费用。

（5）境外投资尝试创新产品，提高公司利息收入。2010 年 12 月，公司对加拿大中和公司投资 3000 万美元。按照正常程序，公司需以 19982.70 万元人民币兑换 3000 万元美元，对加拿大中和公司注入外汇资金。考虑到人民币的升值和美元贬值趋势，经向中国银行了解，公司可办理“付款汇利达”业务，通过融资新方式筹集外汇资金 3000 万美元，既可满足支付外汇资金的需求，又可赚取更多的利息收入，即公司以在中国银行按即期汇率 6.6609 折合计算的人民币作为质押，办理 3000 万美元同期贷款业务，并约定到期由质押的人民币定期存款本息归还按约定美元远期汇率折算美元贷款到期本息，该笔业务为公司节省财务费用人民币 61.01 万元。2011 年 12 月末，该笔质押存单到期后从企业账户划出，利息收入划入公司账户。

（6）积极探索新型融资方式，为公司境外资源扩张提供资金支持。针对开滦股份公司所属子公司中和公司投资并购其他国外公司需要大量资金，开滦德华公司进行矿井建设需要银行给予一定的资金支持的实际情况，公司能否以较低的成本及时筹集到资金对财务人员是一个挑战。

由于以自有资金兑换外币对外投资受到严格的外汇管理，国内借款本身也不允许做投资性支出，所以该种筹资方案基本不可行；中和公司是一个投资公司，本身很难取得银行贷款，开滦德华公司受自身资产规模的限制矿井建设资金也很难依靠自身的力量筹集到足够的资金。通过与中国银行、国家开发银行的多次协商与沟通，公司财务部最终认为选择内保外贷方式筹集资金是较为实用的融资方式。2011 年上半年，公司在拟投资收购 PRC 公司的过程中，与中国银行最终协商确定以综合费率 4% 左右贷入等额并购款项，虽然该项并购项目由于对方股东停止出售该公司而未能收购成功，但对于内保外贷融资方式审批部门、审批环节、操作流程等公司都已详细了解，这为公司后续国外投资提供了成型的融资经验。

三、以实施公司发展战略为统领的融资模式创新实施后取得的初步效果

在当前的货币市场条件下，一季度内，母公司以银行基准贷款利率借入银行

贷款5.3亿元，2月份，以4.61%的年利率（同期银行贷款利率5.81%）水平发行了7亿元的短期融资券，8月份，以6.21%的利率（同期银行贷款利率6.90%）水平发行了14亿元的五年期中期票据，保证了公司年内的货币资金需求，另外公司根据货币资金需求进度，通过办理各种形式的定期存款，充分利用现有存量资金最大限度地创造收益，从而大大地减轻公司的利息费用负担。

1. 经济效益

在目前的宏观经济形势和货币政策下，以银行基准利率获取银行贷款难度较大，但通过实施资金筹集项目，通过发行短期融资券节约利息840万元，扣除承销费280万元，净节约利息支出560万元；通过发行五年期中期票据共节约利息4830万元，扣除承销费2100万元，净节约利息支出2730万元，平均每年节约利息支出546万元；通过实施汇利达产品增加利息收入61万元；通过利用存量资金估计2011年创收653.85万元，累计创收2228.35万元。该项目5年累计为公司创收5579万元，当年节约利息支出1820.85万元。

2. 社会效益

公司通过在资金筹措方面的管理和创新，不仅取得了可观的经济效益，从公司的发展看，其社会效益更加突出。

（1）通过资金筹集项目的较好运用，保证了公司现有煤炭生产的平稳运转。

（2）保证了中浩公司15万吨/年己二酸项目、6万吨/年聚甲醛项目建设的积极推进。

（3）保证公司有经济实力投资建设新的合资公司中阳公司、加拿大布尔默斯公司。

（4）在焦化行业整体疲软的情况下，子公司贷款难度加大，贷款利率上升，为支持子公司的生产经营，母公司有资金实力给中润公司提供委托贷款3.5亿，给炭素化工公司提供委托贷款1.5亿，提前归还了集团公司2亿元的委托贷款，从而降低了公司整体利息支出。

（5）通过公司资金筹资项目的运用，公司募集了充足的资金，保证公司投资项目的如期顺利进行，增加了公司抗风险能力，有利于公司煤化工一体化的整体发展战略的实施。

（6）在债券市场上，宣传和维护了公司形象，有利于公司今后持续的融资。

（成果创造人：裴　华　曹玉忠　王连灵　史国胜　张嘉颖　邹世春　闫金凤　曹永国　王玉秋　田　亮　周玉军　张庆贺）

以实现企业整体经营目标为核心的绩效评价机制构建

开滦（集团）蔚州矿业有限责任公司

开滦（集团）蔚州矿业有限责任公司崔家寨矿是经国家计委批准建设的河北省蔚县矿区第一对现代化大型矿井，1996 年开工建设，2003 年正式投产。2003 年 3 月经河北省经贸委批准并入开滦集团公司。矿井原设计生产能力 180 万 t/a，设计服务年限 84.3 年，2010 年 12 月核定生产能力为 265 万 t/a。“十一五”期间，矿井共生产原煤 1269 万吨。2011 年共生产原煤 265 万吨，实现企业利润 3.06 亿元。2010 年、2011 年连续两年获国家级安全质量标准化矿井称号，2011 年入选全国煤炭系统第八批文明煤矿。

一、以实现企业整体经营目标为核心的绩效评价机制构建的实施背景

1. 建立经营管理工作绩效评价机制是适应开滦集团战略转型发展的必然选择

开滦集团公司“十二五”规划战略方针和主要目标明确指出要构建“一基七业一区”的产业发展新格局，要加快转变经济发展方式、推动企业转型发展。崔家寨矿作为开滦集团公司“十二五”规划重要的煤炭基础产业、外埠重要的战略布局的煤炭生产矿井，在矿井自身面临一系列客观因素制约发展的情况下，只有按照省国资委、开滦集团公司要求，着力调整产品结构，提升产业发展水平，提高自主创新能力，提高经济运行质量，创新经营管理体制，才能更好地为开滦集团公司实现“十二五”规划和跨入世界企业 500 强的战略目标和战略蓝图发挥主力矿井作用。

2. 建立经营管理工作绩效评价机制是打造崔家寨矿经济增长极的重要途径

崔家寨矿作为开滦蔚州矿区的主力矿井，2010 年实现原煤产量 265 万吨，利润 2.19 亿元，为开滦集团公司实现“双五”目标及转型发展做出了突出贡献。但是 2011 年度是崔家寨矿经济运行经受严峻考验和挑战的一年，将面临煤炭资

源被破坏、5#优质煤层资源严重不足使均衡生产受到制约、全年预计倒安拆工作面达20余个、设备老化、地质构造复杂以及小煤窑巷道贯通威胁等诸多不利因素，矿井增量的上升空间已趋饱和的情况下，要求企业经营管理者必须扎实工作，锐意进取，开拓创新，大力深化与推进企业内部经营管理机制的创新改革，提高企业经济运行质量，改变以往增收靠增产的思路，着力调整煤炭产品结构，走精细管理、内涵挖潜发展之路。

基于以上的认识，崔家寨矿确立了“安全统领、效益为先、依法治企、和谐发展”的经营理念，按照“安全、增量、提质、降耗”的工作方针建立经营管理工作绩效评价机制，科学引导全矿的经营管理行为。为此，崔家寨矿决定实施“建立经营管理工作绩效评价机制”，系统分析总结近几年绩效考核工作经验，结合崔家寨矿经营管理的特点，在反复调研的基础上按照“能量化的量化、不能量化的细化、谁主管、谁负责、谁负责、谁落实”的原则指导下建立经营管理绩效评价指标体系。为了有效实施该管理项目，崔家寨矿年初专门制订了《开滦（集团）蔚州矿业公司崔家寨矿2011年绩效评价实施办法（试行）》以督导全矿各职能部门、基层区队按照责任中心、时间进度分解落实成本、产量、利润、煤质、销量等经营指标，确保实现企业整体经营目标。

二、以实现企业整体经营目标为核心的绩效评价机制构建的内涵

1. 建立经营管理工作绩效评价机制的内涵

评价机制主要围绕“静态的职责＋动态的目标”两条主线展开，引入目标管理理论SMART原则，建立起动态目标与静态职责协调一致的大部门经营责任绩效评价体系。通过经营管理绩效评价体系的实施，企业经营管理者能够动态掌握每个经营周期的经营成果状态，进而通过与经营目标进行对标分析，对各项经营策略、管控措施实施“回头看”问诊，同时对下一经营周期的内外部环境按照SWOT方法（SWOT分析代表分析企业的Strength优势、Weakness劣势、Opportunity机会、Threats威胁）进行预测预判，有针对性地制定下一经营阶段的经营管控策略。

2. 建立经营管理工作绩效评价机制的基本架构

基本架构主要包括四个部分：部门职责分解、经营目标分解、目标与职责结合、绩效评价实施，这四个部分环环相连，相互配套。经营管理工作绩效评价机制围绕崔家寨矿2011年度经济运行体制以及安全生产经营管理工作展开，在绩效评价内容方面，主要将部门经营管控指标、能够量化的部门职能职责、按时按质按量完成工作任务三大方面对经营者实施全方位的业绩评价。

经营管理工作绩效评价的目的主要是为了持续改进各部门员工工作方法，提升部门工作业绩，创建一支适应煤炭生产企业结构调整、转型发展的煤矿经营管理队伍，最终确保实现企业整体经营目标。

三、建立经营管理工作绩效评价机制的主要做法

为保障经营管理绩效评价机制的有效运行，崔家寨矿从年初评价方案调研、评价指标体系建立、年中运行反馈到评价机制发挥系统作用，主要围绕以下四个方面展开：

1. 静态职责分解

静态职责分解是以职责和目标为二条主线，建立以“工作流程”和“目标管理”为核心，适应调整后的组织结构和管理模式的大部门经营责任体系。部门职责指部门为实现其宗旨而应履行的工作责任和应承担的工作项目，它确定了部门在矿经营管理流程中的工作范围和职责边界。

崔家寨矿人力资源部根据现有全矿的机构设置、矿井年度发展目标任务两条线，通过采取查阅资料、现场工作写实、部门负责人面谈等方式确定部门在全矿整体经营管理流程中的工作范围和职责边界，建立工作流程。崔家寨矿对全矿12 个机关职能科室、16 个基层生产、辅助区队，涉及 160 余个管理技术岗位的职责进行了清晰界定，出台了部门工作职能说明书以及职位说明书。

针对崔家寨矿经营管理工作需要成立了虚拟的经营管理中心，经营管理中心由矿人力资源部、经营管理部、财务结算中心组成，在矿党政领导，经营副矿长分管下负责全矿井经营策略制定、调整、经营指标运行情况监控、经济运行结果分析等具体业务工作，协调经营管理过程中出现的需要多部门配合才能完成的工作。通过明确工作职责边界、减少部门之间工作职责交叉、完善各部门工作流程。如崔家寨矿将物资设备管理归口矿物资管理科、机电管理归口机电管理部、后勤服务管理归口生活服务科、预算管理归口财务部等等。

2. 动态目标分解

动态目标分解就是按照职责这条横线，与时间、目标这条纵线的有机整合，使各部门之间的职责和工作关系有机地协调起来。崔家寨矿整体动态目标分解按照“三级目标”的原则层层分解矿井年度经营目标，建立“目标—时间”分解树，实现经营管理压力层层传递，确保目标完成与时间的紧密结合，实现全年安全、生产、经营管理一体化。

（1）矿一级目标分解。根据当年度上级主管单位下达的安全、质量、利润、综合成本、原煤产量、末煤发热量等经营目标分解到矿各职能业务部门，建立“目标—时间”分解树，由职能业务部门根据当年的工作时间分解为月度、季度、半年奋斗目标，再依据奋斗目标制定生产作业计划、采掘衔接安排、销售计划、成本投入计划等具体业务规划，充分考虑经营管理工作的时效性，努力树立时间就是效益的观念。

（2）职能部门二级业务目标分解。矿井年度经营目标是职能业务部门年度规划的重要指导，部门规划的结果落实到每年的经营预算，本着“能量化的量

化、不能量化的细化”的原则按责任中心和时间进度，将成本、利润、销量、煤质等分解到具体的基层业务区科。例如根据时间进度将矿井整体的月度生产目标分解到全矿五个原煤生产单位、制定区队级别的月度生产计划。

（3）基层区队三级业务目标分解。基层区队为具体的费用使用单位、生产计划的执行单位。区队级目标分解要确保完成二级分解目标，分解到“每天、每班组、每人、具体工作细节”，建立区队级生产计划、制定目标完成保障措施。崔家寨矿要求区队完成三级业务目标分解后报送二级业务部门审批，实现三级目标与二级目标相一致。

通过三级目标分解，将崔家寨矿经营目标分解到 6 位副总工程师、12 个机关职能部门、16 个基层区队，建立了各部门、基层区队《年度重点经营目标—时间分解树》，使企业年度经营目标能够转化为具体的、可执行的具体目标。

3. 目标与职责结合

经营管理绩效评价就是将经营目标和部门职责相结合的过程，将经营目标转化为经营考核指标，各业务职能部门对照年度分解目标编制经营预算进行目标管理，针对经营管理过程的关键环节、重要步骤以及薄弱环节制定业绩改进措施，以确保最终实现企业整体目标。

（1）评价指标设置。在目标与职责之间建立清晰的分解和对应关系，为了有效建立、维护这种关系，各牵头部门在与相关部门进行沟通与交流的基础上，将评价指标按经营管理职责分解到相关部门、基层单位，形成“纵到底、横到边”的指标考核体系。该项目实施部门在 2010 年 10 月份即着手调整评价指标库和权重，同时通知各部门制定部门级绩效评价指标，12 月初收回指标调整意见书，12 月底之前完成绩效评价指标制定工作。

指标调整分为权重指标和非权重指标。权重指标体现矿整体经营导向。权重指标包括过程指标和结果指标，注重工作结果，通过过程指标的设计实现了对工作过程关键节点的监控。例如崔家寨矿职能科室指标的共性指标“产量”“综合成本”的设置就是基于这种思路设定的。非权重指标包括否决指标、加分指标、减分指标。非权重指标对员工提出清晰要求，使员工清楚哪些行为和结果会得到组织奖励，哪些行为和结果会得到组织的惩罚。例如对机电部“防爆的管理和监督”“电力指标分析报告”，调度室“过磅监磅工作”“定期产量、煤质分析报告”等指标的设定就是非权重指标类。基于以上思路全矿机关职能部门共设定 190 余项评价指标，基层区队共设定安全、质量、任务、成本四大模块 120 余项评价指标，建立了“部门—职责”对应的经营管理框架，使“安全、增量、提质、降耗”的任务分解到每一个部门，每一个经营管理环节上去，落实到每项具体指标。

（2）绩效评价的周期、力度与幅度。绩效评价的考核周期设置后，一般不做调整，只有出现新设立的指标时才需要重新确定和衡量。新设立的指标要根据不同的评价周期，考虑放在何时评价更合适。一般而言，注重过程的指标放在月度、季度上评价，注重结果的指标放在半年度、年度上评价。

绩效评价的力度和幅度根据每个年度的工作重点和难点进行调整，根据以往考核的时候加分时容易，减分时就会遭到部门反对的实际情况，2011 年统一要求评价部门与被评价者或部门就全年的工作重点开展沟通，沟通的结果报人力资源部门进行分析，根据工作重点的转移，再调整评价指标的力度和幅度。

（3）绩效评价指标的目标值设定。目标值一年做一次调整，为了防止中期可能出现数据波动过大的情况，目标初定后对其加以备注。例如，当井下生产条件良好时或者开启原煤风选设备时，煤质科可以轻松完成年初制定的煤质目标值，在这种情况下崔家寨矿绩效评价组织机构在年初制定绩效评价指标目标值时，就对目标值进行备注。同时将此项说明与煤质科沟通，这样既能保障目标值的有效性，又能有效降低业务部门对绩效评价的抵触情绪。

4. 评价组织实施

当部门职责界定清楚、矿整体目标落实到全矿每一个机关部门、基层区队时，为了对其经营过程监控，对经营成果及时进行量化，崔家寨矿主要从以下几方面入手：

（1）上报矿决策层，形成绩效评价方案。绩效评价实施部门按照以上思路形成经营管理绩效评价方案后，绩效评价实施部门将绩效评价方案与各部门负责人一对一的进行交流确认后提交决策层正式形成内部文件公布执行。2011 年初正式下发了《崔家寨矿 2011 年绩效评价实施办法（试行）》。

（2）组织各部门管理者学习方案。为了让各级管理者充分了解评价方案的内容、目的以及掌握绩效管理相关工具、方法和技能，提高绩效管理操作人员对整个体系的深入理解和具体应用能力，崔家寨矿通过矿内部局域网、经营例会等多种形式开展了培训，使各级管理者更加清楚本部门的经营目标、工作标准，在全矿范围内营造绩效评价的氛围，使绩效评价工作更有效地开展。

（3）优化评价数据报送流程，及时准确收集绩效数据。因为不同部门之间、各工作流程之间、人力资源和业务系统之间存在“数据壁垒”，因此绩效评价数据的收集不仅是人力资源部门的工作，还关系到各个部门的切身利益，也是全矿整体经营目标能否完成的重要保证。

为确保收集数据的时效性，绩效评价实施部门主要采取以下应对措施：一是提高部门负责人对绩效数据收集及绩效管理系统运行的重视度，增强大局意识；二是优化了考核数据收集的流程图、数据报送表及重要节点的时间要求；三是明确了流程的相应负责人。

（4）合理处理绩效评价差异。由于部门间的工作性质不同，很难在部门间进行横向对比，而部门绩效评价的结果直接与薪酬奖金挂钩，绩效评价结果的公平性就显得尤其重要。为此，崔家寨矿建立了绩效评价指标仲裁机构，该机构由经营副矿长亲自主持，对经营管理过程中，对指标目标值设定、客观环境变化等原因导致没有完成评价指标的情况进行确认、仲裁，及时调整目标值或者完成值，从而确保了绩效评价结果的公平性。

（5）建立绩效评价定期沟通制度。每月 3 号由经营副矿长主持，人力资源部负责组织、评价部门与被评价部门参与的绩效评价协调会，对当月及累计经营指标管控情况逐个进行分析，通过对绩效评价结果的分析，找出未完成指标的原因，同时结合外部市场环境及时、准确调整矿内部经营策略，引导经营管理改进工作业绩。例如煤炭市场的供求在一年中有淡、旺季之分，针对崔家寨矿 2011 年上半年的生产、销售指标完成情况，及时调整矿选煤车间、煤场出块率、末煤发热量、电费、材料费等经营考核指标，在煤质较好、销售旺季的时候组织开展了配售底煤、次杂煤业务，调整了产品结构，提高了企业销售收入。

（6）强化绩效管理与薪酬挂钩制度。在不改变上级主管单位下达企业工资总额的基础上，通过绩效评价系统科学地反映部门绩效水平，并将绩效评价结果与当月薪酬浮动部分挂钩，增强企业绩效工资的激励作用。同时将评价结果与工资调整、奖金发放、人力资源开发、组织结构调整、流程再造、评先评优、人员配置等方面相结合，最大程度发挥绩效考核的积极作用。

四、以实现企业整体经营目标为核心的绩效评价机制构建的实施效果

通过对经营管理建立实时的评价机制，重点把握每个经营环节的经营成果状态，针对经营管理过程中出现的问题及时制定整改措施，在经营管理、人才培养等多个方面都取得了良好的运行效果。

1. 企业管理更加规范，执行力显著提高

（1）通过实施管理创新，部门职责界定和目标分解更加符合企业实际，使各部门更加清楚自己的工作职能和工作目标，使部门权利和责任得到较好的区分，减少了日常工作中部门之间推诿现象的发生，解决了粗放式管理问题、制度落实不到位问题，强化了各项规章制度的贯彻落实，延伸覆盖层次，使企业管理水平满足了企业快速发展的需要。

（2）绩效评价规定了绩效考核流程，优化了各项业务管理流程。通过绩效评价这一平台，增强了各级管理人员信息沟通，及时协调日常管理中出现的各类问题，促进了企业整个经营团队合作交流，使各级经营者全面提升了实际经营管理能力，创建了一支能够适应企业内涵挖潜、转型升级的经营管理队伍，工作执行力显著提高。

2. 企业经营管控水平显著提升，圆满完成安全、生产、经营各项指标，确保了企业整体经营目标的实现

通过对企业销售收入的监控，崔家寨矿及时调整了产品结构，在煤炭销售市

场较好的情况下积极开展配售煤、次杂煤和沫筛籽煤等增收工程，增加企业销售收入。全年在确保煤炭质量、满足客户要求的前提下，通过对脏杂煤劣质煤种科学的组织配售、沫筛籽煤工作，配售煤达 4.91 万吨、沫筛籽煤 2037.65 吨。全年节省新材料费投入 210.6 万元，节省修理费 418.79 万元，创造综合效益 344.2 万元，修旧利废各项考核指标创建历史新高。物资回收全年完成原值 187.63 万元，坑木类回收、掘进工作面皮带复用比例达到 100%，实现全年不再投入新品。另外，加大煤质管理人员考核力度，从采掘设计到商品煤销售及运输实施全过程监控，末煤发热量全年完成 4045 大卡/千克，超指标 145 大卡/千克。通过实施日常安全质量过程的控制，全矿人员安全意识得到明显的提高，2011 年崔家寨矿保持安全质量标准化一级水平、实现第七个安全生产自然年。

崔家寨矿 2011 年度主要经营考核指标完成情况：原煤产量完成 265 万吨，原煤综合成本完成 167.77 元/吨，原煤制造成本完成 137.03 元/吨，对外销售煤量完成 267.37 万吨，对外销售收入完成 7.7 亿元，企业利润完成 3.06 亿元，职工年人均收入较上年增长 8%。

3. 通过实施管理创新取得了可观的经济效益

通过经营管理绩效评价机制的建立与开展，确保了全年整体经营目标的实现，同时也取得了可观的综合经济效益，该成果功能作用的范围是崔家寨矿全矿的各项经营管理工作，涵盖了成本、安全、质量等方面，功能作用的结果是通过企业经营管理工作绩效评价机制的制定和落实，构建一套经营数据支撑的企业经营管理风险预警体系，使企业经营管理者能够根据外部经济形势、市场环境及时调整内部经营策略，从而增加企业效益。其经济效益构成因素是多种因素相互作用交叉而复合在一起，需要分离计算，因此采用“CSP”计算法，测算成果取得的综合经济效益约为 1317.73 万元。

4. 形成了较为成熟的煤矿日常经营管控模式，为煤炭生产企业的经营管理工作创造了可供借鉴的经验和方法

崔家寨矿作为开滦集团蔚州矿区生产主力矿井，其管理模式对其他矿井有着示范带动作用，崔家寨矿将经营管理绩效评价的管理经验通过管理创新项目的形式正式立项，形成一套完整的、可应用、可操作的管理系统与模式。目前开滦蔚州矿区单侯矿、兴源矿、南留庄矿等也按照这种管理模式建立绩效评价机制。

（成果创造人：张连海　郝国祥　张庆峰　唐继昌　王洪学　武建洲　郝春雨）

星级管理在建筑工程项目管理中的创新与应用

冀中能源股份有限公司

冀中能源股份有限公司注册资本11.56亿元，通过资产重组完成后，公司实现了历史性跨越，公司总资产飙升至211亿元，可采储量增加29，206万吨，核定生产能力增加1，254万吨/年，煤炭资源储量和生产能力都得到大大提高，公司的煤炭主业更加突出，赢力能力进一步增强，公司综合实力得到进一步提升。公司上市十年多，凭借多方面优势，连年取得良好的经营业绩，2011年冀中能源挺进“世界500强企业”，先后获得中国上市公司纳税百强企业、中国十佳最重分红上市公司、中国最具价值上市公司50强企业、全国纳税500强企业、河北省明星企业、河北省诚信企业、中国最具影响力企业等多项荣誉称号。

一、在建筑管理领域中创建星级管理的实施背景

1. 实施星级管理是服务国家经济发展与结构调整的必然选择

2011年省委省政府、省国资委明确要求“转方式、调结构、促升级、增效益”作为今后一个时期的重大战略任务，理清发展思路，强化工作措施，切实提高发展的质量和效益。提升企业发展质量，关键要抓好三个方面：一要高效发展；二要安全发展；三要绿色发展。

2. 旧的管理手段严重制约企业的联合跨越发展

近几年集团公司通过联合重组、技改挖潜和整合扩张，实现了规模、总量的突飞猛进，同时带动新建、扩建、改建工程成倍的增长。为更好地适应企业大发展，旧的基建管理体制出现很多不足和弊端。2011年总投入基建资金约3.55亿元，比上年同期增长11.3%。针对建设工程投资多、规模大，工程地点分散不集中、节能环保项目及生产性重点工程较多的实际情况，为保证工程建设的顺利进行、实现“工期、质量、造价”控制目标，提高投资效益，进一步提高基本建设管理水平，克服信息反馈不及时、不准确，影响领导决策以及施工过程中变更

签证多、现场管理力度深度不够的弊端，扭转基建管理人员少、工作量大、职能交叉、效率偏低的不利局面，实现“分类管理、细部管理、突出重点”的管理目标，主管基建工作的公司领导提出转变观念，变管理为服务，对所有地面在建工程进行“分级管理、突出重点、精细控制”的星级挂牌管理模式，促进企业的联合跨越发展。

3. 通过星级管理实现企业建筑项目管理的高效运行

通过此项创新管理模式，从项目立项、审批、招标，到开工、建设、竣工、投入试运营到交付使用，对全部在建工程不仅在安全、质量、进度等方面进行横向管理，还对工程款拨付、绿色施工、高效新技术等方面进行纵向管理，实现动态星级服务管理。

二、实施“星级服务、动态管理、精益制造”创新管理的内涵与主要内容

2011 年，面对在建工程项目的繁重管理工作，公司主管基建领导果断提出“星级服务、动态管理、精益制造”的首要管理目标。一方面，深入调研，转变以前只管理不落实的断层管理旧机制，施行星级工程服务新理念。另一方面，不断整顿、规范、强化建筑工程动态管理，通过不断的探索和创新，公司逐步形成“1453”星级工程管理新体制。

1. 以建筑项目管理为目标，确立工程星级级别

对公司所属全部在建工程项目实行三个级别的星级管理模式：一是公司投资的建设项目，投资额在 1000 万元以上的重点工程，直接用于生产的项目和干部职工密切关注的工程项目定为三星级服务管理；二是由矿（厂）投资，投资额在 1000 万元以下，或与生产有关联的项目工程定为二星级管理；三是没有被列为三星和二星的工程项目定为一星级管理。

2. 创建工程项目“星级动态管理”模式，构建“一体四制”“五要三保”的“1453”管理体系

“1453”星级工程管理新体制中的“1”是指“一体”，即“分级管理、突出重点、精细控制”的星级挂牌管理理念，是工程项目管理的工作方针。核心在于按照工程项目的规模及重要程度，核定管理级别，抓住工作重点，对工程进行精细化管理，及时发现问题、及时上报问题、及时解决问题，确保工程的顺利进行。“4”是指“四项制度”，即主管领导决策问询制、项目管理三级负责制、月度验收及例会制度、周报及巡检制度。这是项目管理的措施，核心在于通过制度的建立，对工程项目的建设行为进行约束和控制。“5”是指“五个要素”，即“质量、安全、工期、投资、环保节能”五个核心要素，凸显了“安全、环保节能”在工程管理中的重要性，是工程项目管理工作的内容；“3”是指“三个保证”，即“流程保证、过程保证、责任保证”，是工程项目管理的手段、方法。

3. 落实工程质量、工期、资金、安全的目标管理，创建精品工程、绿色工程

施工过程中严格按照“质量、安全、投资、工期、环保”五位一体的要求，全面推行标准化管理，进而全面提高项目管理水平。通过科学管理和技术进步，最大限度地节约资源并减少对环境负面影响的施工活动，实现节能、节地、节水、节材和环境保护（“四节一环保”）。创建精品，树立典范。

三、星级管理在建筑工程管理中的主要做法

创新在建工程项目管理模式，是一项系统工程，也是提高集团公司大发展能力的迫切需要。集团公司组建时，就确立了“三个中心”的职能定位和扁平化管理原则，特别是股份公司本着精干高效、精益管理、低成本战略的思路，创新工程项目管理模式，构建工程项目“1453”星级工程管理体系。

股份公司基建部作为工程建设的管理单位，在工程建设中，始终将树立“创新、创优、创高”的意识，将“创优”工程、创“精品”工程、推广绿色施工的意识贯彻到工程管理的全过程，贯彻到每个环节中。在实际工作中坚持“权力与责任相统一、工作安排与落实相统一、计划执行与调整相统一”是项目管理的工作原则。通过工程建设标准化管理：即人员配备标准化、现场管理标准化、过程控制标准化，进而全面提升股份公司建设工程项目管理水平。

1. 策划创新星级管理机制方案

（1）明确星级管理目标。针对工程项目多、地点分散、建筑类型复杂等实际情况，本着“分门别类、突出重点、深化细节”的管理思路，公司明确把“消灭机关人浮于事、职能交叉、效率低下”作为目标，创建工程项目“星级动态管理”模式，并通过构建“一体四制”“五要三保”的“1453”管理体系，把管理转变为督查与服务并重的理念，并逐步规范、建立健全规章制度，严格贯彻执行。

（2）确定星级管理进程。创建工程项目“星级动态服务”管理体制，既是工程项目管理的重大变革，也是提升企业经济效益的必然手段，必须坚持积极稳妥的原则。为此，公司将构建进程分为三步：第一步，先建章建制，成立“星级工程管理”工作组，夯实基础，规范管理，为构建工作做好准备。第二步，把握关键环节，创新建设项目管理机制，构建“一体四制”“五要三保”的“1453”管理机制，实行过程控制、细部管理。第三步，主要是建立长效机制，形成良性循环管理机制，逐步改进，全面提升公司建设工程项目管理水平。

2. 规范星级管理，构建“1453”星级工程项目管理体制

（1）对星级管理进行建章建制，规范管理。建设工程项目管理是企业发展的基点，工程项目管理的成败，决定了企业生产的成败，工程项目的管理水平，

体现了企业管理的水平。针对建设管理制度不健全，而且有章不循现象较为普遍的情况，公司一方面紧抓工程项目管理的建章建制工作，仅 2010 年 2 月至 2011 年底就出台工程项目管理有关规章制度 30 多部，夯实建设工程管理基础；另一方面狠抓各项规章制度的执行，推行星级服务、强化检查、考核力度、施行成本目标对接管理，逐步规范建设工程项目管理，建章建制、规范管理，为构建工程项目“1453”管理体制打下坚实的基础。

（2）星级管理实行分级挂牌管理，把握关键环节。确定适当的项目管理模式，是开展项目管理的关键环节，决定项目管理的成败。针对原来管理体制出现的弊端，为减少管理环节、落实管理责任、降低管理成本、提高管理效率，结合工程项目的管理实践，公司逐步确立了“星级服务、动态管理”的项目管理模式。

2011 年初，对公司所属全部在建工程项目实行三个级别的星级管理模式：一是公司投资的建设项目，投资额在 1000 万元以上的重点工程；不论投资额大小的节能减排项目；直接用于生产的项目和干部职工密切关注的工程项目定为三星级服务管理；凡是列入三星级管理的工程项目，公司基本建设部明确一名副部长专门负责，每周至少组织一次到工程项目施工现场检查工程建设情况，及时发现问题及时督促施工单位进行整改，组织协调参建各方关系，及时解决施工中遇到的难题，对施工中发生的工程变更、签证及时予以核实，办理相关手续。各矿（厂）也要明确项目负责人，对工程施工进行监督管理，并负责信息的收集与反馈，每周向基建部汇报工程进展情况。二是由矿（厂）投资，投资额在 1000 万元以下，或与生产有关联的项目工程定为二星级管理。由公司基本建设部一名副部长带队，每半月至少组织部室人员深入工程项目现场巡查一次，监督检查施工情况，协调解决施工中遇到的问题，确保工程顺利进行。各矿（厂）也要明确项目负责人，对工程施工进行监督管理，并负责信息的收集与反馈，每周向基建部汇报工程进展情况。三是没有被列为三星和二星的工程项目定为一星级管理。由公司基本建设部每月至少组织到施工现场监督检查一次，解决存在的问题，矿（厂）要明确专职人员负责每周向基建部上报工程进展情况，并负责日常的施工管理。

（3）建立星级项目管理体系。工程立项后，建立起以公司领导为决策层，公司职能部室、筹建单位基建科为管理层，监理单位、设计单位、施工单位为执行层的工程项目管理体系。根据公司基本建设实际情况，相继出台一系列建设工程管理文件及管理制度，规范和约束了参建各方人员的管理行为，严格落实岗位责任制，以人的工作质量确保工程项目正常有序地顺利进行，实现工程建设“质量、工期、投资、安全、节能环保”的控制目标，提高公司基建管理水平。工程项目管理主要采用“目标管理方法”，它的精髓是“以目标指导行动”，即以实现目标为宗旨而开展科学化、程序化、制度化、责任明确化的活动。

（4）对星级管理工程加强过程控制、精细管理。

①星级工程质量管理。工程项目质量是项目建设的核心，是决定工程建设成败的关键，是实现控制目标（质量、投资、进度、安全）的重点。因此，所有在建工程始终围绕争创优质工程、精品工程开展各项质量管理活动，认真贯彻执行"百年大计，质量第一"的管理方针，以人为本，做到工程管理人员职责明确、工作内容清楚，责任及具体工作内容落实到每个人，形成质量工作人人有责的工作氛围。强化过程控制，从设计到施工，每个环节、每道工序、每个过程进行了有效的管理控制，注重细节，以工序质量保证工程质量。施工过程中严格按照"质量、安全、投资、工期、环保"五位一体的要求，全面推行标准化管理，进而全面提高项目管理水平。

工程质量整体水平的提升必须从设计开始，鼓励设计采用四新技术，要求设计单位对设计方案进行优化，而施工单位作为工程质量及工艺水平提升的主体，必须加强自身的创优意识和本身的风险意识。

②星级工程安全管理。进一步加强对安全工作的认识，不断提高安全管理水平。牢固树立"安全第一、预防为主、综合治理"和"一切事故都可以避免"的思想，以对员工、企业，社会高度负责的精神，正确处理安全与效益、安全与生产的关系，切实将安全环保工作抓好、抓实，努力做到万无一失，坚决杜绝各类事故的发生。制定相关安全管理制度，并监督执行；协调各参加单位的关系；组织召开安全工作例会，对近期安全工作进行总结，根据各工地的安全情况做出处理意见；根据安全工作需要组织安全大检查，并将检查结果予以公布，督促施工单位进行整改。根据安全生产管理规定，严格对施工单位进行安全管理，对其安全生产情况及文明施工进行监督检查，制定安全管理制度，明确其安全责任，并督促其严格执行。不断增强安全检查的有效性，加强现场安全管理，提高现场的安全管理水平，实现安全生产的良性循环。

③星级工程进度管理。工程项目进度管理包括两大部分的内容，即项目进度计划的制定和项目进度计划的控制。

项目进度计划的制定。在项目实施之前，首先制定出一个切实可行的、科学的进度控制计划，然后再按计划逐步实施。其制定步骤一般包括收集信息资料、进行项目结构分解、项目活动时间估算、项目进度控制计划编制等几个步骤。为保证项目进度控制计划的科学性和合理性，在编制进度计划前，必须收集真实、可信的信息资料，以作为编制进度计划的依据。信息资料包括项目背景、项目实施条件、项目实施单位，及人员数量和技术水平、项目实施各个阶段的控制目标等等。

工程项目进度计划的控制。在工程项目进度管理中，制定出一个科学、合理的项目进度计划，为项目进度的科学管理提供了可靠的前提和依据，项目进度计划控制的方法是以项目进度计划为依据，在实施过程中对实施情况不断进行跟踪检查，收集有关实际进度的信息，比较和分析实际进度与计划进度的偏差，找出偏差产生的原因和解决办法，确定调整措施，对原进度计划进行修改后再予以实施。随后继续检查、分析、修正；再检查、分析、修正……直至项目最终完成。同时在项目实施过程中，加强了施工过程中的进度动态控制，制定了公司领导问询制度、月度验收和月度例会制度、周报和巡检制度，加强进度计划的监督执行，加大组织协调力度，及时发现因外部环境和条件的变化而造成实际进度与计划进度发生的偏差，并采取切实有效的措施及时予以纠偏，避免影响工程项目进度管理目标的实现。

④星级工程投资管理。加强动态控制，注重信息管理。在项目实施过程中及时掌握国家有关工程造价方面的法律法规，收集各种价格信息，密切注意市场行情，及时、准确地掌握材料价格信息、市场供求动态，做到货比三家，择优选择性价比高的产品。对大宗材料或大型设备在签订合同时明确甲供，以达到降低造价之目的。对由建设单位供应的材料要做好详细的计划，根据施工进度计划及合同约定，合理、及时供应，以缩短材料储备时间和对资金的占用时间，减少建设期间由于筹措资金而发生的利息支出。

严格变更签证管理，掌握工程造价变化。在施工阶段成本控制的关键是对工程设计变更和现场签证实行有效控制，在施工过程中，严把变更关，从使用功能、经济美观等角度确定是否需要进行工程设计变更，减少不必要的工程费用支出，避免投资失控。严禁通过设计变更扩大建设规模，提高设计标准，增加建设内容等，实行“分级控制、限额签证”的制度。督促施工单位按图施工，严格控制变更洽商、材料代用、现场签证、额外用工及各种预算外费用，对必要的变更，做到先算账，后花钱，变更一旦发生就应及时计算因变更签证而引起的费用增减，掌握各项变更对总投资的影响，做到心中有数。

抓好施工合同管理，减少工程索赔。合同双方严格遵守合同约定，按照合同约定的时限、内容认真履行好各自的义务，避免违约索赔，从而有效控制成本。对施工单位的工程款拨付，以月进度为节点，采取在总合同价款控制前提下的多节点进度款控制，每月 25 日左右基建部组织公司规划部、质监站、设计中心、筹建单位、监理单位、施工单位对当月工程进展情况进行联合检查验收，现场审核施工单位提交的进度报表，并做出审核意见，做到了工程进度款拨付的准确性、及时性，维护双方利益，确保工程顺利进行。

⑤星级工程信息管理。具体实施措施：第一步是建立工程管理信息化平台。工程信息管理系统主要通过收集、存储及分析项目实施过程的有关数据，实现管理人员的监督、检查，其核心是对项目目标实施有效控制，即对进度、成本、质

量及合同目标的规划和控制，实现动态管理。第二步是使用办公自动化系统（OAS）。充分依托现有办公环境，使用办公自动化系统规划实施工程信息管理，进一步提升公司工程管理流程，达到实时沟通，实现信息资源共享，提高项目管理工作效率，不断追求目标管理工作质量。

3. 严格落实“四制”，完善星级目标管理

建设工程项目管理体制的确立，仅仅是建设管理工作的良好开端，仅为搞好建设工程管理工作提供了体制保障。要实现工程项目管理目标，必须进一步强化建设工程管理工作，严格落实项目管理基本制度，使建设工程管理工作落到实处。

（1）主管领导决策问询制。针对建筑施工工程实际管理情况，把握细节，找准难点，制定切实可行的措施。工作具体到一线，主管领导带头深入一线调查研究，深入一线督促指导，深入一线解决实际问题，身体力行地推动各项工作的责任落实。主管领导随时利用 OA 办公网络就可以了解各个星级工程的施工现状，随时分析情况，并且询问出现情况的原因，及时给建设单位提供正确的决策帮助，主动协调解决疑难问题。

星级管理实行公司主管领导问询制，对于现场解决不了的问题及时反馈给领导，尽快给予答复，以免耽误工期。所有工程实行分类挂星级服务管理，确保静动结合、有的放矢、主次分明、轻重缓急，达到更好更有效地全面服务和管理建设工程项目的目标。

（2）项目管理三级负责制。公司严格贯彻“雷厉风行、执行到位”的工作作风，狠抓落实，管理责任具体到公司职能部室、筹建单位（矿、厂）、项目监理部，把管理目标层层分解，明确主管领导、负责单位及具体负责人员，明确工作要求，量化工作标准，严格项目实施工程中的监督检查力度，采取切实可行的措施，确保工程项目控制目标的实现。

（3）月度验收和月度例会制度。每月 5 号召开基建例会，在公司本部设立主会场，在各建设单位设立分会场，约 280 余人参加会议。会议的主要任务是通报近期基建工作总体情况，部署下阶段基建工作重点。并具体分析和研究指出基建安全所面临的风险和压力，并要求要迅速行动，强化管控，保持基建安全稳定局面。

月度验收制度。针对以往工程进度报表提交、审核时间长，造成工程款拨付不及时；因进度报表审核前未进行进度、质量检查验收，存在报表内容不合理的现象；为了加强造价控制，简化程序、提高办事效率，做到进度报表内容真实、准确，制定了月度联合验收制度，月度由基建部组织规划部、质监站、设计中心、筹建单位、监理单位、施工单位对公司在建工程施工进展情况进行联合验收，现场办公审核进度报表，如报表内容与检查情况一致，当场签字予以确认，

如与实际不符，要求施工单位予以修改、限期上报，大大减轻了施工单位办理审批手续的时间和工作量，进度款控制效果有了较大提高，确保了工程施工的顺利进行。

（4）周报和巡检制度。为提高施工进度管理成效、缩短工期，工程项目能够早日建成投入使用，发挥投资效益，制定了工程进度每周一上报制度和定期巡检制度。制定统计工作流程及方法。各筹建单位安排专人负责统计工作，每天收集相关信息、数据、资料，并进行专业化整理后分项分类汇总到公司基建部下发的星级管理工程统计信息表中。各筹建单位统计人员，负责将每周星级管理工程统计信息表上报基建部。通过对相关信息的搜集、细化、分解，可以有效实现工程施工的动态过程控制和管理。

为保证施工进展情况的准确性、真实性，基建部定期或不定期对公司范围内的在建工程进行巡查，重点是施工进度计划的完成情况。规定：三星级工程项目，每周至少深入工地检查落实一次；一星级工程项目每月至少深入工地检查落实一次。

4. 强化业主的服务意识，全力为星级工程建设服务

不断强化业主的服务意识，一切为工程项目着想，服从和服务于工程建设，对涉及工程建设需要解决的事项，做到不推诿、不扯皮、不拖延，以最快的速度答复和办理，时刻想着多促进、多帮忙、不添乱。强化业主的奉献精神，不延误工程建设之需，一切为中心工作让路，时刻做好准备，随时听从调遣，做到招之即来，来之能战，战之能胜。在项目建设之初，首先明确项目需要达到的目标使之贯彻在项目建设的全过程，使之落实在工作计划中，做到深入人心，人人皆知，扎扎实实向目标推进，并最终实现建设目标。

5. 强化绿色施工的意识，节能降耗

绿色施工是实现建筑领域资源节约和节能减排的关键环节，是指工程建设中，在保证质量、安全等基本要求的前提下，通过科学管理和技术进步，最大限度地节约资源并减少对环境负面影响的施工活动，实现节能、节地、节水、节材和环境保护（“四节一环保”）。绿色施工是企业转变发展观念、提高综合效益的重要手段。绿色施工的根本宗旨就是要实现经济效益、社会效益和环境效益的统一。

绿色施工除了涵盖文明施工外，还包括采用降耗环保型的施工工艺和技术，节约水、电、材料等资源能源，绿色施工高于、严于文明施工。绿色施工是建筑业承担社会责任的具体实践。具体措施如下：努力提高施工用水效率、采用节水型卫生洁具、加强施工阶段用水计量与控制、根据工程实际情况尽可能采用非传统水源的利用（中水、废水）；降低材料消耗、努力减少建筑废料和建筑垃圾、推广标准化专业化生产加工和安装方法优化、周转材料的合理重复使用；机械设

备机具、施工用电照明、生产生活及办公临时设施选用节能的机具设备、合理设计工序；合理紧凑施工总平面布置，充分利用原有建筑物、道路管线和交通线路；加强扬尘控制，如施工场地主干道硬化、场地绿化、洒水抑尘、进出车辆冲洗、禁止高空抛掷垃圾装袋运输等措施，根据不同施工阶段、不同材料采取分类控制措施和指标，如土方作业区目测扬尘高度低于 1.5 米，结构安装作业区目测扬尘高度低于 0.5 米。

四、实施星级管理创新在建筑管理中的效果评价

1. 实施星级管理的总体效果

通过星级工程项目管理体制的构建与实施，公司基建管理水平得到了全面提升，进一步提高了工程建设标准化管理程度及工作质量、工作效率，加大了工程管理的力度、深度、广度，增强了业主服务意识和绿色施工意识，实现了“质量、工期、投资、安全”控制目标，圆满完成了 2011 年度基建任务，为企业发展壮大做出了贡献。

2. 星级管理创造了良好的经济和社会效益

星级工程项目管理模式在冀中股份公司得到了广泛的应用，取得了显著的成效，显德汪矿、邢台矿、西庞洗煤厂技术改造项目顺利完工，每年新增原煤入洗能力 442 万 t，新增销售收入 28.59 亿元，新增利润为 2.176 亿元，为冀中股份公司的跨越式发展奠定了坚实的基础。葛泉矿、章村矿风源、水源热泵系统的成功应用，每年可节约标准煤 13652.7 吨，减少 CO_2 排放 35566.2 吨，减少 SO_2 排放 29.4 吨．实现了企业与环境的协调发展。2011 年棚户区改造面积共计完成 70225.94 平方米，解决了广大职工的住房问题；厂区道路、绿化等一系列民心工程的实施，促进了和谐矿区建设及社会稳定；绿色施工的推行，节约了水、电及建筑材料，减少了环境污染，取得了较好的经济效益、社会效益。

（成果创造人：李彩惠　杜　刚　康东起　袁华民　石利英　曹宏伟）

安全隐患“三级闭环查办”体系的构建与实施

冀中能源峰峰集团有限公司

峰峰集团有限公司是在原峰峰矿务局基础上改制组建而成。峰峰矿务局1949年9月建局，2003年7月改制为有限公司。2008年6月30日通过联合重组，与金能集团合并成立冀中能源有限责任公司。峰峰集团有限公司作为第一大子公司，经过60多年的发展，目前已成为集煤炭开采、洗选加工、煤化工、电力、基建施工、机械制造、建材、现代物流等以煤为基础，多产业综合发展的国有特大型煤炭企业。集团公司下设43个分（子）公司，年产原煤3000万吨，精煤1100万吨。在册职工4.5万人，企业资产总额91.6亿元，营业收入820亿元。

一、安全隐患“三级闭环查办”体系的实施背景

随着经济高速发展对煤炭资源的需求，煤炭产能日益增长。历经60多年的开采，峰峰集团煤炭资源日渐枯竭，很多矿井开采深度已达1000米以上，一批矿井衰老报废已注销生产能力，现有矿井可采储量少，地质构造复杂，水、火、瓦斯、煤尘、顶板等“五毒俱全”。水文地质条件复杂程度国内罕见，矿井涌水量最大达350立方米/分，随着开采深度加大，突水的危险性越来越大。目前峰峰集团还有19对生产矿井、破产重组矿井，有3对煤与瓦斯突出矿井，6对高瓦斯矿井，2对扩能技改矿井；地面厂点24个，生产内容涵盖了高温、高压、有毒、有害、民爆等高危行业，安全管理任务十分艰巨。面对客观实际，为了控制事故的发生，达到系统无缺陷、管理无漏洞、设备无故障、保障无失误，关键是文件精神贯彻要落实到位，管理制度落实到位，规程措施落实到位，做到上传下达、令行禁止。但峰峰集团生产经营涉及的专业广，环节多，摊子大，一些行之有效的安全管理制度，经过多层传达，往往贯彻落实不到位。有的落实的只是形式，要求的内涵却未被领会。针对管理制度落实不到位的问题，峰峰集团积极探索新的管理模式，将基层排查，公司抽查，定点检查，定时检查，考核验收，问

题剖析进行了归纳整合，形成了“排、检、整、督、验、评、考、消”为一体的安全隐患“三级闭环查办”体系。

二、安全隐患“三级闭环查办”体系的基本内涵及主要做法

安全隐患“三级闭环查办”体系的基本内涵：安全检查是企业安全管理的主要手段之一，是了解企业安全形势、管理制度落实、机制体制运行的必有路径；是高层管理者客观认识安全生产规律，运用管理的、组织的、技术的手段消除某一不安全因素，或者限制其发展、控制其危害进一步发展的行为科学。安全隐患“三级闭环查办”体系对安全检查进行了进一步梳理、规范，发挥优势，强调治理，注重落实，形成了三级运作模式，即一级是基层普查，二级是公司排查，三级是督查治理。三级运作模式相辅相成，一级紧扣一级，一级促进一级，把普查、督查、督办有机地结合在了一起，在煤炭行业尚属首创。其主要做法：

1. 安全隐患“三级闭环查办”体系的运作架构

闭环安全检查模式分三级运作，一级是基层普查，二级是公司排查，三级是督查治理。

（1）一级是基层普查天天不断线，24 小时生产地区全覆盖。

①强化自我保安，生产过程检查，由岗位员工根据标准自我实施。按照区队、班组、岗位划分检查标准，三者互相联系、互相协作，强化生产过程安全检查。明确了日常生产过程中，对于隐患排查，区队负什么责任，班组负什么责任，岗位负什么责任。岗位员工对照风险预控卡片，进行生产过程的安全检查确认。班组长巡回检查，指导、帮助岗位员工采取安全措施，规避安全风险，并定期收集隐患问题。按照“小隐患不过班，大隐患不过天”的处理原则，能现场处理的现场必须处理。现场不能处理的，暂不影响安全生产的问题，归纳上报当日区队值班人员。区队值班人员根据问题筛选，班前会布置处理。区队暂不能处理的，值班人员交班时转交到下一值班人员，并根据隐患大小、性质，归纳上报矿井井口安全信息站。

信息站每天安全生产调度会通报检查问题，隐患每周汇总并上报矿安全办公会。

②强化全方位布控，专业、综合检查，由领导带队组织实施。周二是采掘专业检查：采掘矿长带队，相关业务保安部门人员和基层单位主管专业副职、技术人员参加，对采掘顶板管理进行检查。周三是机运专业检查：机电、运输主管矿长带队，相关业务保安部门人员和基层单位主管专业副职、技术人员参加，对机电设备完好、运转等情况进行检查。周四是“一通三防”专业检查：通防专业主管总工程师带队，安全管理部门主管通防人员、瓦斯治理科、抽放区、通风区行政正职参加，对通风系统、通风设施、瓦斯防治、防灭火、爆破材料及井下爆破进行检查。周五是防治水专业检查：防治水主管总工程师带队，安全管理部门

主管防治水人员、技术科和基层行政正职参加，对矿井防治水现场落实情况、图纸资料等进行检查。周六是基层区队、车间行政正职值班，带领单位管理人员、技术人员对井下现场、规程措施落实或生产车间进行安全检查。周日是基层区队、车间党务正职值班，带领单位工会主席、团支部书记、宣传员等对单位人员精神状态进行检查，防止员工疲劳上岗，带着思想包袱上岗。周一是安全大复查：基层矿长（厂长或经理）书记带队，职能业务保安部室、基层管理人员参加，进行以劳保用品穿戴、岗位环境隐患、规程措施落实、设备设施完好、岗位人员精神状态为五要素的矿井全覆盖安全大复查，督导各专业隐患问题整改落实。

周一安全大复查主要问题，矿长签字上报集团公司安全管理部门备案。下月作业计划，矿井签字后与月底上报集团公司业务保安部门和安全管理部门。

（2）二级是公司排查周周不间断，每周生产矿井全覆盖。

①重点防控矿井定向检查。集团公司业务保安部门按专业划分，实施重点矿井“六定”检查。“六定”的具体内容：

一是定防控检查单位：根据上月综合检查纵向对比，以及矿井水文地质条件和瓦斯治理难度，确定当月重点防控检查单位。

二是定防控检查内容：地面设计、规程、措施必查；井下重点防突、防尘、防火地区必查；乘人装置系统必查；岗位证、瓦斯检测报警仪使用必查；风机风电瓦斯电闭锁、风机双切、安全监控系统故障闭锁功能必查；瓦斯超限处理情况必查；防治水措施及落实情况必查；涉及到高温、高压、有毒、有害等危化行业的必查。

三是定防控检查次数：根据煤与瓦斯突出矿井、瓦斯管理难度大；水文地质条件复杂，安全管理难度高等因素，把矿井划分为三类。一类监管单位每月至少检查 4 次；二类监管单位每月至少检查 3 次；三类监管单位每月至少检查 2 次。

四是定防控检查密度：根据各单位上报的月度作业计划和重点防控类别，对特殊工艺或施工时段有针对性的加大检查密度。

五是定防控检查人员：防控检查人员至少是业务保安部门处级或享受处级待遇的人员。明确检查人员，落实检查责任。

六是定防控检查时间：根据作业计划所列的采掘工作面初采、开口、结束、调口、高档支护段等特殊管理时段，罗列具体检查时间。

各部门根据工作安排和基层上报的作业计划，制定集团公司各专业的“六定”管理计划，交到安全监督管理部。根据“六定”检查计划，五个业务保安部门相互协作、配合，做到了每周生产矿井安全检查全覆盖。

②创新检查形式，做到了定向检查与全面排查有机结合。

实施“四部联查”：集团公司明确规定，季度质量标准化、精品工程等验收，由原来的业务保安部门单项验收，改成四部集中联查，减少了基层接待。

实施随机检查：下矿检查或验收一律不提前通知，下井检查不要求领导陪同，基层单位准备的地区不作为检查重点，而是根据作业计划、防控重点随机挑选。

实施重大事故预防检查：对防火、防突、防水、皮带保护等，有选择的组织专项检查，对重大隐患明确治理责任，狠抓落实，严查重罚，有效地促进了事故隐患整改效率。

实施互查互学互评“三互”检查：每季度组织基层单位的安管人员到有可比性的单位进行检查考评，激励基层单位相互学习共同提高。

实施聘请专家检查：对新型企业（煤化工、民爆物品），聘请专家剖析安全隐患问题，自我施压，强化管理。

实施“剖析检查”：对检查问题比较多的单位，驻矿进行“剖析”，查找问题根源，帮助基层完善管理，堵塞漏洞。

以定向检查为主，全面检查为辅，两者有机结合，极大地丰富了安全检查的内容。

（3）三级是检查问题建档立志，明确责任落实督导治理。基层普查问题基层落实治理，集团公司根据周一检查问题上报情况，适度引导治理。基层没有能力解决的隐患问题或上级部门检查出来的隐患问题，安全监督管理部门汇总，上报集团公司月度安全办公会，主管安全的副总经理落实业务保安部门督导、协调、帮助治理。

对于已落实督导部门或处理时限的隐患问题，安全管理部门建立隐患问题督导台账。明确专人，定期督办，确保了有问题查得出，查出来能治理。为了确保基层单位按时按质落实治理，集团公司专门成立了安全服务小分队。安全服务小分队在强化中夜班监督检查的同时，另一项职能就是复查基层单位已落实治理的隐患问题是否彻底。对于确实落实治理的，反馈信息，实施隐患问题销号管理；对于落实不力或未能彻底根治的隐患问题，严查重罚，全公司通报批评。对于影响作业人员人身安全的隐患问题，实施停产整顿，未经集团公司业务保安部门和安全监督检查部门联合验收，不得组织生产作业。

2. *安全隐患“三级闭环查办”体系的运作流程*

闭环安全检查模式运作以三级检查为基础，实施分级治理，最大限度地调动了基层自主管理的积极性、主动性。

（1）基层闭环流程。周二采煤专业检查、周三机运专业检查、周四“一通三防”专业检查、周五防治水专业检查、周六基层区队、车间行政正职检查、周日基层区队、车间党务正职检查问题，由专业汇总，责任单位落实治理。基层区队没有能力治理的，由安全监管部门收集汇总，安全办公会上通报。矿长按照

"五定"原则，定整改及验收人员、定整改及验收时间、定治理整改标准、定整改措施、定整改资金，落实隐患治理。基层安全监督管理部门根据实现要求，建立隐患问题治理督导台账，跟踪落实治理。

矿井没有能力处理的或需要集团公司协助解决的隐患问题，以每周一安全大检查主要问题、每旬逐地区隐患旬报告、每月矿井作业计划、每季度重大隐患问题排查等形式上报集团公司业务保安部门和安全监督管理部门。

（2）公司排查闭环流程。"六定"检查，按照"专业分管，责任到人"的原则进行闭环管理，即：检查人为防控地区 72 小时安全生产负责，检查问题实行牌板化管理，谁检查谁负责督导治理。

公司各种检查均留有记录，安全监督管理部门汇总，并建立安全隐患问题档案。重大隐患问题，上报集团公司月度安全办公会，由安全副总经理签字落实业务保安部门协助处理，实行整改效果评价，报安全监督管理部门销号。对重大隐患问题治理，安全监督管理部安排安全服务小分队有针对性地进行抽查或复查，定期督导，确保治理效果。对治理不及时，或基层没有检查上报的隐患问题，集团公司按照《安全责任行政追究、经济处罚规定》条款，实施安全责任行政追究、经济处罚，确保了生产现场安全环境符合法律法规。

3. 安全隐患"三级闭环查办"体系的制度保障详实

围绕安全隐患"三级闭环查办"体系，集团公司进一步完善了《"三级隐患排查管控体系"实施办法》《逐地区隐患旬报告制度》《风险预控安全确认管理制度》《周一安全大检查制度》《隐患治理闭环管理制度》《隐患排查登记和消除报告制度》《隐患排查责任制度》《事故隐患奖惩制度》《领导带班"六定"管理制度》《安全责任行政追究、经济处罚规定》等。基层在集团公司的基础上，进一步细化管理制度，层层落实安全检查、隐患治理责任，有效地确保了现场安全生产。

4. 安全隐患"三级闭环查办"体系的实施措施

（1）健全组织，明确职责。为保证安全隐患"三级闭环查办"体系顺利运行，发挥好生产过程安全管控作用，年初集团公司印发文件，成立活动领导小组，对各项安全监督检查归纳分类，建立了安全隐患"三级闭环查办"体系。集团公司总经理任组长，各副总经理、总工程师任副组长，成员由副总工程师，各业务保安部门主要负责人组成。闭环安全检查管理模式的调研、推广由集团公司安全监督管理部具体负责。各单位按照集团公司文件成立领导小组，制定了工作细则，明确了工作职责和工作方法，从组织上保证了工作的顺利开展。

（2）强化宣传，逐级贯彻。营造实施安全隐患"三级闭环查办"体系运作浓厚氛围，是保障安全隐患"三级闭环查办"体系有效运作的前提。安全隐患"三级闭环查办"体系是一种融合多种管理方式综合运作的管理机制，是一种紧、严、细、实、全的安全管理文化，更是严抓落实促进安全发展的重要手段。从2010年11月份以来，集团公司领导在各种场合多次重申实施安全隐患“三级闭环查办”体系的重要性和必要性。各矿领导特别是主要领导认真学习，领会精神，在单位的各种会议上阐述实施安全隐患“三级闭环查办”体系的作用，大力宣讲安全隐患“三级闭环查办”体系促进安全发展的实际意义，变检为考，变查为核，严抓各项工作落实。

（3）落实责任，全面推进。责任明确，是安全隐患“三级闭环查办”体系的特色之一。明确规定了“一通三防”、“防治水”专业安全检查、问题治理的主要责任是总工程师；采、掘、机、运、通专业安全检查、问题治理的主要责任者是各专业领导；矿井安全检查问题整改的主要责任为主要领导；检查问题梳理、归纳、分类、督导、协调、建档、验收、考核的主要责任者是安全矿长（厂长或经理）。主要领导每周组织一次安全办公会，调度、安排、落实各专业检查问题治理落实情况。安全管理部门、技术部门、生产调度部门、瓦斯治理部门、职业危害防治部门等有安全管理职责的部门，依据矿（厂）规定进行监督指导，保证检查问题的整改落实。

（4）自主保安，人人参与。安全隐患“三级闭环查办”体系首先强调的是隐患排查治理工作，强调关键在查，重点在治；强调隐患排查效果评估，验收考核，整改销号。其次安全隐患“三级闭环查办”体系以检查促进责任落实，以考核促进工作落实，有力地促进了生产经营单位安全主体责任落实，强化区队自主管理、班组自治管理的基础上，重点突出了员工自主保安、自我保安，积极倡导人人都是安监员，人人都是隐患治理者，有力地调动了全体员工参与安全管理的积极性。

（5）规范制度，强化管理。公司规范了基层安全培训检查考核制度、规范了基层安全质量绩效考核制度、规范了基层“五级隐患排查”制度、规范了基层区队自主管理制度、规范了基层工程施工现场四项制度、规范了基层“五要素安全检查”制度、规范了基层“48小时生产地区”全掌控制度、规范了基层安全质量标准化现场剖析管理制度、规范了基层隐患排查治理闭环管理制度、规范了基层隐患排查扁平化管理制度等。通过安全隐患“三级闭环查办”体系构建与实施，进一步规范了基层安全检查制度，做到了安全检查有的放矢，避免了安全检查流于形式。同时，为集团公司领导层进一步了解现场安全生产情况疏通了信息渠道，确保了正确的安全决策的出台与实施。

（6）强化闭环，注重整改。公司强化了风险辨识预控闭环管理：即月末逐地区风险辨识、制定预防措施、打印卡片、安全培训、人手一份，持卡确认、现场预控。强化了隐患排查治理闭环管理：即员工自主保安，现场一班三确认，有隐患消除隐患，无法消除的隐患登记上卡，班组长筛选上报单位值班室，值班室筛选上报矿井信息站，矿井信息站筛选建档，落实责任单位，按期复查，整改销号。单位治理有难度的隐患问题上报矿井安全办公会，依照定责任、定时限、定措施、定资金“四定”原则落实处理。矿井治理有难度的隐患，利用“逐地区隐患旬报告”上报集团公司安监部门，安监部门筛选报集团公司安全副总经理，上安全办公会，落实业务指导监督部门，协助基层单位处理隐患并及时反馈到安监部门销号。

同时，强化了应急救援闭环管理：即根据基层上报的作业计划，督导基层及时修订应急预案，实施演练，完善预案；强化物资、设备储备，严格检修，提高保障，做到了应急即时即用，用之完好。

（7）严格考核，持续改进。集团公司管理小组定期对基层普查执行情况进行检查考核。每月利用安全办公例会，重点调度各单位安全检查情况、隐患问题整改落实情况。集团公司常规安全检查，也把基层普查工作作为一项重要工作来抓，及时发现在执行过程中存在的不足，及时给予指导和建议；对有些单位，重点采取了专门上课的方式进行讲解，使工作开展做到了有的放矢。

三、安全隐患“三级闭环查办”体系的实施效果

自实施安全隐患“三级闭环查办”体系以来，2011 年安全生产事故比年初控制目标有了明显下降，百万吨死亡率控制目标是 0.17 以下，实际是 0.13，比控制目标下降了 0.04；百万吨重伤率控制目标是 0.45 以下，实际是 0，比控制目标下降了 0.45；百万吨轻伤率控制目标是 6 以下，实际是 2，比控制目标下降了 4；百万吨非伤亡事故控制目标是 25 起以下，实际是 16，比控制目标下降了 8。地面单位，杜绝重伤及以上事故。企业社会信誉、经济效益和市场竞争力，持续增强。

1. 各级领导对安全工作的认识上有了质的飞跃

通过安全隐患“三级闭环查办”体系实施，强化检查，强化考核，强化奖惩，杜绝了基层落实制度敷衍了事的现象，牢固树立了“安全第一，预防为主，综合治理”安全方针。

2. 把各级领导的安全管理责任落到了实处

安全隐患“三级闭环查办”体系考核就是落实各级领导岗位安全责任制，消除安全管理死角，杜绝安全管理盲区，目的是把管理制度、规程措施真正落实到实处，尽最大限度地为员工营造一个良好的安全生产环境，确保安全生产。它既是安全管理工作链条的延伸，又是结合实际相互融合的创新，有力地促进了安全生产管理向规范化、制度化、程序化、法律化迈进。

3. 促进了各级领导和管理人员的作风转变

安全隐患“三级闭环查办”体系强调专业分管，自主管理，明确了专业领导安全检查隐患治理制度落实责任，要想确保安全生产，必须落实管理制度、规

程措施，杜绝违法非法生产行为。安全管理专业领导以为单位保驾护航的角色，强化安全督导，汇总检查问题，跟踪落实治理。单位主要领导统筹兼顾，全方位协调，保证了“闭环安全检查模式”正常运作，杜绝了敷衍了事。

4. 促进各级领导和管理人员实现了两个转变

随着国家第一批、第二批、第三批淘汰设备及工艺目录的下发，煤矿企业设备、工艺更新速度之快前所未有，各级领导管理人员的安全知识就不能循规蹈矩，抱住旧的东西不放。专业管理的实质就是确保安全。安全不能代表一切，但安全完全可以否定一切。而安全隐患“三级闭环查办”体系的运作，不但解决了这两个问题，反而实现了“两个转变”，即：习惯性管理向精细化管理转变，专业化管理向安全化管理转变。

5. 安全效果显著，确保了集团公司安全持续稳定发展

矿井实现了年初安全控制目标；地面单位杜绝了重伤事故；促进了隐患排查治理工作落实，进一步夯实了安全生产基础。同时，矿井安全质量标准化有了质的飞跃，安全质量标准化一级矿井达到100%。在安全质量标准化的基础上，薛村矿、大淑村矿、梧桐庄矿、新三矿、牛儿庄采矿公司、孙庄采矿公司、薛村矿被命名为国家级安全质量标准化矿井。

6. 取得了巨大的经济效益

用相关因素合成法（PCP）计算经济效益，安全管理方法创新带来的经济效益为1491万元。

（成果创造人：陈亚杰　赵鹏飞　李瑞敬　张生温　张青合　张术义　梁刚勇　关　键　郭中峰）

国有煤企在变革中的战略转型与蜕变

冀中能源峰峰集团有限公司

冀中能源峰峰集团有限公司是我国最早开发利用的矿区之一，至今已有130多年开采历史。1949年9月18日成立峰峰矿务局，1998年8月由原煤炭部部属企业划拨到河北省管理，2003年7月改制为峰峰集团有限公司。2008年6月，与河北金能集团强强联合，组建了冀中能源集团有限责任公司。经过60多年发展，尤其是近几年，峰峰集团立足企业实际，分析国际国内行业发展趋势，坚持走新型工业化道路，发挥自身比较优势，积极开展管理创新年活动，大力推动转型发展，现已成为集煤炭采选、煤化工、电力、装备制造、建筑施工、现代物流等多产业综合发展的国有大型企业。峰峰集团下设45个分（子）公司，在册职工3.9万人，年产原煤3000万吨、精煤1100万吨，营业收入823亿元。先后获得全国先进基层党组织、全国国有企业创建“四好”领导班子先进集体、全国五一劳动奖状、全国企业文化建设先进单位、全国煤炭工业优秀企业、全国煤炭工业节能减排先进企业、中华环境友好企业、中华环境友好示范矿区等荣誉称号。

一、国有煤企在变革中的战略转型与蜕变的实施背景

1. 转变发展方式，推动转型发展，是国家对国有企业的要求

党的十七大从实现未来发展目标出发，明确提出了加快转变经济发展方式的战略任务。调整经济结构是转变发展方式的重要内容，既是着眼于解决经济运行中的深层次矛盾，也是为了拓展发展空间，增强经济发展的长期动力，使经济增长建立在结构优化的基础之上，持续性得到增强。煤炭是我国重要的基础能源和重要原料，煤炭工业的发展支撑了国民经济的快速发展。进入21世纪，以煤炭、石油为代表的能源危机和相关的环境污染越来越明显，资源利用呈高投入、高能耗、高污染、低产出的粗放型模式。适应新形势发展要求，煤炭企业在转型发展

中要有所作为。

2. 推动企业转型发展，是老煤炭企业自身发展的迫切需要

调整经济结构，实现转型发展对老煤炭企业而言，不仅是一项长期战略任务，而且是当前的一项紧迫工作。在发展阶段上，煤炭企业必须从以资本积累为主滚动发展实现向以资本扩张为主跨越发展的转型。峰峰集团具有百年开采历史，经过几十年的开采，矿区资源逐年枯竭，截至 2011 年先后已有 8 个矿井因资源枯竭而关闭破产。实现老矿区的经济稳定和发展，保障和提高员工家属的生活水平，老煤炭企业必须“走出去”，进行资源整合和企业并购，要走得更远，走得更稳健，并积极在全球范围内进行产业规划和布局，实施国际化经营战略。在产业定位上，必须从“以煤为本、相关多元化”最终实现向“煤炭支撑非煤、非煤反哺煤炭”的转型。同时，还要推进管理和技术创新，提高员工队伍素质，大力提升产业水平。

二、国有煤企在变革中的战略转型与蜕变的基本内涵与主要做法

国有煤企在变革中的战略转型与蜕变的基本内涵：峰峰集团立足企业自身，顺应时代发展大势和特征，运用共性与个性、内因与外因的辩证思维和科学思想方法，充分分析企业自身优劣势，着眼发展新机遇，以发展为第一要务，以转变经济发展方式为主题，通过大力实施企业发展战略转型、资源地域转型、生产方式转型、开采技术转型、产业结构转型、管理机制转型等，调整优化经济结构，以全面提升企业竞争力，实现百年老煤炭企业的基业长青。其主要做法：

1. 解放思想，理念引领，科学发展，实现战略转型

谋略决定动向，思路决定出路。坚持开展中心组学习，并能将党的最新理论成果和上级要求与峰峰集团发展实践相结合，分析国家宏观经济形势和国内各大煤炭企业竞相发展态势，紧密结合峰峰集团煤矿实际，深刻剖析制约企业发展的深层次矛盾，打破传统思维模式、思维定势，创新煤矿企业发展理念，按照党中央提出的“走出一条科技含量高，经济效益好，资源消耗低，环境污染少，人力资源优势等到充分发挥的新型工业化路子”的精神要求，创新思维模式，从外因思维转向内因思维、从一域思维转向全局思维、从策略思维转向战略思维，在要不要转变发展方式、能不能转变发展方式、怎样转变发展方式等重大问题上开展解放思想大讨论，统一思想，凝聚共识，树立绿色经济、低碳经济、循环经济理念，瞄准产业多元、低碳发展、企业和谐的目标，在“加快”转变上下功夫、见实效。在发展思路上，确立了“主业突出，多元并举，创新驱动，跨越发展”的指导方针，提出了建设“绿色矿区、和谐矿区、富强矿区”的美好愿景；在结构调整上，按照建立现代产业体系的要求，明确了做实煤炭核心产业，发展电力和化工支持产业，培育现代物流、机械装备制造和新兴服务产业，打造“123”产业发展格局；在发展模式上，明确了可持续发展、集约发展、安全发展、清洁

发展、循环发展、和谐发展指导思想，确立了“坚持内涵发展与外延扩张并重，提升煤炭基础地位，立足本部，放眼省外，内部以增产增效支撑外埠整合扩张，以省外资源开发承接本部战略接替”工作思路，提出了到“十二五”原煤产量、营业收入翻两番，再造两个峰峰集团”的战略目标，建设现代煤化工产业基地、煤焦化电一体化循环经济发展产业链，形成了自己独特的经营战略和发展思路。科学发展思路，为企业加快经济发展方式转变，奠定了坚实思想基础。

2. 实施扩张战略，开采外埠资源，实现地域转型

加快资源整合扩张，是“十二五”时期实现翻两番，再造两个峰峰集团的根本保证，是关系企业兴衰成败、可持续发展的长远大计。一是加强对外资源扩张的领导，明确一名副总经理专门负责资源整合扩张工作。二是加强力量，成立机构。组织专业性强、信息丰富的管理和技术人员，成立了外埠资源整合办公室，具体实施对外资源扩张工作。三是确立目标，激励导向。在扩张取得一定成果的基础上，制定了“十二五”末外部扩张原煤生产规模达到4000万吨以上，扩张建设新疆、青海、内蒙、山西等四大省外原煤生产基地。在对外资源扩张中，对只要有储量、有条件、有效益、占主体的煤炭资源，就通过收购、控股等整合方式，增加资源储备，提升煤炭产能。目前，峰峰集团已在新疆、青海、内蒙、山西等有了立足之地，在新疆成立了峰峰集团新疆国际煤焦化公司，控股经营了9个煤矿、1个70万吨焦化厂、1个90万吨洗煤厂，而且煤质好、售价高、效益好，“十二五”期末年产量要达到500万吨。在青海，整合了年产焦煤90万吨的江仓一号井，“十二五”期末年产量也要至少达到500万吨以上。在内蒙，整合重组了油坊渠、致富煤矿，到“十二五”末年产量将达到2000万吨以上。在山西，已整合了大远煤矿，新增产能180万吨，还将进一步整合优良焦煤资源，以期尽快形成500万吨以上的生产能力。

3. 推动管理创新，实施低碳运行，实现生产方式转型

坚持创新、高效发展的原则，按照建设低碳运行生态矿山的全新理念，将矿山人文环境、生态环境、资源环境和技术经济环境联系起来，由粗放的煤炭开采技术向以高新技术为支撑的安全高效开采转变，实施“三下”采煤、极薄煤层开采、矸石回填、保水开采等绿色开采技术，构建低碳生态环保的矿山生产系统，以梧桐庄矿为试点，站在当代科技前沿和行业发展高端，将科学技术充分融入到企业现代化管理创新之中，打造出了“采煤不见煤、掘矸不提矸、出水不排水、产煤不用煤”的煤炭企业绿色矿山低碳运行的发展模式，实现了高碳产业低碳发展。

（1）实施煤矸石置换饱和充填工程，实现排矸不提矸。科学有效治理矸石，解决煤炭开采过程中的固体废弃物排放，是建设绿色低碳生态矿山的重要一环。2008年峰峰集团把矸石治理作为发展低碳经济、打造绿色矿山的重要项目，自

行开发实施了煤矸石置换饱和充填工程，实现了矸石不升井，资源开采最大化，防止了矸石山所造成的环境污染。据测算，每充填1米巷道，可多产煤30吨。该技术的成功应用为绿色低碳生态矿山建设开创了全新的生产模式。

（2）实施保水（矿井水回灌）开采工程，实现用水不排水。为从根本上解决矿井水对地层赋存水系及地表环境的破坏和影响，科学破解水害防控与矿山生态环境保护之间的矛盾与冲突，在生产矿井实施保水开采。该工程由井下矿井水澄清处理系统和地面净化处理系统两部分构成，通过两次净化回灌到奥灰水层，既保证了矿井安全生产，又实现了减排，从根本上保护水资源。保水开采技术的应用，在国内国际尚属首次，实现了矿井水真正意义上的"零排放"，该项技术达到了世界领先水平。

（3）实施地源水源热泵工程，实现产煤不烧煤。在国内煤炭行业第一家采用水源热泵技术，集中回收矿井水、电厂冷却水中的热能，实施供暖和制冷，取代燃煤锅炉，达到节能减排，低碳循环的目的。该项技术的成功应用，不仅满足了井筒防冻需要，解决了职工洗澡、宿舍冬季取暖问题，而且利用井下与地面水的温差，通过热交换技术实现夏季制冷，形成了一个"天然空调"，给企业带来了显著的经济效益和社会效益。据测算，一个采暖季可节约燃煤和运行费用220多万元，减少二氧化碳排放5000多吨。

（4）实施全封闭煤场工程，实现采煤不见煤。煤炭露天存放容易造成煤尘飞扬、自燃等，污染矿区及周边环境。按照散煤全部封闭，杜绝粉尘污染的原则，建造了3个万吨级圆筒煤仓，2009年又新建了7万吨的全封闭储煤场，实现了煤炭卸、储、运、装全封闭管理，彻底解决了原煤露天储放所带来的污染问题。

（5）实施节能减排工程，实现资源节约型、环境友好型企业。发挥国有大企业的引领示范作用，把实施节能减排作为低碳发展的突破口和重要抓手，紧紧围绕节能减排总目标，大力实施工程、结构、管理三个方面的节能减排，制定了"十二五"节能减排规划，明确了年度实施目标和工作计划，将目标完成情况与各级领导业绩考核挂钩，实行一票否决和问责制。建立能耗定额、污染物监测体系、计量体系、统计体系、核查监督体系，积极开展能源审计、规划、评估和能效对标工作，形成了"一查、一卡、一调、一考"管理模式。

4. 推动科技创新，开采呆滞煤，实现开采技术转型

峰峰矿区原煤赋存地质条件复杂，开采难度大，"三下"压煤多，但煤种好，很受用户青睐，资源弥足珍贵。为大力提升矿井回收率，围绕制约矿井生产的技术"瓶颈"，大力推进科学技术创新，研究先进采煤方法，解放矿井开采呆滞煤量。一是针对峰峰矿区薄煤层多的实际，组织薄煤层机械化开采技术攻关，提升机械化应用水平。2011年薄煤综采自动化生产试采成功，开创了国内薄煤

综采自动化生产新突破，降低了工人劳动强度，大力提升了薄煤层生产效率，使企业生产由劳动密集、低工效向技术密集、高效率转型。二是推广井下矸石充填、膏体充填技术，解放“三下”煤炭资源。三是推广沿空留巷技术，优化采掘设计，减少采区保护煤柱，降低采掘比，提高煤炭资源回收率。2011年三下采煤520万吨，占本部矿井总产量的三分之一，实现了矿井生产由开采常规煤量向开采呆滞煤量的转型。

5. 资源高效利用，打造循环经济，实现产业结构转型

坚持绿色、低碳发展的原则，统筹矿区煤及与煤共伴生资源的综合开发，发展具有煤炭特色的循环经济产业，跳出煤、延伸煤、超越煤，努力探索高碳产业低碳发展的有效途径。在发展思路上，改变重开发、轻节约，重速度、轻效益，重外延发展、轻内涵发展的倾向，走集约发展、循环发展的路子。在发展模式上，改变“资源-产品-废弃物”粗放型的生产模式，创建“资源-产品-废弃物-再生资源”的精细化生产模式。以资源高效利用和循环利用为核心，倾力打造煤焦化、煤化工、煤电、煤建材、煤层气发电等产业链，推进煤炭清洁高效利用，实现高碳产业低碳发展。

（1）以煤焦化为龙头，打造煤炭-炼焦-焦油化工产业链。发挥焦煤资源丰富优势，把发展煤化工产业作为结构调整、延伸产业价值链、发展循环经济的战略举措。以煤焦化为龙头，对焦炉煤气、焦油和粗苯进行精深加工，生产甲醇、醋酸等高附加值产品，打造高附加值、高成长性和极具市场竞争力的精细化工产业。省重点产业支撑项目峰峰集团煤化工项目，一期工程100万吨焦炭、10万吨甲醇已建成投产；二期工程建设规模为年产200万吨焦炭、20万吨焦炉煤气制甲醇、60万吨醋酸及醋酸下游产品，配套37MW余气余热发电装置及配套设施，基本建设2011年底已全部完工，四座焦炉全部投产，各类副产品正在安装调试。

（2）以煤矸石、洗矸、煤泥利用为源头，打造煤-电产业链。峰峰集团现有煤矸石总量5272万吨，占地131.38万平米。为将煤矸石等废弃物变废为宝，近年来，相继建成4座煤矸石综合利用电厂，总装机容量达到135.5MW，年利用矸石50万吨。同时，与国内知名电力企业合作，建设坑口大电厂，变输煤为输电，实现清洁生产。与山东鲁能集团合作建设的锡盟查干淖尔2×660MW热电联产项目正在抓紧前期准备。

（3）以矿井煤层气利用为抓手，打造煤层气-发电产业链。峰峰集团现有矿井瓦斯绝对涌出量为291.4m^3/min。为加大煤层气开发和综合利用，化害为利，变废为宝，制定了煤层气抽采利用中长期规划，加大瓦斯抽采量，提高瓦斯抽采利用率，加快煤层气产业化发展。在6个高突和高瓦斯矿井建立了地面永久瓦斯抽采系统，瓦斯抽放量4000万m^3/年。建成1座瓦斯发电厂，年利用瓦斯

3187 万 m^3，利用率 79.5%。建设 18 台低浓度瓦斯发电机组，年发电量 5500 万 kwh，打造煤层气发电产业价值链。

（4）以电厂粉煤灰和煤矸石为源头，打造煤－建材产业链。利用煤矸石替代粘土生产矸石砖。已建成矸石砖厂 2 座，生产能力 9000 万标块/年，年利用矸石 16.85 万吨，开辟了利用废弃资源、节约可耕土地、降低生产成本的煤矸石综合利用新途径。积极谋划建设规模为 120 万吨/年的粉煤灰水泥粉磨站，对现有矸石砖厂进行扩建，形成 1.5 亿标块砖生产能力。

（5）利用企业自身优势，大力发展现代物流产业。借助物资供销和原煤销售这一平台，充分发挥品牌效应，大力发展现代物流产业。成立邯郸鼎峰物流有限公司，与三十余家有实力的大企业结成了稳定的战略伙伴关系，并分别在山西、内蒙、山东等地建立起峰峰物流基地，迈出了社会物流跨越发展的关键一步。成立了日照峰峰国际物流有限公司，涉足国际贸易。由此形成了物资供销分公司对企业内部市场，邯郸鼎峰物流有限公司对国内市场，日照峰峰国际物流有限公司对国际市场的“三足鼎立”全新格局，实现了由企业物流向物流企业的转变，物流产业成为推动企业快速发展的重要经济增长极。2011 年物流收入达 500 亿元，实现利润 1.2 亿元。

6. 创新体制机制，加强经营管理，实现管理机制转型

增长作为一种长期趋势，它取决于一个经济系统的总供给能力，而这种总供给能力又取决于资源、劳动力、资本与技术等生产要素对经济的支持程度，经济增长方式是指上述各生产要素的投入及其组合的模式。为转变企业增长方式，根据企业现状，公司创新体制机制，优化资产结构，实现管理机制转型。

（1）深化机构改革，优化资源配置。根据企业发展，撤销北京办事处、石家庄办事处、钢厂、制品厂、结算中心和物产部；将煤炭运销分公司与铁路运营分公司、劳动工资部与社会保险事业处予以合并；对后勤管理部、医疗管理中心、卫生防疫站进行整合，成立新的后勤管理部；集团公司机关科室由原来的 169 个，撤销、合并为 86 个，提高了工作效率和服务水平。

（2）加强资本运作，优化资产结构。与宝钢资源公司合作建设磁西一号井项目，解决了新井建设资金问题；成功发行 19 亿元中期票据，争取信贷筹资 15 亿元，取得项目融资 8.5 亿元；采取票据异地贴现、保持基准利率不上浮、信贷招投标等措施，节约资金支出 5000 多万元。

（3）深入开展对标管理，企业生产效率和发展质量大幅提升。建立和完善对标管理工作机制，制定管理创新奖励办法、对标指标体系标准和工作评价办法，实行月计划、季考核，形成了全过程、全方位、全员参与对标工作格局，促进了年度各项经济指标完成。商品煤综合售价同比提高 66.1 元/吨，工作面单产同比提高 2000 吨/个·月，采煤工作面效率同比提高 0.2 吨/工，2011 年集团公

司10个采煤队、15个掘进队达到冀中能源集团上水平标准，11队次创出冀中能源集团月产月进新纪录。

三、国有煤企在变革中的战略转型与蜕变的实施效果

1. 经济总量迅猛攀升，社会贡献力大幅提高

2011年原煤产量完成3000万吨，同比增加1000万吨；精煤产量完成1136万吨，同比增加93万吨；营业收入820亿元，同比增加120亿元；利润总额完成14.6亿元，同比增利2亿元。企业在经济发展的同时，积极履行国有企业社会责任。2010年完成利税38亿元，其中上缴税金24亿元，比上年增长33%；2011年完成利税38亿元，其中上缴税金24亿元，比上年增长33%，连续三年位居邯郸市首位，为推动地方经济繁荣做出了重大贡献。2011年企业荣获全国煤炭工业节能减排先进企业、中华环境友好企业、中华环境友好示范矿区、最具社会责任感企业等荣誉称号，彰显了国有大企业良好风范。

2. 企业发展后劲增强，竞争力提高

通过实施战略扩张转型，企业新增煤炭储备资源12亿吨；科技应用水平大幅度提高，充填综采支架、薄煤综采无人工作面应用等4项自主创新成果，达到了国际领先、国内一流水平；形成了安全24小时掌控、大倾角采煤综合工艺、全面预算管理等具有峰峰特色的安全及生产经营管理模式。

3. 创造了社会效益

峰峰集团践行低碳经营的成功经验，实现了节能减排资源回收与废弃资源综合利用和谐统一，煤矿绿色开采与生态环境建设和谐统一，矿井隐患治理与安全持续发展和谐统一，传统资源开采与生态文明建设的统一，既是峰峰集团绿色生态转型发展的真实写照，更为下一步区域社会科学发展、打造低碳城市提供了有力借鉴。

4. 提升了员工幸福指数

职工实行了营养餐制度，井下各地区建立了营养餐点；棚户区改造全面推进，开工建设294栋11000余户，5000余户居民喜迁新居；沉陷区治理项目，丰泰丰逸小区3500余户43万平方米住宅楼已开工建设；在岗员工收入比上年提高10%以上。

（成果创造人：陈亚杰　赵兵文　张建峰　赵秀章　张凤国　李庆寿）

煤炭企业全面风险管理机制的建立与实践

冀中能源邯郸矿业集团有限公司

冀中能源邯郸矿业集团有限公司前身是邯郸矿务局，成立于1958年4月，原为煤炭部直管，1998年8月下放河北省管理。2002年12月，改制为公司制企业。2005年12月，与邢矿集团联合，组建河北金牛能源集团有限责任公司。2008年6月，冀中能源集团有限公司组建后，邯矿为其子公司。目前，邯矿集团拥有邯郸和山西文水两个矿区，下辖7个分公司、4个全资子公司和12个控股子公司，从业人员1.9万人，总资产133亿元。主要产品生产能力为：原煤700万吨/年（其中精煤300万吨/年），玻璃纤维10000吨/年，发电10亿千瓦时/年，焦炭50万吨/年。正在建设的山西文水矿区，地处山西省吕梁市，井田面积41.58平方公里，优质主焦煤储量5.1亿吨。主要项目为：300万吨/年煤矿、300万吨/年选煤厂、110万吨/年焦化厂、12万吨/年合成氨厂、200万吨/年水泥厂、2×300MW煤矸石热电厂。

一、邯矿公司全面风险管理机制建立的背景

建立全面风险管理机制，是企业增强风险应对能力的一项重要工作，是企业实现发展战略的重要保障。作为河北省属重点国有企业，为贯彻落实冀中能源《关于开展全面风险管理工作的意见》，促进全面风险管理机制在邯矿公司内部的建立及有效运转，根据邯矿公司实际情况，邯矿公司于2010年8月在公司启动了全面风险管理体系建设的前期基础性工作即风险评估工作，成立了以财务部为核心、多部门协同参与的风险管理工作小组，宣告邯矿公司全面风险管理机制初始建立。

二、邯矿公司全面风险管理机制建立的内涵和主要做法

建设全面风险管理体系是邯矿公司增强企业风险应对能力的一项重要工作。为建立全面风险管理机制，邯矿公司做了大量卓有成效的工作，形成了全面风险

管理中的必要系统，包括风险管理组织体系、风险管理流程体系和风险管理信息报告体系，制定了重大风险应对方案，提高了全公司风险防范意识，为企业实现发展战略提供了重要保障。

1. 开展为期两个月的风险评估工作

根据评估工作总体目标，风险评估在邯矿公司各部室开展，参与风险辨识评估工作的共 22 个单位。为了确保评估工作各项目标的顺利实现，风险管理工作组成员以公司财务部为牵头单位，各有关单位选派一名领导及一名以上风险管理联络员参与具体工作。风险评估期间，工作组通过召开定期会议、动态沟通等方式，充分交流、密切配合，共同完成了各项工作。

2. 通过风险评估结果分析，确定邯矿公司存在 7 大类一级风险和 32 类二级风险

通过对邯矿公司各项风险事件的分析判断，借助风险图谱作为展示的工具，工作组对邯矿公司整体风险状况进行了分析，所得结论是：邯矿公司所面临的风险状况较好，绝大多数风险处于中度或更低的区域且分布均匀，重大风险分布主要集中在战略、安全、市场、法律四大类风险中。

（1）总体风险分布情况。邯矿公司 7 大类风险相对应的风险及风险事件数如表 1 所示。

表 1　邯矿公司风险分布统计表

风险分类	二级风险数量	风险事件数量
战略风险	7	10
投资风险	2	14
财务风险	8	26
法律风险	3	12
运营风险	8	49
市场风险	3	4
安全风险	1	15

从二级风险的分布情况来看，在邯矿公司所面临的风险中，财务风险、运营风险和战略风险项下的二级风险分布最突出，分别占到了 25%、25% 和 21.88%。这说明上述三个领域管理重要性突出，相关的风险仍然是邯矿公司日后的生产经营中关注的重点。

从风险事件的分布情况来看，在邯矿公司所面临的一类风险中，风险事件多集中于运营、财务、安全、投资和法律五个领域，而市场和战略则相对较少。这

说明各相关单位对于日常生产经营中的风险事件认识较深，而对市场和战略方面的风险事件关注的还比较少。特别需要指出的是安全风险和运营风险，虽然安全风险一共仅列出了一项二级风险，辨识出 15 件具体的风险事件，但全部被列为重大风险，而运营风险共列出八项二级风险，但辩识出 49 件具体的风险事件，占到总风险事件的三分之一，这一情况得到领导高度重视。

（2）重大风险分布情况。从风险影响程度和发生可能性两维属性来看，得出邯矿公司面临的最重要的风险有 7 种（称之为重大风险），分布于风险图谱中的红色区域。7 种重要风险见表 2。

表 2　邯矿公司重大风险统计表

重要性排序	风险类别	重大风险编号	重大风险名称
1	安全风险	AQ. AQGL	安全管理风险
2	战略风险	ZL. ZYHQ	资源获取风险
3	战略风险	ZL. CYZC	产业政策风险
4	市场风险	SC. XLXJ	销量下降风险
5	战略风险	ZL. SCJZ	市场竞争风险
5	战略风险	ZL. GJJS	关键技术风险
7	法律风险	FL. HTGL	合同管理风险

对各类型风险所处的风险状态分布情况分析，得出邯矿公司的重大风险集中在安全、战略、法律和市场四个领域。中度风险多集中于投资和财务层面，因此，邯矿公司将管控的重点放在重大风险集中的管理领域，特别是安全和战略方面。

3. 制定《冀中能源邯郸矿业集团有限公司全面风险管理手册（试行）》

邯矿公司制定了《冀中能源邯郸矿业集团有限公司全面风险管理手册（试行）》，作为邯矿公司开展全面风险管理工作的操作性文件。其编制目的为：确定邯矿公司开展风险管理工作的工作机制，指导邯矿公司风险管理工作的具体实施；确定邯矿公司风险分类框架，以及风险与组织职能的映射关系；明确邯矿公司实施全面风险管理的理论架构，统一风险管理语言和行为；明确邯矿公司风险管理组织职能、职责权限要求；明确邯矿公司风险管理基本工作流程，包括辨识评估、策略制定、风险应对、监督改进等内容；明确邯矿公司风险管理报告体系，实现风险信息的充分沟通。

4. 制定风险管理原则，并根据确定的重大风险，制定重大风险应对方案

邯矿公司通过风险辨识和评估工作，确定了重大风险 7 项，分别为安全管理风险、资源获取风险、产业政策风险、销量下降风险、市场竞争风险、关键技术

风险、合同管理风险。根据邯矿公司的实际情况，确定了邯矿公司风险管理的原则，即注重防范、审慎处置、积极利用、适度承担。要求各有关部门制定出了重大风险应对方案，风险管理部门通过整理、分析编制了《冀中能源邯郸矿业集团有限公司重大风险应对方案》。

三、邯矿公司全面风险管理机制建立的主要内容

全面风险管理体系框架由风险管理组织职能、风险管理流程、风险管理报告体系组成。风险管理组织体系解决了风险管理工作“谁来干”的问题；风险管理流程解决了风险管理工作“怎么干”的问题；风险管理报告体系解决了风险管理工作“干什么”的问题。

1. 建立全面风险管理组织体系

（1）邯矿公司风险管理组织结构。见图 1。

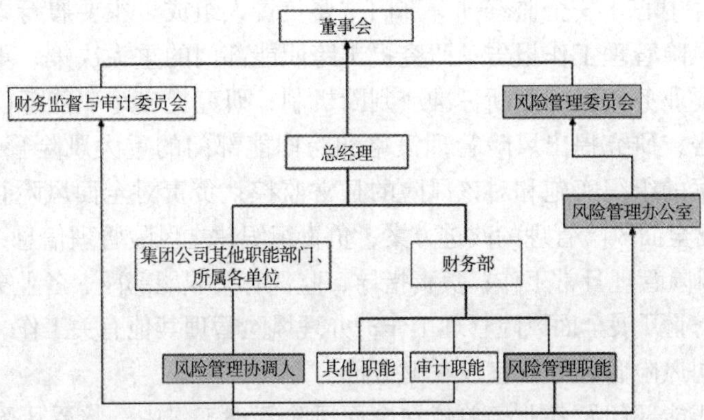

注：风险管理部门可以设立专门的风险管理部，也可以授权某一个职能部门行使风险管理职能，视企业的实际情况而定。

图 1　邯矿公司风险管理组织结构图

（2）各组织机构的风险管理职责。

①董事会。董事会是公司全面风险管理的最高决策机构，在全面风险管理方面主要履行以下职责：确定风险管理总体目标、风险偏好、风险承受度；审批风险管理策略报告和重大风险管理解决方案；了解和掌握企业面临的各项重大风险及其风险管理现状，做出有效控制风险的决策；审批重大决策的风险评估报告；审批全面风险管理年度工作报告；审批风险管理组织机构设置及其职责方案；审批内部审计部门提交的风险管理监督评价报告；审批风险管理政策和制度；指导企业风险管理文化的培育；决定风险管理其他重大事项。

②全面风险管理委员会。主任由董事长担任，副主任由副董事长、总经理担任，成员由董事层、经理层、副总师组成，副总经理，三总师、副总师按照各自职责负责本职范围内的风险管理工作。由董事长指定 1－2 名高层管理人员负责

主持公司全面风险管理的日常工作。

风险管理委员会对董事会负责，主要履行以下职责：提交全面风险管理年度报告；审议风险管理策略和重大风险管理解决方案；审议重大决策、重大风险、重大事件和重要业务流程判断标准或判断机制，以及重大决策的风险评估报告；审议内部审计部门或聘请的外部中介机构提交的风险管理监督评价审计报告；审议风险管理组织机构设置及其职责方案；研究提出全面风险管理监督评价体系、相关制度；办理董事会授权的有关全面风险管理的其他事项。

风险管理委员会定期召开会议。当重大风险或重大风险管理事项发生时召开专项会议。

③风险管理委员会下设办公室。成员由财务部、生产部、技术部、发展规划部、办公室、法律事务中心、审计部、运销部、物资供销部、企业管理部、人力资源部、结算中心、安全监察部等部门主要负责人组成。主要履行以下职责：研究提出全面风险管理工作报告；研究提出跨职能部门的重大决策、重大风险、重大事件和重要业务流程的判断标准或判断机制；研究提出跨职能部门的重大决策风险评估报告；研究提出风险管理策略和跨职能部门的重大风险管理解决方案，并负责该方案的组织实施和对该风险的日常监控；负责对全面风险管理有效性评估，研究提出全面风险管理的改进方案；负责组织建立风险管理信息系统；负责组织协调全面风险管理日常工作；负责指导、监督有关职能部门、各业务单位以及全资、控股子企业开展全面风险管理工作；办理风险管理其他有关工作。

邯矿公司风险管理办公室设在财务部。

④其他职能部门及各业务单位在全面风险管理工作中，接受风险管理办公室的组织、协调、指导和监督，并履行以下职责：执行风险管理基本工作流程；研究提出本职能部门或业务单位重大决策、重大风险、重大事件和重要业务流程的判断标准或判断机制；研究提出本职能部门或业务单位的重大决策风险评估报告；做好本职能部门或业务单位建立风险管理信息系统的工作；做好培育风险管理文化的有关工作；建立健全本职能部门或业务单位的风险管理内部控制子系统；建立本职能部门或业务单位内部控制管理制度；办理风险管理其他有关工作。

2. 全面风险管理基本流程

（1）流程概述。

①适用范围。本风险管理流程用于指导邯矿公司整体层面开展风险管理工作。

②流程框架。邯矿公司整体层面的风险管理流程包括风险辨识评估流程、风险管理策略制定流程、风险应对流程、风险管理监督与改进流程四部分。

（2）风险辨识评估流程。

①流程目标。有效辨识出邯矿公司层面及各业务板块中的各种风险，确定邯矿公司的风险事件排序，更新邯矿公司层面风险库。

②流程涉及单位/部门：董事会、风险管理委员会、风险管理办公室、风险管理部门、邯矿公司各职能部门、所属各单位。

③风险辨识评估流程图。（略）

④风险辨识评估流程步骤描述。

• 风险管理部门根据董事会批准的年度风险管理工作计划，将年度工作计划按照季度进行分解，定期启动风险辨识和评估工作。

• 风险管理部门将季度风险辨识工作计划提交风险管理办公室审核批准。

• 各单位在收到经风险管理办公室审核后的风险辨识工作计划后，在风险管理部门的指导和协助下，立即组织相关人员制定详细辨识计划，其中包括辨识的范围、参与辨识人员，以及对参与人员的时间要求。

• 各单位在确定风险辨识人员和辨识时间后，立即启动风险辨识工作，并提交风险事件列表。辨识人员首先需要对风险初始信息库中存在风险事件的状态进行确认；其次需要补充新的风险事件。

• 风险管理部门实时跟踪各单位的风险辨识活动，并提供必要的指导。收到各单位的风险事件列表后，风险管理部门对风险事件进行筛选和优化，剔除无效信息和重复信息。

• 风险管理部门在整理和筛选风险事件的同时，准备下一步的风险评估工作计划。

• 各单位根据风险评估工作计划的要求，安排相关数量的人参与风险评估，并确认评估时间。

• 各单位在确认参与人员名单和时间要求后，立即启动风险评估工作，并按照风险评估标准的要求，汇总所有数据，形成各单位内部的风险评估列表，提交风险管理部门。

• 风险管理部门汇总和整理全部风险评估列表，剔除无效数据和重复数据，并根据风险评估标准，汇总计算各重大风险分类的评估值。

• 风险管理部门根据风险辨识和评估的数据，加工、处理、提炼，编制邯矿公司《季/年度风险评估报告》。

（3）风险管理策略制定流程。

①流程目标。根据风险评估结果，制定邯矿公司层面风险策略，明确风险偏好和风险承受度。

②流程涉及单位/部门。董事会、风险管理委员会、风险管理办公室、风险管理部门、邯矿公司各职能部门、所属各单位。

③流程图。（略）

④流程步骤描述。

• 风险管理部门牵头针对评估出的重大风险，编制风险管理策略制定的工作计划。重大风险的管理策略包括风险偏好和风险承受度的确定；风险管理部门确认哪些风险需要全新制定风险管理策略，哪些风险需要修订风险管理策略。

• 重大风险管理策略制定的工作计划提交风险管理办公室审核，并根据风险管理办公室的建议和意见重新修订。

• 风险管理部门协助各单位，提供制定风险管理策略的思路，共同研讨，初步确定重大风险的关键指标及指标的分解项。重大风险的关键指标围绕战略目标以及相关利益方的要求，以能够反映企业战略目标实现程度的财务指标为主；对于其他非财务的重大风险，适当选择相关指标进行量化，如没有相关指标，可以风险事件数量的多少作为预警标准。

• 在选定关键指标的基础上，风险管理部门与各单位展开研讨，根据对公司风险偏好的理解，初步确定此指标的风险承受度。财务指标的风险承受度以经营目标为导向，结合目标的可实现程度，可承受值为标准进行制定；非财务指标的风险承受度可选择指标区间为制定标准。

• 风险管理部门负责编写风险管理策略汇报文件，提交风险管理办公室审核；风险管理办公室给出相应修改建议和意见。

• 风险管理部门提交经风险管理办公室审核通过后的重大风险管理策略，上报风险管理委员会审议；风险管理委员会从公司战略目标以及长远发展出发，对重大风险的关键指标以及承受度审议。

• 对关键性财务指标的风险承受度，风险管理委员会提请董事会审批，并根据董事会最终批复确定风险承受度。

• 董事会确定风险承受度后，风险管理部门根据调整的关键指标、分解指标、风险承受度，调整制度流程中相关内容并备案执行。

（4）风险应对流程。

①流程目标。根据制定的重大风险管理策略，制定重大风险应对方案。

②流程涉及单位/部门。董事会、风险管理委员会、风险管理办公室、风险管理部门、邯矿公司各职能部门、所属各单位。

③风险应对流程图。(略)

④流程步骤描述。

• 确定季/年度风险评估报告后，风险管理部门针对重大风险，组织相关部门和成员公司制定风险解决方案，并编写重大风险应对工作计划。纳入风险应对计划范围的风险为重大风险；风险管理部门根据季度评估出的新的重大风险，以及监控后需要调整应对策略的重大风险，一并纳入应对计划制定。

• 风险管理办公室对重大风险应对工作计划进行审核，并提供相应建议和意见。

• 各单位在确定的风险应对策略前提下，制定相应可操作的风险应对方案，并落实相关人员、应对成本和应对时间。根据风险应对策略的不同，风险应对方案可以多项串行运用，或者多项并行运用。

• 各单位根据制定的风险应对策略和具体应对方案，在假设其被实施的前提下，对剩余风险进行再次评估。以风险应对计划已被实施为假设前提，预估风险事件因应对计划实施后风险敞口降低水平；剩余风险的后评估标准和方法与风险辨识和评估流程相同。

• 风险管理部门收集全部各单位的风险应对策略和应对方案，形成风险应对计划列表。

• 风险管理部门根据风险评估的前后比较值，定性或定量分析应对计划预期的实施效果，并编制《季/年度重大风险应对方案报告》。重大风险以及重大风险的具体风险事件在制定完应对计划并进行剩余风险评估后，将形成应对前后的风险敞口进行对比；风险管理部门根据风险评估的前后比较值，定性分析应对计划预期的实施效果；在条件和资源允许时，可以通过风险量化方法，分析重大风险关键指标实现既定目标的置信度，或者在一定置信度下，关键指标能够达到的实际值。

• 风险管理办公室对重大风险应对方案审核，并提出相应修改建议和意见。

• 风险管理部门也可以直接向风险管理委员会汇报重大风险解决方案，并听取委员会的建议和意见。

• 对于超出风险管理委员会决策范围的重大风险解决方案，风险管理委员会提请董事会审议。

（5）风险管理监督与改进流程。

①流程目标。建立对公司重大风险应对方案的自我评估机制，及时掌握公司的风险状态，建立系统化的风险应对检查分析机制。

②流程涉及单位/部门。董事会、风险管理委员会、风险管理办公室、风险管理部门、邯矿公司各职能部门、所属各单位。

③风险管理监督与改进流程图。(略)

④流程步骤描述。

• 风险管理部门制定季度重大风险监控自我评估计划，以及风险管理工作检查计划。风险管理部门针对重大风险的应对计划制定和实施情况，制定相应的风险监控自我评估计划，提供自我评估工具和指导。

• 季度重大风险监控自我评估计划由风险管理办公室审核。

• 风险管理部门启动重大风险监控自我评估计划。

• 各单位在风险管理部门的指导下，按照规定开展重大风险监控自我评估活动。重大风险监控自我评估活动严格按照实事求是的原则，不允许虚报、谎报、漏报；重大风险监控自我评估活动既包括应对计划制定情况的自评，也包括应对计划执行情况的自评；自评活动根据应对计划的实施情况，向风险管理部门提请应对计划的校正。

• 各单位自行完成重大风险监控自我评估报告的撰写，并提交风险管理部门。

• 风险管理部门汇总全部重大风险监控自我评估报告，初步分析。

• 风险管理部门启动风险管理工作检查计划。

• 风险管理部门对各单位开展风险管理工作检查活动，并着手编写《季/年度重大风险监控自我评估报告》。

• 风险管理部门在重大风险监控自评报告和检查结果的基础上编制《季/年度重大风险监控自我评估报告》。

• 《季/年度重大风险监控自我评估报告》由风险管理办公室审核。

3. 全面风险管理报告体系

（1）报告体系概述。风险管理报告体系是邯矿公司全面风险管理工作各职能机构之间实现风险信息充分沟通的有效保障，同时，也满足邯矿公司利益相关方关于风险管理工作的要求。报告体系从周期上可分为定期报告和不定期报告，从种类上又分为不同种类的报告。

（2）报告内容。

①年度风险评估报告。年度风险评估内容有：邯矿公司年度风险评估整体工作情况、风险评估结果及分析、邯矿公司重大风险应对情况、风险事件库、下年度工作安排。

②年度重大风险应对方案报告。根据季度风险评估结果和重大风险判断标准，各单位针对重大风险制定和修订应对策略和应对措施，并由风险管理部门汇总编制季度重大风险应对方案报告报邯矿公司风险管理办公室审核、风险管理委员会审议。

③年度重大风险监控自我评估报告。年度重大风险监控自我评估报告由风险管理部门编制，内容有：重大风险评估情况、重大风险相关业务流程以及流程节点、重大风险和风险事件与关键业务流程节点映射关系、关键业务流程节点的控制措施评估效果、重大风险监控有效性结论。

四、邯矿公司重大风险应对方案的主要内容

根据邯矿公司实际情况，邯矿公司确定了风险管理的基本原则，即注重防范，审慎处置，积极利用，适度承担。按照确定的七项重大风险，即安全管理风险、资源获取风险、产业政策风险、销量下降风险、市场竞争风险、关键技术风险、合同管理风险，各有关部门制定了重大风险应对方案。风险管理部门编制出

《冀中能源邯郸矿业集团有限公司重大风险应对方案》，现简述如下：

1. 安全管理风险应对方案

安全风险属于纯粹风险。对此风险的态度为尽量避免；风险应对的策略主要为风险控制和风险转移。风险控制主要是指认真贯彻“安全第一，预防为主，综合治理”的方针，改进完善并严格执行企业安全管理的相关制度，做好事前防范，抓好过程控制；风险转移是指企业如果有条件的话可以通过购买财产保险，高危岗位职工的人身保险，将风险进行转移或降低风险发生后的影响程度。

对于安全管理风险关键是抓好事前防范，把安全风险控制在可承受的范围之内。生产矿井最大限度的防范水、火、瓦斯、煤尘、顶板、机电、运输等事故，杜绝工亡；地面生产单位杜绝压力容器爆炸、危险化学品泄漏中毒、高空坠落、火灾、机械损伤等事故，消灭重伤。风险控制目标为：煤矿百万吨工亡率0.6%以下，千人负伤率2‰以下；非煤单位杜绝重伤以上事故。

2. 资源获取风险

资源获取风险是机会风险。对此风险管理态度应为风险回避或适度承受；风险应对策略主要是风险控制、风险规避和风险转移；风险控制目标为：经济损失控制在投入额的30%以内。

邯郸矿区经过近五十年开采，加之地方煤矿、个体小煤矿的无序开采、吞食破坏，可采资源所剩无几，资源严重枯竭。近几年，各矿努力实验开展建下采煤、下组煤、复采和残采，但仍有阳邑矿、康城矿属资源严重危机矿山。陶二煤矿、云驾岭矿、郭二庄矿业公司和亨健矿业公司4个矿井所剩余的实际可采储量处于矿井的边缘和深部地段，开采相对困难，属资源中度危机型矿井。并且地质工作大多是在20世纪70年代进行、受当时技术、装备水平限制、地质控制和研究程度远不能满足生产要求。因此邯郸矿业集团整体属于资源危机程度严重企业，急需后备资源接替，努力寻找煤炭资源，增加可采储量。

近几年邯矿公司在省内外做了大量努力，先后进行了陶二煤矿扩界和补充勘探、云驾岭矿、郭二庄矿深部扩大区勘探、北掌井田勘探以及整合地方煤矿（亨健矿业公司）和山西矿区的改扩建矿井山西兴县南窑煤矿、在建矿井山西金地赤峪煤矿、勘探区山西阳曲青龙煤矿新区工作，至2009年末累计地质储量203079.4万吨，可采储量40334.8万吨，增强了企业发展后劲。

3. 产业政策风险

产业政策风险属于机会风险，对此风险的态度为积极利用或适度承担；风险应对策略主要为风险规避和风险控制。风险规避是指严格按照国家的产业政策，结合邯矿公司发展战略和投资方向确定投资项目；风险控制主要有两个方面：一是从内部管理上采取措施加强政策研究，及时掌握信息，作好事前防范和预警，二是存在潜在风险或风险发生时，及时调整项目实施方案或经营方案，趋利避害，避免或减少风险带来的影响和损失。

产业政策风险关键是注重对行业政策的及时了解掌握，根据政策的变化及时采取措施。风险控制目标为：经济损失 1000 万元以下。

4. 销量下降风险

煤炭市场预测不准会导致产品库存积压风险属于机会风险，对此风险的态度为积极利用或适度承担；风险应对策略主要为风险规避和风险控制。风险规避主要有两个方面：一是指及时掌握价格信息，正确决策避免风险行为和风险事件的发生，二是调整经营战略，分散和有效规避风险。风险控制主要有两个方面：一是从内部管理上采取措施加强价格研究，及时掌握信息，作好事前防范和预警；二是存在潜在风险或风险发生时，及时调整经营方案趋利避害，避免或减少风险带来的影响和损失。

应注重煤炭市场预测、价格信息和产品库存的动态掌握，做到反映灵敏，决策及时。风险控制的目标为：每日 0.6 万吨、每季 60 万吨、每月 20 万吨。

（1）建立健全客户信息档案，做到基础资料完整，实现用户动态、分类管理，定期对用户的资信情况进行调查和分析。实行分级销售策略，加强与固定信誉好的用户合作，建立长期战略合作关系。

（2）加强价格信息收集与管理，做到及时反馈、及时决策。煤炭运销分公司配合各生产矿、场制定《生产、库存、日销信息反馈及预警工作制度》，对库存信息收集、反馈、预警等进行规范，形成机制，以指导企业的生产经营。

（3）加强成本控制，努力增强市场竞争力等，以有效地防范和化解此类风险。

（4）解放思想引进现代经营理念，建立不同层次的企业战略同盟；加强与外部企业合作，实现产业链的向前和向后延伸等措施，提高对市场价格波动的适应能力。

5. 市场竞争风险（非煤产业市场竞争）

非煤企业多是大进大出、两头在外的生产经营企业，受市场波动影响较大，原燃料价格的上升、产品价格的小幅回落都严重影响企业的效益，因此非煤企业应对市场风险不仅包括焦炭、玻纤、发电等产成品的市场风险，同时也包括如炼焦用煤、气煤、纯碱、浸润剂、石英沙、方解石等大宗原燃料的市场风险；对此风险态度为尽量避免，尽量选择在原燃料价格底时进行合理适量储存，并把好原燃料质量关，风险应对的策略为风险控制和风险转移，风险控制目标为：成本费用降到最低点，产品合格率达到 98%，客户满意度达到 100%。

（1）非煤产业领导决策层应树立长远发展的战略思想，时刻关注本行业技术工艺装备发展状况和趋势，并以市场为导向，淘汰落后生产工艺，调整产业结构，推进技术革新。

（2）非煤企业要走出去找信息，搞调研，准确分析市场形势，市场好时开足马力生产，市场销售困难时在降低成本、加强营销的同时适时调整产量，在保证产品质量的前提下，细算成本账，合理订价，积极应对市场的变化。正确把握市场定位，适时调整营销策略，制定一系列新的措施，寻求不同层次的用户，以掌握销售主动权。

（3）非煤企业要发扬“千方百计、千言万语、千山万水、千辛万苦”的营销精神，切实做到用热心打动用户，用诚心感动用户，用真心留住用户，提高服务水平，坚持诚信经营的原则，搞好售后跟踪和信息反馈，以诚信开拓市场，巩固老客户，积极开辟新客户。

（4）要通过客商联谊、宣传报导等形式搞好宣传工作。提高产品的信誉度和知名度。

（5）非煤各企业要加大销售力度。明确责任任务，层层落实，把销售量按负责的地域情况分配到个人，做到人人肩上有指标，动员一切力量，开展促销活动，扩大市场，加大考核兑现率，实行多销多得，不断完善员工激励制度。

（6）积极深入物资市场、了解市场具体情况，时时捕捉采购信息，在价格低位时适时进行采购，降低采购成本。

6. 关键技术风险

关键技术风险属于机会风险。对此风险管理态度应为尽量避免或适度承受；风险应对策略主要是风险控制、风险规避和风险转移；风险控制目标为：经济损失控制在投入额的40%以下。

（1）保证科技发展基金的投入。邯矿公司于1996年设立了科技发展基金，基金来源按单位业务收入的2‰提取，随着企业的发展、科技经费不能满足科技进步的需要，2000年改为按4‰提取，每年提取科技经费600万元左右，由技术部科技管理牵头、财务部、发展规划部等配合，保证重大项目科研经费。

（2）制定“承担科技发展计划课题补贴办法”。为了进一步加强对邯矿公司科技发展计划课题的管理，促进企业科技进步和技术创新，激发科技人员和职工开展自主创新的积极性和创造性，多出成果，快出成果，出好成果。邯矿公司本着“按劳分配、多劳多得”和分配向做出贡献的科技人员倾斜的原则，制定了“承担科技发展计划课题补贴办法”。

（3）进一步完善“科学技术奖励办法”，加大奖励力度。

（4）加强产学研结合。邯矿公司充分发挥内部科技潜力，鼓励群众性的科技创新活动，同时加强与科研单位、高等院校和同行企业合作进行科技攻关和技术创新，共同解决邯矿集团在煤炭生产和非煤产业生产过程中遇到的重大和关键技术难题，推动企业持续稳定健康发展。

（5）确定企业重大自主创新项目。

①采煤方法改革：以采煤技术这一煤矿的主导技术为突破口，狠抓采煤方法改革，制定了“发展综采、试验轻放、巩固高档、逐步淘汰炮采，以一次采全高替代分层开采”的采煤方法等改革方案。

②产品结构调整和优化：实施“精品”战略，以品种和质量占领市场的思路，使公司原煤入洗能力大幅度提高，同时开展了“提高产块率技术研究”。

③巷道支护改革：现在邯矿公司各矿巷道支护全部应用锚梁网支护技术，这一技术对改善巷道支护状况和提高单进水平起到了决定性的作用，同时推广沿空送巷、沿空留巷新技术，为高产高效矿井建设创造了良好的生产条件。

④信息化建设：通过信息化建设提高了收集、传递、处理、利用信息的能力，为领导决策提供充分、可靠的依据。

（6）针对科技创新能力不足，复杂地区的支护和掘进问题没有较好解决，在建下开采、薄煤层开采、提高资源回收率、合理集中生产等方面有待加强研究。

7. 合同管理风险

合同管理风险是机会风险。对此风险管理态度应为积极利用或适度承担；风险应对策略主要是风险控制、风险规避和风险转移。风险控制主要是指健全完善和严格执行有关规章制度，做好事前防范、事中控制、事后妥善处置，减少或控制风险发生的可能性或影响；风险规避主要是指签订合同应严格执行《合同法》等国家的有关法律、法规，规避不合规带来的风险；风险转移主要是指合同纠纷发生后，企业应当积极应诉，收集相关证据材料，直至申请仲裁或提起诉讼、上诉、反诉、申诉等法律措施将风险转移给对方，以维护企业的合法权益。

企业法律风险存在于企业运营的各个管理过程中。法律是贯穿企业经营活动始终的一个重要标尺和依据。在市场经济条件下，企业的所有经营活动都离不开法律规范的调整。因此，企业需要对经营管理的全过程进行法律风险监控，以保障企业持续健康发展。

关键是要严格执行企业合同管理方面的相关制度，落实相关程序，做好事前防范、事中控制、事后妥善处置。风险控制目标为：经济损失100万元以下。

五、邯矿公司全面风险管理机制建立与运行的效果

邯矿公司通过建立全面风险管理机制，提高了全公司风险防范意识，增强了企业应对、规避、抵御各种风险的能力，为企业实现发展战略提供了重要保障。全面风险管理机制在邯矿公司的有效运行，用复合因素分离计算法（CSP）计算，每年给公司带来1055万元的经济效益。

（成果创造人：班士杰　成　昆　陈海永　王福泉　朱建利　王呈祥　张文红　郭永芹　姬海霞　高　英　石丽娟　朱　达）

低碳运行生态矿山运行模式与考核体系建设

冀中能源邯郸矿业集团有限公司云驾岭煤矿

云驾岭煤矿隶属冀中能源邯郸矿业集团有限公司，是一座现代化无烟煤大型矿井，1992 年 12 月 28 日建成投产，核定生产能力 165 万吨/年，2011 年实现销售收入 11. 3 亿元，利润 4. 4 亿元，职工人均收入 6. 2 万元的历史新水平。曾先后获得了全国模范职工之家、全国工人先锋号、煤炭工业科技进步优秀矿井、全国煤炭工业双十佳煤矿、全国文明煤矿、全国安康杯竞赛优胜单位、中华环境友好煤炭单位、全国绿化模范单位、全国企业文化建设示范单位、国家级绿色矿山示范矿井、河北省节能减排先进单位等一系列荣誉称号。

一、低碳运行生态矿山运行模式与考核体系建设的实施背景

低碳运行生态矿山建设的创新已经在实践中取得了一定效果。从目前就低碳运行生态矿山建设的深入研究和科技创新上看，我国部分煤矿已经取得了矸石井下充填、矿井回风利用、矿井水复用等一系列节能减排、循环经济成果，也为转变企业发展方式，调整产业结构，全面推行低碳运行生态矿山建设奠定了很好的基础。但是大多数煤矿都是依据自身的条件，在生态煤矿建设的个别方面取得成绩，并没有形成全面的低碳运行生态发展，这阻碍了煤矿的生态发展道路。产生这种问题的根源就是现阶段没有一个有效的考核体系来更好地引导煤矿的建设方向；缺少一个权威的考核标准，来纠正发展中遇到的困惑。因此为了在全国普及低碳生态煤矿建设，必须首先制定实施低碳运行生态煤矿建设的标准和机制，研究制定低碳矿井运行与考核体系。

建立低碳运行生态矿山考核体系能够监督煤矿在自身生产中尾矿及掘进矸石等固体废料得到完全资源化利用，既可以不建尾矿库及矸石堆场，又可以使矿区地表开裂、地面塌陷和变形下沉符合国家相关规定，从根本上消除矿山开采所带来的工程地质等各类灾害隐患；建立低碳运行生态矿山考核体系，有利于充分利

用矿产资源。目前我国大多数矿山由于经济和安全等的影响，大量支离破碎的残留矿柱或采富后留下的周边贫矿体等难以再次回采，致使既有和潜在的矿产资源大量遗弃；建立低碳运行生态矿山考核体系能够指导煤矿在生产的各个环节循环和高效利用有限资源，形成矿产资源综合利用模式，从而既消除采矿对环境的污染破坏，又提高现有资源的开发利用率，同时还保护潜在资源，可以为实现我国经济的崛起更充分地发挥基础支撑作用，使矿业走上一条生态环保、安全高效的可持续发展之路。

研究制定低碳运行生态矿山建设参考办法和审核标准是专家学者一致的意见。冀中能源低碳运行生态矿山建设项目实施可行性报告听证会上，专家对这一革命性的建设理念予以了高度评价，认为这是我国矿山建设发展的方向，冀中能源集团是我国煤矿行业的标杆，但却没有形成完整的参考办法和标准，并强烈建议继续深入研究实践，形成低碳运行生态矿山建设参考办法和考核标准。

低碳运行生态矿山考核体系是建设生态煤矿的前提，是灯塔，必须要尽快研究构建。这样，煤矿在建设和生产经营时就可以按照低碳运行生态煤矿建设标准来进行，有利于低碳运行生态矿山的全面推行实施。在此背景下，云驾岭煤矿提出了低碳运行生态矿山建设考核体系的研究与实践。

二、低碳运行生态矿山建设考核体系基本内涵

低碳矿区考核体系是综合评价煤炭企业低碳运行效果的基础和依据，不是一些指标的简单堆积和随意组合，而是根据某些原则建立起来并能反映煤炭企业低碳运行效果的指标集合。其构建遵循以下基本原则：

1. 科学性和实用性原则

指标体系的设计必须建立在科学与实用的基础上，要围绕煤炭企业低碳运行的特征，涵盖反映其低碳运行效果的主要因素。要科学地选择指标，以客观真实地反映企业低碳运行的内在规律和效果。

2. 系统性和层次性原则

评价指标体系是一个复杂的系统，要用系统的观点对煤炭企业低碳运行效果的构成要素进行客观描述。要将各子系统有机结合，并在系统的不同层次上采用不同的指标，以有利于企业进行操作，为煤炭企业低碳运行效果评价提供依据。

3. 完备性和简明性原则

煤炭企业低碳运行涉及面较广，受很多因素的影响，要从多角度出发来构建指标体系，以免遗漏重要信息，但指标内容要简单、明了、准确，并具有代表性。必须避免涵义相同、相近或相关性较强的变量重复出现。

4. 可测性和可比性原则

衡量煤炭企业低碳运行效果的指标要尽可能地量化，但任何事物都有量的规定性和质的规定性，对于一些在目前认识水平下难以量化且意义重大的指标，可

以用定性指标来描述。定性指标应有一定的量化指标与之相对应，且这些指标的计算方法应当简单明确。

三、低碳运行生态矿山建设考核体系的主要做法

1. 主要内容

由于时间的限制和现有基础工作尚不能取得全部支持定量化资料，以及收集国内外煤炭企业低碳运行可比性资料的困难，此次还不能建立全面的、可操作性强的低碳矿区考核评价指标体系，但是在充分研究低碳经济理论，结合煤炭行业特点，总结现在煤矿已经取得成绩与经验的基础上，构建了矿区低碳运行考核评价指标体系框架，为下一步更深入、细致的工作奠定基础。

根据研究对象的性质和使用的需要，低碳矿区考核评价指标体系属于定性与定量评价相结合，以定量评价为主；客观评价与主观评价相结合，以客观评价为主。为此选用了国内外对此类问题经常采用的层次分析法作为基本平台，设计将评价指标体系框架分为目标层、准则层和指标层共三个层次。目标层是指煤炭行业低碳经济发展的总体水平，即煤炭行业层次，是对具体指标层综合评价得出的结果，反映了煤炭行业低碳经济的发展水平；根据煤炭行业低碳经济发展的基本特征及趋势，准则层将反映集团公司低碳经济发展的总体水平，反映区域低碳经济的发展水平，即集团公司层次；根据集团公司低碳经济发展的实际情况，将准则层分为更为详细的指标层，即矿区层次，矿区下设各区队可根据实际情况再进行细分为更具体的指标层，即区队层次，选取代表性的指标，从本质上反映、揭示低碳矿区运行的水平和程度。

2. 技术路线

对煤矿企业进行现场调研，了解低碳运行生态煤矿建设现状及存在的问题，为后续研究做好准备；选择在低碳运行生态煤矿建设方面有特色的煤矿企业、集团进行调研，以便为“低碳运行生态煤矿考核体系”的建立寻求可借鉴的实践经验和理论依据；通过图书馆、资料室、因特网及相关查询部门了解和掌握目前在相关方面取得的经验、理论研究动态，为“低碳运行生态煤矿考核体系”的研究提供文字材料。用调查法、查询法了解煤炭企业在低碳运行生态煤矿建设方面存在的一些问题，了解煤矿企业各个生产环节，建设环节存在的瓶颈，对存在问题的环节进行汇总分析。通过现场调研，资料收集，进行资料的分类，进而建立低碳运行生态煤矿的各种参考标准。以此参考办法为基础，对煤矿企业进行考核或审查，对这些参考标准进行可行性分析，对分析中发现的问题进行调整，使之与低碳运行生态煤矿相协调，成为行业标准。用归纳法、实证法对“低碳运行生态煤矿考核体系”进行分析，总结并上升到理论高度，为低碳运行生态煤矿提供标准的依靠和理论的指导。

3. 低碳矿区考核体系的基本架构

低碳矿区考核体系是根据煤炭矿区发展低碳经济的目标、方针、原则，通过对

生态建设体系、清洁生产评价体系、循环经济评价体系、节能减排体系、环境评价体系等分析基础上，建立的低碳矿区评价和控制指标体系。其基本架构如图1所示。

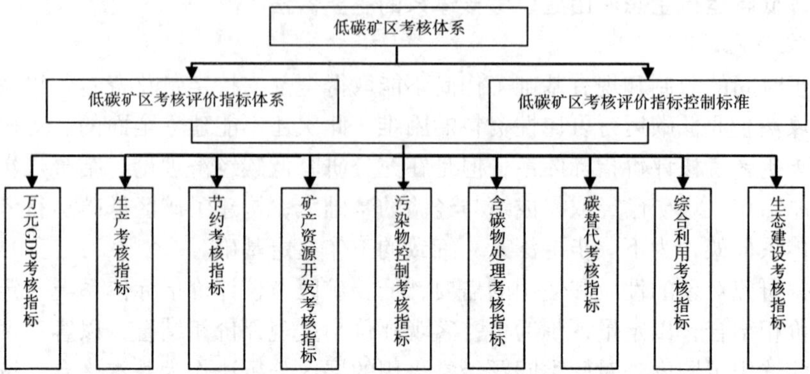

图1　低碳矿区考核体系基本架构

根据低碳矿区考核体系的基本架构，结合煤炭矿区现在的实际情况，进一步将低碳矿区考核的层次划分为行业、集团公司、矿区三层，通过这三层对低碳矿区考核指标体系进行具体细化，实现对低碳矿区考核的最终目的。

建立云驾岭矿区低碳运行考核的指标体系，应满足下列要求：遵循市场经济规律，符合国家产业政策，对矿区各单位、各部门的经济建设和环境建设具有指导作用，并易于考核；能反映经济、社会和环境之间的动态平衡；有利于综合平衡，协调经济、社会发展和生态环境保护的关系，保证矿区环境资源的持续利用，逐步改善矿区环境质量；能够反映矿区环境资源的水平、变化，各个方面的影响与危害，以及采取措施后取得的环境效益和经济效益；能够同矿区的经济管理和环境管理相结合，体现矿区环境管理和经济管理的基本要求。通过本规划的实施，将为本企业和煤炭行业发展低碳经济提供参照和支持。

云驾岭矿区由许多职能部门和生产单位组成，所从事的工作性质也不同，因此考核指标体系也不同，应根据各职能部门和生产单位的实际情况和矿区考核指标体系范围，编制各职能部门和生产单位的考核指标体系。考核指标数据没有统一的规定标准，实行月度制定，月度考核。

4. 低碳矿区运行控制标准

（1）低碳矿区运行控制标准的选择。由于我国低碳矿区发展尚处于起步阶段，低碳经济水平普遍不高，因此，本项目采用的标准值大多都高于全国平均水平。“资源的减量投入”及“污染减量排放”指标大多参照“十一五”规划目标，并在此基础上做修正。

另外，在标准的选择上还参考了国家相关部门制定的标准。如根据国务院发展改革委会同有关部门制定的《节能减排综合性工作方案》提出的2010年，中国万元国内生产总值能耗将由2005年的1.22吨标准煤下降到1吨标准煤以下，降低20%左右；单位工业增加值用水量降低30%。“十一五”期间，中国主要污染物排放总量减少10%，到2010年，二氧化硫排放量由2005年的2549万吨减少到2295万吨，化学需氧量（COD）由1414万吨减少到1273万吨；全国设市城市污水处理率不低于70%，工业固体废物综合利用率达到60%以上。

（2）低碳矿区运行控制标准的创建。低碳矿区运行考核指标确定后需要明确各项指标的控制标准才能对低碳矿区发展水平进行评价和考核。基于矿区低碳经济存在发展水平高低这一基本认识，矿区将标准从高到低分为Ⅰ级、Ⅱ级和Ⅲ级三个等级。每级指标原则确定本着以下原则：

Ⅰ级：代表国际先进水平，旨在引导矿区低碳经济进一步改进和完善，推动其向更高水平发展；

Ⅱ级：代表国内先进水平；

Ⅲ级：代表国内基本水平，是建立矿区低碳经济的基本要求；

Ⅳ级：云驾岭煤矿标准。具体见表1。

表1　云驾岭矿区低碳运行控制标准

类别	序号	指标名称	单位	Ⅳ级	Ⅲ级	Ⅱ级	Ⅰ级
万元GDP考核指标	1	万元GDP耗碳量	t/万元				
	2	万元GDP综合能耗	tce/万元	0.06	1.5	1.10	0.85
	3	万元GDP电耗	kwh/万元	420	1492.8	1449.9	1435.2
	4	万元GDP煤耗	t/万元	0			
	5	万元GDP油耗	t/万元	0.00006			
	6	万元GDP气耗	m³/万元	0			
	7	万元GDP水泥消耗	t/万元	0.1			
	8	万元GDP钢材消耗	t/万元	0.015			
	9	万元GDP塑料消耗	kg/万元	0.077			
	10	万元GDP皮带消耗	m/万元	0.019			
	11	万元GDP木材消耗	m³/万元	5.17			
	12	万元GDP雷管消耗	发/万元	3.95			
	13	万元GDP炸药消耗	t/万元	1.38			
	14	万元GDP电缆消耗	m/万元	0.256			
	15	万元GDP设施设备消耗					
	16	万元GDP人均贡献值					
	17	万元GDP水消费量	kg/万元	0.81			

类别	序号	指标名称		单位	Ⅳ级	Ⅲ级	Ⅱ级	Ⅰ级
产量考核指标	18	吨原煤耗碳量		kg/t				
	19	吨原煤综合能耗		kgce/t	2．69	4．30	4．25	4
	20	综合能耗	吨原煤电耗	kwh/t	21．46	25	20	15
	21		吨原煤煤耗	kg/t	0			
	22		吨原煤油耗	kg/t	0．036			
	23		吨原煤气耗	m^3/t	0			
	24	工序能耗	主提升能耗	Kwh/t · hm	0．340	0．50	0．496	0．453
	25		主排水能耗	Kwh/t · hm	0．390	0．500	0．441	0．401
	26		主通风能耗	Kwh/m^3 · Mpa	0．370	0．440	0．400	0．360
	27		主运输能耗	Kwh/t · hm	0．358	0．496	0．411	0．363
	28		主压风能耗	Kwh/m^3 · Mpa	0．102	0．180	0．114	0．107
	29	吨原煤水泥消耗		t/万 t	59．2			
	30	吨原煤钢材消耗		t/万 t	8．87			
	31	吨原煤塑料消耗		kg/万 t	45			
	32	吨原煤皮带消耗		m/t	0．011			
	33	吨原煤木材消耗		m^3/t	3．01	15	10	5
	34	吨原煤雷管消耗		发/万 t	2299			
	35	吨原煤炸药消耗		kg/t	801．7			
	36	吨原煤电缆消耗		m/万 t	148．7			
	37	吨原煤人力资源消耗		工/t	0．32	0．05	0．02	0．01
	38	吨原煤水资源消耗		kg/t	0．47	1．0	0．8	0．5
产值节约考核指标	39	万元产值节能量		tce/万元	0．5			
	40	万元产值节煤量		t/万元	0．4			
	41	万元产值节电量		kwh/万元	10			
	42	万元产值水泥节约量		t/万元	0．005			
	43	万元产值钢材节约量		kg/万元	20			
	44	万元产值木材节约量		m^3/万元	0．003			
	45	万元产值水资源节约量		m^3/万元	0．06			

类别	序号	指标名称		单位	Ⅳ级	Ⅲ级	Ⅱ级	Ⅰ级
产量节约考核指标	46	吨原煤节能量		Tce/t	0．03			
	47	吨原煤节煤量		t/t	0．0096			
	48	吨原煤节电量		kwh/t	0．6			
	49	吨原煤雷管节约量		发/万 t	115			
	50	吨原煤炸药节约量		Kg/万 t	40			
	51	吨原煤电缆节约量		m/万 t	7．5			
	52	吨原煤水泥节约量		t/万 t	3			
	53	吨原煤钢材节约量		kg/万 t	443			
	54	吨原煤木材节约量		m^3/万 t	0．15			
	55	万吨原煤水资源节约量		kg/t	0．02			
煤炭资源开发考核指标	56	回采率	厚煤层回采率	%	87	75	76	77
	57		薄煤层回采率	%		85	86	87
	58		中厚煤层回采率	%		80	81	82
	59	回收率	遗留煤柱回收率	%	75	55	65	≥70
	60		三下压煤回收率	%	70	60	65	≥70
	61		难采煤层回收率	%	50	70	75	≥80
	62	复采率		%	60			
污染物控制考核指标	63	烟尘达标排放率		%	100	100		
	64	粉尘达标排放率		%	100			
	65	CO_2 达标排放率		%	100			
	66	NO_X 达标排放率		%	100			
	67	SO_2 达标排放率		%	100			
	68	CO 达标排放率		%	100			
	69	噪声达标率		%	100			
	70	废热回收率		%	30	10	20	≥30
	71	矿井水达标排放率		%		100		
	72	洗煤废水 COD 产生浓度		mg/l	闭路循环	≤5000		
	73	洗煤废水 SS 产生浓度		mg/l		≤5000		
	74	生活污水达标排放率		%	100	100		

类别	序号	指标名称			单位	Ⅳ级	Ⅲ级	Ⅱ级	Ⅰ级
含碳物处理考核指标	75	碳汇	塌陷区绿化率		%	80	50	55	60
	76		矸石山绿化率		%	65	40	45	50
	77		荒芜土地绿化率		%	80	50	55	60
	78		工业广场绿化率		%	75	60	70	80
	79		休闲土地绿化率		%	95	70	80	90
	80		建筑物空间绿化率		%	50	40	45	50
	81	含碳物利用率	CO_2 利用率		%				
	82		CO 利用率		%				
	83	含碳物捕捉率			%				
	84	含碳物封存率			%				
碳替代考核指标	85	能源替代率	太阳能		%	30	5	10	15
	86		风能		%	30	5	10	15
	87		地热能		%	50	5	10	15
	88		生物质能		%	65	5	10	15
	89	材料替代率	水泥		%	35	5	10	15
	90		石子		%	40	5	10	15
	91		木材		%	65	5	10	15
	92		金属	铜	%	40	5	10	15
	93			铁	%	35	5	10	15
	94			铝	%	50	5	10	15
	95			钢	%	30	5	10	15
综合利用考核指标	96	设施设备循环利用率	闲置设施设备开发利用率		%	80			
	97		报废设施设备再造率		%	65			
	98		报废设施设备再生率		%	65			
	99	生产物资循环利用率	闲置生产物资开发利用率		%	85			
	100		废旧生产物资原级利用率		%	45			
	101		废旧生产物资次级利用率		%	35			

类别	序号		指标名称	单位	Ⅳ级	Ⅲ级	Ⅱ级	Ⅰ级
综合利用考核指标	102	生活物资循环利用率	闲置生活资料开发利用率	%	55			
	103		废旧生活资料原级利用率	%	50			
	104		废旧生活物资次级利用率	%	35			
	105	办公物品循环利用率	闲置办公物品开发利用率	%	80			
	106		废旧办公物品原级利用率	%	70			
	107		废旧办公物品次级利用率	%	20			
	108	固废循环利用率	煤矸石循环利用率	%	100	75	80	85
	109		炉渣循环利用率	%	100			
	110		煤泥循环利用率	%	100			
	111		粉煤灰循环利用率	%	100			
	112		城市垃圾循环利用率	%	100			
	113		生活垃圾循环利用率	%	100			
	114		种植固废循环利用率	%	100			
	115	余热循环利用率	电厂余热循环利用率	%	100	50	60	≥70
	116		矸石砖厂余热循环利用率	%	85	20	30	≥40
	117		地热循环利用率	%	65	10	20	≥30
	118		乏风余热循环利用率	%	70	10	20	≥30
	119	水资源循环利用率	矿井水循环利用率	%	100	80	85	90
	120		洗煤厂水循环利用率	%	100	100		
	121		电厂水循环利用率	%	100	100		
	122		生活污水循环利用率	%	100	100		

类别	序号	指标名称	单位	Ⅳ级	Ⅲ级	Ⅱ级	Ⅰ级
生态建设考核指标	123	塌陷区综合治理率	%	100	60	80	90
	124	土地复垦率	%	90	60	80	90
	125	保水率	%	70			

矿区低碳运行与考核是一个长期的系统工程，各阶段制定的目标与指标都具有一定的预测性和不确定性，经过一段时间的发展，应根据企业的具体发展情况对考核控制标准进行适当修编，以确保这些指标对矿区低碳经济发展具有长期的指导意义，建议每五年修编评估一次。

四、经济效益和社会效益

1. 经济效益

通过严格的低碳矿山建设考核体系，采取的低碳矿山建设措施，取得了可观的经济效益。

（1）节约资源方面。通过热力系统改造，年节约燃煤 7350 吨，职工澡堂太阳能洗浴系统改造，节约热力 266.12 百万千焦，新建的压滤车间年可多回收煤泥 30 万吨，建成的污水处理厂年可创造经济效益 1000 多万元。

（2）节电方面。通过淘汰高耗能设备，实施变频改造，安装节能设备，年共节电近 1000 万千瓦时。

（3）实施新技术节约费用。2009 年实施的水源热泵项目，实现厂区供热、空调、主副井口保温和职工洗浴用水，2008 年原系统全年运行费用约为 760 万元，2010 年实施水源热泵系统运行费用约为 280 万元，年节约运行费用约为 480 万元。

该创新成果已经取得的经济效益数据，采用相关因素合成计算法（PCP）计算，该项目实现年经济效益 3855 万元，实施低碳矿山建设项目共投资 4020 万元，该项目实施运行 1 年多就可收回成本，具有较高的经济效益利用价值。

2. 社会效益

云驾岭矿区进行低碳运行生态矿山建设的社会效益主要体现在以下几方面：

（1）为煤炭产业和区域经济的发展探索了一条低碳发展的道路。在低碳矿区规划建设过程中，它进一步突出科学技术的核心地位，以低碳经济理念为指导，对煤炭产业进行结构调整和资源优化配置，对资源实现综合利用，有效地根除结构性污染，提高企业科技创新能力和抗衡市场冲击的能力，使煤炭产业走上低碳发展的道路。矿区低碳矿区战略的成功实施必将带动一大片区域，乃至整个河北省的低碳矿区的发展，产生巨大社会效益。

（2）加快低碳矿区在全国范围内的推广。通过矿区内部各部门间的资源交换和循环，进一步降低了原材料消耗，减少了碳的排放，既保护了环境，又节约了成本，实现了经济效益和环境效益的双赢，从而使人们看到了低碳矿区的良好发展前景。这将为全社会重视废物的回收、充分利用资源和能源起到示范作用，还能为低碳矿区的实现起到重要的推动作用。

（3）推动区域社会经济的全面发展，改善和提高广大职工群众和人民的物质和文化生活水平。矿区发展低碳经济，实现煤炭工业的进一步发展，将更为有力地带动起其他相关产业的发展，不同产业之间形成一个紧密相联的网络，不仅加强了全面的联系，形成全面发展势态，并不断催生出新的行业和发展机遇，促进当地社会经济的长期稳定的发展，这也必将给当地人民带来最大的利益，对当地人民物质和文化生活水平的提高和提前进入全面小康社会必将产生巨大的推动作用。矿区通过建设综合利用产业，可以安置矿区的待业或下岗人员，减轻就业压力，有利于保持矿区良好的低碳和谐环境。矿区废物的综合利用不仅解决了本矿的低碳发展问题，也带动了当地经济走上快速发展的轨道，为区域经济建设做出了积极贡献。

（成果创造人：班士杰　李世波　刘庆顺　段福林　苑　鹏　胡海江　葛习强　王呈祥　庞盼林　刘金安　王增茹　王昕宇）

全面风险管理体系以财务预警为中心的构建和实施

冀中能源井陉矿业集团有限公司

冀中能源井陉矿业集团有限公司，前身为井陉矿务局。自1898年建井开采至今已有100多年历史。2006年6月16日，井陉矿务局与河北金牛能源集团有限责任公司联合重组，2008年5月16日完成整体改制，成立了冀中能源井陉矿业集团有限公司，为冀中能源集团的子公司。

冀中能源井陉矿业集团有限公司是以煤炭生产为主业，集原煤生产、煤焦化、煤炭物流为一体、多元发展的综合经济体。截至2011年有9个煤矿，有洗煤厂3个，核定能力170万吨。有焦化厂一个，冶金焦生产能力达到96万吨；有一座与焦化厂配套的燃气发电厂，有抽气凝汽式汽轮发电机组2套，装机容量2×3000KWH，2010年发电量4066万度；凤山化工公司生产硝酸钠、亚硝酸钠两种产品，年生产能力8万吨，经技改2010年产量达9.7万吨。2011井矿集团年实现营业收入104亿元。

一、以财务预警为中心的全面风险管理体系构建与实施的背景

1. 企业正处于加快转型升级的关键时期

2006年6月井陉矿务局与河北金牛能源集团有限公司联合重组以后，特别是2008年冀中能源集团组建，井陉矿务局整体改制成立井矿集团以后，企业发展步入了新的阶段。

井矿集团面对资源枯竭的现实，制定了“稳定老区、向外扩张”资源战略，2007年在金能集团的大力支持下，挺进山西开辟煤炭生产基地，重组整合了山西左权天一煤业公司。2008年制定实施“三步走、翻两番”发展战略，提出了构建原煤生产、煤炭物流、煤焦化三大基地构想。随着集团公司发展战略的推进和实施，企业发展进入了前所未有的快速发展时期，与此同时企业的风险也随之

加大，产业政策、资金管理、项目投资、货款回收等风险因素越来越突出。目前企业正处于实施“十二五”发展规划、加快企业转型升级的关键时期，进入了改革发展再上新台阶的重要历史时期，因此构建风险监控预警体系并加以实施，势在必行。

2. 企业外部环境面临着许多困难和挑战

综观当前的经济形势，面临着各种困难和挑战。国际金融危机影响深远，债务危机不断加剧，世界经济增长减缓。国内宏观调控日渐趋紧，发展环境日趋复杂，不确定因素仍然较多。企业融资难度、融资成本不断加大；银行承兑贴现率持续上升，财务费用加大；焦煤税额幅度由原来的 0.3 ~5 元/吨提高到 8 ~20 元/吨，税负增加；原材料价格不断上涨，企业工资大幅增长、人工成本增速过高，企业经营压力逐渐增大，盈利空间缩小；钢铁企业普遍降价、减产，出现亏损局面，对焦炭、煤炭市场形成压力；焦炭企业经营困难，销售不畅、回款难度加大；整合煤炭资源、重点项目建设、职工生活改善等还需要不断加大投入，资金紧张的压力越来越大；山西三个矿技改任务繁重，元氏矿业、三矿开采条件异常复杂，新晶焦化分公司、凤山化工分公司盈利能力降低，利润空间越来越小，企业经营风险不断增加。

3. 全面风险管理体系建立和运行，为风险监控预警体系的建立和实施奠定了良好的基础

为贯彻落实冀中能源集团《关于开展全面风险管理工作的实施意见》，井矿集团从 2010 年开始启动了全面风险管理工作，经过一年的扎实推进，截至 2010 年 12 月底初步搭建起了井矿集团的全面风险管理体系，编制形成了《井矿集团全面风险管理手册》，全面风险管理体系从 2011 年 1 月份开始运行。通过一年来的运行情况来看，风险管理流程运行较为规范，风险体系运转顺畅，风险管理机制初步形成，风险管理工作为集团公司的生产经营起到了积极的保障作用。全面风险管理体系建立和运行，为风险监控预警体系的建立和实施奠定了良好的基础。

二、以财务预警为中心的全面风险管理体系的主要内涵

风险监控预警工作是全面风险管理工作延续和深化，为了强化对风险的监控管理，全面提升企业的抗风险能力，井矿集团以全面风险管理体系为依托、以财务预警为中心构建了高效灵敏的风险监控预警体系并且投入实施。

1. 风险监控预警的含义

风险监控预警管理是指针对影响企业发展的风险所建立的一套动态跟踪、分析、预警、应对的管理机制。

2. 风险监控预警机制的职能

随时掌握集团公司各类风险的运行状态，并预先告知风险发生的征兆；管理

当局采取相应的措施，达到预防风险损失事件的发生或降低风险事件的损失；同时对损失事件进行事后的总结分析，避免同类风险事件的再次发生。

3. 风险监控预警工作的目标

（1）保持对企业重大、重要风险以及重大风险事件的持续监控，及时了解企业所面临的风险状况。

（2）当发生重大风险或重大风险事件时，能及时启动适当的风险应对措施，最大限度地降低风险发生后造成的损失。

（3）积累风险管理信息数据，为企业风险管理工作的持续优化提供基础。

4. 风险监控预警体系的构成

风险监控预警管理包括：风险监控预警组织体系、风险监控预警指标方案、风险监控预警报告机制、风险监控预警应对机制以及动态维护机制。

三、以财务预警为中心的全面风险管理体系的构建与实施的主要做法

根据冀中能源集团《风险监控管理办法》（冀中能源财字［2011］13 号文件），井矿集团从 2011 年 1 月份开始由企业管理部组织开展了集团公司层面的风险监控预警指标体系的建设工作。制定了《冀中能源井陉矿业集团有限公司风险监控预警工作指引》（井矿企字［2011］131 号文件）；在此基础上根据集团公司风险分类框架及业务特点，参考冀中能源集团风险监控指标体系，经分析、整理和广泛研讨形成了《井矿集团风险监控预警指标库》及《井矿集团风险监控预警指标方案》（井矿企字［2011］162 号文件）；之后由企业管理部牵头组织开展了风险监控预警指标应对方案的研讨和制定工作，相关部室根据风险监控的职责、积极开展工作，围绕所负责的指标，制定了指标异常时的应对方案。企业管理部通过汇总、整理、分析形成了集团公司风险监控预警指标应对方案；最后编制形成《冀中能源井陉矿业集团有限公司风险监控预警手册》。《手册》的编制完成标志着井矿集团风险监控预警体系初步形成，同时边建体系边实践，风险监控预警机制初步形成。

1. 风险监控预警工作组织体系

风险监控预警是全面风险管理工作的一部分，集团公司全面风险管理组织机构即为风险监控预警工作的组织机构，全面风险管理各职能机构在其职权范围内行使风险监控预警工作相应职能。

（1）风险监控预警领导小组。风险监控预警领导小组由全面风险管理委员会担任，主要负责风险监控预警工作目标、监控预警工作决策方案的审批、风险监控预警工作报告审批等工作。

（2）风险监控预警工作机构。集团公司全面风险管理办公室即为风险监控预警工作机构，负责集团公司风险监控预警管理工作的整体推进；对跨部室风险监控预警工作进行组织协调；对相关责任部室风险监控预警工作执行的情况、应对改进措施落实情况进行检查，发现问题及时督促完善；并负责与冀中能源集团风险管理办公室的信息沟通。集团公司风险管理的职能部室设在企业管理部，在全面风险管理办公室的领导下开展工作。

（3）各职能部室。各职能部室是开展风险监控预警工作的主体，主要负责风险监控预警工作的具体实施，包括风险监控预警工作方案的制定、风险监控预警指标的确定、预警值域的研讨确定、风险监控预警指标的监控、风险监控应对方案的提出、风险监控预警工作报告的编写等工作。

（4）所属各单位。所属各单位成立了相应的风险监控预警管理的组织机构。

2. 风险监控预警指标库

集团公司风险管理办公室根据集团公司风险分类结构及业务特点，组织开展了风险监控指标库建设工作，指标库录入的指标分为5大类，32小类，共计55项指标，指标库包括指标编号、指标名称、指标计算公式、指标说明等内容。风险监控预警指标库作为风险监控预警工作的基础库，为年度风险监控预警指标选择提供参考和指导。

3. 年度风险监控预警指标方案

年度风险监控预警指标方案是根据企业的管理重点和内外部环境变化以及《年度风险评估报告》，在《风险监控预警指标库中》选取的。选取的指标遵循全面性与重点性相结合的原则，在突出财务指标的基础上，尽量涵盖企业战略、财务、运营、市场、法律五个方面，至少应针对企业所面临重大风险、重要风险及重大风险事件，明确了风险监控指标体系。要求每年根据风险评估结果进行更新和完善。

（1）风险监控预警指标的选择原则。建立科学合理的风险预警指标体系是实现风险动态监控的首要环节，对实现风险监控预警目标具有基础性的作用。指标选择遵循了定量性、预测性、系统性、灵敏性、动态性的原则。

①定量性原则。为了实现能控、易控的要求，提高预警工作的可操作性，指标方案全部选取了定量指标，各项指标有明确的含义、计量单位、有计算方法和计算公式。

②预测性原则。选择的各项指标基本能够反映风险动因的变化情况，具有先兆性，从而实现风险发生前的预先警报。

③系统性原则。指标的选择考虑了指标体系的完整性、全面性，尽可能保证既无重叠又无重大疏漏，不同的监控预警指标之间相互联系、相互配合、形成一个系统、完整的有机整体。

④灵敏性原则。所选取指标对生产经营活动过程的变化情况能够及时准确、科学地反映，同时遵循以财务为中心的原则尽量多选取具有较强敏感性的财务指标，危机因素一旦萌生，能够在指标上迅速反映出来，使其成为企业经营状况的

"晴雨表"和"指示器"。

⑤动态性原则。监控预警指标体系的设置具有一定的开放性，能够随着各类风险水平和管理重点、内外部环境的变化及时更新和完善。

（2）风险监控预警区间及预警标准的设置。

①预警区间的设置。指标方案设置了绿、黄、红三个区间，即绿色安全区、黄色预警区和红色预警区，依次代表"安全""警惕""危险"。并相应设置了三种情形下的指标取值范围。

②预警标准的设置。"预警标准"是指处于黄色区间和红色区间的值域下限，其中黄色区间的值域下限（即"指标方案中"的"绿色区域下沿"）通常被设定为"一级预警线"，红色区间的值域下限（即"指标方案中"的"红色区域上沿"）通常被设定为"二级预警线"。

③设置的依据及原则。设置预警区间及预警标准时，根据指标类型不同，综合考虑了行业水平、企业历史情况、企业发展要求、外部监管要求等因素。具体设置时遵循了以下原则：

◆预警区间设置。行业上一年度平均数值必在绿灯区域中（优于行业平均成绩的企业被淘汰的可能性小）；行业最差成绩必在红灯区（行业最后一名的企业被淘汰的可能性最大）；本企业近 5 年次好成绩（位于第二位的好成绩）必在其绿灯区中（曾经做到过，而且曾经做的更好）；集团公司最差成绩必在红灯区域内（比最差的还差必在红灯区）。

◆预警标准设置。绿色区域下沿 = 本企业近 5 年第二好成绩与行业上一年度平均数值相比取差者；红色区域上沿 = 集团最差成绩与行业最差值相比取差者。

（3）指标监控频率的设置。在设置指标监控频率时，结合集团公司管理条件和管理要求，明确了定期监控指标的监控频率。根据指标特点监控频率设定了即时、月度、年度三种监控周期。

（4）风险监控预警责任落实。风险指标方案明确了各项监控指标的负责部室，要求各部室指定相关工作人员进行风险监控预警指标的信息收集、定期更新以及按照《风险监控预警工作指引》对各项风险进行监控、预警报告、应对等相关工作。

（5）2011 年指标方案。《2011 风险监控指标方案》选择的各项风险监控预警指标是根据 2011 年企业的管理重点和内外部环境变化的情况来确定的。选取的指标涵盖了企业战略、财务、运营、市场、法律五个方面。包括：发展能力指标、偿债能力指标、盈利能力指标、运营能力指标共四大类 15 项指标，其中财务指标 10 项占 66.7%，形成了全面风险管理体系为依托、以财务指标为中心的多变量指标体系，见表 1。

表 1　冀中能源井陉矿业集团有限公司 2011 年风险监控预警指标方案

序号		指标类别	指标名称	指标单位	指标方向	绿色安全区		黄色预警区	红色预警区		监控频率	负责部室
						指标区间	绿色区域下沿	指标区间	红色区域上沿	指标区间		
一	1	发展能力指标	资源储采比	可采年	>	>28	28	28 – 3.2	3.2	≤3.2	年	生产技术部
	2		营业收入增长率	%	>	>20.7	20.7	20.7 – 0	0	≤0	年	财务部
二	3	偿债能力指标	资产负债率	%	<	<81	81	81 – 82.24	82.24	≥82.24	月	财务部
	4		速动比率	倍数	>	>0.5	0.5	0.5 – 0.3	0.3	≤0.3	月	财务部
	5		利息保障倍数	倍数	>	>1.6	1.6	1.6 – 1	1	≤1	月	财务部
三	6	盈利能力指标	总资产报酬率	%	>	>3	3	3 – 0	0	≤0	月	财务部
	7		净资产收益率	%	>	>0.2	0.2	0.2 – 0	0	≤0	月	财务部
四	8	运营能力指标	总资产周转率	次	>	>0.8	0.8	0.8 – 0.28	0.28	≤0.28	月	财务部
	9		应收帐款周转率	次	>	>13.83	13.83	13.83 – 8	8	≤8	月	财务部
	10		百万吨死亡率	人	<	<0.3	0.3	0.3 – 0.5	0.5	≥0.5	年	安全监察部
	11		千人负伤率	人	<	<3	3	3 – 6	6	≥6	年	安全监察部
	12		重大法律纠纷涉及金额	百万元	<	<1	1	1 – 5	5	≥5	即时	法律事务中心
	13		重大环保事故	次	<	=0	0	0 – 1	1	≥1	即时	发展规划部
	14		重大非伤亡事故直接经济损失	百万元	<	=0	0	0 – 1	1	≥1	即时	安全监察部
	15		重大违法违规事项	次	<	=0	0	0 – 1	1	≥1	即时	法律事务中心

4. 风险监控预警报告机制

风险监控报告分为定期报告和不定期报告。

（1）不定期报告。不定期报告主要适用于风险监控指标出现警示或发生突发风险事件时。根据风险监控预警指标的重要程度不同，报警的级别不同，处理程序也不相同，一般情况下出现预警后可参考如下处理程序：

①黄色预警。如发现风险达到一级预警条件，在由各部室进行处理的同时，提出预警报告依次提交部室主管领导、风险管理办公室主任、风险管理委员会审批并签发处理意见，并按照意见组织实施。会签后的预警报告由责任部室抄送集团公司风险管理职能部室。

②红色预警。如发现风险达到二级预警条件时，在第一时间上报集团公司风险办公室主任和风险管理委员会主任，随即上报风险预警报告及相应的材料，上报材料中对于异常警示应作出原因分析，说明已采取或拟采取的应对措施。对于需上报上级的风险预警由风险管理委员会授权风险管理办公室执行。

（2）定期报告。

①季度风险监控报告。各单位具体风险的监控管理责任部室根据风险监控指

标方案进行日常的风险及重大事件的监控，收集、分析相关信息，并撰写风险监控自我评估报告（与《风险报告体系》要求的“季度重大风险监控自我评估报告”合并撰写），于每季度最后一个月的25日以前提交风险管理职能部室。

风险管理职能部室汇总相关部门提交的风险及重大事件的监控信息形成风险监控报告，于每季度末提交集团公司风险管理委员会或管理层进行审阅，审阅后的风险监控报告由风险管理职能部室报上级风险管理办公室。

②年度风险监控报告。由风险管理职能部室在每年第一季度将上年度风险监控预警工作的开展情况形成报告，风险监控预警工作报告可以作为全面风险管理年度报告的一部分，随全面风险管理年度报告一并提交集团公司风险管理办公室审阅，审核后的风险监控报告由风险管理职能部室上报上级风险管理办公室。

5. 风险监控预警应对机制

（1）风险应对方案的制定。集团公司应围绕年度风险监控预警指标方案，针对各项监控指标，建立风险监控应对机制，明确异常指标的应对预案。风险监控方案应随着年度风险监控指标方案的调整及时更新和完善。

风险监控指标的应对预案由风险管理职能部室牵头组织编制。各项风险监控管理的责任部室应围绕所负责的指标，提出应对预案，风险管理职能部室在汇总整理后，经过双方的分析和研讨形成提案，依次提交风险管理办公室、风险管理委员会进行审核确定。审核通过后的方案由风险管理办公室授权集团风险管理职能部室上报上级风险管理办公室进行备案。

（2）风险应对方案的类型。根据应对方案的具体程度不同，可分为应对措施或响应程序两种类型。

①对于风险监控指标，若条件应许，应尽量明确具体应对措施。

②对于不能建立明确应对方案的指标或突发风险事件，应明确响应工作程序。

（3）风险应对或响应。各部室对负责管理的相关风险进行实时监控，密切关注风险监控指标的变化，当出现指标警示时，应严格执行既定风险应对预案，对突发风险事件启动响应程序，并对应对效果进行跟踪。

针对红色警示指标的应对，风险管理办公室在应对处理的过程中，保持与上级风险管理办公室的有效沟通，及时上报应对执行情况。

6. 风险监控预警动态调整机制

各部室（单位）结合每年的公司层面风险辨识评估工作，对现有监控管理的执行效果进行一次回顾，进行适当的调整；风险管理办公室、具体风险的监控管理责任部门在开展风险监控应对的同时，不断根据实施效果对风险监控管理进行完善；对于风险监控指标方案、风险应对预案的调整，按照既定的审批流程提交风险管理委员会进行审核。审核通过后的方案由风险管理办公室上报上级风险管理办公室进行备案。动态机制的建立和实施确保了风险监控预警体系的持续完善和提高。

四、以财务预警为中心的全面风险管理体系的实施效果

1. 风险预警体系的构建和实施对企业生产经营实现起到了积极的保障作用

通过风险预警体系的构建和实施，井矿集团的抗险能力得到进一步增强，企业的内在素质和管理水平得到进一步提高，为企业生产经营起到了积极的保障作用。2011 年度克服各种困难和挑战，经济总量持续快速提升、煤炭主业步伐加快、物流产业成效显著、煤化工产业稳中求进、重点项目建设稳妥推进、安全生产形势持续稳定，企业继续保持了良好的发展态势，全面完成了年初确定的各项工作任务，实现“商品煤量过千万吨、销售收入过百亿元”目标，取得了“十二五”开门红。

2. 风险预警体系的构建和实施使企业的效益大幅度提高

井矿集团 2011 年商品煤量、销售收入实现历史性突破，商品煤量同比增加 142. 3 万吨；销售收入同比增加 14. 9 亿元。精煤产量、焦炭产量、硝盐产量、利润、职工收入五项指标再创历史新高，精煤产量同比增加 23 万吨；焦炭产量同比增加 6. 3 万吨；硝盐产量同比增加 1606 吨；利润同比增加 380 万元；职工年人均收入同比增加 11921 元。

3. 社会效益明显

风险监控预警体系的构建和实施，不仅取得了直接的经济效益，也取得了一定的社会效益，通过开展风险监控预警，在集团公司范围内统一了认识，规范了风险管理流程；落实了风险管理责任，建立了风险监控预警体系的运行机制；培养了一批具有风险管理实践经验的专业队伍，提升了风险管理工作的能力；提高了全员风险意识，培育了良好的风险管理文化。企业整体管理水平以及综合竞争能力得到提高。企业对社会的贡献不断增大，企业知名度、美誉度等得到增强，2011 年度获得了冀中能源红旗单位、安全生产红旗单位等荣誉称号。

4. 成果经济效益测算

本成果采用相关因素合成计算法（PCP）计算，成果经济效益为 950. 34 万元。

（成果创造人：李明朝　李春生　辛保文　赵来朋）

星级职工评定体系的构建与实施

山西焦煤西山煤电（集团）有限公司杜儿坪矿

杜儿坪矿于1956年1月1日建矿，隶属山西焦煤西山煤电集团公司，现有职工7400余名。矿井经过5次改扩建，核定生产能力达500万吨/年，采掘机械化程度达100%，通风、机电、运输、提升、选矸等主要环节能力均达到国内同类矿井先进水平。2009年建成储煤筒仓，原煤储存实现了封闭管理。从建矿至2011年，累计生产原煤1.35亿吨，为国家经济发展做出了积极贡献。矿井先后被授予全国煤矿思想政治工作先进单位、特级质量标准化矿井、行业级高产高效矿井、现代化矿井、全国文明煤矿、全国双十佳煤矿、全国煤炭行业环境保护优秀单位、全国成人教育培训优秀单位、全国企业成人教育单位百强等荣誉称号。

一、星级职工评定体系的构建与实施背景

杜儿坪矿是一座有着56年开采历史的老矿，现有职工7000余人。矿井核定生产能力500万吨/年，采掘机械化程度达100%。

职工素质提升工程在杜儿坪矿有着深厚的底蕴和扎实的基础，早在1997年，杜儿坪矿就针对职工文化素质低、技术能力差，不能适应矿井安全生产发展的要求，在全煤系统率先开展了素质工程建设，多年来历届领导坚持不懈、一以贯之。

近年来，伴随着煤炭资源整合工作的深入推进，大批高技能操作人才及成建制职工队伍支援调出，企业人才出现了青黄不接的现象，加快培养专业技术人才特别是高技能操作人才迫在眉睫。

随着新技术、新工艺、新设备、新材料的不断推广应用，特别是智能化工作面在矿井的推广使用，以及全面贯彻山西省煤矿企业“十二五”从业人员素质准入精神，加快职工知识、技能更新步伐，建立人才快速成长的绿色通道成为矿井发展的必然趋势。

为此，杜儿坪矿把星级职工队伍建设作为素质提升工程和创建学习型企业的重要载体，把建设一支业务精通、技术精湛、责任心强的操作队伍作为矿区发展的取胜之道、素质之基、创新之本和务实之举来抓，使职工技能的提高成为解决安全生产中的实际问题、推动矿井科学发展的强大动力。经过精心筹划、多次研讨、科学论证，于 2010 年 7 月拉开了星级职工队伍建设帷幕。

二、星级职工评定体系的内涵

所谓星级职工，就是在井下技术含量较高的工种中进行星级评定，按照综合评定结果，分别认定为六个级别：即五星级、四星级、三星级、二星级、一星级，特别优秀者评为首席技师。所评定的星级职工为本工种、本岗位具有较高理论知识、较强实际操作能力，能为本岗位做出积极贡献的职工。

星级职工评定就是按照煤矿从业人员素质要求，依据岗位作业标准和规程措施，本着管用、实用、有效的原则，以全面提升职工操作技能和作业娴熟为目标，以“3355”星级职工评定体系（“三位一体”的综合评定办法、“三个结合”的星级认定标准、“五环相扣”的监督保障机制、“五项挂钩”的激励考核机制）为载体，以动态考核、兑现奖励为保证，全员参与、全面覆盖的岗位知识、操作技能竞赛评比活动。星级职工评定囊括了井下采煤、掘进、机电、运输、通风、安装、地质、安全八个专业 25 个工种。

三、星级职工评定的主要做法及特点

星级职工评定体系构建之后，为使工作有序推进，杜儿坪矿出台了《关于加强星级职工队伍建设的实施意见》，对星级职工评定工作进行了总体规划，制定了《星级职工认定标准》《星级职工考核办法》等相关制度。成立了由矿长、党委书记任组长，生产矿长任副组长的领导组；抽调精兵强将充实到星级职工办公室（以下简称星级办），负责起草星级职工队伍建设的总结、安排、通报；协调组织星级职工评定工作；收集各种资料及其他日常事务；成立了由各专业副总工程师担任组长，各采区、生产技术科等单位主管工程师为成员的专业考核组，负责评定过程中的具体工作。

为使星级评定工作有的放矢，评定之初，星级办牵头建立了“星级职工题库”，编写了 25 个工种 12 本星级职工系列题库和 7 本安全专业知识题库，印制了 6000 余本发放到每个职工手中，并根据新技术、新工艺、新设备、新材料的应用以及《煤矿安全规程》的修订，每年更新补充一次题库，保证理论考试紧贴生产实际。

1. “三位一体”的综合评定办法

为使星级职工评定工作简单易行可操作，评出的星级具有公信力、说服力，真正体现职工技能水平，最大限度激发职工学知识、比技能的热情，杜儿坪矿确定了理论考试、实际操作、专家答辩“三位一体”的综合评定办法，根据操作岗位特点，突出实际操作能力：四星级以上职工评定理论考试占30%（其中专业知识70%，安全知识30%），实际操作占50%，专家答辩占20%，由矿统一组织评定。一至三星级职工不参加专家答辩，理论考试占40%，由矿统一组织；实际操作占60%，实际操作由区科组织评定。

（1）理论考试。对所有井下职工进行资质审查后，星级办统一组织理论考试。资质审查实行“三一致”，即上岗资格证必须与所参加评星的岗位工种一致，与所持有的职业技能等级证书一致，否则一律不予认定，防止非在岗职工挤占在岗职工星级名额。审核通过后，星级办统一制作附有本人照片的准考证，并通知其参加考试。考试结束后，现场密封试卷，随后组织各专业副总、工程技术人员集中阅卷、集体登分，保证考试的严肃性。

（2）实际操作。由各专业考核组比照技术比武操作过程，制定各工种实践操作考核表，逐项列出考核项目、考核内容、考核分值，一人一表，星级办统一打印，发放到各考核组。建立专家库，专家组成员随机从中抽取，考核组由3人组成，每个工种由一个考核组负责，组长组织现场具体实施。每张实际操作考核表都要在工作现场根据职工实际操作情况由考核组逐项打分、签字认可后报星级办统一汇总。

（3）专家答辩。成立各专业答辩组，答辩组成员从专家库中随机抽取，每个工种提供50道答辩题，每个职工现场随机抽取5道。答辩表采用一人一表，逐题打分形式。计算最后得分后，由答辩组长、成员签字认可后交星级办统一汇总。

2.“三个结合”的星级认定标准

为充分调动各方面因素，激发广大职工学技能、比贡献的热情，在星级职工的认定工作中，坚持“三个结合”，即：星级评定与职业技能等级相结合，与集团公司、矿技术比武相结合，与年度评比、特殊贡献相结合。

（1）职业技能。具有国家认定的中级工以上资格的职工方可参加四星级以上职工的评定，否则只能参加一至三星级的评定。

（2）技术比武。技术比武取得本年度西山煤电集团公司前3名、焦煤集团公司前6名的，加5分；获得矿前3名、西山煤电集团公司前10名的，加3分。

（3）年度评比。被评为焦煤集团、省、市劳模的加8分；被评为省、市、两级集团大师的加10分；被评为西山煤电、矿特劳、十佳技术工人的加5分，评为西山煤电、矿劳模的加3分。

综合上述各项因素，按比例折算成绩后，按照综合得分从高到低进行排名，比照高考录取方法，按比例划线定星，分段评定：综合排名前15%的职工评定为五星级，排名16%～35%的职工评定为四星级。首席技师由单位从五星级职工中推荐，各专业考核组集体认定后最终产生。未评上四、五星级的职工重新参与一至三星级的评定，按照理论考试、实际操作成绩比例，综合最后得分，排名本工种前10%的职工评定为三星级；11% ~25%的为二星级；26% ~45%的为一星级。

这样55%以上的职工都能通过努力评上星级。这种跳起来就能摘到桃子的激励机制充分调动了广大职工追星赶师的热情。

3. “五环相扣”的监督保障机制

“随机抽题、媒体跟踪、纪委监督、领导巡视、张榜公示”环环相扣，保证了星级职工评定公平、公正、公开。

（1）随机抽题。为了保证试题不外泄，星级办提前组织各专业技术人员编写各工种题库，每工种题库包括800~1000道试题，每套试卷考题占题库题量的10%左右。星级办编制专门软件，在考前1小时随机生成试卷，同一工种人员因参考时间不同也分别采用不同试卷，保证了试题不外露。

（2）媒体跟踪。在生成试卷、印制考卷的过程中，在理论考试、专家答辩、实际操作的现场中，矿闭路电视人员全程跟踪拍摄，确保全过程阳光操作。

（3）纪委监督。就是在理论考试、专家答辩、实际操作过程中，纪委派专人参与监督，在考试过程、试卷密封、阅卷登分等过程中，纪委人员充分发挥全程跟踪监督作用，确保每个环节公平、公正，杜绝徇私舞弊。

（4）领导巡视。就是在理论考试、专家答辩、实际操作过程中，矿主要领导、分管领导都抽出时间实地进行巡视，了解评定过程，保证每个环节按规定进行。

（5）张榜公示。就是根据综合考核结果，选出各等次星级人员，在矿通告栏内张榜公示三个工作日，接受群众监督。公示无异议后方可正式评定为相应星级。

严格的评定工作流程和完善的监督保障机制，使星级职工评定工作运行以来，未发生一起上访、上诉事件，实实在在评出了职工群众公认的“星级”。

4. “五项挂钩”的激励考核机制

职工评星后实行台阶式激励政策，其标准为：首席技师奖励1000元/月，五星级500元/月，一至四星级分别对应为100~400元，工资外奖金支付、逐月兑现。星级办直接发放，保证专款专用，杜绝了基层单位截留、克扣侵占现象。

职工评星后，能否按标准全额兑现奖励，还要与个人当月出勤、安全生产、工作态度、教育培训、授课带徒五项考核挂钩，这样，既保证了星级职工切实能在岗位上发挥作用，又克服了单纯地评上星级就可以坐享其成，与工作实绩脱钩的弊端。

（1）个人出勤。星级职工必须爱岗敬业，主动奉献，出勤达到国家规定下井天数。否则，一票否决，不予兑现奖励。每月由劳资科提供出勤情况。

（2）安全生产。星级职工必须行为规范，遵章守纪，发生严重“三违”、直接“三违”，取消当月兑现奖励，发生一般“三违”扣除奖励金额的50%。每月由安监处提供遵章守纪情况。

（3）工作态度。星级职工必须在工作中挑大梁，顾大局，有强烈的责任心，服从指挥，吃苦在前，否则，不予奖励。每月由所在单位提供考核结果。

（4）教育培训。星级职工必须注重学习、不断充电，关键岗位从业人员未参加中等职业教育培训不予奖励，每有一门课程考试不合格，扣除当月全部奖励。每月由职工教育学校提供考核结果。

（5）授课带徒。星级职工要积极发挥传、帮、带作用，首席技师与授课、导师带徒挂钩，未按要求完成矿安排的授课、导师带徒任务，分别扣除奖励标准的20%。每月由职工教育学校、矿团委提供考核结果。

在评定周期上，坚持一年一评定、一月一考核、一月一兑现的动态管理机制，既保证了评定结果的严肃性，又打破了评定结果终身制，畅通了“星级”向上流动的渠道，大大激发了职工不断学习、追求卓越的热情。

四、星级职工评定的实施效果

星级职工评定工作开展两年多来，受到了广大职工的一致好评。在2011年举行的千人问卷调查中，满意率达到了94.5%，成为杜儿坪矿的一项民心工程、品牌工程。活动开展以来，共组织了两轮25个工种5862人次参与的评定活动，2010年共评出星级职工956名，其中首席技师7名，四、五星级职工200名，一至三星级职工749名；2011年共评出星级职工957名，其中首席技师8名，四、五星级职工239名，一至三星级职工710名；2012年一到四月份共评出星级职工265名，其中首席技师1名，四、五星级职工63名，一至三星级职工201名，收到了明显的成效。

1. 学习氛围更加浓厚

通过星级职工评定，有知识、有技能的职工明明白白评上了星级，实实在在得到了实惠，全矿上下学知识、比技能的氛围更加浓厚。“星级职工”不仅成为经济上的直接受益者，而且政治上产生了很强的荣誉感。“人人有学、时时可学、处处能学、按需选学、终身在学”的氛围正在形成，以往一些职工业余时间打麻将、看电视、玩游戏，现在转变为读书学习、切磋技艺、相互交流。无论在井底车场、候车大厅，还是在机电硐室、乘人车上，随处可以看到职工看书学习的身影，井下职工中专以上学历由2009年的917人上升到2011年的1856人，实现了由要我学向我要学的根本转变。

2. 高技能操作人才队伍不断壮大

星级职工评定工作开展以来，职工素质明显提升，专业技术骨干不断递增。具有初级工以上职业技能资格证书的职工由2009年的581人上升到2011年的

2209 人，增长了 280%。其中中高级以上职工由 2009 年的 425 人增加到 2011 年的 685 人，增长了 61%。涌现出了全国技术发明三等奖、全国技术能手、全国劳模伏军，全国技术比武综掘司机状元、全国劳模董林，全国煤炭工业百名优秀青年矿工李茂林等，在全煤系统乃至全国产生了广泛影响。

3. 安全形势持续好转

星级职工评定激励政策运行以来，大大激发了职工遵章守纪的自觉性，2010 年“三违”同比下降 7%，2011 年同比下降了 12%；2012 年一季度，“三违”现象同比下降了 16%；各类隐患大幅度下降，2010 年同比下降 12%，2011 年同比下降了 20%；2012 年一季度同比下降了 25%，职工作业行为进一步规范，安全生产稳步推进。质量标准化亮点单位不断涌现，建成了南九盘区和 68205 安装面等 8 项亮点工程，安全质量标准化建设名列集团公司第一。

4. 生产任务超额完成

职工爱岗敬业、积极奉献的热情进一步提高，出满勤、干满点，确保了生产任务的顺利完成。2010 年生产原煤 450 万吨，完成计划的 105%，位居集团公司本部九大矿之首，掘进进尺 28700 米，完成计划的 103%；2011 年原煤产量 460 万吨，完成计划的 109%，实际进尺 29514 米，超计划 1514 米。2012 年一季度完成原煤产量 120 万吨，进尺 7331 米，瓦斯抽采纯量 1100 万米^3，钻孔进尺 83878 米，超额完成集团公司下达的计划。

5. 矿区影响力显著提升

星级职工评定工作在杜儿坪矿引起了强烈反响，受到了职工群众的广泛赞誉，得到了两级集团公司领导及新闻媒体的广泛关注，山煤国际、太重、霍州煤电集团公司、汾西矿业集团公司等兄弟单位纷纷来矿进行参观学习。杜儿坪矿先后荣获全国成人教育优秀培训机构、全国企业成人教育单位百强，山西省、太原市学习型组织创建活动示范企业，率先建成国家级瓦斯治理“双百”矿井和安全高效矿井等，各单位、各社团不断来访考察，社会影响力显著提升。

星级职工队伍建设是一项战略工程，功在当今，利在后世，许多隐性的收益已经在工作中显现出来，职工素质的提升尤其是操作技能的提升必将为矿井的安全发展、跨越发展提供强有力的人才保障和智力支持。

（成果创造人：王建鹏　李瑞琪　冯　清　高应山　王敬仁　白永吉　崔宇英　李德鹏）

建设立体式安全文化体系
提升煤矿安全管理水平的实践

山西西山煤电股份有限公司马兰矿

马兰矿隶属于山西焦煤西山煤电集团公司，是我国“七五”期间建设的国有重点煤矿。1983 年 11 月 20 日开工建设，1990 年 6 月 27 日投产，设计生产能力 400 万吨/年，核定生产能力 400 万吨/年，井田面积为 90 平方公里，服务年限 107 年。与矿井相配套的选煤厂设计能力为年入洗原煤 400 万吨，于 1993 年 10 月 20 日建成投产。马兰矿作为特大型现代化矿井，连续 10 年荣获山西省文明和谐单位，连续 8 年荣获山西省省属企业文明单位标兵；并先后获得全国煤炭工业特级安全高效矿井、全国煤炭系统文明煤矿、全国企业文化建设优秀单位、全国煤炭系统环境保护优秀单位、全国依法生产先进矿、全国煤炭工业双十佳煤矿、中国煤炭工业优秀企业金石奖、中华环境友好煤炭单位、全国科技进步双十佳矿井、全国煤炭工业先进集体、国家级安全质量标准化煤矿、全国模范职工之家、全国企业文化建设先进单位等荣誉称号。

一、建设立体式安全文化体系的实施背景

2009 年 2 月 22 日，屯兰矿发生特别重大瓦斯爆炸事故，造成 78 人死亡、114 人受伤。马兰矿作为屯兰矿的兄弟单位，同属山西焦煤西山煤电集团公司，也是高瓦斯矿井。屯兰矿瓦斯爆炸事故的发生给马兰矿的安全管理敲响了警钟，马兰矿认真开展了安全大反思、大讨论活动，就如何杜绝发生重大事故、避免发生零星事故进行了深入的探讨。有人说要加强安全管理，进一步加大处罚力度，但处罚不是万能药，处罚有它的负效应，有人被处罚了，容易产生情绪，会对安全生产带来不利影响；有人建议奖励，奖励无“三违”记录的人，但也采取过奖励办法，可是那些习惯“三违”的人仍然在犯同样错误；有人说，还要继续强化安全教育培训，事实上我们天天在讲安全，但有一部分人还是引不起警觉。

如何保证安全无事故呢？全矿干部职工及家属都加入了这场大讨论，由会议讨论逐步进入网上讨论，各种建议层出不穷，各种观点针锋相对。通过这件事，矿领导班子从中得到深刻启发：在安全面前，人们思想意识上都是好的，没有人想到“我要出事故”“我一定要受伤害”，只是处罚、奖励、教育、制度等等安全管理，必须得到干部职工的认可，安全管理才有效果。抓安全，要靠文化的力量，要使大多数职工的安全意识在一个频率形成共振。

二、立体式安全文化体系的内涵

在马兰矿，对安全文化的解释是：安全文化是全矿干部职工对安全的追求、理念、道德准则和行为规范，是被大多数人接受，形成组织氛围的东西。属于安全文化的内容有物质层面和精神层面，也有制度范畴和行为范畴。打个比方，就像一个包了一层又一层的盒子，最外面一层是表层文化，是显而易见的安全标志、口号、宣传品；揭开这一层，第二层属于制度文化，是企业发布的各种安全规章制度、规程、工作指引等文件化的材料；剥开第三层，进入深层，是行为文化，是每个岗位人员所表现出来的行为方式，并且是带有群体特色的行为方式；最里面的核心层是理念，是在干部职工中形成的安全共识，是企业安全目标和各项规程在员工心目当中的认识、认可程度。那么，建设立体式安全文化体系就是坚持理念先行导入铸魂，制度引领推进固基，行为体系及时跟进治本，把安全文化建设融入安全生产全过程，形成全程融合、全员参与、全方位渗透的安全氛围，从而确定企业的安全目标、安全追求、安全理念、安全价值观，使广大干部职工养成规范的安全行为习惯。

三、建设立体式安全文化体系的主要做法

1. 坚持理念先行导入铸魂，创新载体，强化立体效应，不断拓展安全文化新视角

安全文化建设的重要使命之一，就是将安全理念根植于职工群众的心中，帮助职工养成自觉的安全行为，提升职工的安全素养。为此，马兰矿从安全文化理念的立体培植、立体宣教阵地建设、立体安全活动网等“三立体”来进行理念的导入与培植，不断拓展安全文化新视角，激发职工保安全的内在动力。

（1）安全理念的立体培植。安全文化是煤矿安全生产的“灵魂”，它是安全与文化的一种融合。马兰矿在继承山西焦煤安全文化的基础上，根据矿区发展实际，通过民主生活会、安全例会、班前会、座谈会、讨论会等形式，自上而下层层进行安排部署，向全矿职工发放调查问卷，广泛征集安全文化理念和安全格言警句，形成统一认识，引导全矿职工对安全文化建设的认同。通过一系列自上而下，一通到底的立体培植活动，最终确立适合自身矿井发展的“安全是最大的政治，安全是最大的效益，安全是最大的稳定，安全是最大的幸福”的安全价值观、“以人为本，科技兴安，素质强安”的安全发展观、“不伤害自己，不伤害

别人，不被别人伤害”的安全道德观。同时，还凝炼出了“隐患、违章就是事故”“不是职工消灭事故隐患，就是事故隐患伤害职工”“为了防止万一的事故，必须付出一万的努力”“瓦斯超限就是事故”“行为要规范，养成好习惯”等安全文化新理念。

（2）建立立体宣传阵地。马兰矿在文化理念的导入与培养过程中，重视发挥宣传载体的作用，充分利用广播、标语、黑板报、内部刊物、橱窗、牌板等宣传载体，建立了以生活区、工业区、井下工作面等三个区域为重点的立体安全文化宣传阵地。生活区建立了“一路一广播”安全文化导入网，即创建“安全文化路”，在矿区主要交通要道、制作了许多相关内容的牌板、安全文化灯箱、彩色喷绘、标语，把安全理念贯穿进去；创办“马兰之声”广播站，开办安全文化专题栏目，播送安全文化知识，传递安全文化建设实时动态，对违章人员和违章现象进行采访；工业区形成了“一场一廊一路一区化”的格局（井底安全文化广场、井口安全文化长廊、廉政教育路、办公区域安全文化区）；井下工作面形成了以井口广播站、井底安全文化广场、安全文化运输线、文化硐室、文化巷道为一体的井下安全文化风景线，达到了以网带面，形成宣教辐射，从而在矿区形成了立体的安全文化宣传阵地。

（3）建立立体安全活动网。安全文化建设是一项复杂的系统工程，需要各部门、各职能科室联动，纵贯各区科队组，引导全员参与。在安全文化建设过程中，马兰矿注重把各部门、各科室在组织上的优势转化为安全文化建设中的综合效能，充分发挥党、政、工、团、妇在活动中的核心作用，精心建立一个各部门联动、上下齐参与、覆盖全矿区的立体交叉安全文化活动网。宣传、安监、工会、组干、团委、法律等部门，围绕安全生产实际，整合自己各部门的优势，坚持安全文化活动不断线。通过不定期组织开展事故分析会、班前安全培训、安全心连心文艺演出和“小手拉大手、安全伴我走”、安全文化宣讲、安全事故案例警示教育专场演讲、安全漫画展、黑板报比赛等形式，持续组织开展了“百名放心职工”评比、“党员示范岗”“百名干部与千名职工结对子促安全”“家庭促安、家庭促廉、家庭促贤”、“三违”帮教、井口“送温暖、嘱安全”等形式多样的安全宣教活动，上井口，下基层，进队组，深入矿井各基层单位、各生活小区，形成了企业、社区、家庭“三位一体”的立体安全活动网，创造了深厚的安全宣传氛围，使全矿职工及家属对安全理念有了一个更加清晰的认识，提高了职工及家属的安全意识，构筑了牢固的安全防线，实现了“要我安全”向“我要安全”的转变。

2. 坚持制度引领固基，人本管理，突出制度考核，全力构建安全文化科学机制

安全管理机制建设是煤矿安全文化体系建设的重点，是保证安全生产目标实

现落实的重要保障。一旦安全制度成为职工的行为习惯，就会上升为安全文化，使安全制度更好地延续与不走样，互促互进。马兰矿从安全管理机制、安全考核机制、安全保障机制等“三机制”建设入手，重心下移，究源固本，实现了安全管理精细化。

（1）完善安全管理机制。通过加强对基层区队管理，提高基层管理指挥生产的能力，形成一整套科学规范的安全管理体系。一是推行“三环一化”管理，即：大循环、小循环、正规循环、程序化管理，通过方方面面、各个生产程序的控制，使安全生产和安全质量标准化进入完全可控状态，不断提升矿井安全质量标准化水平；二是进一步健全完善各级人员的岗位责任制，明确岗位目标管理；三是细化安全监督机制。充分发挥安监、群监、青监、安全小分队在现场的监督作用，加大安全检查的力度，实行纵向到底，横向到边检查机制，不留死角，使安全生产的各项制度得以真正落实；四是建立安全隐患排查机制。加大隐患排查力度，及时发现、及时整改，全面覆盖，不留死角。对所查的问题分级整理汇总，对隐患不能及时治理、安全措施落实不到位、整治不达标的，对领导干部要实行问责；五是完善安全信息管理机制。通过引进井下人员定位系统、入井人员酒精检测系统、安全生产调度指挥数字系统等现代化的安全信息管理设备，及时筛选、收集安全信息，及时督促整改，使井下每一生产环节都在可控中；六是严格干部跟值班机制。切实转变干部作风，严格各级干部跟值班制度，使各级干部切实把 100% 的精力和 100% 的时间放在抓现场安全生产上，真正做到“职工三班倒、班班见领导”。

（2）细化安全考核机制。一是安全风险押金制。实行全员安全风险抵押金制，把安全管理和个人利益挂钩，增强了全矿干部职工的安全责任心；二是安全明星选拔制。每月由安监、宣传、组干、工会等职能部门，结合当月安全考核情况和出勤率，评选出当月安全效果好的员工，评选为矿“安全明星”，在给予一定物质奖励的同时，在井口文化长廊宣传橱窗内进行公示；三是“安全五好家庭”评选制。由安监、女工、保卫等部门，结合全年安全生产情况，综合安全生产业绩，评选出年度“安全五好家庭”，形成整体带动作用；四是推行安全综合考评制。对年度消灭严重“三违”及严重“三违”下降的区（科）、队进行表彰奖励，严重“三违”多发的队组，对区（科）、队干部进行通报批评；五是安全连带处罚制。一旦发生“三违”现象和安全事故，不仅要对当事人进行处罚，还要对连带当班的工长、跟班队长、安全员、值班队干、值班区（科）长、机关包队干部、矿领导进行连带处罚；六是安全培训考核制。由矿安监处对全矿所有区（科）、队安全培训情况进行考核检查，将安全培训结果落实到具体负责人，对排在后三名的队组负责人分别进行处罚，同时将各单位的安全结构工资的 5% 作为安全培训抽考工资，把“每日一题、每周一课、每月一考”与单位安全结构工资挂钩，规范了职工行为。

（3）落实安全保障机制。良好的安全环境是安全文化建设中的“硬件”，也是实现安全生产的必要条件和保障。马兰矿充分利用科技进步，积极推广新技术、新工艺，不断加大安全投入，优化生产系统环节，从根本上改善安全生产环境实现物的安全。一是安全投入不松劲。按照“井下标准地面化、安全设施本安化、硐室标准家装化、井下牌板知识化”的标准，对矿井各个阶段的盘区，以及制约矿井产量提高的“瓶颈”，实施改造升级与建设。二是技术装备提升不松劲。积极组织人员进行科研课题攻关活动，从内部挖潜力促创新，装备升级保发展。

3. 坚持行为体系跟进治本，注重养成，强化安全教育培训，全面建设安全文化实施大平台

安全文化建设的主体在人，只有在职工行为养成上下功夫，通过安全文化来强化组织的安全管理行为，再通过组织的安全管理行为来规范个人行为，与安全教育培训并重，全员、班组、个体分层次推进，全面建设安全教育培训、班组长素质准入、手指口述等安全文化实施三平台，才能实现安全文化建设与安全生产全过程、全方位、全时空的融合。

（1）安全教育培训。安全文化的本质属性是直接为安全生产服务。马兰矿坚持把安全文化建设的重点放在安全生产最前沿，着眼于全员整体素质的提高，把安全文化的触角延伸到每一个生产队组，倾力打造一支高素质的职工队伍。一是充分利用班前会、岗前培训、特殊工种培训、安全例会、专题培训等时机，对广大职工进行集中培训；二是通过安全演讲、现身说法、安全文艺汇演、安全征文等形式，把安全教育的主动权让给职工，让职工唱主角，把自己的安全认识、感受写出来、讲出来、唱出来，让广大职工的群体智慧成为安全文化建设中的中坚力量；三是采取请进来、走出去的培训方式，学习和推广有效的安全管理与技术，促使职工安全技能水平上的提升；四是充分利用企业的内部人才、信息、设施等资源，采用“导师带徒”“党员安全责任区”“青年安全示范岗”、内部技术比武等途径，进行技术交流与培训；五是开展“干部上讲台，培训到现场”活动，促使干部加强学习、深入调研，转变作风，认真、细致、热忱地同职工交流、谈心、培训，不断提升广大职工的安全素质和技能素质。

（2）班组长素质准入。班组是企业的“细胞”，是最基层的生产管理组织，班组长是班组现场生产管理的直接指挥和组织者，对班组的安全工作起着关键性的作用。马兰矿以班组长“素质准入”为抓手，不断加强班组长的培训学习、监督考核，着力提升班组长的思想素质、业务素质、管理能力、安全监管能力，以提高班组的战斗力，使班组的作用得到充分发挥。一是不断完善班组长选任标准，根据队长提名、职工民主推荐、本人自荐等程序，严格“素质准入”，从源

头上确保班组长的高素质；二是建立持续的培训、监督、考核、管理机制，制订班组长培训制度，并定期开办班组长培训班，实行持证上岗；三是不断加大班组长激励力度。在干部任用上，马兰矿提拔队长或支部书记优先从班组长中选拔；在工资分配中，加大对班组长的工资考核力度；在选树先进上，加大班组长的选树力度，提高了班组长的荣誉感。

（3）手指口述。安全文化建设的落脚点在职工，职工个体行为养成是安全生产中最关键的因素。为提高职工个体安全素养，规范职工行为，养成安全操作的好习惯，马兰矿高标准推行“手指口述”安全确认法，从井上到井下，从地面到机关，通过广播、橱窗、标语等形式宣传学习推行“手指口述”的重要意义，组织“手指口述”安全确认模拟演练竞赛，下发“手指口述”考核办法，规范各队认真实施“手指口述”安全确认法。马兰矿安监处、业务科室和安全管理人员到各工作面检查执行情况，每旬进行通报，奖优罚劣，督促全矿干部职工养成“手指口述”习惯，全矿职工素质不断提高。

四、建设立体式文化体系的部分具体实例

马兰矿在建设立体式文化体系过程中，结合矿自身实际情况，强化针对性，注重可操作性，追求最大效果，通过不断创新，取得了许多成功的特色经验。

1. “三环一化”安全管理体系

马兰矿正确把握生产与安全的关系，从安全质量标准化建设入手，全面推行“三环一化”精细管理，大循环、小循环、正规循环、程序化管理的安全生产循环制约管理体系，着力打造安全高效矿井。“三环一化”就是：大循环、小循环、正规循环、程序化管理。大循环就是将工作面的设计、掘进及安装前准备、安装、回采、拆除、封闭六个工序作为一个闭路循环制约的完整过程进行管理，上道工序对下道工序负责，下道工序对上道工序进行检查验收；小循环解决的是采区内部队与队之间、辅助与生产之间的配合；正规循环是队组内部上一刀煤与下一刀煤之间、上一班与下一班之间的循环制约；程序化管理规范的是职工的作业行为，要求井下一切作业行为必须按程序化指挥、程序化操作，使井下所有人、所有行为都在掌控之中。各单位都制定了《正规循环作业计划和操作标准》《正规循环作业考核分配办法》和《正规循环作业责任追究制度》，通过实施正规循环作业，有效遏制了自由作业，杜绝了突击生产、盲目生产，理顺了生产环节，规范了职工行为，有效地提高了马兰矿动态标准化水平和科学化管理水平。

2. “键对键”“线对线”“面对面”思想政治工作方法

（1）“键对键”思想政治工作法。它是通过互联网、电脑等新兴媒体：马兰矿党政办的“矿长信箱”、纪委的“廉政网”、组干科的“党建网”、马兰矿局域网、工会的“维权网”和“马兰矿贴吧”等，倾听职工群众的心声，了解职工群众关心的热点、难点问题以及思想动态，帮助职工群众打开“心结”，有关部门安排专人对职工群众反映的问题进行回复，并切实给予解决。

（2）“线对线”思想政治工作法。它是以电话线对电话线的方式建立反映问题与解决问题的新模式。广大职工群众通过矿长热线、纪委举报电话、信访热线、爱心服务热线等热线电话，职工群众反映的疑难问题、热点问题全部得到了有效解决。

（3）“面对面”思想政治工作法。通过八个类别的思想政治工作服务站，面对面解决职工群众各种问题。组干科负责党员和大中专毕业生思想政治工作；保卫科负责退伍军人的思想政治工作；工会负责农合工思想政治工作；女工家属委员会负责女工的思想政治工作；团委负责青年职工的思想政治工作；离退管中心负责离退休人员的思想政治工作；劳资科负责技校生的思想政治工作。矿领导定期到八个思想政治工作服务站值班，面对面地解决职工群众反映的各种问题。此外，矿领导还通过每月定期下井带班与职工群众面对面地谈心交流，通过每月定期参加队组班前会与工人见面倾听职工呼声，在第一时间采取措施有效解决各种问题。

3. 安全协管亲情服务站

为了让井下上下班的职工有个良好的休息环境，感受到家庭的温暖和爱意，用爱心、真心、亲情去温暖千万矿工，以“女工家属安全协管站、女工家属亲情服务站、安全之声广播站”为安全协管工作平台，依托载体抓亲情服务，务实创新抓安全宣传教育，强基固本抓安全联保，从人性关怀的层面做好安全服务、亲情服务、温暖服务、爱心服务，达到“用亲情去督促职工遵章守纪，用真情去感化违章职工，用爱心去关爱职工生命与健康”的目的，用真情和爱心筑牢安全第二道防线。

4. 青年安全工程

以“导师带徒”活动和技能竞赛活动为载体，在青工中广泛开展学练比推活动，着力建设“优秀青年人才库”，对青工实行“学分制”考核，全面、动态掌握青年人才信息，着力健全优秀青年人才的表彰选树机制，打造出了一支素质过硬、业务上叫得响的青年人才队伍。同时，还以青监岗员“一对一”助学保安、“联合促安小分队”亲情促安、“安全生产，青年先行”青年安全生产示范岗创建等活动为载体，调动各级青监岗组织及广大岗长、岗员的工作积极性，影响和带动广大团员青年遵章守纪、按章作业，保证了青年安全工作的扎实开展。

5. 党员安全责任区

党员安全责任区活动是马兰矿在基层广大党员中大力开展的富有矿区特色的安全活动。全矿共建立健全党员责任区 95 个，通过划分责任区，每个责任区每班设一名责任区党员，责任区党员由编入责任区的普通党员经选聘担任，认真履行工作职责，积极发挥把关作用，监督作业现场安全生产法规和安全生产管理制度执行情况，及时查处各类事故隐患，制止职工不安全行为，实现党员身边无违章、无事故，确保安全生产。每个党员负责责任区内人员的思想工作，并对负责责任区内安全工作的党员实行发放津贴，充分体现责、权、利相结合，使党员的示范作用、帮助作用、教育作用的积极性得到了进一步的提高。

6. “干部上讲台，培训到现场”活动

“干部上讲台、培训到现场”是提升干部职工安全素质的一个大平台，促进了干部作风转变、促进了干群关系融洽、促进了全员素质提升，使广大干部成为职工的良师益友，和职工学在一起、干在一起，真正形成“和谐矿区”的良好氛围。干部上讲台，是指授课干部本着“干什么学什么、缺什么补什么”，带着经验、带着任务、带着责任、带着感情为职工讲课。负责授课的干部紧密联系矿井安全生产中面临的“一通三防”、防治水、瓦斯治理等突出问题以及矿内的一些大事要事进行精心讲课和答疑解惑，教案简洁明了，讲课时语言直白，通俗易懂，保证了每一堂课都能取得实效。培训到现场，是指队级及以上（包括技术员）干部实行包保培训，严格按照包技能培训、包思想解惑、包持证上岗、包家庭生活、包安全行为的“五包”要求，从职工需求出发，认真、细致、热忱地同职工交流、谈心、培训，不断提升广大职工的安全素质和技能素质。“培”是指干部上讲台授课，“训”是指干部下现场指导，关键是抓住了培训的针对性。广大干部扑下身子、深入现场，针对职工在现场作业过程中遇到的实际问题，进行现场讲解，提高培训的时效性和针对性。通过深入现场，干部在培训职工的同时，也提高了自身素质，实现了全员素质提升。

五、建设立体式文化体系取得的效果

马兰矿通过多年来的立体式文化体系建设，职工的安全意识明显得到提高，职工的安全素质明显得到提升，矿井生产的安全系数进一步增大，矿井实现了稳定持续安全发展。

1. 干部职工和班组长素质明显提高

通过采取有效措施，马兰矿职工自觉遵守作业规程，文明作业的行为明显得到加强，基层职工，特别是班组长安全素质普遍得到了较大提高。各级领导干部中的安全意识和安全责任感明显得到增强，能真正做到把保护职工的生命安全和身心健康作为第一位的工作来抓，安全基础工作得到了夯实。

2. 职工的安全观念发生了转变

各种安全理念已经根植职工心中，职工学标准学规定、现场遵章守纪、按章操作的人增多了，心存侥幸、碰运气的人减少了；上标准岗、干标准活的人增多了，冒险蛮干、一味抢时间、赶速度的人减少了；主动讲安全、重质量的人增多了，事不关己、得过且过的人减少了，“我要安全、我会安全”成为一种自觉追求，遵章守纪、文明作业蔚然成风。

3. 矿井安全生产的系数进一步增大

各类安全文化建设活动的有序开展，促进各级组织提高了安全管理水平，推动了安全管理工作。近年来，“三违”人次明显呈梯次下降趋势，轻微伤事故明显减少，消灭了重伤及以上人身伤亡事故，矿井实现了连续三年多的安全生产长周期。

4. 为矿井高产高效提供了条件

职工操作行为的规范及技术水平的提高，有效杜绝了因发生事故导致的停产停工带来的影响。同时，职工规范的操作与认真负责的工作习惯也有效提高了工作效率，保证机电设备完好运行无隐患，事故率大幅度降低，系统运行效率和安全可靠性明显提高。工作面的工程质量和状态控制，做到管理精细化、工序标准化、工作规范化，确保采掘工作面安全质量标准化动态达标，实现了安全水平、工程质量、采掘速度同步提高的良好局面。

5. 产生了巨额的经济效益

马兰矿在三年多的无事故期间，与之前相比较，处理各种安全事故的直接经济损失每年减少了200多万元。马兰矿三年多无伤亡事故，无重伤，轻伤事故显著减少，相当于省下了6600多万元。

6. 营造了矿区和谐发展氛围

安全有了保证，矿区人心稳定，职工安居乐业，因安全事故导致的上访事件不复存在。全矿上下聚精会神搞建设，一心一意谋发展。矿区和谐氛围日益浓厚，企业形象熠熠生辉。

（成果创造人：薛润根　宋传校　张卫平　薛泽龙　李争春　阴永生　赵荣峰　赵鸿生　贾淳博　周小艳　易忠新　张文成）

企业实施卓越绩效管理的实践

山西西山煤电股份有限公司太原选煤厂

山西西山煤电股份有限公司太原选煤厂，筹建于1955年，1959年10月正式投产，是国家第二个五年计划的重点工程，是山西省第一座机械化、自动化程度较高的大型中央型选煤厂，现生产能力已达到600万t/a，生产工艺为跳汰—重介—浮选联合流程。主要产品为瘦11级精煤，产品信誉等级达山西省质量信誉最高级3A级，系山西省名牌产品。太选先后获得全国煤炭工业选煤厂五十强、中华环境友好型单位、山西省文明和谐单位、山西省“科技奉献奖”先进集体一等奖、全国安全文化建设示范企业等荣誉称号。2011年11月，太选构建的卓越绩效管理模式，获得煤炭工业质量奖，目前正争创全国质量奖。

一、企业实施卓越绩效管理的背景

1. 卓越绩效管理是企业提升管理水平的必然要求

在经济全球化、信息网络化和科技高新化的今天，企业之间的激烈竞争明显表现为综合实力和核心竞争力的竞争，先进的、科学的管理模式能高效地整合配置企业内外的资源，在竞争中赢得优势。太选五十多年的发展，组织治理水平和经营管理效益有长足进步，但从总体上看，与世界优秀企业的差距甚大，其中关键是企业管理模式和运行机制上的差距。因此通过构建卓越绩效管理模式，缩小与世界优秀企业经营管理的差距，不断提升企业管理水平和整体绩效，加快体制、机制转型，提高核心竞争力，努力实现管理质量在更高水平上的突破，是经营者急需攻破的课题。

2. 卓越绩效管理是生产建设快速发展的必然要求

随着国家煤炭资源保护性开采政策的调整，要想实现现代化、园林化、全国领先、行业一流炼焦煤选煤厂的发展目标，太选必须采用先进工艺技术来扩大生产能力，提高洗选效率；同时要实现自身优势再造，拓宽思路，在大力发展洗煤主业基础上，积极筹划立体打造以大型会议、物流中心和洗煤设备制造修配中心为重点综合性服务实体，实现以煤为主、多元发展、转型跨越、产业升级。而企业的生产建设快速发展和转型发展需引进先进的管理人才与管理模式，原有的质量管理模式已经不能适应新形势的要求，因此建立卓越绩效管理模式已成为太选建设的必然要求。

3. 卓越绩效管理是市场竞争的必然要求

太选主要产品为瘦 11 级精煤，产品主要用作各大焦化企业及炼钢厂，资源禀赋稀缺，竞争对手数量有限。但当前市场竞争方式由品质的竞争逐渐转向产品品质、服务、成本、反应时间等综合方面的竞争。传统的全面质量管理属于符合性质量标准，不能满足企业追求卓越的经营管理质量标准。在顾客需求日益多样化，竞争越来越激烈的经营环境下，企业如何应对各方面挑战，提高核心竞争能力是亟待解决的重大而紧迫的课题。实施卓越绩效管理，以顾客和市场为关注焦点，识别竞争企业，重视竞争者顾客资源，挖掘潜在顾客，创新潜在市场，针对市场对煤炭产品的需求变化，及时调整洗煤品种结构，满足个性化的市场需求；通过内部合理调剂入洗，外部购煤配洗保洗，提高精煤质量和产量，不断增强产品的核心竞争力。做到持续提供优质、稳定的产品和服务，提高顾客的满意度和忠诚度。

二、卓越绩效管理的内涵和主要做法

GB/T19580－2004《卓越绩效评价准则》的核心是强化企业的顾客满意意识和创新活动，追求卓越的经营绩效，通过综合的绩效管理方法，使企业和个人得到进步和发展，提高企业的整体绩效和能力，为顾客和其他相关方创造价值，并使企业持续获得成功。该准则构筑在相互关联的价值观、标准框架和评价系统之上，体现了经营管理的十一项核心价值观，分为领导，战略，顾客与市场，资源，过程管理，测量分析和改进，经营结果七大部分，这七部分构成了一套完整的评价准则。太选卓越绩效管理模式以卓越绩效标准为导向，测量、分析、调整、改进企业各部门及各层次的绩效体系，依据收集的数据和信息，指导企业的过程管理，整合绩效测量和绩效管理的系统，实现企业的主要经营结果和战略目标，从而实现企业的经营管理由优秀向卓越的跨越。

1. 领导是关键

作为企业文化建设推进过程中的“舵手”和“领跑者”，太选高层领导以“建设生产持续发展、生活更加富裕、环境更加优美、文明程度普遍提高、具有更高精神追求、职工享有更多民主权利的现代化工厂”为愿景，充分发挥谋略制胜的领导能力和大胜以德的个人魅力，引领选煤厂跨入持续健康发展、不断追求卓越的跑道，向行业一流的炼焦煤选煤厂行列迈进。

（1）文化先行，提高认同。太选高层领导团队深谙优秀的、认同度高的企业文化是成功执行战略的关键和基础，太原选煤厂隶属于山西焦煤集团西山煤电股份有限公司，依托焦煤集团渊源深厚的文化体系，构建起以“安全·和谐”为主题的独具太选特色的企业文化体系。

太选高层认为，上下同欲者胜。围绕核心价值观开展实践活动是加速员工和相关方了解、认同企业文化的有效途径。高层领导通过 5 个载体，即组织推进、制度固化、载体传播、实例引导、活动增彩，让员工对理念内化于心，力求全员认同，并固化于制，外化于行，最终产生绩效。

（2）高瞻远瞩，确定目标。高层领导统筹兼顾，审时度势，根据山西焦煤集团的精神结合太原选煤厂的愿景，在全面分析国家产业政策、社会经济发展水平、竞争环境及自身资源、能力等因素的基础上，听取外部智囊团（高校教授、政府官员、行业协会等）的意见，均衡考虑顾客、员工、政府、社会、供应商、合作伙伴等相关方的需求和利益，按企业议事规则等控制程序，充分论证战略选择及绩效目标的科学性、合理性，确定长短期发展方向。

（3）沟通价值，共享双赢。企业领导重视相关方沟通，坚持价值双向、多渠道沟通传递，有效地使企业价值观和经营理念在相关方中得以展示、传播。

（4）创新机制，制造氛围。高层领导在致力于创造企业良好经营环境方面不遗余力，从企业员工的不同需求层次考虑，具体表现为充分授权、主动参与、鼓励创新、快速反应、鼓励学习、恪守道德六个方面。

2. 战略作导向

太选时刻关注内外部形势的变化，十分重视企业发展方向的研究，制定了发展战略，明确了企业的战略目标，对战略规划进行展开和部署，并利用滚动规划调整战略目标，初步形成了一套科学、系统的战略管理体系。

（1）战略制定。战略的制定由战略工作组统一领导，采用“六阶段”模型进行战略管理，即信息收集、科学分析、战略制定、战略部署、战略调整、战略信息反馈，最终确定企业战略发展方向与发展思路（见图 1）。

（2）战略目标的确定。企业充分考虑发展机遇与挑战，按照行业发展趋势及增长速度，结合企业几年来的增长速度，拟定企业 5 年总体战略目标和生产目标，并建立战略目标监测体系。

（3）战略调整。

①长期调整：每个五年规划的最后一年，战略工作组组织各相关职能部门负责人对上一个五年规划的完成情况进行总结和评估，并对战略目标和完成值进行差异分析，在进行 SWOT 分析基础上根据评估结果后，对企业发展目标及战略进行修订，提交战略工作组讨论，并提请厂党政联席会审议通过后，重新编制下一个五年规划。

②年度评估与调整：战略工作组组织相关职能部门，对战略执行情况进行定

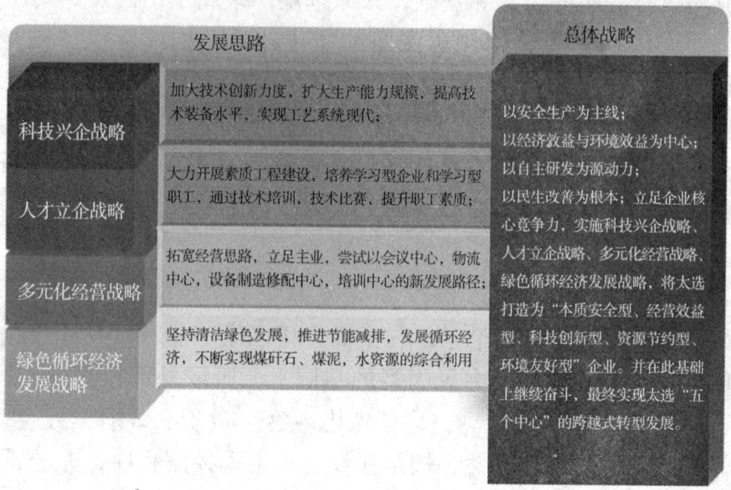

图1　总体战略发展思路图

期检查、监测和分析，每一年进行一次战略评估，并形成评估报告交战略工作组。工作组召开战略评估专题会议，对战略实施、战略绩效、内外环境变化、竞争对手和标杆企业绩效进行分析，形成战略改进方向，并在企业下一年度经营计划中予以体现。

③紧急调整：当企业经营环境发生重大变化时，企业外部环境变化迅速，企业及时召开战略研讨会，邀请外部专家组和利益相关方相关领导共同探讨企业发展战略，适时适当地调整相关的战略目标与生产定位，强化相应战略举措。

（4）战略部署。为实现战略目标，以五年为周期制订长期规划，在实施上分解为四大战略，在时间上分解为年度经营计划，在组织上按层级分解到员工，通过全员绩效考核，狠抓工作落实与战略执行。

①制定主要的长、短期计划。为了实现长、短期战略目标，企业制订了包括安全、产品、技术设备、内部运营、人力资源等方面的短、长期战略计划，保证战略目标的实现。

②资源配置。资源是战略实施的必要保障，为实现战略目标，分别就人力资源、财务资源、基础设施等进行统筹安排，通过职能战略规划、年度业务计划和全面预算，统筹调度各项资源的配置，实现战略目标与资源的匹配。

③强化分层实时监控，确保战略推行过程有效性。企业按三级监测指标系统坚持进行实时监控。按照组织层级（企业层面－部门层面－科室层面）和时间顺序（月度－季度－年度）监测指标完成情况。

④关键绩效指标测量与分析。根据长短期战略发展规划，分析不同指标对战略目标实现的影响，选取了四个方面的指标作为关键绩效指标（指标体系的确定），由责任部门通过报表、组织检查、总结、分析报告等方法进行跟踪测量，

通过对测量数据的分析评估，监测战略规划实施情况，在每年的战略研讨会上进行战略调整或实施改进。

3. 关注顾客与市场

太选坚持“企业与用户综合效益最大化”的和谐共赢理念，以顾客和市场为关注焦点，加强优势再造与顾客关系管理，不断了解和满足顾客需求和期望，和关键顾客群建立长期战略合作伙伴关系，不断提高顾客满意度和忠诚度。

（1）全方位了解顾客与市场。

①顾客与市场的识别。在顾客与市场管理上，太选执行上级单位的售前、售中和售后服务的销售一体化运销模式。太选根据产品用途和地理区域科学细分市场，确定顾客群体，按照顾客对企业影响力及与企业合作时间、年合同量来综合考虑，将顾客分为长协户、重点户、市场户。并根据顾客关系重要程度特点，按照与厂合作时间、合同量的大小对顾客进行分类识别，并在此基础上建立三类顾客档案与顾客关系管理系统。

企业确立长协户和重点户为关键顾客。关键顾客忠诚度高、需求量大、企业成长性好，是对太选贡献较大、具有战略意义的优质顾客，也是确保市场安全的关键，在顾客需求和期望的满足、吨煤价格优惠、供货及时性、合同履约率及售后服务等方面给予其更优对待。同时，锁定具有较高资信水平的顾客，优化订单管理，而对一般顾客群的订单，实行严格的立项审批以控制风险。并将神华宁夏太西洗煤厂设为标杆企业，汾西洗煤厂和攀煤选煤厂设为竞争对手，针对竞争者的顾客群体进行深入的调查和分析，开拓目前与竞争者合作的优质顾客资源。

②顾客需求与期望的了解和满足。太选采用多种渠道了解不同用途顾客的需求和期望中影响购买决策的相对重要性，把收集到的信息进行汇总分析，形成市场分析报告，作为企业过程管理的决策依据。

③定期评价顾客需求，改进产品和过程服务。焦煤销售总公司每年定期组织煤炭市场调研，定期召开重点用户座谈会，范围涵盖了现有用户总数的85%，通过调研、座谈达到了充分沟通信息、了解市场需求、强化用户服务的目的。针对顾客反馈意见，太选及时处理，跟进改进，并制定《太原选煤厂煤炭产品数、质量管理办法》，贯彻上级煤炭产品数、质量方面的方针政策；同时对照《选煤厂煤质管理标准化工作标准》每月自查进行打分，从生产、销售、服务全过程及全方位改进产品和过程服务。

（2）顾客关系与顾客满意。太选致力于打造以市场为主导、以顾客为中心，以顾客满意为宗旨，实现与顾客共谋发展、共获双赢的顾客关系管理格局。

①构筑坚固的顾客关系。太选通过战略合作和竭诚服务，超越顾客期望；构建快速反应的顾客查询、交易及投诉渠道，及时满足顾客需求；明确投诉管理过程，确保投诉得到及时有效解决；持续改进方法等四项措施来构筑坚固的顾客

关系。

②顾客满意的测量。顾客满意是太选供煤和服务的宗旨，为实现企业的战略目标，不断提高顾客满意度和忠诚度，企业制定了一套科学的顾客满意度测评系统，不断改进产品质量和服务质量。一是对顾客满意度调查；二是跟踪产品和服务，及时获取改进信息；三是完善测量顾客满意的方法，不断提高顾客忠诚度。

4. 资源是基础

（1）人力资源。太选恪守“以人为本，安全发展”的核心价值理念，充分开发和利用各种资源，编制了职位分析评价体系、薪酬激励体系、绩效评价体系、培训开发体系、素质能力识别体系等 5 大体系构成的人力资源开发与管理系统。

①工作系统。优化组织结构，匹配岗位职责，营造良好的工作氛围，健全制度，畅通渠道，听取采纳多方建议，并构建了员工绩效管理系统。

②职工的学习和发展。根据培训需求，制定培训计划，分岗分类采取多种培训方式，包括新职工入企培训、岗位培训，全面推进素质工程建设、安全教育培训、聘请国内外专家、教授做专题讲座培训、对外交流培训。并且评估培训效果，注重培训方法改进。太选将职工具体细分为管理人员、专业技术人员和操作人员三类，对于不同的工种，企业制定了不同的职业发展规划。

③职工的权益与满意。本着“专才适用、全才重用、能力为本、品德为尊”的原则，坚持以人为本，营造健康、安全、鼓励参与的工作环境，充分保障职工休假、薪酬、福利、申诉等方面权益，达成“实现职工满意”与“实现战略目标”的高度一致。

④职工的能力。为了更好地实施人才立企战略，从劳动用工机制、干部使用机制、薪酬调整机制三方面入手，采用各种有效措施，形成员工能力素质提升的内在动力，促进员工提升自身能力。并且关注需求，吸引优秀人才。同时，注意文化留人，通过创造良好的工作环境和生活环境、营造团队进取的和谐氛围、不断提高员工收入水平等措施，让员工充分享受企业发展的成果，增强了企业外部招聘人才的吸引力和内部员工的认同感、归属感、使命感和凝聚力。

（2）财务资源。建立严密科学的财务资金管理制度，执行全面预算管理，有效配置财务资源，不断提高资金使用效益，并对财务风险进行控制，有力支撑战略目标的实现。

（3）基础设施。太选是一座中央型选煤厂，占地总面积 56 万 m^2，原设计入选能力 200 万吨/年，经几次改扩建，现入选能力已达 600 万 t/a，拥有重介、跳汰双系统洗选，铁路公路双向给煤，生产全过程自动化控制，快装快卸，煤炭任意配洗配装等生产组织优势。太选交通便利，有自备铁路专用线与国铁三给线相连，自有铁路 14.799km，5 台机车负责三给站及太选专用线作业。为满足不断增长的经营需求，加大技术装备更新改造力度，采取承包、合作技术支持、定期检修等多元化管理模式，强化设备维修维护。并建立质量、环境和职业安全卫生整合型管理体系，实现管理系统化、规范化。

（4）信息。为保证企业信息的有效沟通、开发、利用和共享，太选将自主开发与引进相结合，合理配置信息管理软硬件系统，目前已形成一个面向全厂的信息管理系统。按照信息化战略的要求，太选完善了集控系统、生产监控系统、宿舍区监控安防系统；实现了全办公区域无线网络覆盖、局域网；自主开发职工工资系统；组建 OA 自动化办公系统等。企业对信息源做出规划安排，将信息分为日常经营信息与战略决策信息，对信息进行分层分级管理。

（5）技术。近年来，太选立足于新的技术开发和技术改造，先后进行了重介洗选系统、配煤配洗系统、输煤系统、快装快卸系统、浮选系统的改造，引进先进的设备和工艺，不断加强企业的创新能力，促进企业产品结构的合理调整和技术升级，为企业的发展提供了强有力的技术支持。

（6）相关方关系。

①与山西焦煤西山煤电关系。太选隶属于山西焦煤西山煤电股份有限公司，作为积极的纳税单位，太选与集团公司保持了良好的关系，代表山西焦煤参与多项全国企业活动，为集团公司争得了许多荣誉。

②与铁路运输部门互相理解、相互支持。为保障煤炭运输需求，太选与铁路部门建立良好的合作关系，经过长期业务往来，在不断调整自身装车卸车效率的同时，积极配合铁路部门的相关要求与规定，不给对方带来麻烦与不便。

③为职工创造舒适温馨的工作生活环境。通过对工作环境不断进行改造，例如防尘、防噪音、定期体检等措施来保障职工的身体健康与工作舒适度，在生活中，为职工盖住房，绿化生活环境，修通选煤街，引入公交车等，提升职工幸福生活指数。

④重视与科研院所、高校的长期合作。针对生产技术难题与国内知名的科研院所、高校建立长期合作关系，联合进行科研项目研究，推出了大量国内外领先的新工艺。

5. 关注过程管理

为确保企业战略目标和战略规划的实现，实现过程增值和企业增值，高层领导授权企业主管领导，组织相关部门人员对过程进行识别，对主要价值创造过程和关键支持过程进行精心设计、严格管理，并积极改进创新，采用新技术、新方法，不断改进这一过程，确保价值创造过程和支持过程的协调运作，努力实现成本最小化、效益最大化目标。

（1）价值创造过程。太选根据发展战略的要求和满足利益相关方的需求，从为企业和其他利益相关方创造更高价值的高度，将价值创造过程识别为生产过程和销售过程，生产过程包括配煤准备过程、洗选过程、煤质检验和产品装车外运过程。并对价值创造过程的要求进行了确定，通过管理评审、质量分析会，利用 ISO9000 等方法，进行过程的设计和逐步分解，适时评估、改进过程设计。参照 ISO9000 标准要求，明确职责，结合各相关方的需求，实施企业业务全过程的流程化管理；依据对价值创造过程的要求，明确各价值创造过程的绩效目标要求，每年与各责任人员签订经营责任书；结合过程审核，确保各流程运营的过程和结果符合预期要求；跟踪测量并通过定期汇报、会议等形式定期分析各过程绩效目标的完成情况，发现问题及时改进和提高。每年年底，企业通过年度经营工作总结会、管理评审会等，分析、评价各价值创造过程的有效性和效率，当价值创造过程实施达不到要求时，由企业以会议决议、责任书的形式，责成相关部门分析绩效未达标的原因，并针对原因采取措施，不断改进价值创造过程，以使过程与经营需求和发展方向保持一致。

（2）支持过程。根据企业价值创造过程的要求，结合企业的战略规划与选煤行业生产运作特点，确定了安健环管理、人力资源管理、设备管理、物资供应管理、财务管理五个关键支持过程和要求，并对支持过程的设计、实施和改进进行了管理。

6. 测量、分析和改进不间断

建立了“以绩效目标制定、绩效测量、绩效分析、绩效改进为改进目标体系，以卓越绩效模式、质量管理体系和环境管理体系为框架的系统改进模式，以管理信息系统为平台”三位一体的测量、分析与改进体系，实现自上而下和自下而上联动、平级共享信息的方式传递分析结果，完成战略监控职责，促进个人和组织绩效的循环提高。

（1）绩效测量。根据战略规划设定绩效指标体系，采用“三级模式”、围绕“五大系统”，利用日常报表与专项检查相结合的方式。选择和收集日常监测、对比数据和信息，并按层次由测量部门分析汇总，对绩效指标实施测量，监测企业日常运作及企业的绩效结果，用于本级以下工作指导和对上级进行反馈，为企业决策和各层次创新提供依据，完成战略监控职责。

（2）绩效分析。制定了《太原选煤厂经营业绩考核方案》，规定了企业在生产、安全、经营、设备与煤质等方面的绩效分析方法、范围和具体内容，并利用季度、年（半）度工作会等形式，对组织绩效展开分析，为企业战略目标制定与及时调整提供必要的信息支撑。

（3）改进。

①改进管理。太选成立了改进委员会，负责改进工作在企业内部的日常实施。首先，企业每年依据企业战略、市场结果及其他过程绩效的有关信息制定企业级改进计划，并分解到相应部门；其次，企业每月收集内、外部信息，完善每

月的改进计划，并明确计划完成时间、责任人，针对问题实施改进；第三，企业建立了相应的管理制度与评价制度，明确奖惩办法。

②改进方法的应用。企业把持续改进作为促进企业发展，增强企业活力的有效手段。积极创造良好的氛围，激发员工的主动性和创造性，开展多种多样的改进活动；灵活应用统计技术提升改进。

三、实施卓越绩效管理的效果

1. 顾客与市场的结果

自构建卓越绩效管理模式以来，一直开展顾客满意度测评工作，顾客对企业产品和服务的评价非常高，满意度呈稳定增长趋势，已超越竞争对手，仅次于标杆企业，顾客忠诚度也持续稳定提升；主要产品为优质冶炼瘦精煤，其质量、性能在各级监督检查中全部合格，主要产品的市场占有率和销售收入同比增长率稳步提高，多数指标处于行业标杆水平；在经营规模、经营结构、产品质量上，各项指标超越竞争对手，逐步接近标杆企业。

2. 财务结果

近三年来，总资产报酬率、净资产收益率、流动资产周转率呈上升趋势，资产负债率增长缓慢，与行业标杆和竞争对手比较，企业发展趋势良好。

3. 资源结果

（1）人力资源结果。企业构建了高效、精干和有助于发挥员工潜能、适应组织战略的人力资源管理体系，为企业绩效目标的实现提供了人力资源保障。近年来，员工的主要工作绩效指标呈现出良好的增长趋势。通过“学习型企业”的构建，有效提高了员工的文化素质和专业技术水平。采纳的员工合理化建议数也逐年增多，员工满意度不断提高。

（2）其他资源结果。近年来，太选进行了大规模的技术装备更新改造；取得了大批技术高、经济效益好的高水平科技成果，实现了科技投入和创新成果的重大突破；自动化、信息化技术在网络建设、生产管理、监测监控等方面取得了一定的进展；注重合作伙伴、供应商间的关系，在实现战略目标的过程中保持相对稳定的相关方和供应商，同时加强对相关方的监督管理，达到双方互利互惠。

4. 过程有效性结果

（1）主要价值创造过程有效性测量结果。各项生产经营指标显著提高。

（2）关键支持过程有效性测量结果。安全生产持续稳定好转，绿化覆盖率逐年提高。

5. 战略目标和战略规划完成情况的测量结果

企业的主营业务收入、利润总额、资产负债率、总资产报酬率、资产总额、资产保值增值、绿色投入、入洗原煤量、产品批合格率、顾客满意度、节能减排投入、科技创新投入、员工收入增长率、关键人才比率等战略目标都得以实现。

6. 企业的治理结果与社会责任结果

（1）企业的治理结果。

①企业行为的管理责任结果。建立了“经营业绩考核制”，以所属各单位、各部门为责任主体，以行政一把手为责任代表，以落实责任为核心，层层建立以安全责任、经济责任、法律责任、社会责任和政治责任为一体的责任目标体系，并运用经济的、法律的，以及必要的行政手段进行综合考核的管理制度。建立了质量、环境、职业安全卫生整合型管理体系，形成了完善的治理结构和防范机制，三年来，企业高层领导重大和关键决策失误率为零，能够圆满完成上级主管部门下达的各项生产经营和考核指标，先后荣获多项荣誉。

②企业财务方面的责任结果。高层领导严格遵守各项法律法规，恪守社会公德和职业道德，利润总额、纳税总额基本保持逐年递增，财务质量不断提升。

③内外部审计结果。企业内部形成完善的审计监控体系，企业领导离任审计覆盖面达到100%。企业纪委在防止职务犯罪、严肃企业纪律方面制定了一系列的管理制度，有效地避免了职务犯罪的发生。企业外部活动严格按照法律法规进行，三年来的第三方独立审计结果良好。

（2）企业的社会责任结果。

①公共责任。首先，在绿色环保方面，开展大力度的绿化、美化工作，加强绿化成果的管理维护，全厂绿化面积达 24 万 m^2，人均绿地面积 $50m^2$，人均公共绿地面积 $18m^2$，绿化覆盖率达 45.8%，远远超过省级绿化标准。其次，在安全生产方面，走出了企业安全发展、转型发展、跨越发展、绿色发展、和谐发展相统一的可持续发展道路，获得全国安全文化建设示范企业，已多年实现安全生产无事故。第三，在民生建设方面，坚持以人为本，大力保障和改善民生，积极开展环境综合治理，改善职工生活环境，修通选煤街，建 10 万 m^2 的住宅楼，不断完善各类文化体育场馆，建设宜居家园，组织开展丰富多彩的群众性文化体育活动，使职工尽情享受企业发展带来的成果。

②道德行为。太选从规范经营、廉政建设、订货合同履约率、产品质量、诚信经营等方面规范自己的道德行为，先后被评为“守合同、重信用单位”“全国煤炭系统文明单位”“山西省质量信誉 AAA 级企业”。

③公益支持。太选热心支持公益事业，致力于为社会造福，努力营造稳定、祥和、健康的社区环境，为国家和社会做出突出贡献。

（成果创造人：刘志明　姚海生　都蜀晋　郭永明　昝培娟　刘春发　邢彦伟　朱鹏瑞　黄　建　张景丽　樊晓华　刘仙平）

煤矿高层专业技术人才实践工程的实施

山西焦煤霍州煤电集团有限责任公司

霍州煤电集团有限责任公司前身为霍县矿务局，始建于1958年，2000年改制为霍州煤电集团有限责任公司，2001年加入山西焦煤集团公司并成为其子公司，是山西省三大煤炭基地——晋中基地大型骨干煤矿，是晋南最大的省属国有重点煤炭企业。下辖分公司及全资子公司11个，控股子公司15个，参股公司6个，资产总额222亿元，员工5万人。煤炭产业现有11座生产矿井，煤炭产能2240万吨/年；兼并重组整合矿井24座，规划产能1875万吨/年；6座洗煤厂，入洗能力1680万吨/年。非煤产业由电力、焦化、机械修制、建筑建材、新兴产业五个板块组成，年综合销售收入35亿元。

一、煤矿高层专业技术人才实践工程的实施背景

1. 煤炭行业发展与人力资源状况分析

建国后的50年内，在党和政府的领导和关怀下，煤炭行业建立了较为完善的、能够适应煤炭工业发展需要的教育培训体系，为煤炭行业培养了大批不同层次的人才。上世纪九十年代末期，国家实行较大规模的机构管理体制和教育管理体制的改革，随着煤炭工业部和国家煤炭工业局相继撤销，原由煤炭行业统一管理主要为煤炭行业服务的高中等院校和各类培训机构划归地方管理，原煤炭院校办学方向转为主要为地方经济服务，煤炭专业招生数量有所减少。二十一世纪初，我国煤炭工业进入了快速发展期，矿难频发，煤矿安全生产面临严峻挑战，煤矿高层次专业技术人才紧缺是关键原因。由于技术人才流失，人才供需矛盾突显，煤炭专业人才无论从数量上还是质量上都不能适应煤炭工业的发展需要，各地煤矿人力资源长期处于青黄不接的“断档”状态。

2. 霍州煤电集团发展与高端人才短缺

霍州煤电集团是一个有着53年发展历史的国有重点煤矿企业。“十一五”以

来，企业产能规模迅速扩大，机械化、自动化、信息化水平明显提高，建成了数个日产万吨的工作面，实现了100%综采、100%重介洗煤、煤巷半煤岩巷100%综掘，原煤年产量突破2000万吨。企业实施“南下北上”战略，以“安全、高效、绿色、数字、发展”的十字办矿理念为统领，完成了资源的整合、矿井的整合，实现了文化的整合、人才的整合、价值取向的整合和体制机制的整合。共计整合矿井69座，保留24座。企业“十二五”末的目标是“五大指标”将实现翻番，将建成核心竞争力突出的5000万吨级现代化煤电集团。企业要实现科学发展，更需要一大批人才和技术精英作为支撑。企业的健康发展，人才建设是关键。企业各类专业技术人才的类型、层次结构，已难于满足企业快速发展需求，特别是掌握一定理论基础、专业技术水平较高的煤矿高层专业技术人才相对匮乏。

3. 煤炭科教事业发展与教师队伍状况分析

煤炭高校教育面临的重要任务是如何培养适应现代化煤矿企业需求的高素质人才，人才培养与实践脱节又是煤炭高校面临的主要难题。煤炭高校青年教师虽然掌握了先进的煤矿开采理论和技术，对煤炭高校人才培养做出了一定的贡献，但面临着现场实践经验缺乏、研发资金短缺、设备落后、研发课题“夭折”和产品不适应煤炭生产等难题。所以，如何让高校青年教师先进的理论与实践相结合，如何进一步丰富课堂教学内容，对我国煤炭类高校高等教育事业的发展乃至整个现代化事业建设具有重大意义。

为此，2010年10月，由霍州煤电集团发起，同中国矿业大学、中国矿业大学（北京）、山东科技大学、辽宁工程技术大学、太原理工大学、河南理工大学、安徽理工大学、西安科技大学、河北工程大学和山西大同大学10所煤炭高校在全国煤炭行业率先启动了“煤矿高层专业技术人才实践工程”。让煤炭主体专业教师来企业挂职，以“资源共享，优势互补，互利多赢，共同促进煤炭科教事业发展”为宗旨，促进产学研结合，一方面解决企业长期高端技术人才的需求，借助院校的科技、信息、人才等优势资源推动企业人力资源的整体改善和技术、管理创新。另一方面也为各高等院校青年教师、博士、硕士等各类人才提供一个现场实践的平台，把所学的理论知识在实践活动中得以充分释放，为以后的课堂教学和科学研究确定方向，达到优势互补、“双赢”或“多赢”的目的，社会效益显著。

二、煤矿高层专业技术人才实践工程实施的内涵及主要内容

1. 煤矿高层专业技术人才实践工程实施的管理创新内涵

在知识经济时代，煤矿高层专业技术人才已经成为一种非常重要的战略资源，通过产学研合作，把煤炭高校和科研院所创造的知识转移到煤矿企业并进行再创新，实现知识在组织间的转移和共享，实现企业价值增值，提高组织创新能

力。与智力、知识、信息资源丰富的大学、科研院所的交流与合作成为企业提高技术创新能力的必然选择。产学研合作是科研、教育、生产不同社会分工在功能与资源优势上的协同与集成化，是技术创新上、中、下游的对接与耦合，其符合社会生产力发展和技术创新规律，是优化煤炭企业科技行为的有效实现形式和途径。

产学研结合，柔性“借智借脑”。实现产学研结合，“产”由企业做保障，“学”由煤炭高校做后盾，“研”由研发中心做支撑，三者相辅相成，推动企业科技创新。通过提供专门研发资金和优厚待遇，购进国际顶尖研发设备，在高校科研院所建立技术研发中心，使高校科研机构的高端人才成为企业非正式在册员工，既解决了高端人才不易引进的难题，又解决了企业科技创新和产品效益持续增长的问题，使得高校科研有场所、项目资金有保障、研发产品有市场。

2. 煤矿高层专业技术人才实践工程实施的管理内容

“实践工程”是新时期产学研结合和企业引进人才的一种新型模式，在实施伊始就强调内涵建设，完善机制，真抓实干，企业在管理、工作目标、工作环境等方面提供优质服务；学校在选人方面优中择优，提供科研和教学优惠政策，并在教师挂职锻炼返校后给予一定的提拔重用等。核心内容主要体现在以下五个方面：

（1）解决一批问题。编制表格，统计每一位教师所解决的问题，表格中记录内容包括项目名称、内容、取得的效果、对矿井的贡献等，来体现教师在矿上挂职的价值，通过解决这些问题实现教师的价值。通过挂职教师的工作汇报，来提出问题和建议，对于危及安全生产方面的问题，赋予教师一定的权力去做，马上解决，不留遗憾。

企业制定了“双月汇报”制度，为把“实践工程”做实做细，建立健全工作监督机制，建立了“规范在平时，督促在平时，考核在平时”的良性工作方针。“双月汇报”会议由技术中心具体负责组织，企业董事长和相关领导亲自参见，以座谈会形式召开，每双月最后一周内进行“双月汇报”。汇报的主要内容为挂职教师前两个月的工作回顾和后两个月的工作安排，回顾“实践工程”取得的主要业绩、挂职教师工作中的创新性做法、存在的主要问题及下一步工作的目标及举措。

（2）研究一批课题。编制课题表格，教师在企业挂职期间，各挂职单位提供好的技术研究环境，把以前没做或没取得成果的课题，由教师牵头进行整理研究。一方面通过教师在挂职单位解决实际问题的同时提出新的课题，进行汇编立项；另一方面教师有切合实际的想法，以联合开发、结盟等团队的方式研究解决，对于一些技术难题，比如管理方面、技术方面等，列计划确定研究内容、时限和科研经费等。通过项目建立沟通的桥梁，通过工作建立感情，又通过感情更好地完善工作，形成良性循环。

（3）培养一批人才。专业技术人才短缺是企业面临的比较突出的问题，刚走上工作岗位的技术人员缺乏经验和专业知识，尤其在编写材料和工作总结方面，需要教师开展讲座导师带徒，将来再真正委以重任。根据教师的特点，每年组织后备干部培训班，挂职教师进行集中授课，对工程技术人员进行综合培养，形成常态化机制；挂职单位给教师安排工作助手，教师结合自己的研究方向和以往做过的课题，带领他们进行技术研究，在实践中提高。

（4）搭建一个平台。

①搭建一个实体平台。成立“霍州煤电集团工程技术人员协会”，打破僵化体制，为大家提供一个交流方便、沟通快捷的平台。实行民主化运作、组成协调能力强、民主、办事效率高的协会。同时制定合理化章程，吸纳挂职教师担任理事会理事、技术顾问等职务。协会名誉会长为董事长、总经理、总工程师，会长为生产副总，副会长为机电副总、技术中心主任、组织部部长。办公室设在技术中心，主任由技术中心主任兼任。

②构建一个虚拟平台。由技术中心负责，利用现有网络，搭建一个网络交流平台，促进企业工程技术人员之间的交流、教师们间的交流，构建一个专家级、智囊团式、高水准的网络资源共享平台。真正做到零距离沟通，即使教师们将来离开了企业，有了新的信息，也可以及时交换，优势互补。

③提供一个工作平台。综上所述问题、课题、人才三方面，做工程，做项目，列计划，通过协会研究，单独立项。首先把这个平台提供给挂职的教师，建立长效机制，提供给企业的广大技术人员。使这种氛围走向常态化，通过“两率”来考核，加快推进科研项目的转化率、提高对中国煤炭事业的贡献率，研发科技成果，实现最大的经济效益和安全效益。对于这类项目由协会办理，层层报批的程序简化。对于特别大的难于操作的技术，采用“结盟”方式，教师们把自己的团队拉来加入，联合起来大家共同承担一个课题研究。

（5）取得一批成果。挂职教师将矿井已形成的技术，归纳整理，进行提炼，形成新的成果。另外着手去研究解决新的技术问题，把技术成果盘活转化。形成的成果，不仅能促进企业的科技发展，也为煤炭事业的技术进步做出贡献。

通过以上五个方面的工作，把挂职锻炼教师队伍变成企业的一个工作班子，形成一个参谋部或智囊团。

如在李雅庄煤矿挂职的孙彦景博士，针对矿井监控系统“只监不控”的问题，主持完成了该矿综合自动化系统远程监控系统升级改造，实现了综合自动化平台 OPC 远程访问控制支持。在庞庞塔矿挂职的吕秀江博士，针对性地提出培养综合性人才、见习技术员轮岗、技术员遍历主要技术岗位的技术人才培养方案，该矿对 76 名技术员和见习技术员进行了大调整并收到初步成效。在曹村矿挂职的中国矿业大学副教授陆菜平博士带领 10 名大学生进行“采场动压控制和矿压规律研究”，把课堂搬到了现场，使技术人员在学中干，在干中学，快速成长。

此外，挂职教师们还通过设置课题组、夜校培训、导师带徒、建立 QQ 群等方式，传播科学理念，传播新的技术知识，手把手指导，交流管理心得，一起解决技术难题。

这项工程为挂职教师施展才华创造了一片广阔天地。挂职教师各显其能、大显身手，有效地促进了霍州煤电集团的技术创新和人才队伍建设。挂职教师为企业改善了人才技术结构，并且带动、培养了一批专业技术塔尖人才，对企业来说，具有十分重要的意义。

3. 煤矿高层专业技术人才实践工程实施的管理措施

为确保“实践工程”行有规范、进有方向，霍州煤电集团建立了管理运行机制，成立了领导组和管理机构，制定了详细的《煤矿高层专业技术人才实践工程实施办法》，确定了教师挂职期间的工作内容、考核标准、责任单位，各部门按照制度各司其职。挂职单位须确保挂职教师在矿期间的安全，企业与挂职教师签订了《高校青年教师煤炭企业挂职锻炼安全责任书》，并对挂职教师进行了岗位安全知识和安全制度培训，进一步细化了挂职教师在矿工作期间的课题和任务，分解了技术工作目标、任务，并安排助手协助其完成任务。挂职教师每天把工作情况，特别是解决安全生产技术问题的思路、措施填写到工作日志上，作为技术档案保存。同时，为充分激发挂职教师的工作热情，霍州煤电集团与校方协商，把教师的挂职经历记入校方的教师业务档案，作为其评先、评优的重要依据。

(1) 成立领导组。为使“实践工程”抓出成效，真正实现所确定的工作宗旨，各相关部门和单位应予以高度重视，不玩花架子，不走过场，一定要扎扎实实，认认真真做好各项工作，让企业有所得，让每位教师有所获。为确保各项工作的顺利开展，企业成立“实践工程”领导组，组长由董事长、总经理担任，领导组下设办公室，负责处理日常事务。办公室设在技术中心，主任由技术中心主任兼任。

(2) 分工及职责。“实践工程”的所有挂职锻炼教师由企业集中管理，技术中心为主体负责部门，组织人事部和财务部为协办部门。技术中心主要承担“实践工程”的具体管理工作；组织人事部主要负责挂职岗位的规划、挂职教师的岗位安排、协助技术中心搞好挂职教师的管理、考核和技术交流；财务部主要负责“实践工程”各项费用使用情况的监督管理，并做好相关费用财务处置。

(3) 挂职教师在企期间的待遇。根据挂职教师的专业爱好和特长，可安排挂职教师担任采掘技术队长、通防技术队长、矿（厂）长助理、矿（厂）总工程师助理、矿副职助理或在技术中心和专业技术部门从事专题研究工作等。不同岗位的挂职教师的管理和待遇可参照企业相应岗位标准执行。同时，根据挂职教师的身份和挂职的岗位、工作性质，企业给每位挂职教师发放一定金额的基础津贴、岗位补助和入井补助。基础津贴的标准为：博士后：2500 元/人·月；博士(副教授)：2000 元/人·月；硕士 1500 元/人·月。入井补助：50 元/人·次。

（4）挂职教师的管理及工作业绩考核。

①挂职教师在企业锻炼期间的管理。高校教师在企业的挂职锻炼期限分为六个月和十二个月两类，人员交接时将具体注明。为使挂职教师全身心地投入企业工作，经与校方商定同意，在企业锻炼期间，挂职教师完全脱离校方原工作岗位，不承担校方的教学任务。挂职教师应服从挂职单位的工作安排，严格遵守挂职岗位的各项制度，认真履行挂职岗位责任，真正把自己作为一名企业员工对待，不得擅自离岗脱岗等。

②考核。“实践工程”的考核内容由两部分组成，一是对挂职单位的工作考核；二是对挂职教师的出勤和工作业绩考核。

对挂职单位的考核，主要考核内容就是挂职单位工作职责的八项内容。企业将组织相关部门不定期地对各单位的工作落实进行抽查，对没能严格按照“实践工程”工作要求和安排开展工作的，将公开进行通报批评，对挂职教师不能充分发挥作用的，要及时做出调整，并不再考虑安排挂职教师等。

对挂职教师的考核，主要以月度考核为主，内容包括出勤、完成的主要技术工作、承担科研项目的月度进展情况、井口入井考勤和工作表现等。每月考核一次，由挂职单位拿出考核意见，技术中心审核。

考核形式采取百分制。月度考核打分标准：满分为 100 分，其中月出勤为 42 分，除法定节假日和双休日外，每缺勤一天（包括正常请假）扣 2 分，旷工一天扣 20 分；入井考勤为 18 分，每入井一次得 3 分，6 次为满分；工作业绩包括技术管理或课题研究分值为 40 分，主要依据是工作日志。

考核兑现。根据打分结果划分为优秀、良好、基本称职和不称职四个档次：90 分以上为优秀，兑现 100% 的基础津贴和岗位补助；75 ~ 89 分为良好，兑现 100% 的基础津贴和岗位补助；60 ~ 74 分为基本称职，基础津贴和岗位补助兑现 80%；60 分以下为不称职，基础津贴和岗位补助最多兑现 50%。

（5）挂职教师的责任和义务。爱岗敬业，认真履行挂职岗位责任，严格遵守企业劳动纪律，不泄露企业商业机密；严格遵守挂职岗位安全生产的各项管理制度，不讲违章话，不做违章事；认真落实各项作业规程，当好助理，做好参谋，做好每件事，干好每件活；虚心学习，团结同事，搞好周边关系；认真钻研业务技术，带头做好新技术、新知识、新理念的传播，影响和带动一批专业技术人员的成长；积极参与技术中心组织的各类技术交流、座谈和专题研讨；积极开展技术课题的研究，努力为企业技术进步和煤炭科技事业的发展做贡献等。

（6）安全责任界限划分及意外伤害处置。

①安全责任界限划分。挂职教师在挂职单位报到后，要接受为期一周对应岗位的安全知识和企业安全制度培训，并做好培训记录。在企挂职锻炼期间，挂职教师要与挂职单位签订《高校青年教师煤炭企业挂职锻炼安全责任书》。挂职教师不得违章指挥，违章操作，否则，由此产生的后果和损失完全由违章者个人承担。挂职单位应为挂职教师提供安全的工作环境和条件，并负安全责任，包括在企期间的各种工作时间（含正常工作时间、加班时间、调班时间）及工作时间以外按企方指定或要求完成特定工作任务（如出差）的过程中的安全责任。除此之外，如往返途中、休假期间等，由校方按照学校现行相关规定办理。

②意外伤害处置。挂职教师应严格遵守企业安全规章制度，特别注意自身安全，服从工作安排。由于挂职教师身份的特殊性，为解除挂职教师的后顾之忧，安心从事企业工作，企业统一为每位挂职教师购买一份商业保险，最高保额为人民币 100 万元/人。在履行挂职岗位责任过程中，若遇事故造成意外伤害，对于非挂职教师责任的情况，采取一次赔付的处理办法。具体赔付金额，按照与保险公司签订的赔偿条款，依据劳动保护部门伤残鉴定结果，按规定比例给予赔偿，一次性了结，不再与企方发生任何赔偿关系。具体工作，由企业技术中心、组织人事部、劳资部、社保公司和相关单位协同办理。

（7）“实践工程”相关费用渠道及财务管理。挂职教师所规定的各种津贴和商业保险费，由企业技术研究开发费统一列支，并纳入科技减免税管理范畴；除此之外的其他费用，包括办公、差旅、住宿和日常生活设施等，由挂职单位自行承担解决。挂职教师所规定的各种津贴，依据月度考核结果按月发放，具体由技术中心统一制表，负责办理相关审批手续，然后由财务部负责打入挂职教师专设的个人工资卡。

三、煤矿高层专业技术人才实践工程的实施效果

“实践工程”紧紧围绕“企业有所得，教师有所获”，促进了产学研良性循环，达到了“带动一批人才，培养一批人才，留住一批人才，改善技术结构，形成具有技术塔尖意义的一批高端技术人才”，最终实现了煤炭行业科技进步、企业可持续发展和煤炭科教事业的发展。主要成果如下：

一是霍州煤电集团成立了领导组，建立了管理运行机制，制定了详细的《煤矿高层专业技术人才实践工程实施办法》。挂职单位与挂职教师签订“高校青年教师煤炭企业挂职锻炼安全责任书”，细化挂职教师在矿工作期间的课题和任务，分解技术工作目标、任务，并安排助手协助其完成任务。挂职教师每天把工作情况，特别是解决安全生产技术问题的思路、措施填写到工作日志上，作为技术档案保存。

二是近三年科研成果数量：2011 年科研项目数比 2009 年增长了约 3.5 倍；2011 年科研经费投入比 2009 年增长了约 3.1 倍；2011 年底发表论文数是 2009 年的 2.3 倍；专利由 2009 年零项，到 2011 年三项。2009 年“大采高复合泥岩顶板煤巷桁架锚索组合支护技术”研究项目，荣获全国煤炭科学技术进步一等奖。2010 年“大采高复合泥岩顶板煤巷桁架锚索组合支护研究”荣获“山西省科学技术”二等奖、“国家能源局科技进步”三等奖。“巷道围岩稳定性评价及控制技术研究”荣获“中国煤炭工业科学技术”三等奖、“山西省科学技术”二等奖。

三是通过“实践工程”，引进了安徽理工大学韩磊教师并被任命为霍州煤电集团三交河煤矿副总工程师，人才结构也进一步优化，学历层次得到了提升。研究生和本科生比 2009 年引进人数大幅度增加，2010 年和 2011 年研究生增加 14 人，本科生分别增加 689 人、1037 人，尤其高中文化及以下人员大幅度降低，由 2009 年的 1585 人降为 2011 年的 443 人。

四是为煤矿高层专业技术人才发挥作用搭建高层次平台。先后与中国矿业大学（北京）签订了“煤矿井巷快速掘进系列课题”合同，将合建快掘研究所；与中煤科工集团重庆研究院签订煤矿“一通三防”战略合作协议，成立了“一通三防”研究所；与中煤科工集团西安研究院签订煤矿防治水战略合作协议，成立防治水研究所和物探研究所；每年投入上亿元资金建设了企业技术研发中心，集团研发中心先后被评为省级企业技术研发中心。

五是“实践工程”项目，实现了企业经济效益如原煤产量、掘进进尺、煤炭销量、销售收入和利润大幅度增长，尤其利润增幅近三年保持在 10% 左右。

六是企业与国内各煤炭高等院校进行合作，开展煤矿高层专业技术人才挂职锻炼和实习。一方面解决企业长期高端技术人才的需求，借助院校的科技、信息、人才等优势资源推动企业人力资源的整体改善和技术、管理创新。另一方面也为各高等院校青年教师、博士、研究生等各类人才提供一个实践的平台，把理论知识在实践活动中得以充分释放，为以后的教学和研究找到方向，达到了优势互补、“双赢”或“多赢”的目的，社会效益显著。

（成果创造人：李国彪　杨新华　李慎举　刘永洲　张小康　张万红　张立忠　马丽芳　张旭平　白建民　郑斌斌　张随喜）

基于“全过程控制”的经营风险防控体系构建与实施

山西焦煤集团国际贸易有限责任公司

山西焦煤集团国际贸易有限责任公司是我国最大的炼焦精煤企业——山西焦煤集团公司的控股子公司，创立于2005年，注册资本7亿元人民币。公司是一家以生产资料国内外贸易为主业的现代流通企业。公司恪守诚信经营、合作共赢的理念，坚持以商为本、以商为业、以商立企的战略定位，致力于形成以贸易为主体，以产业为后盾，以金融为纽带，上拓资源、中控物流、下掌市场，具有贸易、金融、信息、投资、组织协调等多种功能的国际化、集团化、实业化、多元化的大型贸易综合商社。公司先后获得山西省劳动竞赛委员会“五一劳动奖状”、山西省工商局“守合同重信用企业”等荣誉称号，是山西省银行系统评定的AAA级信用单位，并通过ISO9001国际质量体系认证。

一、风险防控体系的建立背景

加强企业风险管理是企业永恒的主题，也是企业核心竞争力之所在。随着国际化经营和全球化竞争的发展，在现代企业战略管理中，风险防控已经不仅仅局限于法律、财务、审计等传统内控部门，而是渗透到从董事会、监事会、经理层到全体员工，从战略目标制定到日常运营管理等公司运作的各个层面。世界一流企业往往都有健全的内部控制体系，从战略决策层面到具体业务层面都严格执行风险管理流程，利用信息化手段将风险管理固化于业务流程，并与日常经营管理融为一体。相形之下，国内许多大型国有企业缺乏有效的风险管理及企业内部控制机制，风险防控工作有待完善，这就要求大型企业集团必须从战略高度重视风险管理工作，建立全面风险管控体系和工作机制，全面构建风险防控体系，健全企业重大风险监控机制。

国贸公司自创建以来，在危机中成长，于逆境中前进，2008 年席卷全球的国际金融危机为公司应对困难局势锻炼了队伍、凝聚了人心、积累了经验。通过几年的磨砺，公司逐渐摸索并积累了一些预防和控制企业经营风险的有效经验和方法。2011 年面临世界经济缓慢复苏，市场整体疲软的严峻形势，公司通过挖潜增效、把握机遇、力克时艰，实现业绩高增长，经营零风险。

与此同时，公司也清醒地认识到，公司经营风险防控系统性亟需加强，应对风险的能力有待进一步提高。在风险防控过程中还存在以下问题：业务流程不规范，缺乏对各项业务的流程控制；重要项目潜在风险及时预警能力不足，缺乏业务决策分析、规划能力；人员素质参差不齐，缺乏应有的风险防控意识；部门联动性不强，缺乏风险防控主动意识；操作层落实不足，缺乏有效的执行监督机制。

基于此，公司决定对现有企业管理制度进行创新，建立完整的风险防控体系，将公司经营风险控制经验和方法做出梳理和总结，进一步提高公司风险防控能力，提高公司核心竞争力，促进公司可持续健康发展。

二、风险防控的内涵

风险防控已成为现代企业战略管理的重要内容，经营业务风险防控指企业围绕总体经营目标，通过在企业管理各个环节和经营过程中执行风险防控的基本流程，培育良好的风险管理文化，建立健全有效的风险防范和内部控制体系，从而为实现风险管理的总体目标提供合理保证的过程和方法。

商贸流通型企业，时刻面临着供应链、资金链、合同、信用、票据传递等多种潜在风险，稍有不慎，都有可能置企业于困境当中难以自拔。国贸公司几年来的发展历程表明，不论面对何种市场形势，都要牢牢把握住“宁让利、不让风险”的经营原则，对风险的防范和控制丝毫不能放松。因此，公司以“大安全”理念为指导，认真梳理过去经营风险防控的经验和做法，加以总结凝练，系统化地构建了基于“全过程控制”的经营风险防控长效机制，并作为公司未来发展的基本战略加以贯彻和实施。

三、建立风险防控体系的总体思路

1. 指导思路

风险防控始终是贸易公司的第一要务。国贸公司在集团公司“大安全”理念指导下，本着“内控也是生产力”的理念，坚持“稳中求进谨慎为先、稳中求胜不断突破”的安全经营思路，以及“稳健经营、稳步推进；看准即下手、摸不准则调研”的安全工作思路，不断加强对重大风险、重大决策、重大事件的管理和重要流程的内部控制。

2. 总体要求

(1) 领导重视：一把手亲自负责，其他领导分工协作，减少推行的阻力。

(2) 制度保障：制度问题带有根本性、全局性、稳定性和长期性。制度不要多，但要精，要求按流程和按制度开展业务管理。

（3）组织保障：职责分明，分级管理，各守其土。

（4）信息保障：推进实施 ERP，进行日常监控。

（5）人力保障：加强培训和教育，严格奖惩。

3. 基本原则

（1）战略导向。战略导向原则强调公司发展思路要基于战略的角度，体现企业发展战略的要求。国贸公司以关注竞争环境、关注未来的需求为出发点，对宏观环境、行业态势、竞争对手以及自身资源情况作出分析，制定与实施控制战略，加强战略的分解控制，提高各层级风险的控制能力以及内部的协调能力，通过价值链将企业战略贯穿到企业的风险管理活动中，保障公司战略目标的实现。

（2）业务导向。经营风险防控模式要回归简单，抓住业务的本质。业务导向的风险管理模式要求企业管理不仅要从大处着眼，更要把握微观，从业务管理入手，把风险管理与各项经营管理活动特别是关键业务环节紧密结合，将企业经营风险化解在业务层和操作层，防止其风险度上升，影响公司整体战略。

（3）流程导向。围绕公司核心竞争力的关键流程，强化价值链各环节的纵向管理和横向延伸，以核心运营管理流程和业务管理流程为骨架，把公司的战略管理、销售管理、供应链管理、客户关系管理等业务的关键流程分解，建立各管理流程之间的有机联系，实现各流程之间经营风险的“全过程控制”。

四、经营风险防控体系运行模式

构建企业经营业务流程风险防控体系，是一项系统工程，也是提高公司整体生存发展能力的迫切需要。公司本着积极慎重、大胆稳妥、重点突破、逐步推进的思路，创新管理，构建一个基于战略、基于文化、基于业务，以制度体系为基础、以组织以管理控制体系为核心、以风险管理文化为支撑的动态的风险防控体系，见图 1。

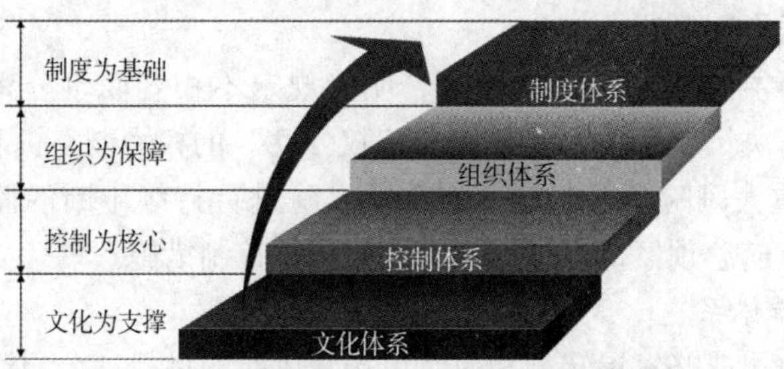

图 1　国贸公司经营风险防控机制运行模式图

1. 制度体系

公司以“从技术上量化风险，从制度上控制风险”为指导，加强风险管理体系的制度化建设，建立完善的风险管理平台，从制度化、系统化和定量化三方面的长期目标出发，建立起具有“国贸”特色的比较完善的风险管理体系。

（1）建立内控岗位授权制度。对内控所涉及各岗位明确规定授权的对象、条件、范围和额度等，任何组织和个人不得超越授权做出风险性的决定。对于公司重大事项、重大决定要在经营风险防控领导组的统一领导下进行。

（2）建立内控责任制度。按照权利、义务和责任相统一的原则，建立“首问负责制”和“约谈工作制”，明确规定各有关部门和业务单位、岗位、人员应负的责任和奖惩制度。

（3）建立业务流程操作制度。公司在“理顺”上下功夫，重点开展了业务工作“回头看”，加强规范操作流程，在原有制度基础上，出台了“业务流程风险防控十不准”“客户管理办法”“规范公司贸易代理业务的指导意见”等十余项规章制度，从而不断规范市场交易行为，堵塞环节漏洞，切实加强对贸易经济运行风险的预警防范。

（4）建立内控考核评价制度。推行全面绩效考核管理，建立了目标责任管理、考核评价及“纺锤型”分配三个体系、激励和监督两个机制。将经营风险防控与绩效考核激励有效结合，增强员工工作的规范性和安全经营的自觉性。

（5）建立 ISO9001 内部审核制度。根据 ISO9001：2008 质量管理体系标准，建立内部审核制度，定期对公司各单位质量管理体系运行是否有效、产品和服务质量是否能够满足顾客和法律、法规的有关要求进行检查与改进，保证公司质量管理体系持续的适宜性、充分性和有效性。

（6）健全以法律顾问为核心的企业法律顾问制度。形成由公司决策层主导、法律顾问牵头并提供业务保障、全体员工共同参与的法律风险责任体系，法律顾问审核把关职责到位，作用发挥到位，切实加强企业法律风险防范能力。

（7）建立合同管理制度。出台了“合同管理办法”“加强合同规范管理指导意见”“合同审批授权管理规定”等制度，进一步加强公司合同管理工作，预防合同纠纷，降低合同风险。

（8）建立重要岗位权力制衡制度，明确规定不相容职责分离制度。执行商务执行权、经营决策权、履职监督权“三权分立”的权力制衡机制。

（9）建立重大风险预警制度。对重大风险进行持续不断的监测，及时发布预警信息，制定应急预案，并根据情况变化调整控制措施。

2. 组织保障体系

为了适应公司战略发展转型和应对市场新风险的挑战，公司逐步建立起整个层面的风险防控管理平台，加大部门之间统筹协调，为风险防控提供更加有效的组织保障。公司建立以规范和制约权力运行为核心，以强化岗位责任为重点，以经济运行监控为主线的，贯彻经营业务全过程的风险防控组织体系。

（1）经营风险防控领导组，全面负责公司经营风险的控制和管理。其主要职责有：负责制定公司的风险防控目标；对重大问题采用集体决策机制，进行评估及决策；按照公司总体战略，合理配置风险资源（授信额度、存货额度等），以及防范及控制风险；负责指导、协调、监督相关职能部门及经营单位开展全面风险管理工作，收集、整理、分析风险信息，并进行评估。

（2）法律事务部，全面负责公司法律事务工作。其主要职责有：参与公司经营决策，并提供法律上的可行性、合法性和法律风险分析；预防法律纠纷、解决法律争端，保证公司法律事务纠纷中的经济利益与企业声誉；从法律专业角度审核公司各业务单位所签订协议、合同等各类法律文本，并对合同履行情况进行跟踪检查，防范法律风险。

（3）“三大中心”。国贸公司采用科学化、精细化管理手段提升公司整体运营质量和效率，根据风险防控需要，专门成立了三个中心：

①结算中心。主要负责统一归口管理业务公司会计核算工作，包括费用核算、成本核算、资金核算、资产核算、利润核算等，做到收付及时，账账相符，日清月结，登账规范、工整等；负责有效监控业务公司的经营运作，尤其是资金使用计划审核和对使用情况实施监督，管好用好资金，确保经营行为规范、安全和高效。

②经济运行中心。主要负责收集、汇总、分析各业务公司及项目部经济运行相关数据，及时了解、掌握公司经济运行的时段特征，发现并防范经济运行中的风险；加强市场研判，围绕公司发展目标和重点工作，对公司发展中的重大战略性问题开展前瞻研究和跟踪研究，为公司持续、健康发展提供有力支撑。

③质量监管中心。主要负责建立公司质量动态监管体系以及地方采购煤焦产品的质量检验工作，并协调做好与用户的商务纠纷处理工作，切实履行从源头抓数、质量的监管职责。

（4）价格委员会。基于成本核算和成本控制的度量，公司成立了价格委员会，每月研究部署主要商品的购销价格政策，建立价格监测机制，把盈亏平衡点作为业务能否开展的“硬”标准，切实提高经济效益。同时，坚持“一元钱理论”，实行“有保有压”的资金供应政策和从紧的资金使用政策，把资金用在效益高的业务上。

3. 风险控制体系

根据业务流程及经济运行特点，公司建立了“一套系统、三道防线、四种策略、六项流程”的风险控制体系。

（1）“一套系统”，即基于“市场链”的物流贸易管理系统（ERP 系统）。ERP 系统以信息流为导向，分析各个流程、各项工作的工作内容、权责归属，工作分析、确定权责、理清流程。ERP 系统全面运行后，收到以下成效：

①将各种资源，如客户、合同、资金、设备、采购、销售、物流运输等方面

充分调配和平衡，解决了企业内部分散、孤立的“信息化孤岛”现象的发生，为减少库存、加快资金周转、提高生产效率、降低成本、提高客户满意度等方面提供了强有力的支持。

②保障了贸易执行过程中的安全性，收到了强化财务风险管理，提高资金利用效率和利润率，减少坏账，降低管理费用等效果。

③合同兑现率实现了 100%，延期交货减少了 70% 以上，较好地跟踪了合同执行情况，有效防范了合同签订风险。

④为公司高层管理人员经营决策提供了科学的依据，提升了对市场迅速作出反应的能力，成为企业加强战略整合和专业化经营的有效工具。

（2）“三道防线”。即通过整合优化业务流程、强化岗位设置和监督，构筑“自控—互控—督控”为核心的防控机制。

①第一道防线：自控防线。自控防线是风险控制的“第一道”防线。通过实施定指标、定时间、定责任人“三定”策略，各业务公司对照目标责任查找自身业务的风险点，通过管理制度和操作规范约束业务行为，完善自身的风险控制机制，把风险管理的手段和内控程序融入到业务单位的工作与流程中，建立起防范风险的第一道防线。

②第二道防线：互控防线。互控防线监控企业内控和其他企业关心的问题，是风险控制的“第二道”防线。通过部门之间的相互制约、监督来确保控制风险和合规经营，根据业务流程，公司建立了重大事项集体决策机制、授权受控机制和制约制衡机制从而达到部门与部门间互控，并对关键岗位、关键环节业务操作的再复核，负责各项督办事项的落实。

③第三道防线：督控防线。督控防线是风险控制的“第三道”防线，一是在业务单位之上建立一个更高层次的风险管理机构—经营风险防控领导组。经营风险防控领导组的责任是领导和协调公司内各单位在管理风险方面的工作，开展常规性的检查与专项检查工作，对公司各项业务进行风险控制，并根据公司的统一部署进行各类专项检查，履行监督职能，建立对各岗位与各业务单位的全面监督反馈机制。二是充分发挥法律事务部门法律监督作用，督促和引导各业务单位人员工作的规范性、合法性，服务于公司优质发展。三是形成了以企业财务动态监测和财务预决算管理为基础，涵盖财务审计、财务信息公开、财务绩效评价、内部审计指导、重大财务事项管控等领域的财务监督体系。

（3）“四种策略”。即公司根据市场形势波动情况，制定的四项阶段性发展策略，也是公司防范和控制经营风险、克服市场不利因素的有效手段。

①“三大法宝”。公司坚持商贸流通型企业的科学发展定位，不断提高驾驭复杂局面的能力和水平，全面强化战略管理，把握机遇，科学谋划，以三大“法宝”（正确的思路、严格的落实和周到的服务）为统领，用正确的思路催生决策

力，用严格的落实助推执行力、用周到的服务强化凝聚力，不断推进公司各项工作的稳步进行，既是全面强化公司管理的基本指导思想，也是有效防范企业经营风险的重要保证。

②“三全四化”。“三全”即全面预算计划管理、全面绩效考核管理、全面安全风险管理。实行全面预算管理，就是强化预算的执行与控制、协调和监督、审计与考核，保证公司运行的计划性、可预见性和稳定性。实行全面绩效考核管理，就是深化“项目部”制考核模式，完善以绩效为核心的综合考核评价体系，并通过考核实施过程和考核结果运用，健全完善正确的导向机制、客观的评价机制、有效的激励机制和严格的约束机制。实行全面安全风险管理，就是加强经营调控，以经济效益为核心，以控制经营风险为中心，增强管理调控能力和风险防范能力，提高资产质量，优化盈利结构，实现公司由规模速度型向质量效益型转变的目标。

“四化”即考核工作指标化、基础工作制度化、业务工作程序化、工作流程标准化，“抓基层，打基础，上水平”，全面强化各项基础管理，以规范的管理制度为基础，推动公司科学管理上水平。进一步强化全公司上下的战略执行力，各项重点工作落实到位，全面提升公司管理水平。

③“八字方针”。“八字方针”，即业务拓展，突出一个“稳”字；运营质量，突出一个“实”字；运营模式，突出一个“新”字；体制构建，突出一个“顺”字；机制创新，突出一个“活”字；日常管理，突出一个“严”字；项目开发，突出一个“优”字；干部素质，突出一个“高”字。其中：“稳”字是前提，“实”字是目标，“新”字是动力，“顺”字是保障，“活”字是激励，“严”字是规矩，“优”字是支撑，“高”字是根本。“八字方针”的提出，既是公司长期稳健发展的战略需要，也是规模效能提升的战术要求，是公司当前乃至今后一段时期保证公司实现可持续稳健发展的行动指南。

④“二十七字经营策略”。公司结合市场波动情况明确了“二十七字经营策略”（即盯市场、抢机遇、抓用户、防风险、控成本、增收入、创效益、保稳定、促发展），主动适应外部环境变化，并在市场环境变化中积极捕捉经营机会。

“四种策略”的提出，是公司把实践中探索的经验做法提升为管理制度加以坚持，不断创新和加以巩固的成果。要求牢固树立严格管理、稳健经营的指导思想，正确处理好安全、效益和发展的关系，真正做到规范与发展并重，创新与风险防控并举，实现规模和效益的“双提升”。

（4）“六项流程”。国贸公司主要有预算管理、合同管理、物流管理、资金管理、客户管理、工作流及审批管理六项主要流程。

①预算管理。预算管理包含业务预算与资金预算。通过制作业务预算，对一笔业务交易的毛利润、净利润、业务风险等进行测算，保证从业务的开始环节就

进行管控，为领导决策促成一笔业务交易提供重要依据，使业务从一开始就有一个合理的计划，是业务执行过程中的参照物，是业务总结的依据。

资金预算是业务公司每月底将本单位预算报表上报财务部，财务部以一周或一月为周期，预估国贸公司与客户的收、付款情况。预算类型分为采购资金预算与销售资金预算，采购资金预算和销售资金预算分别是财务部预计一周、一月内公司向供应商的付款信息和公司向用户的收款信息。

②合同管理。合同管理是预防纠纷的一个重要环节，公司建立了业务公司承办、法律事务部审批与管理、财务部监督的合同管理机制，明确和完善合同签订、审批、履行流程及管理规范，严格授权制度，明确合同签订权限，健全合同档案，掌握合同管理信息，同时加大合同考核力度，强化合同责任，进一步强化合同管理，达到对合同的统一管控，防范合同签订风险。

③物流管理。国贸公司强化对货物的严格管控，通过 ERP 物流贸易系统，实时了解各站台、港口、仓库的库存情况，包括发运单、业务入库、仓库入库、业务出库、仓库出库、库存调拨、其他出入库信息等。

④资金管理。资金管理的目标是时时了解与客户及供应商的往来款收付情况，以及时时了解与客户及供应商的票据开具情况，并对客户的货物发运、票据开具、收付款情况进行监管。包括付款单、收款单、进项票、销项票、费用发票、采购结算、销售结算、购货发票整理、售货发票整理等事项。

⑤客户管理。公司建立了完整的客户资信审查系统，根据客户注册资本、经营范围、经营许可信息等资质情况对客户进行审核，如审核通过，即成为业务客户，否则不与其进行合作，从而筛选和优化客户，有效防范业务风险。

⑥工作流、审批流管理。国贸公司积极倡导“推动式的管理”，通过应用 ERP 系统，在信息化的管理模式上加入了工作流、审批流的理念。以 ERP 为核心的信息化管理建设，进一步加强和优化业务各个流程，单据数据管理规范化，审批流程清晰化，单据审批高效化，企业的管理实现专业化、集约化，有力地促进了公司运营管理。

4. 文化支撑体系

提倡和培育风险管理文化是防范风险的基础和前提，国贸公司以“大安全”理念为指导，将风险防控转化成一种经营理念融入到公司经营的每一个层面和每一项业务运作的过程中去。贯彻公司经营与安全同步走、同落实的工作思路，借助企业文化将风险意识寓于全体职员，借助企业文化的凝聚力促成企业全体员工齐心合力抵御风险，全力实现公司无违纪违法事件、安全无事故和经营零损失的目标。

(1) 将风险防控与业务发展有机结合。风险防控的任务就是寻找业务过程的风险点，发现防范风险的办法，在克服风险的同时从风险防控中创造收益，将风险防控与业务发展有机地结合起来，找到二者利益结合的均衡点。

（2）将全员防范与绩效考核相结合。由于风险存在于业务的每个环节，这种内在风险特性决定了风险防控必须体现为每位员工的行为，牢固树立“风险无处不在、风险无时不在，严格防控纯粹风险、审慎处置机会风险”等意识和理念的风险管理文化。同时，将风险防控与经营指标挂钩，进一步明确职责与利益的关系，形成“有考核、有落实、有追责、有激励”奖惩并举的绩效考核机制，使全员能够更好地履行自身的风险管理责任。

（3）自上而下推行和自下而上不断丰富相结合。自上而下是指公司各级管理者高度重视风险防控，率先垂范，强化落实，贯彻执行公司各项风险防控相关规定，积极引导员工树立风险意识和责任意识。自下而上是指通过把公司的整体风险、收益量化到每个人身上，使每一个员工都能感觉到公司经营状况、风险防范效果，使全体员工认同并自觉地付诸为自觉行为，提升安全工作自觉性，由制度约束“要我抓”向自主管理、自动自发“我要抓”转化和延伸。

（4）风险文化与队伍建设相结合。公司打造风险信息共享平台，推行风险培训“指尖化”，借助内网、内刊等不断扩展的风险文化宣传阵地，通过风险防控必读、内部资讯、管理工作通报等随时分享风险分析信息和风险管理实战经验，培养和提高全员风险意识和风险防控能力。

五、风险防控机制效益分析

国贸公司通过建立并健全企业的风险管理体系，将战略转型过程中风险控制在公司可承受的范围之内，为战略执行保驾护航，促进公司战略目标的实现。

1. 直接效益

（1）经营“零”风险，效益上台阶。通过风险防控机制的构建和实施，在企业的日常经营管理过程中能做到对风险的实时、动态管理，及时发现，妥善、迅速处理，确保对公司各业务运营单元、重要经营活动的安全管控，进一步加强对业务流程风险的防范，大大降低了风险事故发生的可能性和影响，提高了企业的运行效率和经济效益。公司成立以来，连续多年实现经营“零”风险，经济效益屡创新高，平均每年收入增幅达 30 亿元，资产增值率达到 231.7%，股东投资回报率为 10.1 倍，实现了超常规、跨越式发展，成为山西焦煤集团公司转型发展的亮点。

（2）规范业务流程，堵塞管理漏洞。通过完善以制度流程为核心的内控机制，梳理缺失项，补充完善风险因素的控制防范措施，规范业务流程，推进业务服务和提升管理质效。另一方面，一改落实不力、权责不清和基层管理不够专业化的问题，使业务分离制约机制得以建立，明确风险管理责任和权力的分配，形成了防范经营风险的体制机制屏障，有力的保证了经营业务的有序进行。

（3）体制机制完善，发展模式优化。风险防控是一个系统的体系，公司建立了以风险控制体系为核心的防控机制，从制度建设、组织设计和文化建设等方面提供了有力的保障，积极寻求经营风险防控与经济效益的最佳结合点，进一步理清发展思路、理顺公司体制机制，保障各项经营活动的健康发展。

2. 间接效益

（1）企业的市场适应能力和竞争力显著提升。公司将风险防控与企业战略有机结合，使风险防控策略有效服务于企业战略目标，与之相得益彰，面对复杂形势的能力有效提高，品牌效益和市场竞争力显著增强，综合实力进一步提升。

（2）企业管理水平显著提高。公司遵循统一的准则和规程运行，杜绝了各行其是的现象，业务流程进一步优化，工作效率有效提高。通过对国贸公司合作客户进行了准确定位，规范合同审批，保障了业务执行过程中的风险控制，提升了企业管理水平。

（3）形成具有国贸特色的安全文化。“从零开始，向零奋斗”，安全工作无止境，国贸公司在制度规范的基础上，以国贸特色的安全文化为支撑，使风险管理意识逐步深入人心，融入每位员工的日常工作中，从根本上提升企业的风险管理水平，推动安全管理的升级，实现“执行制度零距离、安全经营零风险”的目标。

（成果创造人：胡建伟　张文平　罗　劼　李学龙　张晓玲　栗荣杰）

"安全 5 个零"活动管理体系创建

山西长平煤业有限责任公司

山西长平煤业有限责任公司是在原山西晋城煤业集团王台铺矿的基础上通过兼并地方小煤矿而成立的，是国家特大型企业——山西晋城煤业集团的控股子公司。长平公司于2004 年1 月7 日注册成立，注册资本为5.72 亿元。下辖王台铺煤矿、长平煤矿两对生产矿井及王台科工贸有限公司。2011 年，公司完成原煤产量890 万吨，商品煤外运量744 万吨，实现生产经营总额49.4 亿元，实现利润总额4.54 亿元。

一、"安全5 个零"活动管理体系的创建背景

长平公司作为资源整合形成的煤炭企业，安全管理格局可以概括为"一企两矿三地"：王台铺煤矿是优质资源枯竭、开采了50 多年的暮年老矿，曾经创出了安全生产14 周年的长周期，但是安全长周期也导致了干部职工的麻痹大意思想，特别是近年来，随着资源的枯竭，井下生产可谓"一少两长三多"：资源存量少；设备年代长，运输战线长；老空多，涌水多，15#煤开采难题多。长平煤矿是由15 万吨的地方小矿经过数次技改形成现有规模的，由于设计起点低，各大系统能力参差不齐，当前又面临承压水开采、瓦斯大、搬家倒面频繁等诸多困难。两矿井横跨晋城、高平两地，长平煤矿又有长平、釜山两大矿区，安全管理难度很大。针对这些问题，长平公司揭露问题提出新课题，创新思路激活机制，找准症结寻找新突破，经过反复调研实践应用、细致总结丰富内涵，创出了适合长平公司实际的"安全5 个零"活动管理体系。

二、"安全5 个零"活动管理体系的内涵、内容精要和运行保障

1. "安全5 个零"活动管理体系的内涵

安全管理是煤炭行业一项复杂的、综合的、系统的管理，把宏观的安全管理落到实处是一个行业性的难题，"安全5 个零"活动管理体系的内涵就是把安全

责任落实、安全质量标准化、隐患排查治理、安全风险防范、安全教育培训、安全绩效考核各个单项管理，通过“瓦斯零超限、水患零威胁、设备零失爆、操作零违章、人员零伤亡”五个活动载体，融入到各个系统，各个层次，真正发挥出安全管理在煤炭生产中的作用。活动内容有较强的针对性、全员性、主动性、系统性。

2. “安全5个零”活动管理体系内容精要

“安全5个零”活动管理体系包括5项主要内容：瓦斯零超限活动、水患零威胁活动、设备零失爆活动、操作零违章活动、人员零伤亡活动。

(1) 瓦斯零超限活动。

一是创新瓦斯治理理念。形成了“瓦斯治理行政‘一把手’负责制、瓦斯治理投入一分钱都不能少、治理瓦斯就是解放生产力，治好瓦斯就是发展生产力”4个理念，拓宽了思路，坚定了信心，为治理瓦斯打下了坚实的基础。

二是强化企业内部控制指标。瓦斯超限浓度达到0.6%不超0.8%的，只进行通报、追查，不对集体和个人进行处罚；瓦斯超限浓度达到0.8%不超1%的通报、追查，对责任单位集体罚款2万元，对责任人进行行政记过处分；瓦斯超限浓度超过1%的通报、追查，对责任单位集体罚款4万元，对责任人进行撤职处分。

三是严格瓦斯超限问责制度。瓦斯超限浓度达到公司内部控制值时的问责程序：事故单位正职要到当日公司领导干部碰头会上做检查，分管公司领导要给予点评；事故单位责任者、单位正职、分管业务部室正职要到电视台焦点亮相。瓦斯超限浓度达到晋煤集团控制值时的问责程序：事故单位正职要到当日公司领导干部碰头会上做检查，分管公司领导要给予点评；事故单位责任者、单位正职、分管业务部室正职要到电视台焦点亮相；事故单位正职到周二例会上做检查。

四是严格奖惩制度。按照“重奖重罚”的原则，激励各单位齐抓共管实现瓦斯零超限目标。公司设立瓦斯零超限目标管理奖励360万元，每月兑现30万元对井下实现瓦斯零超限目标的各队组进行奖励。当月未发生瓦斯超限事故的井下队组，依照打分情况进行奖励。对于发生瓦斯超限事故的单位，取消当月得奖资格。

(2) 水患零威胁活动。

一是健全体制机制。成立防治水工作领导组，由总工程师主持，每季度第一个月召开防治水例会，全面安排矿井一个季度内的防治水工作，形成会议纪要，按照“五定”管理落实；由地测专职副总主持每月日常地测防治水工作会议，落实季度防治水工作，安排月度工作，加强重点防治水工作推进。

二是提升水文地质预测预报质量。防治水办公室将采掘工程平面图与三维地震资料、电法勘探资料、井下物探、钻探资料、测量成果等相结合，全面考虑，综合分析，完善预报内容，提升预测预报质量。同时，建立资料档案室，对所有资料进行归档、分类，为矿井水防治工作提供精细的资料。

三是规范顶板水预疏放工作。从探放水设计、施工、监督检查到质量验收等各环节建立一套完整的探放水工作流程；重点区域的探放水，必须编制探放水结果报告，建立钻探逐日进尺台账，并及时完善相应的水文地质图纸和台账；每月安排抽掘采衔接计划时，合理安排探放水、探构造时间；生产队组按照设计完善排水系统，及时排水。

四是开展防治水小分队活动。加强现场管理。坚持每月不定期开展防治水小分队活动，活动过程覆盖所有采掘工作面，以系统检查为重点，严格落实掘进队组的超前探测工作，督促完善排水系统；检查队组预测预报学习情况，对地质、水文地质、瓦斯地质记录、台账等资料进行检查，将检查结果纳入考核；小分队活动的检查结果要与防治水考核相挂钩，并且作为水害零危险活动奖励基金的奖罚依据。

五是实施探掘分离工作。成立专业的探放水队伍，严格落实“有掘必探、先探后掘、有采必探、先探后采”的防治水措施，在常规物探、钻探的基础上，以坑透、电透、补充钻探相结合，重点对区域性的井田大断层留设安全保护煤柱，对掘进面进行超前探测。所有巷道探放水工作必须达到探放水目的，并经总工程师签字后，方可移交掘进队组。

六是建立矿井水害二级预警机制。针对矿井生产不同时期特征，确定“红、黄”预警值。

七是公司设立水害零威胁的专项基金每季度 32 万元，对井下实现水害零威胁目标的队组进行奖励；同时为了推动防治水工作创新，设立防治水工作创新奖每季度 5 万元。

（3）设备零失爆活动。

一是强化电气设备失爆检查管理。每周对井下所有的供电系统进行常规检查，并对检查结果进行详细记录。异常情况时立即督促有关单位限期整改处理，遇紧急情况时可对当事单位下达停产令；每两天对井下所有的高压线路例行常规检查，对检查结果记录在案，并对检查中发现的异常情况，及时汇报，督促整改处理。如情况严重或紧急，可启动局部停电应急预案。

二是定期召开机电队长例会。公司每月召开机电队长例会，通报、总结当月机电设备、技术管理等情况，协调解决队组所提的机电隐患，安排下月的机电工作。

三是严格机电设备的入井管理。公司所属单位（包括矿建队组和外来队组）的机电设备入井，必须到机电部进行备案，备案的机电设备必须有“三证一标志”方可办理入井手续。

四是严格考核及奖励。对检查中出现的严重失爆的设备，每台/次处罚责任单位10000元；发生机电轻伤事故处罚责任单位机电标准化分50%；当月检查未出现严重失爆的矿建单位与外来队组，当月从机电罚款中免除5000元。

(4）操作零违章活动。

一是加强员工培训，提高员工素质。在生产区队中开展“每日一题”和每周贯彻学习五条隐患、五条“三违”标准。每月组织干部进行一次安全知识考试；每季度组织工人进行一次安全知识考试；生产区队将本单位历年来的各类事故进行统计，建立案例登记本，利用班前会、周三安全例会向员工贯彻学习；安监部根据阶段性工作特点，针对性地修改“三违”条款并及时公布，供基层区队贯彻学习。

二是剖析违章原因，规范员工操作。安监部对每起违章行为进行深度的跟踪追查分析，找出违章原因，以提醒函的方式提示队组采取措施，加强管理；安监部每月出一期“三违”分析通报，上网公布，以警示各队组，提示各队组，有目的地进行安全管控；生产区队每周将发生的违章原因、危害进行深度剖析，并在周三会上向职工贯彻学习。

三是严格违章考核，管控员工行为。一个月内出现两次以上违章的人员，列为安全不放心人，取消当月安全抵押金奖励；出现集体违章的班组，免除全班当月安全抵押金，全班人员到职教中心接受为期1天的再教育；班组一个月内出现5起违章或2起集体违章的班组长撤职；因违章指挥导致的违章作业行为，追究违章指挥人员的责任；跟班干部不和工人同上同下的就地免职；管理人员违章指挥执行“过五关帮教”程序，并罚款2000元，月度内出现两次给予警告处分。因违章指挥造成事故的，不论事故性质严重与否一律给予免职处分；零星工程作业内容或作业人员与现场不符的，或未向施工人员贯彻学习施工措施的处罚当日值班干部；生产区队结合生产实际，制定每个岗位、每道工序、每项重点工程的“必须、严禁”标准，并向职工贯彻学习，要求员工必须做到，否则，按严重“三违”处罚；井下业务部室管理人员（主任科员及以上干部）在现场检查时，发现违章行为要及时制止和纠正，每月至少完成两个纠“三违”指标，否则按规定对单位进行考核，并上网通报。

四是严格奖惩制度，实施全员管理。对于举报各类隐瞒不报的事故、干部违章的职工给予一定的奖励；为公司安全生产提供切实可行的方法、方案和制止违章作业、避免事故发生有较大贡献的员工给予奖励；对于月度无违章的单位：一线单位人均奖励500元；二线单位人均奖励200元；矿建队组及其他临时外包队组个人罚款交财务部，财务部设立专用账户收缴。

(5）人员零伤亡活动。

一是井下队组结合自己的工作实际，将以往的事故案例及近期的工作难点、重点作业项目，选出有代表性的案例点 3 -5 个，按照 KYT 的方法做成图片，利用周三安全会，让员工通过 KYT 四阶段法，寻找危险因素及制定对策措施，形成 KYT 报告，实现管理信息共享，全面提高职工安全意识。

二是各班组将本班重点、难点作业项目，按照重点 KYT 的方法，让员工通过重点 KYT 四阶段法，寻找危险因素及对策措施，形成 KYT 报告，利用班前会让职工熟练掌握零事故活动方法。

三是在施工现场，利用开工前、到达现场时、开始操作前、作业过程中、工作结束时，根据现场的情况，以小组为单位，利用很短的时间进行内容充实的 KY 讨论，达到寻找危险因素和对策措施的目的，进而控制现场，实现安全生产。

四是各单位把个人编制的安全口述确认口诀，印制成卡片，让员工随身携带，单独作业时，对照卡片口述确认，保证岗位作业安全。

五是奖惩兑现。每月要对活动情况进行通报，对未积极开展活动的单位，在全矿进行通报，对未开展的班组、个人在本队周三安全会上通报。对好的班组、个人要给予表彰奖励，对通报批评的单位要视活动情况好坏，酌情扣安全绩效 3—5 分，并给予队长罚款 1000 -2000 元，对推广及时、措施得力、效果明显的单位安全绩效分加 3 -5 分，并给予队长奖励 1000 -2000 元，同时每季组织一次评选，对排名靠前的单位，分别给予 5000 -10000 元奖励。

3. 考核机制和运行保障

为确保“安全 5 个零”活动扎实有效开展，公司建立考核保障机制。

(1) 分工牵头。公司各专业部室负责本专业的“安全 5 个零”活动的整体运行；安监部负责活动的检查、考核；政工部门负责安全教育和活动氛围营造；各区队、单位负责本辖区的安全管理。

(2) 检查考核。①加强日常性基础工作检查。②每月在井区队中开展“安全 5 个零”活动评比工作。③公司对“安全 5 个零”活动运行情况列入月度效能监察考核中。检查考核突出过程控制，各专业活动做到安排具体、责任明确、纠错到位、每月总经理办公会向公司领导班子进行汇报，对活动情况进行总结分析，并提出改进意见。

(3) 循环保障。每周活动做到衔接紧密，稳步动态推进。实行每项活动有记录，每周活动有检查，每月活动有考核，每季活动有总评，年底活动有表彰。活动落实过程中，强调措施有力，环环紧扣，规范管理，动态改进，整体推进求实效。

三、长平公司“安全 5 个零”体系实施和推进过程

长平公司在安全生产过程中，始终坚持“生命高于一切，一切服从安全”的核心理念，把“安全 5 个零”活动作为头等大事来抓。通过强化过程控制和设立专项资金，在全公司营造出搞好“安全 5 个零”活动就能得到集体荣誉和个人

实惠的工作氛围，有力地保证了活动的高效开展。

1. 统一认识，健全体制机制，让每个职工自觉主动投入活动

公司党政把“安全5个零”活动的实施上升到讲政治高度严格要求，连续两年列入公司职代会行政工作报告中，公司、专业系统、区队召开三级动员会层层发动，并通过电视台、网站、报纸等媒体滚动宣传，切实提高了全员参与活动的认识。

2010年，公司先后制定下发了瓦斯零超限、水患零威胁、设备零失爆、操作零违章、人员零伤亡五个单项活动实施方案、管理细则和考核办法，细化了各项标准，并通过公司“管理大讲堂”栏目分业务部室管理人员和区队操作人员两个层次进行了活动培训，确定了认同一致的活动内容、运行方式、活动步骤、考评标准，为活动开展奠定了基础。

2. 提升素质，确保活动顺利推进

为了确保活动顺利推进，按照公司中长期人才队伍建设战略目标和“十二五”规划目标，围绕“安全5个零”活动，长平公司开展了大规模的管理、技术和操作三大序列培训工作。在管理序列上，开设“管理干部素质提升大讲堂”，制定了与瓦斯治理、矿井水防治等有关的学习专题50余个，采取“请进来”与“走出去”、在线互动与个人自学相结合的授课方式，对公司高、中层管理干部进行了专题培训，有效提升了管理干部解决实际问题的能力；在技术序列上，以抓好继续教育培训为主，全力提升技术队伍综合素质。从采煤工程、煤矿顶板灾害事故的防治技术、煤矿灾害预警技术、矿井通风瓦斯防治技术、矿区绿色开采技术等领域进行了专业培训，专业技术队伍的业务能力及综合素质大大增强；在操作序列上，以技能鉴定、岗位技能竞赛活动为载体，以实操基地为平台，重点强化职业技能培训和岗位练兵，全年共拿出600万元对技术能手和技术大拿进行奖励，职工安全技术素质得到大幅提升，确保了活动的高效开展。

3. 以监督考核、奖优罚劣保证活动落实到位

（1）公司成立5个单项日常基础工作考核小组，负责日常动态达标检查。基础工作检查组和相关部门采取动态检查、定期检查和专项检查相结合，检查过程中，各检查组成员认真对照标准现场打分，并提出整改意见。

（2）公司效能监察考核组每月把活动内容纳入考核范围，与责任部门负责人年薪或安全抵押挂钩。

（3）公司每月在生产区队中开展“安全5个零”活动最佳最差评比活动，实现百分制考核，对重点问题进行实名通报，并采取处罚措施，每月公司安全办公会上进行点评。

4. 以亮点工作为载体，将活动向深层次延伸

2011年，公司把“安全5个零”活动和工作亮点观摩工作结合起来，把活

动中总结提炼的先进经验和亮点工作，通过选树典型，在全公司大力推广，并拿出工资总额的5%、约4000万元用于亮点工作奖励，使该活动有了新的内涵，逐步走向了精细化轨道。

四、"安全5个零"活动管理体系的实施效果

长平公司"安全5个零"体系运行以来，不断纵向推进，公司安全绩效、经济指标、社会影响力等方面均取得了可喜的成绩。

1. 安全绩效显著提高

2011年，公司发生瓦斯超限事故一起，比2010年下降了97%；全年做到了不突水、不伤人、不淹面，实现了水害零威胁目标；机电事故率控制在2%以下，机电完好率达100%，保持开机率为98%；"三违"发生数量较2010年减少1299起，未发生人身事故，发生非人身事故一起，比2010年下降93.3%。

2. 利润指标实现跨越增长

在"安全5个零"体系的大力推动下，公司原煤生产实现了均衡、有序、高效生产，降低了瓦斯、矿井水、构造等不利因素对生产组织的影响。公司在2011年原煤产量仅比2010年增加35万吨的情况下，实现利润同比增加1.34亿元，主要原因是2011年公司瓦斯、矿井水、构造等导致的突发生产成本和其他运行成本同比减少近亿元。

3. 社会影响力显著增强

公司在"安全5个零"体系工作上的努力探索和积极实践，也得到了上级的充分肯定，2011年，山西省国资委主任到公司进行调研，对安全管理工作给予了高度评价；同时，公司还荣获"全国煤炭行业安全特级高效矿井"称号。

（成果创造人：王永革　李永军　赵海峰　宋晓晓）

绿色新型能化集团节能减排管理体系的构建

山西潞安矿业（集团）有限责任公司

潞安集团是山西省七大国有重点煤炭企业集团之一，成为全国唯一的连续12年蝉联“安康杯”竞赛优胜企业。目前已初步转型为煤、电、油、化、硅综合发展的绿色新型能化企业集团，属“国家级创新型企业”，下属潞安环能公司是煤炭行业唯一一家国家级“高新技术企业”。2011年，位列中国企业500强第100位，营业收入1140亿元，实现利润45.3亿元，资产总额1080亿元，建成资产总额、营业收入“双千亿企业”。

潞安集团以打造具有国际竞争力的能源品牌企业为核心，以“建设亿吨煤炭新基地、打造产业发展新高地、开创幸福潞安新天地”为主线，重点发展煤、电、油、化、硅五大主导产业，积极发展装备制造、建筑建材、煤层气、物流贸易、金融服务五大辅助产业，全面布局“5+5”产业。“十二五”末，跨入资产总额、营业收入“双两千亿企业”行列，全面建成绿色新型能化集团。

一、绿色新型能化集团节能减排管理体系构建的实施背景

煤炭是我国的主体能源，在一次能源消费构成中占70%左右。在未来相当长时期内，煤炭作为主体能源的地位不会发生根本性的改变。煤炭工业是关系国家经济命脉和能源安全的重要基础产业。“十二五”期间，中国仍处于重要战略机遇期，节能减排形势仍然十分严峻，任务十分艰巨。煤炭工业必须坚持科学发展观，走清洁高效，低碳循环，绿色可持续发展之路。

1. 节能减排是煤炭企业必须承担的社会责任与义务

节约能源是我国的一项基本国策。企业是一个与外部环境不断进行交换的动态的开放系统，企业的发展离不开社会系统为其提供的生存资源和生存条件。企业可持续发展重在保持企业持续的生命力和活力，这要求企业必须关心所处社会的全面和长远的利益，并且全面履行责任和义务。潞安集团深入贯彻落实科学发

展观，坚持把循环发展提升到战略层面，以循环经济理念打造“科技潞安”“绿色潞安”和“生态潞安”，努力追求资源效益最大化和社会环境效益最优化。潞安集团被确定为国家第二批循环经济试点企业，已初步完成了传统煤炭企业向绿色新型能化企业集团的转型。

2. 节能减排是煤炭企业落实科学发展观的内在要求

科学发展观是我国经济社会发展的重要指导方针。同样，对于致力于建设具有国际竞争力的能源品牌企业的煤炭企业来说，深入贯彻落实科学发展观是促进企业又好又快发展的必由之路。落实科学发展观，必须加快产业结构优化和升级。潞安集团建设绿色新型能化大集团，开展节能减排工作的主要做法概括起来就是“围绕一个核心，坚持一个理念，依托节能技术进步与实施”。“一个核心”——建设绿色新型能化集团；“一个理念”——只有着眼“大循环、大转型”，才能实现“大节能、大减排”。

3. 节能减排是煤炭企业提高自身竞争力的重要途径

发展低碳经济是世界经济大势所趋，生态清洁是杰出企业的重要标志，绿色发展是赢得未来竞争的必然要求，只有做好绿色发展、节能减排工作，才能为提升企业核心竞争力、打造良好的企业形象奠定基础。潞安集团坚持走“高端化、低碳化、国际化”和“循环型、创新型、效益型”“三化三型”发展道路，努力推动潞安从高碳能源向低碳利用转型，使产业走向高端、产品趋向终端。

4. 节能减排是煤炭企业实现可持续发展的必然选择

煤炭是不可再生能源，长期开采，必将造成资源枯竭。煤炭企业既成为社会财富的主要创造者，也成为自然资源的主要消耗者，在谋求自身发展的过程中引发了许多环境、社会问题。为节约能源、保护环境，全面提高潞安集团发展的质量和效益，潞安集团节能减排工作紧紧围绕“建设绿色新型能化集团”的战略目标，坚持内在转型与综合治理相结合，以循环低碳为主要抓手，依托节能技术进步与实施，深入开展节能降耗创效活动，进一步提高资源综合利用水平，充分发掘节能减排工作的社会和经济效益，为企业的可持续发展提供新动力。

二、绿色新型能化集团节能减排管理体系构建的基本内涵

绿色新型能化集团节能减排管理体系的构建，就是要坚持科学发展观，走可持续发展之路，牢固树立“煤炭源于绿色，理应回归绿色，向绿色回归，实现绿色开采、绿色利用”的理念，保持企业与生态环境的良性互动、协调发展。通过管理节能、系统优化、产业结构的有机结合、相互补充和相互促进，全面开展节能减排工作，如图 1 所示。管理节能主要从软件入手，通过构建能源管理体系，加强节能基础工作，开展能源绩效管理，形成“党政齐抓、上下齐心、全员齐推的节能减排”的低碳、绿色、节能新文化，实现企业能耗的精细化管理。系统优化和产业结构主要从硬件入手，贯彻落实“大循环，大转型”战略，着重改善

生产工艺流程，提高资源利用率，从设计、洗选、产业结构、技术改造等方面持续优化系统，实现节能减排，为全面建设绿色新型能化集团提供重要支撑。

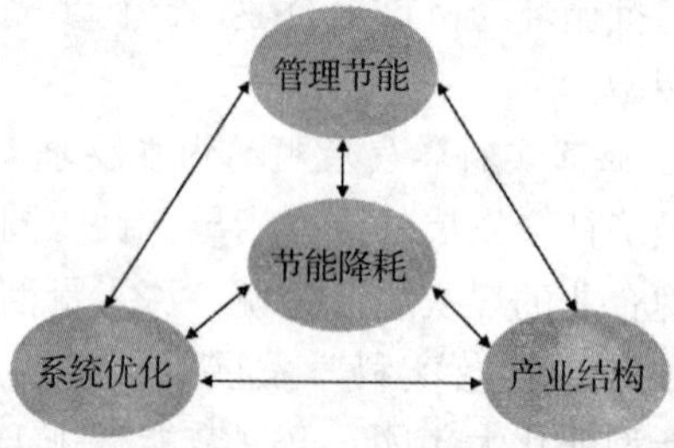

图1 管理节能、系统优化、产业结构与节能降耗间的辩证关系

三、绿色新型能化集团节能减排管理体系构建的主要做法

1. 结合绩效管理工作模式，加强节能降耗管理

（1）转变节能管理模式，全面提高能源利用效率。潞安集团历年来虽然重视节能工作，但在各单位具体实施过程中仍存在着一些问题，主要体现在两个方面：一是考核标准不严谨。考核项目设置不严密、标准含糊不清，考核标准大而笼统，没有具体的评价标准。二是考核内容不够完整。主要表现在考核内容大多千篇一律，不同类型部门考核内容差别不大，针对性不强；定性化指标偏多，考核具有随意性，无法正确评价职工的真实工作绩效，在一定程度失去了考核的公正性与有效性。结合绩效管理在实际运行中的效果，潞安集团节能工作在这方面做了许多有益探索。以内部市场化管理为平台，通过节能目标与绩效管理的有机融合，将节能管理与员工的工作职能、成本控制、工资分配等有机地结合起来，不断强化责任单位对能耗费用指标的监控，营造了“人人头上有指标，人人肩上有压力”的氛围。

（2）搭建能源管理信息平台，使能源管理精细化。潞安集团以前的节能降耗工作由于缺乏统一的用能情况监测数据做支撑，如何降低能耗指标往往凭经验，无法做到全面、科学、准确的管理和指导。特别是企业内部各项能源消耗的监测网络不完备，部分能源计量器具配备不完善，重点用能单位监测实时性、准确性和完整性均不够。基于这样的现状，潞安集团建立了一套实时能源管理信息系统、统一的监测控制和管理平台。该平台融合现代电子技术、计算机技术、通讯技术，对能源消耗及其改善措施从系统的角度进行研究。

通过搭建能源管理信息平台，使能源数据采集、能源监测、能源管理（能耗指标分解及考核、管网分析、设备运行分析）、能源控制、能源预测（生产与能耗模型）、能源优化、能源治理指导、安全生产、改造效果评估等全流程集成于一体，达到信息共享，提升了企业节能意识，实现了企业的节能降耗与能源精细化管理。能源管理信息平台的建成，将在整个节能工作中起着决定性的基础作用，能够避免节能改造过程中出现的“头痛医头，脚痛医脚”的盲目性工作，形成一个先进、科学、节能管理为一体的综合性系统，为企业的节能减排工作提供新的方向和动力。

（3）建立能源管理体系标准，使节能管理标准化。潞安集团近年来致力于筹划建立、运行和改进能源管理体系，通过开发应用节能技术和装备，应用系统的管理方法降低能源消耗、提高能源利用效率，推动规范化管理和行为节能。“十二五”期间潞安集团按照GB/T 23331－2009《能源管理体系要求》规范组织能源管理，通过采用“策划—实施—检查—处置（Plan－Do－Check－Act，PDCA）”方法，实现管理承诺和能源方针，并达到持续改进的目的。

通过建立规范的能源管理体系，使能源管理的各项手段和措施形成一个有机整体，全面系统地策划、实施、检查和改进各项能源管理活动，实施全过程管理，以期获得最佳的节能效果。

（4）夯实能源计量统计基础，有序开展节能监测。潞安集团对能源计量、能源统计、能源审计和节能监测等节能基础工作进行了强有力的监督管理，要求各单位严格按照国家标准配备和管理能源计量器具；要求各单位以新的能源统计报表格式按时、准确报送能耗报表，及时进行能耗分析。潞安集团节能办公室按照动态检查和年度检查相结合的方法，对所属重点用能单位的能源计量、统计及节能措施落实情况进行跟踪检查，对查处的问题以“定责任人、定时间、定措施”的方式加以整改。每年进行大型耗能设备的节能监测，各单位定期进行能源审计，深挖节能潜力，努力提高矿井各耗能设备的能源利用率。

（5）完善能源管理组织体系，确保能耗指标完成。煤炭工业走可持续发展道路必然离不开节能降耗，潞安集团充分认识节能降耗工作的紧迫性和重要性，明确责任分工，逐级逐层开展考核，强化节能监测，形成了主要领导分管抓、节能部门专门抓、其他部门协调配合的潞安集团节能管理组织体系，坚持以最好的管理，来实现节能效益的最大化。

一是党政齐抓，节能减排全面推进。为全面完成落实好潞安集团“十二五”节能降耗目标任务，节能办科学合理制定所属各单位“十二五”和2011年度节能降耗责任目标，实施总量限额和产品及大型设备双项定额管理。同时潞安集团将节能减排工作与推行的“全国一流文明矿区建设”紧密结合起来，将节能减排作为“一流文明矿区建设”十大工程之一“绿色潞安工程”的重要内容，从机关和基层两个层面制定“年度计划书”和“季度任务书”，使节能工作年度有计划，季度有任务，形成了党政齐抓的管理新局面。

二是强化考核，建立目标奖惩机制。潞安集团制定下发了节能降耗考核标准和奖惩办法，节能工作实行风险抵押制度，年度考核，奖罚兑现。这是潞安集团继安全生产、经营目标实行风险抵押考核制之后又一项风险抵押考核，将节能工作与安全生产、经营利润放到同等重要的位置。潞安集团各所属单位的"一把手"是节能工作的第一责任人，对本企业的节能工作负总责，建立了责任落实、奖惩分明的节能管理机制。

(6) 严抓固定资产投资能评，保障源头节能减排。固定资产投资项目在社会建设和经济发展过程中占据重要地位，对能源资源消耗也占较高比例。固定资产投资项目节能评估和审查工作作为一项节能管理制度，对深入贯彻落实节约资源基本国策，严把能耗增长源头关，全面推进资源节约型、环境友好型社会建设具有重要的现实意义。为此，潞安集团严格抓好公司固定资产投资项目管理，规范新建项目的能评管理程序，注重从源头抓好节能管理，确保合理利用并节约能源，新上项目一律采用节能新设备、新工艺、新流程和新材料，杜绝上马淘汰落后设备和工艺。只有这样，企业才能了解自身的能源利用状况，摸清节能潜力具体在什么地方。

(7) 加强节能人才队伍培养，创建学习型组织。坚持以人为本，以科学发展观为指导，引进吸收热爱节能工作的专业技术人才。采取走出去请进来的办法，去外地学习请专家来授课，集中学习和平时自学相结合，通过员工自身"传、帮、带"作用，解决了节能专业人员老化、后续人才配备不足问题。不断强化服务意识，提升服务本领，学用结合，学以致用，在实践中深化学习，把学习成果转化为解决实际问题的能力。深入基层调查研究，帮助基层解决节能管理工作中存在的问题和困难，为基层提供高质量、高效率的服务，打造一支高素质、高技能节能服务队伍。

(8) 以企业文化为载体，营造绿色低碳新文化。以《中华人民共和国节约能源法》为宣传贯彻主线，以节能宣传周为契机，以循环发展、绿色潞安、低碳生活为重点，宣传党中央、国务院关于贯彻科学发展观、推进节能减排的指示精神和采取的重大举措。把节约高效、绿色消费理念融入工作流程、规章制度和行为规范之中，渗透到企业生产经营的各个环节，内化为员工的自觉行动，让"节能我行动，低碳新生活"在现场上展现、在岗位上体现、在行为中表现。在2011年的"我为节能减排献一策"活动中，共征集到合理化建议2200多条，征文500多篇，其中两篇征文获"山西省十大优秀征文奖"；有50篇征文和72条合理化建议分别获得省一、二、三等奖，占到全省获奖数的30%和32%。潞安集团被山西省节约能源领导组表彰为优秀组织单位。3条合理化建议入选国家节能减排合理化建议优秀文集。通过形式多样的宣传活动，进一步提高职工家属的资源意识、节能意识和环保意识，增强了广大员工的社会责任感。

2. 开展节能关键技术研究，持续优化系统实现节能减排

(1) 提升矿井集约化水平，从设计上抓好节能减排。从设计生产源头，严把设计关口，优化环节系统，采用高效节能设备，初步实现了装备的重型化、自

动化、智能化、信息化和网络化，减少了无效中转环节和无效工序；采用自主创新的大采高综采放顶煤为核心的绿色开采技术，使采区回收率较传统开采方法提高了5% ~8%，保持了行业先进水平，生产环节节能减排效果明显。2011 年，在矿井工作面不断延伸，地质条件复杂的情况下，通过积极推行节能新技术、新工艺，使原煤生产电耗仍保持在16 千瓦时/吨的行业领先水平。

（2）加大清洁生产力度，从洗选加工上抓好节能减排。潞安集团各生产矿井都配套建成了模块重介洗煤系统，大幅提高了原煤入洗率和精煤回收率。通过洗选加工，变原煤为精煤，变粗粮为细粮，减少了无效运输，降低了污染排放，为下游企业带来了更大的节能减排空间。特别是潞安集团自主研发的贫煤、贫瘦煤高炉喷吹煤技术，填补了国内空白，不仅可使低价值的煤变成高价值的煤，而且社会节能减排效益非常显著。2011 年潞安集团累计销售喷吹煤 1078 万吨，按照喷吹煤与焦炭的置换比为 0. 8 计算，可替代 862. 4 万吨焦炭，按照每冶炼一吨焦炭消耗能源 120 千克标准煤，产生废气 1. 549 千克，粉尘 3 千克，废水 1. 2 吨计算，2011 年仅喷吹煤一项，累计节约能源 103. 49 万吨标准煤，减少排放废气 1. 34 万吨，粉尘 2. 59 万吨，废水 1034. 88 万吨。

（3）淘汰落后生产工艺，从产业结构上抓好节能减排。落后产能规模小，产业聚集度低，管理落后，能耗指标高，污染环境严重，因此，对不符合国家省市要求的生产工艺、设备和产品要坚决予以淘汰。“十一五” 以来，潞安集团积极响应国家、省、市节能预警调控方案，先后关停了漳村煤气化厂、公司发电厂、公司水泥厂等，充分体现了潞安集团加大节能减排工作的力度和决心。

（4）推广节能新技术，从技术改造上抓好节能减排。潞安集团多年来一直坚持推广节能“四新”，即新技术、新工艺、新设备和新材料，集团公司主要通风机、主排水泵、提升机、空压机等大型固定设备全部更新改造为高效节能设备。仅 2011 年就安排节能技术改造资金 1. 893 亿元，实施了燃煤工业锅炉（窑炉）改造工程、区域热电联产工程、余热余压利用工程、电机系统节能工程、能量系统优化（系统节能）工程和绿色照明工程等十大重点节能改造工程，进一步提升了能源利用效率。这些项目的实施年可节约标准煤 11. 92 万吨，电能 574. 08 万千瓦时，水资源 140. 64 万立方米，成品油 55 吨。同时，潞安集团积极组织优选重点节能技改项目争取政府奖励扶持，“十一五” 以来潞安集团共有 11 个项目获得山西省节能项目奖励，争取节能专项资金 3830 万元。

（5）开发研究节能新技术，深挖节能减排潜力。技术创新是实现节能降耗的重要支撑条件。潞安集团历年来重视节能减排研发力度，研发资金逐年递增。围绕提高节能工作科学化水平，组织优选适合潞安集团战略发展的节能减排研发项目，积极推进和探索一些利废量大、利废比例高的废弃物循环再利用的高新技术研究和应用；继续开展潞安高碳能源发展低碳经济模式、能源信息管理平台的建设、建筑节能评价分析等课题研究；加大矿井主要用电设备的变频技术改造，包括矿井主通风机、主副提升系统、运输设备和采掘设备；研制开发采煤工作面主要设备的变频控制，减少配套设备装机功率，提高采煤工作面的效率；加快井下毛煤排矸及矿井水处理成套联合工艺技术设备研发。为集团“5+5”产业发展和循环经济建设提供技术保障。

3. 以循环发展理念为指导，全力推进绿色新型能化集团建设

（1）综合资源化利用各种废弃物和伴生物，从源头上抓好节能减排。在煤矸石综合利用方面，潞安集团变废为宝，将煤矸石供给矸石制砖厂和煤矸石综合利用电厂。2011年综合利用225.05万吨煤矸石，综合利用率由2000年的42%增加到了现在的75%，其中49.6万吨煤矸石用于制砖1.2亿标块，175.45万吨煤矸石用于发电299963.9万千瓦时。

在瓦斯综合利用方面，潞安集团与协作单位共同建设了全国技术领先、装机容量为4.5MW的低浓度瓦斯（5%~16%）发电站。2011年发电站利用低浓度瓦斯994.5万m^3，发电2478.21万千瓦时，有效改变了瓦斯排空的局面。

（2）强化转型发展，从产业结构上全力推进绿色新型能化集团建设。煤炭源于绿色，理应回归绿色。只有向绿色回归，实现绿色开采、绿色利用，才能保持企业与生态环境的良性互动、协调发展。建设绿色新型能化大集团必须坚持“大循环，大转型”理念，“大循环”就是既要关注一个项目、一个园区的循环发展，更要注重集团企业与企业之间、集团与社会之间的循环发展，走优势互补、系统集成、集约发展、规模发展之路，努力实现园区小循环、企业中循环、区域大循环，积极构建区域循环经济圈，实现高碳能源的低碳利用。“大转型”就是既要立足煤，推进绿色开采，促进煤炭产业新型化，更要延伸煤、超越煤，发展关联产业和新型产业，建设新型能源和煤化工基地，实现企业的资源依赖型向创新驱动型的转变。潞安集团现已建成四大特色循环经济园区，即煤油特色园区、百万吨级资源综合利用循环经济产业化园区、高纯硅业·太阳能循环经济园区、特色硝基肥料和硝基化工园区，仅煤油特色园区年可节约能源129.6万吨标准煤，减少排放$CO_2$41万吨、煤矸石43万吨、废气4337吨、粉尘8400吨。

四、绿色新型能化集团节能减排管理体系构建的实施效果

通过构建节能减排管理体系，取得了较为显著的成效。

1. 全面超额完成节能量目标

2011年潞安集团万元产值能耗完成0.85吨标准煤/万元，比2010年同期降低3.4%，原煤生产综合能耗完成7.2千克标煤/吨，比2010年同期降低1.37%，全年节能量完成“十二五”节能量目标的26.17%，全面完成省政府下达的2011年节能目标任务。2011年潞安集团被授予“山西省五一劳动奖状”和“山西省节能工作先进企业特别奖”，为全面完成“十二五”节能任务奠定了良好基础。

2. 提升企业绩效管理水平

节能减排与企业的精细化管理水平相互推动，相互促进。节能减排组织管理体系的建设，带动了企业组织管理机构更加完整，管理制度更加完善，管理方式更加科学，各所属单位全部建立了自己的组织管理机构，制定了“十二五”节能减排规划、统计制度、考核奖惩制度等工作管理办法。节能指标的监测能力建设与管理的信息化、自动化和精细化，提升了生产技术水平，促进了各管理层面的充分交流；考核与奖惩体系不仅对企业带来了有效的激励，而且引导企业更加规范与全面地推进节能减排工作。节能减排与生产过程的一致性与同时性，也推动了煤炭生产、加工与运输设备、现场、工艺、安全等管理水平的综合提高。

3. 有效完善节能减排设施

潞安集团通过长期的节能减排管理、节能技改资金的投入和科研项目的实施，集团各所属单位的节能减排设施得到了有效完善。潞安集团现有各生产矿井，均同步建设了各具特色的污染防治设施，废水、废气、废渣及噪声等各类污染都得到了有效防治，集团所属企业全部通过了山西省政府组织的排污达标验收，领取了排污许可证。2011 年全公司投入污水治理金额 4032. 04 万元，产生的废水量 1876. 75 万吨全部得到治理，其中 1241. 24 万吨回用于矿井生产，回用率达到 66. 1%，其余的 635. 51 万吨达标外排，外排达标率为 100%。潞安集团所属三座电厂全部安装了烟气脱硫脱硝设备，烟尘、二氧化硫排放浓度和总量进一步下降。同时，循环经济园区的建设对节能减排形成了强有力的支撑，使瓦斯、煤矸石、煤泥等能源与资源得到充分利用，降低了废弃物排放，变废为宝。

4. 社会生态效益显著

潞安集团积极履行了大型企业集团的社会责任和义务，为经济社会发展贡献了许多绿色能源，使“科技潞安”“绿色潞安”和“生态潞安”的理念变为现实。潞安集团高度重视矸石山的综合治理，五阳矿矸石山、常村矿矸石山和王庄矿西矸石山在前后经历了三年多的灭火、整形、覆土、山体绿化等综合治理后，整个矸石山重现绿色生机，矸石山污染治理初见成效，周围生态环境得到显著改善；与此同时，余吾煤业公司的矸石场生态恢复治理顺延工程按计划有效推进，漳村矿矸石山即将开展绿化工作。2011 年，潞安集团积极行动，主动承担社会责任，进一步加大区域绿化工作力度，全年投入绿化资金 2411. 34 万元，完成绿化植树 23 万株，新增绿化面积达 20. 1 万平方米。2011 年余吾煤业公司通过省部级的考核验收，被评为“国家级绿色矿山试点单位”。

（成果创造人：刘克功　栗少卿　刘娟娟　盛团秀　洪　鹏　魏红亮　潘国杰　赵耀仲　张彦禹　马飞仙　孙小娟）

“0123456”大安全管理体系构建与应用

山西潞安环保能源开发股份有限公司漳村矿

漳村煤矿隶属于山西潞安矿业（集团）有限责任公司，矿井最初设计能力为150万吨/年，现生产能力提升为400万吨/年。漳村煤矿选煤厂隶属于漳村煤矿，始建于1993年1月，1996年11月投产，是一座年设计处理原煤120万吨的矿井型炼焦煤选煤厂，采用跳汰－浮选工艺。2005年6月份在原有工艺的基础上进行改扩建，改造后为重介—螺旋分选—浮选联合工艺，年设计能入洗300万吨原煤。其主导产品为喷吹煤，发热量高、含硫量低，深受广大用户青睐，主要销往首钢、宝钢等国内特大型钢铁企业。目前，拥有总资产1.4亿元，在册职工110人。

一、“0123456”安全管理体系构建的背景

安全是煤矿永恒的主题，如何实现长治久安是广大煤矿工作者探索的重要课题，而选煤作为煤矿产业的延伸，创新科学安全管理又是客观的现实需要。

1. 是企业科学发展的需要

面对煤炭企业安全事故高发的态势，潞安集团公司致力于建立跨多区域、多专业、本质化的大安全管理，漳村矿选煤厂紧紧围绕公司安全管理的精神，找准着力点，突出本质安全化管理，构建了涵盖源头安全、变化安全、动态安全的全方位、立体化、高标准的“0123456”大安全管理体系，这一体系既是选煤厂科学发展的体现，又是指引全体干部职工开创安全生产新局面的行动纲领，这一体系不仅在提升安全管理上有所创新，而且在提升员工素质、改善作业质量、保证产品质量方面也有更深层次的要求。体系的创新思想不断地为企业的安全发展壮大注入新鲜血液，为企业的科学发展提供动力。

2. 是选煤生产管理的需要

选煤厂作为矿井的一部分，喷吹煤安全生产与煤矿井下安全同等重要，但是

基于选煤生产的特殊性，又不同于煤矿井下生产管理。首先，随着选煤技术不断发展，选煤生产规模越来越向大型化发展，生产的工序繁多、过程复杂，其生产具有高度的连续性，车间与车间之间，岗位与岗位之间，工艺衔接、煤线贯通，是一个组织严密，相互依存，高度统一不可分割的有机整体。任何一个部门，乃至一道工序发生事故，都会影响到全局。这就需要针对性的管理体系，以细致入微的管理，覆盖安全生产的全部环节，实现安全生产人性化、本质化管理。其次，在生产操作环境和作业场所，还有一些有害的因素，如工业噪声、高温、粉尘、射线等。对这些有毒有害因素，要有足够的认识，采取相应措施，否则，会因多种有害因素对人体造成伤害，影响职工的身体健康，导致发生各种职业性疾病。选煤厂就是在这样的需求下，对管理的梳理、调适，不断探索总结，构建了“0123456”大安全管理体系。

3. 是创新企业管理的需要

漳村矿选煤厂在近年来的发展中，不断进行管理上创新与改进，特别是在安全生产管理方面积累了一套经验，但是随着公司的战略调适，原有的管理体系还是不能满足转型跨越发展的需要。选煤厂通过对建厂以来的安全事故进行规律性总结，并广泛学习借鉴兄弟单位安全管理成功经验后，把原有的管理进行模拟排列，在把握喷吹煤生产管理的特性的基础上，进行归纳、提炼、整合，以新思路、新内容、新方法引领、渗透安全管理，将安全管理的重点放在源头安全、变化安全、动态安全三个板块，全面融合了隐患收购、危险源辨识、超前预控等先进的安全管理思想，从而形成了“0123456”大安全管理体系。

二、“0123456”安全管理体系内涵

漳村矿选煤厂在构建“0123456”大安全管理体系时，将安全管理与喷吹煤生产实际进行对接融合，是对安全发展的总结，更是对安全管理的提升和延伸，它是一个不断变化、不断提升、与时俱进的创新体系，它也是一个动态的、对所有考核目标都能实现可控的管控方法，是一个全员、全方位、全过程的管理体系。体系核心内涵诠释如下：

“0”即零目标。选煤安全生产管理的最高目标就是零漏洞、零失误、零事故。

“1”即一个核心。“人”作为选煤生产的主体，安全管理必然具有独特的人本属性，安全的直接和最终目标都与“人”这一主体息息相关，所有安全管理要以人为本。

“2”即二个出发点。安全工作的重点在现场，安全管理的关键在制度，选煤厂把现场与制度作为安全管理的根本，作为提升管理、创新管理的出发点。

“3”即三个阶段。将安全的管理周期按照其发展延伸可以分为三个阶段，即源头安全、变化安全、动态安全。

“4”即四种工作方法。基于现场管理的实际和安全管理的三个阶段，运用好“隐患收购”、危险源辨识、“三走到、三必到”走动巡查管理、技改革新等安全工作方法，初步实现全面安全、本质安全、持续安全。

“5”即5E工作标准。安全生产无小事，选煤厂在安全管理中力求高标准定位、细化执行，制定了“5E”作业标准体系。将“每一天、每一人、每一事、每一处、每一物”的标准化作为安全管理点，将安全工作纳入“处处有人干，事事有人管”思路，进行闭合循环运行的管理模式，以高标准确保高安全、以大安全保障大发展。

“6”即6S考评管理。将安全管理作为6S的一项纳入考核，并依据6S考评条款强化自主管理，对各部门查出的隐患和“三违”要按规定进行处罚，同时对安全管理采取激励机制，用考评管理进一步保证安全体系的规范运行和严细执行。

大安全既是宏观上的安全管理指引，又是微观上的细致入微，横跨选煤生产各岗位、各个环节，纵向深入到每个操作要点的安全管理，涉及范围广，概括节点细，是全员、全方位、全过程、全时段抓安全的管理体系，是与选煤生产点多面广的实际相匹配的管理体系。

“0123456”大安全管理体系既与集团公司的安全管理工作一脉相承，又体现其创新的思想；既是选煤生产安全管理的骨架，也是凝炼安全管理的实践。

三、构建“0123456”安全管理体系的主要做法

1. 安全理念先行，提供思想保障

安全理念是塑造本质型安全人、实现本质型生产的思想基础。如何利用理念引领管理，有效地彻底摒弃煤矿企业传统的粗放式管理，由粗放管理向精细化管理转变，实现安全管理由被动管理向主动预防管理转变，是“0123456”大安全管理体系落地的关键之所在。

首先，选煤厂在员工中征集安全合理化建议、安全文化作品，由员工从不同的视觉来诠释安全管理，并精选优秀的作品，进行装裱展示，在办公楼、生产厂房等公共工作区，建设安全文化长廊，利用形象密集的意象群，营造良好的安全生产管理氛围；二是利用安全学习、岗前仪式上组织员工开展安全小故事、安全案例宣讲，通过对真实可信的身边的人和事的讲解，使员工从中学习经验，反思安全教训，进一步强化安全意识，有效地推进安全理念知识传播。三是辅之以培训和教育，激发员工对安全理念的认知、认同度，运用视觉、听觉、背诵、考核等各种方法使员工理解把握安全理念内涵，逐步把安全理念化为工作方式和行为准则，提高员工安全作业的主动性和自觉性。

2. 行为养成作基础，保障人员本质化安全

安全生产当中最重要的因素是人，而人的意识决定了人的行为。要让安全意

识深入人心，员工才能更好地遵循制度，从而自觉地用规范约束自己的行为，才能实现最终的安全管理目标。漳村矿选煤厂从以下四个方面着手，强化员工行为养成。

（1）实施准军事化管理，规范员工行为。漳村矿选煤厂以员工行为规范养成为切入点，制定了准军事化管理为主要内容的员工行为控制的管理实施方案，通过引入军队管理所特有的组织形式、标准行为准则，以军人的严明纪律培养员工的执行能力，以军人的严肃风纪培养员工的文明习惯，为更好地推进工作标准化、执行程序化奠定基础，促进员工行为规范化。

（2）推行三个百分百，提升行为养成。为了进一步规范员工，在员工中开展以“岗位作业标准”“手指口述”“白国周班组管理法”为主要内容的“三个百分百”达标活动。针对员工“岗位作业标准”应知应会进行抽查强化，“手指口述”作业法员工百分百达标，“白国周班组管理法”在班组应用的百分之百达标，不仅使员工明确了岗位作业的要点、注意事项，减少了安全差错，而且对安全进行了有力的监控，减少了人为的不安全因素，提升了安全行为的养成效果。

（3）抓好全员教育培训，提升员工整体素质。漳村矿选煤厂以矿“周三”安全培训学习实施为契机，实施了以应岗培训、提高培训、发展培训为主要内容的“三步”培训，加强员工理论学习和技能培训相结合为目标，从设备的质量标准、完好标准、安全技术管理标准等各个方面强化对员工的教育，努力提高员工工作能力，提升整体素质。

（4）提炼精优作业法，保障精准作业。为了进一步保证员工的更精更优作业，漳村矿选煤厂在员工中开展了精优作业法提炼活动，征集员工作业中的小技巧、小窍门。员工在进一步总结自身工作实践的基础所提炼的精优作业法，不仅作业效果好，而且在作业时间上大幅降低。同时，在精细作业的要求下，在生产中导入了“毫米、秒、克、千分”精准、精确理念，在生产车间以毫米来对质量标准化进行度量，在加压过滤机操作中设定“秒”的精准操作要求，在设备润滑中提出了以“克”为单位的加注标准，在调度集控工中提出密度精确在“千分”位，操作调节在不超三个点的精细工作标准。一系列精细、精准作业标准，有效地预防误操作，为安全生产“零失误”管理目标的实现奠定了基础。

3. 隐患排查整改，保障现场安全本质化

安全管理的重点在现场，漳村矿选煤厂把现场的隐患管理作为提升现场本质化的有效方法，通过对现场的有效管理消除管理漏洞，打造强力保障体系，构筑安全防线。

（1）推行隐患收购，横向保证源头安全。为充分调动全员抓安全生产的积极性和主动性，进一步强化安全管理，不断创优现场安全生产环境，选煤厂把现场隐患排查治理工作作为安全管理工作的重点，持续引向深入，开展现场隐患排查收购。通过对每个员工发现的隐患进行分类定级收购，员工查出一条A级隐患奖励200分，查出一条B级隐患奖100分，查一条C级隐患奖50分，使员工能积极主动地从查隐患中得到鞭策和奖励，激发积极参与安全管理的积极性和主动性，从而为企业的安全管理注入更多、更大的活力，形成“人人抓安全、人人能安全”的安全生产氛围。

（2）推行三级危险源辨识，纵向保证源头安全。三级危险源辨识是员工、班组、车间针对现场作业环境、班组管理、车间生产组织中可能存在的隐患进行超前管理、超前预防的方法，对于防止人为事故、提高员工作业行为的正确性和安全性极其有效，漳村矿选煤厂本着“横向到边、纵向到底、不留死角”的原则进行全方位的辨识，经过汇编形成了具体危险源53个，其中有重大危险源9项：包括药剂泄露及瓦斯爆炸引发的火灾；气瓶爆炸致人伤亡；检修过程中触电致人伤亡；安装大型设备滚落倾倒；压风机超压爆炸；高空作业坠落；砂轮破裂甩出；放射源辐射等，就重大危险源制定了相关的操作规程及安全管理措施、考核制度、应急预案等。危险源辨识后，不仅下发到了每个员工手中，并组织开展学习，要求各员工要“危险辨识”与知行统一，不但要熟悉掌握危险源的内容，更要对危险源进行防范，按章操作，在考核管理制度中明确了对已知的危险源不采取措施防范或没有引起足够重视而冒险作业的人员按“三违”处理。

（3）推行“三走到、三必到”走动式巡查管理，保证动态的安全。“三走到”即变化情况必到，存在重大隐患必到，问题最多、管理最差的现场必到，“三走到”即新条件、新工艺、新装备现场要走到，这是走动巡查的核心内容，是管理者履行管理职能和加强现场管理的途径方法。按照巡查不空岗的要求，对各级走动者的走动管理次数、时间跨度、管理内容区域范围、发现问题解决问题的定量指标以及各级巡查问题的考核落实都进行了明确的界定，突出了班长、主任、值班厂长查隐患管理，要求对查出的问题要归口落实，实行一级对一级的层次管理；同时，在现场设置了区域图、责任体系图、走动巡查记录、走动式管理详情登记表等图表管理系统，实现了走动式管理的记载齐全、内容详实、管理精细，促使所有的管理干部都能尽职尽责，实现动静结合，用60%精力放在现场走动管理上，用40%精力分析问题，思考现状，研究对策，提出思路，最大限度地实现零缺陷、零漏洞、零空白、全过程、全天候流程控制走动管理体系的建立，强化了责任，减少了管理漏洞。

（4）制定应急预案，保证变化的安全。作业环境条件在不断的变化，工艺设备在不断的变化，作业技术就需要相应变化，作业技能就应有相应的提高。漳村矿选煤厂根据生产中可能发生的事故，制定事故预案，并组织演练，提高员工适应作业变化的能力，提高员工分析问题、解决问题的能力，提高事故的掌握能力，工艺设备综合事故率得到有效控制，消除了作业技能在安全稳定生产中埋下的隐患，保证了生产组织的程序化、规范化、稳定化。

（5）推进技术革新，提升现场安全本质化。为保证现场的本质化安全，选煤厂结合生产实际，大力开展技术革新和技术改造，完善生产工艺系统。结合选煤生产战线长、人员多、协调难等特点，遵循安全、实用、可靠的原则，对原有控制系统进行改进，采用先进的技术手段和控制设备，提高各种信息的传递及分析能力，建立现代化的、覆盖各生产系统的实时调度监控网络。生产调度中启用了有线广播及综合起车信号、停车信号、事故报警信号、料位、液位信号为一体的电子声控光信号系统；整个工艺生产具备实时监测、准确可靠、应用方便和高效指挥等特点，运行管理和维护水平提高，运行管理费用降低，工作人员的劳动强度减轻。经过对生产现场不断技改革新，漳村矿选煤生产系统实现了关键设备进口化，设备性能优良化，生产效率高效化，整个工艺系统实现了与前沿技术发展紧密接触，技术装备处于行业领先，更好地促进了现场的安全管理。

4. 建立“5E”标准，彰显安全管理特色

为有效消除管理上的漏洞，选煤厂根据洗选设备多、生产线长、工艺复杂的实际，对现有生产环节及节点要素进行整合。按照“每一人、每一天、每一事、每一物、每一处”的主线形成了5E作业标准，把岗位标准细化量化成衔接顺畅、闭合无隙的精细化作业系统，做到工作有人干，事事有人管，形成闭合管理模式。一是明确界定了每个员工的工作内容、工作权限和工作责任，二是涵盖了员工的岗位任务数量标准、工作质量标准、成本控制标准和员工行为规范标准，集中说明了员工干什么、怎么干、干到什么程度，现场管理者管什么、怎么管、管到什么程度的问题，做到了人人、时时、事事、处处有标准。同时，通过一些标准化管理，员工作业“有法可依”，消除了安全管理中盲区，为安全与生产管理的无缝衔接提供保障。

5. 6S管理考评机制，保障安全长效管理

漳村矿选煤厂将安全作为6S管理的一项，纳入考核的重点，创新地将安全生产的主要隐患、“三违”、事故赔偿与6S管理进行融会贯通，不断完善各部门、岗位之间的内部市场结算关系，使安全管理的触角延伸到所有生产管理区域。同时，通过6S管理考核结果进行“三工并存、动态转换”，这一措施不仅为职工安全作业增加了紧迫感，增加了压力和动力，更为优秀人才的脱颖而出和后进职工的进步创造了条件，以全新的方式与机制，调动了职工积极性，发挥职工内在潜能，使全厂保持强大的竞争力和生命力。通过6S考核管理，使员工与班组之间展开潜在的竞赛，为安全生产建立的长效机制，更进一步完善和改进了安全管理流程，促进了“0123456”大安全管理体系的长效运行。

四、“0123456”安全管理体系应用效果

“0123456”大安全管理体系在选煤厂构建应用中，将“安全第一”这一灵

魂融入选煤生产经营全过程，安全生产的基础管理更加科学规范，管理内涵逐渐丰富，员工自觉行为的全面养成，现场生产趋于精益，经济效益得到了快速发展。

1. 员工安全素质大幅提升

“0123456”大安全管理体系的实施过程中，使职工真正明白熟练的操作技能和高度的安全意识的重要性，由被动学习逐步转变为主动学习，员工的学习力和执行力得到加强，员工能主动自觉查找整改安全隐患，从本质上减少了事故发生的机率。特别是创新推行“手指口述”法和“5E 作业标准”，建立了员工免差错机制，提高员工的作业精细度，有效地提升了安全作业技能。一年来，在煤炭特有工种技能鉴定中 1 人获得高级技师的称号，5 人获得技师的称号，全体员工通过了中级鉴定，员工队伍整体得以明显提升。

2. 安全生产水平全面提高

“0123456”大安全管理体系的实施，有效地在员工中树立了全员、全方位、全过程、全时段抓安全的“大安全观”，形成了以人为本抓安全、落实责任抓安全、依靠科技抓安全、带着感情抓安全的安全管理体系，在严格安全生产责任制落实的基础上，增加了安全红线管理。在加强了岗位标准化、质量标准化的建设的同时，通过“5E 作业标准”，整合规范了现场设备的完好标准、运行标准，有效地提高了安全生产运行，全面提升了洗煤厂安全管理水平。

3. 综合经济效益明显

一年来，在“0123456”大安全管理体系指引下，选煤厂顺利实现了安全生产的零目标，安全生产形势良好，发展势头强劲，月产量实现了新跃升，月平均事故率稳定在 1.5% 以下，年生产喷吹煤 262 万吨，较 2010 年增幅为 11.3%，实现销售收入 283，609 万元，创利润 112，535 万元，在岗职工人均收入突破 8 万元，相比 2010 年增幅超过 10%，创历史最高水平。先后被长治市、中国煤炭工业协会授予“先锋队”“全国十佳选煤厂”等荣誉称号。

（成果创造人：韩玉明　段贵德　程国平　冯晋红　张文斌　白勇军　王常胜　苗焕萍　张亭云　蔺志刚　王云峰　王　光）

国有煤炭企业高素质技能人才培养新模式的构建与实施

山西潞安矿业（集团）有限责任公司王庄煤矿

潞安集团王庄煤矿是一座闻名全国的特级高产高效现代化矿井，矿井建成投产于1966年12月。经过四十多年的发展，特别是近年来大力实施资源整合，目前，形成了“一矿三区多井，产能、产量达千万吨”的集约高效生产格局。王庄煤矿先后荣获全国企业管理金马奖、全国五一劳动奖状、全国煤炭工业双十佳煤矿、全国环境保护先进企业、全国质量诚信示范企业、全国安康杯竞赛优胜企业等130多项国家和省部级荣誉。被誉为“中国煤炭战线的一盏明灯”“矿井现代化建设的排头兵”“中国煤矿全面发展的典范”。

一、国有煤炭企业高素质技能人才培养新模式构建的实施背景

国家兴盛，人才为本。随着科学技术的日新月异和经济全球化的深入发展，人才在综合国力竞争中越来越具有决定性的作用。建设有中国特色社会主义的伟大事业，需要数以亿计的各类人才，高技能人才是其中一个重要的组成部分，是推动技术创新和实现科技成果转化不可缺少的重要力量，高素质技能人才的培养已成为当前关系全局的重大问题。基于这种认识，煤炭行业与全国其他行业一样，全面启动实施了高素质技能人才培养工作。

1. 国有煤炭企业高素质技能人才培养新模式构建是适应现代企业制度的客观需要

当今国有企业正处在大发展大变革大调整的关键时期。特别是随着经济全球化的深入发展，科技进步的日新月异，企业间的竞争也愈演愈烈，加快企业人才发展成为企业在激烈的市场竞争中赢得主动的重大战略选择。国有企业要加快转变经济发展方式、切实推动科学发展，必须确立科学的人才观，大力开发人才资源，逐步壮大以高层次人才、高技能人才为重点的各类人才队伍，积极构建有利

于人才发展的政策体系，充分发挥企业内部市场配置人才资源的基础性作用，全面提高人才效能，实现企业增长方式由主要依靠增加物质资源消耗向主要依靠科技进步、劳动者素质提高的转变。

2. 国有煤炭企业高素质技能人才培养新模式构建是推进企业转型跨越发展的内在要求

随着山西省新一轮转型跨越发展战略的深入实施，潞安集团作为全省五大煤炭集团之一，转型跨越发展的步伐全面加快。而王庄煤矿作为集团公司的主力矿井，尤其是作为一个开采历史 40 多年的老矿井，企业的转型跨越发展面临巨大的挑战，特别是适应转型跨越发展的人才问题成为企业发展的制约瓶颈。与此同时，由于近年来集团公司新建矿井和整合矿井建设的深入推进，王庄煤矿一大批工程技术人员、高素质技能人才大量外流，更为严重地制约了矿井的发展。基于上述因素，王庄煤矿率先在集团公司大张旗鼓地开展了以技能大师工作室创建为核心的高素质技能人才培养工作，并通过开办技能培训班、定期举行技术比武、组织外委培训学习等多种形式，有效强化员工的培训教育，职工队伍素质明显提升、人才队伍结构得到优化，探索出了符合自身实际的人才发展模式，极大地促进了企业的转型跨越发展。

3. 国有煤炭企业高素质技能人才培养新模式构建是实现企业可持续发展的必然选择

现代企业间的竞争，突出表现为企业间人才的竞争和团队素质的竞争。潞安集团王庄煤矿作为建矿 40 多年的老矿井，面临着矿井环节系统日趋复杂、地质条件不断多变、矿井储量和产能日益锐减等诸多挑战，与此同时，矿井的“龙头地位”、效益优势逐渐下滑，与企业的可持续发展形成极大反差。原有的人才体系、人才结构、人才素质已经不能适应企业可持续发展的需求。必须把人才战略作为矿井发展的第一要务，必须与同行业先进企业人才管理进行对标，必须加快人才资源的优先开发、人才结构优先调整、人才投资优先保证、人才制度优先创新、人才发展优先发展，为人才茁壮成长搭建新平台，推进人才链同矿井发展各环节的有效对接。以人才的大发展，促进矿井的大发展，从而构建更加强大的矿井核心竞争力，促进企业的可持续发展。

二、国有煤炭企业高素质技能人才培养新模式构建的基本内涵与主要内容

多年来，潞安集团王庄煤矿始终坚持人才兴矿战略，坚持把人才作为企业的核心竞争力，引进、培养了一大批理论水平高、业务技能强、工作作风硬的技术人才，促进了企业的又好又快发展。特别是进入 2009 年以来，王庄煤矿认真按照国家、省专业技术人才培养及集团公司创建“技能大师工作室”的总体安排，坚持“高起点定位、高标准实施、高效能体现、高水平展示”的指导思想，以解决突出问题，务求工作实效为宗旨，以发挥和放大技能大师团队综合优势为手

段，全面推进职业培训、技能鉴定、技能人才培养等各项工作，探索出了一条个人集成、优势放大、辐射带动的高素质技能人才培养的新路子。

1. 国有煤炭企业高素质技能人才培养新模式构建的基本内涵

潞安集团王庄煤矿技能人才培养是以“工作室”为活动平台，以传授技术知识、开展科技研究、完成项目任务为活动主线，在导师或者首席技师、首席专家的带领下，一线技术工人通过学习、观察、讨论、研究、实践、总结等方式，获取专业知识，掌握专业技能，提升职业素养，最终成为企业高素质技能人才的人才培养模式。

2. 国有煤炭企业高素质技能人才培养新模式构建的主要内容

每月 2 日、12 日、22 日为机电电工专业组活动日，每月 5 日、15 日、25 日为采掘专业组活动日，每月 28 日为首席技术专业研讨会活动日，每月 29 – 30 日为全月各项工作汇总日。活动内容包括：培训、讲课、技能传授、技术攻关、小改小革、合理化建议汇总、科技成果、技术比武、技能鉴定培训等各项活动。

2. 国有煤炭企业高素质技能人才培养新模式构建的主要任务

就是采取师带徒、拜师学艺等多种方式开展职业技能培训，多渠道加快培养高技能人才；组织开展技术攻关和技能创新等活动，解决关键性生产难题，提升企业员工的职业技能水平和竞争力；参与组织开展多种形式的职业技能竞赛，总结推广较为成熟的技术技能及操作方法，普及应用生产技能；为企业生产提供技术技能咨询服务。

3. 国有煤炭企业高素质技能人才培养新模式构建的主要目的

就是要在企业一线员工中打造“超级蓝领”、技术精英，让真正懂技术、会管理的工人成为企业的“首席” 和业务工作的“领头雁”，成为破解难题的先锋和推动企业发展的标兵，并努力为技能型人才实现自身价值、立足岗位成才搭建舞台，积极构建全方位、系统化、科学化的高技能人才建设机制，提高企业综合管理水平，提升企业的核心竞争力。

5. 国有煤炭企业高素质技能人才培养新模式构建的基本构架

经过三年多的实践与创新，潞安集团王庄煤矿初步构建了以“六大理念”、“四大机制” 和“五大平台”为核心的具有自身特色的高素质技能人才培养新模式，促进了企业人才工作的良性发展，有力地推动了企业各项工作的高效实施。基本构架见图 1 所示。

三、国有煤炭企业高素质技能人才培养模式构建的具体做法

在实践中，潞安集团王庄煤矿认真按照集团公司和矿井人才兴企战略的总体部署，突出技能大师工作室创建这个核心，紧密结合自身工作实际，坚持早安排、早部署，立足高起点、瞄准高标准、实施高效率，有效确保了高素质技能人才培养工作的扎实、深入、快速推进。具体做法如下：

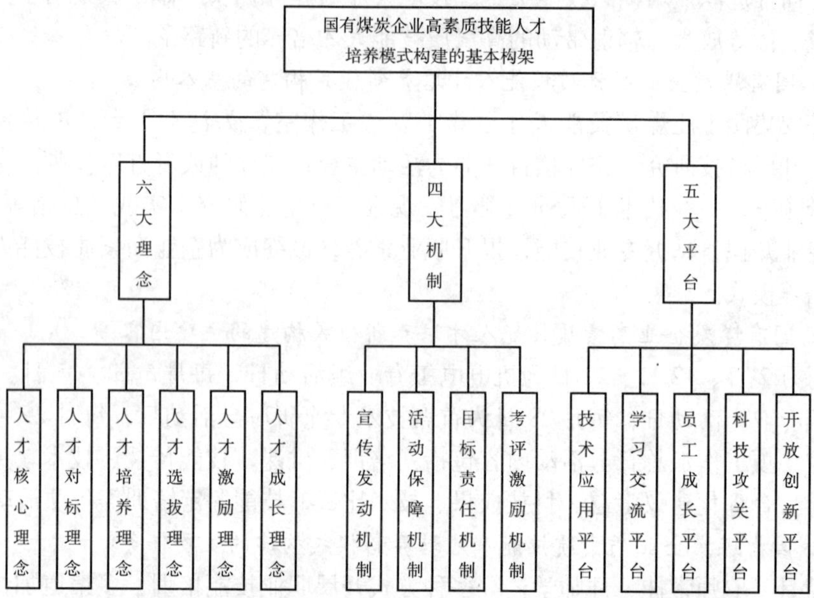

图1　国有煤炭企业高素质技能人才培养模式构建的基本构架图

1. 创新工作理念，引领高素质技能人才工作科学发展

潞安集团王庄煤矿在实施人才兴矿战略中，确立了经营管理人才、专业技术人才和技能人才三大人才序列。与此同时，还深刻地认识到：建设中国煤炭工业品牌矿，技术可以引进、设备可以引进，但核心人才特别是高素质、高技能的操作型人才是无法全靠引进的，必须立足于自主培养、自主创新。为此，王庄煤矿把创建创新型技能大师工作室作为培养高素质技能人才的"龙头工程、标志工程"来抓，不断强化"六个理念"，引领高素质技能人才工作的科学发展。

"六个理念"：一是"首席技师、高级技师是企业核心人才、核心竞争力"的人才核心理念；二是"对标全国一流、举全矿之力构建高端化培养平台"的人才目标理念；三是"盘活各种培训资源，建立绿色通道"的人才培养理念；四是"公开选拔、公平竞争、宽容失败、鼓励创新"的人才选拔理念；五是"特殊人才特别待遇，特殊贡献特别奖励"的人才激励理念；六是"以点带面，实现高技能员工与企业共同成长"的人才成长理念。

以"六个理念"为引领，在总结技能人才培养、使用经验的基础上，本着"企业搭建舞台、员工施展才华"的原则，坚持发现、培养、使用与激励高技能人才并举，一方面充分发挥技能大师的引领示范作用，带动和培养一支全国一流、行业领先的高素质、高水平技能人才。另一方面不断挖掘、利用现有技能人才的聪明才智，带动提升全员技能水平，并以此作为实现资源扩张和转型跨越发展的动力。创建了集综合化、专业化、动态化、特色化于一体的"王庄煤矿精英技能大师工作室”，以点带面，辐射全矿各个生产专业，真正做到了技能大师用有天地、干有作为、优者更优，广大员工学有基地、用有方向、学有所成，在全矿营造了一种学习技术、钻研技术、使用技术的浓厚氛围。

2. *构建保障机制，确保高素质技能人才工作有序推进*

多年来，潞安集团王庄煤矿历来高度重视人才培养工作。特别是近年来，认真按照国家、山西省及集团公司专业技术人才培养的总体要求，以创建“技能大师工作室”为有效载体，迅速成立了以矿长、书记为组长的高素质技能人才培养工作领导组，把生产、机电、企管、财务、档案、职工学校、机修厂等单位和部门纳入创建活动协调小组，统一筹划、整体推进以“技能大师工作室创建”为核心的高素质技能人才培养工作，并构建和完善了“四项机制”，确保了高素质技能人才工作的有序推进。

（1）宣传发动机制。为了深入贯彻落实国家、山西省和集团公司创建“技能大师工作室”实施办法，潞安集团王庄煤矿一方面通过广播、电视、简报等宣传媒介，以及班前会、周二五例会等有效时间，及时、全面对文件规定的工作宗旨、工作目标、工作要求、工作任务、考核办法等内容进行认真贯彻学习，确保贯彻学习率达到 100%；另一方面，按照文件要求，结合自身工作实际，制定《潞安集团王庄煤矿“创建技能大师工作室”实施办法》，要求全矿各单位和各部门进行广泛深入的宣传和发动，真正使这项工作做到了家喻户晓、人人皆知。与此同时，还制作了专题电视宣传片，对技能大师创建工作进行全方位、立体化宣传，实现了宣传工作的常态化、纵深化，积极为创建工作的深入推进、纵深发展营造了良好的舆论宣传氛围，促进了创建活动的扎实有效开展。

（2）活动保障机制。潞安集团王庄煤矿充分利用现有资源，在机修厂专门设立了一流的技能大师工作室，配备了相关的办公设施、学习书籍和先进的工器具等，把机修厂生产车间作为了工作室实践操作训练的基地，开辟了职工学习技术、钻研技术、使用技术的专用场地；每个工作室根据生产实际，每年都要制定年度工作计划和目标，矿上根据计划情况，给予一定的科研经费。

与此同时，还积极建立健全了与技能大师工作室创建相配套的各项管理考核制度，包括目标责任制、项目管理、申报规范、动态管理、检查考核等；修订完善了技能大师工作室的各类台账、记录、报表等基础资料，为技能大师工作室各项工作的正常运行提供了有力的保证。

（3）目标责任机制。全矿的首席技师、高级技师经过认真选拔，分门别类，命名了六个分工作室，即“吕向东综采电气工作室”“杨旭斌机电技术工作室”“王晓红胶带运输工作室”“史海清综合防尘工作室”“常爱军机电运输工作室”“徐志强采掘钳工工作室”，每个工作室设立一名负责人及多名成员，以其名字命名者为负责人，成员由其他相应专业首席技师和高级技师组成。对每一个工作室全部进行“六定”，即定目标、定责任、定措施、定标准、定资金、定考核。

根据自身实际，每个技能大师工作室都制定了严格的学习制度、培训制度、实践制度、考核制度、技能大师选拔解聘制度等。明确要求技能大师工作室工作内容包括岗位练兵、科技攻关、技术传承、创新引进、对外交流等，每个技能大师工作室每年要完成五项小改小革和科技创新项目，申报两项以上省部级以上科技成果，保证最少一项被评为省部级以上科技成果奖，以此来确保技能大师工作室学有要求，干有标准，赶有目标。

（4）考评激励机制。潞安集团王庄煤矿在每个技能大师工作室创建初期，由矿上下拨 20—30 万元创建经费；工作室首席技师、高级技师根据实际情况享受集团公司、矿特殊津贴。每年都要制定技术人才培养、科技攻关项目的工作计划，纳入全矿企管信息系统，进行统一管理、绩效考核，实现与工资和年薪挂钩考核。

在绩效考核中，突出做到以“核心工作评价，工作业绩评价、实践操作评价和理论知识考评”相结合的“四位一体”综合考评模式，促进技能大师工作室创建工作的规范化和科学化发展。其中，核心工作评价主要评价技能人才的综合素质、认知能力、工作风格、自我学习能力以及内在潜质和可塑性能力；工作业绩评价主要以参评人员的工作业绩为依据，考核技能人才的技能水平；实践操作能力评价主要针对企业具体岗位的技能状况、工艺水平和产品特点，考核技能人才的技能操作水平；理论知识考评主要考核技能人才的理论知识水平。

对创建工作实行日常化、动态化考核，对创建工作取得突出成绩的单位和个人，在享受集团公司奖励的基础上，矿上将再次给予相应的奖励，同时，直接进入下年度矿上的“六百工程”人选，被出任为“六百工程”的人才，每月多收入 300 元至 1000 元不等。

此外，潞安集团王庄煤矿对工作中业绩突出的首席技师、高级技师优先考虑年度评先评优，给他们提供出国考察、带薪休假、学习深造机会等，而且从生活上关心技能大师，解决他们的后顾之忧，让技能大师物质上得实惠，精神上受鼓励，政治上给待遇，充分调动和发挥技能大师的聪明才智。

3. 搭建工作平台，提升高素质技能人才工作管理水平

潞安集团王庄煤矿在创建以“技能大师工作室”为核心的高素质技能人才培养工作中，突出构建技术应用平台、学习交流平台、员工成长平台、科技攻关平台、开放创新平台等“五大平台”，以平台创新来带动高素质技能人才工作的深入发展，不断提升技能人才的管理品位和综合素养。

（1）搭建新技术应用平台，建立与厂家沟通共进的桥梁。在实际工作中，潞安集团王庄煤矿针对新设备、新技术上马后与井下生产条件差异性大的实际情况，由技能大师工作室担负起了新装备、新技术井上下试验、磨合，发现问题，

改进不足的重任。其中，技能大师吕向东提出的关于400 真空配电开关负荷中心组合开关、700 型采煤机、930 型采煤机机组电机改进建议被厂家采纳。

（2）搭建学习交流平台，实现技能大师从专业化向专业集成化转型。技能大师工作室成立后，为了给大师级技能人才搭建起广阔交流的平台，潞安集团王庄煤矿采取日常交流和重点交流相结合的方式，每年都要结合生产实际制定技能大师年度重点学习交流计划，每周都要组织一次日常交流，每次都推选一名技能大师进行主讲，其他技能大师进行提问、交流，以此达到相互学习、相互借鉴、融会贯通的目的。三年多来，技能大师工作室不仅出人才和出成果，而且出方法、出经验，比如，王庄煤矿技能大师工作室总结出一套“一传、二帮、三待、三知、三能、三会”工作法。“传”是传授技术；“帮”是互帮互助共同进步；“带”是带出更多有用人才。“三知”是知道工作的指导方针、任务、本身职责；“三能”是能专研，能创新，能吃苦；“三会”是会使用，会维修，会保养设备。机电设备故障处理工作法：看、听、摸、量和观察法、复位法、替换法、对比法。这些方法逐步被全矿生产队组推广使用，切实解决了安全生产中的许多问题。与此同时，三年来，技能大师工作室累计组织各种学习交流148 次，累计学习时间达到300 多个小时，有效拓展了技能大师学习与发展的空间，增进了技能大师综合素质的提升。

（3）搭建员工成长平台，致力培养高素质的复合型技能人才。为了进一步拓展技能大师工作室管理模式，潞安集团王庄煤矿积极将原有“一带一”师带徒模式拓展为“一带多”或“多带一”师徒模式。就是充分利用技能大师工作室集中办公、集中学习、集中处理问题的便利优势，让爱好学技术、钻技术的员工可以师从多个技能大师，不同专业、不同特长的技能大师也可以同时给予一个员工更多的指导和帮助。同时，为激发员工的积极性和主动性，技能大师工作室还积极开展了员工技能鉴定，畅通了技能人才快速成长、成才的通道。三年多来，首席技师、高级技师、技师们以身作则，通过自己多年积累的经验，对职工进行系统地培训，不仅让他们从中学到知识，真正地运用到实际生产中去，而且使他们品尝到了专业学技术的“实惠”。

（4）搭建科技攻关平台，形成集成创新、攻克难题的新优势。为了以最快的效率解决安全生产中的突出问题，潞安集团王庄煤矿针对井下现场出现的疑难问题，除了由业务科室加强业务工作指导外，还实现了技能大师工作室与队组的辐射性联系，就是当队组出现影响安全生产的疑难问题时，都要在第一时间通知技能大师工作室，技能大师工作室在接到帮助信息后，会集中各专业技能大师的集体智慧，在第一时间进行问题集中会诊，省去了业务科室行政式的工作程序，构建了科室、技能大师工作室和队组解决疑难问题的“业务链”，极大地提高了工作效率。

三年多来，技能大师工作室先后解决重大疑难故障120余项，参与实施的技术应用和技术创新项目达200多项，有73项荣获省部级以上科技进步奖，11项国家实用型发明专利，在国家、省及集团公司学术期刊杂志上发表科技论文200余篇。

此外，技能大师工作室主要参与实施的小改小革达200多项。如综放工作面溜槽快速安装装置、掘进机随机电缆自动伸缩装置、可升降自移皮带过桥、超长皮带基础施工采用钻孔预留法等等，为降低职工劳动强度，改善作业环境，提高工作效率提供了保证。从2009年以来，通过科技创新，技能大师工作室累计节约和创造价值达1.3亿多元。

（5）搭建开放创新平台，敞开学习、钻研技术的大门。潞安集团王庄煤矿对全矿的技术爱好者实行开放式的管理，技能大师工作室的大门对全矿任何一名干部职工都是开放的，只要是愿意学技术、善于搞钻研的人员，都可以报名加入到技能大师工作室来，参与技能大师工作室日常的学习、培训、实践等工作，而且还可以参与小改小革和科技攻关，提建议、出主意，业绩突出的优先聘任技师、高级技师和首席技师，并吸收为技能大师工作室的成员，优先评先评优，优先入党，纳入后备干部库进行统一管理。三年来，在技能大师工作室的引领下，主动来工作室学习、培训的员工累计达1000余人次，一批爱钻研、善学习的队组员工积极踊跃地加入到了学习的队伍中。目前，高级技能人才占到生产技能岗位人员60%以上。

经过三年多的探索实践，潞安集团王庄煤矿高素质技能人才培养工作取得了显著成效，特别是2011年，企业申报的“精英技能大师工作室”被中国煤炭工业协会授予首批“煤炭行业技能大师工作室”，也是中国煤炭行业唯一一家以集体形式命名的技能大师工作室。

三、国有煤炭企业高素质技能人才培养模式构建的实施效果

以技能大师工作室为核心的高素质技能人才培养新模式在潞安集团王庄煤矿推行以来，充分发挥高素质技能人才的模范优势和技术优势，极大地提高了员工的工作积极性、主动性和创造性，不仅聚集了一大批团结一致、联合攻关的高素质技能人才，构建了科学的符合企业转型跨越发展需要的高素质技能人才培养新模式，而且收获了丰硕的技能创新成果，为企业赢得了良好的经济效益和显著的社会效益。具体成效如下：

1. 技能人才成长、发展环境得到进一步优化

潞安集团王庄煤矿高素质技能人才培养模式的构建，推行了科学的用人导向，提供了良好的政策环境，建立了健全的激励机制，为技能型人才的干事创业提供了良好平台，也为技能人才的成长和发展提供了广阔舞台，体现出了广大技能型人才的心声，更加折射出广大技能型人才干事创业的信心和决心，从而使企

业的科学发展和可持续发展呈现出旺盛的生命力和影响力。目前，在全矿掀起了"学技术、练本领，人人争当技能大师"的热潮，一大批技术精英和生产骨干脱颖而出。

2. 技能人才队伍结构明显改善，整体业务素质明显提升

潞安集团王庄煤矿高素质技能人才培养模式的构建，进一步加大了政策及资金的倾斜力度，在一定程度上改变了原有的工资分配机制，为企业的岗位竞争注入了新活力，激发了技术人员的工作积极性、主动性和创造性，提高了工作效率，提升了技术人员的整体素质和业务水平。目前，技能大师工作室先后培养出15 名首席技师，43 名高级技师，先后带出 300 多名在工作中能够独当一面的高技能人才。先后有王文义、李建斌、崔中和、宋作文、王红亮等 10 多名优秀技能人才被提拔为队长、书记、机电队长，50 余名优秀技术员工走上了班组长岗位。常爱军荣获煤炭行业技能大师称号，吕向东、杨旭斌荣获煤炭行业优秀技术能手称号。同时，常爱军、王晓红还荣获"三晋技术能手"称号，杨旭斌还被山西省政府批准享受省政府特殊津贴。

3. 企业的核心竞争优势得到不断提升

随着高素质技能人才培养工作的深入开展，既为矿井的安全生产起到了保驾护航的作用，又为矿井创造了良好的经济效益和显著的社会效益，进一步提高了企业的知名度、名誉度和影响力，并以此持续提升了企业的核心竞争力。特别是2009 年，潞安集团王庄煤矿煤炭产量达到 800 万吨，煤炭销售收入达到 37 亿元，实现利润达到 12 亿元；2010 年，煤炭产量达到 1000 万吨，煤炭销售收入达到45. 31 亿元，实现利润达到 17. 81 亿元；2011 年，煤炭产量达到 783. 2011 万吨，煤炭销售收入达到 50. 11 亿元，实现利润达到 21. 67 亿元。与此同时，高素质技能人才培养新模式构建三年多来，有力地推进了矿井的安全发展，矿井的安全工作保持了持续稳定健康发展的良好态势，为企业核心竞争力的显著提升提供了根本保证。

（成果创造人：贯双春　苏　海　李永勤　张林红　杨校宏　王志敏　王海峰　苗建斌　张学建　张德平　侯　军）

统计信息共享系统的开发与应用

阳泉煤业（集团）有限责任公司

阳泉煤业（集团）有限责任公司前身为阳泉矿务局，为山西省五大煤炭集团之一，是全国最大的无烟煤生产基地。经过六十余年的发展，现已成为一个集煤炭开采与加工、煤炭化工、精细化工、电力、铝业、建筑建材和房地产开发、煤机化机制造、磁材、煤层气开发与利用、贸易服务等为一体的主业核心竞争力强、主导产业优势突出、辅助产业强势发展的循环经济性多元化特大型企业集团。目前，集团拥有阳泉煤业、山西三维和太化股份三个上市公司在内的502个分子公司，总资产1001亿元，职工17.6万人，位列中国企业500强第108位，中国煤炭企业100强第10位。2011年，集团实现煤炭产量5851.8万吨，营业收入1197亿元，利润36亿元。

一、统计信息共享系统的开发背景

阳煤集团作为山西省五大煤炭集团之一，全国最大的无烟煤生产基地。下属各部门、各单位的统计工作千头万绪，各专业统计报表千差万别，各种统计数据分门别类，处理方式繁杂。企业各种统计数据都分散在各个业务部门，由于统计口径不一致，所以搜集反映企业各方面的综合统计数据非常困难。同时由于各专业的数据源不同，一个数据多个来源且数据不一致，造成领导在生产经营决策上，对数据的分析不直观，不够全面。如果仅靠手工模式，数据的采集不但速度慢，还存在不容易整理、核对困难和容易出错等问题，很难发挥其在经营管理中的决策作用。

集团公司综合统计工作由发展计划部统计部承担，各专业统计分散在集团公司各职能部门或有关单位，现有统计专业口26个，下属统计核算单位130余个。每年向国家、省、市统计部门及有关部门上报的各类统计报表达数百张，以及各种原始记录、统计台账、内部报表资料，各专业、各单位统计报表总和达到上万张。如此多而杂的统计报表给企业各部门的统计人员既增大了工作难度，也增加了工作强度。统计工作现状已很难满足企业现代化管理和国家宏观管理对企业统计数据信息的需要。

为此，本着从集团公司统计工作的实际出发，适应集团跨越发展的需求，按照信息化建设的要求，打造一个企业统计信息资源共享的管理平台，建设一个统一、规范、易操作的支撑各专业统计信息的采集、处理、传输、发布、开发和利用等功能为一体的统计信息资源共享系统势在必行。

二、统计信息共享系统的总体设计

1. 系统实现的目标

根据集团公司的实际需求，使用当前先进的系统平台、面向对象的开发方法、可视化的开发工具等现代计算机技术，以科学、规范的统计指标体系和统计标准体系为基础，利用林木森信息管理软件构建一个统计报表自动化处理系统和统计信息自动发布的动态信息资源共享系统。在统一平台的支持下，以建立统计数据库体系为核心，实现管理和开发统计信息资源，提供信息共享、办公服务等多方面功能，提高工作效率，实现信息资源全面共享。统计信息共享系统包括统计报表处理系统和统计信息查询系统两大模块。

（1）统计报表处理系统。主要由综合统计和其他专业统计（包括生产、工业、固定资产投资、建筑房地产、销售、选煤、用电、设备、能源、地质、劳资、中小企业、用水和财务）共 15 个专业子系统组成，各系统均采用集团公司、子（分）公司二级管理模式。系统实现如下功能：数据录入、数据导入、数据采集、数据编辑、数据检查、数据汇总、制表排版、数据传输、数据封存和解封、数据加载、信息发布、报表打印和数据维护等工作的自动化处理。

（2）统计信息查询系统。统计信息查询系统依托于统计报表处理系统，实现了月度生产经营统计数据的动态更新。查询系统设置了导航模块菜单，收集集团公司各主要生产单位简介、分子公司结构图、统计法律法规、基本知识和集团公司统计方面的通知公告、工作动态等内容。具体实施方面，系统主要实现以下八个方面目标：一是实现特定输出功能；二是建立独立统计信息数据库；三是构建专业统计报表处理平台；四是实现综合统计自动汇总功能；五是实现工作流程自动化；六是实现信息集成功能；七是建立数据整合平台；八是建立数据查询平台及实现信息浏览功能。

2. 设计理念

本着从集团公司统计工作的实际出发，适应集团跨越发展、并购重组与管理整合的需求，按照信息化建设的要求，在参考了当前大量同类软件系统的基础上，继承了传统信息共享系统的精髓，以科学管理现代化为核心，以信息处理自动化为主线，以工作协作流程化为方针，以简单易行简约化为宗旨，基于先进的

. Net 技术，独特的 Lemsun 软件技术，借助安全的 SQL Server 2005 数据库，采用模块化设计思路，使用当前先进的系统平台、面向对象的开发方法、可视化的开发工具，研究开发出了统计信息共享系统。系统包括统计报表处理系统和统计信息查询系统两大模块。

该系统在应用上追求创新，创新上力求突破，采用 C/S 和 B/S 联合架构体系，集成报表处理和信息查询两大系统，使两套系统既可独立运行又能有机结合；采用统一的数据储存格式，对外提供标准的开发接口，用户可通过设计器对系统功能进行调整，满足因功能扩展而进行的“二次开发”；实现统计数据跨行业、跨空间、跨专业的综合汇总功能。最终为集团公司所属各单位、各专业统计提供通用的基础数据信息处理平台，建立协作工作环境，建立和完善各部门、各专业之间的协作沟通机制，为统计办公提供一个全方位的自动化工作平台。

3. 系统网络架构

按照信息化建设的要求，围绕解决数据安全性、平台易用性、系统扩展性等问题，结合国内有关制度、管理体系和应用模式，采用自主研发的 Lemsun 信息管理软件，将按编码级次自动汇总、合并报表、上报报表、权限管理、信息发布、文档管理等技术完美地结合在一起，在有效保证数据信息安全的同时，可以对数据权限进行严格的访问控制。为了确保服务器数据信息安全，还采用了林木森公司在全国首创推出的 Lemsun Ⅳ，为集团倾力打造一个安全高效的统计数据信息共享系统。

信息系统采用 Client-Server 体系架构与 Browser-Server 体系架构相结合。C/S 架构是由客户端软件（Lemsun 企业之魂软件）和 Server 构成，而 B/S 架构则是指在客户端及服务器端通过浏览器（Browser）操作、访问、维护系统，兼顾两种架构的优点，构建一个面向统计调查对象、统计工作者、各基层统计单位和各级领导决策层的综合统计信息资源共享系统。

4. 系统功能架构

统计信息共享系统是以整合统计各专业的数据信息为基础，融数据信息采集、信息处理、信息传输、信息发布和信息开发利用等功能为一体的自动化综合统计信息资源共享系统，是一个统一、交互的网络信息共享平台，实现统计数据信息资源的全面共享。为完成这个总体目标，系统采用模块化设计思路，形成以“统计报表处理系统模块和统计信息查询系统模块”两大模块便捷交互的系统功能总体架构。

三、统计报表处理系统模块

统计报表处理系统是利用 Lemsun 信息管理软件编制的跨行业、跨空间、跨专业的数据采集、审核、汇总、查询、传递和输出等功能的自动处理应用系统，由综合、工业、生产、销售、投资、建筑、选煤、地质、设备、能源、用电、用水、劳资、财务和中小企业等15个专业子系统组成。实现了数据的录入、编辑、检查、汇总、传输；数据的加载、封存和解封；报表的制表、排版、打印以及信息发布、数据查询和文档管理等工作的自动化处理功能。

系统采用自我设计的开发模型和专用数据库架构，将应用模型和实现平台分离，并彻底脱离商品化数据库的束缚，确保管理软件最核心的应用模型“一次开发，多次使用”，整个系统具备不断自我重构的能力，这样就便于实现综合统计报表管理系统可以灵活调整专业口报表，随时增删基层单位，增删、调整报表功能，确保了管理软件不随技术的改变而过时，是大型软件管理系统可持续发展的前提基础。

1. 系统架构设计

系统采用浏览器/服务器体系结构与客户机/服务器体系结构相结合的多层应用结构，使用当前先进的系统平台、面向对象的开发方法、可视化的开发工具进行开发设计。统计数据整合管理系统模型见图1。

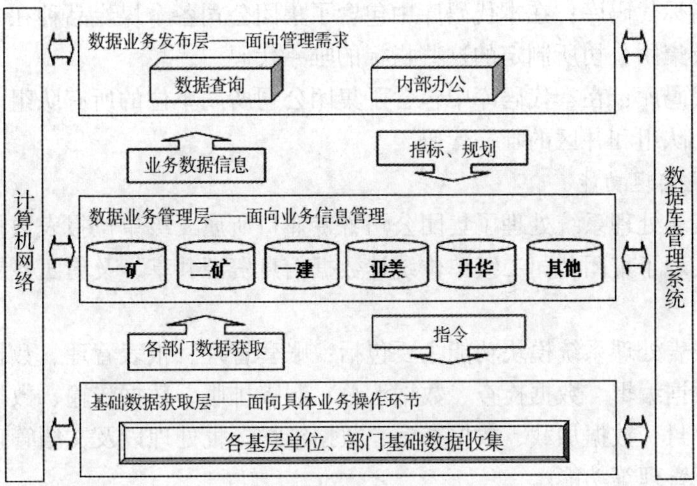

图1　统计数据整合管理系统模型

2. 系统代码库设计

代码库的构建和设计在整个系统中的地位也极为重要。由于统计工作行业性和专业性的特点，它不但关系着数据信息的相互连接和正确存取，而且还关系到所有统计部门、所有专业、所有行业之间的数据传递、检查、汇总和审核。代码库的设计充分考虑了其合理性、易用性、规范性和可扩展性，根据专业种类特点设置、建立各专业代码库。代码库中还考虑了多重计量单位、参考折标系数等信息因素。

由于集团单位多、产品种类多、行业广，代码库所包括的内容必须要求全面。以工业单位为例说明如下：在该结构中的代码库为所有模块统一设置。每一个工业模块中已经都包含了所有的代码库。代码库的修改权在集团公司，所有单位都无权对代码库进行修改，如本单位根据实际情况确实需要对代码库进行修改，也必须上报到集团公司，由集团公司统一修改后再下发并通知各基层单位。

单位代码库：在本代码库中包含了集团公司所属的所有单位，以及赋予各个单位唯一的单位代码。

产品代码库：在本代码库中包含了集团公司所属的所有单位所生产的产品，以及赋予每种产品在本公司的唯一的代码。

国民经济行业代码库：在本代码库中包含了集团公司所属的各个行业，该行业代码为国家所制定的统一代码。

产值计算行业代码库：在本代码库中包含了集团公司需要进行产值计算的集团公司所制定的行业分类，以及集团公司所制定的唯一代码。

煤炭品种代码库：在本代码库中包含了集团公司所生产的各个煤炭品种的代码，以及集团公司所制定的唯一代码。

煤炭指标代码库：在本代码库中包含了集团公司各个煤炭品种在本月的各项指标，以及集团公司所制定的这些指标的唯一代码。

基础代码库：在本代码库中包含了集团公司所属单位的所有队组和井区，以及赋予各个队组和井区的唯一代码。

3. 系统实现功能

统计报表处理系统处理了集团公司各专业口所属二级单位报表数据的横、纵向关系。实现了集团公司二级单位统计数据信息资源共享，及集团各专业的数据信息共享。

统计报表处理系统模块功能主要包括：账套管理、报表管理、数据录入、数据导入、数据编辑、数据检查、数据汇总、制表排版、数据传输、数据打印、数据封存和解封、数据加载、数据查询、数据维护、批处理以及文档管理、权限定义、操作员管理等功能。

（1）账套设置管理功能。报表处理系统涵盖集团所有专业、所有行业。Lemsun 信息软件可按照专业或者单位的不同，通过唯一的编码来区分，把专业和单位按一定的规律打造为该系统下的不同子系统，习惯称为“账套”。在权限许可的前提下，各账套间的数据可完全共享，实现了集团数据有序管理和数据的无缝链接。而且账套的建立，还可简化操作，减少误操作几率，可随时自由地在多账套间进行切换，并可同时打开不同账套目录下的同一或不同报表，方便共享功能扩展。

（2）多样化格式报表功能。Lemsun 信息软件提供了各种报表格式设置功能，如：年、月、旬、日表等多种报表格式设置，通过操作者修改和设置不同的报表格式可以满足企业各类上报报表的需求，同时也方便浏览访问。这种多元化的报表格式，只需通过上下键按钮，即可完成数据的翻月、跨年浏览，同时各种格式的报表，还可根据需要任意进行拷贝报表，而不必担心丢失数据信息。

（3）多样化报表显示方式功能。操作人员可以通过设置参数，自定义设置各种报表的显示格式，方便栏目组装和指标更新，方便日常浏览和调取数据信息。

（4）数据库端口自定义功能。系统提供了各种数据的导入、导出接口。Lemsun 信息软件提供了如：ACESS、SQL、ORCEL、DB2、EXECL 以及 TXT 等六种方式的数据接口，这些数据格式基本涵盖了当前所使用的数据类型。为企业的数据上报、汇总、加工等提供多种数据支持模式，方便了数据的各种上报，减少了系统数据格式不必要的转换。

（5）简单易学的公式写入功能。采用自定义的取数方式，把所有取数公式简化，并使用中文注明详解。通过对操作者进行简单的培训，即可掌握该简化公式的写法，并灵活编辑公式，避免了学习函数和 SQL 的难度。

（6）勾稽关系编写与检查功能。提供简化的勾稽关系编写公式，而且将表内勾稽关系和表间勾稽关系进行分类，方便操作者在进行勾稽关系编写时可以快速找到可能编写有误的勾稽关系。勾稽关系实时监督功能的实现避免了错误数据的录入，极大地提高了工作效率。

（7）多种打印格式设置功能。系统采用多种打印格式设置功能。即：设置好一种打印格式，并将这种打印格式保存后。可以针对同一张报表根据不同需求同时设置第二种或者是几种打印格式并且保存，在打印报表时可根据特定需求选择预先设置的打印格式进行打印，可设置成卡片、报表等多种打印格式，可用不同的纸张打印，按需要可在表头和表尾增加附注。这个功能设置具有记忆功能，且报表打印格式种类不受限制，极大地方便了用户。

（8）图文并茂的决策分析功能。提供普通数据的展现方式同时也提供了图形分析功能，方便领导进行决策分析。每一张报表中的数据均可灵活设置各种分析图形，如：曲线图、饼图以及柱状图等，各种数据分析图形不仅可以分析当期数据，也可以分析历史数据。

（9）多种搜索功能。系统中设置了两种查找功能：

①条件查找功能。在任一报表内，用户可通过在窗口内输入相应的搜索条件来查找所需要的内容。而且本查找条件可以保存，如以后需要查找相同内容，可以直接调用。

②临时浏览功能。程序里设置了一张编码为 9999 的浏览专用报表。本表是专门用来进行当年数据搜索的临时用表，仅仅是浏览而不用生成和保存其他任何表格，9999 表可以满足任意方式的浏览需求，而不影响系统的内容变化，9999 表相当于一张万能表，里面涵盖了系统操作所能使用到的任意浏览访问方式，

9999 表在浏览完成后，不会保存任何信息，只作为临时浏览所用。

(10) 定时自动执行功能。为减轻操作员的工作量和防止操作员遗忘保存操作步骤，本系统新增了定时自动执行功能。通过对报表功能设置，可以实现定时自动对所设置报表的统计、检查、传输等功能。

(11) 多方式、多路径的数据传输功能。为适应不同操作员及硬件环境，设置了多方式、多路径的数据传输方式，分为本地传输、服务器传输、E-mail 传输。本地传输是为解决暂未接通内网、外网的单位，先可以把数据传输到本地磁盘保存，然后再通过外接设备拷贝到上级单位；服务器传输是为集团内网的单位准备，各专业可以把数据直接传输到指定的服务器上；E-mail 传输是为接通了外网但是还没有内网的单位准备的，各级单位可以直接将数据传输到指定的邮箱里，上级单位也可以直接从邮箱里接收数据。

(12) 数据分布式管理功能。数据库集中式管理作为目前技术的发展方向，也是云技术的方式之一，数据库集中式管理可以提高共享数据的提取效率，但是对服务器的要求非常高。系统采用了数据集中式和分布式两种方式来进行实施，上级对下级采用的是数据同步，即下级数据填报后，自动通过网络与服务器数据同步更新，同时如果遇到上级服务器关闭，下级仍然可以工作，系统自动将数据发送到指定邮箱，服务器开机后会自动从邮箱获取数据。

四、统计信息查询系统模块

信息查询系统是采用先进的 .Net 技术和 B/S 体系架构，依托 Internet/Intranet 平台开发的集统计数据发布、查询、共享和自动办公等功能为一体的实时查询系统。系统采用原型法开发方法，整个系统分为办公自动化系统设计和自定义报表系统设计，办公自动化用作人员管理，文本管理，流程控制，权限管理等，自定义报表系统对 Lemsun 企业之魂软件进行平台整合，相互提供接口，实现在 B/S 体系结构中对企业内部管理、报表统计、定制报表等功能。

1. 系统架构设计

系统的应用区域主要分为两大部分，首先是集团基层单位统计数据上报，这个部分主要是收集下级单位的数据信息。另外一部分是集团用户，他们借助统计信息查询系统进行相关数据信息的浏览。系统应用模型图见图 2。

2. 系统数据库设计

数据库的规划和设计在整个统计信息共享系统中占有非常重要的地位，它不但起着存储数据信息，提供共享信息资源的作用，而且还关系到所有统计部门、所有专业、所有行业之间的数据处理和数据传递。数据库的设计充分考虑了其合理性、规范性和适应性，在数据库设计中遵循了以下原则：层次分明、布局合理；保证数据结构化、规范化和编码标准化；数据的独立性和可扩展性；数据库的易维护性；共享数据的正确性和一致性；保证数据安全可靠。

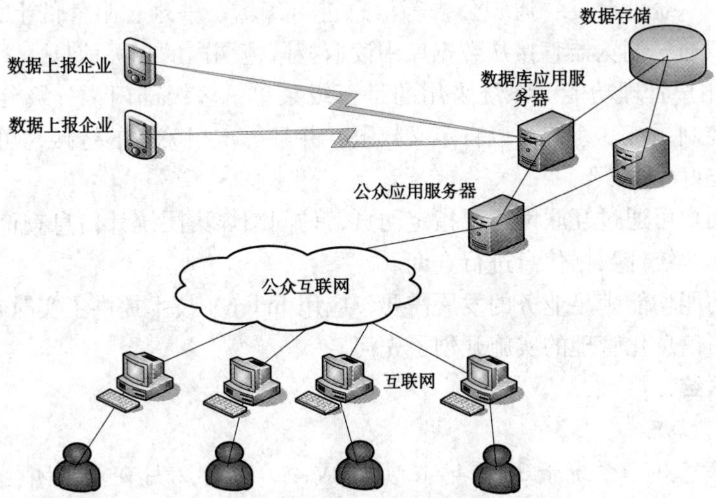

图2 系统应用模型图

基于以上原则，信息共享系统采用了 SQL Server 2005 大型数据库对数据进行集中、科学、有序的管理，利用存储过程和数据关系结构，不仅做到高速海量存取数据，还可以保证数据的安全性、可靠性和完整性。

系统信息采用数据库集中管理，具体安装在集团公司信息中心机房。

3. 系统实现功能

基于 .NET 平台的统计信息共享系统中统计信息查询系统模块具体实现的功能主要包括：统计数据信息查询和系统管理两大部分功能。统计数据信息查询有统计报表数据查询、集团统计通知公告、消息情报和企业简介的查询等功能；系统管理包括有系统设置、系统维护、前台维护、菜单管理、部门设置、用户管理、角色管理、角色权限、权限定义、用户权限、信息发布、新闻管理、图片管理、消息配置等功能。

（1）报表数据发布功能（信息查询目录）。系统采用分模块显示方式，不同专业的数据信息分别在本专业固定模块中展示。管理员通过管理设置将预先整合完善的统计报表数据整理，并添加到相对应的模块下。

（2）企业简介多级菜单管理功能。针对集团公司企业组成结构的特点，企业简介采用多级管理模式。首先按照企业组成的结构层次对每个企业进行不同级次的编码设置，每个企业设置一个特定的编码，根据编码规则来进行组织机构关系的确认。

由企业的组织结构关系确定编码规则，系统再依据这个编码规则将企业信息用完整的树形结构模式展示出来，方便浏览。

（3）菜单管理功能（统计知识、统计制度、通知公告等）。系统管理员负责对统计知识、统计制度、通知公告等信息进行编辑、整理、附件的上传和发布。操作者可以通过浏览器直接从数据库中读取权限范围内的相关信息。

（4）用户管理功能。系统采用的是三级菜单，多级部门，分级分角色继承权限管理控制系统。系统可以自定义权限，并且绑定相关联的链接，可以与其他应用系统友好集成。

授权用户可通过互联网打开指定网页，访问阳煤集团统计信息查询系统，并对各产业板块统计数据信息进行查询。

所有功能均能满足业务的发展需要，应用 Internet 技术提供了实时在线管理，为集团全面信息化管理的实施开创了先河。

五、总结

1. 运行情况

统计信息共享系统于 2009 年 12 月完成，2010 年 2 月在全集团公司开始运行，现运行部门有：集团公司副总师以上领导、七大板块及各专业统计部门、各基层统计单位、发展计划部全部科室。系统投入运行以来，运行效果理想，运行平稳可靠。

2. 取得成果

2011 年底，阳煤集团统计信息共享系统通过山西省科技成果鉴定，达到了同类系统的国内领先水平，并荣获“阳煤集团信息化科技成果一等奖”。该系统的广泛实施和运行，为集团公司所属各单位、各专业统计提供了通用的基础数据信息处理平台，有效地解决了信息孤岛问题，全面实现了集团公司各种生产经营数据的及时更新、发布和数据共享，对提高企业的科学管理水平起到了较大的推动作用。具体表现在几个方面：

（1）成功构建了内部通信平台。依靠统一平台支撑，实现了管理和开发统计信息资源，提供信息发布、办公服务等多方面功能，提高了工作效率，实现了数据信息共享。结合集团公司、子（分）公司分级管理模式，依据统计报表管理的层次，采用专业化模块子系统模式实现了各专业对数据采集、统计、上报、封存、发布等功能，满足了组织内部通信和办公需求。

（2）成功创建了自动化工作流程。统计信息共享系统为统计工作搭建了一个数据信息采集、信息处理、信息传输、信息发布、信息浏览和信息开发利用的基础作业平台，建立和完善了各部门、各专业之间的协作沟通机制，建立了协作工作环境，为办公提供了一个全方位的自动化工作场所。统计报表处理系统的投入运行，结束了长期以来企业各种统计业务分部门负责的无序化管理，结束了企业对外报送报表的杂乱无章现象，结束了各类统计报表表样格式调整缓慢和专业数据共享困难的情况。统计报表处理系统还实现了数据统一化管理、报表自动生成功能，大大减少了人工成本。数据的统一管理，方便了数据读取，不必做重复上报操作，就可以实现数据共享，就可以在各专业内部互相读取和使用源数据。对外上报的各种报表可自动生成，报表根据数据源里的数据进行汇总，自动得到所需要的数据，不需要手工运算，节省了校验、审核过程，提高了统计工作效率和数据质量。统计报表处理系统具有强大的报表处理功能，可以根据统计报表格式的变化情况，实时调整和快速实现报表的自动生成，方便了统计人员操作，避免了调整报表格式浪费大量的时间和精力，为及时准确完成各级机构的统计工作任务创造了条件、争取了时间。

（3）成功搭建了统计信息发布平台。在集团内部搭建了一个有效的信息发布和办公服务的平台，根本上解决了集团公司领导及各部门对统计信息需求所遇到的瓶颈问题，全面实现了集团公司统计数据信息的集团共享，实现了普通用户可以直接浏览公开的统计信息、通知公告和相关统计动态，授权用户可根据具体需求在权限范围内对集团公司统计信息做详细访问，既实现了大众化信息交流办公服务功能，又满足了高端客户的信息访问需求。

（4）成功实现了分布式办公。利用系统支持多分支机构、跨地域的办公模式以及移动办公的优势，通过友好的 Internet/Intranet 平台，轻松解决了集团下属单位由于地域分布因素对移动办公和跨地域办公的迫切需求。

3. 技术创新点分析

统计信息共享系统在应用上追求创新，创新上力求突破，创新和开发了以下技术：

（1）采用 C/S 和 B/S 联合架构体系，集成了报表处理和信息查询两大系统，使两套系统既可独立运行又能有机结合，高效、便捷地实现了统计数据和信息的采集、处理、发布、查询和共享。

（2）采用 EXTJS 架构和统一数据储存格式，实现了查询界面与报表数据的便捷交互和统计信息的实时发布。

（4）集成了综合、工业、生产等 15 个专业报表子系统，实现了统计数据跨行业、跨空间、跨专业的综合汇总功能。

统计信息共享系统针对集团用户量大、处理报表种类多，专业数据繁琐的特点，采用按级次分层汇总，不仅节约了时间，提高了效率，降低了成本，而且保证了统计数据的连续性和安全性，便于积累历史资料，便于系统稳定安全运行。

4. 经济社会效益分析

统计信息共享系统是以整合统计各专业的数据信息为基础，解决了现有的纸质报表和生产经营统计资料对统计数据信息查询存在的时限性和制约性问题，全面实现了集团公司统计数据信息资源共享。

（1）节省运营成本。统计信息共享系统实现了报表数据在网络间采集、传输、上报、查询等功能，为员工节约了大量的工作时间、减少了额外的劳动强度，节约了大量的纸张及报表资料印刷费用，保护了资源的同时，也为“绿色办公”工作的全面实施拓展了思路。统计信息共享系统投入运行以来，据估算，一年可节省印刷费用、人工成本费用、以及其他交通、通讯、办公等费用约 54 万元。

（2）减少重复投资。统计信息共享系统的全面推广，实现了集团公司统计数据信息的集团共享。不仅可以减少重复投资，降低使用成本，减轻企业负担，实现资源共享，而且还可以依托此系统平台，拓展业务的应用功能和使用范围，为企业提供高质量的外延服务，为自身和社会创造更大的经济效益。

（3）信息管理质量提升。统计信息共享系统是以整合综合统计各专业的数据信息为基础，以实现数据信息资源共享为目的。从统计行业发展的历史过程不难看出，随着国家集团化、现代化的行业发展规划，企业推进全面信息化管理的广度和深度，可有效改善和提高信息管理质量。

（4）领导决策依据科学。统计信息共享系统为各级领导、各级部门了解情况，指挥生产，决定方针、政策、制定计划获取科学依据提供了可靠、简捷、直观的信息查询平台。

（5）信息化建设步伐加快。统计信息共享系统作为企业信息化建设的方向盘，带动了企业局域网络的基础建设，培训了一批计算机应用水平较高的专业化员工队伍，为企业信息化建设的健康发展打下了坚实的基础，开拓了广阔的空间。

（6）企业形象更加完善。作为新时期的特大型企业集团，统计工作更应该适应国家和社会的整体需求，紧跟时代步伐，充分利用信息时代计算机技术优势，把统计工作搞得有特色、有创意，做好企业发展的助推器。统计信息查询系统中收集的集团公司分子公司结构图和各主要生产单位简介，为所有用户详细了解集团各基层生产单位基本情况及其相关产品内容搭建了一个交互式平台，同时也是集团各生产单位提高影响力，对外宣传的一个动态窗口。

5. 推广应用价值与前景分析

系统采用模块化设计，安全性和灵活性高、经济实用、可扩展性强，有煤炭行业特色，具有较好的推广应用前景，可以在集团以外的同类行业和组织机构内进行快速全方位推广。

（成果创造人：廉　贤　张卫星　王建强　逯新保　周秀云　弓志忠　王　琪　陈彦得　李建军　张慧芳　魏文英　乔丽花）

群众性隐患排查治理管理系统的建立与实施

阳泉煤业（集团）有限责任公司五矿

阳煤集团五矿是全国大型无烟煤生产基地——阳泉煤业（集团）有限责任公司主要生产矿井之一，正式成立于1984年12月，最多时有三对井口生产，现有大井、五林井两对井口四个采区生产，两个采区正建。与矿井配套的主要专用设施有：年运输能力450万吨，全长16公里的铁路专用线一条；年洗选能力400万吨和100万吨的选煤厂各一座；日供水能力2万立方米的供水工程和日处理能力7000立方米的污水处理工程各一处。

一、群众性隐患排查治理管理系统建立与实施的背景

抓好煤矿安全生产是企业正常运行、健康发展、转型跨越的根本保障。近年来，阳煤集团公司上下认真贯彻落实党中央、国务院和省委、省政府关于加强安全生产工作的一系列决策部署，牢固树立安全发展理念，始终从零抓起，毫不松懈地抓好安全生产，不断加强安全生产的组织保证、制度保证、技术保证、人才保证、管理保证、措施保证、纪律保证，实现了安全生产形势明显好转。

2011年以来，集团公司进一步加大安全生产工作的力度，继续强化矿井瓦斯治理和防治水工作力度，出台了阳煤瓦斯防治60条规定，加大资金投入进一步完善矿井通风系统，加强瓦斯地质预测预报工作，努力实现瓦斯超限“零”目标；将矿井防治水提到重要议事日程，完善防治水工作体系，采用超前物探技术，有效防范矿井水害。强化各系统的安全质量标准化建设，创新“干部上讲台，培训到现场”工作，严格界定“安全红线”，逐级落实安全责任。在瓦斯治理、职工培训、质量标准化等方面都取得了具有里程碑意义的成果，但是应当看到，通风瓦斯、矿井水害等地质灾害隐患仍然威胁着集团公司的安全生产，零打碎敲事故时有发生、居高不下，安全基础管理依然任重而道远。

根据集团公司安全一号文件及阳煤安字［2012］28号《关于开展群众性隐

患排查治理活动的通知》文件的精神要求，加强煤矿零打碎敲事故围堵，建立隐患排查治理的长效机制，从装备、培训、管理、科技成果转化等方面，明确围攻零打碎敲事故的目标、步骤、方法、政策。深入开展群众性“查隐患、堵漏洞”活动，实施隐患排查治理信息系统，建立隐患排查、信息反馈、整改落实、复查销号的闭合管理流程，实现隐患渠道的广泛收集、信息快速传递、动态跟踪落实。各级、各部门、各单位要统一认识，找准问题，突出重点，强化措施，狠抓落实，力争在控制零打碎敲事故方面取得突破性进展，为企业的跨越发展提供可靠的安全保障。

二、群众性隐患排查治理管理系统的建设方案

1. 群众性隐患排查治理管理系统总体目标

建立各级别、专业的隐患信息采集体系，按照“现场采集——认定处置——整改落实——复查销号”的隐患信息处理流程，实现隐患排查整改的动态化、透明化、全覆盖、严闭合。

（1）建立不同层次、多种渠道的隐患信息反馈平台，实现隐患收集的全员、所有专业覆盖。

（2）实现隐患的分类、分级认定，并明确处置权限，积极合理处置各类隐患。

（3）实现隐患整改的动态落实反馈，并以此为依据进行复查跟踪落实。

（4）实现隐患反馈、整改、复查信息的大屏实时滚动。

2. 群众性隐患排查治理管理系统流程

隐患排查治理管理系统流程分为信息反馈→认定处置→整改落实→复查销号四个环节。

（1）信息反馈。采取三种方式：一是职工群众通过点击企业门户网站中的“群众性隐患排查治理管理系统”专栏图标进入系统直接录入；二是管理人员以身份验证方式登录系统，对发现的隐患进行登记录入；三是将隐患汇报本区调度或专业部门代为录入。

（2）认定处置。采取二种方式：一是隐患查处人（管理人员）对自己查处的隐患进行认定处置；二是由专业部门及安监部门对隐患进行认定、整理和分类，并进行处置。

（3）整改落实。整改责任人在整改期限内积极整改隐患，并将整改情况动态反馈至系统。

（4）复查销号。安监部门以隐患整改情况为依据对隐患进行跟踪复查和销号。

3. 管理层次、专业、职责分工和类别划分

（1）管理层次：矿、井（工）区、队 3 级。

（2）专业：采煤、掘进、开拓、运输、机电、通风、地测、基建、地面、其他等。

（3）隐患级别。C 类：本单位、本专业可处理的一般隐患。B 类：本单位、本专业无法处理需矿内协调处理的隐患。A 类：本矿井无法处理需上报集团公司协调处理的隐患。隐患严重级别：A 类 > B 类 > C 类。

4. 群众性隐患排查治理管理系统角色及权限

（1）普通用户，即全矿职工，其权限为群众隐患信息登记。

（2）管理人员，即井区车间、机关部室、直属队组管理人员，矿副总以上领导，其权限为隐患信息登记、隐患认定处置、隐患整改落实。

（3）专业部门，即采煤、掘进、开拓、运输、机电、通风、地测等专业部门及调度，其权限为隐患信息登记、隐患认定处置。

（4）主管部门，即安监部门，其权限为隐患信息登记、隐患认定处置、隐患复查销号、隐患汇总上报。

5. 群众性隐患排查治理管理系统主要功能

（1）隐患信息反馈。

①职工群众通过点击企业门户网站中的“群众性隐患排查治理管理系统”专栏图标进入系统直接录入，对发现的隐患进行登记录入。

②管理人员以身份验证方式登录系统，对发现的隐患进行登记录入，适用于井区车间、机关部室、直属队组管理人员，矿副总以上领导。

③将隐患汇报本区调度或专业部门代为录入。

（2）隐患认定处置。

①隐患查处人（管理人员）对自己查处的隐患进行认定处置，认定为 C 类隐患的指定责任人进行整改落实；认定为 B 类隐患的提交后转到安监处处置。

②由专业部门及安监处对隐患进行认定、整理和分类，并进行处置。

专业部门。认定为 C 类隐患并本单位能够处理的由专业部门汇报本单位相关领导，经领导安排指定责任人进行整改落实，本单位不能处理的转到安监处处置。认定为 B 类以上隐患的转到安监处处置。

安监处。负责职工群众上报隐患及全矿各部门流转隐患的筛选、认定、处置，经认定不作为隐患的放弃处理，认定为隐患的按级别、专业进行处置。认定为 C 类隐患的按专业分类、主管部门等原则指定整改单位及责任人限期整改。认定属于 B 类隐患的汇报请示矿相关领导，经领导安排指定责任人整改落实。认定属于 A 类隐患的上报集团公司。在确定整改责任人的同时，系统将隐患内容以手机短信的形式自动发送到整改责任人手机上，通知责任人整改落实。

（3）隐患整改落实。整改责任人在整改期限内积极整改隐患，并将整改情况动态反馈至系统。

（4）隐患复查销号。安监复查部门由本人或指定专人对隐患整改情况进行复查。对复查合格的隐患及时销号；对复查不合格的隐患要安排责任人重新整改并进行考核。

（5）隐患大屏公示。矿安监处对隐患信息整理筛选后上传至矿大屏显示；矿安监处每日将隐患信息上报集团公司。

（6）统计分析。根据逐月隐患排查情况图表，可以看出五矿全年 12 个月份的隐患条数的查处情况，及每月所查处隐患条数的对比情况；根据分专业隐患排查情况统计及图表，可以看出五矿分 10 个专业查处隐患条数的对比情况；根据矿干部隐患查处情况统计表，五矿管理人员可以按年对其本人所查处的隐患进行查看，并且分月统计所查处隐患的条数；根据跟踪落实情况统计表，隐患的复查人可以按年、按月，对其本人所跟踪落实的隐患进行查看；根据综合统计报表，可以灵活地按隐患的类别、隐患的发现单位、发现人、专业、责任单位及责任人进行隐患的查看，并且可以按年、按月进行统计。

6. 群众性隐患排查治理管理系统的特色与创新

（1）可控性。本运行平台采取协同管理理论设计，是信息一体化管控平台的雏形。统一平台下灵活的三级权限控制体系，保障数据既相互共享又相对独立。数据高度集中，易于分类汇总和分析对比。软件易于管理和维护升级。

（2）群众性。突出隐患信息收集反馈的主体地位。五矿专门出台相关激励政策，广泛发动全矿员工积极投入到“查隐患、堵漏洞”安全工作当中，通过全员参与、全面覆盖的隐患收集，来逐步防范控制零打碎敲事故的发生，不断引导和培养员工的安全意识，不断提高矿井的安全生产保障能力。

（3）全覆盖。一是实现矿、井（工）区、队 3 级管理层次的全覆盖；二是实现采煤、掘进、开拓、运输、机电、通风、地测、基建、地面、其他等所有专业的全覆盖。

（4）严闭合。隐患从收集登记→认定处置→整改落实→跟踪复查→筛选汇总→大屏公示→销号，再到收集登记，全过程严格闭合。

（5）评估性。查询角度多元化，系统通过按月、按专业统计与图表结合的方式，隐患“三色单”红、黄、白显示，提供强大的综合查询功能和评估分析功能，实现对各专业、各单位的隐患对比分析，及不同历史时期的隐患查处重点，为矿井下一步安全工作的重点方向及开展提供决策支持。

三、群众性隐患排查治理管理系统的实施效果

1. 系统推广应用

为了切实搞好隐患排查的治理工作及隐患“三色单”管理办法的运行，五矿在全矿范围内开展了以隐患排查信息系统为载体的群众性隐患排查治理工作，全矿所有干部、职工均可登录系统参加本项活动。为了使项目上线运行后，充分发挥系统的应用效益，不断防范控制零打碎敲事故的发生，出台了《阳煤五矿群众性隐患排查治理管理系统运行办法（试行）》文件，文件对系统的具体运行办法、各部门职责分工、操作流程、激励政策与考核等做出了详细的规定。主要内容如下：

（1）为加强对隐患内容的排查收集、信息反馈及整改落实，由各专业部门负责分管范围内的隐患信息管理工作，并指定一名分管安全的领导（无安全分管的指定一名部长）负责此项工作。

（2）安监处每日对录入的隐患及整改情况进行整理、筛选后上传至矿调大屏滚动显示，并同时上报集团公司。

（3）为积极引导开展隐患排查治理工作，发动全员查隐患，凡是由职工反馈的隐患对责任单位不进行处罚，对查处隐患积极的个人和单位将按月度下井平均查处隐患条数排名（月查处隐患条数/实际下井天数）给予奖励，对排名前 30 名的人员按 10 元/条奖励；对查处隐患组织积极、管理好的单位负责人进行奖励，当月兑现。

（4）对于查处的隐患在整改时限内未按时整改的给予整改责任人经济处罚 100 元/条，并株连单位党政正职 50 元/条；由于隐患未及时整改导致安全事故或严重隐患事故的，根据情节给予整改责任单位、责任人经济处罚 1000 至 10000 元，并进行安全问责。

2. 经济社会效益分析

系统上线运行后，在广大干部职工中引起了较大反响，通过全员发动查隐患，截至目前已收集 C 类隐患 1717 条、B 类隐患 12 条，1657 条 C 类隐患、11 条 B 类隐患得到了整改落实，1658 条隐患实现了复查销号，全矿有 90 余人受到奖励，发放奖励共计 7500 元，通过人人“查隐患、堵漏洞”，营造安全氛围、培养安全意识，有效地减少了零打碎敲事故发生，杜绝了重伤以上事故，促进了质量标准化工作稳步提升。通过加强对零打碎敲事故的围堵和管控，进一步强化了安全基础管理，为企业的跨越发展提供了可靠的安全保障。

自从开展群众性隐患排查治理工作以来，全矿上下拧成一股劲，集中精力抓安全。通过员工自觉查找安全隐患，抵制违章行为，有力地促进了现场隐患消除和员工行为规范养成，有效降低了零打碎敲事故的发生，为矿及集团公司创造了积极的生产效益。以五矿每减少一起零打碎敲事故、避免发生一起工伤为例，全年消除工伤隐患潜在的效益：消除一起工伤的潜在的效益 48.92 万元 × 全年消除工伤隐患可避免的工伤数 31 个 = 1516.52 万元（不包括工伤事故产生的经济损失）。

（成果创造人：郝秀明　王　辉　王小华　段海青　张少娜　王伟卫）

岗位对标在煤炭企业安全管理中的实施

山西煤炭进出口集团长治经坊煤业有限公司

山西省长治经坊煤业有限公司位于山西省长治县境内，矿井井田面积30.34平方公里，年生产能力300万吨，矿井建有与生产能力配套的年入洗能力120万吨和180万吨两座选煤厂，一座年产1亿块矸石砖的新型建材厂。先后多次被评为全国“五一”劳动奖状，全国民兵工作先进单位，全国安全质量标准化煤矿，全国企业文化建设优秀单位，全国特级安全高效矿井，全国煤炭工业百强企业。

一、岗位对标管理工作在煤炭企业的实施背景

岗位对标管理起源于上个世纪八十年代，是美国企业学习日本企业管理时的一种方法。其目的就是以企业确定的各项指标为目标，对照先进，量化差距，树立标杆，做到干有标准，学有榜样，超有目标，以此不断改进企业管理水平，塑造企业外部形象，实现企业安全生产、经济效益大幅提升的终极目的。

长治经坊煤业有限公司是集采煤、洗精煤、矸石制砖、碳纤维利用于一体的现代化新兴企业。近年来，公司经过结构调整、产业升级改造，机械化程度显著提高，安全保障能力明显增强，为安全生产工作奠定了坚实的物质基础。但是，人员素质、管理水平、工作效率等仍然不能完全适应矿井现代化、信息化的要求，特别是岗位责任不明确，岗位标准不清晰，考核奖惩不严格，职工作业不规范，距本质安全型煤矿标准还有较大差距。

开展岗位对标工作是经坊煤业提高企业核心竞争力，提升企业形象，实现企业转型发展、安全发展、科学发展的必由之路，是企业追求卓越、实现完美的必然选择，通过将岗位对标管理工作做细、做精，全面提升企业管理水平和工作质量，实现煤矿本质安全发展，是确保企业长期发展的重要思想。

二、岗位对标管理工作在煤炭企业实施的指导思想与主要内容

1. 岗位对标工作指导思想和工作目标

以科学发展观为指导，坚持“安全第一、预防为主、综合治理”的方针，

从“人、机、环、管”等要素入手，以基层、基础管理为重点，通过建章立制、培训学习、熟练操作、动态考核、责任追究等手段，规范作业行为，使每个职工上标准岗、干标准活，把每个人在作业过程中的工作失误降低到最小限度，做到防患于未然，实现公司安全质量标准化和本质安全型矿井创建目标。

2. 岗位对标工作坚持的原则

（1）坚持全面覆盖原则。公司每个部门要积极开展，不能有特殊，不能有例外，不能有空白点。凡涉及的安全生产系统、安全生产的岗位，不管井上井下，都要纳入到岗位对标管理中，不能有遗漏，不能有死角。

（2）坚持实事求是原则。每个部门因工作条件的不同，岗位设置、装备水平也可能不尽相同。因此，在制订对标方案时，一定要实事求是，有什么岗位就对什么岗位提出要求，是什么装备就对什么装备提出管理标准。

（3）坚持循序渐进原则。对标活动是一个由低级到高级循序渐进的过程。在选定标杆上，既要坚持择优，又要保证可行，要由易到难，由低到高，逐渐到达较高的水平和标准。只有这样，才能体现对标活动的初衷。

（4）坚持闭环管理原则。各个安全生产岗位的对标活动开展要均衡，要保证全系统整体协调。按照决策、控制、反馈、再决策、再控制、再反馈要求，不断解决出现的矛盾和问题，促进对标活动取得扎扎实实的成效。

3. 开展岗位对标实施的步骤

岗位对标活动分建标、对标、达标三个阶段。

（1）建标。

①标准制定的依据。煤矿安全规程、操作规程、安全质量标准化标准、本质安全型矿井创建标准及国家有关安全生产法律、法规。

②标准的主要内容。包括通用标准、作业标准、操作标准三部分。通用标准是每个岗位人员上岗前必须掌握的基本安全知识。主要包括入井须知、危险因素辨识、避险措施和自救互救等方面的知识。作业标准是指岗位人员所涉及设备、设施运行和管理等方面应达到的标准要求。操作标准是指作业过程中，岗位人员动作行为的规定。包括作业程序和作业方法。作业程序即单元作业先干什么、后干什么的作业步骤；作业方法即依据作业程序，明确从接班、作业、交班应做的工作和操作步骤。

（2）对标。对照岗位工作标准进行实际操作，包括岗前培训、岗位操作。岗前培训是指职工上岗前，要对照本岗位标准，采取理论学习与模拟操作相结合的办法，由企业组织进行培训。岗位操作，是指职工经培训合格上岗中、上岗后，必须熟练掌握岗位操作流程和标准。

（3）达标。对照岗位工作标准考核，包括岗前考核、实际操作考核、日常操作考核。岗前考核就是对岗位标准的熟练情况进行考试，合格后方可上岗。实际操作考核就是岗位人员能否对照岗位标准进行规范操作，凡不能正确操作的不得上岗作业。日常操作考核就是采取定期和不定期检查办法，考核其是否按所在岗位标准正确操作。

4. 加强对标管理重点把握四个关键环节

（1）发现差距，选择标杆。在实施对标管理过程中，煤炭企业首先要找准自己在同行业中所处的位置，知道自己的优势和不足。发动员工找出自己与标杆企业的差距，发现影响企业发展过程中的“短板”所在，从而避免盲目性。

（2）找准原因，确定目标。对标管理的关键在于找到落后的原因。在查找差距和问题产生的原因时，不能仅仅从外部还要从内部去查找。经济指标的变化要追溯到生产经营指标的变化，围绕企业生产经营情况和存在的问题进行分析，用数字说话，用事实证明，从而确定符合本单位实际的对标目标。企业选择的标杆都必须恰当，符合实际。若目标过高，员工将望而却步；若目标过低，则失去了对标管理的意义。

（3）研究对策，制定措施。通过对对标指标的层层分解，将达标的差距分解到每一道流程，将达标任务分解到每一位员工，制定出针对性强、操作性强的提升措施，使企业管理更清晰有效，实现企业管理的精细化、标准化，实现资源效用的最大化。

（4）落实责任，强化考核。为了确保对标管理取得实实在在的效果，必须建立对标考核制度，细化考核目标，强化考核。要将对标管理全面渗透到各项工作之中，与员工的绩效挂钩，做到奖惩分明，形成“人人有职责、事事有程序、干事有标准、绩效有考核、改进有保障”的长效管理机制。要从对标管理的制度化、规范化入手，确保制度措施落实到位。要严格绩效考核，让员工明确如何开展对标工作，如何提升个人能力。同时，要坚持全面对标、全员对标、全程对标，将持续改进、不断超越的要求融入各项常规管理工作中，从而提高企业的整体凝聚力和管理水平。

三、岗位对标管理工作在煤炭企业安全管理中实施的主要做法

1. 找准切入点，突出岗位对标管理的思想人本化

抓好岗位对标管理，首先从领导干部做起，坚持从上至下、持之以恒地宣传发动。在动员上做到深入细致、潜移默化，通过动员会、座谈会、推介会等各种形式，把岗位对标的理念、目标、方法、成效传递给每一位员工。在引导上做到目标明确、步骤清晰，力求通过授课、讲座这种最简洁的方式，利用企业内部报纸、网站等广泛的宣传阵地，把岗位对标的核心内容及给企业带来的成效讲清讲透。在指导上做到循序渐进、由浅入深，从最基本、最容易被员工接受、最方便实施和考评的地方做起，并注重培养典型，总结成功案例，使他们从体验中增强认同感。

2. 把握结合点，加快岗位对标管理的规则本土化

为保证对标管理工作的深入推进，确保取得实际效果，公司成立对标管理工作领导小组，制定了过程控制、对标例会、经验交流、信息发布报送等专项管理制度。明确了对标管理的组织机构和工作职责，将各项目标、责任层层分解落实；各专业、单位每月召开一次分析例会，每季召开一次对标工作会议，总结工作开展情况，分析发展状况，对下一阶段工作提出具体要求；畅通信息收集渠道，建立信息发布制度，提高对标信息的透明度和时效性，增强对标激励作用。将对标管理列入各专业、单位负责人年终综合绩效考核的重要内容，加强对各专业、单位日常对标管理的监督检查。同时，注重培养和挖掘重点单位、重点岗位以及关键工序，采取各种有效载体和手段，以点带面发挥好示范带动作用。

3. 激发共鸣点，促进岗位对标管理的参与全员化

岗位对标管理工作让对标成为习惯和做好工作的需要。按照职责分工，加强对标管理过程控制，将工作层层落实到基层和个人，各专业根据各自特点制定了具有专业特色的对标管理标准。如机电专业在全员对标管理中创立“排差距－找原因－订措施－重落实－勤总结－勤优化”的循环对标管理路径，按照煤炭企业管理标准建立了示范区，在示范区内，小到一个紧固螺栓丝头距螺帽的距离、油壶一次的注油量，大到绞车、皮带机操作要领，全部依照标准实施，在建立示范区的基础上，以点带面，逐片落实，最终形成全部机电岗位的操作标准。

4. 开展对标管理工作采取的主要措施

（1）树立安全生产“可控可防”理念，增强做好煤矿安全生产工作的使命感、责任感、紧迫感，把安全工作摆在高于一切、先于一切、重于一切的突出位置，以务实的精神、实干的作风，提升安全生产工作的主动性和前瞻性，做到居安思危，超前部署、强化监督，落实责任，把“主动抓工作，尽心履职责，提高执行力，落实全过程”作为行为准则，全面提升全员、全方位、全过程安全管理水平，坚决做到不安全不生产，努力创建安全生产“零事故”现场，打造安全生产“零事故”环境，实现集团公司煤矿安全和谐发展。

（2）着重以防治水和“一通三防”工作为重点的安全管理。认真贯彻落实《煤矿防治水规定》，检查“预测预报、有掘必探、先探后掘、先治后采”原则，严禁在周边空巷、采空区积水不清、有毒有害气体不明的情况下掘进和回采作业。

建设可靠的通风系统，确保通风系统合理、稳定、可靠。严格安全监测监控系统管理，切实搞好预防性检修、维护和周期性调校，做到系统稳定、灵敏、可靠。认真落实综合防尘区域管理责任制，完善综合防尘系统，提高防尘效果，杜绝煤尘超限。进一步完善矿井防灭火系统，提高矿井自燃发火的抵御能力。

（3）继续加强质量标准化工作。在安全质量标准化建设中，公司抓源头管

理，抓过程控制，严把“三关”：一是严把源头关。在工程立项初始时，就从支护设计、供电设计、通风设计、标准化方案、安全分析、设备情况、队组配备等方面进行周密的考虑、认真的分析，结合现场施工经验，提出多种方案，然后优中选优，在满足安全生产需求的前提下，充分考虑安全质量标准化方面因素，力争一次做好。二是严把现场关。建立健全责任挂钩考核办法，定期制定达标规划，并划分责任区，明确标准要求，分清责任范围，落实到人头上，使得工程质量问题与现场施工人员、联点包队人员以及高中层的管理人员挂钩，落实责任，形成全员管、全面管、动态管的监管体系。所有值班领导在实现与员工同上同下的同时，做到“三走到、三必到”。现场监管到位就是紧抓过程控制，对施工的每一个环节严格把关，保证了生产过程的动态安全和达标。三是严把验收关。每一项工作完成以后，都必须按照安全质量标准化验收标准去验收，对于不达标的工程严格按照考核制度进行考核。对工作的验收考核，不仅是为了检验工作的完成情况，更重要的是为了更好地促进下一步的工作。杜绝有始无终、有头无尾的工作安排，维护制度的权威性。只有这样才能使制度发挥出最大的效力，让每个人对制度保持着一定的敬畏，员工就能更好地遵循制度，按标作业。

四、岗位对标管理工作在煤炭企业的实施效果

公司以打造一座高标准的安全质量标准化精品矿井为总目标，按照环境育人的理念，通过改善员工的心境去改变员工的行为，坚持先易后难、由点及面、逐步推进的方针，大力开展岗位对标创建活动，重点建设，保证投入，专款专用，建设建立精品巷道、精品硐室、精品工作面，为员工创造良好的工作条件，不断提高员工安全生产的自觉性和主动性，促进员工井下作业安全。

1. 全面推进岗位对标管理工作，积极建立系统完善、考核有力的安全管理体系

岗位对标工作的开展使公司建立健全了“责任落实、基础扎实、投入到位、管理规范”的安全保障体系。建立了“岗位标准、工作标准、技术标准”，将各项标准层层落实到每个岗位、每道工序。公司按照《2012 年煤矿安全质量标准化考核评级办法》和《矿井安全质量标准化实施方案》，积极创建标准岗位、精品工程、亮点工程，推广安全质量标准化建设中好的做法和经验，以点带面，整体推进，着力实现岗位达标、专业达标和企业达标，全面提升安全质量标准化管理水平。

2. 继续加大安全投入，健全隐患排查治理三项机制，建立隐患排查治理长效机制

在安全管理中持续加大安全投入，按照集团公司《煤矿安全费用管理办法》，提取和使用费用安全费用，优先保障“一通三防”、瓦斯抽采、防治水、防灭火、机电运输、顶板等方面的重大隐患治理、安全设施改造等。

对照岗位对标管理工作，建立健全了“隐患排查激励机制，隐患治理机制，隐患责任追究机制”三项机制。建立与员工经济收入挂钩的隐患排查与治理进行激励，严格执行集团公司有关安全生产隐患排查治理的各项制度和规定，进一步强化公司职能部门各级人员安全生产隐患排查治理的责任，对排查治理安全生产隐患工作中由于责任不落实、安全技术措施执行不严格、现场管理不到位产生的安全生产隐患，严肃追究相关责任人的责任。

3. 注重文化引领，加强安全文化建设

公司以“企业、军营、学习、家庭”管理模式为基础，结合岗位对标工作的开展，从制度完善、人员行为规范、安全文化考核等方面入手，结合实际，把握重点，通过创新安全文化来催生新的理念、新的思路、新的机制、新的方法、新的举措。在岗位对标管理工作中认真开展以“安全第一，超前预防，贯穿全程，关键落实”等安全理念渗透和研讨活动，更新思想，创新观念，在安全制度落实、安全氛围营造等方面下工夫，引导和带领广大员工广泛参与，全员共建，使安全文化转化为公司的团队意识、集体行为和群体习惯，使之“内化于心，外化于行，固化于制”，形成具有经煤特色的安全文化。

结合岗位对标开展特色鲜明、主题突出、丰富多彩的安全文化建设活动，通过班前安全学习讲评、安全礼仪、安全全家福、安全亲情、安全奖罚激励，充分运用广播、报纸等强化安全文化理念的宣传渗透，通过开展多种形式的安全思想教育、安全宣传教育、事故案例教育，通过建立矿山主题安全文化、员工家庭安全文化等，把安全文化建设融入到矿井的方方面面。注重抓好“六预”安全行为，即预知预想、预报预警、预防预备的安全行为养成，提高员工执行力、服从力和战斗力，使员工养成危险预先想到，预先防范的行为习惯，真正实现预防为主，进而实现员工的“要我安全”向“我要安全、我能安全”转变。

（成果创造人：王山虎　李广俊　景剑峰　成一伟　郭继平　宋大伟　付中华　李跃祥）

多维度综合考评体系在山煤集团煤炭铁路运输管理的运用

山煤国际能源集团股份有限公司

山西煤炭进出口集团成立于1980年，是全国四家具有煤炭出口成交权的企业之一，同时也是山西省唯一拥有出口内销两个通道的大型国有企业。经过三十余年的历史和积累，目前已形成煤炭生产销售、高铁轮对制造和金融投资三大板块为业务核心的多元产业协调发展的大型企业集团。从2009年起，山煤集团紧紧抓住山西省煤炭资源整合契机，先后整合50余家地方煤矿，总体产能达到3000万吨。现有主体矿井21座，分布在大同、忻州、晋中、临汾、长治、晋城六个地市，形成了动力煤、炼焦煤、无烟煤、半无烟煤四大煤炭生产基地。

一、多维度综合考评体系在山煤集团煤炭铁路运输管理运用的实施背景

1. 煤炭铁路运输在全省能源经济的重要地位

煤炭铁路运输在煤炭贸易中占据着举足轻重的位置，这一点取决于我国能源结构和山西的煤炭禀赋以及运输结构。我国的能源结构仍然是煤炭占一次能源消耗的70%以上。而山西作为产煤大省，其煤炭调出占全国省际间调出量的2/3。2011年全省煤炭调出5.81亿吨，其中通过铁路调出4.56亿吨，通过公路调出1.25亿吨。我国煤炭生产区主要集中在“三西”地区，而煤炭消耗区却集中在东南沿海区域，铁路运输以其特有的定时、稳定、廉价优势成为煤炭这个大宗货物的首选运输方式。建国以来，尽管铁路建设达到了空前的规模，2012年山西省铁路网密度达到全国平均水平的两倍，但还远远没能赶上经济发展的步伐，铁路运输一直是煤炭贸易的瓶颈，做好煤炭铁路运输管理显得尤为重要。

2. 煤炭铁路运输对山煤集团全流程煤炭供应链的重要意义

目前涵盖集团煤炭运输方式有三种类型：一是公路运输，主要包括省内运输、出省和上站煤运输。公路运输以其方便、灵活成为一大销售运输方式，其缺

点是载重量小，不适宜长途运输，污染环境，运输成本费用较高。二是水路运输，包含自有船队运输和租赁船运公司运输。集团拥有山西省唯一的船运公司，自有船队总运力60万吨。三是铁路运输。三种运输方式中铁路运输销售以实现远距离、环保、经济、稳定等优点见长，无论从规模还是效益均是排在首位。因此，无论是目前还是将来，铁路运输仍将是源头运输，和下游海运、江运、河运、陆路等多种运输形式相结合，是供应链的物流基础。

3. 山煤集团铁路运输管理存在的问题

经过公司几十年的发展，铁路运输管理方面也逐渐成熟。但是，随着形势的不断变化，也暴露出许多新问题，主要表现在各级管理人员市场化理念不强，管理办法滞后，实际工作中管理手段单一，与现实情况脱节，导致效能下降。

在具体运行过程中，随着集团企业规模的扩大，全煤炭供应链的逐步建立，集团铁路发运量逐年上升，运输的不稳定性以及运输需求和运输配给的矛盾日益凸显。一方面，各发运单位运输需求旺盛，发运积极性高，但受铁路运输总运量限制，实际需求得不到有效满足；另一方面，在运力紧张的现状下，提高计划兑现率，合理分配运输计划是确保各发运单位正常经营的前提，但部分发运单位浪费计划现象严重，出现大计划小发运现象；再一方面是基金票和销售票回收上缴受各种因素影响，不能按期上缴，影响铁路计划的批复，造成已签订合同无法执行。基于以上原因，在煤炭铁路运输管理中建立多维度综合考评体系，寻找一种创新的管理模式和由此形成的考核体系，才能够促进铁路运输管理水平的提高。

二、多维度综合考评的概念和构建

多维度综合考评体系是指：围绕全年煤炭铁路发运任务目标，以铁路运输计划管理为核心，以信息化管理为手段，以和铁路发运相关的多管理因素为逻辑主线，以多维度考评为路径的综合考评体系。体系中每一项内容解释如下：

1. 铁路发运任务为目标

铁路发运历来被认为是公司煤炭销售的重中之重，这一点是由山西的煤炭销售政策和山西煤炭铁路运输通道所决定的。

2011年，山西煤炭产量8.72亿吨，占全国煤炭产量的24.8%，外调量为5.81亿吨，其中铁路外调量4.56亿吨，公路外运1.25万吨。作为能源重省，国家在山西的铁路运输建设上倾注了大量的投资，北部煤运大通道——大秦铁路作为全国的能源大动脉，肩负着国家北煤南运的主要任务，也是世界年运量最大的重载化煤炭专运通道，其货源辐射地主要在山西境内，大秦铁路前方的输入端（丰沙大线、京原线等）也在山西境内。山西煤运中通道有石太线、邯长线、阳涉线等。南通道有南同蒲线、侯月线、太焦线等。每年从山西铁路调出的煤炭通过陆路、水路等源源不断地销往全国各地，得天独厚的富煤禀赋和四通八达的运煤线路决定了山西的煤炭外运有着其他产煤大省不可比拟的地域优势。换言之，山西的煤炭销售离不开铁路运输，山西的煤炭销售优势也离不开铁路运输。

2. 铁路运输计划管理为核心

按照现行的有关煤炭销售管理政策，凡山西省境内通过铁路运输销售的煤炭必须由各煤炭经营企业每月向山西（太原）煤炭交易中心申报铁路运输计划，由山西（太原）煤炭交易中心平衡各家货源和需求情况后，统一将核准铁路运输计划报各铁路局，经铁路部门核准后，将最后的核准计划作为装车发运的依据。因此，铁路运输计划就成为煤炭发运的基础，没有铁路运输计划，则谈不上铁路发运，正所谓“兵马未动，粮草先行”就是这个道理。

3. 信息化管理为手段

集团花费 3 亿元巨资打造建设了信息化平台，也为集团建立多维度综合考评体系提供了科学可行的技术基础，依靠信息化平台强大的数据处理能力和快速、高效、准确的反应能力，使得多维度考核成为可能。

（1）高效性。随着集团信息化建设的深入和信息化平台的成功搭建，通过建立每日调度统计台账，无论是货源地站存煤情况，还是铁路运输计划的提报、核准情况，以及每日铁路发运、请车、批车、装车、港口接卸车等信息都能够做到日清日结，及时掌握。

（2）准确性。通过梳理业务，规范流程，分工明确，责任到人，确保了信息化平台上各项统计数据的准确性。

（3）透明性。因为在一定程度上而言，货源、计划、港口菜单、发运等都是无形资产，是宝贵的资源。因此，在实际操作过程中，坚持集体研究，做到全过程透明化。

（4）公平性。信息化平台根据不同岗位职能设定应有的权限，对于相同背景的单位力争享有共同的信息参考权益，便于各单位的相互比对和标准化操作。

4. 以和发运相关的多管理因素为逻辑主线

对于每一个发运单位来说，铁路发运的影响因素有很多，例如货源组织情况，站点发运能力，通道通货能力，港口接卸能力，阶段性堆存以及终端销售顺畅等情况。但是，从发运的管理角度来说，以下因素和发运的关系最为密切，称之为铁路发运的管理因素，也是多维度综合考评体系中的考评指标。

（1）铁路发运均衡进度：分为月度均衡进度和年度均衡进度。众所周知，铁路运力的特点是运力的不可储存性，所以铁路部门非常强调均衡运输，只有千方百计克服由于货源及市场因素带来的不利影响，避免货源的不稳定和由于市场销售不力导致的“有货无市”和“有市无货”，想方设法保持均衡发运，才能保证总体发运量的逐年上升。

（2）月度核准计划兑现：铁路运力的紧缺性决定了铁路运输计划是资源，是各单位不能随意浪费的。在一定总量的计划框架下，兑现的好坏直接关系到发运量的完成。铁路部门计划管理也是这样要求的，即把上月的发运数量作为下月运输计划核批的参照基数，上一年度的发运总量作为下一年度的发运参照基数。强调月度核准计划既是过程管理的要求，又是顺应铁路管理的要求。

（3）“两票”上缴率：“两票”是指可持续发展基金已缴证明回收票和山西省合法煤炭销售票。此两项既是省里政策要求，也和发运紧密相关。因为按照山西省有关规定，“两票”上缴不达标是不能提报铁路运输计划，“两票”回收情况直接和铁路运输计划的核批有关。

5. 多维度综合考评为路径

维度一：时间上的长短结合。即年终考评与每月考评相结合，在以往年度考评的基础上，新增了月度综合考评，更注重了过程管理。

维度二：空间上的点面结合。每个发运单位的发运情况和整体发运水平相结合，既考虑了个性问题，又涵盖了共性问题，同时还包含了同一发运区域内的不同单位互相比对。

维度三：不同性质的多个发运管理指标相结合，即考核体系中的发运考核指标。

维度四：指标的差异性量化。即根据各指标重要性的大小，采用分权计算，使得综合结果科学合理。

维度五：公平与透明相结合。即各考核指标来源于信息平台，信息化的全方位渗透使得各参数完全公平透明。

维度六：业务与政策相结合。即监管指标的引入促进了业务和政策的相互融合，有利于企业经营在良性的发展轨道上。

三、多维度综合考评体系在山煤集团煤炭铁路运输管理运用方法

1. 考评体系

多维度铁路运输综合考评体系基础满分为 100 分，具体分值为：铁路发运月均衡进度指标 20 分，铁路发运累计进度指标 20 分，月度核准计划兑现率 40 分，可持续发展基金上缴率 10 分，煤炭销售票上缴率 10 分。

2. 考核指标计分办法和标准

（1）铁路发运月均衡进度指标（20 分）。本指标主要考核发运单位当月发运任务完成情况，按照目标进行考核计分，铁路发运月度目标根据该发运单位年度目标均衡确定。

得分 =（月发运量/月均衡目标）×20 分

（2）铁路发运累计进度指标（20 分）。本指标主要考核发运单位年度累计发运任务完成情况，按照目标进行考核计分，各发运单位铁路发运年度目标根据股份公司下达的年度任务目标确定。

得分 =（累计发运量/累计进度目标）×20 分

（3）月度核准计划兑现率（40 分）。铁路运输计划是铁路煤炭营销和生产组织的总体安排，是实行运输生产集中统一指挥和建立良好运输秩序的基础和依据。该指标的好坏直接或间接反映了生产经营的预见能力、销售的顺畅性、市场的研判和决断能力。其重要性决定了其在考核评价体系中权重最大的指标。月度核准计划兑现率是指当月经过中国（太原）煤炭交易中心和铁路部门审核批准后的铁路运输计划（包括正式计划和补充计划）与实际铁路发运数量的比较。

得分 =（月度发运量/核准计划量）×40 分

（4）煤炭可持续发展基金上缴率（10 分）。煤炭可持续发展基金是省政府为实现煤炭产业可持续发展而设立的基金，目的是建立煤炭开采综合补偿和生态环境恢复补偿机制，弥补煤炭开采给山西造成的历史欠账，综合解决山西煤炭工业发展中存在的一系列问题。该指标的好坏反映了对山西省煤炭销售政策的理解和执行能力，也是合法煤炭经营企业必须履行的社会责任。各煤炭经营单位在办理次月月度铁路运输计划时，必须补齐以往欠量后，按上月实际发运煤炭量提供相应的已缴证明，方可提报月度铁路运输计划。

得分 =（补齐欠量后上缴基金量/月度发运量）×10 分

（5）煤炭销售票上缴率（10 分）。煤炭销售票是指煤炭生产、销售、购买、加工转化、运输、使用合法性的有效凭证，由省煤炭行政主管部门统一印制，发放给证照齐全的合法煤炭生产企业，并随煤炭流转，在省内终端用户或者完成出省销售时回收。该指标的好坏反映了煤炭经营企业对山西煤炭经营政策的理解和执行力，也反映了接受煤炭经营监管的自律性。各煤炭经营单位在提报铁路运输计划时必须补齐以往欠量后，按上月铁路实际发运量提供相应的煤炭销售票，经审核无误后方可提报下月铁路运输计划。

得分 =（补齐欠量后销售票上缴量/月度发运量）×10 分

3. 综合考评结果及应用

综合考评结果实行分值累加制，最终得分结果分为五级，分别是：优秀级，90 分以上；良好级，≥80—<90 分；合格级，≥70—<80 分；不合格级，≥60—<70 分；差级，<60 分。

考评结果在管理中的应用：一是动态管理运输计划。各单位月度综合得分达良好级以上的，如还有铁路发运需求，可优先增加提报计划量；综合得分低于合格级以下的单位，次月计划提报量不得超过本月实际完成量；连续两月综合得分为不合格级以下的单位，将对计划提报量严格控制。二是将为集团对各单位年终绩效考核作参考依据。发运单位的年度综合考核得分将与年度主要责任人业绩和总体薪酬挂钩，挂钩比例将根据管理需要及实际情况作适当调整。

四、多维度综合考评体系在山煤集团煤炭铁路运输管理运用的效果

1. 管理变化

（1）由于考核体系从多维度综合考评出发，通过全面、系统的考评结果应用，有助于提高集团自身以及各发运企业的运输管理水平，进而提高整体工作效能。现代铁路运销企业特点是规模大，其运输生产过程中各个环节相互联系、相互作用、相互制约。多维度综合考评是通过系统分析、评价，全面、有机、预见性地分析和处理运输系统中的管理问题，使各单位能够按照要求认真评价本系统的铁路运输状况，将全流程运输管理范围扩大到各个环节，使各个部门、每名职工在明确的目标下统一步调，做到铁路运输管理工作科学化、统一化和标准化。

（2）引用科学的考核指标，进行客观公平透明业绩评价，为绩效考核提供科学依据。通过多维度综合考评结果，各发运企业的管理人员和员工对本单位的铁路运输状况有一个全面清晰的认识。一方面，能够及早发现问题，及时调整思路和方法；另一方面，可以通过横向纵向比对，更加明确各发运单位的工作目标，激发各单位完成各自分解任务的斗志，提升考核的真正价值。

（3）通过考核体系的运行，使各级管理者真正意识到加强管理的作用，掌握科学管理的方式方法，提高领导水平。考核体系的透明和公平性，能促进管理者与管理者之间，管理者与员工之间的沟通与交流，提升企业基础管理能力。

（4）通过强化过程管理，各发运企业能够了解逐月影响铁路发运和计划执行的因素，通过提高计划兑现率调控发运数量和发运流向，及时调整经营思路和经营战术，避免问题的积重难返，在瞬息万变的市场环境中始终掌握主动权。

2. 经济效益和社会效益

（1）直接的经济效益。铁路发运量的增加本身就是经济效益。运输管理水平的提高无疑可带来发运数量的增加，通过多维度综合考评，可以提高计划兑现，实现均衡发运，激发各单位发运能力，提升发运空间，达到发运量的增加，真正实现铁路发运和经济效益的同步增长。

（2）间接的经济效益。通过多维度综合考评实施，建立科学的考评系统，以公司战略发展为目标，紧紧围绕全年发运任务，使公司上下核心价值取向和公司整体战略目标相一致，形成共同的理念和价值观。

（3）社会效益。铁路发运能力的提高在为企业带来经济效益的同时，也为企业带来了社会效益。铁路运输作为供应链的源头物流，其效能的增加可以通过全煤炭物流供应链传导并带动下游企业，有利于增加企业规模，扩大社会影响，提升企业形象，有利于企业长期良性发展。

（成果创造人：郭　海　高成春　葛海涛　刘　英　李　清　武　忠　侯　健）

资产所有权虚拟责任制管理体系的构建与实施

山西沁新能源集团股份有限公司

沁新集团总部位于山西省沁源县李元镇，集团拥有煤、焦、电、化、材、机械、物流及农林产业开发等八类产业，李元、沁北两个循环经济工业园区，是长治市最大的优质主焦煤生产和加工转化基地。是山西省工业企业30强，山西省民营企业100强，全国煤炭企业100强单位之一，也是全省30户循环经济试点单位，山西省煤炭综合利用科技创新十佳企业。矿井荣获全国五一劳动奖状、国际低碳企业奖，并被中国企业联合会、中国企业家协会评选为全国“最具影响力企业”，是全国就业与社会保障先进民营企业。

一、资产所有权虚拟责任制管理体系构建与实施的背景

各类资产是集团赖以生存发展的重要物质基础与核心。近年来，随着集团规模不断壮大，产业链条不断延伸，资产数量、种类大幅增加，资产管控难度逐步增大，资产“公有化”成分越来越大，导致现行资产管理体系在实际管控中各级管理人员与员工思想意识淡薄，责任心严重缺失，参与积极性不足，失责、失查、失控现象较为严重，造成资产非正常损坏、正常损坏后不能及时发现报告予以维修、资产流失等系列问题频繁发生，长期存在的缺陷、漏洞、隐患无人问津，直接影响到集团正常生产经营和生活秩序；存在问题充分说明集团资产管理缺乏一个有效的管理机制，缺乏系统的资产管理责任与奖惩激励体系，传统的资产管理模式已远不能适应集团快速、稳定、长远发展需求。

要解决这一问题首先必须提高认识，调整思维，转变机制，建立一种有效的资产管理责任体系。从集团多年来的管理经验证明，只有抓住责权这个牛鼻子，实现责、权、利的有机结合，才能从根本上解决资产管理责任缺失问题。为此，按照集团“一责三化”管理体系要求（“一责”指干任何工作首先必须落实责任，落实责任是核心、是前提，并通过检查、考核，确保责任落实到位；“三

化”指行为规范化、工作程序化、质量标准化），集团决定构建、实施一种资产所有权虚拟到人的责任管理体系，通过这样一种管理体系，提高资产管理意识，增强员工责任心，确保集团资产时刻保持安全、完好、清洁、高效的状态，实现集团资产价值最大化与保值增值。

二、资产所有权虚拟责任制管理体系构建与实施的内涵

1. 基本内涵

通过将集团资产所有权虚拟落实到员工个人名下，并赋予相应权利与责任，予以额外资产虚拟责任工资与奖励，保证资产所有权虚拟的实在性，实现了责、权、利对称与统一，极大提高了员工参与资产管理积极性、责任心；且资产虚拟所有人始终贯穿于资产管控各环节，体现人与物的紧密联系，实现生产力两要素的密切配合与真正结合，确保了集团资产整体保持安全、有序、清洁、高效状态，达到资产价值最大化。

2. 主要特征

（1）资产所有权虚拟责任制是将产权归属集团的资产所有权，根据资产特性、员工能力等因素虚拟落实到员工个人名下，达到物物有人管，并赋予资产所有人相应权利与责任，予以额外资产虚拟责任工资及专项奖励，实现责、权、利的对称与统一，确保资产所有权虚拟的实在性；从管理机制上提高了员工思想意识，解决了员工参与资产管理积极性不足、责任心缺乏的问题，改变了资产无人管，人多不管事的大锅饭现状。切实体现了人与物的紧密联系，实现了生产力两要素的密切配合与真正结合。

（2）资产虚拟所有人始终贯穿于日常资产管控环节，并加大对其检查、考核力度，确保资产所有人责任有效落实到位。从集团资产所有权虚拟到人开始，资产所有人始终贯穿于所辖资产使用、检查、维修、调拨、报废、出租、外借、理赔、异常情况报告等日常运行管控环节，承担资产所有人责任，履行资产所有人权利，同时明确了相应的惩罚条款，持续对其跟进检查、考核，确保资产所有人责任有效落实到位。

（3）提高资产维修效率，时刻维持资产完好，确保集团资产整体保持安全、有序、清洁、高效状态。集团任何资产一旦发现损坏，资产所有人立即向维修单位提出申请，并进入资产所有人及本单位督办系统，保证在最短期限内予以修复，确保资产持续完好状态，杜绝长期损坏造成的资产损毁、流失等现象，从而使集团资产随时保持安全、有序、清洁、高效状态，实现资产价值最大化与保值增值。

三、资产所有权虚拟责任制管理体系构建与实施的主要做法

1. 资产所有权虚拟责任制的概念

资产所有权虚拟责任制是将产权属于集团的机器、设备、设施、工器具、仪

器、仪表、房屋及建筑物、管线、草坪、土地、树木、山水等具有相对独立功能的实物资产，按照其功能特性、价值形态、重要程度和便于管辖的特点，结合集团各级员工的实际能力、资历、业务范围、岗位责任等因素将具体的资产所有权虚拟落实到集团员工个人名下，并赋予其相应权利与责任，予以额外资产虚拟责任工资与奖励，实行责任到人，考核奖惩的资产所有权虚拟责任制。

2. 资产所有权虚拟责任制的基本原则

（1）物有其主原则。集团内任何一件资产都能找到它的所有人，包括一草一木，一砖一瓦。

（2）既无重叠又无空白原则。集团内任何一件资产所有人，只有一个人，责任追查只找一个人。

（3）最终责任原则。对资产存在的各类问题，第一责任人及最终责任人为资产所有人。

（4）具有独立功能的资产所有权全部虚拟到人原则。固定资产所有权全部虚拟到人；低值易耗品中属非一次性消耗、且使用周期较长、具有独立使用功能的资产所有权全部虚拟到人。

（5）统一编码管理原则。集团资产实行统一编码管理，资产编码分为纸质编码、喷漆编码、铭牌编码、钢字码编码等类型，纸质编码由资产管理部打印发放，除纸质编码外其它编码由使用单位根据资产管理部对本单位资产首次编码号码为基准，按照编码要求规格、标准，结合所属资产特性、使用环境等因素，自行选择制作编码予以标识。

3. 资产所有权虚拟责任制管理职能划分

（1）集团专门设立资产管理部负责全集团资产所有权虚拟责任制的推进工作，包括各企业、各部门新增资产编码及纸质编码条的打印、发放，资产调拨手续办理、资产报废组织鉴定，参与转入固定资产的土建、技改等工程的竣工验收，实物资产增减变动、账物处理；并对各企业、各部门资产所有权虚拟责任制管理进行业务指导、培训、监督、检查、督办、落实、考核、比优竞赛。

（2）财务部负责集团资产入账、固定资产核算、保险理赔工作。

（3）各企业、各部门严格按照集团资产所有权虚拟责任制管理要求搞好本单位内部资产管理工作。各企业、各部门内部均设一名资产管理总负责人，负责本企业、本部门内部资产虚拟责任制管理工作，包括对各级资产所有人的业务监管、检查、考核、指导；各企业、各部门资产管理总负责人行政上受各企业、各部门管理，在业务上受资产管理部监管。

（4）集团总调度室及本单位调度室负责各类资产损坏后维修督办，确保损坏资产按时修复。

4. 资产所有人的责任与权利

（1）资产所有人承担下列责任：承担资产的安全责任，负责对存在隐患、缺陷的排查、解决和处理，对因此而造成的各类事故负责；承担资产的完好责任，负责资产的检查、维修、维护、保养或申请维修工作，对资产的完好保质负责；承担资产功能责任，对资产性能、功能不满足要求负责；承担对资产异常情况报告责任，对资产出现损坏、丢失、破坏时的及时报告负责，对保险理赔申报集团财务部负责；承担资产的报废、交库责任，即对所辖资产向本单位提出报废申请和报废后执行交库等负责；承担对资产使用人的检查责任，对使用人能否正确使用资产负责。

（2）资产所有人行使下列权利：有对所辖资产维修、保养申请单的填报权，并要求有关单位及时维修、保养权；有对有关单位对所辖资产维修、保养后的验收权及提出考核意见权；有对为保护、维护资产向本单位资产管理总负责人、最高主管，集团有关部门直至总裁提出请求办理事项的权利；有编制资产维修、保养和更新改造计划权；有对所辖资产使用人提出奖励建议权；有对所辖资产使用人检查、监督、提出惩罚权。

5. 资产所有权虚拟到人具体规定与程序

（1）资产所有人的选择确定标准。选择确定资产虚拟所有人，即将资产所有权虚拟到各级员工，具体参照下列办法选择确定：

①根据资产功能、所在区域、资产用途、性质、重要程度，按照其存在的空间、业务、性质最近原则确定。

②根据员工的业务、责任、能力、职位、业绩、信誉等与上述第①条匹配，综合决定。

③结合部门职能与个人岗位职责要求确定。

④能够成为集团资产所有人是集团对其的充分信任，其一般资格：为各企业各生产队组的班、组长以上人员；为各单位技术人员或管理人员；在某一方面有特殊技能、专长的员工等。

（2）资产分类与代码标准。根据集团资产所有权虚拟责任制管理规定，结合国家标准 GB/14885－94《固定资产分类与代码》，应用“用友”软件承载平台，将集团固定资产及相关低值易耗品分类与代码进行明确。

（3）资产所有权虚拟到人。各单位新增资产一经办理领用出库、调拨、移交、竣工验收手续，内部应立即确定其资产虚拟责任人，即资产所有人，并填写《资产所有权虚拟责任制资产明细表》，由资产所有人、单位最高主管签字确认；明细表一式四份，单位最高主管、单位资产管理总负责人、资产所有人、资产管理部各留存一份。

（4）资产编码。

①各企业、各部门于每月 18 日前填报《××单位资产月报表》报送资产管理部，报表填报内容包括当月新增资产（新领用出库资产、移交资产、调拨资

产、竣工验收土建工程、企业自制设施设备）、交旧领新资产、报废资产、有关低值易耗品等。

②集团库房管理部每月 18 日前填报《××单位新增资产月报表》报送资产管理部，报表填报内容包括当月新领用出库资产、调拨资产、企业自制设施设备，详细说明各企业、各部门当月新增资产明细。

③资产管理部根据各单位资产月报表、库房管理部新增资产月报表对各单位新增资产对口审核后，按照资产编码规定对各单位新增资产予以统一编码，纸质编码条打印留存档案后，转使用单位自行张贴；其他喷漆、铭牌、钢字码编码由使用单位以资产管理部对本单位资产首次编码号码为基准，按照集团要求规格标准，结合所属资产特性、使用环境等因素，自行选择制作编码予以标识。

（5）资产损坏维修程序。各类资产发生损坏后，资产所有人于1 日内报告本单位资产管理总负责人并填写《资产维修申请单》，经单位最高主管批准后，按资产维修职责转维修单位与集团总调度室或本单位调度室。维修申请单一式四份，资产所有人一份，单位资产管理总负责人一份，集团总调度室或本单位调度室一份，维修单位一份；维修单位根据资产损坏情况，按照要求期限积极组织维修，集团总调度室或本企业调度室要搞好对损坏资产的维修督办，确保按期修复。

6. 资产调拨程序

（1）各单位生产经营过程中出现生产性设施、设备等影响正常生产情况确实需内部资产调拨时，由使用单位提出申请，经集团总调度室批准后，到资产管理部办理《资产调拨单》后予以调拨。

（2）各单位办公设施设备等一般性的非生产资产调拨，资产转入单位到资产管理部办理《资产调拨单》后，予以调拨。

（3）资产管理部在各单位资产调拨手续办理次日对资产进行增减变更及账物平衡处理；资产转入单位搞好新增资产的所有权虚拟到人、编码、资产虚拟责任书补充，资产转出单位搞好转出资产注销及资产所有人所辖资产注销工作。

7. 资产报废程序

（1）资产所有人在日常资产管理活动过程中发现且确实需要报废的资产，由资产所有人向单位资产管理总负责人报告并提出报废申请，资产管理总负责人统一整理汇总于每月 1 日前填写《资产报废审批表》经单位最高主管审批，到集团财务部进行原值填写后向资产管理部提出申请；资产管理部接到各单位资产报废申请后按照《报废资产鉴定职责表》要求，于每月 1 日至 5 日牵头组织相关单位集中进行报废资产鉴定，各参与鉴定单位对所辖报废资产的最终鉴定结果负责。

（2）各类资产鉴定完毕后，报经集团技术总监、财务总监审批报废处理，对原值5万元（含）以上的应报总裁批准。

（3）资产管理部在各单位资产报废手续办理次日对资产进行增减变更及账物平衡处理，同时，于每月18日前将当月各单位资产报废情况报送财务部，由财务部作相应账务处理；各资产报废单位按照资产所有权虚拟责任制规定搞好内部资产注销及资产所有人所辖资产的注销工作。

8. 资产出租、外借程序

（1）资产出租时，由资产所有人履行签字确认手续，资产所属单位与承包单位签订合同并到资产管理部审批、登记、备案后方可办理出租业务。

（2）资产外借时，由资产所有人、单位资产管理总负责人填写《资产外借申请单》，经单位最高主管、集团财务部、财务总监审批，总裁批准后到资产管理部登记备案后予以外借。外借期间，资产所有人仍承担该资产的虚拟所有权，但不再承担对该资产的相关责任与权利。

（3）外借资产归还时，由外借单位人员领取填写《外借资产归还申请单》，经资产所有人、单位资产总负责人、资产管理部同面验收确认资产完好后，共同签字确认予以归还。资产归还后，资产所有人继续承担所辖资产的相关责任与权利。

9. 资产投保理赔程序

（1）集团对所属生产经营用的固定资产（如：机器、设备、工具、器具、房屋、建筑物、巷道）和非生产经营用的固定资产（如：公寓楼、食堂、澡堂、供暖锅炉等使用的房屋、设备）以及煤矿企业大型材料（液压支柱、液压支架等）等全部予以投保。

（2）各企业、各部门所属价值1000元以上（含1000元）的生产经营用固定资产、价值在2000元以上（含2000元）的非生产经营用固定资产一旦出险后（指非正常损坏），不论其损失大小，不论是否在厂家保修期，资产所有人都要在1小时内报告单位资产管理总负责人及最高主管，并填报《资产理赔报告单》报告财务部办理理赔业务，同时保护好受损资产现状，待保险公司现场勘验，同时报告资产管理部进行资产账物处理。

10. 资产所有权虚拟责任奖惩考核办法

（1）资产所有人资产虚拟责任工资。

①为充分调动资产所有人日常管理主观能动性与积极性，确保对所虚拟资产正确履行相应责任与权利，确保资产虚拟的实在性，集团实施正常工资外的资产虚拟责任工资制度。

②资产所有人根据所管辖资产价值大小确定资产虚拟责任工资，具体如下：所辖虚拟资产价值在5万以下（含5万），每月300元；在5－10万元（含10万），每月400元；在10－50万元（含50万），每月500元；在50－100万（含

100 万），每月 600 元；在 100 万以上，每月 700 元。

③资产虚拟责任工资除体现所虚拟资产价值大小外，另特别考虑所虚拟资产的日常管理难度，为此特制定资产类别工资核算系数，根据资产价值大小确定的资产虚拟责任工资乘以资产类别工资核算系数，即为最终资产虚拟责任工资，资产类别工资核算系数具体如下：

房屋、建筑物类，核算系数 0.5；建筑物中巷道类，核算系数 1.1；机电设备类，核算系数 1.2；机电设备类中综采、综掘设备，核算系数 1.3；锅炉、茶炉类，核算系数 1.2；办公设施类，核算系数 0.8；电脑、打印机等电子产品类，监测、监控、通讯设备类，核算系数 1.0；机动车辆类，装运机械类，核算系数 1.1；衡器类、化验设备类，核算系数 1.1；自制品，核算系数 1.0；其他类，根据实际，另行确定。

若资产所有人同时管理多种资产，所辖各类资产价值对应工资与资产类别对应核算系数加权平均工资即为最终资产责任工资。

④各单位资产管理总负责人每月根据内部及资产管理部对本单位资产检查结果，核算本单位资产所有人当月资产虚拟责任工资；资产虚拟责任工资实行一票否决制，即本单位内部及资产管理部检查发现资产所有人责任履行不到位现象一处次，除按相关考核条款惩罚外，另取消资产所有人当月资产虚拟责任工资，资产责任履行否决系数为零，具体核算公式如下：

当月资产虚拟责任工资 = 资产所有人所辖资产价值工资 × 资产类别核算系数 × 资产责任履行否决系数

（2）各单位资产管理总负责人专项奖金。集团对各企业、各部门内设资产管理总负责人实行月度资产管理专项奖金制度，其中各企业资产管理总负责人月度专项考核奖金为 500 元，总部各部门资产管理总负责人月度考核奖金为 300 元，由集团资产管理部每月检查，并参照资产所有权虚拟责任制考核处罚条款执行，从月度专项奖金中扣除。

（3）资产所有权虚拟责任制处罚条款。资产管理部作为集团资产所有权虚拟责任制推进主管单位，有权对各单位资产所有权虚拟责任制执行情况进行监督、检查、考核、处罚、通报；各单位内部日常检查发现存在问题，由本单位内部对资产所有人进行惩罚考核，具体参照下列处罚条款执行：

①各类资产未虚拟到人予以资产管理总负责人 10 元/件经济处罚。

②各类资产报表、台账出现错报、漏报、迟报、不报、虚报、私自涂改、账物不符等现象，根据性质严重程度予以资产管理总负责人 10 元/处以上经济处罚。

③资产编码管理存在未编码、未粘贴编码、编码粘贴与实物不符、编码损坏丢失未及时补办、重复编码等现象，予以资产管理总负责人、资产所有人 10 元/

件经济处罚。

④各类资产损坏后，资产所有人于1日内填写请修单，根据资产维修职能予以报修，未按时报修根据资产价值予以资产管理总负责人、资产所有人10元/件以上经济处罚；资产虽报修但未积极督办维修单位在规定期限内予以修复予以资产管理总负责人、资产所有人10元/件以上经济处罚。

⑤出现未办理资产调拨手续，私自调配、调拨资产现象，予以资产管理总负责人及资产所有人50元/件以上经济处罚。

⑥出现未办理资产报废手续，私自报废资产现象，予以资产管理总负责人、资产所有人50元/件以上经济处罚。

⑦资产未经批准私自外借，予以资产管理总负责人、资产所有人50元/件以上经济处罚。

⑧资产出现流失现象，按原值的5%处罚资产管理总负责人，资产所有人按原值赔偿。

⑨资产出险后必须在1小时内报集团财务部及资产管理部，隐瞒不报、拒报，经查属实后，每件次予以资产管理总负责人及资产所有人200元以上经济处罚；对因资产损失、损坏报告不及时，导致损坏资产出现保险公司拒赔现象，严肃追究资产所有人的第一责任。

⑩未严格执行资产所有权虚拟责任制管理规定中其他事项，根据性质情节程度予以资产管理总负责人及资产所有人50元/次以上经济处罚。

11. 资产虚拟责任制比优竞赛

（1）为全面推进集团资产所有权虚拟责任制管理，提高集团整体资产管理水平，形成各单位竞争激励机制，集团开展了资产虚拟责任制管理比优竞赛，比优竞赛坚持公平、公正、公开考核原则，由资产管理部与各企业、各部门分别组织进行。

（2）资产管理部负责各企业、各部门的比优竞赛工作，比优对象突出各单位资产管理总负责人，以月检查、考核、通报，全年评选3名优秀资产管理总负责人，并予3000元以上特别经济奖励。

（3）各企业、各部门负责本单位内部资产虚拟责任制比优竞赛工作，比优对象突出各资产所有人，以月检查、考核、通报，全年各单位分别评选出3名优秀资产所有人，并分别给予5000元以上特别经济奖励。

12. 资产管理举报制度

为全面落实资产所有权虚拟责任制管理办法，防止资产故意破坏、损坏、流失现象发生，集团设立资产虚拟责任管理监督举报电话，经调查属实，视情节轻重予以举报人1000元以上经济奖励。

四、资产所有权虚拟责任制管理体系取得的效果

2006年至今，集团通过构建、实施资产所有权虚拟责任制管理体系，并在实际管理运行中不断完善，各项工作取得显著成效，主要体现在以下方面：

1. 员工参与集团资产管理的积极性、责任心显著提高

通过将集团法人资产所有权虚拟转换为员工个人资产，并赋予资产所有人相应权利与责任，予以额外的资产虚拟责任工资及专项奖励，实现了责、权、利的对称与统一，保证了资产所有权虚拟的实在性；这种管理机制上的重大转变，使资产管理责任更加清晰明确，充分激发了员工的主人翁意识，工作态度焕然一新，员工参与资产管理的积极性，责任心显著提高。

2. 集团资产保持安全、有序、清洁、高效状态，实现了资产价值最大化

日常资产管控中，各类资产一旦损坏，资产所有人立即向维修单位提出申请，同时进入集团或本单位内部督办系统，在最短期限内修复，确保了资产的持续完好状态；资产所有人充分履行职责，对资产使用情况进行检查、培训、教育、考核，使非正常损坏降到了最低程度；资产所有人全程参与资产管控环节，充分掌握所辖资产的动态、流向，做到了心中有数，避免了资产流失，员工参与资产管理处于自动自发状态，集团资产大至生产重要设施设备，小到桌椅板凳整体保持安全、完好、清洁、高效的状态，营造了良好工作氛围，达到资产价值最大化。

3. 机电类设施、设备故障影响正常生产时间大幅降低，无重大机电设施、设备安全事故发生

通过实施资产所有权虚拟责任制，煤矿企业综采设备全月非正常检修影响生产时间控制在15小时以下，综掘设备全月非正常检修影响生产时间控制在12小时以下；非煤企业机电设施、设备全月非正常检修影响生产时间控制在10小时以下，同时其他机电设施、设备影响正常生产作业时间也大幅降低，且全年无重大机电安全事故发生，极大提高了资产使用效率，确保了企业正常生产。

4. 生产综合效率、经营效益显著提高

实施资产所有权虚拟责任制以后，集团沁新煤业公司2011年产量同比提高了40%，2011年成本指标同比下降了21%，非煤企业产量全部超额完成，成本较大幅度下降；但由于宏观经济影响，销售市场总体下滑等客观因素，2011年集团整体营业收入同比提高了2.17%，2011年利润总额同比有所下降。但从长期来看，集团生产综合效率、经营效益仍呈递增态势，取得了良好的经济与社会效益。

（成果创造人：孙宏原　张　健　孙永才　张　宝　韩免平　温国伟　郭　泰）

MEAP技术在大明煤矿安全管理中的应用

铁法煤业（集团）有限责任公司大明煤矿

铁法煤业（集团）有限责任公司大明煤矿现由大明煤矿斜井（原大明一矿）和大明煤矿立井（原大明二矿）两井构成，始建于1958年。矿井地质构造复杂，断层多，开采难度大。大明煤矿斜井一个水平开采、三个水平管理（即－35米水平、－120米水平、－410米水平），开拓方式为斜井集中运输大巷、采区石门、上下山开拓；大明煤矿立井开拓方式为竖井集中运输大巷、采区石门、上下山开拓。目前，大明煤矿为一综、一刨、一炮生产格局，生产技术达到国内的先进水平。矿井核定年生产能力为180万吨，煤种为长焰煤。

一、MEAP技术在煤矿企业的应用背景

员工是煤矿企业的主体，员工的喜怒哀乐在很大程度上影响着煤矿的安全生产和经济效益。2010年5月，项目组对大明煤矿综采队92名员工的心理调查结果显示，48.3%的人感到不幸福，67.4%的人感到压力反应明显，64.4%的员工需要包括心理咨询在内的医疗及保健服务，70.8%的人存在心理困扰，76.4%的人有压力管理需求。这些数据表明，大明煤矿员工急需心理健康方面的服务。

为了进一步提升大明煤矿员工的心理素质，特别是提升员工的心理健康水平和应对压力的能力，优化企业安全管理手段，提升煤矿的安全生产水平，大明煤矿在已有的安全心理学在安全培训中应用及事故心理三级控制基础上，与辽宁工程技术大学合作，尝试引进更为系统、先进的国际企业管理方式——MEAP（煤矿员工援助计划）技术，广泛借助MEAP管理手段，帮助员工排解心理问题，提升企业安全管理水平，这对煤矿而言，具有十分重要的意义。

二、MEAP技术的内涵与意义

1. MEAP技术的内涵

EAP（Employee Assistance Program）即员工帮助计划，是企业或单位组织为

员工提供的系统的、长期的心理援助与福利项目。它通过专业人员对组织以及员工进行诊断和建议，提供专业指导、培训和咨询，帮助员工及其家庭成员解决心理和行为问题，从而帮助员工缓解工作压力、改善工作情绪、提高工作积极性、培养他们积极、乐观、进取的心态，增强他们的心理素质，提高工作绩效及改善组织气氛和管理。

符合国际标准的 EAP 已经引进到中国，并开始本土化服务，在煤矿企业实行的 EAP 服务，即称为 MEAP。MEAP 是在 EAP 服务的基础上，在我国首创的“煤矿员工援助计划（Mining Employee Assistance Program）”，它由专业的 EAP 服务人员针对煤矿一线工人和煤炭企业的特点，提供专项的心理健康服务、心理咨询与相关培训，是为煤矿员工量身定制的心理保险。MEAP 可以为煤炭企业员工及其家庭成员解决心理和行为问题，提高煤炭企业的管理和生产绩效，为企业的安全、稳定、高效生产提供有力支持。一个完整的 MEAP 方案包括 5 个模块，见图 1。

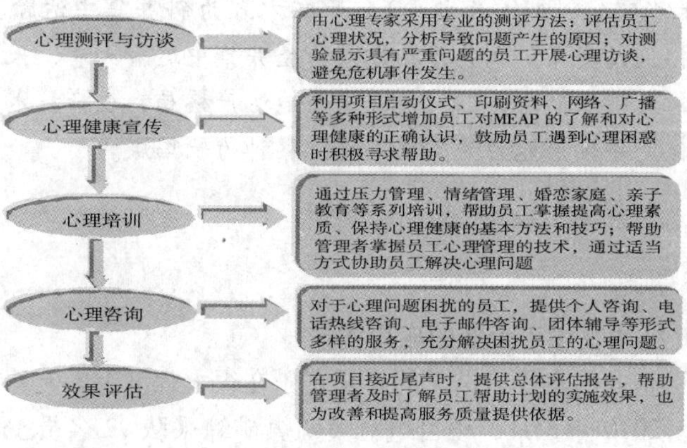

图 1　MEAP 技术的实施模式

2. 实施 MEAP 技术的意义

（1）MEAP 服务可以帮助煤矿企业实现安全生产。煤矿企业安全生产问题一直以来都受到国家、社会、煤矿企业、矿工及其家属等各个方面的高度关注。但是，近年来，煤矿安全事故仍是制约我国煤矿企业发展的瓶颈。通过开展 MEAP 服务，可以由专家为员工的整体心理健康状况把脉，根据他们的特点开展有针对性的心理健康培训，让他们学会管理和缓解自己的压力，提高工作绩效和满意度，减少酗酒、吸烟及其他成瘾问题，改正不良习惯，学会更融洽地和他人相处，同时帮助企业开展有针对性的管理，防止人为失误的发生，从而保障煤矿行业安全生产。

（2）MEAP 服务可以促进煤矿职业安全健康。从个人角度讲，开展 MEAP 服务可以提升从业人员的心理资本，增强其对心理问题的抵抗力，对影响煤矿员工的问题，比如恋爱、婚姻、家庭、子女教育、个人心理困扰等，提供及时有效的咨询、辅导和支持帮助。

从企业角度，MEAP 包括对员工的心理健康调查，并根据煤矿企业的实际情况和具体要求，针对不同层次的员工开展具有针对性的职业心理健康讲座、咨询、辅导、培训以及搭建专业心理服务平台，为煤矿员工的安全健康保驾护航。

（3）MEAP 服务是煤矿企业自身生存发展的需要。安全状况对煤炭企业自身生存发展有着重大影响。每起工亡、工伤事故出现后，企业直接经济损失惨重，间接经济损失、企业形象的损害则难以估算。而 MEAP 服务一方面可以减少了煤矿安全生产事故，另一方面也可以提高中层以上干部的幸福指数、基层管理干部的心理资本和一线员工的心理安全意识，对于煤矿企业自身的发展有着极大的促进作用。

（4）MEAP 服务可以满足煤矿企业员工的本能需要。按马斯洛需要层次论，安全需要是人类的基本需要。一旦生命受到威胁甚至丧失，其他需要就无从谈起。通过对矿工及其家属的访谈，研究者发现他们最迫切的需要就是“要安全，多挣钱”。研究表明，煤矿企业 80% 以上的事故均与人的因素有关，引起人为事故的重要原因之一是从业人员的心理素质欠缺，如认知不全面、注意不集中、记忆不准确、情绪激动或低沉、心理压力大，以及生活中的特殊事件引发的心理应激状态等，可见，心理健康已经成为影响煤矿员工工安全的一个重要因素。实施 MEAP 是满足煤矿企业员工安全需要的基本途径，它从企业和员工两个方面来做好安全工作，达到两者的完美契合。

总之，MEAP 能够提高矿工的心理健康水平、工作绩效和个人的生活质量；能够降低煤矿企业人力资源管理成本，提高投资回报率，有利于建立良好的企业文化，帮助煤矿企业实现安全、稳定、高效生产。

三、MEAP 技术在大明煤矿的应用

按照 MEAP 实施模式，大明煤矿 MEAP 技术具体做法如下：

1. 开展心理测评，为员工心理健康进行有效把脉

心理测评是企业对员工心理健康进行把脉的有效手段，是帮助企业了解员工心理特点、有针对性地对员工进行帮助的基础。2011 年 3 月，大明煤矿 855 名矿工参加了心理测评。测评采用的量表为症状自评量表（SCL—90）、工作压力反应问卷和压力管理量表。通过心理测评，得到如下最为值得关注的信息：

（1）员工轻生想法。心理学研究表明，大多数的轻生观念或行为都与个体的心理健康有很大关系，在心理测评中，项目组特设置选项，了解员工是否有轻生观念。在有效被试 846 人中，有 57 人对“近一年您是否有过想自杀的念头”一项选择“是”，比例为 6.7%，高于辽宁工程技术大学 2011 年对大学生轻生观念调查的结果（1.65%）。对有轻生观念的员工的压力反应、压力管理和心理健

康进行考察，发现有轻生倾向员工的压力反应总均分为59.2，压力管理总均分为73.19，SCL－90 总均分为181.86，从分数上看，其状态明显较无轻生观念的员工差（无轻生观念员工的压力反应总均分为49.70，压力管理总均分为76.28，SCL－90 总均分为135.42）。5 月 17 日，辽宁工程技术大学的心理咨询教师对这57 名有轻生观念的员工进行心理访谈，实际访谈人数为47 人。结果表明，存在严重心理问题者5 人，存在一般心理问题者6 人，其中11 人由于作答不认真，误选了轻生一项，其余25 人心理健康。经访谈，产生心理问题的原因有：综采、掘进等区队工作时间长，缺少休息、工作岗位发生变化（由高到低的流动）、新入职的员工、家里发生重大生活事件、职业倦怠、择偶困难、疾病、家庭矛盾、工作压力（怕得罪人）等。

（2）员工心理健康状况。SCL－90 的心理测试统计显示，有38.2%（31.2% +6.4% +0.6%）的员工存在不同程度的心理困扰。其中，心理问题程度为中到很严重的人数比例为7.0%；程度为轻到中度的人数比例为31.2%。

根据“2005 年中国员工心理健康”的调查结果指出：我国十大城市心理健康检出率排名中，宁波有心理健康问题的人数比例最高，达到35.3%，而本次心理测试显示煤矿工人心理健康问题人数的比例达到38.2%。由此可见，煤矿工人的心理存在问题的人数一定会高于全国平均水平，迫切需要心理方面的援助。

（3）井下不同区队员工的心理健康水平的差异。根据SCL－90 评分标准，总分超过160 分，提示阳性症状，依据此标准，通过对安检大队、炮掘一队、炮掘二队、综掘一队、综掘二队、综掘三队、维修一队、维修二队、刨煤队、综采准备队、综采队、综检车间、通风队、炮采队14 个区队进行测评，发现心理健康水平较差的区队为综采队、炮掘二队，得分分别为158.61 分、156.78 分；较好的区队为综检车间、维修一队，得分分别为116 分、119.58 分。

（4）员工压力状况。从身心反应问卷的调查结果看，压力反应明显的员工占所调查总人数的23.6%，有近四分之一的员工压力反应明显，有74.7%的员工感觉到无压力。

从员工自评问题的调查结果看，有50.5%的人认为工作压力大；在工作压力来源方面，工作负荷、人际关系、组织局限性是压力形成的主要原因；在最愿意接受的服务方式上，培训和面对面咨询是员工们比较喜爱的培训方式。

（5）影响员工心理健康的一些因素。根据健康状况、人际交往状况、与配偶关系状况、经济状况、文化程度、职务等14 个方面，将职工划分为不同的群体，如身体健康与身体患有疾病的员工，与配偶关系好、中、差的员工，经济状况好、中、差的员工等等，并对不同类型的员工的心理健康水平进行考察，如考察身体健康和身体患有疾病的员工的心理健康水平的不同，经济状况好、中、差的员工心理健康水平的不同等等。

通过心理测试发现，员工的身体健康状况、人际交往状况、与配偶的关系、幸福感水平、是否经历过生产事故、经济状况、是否有轻生观念在很大程度上能够影响员工的心理健康。

具体说来：疾病的员工比健康的员工有更多的压力反应表现，表现出更多的心理问题；人际交往一般的员工比人际交往较好的员工体会到更多的压力反应，更低的压力管理水平和更低的心理健康水平；感到幸福的员工比感到一般幸福的员工有更少的压力反应和更高的心理健康水平，感到幸福的员工比感到不幸福的员工有更少的压力反应和更高的心理健康水平，感到一般幸福的员工比感到不幸福的员工有更少的压力反应和更高的心理健康水平；经历过事故的员工比没有经历过的员工有更多的压力反应，更高的压力管理水平，更低的心理健康水平；经济状况好的员工比经济状况差的员工的心理健康水平更高，经济状况中等的员工比经济状况差的员工有更少的压力反应，更高的心理健康水平；有轻生观念的员工比没有轻生观念的员工有更多的压力反应和更低的心理健康水平。

2. 开展个体心理咨询，为个别具有严重心理问题的员工解决心理困扰

（1）心理测评后的访谈。根据心理测评的结果，对员工的心理健康状况划分为五类，第一类的筛查标准为过去有轻生想法的人，共 57 人；第二类的筛查标准为 SCL－90 任一因子分＞＝3 分，共 108 人；第三类的筛查标准为 2.5＝＜SCL－90 任一因子分＜3，共 106 人；第四类的筛查标准为 2＝＜SCL－90 任一因子分＜2.5，共 169 人；第五类的筛查标准为压力反应明显或者压力管理缺乏，共 369 人。

辽宁工程技术大学组织具有资深心理咨询经验的心理咨询师对 57 名具有较严重心理问题的员工进行心理访谈。随后，由大明煤矿安培中心的心理咨询师对其他值得关注的员工进行访谈。对 57 名有轻生观念员工心理访谈的结果如下：实际访谈人数为 47 人，存在严重心理问题者 5 人，存在一般心理问题者 6 人，其中 11 人由于作答不认真，误选了轻生一项，其余 25 人心理健康。随后，大明煤矿的心理咨询师对其他四类群体进行了访谈，及时发现了员工中存在的问题。

（2）大明煤矿心理咨询师开展的个体心理咨询。本项目中日常的个体心理咨询工作主要由大明煤矿安培中心的心理咨询师承担。从 2011 年 2 月中旬至 2011 年 11 月中旬，共接待个体咨询人员 18 人次，对有心理困扰的员工及时给予了心理帮助，有效地缓解了员工的心理困扰，避免了心理危机的发生。

3. 开展团体心理辅导，为具有同类心理问题的职工集中解决问题

2011 年 5 月，大明煤矿开展了以“关注矿工心理健康，促进企业安全生产”为主题的讲座，内容包括心理健康的涵义与标准、煤矿职工心理健康现状、煤矿职工心理问题原因分析、煤矿职工心理问题的危害以及如何提高矿工的心理健康水平等。通过心理测评筛查出的五类具有不同程度心理健康问题的员工全部参加

了本次讲座。

2011 年 6 月，大明煤矿开展了“团队精神与沟通能力”心理行为训练，近 400 名在团队协作、沟通方面存在问题的员工参加了本次训练。

2011 年 7、8 月，大明煤矿陆续开展了以亲子教育、婚姻家庭、直面压力、时间管理为主题的团体心理辅导活动，近 500 名存在这方面问题的员工参与了此项培训。

4. 开展心理健康知识宣传，普遍提升员工的心理素养

为在煤矿员工中普及心理健康知识，帮助其增强心理健康意识，提升心理健康水平，2011 年 6 月，项目组组织编印了《心理健康宣传手册》。内容包括心理健康的含义与标准，煤矿职工常见的心理问题，提升煤矿职工心理健康水平的方法三个方面内容，手册内容深入浅出，符合煤矿工人的工作、生活实际。此外，大明煤矿充分利用广播、橱窗、条幅、宣传栏等途径，传播心理健康知识。

5. 开展心理访谈实操技能培训，提升企业心理咨询师的业务水平

大明矿共有 6 位员工取得了国家心理咨询师证书，但是这些咨询师还没有太多的实践经验。2011 年 7 月，大明矿开展心理访谈实操技能培训讲座，由辽宁工程技术大学资深教授主讲，内容包括心理访谈概述、心理访谈流程详解、与访谈相关的心理咨询要点，心理访谈实操演练。理论与实践相结合的辅导，让大明矿心理咨询师对心理访谈有了非常清晰的认识。

6. 开展项目实施效果调查，保证项目更加契合大明煤矿实际

为了考察项目实施效果，及时总结项目实施过程中的宝贵经验，2011 年 11 月中旬，项目组对参与此项目的大明煤矿井下一线员工进行了抽样问卷调查，并依据此项调查结果对项目的实施效果进行了分析，及时总结了项目实施的经验与不足。

四、MEAP 技术在大明煤矿的实施效果

通过开展 MEAP 技术，提升员工心理健康水平，实现煤矿本质安全取得了显著的成效：

1. 员工的心理健康水平得到显著提升

在考察项目实施效果的问卷调查中，再次应用 SCL－90 量表和自编的 MEAP 效果调查问卷对大明矿 180 名井下员工进行调查，并与之前心理测评的结果进行比对，结果发现：

（1）员工群体心理健康水平总体显著提升。在初次测验中，员工 SCL－90 总分为 138.08 分；效果调查中，SCL－90 总分为 102.67 分，两者差异显著（$P<0.05$），说明本次测验的员工的心理健康水平显著高于初次测验的员工的心理健康水平。

（2）有心理问题的员工心理健康水平改善率达 79%。在初次测验的 855 人

中，有 45. 04% 的员工具有不同程度的心理问题；而在项目实施效果调查的测验中，具有不同程度心理问题的员工占所有被试的 9. 58%，说明该被试群体整体精神状况不甚良好的情况得到明显改善。按照以上比例，在初次测验的 855 名被试员工中，会有 386 人的任一因子分≥2，而按照本次测验的比例，则有 81 人任一因子分≥2。既说明，原来心理不甚健康的 381 人中的 300 人发生了改变，改变率为 79%。

（3）员工心理健康水平发生显著改变的主要方面。效果调查的统计数据表明，员工心理健康水平普遍明显提升，其中，员工在躯体化、人际关系敏感、焦虑、敌对、精神病性五个方面发生的变化更为显著。以往的不健康状态得到显著改善，焦虑、敌对等负面情绪显著缓解，人际氛围更为和谐。

（4）员工自我感觉心理健康状况发生积极的改变。采用 MEAP 效果调查问卷，对井下员工的感受采用自评的方式进行调查，其中关于员工心理健康方面的自我评价结果如下：经过 MEAP 服务后，100% 的员工感受到自身的心态更加积极、向上；97% 的员工学会了怎样更好地与他人相处；88% 的员工对工作、生活整体感觉变好；88% 的员工认为 MEAP 使他们学会了保持心理健康的技能，97% 的员工学习到了心理健康知识，89% 的员工缓解了心理压力。

由上述分析可以看到：无论在具有心理问题员工的心理问题改善方面，还是在参与项目的员工的心理健康水平提升方面，以及员工自我感觉心理健康状况改变方面，都显示出 MEAP 服务对缓解员工心理压力，提升心理健康水平发挥了重要作用。

2. 员工的安全生产行为习惯养成得到提升

帮助员工养成安全的生产行为习惯是提升煤矿本质安全的重要一环，通过效果调查问卷的数据分析可以看到，80% 以上的员工在安全生产行为习惯养成方面有提升。

（1）员工自我感觉自身的安全生产行为习惯有提升。在效果调查问卷中，有 84% 的员工认为本项目的开展使其更加意识到安全生产的重要性；有 87% 的员工认为本项目的开展使其安全生产习惯得到了强化；100% 参加后测的员工认为 MEAP 帮助他们提高工作效率，改善了所在团队的工作氛围。

（2）管理干部认为员工的安全生产行为习惯得到了提升。在效果调查问卷中，有 90% 的管理干部认为本项目的开展使员工的安全生产意识得到增强；有 81% 的管理干部认为本项目的开展使员工的安全生产行为习惯变得更好；100% 的管理干部认为 MEAP 服务提高了员工的生产效率，减少了员工缺勤率，降低了员工的“三违”发生率。

（3）同期大明煤矿安全生产形势稳步提升。2011 年项目实施期间与上年同期相比，“三违”人数等安全生产重要指标显著下降，表明大明煤矿安全生产形势稳步提升，同时也间接说明井下一线员工的安全生产行为习惯得以巩固和发扬。

3. 安全管理措施得到进一步优化

MEAP 项目本身具有很强的企业诊断功能，因为员工的心理问题大多与所在组织存在的问题相关。在本项目实施过程中，项目组在员工心理测评及心理访谈之后，以书面形式向大明煤矿提出了包括改进企业安全管理制度在内的 14 项建议，同时，项目组负责人还亲自与主要矿领导座谈，建议大明煤矿针对在 MEAP 项目中发现的企业管理中的薄弱环节加以改进，大明煤矿的心理咨询室在个体心理咨询过程中也发现了一些与企业安全管理、安全教育相关的问题，也及时向有关的矿领导作了汇报。大明煤矿认真听取了这些有针对性的建议，及时加强和改进了有关的安全管理措施，使企业的安全生产管理水平得到了优化和提升。

4. 建立了企业内部的心理健康工作队伍

2010 年，项目组与大明煤矿已经合作培养了企业内部的心理咨询师6 名，并且今年又针对这 6 名心理咨询师开展了心理访谈实操技能培训。目前，这6 名员工已经成长为成熟的心理健康工作专家，他们应用自身所学，在大明煤矿开展了丰富多彩的心理健康工作，例如：完善心理保健室，设立了心理减负日，对新进员工进行了人生规划和职业道德教育，开展个体心理咨询，及时帮助员工解决心理困扰，开展心理行为训练等等。

5. 建立了有效实施 MEAP 项目的模式

开展 MEAP 服务探索工作在大明煤矿已经有两年的历史，取得了良好的效果。总结以往项目实施过程中的宝贵经验，特归纳出适用于煤矿企业的 MEAP 实施模式，通过探索发现，适用于煤矿企业的一个完整的 MEAP 方案应该包括心理测评与访谈模块、心理健康宣传模块、心理培训模块、心理咨询模块、效果评估模块 5 大模块系统。

（成果创造人：宋伟林　李　静　叶玉清　王　杰　李　娜　刘国峰　苗亚臣　陈晓蕾　任立庆　曹晓明　高凤山　张树宏）

煤炭企业基于绿色开采的资源管理与利用

黑龙江龙煤矿业集团股份有限公司鹤岗分公司

龙煤股份公司鹤岗分公司是原鹤岗矿务局改制而成的国有重点煤炭企业。矿区 1917 年开发，1945 年建企，1998 年由中央直属下放黑龙江省管理，2002 年改制为国有独资公司，2004 年重组为龙煤矿业集团所属分（子）公司，2009 年分立为龙煤股份公司鹤岗分公司。矿区现有煤炭地质储量 16.9 亿吨，可采储量 9.5 亿吨，煤种以 1/3 焦煤和气煤为主，煤质低硫、低磷、中灰、高发热量，是符合环保要求的优质能源。现有 9 个生产矿井，年核定能力 1468 万吨；1 个在建矿井，年设计能力 120 万吨；5 个选煤厂，年设计入洗能力 870 万吨；1 个在建选煤厂，年设计入洗能力 400 万吨；企业在岗职工 52740 人，总资产 91.8 亿元，建企以来累计生产原煤 6.94 亿吨，上缴税金 85.9 亿元。目前，在煤矿瓦斯发电利用项目开发与实践方面，已建成瓦斯发电机组 16 台，装机容量 8000 千瓦。

一、绿色开采的实施背景

1. 绿色开采是我国在可持续发展框架下应对气候变化的必然选择

改革开放以来，我国经济以年均 9.3% 的速度增长，各项建设取得了显著成就，但也付出了巨大的资源和环境代价，经济发展与资源环境的矛盾日趋尖锐，面临着资源枯竭、环境污染、生态恶化的严重挑战。如果不加快调整结构，转变发展方式，就会出现资源难以支撑、环境难以容纳、社会难以承受、发展难以持续的被动局面。党的十七大报告将建设生态文明，形成节约能源资源和保护生态环境的产业结构、发展方式和消费模式，作为 21 世纪中国创新发展模式、转变经济发展方式的根本，顺乎世界变革潮流，更是实现可持续发展的必由之路。

2. 绿色开采是适应国家转变经济发展方式的趋势

在我国能源生产与消费的诸多领域中，经济发展严重依赖煤炭能源的支撑作用始终没有改变。同时，煤炭作为不可再生资源，伴随生产规模的逐年增加，其自身开采所造成的资源消耗和环境破坏日渐突出。据估算，目前我国每生产1吨煤炭，将伴生大约5.18m^3煤层气、0.18吨煤矸石、2m^3矿井水，而这些伴生污染物多数都未经处理排放。以2009年为例，全国生产煤炭30亿吨，向大气中排放的瓦斯气体高达156亿m^3，实际瓦斯利用率不足20%；直接排放的矿井水达到60亿m^3，实际矿井水利用率只有26%；因煤炭开采所排放的煤矸石高达5.4亿吨，煤矸石堆积占用了大量土地，矿区可耕地和林地资源逐年减少，而且煤炭开采伴生的废弃物对大气环境和地下水造成严重污染。

3. 绿色开采对贯彻落实“建设资源节约型，环境友好型社会”的基本国策具有重要意义

鹤岗分公司是全国重要的商品煤生产基地，为新中国的建立和发展做出过重要贡献。在享受大规模煤炭生产带来物质财富的同时，也尝到了煤炭资源浪费、矿井寿命缩短、矿区污染严重、生存质量尴尬的苦果。很大程度上讲，鹤岗分公司煤与伴生资源绿色开采，不仅对企业和谐发展有益，而且对鹤岗市转型发展有益，同时对全国类似企业和城市落实“建设资源节约型，环境友好型社会”的基本国策，实现企业与地方区域的全面、协调、可持续发展也具有重要意义。

三、绿色开采的基本内涵

绿色开采是新形势下，煤炭企业发展理念和生产方式的创新，其基本内涵包括以下三个方面：

1. 绿色开采的属性概念

绿色开采是从源头上解决煤与伴生资源浪费和环境破坏问题的方法，其基本概念可以归纳为：以实现煤炭企业资源与生态环境可持续发展为目标指导，以实现资源的高效利用与清洁生产为主要方式，对所要开采的能源和由此伴生的废弃产品，进行综合开发利用的生产过程，从而改变大量开采、大量消耗、大量废弃传统方式的产业革命。绿色开采将改变煤矿企业传统开采形成的“资源—产品—废弃”的直线单向过程，将煤炭生产活动高效有序地组织成一个“资源开采—高效利用—能源再生”的封闭型物质能量循环，保持煤炭生产的低消耗、高质量、低废弃，高利用，从而将煤炭开采活动对自然环境的影响和破坏减少到最低程度，获得最大的经济产出、社会回报和良好的生态效益。

2. 绿色开采的应有之义

煤炭企业资源绿色开采，涉及矿区生产、开发全过程，所有开采和开发范围内的煤炭资源、矿井水、煤层气体、伴生矸石，以及与开采资源临近的所有地下矿床，都是矿区生产开发和重点保护的对象。在实施煤与伴生资源绿色开采过程中，需要采用相应配套的开采技术、加工技术、利用技术、治理伴生污染技术，高效清洁地利用好煤炭、煤层气、矿井水、矸石等可以利用的各种资源。把防止

和最大限度地减少资源开采，对其他资源和生态环境的不良影响作为根本出发点，把尽可能多地获取最佳的经济效益、社会效益、生态环境效益作为最终目标，结合煤炭企业资源开采与开发现状，实施煤与伴生资源绿色开采，其涉及的范围主要包括：煤炭开采的安全高效技术、综合回收技术；矿井水资源的保水开采技术、清洁利用技术；瓦斯气资源的抽采技术、综合利用技术；煤矸石资源的充填技术、二次加工和循环利用技术等等。

3. 绿色开采的基本遵循

坚持资源开发与生态环境协调共进，是煤炭企业管理者必须顾及的基本责任。矿产资源的生产加工具有一定的规律性，比如煤炭资源的产出价值是由其固有的产业链关系所表现的，但是煤炭资源本身作为商品，其在开采时的难度和技术含量很难体现，煤炭资源的生产加工成本与销售价格不仅与相关的生产技术相联系，而且与资源赋存情况和矿区位置等客观条件密不可分，这些都与机械制造与加工类企业有着本质不同。再比如，在资源开发过程中，尽管开采条件和煤质条件没有明显差异，但由于开采深度不同、煤层地质条件等因素影响，开采难度和生产加工成本也不同。因此，必须从煤炭开采的设计、生产和加工到综合利用的整个过程来综合考虑绿色开采问题，并辅以宏观调控措施，从而促进煤炭资源型企业全面、协调、可持续发展，从根本上满足国家经济建设和社会发展对能源的迫切需求，实现资源开发与生态环境相协调。

三、绿色开采的创新实践

鹤岗分公司始终高度重视资源高效利用和生态保护，围绕实现绿色开采，积极创新和落实各项技术管理措施，重点推进了煤炭资源及伴生的煤层气、矿井水、煤矸石的绿色开采和综合利用，逐步达到“采煤不见煤、出矸不排矸、排水不见水”，实现绿色开采、低碳发展。

1. 煤炭资源绿色开采

鹤岗煤田共有可采和局部可采煤层 36 层，10 个主采煤层中，煤种为弱粘结煤、气煤、肥煤、贫煤、焦煤、1/3 焦煤和无烟煤，其中以 1/3 焦煤和气煤为主，煤质低硫（<0.30%）、特低磷（<0.005%）、中灰（20% 左右）、高发热量（4430 - 6590 大卡/Kg），是优质化工煤和优质动力煤，素有“绿色能源”美誉。现有生产矿井中，储量最大的益新、兴安、峻德 3 个矿地质储量为 12 亿吨，占总储量的 70%；南山、兴山、富力、新陆、新岭、振兴 6 个矿地质储量 2.7 亿吨，占总储量的 16%，其中储量最小的新岭矿和振兴矿 3500 万吨；在建的鸟山矿储量 2.2 亿吨，占总储量 14%。

鹤岗分公司煤炭资源赋存复杂，其显著特点：一是断层多。已探明断距大于 30 米的断层 326 条，中小断层不计其数，由于受断层切割破坏，薄及中厚煤层开采难度增加，影响了综合机械化效能的发挥。二是倾角大。煤层倾角一般为 25

~35°，部分煤层倾角甚至超过 50°。三是瓦斯大。瓦斯绝对涌出量 244.5m^3/分，是全国 45 户重点瓦斯管理监控企业之一。9 个生产矿井中振兴矿为高瓦斯矿井，南山、益新、兴安、兴山、峻德 5 个矿为煤与瓦斯突出矿井。四是易发火。所有开采煤层普遍具有自然发火倾向，其中绝大多数为 I 类发火煤层，发火期一般为 3-6 个月，最短 17 天，并且所有煤层普遍具有煤尘爆炸危险，煤尘爆炸指数为 35.3%~46.8%。五是冲击地压严重。随着开采水平逐年增加，矿井压力不断增大，富力、峻德、南山等矿先后发生过冲击矿压现象。复杂的生产条件不仅给煤炭生产造成了很大影响，而且给资源回收和生产接续带来了很大难度。

鹤岗分公司结合地质赋存情况，克服储量分布不均和地质条件复杂的现实困难，积极采取各种方式推进煤炭资源的绿色开采。

（1）优化设计。按照科学合理、高效发展、资源节约原则，从技术设计入手，重点推广了采区阶段小煤柱布置方法，扩大巷道使用断面，增加了工作面开采尺寸和可采量，2011 年开采块段平均走向、面长、储量分别比 2000 年提高 118 米、20 米和 12.4 万吨。

（2）改进工艺。坚持综采化、综掘化方向，大力推广综采、综放、轻放等新技术、新工艺，积极探索复杂块段高效矿井建设的有效途径，逐步淘汰 π 放和炮采等落后工艺，取消水采工艺。目前，综采工作面 14 个，占采煤工作面总数 54%，综采产量占全公司总产量 72%；掘进机械化水平大幅提高，装备综掘机 16 台，综掘工作面月均生产 13 个；工作面单产由 2000 年 1.8 万吨/个月，提高到目前的 5 万吨/个月。

（3）更新装备。为综采工作面引进过渡支架、端头支架和配套的大功率皮带机、桥式转载机、破碎机等连续运输设备，为回掘系统装备大扭矩锚杆、锚索钻机和大功率综掘机，为开拓系统引进液压钻车、侧卸式装岩机和反井钻机，提高掘进效率和施工速度。

（4）加强管理。结合鹤岗矿区各生产煤层的赋存条件，注重加强煤矿开采场所和煤炭运输管理，加大对资源储量相对较少的边角煤和已开采块段二次复采力度；对顶煤较硬煤层采取注水软化、松动爆破等措施，提高了顶煤可放性；利用煤矿三维地震勘探技术，对煤层赋存范围和煤岩构造情况进行详细勘查，提高矿井、采区和工作面回采率。近年来，在矿井开采难度不断增加的情况下，采区和工作面回采率呈现基本稳定，并逐年略有提升的态势。

（5）加大洗选。鹤岗分公司有选煤厂 5 座，分别是：南山选煤厂、兴安选煤厂、峻德选煤厂、峻发选煤厂、新一选煤厂，年设计入洗能力 870 万吨；在建选煤厂 1 个，年设计入洗能力 400 万吨。近年来，累计投入 2.2 亿元，先后实施了南山选煤厂一期和二期、兴安选煤厂三产品重介旋流工艺和洗水闭路循环、峻德选煤厂跳汰粗选和两产品重介旋流工艺等技术改造，除峻发选煤厂外，其他均采用国内先进的重介旋流洗选工艺，新一选煤厂还引进了美国赛吉满公司先进生产设备。特别是 2010 年以来，坚持“原煤不外销、不卖原字号”的原则，持续推进“精煤战略”，深入挖掘各厂洗选加工潜力，不断扩大原煤入洗比重，有效促进了煤炭高效清洁利用。经过多次技术改造，目前全公司年设计入洗能力增加到 2011 年的 870 万吨；原煤入洗量提高到 2011 年的 1091 万吨，原煤入洗率达到 75%，高于全国平均水平 25 个百分点。

与此同时，鹤岗分公司还开展了配煤加工和劣质煤转化工作，目前已建成配煤点 2 处、型煤加工厂 1 处，年配煤加工能力达 20 万吨，型煤生产能力达 6 万吨；2012 年，鹤岗分公司还将投资 4000 万元，启动建设煤泥烘干项目，在争取实现立达矸石热电厂夏季发电的同时，提高煤泥外销价格，预计项目建成后全年可烘干煤泥 60 万吨、创效 6000 万元。

（6）热电联产。为了提高现有热电厂效率，减少原煤消耗和环境污染，多次对热电厂进行技术改造。①采取煤泥掺烧新工艺，对原有的单纯使用高热值煤炭的 6 号炉进行高热值与低热值煤炭掺烧改造，改造完成后每个月使用低热值煤炭 2000 吨左右，有效减少了高热值原煤的消耗量，而且从根本上解决了煤炭洗选后产品的销路问题。②围绕解决电厂设备功耗过大的问题，采用变频高压缓冲设备，降低引风设备、送风设备、给水设备、高压电动设备、低压电动设备的用电功率，每年减少电能消耗 1200 万千瓦时，节约资金 150 余万元。③提高了加热器换热效率，日节水 300 吨。④投资 3120 万元分两期改造发电供热锅炉的除尘系统，一期用多管陶瓷除尘器改造水膜除尘器，除尘效率比改造前提高 27%；二期用静电除尘器改造水膜除尘器，除尘效率比改造前提高 29.4%，均收到了良好效果。⑤投资 828 万元改造热电厂燃煤系统，由烧原煤改为烧低质煤，年消耗低质煤 65 万吨，节省优质原煤 51 万吨、节支 4700 万元，节省优质原煤全部入洗增效 6600 万元。同时，通过科学严密的论证，2012 年将建设鑫塔水泥公司余热发电项目，预计投资 4000 万元，建成后年可节约标准煤 1 万吨、发电 3100 万度、创效 900 万元。

（7）控制消耗。鹤岗分公司始终高度重视节约自用煤，为此制定出台了自用煤管理办法，要求企业生产用煤能烧煤泥的烧煤泥，能烧型煤的烧型煤，在不影响锅炉效率的前提下，在锅炉中优先使用劣质煤，提高劣质煤使用比重，2011 年全公司自用煤 84.6 万吨，比 2005 年减少 22.7 万吨。同时，自 2000 年起先后投入 1.5 亿元，分两次对矿区供暖系统进行汽改水改造。目前，拔掉分散供热烟囱 320 余个，矿区北部居民冬季采暖已基本实现了集中供热，年可节约原煤 32 万吨，减少烟尘排放 1500 吨，氮氧化物 1520 吨。

2. 瓦斯气资源绿色开采

鹤岗分公司瓦斯资源丰富，截至 2011 年平均开采深度 670 米，煤层相对瓦斯含量5.3～10.12m^3/t，煤层瓦斯压力0.5～2.18兆帕，煤层透气性系数为0.148～1.825，属透气性较好的煤层。按矿井瓦斯储量公式计算，南山、兴安、峻德、益新、振兴、富力、新陆、兴山8个矿瓦斯储量86.4亿m^3。

在瓦斯气资源的绿色开采方面，重点加大了瓦斯抽采和综合利用工作。

（1）瓦斯抽采。鹤岗分公司在8个矿建立了地面固定和井下移动抽采系统，目前瓦斯抽采系统达到45套，其中地面抽采系统8套，抽采能力1000m^3/分；井下移动抽采系统37套，抽采能力3055m^3/分。主要抽采方法有：一是采前预抽。采前预抽分本层预抽和穿层预抽，采前预抽每个钻场扇形布置10—15个钻孔，钻场和钻场间距一般为30米左右。二是边掘边抽。边掘边抽也是防突卸压抽放，对于煤与瓦斯突出矿井，普遍采取先抽放后揭煤的措施。当掘进正前方打测压钻孔压力超过0.74兆帕时，在钻场内布置扇形钻孔，一般钻场布置钻孔10个，抽放达标后再掘进。三是边采边抽。对于瓦斯储量较大的矿井，采煤工作面在采前预抽的基础上，再补用边采边抽的手段，对于保证安全生产效果更加显著。四是采空区抽放。对于抽放总管路距离工作面较长，人力、物力紧张的情况下，采用采空区抽放瓦斯是解决采煤过程中瓦斯超限的又一重要手段。

（2）综合利用。利用瓦斯气体自身具有的清洁、安全、热值高的特点，建设矿区居民燃气供应系统，将井下抽出的高浓度瓦斯直接作为民用燃料，目前瓦斯气用户5万户，年均瓦斯利用量1400万m^3。2005年开始实施瓦斯发电利用，特别是2010年投资2856万元，相继在益新、振兴2个煤矿新建8台低浓度瓦斯发电机组，在兴安矿新建2台低浓度瓦斯发电机组，并完成2台高浓度转换为低浓度瓦斯发电机组改造任务。瓦斯发电规模由6台3000千瓦，迅速提高到16台8000千瓦，年发电能力由1200万度提高到4800万度，增长了4倍，而且后期规划的新建8台装机容量4000千瓦低浓度瓦斯发电机组正在积极筹备。预计到2012年末，整个矿区将形成装机容量1.2万千瓦的瓦斯发电规模。

3. 矿井水资源绿色开采

鹤岗矿区矿井水属中等碱性，日涌水量14.2万m^3，目前利用量2.6万m^3，主要用于生活饮用、净化洗浴、消火灌浆及煤炭洗选。近年来，鹤岗分公司充分利用国家项目支持资金，积极推进矿井水的净化利用，先后建成4座矿井水处理厂，并对南山净水厂进行了技术改造，取得了较好成效。

为推进矿井水资源绿色开采，减少矿井水直排对环境造成的污染，鹤岗分公司制订了相关规划，对全公司所抽排的矿井水全部实行净化处理，主要方法有：

（1）井下利用。煤矿采掘工作面防火除尘、灌浆喷碹、采掘设备过热冷却系统对水质要求较低，结合这一用水特点，应用矿井水井下处理技术，把矿井水通过沉淀和过滤后，将经过简单处理的矿井水引入固定水仓，并与井下防火、喷碹、除尘管路进行联接，井下所有防火除尘、灌浆喷碹、采掘设备过热冷却所需用水，全部直接利用经过简单处理的井下水仓收集的矿井水资源，降低了矿井水外排发生的成本费用，减少了矿井水外排对地面环境造成的影响和破坏。

（2）工业应用。实现矿井水资源的工业化应用是扩大矿井水利用规模的根本途径。鹤岗分公司在矿井水井下利用的基础上，将兴安矿、峻德矿、南山矿井下水，通过水质降解技术进行处理，拓宽了工业应用的途径和范围，重点满足煤矸石热电厂、热电厂和鹤岗市新华电厂工业用水需求。

（3）生活饮用。2006 年鹤岗分公司建成第一座矿井水净化处理厂，经过多年的发展目前已经并入城市供水管网，经佳木斯市和鹤岗市卫生防疫站等质监部门检测，目前各项指标均达到国家生活饮用水标准，并向矿区南部居民提供生活饮用水。到“十二五”末，还将建成二期兴安矿矿井水净化系统，并且对南山矿净化水厂进行技术改造，在原有设施设备的基础上增加净化水反渗透装置，使通过净化的矿井水各项指标均达到国家生活饮用水的标准。

（4）市场多用。2010 年，鹤岗分公司与国内一些矿泉水生产企业协商，采取技术引进或联合办厂的方式，把井下富含多种矿物质元素的矿井水作为原料，通过净化处理后生产加工各种类型的矿泉水打入市场。该项目建成后，将成为企业新的经济增长点。另外，开发矿井水保健功能，以南山矿井水净化厂为依托，将井下含氟量较高的矿井水经加工处理后，作为洗浴保健用水，全面打入鹤岗区域内的洗浴市场，并积极培育矿井水洗浴保健品牌，增加矿井水净化利用的市场效益。

4. 煤矸石资源绿色开采

鹤岗分公司现有矸石山 7 座，矸石总堆存量 641 万吨，占地 20.9 万平方米，并以每年 51 万吨左右速度增加。多年来，鹤岗分公司积极抢抓国家加强基础建设的机遇，利用填坑、铺路、垫道等方法，消灭历史遗留的炉渣及矸石山，目前已消灭了峻德矿、兴安矿、南山矿、新兴矿、益新矿、新岭矿和振兴矿的矸石山 11 座，完成沉陷区治理 1.57 万平方米。

鹤岗分公司在煤矸石资源绿色开采方面，重点实施了 6 项创新实践。

（1）减少总量。优化井巷和采区设计，在条件适宜块段推广煤代岩巷布置方式，减少了岩巷工程量和煤柱损失，降低了岩巷万吨掘进率，从源头上减少矸石产生量。

（2）置换开采。主要包括三种技术方法：①矸石膏体充填开采技术。就是用工业固体废弃物置换煤炭，用体积换体积，其技术工艺流程为：先将矸石破碎加工，把矸石、电厂粉煤灰、胶结料和矿井水等物料按比例混合搅拌，在地面加工成膏状浆体，然后利用充填泵通过管道输送到井下，充填到采空区，置换出煤炭，同时实现地面零塌陷。②矸石置换充填开采技术。其原理就是在条块开采煤柱中掘出充填巷，一次性投入锚网索联合支护巷道，用抛矸机进行矸石抛射充填。在每两条巷道之间留设4米煤柱以备相邻巷道沿空掘进巷道，随着时间推移，虽会发生塑性流变，但仍能起到局部支撑作用，避免顶板过度沉降。同时，在地面设置沉降变形观测站，以观测充填效果，并根据观测数据及时调整充填设计参数。通过采取一系列技术措施，达到采出部分煤柱后，对地面建筑物影响轻微的目的。③高水充填开采技术。此项技术是相对于膏体而言，充填物含水比率较高，为浆状流体，水分占到60%以上，其他成分为电厂废弃粉煤灰和少量添加剂，高水充填物经6小时后凝固为固体，逐渐承压并达到设计抗压值。以上三种方法，实现了资源利用最大化，有效减少了因采煤造成了地面塌陷，而且矸石不升井还防止了对地表环境的污染。

（3）矸石发电。利用煤炭开采和选煤厂对原煤洗选加工后，排出的具有一定发热量的矸石进行发电，是鹤岗分公司推进煤矸石绿色开采的重要途径之一。截至目前，鹤岗分公司建设的装机容量10万千瓦煤矸石热电厂已经建成投产，首台煤矸石发电机组于2010年10月一次性并网发电成功，该项目设计规模为两台50兆瓦抽背式汽轮机组和3台220吨/小时高温高压循环硫化床锅炉，设计年发电4.87亿千瓦时，供热能力400万吉焦，每年可消耗煤矸石、煤泥、洗煤筛上物和劣质煤65万吨，生产的38.9万吨灰渣可全部用于制作水泥等建筑材料，每年可节约标煤28万吨，同时每年还可减少烟尘排放4418吨、二氧化硫排放1958吨，低碳利用效果明显。

（4）井下喷碹。2001年，鹤岗分公司将过火矸石作为井下喷碹骨料，并于2002年在各煤矿进行推广。截至2010年累计建设过火矸石粉碎加工厂4个，每年可加工井下喷碹骨料20余万立方米，每年消耗过火矸石占产出量的60%，仅此一项每年节约资金700余万元。

（5）生产建材。鹤岗分公司从上世纪90年代开始，着手研究煤矸石特别是洗选矸石和粉煤灰的综合利用工作。截止目前，已经建成鹤岗市宇城空心砖有限责任公司，具备了年产7000万块（折标砖1.2亿块）的生产能力，主要生产多孔烧结砖及空心砖。工程分两期建设，一期工程投资3882万元，于2003年5月投产；二期工程投资3980万元，于2006年4月生产。按年产7000万块空心砖计算，将占鹤岗地区建筑用砖总量的60%以上市场份额，每年实现产值2500万元，并且可以利用粉煤灰4万吨、洗煤矸石20万吨，年节约烧砖标煤1万吨、土地3万平方米，实现了“制砖不用土，烧砖不用煤”，综合利用，变废为宝。

（6）复垦造林。鹤岗矿区林业管理部门从1987年开始，每年在排矸区进行矸石山复垦造林，并先后成功种植了樟子松和沙棘品种。截至2010年末，累计争取资金750万元，恢复造林1.5万亩，其中沙棘520亩、樟子松10120亩，恢复造林成活率90%以上。经后期观测，矸石山恢复造林后，林下植被种类较恢复造林前增加了9科30种，出现了真菌类和苔藓类植物，起到了防风固沙和防止水土流失的作用，矿区土壤含水量比以往增加 4.5 个百分点，理化性质由碱性转变为微酸性，空气中有毒成份得到根本控制，空气湿度明显增加，风流速度减缓，有效阻止了沙尘和浮尘，矿区空气质量得到显著改善。目前鹤岗矿区已经成为全国为数不多的煤矿矸石山复垦造育林基地之一，在全国具有很大影响，并被评为 2007—2009 年度全国绿化模范单位。

四、绿色开采的显著效果

鹤岗分公司作为国有大型煤炭企业，通过对煤与伴生资源绿色开采实践，有力推动了资源高效开发与循环利用，促进了企业可持续发展，收获了良好的安全效益、经济效益和社会效益。

1. 安全效益

鹤岗分公司在推进绿色开采过程中，引进推广了大量先进的生产装备、开采技术和加工利用工艺，极大地提高了企业的科技含量，进而也为煤矿安全高效建设创造了基础条件。尤其是通过加大瓦斯抽采，扩大瓦斯利用，使威胁矿井安全生产的最大灾害得到有效治理，矿井瓦斯绝对涌出量由 2005 年最高 338.7m^3/分降到 2011 年 244.5m^3/分，2011 年矿井百万吨死亡率控制在 0.30，创建企以来最好水平。

2. 经济效益

绿色开采改变了煤炭企业传统开采形成的“资源—产品—废弃”的直线单向过程，将煤炭生产活动高效有序地组织成“资源开采—高效利用—能源再生”的物质能量循环，实现煤炭生产低消耗、高质量、低废弃、高利用，2011 年共投资 7825 万元（其中：增加一套综采设备投入 5000 万元，选煤厂技术改造投入 2000 万元，热电厂技术改造投入 825 万元），获得了可观的经济效益。与 2005 年相比，2011 年企业综合能耗节约 21.27 万吨标准煤，按 2011 年煤炭产品综合售价 741.41 元/吨计算，直接创造经济效益 15770 万元。

3. 社会效益

通过实施煤与伴生资源绿色开采，极大地降低了煤矿生产过程中工业“三废”排放量，与 2005 年相比，2011 年废气排放量下降 11.68 亿立方米，烟尘排放量下降 1735.76 吨，SO_2 排放量下降 1076.59 吨，粉尘排放量下降 10 吨，废水排放量下降 2919.96 万吨，COD 排放量下降 10244.5 吨，SS 排放量下降 6839.4 吨，从根本上改善了矿区生态环境，创造了非常大的社会效益。

（成果创造人：赵　凯　孙丕云　王贵军　王立波　严祥武　王延彬　黄国胜　李金龙）

煤炭企业全面信息化管理实践

黑龙江龙煤矿业集团股份有限公司双鸭山分公司

龙煤矿业集团股份有限公司双鸭山分公司是520家国有重点企业之一。经过六十多年的开发建设，双矿公司目前形成了以煤炭生产为主体，精煤洗选、铁路运输、基本建设、供电发电、供热供水、医疗卫生、农林通信、物业管理等多元发展的产业格局。

一、煤炭企业全面信息化管理的实施背景

煤炭企业信息化建设目标是，实现企业生产过程自动化、管理方式网络化、决策支持智能化和商务运营电子化。通过信息资源的深入开发和广泛利用，不断提高生产、经营、管理、决策、服务的效率和水平，为社会提供更高质量的产品和服务，进而提高企业经济效益和企业竞争力。

作为煤炭企业，上个世纪之末的多年间一直处在危困状态，保持生产正常进行、保持一方稳定已经是企业和政府面对的头等大事，那时大规模信息化建设的时机还不成熟。步入二十一世纪后，煤炭企业逐步走上正常化的生产轨道，但减亏的任务仍十分繁重。面对刚刚开放的煤炭市场和行业内的激烈竞争，创新是救命的稻草。煤炭企业需要在制度上、技术上进行改造升级，在意识上、管理上积极推进创新，急需提高企业的经营管理水平，急需采用先进的信息化管理手段迎接挑战。通过管理创新，强化企业内控制度，消除企业存在的种种弊端，使企业逐步走上良性循环的发展轨道；通过企业信息化建设，提高市场信息的处理效率，抓住商机，增强市场竞争力；通过计算机网络化管理，提高企业的经营管理水平，促进管理工作现代化，降低成本，堵住亏损源，减亏增效；通过生产过程工控改造，消除安全隐患，减少事故和死亡率，增产增效；通过引进、学习现代管理理念，实现一次管理的跨越，使企业保持稳定、健康地发展。

在困境中找出路、在危难中求发展。为了使企业早日脱困、扭亏增盈、加快

发展进步，为使企业在激烈的市场竞争中取胜，企业进行信息化建设是必然的选择。因此可以说，信息化建设是促进或加快传统煤炭产业改造升级的必然选择。

二、煤炭企业全面信息化管理的内涵和主要做法

双矿公司进行全面的企业信息化管理，是以提高煤炭企业的决策力、竞争力、安全生产能力和经济效益为目标，以企业管理流程和业务流程重组与优化为基础，以应用信息技术和开发信息资源为手段，通过对企业的劳动用工、干部人事和工资分配三项制度改革和组织机构、管理体制的改革，推动企业的科技进步、提高企业的经营管理水平，带动企业管理创新。在“总体规划”指导下，从公司总部到各煤矿基层单位，从经营管理业务到安全生产领域，从监测、监控、综合自动化改造到数字煤矿建设，全面推进信息化，走出了一条“管控一体化”的企业信息化建设之路。

1. 总体规划与方案设计

（1）总体规划原则。企业全面信息化是企业发展的必由之路，但还应考虑到煤炭企业跨越区域大、下属单位多、业务复杂、管理水平高低不齐等实际情况，短期内实现全面信息化是不现实的。企业信息化建设是一项系统工程，建设实施时应该坚持“审慎论证、积极试点、分批实施、逐步完善”的信息化建设原则，坚持“统一规划、统一标准”的软件开发原则，坚持“效益优先”的重点业务选择标准和“先以经营领域为主、再向生产领域扩展”的建设方针。上信息化项目不能所有单位一哄而上，不要所有业务搞一刀切，要本着“整体规划、分步实施，突出重点、务求实效”的原则，将企业信息化工程按轻重缓急分期分批建设。

（2）规划内容与工程分期。双矿公司与合作伙伴联合制定了《双矿公司“数字双矿”建设规划及整体解决方案》，并以东荣二矿为试点单位制定了《双矿公司东荣二矿“数字矿山”建设规划》。

《规划》对双矿公司的信息化、数字化建设现状进行了分析，制定了“数字双矿”以“安全、高效”目标为建设总体目标。“数字双矿”建设涉及煤矿采煤、掘进、机电、运输、通风、地测、安全以及生产、供应、销售、财务、办公、人力资源等各个专业，主要内容是在建设网络基础运行平台及煤矿地理信息系统平台的基础上，按照统一的数字化标准和规范，进行矿井综合自动化改造、煤矿安全管理信息系统及办公自动化建设，最终完成“管控一体化”的数字化建设，实现数字化管理。《规划》还对实施方案和投资预算进行了描述，提供了数字化建设风险分析及保障措施和建设效益分析。

双矿公司企业信息化建设中级阶段发展战略方案已被编入《龙煤矿业控股集团双鸭山分（子）公司发展战略（2010 年—2015 年)》内。

按照双矿公司发展战略规划，企业信息化建设分初级、中级和高级三个阶

段。初级阶段为二十一世纪初的 10 年，共分三期工程，每一期工程工期为 2 年至 3 年，每两期工程之间设置约 1 年的过渡期，以对前一期工程进行内容补充与功能完善。现在，三期工程全部完成，并已向中级阶段过渡，信息化建设重点已向数字化矿山、数字煤矿建设转移，在初级阶段建设的基础上进行信息系统整合与系统集成，进行数据挖掘。

（3）总体设计。

①总体设计思想。双矿公司企业信息化建设初级阶段前期工程的基本思路是：以两台小型机作为中心文件服务器；选择适合的核心交换机和主交换机，构建一套连通有关单位办公场所的高速计算机网络；开发一部分关键业务急需的应用软件子系统，实现信息化处理，实现数据共享。以此为基础，后期工程逐步扩展。系统总体架构如图 1 所示。

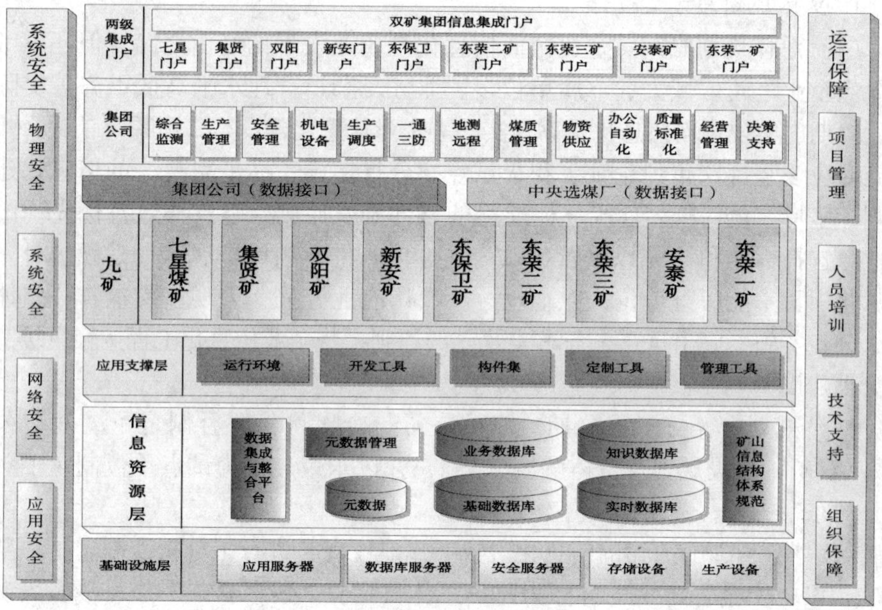

图 1　系统设计架构图

在已建成各子系统的基础上，按需要搭建管、控两个平台。管理平台支持企业安全生产、经营、管理全面信息化；控制平台包括井上、井下各类监测监控系统、工业电视监视系统、无线通信系统、生产调度指挥系统、生产过程自动控制系统等，各系统有效集成。以“管控一体化”作为最终目标。采用 Web 形式建设企业内部网站，将企业各类信息化应用系统集成到一个统一的数字化管理平台上。成熟一个系统，集成一个系统。同时搭建企业门户网站，适时构筑电子商务平台。

②详细设计简介。依“斯达模式”之管理理念，企业以生产管理为中心、以销售和供应两个市场为源泉，所开发的应用系统中应能充分突出这一点。

以“煤炭销售管理子系统”为例。销售是企业两个市场中最重要的一个市场，为提高经营决策和管理水平，建立快速高效的营销网络，就必须借助于计算机网络这一现代高科技手段，实现销售管理的全面信息化。

煤炭销售管理系统的总体目标是：实现煤炭采购、库存、销售、资源计划、配煤装车、车辆运输、商务处理、财务结算、报表、应收、应付等所有业务的计算机化管理，实现煤炭进、销、存物流管理与财务账务、报表、收付款业务的信息集成。整个煤炭销售管理的实现过程是销售数据处理的电算化和网络化。其业务流程图和信息化后的煤炭销售管理系统架构图略。

2. 网络建设

（1）搭建企业内部网络主框架。企业内部网络建设的总目标是，建成一个覆盖全公司行政管理机关、各生产煤矿、地面单位等楼宇的千兆光纤以太网——主干网络，以此为基础构建全公司城域网——企业内部网络。各办公楼及管理部门建立局域网，通过路由交换机与主干网连接，使包括安全生产、经营管理和监测监控监视系统、煤矿综合自动化系统等在内的企业各类信息化应用系统都能够在这一套网络上协调运行，共享网络上的各种软硬件资源，各种数据能在网上快速、稳定地传输。

①网络主干与分支。截至 2012 年上半年，企业内部网络主干线路（4 ~ 24 芯光纤光缆）长达 282 千米；分支线路从各煤矿机关大楼直达所有主副井口和采掘机运通区段、地测科、安检科、安全培训中心、物资供应站、火车站、储煤场、地面变电所、矿区社保分局等基层单位和部门。

②网络应用。双矿公司在企业内部网络上运行的，除了陆续上线的几十个应用软件子系统外，还有自成体系的通风安全监测监控系统、数字化考勤系统（包括电子刷卡、人员定位标识卡、虹膜身份识别三种）、地测空间数据库远程信息系统、社保管理系统、医保管理系统、煤炭装贮运网络视频监视系统、“双矿在线”新闻、视频会议系统、龙煤公司信息采集系统、矿内铁路运输站站通网络系统、双鸭山矿区综合安全防护视频监控系统、煤炭行业远程教育培训系统等等。这些系统共享企业内部网络硬件资源。

（2）建设煤矿井下工业以太环网。煤矿工业以太环网建设是以各类数字化、自动化设施为节点，以最短路径形成环路。井下环网要求非常严格，避免同一巷道内同时敷设环网出入路径；确实不能异巷成环而必须走同一巷道时，出入线路只能在巷道两侧分开敷设。这样既能保证当网络中的任何一段工作中的光缆线路被破坏或网络设备发生故障时，整个网络会自愈，并保证在 300ms 内恢复正常的通信。目前，双矿公司结合井下作业人员管理（人员定位）系统的施工，已经完成全部9个煤矿的井下千兆工业以太环网建设。

将矿井综合自动化系统、矿井环境监测监控子系统、各生产环节自动控制子系统、通信指挥调度子系统都连接在这一高速工业以太环网上，通过自动化平台软件整合，与地面煤矿管理信息系统集成在一起，以期实现全矿井的“管控一体化”。

双矿公司实际在各煤矿都建设了两套工业以太环网，一套专门用于通风瓦斯监测监控系统，一套作为其他所有井下数字化系统共享传输信道，且后者都是井下和地面双环路结构。它们同时通过防火墙与企业内部网络无缝连接。

（3）构建企业冗余环网。企业内部网络在原有星型结构的基础上，2010年开始建设企业全网回路系统。利用矿区专用通信网杆路及矿区铁路通信载波明线杆路，构建万兆级单模光纤光缆环状回路计算机区域网络。

煤矿安全生产的特殊性，要求煤矿网络系统必须是高可靠性的。由于整个矿区各煤矿的地理分布比较分散，若建设一个将各矿串在一起的大环网相对较困难。

2010年初，为了建设主干环形网络，双矿公司将GPS定位系统与Google地球信息系统相结合，创造性地设计了以各煤矿为单独节点，同公司中央计算机机房核心交换机独立成环的具有本公司特色的煤矿千兆工业以太骨干环网。为了达到高可靠性，以原有的公路路径为基础，再建了一条以矿区铁路通信路径为依托的光纤环网回路，实现了网络冗余。在骨干环网建设中充分考虑了视频数据占用带宽问题，专门预留一对光纤用于视频数据的传输。冗余骨干环网的建成，确保了全网畅通，为煤矿安全监测监控数据的不间断传输提供了保障。

3. 信息系统开发与应用

（1）经营管理重点业务MIS开发应用。

①试点开发效益好的经营管理软件子系统。双矿公司企业信息化建设初级阶段第一期工程，以供销财等业务为重点，共开发物资采购与供应、煤炭销售、财务、资金、成本、工资、固定资产、办公自动化、经济分析、生产调度、机电设备、领导综合查询等十几个管理信息子系统。这些子系统，特别是供应、销售、财务、办公等几大支柱子系统，经过适应性维护，多年来都在稳定运行，并且收到非常好的效果。

在此基础上，对软件功能做内外两个延伸，加强控制管理和整个软件应用系统的集成。物资供应、办公自动化、财务、生产调度等系统向内延伸至各煤矿应用；利用客户关系管理（CRM）和供应链管理（SCM）将煤炭销售、物资采购、设备管理等系统向外延伸到销售分公司、客户端或供货商。

②进一步扩大应用软件开发覆盖面。以经营管理领域开发应用为主导，逐步向安全生产领域扩展。相继开发了转供电管理、煤质管理、运输管理、投资管

理、信访管理、绩效管理、综合考评管理、党建管理等 18 个业务管理子系统，实现公司总部和部分地面单位的全面信息化管理。

③应用软件深度开发。在信息化实践中，有一部分软件在引进时其主体框架适合双矿公司应用环境，而某些功能需要改造或二次开发后方能实际应用。经过深度开发，取得了显著效果，成为公司的亮点工程。如引进并二次开发应用人力资源管理与数字化考勤系统，使原先相对独立的人力资源系统的各个业务流程、功能模块、子系统实现了无缝衔接，堵塞了原管理模式下的各种漏洞。该平台在多个方面实现了创新：员工调动统一管理、虹膜考勤“人卡合一”、考勤与人员定位系统交换数据、劳动合同信息化管理、人事电子档案远程查询、劳动定额标准统一、班组核算工作日清月结、职业技能鉴定网络在线考试、薪酬核算系统化管理、劳动统计数据自动生成。

（2）安全生产核心业务 MIS 开发应用。安全生产核心业务所对应的软件子系统包括生产技术管理、开拓技术管理、安全监察管理、“一通三防”（矿井通风、防瓦斯、防煤尘、防火灭火）管理、地测数据库系统、安全培训管理（包括煤炭行业远程教育培训系统）等。这些软件皆为公司总部和煤矿两级应用系统。

各煤矿专用管理软件包括矿井生产管理、安全管理、设备管理、能源计量管理、煤质管理、综合调度等管理系统和综合统计分析系统等的应用。这些软件上线运行，为煤炭企业安全生产起到了保驾护航作用。

（3）数字煤矿建设与信息系统集成。数字煤矿建设的重点是进行与煤炭生产相关的采煤、掘进、机电、运输、通风、安全、地测、矿井通信等方面的自动监测监控系统的研制开发，煤炭生产自动化与过程控制系统的引进应用。

①建设数字煤矿和开发煤矿应用系统。近几年，双矿公司企业信息化建设重点转向煤矿等基层单位，进行与煤矿安全生产相关的数字化矿山或称数字煤矿建设。各煤矿相继进行综合自动化系统建设或改造，构建井上、井下两个千兆级工业以太环网，实施井下机车、皮带运输、通风、压风、供电、排水、给水自动化系统，煤仓、主副井提升及井下斜井绞车在线监测，水仓自动清挖、作业人员管理、无线通信、视频监视系统，地面生产集中控制系统，调度指挥系统。

应用软件包含矿井综合监测监控集成系统和煤矿管理信息系统两大部分。矿井综合监测监控集成系统包括矿井环境、提升、给排水、回采、运输等各类“三遥”（遥测、遥信、遥控）子系统等的数据采集、集成。

②构建数字煤矿基础信息平台。引进地测空间管理信息系统，该系统基于 GIS（地理信息系统），作为煤矿信息化建设之基础设施，实现地质、测量专业图形与属性数据的统一管理。GIS 的应用为煤炭企业数字煤矿建设搭建了一个开放的基础信息平台。

基于 GIS 平台，双矿公司所有煤矿都已建成了煤矿井下作业人员管理（人员定位跟踪）、矿井工业电视监视系统等；部分煤矿已建成矿井无线通信、矿井综合监测系统；两个煤矿已完成综合自动化改造，实现了矿井采区皮带运输和井下供电、排水、通风、压风、提升、煤仓等系统的监测监控以至“三遥”和地面生产集中控制等，部分岗位实现无人值守，煤矿向自动化、现代化迈进了一大步。

③整合信息化子系统和集成应用系统。在已建成各个信息化子系统的基础上，整合并融化“信息孤岛”。信息系统集成原则之一是“继承历史、优化整合”。即在充分继承公司现有信息化建设成果的基础上，服从信息化支撑平台总体规划，做进一步技术更新、改造、创新、扩展，实现公司总部和各矿厂等基层单位、部门应用系统的横向与纵向互联互通、数据共享、无缝集成。通过基于数据软总线技术的数据共享与交换平台实现不同层次之间的数据共享与纵向集成，实现所有信息化应用系统、数字化管理系统及各类数据资源的有效集成。

全公司初步搭建起管理、控制双平台。以控制平台为基础，为管理平台提供基本数据；以管理平台为主导，掌控整个企业的管理运作流程和行为。控制平台上建成数字化监测、监控、监视系统；管理平台上建成全面的安全生产与经营管理信息化系统。

将控制平台与管理平台整合、集成在“企业信息门户”这一个统一的信息平台之下。提取关键数据支持企业管理创新、支持高层辅助决策，真正提升企业管理水平与竞争力。

4. 企业配套改革措施

企业信息化建设不能就信息化而信息化，需要与企业的三项制度改革、组织机构和管理体制改革、业务流程重组等事件相互配套、相互促进。

（1）组织保障。成立由总经理亲自挂帅的信息化组织机构——企业信息化管理工作委员会，确立企业信息化是各级“一把手工程”；通过组织与行政方式要求全员参与企业信息化建设，定期例会与整体推进；加强信息部门的技术力量，突出信息部门的责任；制定企业信息化总体规划，按规划要求分步实施，分期分批实现系统目标。

（2）人才培养。人才培养贯穿于企业发展的整个过程中。采取企业中、高层学习管理理论与提高管理素质和企业全体员工学习计算机知识与提高操作技能相结合的策略，为信息化建设的顺利开展奠定坚实的知识储备基础。

（3）选择合作伙伴。进行企业信息化建设，单靠自己的技术力量在短期内完成大规模的信息化建设是不现实的。但又没有任何一个合作伙伴能够包打天下。经过对国内特别是煤炭行业各信息化建设先进企业的考察了解和对优秀 IT 公司的研究取舍，双矿公司选择多个合作伙伴帮助本企业进行信息化基础建设。

（4）改革管理体制。进行企业信息化建设，要建立相应的组织机构和企业制度，体现出“制约、控制”的管理内涵。尤其是涉及采购、供应、销售、财务、办公等方面的业务流程，需要在机构和制度方面进行配套改革，这也是进行企业信息化建设的前提。双矿公司组织机构改革的主要措施归纳为五条：生产主体与非生产主体剥离，以生产管理为关键职能，以机构扁平化为特征，建立以约束、激励并行、责权利明晰的管理制度，体现控制、制约机制。

（5）重组业务流程。实现企业管理流程和业务流程的重组与优化，是深化企业内部改革的结果，又是信息化建设的基本要求，其最终目的是实现数据流程完全透明化，整体提高企业的经营管理水平。在企业信息化建设工程实施过程中，双矿公司从公司本部到各子系统项目单位都进行了大量的业务流程重组与优化工作。

（6）多方筹措资金。资金来源，主要是本公司自筹资金，同时考虑申请省政府支持一部分专项资金。根据每期工程进展情况，在每年末制定下一年度的投资计划。与安全生产、煤矿监测监控监视、综合自动化、井下数字化系统相关的软硬件投资，都可以列入年度专项基金计划的“安全生产费用”计划中，其他投资可列入“煤矿维简费”计划中。

四、煤炭企业全面信息化管理的实施效果

双矿公司通过企业信息化建设，进一步提升了企业的管理水平。主要体现在三个方面：一是管理模式和业务流程的优化。通过组织结构调整，优化了人员配置，各业务部门间的协作更加通畅；通过业务流程重组，加强了业务监控机制，大大减少了无计划性业务操作以及跑冒滴漏现象。二是核心业务的信息化改造。实现了公司机关和重点下属单位网络化、无纸化办公；实现了物资采购与供应、销售、财务、生产、安全、人力资源等系统的网络化、信息化、数字化管理；实现了对高层领导实时经营决策的信息支持，增强了企业的核心竞争力。三是管理职能的转变。促进了企业由原来的经验型、简单粗放型管理向现代化、集约化、精细化、科学化、人性化管理转变。

1. 经济效益

双矿公司各个管理信息化应用软件子系统陆续开发完成并投入运行几年来，已见很好的成效。有些子系统已在安全生产、经营管理中发挥了很大的作用，创造了良好的经济效益。通过企业信息化建设，提升了企业的经营管理水平，提高了员工的工作效率，加强了业务监督与控制机制、优化了业务流程、使得关键业务数据流程透明化，降低了物耗和资金占用，堵塞了漏洞，综合起来每年为企业带来直接经济效益逾 1000 多万元。

2. 安全效益与社会效益

安全效益主要体现在信息化管理与应用方面，一是安全监察管理软件的应用，二是监测监控、综合自动化建设与数字煤矿建设。双矿公司在达到减人提效、安全高效、稳产高产、绿色开采的同时，做到了动态、准确、及时地掌握矿井安全生产状况、煤矿井下每个岗位、每个角落的人员分布状况和安全、风险、隐患情况，甚至每位入井人员的位置信息和活动情况，掌控各工作面危害辨识、风险控制、隐患整改与排查状况。信息技术与数字化系统为煤矿调度生产、抢险救灾提供了有效的决策数据。

通过企业信息化建设和数字煤矿建设，提高了企业安全防护水平，保障了企业安全生产稳定有序地进行，使煤矿安全管理工作在先进的信息技术装备下步上一个新的台阶。

企业信息化建设和煤矿数字化建设，为煤炭企业构建和谐矿区起到积极推进作用，真正地实现了以人为本的管理目标，企业信息化建设造福整个矿区。

3. 行业地位与推广价值

双矿公司企业信息化全面建设无论是在软件开发、应用、系统集成，还是向煤矿拓展、向矿井延伸和进行数字化矿山建设等方面，始终走在全国煤炭企业信息化建设的前列。在一定程度上影响并带动了黑龙江省内其他煤炭企业开展信息化建设工作。

双矿公司企业信息化建设成果——各个应用软件系统、数字煤矿系统和有关的管理信息系统等——作为科技创新成果和现代化管理创新成果，有几十项分别荣获双矿公司科技进步奖、龙煤矿业集团科技进步奖、黑龙江省企业管理现代化创新成果奖和煤炭工业企业管理现代化创新成果奖等多个不同级别的奖励。

作为传统国有大型企业，双矿公司的一些做法对于同类型企业进行信息化建设具有很好的借鉴作用，在煤炭行业也具有一定代表性，极具推广价值。鉴于双矿公司企业信息化建设的成功经验，先后有近十个兄弟煤炭企业和众多其他行业企业来双矿公司考察、交流、学习，国家煤矿安全监察局通信信息中心领导、黑龙江省委省政府有关领导等对双矿公司企业信息化建设工作给予了高度评价。

（成果创造人：李庆军　张胜存　刘东光　赵维国　张长山　门占楼　杨云飞　郑彦山　高芝良　孙龙云　王华东　栾晓岩）

大型企业标准化工作的创新实践

淮北矿业（集团）有限责任公司

淮北矿业是以煤炭采选、煤盐化工、现代物流为主的国有大型骨干企业，国家“十二五”重点建设的十四个大型煤炭生产基地之一。其前身为淮北矿务局，始建于1958年5月，1998年3月改制为淮北矿业（集团）有限责任公司。公司现有资产总额750亿元，员工8万多人，生产矿井22对，核定产能4100万吨，年产冶炼精煤1000万吨，位列全国第三、华东第一。50多年来，淮北矿业累计生产原煤6.9亿多吨，上缴利税近300亿元。在2011中国企业500强排名第243位，煤炭企业100强排名第20位。

一、大型企业标准化工作创新实践的实施背景

为贯彻落实《国家中长期科学和技术发展规划纲要（2006—2020年）》和《标准化“十一五”发展规划》，大力推进以企业为主体，产学研相结合的科技创新体制，坚持科学发展观，实施标准战略，为淮北矿业集团公司建立起新型、科学、系统的企业标准体系，发挥标准在规范煤炭生产经营秩序、提高企业管理水平、促进煤炭科技创新、增强企业核心竞争力、提高产品质量和经济社会效益，实现煤炭企业快速、协调、可持续发展中的技术支撑和基础保障作用，于2008年3月淮北矿业集团公司技术中心提出了《淮北矿业集团企业标准体系研究》科研项目。

通过调研分析，并对比国内外众多相关行业标准化及标准体系发展情况来看，淮北矿业集团的企业标准体系有着较好的基础，但还存在一些问题，主要有以下几点：

1. 没有形成完整的标准体系系统，标准的结构也有待于完善

原有的煤炭标准体系早已不适应新形势发展的需要，应根据当前企业的需求和今后的发展建立新的标准体系。在目前新的煤炭标准体系尚未建立的情况下，煤炭标准结构还不尽合理，有些企业生产经营过程中急需的标准尚未制定。

2. 标准的总体技术水平不平衡

煤矿专用设备标准体系的结构中，中、低档煤机产品的标准多，高新技术、高附加值产品急需的关键技术标准少，其结构不是很合理，因此企业标准水平应进一步提高。

3. 标准宣贯力度不够，使部分标准未能充分发挥作用

在企业标准中，有一些标准使用较少，而且对于已有标准的宣贯工作还很不够，它对标准的执行造成一定的影响，标准的作用未能得到全面体现。

4. 企业尚未完全发挥标准化主体的作用

搞好标准化工作，必须充分发挥企业的主体作用，但目前淮北矿业集团标准化工作发展也极不平衡，有的公司部门很重视，但有的公司部门对标准化工作重视不够，这对煤炭标准化工作的开展和标准的贯彻执行十分不利。

淮北矿业集团目前各部门和公司都很重视标准工作，都有自己的标准，但就完整的标准体系而言，除临涣选煤厂具有较完整的标准体系外，集团公司尚无完整的标准体系。集团在生产经营过程中，自发地应用了一些标准，但处于较为混乱状态，尚未形成体系。

课题拟就从技术标准、管理标准、工作标准三个方面进行梳理和研究，将企业标准体系逐步构建。课题力求在翔实的调研基础上，通过系统工程的分析方法，将传统的企业标准状态转变为系统化的标准体系，形成企业标准体系，并最终为企业战略服务。

同时，基于集团公司《淮北矿业集团企业标准体系研究》已经通过煤炭工业协会科技成果鉴定（中煤科鉴字 2009 第 QG4 号），为了进一步将其成果转化为实际应用优势，在此基础上建立起“集团公司企业标准体系信息系统”，为本集团公司实施和贯彻技术标准、管理标准和工作标准提供强有力的技术支持。

二、大型企业标准化工作的创新实践内涵和具体做法

1. 建立企业标准体系的依据

本研究构建的淮北矿业集团企业标准体系主要依据：中华人民共和国标准化法；GB/T 15497 -2003 企业标准体系技术标准体系；GB/T 19273 -2003 企业标准体系评价与改进；GB/T 13017 -1995 企业标准体系表编制指南；GB/T 15496 -2003 企业标准体系要求；GB/T 15498 -2003 企业标准体系管理标准和工作标准体系；淮北矿业集团发展战略。

2. 建立企业标准体系的原则

（1）淮北矿业集团标准体系构建的指导思想。以全面、协调、可持续的科学发展观为指导，坚持以市场为中心，结合我国能源发展规划，以加强标准化自身建设为基础，以资源合理有效利用为目标，为科学、高效地开发利用煤炭资源提供技术支持。

（2）淮北矿业集团标准体系构建原则。根据我国“十一五”煤炭工业标准化发展规划，以及国家煤炭标准体系总体规划的指导思想，在构建我国煤炭标准体系时应遵循以下四项原则：

①系统配套原则。对于煤炭行业，任何一个单独的标准都难以发挥其效能，必须依靠标准的集成性，把若干相互关联、相互作用的标准综合集成为一个标准系统，以实现企业总的生产经营目标。因此淮北矿业集团标准体系的建立，要紧密结合煤炭行业特点，覆盖生产经营各个环节，各标准之间要协调配套，能有序地适应煤炭行业的发展。为此建立标准体系时，应遵循系统工程理论，在内容和层次上要充分体现系统性，恰当地将标准项目安排在不同的层次上，做到层次分明、合理，标准之间体现出衔接、配套关系。

②协调一致原则。要求标准体系从系统的角度，使现有的国家标准和行业标准符合“各功能模块配合得当、各司其职、不存在交叉、重复、矛盾、不协调不配套等现象”，使标准层次分明。

③重点突出原则。淮北矿业集团标准体系表的组成应完整、配套、基本覆盖企业生产经营全过程，以充分发挥标准体系的作用。

④科学实用原则。淮北矿业集团标准体系构建本着以企业实际相联系的原则，力求标准体系紧密结合企业生产实际，体现标准体系的实用价值。

⑤动态拓展原则。在编制标准体系表，确定标准项目时，既要考虑到目前的需要和发展水平，也要对未来的发展有所预见，便于随着技术的发展而进行灵活的扩展，使体系表留有可扩充的空间。

在遵循上述原则的基础上，在构建煤炭资源开发和利用标准体系时，必须在充分了解煤炭行业及相关技术委员会所属专业与技术领域的基础上，通过充分调研力求做到全面配套、层次恰当和划分分明，形成一个科学的有机整体。标准体系并不是任意数量标准的盲目叠加，而是要达到体系本身的最佳秩序和最好的经济效益，因此，在不同专业和门类的划分要力求科学和准确。

3. 建立企业标准体系的目标

建立淮北矿业集团企业标准体系主要目标有三个：一是规范企业管理，推动企业科技进步，提升企业核心竞争力；二是推进企业标准化水平，指导企业标准制修订工作；三是创新煤炭企业标准化工作，引领煤炭行业标准化的发展。

4. 企业标准体系构建方法

目前搜集到的国内各行业的标准体系来看，尽管各行业的标准体系分类的方法各不相同，但是标准体系的结构形式均为层次型的结构形式。层次型结构的标准体系能表现出标准体系的内容组成，但是标准内容的之间关系并未进行充分地表达。

煤炭标准化所涉及的标准集合是一个复杂多态的标准体系，其中既有层次结构，也存在关系结构。

目前在标准体系研究中应用的基本研究方法主要有四种：分类法、层次法、系统法和过程法。针对煤炭标准体系，主要采用过程法和分类法相结合的方法来构建淮北矿业集团标准体系结构。

二、大型企业标准化工作创新实践的具体做法

1. 淮北矿业集团企业标准体系总框架

淮北矿业应用过程法和分类法，在充分的调研基础上，依据相关国家标准，构建了淮北矿业集团企业标准体系框架。该标准体系结合淮北矿业集团实际，按照技术标准、管理标准和工作标准进行分类，并结合淮北矿业集团各部门情况划分，标准体系框架如图 1 所示。

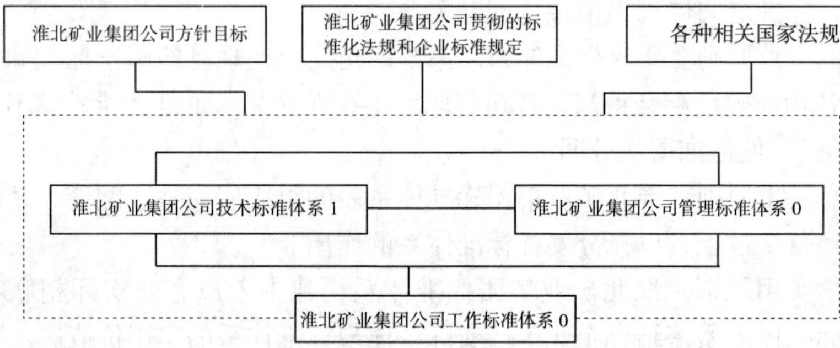

图 1　淮北矿业集团公司企业标准体系结构

2. 淮北矿业集团技术标准体系框架

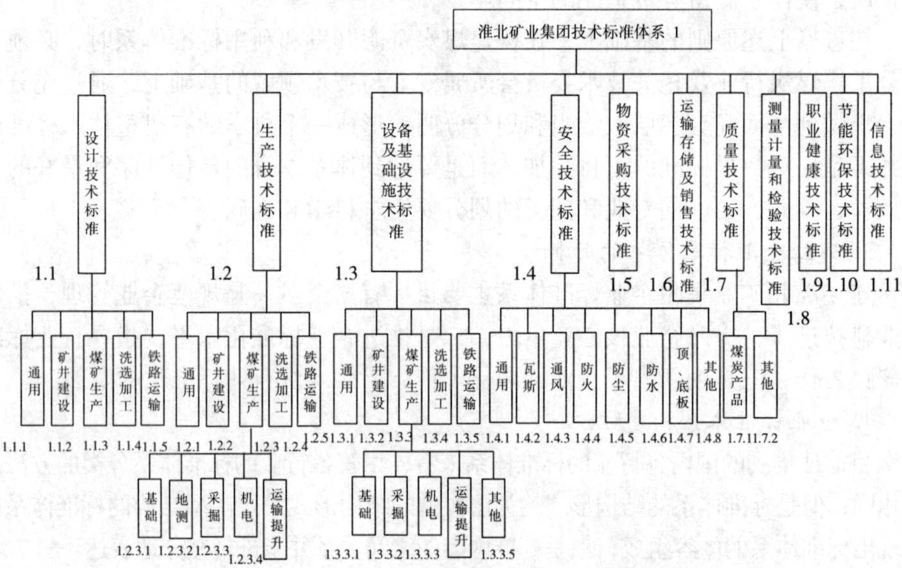

图 2　淮北矿业集团企业技术标准体系框架

3. 淮北矿业集团企业管理标准体系框架

淮北矿业在充分调研的基础上，结合国家标准《GB/T 15498－2003 企业标准体系管理标准和工作标准体系》以及淮北矿业集团实际，企业技术标准体系图3所示。

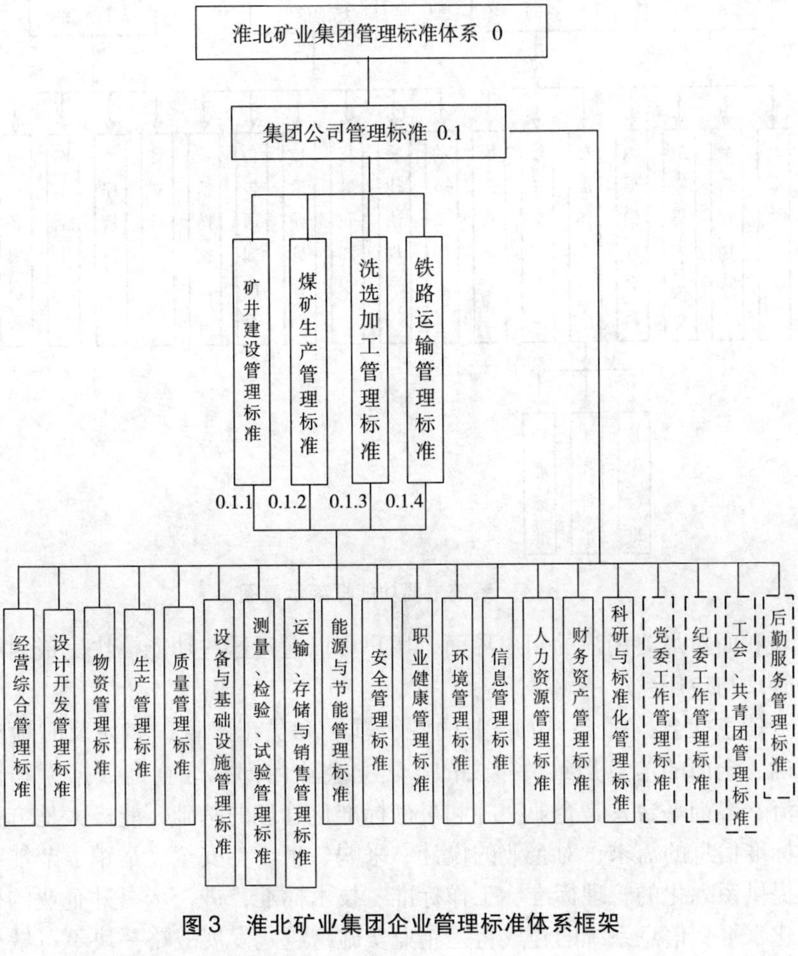

图3　淮北矿业集团企业管理标准体系框架

4. 企业标准体系信息系统构建

在淮北矿业标准体系架构下，积极探索建立标准体系数据库和标准宣贯平台，与科研院所合作，开发出了煤炭行业首个大型企业标准体系信息系统。系统主要功能框架示意图见图4。

“企业标准体系信息系统”主要由支撑平台、应用平台、功能平台三部分组成。服务器与网络平台共同组成了支撑系统运行的硬件平台，是支撑系统运行的系统级平台；应用平台主要是Web服务器，是企业标准体系管理信息系统与数据库系统之间联系的桥梁；功能平台是通过对应用平台的调用，形成具体的应用

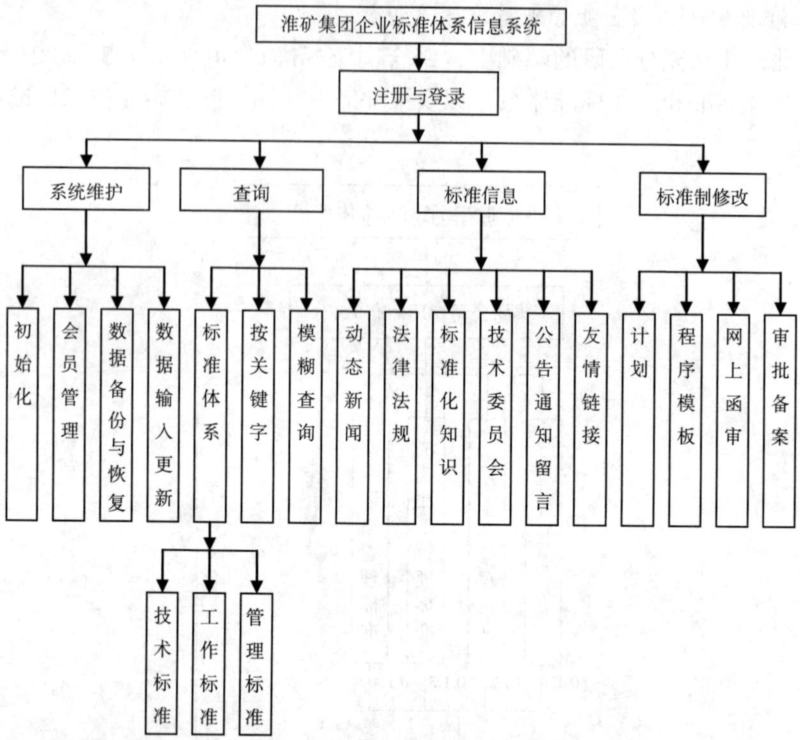

图 4　系统主要功能框架示意图

功能模块和面对最终用户的用户界面，用户可以通过这些功能模块完成对标准化信息的管理与应用。

当今信息社会，对于一个企业的各级领导和员工来说，如何及时地获得高效、准确、全面的信息是致关重要的。建立企业内部标准查询数据库和标准学习、交流、咨询平台，是企业实施和贯彻标准化管理的基础，能极大地方便管理人员对标准信息的需求，对企业的设计、采购、生产、安全、运销、节能、环保等方面提供系列化的管理标准、工作标准、技术标准，进一步提升企业的标准化和信息化水平，信息系统的建成将是企业实施跨越式发展战略一块不可缺少的基石，对推进企业技术进步，加强和改进企业管理，促进安全生产，提高工作效率，降低消耗，增加经济效益、实现工作标准化、推进信息化有着十分重要作用。

同时建立安徽省煤炭生产标准化技术委员会，开展行业标准的制定、研讨、审核工作。2010 年和 2011 年安徽省煤炭生产标准化技术委员会先后召集全省专家委员探讨了标准化制定工作，并审核了多项标准，有利地推动了标准化工作的开展，促进了淮北矿业集团标准化工作走上了一个新的更高的台阶，在安徽省标准化工作中处于领先位置。

三、大型企业标准化工作的创新实践的实施效果

1. 本项目的特色与创新之处

以标委会的创建为技术平台，积极推进标准的制、修、定工作，占领企业发展的制高点。同时以管理与先进的计算机技术、网络技术、通讯技术、数据库技术等高度集成化，应用国际流行的 B/S 开发结构，创建矿业集团企业标准体系信息系统，为领导和管理者提供一个快捷、方便、高效的办公环境体系。提供宣传和交流最新技术标准、工作标准、管理标准的要求，为矿业集团建立一个较为完备的企业标准体系信息系统平台，提升了淮北矿业在业界的知名度和影响力。

2. 直接经济效益和社会效益

企业标准体系信息系统涉及到管理、工作、技术三大标准体系，标准动态信息的发布，标准的制修订以及方便快捷的标准检索关键技术。所开发研制的企业标准体系信息系统，代表了企业标准信息化领域的发展方向。

淮北矿业是以煤炭生产为主业，包括洗选加工、矿井设计建设、煤矿生产、铁路运输等，需要大量的标准，而本系统是一个能涵盖这些面而又无冗余的标准体系信息系统，不仅可消除集团公司内部领导、员工购买以及重复购买、升级标准所造成的不必要的浪费，而且还提供了更快捷、更高效的标准体系系统。

（成果创造人：葛春贵　王和志　刘　尹　杨　健　孙凯民　韩同舜　马玉平　王建文）

安全技术经济一体化管控模式的建立与实施

淮北矿业（集团）有限责任公司

淮北矿业是以煤炭采选、煤盐化工、现代物流为主的国有大型骨干企业，国家“十二五”重点建设的十四个大型煤炭生产基地之一。其前身为淮北矿务局，始建于1958年5月，1998年3月改制为淮北矿业（集团）有限责任公司。公司现有资产总额750亿元，员工8万多人，生产矿井22对，核定产能4100万吨，年产冶炼精煤1000万吨，位列全国第三、华东第一。50多年来，淮北矿业累计生产原煤6.9亿多吨，上缴利税近300亿元。在2011中国企业500强排名第243位，煤炭企业100强排名第20位。

一、安全技术经济一体化管控模式的实施背景

淮北矿业集团经过50多年的发展，无论是生产规模、产业结构、产权结构还是竞争环境，都发生了很大变化。特别是进入“十一五”以来，淮北矿业集团建设步伐明显加快，大投入、大开发、大跨越战略规划得以有效实施，实现了资产总额、销售收入的同步快速增长。同时，为有效解决矿区发展对安全环境、生产环境、生活环境进一步改进的迫切需求，各类大额成本投入持续提高，并在企业成本中所占的比重也越来越大。

虽然，淮北矿业集团在2006年启动精细化管理以来，无论是基层还是机关，无论是生产矿井还是地面单位，内部管理水平都得到了较大的提高，但在重大投入管控方面，一直习惯于传统的模式、机制，对管理决策相关性的重视程度不够高，在决策过程中经营控制内涵体现不足，一定程度上忽略了管理决策的目的所在，搞“单打独斗”的较多，真正会算经济账的则很少。如：在安全装备投入方面，只要是安全需求的或是有利于安全的，不论在技术上是否先进、是否有利于提高生产效率，在经济上是否科学合理，基本上都是绿灯放行；在支护工艺设计方面，一味地提高支护等级的多，因地制宜合理安排支护的少，也不管其无效

功能增加而导致的生产效率下降和投入成倍增长，只要保证安全就行，部分巷道施工质量严重过剩，浪费现象比较突出。所谓的投入事前论证以单纯地满足安全需求功能居多，一度使投入论证步入了唯客观的怪圈，各单位、各部门依据不同管理目的所需会测算出不同样的成本，再加上集团公司管理体制、工作方式跟进的不够及时，导致了部分重大投入效果不明显或是大打折扣，甚至于出现无效投入，造成较大浪费，很大程度上消耗了企业的经营成果。2008 年突如其来的金融危机，企业的经营环境更加严峻，如果不尽快扭转重大投入管控无序的局面，其最终结果将是企业经营成果被蚕食殆尽，战略发展规划也随之落空，后果不堪设想。因此，尽快建立一套行之有效的重大投入安全技术经济一体化管控模式成为淮北矿业集团持续健康发展的迫切需求。

二、安全技术经济一体化管控模式的基本内涵

在煤矿生产经营过程中，安全生产是企业正常运行的基本要求，必要的安全投入也是维护企业优质高效运行环境的基础。任何脱离安全需求的投入都是没有生命力的、无效的，但唯安全而投入，不考虑技术可行性，势必形成新的安全隐患，投入越多可能隐患积累越大，而如果仅仅兼顾安全与技术需求，不考虑投入的经济性，就违背了企业发展追求经济效益的本意，再大的投入也是做无用功，不可能创造超额的经济效果。如何最大程度地消除安全、技术、经济单一思维的局限性，充分挖掘三者之间的内在联系，使其相互联系、相互支持，实现安全技术经济一体化管控，是体现重大投入有效性的根本要求。也就是要在重大投入决策中，要优先满足安全基本需求前提，在遵循技术可行、先进原则基础上，科学合理地匹配功能、选择实施方法，体现经济性。

所谓安全技术经济一体化管控，就是通过建立安全技术经济一体化工作体系和正常工作机制，制定和完善相关评价标准，引用价值工程理论，以科学论证为手段，以保证科学合理投入、避免过度投入为基本目标，最终实现重大投入安全可靠性、技术先进性、经济合理性的有效结合，确保企业重大投入的有效性。具体安全技术经济一体化的控制程序见图 1。

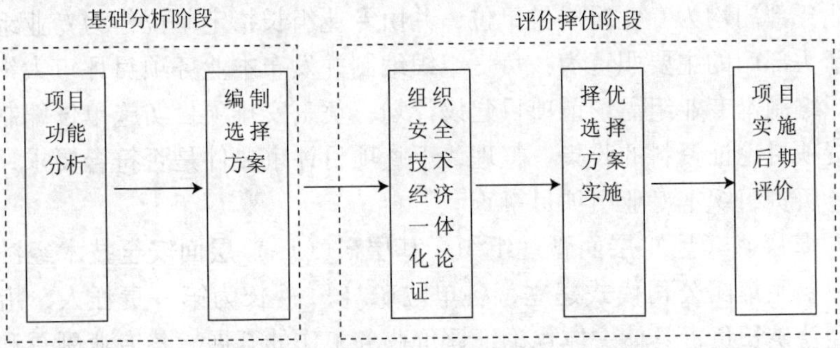

图 1　安全技术经济一体化控制程序图

三、安全技术经济一体化管控模式的主要内容与主要做法

1. 分层次建立管理组织

2009 年，淮北矿业集团针对重大投入管理缺乏有效工作机制和组织保障、投入论证工作开展系统性不强、总体效果较差的局面，通过积极讨论和分级调研，决定建立重大投入安全技术经济一体化管理组织，明确管理职责，确保重大投入安全技术经济一体化工作的有序开展。

重大投入安全技术经济一体化管理组织按照集团公司、基层生产矿（厂）两个层面分级建立，并实行分工负责，分级管理。

（1）集团公司层面管理组织。集团公司层面成立安全技术经济一体化委员会（以下简称一体化委员会)，并结合企业管理特点和实际，在一体化委员会下设安全技术经济一体化办公室（以下简称一体化办公室）和安全技术经济一体化专业组（以下简称专业组)。

一体化委员会主任由集团公司总经理担任，主管安全、生产、经营、技术、基建、洗选等方面的副总经理担任副主任，集团公司各专业副总师及机关业务部门负责人为成员。其主要职责为：指导建立、完善安全技术经济一体化评价标准；审查论证项目计划；开展重大投入项目评价；对由应由专业组审查的重大争议项目作出决策；对专业组工作开展情况进行督查。

一体化办公室按照重大投入资金最终列支渠道不同进行责任分工，并负责组织安全技术经济一体化的日常工作，形成固定资产投资的由建设发展部负责，形成成本投入的由经营管理部负责。其主要职责为：专家库（专业组成员）管理；汇总平衡一体化专业组提出的需论证项目建议，形成需论证项目安排计划，并报一体化委员会审查；参加专业组会议，对决策结果建立档案；对项目落实情况进行跟踪督查；组织项目实施效果评价；根据项目实施效果，对专业组和专业技术人员提出奖惩建议；完成一体化委员会安排的其他事项。

专业组根据工作重心不同分别设立，并随集团公司管理需要进行增减。各专业组组长由集团公司分管专业副总经理担任，相关专业副总师任副组长，集团公司相关业务部门均为专业组成员单位，并由专业组长指定单位作为专业组的牵头部门，牵头部门的主要职责为：负责组织编制并发布本业务项目评审大纲；负责定期组织编制本专业组需论证项目建议计划；负责安排项目实施单位编制评价报告；负责项目论证资料的收集、整理，审查项目评审要件是否符合要求，负责会议准备；负责组织本专业组项目审查。

（2）基层矿（厂）层面管理组织。基层矿（厂）层面安全技术经济一体化管理组织参照集团公司模式建立，各单位矿（厂）长为第一责任人，指定总工程师、经营矿长负责具体一体化论证评价业务工作的开展，各专业副总和相关业务科室为成员，积极参与安全技术经济一体化的日常工作。

2. 分权限确定评价等级

按照“统一标准，分级管理”的原则划分项目评审等级。集团公司层面组织主要负责评价全局性投入和一次性大额度投入项目，基层矿（厂）单位组织主要负责评价由本单位控制的较大额度投入项目。项目评审共分为三个等级：

（1）由专业组审议，且经集团公司一体化委员会复审的项目。具体包括：重大新装备投入；基建矿井设计及施工方案优化、变更；洗选工艺改造；复杂条件下采区/工作面采煤工艺；矿井生产系统优化；一次性投入200万元以上非正常生产重大成本投入项目；采用不迁村形式的采煤工艺及因迁村原因而无开采价值需放弃开采的块段。

（2）由专业组直接审查的项目。具体包括：一次性200万元以下的非正常生产成本投入；复杂条件下巷道支护方式选择；劣质煤开采；配采及洗选产品结构优化。

（3）各矿（厂）可根据需要确定本单位论证项目。

3. 分类别编制评价大纲

通过组织专家分析，淮北矿业集团从最基础、最常用的业务工作入手分别建立了评价大纲。具体包括：采煤工艺选择项目、复杂条件下煤及半煤巷综掘工艺选择项目、采掘装备投入项目、大型机电设备项目、大型材料项目、设备维修项目、重大安全投入项目、劣质煤开采项目、征迁资金投入与产出项目、地质环境治理项目、复杂困难条件下巷道支护形式选择项目等11方面内容。项目评价大纲的编制主要包括以下五个方面：

（1）项目评价的基本条件。明确影响安全急需开展的项目、抢险救灾项目、成熟的且有明显经济效益的项目、国家安全监察和行业主管部门明令要求实施的项目、设备或大型材料服务期满正常更换的项目、设备周期性大修项目，可不按程序实施一体化论证，其他的各类重大投入，原则上均须纳入安全技术经济一体化评价范围。

（2）项目所选工艺、方案的基本要求。明确所选择的工艺、方案必须具有先进性、代表性和方向性，既要体现改革与创新，更要体现发展方向；项目所选工艺、方案的基础理论依据必须充分，技术方案可行，在国内外已经达到技术成熟水平，得到广泛应用或者在一定范围内得到应用，并且取得明显的经济、社会效益；安全管理可靠，所选择的工艺、方案必须有充足的理论依据和实践依据，并且得到行业内有资质的部门或专家的认可，流程设计符合《煤矿安全规程》及有关法律法规、规程规范等要求。

（3）项目所选工艺、方案的投入计算。明确所选择工艺、方案的投入计算必须综合考虑初期投入、后期补充投入和机会成本等，形成项目综合投入评价机制。

（4）项目所选工艺、方案的效果分析。项目评价的效果分析是评价过程中的关键工作，项目评价前须选择一种参考工艺、方案进行对比分析，该参照工艺、方案必须是目前该技术条件下所采用的最先进（或者是综合效益最显著）的工艺、方案。

综合效果分析包括社会效果、经济效果、技术效果分析三个方面。其中社会效果分析属于定性分析指标，条件允许时可以采用区间取值指标进行分析，具体以安全可靠性、职工劳动强度的增减等指标来进行评价；经济效果分析采取准确计量指标定量分析，可以从所选工艺、方案实施后所产生的直接经济效益和所选工艺、方案被推广或延续应用后所产生的中长期（一般考虑 3 ~ 5 年）经济效益两方面进行评价；技术效果分析主要就所选工艺、方案实施过程中的稳定性、可靠性和可推广性进行评价。

（5）项目所选工艺、方案的评价意见。通过对项目的安全、技术、经济等因素的综合分析、比较，最后均须形成项目评价意见。对于评价项目在安全技术经济任一方面存在明显缺陷的，项目必须给予否定；对于经项目综合分析，按预期目标能够取得明显经济、社会效益的项目加以肯定，同时对项目实施过程中可能出现的问题加以研究，制定针对性保障措施，确保项目实施后按照预定的方向发展，达到预期的目标。

4. 建立评审人员专家库

（1）建立评审人员准入机制。所有专业组成员必须具有中、高级以上技术职称，并直接从事相关专业管理工作。专业组成员由各成员单位推荐，经专业组长审核同意，原则上一年内不予更换。各专业组组长根据本专业组所从事论证的项目难易程度确定各成员单位参加人数。经专业组长同意，专业组也可聘请科研单位、基层单位有关经济技术人员作为本专业组评审人员。

（2）建立评审人员考核机制。所有专业组成员实行业绩考核评价是，对个人所参与的决策记录均由一体化办公室记录在案，作为业绩奖惩依据。

（3）建立评审人员退出机制。根据对专业组成员的业绩考核结果，决定专业组成员去留。对专业组成员有下列情况之一，予以撤换，且两年内不得再成为本专业组成员：一是不能胜任工作的；二是未经组长同意，连续两次未参加专业组会议，或一年内累计四次未参加专业组会议；三是未尽勤勉职责，工作出现明显失误的。

5. 明确项目论证评价程序

在进行项目评价前，须对项目评价的必要性进行充分讨论并且确定，确需进行项目评价的，由项目实施单位及业务主管部门联合撰写项目评价报告书，提交集团公司项目评价专业组，按程序进行项目评价。具体分为以下五个步骤：

（1）项目评审材料的准备。所有参加一体化论证评审的项目由实施单位按照评价大纲组织编写评审材料，业务部门给予指导。参加评审材料必须紧扣主题，事实表述清楚，流程设计清晰，费用预计科学。评审材料由一体化办公室统一收集、初审，对初审不合格的评审材料退回实施单位进行补充完善，对初审合格的评审材料由一体化办公室发送给专业组成员预审。

（2）项目评审材料的预审。专业组成员在接到一体化办公室发送的评审材料后必须及时组织研究分析，特别是对认为不具备评审过关条件的项目要重点调研，并拟订否决的理由；对认为具备评审过关条件的项目要在细节方面给予把关，对项目中存在的不足之处拟订改进措施和建议。项目评审材料预审期不超过 10 天。

（3）项目评审的会议决策。重大投入安全技术经济一体化论证评审会议实行“集体决策，主任（组长）负责”制度。专业组评审会议由组长或副组长主持，牵头部门组织。一体化委员会评审会议由主任主持，主任缺席时，指定副主任主持。评审会议充分尊重各成员意见，评审会议实行票决制，一人一票。

出现下列情形时应对项目重新论证：申报材料不符合要求，大多成员无法做出判断；申报材料与事实有出入，需要重新核实的；采用申报材料实施方案因技术或其他原因尚未具备条件的；二分之一以上成员对申报材料提出的实施方案提出异议，但又无法提出新方案的；主持人认为需要重新论证的。

评审会议经由三分之二以上（含）参会人员通过的方案，应由主持人宣布该方案通过。下列情况下，由主持人负责方案确定，并由主持人向上一组织（专业组向委员会，委员会向集团公司办公会）汇报评审情况：三分之一以上成员对方案有异议的；项目必须尽快实施而又无新替代方案的。

（4）项目决策后的批复。经项目评审会议决策通过的项目，由各业务主管部门对评审的项目按有关程序进行批复，实施单位按批复要求积极落实。

（5）项目实施后的效果评价。完工后的重大投入项目，业务主管部门及时组织安全、生产技术、经营部门验收，根据验收结果，由一体化办公室组织投入效果评价，实施单位编制效果评价报告，作为奖惩考核依据。

重大投入效果评价报告包含以下内容：项目预算执行情况，预算超支原因分析；安全、技术效果验证情况；项目经济性是否合理，是否存在无效投入；总体评价及改进建议；奖励及责任追究建议。

6. 建立考核奖惩机制

（1）奖励制度。对积极参与安全技术经济一体化活动，并能有效完成一体化上级组织安排的各项任务的专业组成员，实行月度补贴制度。

（2）处罚制度。对违反以下条款内容的专业组成员，视情节给予通报批评、取消月度补贴、罚款、取消专业组成员资格等处罚，情节特别严重给集团公司造成较大损失的，给予相应的行政处分。具体标准为：牵头单位未按规定组织开展项目论证的、未按规定编制并发布评审大纲的、未按评审大纲对评审材料进行初审的，追究专业组牵头单位主要负责人责任；专业组成员未尽勤勉职责，造成决策出现重大失误，追究相关责任；一体化办公室未按规定履行职责的，追究主要负责人责任；业务主管部门对未经评审项目和未按有关程序进行评审项目进行批复的，追究批复部门主要负责人责任。

（3）分析制度。一体化委员会按季度召开全体成员会议，对各专业组一体化工作的开展情况进行通报，查找存在的问题，分析产生问题的原因，提出改进意见和措施，不断促进安全技术经济一体化管控模式充实和完善。

四、安全技术经济一体化管控模式的实施效果

1. 重大投入决策更加科学

淮北矿业集团自安全技术经济一体化管控模式推行以来，安全技术经济一体化的管理理念在淮北矿区已得到了较为广泛的传播。目前，淮北矿区上下已经形成了集团、矿厂两级安全技术经济论证机制，除经营系统外，安全、生产战线的经营意识也得到进一步增强，至 2010 年底，集团层面先后完成亳州煤业、海孜煤矿的注浆开采论证、桃园煤矿桃西小赵家搬迁方案论证、杨庄煤矿城下开采论证、淮北矿业集团煤种配采方案论证、杨庄煤矿及海孜煤矿矸石选择方案论证、朱仙庄煤矿北翼开拓方案论证等，这些方案的成功论证、选择和实施，既满足了生产安全的需求，也保证了工程质量，同时为淮北矿业集团节省了资金投入。

进入 2011 年，淮北矿业集团又先后组织了孙疃镇搬迁、朔里煤矿葛洼搬迁开采的综合论证工作，提交了综合论证报告，为最终的科学决策提供了有力依据。

2. 企业经济效益稳步增长

淮北矿业集团安全技术经济一体化管控模式从 2009 年开始构建，通过三年来不断地探索和改进，到 2011 年已经趋于完善。从实施效果上看，管控模式很好地发挥了安全管理、技术管理、经营管理等职能的协同作用，对防范企业经营风险，提高企业管理水平，降低企业运营成本，推动淮北矿业集团经济平稳较快发展，起到了十分重要的作用。尤其是在全球性经济低迷的形势下，淮北矿业集团仍然保持了较快的发展速度，原煤产量、精煤产量、销售收入、利润、职工收入逐年提高。企业的产业结构更加合理，以煤为基，相关多元化发展的产业格局基本形成。以产权为纽带，跨地区、跨行业、跨所有制的大集团发展模式基本确立。

总之，安全技术经济一体化先进管控模式的建立与有效实施，不仅为淮北矿业集团“十一五”战略规划目标的圆满完成起到了积极的推动作用，相信通过对这一有效管控模式的不断完善，积极改进，它仍将为淮北矿业集团在“十二五”战略规划建设期间续写华章、再创辉煌继续发挥极大的促进作用。

（成果创造人：张国建　李　伟　周四新　芮绍发　何玉东　方　峰　刘怀伦　张　来　章建光　马亚林）

大型矿井辅助运输集群化管理的创新实践

淮北矿业股份有限公司袁店一井煤矿

袁店一井煤矿是淮北矿业集团公司 2011 年 12 月建成投产的一对骨干矿井，设计能力为年产 180 万吨全机械化落煤的综采矿井。矿井地质条件相对复杂、地压大、断层多、煤层厚薄不均、起伏大、有毒有害气体活跃。

一、辅助运输集群化管理思想的提出

井下辅助运输管理是矿井安全生产管理的重点和难点。袁店一井煤矿通过不断创新和实践，提出以单轨吊集群化管理为主体的辅助运输管理模式，能从根本上避免事故的发生，发挥单轨吊最大化利用，减少投资，提高效益，为大型矿井辅助运输安全管理提出了一种新的模式。

1. 传统辅助运输是制约矿井安全生产的瓶颈

煤矿传统辅助运输一般选择绞车运输，这一运输方式存在以下问题：一是运输能力低。由于多部绞车运输环节多，大量时间消耗在人工多次倒车、联车和摘挂钩上，而且绞车本身速度不快，因此运输能力低，是目前影响运输效率提高的关键因素；二是运输环节多。需要绞车司机，各车场需设把钩工，效率低，劳动强度大；三是占用设备多。需占用绞车、真空开关、各种小型电器及电缆等，增加了安装和维护工作量；四是轨道系统复杂。受巷道变形影响严重，维护量大；五是需要增加大量的中间环节，绞车硐室及专用回风道。为保证行人安全方便，各类车场需加大断面，这样既浪费材料又费时费工，同时还增加了排矸量，不利于巷道支护；六是安全隐患大。由于绞车的使用环境差，造成绞车排绳乱，钢丝绳损坏严重，易造成断绳和空绳跑车。各车场频繁挂钩，易造成跑车和矿车挤人；七是绞车的安全设施复杂，需配备“一坡三档”，声光信号等安全设施；八是无法运输施工人员；九是由于设备众多、环节复杂，给安全管理带来严重威胁。

2. 单轨吊辅助运输方式适应大型矿井安全生产的需要

袁店一井煤矿开采条件复杂，通过集团公司生产技术部的精确计算，根据当前的井下地质条件，要想确保完成采煤、掘进生产用料运输、矸石排出，必须在井田设计、采区设计的同时设计一个庞大的复杂的传统辅助运输系统，不但投资巨大（预计超过亿元，占到整个矿井基建投资的五分之一以上），而且工作效率和安全性能都很低下，无疑这个地方以后必将成为矿井建成投产后安全生产的"瓶颈"。为从根本上解决传统辅助运输方式带来的不利因素，袁店一井煤矿筹备处通过调查研究，分析论证，认为"单轨吊"能够解决辅助运输系统的安全及连续运输问题。

一是袁店一井煤矿开采条件复杂，地压大、断层多、煤层厚薄不均、起伏大、有毒有害气体活跃。如井下 102 采区主运输轨道全长 1500 米，上山运行 16°倾角，三个变坡点，机械风巷最大倾角 25°，起伏较多，分支运输巷道多达 9 条，4 上 5 平，成网络布局，正常生产时将有六个掘进头和一个回采面同时生产。

二是单轨吊运输优点多。"单轨吊"是一种悬挂在锚固巷道顶板上的单轨运输系统，通过柴油机驱动液压马达运行的新概念设备。其显著优点是：对巷道条件适应性强。单轨吊机体的柔性连接的结构，能达到最适宜的空间灵活性，最大限度地适应复杂多变的地质条件下的运输，其最大爬坡能力可达 30°；可实现远距离连续运输。整个运输过程无需转载；可以安全可靠地运送人员，一次最多可以运送 80 人左右；牵引力大，能实现重型物料如重型液压支架的整体悬挂搬运，对散料、长材能进行集装运输；自动调速性能好。变速能力在 0. 1m/s 至 2. 16m/s 之间；系统完整封闭，运行安全可靠，不跑车、不掉道，设有工作、停车安全、超速及随车紧急制动等三套安全制动系统。另外，操作简单，维护方便，并且轨道可以回收，重复使用。

3. 单轨吊集群化管理的提出

集群化管理是计算机网络领域应用较广的一项技术。集群是一组网络通信设备的集合，集群管理的主要目的就是解决大量分散的网络设备的集中管理问题。

单轨吊系统是在单轨吊网络平台上管理一个一个的吊车，实现辅助运输，与计算机网络在构架和内涵方向具有很高的相似性，为了高效运行单轨吊系统，最大化发挥单轨吊的作用，袁店一井煤矿将集群化管理引入井下单轨吊辅助运输系统中。

二、单轨吊集群化管理的创新和实践

1. 建立健全体制机制，实现安全管理闭合

（1）加强组织保障，成立强有力的会战指挥班子。为强化对单轨吊集群化管理的统一领导和现场指挥，确保会战期间每班任务的安全顺利进行，在体制上，袁店一井煤矿成立了以矿长、党委书记为组长，机电矿长为现场总指挥，各

分管领导支持，施工单位正职以及机关部门、职能科室正职共同参与协调的会战领导小组。

（2）健全制度保障，贯彻执行现场管理制度。袁店一井煤矿筹备处根据“单轨吊”辅助运输系统试运行过程中出现的使用、维护、保养等方面的问题，结合矿实际情况，不断建立健全各项有针对性的现场管理制度，并在工作实践中不断调整增补，使之不断趋于完善，向制度化、规范化、标准化、精细化、人性化逐渐迈进。一是操作工现场管理制度。制定了《“单轨吊”司机现场交接班制度》《“单轨吊”跟料工责任制》《“单轨吊”跟料工现场安全确认手指口述内容》等；二是维修工现场管理制。制定了《维修工巡查表》《维修工责任制》《维修工包机责任制》《“单轨吊”设备保养制度》《“单轨吊”设备维修标准细则》等。

（3）强化监督保障，落实“三个体系”的管理职能。为确保施工进度和安全领导小组全面运筹，组建了三个保障体系：一是以生产技术部为技术保障的体系，专门负责地质预测预报、矿压预测预报和现场技术指导，以及施工前的巷道倾帮、顶板、底板变化情况每日通报；二是以安监处为安全保障的体系，负责现场安全监督、协调，机电科、运输区、通风区、保运一区、保运二区五大辅助单位以及经济管理部、物管科、供应站等单位，确保后勤供给设备、材料运输；三是以机电矿长为主的由安监副处长、经管部长、生产部长共同组成的督导保障体系，负责指挥、协调、监督、检查工作。

（4）落实考核保障，做好目标任务的分解和兑现。为确保胜利完成预期的任务，争创安装优质工程，各参加施工单位在大目标的引领下，制定了班组施工进度、每日基本目标。根据巷道的具体条件、困难程度，制定相应的进度标准，进行超奖少罚，优奖劣罚，每日结算。特别强调工程质量不合格，不仅要进行经济处罚，而且要返工。对于返工所需的材料费用从总工资中扣除，落实到班组和个人。通过目标管理，任务层层分解，层层落实，压力层层传递。同时，会战领导小组每周召开一次施工单位和后勤保障单位平衡会，对创新安装方法中存在的问题及时解决。施工需要的设备、材料优先供应。运输区在井下调车场，拨出专门岔道，建立快速绿色通道，确保畅通无阻。

袁店一井煤矿做到了思想统一、认识统一、步调统一，为会战的紧张有序开展奠定了组织保证、制度保证、监督保证、考核保证，为辅助运输的安全管理和生产管理提供了体制机制上的保障。

2. 优化劳动组合，实现生产管理创新

（1）专业施工，专业检修。袁店一井煤矿筹备处会战领导小组一方面通过层层选拔、组织考核、民主评议，选拔在调研、设计、安装过程中表现突出的工程技术人员充实管技队伍中；另一方面从全矿各基层单位组织一批维修基本功扎实、责任心强、特别是在“单轨吊”起吊梁安装中敢于创新、勇于实践的机电工中的精兵强将，组成一支特别能战斗、专业化、高素质的维修队伍。这样组成了二个特别能战斗的“特混大队”，进入采区各运输巷道同时开工。

（2）推广创新工艺，加快施工进度。在施工过程中，由于打一排眼再量下一排眼，存在打眼误差大，二次改眼和返工，不仅增加施工难度、降低安全系数、严重影响工程进度，而且造成大量人力物力的浪费。针对这一问题，会战领导小组开专题分析论证会，研究提出解决方法：即在巷道顶部找出中心点，然后以此点为中心，用激光找出整个巷道的中心线，均分出侧面眼中心点。这一方案在单轨吊支线巷道1023机巷联巷上山轨道进行试验，获得了成功，并立即将整个施工工程进行推广。当月就消灭了不合格工程，整体达到了优良品，而且工程进度比当月计划超额完成120米。

在维修和保养方面，积极学习、摸索。除去按“使用说明书”上的规定要求去做外，参考矿井大型提升设备、主副井绞车的液压传动、弹簧闸式制动、电机车的制动方式、轨道管理维修技术等，确定班检、日检、周检、月检的小修与中修内容。建立检修记录档案，在较短的时间内掌握了设备的原理、性能，熟练地小修，快速地判断和正确处理一般性的故障，部分骨干分子已经达到中等维修水平。

（3）重点难点工程，干部身先士卒。在安装单轨吊主机设备时，领导小组组长、副组长亲自在现场严把安全关、工程质量关和调试运转关，特别是上挂驱动装置时，干部每一人把位一个角，确保整体安全悬挂上去。在重载试运行时，领导小组成员全体现场观摩、示范、处理遗留问题，技术部门现场指导，小组成员按线路划段监督巡视，确保了单轨吊运输设备在袁店一井筹备处首航成功。

（4）实行“1+3”安装管理法。在安装和起吊梁工程时，由于102采区准备工作已经展开，而1500米长上山单轨吊顶梁安装进度迟缓，现有的人员和方法势必要影响整个工期。领导小组充分发挥才能，结合现场实际，总结出一套新的安装管理方法“1+3”，即一条主线、三个优化。

“1”指工作主线：即快速度高质量完成安装任务，实现前后平衡作业。

“3”指三个优化，配合协调主线工作。一是优化建制和工时。将原来施工小时优化组合成二个加强型突击安装班，实行每十二小时制。二是优化人员和工序。根据每班人员的特征，固定四个格子较高者打顶眼，五个技术较好的安装固定起吊梁，四个人运料、散料，三个人机动，“哪里需要”哪里上。三是优化劳动分配。根据当日工作量和工程质量实行10分制，打顶眼12分，安装起吊梁10分，运料8分。机动人员到哪个岗，就拿哪个岗的分。

“1+3”安装管理方法的运用极大调动了职工的主观能动性和客观积极性，安装进度由原来每日三节刷新为每日五节，工程进度提高63%。

（5）加强学习和培训。为打造一支高素质的“单轨吊”设备操作、使用、维修的队伍，运输区充分利用各种机会和形式组织职工参加业务学习和培训。

①首先按照操作规程和专业资料，编写学习资料。然后以每日一题的形式在黑板上写出供职工学习，然后每月进行一次通考，不及格者则集中起来，利用业余时间复习补考，仍不及格者，发给生活费脱产学习，直到及格为止。

②充分利用德国沙尔夫公司派驻技术专家和工程师在矿指导的机会，积极组织开展专业应知应会知识及安全操作、维修保养技术的培训，让现场操作和维修人员轮流参加短期培训班。

③运输区将“单轨吊”设备的使用和维修技术、安全注意事项，编制成现场“手指口述”安全确认内容，组织职工学习使用。管技人员在现场检查、监督实施情况，坚持每班打分、月底评比，与技能工资挂钩。

3. 以点带面，实现单轨吊集群化管理

（1）实现运输格局网络化。袁店一井煤矿井下单轨吊运输试点后，在安全生产中发挥了巨大的作用。随着井下采掘工作面进度的加快，对原材料的需求量和矸石的排放也随着加大，为能更加彰显“单轨吊”的作用，以机电矿长为主任的“单轨吊”使用技术发展中心，进行新课题研修，瞄准“单轨吊”使用集群化，并将范围扩大到以 102 采区为中心，辐射周边采区的运输巷道，形成规模化运输。

通过增加腰巷、联络巷道的建设，利用“单轨吊”道岔将数条“单轨吊”运输巷道串联成网络化运输。所有运往各采区掌子面、掘进头的生产用料和前经各作业点工作的人员，在副井下口换装站进行编组，经过优化组合重新编组的“单轨吊”运输，不仅减少了独头独巷运输所造成的不必要的运力浪费，而且能快捷高效地将人员和物资直接输送到工作地点，比传统运输方式可减少三次转载，同等距离可节约三倍用时，工作效率翻倍提高。

（2）实现运输管理现代化。运用现代化的科技方式来强化对单轨吊运输系统的运营管理。在井下调度站和 102 轨道运输集中巷安装建立远程监控系统，无线通讯基地发射台，机车及轨道安全预警系统，将信息并入矿井计算机信息指挥中心网络中，从而形成全矿一盘棋，矿信息指挥中心可根据井下安全生产的实际情况，下达指令及时调整优化单轨吊机车的运行方向和运载量，使运行更加合理、经济，大幅降低运营成本。其次，利用现代化的管理手段，使单轨吊运输的全过程实现可控、可视、可操作，在安全管理上做到了对安全事故隐患的预警、掌控和快速判断与处理。

（3）实现运输规则集群化。井下“单轨吊”运输网络形成后，DZ1800 和 DZ2200 型重型“单轨吊”在主线上发挥出巨大优势，而支线运输和掘进头工作面上的运输使用重型“单轨吊”又造成了运力和人力的很大浪费，而且巷道断面及其他条件限制了其灵活性。面对新的问题，袁店一井提出在支线和工作面、掘进头运输使用轻型风动“单轨吊”和轻型电动“单轨吊”。电动和风动“单轨吊”重量轻、体积小、转弯灵活，坚持掘进头用风动“单轨吊”，掘进头和掌子面结合部及支线运输使用电动“单轨吊”。经过组合搭配调整，形成了目前以重型“单轨吊”为“航母”，以轻型“单轨吊”为“子舰”的集群运输。既降低了投入，减少了浪费，又增加了运力，一举三得。

（4）实现绿色运输通道快捷化。煤矿井下开采，受地质条件变化和人的操作技能高低的限制，出现冒顶、片帮、人为操作不当等事故的可能性客观存在。如果不能得到及时处理和抢救，就可能因运输问题耽误宝贵的抢修、抢救时间，造成事故扩大化和人身伤亡事故。因此，建立必要的“单轨吊”运输系统的风险预警机制，建立直达工作面、掘进头及采区任意一个施工地点的绿色快捷通道并编入全矿井安全生产风险预控系统是十分必要的。绿色快捷“单轨吊”运输通道，是从地面料场→罐笼→井下换装编组站→“单轨吊”主线运输巷道→副线运输巷道→事故发生地点。能确保抢救物资和参加抢险人员在最短的时间内到达现场，最大限度地降低或减少事故造成的危害。

4. 单轨吊集群化管理的运行情况

（1）人力和物力投入少。在井下102采区，－470轨道上山以及运输大巷现场使用集群化单轨吊系统，仅需要25个人即可完成管理和操作工作。同等运力的传统辅助运输系统，则需要投入钢轨1.4万米，150型无极绳绞车四台，55千瓦绞车二台，小绞车三台，动力电缆7000多米，以及数以千计的电气设备。各类操作工、维修工、下料工不少于150人。而且全系统环节众重，工序复杂，安全性较低。

（2）运行时间短。在102采区使用单轨吊辅助运输系统和集群化管理，提高了巷道开拓效率和缩短了综采工作面安装时间。

①提高了巷道开拓效率。由于巷道掘进所需设备及支护材料由井底车场单轨吊装卸载硐室直接运送到各掘进头，简化了运输工序，减少大量中间运输环节，省掉了主运斜巷轨道大绞车，车场电瓶车和机风巷无极绳绞车、开关、电缆等大量设备；同时井下部分地段地质条件复杂，巷道变形底鼓严重，巷道修复量大，极大地影响绞车运输效率和运输安全，而单轨吊运输能力大，单轨吊沿巷道顶板运行，减小了由于巷道底鼓变形对运输的制约，满足掘进工作面支护材料的要求，为实现快速掘进、提高掘进进尺提供保证。102采区目前采用三台单轨吊运输，每台单轨吊可以挂4个集装箱，运送约30吨物料，三台单轨吊单趟可能运送近90吨，而102轨道绞车一趟运送6车，按每车1.5吨计算，单趟运9吨，材料要顺利到达采掘工作面，还要布置小绞车运输、电瓶车运输和人力推车等中间环节，实际生产中不能满足掘进进尺要求，造成采掘工作面正常接替紧张。

对于1021、1023两个综采工作面而言，掘进1021机、风巷，1023机、风巷所需的设备及支护材料，在同等运量条件下，单轨吊运输需要近90分钟，绞车运输单趟约180分钟，采用绞车运输，岩巷月度影响掘进进尺约45米，煤巷月度影响掘进进尺约135~140米，对于一个综采工作面而言，从机、风巷开拓到综采工作面形成，影响工期近10天，按每天生产原煤3000吨计算，10天减少原煤生产3万吨。

②缩短了综采工作面安装时间。由于采煤支架、煤机及辅助设备运输时间减少。以102采区运输28吨液压支架为例（102轨道上山：斜长2470米，最大角度16度），当一次完成一个支架的运输任务时，单轨吊机车所需要的时间为63分钟，而利用绞车完成运输任务所用的时间为93分钟。

如果采用二台单轨吊接力运输，同时考虑到空车返回时所花费的时间，每八小时内最少能够完成8个液压支架车，而采用绞车运输，在八小时的工作时间内最多完成4个液压支架的运输任务，远远达不到矿上的运输需求。如果要完成1021工作面94个支架的安装任务，单轨吊只需要4天就能够完成。而采用绞车运输则需要9天完成工作面安装任务。

一个综采面的安装时间较原来缩短5天左右，可以多产原煤1.5万吨。

（3）稳定无事故。根据集群化管理的特征，对单轨吊管理系统进行优化。通过电脑模拟试验和试运行，重点优化驱动装置，将推力部分减少，把减少的推力加在牵引部分上。优化后单轨吊系统运行稳定。年运行距离2万公里，运行时间18000小时，运输物料35000立方米，安全事故没有发生，设备重大故障也未发生。

"单轨吊"设备的机车采用柔性连接的结构方式，达到了最适宜的空间灵活性。模块化结构使其能够恰如其分地适应多种复杂多变的煤层地质条件。驱动装置的摩擦轮直接通过模块化的径向柱塞马达驱动，并以液压方式压装在钢轨上，保证机车行进过程中有足够的摩擦力，从而保证牵引力。紧急制动和停车制动通过弹簧加载的方式直接作用在钢轨上，并且以液压的方式敞开制动闸，确保制动的平稳性和可靠性。在102采区运行的一年时间内，消灭了运输系统微伤以上的人身事故，机械事故率同比下降近百分之九十以上。

根据煤矿行业安全事故统计数据，目前煤矿百万吨平均死亡率一般在0.3以下，其中斜巷轨道绞车运输造成的伤亡事故占总伤亡事故的40%左右，年产150万吨煤矿轻伤以上人身和其它运输事故约10起/年，每发生一起较大运输事故，经济损失约20万，一年约损失200万元。减少矿井运输安全事故费用180万左右。

（4）运行成本低。以DZ2200 3+2+3型柴油机单轨吊为例，一台机车每年运行的经济成本约为60万元，具体成本如下（以每天工作16小时计算）：

①柴油方面的消耗：机车的耗油量为230－250g/kwh，一年的费用约为50万左右。

②滤芯方面的消耗：如果按每天工作16h计算，需2个月更换一次滤芯（使用1000小时的工具包），一年的费用约为3万元。

③驱动轮方面的消耗：在正常使用条件下，每6个月需更换一次驱动轮（采用逐步更换的形式），一年的费用约为5万元。机油和水的消耗，因所占费用比例很小，基本可以忽略。

如果运送物料走102轨道上山至少要投入1部400KW绞车运输，每年耗电量约为420万KWh，约需要300万元人民币。加上制动闸磨、钢丝绳的损耗、电机的维护，后期投入非常大，并且维修换修时间花费较长。

三、单轨吊辅助运输集群化管理的效果

袁店一井煤矿是淮北矿业集团采用单轨吊辅助运输的试点，在无相关安装经验和运行管理经验的情况下，将单轨吊辅助运输模式成功应用于复杂地质条件的大型现代化矿井，实现了单轨吊集群化管理，发挥了辅助运输系统的最大化作用；通过建立健全体制机制，实现了单轨吊辅助运输系统安全闭合管理，有效避免了安全生产事故的发生，取得了良好的社会效益；通过优化劳动组合，采取“1＋3”生产管理办法，有效提高了工作效率，降低了运行管理成本，取得了良好的经济效益。

1. 发挥了辅助运输最大化作用

102采区推行单轨吊辅助运输系统替代轨道绞车运输，实现物料连续化运输，直接把设备和材料送到工作面，简化井下运输环节，采用集群化管理充分发挥了辅助运输系统的作用，人工减少了80%，运输时间减少三分之一，大幅度提高井下运输效率。

2. 避免安全生产事故发生，社会效益明显

不仅提高了工作效率，改善了职工工作环境，降低了劳动强度，而且成倍提高了安全系数，具有良好的社会效益。

在传统的辅助运输系统中，由于点多、线长、面广，周转环节复杂多变，设备的安全性能差，导致事故率一直居高不下，造成大量的经济损失和人身伤害。“单轨吊”运输设备是悬挂在锚杆支护顶板上的，运行起来平稳，灵活性强，对环境条件要求低，能有效克服巷道底鼓下陷、片帮等地质活动带来的不利影响，设备本身保护齐全属于本质安全型新装备。从根本上消除了传统运输方式中的断绳、断链、放大滑、掉道、翻车等重大恶性事故的发生，同时也消除了这些事故对人身造成的威胁。采用单轨吊运输系统，运输事故下降近90%以上。

3. 投资和运行成本降低，经济效益好

在102采区机巷、风巷中采用单轨吊作为辅助运输方式是完全满足使用要求

的。同时与传统的绞车运输方式相比，不但安全系数和运输效率大大提升，同时设备的运行成本也有显著的下降。

单轨吊运输系统产生的经济效益主要采用单项因素直接测定法（MTP）来计算。考虑到单轨吊运输系统投入使用减少运输事故，运输安全事故减少费用支出 180 万元，1021、1023 工作面在采用单轨吊系统后，产生经济效益 1823 万元。

整个 102 采区设计综采工作面 6 个，对其他综采工作面，只要在其机、风巷安装吊轨并与单轨吊系统的吊轨对接即能让单轨吊机车顺利进入 102 采区新工作面，新工作面在单轨吊运输方面的投入小，而产生的经济效益远大于 1021、1023 工作面。

4. 促进职工素质提高

单轨吊辅助运输系统的投入和使用，与职工目前业务技能较低矛盾也就越来越突出。广大职工和管技人员在思想上的危机感、压力感、紧迫感也越来越大，已充分认识到只有掌握了过硬的技术本领，才能提高工作效率，才能胜任新矿区的工作，才能适应新的发展形势，才能在新矿区大有作为。要想使新技术、新装备更好地发挥优势，为安全生产服务，只有强化学习和自主培训，提高自身的综合素质，否则的话就有被淘汰的危险。一股学习业务理论，钻研业务技术的热潮在全矿掀起。学习理念上实现了由“要我学习，逼我学习”向“我要学习，我会学习”的转变。在学习方法上实现了由按部就班学习向“急用先学，备用缓学”的科学务实的转变。

（成果创造人：张　清　孙辉煌　李敬佩　付　军　王明全　李　志　董运凯　芮秀武　马　飞　朱莉娜）

大型煤炭企业财务风险预警指标体系建设

国投新集能源股份有限公司

国投新集能源股份有限公司由国家开发投资公司、国华能源有限公司、安徽新集煤电（集团）有限公司发起设立，“国投新集”A股于2007年上市。公司井田面积为1092平方公里，煤炭储量101.6亿吨，总资产233亿元，目前核定生产能力1555万吨。国投新集公司规划建设11对矿井，设计煤炭生产总量达到国家发改委批复矿区生产总规模为3590万吨/年。国投新集公司确立了“立足煤炭、发展电力、延伸煤制气”的战略目标，在“十二五”期间建成刘庄与板集两座电厂，并投资200多亿元开发建设年产量40亿立方米的煤制天然气项目。目前，国投新集公司位于全国纳税500强、全国煤炭企业百强之列。先后获得全国五一劳动奖状、全国工业企业管理现代化创新成果奖、科技先导型企业、鲁班奖等国家级荣誉称号。

一、国投新集财务风险预警管理模式产生的背景

随着全球经济一体化进程的加快，企业所面对的市场竞争日趋激烈，面临的企业内外部环境更加复杂。如何适应环境的变化，提高抗风险能力成为摆在企业管理者面前的一个现实而严峻的问题，要想在竞争中立于不败之地，企业必须不断进行管理创新。在这种形势下，财务风险预警管理作为一种解决上述问题的创新理念，其重要性日益突显。

但是，国内外对于企业财务预警体系的系统理论和财务管理预警模式的研究，主要是针对制造业而言，对其他行业的适用性并不强。国投新集作为煤炭企业，如果简单套用这种财务预警指标体系，其财务预警结果必然与实际不符。此外，近年国内上市公司发生了一系列财务危机事件，使国投新集进一步意识到财务风险管理的必要性、迫切性，上市公司利益相关者对财务预警系统的需求也越来越强烈。鉴于此，国投新集结合企业自身特点，创建了具有实用价值、能为企

业自身利益及利益相关者提供准确的预警信号的财务风险预警管理模式。

二、建立实现财务风险预警管理的基础

要实施财务预警管理体系必须具备一定的基础，否则，任何完善的预警管理制度都将成为空中楼阁形同虚设。国投新集根据自身特点，在统筹公司整体利益的基础上，对公司管理机制进行了一系列的标准化、规范化改革与创新。主要有以下几点：

一是在新的经济环境下，随着信息和网络技术的发展与应用，国投新集依托公司 ERP 系统支持，实现了财务集中管理的发展战略，为财务管理预警系统搭建了优良的财务核算和管理环境。

二是对整个供应链流程和资源进行了整合。针对供应链中的各个关键点设置相应的预警指标体系，并用现代信息技术实现快速统计和分析，测定实际指标值，从而能够做到事前监控、事中控制，为使用财务预警管理指标体系监督、控制煤炭成本，增强市场竞争力奠定了基础。

三是公司改造了企业内部业务流程，协调企业内部关系，形成完善灵敏的信息反馈机制，以便财务管理预警系统及时采集到生产经营中的各类信息。

四是国投新集在对公司整体业务流程整合的同时，对公司组织结构进行扁平化变革，建立了时效管理制度，在组织协调和业务时效上为财务管理预警系统提供了保障。

三、结合公司实际，建立科学的财务风险预警体系

1. 财务风险预警体系的主要特点

本预警体系在指导思想上注重实用，关注风险的事前预警和过程管理；在体系方法上渗透到公司财务管理的各个环节，注重于数据的采集和方法的选取；在信息来源上注重公司会计信息的利用和挖掘、公司现有信息管理系统的利用和发展以及公司其他管理系统信息的沟通和共享。指标体系是以国投新集的资金运动为主线，按照营销活动、采购活动、生产活动、管理活动、投资活动、筹资活动等循环及货币资金和财务报表模块，根据国投新集公司的经营特点等建立。通过对风险的量化水平评估，实施对公司运营尤其是对资金运动层面的风险进行有效的事前预警和管理。

2. 公司财务预警体系的基本构架

（1）公司财务预警体系的指标基本结构，见图 1。

（2）公司预警系统的基本结构，见图 2。

3. 财务预警信息管理系统

财务预警信息管理系统是在公司 ERP 信息管理系统和财务信息管理系统中加入的一个模块。其主要功能是对财务预警信息进行收集、加工、储存、传递和利用，并用以图表或表盘的形式，简明直观地呈现在企业决策者的眼前。

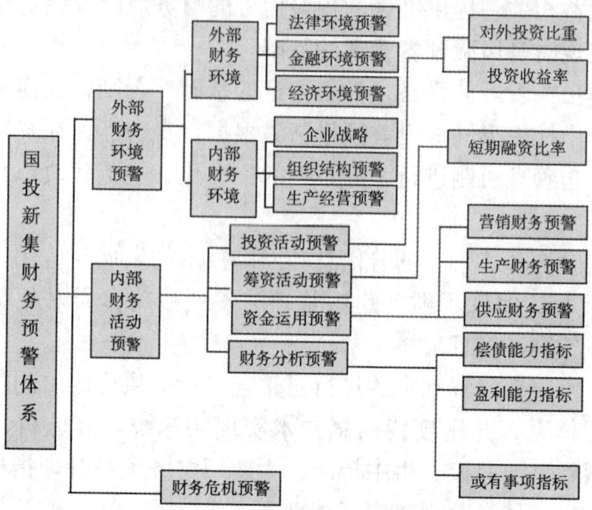

图1　公司财务预警体系的指标基本结构图

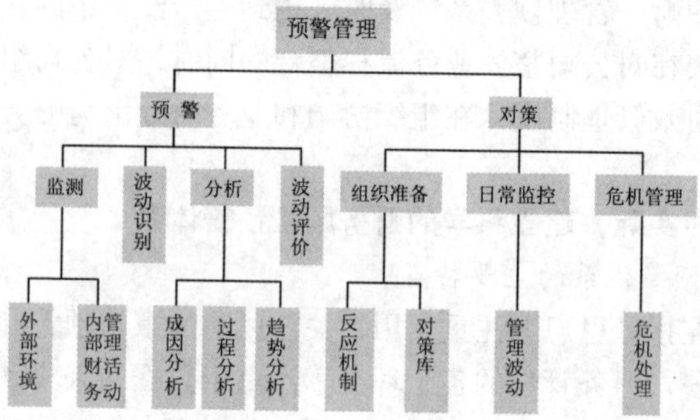

图2　公司预警系统的基本结构图

4. 财务环境预警

财务预警体系是在一定的内外部环境下运行的。建立财务预警体系的基础，是假设公司内外部环境不发生重大变化。或者说，建立财务预警体系所依赖的环境变化了，财务预警体系的具体内容也应该做相应调整，这是建立财务预警体系和使用财务预警体系时所必须注意的。公司设置相关的职能部门关注内、外部环境的变化，并在此基础上，对财务预警体系中的预警指标的标准值和临界值进行调整。

（1）企业外部财务环境预警。企业外部财务环境因素包括宏观指标（经济增长速度、宏观经济政策）、会计税收政策（会计法规、会计准则、会计制度、税收法规的重大调整）、金融政策（利率调整、信贷政策）、竞争对手变化（营销政策和促销行为、竞争对手的兼并收购合资合作行为、竞争对手的重大融资行为等)、其他因素（地方政府的支持、可替代产品的出现）等。

（2）企业内部财务环境预警。企业内部财务环境因素包括：企业经营战略重大调整（煤炭产量计划、销售收入指标和利润指标、投资战略、筹融资战略、人力资源战略、其他战略)、企管供应体系的重大调整（实行招投标制度的范围和力度、供应商的重大变更)、销售体系的重大调整（销售政策的制定、销售网络的建立、销售人员的激励措施、重大促销政策的实施)、考核体系的重大调整(考核方法和思路的重大变化)、企业信息化水平的重大变化（实施 ERP 的范围、企业内外部网络建设)、企业重大的资本运营行为（兼并收购、资产重组、债务重组、合资合作、股份制改组)、企业高级管理人员的调整和组织机构调整、用工制度和人力资源政策的重大变化等。

5. 营销活动财务预警

（1）产销平衡财务预警。

①产销率。产销平衡的衡量指标为产销率，产销率指标反映了企业的销售能力的匹配情况。虽然目前执行的是以销定产的经营策略，但企业年度生产量一经确定，应尽可能促进销售，避免存货积压造成损失。由于产销平衡情况对生产经营安排影响极大，需要及时调整，因此对产销率的预警是每月测算。

$$产销率 = (销售量/产量) \times 100\%$$

表1　产销平衡财务预警框架

指标范围	警级	对策
95% < 产销率 < 98%	Ⅰ级预警	销售部组织策划
85% < 产销率 ≤ 95%	Ⅱ级预警	销售部长提交分管副总经理，各部门配合提高销售量
产销率 ≤ 85%	Ⅲ级预警	提交总经理

②电煤销售量结构比率。电煤是公司售给电力企业，用于发电的煤。电力企业的销售量、资金回笼状况及企业信誉均较高，能稳定及进一步扩展公司市场的占有率，因此电力企业是公司的长期战略合作方向及主供方向。当供不应求时，电煤量所占结构比率若过高，则公司的煤炭销售综合售价、利润率将有可能下降，发运结构比例失衡、广泛市场占有率低；当供大于求时，若电煤量所占结构比率过低，则有可能造成煤炭积压或电煤市场占有率降低。因此，公司应及时关注电煤销售结构。电煤销售量结构比率预警指标主要是电煤销售量占总销售量的比率。为更有效地控制电煤发运结构比率，此项预警指标应按月测算。

$$电煤销售量结构比率 = \frac{当期电煤销售量}{当期销售总量} \times 100\%$$

表 2　电煤销售结构率财务预警框架

指标范围	警级	对策
电煤销售结构率 < 60%，或电煤销售结构率 > 70%	Ⅰ级预警	销售业务人员要重点关注发运结构
电煤销售结构率 < 50%，或电煤销售结构率 > 80%	Ⅱ级预警	提请销售部长重视，策划应对方案，并报公司分管领导
电煤发运结构率 < 40%，或电煤发运结构率 > 90%	Ⅲ级预警	提请公司分管领导重视，策划应对方案，并报总经理备案

（2）货款回收管理预警。

①货款回收率。每月财务部门根据当月回款、应收煤款总额情况计算当月货款回款率，监控企业资金流动情况并及时预警。

$$货款回收率 = \frac{当期煤款回收总额}{当期应收煤款总额} \times 100\%$$

表 3　货款回收率财务预警框架

指标范围	警级	对策
88% ≤货款回收率≤95%	Ⅰ级预警	销售部长组织结算业务人员加强联系，提高回款率
80% ≤货款回收率 < 88%	Ⅱ级预警	销售部长提交公司分管领导，策划应对方案
货款回收率 < 80%	Ⅲ级预警	报总经理备案

②应收账款管理预警。应收账款管理的目的是保证足额及时收回账款，降低和避免信用风险。应收账款管理预警指标是应收账款周转率。

一般来说，应收账款周转率越高，平均回款期越短，说明应收账款的收回越快。每月财务部门编制应收账款账龄分析表，以应收账款周转的预警配合账龄分析，每月进行测算。

表 4　应收账款周转率预警框架

指标范围	警级	对策
13≤应收账款周转率≤15	Ⅰ级预警	营销业务人员经常监督合同执行情况，按合同要求及时收回应收账款
10≤应收账款周转率 < 13	Ⅱ级预警	销售主管加强对授信的控制管理，对信用状况较差商户坚决不予授信
应收账款周转率≤10	Ⅲ级预警	销售部长重新检讨企业信用评估体系，对信用评估体系中存在的问题进行修改，减小授信额度，甚至取消信用交易。

③销售费用管理预警。销售费用预警管理应重点放在销售费用预算平衡和销售费用投入的实际效果上。销售费用预警指标是销售费用计划变化率，此指标按月测算。

$$销售费用计划变化率=\frac{实际发生的销售费用-计划销售费用}{计划销售费用}\times 100\%$$

表5　销售费用计划变化率指标预警框架

指标范围	警级	对策
10%≤销售费用计划变化率<20%	Ⅰ级预警	销售主管重新审核销售费用支出，对其进行结构性调整
20%≤销售费用计划变化率≤30%	Ⅱ级预警	销售部长对销售费用的支出结构进行分析，去除或缩减明显不合理的部分
销售费用计划变化率≥30%	Ⅲ级预警	呈报公司分管领导，在进行结构性调整的基础上，压缩销售费用支出总额，同时对影响销售收入增长的其它因素进行分析并加以改善

6. 生产活动财务预警

国投新集生产环节主要包括采掘业务、调度管理业务、“一通三防”业务、机电管理业务、地测防治水业务及其他应审查、审批、备案业务。其生产成本为材料、职工薪酬、电力费、折旧费、井巷工程费、维简费、地面塌陷补偿费、新井基金、安全生产费用及其他支出。

（1）主要原材料投入的管理预警。主要原材料投入的管理预警，采用百吨煤主要材料消耗差异率指标，此指标按月测算。

对于煤炭行业，领料投料的材料是指木材、支护用品、大型材料（简称“主要材料”），用于巷道挖掘过程中起支撑作用，以及采掘机械的磨损材料的替换。百吨煤主要材料消耗差异率的影响因素有地质状况、原材料质量、施工状况、突发事件等。

$$百吨煤主要材料消耗差异率=\frac{实际百吨主要材料消耗-计划百吨主要材料消耗}{计划百吨主要材料消耗}\times 100\%$$

表6　百吨煤三材消耗差异率预警框架

指标范围	警级	对策
5%≤百吨煤主材消耗差异率<10%	Ⅰ级预警	提交各矿生产技术主管关注此指标，并分析差异发生原因，实属异常则采取适当措施
10%≤百吨煤主材消耗差异率<20%	Ⅱ级预警	提交各矿经营和生产技术负责人关注此指标，并分析产生的原因，提出应对措施

指标范围	警级	对策
百吨煤主材消耗差异率≥20%	Ⅲ级预警	提交公司分管生产、技术、经营的负责人关注此指标，并采取措施

（2）人工费用管理预警。人工费用的管理预警，采用百吨人工差异率指标，此指标按月测算。百吨人工差异率的影响因素有薪酬政策、地质状况、煤质状况、设备状况、技术状况。采用激励性薪酬措施时，人工成本增加，而单位时间产出也相应增加，从而引起实际单位人工的变动；良好的地质状况、煤质状况及设备状况在单位产出中节省了人工；新技术的采用，会使得百吨人工的产出量大大提高，从而影响百吨人工差异率。

$$百吨人工差异率=\frac{实际百吨人工成本-计划百吨人工成本}{计划百吨人工成本}\times 100\%$$

表7　百吨人工差异率预警框架

指标范围	警级	对策
5%≤百吨人工差异率<10%或-10%≤百吨人工差异率<-5%	Ⅰ级预警	成本主管与考核主管、工资主管进行分析差异发生原因，实属异常则采取适当措施
10%≤百吨人工差异率<20%或-20%≤百吨人工差异率<-10%	Ⅱ级预警	财务部、企管部、人事部负责人认真查明原因，向公司分管领导提交报告
20%≤百吨人工差异率或百吨人工差异率<-20%	Ⅲ级预警	公司分管领导提出处理意见报总经理

（3）电力费用管理预警。电力费用的管理预警，采用单位电费成本变化率指标，此指标按月测算。

$$单位电费成本变化率=\frac{实际电费单位成本-计划电费单位成本}{计划电费单位成本}\times 100\%$$

表8　单位电费成本变化率预警框架

指标范围	警级	对策
5%≤单位电力成本变化率<10%	Ⅰ级预警	机电主管召集部门人员进行成本分析，严格执行成本控制制度
10%≤单位电力成本变化率<20%	Ⅱ级预警	生产部长调集各项业务主管查明异常情况，对非宏观原因造成的情况进行及时处理
单位电力成本变化率≥20%	Ⅲ级预警	报请公司分管理生产机电领导，并分析原因采取措施

（4）单位成本管理预警。单位成本的管理预警，采用单位成本较同期增长率和单位成本升降率指标，此指标按月测算。

$$单位成本较同期增长率 = \frac{实际单位成本 - 同期单位成本}{同期单位成本} \times 100\%$$

表 9　单位成本较同期增长率预警框架

指标范围	警级	对策
0≤单位成本较同期增长率＜10%	Ⅰ级预警	成本主管召集基层成本人员进行成本分析，严格执行成本控制制度
10%≤单位成本较同期增长率＜20%	Ⅱ级预警	财务部长调集各项业务主管查明异常情况，对非宏观原因造成的情况进行分析
单位成本较同期增长率≥20%	Ⅲ级预警	报经公司分管生产经营领导并注此指标

$$单位成本升降率 = \frac{实际单位成本 - 计划单位成本}{计划单位成本} \times 100\%$$

表 10　单位成本升降率的预警框架

指标范围	警级	对策
0≤单位成本计划升降率＜5%	Ⅰ级预警	成本主管召集相关人员进行成本分析，严格执行成本控制制度
5%≤单位成本计划升降率＜10%	Ⅱ级预警	财务部长调集各项业务主管查明异常情况，并写出分析报告
单位成本计划升降率≥10%	Ⅲ级预警	报请公司管理生产、经营领导关注此指标，并采取相应的措施

（5）成本费用利润管理预警。成本费用利润的管理预警，采用成本费用利润率差异指标，此指标按月测算。

$$成本费用利润率差异 = \frac{实际成本费用利润率 - 计划成本费用利润率}{计划成本费用利润率}$$

表 11　成本费用率的预警框架

指标范围	警级	对策
5%≤差异率＜10%	Ⅰ级预警	成本主管召集相关人员进行成本分析，严格执行成本控制制度
10%≤差异率＜15%	Ⅱ级预警	财务部长调集各项业务主管查明异常情况，对非宏观原因造成的情况进行及时处理
差异率≥15%	Ⅲ级预警	分析原因报经总会

7. 企业采购供应活动财务预警

（1）采购供应计划管理预警。主要预警指标为采购计划变化率，此指标按月测算。

$$采购计划变化率=\frac{实际采购额-计划采购额}{计划采购额}\times 100\%$$

表 12 采购计划变化预警框架

指标范围	警级	对策
5%≤采购计划变化率<10%	Ⅰ级预警	各矿经营办根据本期采购差异，调整下期采购编制数量
10%≤采购计划变化率<20%	Ⅱ级预警	总仓库配送中心加强审核，各经营办计划需求数量
采购计划变化率≥20%	Ⅲ级预警	报经总会或总经理，查明异常原因，根据宏观因素外的情况，重新设计需求计划制定原则

（2）签订合同管理预警。主要预警指标为采购价格差异率，此指标按平均采购周期测算。

$$采购价格差异率=\frac{实际单位采购价格-计划单位采购价格}{计划单位采购价格}\times 100\%$$

表 13 采购价格差异预警框架

指标范围	警级	对策
0%≤采购价格差异率<10%	Ⅰ级预警	市场管理科或采购供应科调查市场价格及物价变动趋势，考察供应商价格差异合理程度
10%≤采购价格差异率<15%	Ⅱ级预警	市场管理科重新审核合同审批，同时考虑更换合同谈判人员或更换供应商
采购价格差异率≥15%	Ⅲ级预警	报经供应部部长，查明差异原因，考虑重新招标事项

（3）付款业务管理预警。付款业务管理预警，采用应付账款增减幅度指标，此指标按季测算。

$$应付账款增减幅度指标=\frac{期末应付账款金额-期初应付账款金额}{期初应付账款金额}\times 100\%$$

表 14 应付账款增减幅度指标的预警框架

指标范围	警级	对策
0≤应付账款增减幅度指标<10% -10%≤应付账款增减幅度指标<0	Ⅰ级预警	加强采购资金计划，合理利用资金

指标范围	警级	对策
10% ≤应付账款增减幅度指标 < 20% -20% ≤应付账款增减幅度指标 < -10%	Ⅱ级预警	企管部、供应部、财务部共同分析原因，关注应付账款的支付
应付账款增减幅度指标≥20% 应付账款增减幅度指标 < -20%	Ⅲ级预警	报经公司总经济师，进一步调整公司付款政策

（4）存货管理预警。存货管理的预警指标是储备资金计划变化率，此指标按月测算。

$$储备资金计划变化率 = \frac{期末储备资金金额 - 储备定额}{储备定额} \times 100\%$$

表 15　储备资金计划变化率的预警框架

指标范围	警级	对策
5% ≤储备资金计划变化率 < 10% -10% ≤储备资金计划变化率 < -5%	Ⅰ级预警	采购部门联合生产和技术部门，加强采购和资金计划，提高最佳库存观念，合理利用资金
10% ≤储备资金计划变化率 < 20% -20% ≤储备资金计划变化率 < -10%	Ⅱ级预警	采购部长负责解决，加强内部信息沟通，严格执行，必要时调整计划存货量
储备资金计划变化率≥20% 储备资金计划变化率 < -20%	Ⅲ级预警	上报分管公司领导并采取有效措施解决

8. 企业基础管理活动财务预警

企业基础管理活动主要包括战略管理、人力资源管理、行政管理等，从财务预警角度出发，主要是管理费用的预警。

（1）管理费用增长率，此指标按月测算。

$$管理费用增长率 = \frac{月实际管理费用 - 月管理费用计划指标}{月管理费用计划指标} \times 100\%$$

表 16　管理费用预警框架

指标范围	警级	对策
10% ≤管理费用增长率 < 20%	Ⅰ级预警	财务部人员查明费用变化较大的前三项，重点控制不必要开支
20% ≤管理费用增长率 < 30%	Ⅱ级预警	财务部人员通知费用发生相关部门协同查明原因报公司分管理领导，对于异常查明原因
管理费用增长率≥30%	Ⅲ级预警	详细分析原因报总经理

（2）可控项目费用增长率。办公费、招待费、差旅费用及其他可控项目虽然占管理费用的比例不大，但由于相比其他项目可控程度更高，能反映出管理费

用控制手段的效果，更应注重对其进行控制。可控费用增长率按月进行测算。

$$可控项目费用增长率=\frac{月实际可控项目费用-月可控项目费用计划指标}{月可控项目费用计划指标}\times 100\%$$

表 17　可控项目费用增长率预警框架

指标范围	警级	对策
5%≤办公费、招待费、差旅费及其他比例<10%	Ⅰ级预警	财务人员查明超支部门，严格执行预算控制，削减不必要其他支出
10%≤办公费、招待费、差旅费及其他比例<20%	Ⅱ级预警	财务人员通知费用发生部门协同查明原因报总经理办公室
办公费、招待费、差旅费及其他比例≥20%	Ⅲ级预警	分析原因，对由于业务需要发生的，由总经理办公室整理上报总经理

（3）可控项目费用比率。可控项目费用比率在一定时期出现波动时，应结合生产经营政策的变化进行分析并加以控制。可控项目预警指标按月进行测算。

$$可控项目费用比例=\frac{实际可控项目}{管理费用}\times 100\%$$

表 18　可控项目预警框架

指标范围	警级	对策
15%≤可控项目<17%	Ⅰ级预警	相关部门严格执行预算控制，削减不必要开支。
17%≤办公费、招待费、差旅费及其他比例≤20%	Ⅱ级预警	财务部查明比例变化的原因，提交有关部门。
办公费、招待费、差旅费及其他比例≥20%	Ⅲ级预警	如是发展业务的需要造成可控项目费用上升所致，分析重点原因报公司分管领导

9. 企业筹资活动财务预警

（1）短期借款预警。短期借款预警指标有短期借款比例、短期借款配比率以及短期偿债能力预警指标。

①短期借款比率，此指标按季进行测算。

$$短期借款比例=\frac{短期借款余额}{负债余额}\times 100\%$$

表 19　短期借款比例预警框架

指标范围	警级	对策
10%≤短期借款比例<12%或：25%≤短期借款比例<35%	Ⅰ级预警	财务主管在出现短期借款比率偏大或偏小时，结合流动资产比例，选择稳妥、适当或者激进的财务政策

指标范围	警级	对策
35% ≤短期借款比例 < 40% 或：8% ≤短期借款比例 < 10%	Ⅱ级预警	财务部长应审核公司筹资政策合理度，调节筹资结构
40% ≤短期借款比例或短期借款比例 < 8%	Ⅲ级预警	分析上报总会，及时采取措施

②短期借款计划变化率。短期借款计划变化率是反映短期借款计划执行情况的指标，此指标应按月测算。短期借款计划变化率指标的合理区间在 -10% ~ 10%之间，超出此范围应及时查明原因。

$$\text{短期借款计划变化率} = \frac{\text{实际借款额} - \text{计划借款额}}{\text{计划借款额}} \times 100\%$$

表 20　短期借款计划变化率预警框架

指标范围	警级	对策
-15% ≤短期借款计划变化率 < -10% 或 10% < 短期借款计划变化率≤15%	Ⅰ级预警	财务主管在出现短期借款计划变化率偏大或偏小时，应及时查明原因，进行相应的处理
-20% ≤短期借款计划变化率 < -15% 或 15% < 短期借款计划变化率≤20%	Ⅱ级预警	财务部长应审核公司筹资计划执行情况，监督计划执行.
-25% ≤短期借款计划变化率 < -20% 或 20% < 短期借款计划变化率≤25%	Ⅲ级预警	分析原因上报总会，制定相应措施，调整融资计划

（2）票据融资预警。主要预警指标为票据执行率，此指标按月测算。票据风险的控制通过“票据执行率”指标，票据执行率反映当期开出的票据与当期支付总额的比率。根据公司资金情况与客户接受程度，公司确定票据执行率的合理区间在 25% ~35%之间。

$$\text{票据执行率} = \frac{\text{实际开出票据额}}{\text{当期支付总额}} \times 100\%$$

表 21　票据执行率预警框架

指标范围	警级	对策
20% ≤票据执行率 < 25% 或 35% <票据执行率≤40%	Ⅰ级预警	财务主管在出现票据执行率偏大或偏小时，应及时查明原因，进行相应的处理。
15% ≤票据执行率 < 20% 或 40% <票据执行率≤45%	Ⅱ级预警	财务部长应审核公司票据结算执行情况，监督票据结算执行。

指标范围	警级	对策
10% ≤短期借款计划变化率 < 15% 或 45% ≤短期借款计划变化率 <50%	Ⅲ级预警	分析原因上报总会，制定相应措施，调整融资计划

（3）长期借款预警。长期借款的预警指标有长期资金用途适用率以及偿债能力预警指标等。

①长期资金用途适用率，此指标按年测算。

$$长期资金用途适用率 = \frac{长期资产占用资金}{长期借款 + 权益资金} \times 100\%$$

表 22　长期资金用途适用率预警框架

指标范围	警级	对策
110% ≤长期资金用途适用率 < 130% 或 75% ≤ 长期资金用途适用率 <90%	Ⅰ级预警	财务主管在其偏大或偏小时结合长期资产比例，选择稳妥、适当的财务政策。
130% ≤长期资金用途适用率 < 140% 或 60% ≤ 长期资金用途适用率 <75%	Ⅱ级预警	财务部长应审核公司筹资政策合理度，调节长期借款筹资。
长期资金用途适用率 ≥140% 或：长期资金用途适用率 <60%	Ⅲ级预警	上报总会或经理办公会解决，严重的应报公司董事会，若该比例过大，则需要通过权益融资方式解决长期资金问题

②长期借款计划变化率。长期借款计划变化率是反映长期借款计划执行情况的指标，此指标按月测算。长期借款计划变化率指标的合理区间在 -10% ~10% 之间，超出时应及时查明原因。

$$长期借款计划变化率 = \frac{实际借款额 - 计划借款额}{计划借款额} \times 100\%$$

表 23　长期借款计划变化率预警框架

指标范围	警级	对策
-15% ≤长期借款计划变化率 < -10% 或 10% <长期借款计划变化率≤15%	Ⅰ级预警	财务主管在出现长期借款计划变化率偏大或偏小时，应及时查明原因，进行相应的处理。
-20% ≤长期借款计划变化率 < -15% 或 15% <长期借款计划变化率≤20%	Ⅱ级预警	财务部长应审核公司筹资计划执行情况，监督计划执行.

指标范围	警级	对策
-25% ≤长期借款计划变化率 < -20% 或 20% < 长期借款计划变化率≤25%	Ⅲ级预警	分析原因上报总会，制定相应措施，调整融资计划

（4）权益性融资预警。权益融资预警的指标是产权比例或权益占总资产的比例（产权比例的倒数）。

$$权益资产比=\frac{权益}{总资产}\times 100\%$$

权益占总资产的比率如果过大，说明企业没有充分利用财务杠杆的作用，虽然降低了企业偿债的风险，却增加了企业的资本成本。当该比例过小时，说明杠杆过高，增加了企业的财务风险。根据 80 多家我国同类上市公司（采掘行业）的权益资产比数据以及平均水平，得到下面的预警框架。

表 24　权益资产比例预警框架

指标范围	警级	对策
40% ≤ 权益资产比 < 50% 或 70% ≤权益资产比 < 80%	Ⅰ级预警	结合投资扩张计划，考虑更改融资政策。该指标低时，考虑增加权益资金；该指标高时考虑提高负债水平
30% ≤ 权益资产比 < 40% 或 80% ≤权益资产比 < 90%	Ⅱ级预警	上报至总会，结合最佳资本结构的设定，控制融资结构。该指标低时，考虑增加权益资金；该指标高时考虑提高负债水平
权益资产比 < 30% 或权益资产比≥90%	Ⅲ级预警	上报公司董事会，极低的比率预示着公司极高的财务杠杆和财务风险，应考虑转变投资组成，引入新投资者等。极高的比例，则企业要承担较高的权益资本成本，新筹资时应考虑债务融资

（5）财务费用管理预警。财务费用主要为短期借款利息与长期借款利息。财务费用预警指标为财务费用增长率和利息保障倍数。

①财务费用增长率。财务费用增长率按季测算。

$$财务费用增长率=\frac{本期财务费用增加额}{上期财务费用}\times 100\%$$

表 25　财务费用预警框架

指标范围	警级	对策
10% ≤财务费用增长率 < 20%	Ⅰ级预警	财务人员查明费用变化较大原因，检查是否有资金闲置现象

指标范围	警级	对策
20% ≤财务费用增长率 < 30%	Ⅱ级预警	上报财务部长，结合公司投资项目，核查费用增长合理性，同时考虑调整融资结构
财务费用增长率≥30%	Ⅲ级预警	上报总会及时制定相关措施，控制投资支出

②利息保障倍数。利息保障倍数是企业债务融资风险的重要指标，它衡量了企业用经营利润偿还利息的能力。此指标按月测算。

$$利息保障倍数 = \frac{息税前利润}{利息} \times 100\%$$

表 26　利息偿还风险的预警框架

指标范围	警级	对策
1.5≤利息保障倍数 < 2.2	Ⅰ级预警	财务部门针对资金运行短缺情况，通过商业信用或内部融资等方式解决短期资金问题
1.2≤利息保障倍数 < 1.5	Ⅱ级预警	上报至总会，较低的利息保障倍数预示着盈利能力较低，支付利息的能力亦低，应召集各部门主管提高公司销售收入，提高盈利能力
利息保障倍数 < 1.2	Ⅲ级预警	上报公司总经理，异常低的指标预示着公司资金链处于危险状况，无力偿还本期利息，经营能力不佳，需要进行大幅整改或筹集新资金

10. 企业投资活动财务预警

国投新集对外投资主要为长期投资且均为实业投资，在实业投资方面，由于被投资项目存在着市场环境变化、生产经营管理等各方面因素的影响，对投资项目的管理和预警更依赖于会计资料数据，但会计核算资料存在着主观性、滞后性等问题，财务信息的这种缺陷，增加了实业投资财务预警的压力。实业投资主要预警指标为预期的投资内含收益率，此指标按项目周期内各期测算。

表 27　对外投资项目内含收益率的预警框架

指标范围	警级	对策
企业平均贷款利率≤内含收益率 < 企业最高贷款利率	Ⅰ级预警	上报财务部长或总经理办公室，结合资本成本，密切监督投资企业运营状况
企业最低贷款利率≤内含收益率 < 企业平均贷款利率	Ⅱ级预警	上报至总会或经理办公会解决，考虑派员对投资项目进行实地管理，重新考核项目可行性
内含收益率 < 企业最低贷款利率	Ⅲ级预警	上报公司董事会，异常低的指标预示着投资项目可能出现亏损，必要时撤出投资

11. 企业货币资金管理预警

这里所说的货币资金是指一般概念中的现金、银行存款（含定期存款）、短期投资和其他可自由支配并随时可用于支付的货币资金，也可称作为现金。

货币资金管理的预警指标有收入变化率、支出变化率。

（1）货币资金收入变化率。销售收入按月进行计划编制，此指标也按月测算。

$$\text{收入变化率} = \frac{\text{月实际收入} - \text{计划额}}{\text{计划额}} = \times 100\%$$

表 28　收入变化率预警框架

指标范围	警级	对策
-20% ≤收入变化率 < -10%	Ⅰ级预警	通报至销售部长，进行市场调查，查明销售减少的具体原因，提出接近方案
-30% ≤收入变化率 < -20%	Ⅱ级预警	通报对公司分管领导，查找原因，制定措施
收入变化率 < -30%	Ⅲ级预警	上报总经理关注此指标

（2）货币资金支出变化率。支出变化率的影响因素为企业各项支出，如材料采购、销售费用、管理费用、财务费用、税金支出、其它支出等。资金计划表按月进行编制，支出变化率也按月测算。

$$\text{支出变化率} = \frac{\text{月实际支出} - \text{计划额}}{\text{计划额}} \times 100\%$$

表 29　支出变化率预警框架

指标范围	警级	对策
10% ≤支出变化率 <20%	Ⅰ级预警	通报企管部及财务部，查明支出超计划部分明细，审核其合理性
20% ≤支出变化率 <30%	Ⅱ级预警	通报至财务部部长和企管部长，加强资金计划编制控制，力求计划准确
支出变化率≥30%	Ⅲ级预警	上报至总会关注此指标，严格控制各项支出

12. 企业财务报表分析预警

财务报表分析是以财务报表为依据，将大量的报表数据经过处理和加工，使其转换为决策有用的信息和数据。企业财务报表虽然具有一定的滞后性，但通过分析，可以系统评价企业过去财务管理整体效果和变动趋势，通过预警可以帮助企业把握财务管理发展方向。一般情况下，财务分析预警并不能提供最终的对策和方法。财务报表分析预警后，企业应当结合财务环境、行业因素和本企业其他相关财务管理活动信息，经过调查研究，分析原因，提出对策。

（1）偿债能力分析预警。根据国投新集历史数据和行业平均数据，确定偿债能力指标合理区间。其中流动比率和速动比率是企业短期偿债能力指标，分别衡量企业用流动资产偿付流动负债的能力和用可变现流动资产偿付流动负债的能力。而资产负债率和利息保障倍数则衡量了企业的长期偿债能力。

表 30　偿债能力预警指标一览表

预警指标	合理区间	预警方式
流动比率 = 流动资产/流动负债	1 ~ 2	超过合理区间则通报总会
速动比率 = （流动资产 - 存货）/流动负债	0.5 ~ 1	超过合理区间则通报总会
资产负债率 = 负债/总资产	40% ~ 70%	超过合理区间则通报总会
利息保障倍数 = 息税前利润/利息支出	<3 倍	超过合理区间则通报总会

（2）营运能力分析预警。根据国投新集历史数据和行业平均数据，确定营运能力变化率的指标区间。营运能力指标用来衡量企业各种资产的运用效率。一般周转率越高，说明该资产能够提供的销售收入越高。

表 31　营运能力预警指标一览表

预警指标	合理区间	预警方式
原材料周转率变化率	- 10% ~ 10%	超过合理区间则通报总会
在产品周转率变化率	- 10% ~ 10%	超过合理区间则通报总会
存货周转率变化率	- 10% ~ 10%	超过合理区间则通报总会
应收账款周转率变化率	- 10% ~ 10%	超过合理区间则通报总会
固定资产周转率变化率	- 10% ~ 10%	超过合理区间则通报总会
总资产周转率变化率	- 10% ~ 10%	超过合理区间则通报总会

（3）盈利能力分析预警。正向预警指标为指标越大越有利，主要有：销售毛利率、成本费用利润率、净资产收益率、总资产收益率等。根据国投新集的历史情况和 80 多家采掘企业的行业资料确定合理范围，该类指标大幅度下降或接近 0 时应当预警。

负向指标为越小越好，主要有销售成本率等。当该类指标大幅度提高、达到或接近企业最大承受能力时，应当预警。

表 32　盈利能力预警指标一览表

预警指标	合理区间	预警方式
销售毛利率 = （销售收入 - 销售成本）/销售收入	大于 25%	超过合理区间则通报总会

预警指标	合理区间	预警方式
成本费用利润率 = 利润总额/成本费用总额	大于 15%	超过合理区间则通报总会
销售成本率 = 成本费用总额/销售收入	小于 75%	超过合理区间则通报总会
净资产收益率 = 净利润/平均净资产	大于 10%	超过合理区间则通报总会

（4）发展能力分析预警。

表 33　企业发展能力预警指标一览表

预警指标	合理区间	预警方式
销售收入增长率	大于 0	超过合理区间则通报总会
固定资产增长与销售收入增长比	80% ~120%	超过合理区间则通报总会
利润增长 ÷ 收入增长	80% ~120%	超过合理区间则通报总会
利润增长 ÷ 资产增长	80% ~120%	超过合理区间则通报总会
净资产增长率	大于 0	超过合理区间则通报总会
实际销售增长率 ÷ 期望可持续增长率	80% ~120%	超过合理区间则通报总会

（5）经营现金流量分析预警。

表 34　经营现金流量预警指标一览表

预警指标	合理区间	预警方式
盈余现金倍数 = 经营现金净流量/经营净利润	大于 1.2	超过合理区间则通报财务部门
现金债务保障倍数 = 经营现金流量/到期债务	大于 0.5	超过合理区间则通报财务部门
现金利息保障倍数 = 经营现金流量/利息支出	大于 4	超过合理区间则通报财务部门

（6）或有事项预警。

或有事项也可能造成大笔的资金流动。或有事项包含两个层次：一是或有负债，一是或有资产。由于或有资产事项的发生对企业是有益的，因此，或有事项的预警主要是对或有负债的预警。

①对外担保预警。

表 35　对外担保财务预警框架

管理的问题	预警指标	对策
没有专门的管理部门	是否有台账	设立专门的对外担保管理部门

管理的问题	预警指标	对策
被担保人资信变化，没有及时跟踪	被担保人的资信大幅度下降	由专门部门收集、跟踪被担保人资信信息
无原则对外担保	对外担保数增加额	资格审核：签订互保协议、被担保人资信和与被担保人的关系总量控制
被第三方追索	是否被追索	积极应诉和追索

②质量事故财务预警。

表 36　质量事故财务预警框架

管理的问题	预警指标	对策
事故反馈不及时	是否有快速反应机制	建立快速反应机制
对媒体管理不善	对公司不利的报道	加强公共关系
质量索赔事故统计不真实	质量索赔事故数量、频率和被索赔金额	及时报送有关统计报表
没有内部责任追究制度	是否有内部责任追究制度	建立有效的内部责任追究制度

③外部诉讼财务预警。

表 37　外部诉讼财务预警框架

问题	预警指标	对策
信息反馈不及时，没建立快速反应机制	是否建立快速反应机制、专门的部门	设立专门的诉讼管理部门或岗位，建立快速反应机制
对媒体管理不善	公关费用开支比例	增加公关部门的开支

（7）关联方交易预警。基于社会对上市企业关联交易的关注，公司内部对关联交易也进行预警控制。主要预警指标为关联交易占销售收入百分比，此指标按每季测算。

表 38　关联交易预警框架

指标范围	警级	对策
5% ≤关联交易百分比 <10%	Ⅰ级预警	通报至销售部长及相关部门领导，查明原因，采取措施。
10% ≤关联交易百分比 <15%	Ⅱ级预警	上报至公司分管理领导，重新核实有关关联方信用政策、销售条件等

指标范围	警级	对策
关联交易百分比≥15%	Ⅲ级预警	上报至总经理，考虑关联交易真实性，在季报、半年报或年报中披露

13. 总体财务危机预警模型

国投新集作为煤炭企业，与一般挖掘企业和能源企业类似，其面临财务困难的预警指标主要受偿债能力指标，盈利能力指标，资产周转能力指标的影响。

企业良好的现金流量、净收益和合理的债务结构为企业长期、稳定的发展奠定了基础。因此，企业应当关注上述比率的变化趋势。

综合运用这些指标，并在传统预警模型中的 Z 分数模型的基础上加以改造，可得以下企业财务危机预警的框架

运用多种财务指标加权汇总产生的总判断分（称为 Z 值）来预测财务危机，模型如下：

$$Z = 0.012X1 + 0.014X2 + 0.033X3 + 0.006X4 + 0.999X5$$

其中：X1 =（期末流动资产 - 期末流动负债）/期末总资产

X2 = 期末留存收益/期末总资产

X3 =（经营现金流量 - 折旧）/期末总资产

X4 = 期末股东权益的市场价值/期末总负债

X5 = 本期销售收入/总资产

该模型实际上是通过五个变量（五种财务比率），将反映企业偿债能力的指标（X1、X4）、获利能力指标（X2、X3）和营运能力指标（X5）有机联系起来，综合分析预测企业财务困难或破产的可能性。一般地，Z 值越低企业越有可能发生破产。该模型还提出了判断企业破产的临界值：如果企业的 Z 值大于 2.675，则表明企业的财务状况良好，发生破产的可能性较小；反之，若 Z 值小于 1.81，则企业存在很大的破产危险；如果 Z 值处于 1.81 ~ 2.675 之间，则称之“灰色地带”，进入这个区间的企业财务状况是不稳定的。

表 39　企业财务危机预警框架

指标范围	企业财务状况
2.675 < Z 值	良好
1.81≤Z 值≤2.675	一级预警：财务状况不稳定
0≤Z 值 < 1.81	二级预警：存在财务危机的可能性
Z 值 < 0	三级预警：濒临违纪或破产边缘

四、建立财务风险预警管理模式取得的成效及推广价值

国投新集通过建立财务风险预警管理模式，取得的成效是显而易见的。

一是通过建立预警机制，培育和提高了国投新集公司的财务风险意识，公司通过自我诊断，挖掘企业内部业务流程存在的不合理的地方，从根本上改变管理思维。在运行风险预警机制时，公司领导层能够随时捕捉公司财务管理活动中各种管理漏洞、管理失误、重大风险和隐患的管理波动信号，适时发出警报，并提示采取适当措施，形成免疫机制，从而大大加强公司抵抗风险的能力，提高公司的适应能力和发展能力。

二是通过建立预警机制，利用信息技术将控制体系嵌入到会计信息系统中，并针对关键控制点制定相应的控制手段，从注重事后控制转向重点关注事前预防和事中控制。通过制定财务管理业务手册、管理报表旬报制度、资金预算报批程序等各种作业程序、制度和管理办法，使各部门、各岗位人员各司其责，通力协作。

三是通过建立预警机制，依据企业生产经营调度管理的业务流程，采用信息化手段，实现矿厂及职能部门管理的有机衔接，使得企业的生产经营信息有效整合、共享各类信息，并及时、敏捷地反馈到财务管理预警系统中去，为企业生产经营决策提供及时、准确的信息支持，能够实行例外管理，使公司领导从纷繁杂乱的日常事务中解脱出来，有更多的时间和精力考虑公司重大决策。

四是通过建立预警机制，充分利用了公司现有管理基础，充分发挥了公司ERP、IT 技术的优势，提高公司的财务管理水平和档次。企业财务管理的重心由数据加工转向协助企业制订和执行战略目标，财务人员通过公司 ERP 系统对财务信息全面集成，并把相关信息及时反馈给采购、生产矿井、煤炭销售等业务部门的经营管理人员，指导、建议和支持各业务部门做出正确的经营决策。

（成果创造人：刘　谊　王　丽　倪井喜　薛　银　王　森　赵洪超　杜立东　范　伟）

以实现建筑工程“模块化生产”为核心的地铁联络通道施工标准管理

中煤第三建设（集团）有限责任公司上海分公司

中煤第三建设（集团）有限责任公司上海分公司（以下简称上海分公司）成立于2002年5月，是一家专门从事市政工程建设的专业化公司，并主要施工市政冻结工程，至今已施工了地铁隧道冻结工程140多项。

上海分公司年施工产值约15000万元，现有在册职工246人。有制冷设备螺杆机组58台套及相应的附属设备、冷却塔、清水泵、盐水泵、电焊机等，可同时满足30多个联络通道工程的冻结施工。先后在上海、广州、天津、南京、宁波、无锡、郑州、武汉、苏州、杭州、大连、沈阳、哈尔滨等地从事地铁隧道工程建设。

一、以实现建筑工程“模块化生产”为核心的地铁联络通道施工标准化管理的实施背景

1. 国内地铁建设市场日益繁荣，联络通道工程数量增多，并需要在短时期内集中施工

截至2010年，全国已有25个城市的轨道交通近期建设规划获国务院批复；到2015年前后，将建设87条线路，总里程2495km，总投资4886亿元。北京、上海、广州等19城市共有57条、1400km线路同时在建，福州、昆明、大连、青岛等获批准的城市也正式开始首条线路的建设。广州《2020年广州市轨道线网规划》已经通过了专家终期评审，将有11条交通线被引入广州，到2020年，广州轨道交通线路将达到16条，线网规模将达658km，内环路以内轨道交通站点600m覆盖范围将达到80%，基本达到国际大都市水平。苏州市轨道交通二号线开工建设，线路全长26.557km，共设22座车站，工程总投资156亿元，苏州市将在2020年前建成5条轨道交通线路，2050年前建设9条线路。福州市地铁

1 号线开工建设，线路全长 24.26km，共设 24 座车站。东莞市轨道交通 R2 线，全长 37.76km，设 14 座车站，2015 年 1 月开通试运营。银川将建设第一条跨越黄河的轨道交通，线路全长 45km，总投资 47.5 亿元。从已经获得的国内城市轨道交通建设的消息来看，新一轮城市轨道交通建设的高潮已经到来，这千载难逢的机遇给从事地铁隧道联络通道工程建设带来了发展的新机遇。因此，在新一轮的工程施工中，必须根据市场需要做好充分的管理储备和技术储备，积极促进我国地铁建设的快速健康发展。

2. 针对地铁隧道联络通道施工特点，必须创新管理方法，促进技术进步，紧跟社会发展步伐

地铁隧道联络通道工程施工特点是：

（1）工程规模小而施工风险大。联络通道工程是连接上下行两条隧道的通道，一般是在上下行隧道建成后方可施工；地铁隧道一般处于繁华的闹市区，其结构上方建筑物较多、管线复杂。因此，一旦出现工程风险，其经济损失巨大，对社会影响更大。

（2）工程专业性强、需要专业施工队伍多而市场上的专业人员少。联络通道工程施工专业性强，需要专业施工队伍多，但是，在目前国内市场上，钻孔、冻结等专业化施工人员相当紧张，缺少相应的技术工人，更缺乏专业的施工队伍。

（3）工期要求紧、施工周期短而专业施工工序多。联络通道工程是整个隧道的控制工程，也是工程的关键控制工期。虽然该工程工期约 4 个月，但是，就在这短时期内需要打钻、冻结、机电安装、掘进、喷浆、钢筋、防水、模板、混凝土、注浆等十几个专业工序，更多的平行交叉作业，对施工组织、施工管理的要求都很高。

（4）重体力劳动量大而无法实现机械化作业。联络通道工程的冻土开挖，喷浆，浇筑混凝土等需要人工作业，劳动量大，体力消耗大，但是受狭窄的施工环境限制，无法实现机械化，只能依靠大量的劳动力施工。

（5）需要设备及材料繁杂而运输条件差。联络通道结构设置在地下隧道内，所有的设备、材料等必须通过垂直提升、水平运输才能运到工作面，因此运输成本高。如果筹备不周、计划不周，对工程影响较大。

（6）单个工程量小而工程数量多、分布战线长。单个联络通道工程造价一般在 300 万元左右，年施工工程数量在 30 个以上，但是工程分布战线长，2011 年工程分布是南到广州、北到哈尔滨，仅华东地区就分布在上海、杭州、苏州、宁波、无锡、南京等 6 个城市。因此，管理难度大、投入精力多。

3. 创新管理方法的目标

针对地铁隧道联络通道的施工特点、重点和难点，必须从根本上解决地铁隧道联络通道工程施工的主要矛盾，以适应国内日益快速发展的地铁建设要求。因

此，为了确保地铁隧道联络通道工程项目的安全、优质、高效施工，需要在管理上优化施工措施、合理配置资源、科学组织施工。在此背景下，上海分公司根据企业的实际情况，总结了多年来的联络通道施工管理经验，研究出一套适合地铁联络通道施工管理的科学方法即“以实现建筑产品‘模块化生产’为核心的联络通道工程施工标准化管理”。

二、以实现建筑工程“模块化生产”为核心的地铁联络通道施工标准化管理的内涵

每个地铁隧道联络通道工程的结构不同、大小不一、形态各异，每个城市地铁的业主管理模式也有所不同。因此，若对地铁隧道联络通道工程施工采用标准化管理，其核心是把地铁隧道联络通道工程按施工专业、资源配置类型等分解成数个类似于电子产品标准化的“工程模块”，以将“地铁隧道联络通道工程”这个建筑工程视作一个电子产品一样实现“模块化生产”。联络通道工程施工可以像工业化产品生产一样，工程质量好、生产效率高、制造成本低、生产周期短，可以建立一套规范化的科学管理程序并把每一个联络通道工程视为一个定制的工业产品，项目部就类似于一个生产车间，其任务就是按照客户要求选用标准化的“工程模块”组装即可。根据地铁施工任务，公司将所有市场划分为若干片区进行管理，每个片区类似于工业产品的组装分厂，其按照公司总体要求统一管理辖区内的各个项目部，对所属资源合理配置、统一调度管理，按照规范、措施、质量标准等组织实施、监督落实。公司管理部门的职责是对市场进行超前谋划，重点关注整体发展，制定统一的管理模式、质量标准，并作为领导机关做好服务工作，对施工一线提供技术支持。

以实现建筑产品“模块化生产”为核心的联络通道工程施工标准化管理的内涵体现在实际管理工作中即表现为“六化”：管理模式标准化、施工队伍专业化、工序管理程序化、机电设备模块化、资源共享网络化、管理手段现代化。

三、以实现建筑工程“模块化生产”为核心的地铁联络通道施工标准化管理的主要做法

1. 管理模式标准化

针对地铁隧道联络通道工程数量多、规模小、周期短、分布广的特点，上海分公司在实际工作中逐步形成了一套科学有效的标准化管理模式。主要包括如下内容：

（1）根据建设市场发展需要，推行片区管理模式。2011 年，上海分公司先后在哈尔滨、沈阳、天津、郑州、无锡、苏州、上海、武汉、宁波、杭州 10 个城市进行施工，共计完成项目 34 项，其中联络通道类 55 个（其中进出洞 21 个），其他冻结工程 2 个。

根据工程所在地区，考虑工期排队情况，将工程项目合理划分，集小工程为大片区，共计划分六大片区。六大片区分别为北方片区（哈尔滨、沈阳、天

津）、郑州片区、江苏片区（无锡、苏州）、上海片区、武汉片区、浙江片区（宁波、杭州）。

（2）合理设置管理机构，明确管理职责，实现扁平化管理。根据所辖项目的数量，合理确定片区管理机构，开展安全、质量、技术、合同、人员、物资的全面管理。片区由片区经理负责，下设片区技术负责人，分管质量、安全。预算、材料由片区经理直接分管。

根据片区管理要求和职能定位，片区经理应从有丰富管理经验的项目经理及技术负责人中择优聘用。片区应按照公司总体要求统一管理辖区内的各个项目部，对所属资源合理配置、统一调度管理，按照规范、措施、质量标准等组织实施、监督落实。

（3）上海分公司对各片区统一管理。上海分公司对各个片区实行统一管理，制定统一的管理模式、质量标准，对施工一线提供技术支持；做到了图纸文件标准化、内业资料标准化、技术文件标准化、经营管理标准化、成本核算标准化，考核办法标准化；以片区为单位进行成本预算、核算、考核及兑现，以促进片区内部的资源合理利用及各项目部之间的协调合作。

为了实现对片区的标准化管理，上海分公司先后出台了《内业资料标准化》《技术文件样式》《上海分公司冻结站标准化施工手册》《项目法施工经营制度》《联络通道经营管理手册》《班前会记录标准》《上海分公司机电设备管理办法》《上海分公司安全生产管理制度汇编》《上海分公司规章制度汇编》《上海分公司经营管理办法》《上海分公司地铁文明施工手册》等一系列管理办法。

2. 施工队伍专业化

（1）施工队伍的任务分工。

①机械修理厂：负责机械设备进场前检验、维修；冻结管等非标机具的制造或加工；提升及运输设备安装。

②钻机队：负责按施工图进行冻结孔定位；搭设钻孔施工平台及材料堆放平台；井下钻机组装及辅助设备安装；定位透孔、冻结孔、测温孔施工；孔深复测、测斜、耐压试验。

③冻结队：负责按照冷冻站安装布置图进行平台搭设、制冷设备就位及安装；供液管下放、集配液圈制安工作及对面冷冻排管制安工作；设备调试和试运转工作；测温系统安装；制冷系统维护运转。

④结构施工队：负责根据隧道中心线施放联络通道中心线；进行管片拆除工作；土方开挖；临时支护；防水层施工；钢筋绑扎；永久支护；冻结孔封堵；收尾工作等。

⑤注浆队：负责充填注浆；融沉注浆。

（2）专业队伍的组建。考虑联络通道施工工序繁复、施工人员短缺的实际情况，上海分公司依据工程施工工序的划分，组建了5个专业施工队伍，既解决了施工人员短缺的问题，又提高了工人的专业化水平。各专业队伍主要施工内容如下：

①机械修理厂：负责冻结管、钻孔加工件的制作，以及机电设备的维修。

②钻机队：负责钻孔准备以及冻结孔、测温孔、卸压孔的施工。

③冻结队：负责制冷设备安装以及盐水干管、集配液圈的安设。

④结构工程队：负责开挖前期准备工作，以及通道开挖、结构初支、永久结构施做。

⑤注浆队：负责联络通道工程的结构充填注浆及融沉注浆。

各专业施工队由技术过硬、经验丰富的专业工人担任队长，并挑选相关工种的专业技术工人作为骨干。多个专业施工队能够适应工程流水作业的要求，施工队下辖的专业班组又可满足多个项目同时施工。

（3）专业队伍的管理。专业施工队伍由生产副经理统一调度，各施工队服从其统一调遣指挥，避免多重指令造成专业施工秩序混乱，以确保各项目能够及时进行工序衔接。

专业施工队伍的调度坚持“工期优先”及“双向选择”“择优上岗”的原则。“工期优先”为首要原则，必须严格按照工期先后调派施工队伍。在工期允许的前提下，执行“双向选择”和“择优上岗”原则，以提高专业队伍的竞争意识和工作主动性。对于难度大、风险高的工程（如越江隧道联络通道），选择经验丰富、技术熟练的专业队施工。

专业施工队伍根据内部模拟市场运作，服从片区及项目部的统一管理，严格按照各项目的施工组织设计及施工图进行施工。

3. 工序管理程序化

上海分公司联络通道施工工序专业化强、分类多，作业内容繁多、复杂，十分有必要进行程序化管理。

（1）为了更好地推广程序化管理，上海分公司编制了《联络通道工程施工手册》，手册共分三册：

第一册《项目管理文件汇编》，包括集团公司及上海分公司的日常管理文件、经营管理文件、施工技术管理文件、工程质量管理文件、安全生产管理文件、物资机电管理文件，用来指导片区及项目部进行全面的工程管理。

第二册《项目标准化管理》，包括内业资料标准化、AutoCAD 制图标准、技术文件样式、工程技术管理暂行办法、联络通道施工技术指南等内容，作为项目部的标准化管理以及施工技术指导性文件。

第三册《冻结法施工手册》，包括了联络通道冻结法施工工艺概述、联络通道施工片区及项目部的组织机构及各项职责、施工现场标准化、联络通道施工准备、土体加固、土体开挖与临时支护、防水施工、结构施工、充填注浆及融沉注浆、风险事故的处理措施，用以指导联络通道项目各工序的程序化施工。

(2) 为了方便各片区及项目部进行诸道工序的施工准备及自查工作开展，统一分公司对相关工作的督促、检查标准，特编制了《过程控制记录表格》，主要包括合同管理、施工现场人员管理、分包单位管理、方案审批、业务联系单、开工验收、开（竣）工报告、设备及人员报审、施工记录表、各类申请表、各类验收记录、主要原材料及构建总目录等记录表格。通过规范各项目过程控制记录，达到规范其各工序施工的目的。

(3) 制定了《隧道联络通道施工资料管理标准化实施意见》，进一步规范了竣工资料的编制、收集、整理工作程序。其工作程序中要求，各片区在项目各工序结束后收集该工序相关资料，编写工序总结性报告，并由上海分公司定期组织各片区对各工序的程序化施工进行讨论，总结先进经验进行推广，以此快速、高质地推行施工工序程序化管理。

(4) 管理的重点是施工现场的管理，施工现场管理的主要责任人是项目经理。为了给项目经理提供标准化的管理样板，编制了《项目部经营管理活页手册》《班前会记录标准》等，规范了施工现场的经营管理工作标准。

4. 机电设备模块化

由于联络通道工程冻结周期短（一般在50天以内），冷冻机及配套设备安装、拆除频繁，且冷冻站安装工艺复杂，故实行机电设备模块化管理。

机电设备模块化的管理，主要是针对冷冻站的布置及循环管路的连接，开挖平台的布置及施工现场材料、机具的堆放等。

(1) 制冷模块。包括冷冻站入口的布置要求、值班室的制作及布置要求、机械设备的配套及布置要求、清水泵及盐水泵的安装要求、冷却塔及通风扇的安装布置要求，清水循环管路、盐水循环管路的走向及布置要求，以及循环管路上阀门、弯头等的配备标准等。

对冷冻站布置模块化，极大地统一了上海分公司各冷冻站的站内布置、安装方式和管路铺设，提高了冷冻站安装队的熟练程度，为冷冻站快速安装、拆除提供了有力保障。

(2) 结构施工模块。联络通道开挖平台严格按照统一图纸进行布置，隧道内的材料和机具应堆放在指定位置并进行标识。

5. 资源管理网络化

上海分公司以片区为单位进行资源管控，在各片区之间以及片区内各项目之间形成资源管理网。促进了片区内部的资源合理利用，及各项目部之间的协调合作。

(1) 人力资源管理。公司根据整体发展需要，负责人员招聘、培训、考核；根据各片区及项目部人力资源需求，合理配置。各片区负责其内部人员的统一调动，对各项目部的考勤表、职工增减表、工资分配方案、外协工人员等资料及时汇总，并现场张榜公布。

(2) 资金管理。各片区对所辖项目部的资金使用，实行统一计划、报批和报销；上海分公司根据各片区资金回收情况，结合工程实际需要调剂资金，保证资金合理使用，充分发挥资金作用。

(3) 设备管理。针对设备的管理应加强计划、调配与采购的协调关系，各片区统一安排设备的检修保养，监督各项目部加强设备管理，精心维护，做到四勤，把故障消灭在萌芽状态。

(4) 材料管理。对大宗材料，片区应统一进行书面申请并报公司调拨；其他消耗性材料采购严格执行公司制度，请购、审批、采购、验收、报销、付款等环节由片区及项目部负责，并层层把关；周转材料由分公司管理、项目部使用，其信息上网公布，便于调剂，提高周转频率，充分发挥周转材料作用。

6. 管理手段现代化

通过制定各项管理制度，为片区的项目管理提供"样板"。

(1) 信息化管理。为了充分发挥网络化管理优势，上海分公司将各个工程的实际施工信息全部录入网络系统。整个系统包括进度管理、成本管理、合同管理、物资管理、质量管理、安全管理、竣工管理、风险管理、设备管理、人力资源管理、档案管理、财务管理、办公管理等 15 个管理模块。

(2) 流程化管理。制定《项目法施工经营制度》，明确管理流程，主要包括设备租赁管理流程、二级设备租赁管理流程、设备采购管理流程、设备配件管理流程、一级设备大修管理流程、二级设备大修管理流程、一级设备退返库管理流程、二级设备退返库管理流程、设备报废管理流程、物资采购/发放流程、周转材料采购/租赁/回收/报废流程。

四、以实现建筑工程"模块化生产"为核心的地铁联络通道施工标准化管理的实施效果

针对联络通道工程施工点多面广、战线长、生产经营规模相对扩大、管理跨度大幅增加等诸多挑战，为了建立生产、经营、管理的最佳秩序，使各种资源得到合理配置和开发，从而取得最大限度的经济效益，积极推行模块标准化管理已成为企业做大做强的追求。通过这些管理方法，解决了上海分公司项目多、工程小、周期短、战线长，管理人员、施工人员相对短缺、施工人员工种多、物资需求品种多、资源流动性大、调配难等诸多问题。

通过实行模块标准化管理，把过去的以事后检验和把关为主转变为以预防为主，把过去的以就事论事、分散管理转变为以系统的观点进行全面的综合治理，把影响安全质量的诸因素查出来，抓住主要方面，依靠科学的管理理念、程序和方法，使生产的全过程都处于受控制状态。

1. 经济效益

(1) 直接经济效益。经济效益采用单项因素直接测定法（MTP）。根据单项

因素直接测定法计算，上海分公司通过实行“以实现建筑产品‘模块化生产’为核心的联络通道工程施工标准化管理”，实现了直接经济效益达1400多万元。

（2）间接经济效益。

①定额工时的降低节约了劳动力的费用，特别在当今国内劳动力相对紧缺、熟练技术工人严重短缺的形势下，人工成本的节约对社会的贡献很大。

②原材料定额消耗的降低节约了原材料费用；通过加强设备管理，节约了工业用电、减少设备维修费用。特别是在提倡节能减排的今天，原材料利用率的提高、能源的节约，也创造了间接的经济效益。

③工程质量的提高、施工工期的缩短，节约了生产成本。

2. 社会效益

“以实现建筑产品‘模块化生产’为核心的联络通道工程施工标准化管理”创新成果实施，取得了良好的社会效益。

（1）该创新成果的实施，实现了质量管理的标准化，提高了工程的质量，确保了地铁运营安全，降低了工程的维护成本，产生了良好的社会效益。

（2）该创新成果的实施，实现了工程的标准化管理，在施工设计、冻结、安装、打钻等工序中，最大限度地发挥了资源的作用，减少了劳动耗损，提高了生产效率。

（3）该创新成果对其他建筑工程的施工管理具有引领示范作用，其成果的推广应用将会大大提高工程建设领域中的施工管理水平。

3. 生态效益

在施工区域选择建立环境监测点，定时、定位地开展环境监测工作，并对重要水资源进行常规性监测，及时掌握施工区域地表环境动态和受污染、损失状况，提出了相应的治理对策，保护了宝贵的水资源。

在施工过程中，保证了施工材料重复循环使用，生产废弃物就地转化使用，改变了传统管理模式造成的生产用料投入过度、资源能源浪费、废弃物增加和环境污染加剧等弊端。

特别是通过管理创新，减少了容易造成环境严重污染的聚氨酯保温材料等化工材料的使用量，控制了造成温室效应的氟利昂消耗量，节约了施工用电、用油、用水等资源，将“生态发展和环境保护”的理念融于施工管理中，追求最大的生态效益。

（成果创造人：王灵敏　曹化春　秦一雄　张景钰　段若同　倪元园　王　磊　余东耀　项　勇　周　骏　王先锋　郝　雷）

大型煤炭企业以可持续发展为目标的生态文明矿区建设模式探索

兖矿集团有限公司

兖矿集团是以煤炭、煤化工、煤电铝及机电成套装备制造为主导产业的国有特大型企业。控股子公司—兖州煤业股份有限公司，是中国煤炭行业第一个同时境内外发行股票并实现纽约、香港、上海三地成功上市的企业。

一、大型煤炭企业以可持续发展为目标的生态文明矿区建设模式的实施背景

生态文明，是指人类遵循人、自然、社会和谐发展这一客观规律而取得的物质与精神成果的总和。建设生态文明的实质就是建设以资源环境承载力为基础、以自然规律为准则，以可持续发展为目标的资源节约型、环境友好型社会。党和国家早已把生态文明建设提升到与经济、政治、文化、社会建设并列的战略高度。因此，建设生态文明矿区，是煤炭企业的社会责任，是落实科学发展观、推动企业可持续发展的必由之路。

1. 建设生态文明的提出及特征

我国在二十世纪九十年代中期明确提出，在现代化建设进程中必须把实施可持续发展作为一项重大战略。随后，党和国家针对我国经济增长的资源环境代价过大的严峻现实，以可持续发展理念为基础，从人类社会文明形态演替的角度，以中国传统文化为背景，站在国家执政理念的高度，在对人与自然、人与人及人与社会之间本质关系的认识过程中提出了“生态文明”的理论。党的十七大首次把建设生态文明作为实现全面建设小康社会奋斗目标的新要求提出来。党的十七届四中全会进一步将生态文明建设提升到与经济、政治、文化、社会建设并列的战略高度，作为建设中国特色社会主义伟大事业总体布局和有机组成部分，标志着生态文明建设在中国特色社会主义全局中的地位更加突出。党的十七届五中全会强调，要提高生态文明水平，增强可持续发展能力。建设生态文明和实现可

持续发展既是科学发展观的基本要义，又是深入落实科学发展观的重要任务。我国坚持推进可持续发展战略，积极探索建设生态文明，为解决生态环境问题、创新发展观念、转变发展方式、提升发展质量、推动社会进步、实现中华民族的伟大复兴指明了方向和途径。

生态文明理念和建设实践具有四大鲜明特征：一是在价值观念上，生态文明强调给自然以平等态度和人文关怀。二是在实践途径上，生态文明体现为自觉自律的生产生活方式。三是在社会关系上，生态文明推动社会走向和谐。四是在时间跨度上，生态文明是长期艰巨的建设过程。

2. *兖矿集团建设生态文明矿区的迫切性和可行性*

建设生态文明矿区，是兖矿集团落实科学发展观，加快转方式调结构，优化产业布局和经济结构，促进高效跨越发展，提升企业差别化竞争优势的迫切需要；是提高能源利用效率，降低污染排放，实现经济、社会和环境协调发展，深化资源节约型环境友好型企业建设的根本要求；是有效改善矿区环境质量，提高职工生活水平，享受经济发展成果，促进生产方式和消费行为转变的重要举措。

多年来，兖矿集团把生态文明矿区建设作为推进企业可持续发展的一项战略任务，做了大量扎实有效的工作，取得了一定成绩，但是还存在一些问题和不足。一是减排压力越来越大。兖矿集团所属单位大多地处国家“南水北调”工程、淮河流域治理和山东省“两湖一河”碧水工程的控制区。各单位排污治理时间紧，任务重，排污收费和治理成本进一步增加。随着兖矿集团产业结构调整和煤化工“一基地三园区”建设加快推进，减排与发展的深层次矛盾日益突出。二是节能工作任务较重。煤炭行业既是产能大户，也是耗能大户。从目前情况看，兖矿集团高耗能产业比重较大，经济的快速发展在很大程度上依靠煤炭资源，加快调整产业结构、发展生态经济、提高资源综合利用的步伐需要进一步加快。三是生态文明矿区基础建设滞后于企业发展。生态环保技术开发与推广力度不够，发展生态经济、循环经济、低碳经济方面的技术人才短缺，部分单位基础设施陈旧，资料不全。四是部分单位和部门适应性不强。个别单位节能减排忧患意识不强，部分干部职工参与生态文明矿区的积极性、主动性不够。解决上述问题，必须牢固树立“低碳发展、清洁发展、节约发展、和谐发展”的观念，立足于当前经济发展阶段和资源禀赋，认真审视生态文明建设内涵和发展趋势，将提高能效、降低碳强度和转变能源结构纳入生态矿区框架，从战略规划、科技创新、示范带动、教育宣传等方面系统推进，形成具备清晰阶段目标和优先行动计划的路线图，把兖矿集团建设成为可持续发展的生态文明示范矿区。

二、大型煤炭企业以可持续发展为目标的生态文明矿区建设模式的总体思路和规划目标

“十二五”时期是兖矿集团高效跨越发展的重要五年，也是建设生态文明矿

区、促进企业可持续发展的关键时期。兖矿集团坚持以科学发展观为指导，根据国家和山东省“十二五”发展规划，结合企业实际，制定兖矿集团“十二五”发展规划和循环经济发展规划。通过五年的努力，走出一条科技含量高、安全有保障、经济效益好、资源消耗低、环境污染少的新型煤炭工业化道路，加快建设主业突出、核心竞争力强、国际化的企业集团。实现企业“十二五”规划目标，关键是坚持低能耗、低污染、低排放发展方向，实施与国家和省市的发展规划、能源规划、循环经济规划和节能减排规划相衔接的生态经济的发展战略。

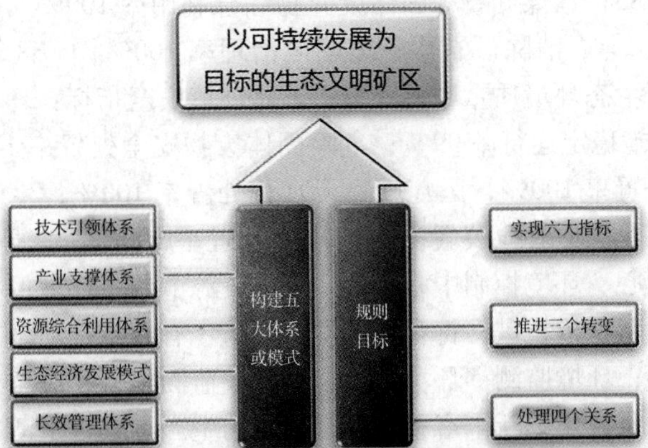

图 1　生态文明矿区建设模式图

1. 兖矿集团生态文明矿区建设的总体思路

积极探索建立具有生态经济特征的工业体系，创建国家级资源节约型环境友好型企业，构建低能耗、低污染、低排放与发展经济综合协调的运作机制，提高能源资源利用效率，大力发展清洁能源和高端产品，注重从源头上防治环境污染和资源浪费，做到项目建设与节能减排设施同步上马，经济指标与环境指标、能效指标同时考核，提高经济增长质量，发展生态经济、循环经济、低碳经济，走出一条投资省、消耗低、效益好，生产发展、生活富裕、生态良好的新路子，实现人与自然和谐发展，把兖矿集团建设成为可持续发展的生态文明示范矿区。

2. 兖矿集团生态文明矿区建设的规划目标

实现六大指标，做到四个不能，推进三个转变，到“十二五”末，建成以“产业布局清晰、经济结构合理、管理手段创新、技能减排显著、资源循环利用、生态环境优美、生活和谐安康、消费适度文明”为基本特征的生态文明矿区。

(1) 实现六大指标。一是资源节约指标：到 2015 年，兖矿集团本部济宁辖区工业产值综合能耗 0. 79 吨标准煤/万元，比 2010 年下降 17%；原煤生产综合能耗达到国际先进水平，其他主要产品单位能耗达到国内先进水平；技术节能对节能效益的贡献率 50% 以上；水泵、风机、锅炉等主要耗能设备达到国家 I 级能效水平；工业产值取水量、主要产品取水量优于国家和地方限额标准，电厂逐步实现地下水“零采水”。二是污染减排指标：到2015年，SO_2、NO_X、COD、NH_3-N排放总量分别比2010年下降19%、19%、12.6%、11.8%；外排主要水、气污染物日均值达标排放率99.5%；噪声达标排放率100%；各生产单位建立完善的工业厂区扬尘控制设施，“无尘化矿井”“无尘化厂区”达到70%以上。三是资源综合利用指标：到2015年，矿井水、工业废水和生活污水综合利用率分别达到100%、60%和80%；矿井采区回采率：厚煤层≥75%，中厚煤层≥80%，薄煤层≥85%；煤矸石等固体废弃物综合利用率100%。四是生态保护指标：到2015年，全面消除矸石山；塌陷区治理率100%；矿区绿化覆盖率达到36%以上，矿区生态环境质量明显改善。五是环境安全指标：环境污染事件发生率为0；环保设施稳定运行率99%；危险固体废物安全处置率100%，污水处理厂污泥无害化处置率100%，医疗废物无害化处置率100%；生活垃圾无害化处理率100%；放射源及射线装置安全使用、处置率100%。六是能力建设目标：兖矿能源管理中心、环境控制中心全面建成；资源节约、环境保护领域的体制机制和政策制度创新积极推进，符合科学发展要求、有利于推动生态文明建设的考评机制逐步完善；环境监测、环境污染突发事故监测预警和应急处置能力明显提高；生态文明企业文化不断丰富和完善，文明的生产方式、生活方式、消费模式逐步深入人心；生态文明宣传普及率不断提高，公众对生态文明矿区建设的认知度、参与度和对生活质量的满意度持续提高。

（2）扎实推进三个转变：一是从重经济增长轻减排转变为保护环境、节约能源与经济增长并重，把生态文明矿区建设作为调整产业结构、转变经济发展方式的重要手段，在保护环境、降低碳强度、节约能源资源中求得更快更好发展。二是从生态文明建设工作滞后于经济发展转变为环境保护、资源节约和经济发展同步共赢，做到不欠新账，多还旧账，加大生态矿区建设资金投入，改变先污染后治理、边治理边破坏的状况，解决资源、环境与经济发展之间矛盾。三是从考核单位经济效益指标转变为资源消耗、环境损失和效益综合考核，加大责任追究力度，走出一条以科学发展观为指导，低能耗、低污染为基础，全体干部职工为参与主体的生态文明发展的路子。

（3）正确处理四项关系：一是生态文明矿区建设与可持续发展经济的关系。生态文明矿区建设是可持续发展的深化。建设生态文明矿区是目前最可行、可量化的可持续发展模式的最佳形态。二是生态文明矿区建设与绿色经济的关系。发展绿色经济要求人们经济活动从高耗资源能源、高污染环境与高损生态的非持续发展经济，转变成为资源能源消耗最少化、环境污染最轻化与生态损害最小化的可持续发展经济。发展绿色经济成为生态文明矿区建设的重要内容。三是生态文明矿区建设与循环经济的关系。建设生态文明矿区是发展循环经济的最佳体现与首选途径。四是建设生态文明矿区与发展低碳经济的关系。工业文明时代的经济是以化石燃料为核心的不可再生能源为基础的碳基能源经济，是不可持续发展的经济；生态文明时代的经济是以非化石燃料为核心的可再生能源为基础的低碳无碳能源经济，是可持续发展的经济。发展低碳经济，必须大力推动高碳经济与能源结构向低碳无碳经济与能源结构转型，促进工业文明向生态文明的转型。

三、大型煤炭企业以可持续发展为目标的生态文明矿区建设模式的主要做法

1. 加快核心技术研发创新和转化应用，探索建立生态文明的技术引领体系

技术创新是优化调整产业结构、转变经济发展方式的中心环节，也是建设生态文明矿区、推动企业可持续发展重要支撑。兖矿集团发挥技术创新在生态文明矿区建设中的重要作用，完善技术研发体制机制，推动煤炭高效开采、洁净煤、深加工等核心技术研发创新和转化应用，探索出一条创新驱动、内生增长的发展轨道。兖矿集团被确定为“十二五”国家科技计划预备项目推荐主体，被评为国家创新型企业，获得“十一五”国家科技计划执行优秀团队奖。

（1）完善以企业为主体的技术研发体制机制。拥有煤液化及煤化工国家重点实验室、国家级技术中心、水煤浆气化及煤化工国家工程中心、博士后工作站等 30 个专业技术研究所和 7 个校企共建研究机构，形成以本部煤炭技术研发为主体，以上海煤液化及煤化工技术研发和西安新材料、电子信息和机械装备技术研发为重点的“一体两翼”创新平台。实行研发项目和资金合同管理制、首席科学家负责制、科技创新奖励制度，构建企业化经营的技术创新机制、以企业为主体的产学研联合机制和符合市场经济规律的科技成果产业化创投机制，探索形成研产销一体化技术创新模式。与煤科总院、华东理工大学、中国矿业大学等 10 余家科研院校及知名企业联合，组建山东省联创煤炭技术研究中心。

（2）加大核心技术研发创新力度。兖矿集团成功开发出厚煤层综放开采技术、水煤浆气化技术、粉煤加压气化技术、低压羰基醋酸合成技术、煤炭间接液化技术、低热值流化床燃烧发电等多项具有自主知识产权的核心技术。先后向德国 DBT 公司、美国比塞洛斯国际公司有限转让“两柱式综采放顶煤液压支架”使用权，向美国最大炼油企业——瓦莱罗能源公司实施多喷嘴对置式水煤浆气化技术许可，与澳洲博地能源公司开展综放技术合作，实现了我国向发达国家输出先进采矿技术、煤化工大型成套技术、煤炭开采技术三个历史性突破。“十一五”以来，兖矿集团完成和承担“863”课题、“973”课题 11 项，获得省部级以上科技成果奖 285 项，获奖等级和数量位居煤炭行业之首。

（3）强化知识产权管理。“十一五”以来，累计获得国家专利授权 278 项，其中获得美国、南非、澳大利亚等国专利 7 项。注重依法保护知识产权。在美国打赢了与英国 BP 公司的醋酸合成装置关键设备知识产权诉讼案，该案例已被美国联邦法院作为典型案例。水煤浆气化及煤化工国家工程研究中心被国家科技部

确定为“首批国家技术转移示范机构”。“煤炭及煤化工产业专利保护战略研究”被国家知识产权局列为专利战略推进工程研究项目。

2. 调整优化产业产品结构，探索建立生态文明的产业支撑体系

产业发展是生态文明矿区建设的基础和载体。兖矿集团瞄准清洁能源、精细化工、高端产品方向，围绕煤炭、煤化工、煤电铝和机电装备制造“三大主业”产业链延伸和价值链提升，全力打造空间相对集中、生产分工合作、技术互动创新、资源互补共享、区域优势充分发挥的特色低碳生态产业集群。

（1）煤炭产业以做强做大为目标，增强产业规模效益，努力打造生态文明矿井。坚持一手抓资源开发，一手抓资源节约，转变煤炭经济发展方式，探索煤炭企业清洁发展、节约发展、高效发展、持续发展的新路子。瞄准重装备、高可靠性、自动化、用人少、素质高方向，大力推进适合兖州矿区地质条件的安全高效矿井建设。兖矿集团采掘机械化程度100%，综采机械化程度99.45%。集团本部6对厚煤层矿井全部建成行业特级安全高效矿井。坚持以高效综放开采为主，探索发展普通综放开采、分层开采、薄煤层机械化开采等技术，加大薄煤层、边角煤和“三下煤”开采力度。2011年，集团本部完成煤炭产量3875万吨，其中薄煤层、边角煤513万吨。与矿井生产能力配套建设6座选煤厂，实现了煤炭全部洗选加工和洁净利用。在抓好本部煤炭生产的同时，充分发挥技术、管理、品牌、资金优势，积极参与实施贵州、陕西榆林、新疆、内蒙古鄂尔多斯、澳大利亚、加拿大六个能源基地建设，2012年省外、国外煤炭产量将达到总产量的60%以上。2004年成功收购澳大利亚澳思达煤矿，成为我国第一家开发海外煤炭资源的企业。2009年，把握危中之机组织收购菲利克斯公司，是我国在澳大利亚规模最大的收购交易。2011年，先后收购澳大利亚新泰克公司、普力马煤矿公司、加拿大钾矿项目，加快推进兖煤澳洲公司与格罗斯特煤炭公司合并换股，交易完成后将累计获取境外煤炭资源62.52亿吨、钾矿资源397亿吨，兖煤澳洲公司将成为澳大利亚最大的独立煤炭上市公司，兖州煤业将成为国内首个四地上市公司，兖矿集团形成独具特色的国际化影响力和品牌优势。

（2）煤化工产业以做精做优为目标，转方式调结构，努力打造生态化工园区。积极适应时代发展、科技进步和石油紧缺的新情况，转变对资源型企业比较优势的认识，转变对煤炭由普通燃料到重要化工原料的认识，加快推进煤化工核心技术工业化，大力发展深加工、精细化工和高端产品，推动煤化工产业由初级产品向精细化工、高端产品转变，单纯煤化工向煤化工与石油化工融合发展转变，化肥厂向化工厂转变，着力改变煤炭企业和城市资源枯竭就不能持续发展的问题。坚持“高起点、大联合、多联产、精细化”思路和“大项目—产业链—产业基地”的发展方向，充分利用兖矿及周边地区的高硫煤资源，重点建设以煤气化及多联产为主线的鲁南化工园区，以煤炭焦化及下游产品加工为主线的兖州

化工园区，以坑口高硫煤洁净利用为主线的邹城化工园区，形成鲁南煤化工基地。该基地建成后，每年将消耗高硫煤550 万吨，延长矿区薄煤层矿井服务年限20 年。同时，在陕西、贵州、新疆、内蒙古规划建设煤化工基地。兖矿集团煤化工产业已形成年产600 万吨煤化工产品的生产能力。兖矿煤化分公司名列2010 中国化工企业500 强第29 位。

（3）煤电铝及机电成套装备制造产业以做实做特为原则，推进优质高效发展，努力打造绿色制造基地。坚持“向上游拓展、做实中间、向下游延伸”和专业化、自动化、高端化方向，以低热值燃料发电和综合利用为龙头，发展煤电铝产业。按照“以消化全部低热值燃料为目的，自发自用、多余上网”的电力建设思路，在国际上率先研发出35 吨/小时煤泥、煤矸石异比重循环流化床洁净燃烧发电技术，建设了总装机容量527 兆瓦的9 座煤泥、煤矸石等低热值电厂，成为煤炭系统最大的综合利用煤矸石、煤泥等热电联供节能项目基地。发挥煤电综合利用优势，建设年产14 万吨工业铝型材项目。项目建成投产后，兖矿集团将成为我国装机水平最高的铝挤压材生产基地。延伸电铝产业链，与澳大利亚铝土矿资源公司（BRL 公司）签署《项目合作框架协议》，完成BRL 公司8. 5% 股权收购，参与西澳10 亿吨储量的优质铝土资源开发，对保障我国铝土资源安全具有重要意义。按照山东省建设煤机制造基地的规划部署，推进机电装备制造产业由“兖矿制造”向“兖矿创造”转变，由产品制造商向系统解决方案的供应商转变，由单一卖产品向卖服务转变，由产品品牌优势向企业品牌优势转变，加大投入，整合资源，开发生产出以ZFY8500 为代表的重型液压支架系列、中重型刮板输送机系列、全系列带式输送机、高低压开关柜等一批大、中型煤炭机电装备，兖矿集团具备了煤矿采掘成套装备生产能力，规划“十二五”期间建成国内先进水平的机电成套装备制造基地。

3. 大力实施资源再利用和再生化，探索建立生态文明的资源综合利用体系

发挥煤炭、煤化工、煤电铝、机电装备制造产业协同优势，实施四项综合利用工程，形成以资源综合利用和矿山环境治理为特征的生态资源利用体系，实现了污染物的去污化、去毒化和资源的再利用、再生化。

（1）实施煤矿固体废弃物综合利用工程。建设5 家煤矸石建筑材料厂、3 座煤矸石制砖厂，设计规模年产2. 4 亿标块矸石砖，建成后年消耗煤矸石100 万吨，粉煤灰49 万吨，工业炉渣28 万吨。利用煤矸石修筑公路、充填塌陷地、生产水泥建材，1997 年以来累计消耗煤矸石4000 余万吨。实施矸石山造景工程，积极探索矸石山表面复土种植技术，成功地将兴隆庄煤矿、济宁三号煤矿矸石山建设成人造景观，既解决了矸石自燃问题，又避免了环境污染。

（2）实施污水回收综合利用工程。牢固树立“把矿区每一滴污水都变成资源”的理念，优化矿区水资源综合利用方案，投资2. 27 亿元，改扩建各类污水

处理站 17 个，实施深度处理工程 10 项，其他工程 5 项，年处理矿井水 2544 万吨、生活污水 2100 万吨，逐步实现了矿井水“零排放”和电厂地下水“零采水”。

（3）实施废气和有毒有害气体综合利用工程。按照《国家发展改革委煤层气（煤矿瓦斯）开发利用“十二五”规划》的要求，加大瓦斯发电技术研究，利用瓦斯发电机组产生的余热对矿井进行供暖或提供洗浴用水，取消矿井工广燃煤锅炉，降低了矿区原煤生产综合能耗。积极探索电厂和煤化工生产工艺过程中产生的二氧化碳回收利用和贮存技术。推进煤化工单位对废气中有用组分进行回收和综合利用。

（4）实施土地塌陷综合治理工程。利用粉煤灰井下覆岩离层注浆，缓解地表塌陷。与地方政府密切配合，投资 6500 万元，采用煤矸石充填复垦工艺，对塌陷地进行治理，用于农林种植或水面养殖，有效利用和节约土地资源。近年来每年治理面积均在 400 公顷左右，1996 年以来累计利用煤矸石 3000 万吨，粉煤灰 45 万吨，工业炉渣 6 万吨，充填治理塌陷区 2100 公顷，取得了良好的经济效益、社会效益和生态效益。

4. 加大节能减排和“四新”成果推广力度，探索建立“低能耗、低污染、低排放”的生态经济发展模式

遵循“低能耗、低污染、低排放”的原则，建立实施能源强度和能耗总量相结合的预测预警调控机制，科学合理控制能耗与产值、产量的关系，突出抓好新技术推广、“三节”竞赛、项目技改等工作，构建具有兖矿特色的生态经济发展模式。

（1）全面推行清洁生产。以审核为基础，以实施为重点，将“节能降耗、减污增效”纳入到清洁生产全过程，推广应用先进清洁生产技术，提升清洁生产水平。2012 年完成 6 家单位清洁生产审核并通过地方政府主管部门验收。2013 年将清洁生产拓展到驻外能化公司，推动兖矿集团清洁生产全面开展。

（2）实施节能技改工程。采取建立“矿区节能专项资金”制度、单独申报节能改造专项计划等多种形式，对落后的耗能设备（系统）进行了淘汰更新和节能技术改造。淘汰更新煤炭生产矿井 BKD9 系列矿用隔爆型真空馈电开关等落后耗能设备和工艺，全面实施主通风机、主排水泵等主要用能系统（设备）节能改造。对煤化工、煤电铝等产业锅炉（窑炉）节能改造、热电联产、电机系统节能、能量系统优化、余热余压利用等 5 类节能技术项目进行改造。

（3）开展节煤、节电、节水“三节”竞赛。全面排查分析煤、电、水等能源资源消费结构和使用现状，确定竞赛目标指标、工作方案和考核标准。围绕对标管理、产品单耗控制、监测计量统计等内容，开展“三节”竞赛。通过竞赛，力争到 2015 年，节约各类煤炭资源 9.85 万吨标准煤，节电指标达到竞赛考核标准，节约水资源 500 万立方米。

（4）加大“四新”成果转化力度。积极应用新技术、新工艺、新设备、新

材料，推广变频调速、无功电力补偿、锅炉分层燃烧、恒压供水、中水回用等节能技术、工艺和产品，提高了节能装备水平和技术含量。推广由哈工大研制的“锅炉燃煤添加剂”，锅炉节煤率提高 15 个百分点，有效降低了锅炉烟尘及 SO_2 排放。推广工业用水闭路循环和一水多用，加快中水回用设施建设，实现了废水资源化。新建项目必须经过具有相应资质的专业环评咨询机构和兖矿集团节能主管部门的评估、审查和批准，方可立项和建设。加强国内外生态建设方面的技术交流，加强低碳技术、低碳产品贸易，在市场竞争中抢占战略制高点。

5. 着眼调动各方合力，探索建立生态文明矿区的长效管理体系

积极探索市场经济条件下建设生态文明的新体制和新机制，健全三个体系，实施四个纳入，形成全员、全方位、全过程建设生态文明矿区的氛围。

（1）健全三个体系。一是健全组织管理体系。成立生态文明矿区建设领导小组，构建党政领导、部门指导、各方配合、齐抓共管的工作格局，设立专（兼）职管理岗位，形成集团公司、专业公司、基层单位三级管理体系。加强规章制度建设，完善工作会议、月度信息交流、专业工作例会等制度。强化上级与下级、单位与单位、单位与部门、部门与部门之间的联动协调机制。计划、财务、机电、基建、新闻宣传等部门通力配合，密切协作，形成生态文明矿区建设的强大合力。二是健全目标责任体系。把生态文明矿区建设纳入年度生产经营目标管理体系，每年与各单位签订《目标责任书》，逐级分解落实到各矿处（厂）、科室（区队）、班组（车间）和个人。三是健全考核监督体系。加大与各级领导干部绩效薪金和职工工资分配挂钩力度，形成有效的激励和约束机制。健全集团公司、专业公司、基层单位三级督查体制，强化监督考核，严格奖惩兑现。对重点工作、重点任务和重点项目进行跟踪督查、动态监控。对因思想麻痹、责任不落实、工作不到位、造成重大环境污染事件或者没有完成节能减排指标的，坚决实行问责制和一票否决。

（2）实施四个纳入。一是纳入内部市场化管理。坚持用市场经济的方法分析生态文明矿区建设问题，用市场经济的手段抓好节能减排工作，扎实推进“三节”竞赛，加强考核，严格奖罚，提高各级、各部门和全体职工保护环境、节约资源的积极性、主动性。二是纳入精细化管理。制订《关于加快推进清洁生产审核工作的意见》《关于发展循环经济建设资源节约型企业的实施意见》，编制循环经济发展规划，明确水、电、煤、油、气等资源综合利用指标，逐级分解落实，促进资源节约型环境友好型企业建设。三是纳入标准化管理。坚持用国际先进的管理标准和模式，探索发展生态经济、建设资源节约型环境友好型企业的长效机制。在全国煤炭系统率先开展质量体系认证，兖矿集团及所属单位共取得 100 余张质量体系认证证书。兖矿集团获得首届全国煤炭工业质量奖。四是纳入企业文化建设。将生态文明纳入兖矿集团责任文化体系建设，不断丰富生态文化内涵，大力倡导生态伦理道德。发挥新闻媒体作用，开展生态文明知识普及活动，广泛宣传生态文明建设的新事物、新典型、新成效。开展节能减排进社区、进课堂、进家庭、进企业、进机关“五进”活动，组织能源紧缺体验日、节能减排青年在行动、节能环保新闻竞赛等主题活动，营造“建设生态文明，从我做起，从现在做起”的良好氛围。

四、大型煤炭企业以可持续发展为目标的生态文明矿区建设模式的效果评价

1. 推动了能源和资源高效利用转化，找准了生态文明矿区建设与企业以经济效益为中心相结合的最佳途径

兖矿集团提前一年完成山东省政府下达的“十一五”节能指标，2011 年实现节能量 3.56 万吨标准煤，工业产值综合能耗由 2003 年的 1.21 吨标准煤/万元下降至 2011 年的 0.81 吨标准煤/万元。完成 15 个节能环保项目建设，实现技术节能 2.45 万吨标准煤/年。在资源高效利用方面，兖矿集团综放工作面回收率平均达到 85% 以上，薄煤层回收率达到 95%。兖矿集团被国土资源部命名为首批“全国矿产资源合理开发利用先进矿山企业”，被中国矿业联合会评为“全国资源开采先进企业”。实施一批矿井水、生活污水深度处理和复用工程，兖矿集团污水处理率达到 100%，矿井水复用率达到 91%，生活污水复用率达到 70%。实施煤矸石综合利用工程，1997 年以来累计消耗煤矸石 4000 余万吨。兖矿集团资源节约和综合利用工作始终保持全国同行业领先水平。

2. 促进了清洁文明生产，丰富了落实以人为本和履行企业社会责任的内容

2003 年以来，兖矿集团累计减排二氧化硫 90814 吨，COD30990 吨，氨氮 7128 吨。本部矿井实现煤炭全部洗选加工和洁净利用。兖矿集团被山东省环保局确定为首批循环经济试点企业之一，获得首届低碳中国突出贡献企业、中华环境友好煤炭示范矿区荣誉称号。调整矿井工业锅炉燃料结构；优化改造脱硫设施，提高脱硫效率，二氧化硫减排效果明显。

3. 增强了企业发展实力，提升了企业综合形象，实现了生态文明矿区建设与企业经济“硬实力”、品牌“软实力”建设的良性互动

兖矿集团名列 2011 中国企业效益 200 佳第 31 位、2011 中国能源集团 500 强第 32 位、2011 中国煤炭企业利润总额第 4 位。2011 年实现煤炭产量、营业收入、利润总额、资产总额等四个重大突破，与 2003 年相比，营业收入由 152.62 亿元增加到 800 亿元，利税总额由 21.81 亿元增加到 181 亿元，国有资产总额由 295.9 亿元增加到 1358.36 亿元。

（成果创造人：许金新　李　彬　朱建国　马　磊　淳　于　江　辉　狄传军　路　涛　韩钟琦　唐洪洲　王　鹏　李　俊）

井下绩效实时核算精准管理系统的探讨与实践

兖州煤业股份有限公司南屯煤矿

兖矿集团南屯煤矿是1973年12月建成投产的大型生产矿井。设计生产能力150万吨，经改扩建，现核定生产能力400万吨。南屯煤矿以科技进步为依托，采用综采放顶煤等先进采煤工艺，煤炭生产能力达到440多万吨水平。全矿在册员工8000余人，固定资产2.7亿元。矿井先后通过ISO9002质量管理体系、ISO10012计量检测体系、ISO14001环境管理体系认证和职业健康安全管理体系认证，在全煤系统首家集四大体系认证于一身。近年来，矿井先后被命名为全国煤炭工业先进集体、全国质量标准化、安全创水平特级矿井、中国煤炭工业首批现代化矿井、全国文明煤矿、“五一”劳动奖状、煤炭工业特级安全高效矿井等荣誉称号。

一、井下绩效实时核算精准管理系统的实施背景

1. 与时俱进、创新发展的需要

南屯煤矿坚持“安全第一、生产第二、质量第三”的安全工作方针，自强不息、创新超越，从提高科学应用技术、管理精细化入手，克服矿井资源萎缩、生产条件复杂、生产接续紧张等安全生产不利因素，切实增强企业市场竞争力。但现有矿井职工管理模式不能更好地为企业服务、不能适应当前生产任务的要求。现在南屯矿基层单位工资管理，还是以传统手工计算为主，个人台账参差不齐，没有统一的计算平台，不能适应当前劳动定额精准管理的要求。只有对当前管理工作进行技术改造与创新，才能实现矿井劳动定额精准化管理。因此，井下绩效实时核算精准管理系统在南屯矿的应用是适时而生。

2. 科学决策、精准管理的需要

南屯煤矿原有的管理模式大都采用手工记账，存在随意涂改和篡改现象；手续过于繁琐，记录台账过多，存在重复记录，浪费人力物力；分工不够明确，责

任没有很好得到落实，管理制度存在漏洞；数据信息的整理只在月底才进行，这样容易造成问题的积压和有些事实不明朗的现象发生，不能合理、及时、有效地解决问题；以往数据的查询只能翻老账本，管理落后不能适应时代发展。因而，井下绩效实时核算精准管理系统的开发迫在眉睫。

3. 公平公正、按劳分配的需要

工资分配一直是职工最为关心的问题，而以往的管理不能及时反映职工工作和薪酬情况，只在月底才对职工进行整体考核与兑现，失去工资分配公平、公正和透明性的原则，容易造成职工情绪波动，心理不平衡，工作分心，不能集中精力、一心一意工作，无形之中，增加不安全因素。一切为矿井生产服务，想职工之所想，忧职工之所忧，解除消极影响因素，增加积极激励因素。因此，井下绩效实时核算精准管理模式的推行成为必然。

4. 提升素质、加快转型的需要

由于煤炭企业属于劳动密集型行业，职工进入企业时的文化知识及技能水平均较低，具体到矿井基层单位负责绩效考核、工资核算的人员，其对矿井的经营理念、管理思路的理解有限，矿井经济考核政策的贯彻执行受员工素质和行为的影响较大，他们或者缺乏与现代工资管理有关的相应知识，或者未经过系统的工资管理专业培训，或者缺乏核算工资工作的实践经验，难以适应新形势的需要。

二、井下绩效实时核算精准管理系统在煤炭企业管理中的基本内涵

实行井下绩效实时核算精准管理，是煤矿生产分工协作的客观要求，是组织煤炭开采、合理分配劳动时间的必要条件，是衡量个人劳动成绩的主要尺度，是合理利用工作时间，提高劳动生产率、降低生产成本、促进技术水平提高的有力工具，是煤矿企业内部实行经济核算制，实行按劳分配的重要依据。总之，井下绩效实时核算精准管理对促进煤矿生产的发展起着极为重要的作用。

1. 日事日毕、日清日高，搭建起有效的激励约束工作机制

过去班组核算，月底公布结果，平时工作推着干，干完算。实行井下绩效实时核算精准管理，当天工作，当天核算清楚，可以通过当天成本、利润的波动情况，及时掌握生产过程中出现的各种要因变化，并通过要因分析和整理，使影响因素得到克服和纠正，以维持各工序的高效运作，从而形成严格的工作机制。

2. 明确岗责、细化分工，搭建起权责清晰的互助工作环境

井下绩效实时核算精准管理对岗位分工进行了细致的规划和明确，这就为职工在生产中提供了依据和标准，职工有目标就有了动力，劳动效率就会得到大大提高，良好的工作氛围为企业管理奠定了稳定基础。

3. 实时核算、在线反馈，搭建起科学生产、动态管控的工作平台

井下绩效实时核算精准管理中的“实时”能够更好地体现一天工作的实际情况和所遇问题，而问题的解决直接影响着生产的进行。井下绩效实时核算精准

管理为领导岗位的管理人员提供了平台，使管理人员实时有效地组织、处理当天所遇问题，为矿井生产提供了有力保障。

4. 公平公开、精准结算，搭建起井下绩效实时考核服务平台

“班清班结单”就是在井下绩效实时核算精准管理下应运产生的，该报表详尽记录了当天班组的工作量、工作状况、所遇问题、交接事项、奖惩以及班组每一职工的绩效考核，当班结束工作后便有分管各项指标和任务人员签字确认，使职工对当天的工作和工资分配一清二楚，公开、公平、透明的分配机制极大调动了职工积极性。

三、井下绩效实时核算精准管理系统实施的主要做法

根据南屯煤矿实际情况和现代化矿井发展的需要，了解到国内外及其他矿井的先进经验后，采用自主与委托开发相结合的开发方法。在系统开发过程中，遵循领导参与、职工讨论、优化创新、实用高效、标准化、规范化和可持续发展的原则，在技术上运用面向对象的系统开发方法进行研制开发。

1. 技术指标

井下绩效实时核算精准管理系统采用JAVA技术路线，具体使用业界较新且成熟的JDK5.0作为编程环境，同时应用了业界最佳实践的面向服务架构（SOA），可最大程度保证整个系统的兼容性和开放性。

2. 系统开发的原则

（1）以实际工作为导向。整个系统从界面设计、体系结构、业务流程到功能、技术支持等，完全要满足实际工作需求，做到提高企业管理层掌握企业人力资源状况的能力，降低业务人员的工作强度，提高工作效率，达到用户满意。

（2）突出安全性。对于业务层，做到根据角色不同可以执行不同任务，做不同的操作，使用不同的流程；对于数据层，根据数据的性质、角色的不同，对数据的读取、修改、删除要有不同的权限。

（3）注重灵活性。业务和功能要具有很强的灵活性，可以随着用户的需求变化而变化；数据的导入、导出，各项信息的成批操作，信息的维护都可以根据客户的要求而实现。

（4）支持多平台操作。系统支持多种操作系统，如windows 2000、window xp、windows 2003；支持多种数据库。

（5）实现网络共享。通过网络整合数据信息，实现资源共享，满足人力资源全方位管理的需要。

（6）易实施性。实施过程应该实施周期短，操作简单明了，上线成功率高。

（7）兼容性。应与其他管理系统接口，如人力资源管理系统、office、财务等有比较好的兼容性，数据可以共享。

3. 系统运用流程

劳动工资科定额管理人员每月末按照生产计划，将下月各生产区队的产量、

进尺单价情况布入系统。单位将上日产量、进尺及零活工作情况等信息客观、详实地录入系统，并提出审核申请。定额人员每天对采掘单位的实际工作进展情况进行现场初步测定，对单位提交的工作地点、工作内容、工作量等信息进行审核确认，根据其工作内容和现场条件提供计件单价、工作物等级等结算单价。工资核算员将职工出勤、下井、考核计分和职能科室奖惩考核等情况录入实时清算模块，用以计算当日职工应得收入情况。

4. 系统功能应用概要

南屯煤矿结合矿井发展开发了井下绩效实时核算精准管理系统，该系统在启动、实施、运行中做出了许多有益和积极的探索，具有很强的操作性和实用性。系统的主要功能模块有：定额结算；人员管理；报工管理；绩效工资；员工配置。

（1）定额结算。企业建立了定额标准，就可以引用定额标准进行定额计算。企业可以建立不同层次的定额标准，建立了某个层次的定额标准就可以引用该层次的标准进行定额计算。系统支持以下多种方式的定额计算：

①基于工步定额标准的定额计算。定额人员根据工艺规程的内容，把每个工序拆分成若干工步，对于每一个工步，选择相应的工步定额标准，输入或选择相关参数，系统自动计算出该工步的工时定额，并完成一个工序内所有工步工时定额的累加，从而获得工序的时间定额。

②基于典型工序标准的定额计算。企业建立了典型工序的定额标准，就可以引用该标准完成工序的定额工时计算，具有比工步工时累加获得工序工时更高的效率。

③基于典型工程量的定额计算。定额人员根据典型工程量，选用相应的典型工程量定额标准，系统自动完成该工程量的所有工序的时间定额的自动计算。定额计算时，通常以工序为单位进行定额计算。对表格式标准或包含表格的定额标准系统自动进行拟合计算，实现自动优化查表。支持定额计算历史数据的管理，可以回溯和复现定额计算的过程及参数。实现了工时定额的统计与分析，为生产组织提供基础数据。

（2）人员管理。作为人力资源部门，人员信息管理是重点之一。有效详实的数据能为工资核算提供扎实数据基础。系统灵活处理了区队人员工资基本信息和人员调整，满足了区队之间、区队内部之间人员信息、调动、班组维护等功能。

①个人信息查询。系统详细登记记录员工的基本人事信息和工资信息，便于查看、了解员工工资结构和数据，也为系统核算工资提供基础数据。其历史查询是保存了员工信息更改的历史记录，可以一目了然地掌握该职工动态变动信息。

②队间调动申请和确认。为使区队之间或区队内部调动人员时不出现纰漏和

错误，软件要求需提交人员调整申请并得到相关区队或班组的确认后才可实现人员调整，保证系统运行的安全性。

③员工班组维护。基于区队人员管理的实际情况，通过人员班组维护实现人员的顺序调整，实现在不同班组按照当班班组考核办法和分值计算工资，确保工资核算公平性，利于区队管理。班组维护也确保系统管理员在数据维护和录入时方便快捷并便于查询。

(3) 考勤管理。针对矿各单位分布式管理状况，通过该系统实现了远程实时掌控各单位职工出勤、下井和工资日工资核算情况，同时考勤数据能直接导入工资系统，参与工资计算，减少人为环节，有效保证职工利益。

①单位每日报工。通过当天班组班清班结单录入班组得分、产量进尺、施工地点、出勤、系数等信息实现班组人员当班所得得分，并录入奖罚数据及原因。全面满足了基础数据录入及功能实现。

②单位特殊报工。为减少录入人员工作量，特殊出勤情况的维护，可以实现集中报一个时间段的出勤。如员工连续一段时间休假，可以选择起始时间和结束时间，选择休假项目便可。灵活多样、人性化管理是该系统在运行过程中一大特点，能全方位服务于矿井区队工资管理。

③员工考勤明细和单位考勤汇总。实现考勤信息统计并打印考勤报表上报工资科，并导入工资系统考勤数据作为工资核算依据；实现人员考勤信息查询，可按不同时间段查询单位、班组、个人出勤情况。

④员工工作台账。为有效利用实时核算数据，系统提供了较为通用的台账式统计图表，用户可以按单位、月份、班组或个人查询系数、得分和日工资情况并可导出，作为工资核算和月末分析的基础数据。

(4) 绩效工资管理。零活的工资项目、计算公式设置和丰富的小型功能设计充分考虑到了井下区队绩效工资核算的复杂性，同时也考虑到了企业政策的变化和工资体制改革。能轻松实现零活结算、计件工资、辅助工资和矿及区队奖罚等多种薪资计算。同时薪资与工资系统能实现数据对接，保证核算数据的准确性和实用性。

①每日零活结算。区队在正常工作的同时还要相应地干些辅助工作，为适应矿井实际工作情况，特编此模块，解决了一些特殊计算的工作量。此零活有单位办事员维护，上传工资科定额组，在有定额组根据实际情况，确定工数和等级，便得出此次零活的金额。

②采掘每日产进。实现每天根据进尺和零活工资计算当天所得工资总额。点击发生日期便可看到你所点击那天每个人的工资情况。当区队根据职工和工作的实际情况要做调整，可在调整处录入调整数据，点击计算按钮，便可实现功能。

③班组结算调整、员工结算调整。实现区队管理人员为了平衡班组得分和员

工得分而做的相应调整，已达到满足区队实际工作情况的复杂性。

④矿属罚款登记。矿属罚款登记是录入矿上各种罚款，一目了然看到每人罚款项目和合计数。历史罚款还可就以往罚款进行查询、统计。

⑤区队奖罚登记。登记区队根据内部工资分配方案所发生的奖罚数据，可以清楚明了地了解每个职工当月奖罚情况。

⑥计算超额工资。实现月底根据定额按照井下实际工作量和矿考核指标，平衡区队绩效工资，批复的实际绩效工资总额而计算所得的超额工资，并导入工资系统实现员工计件工资。

⑦出勤得分统计。出勤得分统计可以统计出该月各区队各班组的出勤得分情况，便于矿考核和单位内部考核的依据。

（5）员工配置。此模块是维护和修改系统确定的数据和个人基本信息，可以随时根据数据的更改而做调整，确保数据的准确性和实用性。

四、井下绩效实时核算精准管理系统取得的成效

1. 实现了工资分配公平公正

井下绩效实时核算精准管理系统的应用进一步规范了区队管理，优化区队管理流程，形成了科学有效的管理模式，为 19 家井下单位建立了一套精准、严细、安全、高效的管理制度。实现了工资分配的“公开、公正、公平”，提高了工资分配的透明度，提高了职工的积极性。

2. 规范了基础数据管理

实现了矿对井下 3000 多名职工的集约化信息管理和信息链之间横向互通，为矿提供了一份完整、规范的基础数据管理和保存，便于查询和监管，随时了解区队工作状况和工资信息，也为矿井发展提供一个良好的技术平台。

3. 实现了标准化和个性化的有效结合

系统通过流程控制和权限分配，约束了区队不合规范的管理模式，也杜绝了个别散漫的工作态度，严格制定了数据维护和使用的制度，致使区队必须严格遵照系统流程执行。而又根据每个区队的管理形式和分配方案的不同，为其量身定制了一套计算方式，形成自己独有的实现功能和分配模式。

4. 实现了数据共享

系统的使用，使南屯煤矿人力资源管理中各个环节相互统一，实现矿 8 家生产单位、职能科室与 19 家井下单位数据共享，避免人力资源管理中数据混乱现象和管理过程中因资源延迟引起的不一致情况。同时，通过人力资源管理的快捷和准确的报表数据，矿领导层可实时地为企业制定计划和发展战略，为矿的高层决策提供了条件。

5. 提高了工作效率

通过信息管理模式改革，提高了南屯煤矿人力资源管理的工作效率，提高了南屯煤矿定额工作信息化管理水平；通过网络综合查询服务，各工区可以查询产量进尺、工人收入、单价等 15 项信息，提高了南屯煤矿信息服务水平，使南屯煤矿井下职工实时查询从无到有，增强了工资分配的及时性和透明度；建立了有效的运行机制、激励机制、约束机制和竞争机制。完善、健全南屯煤矿人力资源管理各项活动的管理正规化、运作程序化，实现经济增长方式由粗放型向集约型的快速转变。系统的运行，使出勤率提高了 1. 97%，掘进进尺提高了 6. 8%，吨煤产量提高了 0. 35%，原煤效率提高了 0. 2%，带来了可观的经济效益。

6. 实现了严格流程控制

系统分别为系统使用人员制定了角色，规定了操作权限，保证了数据安全性；实现了 8 家单位基础数据汇总，为矿人力资源部门和矿领导提供了详尽、准确、实时的基础数据，为领导决策提供有力保障；利用先进信息技术，可大大节省人力、物力，减少操作时间，提高工作效率，由原来的纸张办公改为无纸办公，也由原来多人核算而改为一人办理，仅此项一年可为矿节省 10 万元；充分利用了现有的计算机网络资源，也可节省资金 5 万元。

（成果创造人：郝　伟　朱桂艳　李树荣　陈峰教　朱　秋　王登国　张传见　陈剑锋　何翠平　康守凤　陈　琛　王琳娜）

基于风险导向的企业内部控制

兖州煤业股份有限公司鲍店煤矿

鲍店煤矿自1986年投产以来，产量逐年提高，效益大幅增长，改革步步深化，综合经济实力不断增强，先后被命名为质量标准化特级矿井、现场管理先进单位、部特级高产高效矿井、重合同守信用企业、全煤系统环保“十佳”企业、省级精神文明单位等一系列荣誉称号。矿井通过了ISO9001、ISO14001、ISO10012、GB/T28001体系认证，走出了一条适应市场经济要求、充满生机活力、呈现良性循环的持续发展之路。

一、基于风险导向内部控制构建的必要性

作为兖州煤业股份有限公司的分公司，鲍店煤矿完善内部控制具有重要的现实意义。

1. 有利于提高鲍店煤矿的综合管理水平

科学的内部控制制度，一方面有助于领导层从被动的粗放式经营转变为积极的集约化经营；另一方面能够合理地对企业内部各个职能部门和人员进行分工控制、协调和考核，促使企业各部门及人员履行职责、明确目标，保证企业的生产经营活动有序、高效地进行。

2. 有利于保护鲍店煤矿财产物资的安全与完整

煤炭企业建立内部控制制度，对财产物资的保管和使用采取各种控制手段，可以防止和减少财产物资被损坏，杜绝浪费、贪污、盗窃、挪用和不合理使用等问题的发生。

3. 有利于保证经济信息的正确性和可靠性

科学的内部控制系统通过制定和执行业务处理程序，科学地进行职责分工，使会计资料在相互牵制的条件下产生，有效地防止错误和弊端的发生，保证会计资料的正确性和可靠性，实现煤业股份有限公司财务报告资料的准确性。

4. 有利于鲍店煤矿风险管理与内部控制的融合

从内部控制的要素来看，其实已经蕴含了风险管理的内容，内部控制的全部五个要素都是全面风险管理的内容，此外全面风险管理还在内部控制五要素基础上增加了目标设定、事件识别和风险对策三个要素，因此可以说全面风险管理与内部控制是密不可分的。

5. 有利于鲍店煤矿内部控制的创新

内部控制是一种动态的过程，不是一成不变的静态的企业制度，需要煤矿企业根据《企业内部控制基本规范》和相关配套指引的要求，结合企业的实际情况，通过对内部控制理论不断地学习，使每个管理者、每个员工都明确内部控制的本质，运用创新思维和先进管理方法，并在此基础上，实现内部控制在观念、体制、组织、方法上的创新，从而逐步完善煤矿内部控制体系，充分发挥内部控制的作用，实现煤矿最终的经营和管理目标。

二、基于风险导向内部控制的构建

鲍店煤矿是兖州煤业股份有限公司的分公司，由于煤业公司实行“五统一”模式管理，因此鲍店煤矿层面最重要的任务是完成煤业公司下达的经营指标，实现安全生产。根据《内部控制基本规范》，结合煤炭行业的特点和鲍店煤矿的实际情况，将风险导向内部控制目标定位于：合理保证煤矿安全；合理保证经营管理的合法合规性；合理控制煤矿成本费用；合理保证信息的真实完整性；提高经营效率和效果；实现经营目标。煤矿内部控制的各项目标之间的关系如图 1 所示。

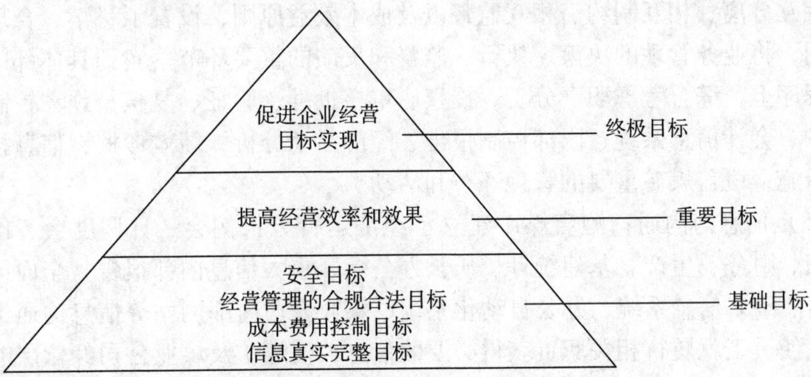

图 1　煤矿内部控制的各项目标之间的关系图

1. 风险导向内部控制构建考虑的因素

鲍店煤矿在建立和实施内部控制体系时，主要考虑了目标设定；内部环境；风险管理；控制活动；信息与沟通；监控、评价与改进等要素。

(1) 目标设定：为了提高经营效率，实现兖州煤业股份有限公司下达的生产经营目标，制定了“安全型煤矿、和谐型煤矿、节约型煤矿、创新型煤矿”的发展目标。煤矿根据煤业公司经济政策和下达的各项指标，通过对内外部环境和风险因素的分析，分解各业务模块的经营目标和管理目标。

（2）内部环境：由于鲍店煤矿的隶属关系，因此在内部环境中不需要考虑公司治理结构，但是要考虑煤矿领导层以及各科室的职责分工。鲍店煤矿建立了科学有效、权责分明的组织架构，保证矿井各项决策、执行和监督相互分离，相互制衡，落实到位。矿井的重大决策、重大事项、重要人事任免及大额资金使用，按照规定的权限和程序，实行集体决策。建立健全了各管理科室、基层单位的岗位责任制，进一步理顺各自的权限和岗位之间的相互关系。对业务范围相近的单位进行整合；对业务性质不相容的单位进行分离。

（3）风险评估与应对：鲍店煤矿遵循《兖州煤业股份有限公司内控体系建设管理办法》《兖州煤业股份有限公司全面风险管理办法》等有关内部控制和风险管理的要求，结合煤矿的实际情况，制定了《鲍店煤矿内部控制体系手册》《经营目标责任考核体系手册》，确立了风险管理中的目标设定、风险管理、主要流程控制、监督与评价、管理改进的基本程序和方法。针对每年煤矿内部环境变化，基于兖矿集团全面风险管理系统平台，编写《鲍店煤矿全面风险管理报告》和《鲍店煤矿风险评估报告》，对煤矿面临的风险进行系统评估，并制定相应的应对措施，进一步完善了以风险预控为核心的全面预算管理和对标管理体系，加强了煤矿运营和经营的风险控制。

（4）控制活动：鲍店煤矿不断强化风险的控制力和执行力，在组织结构上按照相互分离、相互制约、相互监督以及成本效益原则，设置了科学、合理的职能部门，将业务管理的决策、执行、监督和反馈的重要环节落实到具体部门。在制度程序上，综合考虑职责分工、授权、审核批准、验证、复核、预算控制、资产保护、会计信息系统、内部控制报告、经济活动分析、绩效考核、信息技术等控制措施，覆盖煤矿重要的管理环节和活动。

（5）信息与沟通：鲍店煤矿建立了经济运行分析例会、日调度会、预算执行反馈、财务、生产、基建统计、矿长办公会、重大信息内部报告、全面风险管理平台、SAP 信息系统、办公自动化系统、煤业公司内部网站等信息沟通渠道和机制，使员工就履行相关职责获得必要的信息，使煤矿及煤业公司经营层能及时掌握有关信息，面对各种变化及时采取适当行动，并就员工控制责任的落实情况进行沟通和检查。

（6）监控、评价与改进：鲍店煤矿内部控制系统的监督和评价主体主要由三个层次构成：煤矿的自我监督和评价、煤业公司的监督和评价、中介机构的监督和评价。鲍店煤矿内部审计部门负责日常的内部控制系统检查和评价；煤矿法律事务部负责审查公司的合同条款及合法合规情况；煤业公司内部审计部门以及风险管理部门每季度负责对鲍店煤矿内部控制系统的适当性、有效性以及经营活动、财务收支的真实性、合法性和效益性进行定期的检查和评价，并将评价结果及时上报煤业公司审计委员会；中介机构—会计师事务所结合上市公司财务报表审计，每年对鲍店煤矿内部控制系统的适当性、有效性以及经营活动、财务收支的真实性、合法性和效益性进行监督和评价，并将评价结果中存在的重大缺陷与煤业公司高管层进行沟通。

鲍店煤矿根据内外部环境变化，对内部控制产生的影响、内部控制检查评价中发现的不足和缺陷，对照规则和要求进行持续改进。

2. 基于风险导向的内部控制构建过程及整体框架

鲍店煤矿风险导向的内部控制体系构建是基于风险分析的基础之上。因此构建内部控制整体框架时，首先要对煤矿面临的风险进行分析，确定重要风险项目。

（1）进行风险辨识及评估。鲍店煤矿通过内部控制要素对比分析，找出薄弱环节和重点环节。风险辨识评估工作分为系统培训和初始信息收集、风险辨识、风险评估、部门访谈及报告撰写五个阶段，依托兖矿集团全面风险管理信息系统开展工作。各风险管理体系单位通过平台辨识矿井风险库原有风险事件、登记新风险事件，分析各风险的动因、特征，形成矿井新的风险事件库。风险管理部门进行风险事件梳理，编制风险评估问卷，评价各风险，初步确定需要优先管理的重大风险。最后通过部门访谈、高层访谈，全面掌握矿井所面临的风险，最终确定需要优先管理的重大风险、风险图谱，为确定风险管理策略、风险应对方案奠定基础。

（2）确定重大风险。根据风险辨识问卷填写结果，结合资料研究、访谈研讨等不同形式，经过统计汇总，计算出各风险的发生可能性、影响程度及风险水平，确认出安全管理风险、设备设施风险、生产管理风险、合同管理风险、资产管理风险、资金管理风险、应收款项风险 7 类重大风险。

在确认的 7 类重点关注的重大风险基础上，鲍店煤矿构建了内部控制体系的整体框架，如图 2 所示。

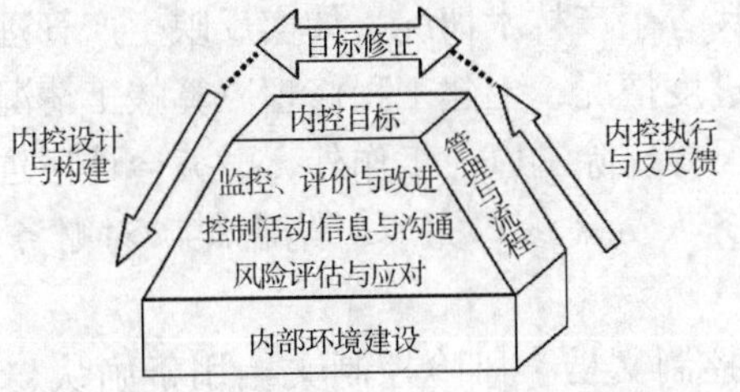

图 2　内部控制体系的整体框架图

在图2中，内部控制设计与构建是以鲍店煤矿内部控制确定的目标为依据，以内部环境建设为基础，以风险评估与应对、控制活动、信息与沟通为手段，以监控、评价与改进为保障，通过规范管理与业务流程来实现。在内部控制执行过程中，通过对内部环境、风险评估与应对、控制活动、信息与沟通的监控与评价发现执行中存在的缺陷以及执行存在的问题，及时反馈、改进，并判断是否实现了内部控制目标。如果煤矿的内外部环境发生变化，则应及时对内部控制目标进行修正，重新设计内部控制。

三、鲍店煤矿的内部控制

为规范矿井经营行为，强化内部控制，防范各类风险，促进矿井增强核心竞争力和持续发展能力，根据有关法律、法规和财政部等五部委颁布的《企业内部控制基本规范》，煤矿特制定了《鲍店煤矿内部控制规范体系》。鲍店煤矿具体的控制活动要求贯穿于组织管理、发展规划、人力资源、社会责任、企业文化、资金活动、物资供应、资产管理、销售发运、研发创新、工程管理、财务报告、全面预算、合同管理、对标管理、信息传递等规范中。

除此之外，为保证控制活动的有效实施及企业目标的实现，鲍店煤矿还制定了一系列政策和程序。

（1）制定了《鲍店煤矿风险管理办法》。这个办法的目标就是确保既定生产经营目标的实现；确保生产经营活动的健康运行，规避和减少风险可能造成的损失；确保内部控制体系的有效性，提高生产经营活动的效率和效果，降低实现生产经营目标的不确定性。

（2）制定了财务会计报告制度。鲍店煤矿建立了明确的财务报告的编制、披露、分析制度，要求矿井编制、对外提供和分析利用财务报告时，应当满足下列要求：①财务报告不得违反会计法律法规和国家统一的会计准则制度。②如实反映矿井成本费用发生情况，成本核算准确，及时向矿领导提供决策依据。在对财务报告进行编制、披露及分析时，各职能科室需提供相关资料。计划科负责提供维简、技改、安全费用、科研等各类资金投入及完成情况，确保资金按计划完成；调度室应负责及时、准确填报产量，如实反映矿井生产状况；生产科负责提供生产接续、掘进进尺等生产技术情况，如实反映生产管理情况；基建管理中心负责提供各基建项目进度情况，土建工程修理决算峻工情况；机电科负责提供各类设备到货、验收情况等。除了以上工作外，财务会计报告的编制、披露和分析等工作，多数需要财务人员来参与完成，鲍店煤矿对财务人员也给出了严格的要求。

（3）建立了风险控制文档。风险控制文档用于确认、记录每个流程、每个步骤中存在的风险和已建立的控制，并与相应的制度和控制实施证据相对应。目前鲍店煤矿已建立了一整套完善的风险控制文档：风险管理工作情况总结、风险管理流程规范、风险事件辨识表、公司重大风险及风险评估报告等相关过程文档、风险管理策略制定文件及相关材料、重大风险的应对方案及相关材料、风险监控报告、风险管理自评估报告等。这些风险控制文档也是鲍店煤矿风险管理工作的载体和鉴证。

（4）建立了较完善的内部控制制度。鲍店煤矿建立的较完善的内部控制制度，包括：内控岗位授权制度、内控报告制度、内控批准制度、内控责任制度、内控审计制度、内控考核评价制度、重大风险预警制度、法律顾问制度、重要岗位权力制衡制度等。

（5）不断完善的内部控制制度及文件。企业的内部及外部环境时刻在变化，风险评估的结果也不断更新，控制活动也随之发生变化。鲍店煤矿定期组织相关部门针对新增或变动的风险进行评估，将这些新增或变化后的控制活动记录在风险控制文档中，并根据识别出的关键控制更新关键控制文档。

（6）建立了资金管理制度。为了减少资金在计划、使用过程中的风险，鲍店煤矿制定了严格的资金管理制度：加强资金活动的归口管理，定期、不定期检查和评价资金运营情况，落实责任追究，确保资金安全有效运行。根据矿井年度计划和中长期发展规划，科学合理安排资金，确定资金项目，关注资金风险。加强技术改造方案的可行性研究和项目管理，重点对投资规模、风险等做出客观评价，加强货币资金管理，实行日计划、月预算和年度控制管理。

除以上控制活动制度以外，鲍店煤矿还建立了完善的经营管理制度、信息化控制制度、财务分析制度、财产保护控制、预算控制、绩效考核制度等。这些制度的执行为鲍店煤矿内部控制的完善，企业目标的实现，提供了有效的保证。

（7）实行经营责任目标责任考核。为加强经营管理，完善目标考核机制，严格奖惩兑现制度，增强全员经营理念，深挖内潜、节支降耗、凝心聚力，确保全面完成各项经营指标，鲍店煤矿还制定了一系列与经营有关的责任目标考核办法，例如：为把全面预算管理工作推向深入，提高各单位“预算管理、过程控制、艰苦奋斗、提高效益”的大经营管理意识，根据公司有关文件要求，结合矿井实际，特制定全面预算管理考核办法并行文下发了对标管理办法、全面风险管理办法、合同管理办法等。

四、鲍店煤矿的内部控制监督评价体系

监督是保证内部控制机制发挥有效作用的重要手段，对于煤矿企业来说监督尤其重要。另外，缺乏评价考核和责任追究机制也是导致内部控制不能有效发挥作用的重要原因。因此，建立完善的内部控制监督体系是确保内控持续有效运行的重要保障。

鲍店煤矿结合自身实际情况，成立内部控制监督评价领导小组，组长由矿主要负责人担任，副组长由总会计师担任，成员由审计科、纪委、财务科、计划

科、生产科、机电科、通风科、科研测绘中心、安监处、人力资源科、基建管理中心、矿长办公室、内部市场办公室等部门负责人组成。

内部控制监督评价领导小组根据实际情况，按照成本效益原则可以授权内部审计部门或成立监督评价工作组负责内部控制评价的具体组织实施工作。监督评价工作组根据实际情况，可以由审计科、财务科、纪委、安监处、人力资源科、计划科、内部市场办公室等有关科室人员组成，监督评价工作组成员对本部门的内部监督评价工作应当实行回避制度。内部控制监督评价领导小组要定期针对内控体系运行的有效性出具报告，做到风险预警与事中监控、事后审计相结合，监督检查以考核评价、责任追究为保障。

1. 健全煤矿内部审计监督机制

煤矿内部审计部门对于内部控制制度的完整性和有效性起着非常重要的作用，鲍店煤矿非常重视内部审计的监督作用，从以下几个方面来健全内部审计监督机制。

（1）明确内部审计的定位。内部审计是现代企业制度公司治理不可或缺的重要环节，是推动企业改变经营机制、依法经营、增强竞争能力、实现健康持续发展的重要手段。现代审计的理念更强调内部审计是一种独立客观的咨询活动，目的在于增加价值和改善组织的运营，通过系统规范的方法，评价并改善风险管理过程，帮助实现组织的目标。因此，鲍店煤矿明确内部审计最基本的职能就是监督，通过监督煤矿财务收支的真实性、合法性、经济性、效益性、效果性，来监督煤矿的生产经营活动，监督煤矿落实审计意见和整改情况，以维护股东的权益。

（2）强化内部审计人才队伍建设。随着鲍店煤矿生产规模的发展、信息技术的广泛应用，传统意义上的会计记录、会计台账、会计报表以及整个财务运作过程逐步实现无纸化，煤矿的管理方式也因计算机信息技术的应用发生着深刻的变革，传统的内部审计方式面临着新的挑战，因此必须加强内部人员队伍的建设，研究新方法、采用新技术，不断提高内审人员的素质，使内部审计适应形式发展的需要。鲍店煤矿采取以下措施加强内审人员人才队伍建设。

①改善内部审计机构中人员的传统结构，不仅招聘精通 ERP 软件的财务会计人员，还招聘了一部分懂管理、懂法律、熟悉煤矿生产运作流程的非财务专业人员，以丰富内审人员的配备结构。

②实行轮岗机制并采取一定的激励机制，使内部审计人员熟悉本矿的生产流程和风险特点，丰富其知识结构和业务水平，使内审人员成长为复合型的人才，也使内部审计部门成为培养和输送高级经营管理人才的重要基地。

③定期组织内部审计人员去其他煤矿和科研院所学习培训，以拓宽内审人员的视野，更新其知识结构，提高其风险管理水平。

④加强内部审计人员职业道德培养，确保内部审计人员遵循职业道德规范，做到独立、客观、正直和勤勉。

（3）积极开展内部审计监督工作。内部审计部门在矿长和总会计师的支持下，积极开展各项审计工作，以更好地发挥其内部监督的职能。

①开展财务审计。鲍店煤矿内审部门对鲍店煤矿的财务收支和经营管理全过程进行监控，防范煤矿的财务和经营风险。通过内审部门的常规审计，对煤矿财务收支及经营管理事前、事中到事后的全过程监控，加强了公司领导层及员工法制观念，规范了他们的行为，有利于建立良好的生产经营秩序。鲍店煤矿开展财务审计的内容主要包括货币资金审计、应收款项审计、存货审计、固定资产及在建工程审计、流动负债审计、长期借款审计、所有者权益审计、生产成本审计、损益审计等。

②参与煤矿内部控制建设并积极开展内部控制的自我评价。内审部门主要工作包括以下内容：一是积极参与鲍店煤矿内部控制规范体系、全面预算体系及经营目标责任考核体系，构建内部控制制度执行和评价的基础；二是利用检查、观察、重新计算、重新执行等方法跟踪检查煤矿内部各部门的控制措施以及预算目标的执行情况，并对观察到的情况进行记录；三是对煤矿内部控制的有效性进行专项评价，并对专项评价中发现的重大控制缺陷和弱点，提出相应的整改建议和意见；四是对于煤矿审计中存在的问题，对其整改情况进行跟踪审计。

③开展经济效益审计。鲍店煤矿开展的经济效益审计是微观经济效益审计，在操作的时候以经营审计的形式出现。鲍店煤矿的经营审计是指审核、分析、评价煤矿的业务经营活动及其生产各要素利用的有效性，以进一步挖掘、提高经济效益的活动，具体的内容包括：采购管理及过程的经济效益审计；生产管理及过程的经济效益审计；物资管理的经济效益审计；销售管理及过程的经济效益审计；固定资产管理的经济效益审计等。

④开展物资采购比价审计。物资采购比价审计是指企业内部审计机构和人员对企业采购的各类物资价格的合理性、合法性、有效性、经济性所作的审计监督和评价。物资采购比价审计既拓宽了内部审计的范围，也丰富了内部审计工作的理论和实践。

物资采购比价审计贯穿于整个物资采购控制过程，它不仅是对向供应商购买产品的过程审计，也是对贯穿于采购过程的各个环节采购风险的控制，包括采购计划、采购询价、供应商选择、采购决策、采购招标、合同评审、订单处理、验收入库，直到发料使用为止的全过程中所面临的各种风险评估与审计。通过审计堵塞传统采购制度存在的漏洞，在企业采购环节建立健全监督机制，促进企业采购行为的合理、合规、有效性。

⑤开展合同审计。合同审计是指内部审计部门依据国家的有关法律、法规和

本企业内部控制制度，按照一定的审计程序，运用现代审计技术和方法，相对独立地审查本企业或下属企业的合同签订、履行过程和结果及合同管理内部控制制度，监督、评价合同的合法性、合规性、合理性和有效性，测试、评价与合同管理相关的内部控制制度健全性和执行效果的活动。合同审计是鲍店煤矿内部审计的重要内容，主要包括合同签订前准备阶段的审计、合同条款内容的审计、合同履行过程的审计、合同终止前审计、合同日常管理审计。

⑥开展内部咨询服务。内部审计部门是煤矿的内部服务机构，它不仅应当直接服务于矿长等领导层，还应当对煤矿内各职能部门提供服务，通过提供对相关经济活动的评价和咨询来帮助内部各职能部门更好地履行其职责。鲍店煤矿内审部门不仅拥有会计、审计专业的员工，还有法律、工程、计算机专业的人才，所以内审部门积极利用自身人员结构的优势，帮助各部门发现内部控制及管理上的问题，提出完善建议和解决方案，很好地达到了服务内部组织的目的。

五、鲍店煤矿的内部控制自我评价

随着内部控制在企业中的作用越来越受重视，内部控制制度体系愈加完善，煤矿企业希望通过内部控制的规范化、制度化来更好地实现企业目标。为了实现企业建立与实施内部控制有效性的目标，煤矿企业需要建立一套体系来对内部控制制度的健全性和有效性进行评价，进而需要一种合理的评价体系来对企业的内部控制进行评价。

鲍店煤矿根据内控自我评价的原则，利用层次分析法构建企业内控自我评价指标体系，采用定性评价和定量评价相结合的方式对各评价要素进行计量，并采用矩阵分析法对内控有效性进行最终计量。

煤炭企业应当结合内部监督情况，定期对内部控制的有效性进行自我评价，出具内部控制自我评价报告。

内部控制评价报告按照编制主体、报送对象和事件，分为对内报告和对外报告，由于对外披露的内部控制评价报告由煤业公司统一作出，所以鲍店煤矿的内部控制评价报告是指对内报告，主要是为了领导层的需要。

煤矿应当结合年末控制缺陷的整改结果，编制年度内部控制评价报告，通常的内部控制评价报告应当包括以下内容：内部控制评价的目的；内部控制评价的依据；内部控制评价工作的范围；内部控制评价的程序和方法；内部控制缺陷的认定标准；被评估的内部控制整体目标是否有效的结论；被评估的内部控制整体目标如果无效，存在的重大缺陷及其可能产生的影响等。

当然，内部控制自我评价报告对内披露的内容是以领导层的需要及时作出调整，在编制内部控制自我评价报告时，需要明确财务报表日之后截至内部控制评价日发生的、可能影响财务报告控制目标有效性的所有重大变化，并将编写好的内部控制评价报告向领导层报告，汇报内部控制设计与运行环节中存在的主要问题即将要采取的整改措施。对于内部控制评价报告中列示的问题，企业应当采取适当的措施跟进，并追究相关人员的责任。

2011，是鲍店煤矿发展历程中极为艰难的一年。一年来，面对安全生产的巨大压力，“三下”压煤的严重制约、复杂困难的现场条件，全矿各级组织和广大干部职工认真贯彻落实矿党政年度工作部署，强化预控保安全，严控细管提效益，各项工作协调推进、健康发展，煤业公司下达的13项经营指标12项完成考核计划，2项主要经济技术指标分别完成奋斗及力争目标。取得的效果主要有：

一是安全形势保持总体稳定。鲍店煤矿2011年顺利实现安全年，荣获全国煤炭工业特级安全高效矿井、国家一级质量标准化矿井，连续5年保持全国煤矿职业安全健康先进单位称号。

二是煤炭产量指标较好完成。面对“三下”压煤制约和避汛期开采困难，积级应对五采区提高上限开采，六采区薄煤层开采，七采区深部开采，十采区断层较多等不利因素，在极端困难条件下完成了公司下达的产量目标任务，煤炭生产组织控制能力、采煤专业队伍素质、边角煤回收率都有了显著提升。

三是经济运行质量获得新提高。2011年，鲍店煤矿健全管控体系，逐级签订经营管理目标责任书，将22项成本费用分解落实到分管领导、有关单位和相关职能科室，实现了经营过程及各环节的有效控制。严格资金计划落实，完成维简计划174项2237万元，生产安全费用335项5103万元，强化煤质源头及过程控制，灵活摆布高灰煤，优化处理次混煤，商品煤灰分比考核降低0.84个百分点，合格率100%，保持“零投诉”。

四是“科技兴矿”战略收获新成果。组织完成科研课题12项，3项科技成果通过专家组鉴定，达到国际先进水平。7项技术获国家知识产权局专利，11项成果获中国煤炭工业协会、山东省煤炭工业局科技进步奖和技术创新优秀成果奖，127项小改小革成果获得表彰奖励。

五是矿井综合形象得到新展示。坚持以人为本，全力营造和谐稳定、共谋发展的良好环境，家属区停车位改造、矿区道路整修拓宽、家属楼管道更换改造等一系列民生工程顺利完成，职工人均收入增幅达17%，创出历史较高水平，矿井呈现出风正气顺、干群融洽、和谐发展的良好局面。

（成果创造人：李仲辉　吕立安　杨书增　程述斌　李占琳　闫庆芬　董志华　王文峰　李渝和　雷　洋）

现代化矿井关键作业流程管控体系构建与实践

兖州煤业股份有限公司东滩煤矿

兖矿集团东滩煤矿是我国自行设计建设的年产400万吨的特大型现代化矿井。自1999年以来连续7年保持全国立井开采总产第一，建成了我国第一支年产突破400万吨、500万吨、600万吨的采煤队。先后被授予中国煤炭工业科技创新示范矿、特级质量标准化矿井、行业特级高产高效矿井、全国煤炭工业双十佳矿井、煤矿安全程度评估A级矿井等荣誉称号。走出了一条科技创新能力强、安全生产稳、经济效益高、综合形象好的发展之路。

一、东滩煤矿关键作业流程管控体系的构建背景

1. 满足集团公司发展战略和企业奋斗目标的要求

2011年初，兖矿集团根据对企业内外部环境的分析，从自身实际出发，制定出“十二五”发展战略规划，力争到2015年建成亿吨级煤炭企业集团，煤业公司启动实施二次创业，力争2012年实现“四地上市”，煤炭产量7500万吨，销售收入过千亿。东滩煤矿作为煤炭基础产业和主导产业的重要组成部分，作为集团公司和煤业公司的支柱矿井，必须按照集团公司、煤业公司推进精细化管理工作部署，努力构建“234”精细化管理模式，进一步精细标准、精细流程、精细考核，强化企业内部管理，提高经济运行质量和效益，有力促进矿井各项工作的发展，在推动煤业公司二次创业、集团公司“十二五”跨越发展实践大潮中再立新功、再铸辉煌。

2. 发挥成本中心角色作用的需要

兖矿集团从服从于提升企业竞争力、实现集团公司利益最大化的角度出发，对集团公司内部的供应、销售、资金实行集中统一管理。在此基础上，建立了集团公司、专业化公司、矿处公司三级分层管理组织架构。集团公司是投资中心，专业公司（子公司）是利润中心，矿处级公司（孙/分公司）是成本中心。作为

成本中心的东滩煤矿主要负责矿井生产经营，其重点在于生产作业管理和生产流程管理，实现作业增值和流程增值。其中心工作是安全生产、提升产品质量和降低生产成本。因此，为了有效发挥成本中心的角色作用，就必须建立符合矿井的管理模式。

3. 提升内部管理水平的需要

精益思想是源于精益生产方式的一种管理思想。近年来，东滩煤矿为进一步强化企业内部管理，提高经济运行质量和效益，不断创新管理模式，规范管理行为，优化管理流程，确保了矿井安全稳定发展。但是在作业关键流程精细化管理方面仍然较为粗放，主要表现在：一是矿井管理没能突出作业过程控制地位；二是未能全面建立安全管理精细化、成本管理精细化、质量管理精细化和现场管理精细化闭环流程体系；三是信息化与上述关键作业关键流程未能有效融合。因此，必须引入先进的管理思想，打破传统粗放的管理模式，苦练内功，创新管理，提升管理水平，构筑竞争优势。

二、东滩煤矿关键作业流程管控体系的基本内涵与框架

1. 基本内涵

东滩煤矿关键作业流程管控体系的基本内涵可表述为：将矿井定位为成本中心，以精细化管理为理念，以降低成本为导向，以现场精细管理为基础，以安全管理、成本管理、质量管理“三位一体”为关键作业流程，以“持续改进”的精益思想为工作原则，以企业文化、信息化为二个支持系统，构建以现场管理为基础，以成本管理为中心，以安全生产为前提，以质量管理为重点的闭环管理流程，并搭建相应信息化系统，持续提升企业的经济运行质量和效益。

2. 框架体系

煤炭生产过程是矿井运行过程中的中心环节，这是由矿井在集团公司组织结构中的地位和作用决定的。东滩煤矿运用精细管理和信息管理等理论与方法，同时参考国内外知名企业管理经验，立足企业实际，以管理规范化、标准化、流程化和信息化“四化”为目标，以“持续改进”的精益思想为工作原则，以降低成本为导向，以现场精细管理为基础，以成本为中心，以安全为前提，以质量为重点，“三位一体”作为关键作业流程，以企业文化、信息化为二个支持系统，构建了东滩煤矿关键作业流程管控体系。如图 1 所示。

东滩煤矿关键作业流程管控体系是一种全新的矿井作业过程管理模式，它克服了传统管理的弊病，使关键作业流程管控与精细化和信息化有机结合，共同服务于企业的作业管理创新。

该框架体系重点突出了生产过程关键作业流程的闭环管控，并与信息技术高度融合，其主要内容可以概括为：一个理念、一个导向、一个基础、三大关键作业流程、二个支持系统。

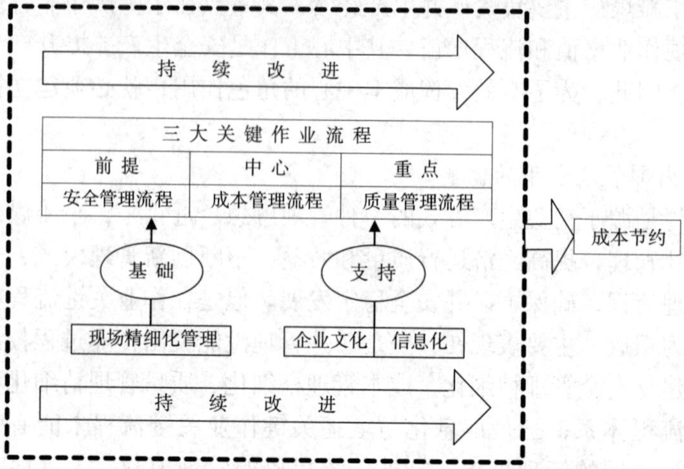

图 1　东滩煤矿关键作业流程管控体系框架

（1）一个理念。东滩煤矿关键作业流程管控体系是以精细化管理思想为核心理念，其灵魂是持续改进，不断创新的。

（2）一个导向。东滩煤矿关键作业流程管控体系是以实现成本降低为导向，全面提升企业关键作业流程管控水平。

（3）一个基础。东滩煤矿关键作业流程管控体系是以现场精细化管理为基础，实施主体是区队和班队。

（4）三大关键作业流程。东滩煤矿关键作业流程管控体系是以安全管理、成本管理、质量管理“三位一体”为关键作业流程。

（5）二个支持系统。东滩煤矿关键作业流程管控体系是以企业文化建塑和信息化建设为二个支持系统。

三、东滩煤矿构建关键作业流程管控体系的主要做法

东滩煤矿关键作业流程管控体系的实施坚持以强化现场管理为根基，重点开展安全管理、成本管理和质量管理，其实施路径如图 2 所示。

1. 强化现场管理，夯实安全生产根基

现场管理是形成煤矿生产力的源泉和保障，是企业全部工作的落脚点，是关键作业流程管控体系的基石，关系到管理落实、执行能力、文化落地的“最后 100 米”。东滩煤矿坚持把精细化管理标准班组建设作为实施煤矿关键作业流程管控体系的载体，将信息技术、精细化思想、现场管理三者有机结合起来，提升现场自主管理水平，夯实安全生产根基。

（1）基于精细化思想，构建现场精益生产模式。精细化现场管理是将精细化管理与现场管理有效结合起来，把精细化思想贯穿于整个现场管理活动之中的一种模式。东滩煤矿从精益生产组织方式出发，以 QCDMSS（质量、成本、交

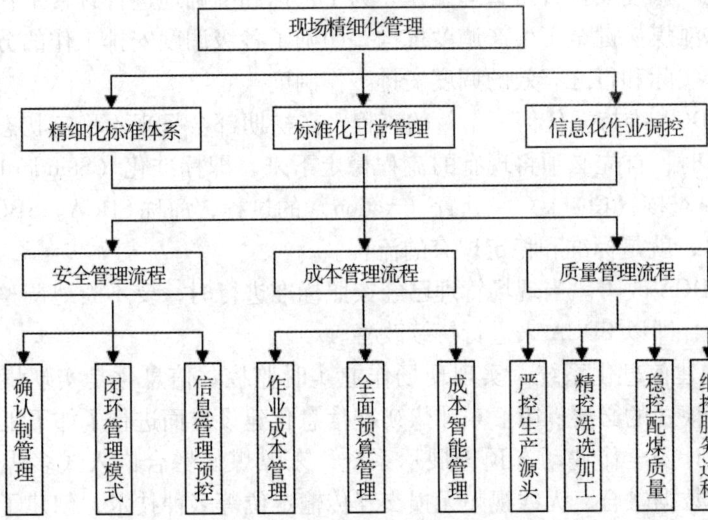

图 2　东滩煤矿关键作业流程管控体系实施路径

期、士气、安全与服务）为目标，以“6S”“5E”为准则，利用看板管理、定置管理和走动管理三大工具，通过 PDCA 的螺旋上升管理模式改进管理循环体系，从而使现场管理达到持续改善的目的。

东滩煤矿结合先进的信息技术、科学的精细化理论和工具，创造性地将煤炭企业的现场管理与精细化管理进行整合，基于信息化平台构建了一套煤炭企业现场管理的精益生产模式。该模式充分运用信息技术平台快速高效的处理能力优势，以精细化思想和现场管理理论为指导，构建了以现场管理标准体系、标准化日常管理、作业调控中心信息化为主体内容的三位一体的煤炭企业精细化现场管理体系。

（2）优化流程，建立现场管理精细化标准体系。

一是建立标准化流程及考核准则。东滩煤矿成立了流程管理小组，以岗位工作标准化为依据，从组织行为角度制定了煤矿生产过程中各个流程的详细作业标准、员工行为标准、绩效考核标准等，并对每一个标准不断进行完善。

二是将作业流程、管理流程、作业标准、考核标准则融于一体。流程、标准、考核三者相互作用、互为支撑。东滩煤矿将流程、标准、考核关联起来，将其有机融合，使精细化现场管理形成了一个封闭循环系统，保障了企业生产管理的持续改进。

（3）细化日常调度管理，实现现场管理持续改善。

一是调度会、班前会精细化、标准化、轨道化。东滩煤矿标准化日常生产管理的首步工作就是将调度会、班前会精细化、标准化、轨道化，建立以安全为核心的区队及班组标准并加以跟踪考核，确保各项制度、措施落实到现场，落实到每一位作业人员。

二是统一调度安排日常管理工作。为了快速和准确地进行日常工作的统一调度安排，东滩煤矿健全了生产调度机构，明确了各级调度安排工作的分工，建立了一套切合实际和行之有效的调度安排工作制度。

三是 SDCA 维持。任何一个新的流程，在初期都会呈现不稳定状态。开始进行现场管理时，首先必须将现有的流程稳定下来，即标准化（Standardize）→执行（Do）→查核（Check）→处置（Action）的过程，简称 SDCA。SDCA 是“维持”的意思，就是标准和稳定现有的流程。

四是 PDCA 改善。当现场管理已经按照标准进行时，要不断地调整现状和提高标准水平，即以 PDCA 来进行持续改善。

（4）构建信息化系统，实现现场作业实时监控。信息化是实现煤炭企业现场精益生产模式的必要保障。东滩煤矿在信息化建设方面进行了如下工作：

一是设计安全作业动态预警展示系统。东滩煤矿融合嵌入式多媒体数据处理、多媒体数据融合、无线视频无损交互传输定位等多种技术，创建了一套面向会议与教育培训的创新型现场数字交互平台。

二是设计实时监控的现场管理系统。看板管理是实现精细化现场管理的三大工具之一，东滩煤矿充分拓展看板信息，积极改善传统看板的管理形式，更新看板设置区域，增加作业过程中的关注信息，利用信息系统与现代化数字交互的平台，设计出了信息全面、实时监控生产的现场管理系统，实现了可视化生产现场管理的模式，强化了生产现场的执行力。

三是搭建精确、实时的煤炭生产监测集成信息平台。东滩煤矿对现场管理的监测系统进行了有效的信息整合，通过建立设备监测集成信息平台和物料监测集成信息平台，在矿井的各个工序设立监测点，搭建了数据信息精确、监控严密的煤炭生产现场的监测集成信息平台。

四是开展动态现场模拟安全培训。东滩煤矿为了规范员工的安全行为，提高员工的安全意识，利用多媒体技术，通过班前会教育的方法，把教育融入计划、作业、绩效考评中，寓教于做，开展了生动灵活、动态视觉冲击力极强的作业流程安全培训。

2. 完善安全确认制，健全安全闭环流程，实现安全信息化预控

近年来，东滩煤矿在细化安全生产责任制，细化安全管理制度，细化三大规程，强化“双基”和安全质量标准化建设，进一步夯实安全工作基础的基础上，随着安全科学管理的不断深化，通过完善安全确认制，健全安全闭环流程，实现安全隐患信息化管理，安全管理模式也得到了不断的创新和发展，如图 3 所示。

（1）完善手指口述确认制，实现安全生产长效机制。

一是明确手指口述安全确认制的基本构成。东滩煤矿在手指口述安全确认制的基本构成中，根本目标是最高原则，技术手段和控制方式是实质和重点，技术

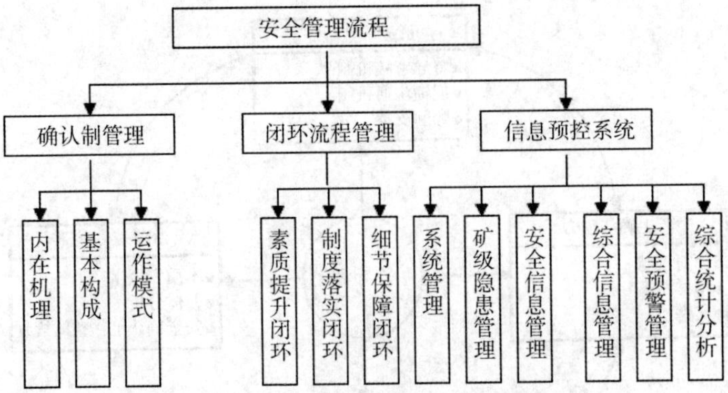

图 3　东滩煤矿安全管理创新体系框架

手段是实现根本目标的直接途径，但控制方式是保证技术手段发挥作用的重要保障，三个部分使得手指口述安全确认制科学化、具体化、系统化，无形变有形，将煤矿企业的安全管理工作真正落实到现场，如图 4 所示。

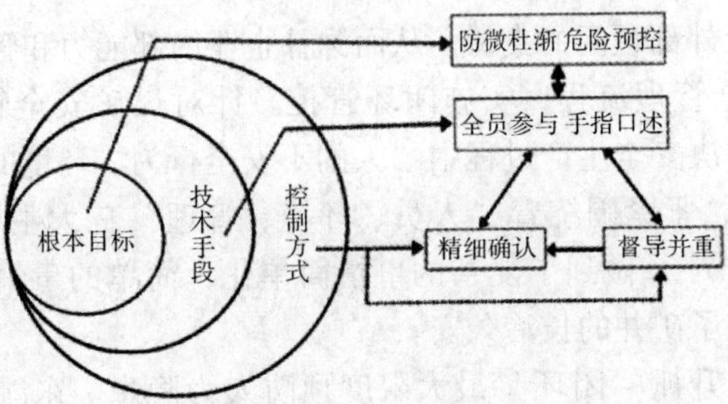

图 4　东滩煤矿手指口述安全确认制的基本构成

二是构建手指口述安全确认制的运作模式。东滩煤矿手指口述安全确认制的实施运作是一个综合、全面的过程，如图 5 所示。

第一，领导者处于核心位置，手指口述安全确认制的实施需要一个强有力的领导，发动并领导手指口述安全确认工作走向成功。

第二，勾画手指口述安全确认制开展的未来愿景或目标，包括本质化安全生产终极目标，整体分析企业内部的各个要素，制定安全确认工作的整体规划，确定并选择安全确认工作的切入点或突破口等。

第三，调整组织工作，建立新的企业体系，实现手指口述安全确认管理权利、资源和资金的重新分配。同时，建立手指口述安全确认行为规范和工作标准，并使组织中所有的人都积极参与到手指口述安全确认的学习和开展工作中去。

第四，手指口述安全确认需要动力，需要激励机制，企业应针对实际情况，进行手指口述安全确认榜样的塑造和奖惩机制的建立。

第五，考虑手指口述安全确认管理程序和结构，包括督导考核机制、反馈沟

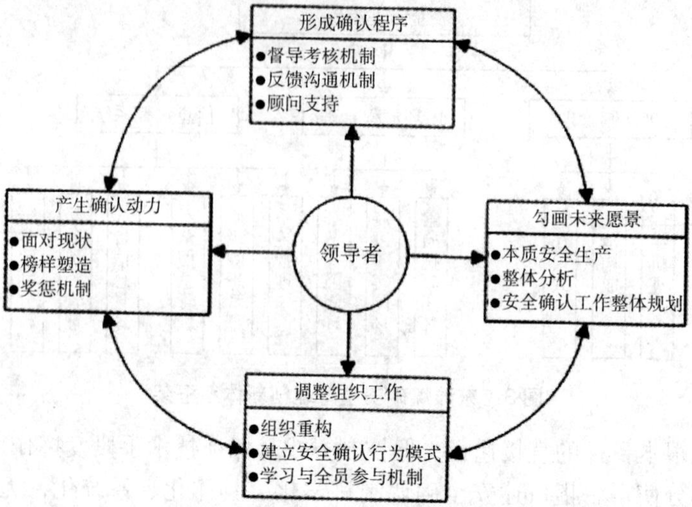

图5　东滩煤矿手指口述安全确认制的运作模式

通机制的建立以及外部顾问的支持，从而弥补企业内部能力和管理技巧的不足。

（2）构建安全管理流程，实施闭环管控。针对煤矿安全管理存在的问题，东滩煤矿着眼于解决安全生产过程中“人的不安全行为、环境的不安全状态和管理的不安全要素”，紧紧围绕着“人员、环境、管理”三大主题，细化成10个“安全闭环管理环节”，做到了复杂的事情简单化，简单的事情程序化，程序的事情闭环化，确保了矿井的长治久安。

①围绕素质提升抓“闭环”最大限度预防人为隐患。东滩煤矿从安全理念宣树、员工进出、教育培训等方面入手，充分做好教育引导工作，最大限度地预防和减少人的不安全因素所带来了安全隐患，为矿井安全生产奠定坚实的基础。在这一过程中，重点抓好了三大闭环环节。

一是员工进出闭环。东滩煤矿从“制定录用条件—严格健康查体—按需求择优录取—参加集团公司统一培训—矿规矿纪教育—组织考试—分配岗位—岗前学习—签订师徒合同—试用不合格退回—合格定岗”形成一套闭环流程，变招工为招生，解决了员工队伍素质偏低的问题。

二是教育培训闭环。以员工综合素质与业务技能的提升为主线，打造“岗位设置—技能培训—考试考核—等级评定—优胜劣汰”培训闭环流程，解决了全体员工“干什么、学什么、会什么”的问题。

三是责任落实闭环。安全就是一种责任，围绕安全责任的有效执行与落实，东滩煤矿构建了“责任分解—区队落实—专业考核—过程监督—结果反馈”的闭环流程，把安全责任落实到区队长。

②围绕制度落实抓“闭环”力避现场隐患。强化制度落实，是有效控制隐

患、抓好现场安全生产的关键环节。在安全生产过程中，东滩煤矿完善制度措施，加强过程控制，通过铁的手腕、严格的措施抓好各项制度的执行，保证现场安全生产。在具体操作过程中，重点抓好了以下四大闭环环节：

一是隐患整治闭环。按照“专家查隐患、矿长抓整治、安监抓监督”3 个层面的工作程序，东滩煤矿设计了“隐患排查—分类整理—落实整改—复查验收—信息反馈”的闭环流程。

二是工程验收闭环。工程质量不合格就是制造隐患，为此东滩煤矿设计了“工程设计—标准设定—组织施工—质量评定—奖惩兑现”的闭环流程，建立了“班组干、专业验、矿井评”三级考核制度。

三是管理体系闭环。构建了从“安全主管—教育引导—现场落实—技术保障—监督监察”5 个层次管理责任，使安全责任得到层层链接传递。

四是行为养成闭环。按照“领导示范—纪律约束—员工参与—行为养成—团队习惯”的闭环流程，着力打造团队执行力，坚持成习惯，习惯成自然。

③围绕细节保障抓“闭环”最大力度整改安全隐患。围绕安全隐患的排查治理，东滩煤矿从安全投入和奖罚机制保障上重点抓好安全隐患治理的督导，保证了各类安全隐患的限期整改和消除，为矿井的安全生产打下了坚实的基础。在这一过程中，完善了三大闭环环节：

一是安全投入闭环。设计了从“安全费用提取—安全费用计划—安全费用使用—安全费用管理—安全费用考核”的闭环程序，解决了安全投入准确到位的问题。

二是安全奖励闭环。围绕激励员工安全生产的积极性，设定了从“目标激励—目标分解—考核反馈—兑现奖励”的闭环流程，按照阶段安全目标完成情况，实行了月度安全风险抵押奖、季度安全活动奖、质量标准化奖等奖励，解决了安全管理奖罚并举的问题。

三是罚款程序闭环。设计了从“罚款单位出具罚款单—受罚人领罚款单—到财务部交罚款—财务部收罚款—受罚人将罚款单三联交罚款单位”的闭环流程，解决了罚款大家摊，违者不心疼的问题。

（3）构建信息系统，实现安全生产预控。

一是系统管理。系统管理主要提供与系统相关的各项管理功能以及维持软件系统正常运行所需的基本设置。

二是矿级隐患管理。东滩煤矿矿级隐患管理模块主要用于对各业务科室检查出的矿级隐患信息从排查、登记、发布、各责任部门跟踪治理、监督检查、隐患信息验收等以及各种隐患数据的统计分析的全过程进行管理。

三是安全信息管理。东滩煤矿安全信息管理模块为预控系统的主要核心业务模块，用于对安监处等相关部门检查出的各个区队的安全信息情况进行采集、排查、登记、整改、预警、复查、存储、查询、综合统计分析的全过程管理。

四是综合信息管理。东滩煤矿综合信息管理模块主要用于用户发布各种规章规程等相关文章类的信息以便各类用户方便查找与了解最新文件信息的功能。

五是预警管理。东滩煤矿预警管理模块主要通过使用各种明显的预警方式达到对相关数据予以提醒、关注的目的。

六是综合统计分析。东滩煤矿综合统计分析模块主要对系统各个层次的业务数据进行综合统计分析，并以报表、图表等多种方式展示，以便提供给各级领导及相关人员分析安全信息数据，了解煤矿安全生产情况。

3. 优化成本管理流程，实施成本预算全过程智能管控

成本管理是企业适应现代社会竞争法则和求得生产发展的重要管理手段。东滩煤矿始终以成本管理为中心，在认真扎实开展成本对标活动，构建“七预两降四增”内部材料消耗管理机制的基础上，重点优化了成本管理流程，完善了全面预算管理，实施了成本预算全过程智能管控，取得了可喜的成绩。

（1）优化成本管理流程，实现闭环管控。东滩煤矿以作业成本理论为指导，分析了作业成本管理应用环境，在此基础上建立了本企业成本管理流程，包括作业成本计划、核算与分析控制的业务流程，极大地细化了矿井成本管理和控制力度。

①优化成本计划业务处理流程。东滩煤矿成本计划业务处理流程，如图 6 所示。

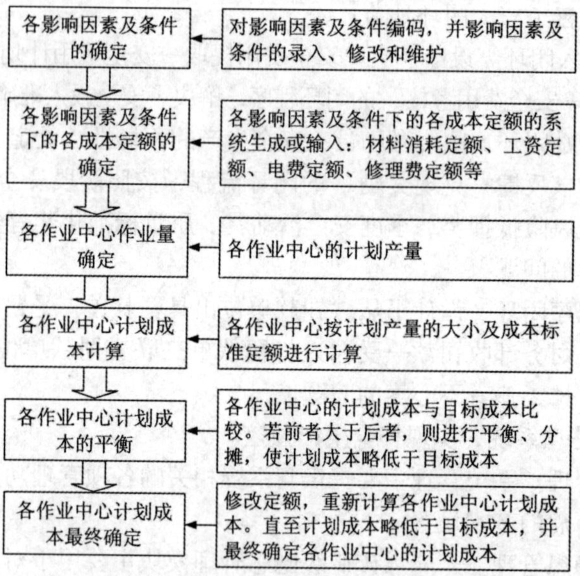

图 6　作业成本计划业务处理流程图

②优化成本核算业务处理流程。东滩煤矿成本核算业务处理流程，如图 7 所示。

③优化成本分析与控制业务处理流程。东滩煤矿成本分析与控制业务处理流程，如图 8 所示。

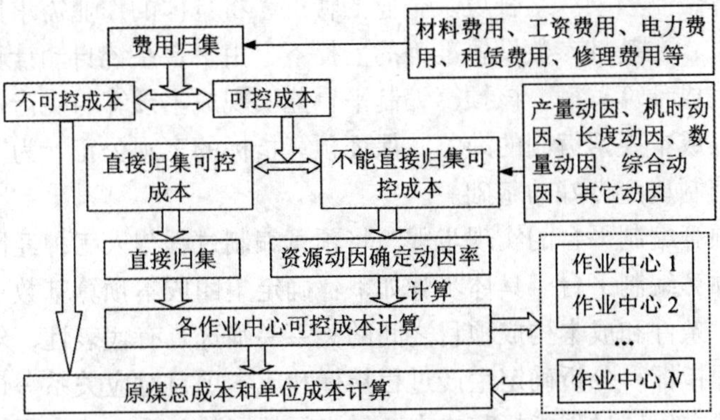

图7　作业成本核算业务处理流程图

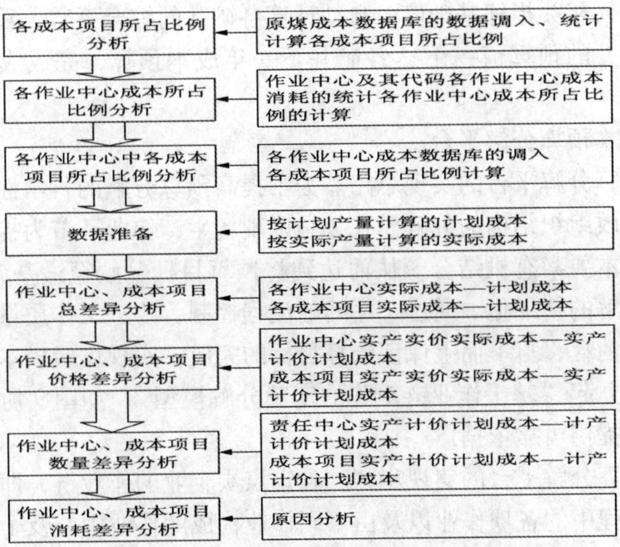

图8　作业成本分析与控制业务处理流程图

（2）基于作业和价值链模型，实施成本预算全程智能管控。东滩煤矿成本预算全过程智能管控是指通过信息化手段，以达到矿井对下属单位成本预算完成情况的实时监控和管理为目标，实现矿井层面风险预控和决策支持，是信息技术和现代矿井管理的深度融合创新。它由三个依次相关的部分组成：一是科学化的矿井成本预算编制平台；二是科学化的矿井成本预算分解平台；三是科学化的矿井成本预算执行平台。现代矿井成本预算全过程智能管控是一个“生产链—作业链—价值链—责任链—管理链”的闭环预算智能管控过程。

①构建企业成本预算编制平台。

◆成本预算编制平台的实现思路。利用人工神经网络技术，建立以作业为中心的成本预算编制模型。结合煤炭企业的特点，将具体的作业需求以及所需各项资源显示出来，在基础参数设置准确的前提下，由平台系统自动计算各工序成本预算，累计生成预算总额。该预算编制平台能实现成本预算与生产作业的紧密结合，弥补仅以成本要素编制的缺陷，保证预算指标的客观公正，为下一步预算分解、执行与控制奠定良好的基础。

◆成本预算编制平台的实现步骤。将预算编制过程与人工神经网络技术有机融合，建立预算编制平台。具体步骤如下：确定集团成本预算基数→分析下属各煤矿生产技术条件和成本构成项目之间的关系→筛选具有代表性，对成本影响较大的生产过程指标→分析确定生产过程指标和成本项目对应关系→运用人工神经网络原理，建立生产过程指标和成本变量之间的函数关系，建立预算模型→从历史数据库中选择指标进行测试，确定函数关系的参数值，与成本基数对比，验证其合理性→录入相关指标基础值，自动计算各矿井的综合系数，乘以确定的成本基数生成各矿井的预算值→下达各矿井下一年成本预算，完成成本预算的编制过程。

②构建成本预算分解平台。

◆成本预算分解平台的实现思路。为了提高预算分解的科学性，改变以往自上而下基于行政组织结构的分解模式，是以现场生产作业环节为控制对象，将生产作业链与成本要素有机结合，从而达到将预算目标分解至最基础的作业单元，保证了预算分解的精细化。通过工序间的流程控制，改进工作质量、提高劳动效率、降低资源消耗，自下而上保证预算目标的完成，实现煤炭成本控制的流程化和精细化，建立起“基于作业链矩阵的定额分解模型”，如图 9 所示，为下一步预算执行控制提供可靠依据。

◆成本预算分解平台的实现步骤。确定煤炭企业的作业链，即清晰地界定煤炭生产经营过程中的各项作业以及由不同作业构成的作业中心及子作业中心→以作业链上的每一个作业点为分解单位，进行定额分解→对各项作业发生的成本进行核算→对各项作业实际发生的成本进行核算，与定额预算目标成本对比，完成预算考核。

③构建成本预算执行平台。在成本预算全过程智能管控中，成本预算编制和作业定额分解只是基础和前提，要保证预算管理的顺利实施，行之有效的内部成本（或价格）结算是至关重要的。

◆成本预算执行平台的实现思路。以价值链理论为基础，融入市场化的运作分配机制，以价格的形式进行分配和结算，形成一个以“作业链定额”为基础的“基于价值链的价格结算模型”，如图 10 所示，实现日成本、日利润、日工资的精细化管控模式。实现成本预算管理的全员、全方位、全过程的智能管控。

◆成本预算执行平台的实现步骤。划分责任中心，确定内部市场的主体→按

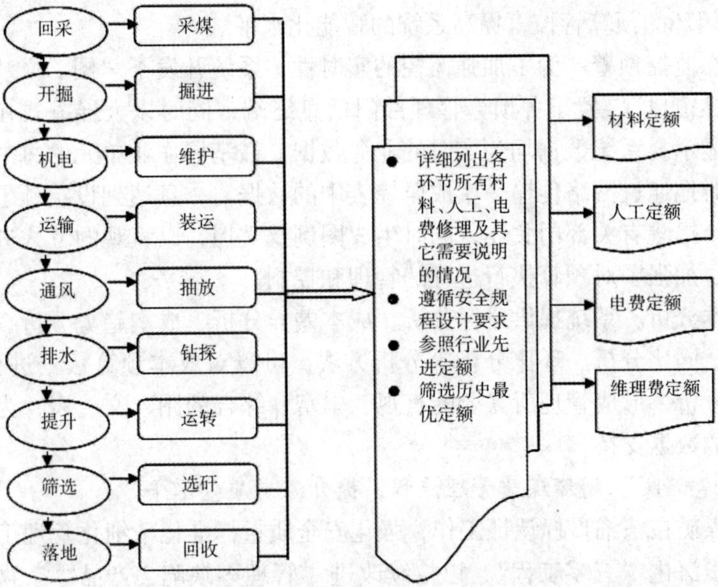

图9　基于作业链矩阵的定额分解模型图

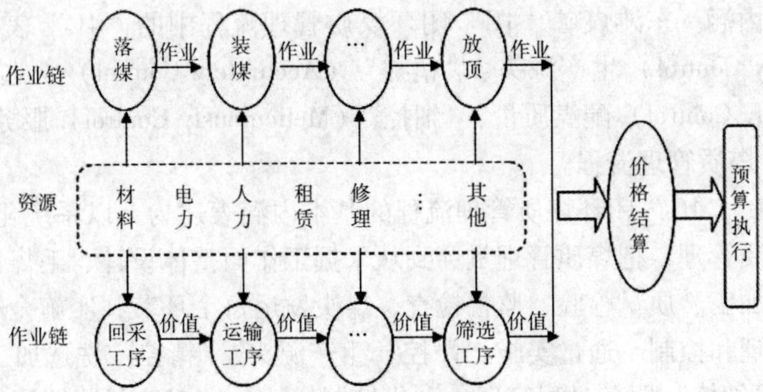

图10　基于价值链的价格结算模型图

照价值链，确定内部模拟市场的价格→按此结算价格，内部市场主体进行交易。

④实现成本预算的智能管控。在预算编制、预算分解和预算执行三个环节的基础上，还需要预算控制和预算分析考核两个环节，才能从整体上实现成本的闭环管理，达到降低生产成本、提升风险预警能力、增强企业竞争力、提高经济效益的目的。上述五个环节中，无论哪个环节，都需要大量的数据处理、分析，不同环节之间还需要交换和共享大量的数据。此外，为适应企业生产的需要，还需在预算控制之中加入柔性控制功能。所有上述工作的完成，都离不开一个依托于现代信息技术的智能管控平台。为此需要引用各类先进技术，提高系统的实用

性，增强系统的数据处理能力，真正形成“生产链—作业链—价值链—责任链—管理链”闭环的预算管控，提高系统的智能化水平。

◆动态监控预警。为了加强监控的实时性，系统开发了“图、文、表一体化的动态监控窗口”，置于各预算管理部门信息终端，同时以大屏方式在预算管理中心进行显示。系统数据均为实时的业务数据，最基层作业单元的每一项成本业务都会及时地通过网络传输，生成监控表中的数据。一旦达到设定预警值，就会提示预警，提醒有关部门关注，同时生成图例及文档，以直观的方式进行动态监控和预警，加强了对预算执行过程的管理和控制。

◆成本分析。系统提供对标分析、成本差异分析、成本趋势分析、成本定额趋势分析、同比分析、环比分析等分析方法，可以对成本预算数据进行多方位、多视角的分析，形成管理所需要的直观、丰富、综合的图、文、表，为管理决策提供详实的数据支持。

4. 构建“4C”闭环煤质管理流程，提升煤炭质量水平

东滩煤矿在精细贯标认证工作，强化安全质量标准化精细化管理工作的基础上，进一步深化“三零工程”，以持续改进“管理零缺陷、产品零杂物、顾客零投诉”为内容，建立东滩煤矿“4C”闭环煤质管理体系。

（1）明确煤质管理流程基本内涵，构建“4C”闭环煤质管理框架。

①基本内涵。东滩煤矿“4C”闭环煤质管理流程中的“4C”表示为：“严控”（Strictly Control）生产源头、“精控”（Accurately Control）洗选加工、“稳控”（Steadily Control）配煤质量、“细控”（Meticulously Control）服务过程管理，简称“4C”煤质管理流程。

东滩煤矿“4C”闭环煤质管理流程的基本内涵表述为：以系统化管理思想，优化矿井煤质管理，把煤质管理贯穿到从采掘工作面整体设计、毛煤源头、提升运输、洗选加工、质量检验、监督检查、煤炭发运每个环节，实施全过程、全方位、全员管理和控制。通过实施“严控”生产源头、“精控”洗选加工、“稳控”配煤质量、“细控”服务过程管理，深化控制模式，完善监督奖罚网络体系和考核评价体系，实现煤质在整个煤流系统的稳定受控。其中心思想为：通过“严控”生产源头、“精控”洗选加工、“稳控”配煤质量、“细控”服务过程管理，持续提高煤炭质量。

②框架体系。东滩煤矿以《全面质量管理》和《行业煤质管理标准》为基础，同时参考国内外知名企业全面质量管理的经验，结合本企业特点和集团公司的要求，构建了东滩煤矿“4C”闭环煤质管理流程，如图 11 所示。

该流程提出建立从生产源头、洗选加工、配煤、到服务过程煤质管理闭环体系，明确煤质管理组织、制度、考核、检测监督等体系运行的保障措施，形成自下而上保障煤质管理目标的实现，自上而下监督促进煤质管理水平的提升。

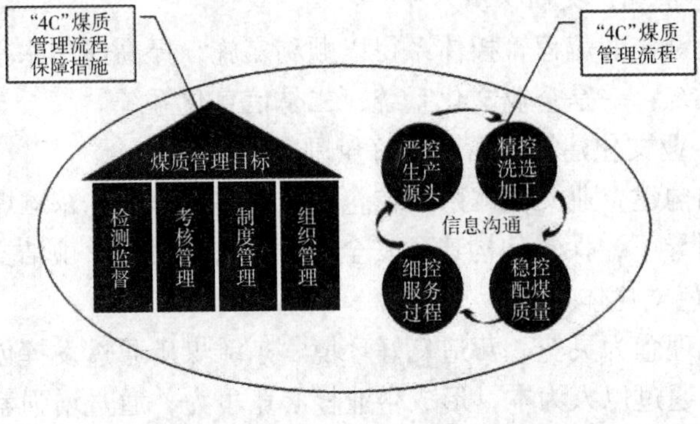

图 11　东滩煤矿"4C"闭环煤质管理流程

(2) 严控生产源头，提高毛煤质量。毛煤质量直接影响着商品煤质量。提高毛煤质量管理水平是提高煤质管理水平的关键。东滩煤矿采取如下措施控制毛煤质量：

一是加强开采设计中的煤炭质量控制。主要采取的措施是：加强开采设计中煤质措施审查；抓好开采设计与地质测量工作衔接；科学选择采掘工艺和方法；合理设计开采方案；严格作业规程中煤质措施编审管理；回采率和灰分的最佳控制点设计。

二是加强采掘现场煤质管理。主要采取的措施是：完善生产系统；发挥区队班组作用；抓好重点工作环节管理。

三是强化生产运输中的煤质控制。主要采取的措施是：强化生产运输人员的质量责任；加强生产运输中矸石和脏杂物管理。

(3) 精控洗选加工，提高洗煤质量。东滩煤矿煤层深、地温高、断层多、煤层薄、地质条件严重影响煤质质量的稳定性，把选煤厂准确定位为煤炭质量的"稳控器"和企业效益的"聚宝盆"，不论井下开采出来的煤炭质量如何，经过选煤厂洗选加工后，确保煤炭质量稳定受控。东滩煤矿通过完善选煤系统、按照合同要求组织生产和加强洗煤过程质量管理等措施，提高了洗煤质量。

(4) 稳控配煤质量，提高配煤质量。为满足不同用户对产品的不同要求，实现产品品种多样化生产，东滩煤矿依靠配煤系统，向配煤要效益，提高配煤最佳效益区间率。东滩煤矿一是通过开展 QC 小组活动，实现配煤效益最大化；二是最优化结构组合，提高品种整体获利水平。

(5) 细控服务过程，提高客户满意度。东滩煤矿在加强储装外运中的煤质管理方面，一是健全落实煤炭储存管理制度；二是加强存煤质量控制；三是严防存煤质量下降；四是加强煤炭装车质量管理。在强化优质服务，正确处置质量投诉和纠纷方面，一是加强用户管理；二是积极应对质量投诉和质量纠纷。

5. 健全支持系统，提高保障水平

东滩煤矿关键作业流程管控体系得以顺利实施，提高保障水平，至少必须要建立两个支持系统：一是企业文化系统；二是信息化系统。

（1）加强企业文化建设，营造良好氛围。

一是探索和构建企业文化体系。在企业文化建设方面，东滩煤矿在“责任文化”的统领和引导下，探索和构建了安全文化、管理文化、廉洁文化和美德文化“四位一体”特色文化体系。

二是以文化理念为灵魂，营造良好环境。东滩煤矿通过发挥创业精神，开辟发展全新道路；通过以人为本，形成企业核心竞争力；通过增强素质，全力打造学习型矿井。

（2）加强信息化建设，实现实时监控。信息系统是现代化矿井关键作业流程管控体系建立和实施的前提条件，特别是精细化管理的重要保证。通过它可以及时准确地查询所需要的现场管理、安全管理、成本管理和质量管理信息，随时查询实物流和价值流的实际情况。

东滩煤矿利用以计算机和网络技术为核心的现代信息技术，通过企业的内部局域网和互联网，开发和利用信息资源，加速信息流通，实现信息资源共享，提高财务信息利用能力，改造企业生产、经营、管理和决策方式，从而实现人力、财力与物质资源的优化配置，信息流、资金流、物流、业务工作流的融合统一，以及物质生产与信息生产的结合。

四、东滩煤矿关键作业流程管控体系的实施效果

东滩煤矿通过关键作业流程管控体系的实施，取得了明显的经济效益和社会效益。

1. 经济效益

（1）成本管理取得新进展。东滩煤矿通过实施以作业成本流程管控、全面预算管理和成本智能管控为核心的安全管理体系，建立健全了成本管理机制，创新了“刚性指标、柔性管理”经营管理模式，多措并举拓展节支增收和降本降耗空间。2011 年，克服采场条件复杂、灾害治理投入大等诸多增支因素，增收创效 3000 多万元，商品煤完全成本控制在 303 元以内，继续保持低成本优势。

（2）“三零”工程长效机制助产品质量升级。东滩煤矿通过实施“严控”生产源头、“精控”洗选加工、“稳控”配煤质量、“细控”服务过程“4C”闭环煤质管理流程，持续提高煤炭质量。2011 年，东滩煤矿牢固树立保公司增收、保精煤创效的大局意识，发挥 500 万吨重介系统生产优势，全力抓好高灰煤洗选，重介系统比跳汰系统提高精煤产率 6.54%，降低矸石带煤率 2%，通过精煤产率提高、矸石带煤减少，全年为公司创效 5160 万元，精煤万吨含杂率控制在 1 公斤以下，商品煤合格率保持在 100%。

2. 社会效益

（1）提升了企业管理水平，保证企业持续、稳定、健康发展。东滩煤矿通过关键作业流程管控体系的实施，企业管理水平和效益得到全面提升，不仅促进了集团公司发展战略的实施，而且获得了同行业和公众的高度认可，为提升企业的核心竞争力打下坚实的基础。同时企业对国有资本保值增值的责任感和使命感显著增强，实现了企业持续、稳定、健康发展。

（2）建立完善了现场动态达标管理运行机制，精细化管理取得新进展。严格遵循“质量标准化不达标不生产”的理念，以点带面，建立完善了动态达标管理运行机制。深入实施“5517”工程，建成了 5 条精品线路、5 个精品采煤面和 17 个精品掘进头，6 个采掘面率先通过公司综合防尘样板化验收。机电系统大力开展设备定置管理、零故障竞赛和润滑年活动，实现了工作标准、检修质量和设备完好率、开机率“四提升”。尤其是西风井 1 号进口主扇风机转子轴承的有序更换处理，及时避免了一起重大机电事故。目前胶带运输系统故障率降至 0.4 分钟/万吨，主提升系统故障率稳控在 0.8 分钟/万吨，机电设备完好率保持 98% 以上，大型固定设备完好率达到 100%。

（3）安全管理水平得到进一步提高。东滩煤矿通过实施以安全确认制、安全闭环管理和安全信息预控系统为核心的安全管理体系，建立健全了安全隐患防控机制，加强安全重大风险的防范，安全风险得到控制，到 2011 年底实现安全生产 2095 天，安全采煤 4215 万吨，安全工作在高起点上实现了新的跨越，实现了“十二五”完美开局。

（成果创造人：孟祥军　刘福生　刘　健　梅德琪　韩少华　徐仁亚　刘增宝　张　涛　罗虎臣　周　波）

以信息化手段构建财务报告体系的实践

山东能源集团有限公司

山东能源集团有限公司是经山东省委、省政府批准，由新汶矿业集团有限责任公司、枣庄矿业（集团）有限责任公司、淄博矿业集团有限责任公司、肥城矿业集团有限责任公司、临沂矿业集团有限责任公司、龙口矿业集团有限公司六家企业重组而成的山东省属国有独资公司。注册资本人民币 100 亿元。现有员工 23 万人，资产总额 1673 亿元，位列中国企业 500 强第 75 位。力争到“十二五”末实现主要经济指标翻一番，主营业务收入达到 2700 亿元，利润总额 270 亿元，煤炭产量 2 亿吨，员工人均年收入随企业效益递增并突破 9 万元，进入世界 500 强，把山东能源集团建设成为国际化、现代化的大型能源集团。

一、以信息化手段构建财务报告体系的实施背景

山东能源自筹备以来，财务管理部将集团组建和承接省国资委对各矿业集团的管理职能作为工作的出发点。根据集团组建的实际情况，将统一财务信息报告作为工作的切入点，并积极寻求最佳的解决办法。为了统一各矿业集团的财务报告的格式和内容，规范财务运作，加强山东能源与各矿业集团的信息沟通，同时满足省国资委、省财政厅、省煤管局等上级部门的管理要求，对财务报告进行信息化建设和管理。

1. 是企业集团化发展的需要

山东能源是对原有六家大型矿业集团的重组，并在此基础上，坚持“走出去”的发展战略，进一步扩大业务范围和经营区域。经营范围从煤炭开采，到机械加工、煤化工、现代物流等多行业发展；发展地区纵贯全国，逐步扩展到全球其他地区。山东能源的发展必须将原来分散的财务管理方式和财务报告内容进行制定规范和统一，并采用先进的信息化手段，突破区域限制，实现同步的财务数据管理。借助财务报告信息平台，山东能源可以及时采集各矿业集团的财务信息

数据，进行数据的汇总合并、整理分析，为山东能源经营决策、投融资决策提供科学、准确、可靠的依据。因此山东能源财务报告采用信息化手段管理是企业集团化发展的需要。

2. 是顺利承接管理职能的需要

山东能源自成立以来，围绕战略制定、发展规划和资本运营三大职能，实现针对投融资、运销、物资供应和资金的集中管控。为满足主管部门的监管要求，为山东能源顺利承接国资委管理职能，掌握集团各项关键财务信息的需要，为向集团领导提供及时、准确的财务信息，首先将财务报告内容及报送方式进行理顺，并采用信息化报送手段，统一数据口径，强化数据质量。在省国资委管理职能的移交过程中，能否顺利交接，财务监管能否到位是关键。因此，山东能源财务报告采用信息化手段管理是顺利承接管理职能的需要。

3. 是提供准确财务信息的需要

财务信息反映整个企业的方方面面，企业的经营管理离不开准确的财务信息，山东能源制定的发展战略和管理制度也离不开财务数据的支持。但各矿业集团早已形成各自的财务报告体系，从报表格式、报表数量、报表内容到财务报告的报送时间都各不相同。例如，矿业集团有 2 家采用用友财务管理软件，4 家采用浪潮财务管理软件，并在矿业集团内部各自形成了独立的财务报告管理体系。有 3 家矿业集团财务管理软件可以自动生成内部管理报告，有 3 家矿业集团财务软件无法自动生成内部管理报告的，还需要手工将数据进行整理才能使用。而各矿业集团的财务决算报告也全部不能自动转化为国资委决算报告，还需要依靠内部财务报告提供的信息，采用手工录入数据的方式编制财务决算报告，重复填报工作量大、工作效率低且易出现差错。山东能源成立后，将分散的财务报告信息进行了梳理和融合，最大限度地将各矿业集团原报告内容进行了涵盖，建立了有山东能源特色的财务报告信息平台。新财务报告信息平台将在不打破原有的核算方式和财务软件的基础上，通过技术手段实现多操作软件的融合，有效整合了财务资源和财务信息。利用财务报告信息平台，可直接从原有财务核算系统提取所需财务信息，减少手工填报工作量，提高工作效率，减少差错率，实现财务信息上下对称，提高财务信息质量。因此山东能源财务报告采用信息化手段管理是提供准确财务信息的需要。

4. 是整合资源提高效率的需要

山东能源所属各矿业集团，在企业发展过程中，各有各的特色，并根据自身实际进行了产业布局。山东能源成立后，要在已有的产业布局进行调整，将资源进一步整合，发挥最大的协同效应，提高山东能源的竞争力。山东能源新的财务报告系统，需要打破原有的矿业集团的分类，重新对资源按照行业板块和地理区域进行分类，突出重点，强化财务的收入、成本、费用等方面的分析功能，建立了有山东能源特色的财务报告信息平台。因此，山东能源财务报告采用信息化手段管理是整合资源提高效率的需要。

二、以信息化手段构建财务报告体系的内涵和主要做法

山东能源筹备伊始就着手进行财务报告信息化管理方面的建设，在集团公司领导的高度重视下，财务与技术人员做了大量扎实而有效的工作，并根据山东能源发展需要，以最小的投入取得了最优的效果。不但规划和建立了覆盖全级次的财务报告信息管理平台，而且还逐步统一了各矿业集团的会计政策，打破了原来的“信息孤岛”，实现了数据共享。具体做法如下：

1. 树立现代企业财务管理理念，加强领导组织

财务报告信息管理平台建设是山东能源财务信息化建设的第一个项目，项目完成质量的高低将直接影响到集团公司财务工作的方方面面。首先，成立了项目领导小组，由集团公司主要领导、分管领导、相关部门负责人和各矿业集团分管财务领导组成；其次，成立了项目实施工作组，由集团公司分管领导、有关部门负责人、各单位财务部门负责人和相关工作人员组成。明确各成员分工，山东能源总部相关部门及各矿业集团财务部门负责人全力配合。项目实施过程中，邀请公司内外专家进行多方论证，采用现代企业财务管理理念和技术手段，确保财务报告信息管理平台工作的顺利实现。

2. 借鉴对标企业做法，快速构建信息化管理平台

山东能源为确保财务报告信息管理系统建设工作的高标准、高质量，先后赴中煤集团、神华集团和河南煤化集团等目标企业进行了财务信息化应用情况考察，最终选定北京久其软件股份有限公司作为合作伙伴。久其公司软件可以直接抽取用友、浪潮等财务软件数据库数据，可以实现在不打破原有各矿业集团的财务管理体系的前提下，直接生成财务报告，并进行有效的汇总合并，大大缩短了财务报告信息管理平台的建设周期。

3. 建立统一财务报告体系，规范财务报告编报流程

山东能源财务管理部通过充分调研、分析，决定先期建立集中式财务报告系统，统一财务报告系统平台，统一报表格式，且能够利用各矿业集团现有的核算系统数据实现财务报告的自动生成，提高财务报告编报速度，确保财务报告信息的准确，以便集团公司及时、准确掌握各矿业集团的财务报告信息，加强财务监管工作。

山东能源财务人员与久其公司技术人员组成调研小组，分别从财务报表体系、核算方法、组织机构以及合并抵消精度等方面对各矿业集团财务信息化运行情况进行了全面深入的现场调研，并根据调研情况完善了项目开发合同、技术协议以及实施计划等，设计完善了《山东能源财务报告体系》。通过调研情况，调研小组设计 37 张财务报告，并在随后的管理和使用过程中，逐步完善，现已经

设计各类相关报告 101 张，进一步完善财务分析和管理能力。

4. 强化培训和学习，确保项目建设成果发挥最大效应

山东能源启动集中财务报告系统的关键在于项目平台建设后的具体应用，所以在项目实施过程中，集中对相关财务人员进行培训，并同久其公司编写相关的使用手册供财务人员使用和学习。财务管理部与久其公司制定了详细的培训计划，将整个培训过程分为两期，第一期项目组成员去六家矿业集团现场对报表使用人员进行现场培训；第二期为六家矿业集团骨干人员培训，累计完成系统用户培训 458 人次。

5. 强化组织结构管理，将全部核算点纳入系统管理

山东能源共有 300 多家下级单位，涉及 500 多个核算点，财务报告信息管理平台将所有的核算点均纳入系统的管理中，下辖所有单位组织均已使用该系统编报财务报告，并且编报组织层级已达末级核算主体单位，为集团公司及时细致地提供各单位经营状况、经营结构治理等提供了直观、详细、准确的经济数据。这样既能确保数据汇总的准确性，又能使上级单位对所属下级单位实施监督和查询。

6. 统筹考虑，为发展充分留有拓展空间

财务管理部利用财务报告信息管理平台为依托，逐步推进集团公司财务资源管理系统的其他子系统建设，如：财务预算管理子系统、财务绩效评价子系统、财务风险管控子系统、产权管理子系统等，从而形成统一的财务资源管理体系。根据山东能源信息规划，财务管理部在财务报告系统信息管理平台设计过程中，充分考虑未来山东能源 ERP 项目的需要，根据业务需要设计相关的业务流程和接口，财务报告信息管理平台可以实现与 ERP 系统的“不落地”的数据对接，保证了财务报告的一致性和连续性。

2011 年 11 月，财务管理部在财务报告信息管理平台的基础上，将预算报告也融入信息管理范围，将预算与核算紧密的结合起来，并通过指标模式，将预算信息也纳入资料分析手册之中，各级公司领导（手册使用人）能清楚地掌握预算完成情况，及时调整经营方针。

7. 强化数据管理，确保数据的安全准确

通过财务报告信息管理平台可以处理山东能源的财务快报和月报，同时将省国资委、省财政厅、省煤管局相关快报纳入平台进行信息化处理。财务报告信息管理平台可以进行数据录入、交易数据对账、运算、逻辑有效性审核、审核结果管理、节点汇总、选择汇总、批量导出、上报情况纵览、批量上报和批量退回等功能，还特别提供数据审核功能，检查数据的合理性或合法性，将审核结果导出成 EXCEL、文本等进行备份。通过平台提供的数据管理功能，可以实现财务数据的及时合并与汇总。

财务管理部根据财务数据的安全要求，和久其公司设计制定了财务报告信息管理平台数据安全解决方案。解决方案从数据备份、备份数据存储、备份数据检测和数据安全制度四个方面确保财务报告信息数据的安全。采用全数据库异地备份，磁盘空间定期检查等措施，通过硬件设施对数据进行安全管理；制定维护人员职责分工和保密制度，建立健全权限管理体系，从管理制度方面提高了财务信息的安全性。

8. 强化财务分析，突显财务信息管理能力

财务分析功能是财务报告信息管理平台建设的重点，是财务管理更高水平的体现，也是财务报告信息管理的亮点。财务管理部将财务分析作为提高运营能力的重要组成部分。财务分析是基于财务月报，通过财务报告信息管理平台自动生成财务资料手册，还能够根据财务月报的信息自动生成图文并茂的月度财务分析报告。同时，系统还提供的数据地图功能，方便地查询分区域的关键指标信息及山东能源全级次单位的区域分布情况。为便于集团公司领导及时掌握集团公司重要财务指标和信息，开发了领导查询模块，通过对现有数据加工和分析，并通过图表的方式对分析结果进行展现，为领导的决策提供有价值的信息。由于数据采用指标化的管理，在财务分析过程中，可以将相关数据根据需要任意的进行对比和分析。

9. 强化系统处理能力，提高工作效率

财务报告信息管理平台自设计之初，财务管理部要求建设的平台可以从不同账务系统中直接获取所需财务数据，实现“不落地”的账表一体化。以往，多数单位均采用手工编报财务报告，不仅无法确保账表数据的一致性，影响报表数据的真实性，导致财务报告编报人员的工作负荷大，工作效率低。通过财务报告信息化管理，不论是使用用友核算系统的单位还是使用浪潮核算系统的单位均能自动生成报表，不仅确保了账表数据的一致性，而且大大提高了财务报告的编报速度，减轻编报人员的工作量，使财务人员能够拥有更多的时间从事财务管理与分析工作。

10. 强化信息管理，实现财务信息多角度管理

各矿业集团对财务人员信息没有专门的管理软件，对财务人员信息管理一直都比较匮乏。财务报告信息管理平台增加了人员档案管理功能，为山东能源和矿业集团会计人员管理提供了一个信息平台，弥补了各矿业集团在人员档案信息管理方面的一个空白。

财务报告管理平台还提供了一个功能强大的信息门户，将各种功能模块和信息资源集成到一个统一的用户界面下，信息门户中的各种要素（如功能、访问资源等）都可以随意组装/拆卸，从而可实现用户界面的个性化定制，并具有人性化、易操作等特点。以多样化的展示方式对财务数据进行集成，形成能够满足领

导决策需要的财务报告信息。借助信息门户，财务管理部可以及时地将财务管理制度和通知下发给各相关单位，增进了信息沟通。

三、以信息化手段构建财务报告体系的实施效果

通过山东能源财务报告信息化管理的建设，充分利用已有的计算机硬件及软件资源，综合运用现代化的管理、信息及网络技术，将经营活动过程中的资金流、信息流有机集成并优化。明晰业务流程，发现改善业务的机会。大大加强集团的集中统一管理职能，增强集团对下属单位的财务监控力度，保证会计信息的真实性、完整性和及时性，提高集团的核心竞争力。

在集团内各级单位的大力协助下，财务报告信息管理平台自上线使用后，取得了各级单位的广泛好评。通过一年的实践，特别是通过 2011 年财务决算的编制和报送，财务报告信息管理平台已经达到当初使用目的，并通过信息化管理，提高了山东能源财务信息质量。

1. 统一财务管控平台，保障集团持续发展

（1）建立统一的财务管控平台。将山东能源及下级单位所有涉及到的财务数据全面纳入到统一的信息管控平台之中。加强日常财务管理监督工作，提高集团管控能力。实现全集团“大集中”财务管理，基础政策统一，数据共享，来源唯一。实现集团财务一体化管控，提高财务信息处理效率。加强了集团财务管理监控力度，一张表到底穿透联查，实时掌握集团家底，有效调节资源。提升合并报表编制速度、多层级核对集团内部业务，加强集团风险控制，提高集团财务组织的决策支持水平。

（2）建立集中的财务报告管理平台。在各矿业集团已有的财务报告体系基础之上，参考了行业其他企业的报告管理经验，建立了山东能源包括财务月报、季报、年报在内的内部统一财务报表管理体系，从收入、成本、利润、资产、负债、价格、产销量等多个角度反映了企业的运营状况，并在此基础之上统一了报表格式、指标体系以及勾稽关系。在满足集团内部管理的基础之上能够实现内部管理报表向国资委、财政厅、煤管局报表的自动转换，减轻了财务报告填报的工作量，提高了工作效率。

财务报告信息化管理实现在线合并对账等功能，根据不同会计准则的数据转换和会计调整，实现复杂股权关系结构下的自动合并算法，支持不同资本策略下的合并算法，自动进行内部利润抵消算法，内部债权与债务的核对与抵消，可以灵活确定多个合并范围，支持多层级的集团合并，支持 WEB 网络化，支持快速部署与业务协同。并最终实现了山东能源合并报表的自动生成，同时能够自动生成合并工作底稿，大大提高了合并报表的编制效率，与此同时确保了数据的准确性。充分利用信息化手段，在增加财务报告内容（由原来每月 3 张增加到每月 31 张）的同时，缩短了财务报告编制的时间，山东能源财务报告公布时间由原

来的每月10号，提前到了每月8号，并将财务人员从繁琐的财务报告填报工作中解脱出来，使财务人员将更多的精力投入到财务分析等管理会计的工作当中。

（3）建立统一的业务管理平台。山东能源组建后比原矿业集团的行业板块增多、产业链延长。集团化管理所涉及的各行业管理模式各不相同，通过财务报告信息化管理的业务管理模块，可以实现山东能源快速收集各类业务信息，统一战略规划，通过对产业链的一体化信息管理，不断优化企业资源，显著提高企业竞争力，发挥集团运作模式、组织与业务流程、业务创新的战略作用，以释放集团更大的协同效应。

（4）建立统一的查询分析平台。通过财务报告管理平台可以对财务报告数据集中管理和存储，并结合直连接口技术，能够解决财务系统差异、数据格式多样、数据存储分散等带来的信息共享问题。通过财务报告信息化管理的查询分析模块，能够灵活地对所关注指标进行多维度查询分析，并以多样化的展示方式，方便管理人员对财务数据进行分析与监管。而且综合性查询操作方便，便于在各级财务人员中进行推广和使用。

财务报告信息化管理的分析功能可以在财务报告基础之上，根据需要任意组合各类分析报告，也可以通过图表等展现方式，将山东能源主要的指标进行直观的展现，使领导及时地掌握集团的运营状况，并对领导关注的重点指标进行预警，帮助领导及时发现经营中出现的问题。财务报告信息管理平台可以根据需要，实时生成财务资料手册，为集团领导了解山东能源及各矿业集团运营状况，为领导的决策提供有价值的信息。各矿业集团的领导，在了解本集团运营情况的基础上，能够了解兄弟单位的运营信息，通过内部对标管理，树立内部管理标杆，加强兄弟单位相互比较，促进兄弟单位相关学习，从而更有利于山东能源整体运营水平的提高。

（5）建立统一的人员管理平台。建立了包含山东能源所有财务人员在内的完整的财务人员档案管理系统，集中存放了财务人员的完整信息。并在此基础之上，进行了学历构成、职称构成、年龄结构等分析，帮助领导全面掌握财务人员的结构分布情况，为下一步集团优秀财务人员的发现、人员配置和干部的选拔提供了有价值的信息。

（6）建立统一的财务信息门户。建立了山东能源统一的财务信息门户。通知管理模块帮助山东能源快速、即时地向各矿业集团下达最新的通知；财务动态模块及时了解山东能源及各矿业集团最新的财务工作动态；规章制度模块为财务人员对集团规章、财务制度、政策法规的学习和查阅提供了一个平台；行业新闻模块帮助财务人员即时了解行业内其他企业的最新发展动态。

2. 分步实施，节约投资，充分考虑基层个性化需求

为确保既能满足山东能源汇总、统计、分析和基层单位报告的需要，又能确

保各矿业集团原有财务核算系统的继续运行，山东能源财务报告信息化管理系统采用二级系统部署方式，即在山东能源和各矿业集团的总部分别部署财务报告信息管理平台系统，同时借助于系统提供的参数同步功能和数据同步功能，保证山东能源的报告系统服务器的参数和数据与各矿业集团总部服务器的参数一致。对于该系统的建设，采用山东能源和各矿业集团分别架设服务器，这样既可以利用已有的设备资源，缓解山东能源服务器的压力，同时又可以满足各矿业集团个性化的需要。

在不改变各矿业集团已有核算体系的前提下，本着快速建立、降低投资、减少基层工作量三大原则，建设山东能源财务报告信息管理平台。鉴于山东能源所属矿业集团中有2家应用的是用友财务核算系统、4家应用的是浪潮财务核算系统，先期都投入了大量的人力、物力，积累了大量的财务数据信息，若废除重建，不仅增加系统建设成本，而且造成资源的浪费，会因转换财务数据格式而耗费大量的人力。并且，根据山东能源的ERP规划，重新建立统一财务系统还将面临与ERP系统相冲突，导致资源的二次浪费。山东能源所采用的财务报告信息化管理手段不但避免了浪费，而且可以和ERP系统有效集成，降低了建设成本。根据信息建设投入资金比较，山东能源的财务报告信息化管理的成本远远低于各矿业集团在财务管理系统方面建设的投入，用最小的投入，换来最大的效益。

3. 统一财务报告编报体系

通过搭建集中财务报告管理系统，以集中的数据采集和管理平台为支撑，实现统一的财务报告管理流程、统一的报告管理体系、统一的指标管理体系和上报口径，达到财务数据的集中管理和信息共享，促进山东能源统一的财务管理制度建设。2012年1月1日，省国资委对6家矿业集团管理职能移交山东能源，财务报告信息化管理统一的财务报告编报体系，保证了职能交接工作的顺利进行，确保了职能移交后财务工作的正常进行。

通过财务报告信息化管理，实现了财务报告信息管理平台与用友和浪潮财务软件的直连取数，理顺了山东能源和矿业集团的财务信息管理流程，促进了集团内部财务信息共享，提高了财务报告信息的准确性，加强了对矿业集团及其下级单位的监管。同时，通过财务报告信息化管理，实现了对国资决算报告和财政决算报告的自动转换，提高了数据报送质量，加快了财务信息报送速度，确保了财务决算的各项工作的有效推进。

（成果创造人：张　波　于志东　赵红秀　张裕科　王　猛　孔娟娟　郑　华）

智慧矿山建设技术研发与管理体系研究实践

山东能源枣庄矿业（集团）有限责任公司

山东能源枣矿集团前身为1956年成立的枣庄矿务局，源于1878年创办的“中兴矿局”，是中国第一家民族工业股份制公司。1998年改制为枣庄矿业（集团）有限责任公司。目前已发展为以煤炭为基础产业，以煤焦化工、热电联产、装备制造、工民建筑、国际贸易、现代物流、新能源开发、森工为支持产业的跨地区、跨行业、跨国界、跨所有制的生态文明、循环经济企业集团。被中宣部、国务院国资委授予“全国典范企业”。

一、需求分析

我国是世界上最早开发利用煤炭的国家，尤其是建国后煤炭产量一直保持较快的增长，但这种增长也存在着许多问题，集中表现为：安全生产形势还依然严峻、资源浪费严重、环境治理滞后。这些问题的产生与煤炭行业生产作业的特点有关：地下作业、自然条件复杂、生产环境是动态和变化的。

煤炭行业这些特点决定了信息技术在煤炭企业管理方面将起到至关重要的作用。首先是监测、监控技术，可以使煤炭企业生产运行状态准确地被捕捉到；再有就是信息发布技术，使得煤炭企业的管理者、经营者，以及政府职能部门可以及时地掌握监测、监控系统采集到的信息。

根据需求，把已经联网的环境监控系统、工业电视、门户网站，移植到无线侧，便于职工和领导利用现代化通讯工具随时随地地了解企业最新的生产、经营状况。

二、解决方案

1. 总体目标内容

（1）工作面两巷顶板离层在线监测系统。用于观测顶板、围岩岩层分离位移量，为确定锚杆长度、抗拉强度以及锚杆使用的合理性、经济性提供科学依据。

（2）综采支架压力在线监测系统。用于连续监测综采支架的工作助力和顶板压力，并记录其变化情况，实现实时动态观测。

（3）锚杆锚索载荷在线监测系统。用于监测锚网支护巷道锚杆机锚索受力载荷，并自动记录，实现实时动态监测。

（4）机电运输协调网络建设。将现有提升绞车、主通风机、空气压缩机、地面区域变电所、坑口变电所、井下中央机房、井下中央变电所、井下主运胶带等设备的监测监控，通过综合通讯网络，纳入集团公司智慧矿山体系建设，达到综合监测预警功能。

（5）矿井水监测监控系统。包括对井下各个观测点的水位、温度、涌水量、挡水墙位移和地面水文观测孔水位等进行实时监测监控。

（6）安全监控系统及瓦斯智能巡检系统。将现有安全监控系统、瓦斯智能巡检系统纳入公司智慧矿山体系建设，达到综合监测预警功能。

（7）应急管理信息平台。建立矿山应急抢险、救援管理系统，达到综合监测预警功能；自主研发煤矿用可移动式救生舱与井下固定避难硐室，选择典型矿井试点，促进产品与设计的系列化。

（8）综合网络通讯系统。建立煤矿高效可靠的综合智慧矿山网络通讯平台，用于传输和管理矿山多源异质型海量数据，整合有线网络（千兆光纤环网、CAN/485 控制总线）与无线网络（井上手机移动网络、井下无线传感网络），实现人员定位、井下有害气体与设备运营监测监控、井上/井下网络电话与广播等功能，全方位一体化，做到有机兼容联动。

2. 已经实现的矿井安全生产管理系统

信息化系统建设共分以下 7 大系统 21 个子系统。

（1）安全监测监控系统。安全监测监控系统实现了瓦斯超限手机短信自动报警，煤尘浓度超限自动洒水除尘、远程控制降尘等，2010 年，又率先将 3G 手机技术引入数字化矿山建设，以 3G 手机为平台，实现了瓦斯数据实时监测、重要岗点随时监控、紧急事件及时处理、办公文件随身携带、考勤和会议签到信息处理，有效地提高了安全监测监控的数字化管理水平。

应急报警撤人系统和水位超限报警系统。矿当班调度员在灾害情况下可根据矿长授权令和十项应急处理权直接下达撤人命令，能够实现在最短时间内井下人员迅速撤离，极大地提高了矿井灾害应急处理能力。

（2）调度通讯指挥系统。井下人员定位和矿用无线通讯系统能够实现井下作业人员的实时跟踪及分布情况、人员行动轨迹，可动态查询出入井准确人员数量及其分布情况；矿用无线通讯系统为各级管理人员配备的矿用本安手机，能够实现井下重要岗点、调度指挥中心、地面通讯系统之间的互联互通。

（3）矿井应急救援信息系统。应急救援系统利用计算机图形处理技术、多数据融合技术、三维虚拟再现技术进行了模块化设计。在社会应急资源中做到了对上级应急救援部门的地理位置标注，并对行车路线进行了动态展示。应急资源管理中，对救援队、消防队、医院、井上、井下应急装备库的物资装备做到了规范科学管理，保障在突发事件中各类应急资源的合理调配和及时到位。应急预案利用三维虚拟现实技术模拟井上危险场所，实现在突发事件中调度指挥中心能够清晰、直观了解现场基本情况，为采取正确应急决策提供技术支撑。建立了覆盖井下所有危险场所的救灾救援支持系统、避灾路线动画。通过此系统可以及时开展对井下危险场所人员合理、及时的避灾路线引导、规范的启动相应预案，采取现场应急措施，迅速建立应急救援指挥组织。启动专家应急决策库，应急救援资源。

（4）矿井生产综合自动化控制与管理系统。该系统实现了矿井供电、提升、排水、通风、压风、运输六大生产系统的综合自动化控制和信息化管理，达到了智能、集成控制和信息综合管理目标，革新替代了煤矿生产传统落后工艺。

矿井供电子系统实现了全矿井供电设备的集中监控、无人值守、发热部位温度监测、数据报表分析和设备管理功能。

矿井提升子系统实现了提升数据的冗余处理和保护的双线计算机控制，矿调度指挥中心实时显示、动态掌握提升机的运行参数和工作状态。

矿井排水子系统实现了排水系统的自动优化控制及泵房突水状态的防水门应急远程关闭。

矿井通风综合自动化监控子系统实现了主要通风设备的集中监控，实时、在线调整通风风量，提高了通风系统的安全可靠程度。

矿井压风子系统实现了矿井空压机组的自动群控和单控功能，满足了供风压力的实时调节。

矿井胶带运输子系统实现井下胶带运输机的集中监控和设备管理、矿井煤流系统的集中自动化控制。

（5）安全隐患处理信息系统。在不断探索创新安全管理形式，自主研发“安全信息预警系统”和安全隐患短信发送系统，建立了安全隐患闭合信息管理系统和“四级”隐患治理手机短信信息平台，对各类安全隐患信息按照隐患单位——隐患分类——隐患等级等十大流程进行处理，完成信息闭环。调度员能够随时跟踪落实未整改的隐患问题，对重点问题随时调度，查阅“三违”隐患分析，对二级以上预警短信重点督促整改。当隐患在限期内没有处理，系统会自动手机短信升级分级预警，督办完成。实现了隐患信息化闭合管理。隐患排查整改率达到100%，有效防范和遏制了重大事故的发生，实现了安全生产。

（6）标准成本信息化系统与煤矿资产管理信息系统。标准成本信息化系统是基于精细化和内部市场化的标准成本信息化网络控制“塔式”管理系统，形成了“物流、信息流、合同流、资金流、人员流”为一体的“六流合一”的经营管理文化。实行标准成本信息化管理，实现了物资管理的精细、精确、精准管理。该平台实现了网上请领、审批、发放，甩掉手工记账，实现无纸化办公。资源共享，降低成本支出，实现企业效益的最大化；实现对材料的采购、计划、验收、请领、审核、发放等全过程进行控制，提高采购计划的准确性，避免盲目采购，堵塞管理漏洞，盘活存量资产，降低库存占用；实现材料消耗及库存预警功能。减少人工重复劳动，提高数据准确性。

资产管理信息系统将信息技术与现代管理技术相结合，应用于企业资产全生命周期管理的各个阶段，通过信息集成、过程优化及资源优化，实现物流、信息流、价值流的集成和优化运行，达到人（组织、管理）、经营和技术三要素的紧密集成，全面提高企业资产管理的综合能力，从而有力地保证全矿生产经营的正常运行。

该系统的应用有效地控制了设备成本支出，做到了设备资产管理预警，提高了设备使用效率，使生产及管理的效率和效益大幅提升。同时为企业管理层科学决策提供了信息支持，彰显了国有资产管理的事前计划、事中控制和事后分析的管理效能，实现了全员、全方位、全过程国有资产管理。

(7) 安全信息触摸查询系统，包括两个子系统。该系统实现了入井前安全质量信息查询、矿井避灾线路查询、人体生物节律个人查询，建立安全质量信息查询平台，人员入井前根据各自需要对矿井生产、安全、隐患信息，自身工作地点避灾路线，个人当天的生物节律进行查询，有需要时还可将查询信息打印保存。

①入井前安全质量信息查询。建立安全质量信息查询平台，完善信息查询功能，领导干部和安全督察人员入井前通过触摸屏查询，对矿井月度生产计划、井下重点工程项目、工作头面推进度、工作头面贯通情况；查询安全隐患排查重点、现场存在安全隐患、隐患预警预报结果；下井计划检查地点、领导干部带班下井巡查情况等以上九个方面的信息，能随机查询。并能将所需信息进行打印，让管理人员和安监员带着问题下井，提高工作效率，提高隐患处理的精确度和时效性。

②人体生物节律查询。根据安全生产需要，结合人体生物节律，研发了触摸屏查询系统，对入井人员进行了信息采集，员工在下井前可以通过这一平台进行自主查询，员工输入工号或出生日期，就可根据绘制的正统曲线，直观的自身体力、情绪、智力三要素基数，及时了解人体生物节律安全等级，根据安全提示和工作需要，及时调节工作状态，把安全管理由事后处理变为超前防范，变被动接受为主动预防。

（8）KJ216 煤矿顶板动态监测系统。KJ216 煤矿顶板动态监测系统是一套专用于井工开采矿井的顶板安全的实时在线监测和预警系统。系统应用了传感技术、数据采集技术、总线技术、网络通讯技术、计算机软件处理技术。

监测内容包含了采煤工作面支架工作阻力监测、掘进及回采巷道顶板、围岩运动监测、锚网支护应力监测、采场煤岩支撑应力监测、采空区充填应力监测等。

该系统的应用形成了全矿井的顶板安全多元化在线综合监测、分析、预警，对指导煤矿安全生产具有一定作用。

（9）KJ70 矿井水文自动监测报警系统。为保证矿山的安全开采，防止水害，在矿井井田范围内，建立了水文地质钻孔，以便观测各含水层水位随气候、季节、采动的变化，指导防治水工作。

矿井水文自动监测报警系统可全天候监测矿井各观测点的瞬时涌水量、累积涌水量、水仓水位、钻孔水压等重要水文参数，并在地面微机上显示和存储，一旦出现险情立即报警，以便及时采取措施，保证矿井及井下人员安全。

（10）煤矿安全技术可视化仿真培训系统。煤矿安全技术可视化仿真培训系统平台采用了客户/服务器（Client Server，C/S）结构，运行于 Windows 操作系统环境，内容及课时以国家煤矿安全培训大纲为依据，运用虚拟现实技术仿真表现各种设备、仪器的结构原理；以三维建模和 VR 技术还原逼真的仿真虚拟场景，并连接基本画面素材，通过视频、动画特效、声音、图片、文字等对各个知识点进行讲解。

该系统共涉及煤矿生产的 51 个工种，内容包括煤矿采煤、掘进、通风、运输、机电、矿山救护等方面。项目内容主要涉及煤矿安全生产方针及法律法规、设备的基本理论、操作运行与维护、常见故障及诊断排除、典型事故案例剖析、设备虚拟仿真等。将各工种所涉及的法律法规、生产技术、通风及灾害防治、监控信息的传输、煤矿各种设备以及常用监测监控系统、案例分析、自救互救等知识从理论培训、模拟操作、警示教育、技能测试等方面进行多角度、全方位、深层次的表现，实现安全技术培训信息化，满足特种作业人员和相关工种的安全培训需求。

（11）工业视频管理及监视系统。

①数字多媒体监视系统。数字化调度指挥中心配备了安全生产控制系统、DLP 数字拼接监视、数字调度等系统，为值班领导及调度员搭建了一个可视、可控、智能预警、智能救援的应急处置平台，灵活全面地掌握现场情况，真正实现了全面掌控、系统分析、快速反应、应急处置的调度指挥理念。

②工业电视监控系统。工业视频监视点主要在井上、下重要岗点、主要采掘工作面、主要运输环节等地点安装了有线、无线视频，对巷道及工作面构成、救

援搜救、各岗点工作情况可录像存储，为分析及判断提供视频资料。工业电视管理系统视频信号全部汇聚在信息化调度指挥中心数据机房，采用了光电复合光纤集中传输，集中配电，根据各单位需要分配给视频信号，目前蒋庄煤矿已经整合了164路井上下视频信号，并按业务不同规划了视频区域，皮带运输、井下变电站、井下泵房、要害地点、110指挥中心监控区、电厂监控区、洗煤厂监控区等专业监控辖区，原有各单位的视频监控各自为政，很多的地方都在交叉重复，经过整合后，做到了视频源共享，重复地点进行共享，多余设备进行移位，既增加了监控地点又节约了资金投入，视频信息集中录像存储，通过媒体服务器实现多用户查询。

3. 已经实现的移动显示系统

（1）移动远程安全监测系统。移动远程安全监测系统是通过部署移动信息化服务器的方式与煤矿原有的煤矿安全综合监控管理系统进行耦合，为煤矿企业提供基于移动无线网络访问内部安全综合监控管理系统的解决方案。企业领导和管理人员能够通过移动终端（手机）随时随地的接入系统，及时了解各个煤矿和矿井的生产状况和安全状况，并利用移动信息化平台将各种需要的实时数据（矿井下的水、瓦斯、煤尘、风速等）按照要求下传到相应的管理人员的手机中，同时领导和管理人员也可以通过终端（手机）来实时地查询和掌握矿井的信息，使原有的只能在PC和局域网中使用的功能和数据扩展到移动网络和手机等移动终端设备，以短信、WAP、Java客户端等方式为媒介进行信息收发的双向传递和交互式传递。

移动远程安全监测系统能够监控到的数据包括：控制信息实时数据、瓦斯实时数据、模拟量实时数据、风速实时数据、开关量实时数据等。

枣矿通过“移动远程安全监测系统”，可对各煤矿进行状况监控、运行指导，实现把不安全因素消灭在发现初期。同时各级管理领导还可以通过手机全面、实时地查询所有煤矿各个重要设备的运行情况、环境参量的报警等具体状况，并且可以通过手机实现对异常设备的断电、启动控制。企业安全管理部门可根据实时上传的告警信息和实时运行信息，确定各煤矿的施工情况或各种指标超标的地方，为管理人员准确、快速地制定安全防范措施，提供极大的帮助。这样，既能克服矿井数量多、地域分散、技术薄弱等问题、减少资金投入，又能充分发挥瓦斯监控设备的作用，便于在煤矿推广应用。

（2）移动远程视频监控系统。煤矿井下作业远离地面，地形复杂，环境恶劣。利用远程工业电视系统，可以直接对井下工作现场图像进行实时监控，实时记录井下作业和设备运行状况。及时发现事故苗子，防患于未然，并为事后分析事故提供有关的第一手图像资料。

目前已完成全网的监控视频的集中监看和集中管理，共计有500多个视频点，前端设备类型有三种。通过手机视频监控服务系统与枣矿集团现有的工业电视系统对接，即可利用 3G 网络和手机终端实现对原有视频信号的调用及监控。

移动远程视频监控系统实现的功能包括：与现有监控中心平台提供各视频点的视频信号源对接；与现有的监控中心平台协商控制协议，实现视频点信息提取、视频信号点播控制等；根据现有的监控中心平台提供各视频点的详细列表信息实现视频选通；提供手机端媒体解压及媒体控制软件。

（3）CDMA 井下矿用本安 3G 通信系统。KT28A 型井下矿用本安 3G 通信系统基于电信成熟的 CDMA 技术，是针对矿区和井下作业环境及安全生产要求而研制推出的新一代矿用多功能无线通信系统，主要由电信基站和井下覆盖网（包括光分线盒、光合路/分路器、KZG1A 矿用无线信号变换器、定向天线）及相应的终端设备（包括 KTW25B、KTW25C 无线手机等）组成。

采用电信 CDMA 技术，井下系统和地面已有电信 CDMA 网形成一体，可确保矿区无线信号的覆盖，同时手机用户可以在全国自由漫游使用，保证手机的信号畅通；系统容量大，可根据矿上手机用户数，随时升级系统容量；远端模块为矿用本安型，可实现井下采、掘工作面等高瓦斯区域的无线通信。

系统具有调度功能、在线实时录音功能、备用电源功能、井下基站（KZG1）远程监控和维护功能、无线视频传输、无线数据传输等功能。

（4）枣矿集团 WAP 网站。Wap 网站仍使用现有 Web 网站的服务器进行发布，数据库可以独立也可以与目前 Web 网站的数据库进行共享，不需要额外增加服务器投入。

Wap 网站的信息内容，可以通过后台管理功能进行管理。后台管理可以使用两种方式，一种是后台管理独立运行，需要单独为 Wap 站点添加或维护文字；另一种方式是嵌入目前企业网站现有的管理平台，需要修改现有网站的代码，需要客户方的支持。

用户可以通过手机访问 Wap 网站，本 Wap 站点针对广大市民开放，管理后台只对 web 端的管理开放使用。

Wap 网站的域名，可使用现有域名下增加 2 级域名的方式，如 wap. zkjt. com. cn，也可以使用虚拟目录的方式，如 www. zkjt. com. cn/wap。具体方式可以由用户选择。

后台管理功能包括：企业介绍、企业新闻等的文字管理。

（5）综合办公。枣矿集团移动 OA 系统连接枣矿集团原有的 OA 系统，实现在智能手机终端上访问 OA 系统并进行办公，帮助员工及领导摆脱时间和空间的限制，随时随地随意处理工作，提高效率、增强协作。

移动办公系统可以实现 4A 办公，即在任何时间（Anytime）、任何地点（Anywhere）、任何设备（Any Device），可以做您想做的任何事情（Anything）。

本系统以 CDMA 2000 网络为承载，全面支持各种业务应用系统，支持普通手机、智能手机或 PDA 对 OA 系统的高速访问，将信息沟通和数据传递送达到地球上的任何一个有手机信号的地方，用户使用该系统如同在一个移动办公室里工作，真正感受到工作的“无线”乐趣。同时使用该系统可以改善沟通方式，提高运作效率，进而实现全面创新管理。

本系统主要包含新闻、公告、待办工作、待阅工作、已办工作等功能模块。

4. 智慧矿山建设示范工程项目组织实施方案

根据枣矿智慧矿山示范平台的建设目标和技术实现路线，需要首先建立统一的智慧矿山传输平台，然后梳理当前的应用系统，将当前系统结构和通信方式各异的各分立系统进行业务整合和数据无缝联接，建设枣矿智慧矿山综合信息平台及其综合监测监控、综合数字通讯、综合定位管理、紧急避险、安全预警与应急救援指挥等业务子系统。具体建设方案如下：

（1）智慧矿山综合信息平台。将传统光纤以太网核心设备，包括交换机、路由器和网关，更换为中科院自主研发和拥有完全自主知识产权的智慧矿山控制分站，连接光缆形成光纤环网，建立智慧矿山骨干网络。

智慧矿山控制分站除了具有光纤接口之外，还能够连接 WLAN、无线传感网和工业现场总线，并且具有终端设备接入能力，能够承载矿山综合业务。通过在矿井主要地点部署智慧矿山控制分站，对井下作业地点实现覆盖，承载矿山业务，包括安全监测监控、数字广播、无线通信、定位管理、安全预警、避险救灾等。

在完成了智慧矿山骨干网络基础设施建设的前提下，为了建立智慧矿山业务支撑平台，实现智慧矿山的层次结构职能，还需要实施必要的智慧矿山协议算法，完成异构网络数据融合和业务融合功能，实现对智慧矿山业务的支撑。这样，通过信息整合，统一地面各系统中心站计算机的显示控制界面，可以有效减少后期接入系统的软件建设费用。

（2）综合监测监控系统。

①当前系统。枣矿目前有相对独立的安全生产监测监控系统，包括：环境安全监测监控系统、顶板离层、支架压力监测监控系统、矿井水监测、锚杆锚索载荷监测监控、机电运输设备监测、井上井下综合自动化监控系统、自动化图形显示系统。

以上系统虽然具有相同的结构，但是应用交换机、应用分站设备是不能完全兼容的，根据具体的传感器和设备厂家，有可能存在较大的差异。

②建设方案。根据“安全监测监控系统、顶板离层、支架压力监测监控系统、矿井水监测、锚杆锚索载荷监测监控、机电运输设备监测、井上井下综合自动化监控系统、自动化图形显示系统”的业务相关性，融合为“综合监测监控

系统”，其结构见图 1 所示。

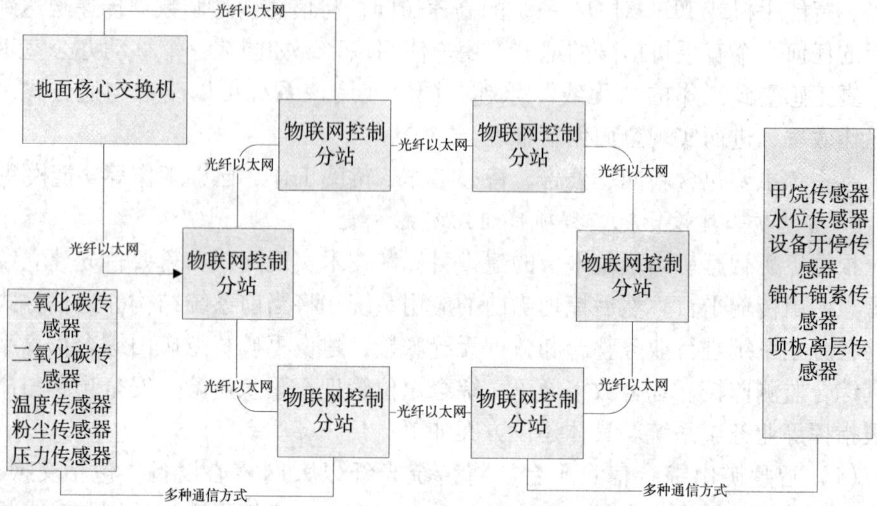

图 1　枣矿智慧矿山综合监测监控系统结构图

传感器直接接入到智慧矿山控制分站，无需其他设备辅助，数据即可在智慧矿山内实现互联互通，提供给应用层的应用系统。

具体改造内容包括，制定智慧矿山感知层和网络层数据接口协议标准，研发标准化应用交换机和应用分站、基站。标准化传感器数据接口协议。按照智慧矿山层次结构，在感知层将所有传感器统一接入；在网络层实现数据互联互通和数据融合，克服异构网络阻碍；在应用层整合成统一的综合系统；在地形相对狭窄的支巷道或者形状不规则的开采面以及不断延伸的煤矿采掘面，布置无线传感器节点。

目前的安全监测系统报表，一般是人工收集数据，整理出报表后再送交领导及有关部门。改造后，依托智慧矿山平台，能够自动收集整理出安全监测报表，每天定时自动地发送到领导、相关部门的“智慧矿山”手持机、联网电脑上(即便此时领导正在井下带班)。如：井下瓦斯、CO 等气体超限，依托智慧矿山信息平台，一方面在安全监测系统中心站报警，另一方面自动将该报警信息在相关领导“智慧矿山”手持机上显示，有效规避安全监测值班人员疏忽大意带来的风险。

(3) 综合数字通讯系统。

①当前系统。枣矿现有的 4 个数字通讯系统，分别为井下无线通信系统、有线电话通信系统、多媒体调度系统、广播系统。其中，井下无线通信系统由 WIFI 手机若干、基站 30 台、交换机 8 台、中心站主机组成。基站与交换机之间通信方式为电口以太网，交换机与中心站之间通信方式为光纤以太网。软件系统

在服务器中有配置界面，但没有调度界面。井下覆盖范围小，需要基站数量多。无线通信系统通过后台服务器与井上、井下有线电话互通。有线电话通信系统和多媒体调度系统，互为备份。数字广播目前并没有完善的系统，只是集成在安全监测监控系统中，通过固定的语音提示来起到广播的功能。

②建设方案。将井下数字广播、井下有线电话、井下无线数字通信和井下多媒体调度，按照业务相关性融合成“综合数字通讯系统”，见图2所示。

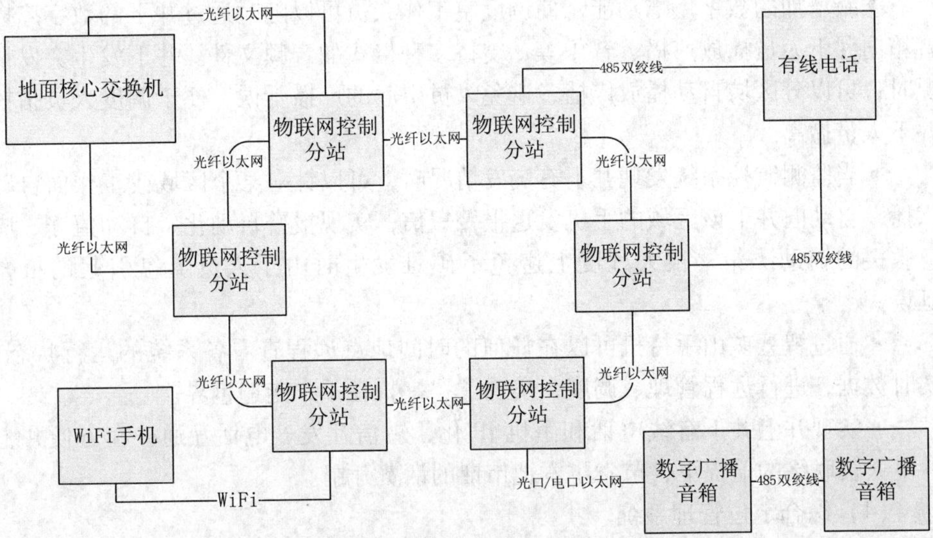

图2 枣矿智慧矿山综合通讯系统应用

具体工作包括：

• 部署智慧矿山控制分站，支持矿山语音、视频、图像、文字信息的综合采集、处理、传输。支持多种通信方式：光纤环网、以太网、GSM/GPRS、3G、WIFI、无线传感网、工业现场总线等。规范业务和数据标准，使原感知层的不同设备都可以直接接入智慧矿山。

• 设计综合通信系统的软件系统，使原有的4个通信系统都拥有可管理配置的软件界面。

• 有线电话系统IP化。

• 实现数字广播系统功能，增加数字广播服务器、调音台、数字广播主音箱、数字广播副音箱等设备，使综合通信系统更加完善，能够提供更多的服务。

• 增加移动通信服务。通过手机，可以远程查看各子系统运行状况，实现远程管控。

改造后系统具有以下功能特点：

• 各系统由智慧矿山综合信息平台支持，终端设备直接接入智慧矿山控制分站，使带宽资源得到充分利用，网络层业务规范化、数据标准化，易于将来系统扩展及改造。多套系统使用共享的网络和硬件设备，杜绝了线缆和设备的资源浪费。

• 在保留原有系统功能的基础上，整合各子系统，装备综合数字通讯系统，使原有各子系统使用统一的软件管理界面，方便了调度工作人员使用、查看、配置和管理。

• 新增加的数字广播功能，使调度室工作人员可以随时通过井下的数字广播音箱向井下人员播放广播、音乐等，支持多种格式的音频文件。井下发生突发情况时，可以分区域自动播放广播，避免人员引起的广播延误，便于调度人员指挥井下人员撤离。

• 当监测监控系统发现井下有突发情况时，可以针对某个区域或工作面自动广播，自动向井下该区域的手机发送报警短信，实现报警自动化、自动值守、应急救援的辅助决策，很大程度上避免了矿难发生时由于人员疏忽引起的报警延误。

• 通过智慧矿山手持机可以在任何的时间地点远程查看各系统的运行状态、实时数据，进行远程管理、调度，实现了“一机在手，走遍世界”。

• 实现井上井下有线电话和手机 IP 化，短信互发、电话互通，在方便井上井下人员联络的前提下，节省了本地市话的话费开销。

（4）综合定位管理系统。

①当前系统。枣矿现有井下人员定位管理系统集成了考勤系统。井下人员定位管理系统 KJ251，由定位卡、读卡器、分站、交换机、中心站软件组成。读卡器、分站、交换机之间通信方式为 RS485，交换机与中心站之间通信方式为光纤以太网。软件采用 B/S 架构，实时监控井下人员位置，具有设备异常、人员超时、门禁区域报警功能，可以基于卡片划分部门、工种、职务、设置不同权限等。丰富的数据挖掘功能，基于不同条件的查询功能，生成活动轨迹，考勤管理功能。集成考勤系统，和井下无线通信系统共用一套光纤网络。目前只涉及人员的定位及考勤管理，没有车辆和井下主要机电设备的管理功能。

②建设方案。

• 在保留人员定位和考勤管理的功能基础上，增加对车辆和机电设备的定位管理。

• 构建新的光纤骨干环网，实现物理环网，各子系统在网络层共享一套光纤网络。

• 部署新型控制分站，支持矿山语音、视频、图像、文字信息的综合采集、处理、传输。支持多种通信方式：光纤环网、以太网、GSM/GPRS、3G、WIFI、无线传感网、工业现场总线等。规范业务和数据标准。控制型分站集原系统分站、读卡器的功能于一身，可以直接接收定位卡片的信号。

• 构建综合信息数据库，使原有各子系统的数据可以共享交互。

• 设计综合定位系统的软件系统，使各定位系统都拥有可管理配置的软件界面。

改造后系统功能特点：

• 通过智慧矿山系统平台，可以实时采集、监控井下人、车、物的综合信息。确定人员分布和运动轨迹；确定矿车工作路径和时间；确定主要机电设备的位置分布和状态信息。

• 通过"智慧矿山"手持机随时查询人、车、物的定位和综合信息。

• 人员的紧急呼救：依托智慧矿山强大的无线定位功能，井下任何地点的作业人员遇到紧急情况，可以通过随身携带的"智慧矿山"手持机或定位卡及时发出呼救信号，智慧矿山平台会根据定位系统，自动判断该作业人员位置，并将相关数据发送给调度室及相关领导。

• 保留原有系统功能的基础上，整合各子系统。通过综合信息平台，使原有各子系统使用统一的软件管理界面，方便调度工作人员使用、查看、配置和管理。

(5) 紧急避险系统。目前枣矿已经建立了部分紧急避险设施，包括井下硐室、紧急避险路线指示、应急预案、语音广播、声光报警等。暂未装备救生舱。

枣矿智慧矿山平台为紧急避险救生舱预留了专门的接口，与综合安全监测监控系统、综合数字通讯系统、综合定位系统进行通讯，实现业务联动。

(6) 安全预警与应急救援指挥系统。在智慧矿山平台上的安全评估、预警与应急救援指挥系统，通过综合安全监测监控系统、综合数字通讯系统、综合定位系统获得数据，按照预先数据挖掘得到的对象模型对井下或某个区域的安全状况进行综合分析评估，并根据安全评估、预警分析结果，通过智慧矿山的"综合数字通讯系统""综合定位管理系统"，第一时间、自动将预警或报警信息以语音、图像、文字、报警指令等方式发送到广播、报警器、紧急避险路线指示器，以及相关管理人员、井下作业人员的"智慧矿山"手持机上。

四、经济效益分析

1. 经济效益

枣矿集团智慧矿山建设的信息化系统在枣矿集团及矿区井下现有设备的基础上结合中国电信的移动、固网、系统集成技术，整合了枣矿集团信息孤岛，节省了大量的信息化系统投资成本和运行维护成本，直接节省投资额近 100 万元。同时从工作、生活上极大地方便了广大干部职工和家属的内部通信，可节省高达二分之一的通信费用。

(1) 节省相当部分的劳动力：以前需要各单一系统配备一名技术人员进行

负责，通过智慧矿山的建设，将零乱的信息化系统进行了分类管理，每个类别只需一名工程技术人员负责即可。

（2）减少维护费用：CDMA 3G 无线网络由中国电信负责维护；地面上中国电信部署的移动设备及机房服务器设备由电信负责维护及提供技术支撑。

（3）减少 CDMA 3G 通信及手机终端等设备费用：利用中国电信的无线 3G 网络、有线数据传输网、Wlan 无线网络，同时中国电信针对枣矿信息化应用项目，制定优惠套餐，在虚拟网内固化、移动互打免费，开通移动 3G 流量包，Wlan 使用免费；利用现有井下瓦斯、风速、温度等数据测量仪器，复用中国电信的网络传输等设备资源实现手机监控监测系统，避免了大量设备的重复投入建设。

2. 社会效益

（1）枣矿集团智慧矿山建设，提高了枣矿集团在安全生产、信息化应用方面的水平，同时更有效地为相关部门提供第一手的检测资料进行数据的评估和反馈，并推进了枣矿集团的移动办公化进程，为管理者外出办公提供直接有效的途径，在采矿业树立了信息化领先的典型，获得了政府支持、社会认可，山东省政府已将此方案融入政府智慧矿山计划。

（2）有力地促进了中国电信在枣庄的市场拓展，并提升了中国电信的市场份额。枣矿信息化应用在枣庄市产生了良好的示范效应和口碑，有力地促进了中国电信信息化项目在枣庄地区的推广，有效推进了信息化建设在枣庄市企业安全生产、管理水平等方面的广泛应用。

（3）惠及了枣矿广大职工和家属，践行了中国电信促进山东经济发展和企业安全生产的承诺，形成多方共赢的和谐局面。

（4）打造新型产业联盟，进一步与主要矿山信息化解决方案科研、生产单位密切合作，市场资源共享，共同发展。

3. 推广应用

该技术成功实现井下数据模拟化、安全生产管理系统智能化、安全监督监察系统闭合化、决策支持系统创新化、救援保障系统科学化、手持设备智能化相结合，体现了枣矿集团智慧矿山建设的信息化系统的精髓。为其他矿井类似条件下环境搭建移动信息化系统提供了良好的指导、借鉴和技术保障。为类似的井下瓦斯、风速、温度等数据显示方式提供了一种安全、经济、可靠和快速的支持方法。

该技术能产生显著的经济效益和社会效益，具有良好的推广应用价值。

（成果创造人：江　卫　王明南　满慎刚　杨尊献　李景恒　孙建忠　邓　涛　张　杰）

安全高效型矿井生产管理探索与实践

山东能源新汶矿业集团有限责任公司翟镇煤矿

翟镇煤矿是1993年建成投产，年生产能力200万吨的大型矿井，经营范围涉及煤炭、电力、建材、电气、通讯信息、机械维修、电缆制造等多个领域，现有职工5000余人，年产值过30亿元。先后获得全国煤炭行业企业文化示范矿、全国首批管理创新示范单位、全国文化管理示范基地、全国煤炭工业科技进步十佳矿井、行业级安全高效矿井、全国煤炭工业双十佳矿井、山东省安全文化创建示范企业、山东省创建学习型组织示范企业等100余项荣誉称号。

一、安全高效型矿井生产探索与实践的实施背景

近年来我国煤炭产量连年大幅度递增，但是伤亡事故始终居高不下，特别是重特大事故接连发生，走创建安全高效型煤炭企业之路，是新矿集团总结本企业长期的安全管理经验得出的科学结论。翟镇煤矿作为典型国有重点煤矿，在实践中不断探索，始终将创建安全高效型煤炭企业作为煤矿安全管理追求的终极目标和最高境界。经过近几年的不断探索、总结和提高，针对翟镇煤矿在安全高效生产和管理方面存在的制约安全高效型矿井建设的问题，进行了系统的专门研究，总结了一些安全高效型矿井的建设经验，取得了显著成效，这符合党和国家及新矿集团一贯倡导的安全生产方针，符合翟镇煤矿全体职工群众的切身利益。

翟镇井田处在新汶向斜中段轴部，四周断层环绕，内部断层与褶曲并存。现有井田为一背一盆一鞍部一平缓组成的复式较宽缓的褶皱构造。本井田共发现大中型断层17条。井田东西平均长约4.75Km，南北平均宽约3.1Km，面积约14.7Km^2，由于断层及背向斜构造发育，井田被划分了11个采区，造成采区块段小，工作面连续推进短，采区系统复杂的难题。随着开采向井田边界地质条件相对复杂采区推进，矿井通风、运输及工作面采用采掘的工艺落后所引起的诸多问题已成为制约矿区安全、高效生产重大因素，主要表现在：人为引发的煤矿安全

事故所占比例高达 90%；采掘工作面采掘工艺及设备落后；绞车、卡轨车等运输系统导致的矿井安全事故频发；煤尘、粉尘威胁工人身体健康，且存在安全隐患；井下监控与通讯系统不稳定，范围不广；煤矿管理模式及制度不完善，带来安全事故。

二、安全高效型矿井的主要内容

1. 安全高效型矿井的构成及要素

创建安全高效型企业的系统研究，是在对事故致因理论研究的基础上，建立科学的、系统的、主动的、超前的、全面的事故预防安全工程体系。按照事故可能预防原则、偶然损失原则、因果继承原则，创建安全高效型企业的研究内容主要包括人（员工）的安全高效化、物（设备及其对应技术）的安全高效化、系统（环境）的安全高效化、管理制度的安全高效化 4 个方面，这也是安全高效型企业的构成 4 大要素。

（1）人的安全高效化。操作者要具有较好的心理、生理、技术素质，即有想（具有强烈的安全意识）、会（安全技能 + 专业岗位知识）、能（能遵守制度 + 能创造安全环境 + 能正确操作设备）。近年来，随着科技的发展、设备的可靠性不断提高，运行环境的较大改善，人的失误引起的伤亡事故所占比例呈上升趋势，如航空事故，20 世纪 60 年代大约 20% 的事故归结于人的失误，90 年代则达到 90%。所以人是决定安全效果的主导因素。

（2）物的安全高效化。选用的设备既要考虑其生产效率，又要考虑安全可靠性。可以定义为“剃须刀”理论，传统的剃须刀刀锋暴露，极易划破脸部，后来在刀片两边安装上夹具，操作变得简单，对人的伤害程度受到限制，但稍不注意仍有造成伤害的可能，现在的电动剃须刀，刀片外加上细致结实有弹性的安全网，刀片与皮肤之间有隔层，很难划破皮肤，既是“傻瓜型”又是安全高效型。如果员工使用的设备和工具都具有这种性能，就可以弥补人的失误而造成的事故。

（3）系统的安全高效化。员工的安全可靠性与生产场所（空间、气候等）环境息息相关，可以描述为“桥”理论。过独木桥时人很容易掉下去，全凭技巧和胆量、运气，如果是现在的桥面宽阔、护栏高大的钢铁大桥，行人不必小心翼翼，不论是跑还是跳也不会掉下去。

（4）制度的安全高效化。管理制度是控制事故的决定性和起主导作用的关键措施，就目前而言，物（设备及其相应的技术）的安全高效化受科技、经济等诸多因素制约，安全高效化程度和发展在各行业、不同企业不均衡；作业环境的安全高效化受成本、观念等因素的影响变数很大；人的安全高效化受员工的文化程度、技术等影响较大，不同企业更不相同。实现企业安全高效化，依靠管理的科学化可弥补以上要素的不足。传统的安全管理的特点是具有强制性、被动性、事后性、经验性；现代的安全管理运用系统工程的原理和方法，注重全面、系统、超前和过程控制，让企业安全生产的每一个过程、每一个环节均留下管理的“痕迹”，注重过程控制，实现管理无缺陷。从危险源辨识入手，通过系统的分析、预测、评价，采取相应措施，消除或控制危险因素，使系统达到最佳安全程度，即生产场所设计确保员工的安全，在空间、气候等方面创造舒适安全的环境。

2. *安全高效型煤矿要素之间的相互关系*

人、物、系统和制度构成了安全高效型企业的“四要素”。其中人是核心要素，物是保证，系统是基础，制度是保障。安全高效四要素不是直线式或均衡分配的环式连接，而是以人为中心的多维结构体，如图 1 所示。

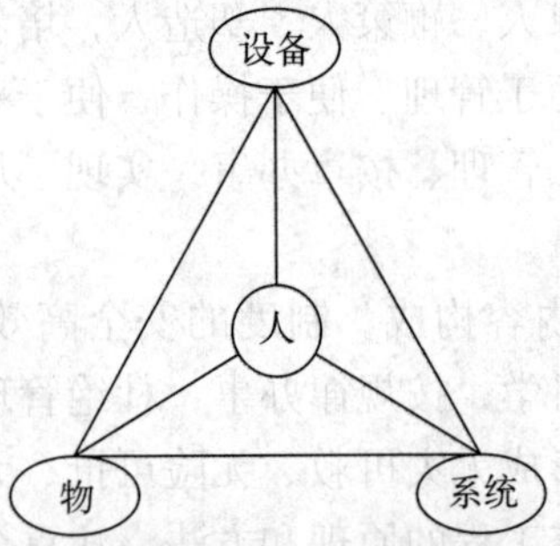

图 1　以人为中心的多维结构体

（1）从人的方面看，人的因素的发挥直接影响物、制度、系统因素安全效能的发挥。人的安全高效体现在人对物的意识、作用、观察、处理和预防能力。素养良好的人（经过安全管理）对工作（工程）流程产生良好的作用，达到标准作业（减少失误、杜绝违章），使人的行为符合安全标准要求。从而促进物的状况（状态）改善（改变），促使系统的改善（改变），使之持续保持规避（抵御）风险的安全状态。

（2）从物的方面看，设施（设备）等安全“涉及物”，是创建安全高效型企业的重要保证。经过有安全行为人的作用，始终处于（持续改进中）良好的流程状态，可以有效地保证员工的人身安全，使工作更有保证。反过来，能够更有效地促使员工投身到标准的工作流程中。

（3）从系统方面看，安全系统主要为人、物的运作营造和谐、协调和整合的氛围。优良的安全系统能够使人的行为和物的状态达到良性的整合，使之运作更加协调、高效、有序，最终达到行为和状态的进一步提升。

（4）从制度方面看，制度是创建安全高效型煤矿的重要保障。要确保人、物、系统、制度的和谐统一，必须追求管理制度的安全可靠性，实现制度规范，科学管理，做到制度至上，精准执行，按规律办事，杜绝管理失误，实现管理零缺陷、安全零事故，从而形成无灾可救、无险可抢、无事故发生的局面。

这四个方面的要素是相互作用、相互制约的，是影响和决定安全高效水平高低的关键因素。安全高效型企业的创建，必须充分利用现实手段挖掘人的潜质，铸造人的灵魂，巩固物的状况，保持、控制物的状态改变，营造环境的顺畅和谐，使四者相互作用，交互前进，共同提高。

三、安全高效型矿井生产探索与实践的主要做法

1. 安全高效自主管理制度的创新实践

推进管理创新、制度创新是搞好安全高效型企业创建的有效方法。采取国内外的先进管理经验和管理方法，大力推行管理创新和制度创新，实行安全文化管理，形成人性化、制度化、规范化、标准化、科学化、现代化的管理模式，用完善的管理体系规范人、约束人、鞭策人、塑造人，培养高素质的员工队伍，并通过持续改进管理，制定了便于管理、便于操作、便于落实、便于考核、针对性强的安全管理体系，做到依法管理、按章办事，实现了从粗放型管理向精细化管理的转变。

（1）制度的安全高效内容构成。制度的安全高效就是追求制度的安全可靠性，实现制度规范，管理科学，按规律办事，杜绝管理失误，达到煤炭企业生产中零缺陷、零事故，从而形成无灾可救、无险可抢、无事故发生的局面。

现代安全管理运用系统工程的原理和方法，注重全面、系统、超前和过程控制，实现管理无缺陷。创建安全高效型企业实施了以下五个方面的制度创新：人的安全制度创新、设备的安全制度创新、系统的安全制度创新、技术的安全制度创新和安全管理制度创新。

（2）翟镇煤矿安全高效管理结构体系。翟镇煤矿建立的安全高效管理结构体系是由三个维度构成的立体化结构体系，三个维度包括组织维度、时间维度和安全维度。

①组织维度。组织维度在组织结构上呈层级嵌套式组织结构，其共分为五个层次，分别为岗位人员自律、班组自控、区队自管、专业自监、矿级部门高效监管，五个层次彼此管理，又彼此制约。

②时间维度。时间维度是反映管理效率及效果的一个维度，在时间维度上具有四个特点，即前瞻性、计划性、动态性和循环型，保证管理效果在循环中持续提高。

③文化维度。安全文化作为安全自主管理模式的精神支持和智力支持构成其第三个维度，文化维度的先进性代表了整个煤矿的整体精神面貌和素质。

2. 员工的安全高效创新实践

人（员工）是企业的主体，任何企业行为离不开人的行为和意识。现代企业管理强调以人为本，对于煤炭企业来说，对人进行有效的管理，是安全的保障所在。在创建安全高效型系统中，人的安全高效居于核心地位，人的安全高效体现在人对物的意识、作用、观察、处理和预防能力，对人的管理是创建安全高效型企业的核心要素。

(1) 员工的安全高效内容构成。员工（人）的安全高效要求操作者有较好的心理、生理、技术素质，即有想（具有强烈的安全意识）、会（安全技能+专业岗位知识）、能（能遵守制度+能创造安全环境+能正确操作设备），从这个角度来讲，人的安全高效由以下几方面构成：

①人的安全高效意识的培养。包括珍爱生命意识、安全责任意识、安全法律意识等内容，旨在解决“要安全”的问题。

②人的安全高效素质的培养。通过提高员工安全技能的教育，包括建立员工上岗准入机制，建教考分离机制，联合办学机制，以及建立相应的技能人才培训基地，给技能人才开通“绿色通道”，旨在解决“会安全”的问题。

③人的安全高效行为管理与控制。通过建立技能人才培养的长效机制、技能人才竞争与保障机制、深化治理“三违”机制和员工岗位行为规范教育机制，实现对员工不安全行为的管理与控制。

④人的安全高效系统观教育。安全状态是矿井系统中各种因素综合作用的结果。要教育员工学会系统地看待、分析、解决安全问题，认识到系统诸要素和谐统一的重要性。要着力从系统入手来为个体、局部的安全提供保障，是管理者接受安全高效教育的重要内容，旨在解决“能安全”的问题。

(2) 员工的安全高效实践。

①员工安全高效意识的培养。安全高效型企业的建设过程，从根本上说是安全高效型理念的建立和应用过程，也是安全高效型文化的形成过程。

安全高效型文化建设中的系统追问，就是通过由零散的到系统的、随意的到规范的、暂时的到恒久的等方面的转变过程来趋近安全高效的目标。系统追问，立足于系统，强调以联系的、整体的、细节的思维路线去认识解决煤矿的安全问题。

系统追问，在对安全本质内容的认识上有“驱云拨雾”之效。事物的本质隐藏于各种表象云雾之中，被层层包裹，认知上存在难度是必然的。而通过系统追问，接近本质就变成了一个生动而有趣的过程，对本质的描述也自然简单、形象而又不失深刻。系统追问，使作业者形成“精细实”的工作作风。如发生一起因空喷空锚造成的顶板伤人事故，按系统追问的理念，从班长、现场群监员、当班员工到工区区长、书记乃至职能科室、矿长等都能找到各自在这一事故中的角色责任。系统追问保证了角色定位的可行，也在无数个“为什么”“怎么办”的追问过程中得以形成“精细实”的作风。

系统追问四步法：

追问一：在目前安全生产中，自己扮演了哪些角色？

追问二：我为这些角色要承担哪些责任和义务？

追问三：我现在有哪些资源，包括知识技能、职务权利、环境、工具可以帮助我承担起这些责任和义务？

追问四：按照上面的追问，目前有哪些角色我扮演得相当成功？哪些则不然？如何改进？

系统追问强调以系统为平台。它的基本平台是矿井，包括人、物、制度和各实物系统相互交融的大系统。按其理念指导，任何状态下都会有新的发现、新的追问、新的解决问题的办法。系统追问可有效调动全员参与意识。系统追问作用于具体的安全元素点，而随着追问的深入，每一安全元素点又会牵出更多的点。层层追问，逼近本质。点点相连，连点成线，扩线成面，会调动越来越多的人参与其中。参与程度愈高，安全高效文化的认同程度也就愈高。

安全事故可防可控意识。加强业务保安，认真落实隐患排查整改制度，对安全工作突出性重点问题、苗头性隐患问题、关键性技术问题、反复性难点问题、细节性管理问题，超前制定措施，狠抓现场落实，防患于未然。

②员工安全高效素质的培养。为创建安全高效型企业，解决企业技能型人才特别是高技能人才短缺的矛盾，推动企业发展战略的贯彻实施，煤矿应积极发挥员工培训在企业创业发展中的特殊作用，以创新精神开拓技能型人才培养之路。

建立员工上岗准入机制。《煤矿安全规程》明确规定，煤炭企业必须对员工进行安全培训，未经安全培训的，不得上岗作业；矿务局（公司）局长（经理）、矿长必须具备安全专业知识，具有领导安全生产和处理煤矿事故的能力，并经依法培训合格，取得安全任职资格证书；特种作业人员必须按照国家有关规定培训合格，取得操作资格证书。

（3）翟镇煤矿员工培训基地的建设。员工培训是实现翟镇煤矿安全高效的重要过程，对于员工培训必须要建立良好的培训基地，建立员工培训基地的主要目的就是为提高职工操作技能及安全防范意识而建立良好的学习平台和实践平台。

翟镇煤矿直接在矿内建立员工培训基地，建立学习基地和实践基地，这样可以做到所学技能随时实践，对员工的技能水平提高较快。从实际出发，翟镇煤矿整合了企业内外部资源，与省内外高校联合办学、外聘专家指导等方式，选聘优秀的教师资源，扩大兼职教师队伍，向员工传授先进的知识，优化职工知识结构。

翟镇煤矿员工培训基地的建设，依照培训专业计划→内部挖掘教师资源→校企联合讲学→国外学者讲学的模式创建，并不断壮大，专业不断精细化。

首先从内部挖掘教师资源，基层区队（厂）负责具体落实矿和专业下达的培训计划，组织人员参加培训；根据平时掌握的情况，结合技术比武、技能大赛考核成绩，每个区队推荐3至5名思想品质好、安全意识强、技术业务精、具有较强表达能力的优秀职工担任培训兼职教师，报人力资源部备案。从各个专业选聘工程技术人员担任兼职教师。共选聘专、兼职教师98名，其中，具有高级及以上职称的72人。

然后，与中国矿业大学、山东科技大学、山东矿业职业技术学院、鲁中职业技术学院等院校联合办学，有以上学院教授定期到培训基地教学。同山东网能大学紧密联合，充分利用网上教学资源，向职工全面系统传授国家安全法规、先进生产工艺应用、岗位操作规程、矿井灾害预防与救助等方面的先进知识。同时每季度两次聘请国内外知名的企业管理、安全生产管理、新技术应用等方面的专家来讲学，传授知识。

以培育职工良好的思想品格为目标，还建立了拓展培训基地，对职工进行拓展训练，体能训练。结合实际，组织采、掘、机、运、通、选煤等专业人员，有计划、有针对性地开展了练功比武、现场操作和技术演练等活动，大大提高了员工的安全素质和业务技能。

实行全员准军事化训练，召开了百名岗位技术能手表彰大会，树立“大课堂”理念，采取“走出去、请进来”的方法，不断扩展培训的视野和空间，紧紧捕捉住公司内、外有指导性和说服性的“闪光点”，组织进行现场观摩交流式的动态培训，用形象、直观、易懂的方法强化员工的安全教育培训意识和行为养成。培养职工的执行力，使职工养成自觉服从和遵守规定的良好习惯。通过准军事化培训，有效地强化了员工的团队意识和纪律观念，提升了员工队伍的执行力和战斗力。开展拓展培训，培育了职工良好思想品格，使团结协作形成共识，学习知识变成自觉行动，让安全养成习惯。

3. 安全高效技术创新实践

翟镇煤矿建设安全高效型矿井，必须解决以下安全高效关键点，实现安全高效技术创新。

（1）掘进工作面安全高效。掘进工作面改变以往的掘进方式，提出掘进面向“零”爆破方向发展，即在巷道掘进过程中尽量或完全避免使用炸药；在复杂地质条件下，尤其复合顶板下巷道的掘进提出采用预掘复合顶板技术掘进，即在掘进过程中破除复合顶板，加大巷道高度，使得巷道在开采过程中顶板更加稳定，减少事故的发生。巷道采用锚梁网方式支护，降低了支护难度，并节省了支护费用。

综掘机自行开门技术。创新综掘机自行开门施工工艺，为实现掘进工作面“零”爆破奠定了基础。工作面开门直接安装综掘机施工，机后跟40 t溜子运输，距离达到100m时再安装皮带，取消了传统必须先炮掘一段再安装综掘机的施工方法。

EBZ－135 型综掘机直接开门技术。若巷道开门的角度为大于 90°成钝角时，可以直接用综掘机开门。开扩片口段采用 EBZ－135 型综掘机割煤，扒装机（机身）机械扒装配合刮板输送机外运煤矸。当掘进拐弯过程中，综掘机利用炮头的旋转根据巷道中线左右的尺寸进行拐弯：这时综掘机后的溜尾延长到巷道拐弯处，扒装机移到溜尾后侧，拐弯 10m 掘进后的煤矸利用扒装机扒入溜子运走。当掘进大于 10m 后铺设一部溜子，随掘进溜子以上安设二运跑轨架子，随综掘机的掘进延长溜子达到排矸目的。当掘进大于 50m 后撤除溜子安装皮带，二运皮带跟在综掘机后达到正常排矸。

若巷道开门夹角是锐角时，根据现场条件和综掘机拐弯曲率半径设计出斜通道，仍用上述开门方法掘进，调整综掘机前进方向达到了综掘机钝角拐弯到原设定的中线上来，拐弯与开门方式同上，解决了综掘机的回转掘进，取消了综掘机的开门放炮，保证了现场的施工安全，提高了工效。

（2）采煤工作面安全高效。采煤工作面在工艺方面向高产高效的综采工艺方向发展，经过多年的努力，取消了炮采等落后的工艺，工作面实现“零”爆破。设备改造方面，翟镇煤矿设计研制了新型的超前、端头支护方法和设备，由以往的单体液压支护为主的方式改变为巷道液压支架超前支护和端头液压支架支护，研制的巷道液压支架为 ZCZ9040/24/55 型超前液压支架和 2L 型悬移支架。

（3）矿井防尘自动化的安全高效。

开采煤层提前注水湿润煤技术。采煤工作面煤炭开采是主要的煤尘产生源之一，为降低煤层在开采时产生的煤尘量，采用开采煤层提前注水湿润煤技术来抑制煤尘源的煤尘产生量，该方法的原理就是通过预先提高煤层的含水量来降低开采时煤尘的产生量。

采煤工作面自动化防灭尘装置研制。为减少工作面产生的煤尘量，研制改造了采煤机内外喷雾装置、采煤机水电联动喷雾装置、移架降架喷雾装置、架间光电喷雾装置、转载点自动喷雾装置等。

巷道风筒防尘是日常性的工作，也是“一通三防”管理的重点。通过对风筒进行技术改造达到需要水平，随时打开截门冲洗风筒，利用其自动淋水，自动冲刷，使风筒始终保持本色，改善了通防面貌，同时降低了风筒内风流的温度。

采用运输大巷及主要巷道自动洒水车定期自动洒水技术、大巷红外线净化水幕技术、大巷隔爆水袋自动控制加水技术，联合将煤尘或粉尘降低到爆炸危险及身体健康威胁之下，给职工提供一个良好的工作环境，真正实现人的安全高效。

（4）矿井提升运输系统的安全高效。水平垂直大弯道处对于原有的猴车运人系统已不能解决存在的问题，若要解决存在的问题，只有通过改造现有的猴车乘人系统，实现了猴车乘人系统的自动化、标准化，才能真正达到猴车乘人系统的安全高效。水平垂直大弯道改造技术主要通过分析巷道大拐弯处的曲率、曲率半径等基本参数，结合猴车运行时的动力学特征，采用模拟软件对猴车的运动轨迹等效果特征模拟，最终研制了解决安全高效问题的相关设备。

单轨吊车主要为煤矿井下辅助运输服务，它不仅可以完成材料、设备、人员的运送，还可以完成井下设备的简单提升、吊装、装载等任务。以其体积小、机动灵活、适应性强、不怕水、不怕煤、不受底板状况的影响，连续运输距离长、用于掘进巷道时能迅速接长轨道，占用巷道空间小，具有安全可靠、经济性好的特点，是高应力非常规断面平巷辅助运输的首选。DXP40防爆电池牵引单轨吊的安全高效技术从单轨吊道的安设到运输都实现了矿井安全高效。

（5）自动监控、通讯技术的安全高效。矿井监控的主要内容包括工作面采煤机、刮板输送机、转载机等设备的运行状况监测，掘进工作面掘进机、通风设备等的运行状态的监测，以及巷道内运输皮带的温度、速度、烟雾等监测，瓦斯传感器的监测，巷道内风速等的监测，中央泵房、变电所等主要场所的监测，最终实现运行设备的就地控制及远程启停控制，部分地点无人职守。

四、安全高效型矿井生产探索与实践的效果

1. 经济效益

翟镇煤矿安全高效型矿井开采技术（建设）研究应用，包括员工培训基地建设、采掘工作面安全高效研究、矿井防尘自动化的安全高效研究、垂直水平复合曲线绳索式乘人系统的安全高效研究、DXP40防爆电池牵引单轨吊的安全高效研究、自动监控与通讯技术的安全高效研究和安全自主挂历制度研究等，通过以上几个方面技术的研究及应用，全面进行了矿井安全高效的实践，主要从工艺的改造、技术的开发、设备的研制、人员素质和技能的培训、管理制度的研究完善等，并在翟镇煤矿实践后，获得巨大的经济效益，共创效益16518.354万元，年均创造效益5506.118万元。

2. 安全效益

通过该项目的研究与应用，从员工的职业技能及安全防范意识、企业的管理制度、先进的开采技术水平、开采关键设备性能等方面都得到了大大的提升和完善，并获得以下安全效益：

（1）通过建立员工技能培训基地等方式，提高了员工技能的熟练程度，生产操作中由于技能不熟练而导致的误操作等不安全行为得到根除，实现翟镇煤矿连续2300天无事故的目标。

（2）建立了适合于翟镇煤矿发展的管理、考核等制度，在约束中加强了员工自觉的安全意识。

（3）研究开发的先进采掘技术和关键设备，大大提高了工作效率，降低了工人的劳动强度，作为矿井生产主要的安全保障技术，实现了良好的工作条件与

员工精神状态的最佳结合，消除了因人员疲劳或设备缺陷带来的安全隐患。

（4）完善的矿井监控、通讯系统覆盖整个矿井的生产角落，将安全隐患在可视化、系统化的状况下及时消灭在萌芽状态之下。

（5）自推行安全自主管理模式以来，翟镇煤矿各类不安全行为显著降低，工伤事故和人为因素造成的设备故障明显减少。

3. 社会效益

翟镇煤矿安全高效型矿井开采技术研究将成果付诸于实践，并实现了人员、物、制度、系统的安全高效，取得以下社会效益：

（1）该项目将构建“安全高效型矿井”的设想付诸于实践，从而提升了矿井“以人为本”的安全理念，建立了煤矿对外界的良好形象，对类似条件矿井及企业单位起到示范作用。

（2）借鉴应用企业管理的许多基础理论，并拓展了煤矿企业管理思路，完善并丰富了煤矿企业管理方式，为其他煤矿企业的管理起到很好的借鉴作用。

（3）安全高效型矿井技术改造和设备研制向着矿井开采条件极其复杂化下的安全高效方向发展，在挑战中提高矿井开采的安全信心与保障，研究的理论与实践成果可直接应用于其他煤矿的开采。

（4）自动化监控与通讯技术是系统安全的重要保障，其研究成果可充实煤矿安全高效型矿井建设的理论与实践内容。

（成果创造人：何希霖　张志利　刘　峰　王广顺　何　冰）

煤炭企业人力资源风险管理的探索与实践

山东能源新汶矿业集团有限责任公司孙村煤矿

孙村煤矿于1948年建矿投产，矿井设计生产能力60万吨，依靠科技进步，实施技术改造，生产能力不断提高，目前核定生产能力140万吨。井田面积26平方公里，固定资产5.8亿元，现有地质储量1.8亿吨，可采储量5000多万吨，开采垂深达1350米，是目前全国开采最深的矿井之一。作为孙村煤矿发展的主要支撑力量，非煤产业已成功构筑煤炭生产及深加工、制修、纺织、矿井自动化、制冷降温、膏体充填等“六大产业板块”，云集了煤炭营销、棉纺、建材、餐饮、矿山机械配件生产等20多家私营企业。先后被命名为特级质量标准化矿井、全国煤炭工业双十佳煤矿、全国文明煤矿、煤炭工业科技进步双十佳矿井、煤矿安全程度评估A级矿井、“一通三防”安全示范矿井、全国煤炭系统企业文化示范矿井、科技兴煤优秀矿井、山东省煤炭行业十佳煤矿等光荣称号。

一、煤炭企业人力资源风险管理的实施背景

孙村矿是一个老国有煤炭企业，职工人员多，用工形式多，员工流动性大，情况十分复杂。几年来，随着企业改革的深化与现代企业制度的建立，人力资源管理工作也在不断改革完善，有力促进了企业发展。但是在进行人力资源管理时，往往重视招聘、薪资、培训、考评等具体内容的操作，而对人力资源管理的科学性、复杂性、系统性和风险问题认识不足，使人力资源管理的不超前、不周全、不规范、不完善，从而导致在人力资源管理中可能遇到诸如大学生流失、新的人事制度引起员工不满或积极性的下降、工作效率降低、技术骨干突然离职等等潜在风险或没有集中暴露的风险问题，预测预案准备不够。例如，在社会保障账户管理工作中，发现存在以下问题：个别工人在招聘入矿时隐瞒个人身份冒名使用顶替他人来矿工作，导致签订的劳动合同非本人真实身份，建立的账户非本人应有的账户，发生工伤后不能认定或进行劳动能力鉴定，或是有的员工来矿工

作前身份证件已转借他人使用并在其他企业建立了保险账户，来矿后，不办理与原单位的账户转移手续、解除合同证明、养老保险手册等，多次通知后无进展，这些情况使得员工在入职后不能给予增加账户，个人月度工资扣缴的保险不能计入账户。这些问题的存在，不仅给管理增加了难度，也会导致在发生工伤或暴露真实身份后埋下劳动纠纷的隐患。这些问题小则会影响到企业的正常运转，对企业造成不应有的损失。

针对以上分析的风险和潜在问题，孙村煤矿建立健全人力资源管理各项制度，探索实施前瞻性、适应性、实用性强的工作措施，注重提前识别风险，超前预防，构筑了坚实的人力资源管理“防火墙”，尽可能避免工作失误，堵塞管理漏洞，有效控制了企业人力资源管理风险，从而维护企业和职工双方的合法利益，为矿井科学发展创建良好的人力资源支持。

二、煤炭企业人力资源风险管理研究的依据与方法

1. 煤炭企业人力资源风险管理设计的理论依据

企业全面风险管理是经济全球化背景下国际大型企业面对日益复杂的外部环境所做出的现实选择。企业管理风险包括企业经营管理活动中的各种风险，如战略管理风险、人力资源管理风险、生产管理风险、技术管理风险、财务管理风险、营销管理风险等各方面。20 世纪 90 年代后期以来，全面风险管理在众多跨国公司中得以广泛运用，即企业在经营中，识别、评估、分析各种可能造成潜在影响的风险事项，并在其风险偏好范围内进行控制和管理，从而保证企业目标的实现。其具体表现为认真分析风险、有意识地承担风险、科学地管理风险、稳妥地获取风险收益。

风险管理力求把风险导致的各种不利后果减少到最低程度，使之正好符合有关方在时间和质量方面的要求。一方面，风险管理能促进决策的科学化、合理化、减少决策的风险性；另一方面，风险管理的实施可以使生产活动中面临的风险损失降至最低。风险管理是一个过程，由风险的识别、量化、评价、控制、监督等过程组成，通过计划、组织、指挥、控制等职能，综合运用各种科学方法来保证生产活动顺利完成；全面风险管理是一个结构化的系统工程，它起源于战略、决策，落实于经营、运作，辅助以资金、财务及其他相关控制，为企业持续快速发展保驾护航。这些理论方法为预防企业人力资源管理风险问题提供了指导和借鉴。

2. 煤炭企业人力资源风险管理研究的基本方法

（1）调查研究法。采用综合调查和专题调查相结合的方法，调查了解分析人力资源管理各部门在管理工作中可能存在的风险、漏洞与不足，掌握各部门在防范风险方面的思想意识与机制，分析各部门管理人员对防范人力资源管理风险的认识与体会，针对存在的不足，寻求相应的对策，采取有效的措施。

（2）观察分析法。采用结构性观察法和非结构性观察法相结合的方法，直接了解本课题研究每个阶段的进展情况。

（3）行动研究法。以行动研究法为主，通过整体推进、系统持久研究人力资源风险管理模式的运行，检测本课题研究所运用的对策与措施的效果，进一步加强并及时调整研究的方式、内容。

（4）文献研究法。通过对企业全面风险管理思想，先进单位人力资源风险管理思想与防范机制等的学习研究，把握人力资源风险管理的内涵、特点、要求和途径，为本课题的研究打下理论基础。通过网络、杂志和报刊等媒体，了解掌握国内外相关领域的研究现状和趋势，随时调整本课题的研究路径、内容和措施。

三、煤炭企业人力资源风险管理的主要内容与实施

企业人力资源管理风险主要是指在企业人力资源管理活动中，由于对人力资源的特性认识不足，对人力资源管理不完善、不周全等而产生的用人不当，或人的作用未能有效利用，由于没有很好地处理人力资源管理中的各项活动以及各项活动之间的关系等等，导致有形和无形不良或消极影响损失等的可能性危险。为此，孙村煤矿在工作中注重提前识别，提前预防，完善制度，提前加以控制。

1. 强化风险意识，建立人力资源风险管理体系与管理程序

针对管理工作中可能存在的风险问题，孙村煤矿首先强化理念引导，指出人力资源管理风险是企业管理中最严重的风险，人力资源管理中的风险会发生在招聘、工作分析、职业计划、绩效考评、工作评估、薪金管理、福利、激励、员工培训、员工管理等各个环节之中，每个管理人员要针对从事的具体工作分析思考可能存在的风险隐患，并且要从人力资源管理的理念、制度和技术三个层次来建立人力资源风险管理体系。同时探索提出并建立了从风险识别、风险估计、风险驾驭到风险监控等的风险管理的程序，来防范风险的发生或者发生风险以后如何补救以求将风险损失降到最低的管理工作。这一工作理念、体系和程序的建立，为做好人力资源风险管理工作打下了基础。

2. 强化社保管理，建立健全社保管理风险防范制度

（1）建立“三公示、一台账制度”，有效避免社保金缴费欠缴风险。

①实行缴费信息公示、缴费基数公示、拟退休基本信息三项公示制度，并于每月二十五日前将员工未扣缴养老保险的数据进行整理，形成职工社会保险欠费公示表，向职工进行公示公告，完善缴费程序，督促办理手续。

②对公示公告后，个人未补缴的，形成欠缴费台账。台账内容主要包括：工号、单位、出缺勤情况、欠缴月份、累计欠缴金额等，并全部输入微机，实行信息化管理。

（2）建立双规运行机制，有效应对社保账户混乱而带来的风险问题。

①建立养老保险账户定期检查制度。由于孙村煤矿是一个老国有企业，人员多，随着改革的深化，用工形式多种多样，员工流动性大，情况十分复杂。为避免养老保险账户混乱问题，建立了养老保险账户定期检查制度，发现问题及时解决。

②建立保险账户可疑情况告知工作机制。在职工招聘入矿时，首先在招聘简章中予以规定。其次在签订劳动合同时，将告知书发放于新员工手中，由本人签字告知。告知书内容包括：可能出现的情况及应该办理的手续及办理时间等。

③建立保险账户核查工作机制。按照集团公司规定时间，上报建立账户的各项资料。在共享数据库中编制人员账户。将建立的人员账户到社保中心给予核查，并针对不同的情况分类进行记录。对新员工未按照告知书的要求如实反映的，根据记录再次通知问题员工，限期改正并办理相关手续。

④对有问题的养老保险账户的限期处理解决机制。发现或核查出有问题的养老保险账户后，将依照法规政策及时通知问题员工，限期改正并依政策法规程序办理相关手续，或及时继续解聘等处理。

3. 强化大学生管理，建立健全大学生管理风险防范机制

为解决招人难、留人难的问题，有效应对大学生人才流失风险，提前预防，建立健全了以下防范机制。

（1）建立大学生人才档案信息库，搭建信息化管理平台。大学生到矿后，由人力资源部组织填写《大学生基本信息登记表》，单独建立档案和大学生人才信息库，单独管理，及时反馈信息，跟踪记录业绩，时刻关注其发展，以进一步考察大学生以后的成长情况。这一信息化平台的建立，为大学生管理长效机制的建立打下了坚实的基础。

（2）完善薪酬管理，建立见习期工资制度。合理的薪酬是留住人才的基本保证，而煤炭企业传统的薪酬水平较低，市场竞争力差，造成大学生流失多。为此，孙村煤矿大胆改革薪酬制度，通过市场调研、参照同行标准，并结合本矿实际工资水平，实行新人新政策，在原来实行协议工资的基础上，进一步前移，分专业建立见习期工资制度。大学生经培训合格后执行一年的见习期，见习期间执行协议工资，见习期满考核合格后每工作满一年且年度出勤正常的，依次按10%、20%、30%、40%的比例报销大学期间的学费。

（3）重在使用，加强大学生人才的使用管理。人才管理的关键在于使用，强化大学生人才的使用管理，让大学生在实践中感到有用武之地，增强了企业人才吸引力。

①实行师徒合同指导制度。大学生见习期间，由所在单位指定有丰富实践经验且技术业务水平较高的技术骨干进行指导和帮助，并签订《师徒合同书》。由各专业负责合同书履行情况的考核。

②实行见习期轮岗制度。为使大学生尽快熟悉全矿生产、经营情况和业务流程，见习期间在回采、掘进、辅助、机电四个专业每季度轮岗一次。轮岗由人力资源部具体组织实施。轮岗期间原待遇不变。

③建立优先选用制度。大学生见习期满后，矿根据岗位实际需要，在选拔人才时，要优先提供相应专业的技术管理岗位，本着公开、平等、竞争的原则，优先选聘大学生上岗。被聘用后执行新岗位的工资待遇。

（4）实行分级管理体制，建立动态管理制度。对大学生实行分级管理，矿统一分配并制定见习大纲、政策和计划；人力资源部负责大学生的日常管理组织协调工作；各基层单位根据见习大纲的要求和矿统一安排，强化人才意识，增强培养责任，具体落实对大学生培养、管理工作，对单位不认真履行职责的，由矿对单位负责人进行责任追究。

同时，为建立大学生管理的长效机制，建立了动态管理制度。每季末10日内大学生要提交书面总结报告，大学生管理委员会组织有关人员对其履职情况进行评估，提出考核鉴定意见，并于次季度开始月份的10日内前交人力资源部，人力资源部及时将考核情况及相关信息记入档案。

这样全矿上下分级动态管理的机制，初步形成了留住、吸引、科学使用人才的良好环境。

（5）建立谈话制度，完善职业生涯管理。良好的职业生涯设计是人力资源管理的重要职能，是吸引、留住人才的有效手段，为此，孙村煤矿在大学生档案信息库的基础上，完善了大学生职业生涯管理体系。

①建立谈话制度。由人力资源部牵头，组织工会、团委等部门负责人以个人谈和集体谈相结合的方式建立定期（一季度一次，在每一季度末的15日内谈完）的谈话制度，了解大学生思想动态、工作和生活状况及要求，并及时汇报领导小组，积极为大学生提供一个良好的成长环境。

②实施课题、项目锻炼，加强职业生涯规划培养。由大学生领导小组根据企业的需要，结合大学生自身特点，有针对性地安排其参与区队、矿及集团公司的科研课题或项目管理，为大学生提供实践和锻炼的机会，施展才能的舞台，增强事业成就感。帮助大学生完善职业生涯规划，关注其成长发展进程。

4. 强化工资管理，建立健全薪酬管理风险防范体系

（1）建立工资管理台账，建立工资核算信息化管理平台。

（2）建立了由区长、支部书记、核算员、工会主席四签字制度，有效规避套带工资奖金，设置小金库问题

（3）建立了对外具有竞争力的薪酬体系，有效激励了企业所需人才，实现了外部公平。在原薪酬体系中，企业薪酬水平偏低，特别是关键的技术骨干员工的薪酬水平明显低于市场价位，对外缺乏竞争力，从而导致技术骨干和部分中层

管理人员流失。因此孙村煤矿首先提高了低于市场价位的岗位人员的薪酬水平，使其能与市场价位接轨，对企业发展起关键作用的核心层的薪酬水平略高于市场价位，以保持较强的吸引力，骨干层员工的薪酬水平不低于市场价位，以保持较强的稳定性。同时，根据各层次岗位人员的流动成本，实行不同薪酬定位策略，以体现不同层次的岗位人员对公司发展的重要程度，吸引、留住、激励企业发展需要的人才。

（4）正确反映不同职位的价值差异，实现薪酬的差别激励和内部公平。据研究发现，从企业内部来讲，员工关心薪酬差别的程度高于关心薪酬水平。企业内部薪酬的不合理，会造成不同部门之间以及相同部门个人之间权力与责任不对称，使部分员工在比较中，有失公平感，造成心理的失衡。为实现企业薪酬的对内公平，在实施全面薪酬战略时，合理确定公司内部岗位序列关系，合理地确定了企业内部不同岗位的相对价值。针对岗位本身，从岗位的复杂性、责任大小、控制范围、所需知识和能力等方面来对岗位的价值进行量化评估，形成了较为成熟的岗位测评体系和价值体系。例如，对同级别的不同机关科室，按照与生产经营单位的关联程度等分为三类，一类部室是技术部、调度室、地测部等，二类部科室是经营考核部、人力资源部、财务部等，三类部室是党群部、工会、计生办等。三类部室分别确定不同的岗位薪酬和考评指标，合理拉开了差距，调动了不同职位人员的积极性。

5. 强化人员清理，建立健全“三长人员”管理风险防范机制

（1）建立三长人员月度台账。每月月底由工资出勤数据库中分类提取病假、工伤、事假、旷工人员花名单，并单独建立月度台账。

（2）形成档案信息动态管理机制。根据月度台账按季度进行汇总，对连续病假、工伤和旷工人员的相关情况输入微机，建立基础资料数据库，形成档案信息动态管理机制。档案内容主要包括：病假人员的单位、姓名、参加工作时间、请假时间、病种、应享受的医疗期等；工伤人员的单位、姓名、工伤起因、请假时间、伤情；旷工人员的单位、姓名、旷工时间、动归情况的简介等。

（3）按季度将汇总的情况对各单位进行通报，由各单位负责落实有关事宜：对病假者，通知本人应享受的医疗期，病愈后应及时上班，若病情严重的，可由本人上报病情的详细资料和医院的相关证明后，根据病情适当延长医疗期；对工伤人员根据治疗终结情况，及时通知本人进行伤情鉴定，以便采取相应措施；对事假人员的管理，严格手续和签字制度，杜绝长期事假现象；对旷工者，单位执行动归，并将动归材料由单位主管签字后上报人力资源部，同时矿组织有关部门对通报后各单位上报落实情况进行检查，以核实其真实性。

四、煤炭企业人力资源风险管理的实施效果

孙村煤矿人力资源风险管理模式和举措，经过一年多的实践，收到了良好的

运行效果：

1. 建立健全了人力资源风险管理的内容和体系

孙村煤矿积极探索，提出人力资源管理风险是企业管理的主要风险，人力资源管理的内容主要有人力资源管理的理念、制度和技术三个方面，主要在强化风险理念、健全制度、运用先进技术方面，完善了人力资源风险管理的内容。提前识别，提前预防，建立了风险识别、风险评估、风险驾驭、风险监控的风险管理程序，完善了企业人力资源风险管理体系，为有效规避管理风险提供了保障。

2. 进一步健全了人力资源风险管理制度和工作流程

为避免在工资管理、绩效管理、养老保险管理、医疗保险管理、工伤管理、劳动关系管理等各环节人力资源管理方面存在的风险，孙村煤矿从建立健全制度规范入手，对风险识别出的问题都建立较规范的风险管理制度，使各项工作有章可循，有规可依，避免了制度漏洞风险。同时还细化了人力资源管理的各项业务流程，不断梳理各项管理的运行程序、操作步骤，在社保管理工作中建立了从建账、缴费、对账等建立账户的管理程序；在工伤管理方面建立了从备案、申报、认定、鉴定、待遇核算发放等工作步骤；建立了职工保险月度申报程序，工伤认定申报管理程序，三项公示程序等等，使各项人力资源管理工作制度更加健全、流程更加合理、工作更加规范、管理更加科学，从而提高了工作效率，有效规避了程序不完善而造成的风险和损失。

3. 有效规避了管理风险，减少和预防了劳动纠纷等不良结果和潜在问题的发生

结合企业管理实际，运用计算机信息技术，创新管理机制，健全管理制度，细化了工作流程。通过建立畅通宣传、明确告知、制度建设三大层级的策略，堵塞管理漏洞，有效预防与控制了企业人力资源管理风险，从源头上堵塞了劳动纠纷隐患的发生，也提高了人力资源管理水平，为企业科学发展创建了良好的人力资源支持，从长远和根本上维护了企业和职工的切身利益与合法权益，保证了职工队伍安定，创建了和谐的劳动关系，调动了职工的积极性，实现了员工与企业的双赢，提升了人力资源竞争力，员工的工作积极性不断提高，有力促进了孙村煤矿的快速健康发展。

（成果创造人：和富平　尹承东　臧云廷　邵　勇　闫　红）

以激发价值创造力为目标的企业评价体系建设

山东能源新汶矿业集团有限责任公司华丰煤矿

新汶矿业集团华丰煤矿是一个有着百年历史、千米深井的国有老矿区，现有在册职工1万余人。矿井核定生产能力120万吨/年，可采储量在30年以上，地质条件复杂，自然灾害严重，是开采技术条件复杂矿井。先后被中国煤炭工业协会命名为“全国煤炭行业内部市场化示范企业”，被国际认证联盟论坛授予“管理卓越奖”，获得煤炭工业双十佳煤矿、全国文明煤矿、国家级“守信用重合同企业”等荣誉称号。

一、以激发价值创造力为目标企业评价体系建设的背景

1. 经营管理新趋势奠定了企业价值评价体系的理论依据

价值管理（Value Management）是西方管理学界提出的一种新的管理思想、管理理念、管理方法和管理手段。目的是通过对价值的有效管理，实现企业长期持续的有效经营。随着企业管理研究的逐步深入，人们逐渐发现影响企业经营的因素是多方面和立体的，成本、质量、时间、服务和环境都是促使企业赢得客户、创造价值的关键竞争因素，衡量企业优劣的标准不再是利润，而应该是一个综合的竞争能力指标，这个能力指标就是“企业的价值”。如何使得企业价值最大化，自从出现现代意义上的企业开始，就已经成为困扰我们的世界性难题。正是基于上述认识，以价值为基础的管理已经成为西方企业界的一种新的企业管理模式。与传统的企业管理模式主要着力于企业的生产经营和利润最大化不同，这种新的企业管理模式突出了企业价值在企业管理理念中的核心地位，立足于企业整体价值的提升，强调企业的外部市场价值与内在经济价值的统一。因而企业价值管理理论是企业管理理论的现代延伸和最新发展，受到了西方管理学界和企业经营管理者的关注，引起了越来越多的人们重视，成为企业经营管理发展的一种新趋势。这种经营管理发展的新趋势，为华丰煤矿建设以激发价值创造力为目标

的企业价值评价体系，提供了理论依据。

2. 内部市场化管理模式的成功实施为企业价值评价体系建设提供了现实基础

华丰煤矿自上世纪90年代初开始推行内部市场化管理，至今已接近20年时间。经过几届矿领导和干部职工的持续深化和不断提升，目前内部市场化管理模式已经逐步成熟完善，成为华丰煤矿核心竞争力的重要组成部分。华丰煤矿通过把市场机制引入企业内部，改变了内部各部门和单位间单纯的行政隶属关系，形成了以经济往来关系为主，行政隶属关系为辅的新型经济关系；通过划小核算单位，推行有偿服务，按实际发生的工作量结算工资收入，充分调动了各类人员的积极性，促进了员工由被动管理到自我管理的转变，并形成了“每一个生产者都是经营者、每一种生产要素都有价格、每一天都知道经营结果、每一个月都有技术革新成果、每一个市场行为都能有效控制、每一件事都讲求投入产出、每一个经营网点都有活力”的七大特点。华丰煤矿内部市场化管理模式，依据价值链理论，把企业内部各个环节、各个部门、各班组、每个人都看成价值主体——价值的创造者，通过价值的表现形式——价格——内部价格来反映所有的价值活动，最终形成以价值提升为中心的煤炭企业价值链。华丰煤矿内部市场化管理模式，为推进价值管理，建立科学合理的价值评价体系提供了现实基础。

3. 当前企业价值评价和分配存在的诸多问题要求必须建立科学合理的价值评价体系

由于形势变化，过去的各类价值评价体系均存在许多问题和不足。主要表现在：

（1）制度不完善，缺乏公平性。由于企业在制定价值评价体系时，缺少科学、客观的评价标准，缺乏系统的岗位分析，职位与岗位界定不清，存在依人定岗现象，使一些部门内部相邻职位之间，相同的岗位不同人之间，从事相同或类似的工作，承担的责任相仿，标准却不同。造成不同部门之间以及相同部门个人之间权利与责任不对等，使部分绩优员工进行内部比较时心理失衡，影响士气，也打击了个人工作的积极性。

（2）结构不合理，针对性激励不足。从过去企业制定的各类薪酬制度情况来看，激励性的薪酬所占的比例普遍偏低，只占到薪酬总额的10%到30%，特别是针对企业高层经营管理人员属于长期激励机制的薪酬项目比较少，导致部分企业管理人员存在隐性收入和暗箱操作，严重挫伤了员工的工作热情。同时，企业薪酬结构应视不同性质工作比例有所不同，根据所处的行业、不同的职位、所在的地区的环境，确定一个比较合理的薪酬结构。

（3）模式单一，缺陷严重。纵观华丰煤矿多年来的价值评价制度，大多推行单一的价值评价标准，无论下属企业什么性质，都沿用煤炭生产单元的价值评价制度，搞“一刀切”，缺乏多元化的配套措施。事实证明，这种单一的评价标准存在不同程度的缺陷，不能全面反映员工在不同劳动岗位上的差别，无法真正体现能力、业绩、贡献在分配中的作用。

（4）员工价值创造不能与企业整体效益挂钩。员工价值回报不能全面反映员工工作业绩，与企业销售状况和效益脱节，员工干好干坏一个样，导致员工不关心企业的效益。上述问题的存在，使得企业很难提高和激发员工的工作积极性及工作热情，其根源是这些企业基本没有建立起科学的价值评价体系和价值分配体系，它导致了企业在价值分配上的扭曲，不利于调动职工积极性。

基于以上因素，构建以激发价值创造力为目标的企业价值评价体系具备了内外部环境和条件。华丰煤矿自 2010 年以来，在不断探索实践内部市场化管理和岗位绩效工资基础上，针对企业发展的实际，构建起了以价值创造为基础的科学合理的价值评价体系。

二、以激发价值创造力为目标企业评价体系建设的涵义及做法

华丰煤矿以激发价值创造力为目标的企业评价体系，就是充分发挥内部市场化管理这个有效平台，立足于企业整体价值的提升，以价值创造为源头，积极探索各种价值驱动因素，构建起完善的企业价值评价体系，使每一名员工的价值创造得到科学合理的评价（这个价值包括劳动价值、成本节约价值等），并相应地得到价值回报，调动每一名人员创造价值、追求效益最大化的积极性，使“全力创造价值、科学评价价值、合理分配价值”三者实现闭合良性循环，激发价值创造活力，使每个岗位都成为利润源，每名员工都成为价值创造者，通过个体价值的最大化实现企业价值的最大化，最终实现员工和企业的目标。

1. 构建起蕴含价值评价与价值回报的内部市场化管理体系

煤炭企业内部市场化管理模式的一个重要方面便是在生产管理中设定若干价值活动，以价值活动作为结算单元或经营单元促使职工增强岗位意识、主人翁责任意识，自主地创造利润和价值。企业的主体活动和支持活动都是创造价值的活动，企业所有相互不同但又相互关联的生产活动，构成了创造价值的一个动态过程——价值链。华丰煤矿内部市场化管理，通过对工作流程和业务流程的重新梳理和再造，使企业每一个点都成为一个新价值的创造点，使每个岗位都成为利润源，每名员工都成为价值创造者。华丰煤矿内部市场化管理模式，建立了市场主体、价格体系、计量体系、交易规则等成套管理体系。

（1）建立了三级市场主体。通过对各市场主体管辖的范围进行界定，按照分线管理、分块核算的原则，明确了三级市场运作体系。一级市场运作主体是各公司和实行独立核算的矿直属单位；二级运作市场主体是各公司下属科室、区队、厂网点；三级市场运作主体是二级市场主体下的班组和岗位。各市场主体之间不是单纯的行政隶属关系，而主要是以市场结算关系为主，行政命令为辅的经

济关系。

(2) 建立了完善的价格体系。把每道工序、所有工作量、材料等都量化成价格，实行价格结算，做到“日清日结”“日清日毕”，真正实现人人都是生产者，人人都是经营者的目的。各级市场价格的制定应以劳动定额及各类消耗定额为基础，以成本项目为对象，在充分考虑市场主体可控性的前提下，对工资、材料、用电、修理、内部租赁及其他各类费用项目及各类工作量进行测算，形成综合价格。各级价格所以包括必要的成本要素，目的就是调动员工价值创造的积极性。

(3) 建立了计量体系。按照“凡是有量可计，必须装表计量”的原则，内部市场涉及的生产经营服务场所都要安装计量器具，各级市场主体的用水、用电、用暖、用料、产量、产品、劳务、服务等均要有量可计，形成了完善的计量体系。

(4) 完善结算体系。华丰矿内部市场经营结算，基本准则是“以质计价”，收支两条线，各公司、项目部、班组和个人提供产品或劳务按价格目录规定的单价结算的收入扣除各类物耗后即为收益，即收入 - 支出 + 奖罚 = 工资收入，及时进行经营核算，并借助网络信息化技术支持，做到项目部、班组收支和职工收入的“日清、日结、日公开”。

(5) 完善了制度保障体系。修订了《内部市场化管理办法》等 10 多项管理保障制度，完善了交易方式、交易程序、结算办法等内部交易规则，规范了交易行为，确保了内部市场化的健康运行。

(6) 完善监督考核体系。各公司之间或各单位之间发生纠纷时，由经济仲裁委员会及时进行仲裁；充分发挥全面预算的控制指导作用，及时解决原来市场化管理中无法覆盖的问题，同时，矿内部市场化管理部门，强化对各单位内部市场化运行情况的监督考核，定期检查各单位内部市场化运行状况，确保规范运行。

(7) 筹备建立了区务大厅。负责对原始记录、现金记账、材料领用监控、劳保发放、职工考勤、职工档案、奖金制作、费用审批、公章管理和工资分配统一管理。建立区务大厅，把项目部当班产量、收入、支出及现金记账实时统计、输入信息系统，并通过触摸屏及时反映职工个人当日收入，确保内部分配公平、公正、公开，增加透明度，调动员工积极性。

2. 构建起不同市场主体的价值评价体系

价值评价体系是企业公平合理地酬赏员工的依据，是现代企业组织不可或缺的管理工具。因此，制订科学合理并且适用的指标体系是企业实施价值评价的关键。华丰煤矿结合实际，根据战略导向原则、公平性原则、经济性原则，通过建立职位描述和职位评价体系，将财务指标和非财务指标，定量指标与定性指标，企业长期目标和短期目标，结果性指标和动因性指标，领先指标和滞后指标有机结合起来，以制度的方式确定不同的职位价值贡献度，构建起科学合理的多层次的价值评价体系。

华丰煤矿确立价值评价体系的基本思路是：以落实矿总体经营目标为重点，对各项经营指标进行层层分解，以公司（单位）生产经营效益为前提，以单位业绩及个人绩效工作量为依据，对单位和个人业绩进行评价，实现薪酬与效益有机结合的动态管理。

（1）对单位的集体价值评价。华丰煤矿对单位的价值评价重点是以市场化管理为基础，按照各公司（单位）资产经营规模和主营业务等不同特点，突出对各公司（单位）利润、成本费用利润率、往来占用等财务指标的考核，实现了对权属企业及各基层单位经济运行质量和经营业绩的科学合理、客观公正地评价。华丰煤矿对单位的价值评价分为对权属企业的集体价值评价、对采掘单位的集体价值评价、对辅助单位的集体价值评价三部分。

①对权属企业的集体价值评价。华丰煤矿对下属各公司的集体价值评价主要采用以生产成果为导向的评价办法，即：按照下属各公司的生产经营情况，评价指标设定为定量指标和定性指标。定量指标指对企业一定期间的盈利能力、资产质量、债务风险和经营增长四个方面，具体包括劳动成果指标（产量、进尺、服务量等）、总成本指标、质量指标、生产效率指标、经营效率指标、经营效益增长率指标等一级指标，每个一级指标中又细分为不同的二级指标，形成对单位进行总体价值评价的指标体系；定性指标是指安全管理、战略管理、发展创新、经营决策、风险控制、基础管理、人力资源、行业影响、社会贡献等，其中基础管理包括对权属企业规章制度建设及执行情况，财务、人力资源、社会保障、产品质量、物流、资产、法律事务、煤炭营销等内部经营管理情况及其他经营管理情况。通过以上指标对单位在一个时期内的经营质量进行评价，将评价结果按照市场化管理的要求，以综合价格结算的方式，形成单位的经营总收入，绩效指标完成结果好则收入多，绩效结果差则收入低。综合结算价格就是将单位的所有绩效指标最终量化成一个或几个绩效单价。

②对采掘单位的集体价值评价。将采掘单位计件考核变为全额费用承包，确定基数，对采掘单位提供的产品全部进行量化，确定单价，实行有偿服务，按劳取酬。采掘单位绩效总收入为吨（米）成本单价乘产量（进尺），采掘工程结算单价中包括材料费、电力、人工费、修理费、车皮运费、运煤费用、价格结算、其他费用等，总支出为生产过程中实际材料、电力、设备租金、修理费、运煤费用、运费等物耗和各类奖罚，总收入减总支出为绩效工资总额。采掘工程结算单价中包括材料费、电力、人工费、修理费、车皮运费、运煤费用、价格结算、其他费用等。

材料费：根据采掘工作面生产条件作业方式、作业规程编制每吨米材料实物消耗定额标准，分项消耗定额标准乘对应材料价格（以供应分部指导价格目录或市场价为准)，制定每吨材料结算价格。材料包括坑木、炸药、雷管、顶梁、金属网、串簧、双抗代网、双抗网、打包带、乳化油、电缆、煤电钻、注液枪、溜槽、竹笆、钢编管、钢丝绳、锚杆、锚锁、水泥、粉煤灰、石子、速凝剂、台阶石、U 型卡子、M 钢带、水泥背板一般材料限额、劳保等材料。

电力：以采掘工作面占用设备电力消耗定额乘 0.38 元/Kwh，制定电力消耗结算价格。

支护租赁费及设备租金：依据采掘工作面作业方式、作业规程编制单体及设备占用定额，乘租赁价格为每吨租金价格。支护租金包括单体支柱、顶梁、铁鞋、管子、轨道等；设备租金包括溜子、乳化泵、绞车、减速箱、溜头、溜尾、电机、水泵、局扇、综保等设备。

维修费价格：按维修费限额除以预算产量进尺。

人工费（分三部分计算）：计件工人人工费依回采工作面作业条件、现场实际，作业规程和集团公司劳动定额标准，编制每循环定额折工乘计件工资标准，计算计件工人人工费单价；非计件辅助工（不能计件人员）核定定员人数，乘平均标准工资，乘系数工时分配率为非计件工人人工费。管理费据项目部班子工资列管理费，按照循环工程量计件工人人工费总额的 11% 计算管理费。津贴、补贴依承包单位核定定员人数，乘人均月补贴额，除以制度工日数计算每工津贴补贴标准，以核定用工消耗量计算津贴补贴总量。

矿车运输单价：按循环用料量、装车量、超欠挖系数、回收材料数量确定料车、花车及专用车用量，确定矿车运输价格。

价格结算价格：按计划工日数乘以价格结算单价，包括洗浴 1.9 元/工，洗衣 0.6 元/件。

运煤费用：主要是采煤公司各煤层单价中包括机运公司为各面运煤的各煤层运煤价格，根据各工作面煤炭产量（运煤量）由采煤公司向机运公司支付煤炭运输费用。

其他费用：办公费按管理人员职数乘 3.5 元/人、项目部招待费 500 元，台账原始记录及各类表格 80 元。

③对生产辅助单位的集体价值评价。华丰煤矿作为百年老矿，形成了多水平、多采区生产的局面，致使矿井生产战线长，系统复杂，岗位人员较多。针对这种现状，华丰煤矿在生产辅助单位实行了岗位货币化价值评价的做法。岗位货币化价值评价，就是以企业内部各班组岗位作为企业内部市场的经营主体，在通过岗位供求分析、岗位测评、岗位分类、岗位设置、岗位定责、岗位定价、岗位竞标，进行岗位拍卖基础上，对辅助单位各岗位提供的服务进行量化，确定单价。将内部班组、岗位、上下工序之间服务与被服务之间的关系变为经济往来关系；用价格结算的方式解决用人多和各个生产环节成本指标超支的各种矛盾，最

大限度地挖掘人、财、物的潜力，实现企业效益的最大化。岗位货币化价值评价，从源头上降低了企业成本，提高了企业整体经济效益和企业竞争力。生产辅助服务性单位绩效岗位总收入为各岗位单价乘岗位工作量，总支出为岗位过程中实际消耗的材料、电力、设备租金、修理费和各类奖罚，总收入减总支出为绩效工资总额。岗位结算单价的确定主要根据矿产公司分解的成本指标，各项目部根据本单位班组实际情况，合理分解成本指标到班组。成本费用构成主要有材料费、运费、修理费、电力、价格结算、人工费等。其中，人工费按照各班组定员后的实际人数确定其岗位工资、技能工资及津贴补贴数额。

（2）对个人的价值评价。华丰煤矿对个人的价值评价分为对矿高层管理人员和各公司经营负责人的价值评价、对矿副总和各单位主管的价值评价、对机关科室人员的岗位价值评价、对班组长的价值评价、对安监员的价值评价、对基层单位内部员工个人的价值评价、新建项目筹建人员的价值评价、对企业营销人员的价值评价八部分。

①对矿高层管理人员和各公司负责人的价值评价。矿高层管理人员和各公司负责人实行绩效年薪，根据各公司董事会决议和生产经营指标，制定企业负责人经营业绩评价办法，月度预支工资额，年终根据评价结果兑现绩效年薪额。绩效年薪包括基薪和绩效薪金两部分，高层管理人员（副矿级）根据分管范围大小、责任轻重确定基薪，各企业负责人按照所管企业规模、经营难度等因素确定基薪，绩效薪金按照分管范围、工作性质不同设定不同的指标，签订资产经营责任书进行价值评价，使其权利与义务对等，收益与风险匹配，激励与约束统一。对分管生产的高层管理人员重点评价安全、生产、成本、质量、效率、创新等生产经营指标，对各公司负责人增加了净资产收益率、资产保值增值、资产利润率、应收账款、成本费用利润率等指标，价值评价每季度考核一次，年度兑现，使高层管理人员和各企业负责人的个人收入与其经营业绩挂钩，激励其发挥创造力。

②对矿副总和各项目部经理的个人价值评价。矿副总领导和各项目部经理的个人价值评价，按照签订的经营目标合同书内容进行评价，主要指标是矿高层管理人员评价指标的进一步细化，包括安全、生产、成本、质量、效率等一般性指标，同时增加了员工工资增长率、资产收益、创新项目、新增就业岗位、循环经济发展、和谐矿区建设等特殊指标。月度按一般指标进行价值评价，评价结果直接与个人月度工资挂钩，季度、年度则将特殊指标一并评价，评价结果作为客观评价工作业绩的量化指标。

③对机关科室人员实行岗位价值评价。机关科室人员价值评价全面实行岗位绩效工资制度，岗位绩效工资制度是以员工被聘岗位为主，综合该岗位的技术含量、责任大小、劳动强度、环境优劣等因素，确定出该岗位在企业中的相对价值，并结合个人绩效支付劳动报酬的工资制度，实现了企业内由身份管理向岗位管理。

一是对岗位进行调查。对全矿安全、生产、经营、行政、政工等科室的180余个岗位进行调查分析，编制岗位说明书，详细描述各岗位的工作内容、工作联系、工作责任、工作环境、任职要求等，作为岗位分类的重要依据。二是对岗位进行测评。组织了矿副总以上领导、各单位负责人、科室专业人员和部分员工代表成立岗位测评委员会，按照构成岗位的岗位技术含量、责任水平、劳动强度、环境优劣等5个主要因素和90余个子因素，对岗位逐个进行打分测评，依据得分排序，确定岗位等级。三是确定岗位工资和绩效工资标准。根据岗位排序情况，将科室中各个岗位，依据一定的分类标准进行分类分档，并确定出岗位工资和绩效工资标准。在绩效工资标准的确定上，对不同的岗位和工作，采取不同的绩效工资比例，如对管理和专业技术人员加大绩效工资比例，鼓励科研和创新，解决生产发展和经营管理中的问题，对一般科室人员则加大岗位工资比例，以提高工作效率。四是设立价值评价指标。按照不同科室部门所承担的工作任务，设立科室价值评价指标，根据绩效指标的完成情况提取科室总体绩效工资额。

机关科室个人价值评价是根据科室价值评价总目标，结合各岗位的绩效分解指标、劳动出勤、团队协作、工作创新、遵章守纪等进行综合评价，评价结果直接反映个人月度绩效工资。

④对班组长的价值评价。班组长按照签定的安全生产目标责任书进行价值评价，内容包括安全、生产任务、工程质量等指标，月度评价，与当月工资挂钩。

⑤对安监员的价值评价。安监员实行市场化隐患交易价值评价，每月从安监员工资总额中提取50%作为交易额基金，根据每个安监员“卖出”隐患总额分配交易基金。“隐患”被发现后由安监员通知责任人或班长、跟班人员进行整改，验收合格的视为卖出去的“产品”，凡不及时整改和验收不合格的视为卖不出去的“产品”，对安监员交易基金进行扣罚。

⑥对基层单位内部员工个人价值评价。对员工的价值评价，按照工序分解二级单价（二级单价为矿产公司为各项目部制定的承包单价，如21604工作面承包单价为46.54元/吨），测定三级市场单价（三级单价为各项目部制定的与工人结算的单价，如回柱单价2.5元/棵），个人当天总收入为三级单价乘工作量。总支出为生产过程中材料、电力等物耗和各类奖罚，总收入减总支出为绩效工资总额。

⑦新建项目筹建人员的个人价值评价。新建项目筹建人员推行目标结构工资，收入与项目工程的形象进度完成情况挂钩评价，矿与项目部签订项目建设合同，明确双方的责任义务，详细界定工程项目工程期限、质量要求、费用、验收及奖罚标准，按规定期限验收评价，兑现奖惩。

⑧对企业营销人员个人价值评价。对企业营销人员推行不定时工作制结构工资，收入与销量和市场占有率等指标挂钩评价。

3. 构建起价值评价制度保障体系

（1）健全价值评价机构。华丰煤矿在内部市场化管理基础上，建立健全了价值评价机构。抽调专业人员在矿人力资源部设立了价值评价中心，负责全矿各公司及矿直属的价值评价管理；各公司设立了专门机构，负责所属各单位的价值评价管理；各基层单位设专职核算员，负责本单位内部班组及个人的价值评价与薪酬管理，建立了价值考核的各种基础台账，形成了完善的价值评价体系。

（2）建立健全评价考核制度。搞好价值评价成败在考核，关键在制度。没有一个涵盖价值评价的组织、执行、考核、监督等环节的完善的制度保障体系，价值评价就会流于形式，没有实施有效的监督检查，价值评价就会缺乏严肃性，价值评价就永远是虚的评价、形式的评价，就会使价值评价失去实际意义。在价值评价考核过程中，华丰煤矿在完善内部市场化“日清日结”及“现金记账”制度基础上，建立健全了更加完善的价值评价管理制度，制定下发了矿对各线的价值评价办法，制定了评价考核人员评价考核规则，提高价值评价的科学性、严肃性，避免因人情因素导致评价考核失误和信息失真问题。

（3）加强价值评价监督检查。矿成立了由总经济师任组长，相关单位负责人为成员的价值评价检查领导小组，制定严格的评价奖惩办法，具体负责价值评价检查的组织工作，每月集中时间，组织人员对各级各类价值评价分配方案、评价办法以及现金台账、原始记录单使用情况等进行监督检查，发现问题及时处理。同时，人力资源部、财务部、矿稽查队根据各自的工作职责不定期地对各级各类价值评价情况进行检查。通过实施多种形式的监督监查，有效地保证了价值评价的正常运行。

4. 构建起价值评价信息化技术支撑体系

搞好价值评价，离不开先进的计算机技术做支撑，价值评价对企业的管理信息系统有较强的依赖性，特别是对于量化考核的部分，更需要计算机信息系统进行数据处理评价工作的规范化，克服人情因素造成的信息失真。

（1）自主设计开发了内部市场网络信息化系统和触控查询系统，为基层单位配备了计算机，实现了数据、报表的网上填制、传输、结算和查询，做到了内部市场经营核算、“日清日结”“班清班结”和信息有效共享。

（2）构建了人力资源与薪酬系统，以信息技术和网络环境为依托，将所有与人力资源相关的信息（人员流动、薪资福利、劳动合同、绩效评估、岗位描述、个人信息和历史资料）集中起来，形成人力资源信息平台。通过这个信息平台，将权属企业工资计算、保险核算及全矿奖金系统纳入人力资源管理系统，使全矿工资、奖金、社会保险扣缴、劳动保护审批、人力资源技能开发、人员调配、职工教育培训等环节形成统一的闭环管理，实现了人力资源的集团化管控，加快了信息流的运转，提高了工作效率。

（3）按照集团公司统一安排，采用"网上银行"进行工资发放。先进便捷的结算工具运用，杜绝了考核中人情因素；实现了现金记账、班清班结、价值评价、考勤、罚款等数据网上实时查询功能，增加了价值评价考核的透明度；网络之间的数据传输，实现了各信息平台之间的数据共享，提高了数据传递的效率及准确性，为华丰煤矿提供了先进、便捷的价值评价考核工具，改进了管理手段，有利于提高工作效率，增强价值评价考核的透明度。

三、以激发价值创造力为目标价值评价体系建设取得的成效

华丰煤矿以激发价值创造力为目标价值评价体系建设，取得了显著效果。

1. 实现了多层次人员的多角度激励，克服了激励作用的片面性问题

有研究证明，在缺乏科学、有效激励的情况下，人的潜能只能发挥出 20% ~30%，科学有效的激励机制能够让员工把另外 70% ~80% 的潜能也发挥出来。薪酬激励作为企业激励机制中最重要的激励手段，对激励员工具有重要意义。华丰煤矿以激发价值创造力为目标价值评价体系，针对不同行业、不同岗位，制订了科学合理并且适用的综合评价指标体系，价值评价与薪酬、选拔、聘用、晋升、培训等密切挂钩，内容涵盖工作量、成本、工程质量等各项内容，注重质的评价、过程的评价和细节的评价，在成果进行评价的同时，还将员工的能力、素质、态度行为等指标纳入评价考核，将所有软指标硬化，硬指标量化，实现了定性与定量的结合，达到定性的标准化，定量的数据化，标准和内容全面，能够客观、全面、公正地评价每一个员工的工作业绩，体现员工的工作价值。员工所得到的薪酬既是对其过去工作努力的肯定和补偿，也是他们未来努力工作得到报酬的预期，在员工心目中，薪酬不仅仅是自己的劳动所得，它在一定程度上代表着员工自身的价值、代表企业对员工工作的认同，甚至还代表了员工个人能力、品行和发展前景，从多角度激发了员工工作欲望，使员工能够全身心投入到工作中去。同时，以激发价值创造力为目标价值评价涵盖不同企业、不同岗位，实现了对全体员工的价值评价，调动起了全员工作积极性。

2. 实现了各类人员责权利对等，解决了内部分配公平性问题

以激发价值创造力为目标价值评价体系，将员工个人收入与个人工作绩效密切挂钩，理顺了工资收入与个人工作技能、责任、工作强度之间的关系，充分体现了责、权、利的有机结合，使不同部门之间或者同一个部门不同人之间，个人的薪酬水平真实反映岗位职责的区别和个人能力的大小，工资差别控制在合理的范围内，较好地解决了单位之间员工的内部不公平现象，形成"岗位靠竞争，收入靠贡献"的局面。同时，通过信息化管理实现了薪酬分配网上查询功能，直观地透视出员工当班的工资收入，员工的心里有了一本自己工资收入的明白账，增加了透明度，体现了工资分配的公平、公正和合理性，调动了员工的积极性和能动性，提高了工作业绩和工作效率，促进了各项工作任务的完成。

3. 实现了个人收入与企业效益的同步提高，解决了个人业绩与企业效益脱节问题

以激发价值创造力为目标价值评价体系，对员工进行多角度评价，并且在企业不同发展阶段，薪酬战略也相应进行调整，充分发挥了薪酬的多方面功能作用，使个人报酬与个人工作效率、企业整体效益密切挂钩，使企业与员工之间缔结形成了互存同荣共损的利益关系，调动了员工的积极性、自觉性、创造性，促进了企业效益显著提升。近年来，华丰煤矿保持了年均39.89%的发展速度，经济总量、销售收入、利润分别达到2年前的3.18倍、1.22倍和2.14倍，企业年均销售收入超过25亿元，约占全集团公司经济总量的1/10，规模效益实现了历史性跨越。同时，企业被评为全国煤炭工业“双十佳”煤矿、全国文明煤矿、全国科技创新型矿井、山东省管理创新十佳企业、山东省“双基”建设先进单位等系列荣誉称号。2011年企业实现总收入29亿元、总利润4.7亿元，上缴各项税费4.3亿元。在企业发展的同时，员工个人价值得到充分体现，个人收入得到大幅度的提高，2011年全矿职工人均工资达到7.8万元，实现了员工个人收入与企业效益的同步提高，使企业与员工获得双赢。

4. 实现了企业由制度管理向程序化管理的转变，克服了单纯行政命令式管理带来的缺陷

以激发价值创造力为目标价值评价体系，从岗位标准化出发对员工诸如工作成就、工作态度、知识和技能运用等各个方面进行考核评价，实现了员工由身份管理向岗位管理的转变，提高了全体员工的经营意识及上岗质量，增强了员工的自主保安意识，促进了员工自觉按章作业、遵章守纪和自我约束的良好习惯，使员工的行为程序化、规范化，由“要我安全”提升到“我要安全”转变，使安全管理由“被动管理”向“自主管理”转变。以激发价值创造力为目标价值评价体系，注重员工个体的工作业绩，激发了员工的竞争活力，杜绝了工作中推诿扯皮现象，员工学业务、学技术的热情日益高涨。以激发价值创造力为目标价值评价体系，将单位整体目标分解到每个岗位和每名员工身上，形成了“千斤重担众人挑、人人肩上有指标”的良好氛围，各市场主体自觉地把生产经营过程中所发生的各类费用变为自己的支出进行管理，不断优化生产运行，压缩各项费用指标，促使降耗增效成为员工的自觉行为，降低了成本。2011年原煤综合成本在扣除物价增支因素的前提下，与同期比降低了5.28%，提高了企业效益。以激发价值创造力为目标价值评价体系建设，实现了员工的自我控制、自我约束和自我激励，使企业管理逐步由制度管理向程序化管理转变。

（成果创造人：唐　军　李　文　安伯义　许兴胜　时衍柏）

以远程智能控制位平台
创建矿区铁路安全高效运输模式探索实践

山东能源淄博矿业集团济宁北矿区铁路运销处

淄博矿业集团铁路运销处位于济宁市高新区，拥有矿区专用铁路49公里，设有一个集配站、三个装车站，主要担负着济北矿区煤炭外运和少许杂货运输任务，年运量400余万吨。该专用线与兖州西站接轨，通过新荷兖日线将煤炭运往华东、华南、日照深水码头及全国和世界各地。先后被评为全国煤炭铁路一流企业、全国煤炭铁路运输先进单位、五精管理非煤生产示范单位、铁路运输标准化单位等荣誉称号。

一、矿区铁路构建安全高效运输模式的实施背景

我国矿区铁路历经二十余年的发展，在运营管理方面一直以来都是借鉴国家铁路的模式。随着社会主义市场经济不断发展和铁路运输安全形势的日益严峻，矿区铁路按各自的业务需求相继建立了一些专业信息系统用以提高生产效率和安全水平，但因各信息系统缺乏统一的规划，存在信息相对孤立、安全互控水平相对较低的现状，由此带来矿区运输本质安全水平较低、生产岗位无法减员、运输效率低等弊端。

1. 调度综合管控缺乏信息资源的实时支持

由于矿区铁路对调度监督、车站作业信息、装车站监控等信息没有进行综合集成和共享，各个系统单独管理和运行，其统计数据只提供给本部门或本岗位作业人员，调度或其他部门的数据来源方式通过车站、货运等岗点的汇报，造成掌握现场作业信息的实时性与精确度非常低，不能为调度决策和高效组织提供有力的支持，尤其给铁路运输部门与矿方、路方的协调工作带来很大难度。

2. 分散的作业岗点需要集中化控制和管理

由于矿区铁路装车站和沿线道口较多，配置齐全的各个车站和道口受矿方产

量的限制，不仅造成人力资源、设备等浪费，而且在管理上易出现薄弱环节。

3. 安全高效的智能调车模式亟需创建

矿区铁路具有列车编组任务繁重、传达作业计划落后、机车“三大件”难以启用等明显的行业特点，尤其是调车作业以平面调车为主，仍然沿用信号灯（旗）和手信号等作业方式，导致调车效率低、参加作业人员多及安全水平低等现状，亟需建立智能调车模式提高安全作业水平和效率。

4. 车站作业缺乏有效的信息资源支持

企业铁路由于设备落后、人员紧张、业务繁杂等原因，车站值班员除了必须完成接发列车任务外，还要进行编写和传达调车作业计划、布置进路、整理现车、通知道口与矿方等工作，造成效率低、易出错等后果。

5. 列车运行缺乏有效的监控管理

列车乘务员业务素质、操作水平、安全意识直接决定列车的能否安全运行，尤其是铁路运输主管部门对线路上运行的列车不能实时监督和管理，造成列车出现无故停车或其他不良现象，缺少实时远程监督技术、管理制度等制约。

6. 装车站作业有待加强管控

车站向各矿的装车线送车时，一直以来都采用人工领车的方式确定停车位置，不仅需要增加1—2人完成此项工作，而且造成调车员、车辆、铁牛及装车人员等不安全现象。通过对装车站智能定位系统和作业方式的创建，列车距离煤仓“十车、五车、三车、停车点”时及时向司机预警，防止司机超过停车点而撞击“铁牛”，造成不必要的事故，特别是要减少领车及现场作业人员。

基于以上原因，淄矿集团铁运处为了进一步提高专用铁路的本质安全水平，适应扁平化运输管理的需要，按照“集约化、信息化、自动化”生产和管理思路，对矿区铁路运输流程和作业模式进行了构建和实施，形成以远程集中控制与智能运输为平台的专用铁路安全高效管理模式，有效地解决矿区铁路长期以来存在的作业岗点分散、作业人员多、调度管理效率和安全控制水平较低等问题，对于企业铁路向信息共享、安全稳定、集约化生产方向发展具有重要意义。

二、矿区铁路安全高效运输模式设计

1. 构建安全高效运输模式的指导思想

济北铁运处本着为淄博矿业集团及时、安全、高效的外运煤炭和少许杂货的服务目标，按照“集约化、信息化、自动化”管理思路，通过对运输生产设备、信息资源、部门及作业人员的有机集成，将各个相对独立的机构集成到相互关联的、统一和协调的部门之中，不仅实现运输设备和资源达到充分共享，而且组织机构和人员实现集中、高效、统一管理，从而减少设备投入和人员数量。其指导思想为要面向全局、面向未来、充分利用现有资源。

2. 构建安全高效运输模式的总体设计框架

通过对淄矿集团济北铁运处运输组织、运输生产以及行车控制、应急安全管理等因素分析与研究，应用系统集成时模型构建体系理论以及数据共享、业务集成、综合集成的思想与方法，详细研究了矿区专用铁路安全高效运输的需求模型（用户交互层）、设计模型（数据层和集成应用层）和实施模型（基本设施层），在构建目标、原则和总体管理思路的指导下，进行安全高效运输体系的设计与构建。

通过整合计算机联锁、调度监督、货运系统、车号识别、车地联控、平面调车等相关信息，采用基于内部局域网技术的远程信息传输方式，实时记录命令——回执——执行过程——执行结果——统计汇报的全过程自动化，使调度管理和现场执行过程形成闭环，不仅全面客观地反映整个铁路运输过程的真实情况和准确数据，为各级管理部门决策提供可靠的依据，而且减少现场作业人员、提高工作效率和安全水平。

3. 安全高效运输模型的建立

淄博矿业集团铁运处按照把管理机构职能、人员作业分工、设备发挥作用、区域能否集中管控以及各种资料和信息全部集成起来进行管理的思路，通过综合集成技术将业务体系、数据和信息体系、网络体系构成一个高度智能化的人机结合、人网结合的管理平台，其主要包括智能调度指挥、远程集中控制、车地联控、平面调车智能跟踪、车号自动识别以及车站综合业务等管理内容，实现运输生产信息化、自动化、集约化。矿区铁路安全高效运输的模型设计如图 1 所示。

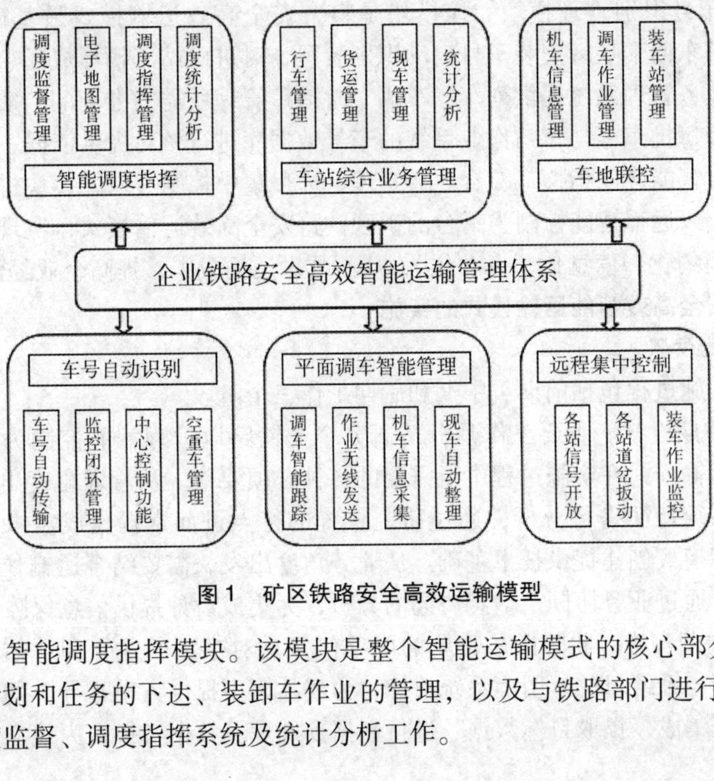

图 1　矿区铁路安全高效运输模型

（1）智能调度指挥模块。该模块是整个智能运输模式的核心部分，用于现场作业计划和任务的下达、装卸车作业的管理，以及与铁路部门进行车辆交接，进行调度监督、调度指挥系统及统计分析工作。

（2）车站综合业务管理模块。将行车管理、货运管理、现车管理及相应的统计分析工作进行全面集成，实现列车进出厂、调车作业计划、行车日志、站场车辆等信息实时显示在调度、车站及货运相关终端，为安全高效的运输生产提供有效信息资源。

（3）远程集中控制模块。将整个矿区的三个车站视为一个车站进行管理和控制，中心车站不仅对其他子站的信号、道岔及闭塞等运输设备进行远程控制，而且办理接发车、调车作业、货运等业务，实现各子站无人值守，进一步实现集约化运输。

（4）车地联控模块。车地联控是关键模块之一，它从微机联锁系统获取站场实时信息、从信息化系统获取调度计划信息、从车载设备获取机车运行状况信息，包括运行方向、速度等，不仅通过“车”与“地”的联控来保证列车运行安全，而且将这些信息综合起来提供给相关人员，实现运输管理信息化。

（5）平面调车智能管理模块。为了进一步减少矿区铁路现场调车作业人员，在车站调车方面不仅应用铁路通讯领域先进的“色灯信令与语言提示”技术，而且借助“车地联控模块”管理监督调车作业及其实时状况，实现车站调车作业单无线发送、智能跟踪和错误预警等，从而保障在作业人员较少的情况下，列车接发和编组工作及时、准确、无误。

（6）车号识别管理模块。该模块是整个安全高效运输模式最基础的部分，通过在车站东西咽喉区安装车号自动识别装置，对进出站车辆形成闭合管理，为车站综合业务管理系统提供列车、车辆实时追踪管理所需的准确的、实时的基础信息，并为每批车号与车站作业系统的车号数据库进行核对提供依据。

通过对智能调度指挥、综合业务管理、远程集中控制等六大模块进行开发和集成，形成以远程智能控制为平台的矿区铁路安全高效运输模式，实现矿区铁路运输的“集约化、信息化、自动化”，从而减少运输成本，提高企业经济效益。

三、安全高效智能运输模式的实施

1. 实施步骤

整个实施过程包括前期、中期和后期工作三个阶段。

（1）前期设计。主要工作是分析研究企业铁路以远程智能控制为平台创建安全高效运输模式在实施过程中所需要的各种必须要素。从管理角度出发，需要先对各个系统特征进行分析，通过研究系统的特点进而掌握集成需求和管理方法，为管理模式创建提供技术基础。从业务角度出发，需要结合运输作业各岗点业务需求，通过业务协同及信息协同的分析，为集成设计提供信息保障。

（2）中期实施。此阶段最重要的两项任务是对模型的建立和评估。通过判断管理机制与系统目的，明确系统目标，为建立模型提供方向指导。通过对各子系统的数据集成、提取目标数据、进行数据预处理及数据转换，为建立模型提供数据基础。通过对管理系统模型进行评估，判断系统是否满足管理目标，并修改模型直至可以作为下一步可应用的管理模型。

（3）后期优化。通过对模型的运行及评价，得出最终的模型结果，其表现形式为三种，分别为图表、报表及查询。图标和报表是最终模型的结果表达，查询是最终模型的转换解释。结果形成的辅助决策供决策者参考使用，可以为运输管理的设计提供优化方案。

2. 实施方式

（1）建立基于安全高效的企业铁路调度智能指挥模式。智能调度指挥用于现场作业计划和任务的下达、装卸车作业的管理，以及与铁路部门进行车辆交接，它由调度监督管理、电子地图管理、调度指挥管理及调度统计分析四部分构成，其结构如图 2 所示。

<table>
<tr><td colspan="15">智能调度指挥模式</td></tr>
<tr><td colspan="4">调度监督管理</td><td colspan="3">电子地图管理</td><td colspan="4">调度指挥管理</td><td colspan="4">调度统计分析</td></tr>
<tr><td>车站信息实时采集</td><td>车站信息实时监督</td><td>数据通信</td><td>信息管理</td><td>机车运行动态管理</td><td>车辆信息管理</td><td>区段限速管理</td><td>调度计划编制</td><td>作业信息管理</td><td>车站作业实时监控</td><td>技术作业图表自动生成</td><td>基础信息维护</td><td>现车信息查询</td><td>车辆信息查询</td><td>报表生成</td></tr>
</table>

图 2　基于安全高效的企业铁路智能调度指挥模式结构图

①车站信息实时采集。实时采集车站各信号机开放情况、道岔及轨道占压等信息。

②车站信息实时监督。监督列车、调车信号的开放、关闭功能；监督股道、闭塞分区、接近离去区段、无岔区段的空闲及占用状态；监督道岔的锁闭、占用及空闲；监督进路的锁闭、占用及解锁状态；监督挤岔、灯丝报警、总人工解锁按钮的状态。

③数据通信。负责采集数据的接收以及数据的向上发送工作，即将系统采集的信号机开放情况、道岔及轨道占压等信息发送至调度中心，以供调度指挥使用。

④信息管理。行车计划的编制、调整及下达；车次号的输入、修改、删除及车次的实时自动跟踪；实时监督信息的 48h 信息存储及再现；列车运行自动报点、列车早晚点统计；计划及实际列车运行图的自动绘制；故障记录、道岔及灯丝的发生时间；总人工解锁按钮的操作时间。

⑤电子地图管理。在地理图库中存放一定数量的单幅地图，并按地理相关位

置建库，形成一区域性电子地图库，在信息库存放与地理位置相关的信息。在电子地图上实现矿区铁路全景显示，并能动态显示机车当前所在区段、运行速度，通过机车图标实时反映列车运行轨迹。

⑥调度计划编制。调度员编制行车计划、日计划及调度命令，并由其向各车站下达。同时，系统提供车站计划情况回执和调度命令执行反馈等功能。

⑦技术作业图表自动生成。根据日期、班次进行站场作业图铺画，描述各机车在站场的作业情况，以不同的颜色标识不同的机车，以各站场为纵坐标，以时间为横坐标，以折线图的方式描述机车的作业情况。

⑧车站作业实时监控。站场轨道运行状态的实时显示，站场信号名称、道岔名称、区段名称的显示与隐藏，根据车辆的运行状态实时绘制占用轨道的车辆数量，实时统计显示各个站场厂/局、空/重车辆的数量，显示系统时间网络状态。

⑨作业信息管理。作业信息管理由现车信息管理、装卸信息管理和车辆信息管理三个方面构成。现车信息管理包括现车分布信息显示、现货信息显示、车辆信息查询等；装卸信息管理包括现车装车/卸车信息显示；车辆信息管理包括股道上、装车线及待解编车辆信息显示。

⑩调度统计分析。由基础信息维护、现车信息查询、车辆信息查询以及报表生成四方面构成。

（2）建立基于安全高效的车站综合业务管理模式。由行车管理、货运管理、现车管理和统计分析四部分构成，总体结构如图 3 所示。

车站综合业务管理模式												
行车管理				货运管理					现车管理		统计分析	
调车作业单管理	行车日志管理	调度命令/计划管理	交接班管理	交接班管理	装卸作业管理	车号自动识别信息	老牌车/返厂车管理	进/出厂路车管理	现车自动跟踪	现车信息管理	静态数据管理	动态数据管理

图 3　基于安全高效的车站综合业务管理模式总体结构图

①调车作业单管理。主要包括调度作业单的编制、验证、发送、打印及技术作业图表自动铺画等。

②行车日志管理。按照现场行车日志登记薄格式，系统提供对行车到达和离开日志的编辑，维护和查询等功能，方便对现场行车的管理。

③调度命令/计划管理。车站值班员通过网络终端接收由调度室下达的调度命令及调度计划，并及时将已明确的调度命令及调度计划向部调反馈。

④交接班管理。由交接班信息自动生成和交接班信息查询两方面构成。交接班信息根据车号追踪模块得到股道现车信息和装卸信息自动统计生成，同时用户也可以通过系统查询交接班的历史信息。

⑤进/出厂路车管理。包括进厂路车管理和出厂路车管理两方面。进厂路车管理即通过从车号自动识别系统中获取的车号、车型、车序以及车载货物等信息，对进厂路车进行编组；出厂路车管理可以实现当列车通过车号自动识别设备时，自动弹出本次车列信息，并将其与出厂编组单进行比对。

⑥装卸作业管理。对于进入装车线的车辆信息，内勤货运员可根据现场情况进行手工录入或系统自动记录，同时，系统提供装卸作业查询、修改等功能。

⑦车号自动识别信息查询。系统支持对车号自动识别系统所采集的信息进行修改，内容包括车序，车号，车型以及到达时间等。

⑧老牌车/返厂车管理。提供老牌车自动提示功能。以联络员或车号自动识别进厂时间为准，系统若发现某条股道上停放有老牌车时，自动给出提示信息提醒用户。

⑨现车自动跟踪管理。通过机车跟踪定位和调车作业单执行情况，系统自动刷新车辆现车相关信息，主要包括每钩完成时间、每钩甩挂的车辆号，进出厂、装卸点和作业股道时间，出厂销车时间，进厂时间。

⑩静态数据管理。由静态车辆管理和静态机车管理两个方面构成。静态车辆管理包括车辆基本信息管理、车辆状态基本信息管理以及车辆型号信息管理；静态机车管理包括机车基本信息管理和机车型号信息管理。

⑪动态数据管理。按时间段计算空车到达、重车到达、车辆待卸、车辆待装、重车外发、空车外发等车型、车号及数量，同时可按车型对其分别进行统计，并自动生成报表。

(3) 建设基于安全高效模式的车地联控系统。从车站微机联锁中获取站场实时信息、从智能调度指挥系统获取调度计划信息、从车载设备获取机车运行状况信息（包括运行方向、速度等），将这些信息综合起来，实现“车”与“地”的联控，保证行车安全，系统总体结构如图 4 所示。

车地联控模式									
机车信息管理			调车作业管理				装车线智能定位管理		
机车精确定位	机车运行信息管理	工况数据采集、存储回放	机车运行安全管理	作业单无线传输	车载里程标管理	区段轨道占用管理	机车自动停车	机车频点自动切换	煤仓距离语音提示

图 4　车地联控系统总体结构图

①机车精确定位。根据机车走行的距离、区段长度、轨道电路占压情况计算出机车所在位置距离左右阻挡信号机的距离，从而实现机车在股道上的精确定位。而且机车每经过一个绝缘节，系统自动对机车位置进行校准，以确保机车定位精度不随时间性误差累积而偏移。

②机车运行信息管理。通过终端机 10.4 寸显示屏实时显示机车运行的各种信息，包括站名、频点、机车号、机车运行左右阻挡信号机的名称、状态及距离、左右方道岔的开向、机车运行方向等。

③机车工况数据的采集、存储与回放。通过在机车上安装车载黑匣子来记录机车的运行状态和驾驶室通话记录。当出现事故时，可以通过分析软件对数据进行回放，进而分析事故原因，确定事故责任。

④机车运行安全管理。包括闯信号机真人语音报警及超速声光报警两方面。

⑤作业单无线传输。调度员编制完作业计划后，能将作业计划通过无线方式发送至车载系统上，在终端机上进行显示，并可以将作业计划打印出以供调车组使用。

⑥区段轨道占用管理。当机车运行前方区段停有车辆时，机车一旦进入该区段，车载系统终端机则在机车运行前方显示车辆图标，提醒司机注意前方停有车辆，当该机车驶出该区段后，系统则会自动清除车辆图标。

⑦车载里程标管理。济宁北矿区的里程标以兖西为 DK0 +0 起点，并在关键节点均设有相应的里程标，车载系统能够通过终端机显示里程标。

⑧机车频点自动切换。当列车靠近煤仓时，由于建筑物遮挡等原因，导致机车与地面工作站间的通信信号变弱，此时，系统能够自动切换至最佳通信频点，保证通信的畅通。

⑨煤仓距离语音提示。当机车推着车辆进入装煤线时，第一节车辆距离煤仓十车、五车、三车时，车载系统自动给出“十车、五车、三车”的语音提示，提醒司机注意前方距离，并控制车速。

⑩机车自动停车。当机车出现超速、闯信号机、车辆进入煤仓，且司机不采取减速或停车措施时，车载系统首先给出语音提示，然后通过车载列控盒实现机车的紧急停车。

（4）建设基于安全高效的企业铁路远程集中控制系统。在东庄、岱庄和唐口三个车站实现微机联锁基本功能的前提下，对这三个车站的作业及调度工作进行远程集中控制，其主要功能包括全电子化的车站微机联锁系统基本功能，集中控制管理以及远程监测管理功能，系统总体结构如图 5 所示。

①联锁功能。由进路的控制、信号的正常开闭和道岔的锁闭三方面构成。同时，通过在联锁软件中增加相应的功能模块，可以实现非进路调车控制、平面调车溜放控制、站内道口控制以及场间联系等功能。

<table>
<tr><td colspan="12">远程集中控制管理</td></tr>
<tr><td colspan="4">车站联锁全电子化</td><td colspan="5">集中控制管理</td><td colspan="3">远程监测管理</td></tr>
<tr><td>联锁功能</td><td>显示功能</td><td>记录存储和故障检测与诊断功能</td><td>联合通信功能</td><td>集中控制功能</td><td>设备状态自动诊断功能</td><td>灵活多样的系统组态功能</td><td>远程调度监督控制功能</td><td>故障弱化功能</td><td>远程监测功能</td><td>历史记录管理功能</td><td>维护和远程诊断功能</td></tr>
</table>

图5　远程集中控制管理总体结构图

②显示功能。采用大屏幕显示器，可以向操作人员提供更加丰富、直观的显示信息，具体包括：站场基本图形显示、现场信号设备状态显示和值班员按压按钮动作的确认显示。

③记录存储和故障检测与诊断功能。可按时间顺序自动记录和存储值班员按钮操作情况、现场设备动作情况和行车作业情况，同时提供图像再现功能、集中控制功能和报警功能。

③联合通信功能。指计算机联锁系统利用标准化的通信接口板，网络接口板以及标准的通信规程，可直接与相关信息系统进行数据交换。

④集中控制功能。将整个控制区域视为三个车站，使用三套联锁机完成多个车站的联锁逻辑运算和集中控制，实现车站联锁、区间闭塞和站间联系的一体化控制。

⑥设备状态自动诊断功能。具有较强的自检测、自诊断能力，在故障时有语音、文字和故障代码提示，具有高度的自诊断覆盖率。系统通过输入输出、回读、软件双编码等技术实现自诊断故障到板级的功能，并通过网络通信使用户可在控制中心和维修中心实现故障诊断和查询。

⑦远程调度监督控制功能。本功能通过东庄站与岱庄站的调度监督以及唐口站的远程调度监督这两方面来实现。其中，东庄站与岱庄站的调度监督的实现是通过本地的维修机，经系统服务器向岱庄站发送相关命令；东庄站与唐口站的调度监督的实现是通过在自律机上研发一套接口软件，用以读取唐口站上位机发送的数据。

⑧远程监测功能。系统可以实现对室内外设备的基本参数、状态和对智能电源屏各种电源参数进行监测。

⑨历史记录管理功能。具有完善的记录功能，存储信息包括行车作业办理信息、站场图形信息、反映系统运行的各种数据。系统可调出记录的任何一段时间

所有数据进行回放以再现系统当时的真实情况，为分析事故原因提供方便的手段。

⑩维护和远程诊断功能。具有良好的可维护性和远程诊断功能。其中，维护功能将原来的“先分析故障、判断故障、处理故障，最后才能恢复运输”故障处理过程改为直接替换故障模块恢复运输生产，而分析故障、判断故障，维修故障模块的事情交给系统来完成；远程诊断功能可以实现各站场图形的显示和对各站联锁系统的远程控制操作功能。

（5）建设基于安全高效模式的车号自动识别系统。充分利用车辆上的电子标签，在车站两端咽喉的外侧安置地面识别设备（AEI），对运行的列车及车辆信息进行准确的识别，经计算机处理后为车站作业信息系统提供列车、车辆实时追踪管理所需的准确的、实时的基础信息，并为每批车号与车站作业系统的车号数据库进行核对，对车辆在矿区车站的闭合管理提供支持。

①车号自动识别。自动识别列车车次、车号、车种、车型、换长等，为铁路运输系统提供车次、车号等实时的基础信息，代替人工抄录，保证数据的真实性、及时性、准确性和连贯性，提高车站作业效率，实现运输生产现代化管理。

②货车信息智能管理。提供包括车辆技术履历信息查询，车辆检修信息统计分析，列检作业量统计分析等功能。

③列车监控闭环管理。在东庄站东咽喉区安装两套车号识别器，互为热备，并在西咽喉区也安装一套，主要检查从岱庄、唐口回来重车的编组顺序以及从东庄发往岱庄方向的车辆编组是否正确。

④中心控制功能。支持自动识别蒸汽、内燃和电力牵引运行的各种机车以及车辆类型，自动计轴计辆、自动测量列车速度、上/下行判别、自动标签信息识别、自动标签定位、自动存储、自动统计、自动自检等功能。

（6）建设基于安全高效的平面调车智能跟踪系统。通过对无线电台的软、硬件技术改造，实时传送铁路平面交叉编组调车连挂作业所需各种“色灯信令与语言提示”，建成通信与信号一体化的车辆编组信息智能传递与安全控制系统。实现平面调车作业远距离双向实时通信，保证了调车作业的安全性及可靠性，系统总体结构如图 6 所示。

①平面调车智能跟踪功能。在调车作业过程中，系统实时向车站值班员做出当前作业进度、下一步计划以及车站现车分布情况等提示，及时向司机提供当前作业计划、下一步计划以及前后方信号机状态等信息。同时，对每次调车作业执行情况、机车速度、甩挂车辆数、进路状态进行实时跟踪，便于车站值班员和司机按照提示进行排列进路与操控机车，从而达到安全、高效、准确无误编组列车的目的。

②TAK 功能。全新的调车推进作业的安全控制系统（简称 TAK）是在原有

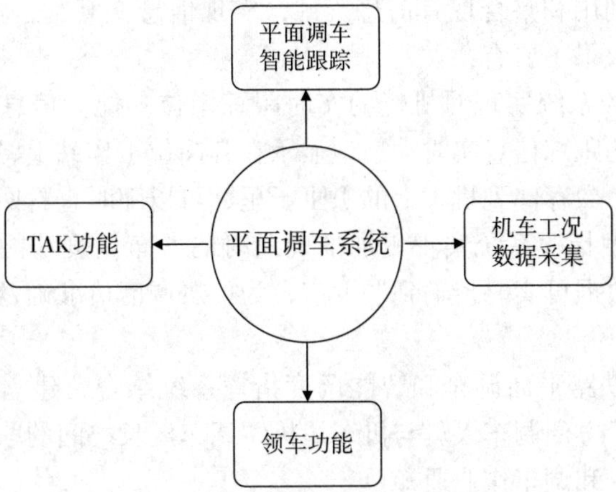

图6　平面调车智能跟踪系统总体结构图

系统的基础上，对其暴露出的安全隐患进行改进而得到的新系统。

③领车功能。由六个功能组成，即启动领车功能、中止领车功能、制动员领车时故障停车的处理、制动员领车与故障停车时人员编号的查询、制动员电台编号的查询以及制动员“紧急停车”信号具有“强插”功能。

④机车工况数据采集。采用工况数据黑匣子，可采集发动机转速、机车速度、机车手柄位置、制动管压力、总风缸压力数据，并存储以供事后分析。它可连续存储48 小时，当事故发生后可用来进行故障定位和责任界定。

（7）矿区铁路安全高效运输模式的综合集成。通过对矿区铁路智能运输系统的业务交互分析，可对各系统优势进行整合，建立起各系统业务之间的交互关系，使运输生产过程中的各个环节能够及时地协同工作，而且能够协调各环节对相关事宜做出准确反应，满足不断增长的业务需求，共同创造和获取最大的价值以及提供提高生产运输效率的能力。具体信息交互关系及集成为：

机车车辆进入交接站以后，由车号自动识别系统采集机车车辆的车序车号以及货物信息，把这些信息传递给货运系统，由货运系统把有关信息共享给智能调度指挥系统、行车管理系统、现车管理系统和统计分析系统；车地联控系统接收车载设备发送的机车运行参数，结合从远程集中控制系统取过来的站场数据进行逻辑运算处理，将运算结果通过无线电台和以太网分别传输给平面调车系统和智能调度指挥系统；调度指挥系统通过调度监督系统获得站场的实时数据下达调车命令，行车管理系统根据调车命令编制的调车作业单通过以太网传输到车地联控系统，再通过车地联控系统无线转发到平面调车系统，并将接收到调车作业单的回执信息通过以太网转发到行车管理系统。

3. 实施效果

整个运输过程在车号自动识别、车地联控、装车定位、平面调车等智能执行的基础上，充分利用和整合现有信息资源，实现信息交互、运输指挥的信息化、智能化，其积极效果主要有：

（1）车地联控系统实现对机车的实时跟踪定位功能。信息交互后车地联控系统还可将机车的跟踪信息实时动态地显示在各岗位工作站上，并将机车运行的实时信息和运行参数存储到机车上的黑匣子里，可以随时查看回放。

（2）智能调度指挥系统实现更加准确及时的发布调度功能。实现数据共享后，现场作业的数据可实时传输到调度室，为值班调度员准确及时地提供第一手现场资料。

（3）通过对铁路平面调车和智能调度指挥系统结合，建立济北矿区铁路无线平面调车系统，方便调车人员与机车司机、调车区长之间的联络通信，准确传递语音，调车信令和调车作业通知单。

（4）车站综合业务管理系统实现了查询统计功能。系统可根据需要自动生成相关统计报表，并对历史作业全过程进行查询；可以以图表的方式显示各作业环节的停时以及各班组的作业情况，为管理者提供分析的依据。

（5）远程集中控制系统能使调度员通过远程控制设备直接控制所辖区段内各车站上的信号设备，办理列车进路、组织和指挥列车运行，并通过其远程监督设备使调度员在调度所内及时了解现场信号设备状况和列车运行情况。

（6）车号自动识别信息系统实现了列车通过车站基础信息自动形成并及时传送的功能。利用车站作业系统平台，系统数据匹配列车编组数据，形成完整、准确的基础信息数据库，实现了车号员重点接车、各类生产报表自动生成等功能。

四、矿区铁路安全高效运输模式效益分析

淄矿集团铁运处通过高效利用现有设备和信息资源，将铁路运输中所有移动、固定、信息和人力资源等相关要素进行了集成管理，构建了以远程智能控制为平台的企业铁路安全高效运输模式，以较低的成本达到保障安全、提高运输效率、改善经营管理和提高服务质量的目的，不仅显著提高了矿区铁路的运输效率和安全保障水平，而且减少了现场作业人员、降低了劳动强度，产生了明显的经济和社会效益。

1. 经济效益

（1）节省人力费用。铁路全线各站的微机联锁系统由东庄站集中控制，可实现东庄站对岱庄站、唐口站远程自动控制，使岱庄、唐口车站变为无人值守车站，各调车组成员可由原来的4人（1调3连）减少为2人（1调1连），共减少人员58人，每人年发生费用按10万元计算，则每年节约人员费用为：58人×10万元=580万元。

（2）减少车辆停时费用。安全高效智能运输模式实施前，铁运处的停时基本超过了铁路规定的时间标准，每年都要花费大量的车辆使用延滞费给国铁。安全高效智能运输模式实施后，工作效率可提高约 40% 左右，目前平均停时在 11 小时以上，即使每辆车每天平均停时减少 2 小时，按超时费 4 元/车小时，日车保有量 300 车计算，则每年少交的超时费为：300 × 2 × 4 × 360 = 86. 4 万元

总体经济效益为每年节约费用 580 + 86. 4 = 666. 4 万元。

2. 社会效益

安全高效智能运输模式的实施不仅对矿区铁路分散岗点进行了集中化控制和管理，而且提高了矿区铁路生产调度与监控管理自动化水平，提高了生产指挥效率和现场人员的工作效率。特别是调度对机车运行情况的实时掌握和控制，减少机车无效运行和待机时间，进一步增强了机车乘务员的节约意识。同时，安全高效智能运输模式涉及矿区铁路车务、机务、调度、行车及货运等业务领域，不仅对矿区铁路运输主管部门进一步优化管理模式具有一定的参考意义，而且对国内外工矿企业铁路实现信息化、自动化及智能化管理具有重要意义和推广价值。

3. 其他可预见经济效益

安全高效智能运输模式借助远程安全智能控制技术，不仅改变了传统的铁路调度指挥模式和车站管理方式，而且优化了运输作业流程、精简了组织机构，使列车编组、运行与其在装车站作业均处于有序可控的安全状态中，彻底避免了人身或车辆等安全事故的发生，此方面的效益更加显著。

（成果创造人：任明强　陶永宏　刘　华　张卫江　赵兴文　顾正洪　屈翠绒　刘　斌　王振军）

以流程为载体的全面风险管理体系建立与实施

山东能源肥城曹庄煤矿有限公司

曹庄煤矿是山东能源肥城矿业集团公司的骨干企业，是一座年产逾百万吨，洗选精煤90万吨，拥有职工4300余人的大型现代化矿井。近年来走出了一条“以诚信立矿、以科技兴矿、以制度管矿、以文化治矿、以人才保矿、以和谐系矿”的新路子，保证和推进了企业持续快速发展。

一、以流程为载体的全面风险管理体系的构建背景

随着经济全球化的发展，企业作为市场经济的主体，在市场竞争中将面对各种各样的风险，如何辨识、评估、监测、控制风险，已经成为制约企业发展的重要因素。曹庄煤矿已形成跨地区、多种所有制并存的发展格局，相应面临的问题很多，带来的挑战会更大。建立健全系统性的全面风险管理体系，既是法律法规及上级部门的要求，也是企业自身提升管理水平，完善公司法人治理结构，实现可持续发展的内在需求。

1. 全面风险管理对现有管理提出了更高的要求

全面风险管理是企业管理的重要组成部分，企业经营管理在本质上就是对各种风险的控制和预防，在企业管理过程中处处有风险管理的内容。同时风险管理作为一种新的管理方法对企业管理提出了更高的要求。

2. 全面风险管理是企业发展的内在需要

随着经济全球化的发展，当今企业面临越来越多的风险管理的挑战。推行全面风险管理是应对各种危机挑战的内在需要，是国有企业科学发展的必然要求。风险管理作为企业经营管理的重要组成部分，能够通过设计、实施一系列政策、制度、流程等措施，规范企业各项经营管理活动，防范和化解企业面临的各种风险，提升企业的经营管理水平。

3. 全面风险管理是内部控制体系的延伸

全面风险管理用科学的手段辨识评估曹庄煤矿面临的重大及重要风险，并强

调全方位的风险预控，从培训、业务流程、制度、组织机构、监控预警、应急预案等各个方面对风险进行管控。

二、以流程为载体的全面风险管理体系的基本内涵及主要内容

1. 全面风险管理的内涵及其分类

全面风险管理，指企业围绕总体经营目标，通过在企业管理的各个环节和经营过程中执行风险管理的基本流程，培育良好的风险管理文化，建立健全全面风险管理体系，包括风险管理策略、风险理财措施、风险管理的组织职能体系、风险管理信息系统和内部控制系统，从而为实现风险管理的总体目标提供合理保证的过程和方法。一般而言，企业的风险主要分为战略风险、财务风险、市场风险、运营风险、法律风险、投资风险、安全风险七类。

2. 曹庄煤矿全面风险管理组织结构

全面风险管理体系建设工作涵盖单位的各个业务层面和各个业务流程，涉及面广、工作量大，时间要求紧。为保证工作顺利推进，曹村煤矿成立了由主要领导任组长，分管领导任副组长，有关部门负责人为成员的全面风险管理小组；同时，为突出关键部门和关键环节的风险管理，在相关风险控制点上按项目负责制的要求又组成了全面风险管理工作小组，明确了风险管理部门，配备了风险管理员，组成了风险管理工作团队，为全面风险管理工作的顺利推进打下了良好的基础。

3. 全面风险管理流程框架

全面风险管理工作流程是曹庄煤矿开展风险管理工作的循环工作流，是全面风险管理功能得以发挥的基本工作机制，风险管理工作流程的持续运转将不断完善曹庄煤矿全面风险管理体系。

根据《山东省省管企业全面风险管理指引》和《肥城矿业集团风险管理手册》，结合曹村煤矿实际情况，全面风险管理流程框架围绕风险信息系统的建立，由风险初始信息收集与评估→风险管理策略和解决方案→风险管理方案实施→风险预警和监控→风险管理的监督与改进→风险管理考核等六个循环运转的工作流程组成。

4. 曹庄煤矿风险预警体系

（1）关键风险指标确定原则：选取的关键风险指标要易量化、易统计、易跟踪监测、针对每一重大、重要风险，选择指标，界定指标区间，建立五级预警体系。

（2）五级预警体系。

①绿色：风险处于安全范围之内，可预见未来风险趋势处于正常，不需要过多关注，可以通过例行程序来处理。

②蓝色：风险处于可控范围之内，可预见未来风险趋势处于上升，需要密切关注风险预警指标的变动情况，必须规定管理责任。

③黄色：风险处于可控范围之内，可预见未来风险趋势处于上升，需要向管理部门提示风险征兆。

④橙色：风险处于预警状态，企业需要启动风险预警方案，需引起高级管理层注意。

⑤红色：风险处于危机状态，并有造成重大损失的可能，必须立即采取措施。

三、构建全面风险管理体系的主要做法

全面风险管理涵盖生产经营、改革发展的全过程，涉及面广、信息需求量大、工作任务繁重、专业技术性强。曹村煤矿制定了《全面风险管理工作实施方案》及编制了《曹庄煤矿风险管理手册》来保障、推动和完善全面风险管理体系的建设。

1. 明确全面风险管理工作思路

以科学发展观为指导，依据《山东省省管企业全面风险管理指引》，按照“精心准备，分步实施，重点突破，逐步完善”的总体工作思路，在曹庄煤矿范围内开展全面风险管理体系建设工作。在曹庄煤矿培育出良好的风险管理文化，建立起以实现总体发展战略为目标，以风险管理策略、措施、组织体系以及信息系统为主要内容，以流程为载体的全面风险管理体系。

2. 全面风险管理的总体目标

确保将风险控制在与曹庄煤矿战略目标相适应并可承受的范围内；确保企业内外部实现真实可靠的信息沟通；确保遵守有关法律法规及有关主管部门的监管要求；确保曹庄煤矿规章、制度、措施的贯彻执行，保障经营管理的有效性，减少实现经营目标的不确定因素；确保曹庄煤矿建立针对各项重大风险发生后的危机处理机制，保护企业不因灾害性风险或人为失误而遭受重大损失。

3. 确定全面风险管理风险评估模型及方法

（1）风险评估模型。曹村煤矿从多个角度对面临的风险进行评估，从过去曾经发生的风险及未来潜在的风险入手，结合对内外部环境的综合分析，将曹庄煤矿面临的风险统一划分为七大类，分别为：战略风险、财务风险、市场风险、运营风险、法律风险、投资风险及安全风险。

根据风险发生可能性的高低和对目标的影响程度两个维度来建立风险评价体系，采用分值评价和加权运算的方式对辨识出的风险事件进行科学评估和分类，建立风险评估模型，依据评估结果绘制风险坐标图，如图 1 所示。

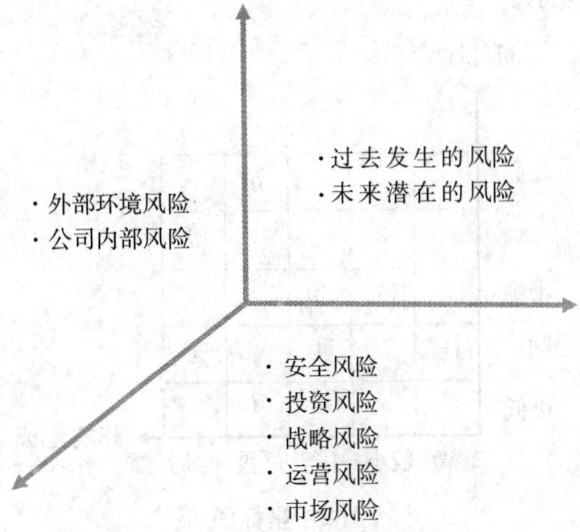

图1　风险评估模型图

（2）风险评估方法。在确立风险评估模型的基础上，对曹村煤矿内外部政策和经营环境信息、风险管理案例以及制度、流程进行全面系统的梳理和分析，深入各个业务部门进行实地调研。

①发放调查问卷60余份，广泛征求意见，对风险分布状况作初步了解。

②从感性认识和历史经验来判断，分析风险发生的概率及影响程度。

③对各种客观的资料和风险事故的记录进行分析、归纳和整理，找出各种明显和潜在的风险及其损失规律。

④组织矿中层及以上领导干部14人通过调查问卷、领导访谈、专家分析及座谈会等多种方法进行风险分析，根据风险认定标准对风险发生的可能性及影响程度进行风险评估，并生成风险图谱。

⑤利用专家分析的结果，对风险进行排序、汇总及组合，根据风险与收益平衡的原则，确定风险管理的优选顺序。

（3）风险评定标准。为了确定对已经辨识出的各项风险的管理优先顺序和策略，从风险发生的可能性及影响程度两个维度来分析。

可能性是指该风险事件发生概率的大小，将其分为极低、低、中等、高、极高五个区间，并根据风险可能性所处区间进行评分，分值分别为5、4、3、2、1分，如图2所示。

风险影响程度是指如果风险发生，对企业战略或经营目标所产生影响的大小，将可能造成的损失分为轻微、较小、中等、严重、非常严重五个等级，并根据风险影响程度所处区间进行评分，分值分别为5、4、3、2、1分，如图2所示。

根据评分标准，将风险发生的可能性及影响程度分别标示在坐标图上，通过建立风险坐标图对各项风险进行比较，将位于高风险区域的风险集中优势的资源优先解决，如图2所示。

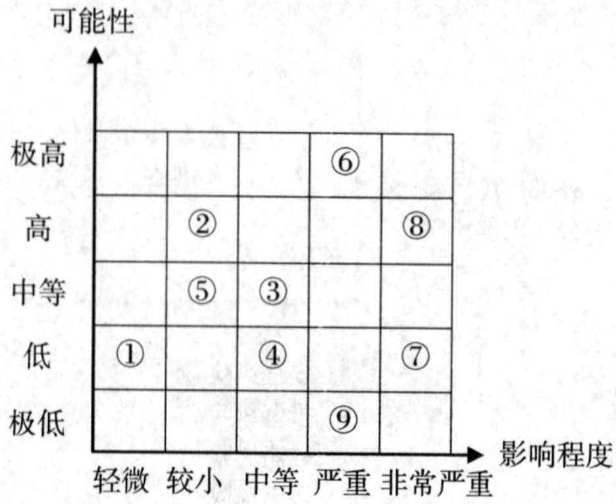

图2　坐标图

（3）重大/重要风险的确定标准。所谓重大风险是指经过风险评估所确定的，在当前所有风险中风险水平较高且超出企业风险承受度的风险，即在风险图谱中处于高风险区域的风险，是比较紧迫的，急需优先解决的风险。

结合曹村煤矿特点，根据风险与收益相平衡的原则确定风险管理的优先顺序，将符合以下情况的认定为重大风险：一旦发生，会导致一名及多名员工死亡；一旦发生，会造成5000万元及以上的重大经济损失；一旦发生，会影响公司的正常经营；一旦发生，会对企业声誉造成无法弥补的损害。

另外，将那些影响程度较大，或发生概率较高，需要向管理层提示风险征兆，随时启动风险预警，但不需要集中优势资源的风险，确定为重要风险。

4. 全面风险管理的风险偏好

（1）风险偏好的定义：是企业在实现目标的过程中愿意接受的风险的数量及所能够接受的与目标的偏离度的大小，它是针对曹村煤矿的重大风险制定的。

（2）风险偏好的分类：保守型、稳健型及进取型三种。

（3）风险偏好的决策权限：重大风险的风险偏好是企业的重大决策，应由党政联席会决定。

（4）风险偏好的总体策略原则：一般情况下对机遇大于风险的采取进取型策略；一般业务关联的风险采取稳健型策略；对于政策性的、外部的、无法受控的风险采取保守型的策略。

5. 制定全面风险管理策略

（1）风险管理策略的工具。在制定风险管理策略时可以选择风险承担、风险规避、风险转移、风险转换、风险对冲、风险补偿、风险控制等七大工具。

（2）风险管理工具的总体策略原则：

①一般情况下，对战略、财务、运营和法律风险，可采取风险承担、风险规

避、风险转换、风险控制等方法。对能够通过保险、期货、对冲等金融手段进行理财的风险，可以采用风险转移、风险对冲、风险补偿等方法。

②对于是矿经营模式或未来的正常业务活动中所固有的风险，应采取接受。对于是偏离战略，收益不丰厚，或企业无法度量的风险，应采取规避和分担。

③对于风险管理工具可以单独使用，也可组合使用。

6. 全面风险管理实践步骤与过程

根据曹庄煤矿推行全面风险管理工作思路，结合企业面临的主要风险和管理现状，分三个阶段完成全面风险管理工作目标。

（1）框架结构建立阶段。结合曹村煤矿实际情况，建立全面风险管理体系框架，设计全面风险管理流程和制度体系。

（2）基础建设阶段。

①采取多种形式继续加强风险管理理念的宣传培训，大力营造风险管理文化氛围，增强全员风险管理意识，建立良好的企业风险管理文化。

②通过“走出去，请进来”等方式，聘请专业咨询机构，帮助曹庄煤矿完善全面风险管理制度，制定全面风险管理实施细则，建立风险辨识和评估信息系统，包括风险信息存储、风险事件辨识、风险解决方案等功能。

③开展风险辨识评估工作。各相关部门确定并上报本部门风险管理信息员，持续不断地收集与曹庄煤矿战略风险、投资风险、财务风险、市场风险、运营风险、法律风险、安全风险等相关的内外部初始风险信息，对初始信息进行必要的筛选、提炼、对比、分类、组合，初步形成以本部门为分类的各类风险信息库。风险管理部门采取问卷调查的方法，收集战略风险、投资风险、财务风险、市场风险、运营风险、法律风险、安全风险等相关信息。

④本着从实际出发，务实求效的原则，以对重大风险，重大事件（指重大事件发生后的事实）的管理和重要流程的内部控制为重点，选择发展战略、投资收购、财务报告、法律事务、安全生产、资金管理风险、应收账款管理等一项或多项业务开展管理工作，建立单项或多项内部控制子系统。

⑤完善曹庄煤矿内部考核制度，将风险纳入企业内部绩效考核。

⑥完成对战略、财务、安全、运营等重点领域的风险评估，编制企业风险管理评估报告。

（3）提升完善阶段。

①通过相关部门及所属单位持续不断地收集相关的内外部风险信息，逐步建立以策略、措施、组织以及信息系统为主要内容，有信息化支持完善的企业风险信息库。

②安装并试用全面风险管理信息系统。根据全面风险管理的流程和要素构成，在风险辨识评估功能模块的基础上，安装并试用风险管理组织体系功能模

块，七大风险监控预警功能模块、七大风险应对功能模块、内部管理功能模块。

③及时跟踪风险及管理状况，传递、汇总与分析相关信息，并按管理需求生成与提交报告的过程，根据风险监督结果对其进行相应改进与提升，建立风险管理监督与改进机制。

④全面风险管理办公室根据工作开展情况，及时编制了《2011 年曹庄煤矿全面风险管理工作报告》和《2011 年曹庄煤矿全面风险评估报告》并上报集团公司全面风险管理办公室。

四、曹庄煤矿全面风险管理体系的实施效果

1. 针对重大、重要风险设计风险监控指标，建立了风险预警机制

为了推动风险管理的有效落实，按照重大风险持续监控的原则，充分利用信息技术，区分经济、安全、频率和程度等不同类型设计监控指标，通过对实际指标值的运行监控，实现对预警信息的及时跟踪反馈并督促整改。经过与有关部门的多次讨论、反复论证和修改，提炼出了目前需要重点防范的 8 项风险，分别是资源枯竭风险、透水威胁风险、关键人才缺乏风险、资源税率改革风险、历史包袱沉重风险、三产贷款风险、应收账款风险、储备资金风险，共确定 12 项风险监控关键指标，分别是：煤炭回采率指标、可采储量指标、安全事故指标、经济损失指标、自然灾害指标、煤矿专业人才指标、其他专业人才指标、资源税税额指标、遗留问题指标、贷款金额指标、账龄分析指标、储备资金月增加额指标，这些指标将通过系统上线运行，实现对重大风险的动态监控。

2. 针对重大、重要风险制定应对措施，实现了对风险的动态监控

根据曹村煤矿统一确定的风险偏好及风险管理策略工具，针对评估出的重大风险，广泛征求相关部门意见，与各业务科室负责人进行沟通，深入论证，逐一确定风险偏好、确定风险管理策略和解决方案，并将风险管理责任进行细分，落实责任部门及责任人，形成风险管理目录，包括风险现状分析、成因分析、风险发生后给企业造成的经济损失和对声誉造成的负面影响、明确控制目标、查找关键控制点、以及从事前、事中、事后，分别确定每个阶段应采取的风险控制措施等。

3. 经济效益明显提高

2011 年曹庄煤矿资本运营实现了重大突破、煤炭资源开发取得重大进展、安全工作创出历史最好水平、技术创新取得新的成果、节能环保取得新成效。2011 年曹庄煤矿实现销售收入 9. 4 亿万以上，利润总额 1. 5 亿元。

通过全面风险管理的实施，对重大风险采取了一系列的管理措施，自 2010 年底至今通过对重大风险的监控，共减少经济损失 350 万元。

（成果创造人：李明君　韩其贵　陈明明　顾文东　许　伟　赵素红）

基于动态平台化的煤炭企业经营一体化管理系统构建与实施

河南煤业化工集团永煤公司陈四楼煤矿

陈四楼煤矿是国家"八五""九五"重点建设项目，也是河南煤业化工集团永煤公司骨干矿井之一。矿井井田面积73平方公里，可采储量2亿多吨。陈四楼煤矿1990年7月开始兴建，1997年11月6日建成投产，设计生产能力240万吨/年，核定生产能力450万吨。煤炭品种为低灰、特低硫、特低磷、高发热量的优质无烟煤。煤炭产品有洗精煤、洗小块、洗粒煤、筛末煤等品种。产品销往韩国、日本、巴西、东南亚等国家和地区。

一、基于动态平台化的煤炭企业经营一体化管理系统的实施背景

陈四楼煤矿自2001年开始推行内部市场化，将市场机制引入陈四楼煤矿内部，有效激活了组织细胞，激发了活力，改变了过去各单位（区队、班组）之间行政协作关系为市场交易、有偿服务关系，强化了职工效率观念和经营意识，提高了陈四楼煤矿经营管理水平，提升了经济运行效率。

然而随着企业规模的不断扩大，陈四楼煤矿煤炭产量节节攀升，进尺不断提高，企业利润持续增长，企业管理的内容和难度不断增加。在此背景下，陈四楼煤矿对内部经营管理提出了更高要求，陈四楼煤矿通过开展精细计划管理，强化过程控制，优化绩效考核，形成了一整套煤矿企业经营管理模式。

但是，由于管理对象众多，管理要求细化，传统的人为管理已经不能够满足企业要求。为此，陈四楼煤矿开拓思维，与时俱进，着手研发内部市场化管理系统，并将信息管理链条向上、向下延伸，借助先进计算机技术形成来提高经营管理工作的精度和速度，减少管理工作量。

在计划开始施行经营管理信息化建设时，陈四楼煤矿实际上已经上线了多套系统，在信息化建设进程上有了一定的基础。首先，陈四楼煤矿自2007年开始

使用用友软件开发的 U8 企业管理平台，经过 2 年多发展，已实现了财务、物资管理的信息化。其次，陈四楼煤矿还积极与相关软件公司合作，先后研发并应用了陈四楼煤矿安全管理信息系统、陈四楼煤矿科技市场管理系统等信息系统。此外，陈四楼煤矿还存在着一些服务于企业管理某一业务的小型管理系统，如矿井入井监控系统，矿灯管理系统，在线培训系统等。这些系统的存在给陈四楼煤矿内部市场信息化管理带来了许多方便。

与此同时，永煤公司企管部作为永煤公司经营管理主管部室，长期以来也在探索如何开展信息化建设，通过信息化建设提升集团公司经营管理水平。永煤公司下属子公司、煤矿大多已开展信息化建设，但是这些系统大多零散，且存在重复建设问题，如本部四矿都建设了安全管理系统，四个系统功能类似，但开发费用不菲，实际上如果最初统一规划，可能费用会有所降低。而随着永煤公司近年来快速扩张，面对众多外部子公司，如何强化集团管控，将永煤公司原有管理文化、管理模式快速移植到新进子公司，实现子公司与母公司管理快速融合，也成为永煤公司需要思考与探索的一个课题，对此企管部考虑将原有管理模式进行总结、升级与完善，通过信息化使其固化，并通过系统的快速实施以完成管理模式的移植。

二、基于动态平台化的煤炭企业经营一体化管理系统的内涵与主要做法

煤矿企业经营管理信息化建设问题是当前煤矿企业管理研究的一个热点。陈四楼煤矿经营一体化管理系统从煤矿内部市场化管理及应用的特色入手，通过分析提炼煤矿企业经营管理的标准管理模式、应用模型和应用流程，与用友 ERP 其他产品线全面集成，实现了企业经营管理的标准化、规范化、现代化应用，具备平台化，动态化，标准化，一体化的特点。这一系统的开发模式为“永煤公司整体规划，陈四楼煤矿改进完善，并完成模型构建，用友公司完成程序编译，陈四楼煤矿实施并测试，用友公司进行进一步修改完善，永煤公司整体推广移植”。

1. 经营一体化管理系统建设思路

在充分研究国内煤炭企业管理现代化建设不足及永煤公司、陈四楼煤矿信息化建设现状的基础上，永煤公司企管部、陈四楼煤矿制定了立足现状、着眼长远、形成标准、持续开发的研发思路，即由永煤公司企管部提出整体规划，并提出相关开发要求，陈四楼煤矿对自身管理模式进行总结与改进，形成经营管理标准模式，以此为依据选取合适软件开发商完成系统联合开发，最终由企管部进行整体推广。

立足现状：即针对已有系统提出整合现有系统的要求。由于过去信息化建设缺少整体统筹与规划，各业务部门根据自身需要设计并构建了若干管理系统，这些系统之间缺乏有效的数据接口，导致各系统信息互相割裂，形成一个个信息孤岛，对系统维护非常不利，同时也难以满足管理需要。

着眼长远：永煤公司企管部与陈四楼煤矿分析近年来永煤公司乃至河南煤化集团发展道路，分析近年来国内外企业信息化建设工作，对于信息化建设的长远发展得出两点趋势：一是内部管理的整合与互通。企业管理内部各业务之间实际上存在着一定的业务关联，各系统之间也应该通过某些接口的存在实现系统间数据共享与交流，保证内部管理的有效对接。市场化管理作为企业内部资源整合与绩效考核的有效手段，随着市场化管理专业市场建设，市场机制向企业各项业务延伸，可以将内部市场化管理视为企业管理的中心工作，而内部市场化管理系统作为企业管理系统的中心系统，应预先留好接口，随着今后业务功能拓展与信息化发展，能够有效实现数据的收集、整合、交流与共享。二是公司内部的整合与互通。随着企业规模的扩大，各矿厂之间、各内部单位之间的数据共享交流要求也将提出，财务、物资、人力、经营管理等，都需要在更加广泛范围内能够实现信息交流与共享。

2. 整体框架

在永煤企管部指导下，陈四楼煤矿对自身经营管理模式进行总结，并参考国内其他先进煤矿管理先进理念对内部管理进行改进，形成了从生产计划到工资分配的经营全过程管理模式，然后将这一模式实现信息化，由此形成了经营一体化管理系统，见图 1 所示。

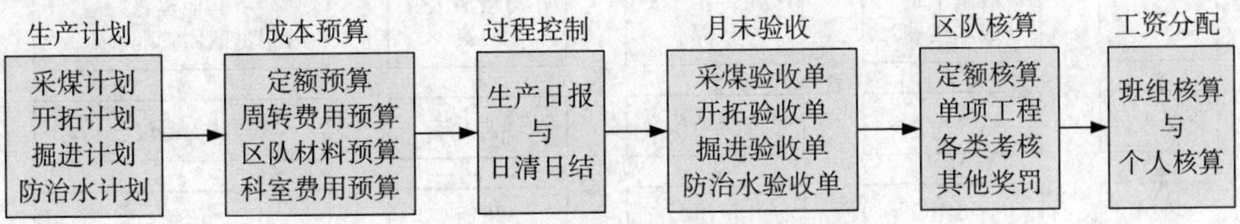

图 1　经营一体化管理系统功能体系图

煤矿一体化经营管理基于内部市场化管理，从生产计划开始，将煤矿生产计划细分为采掘开防治水计划、单项工程计划两部分。并以此为依据开展费用预算，分别形成定额预算、单项工程预算，并根据生产接替完成周转材料预算，根据人员完成劳保用品预算、办公用品预算，从而汇总分别形成区队材料预算与科室承包费用预算，分别作为区队自我管理与科室日常管控的依据。针对月中管理，系统开发生产日报和日清日结管理模块，能够分别对区队、班组生产任务、材料消耗进行过程管控。针对月末验收，系统开发采掘开防治水验收单，对区队生产任务月度完成情况进行管理。之后通过区队核算、班组核算、个人核算等模块逐级完成区队与班组生产经营绩效考核，并最终完成个人工资结算，其管理模式示意图见图 2。

可以看出，陈四楼煤矿经营一体化管理系统，是一个以 PQP（Process 流程、Quota 定额、Performance 绩效）为管理基础，以适应企业经营管理全过程向精细

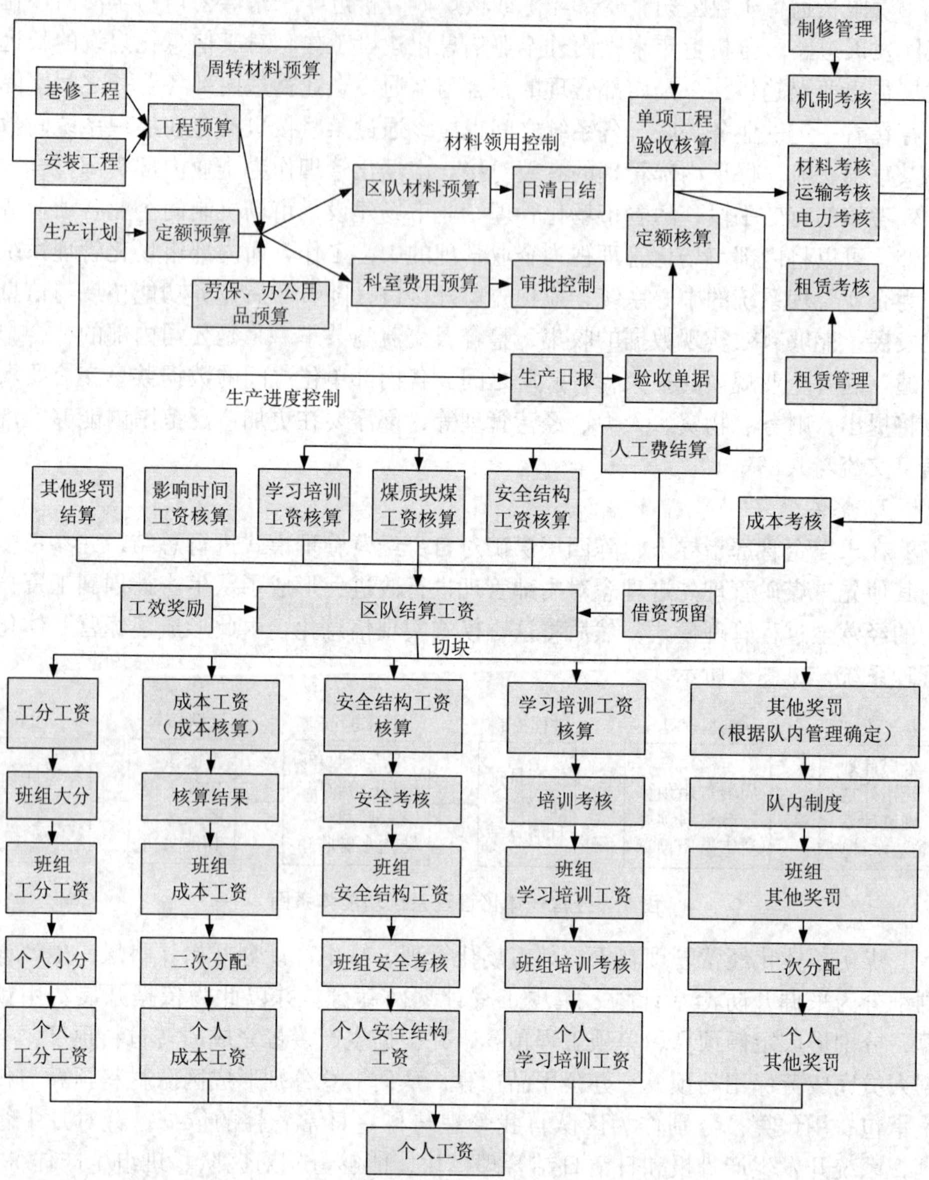

图2 经营一体化管理系统信息流程示意

化发展需要为导向的管理系统。这一系统包括工作流平台、基础管理、定额管理、计划管理、预算管理、过程控制、核算管理、单项工程管理、设备管理、机加工管理等涵盖不同业务应用层次的众多模块，并与用友软件公司开发的物资供应、财务管理、人力资源管理系统实现信息共享，共同为煤矿企业提供了一个全面实现内部经营精细化管理，保障企业持续发展的辅助管理平台。

3. 模块介绍

(1) 工作流管理。用于系统业务流程管理。通过对系统内业务单据进行工作流预设，实现业务审批流程的系统再现，可涵盖经营管理中的所有业务单据，如计划审批、单项工程审批、机加工管理等。具体做法是通过系统中的工作流设计器和工作流控制台，以灵活多变的工作审批流程为基础，实现根据企业的需要随时调整和改进现有的工作流程和审批流程，以满足企业严把审批关的基本要求。整个操作不涉及后台程序编译，从而只需要系统管理员即可完成全部工作，不需开发商参与，减少了后期维护成本。

(2) 基础管理。用于对经营管理进行基础性设置，包括对管理部门、管理业务层级划分、管理模式设置、费用分摊、节超奖励比例上限等的管理。这些预先设置都通过基础管理模块完成，如管理模式发生变化，修改时不涉及代码编写，方便使用。

(3) 定额管理。用于对企业人工费预算结算、材料（电力、加工费、修理费、设备租赁费、运输费）消耗预算核算等定额进行管理，包括定额类别维护、名称管理、参数定义、公式定义、定额收入计算等。陈四楼煤矿定额管理模块创造性地将煤矿企业定额管理进行数学抽象，归纳为定额参数与一系列数学公式，并由此提供两种定额管理模式，针对采煤、掘进、开拓区队定额计算条件复杂的特点，建立自动参数查找式生产定额计算模式，针对辅助区队定额计算条件相对单一的特点，建立手工录入式辅助定额计算模式，前者根据预先设置，系统能够自动到相应计划、验收单中寻找有价值数据，完成生产区队定额计算，后者通过定额结算单人为录入计算参数，从而完成定额计算。前者前期基础工作较大，但使用方便；后者虽需要录入信息，但工作量不大。两种模式共同实现了企业灵活而又全面的标准定额管理体系。定额参数和公式的使用，使企业通过给定额建模、定义公式的简单应用，很方便灵活地实现了复杂定额的设置和管理。

(4) 计划管理。用于对矿生产计划进行管理。为了便于管理，将生产计划细分为采煤计划、开拓计划、掘进计划、巷修计划、机电安装项目计划、风门设施构筑计划、煤质计划，分别针对各类计划进行管理，作为费用预算与过程控制的依据。

(5) 预算管理。用于对矿各项费用预算进行管理。首先根据矿采煤计划、开拓计划、掘进计划、煤质计划直接结合矿预算定额完成定额预算，包括人工费、材料、电力、租赁、运输费等，这一过程由系统自动完成，全部过程所需信息由系统自动寻址查找；然后，由相关科室结合巷修计划、机电安装项目计划、风门设施构筑计划等完成单项工程费用计划；之后各责任科室根据生产接替完成周转材料投入预算，根据人员情况完成劳保用品及办公用品费用预算，如此可汇总分别形成基于区队自我管理和基于管理科室过程审批控制的区队费用预算与科室承包费用预算。

(6) 日清日结。主要用于区队自我过程管理与科室监督。科室费用过程控制主要通过物资供应系统审批完成，而区队自我过程管理通过日清日结模块完成，主要内容有两项，即内部各班组生产日报管理与费用日清日结管理，前者结合生产计划可形成每日生产任务完成进度表，用于全矿整体监控与对标排序，确保全矿生产任务完成。后者通过区队定额管理完成区队费用过程控制，结合物资供应模块完成费用完成进度控制，确保区队成本得到有效管理。

(7) 验收管理。主要用于对区队月度采掘及防治水任务完成情况进行统计，作为区队核算管理的基础，同时验收管理也能够完成区队生产任务的统计，并和计划进行对比，进行全年生产任务过程控制。

(8) 核算管理。核算管理分为区队、班组、个人三级，逐级完成对区队、班组的生产经营完成情况考核，并形成区队员工工资。这一过程在系统中非常注意规则设计，即如果管理模式发生变化，只需要调整规则，系统仍然具备适用性。其中区队核算涉及人工费核算、成本核算、安全考核、培训考核、煤质考核、影响时间管理、其他奖罚等七大类，系统分别提供了管理子模块，保证系统功能全面且逻辑清晰，便于不同部门共同使用，完成分管业务工作。

(9) 单项工程管理。单项工程是在原有定额管理范围之外，单独设计施工完成的工程项目，本着市场化管理理念，区队进行单项工程，需要单独列支费用收支。为此系统提供单项工程审批管理及单项工程验收管理，数据能够与物资供应系统、审批流平台等互动协同，除了申请及验收过程的灵活审批控制外，在单线工程验收时还能直接从物资供应系统中得知目前区队领用该项物资的实际情况，帮助避免发生误报现象。

(10) 机加工管理。针对煤矿机修厂工作业务特定开展管理，将机修厂日常加工维修工作定额纳入系统，推算出加工产品及设备检修单价，并通过模拟区队与机修厂之间的制修交易，提高机修厂工作效率。

(11) 设备管理。根据永煤集团设备管理特色，特开展设备租赁式管理，能够完成设备台账、设备入矿、设备出租、设备退租、设备转租、设备修理委托等方面工作的管理，并每月对相关生产区队开展租赁费结算，通过租赁使用模式促使区队精细化管理设备，及时做好设备升井退库，提高设备周转率。这一模块在客户数据允许的前提下能够和用友财务系统固定资产模块进行基础数据的共享和传递，提高系统的集成性，便于系统维护与数据共享。

在上述模块之外，系统为更好地服务于生产经营管理，开发了大量分析表格，能够实现区队生产任务完成情况分析、预算完成情况分析、月度工资构成分析、成本完成情况分析等，还能够针对井下工作面进行投入分析，极大地方便了矿生产经营管理。

4. 经营一体化管理系统的特点

陈四楼煤矿经营一体化管理系统研发具备“4 +4”的特点。

（1）系统研发方案具备4个特点，即整体性、渐进性、通用性和联合性。

①整体性。系统研发方案制定之初，同时兼顾永煤公司集团管理需要与陈四楼煤矿自身管理需要，在设计方案时整体考虑了多方面需求，使得方案整体性较好，既对单一煤矿经营管理工作进行整合与优化，也充分研究针对不同子公司系统如何能够适用的问题，还考虑了与财务系统、物资系统、人力资源系统等的信息共享与对接，使得系统能够整体提升经营管理工作水平。

②渐进性。方案制定之初，就充分认识到经营管理系统研发的难度，在设计方案时采取了渐进式研发管理，即先解决迫切需要解决的问题，并搭建整体框架，随着研发试用的进行，逐步完善其功能，在研发过程中，定额管理模块进行了前后三次大的改进，使得系统操作越来越简单，功能越来越强大，这种边研发边试用边改进的研发方案，使得系统管理效果能够及时发挥，降低了研发阻力。

③通用性。系统研发方案充分考虑后期推广需要，在系统研发中非常重视管理规则的设计，使得管理规则变化能够在后台通过简单操作完成，不涉及代码改变，这就使得系统具备很强的通用性，在基本模式相同，管理原则相同的前提下，永煤公司其他子公司能够快速完成经营管理系统的实施，并根据自身特点进行细节修订，实现企业管理模式的快速移植。

④联合性。系统研发方案中非常重视系统开发商的作用，选取一家有实力的开发商作为战略合作伙伴，长期合作，联合开发，共同完成系统的升级与改进，这一模式使得系统功能不断完善。另一方面系统方案的联合性还表现在非常重视后期推广单位的合作，充分借鉴永煤公司内部各子公司管理亮点，融入系统研发方案，实现研发方案的全面性和先进性。

（2）系统具备4个特点，即平台化、动态化、标准化和一体化。

①平台化。系统开发基于用友公司UAP管理平台开发，其开发模式是先构建基本框架体系，之后逐步拓展其功能，通过子模块的增加，系统功能不断完善，最终形成了完备的经营管理体系，所以系统首先是一个管理平台，在这一平台上通过不断的功能拓展完善功能，这也就决定了系统功能升级非常方便，在不改变架构的情况下即可方便完成。同时，由于其平台化的特色，还与供应管理、财务管理等其他管理系统进行对接，在更广范围内实现了煤矿经营信息集成化管理。

②动态化。系统动态性表现为一方面能够对经营管理提供实时动态信息，帮助决策者随时掌握企业全面信息。另一方面管理系统开发思路重视管理规则的制定，即系统管理模式、流程等具备可变性，可以通过简单的后台管理实现流程可控，操作方便，不需要程序开发人员参与，使得后期使用成本较低。此外，系统的动态化还表现在管理对象可变、管理流程可变、管理定额可变、考核规则可变，所有这些的维护工作均可以在后台简单完成，不需要涉及源代码的编写工作，实现了真正意义上的动态化。

③标准化。陈四楼煤矿经营一体化管理系统在研发之初，非常重视对管理模式的总结与改进，在永煤企管部帮助下，形成经营管理标准模式，虽然在细节上可能会不同，但整体管理模式、管理流程的标准化程度非常高，这就便于系统的推广与移植使用，使得永煤内部先进管理模式得以在更广范围得到快速融合，有利于集团公司在战略兼并重组过程中与子公司迅速整合，形成合力。

④一体化。陈四楼煤矿经营管理系统注重经营管理的协同性，针对内部管理以月度为单元，从生产计划、费用预算、过程控制、月末验收、区队核算、班组管理、个人工资等环节进行协同管理，形成了煤矿生产经营全过程一体化管理。另一方面，为了全面收集整合经营管理信息，系统还与物资供应、财务管理、人力资源等系统实现信息共享与互通，在更广范围内实现了经营一体化管理，为企业经营管理决策提供更加全面的信息支持。

三、基于动态平台化的煤炭企业经营一体化管理系统的实施效果

1. 社会效益

陈四楼煤矿经营一体化管理系统通过动态平台化管理模式，一方面保证了企业内部管理信息的高度集成，为企业管理人员决策提供了方便；另一方面，借助简单明了的报表管理模块，相关管理人员对于所需管理数据实现了更加直观和方便的查询与分析，使得企业经营管理水平得到了提高；最后由于信息化管理平台的出现，企业经营管理人员工作量大大减少，使得管理人员能够从繁琐的考核核算中解放出来，投入更多精力在于内部管理机制的研究中，为管理水平的提升做出了贡献。

同时，对于集团公司来说，陈四楼煤矿经营管理一体化系统的开发，有利于集团公司先进经营管理系统的固化和升华，有助于先进管理模式的快速推广。在煤业集团公司兼并重组的大环境，集团标准化经营管理系统的整体推广，还有助于集团公司针对新进公司快速导入经营管理模式，快速完成企业整合。

2. 经济效益

（1）通过系统使用，陈四楼煤矿经营管理水平得到提升，员工工作积极性进一步提高，企业生产管理水平随之上升，在实施内部市场化管理系统的两年时间里实现了煤炭产量、营业收入、利润的稳步提升。

（2）随着系统的投入使用，内部管理人员对成本管理的敏感性进一步上升，在企业生产条件逐步变差，生产任务逐年加压的不利局面下，实现了生产成本的明显下降。

（成果创造人：王向东　陈群忠　金　新　韩　彦　李红涛　强浩波　孔令云　高新社　董　冰　张　鑫　王启善　张雪云）

基于内部市场化运作的煤矿成本管控体系研究与实践

河南煤业化工集团永煤公司城郊煤矿

城郊煤矿隶属于河南煤业化工集团永煤公司，是永煤公司第三对现代化大型矿井。矿井于1999年12月29日开工建设，2003年10月11日竣工投产，创造了“当年投产、当年达产、当年盈利”的国内煤矿建设奇迹，被誉为集团公司“快、好、省”的经典力作。2006年矿井核定年生产能力为420万吨，经技改后，2009年核定为500万吨。2011年，城郊煤矿实现收入41.56亿元，利润25.36亿元，职工人均收入达到8万元，矿井保持自投产以来连续8年安全零死亡，是目前河南综合效益最好、社会贡献最大、生活环境最优、职工收入最高、员工和企业协同发展的第一大矿、第一强矿。矿井先后获得全国特级安全高效矿井、全国安全文化建设示范企业、中国煤炭企业科技创新示范矿（厂）、河南省五优矿井等20多项省部级以上荣誉称号。

一、基于内部市场化运作的煤矿成本管控体系的实施背景

1. 煤炭企业成本具有特殊性

煤炭企业属于地下开采业，成本构成复杂且变化大，给煤炭生产管理特别是成本管理造成了一定的难度。一是煤炭企业原材料不构成产品实体，用于煤炭开采的主要是为原煤生产起促进作用或创造正常劳动条件作用的辅助材料，如支护用品、木材、专用工具、大型材料等都不构成产品实体，可以多次地被回收复用。二是煤炭生产由于环节多，成本构成较为复杂，受储存条件、地质构造、品位、储量等条件限制，煤层的厚度、煤层埋藏的深浅、地质构造的复杂程度、顶底板的好坏等都对煤炭生产成本有直接影响。三是在矿井生产全生命周期内，煤炭生产成本总体呈上升的趋势。就煤炭行业而言，固定成本极高，随着采区的接替，水平的延深，开拓掘进的距离延长，材料及原煤的运输距离会增长，为生产

服务的排水、通风、供电、巷修及设备维护及运输等费用则相应增大，以上种种原因导致原煤生产的成本呈逐年上升趋势。四是生产组织管理和成本控制比较复杂。由于煤炭生产的整个过程不仅包括井上，还包括井下，点多、面广、线长，并且大部分作业在井下，因此生产组织和成本管理非常困难。这种煤炭成本固有的特殊性，加上员工收入刚性增长、近年来物价持续上涨等客观因素的影响，使煤矿成本不断上升，企业成本压力巨大。对此，如何采用有效的成本管控手段，将企业成本控制在合理范围之内，是煤炭企业必须解决的重大问题。

2. 煤炭企业成本管控水平亟需提升

城郊煤矿从 2003 年投产开始，就不断探索有效的成本管理方法。在借鉴其他行业成本管理先进经验的基础上，不断探索、完善成本管理工作。城郊煤矿的成本管控体系大致经历了模拟实践—充实完善—深化提高—信息化发展四个阶段。经过长期的学习、探索和实践，成本管理水平不断提高，在当时的生产经营管理中发挥了一定的积极作用，但也存在如下一些问题：一是成本管理职能具有局限性。在成本管理上，各个部门之间往往不能实现有机的配合，如企管科是成本管理的牵头部门，但成本管理同样也涉及到生产工艺的设计、设备的选型等。二是成本管理市场化意识不够强。在成本核算上，仅限于区队二级市场主体的核算，没有将核算单位细化到班组、岗位等三、四级市场主体，成本控制的压力未能层层传递到职工个人；在工资分配上，与效益挂钩的工资比例小，固定工资比例大，薪酬制度仍强调岗位技能工资，分配上仍存在大锅饭思想，职工积极性调动不起来。三是成本考核和分配不到位。成本控制成果没有直接与职工收入挂钩，成本考核力度不够大，职工普遍认为成本控制与己无关；只重视基层生产区队、班组的考核，忽视了对职能管理部门、辅助生产区队和岗位的考核；考核过程运用计算机系统自动处理的少，人工操作的多，不仅考核工作量大，而且使考核兑现结果人为因素过大，影响了考核结果的客观性、公平性；考核指标设置不科学、不配套、不系统，成本考核指标没有纳入到企业统一的考核分配体系中。在此情况下，如何进行成本管理创新，有效解决存在的问题，成为企业发展中必须思考的问题。

3. 形成企业核心竞争力的需要

成本管理和控制是影响煤炭企业市场竞争力的关键环节，也是煤炭企业内部管理的重点。基于内部市场化运作的煤矿成本管控体系的实质，是通过标准化、精细化管理，实现煤矿内部业务流程再造，从组织机构上将煤矿以职能为中心的传统管理形式转变为以流程为中心的新型流程导向型扁平化管理体系，从而节约企业管理中的监督成本，提高生产效率，增加企业效益，实现煤矿经营方式和企业管理方式的根本变革；同时，通过构建科学的煤矿成本管控体系，实现对企业成本的事前计划、事中控制、事后分析反馈，能够促进企业节约地、合理地使用人工、材料、配件、设备、电力等各种生产要素，改善和加强企业内部成本管理，深度挖掘企业潜能，有效降低成本，从根本上提高企业经营效益，促进企业健康、稳步发展，从而提升和形成企业核心竞争能力。

二、基于内部市场化运作的成本管控体系的内涵

1. 煤矿内部市场化运作体系内涵

城郊煤矿从 2003 年将市场机制引入企业成本管理，经过多年的探索、实践、完善、提高，形成了“一个平台、四个体系、十大市场”的具有城郊矿特色的内部市场运行管理模式。一个平台就是信息管理平台（城郊矿内部市场化精益管理系统），利用该平台，可以高效地处理内部市场化运作所需的各种信息。四大市场体系即内部市场管理体系、内部市场核算体系、内部市场计量体系、内部市场价格体系，十大专业市场指资金市场、安全市场、物资市场、产品市场、运输市场、电力市场、科技市场、租赁市场、人力资源市场和加工修理市场。通过建立健全城郊煤矿各级内部市场主体和内部市场化运行体系，城郊煤矿形成了全面、高效、公平、透明的买卖关系，完善了企业内控制度，提高了经营绩效。

城郊煤矿通过构建内部市场化管理体系，在矿与队（科）之间、队（科）之间、区队与班组之间、班组与班组之间、班组与个人之间、个人与个人之间，建立了内部市场交易关系，降低了成本消耗，堵塞了管理漏洞，完善了企业内控制度，提高了经营管理质效。同时，内部市场化对成本的全过程控制进行了强化，首先对劳务及生产成品实行内部收购，使作业成本得以降低；其次对设备进行有偿占用，加速了设备周转；再次，严格执行工程质量损失赔付制度，为工程施工质量提供了可靠保障；最后，以在矿层面签定目标责任书为基础，在全矿建立了横向到边、纵向到底的责任保证体系，将矿各方面的积极因素都统一到全矿总体目标上来。

2. 基于内部市场化运作的成本管控体系内涵与构成

基于内部市场化运作的煤矿成本管控体系以内部市场化运行体系为基础，以煤矿精益管理信息系统为平台，建立科室、区队、班组、个人四级成本管控体系，实现成本“四自”管理，即科室自控、区队自治、班组自理、个人自律，使成本管理的压力传递到每个单位、每个班组、每个个人，成本管理的过程涵盖事前预算、事中控制和事后考核，成本管理的范围扩大到材料、电力、人工等每一个要素、每一个市场，实现成本管理的全员、全过程、全方位控制，从根本上提高企业效益和管控水平。

基于内部市场化运作的成本管控体系由内部市场化运作体系、四级成本管控体系、成本事前事中事后过程管控体系、“四自”管控体系及精益管理信息系统平台构成，如图 1 所示。

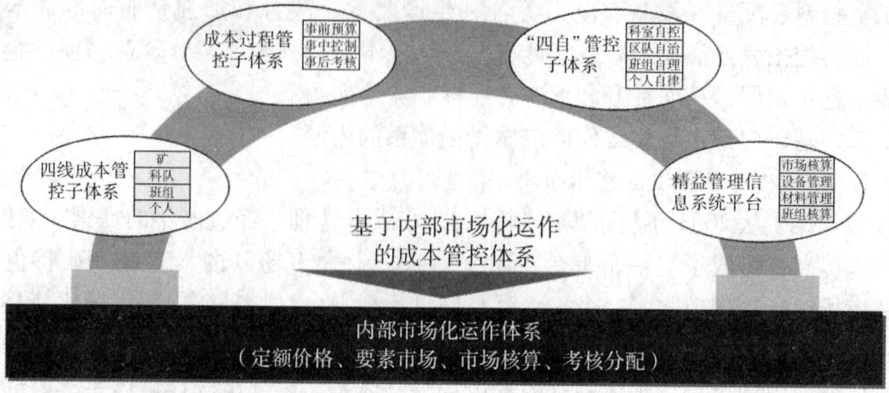

图1　基于内部市场化运作的成本管控体系构成

三、基于内部市场化运作的煤矿成本管控体系运行

1. 矿对科室的成本管控（四级管控之第一级）

总公司下达成本指标后，煤矿结合各科室的管理职责，将原煤制造成本指标分解为11大类、51小类，横向落实到各责任科室，并根据成本项目占总成本的权重和管理难度，设置不同的奖励基数，实现月考核季兑现，从而激发专业科室成本管理的积极性，发挥专业科室在成本管理作用，达到科室成本自控。

（1）细化成本指标，明确责任科室。年初根据公司下达的各项成本指标，参照往年各项成本、费用项目的实际发生情况，结合年度生产计划，对原煤制造成本横向分解到各责任科室。按照永煤公司对城郊矿成本、费用考核口径，结合各科室、单位的业务性质，对各科室、单位在成本管理中的责任划分情况如下：

①企管科是成本管理牵头管理部门，负责矿原煤制造成本的控制，并且负责钢轨、钢管、专用工具（风镐、自救器）、折旧费、安全费、提取的维简及井巷费、矿山治理保证金、地面塌陷补偿费、资源成本费、地面修理修缮工程费用、井下牌板制作费用、印刷费、各项综合服务费、办公设备维修费用、仓储费及其他费用预控制及管理。

②生产技术科负责支护材料、火工品、木材、建工材料等控制与管理。

③机电科负责配件、油脂及乳化油、专用工具（潜水泵、风泵、凿岩机等其分管的部分）、大型材料（皮带、电缆、钢丝绳）、电费、机电设备修理费、租赁费（含单体租赁费）、机电安装及技术服务费等控制与管理。

④调度室负责通讯费、通讯监控监测电缆、光缆、设备、电话、监控两通、三通等材料费用控制与管理。

⑤劳资科负责全矿职工薪酬、劳务费（含上交费用）、班中餐、劳动保护费（防暑降温费、工伤医药费）、劳保用品费、业务招待费（区队招待费）等费用的控制与管理。

⑥供应科负责其他材料费、装卸费等费用的控制与管理。

⑦行政办负责业务招待费、会议费、差旅费、小车管理费、办公费用（鲜花、办公用品）、图书资料费等费用控制与管理。

⑧政工科负责宣传牌板制作费用的控制与管理。

⑨服务公司负责自用煤、低值易耗材料、其他电器维修费、绿化费、办公费（花卉、办公用品）、毛巾、香皂等劳保用品等费用控制与管理。

⑩车队负责车辆管理费、运输费等项目费用的控制与管理。

⑪保卫科负责警卫消防费的控制与管理。

（2）注重结果应用，严格考核兑现。城郊煤矿企管科作为成本考核牵头部门，每月依据各科室分管成本的管理效果对各科室成本指标的完成情况进行考核，具体考核方法如下：

①考核周期：实行月度统计，季度考核兑现。

②考核口径：城郊煤矿材料费以每月实际发生数（含材料差异）为准进行考核，其他费用指标按照财务报表数据为准进行考核；以上考核数据由财务部提供。

③考核方式：依据各科室承包指标及对应的分值，根据管理效果进行相应的分数浮动。

④考核浮动标准：各单位的考核得分根据其承包指标的完成情况按表 1 的标准进行浮动。

表 1　城郊煤矿 2011 年成本指标考核得分浮动标准

季度节 + 超 - （R）	R < -3%	-3% ≤R < 0	0≤R < 3%	3% ≤R≤8%	8% < R
分数浮动	0	下浮 50%	不变	上浮 20%	上浮 50%

⑤计算方法：按照《城郊煤矿成本节约奖金分配办法》，根据各科室考核得分（分管成本项目基准分浮动后的和），对各科室进行奖励，具体计算方法：

成本奖励金额 = 科室考核得分 × 奖励总金额/ Σ 各科室考核得分

各科室再根据本科室员工在成本管理工作中贡献大小进行二次分配。

2. *矿对区队的成本管控（四级管控之第二级）——过程管控*

城郊煤矿对区队成本管控的思路是发挥区队成本自主管理的积极性，达到成本管控的目的。借助于内部市场化、预算和信息化等管理手段，实现对区队成本的全过程管控，即成本事前预算、成本事中控制、成本事后考核三个阶段。

（1）成本事前预算。城郊煤矿通过建立全面预算成本管理体系，实现成本的事前控制。每月月底依据年度预算和下月生产计划，结合安全生产实际情况，以定额为标准，利用城郊煤矿内部市场化精益管理信息系统编制各区队的材料消耗预算，作为月中各区队领料的依据，无预算不得领料。具体操作过程为：

①明确成本预算编制责任部门，确保预算编制及时、准确。城郊煤矿预算责任体系由预算管理部门、预算归口管理部门和预算责任单位组成。

预算管理部门：企管科是预算管理的牵头部门，包括按照成本预算编制的原则和程序指导各科室、区队完成预算的编制；监督各单位预算执行等。

预算归口管理部门：企管科负责各区队钢轨、钢管、其他材料及其他费用预算的审批、编制、控制与管理；生产技术科负责支护材料、火工品、木材、建工材料等预算的审批、编制、控制与管理；机电科负责电费、租赁费（含单体租赁费）、配件、油脂和乳化油、专用工具（潜水泵、风泵、凿岩机等其分管的部分）及大型材料（皮带、电缆、钢丝绳）等预算的审批、编制、控制与管理。

预算责任单位：各区队作为预算责任单位和使用单位负责根据生产计划，通过内部市场化系统编制本队月度预算，并按矿下发的月度预算控制本单位各项费用支出。

通过明确预算编制责任部门，发挥专业科室的专业管理职能，保障预算编制的及时和准确。

②以定额为成本预算编制依据，确保预算编制科学合理。城郊煤矿各区队预算编制依据各区队月度生产计划、参考当月生产条件变化，严格按照相应的定额标准由内部市场化精益系统自动进行编制。

定额标准作为在生产过程中相对科学、可实现的成本消耗指标标准，参考定额标准可使各区队在实际的生产过程中易于掌控各项成本指标的消耗进度，有利于对成本指标的跟踪管理，保障全月指标完成。

③借助信息化手段进行成本预算编制，实现预算编制的细、快、准。

一是借用城郊煤矿内部市场化精益管理信息系统平台，建立定额管理数据库，完善区队包含物资、电力、租赁、加工修理、运输等成本费用项目的定额体系。例如：综采一队本月计划生产原煤 10 万吨，工作面平均采长在 100 米范围以内，则相应的本月坑木消耗量预算标准为 $9\times10=90$ 方。

二是每月各基层区队将下月生产计划及生产条件的相应参数输入信息化系统，由归口管理科室分别审批把关，系统将自动套用定额数据库中的定额数据，计算出本月本队各项成本指标的理论消耗数据，各项成本指标均能细化到品种数量，在高效地完成预算编制工作的同时，保证了预算编制的质量。

④通过全面成本预算实时监控，确保预算执行到位。月度预算编制完成后，各区队可通过内部市场化信息系统随时查询本队本月各项成本指标消耗情况，对照月度预算标准查询全月指标完成率。

同时，通过设立费用预警，当本月成本消耗量的比重超过月度进度的 15% 时，系统将自动预警，提示成本指标消耗过快，终止区队材料的继续领用，督促区队查明原因，加强成本控制。

（2）成本事中控制。城郊煤矿为加强成本指标的事中控制，对物资、电力、租赁、加工修理和运输费用等指标采用分类管理的原则，同时，对各项成本指标坚持谁领取、谁使用、谁负责的管理原则，并以最大限度地做好材料复用、现场检查监督等，实现降低成本的工作目标。在成本事中控制中，城郊煤矿主要坚持以下四个制度：预算追加审批制度、现场监督检查制度、交旧领新管理制度、物资消耗有旧不发新制度。

①实施预算追加审批制度，确保预算外材料管理的实时监控。城郊煤矿严格执行成本项目审批制度，成本预算内的材料、设备等由供应科根据月度预算控制发放；但对预算外成本项目和超预算项目则由责任科室通过内部市场化系统按分管项目进行审批，供应科根据分管单位的审批进行发放，没有责任科室的审批一律不准发放，杜绝无预算发放，超预算发放情况的发生。由于生产急需的设备与材料，以调度室通知（包括电话通知）为准，供应科进行及时发放，随后相关单位必须补办手续，否则按照相关制度进行罚款。

预算追加审批制度的实施杜绝了部分预算外材料、设备和加工修理件的任意领用、加工，从计划层面予以控制，保证了成本项目在使用过程中的实时监控。

②实施成本项目现场监督检查制度，杜绝现场浪费。为加强各区队井下成本管理，城郊煤矿设立井下材料管理员三名，机电设备管理员五名，调度员十七名，分别对井下各区队物资使用、用电管理、设备管理、运输管理等进行跟踪检查和指导，对违反矿井管理规定，存在成本浪费的，将严格按照相关制度追求责任单位和责任人的责任。

城郊煤矿在对井下成本管理制定标准，并按照标准进行监督检查的同时，积极应用现代信息化手段，先后建立了《城郊煤矿井下材料管理系统》《城郊煤矿电力监控系统》《城郊煤矿设备精细化管理系统》等，对井下各成本项目进行管理、考核、查询、分析、反馈等，确保了高效管理。

③制定交旧领新管理制度，防止物资丢失和保证物资回收。城郊煤矿为有效降低成本，防止废旧物资的丢失、增加物资回收，同时杜绝各基层区队随意领用物资，对部分较贵重和易回收的物资实行交旧领新制度。各类物资交旧领新时，根据物资的使用时限、技术标准、新旧程度及报废原因等要求，经相关人员初步鉴定无法继续使用后，方可进行交旧领新。对凡是不能交旧领新的区队，其领用新物资的费用将完全由领用区队承担。2011 年城郊煤矿由交旧领新而产生的效益就达到 2229. 32 万元。

④落实有旧不发新制度，减少新物资投入降成本。城郊煤矿为有效降低成本，对物资消耗、加工件、设备坚持有旧不发新制度，要求各单位积极使用复用物资和设备，凡是使用复用物资的单位，月度考核中费用按照原值的 60% 纳入各单位的成本费用。同时，为加强考核，鼓励相关人员的积极性，由供应科每月

底进行统计，按照复用物资价值的1% ~2% 提取奖金，奖励三个积极使用复用物资的区队和相关科室及机修厂修复人员。

（3）成本事后考核。成本事后考核是指利用内部市场化管理手段，根据各区队当月验收合格的工作量和消耗定额计算各队成本项目收入，实际消耗作为成本支出，收入减支出的结果当月直接兑现到工资中。通过将各区队的成本考核结果直接和工资挂钩，成本节超额影响工资的高低，能促进区队自主加强成本管理。

①区队成本考核要素。城郊煤矿对各基层区队的成本考核包括材料、电费、租赁费、加工修理费、运输费等所有可控成本项目。

②建立完善的定额体系。科学、合理、准确的定额水平是企业激发职工节本降耗积极性的前提，因此城郊煤矿根据以上五类成本因素分别制定了科学、合理的消耗定额。其中，材料消耗定额根据现场观察、理论计算及参考往年数据整理确定；电力消耗定额根据工作面设备标准配置、设备功率及相应损耗进行确定；租赁费用消耗定额依据各区队工作面设备标准配置进行确定；加工修理费用定额参考往年加工修理用消耗量、设备配置数量、设备投入使用年限等进行确定；运输费用定额根据各区队本月工程验收量计算用车量进行确定。同时，城郊煤矿根据各类成本要素在区队生产使用过程中的管理难易程度、参考外部市场价格确定各成本要素的内部价格。

③基于内部市场化运作的成本考核。成本考核是城郊煤矿将内部市场化理论应用到成本管理的关键环节，也是企业成本管理的重要手段。城郊煤矿对区队成本管控的重点，是严格分类考核各类成本要素，将成本管理通过内部市场运作与各区队的职工收入挂钩，从而最大程度地调动起各区队干部职工的节本降耗的积极性和主动性。

材料消耗考核：根据区队月度生产任务完成量及地质条件情况，套用相应定额，计算出该队本月材料收入；本月该队实际材料消耗量为其支出，收入与支出的差额即为区队本月物资消耗的考核结果，对等节奖超罚，直接兑现到工资中。

电力考核：根据区队地质条件变化、设备台数、设备功率及理论开机时间核定该队电力收入；本月该队实际耗电量乘以电力内部单价即为该区队本月电力考核的支出，收入与支出的差额即为该队本月电力消耗的内部市场考核结果，其中节约或超支分别按金额的50% 进行奖罚兑现。

租赁费用考核：月初，机电科根据本月各区队设备使用配备台数，下达设备使用计划，计划中的设备使用量乘以租赁设备的内部租赁单价即为区队租赁费核定的收入，同时，区队实际使用设备台数和设备未能及时移交或上交，导致实际占用设备量增加或减少而引起的差额，即为对租赁费用的内部市场考核结果，按照节超金额50% 进行奖罚兑现。

加工修理费：按照各区队的月底验收量乘以相应定额核定各区队的加工修理

费作为各区队的收入，各区队当月委托机修厂实际加工修理的项目乘以相应的加工修理单价作为其支出，收入与支出的差额即为各区队内部市场中加工修理费考核结果，按节超额的100%节奖超罚兑现。

运输费：矿每月根据用车单位当月实际工程量确定应用车数量后，按每车服务价格（41.5元）核定各用车单位收入。各用车单位当月实际用车量作为其支出，收入与支出的差额即为运输费用内部市场考核的结果，按照节超额的100%进行奖罚兑现。

3. 区队对班组成本管控（四级管控之第三级）

对班组成本管控，借助内部市场化运作的思路，通过细化工序和标准作业，明确每道工序的材料消耗标准，并将成本考核结果兑现到班组工资中，通过将市场化机制引入班组成本管理，激发班组成本自理管理。具体做法：

（1）完善采煤、掘进、辅助等专业标准工序，结合各工序的设计材料消耗或历史经验数据，建立完善各类工序消耗定额，为对班组成本考核提供准确依据。

（2）完善班组成本核算流程。井下班组材料支出由各班验收员记录填写井下材料支出明细单；地面班组领料使用统一印制的《城郊煤矿班组领料单》。核算员每天根据“两单”将各班组的材料消耗录入内部市场化精益管理系统，实现“日清日结”。通过“两单”，确保了班组成本核算准确性、完整性，为对班组的成本考核提供了保证。

（3）严格考核兑现。核算员根据班组的工作量核算各班组的成本收入，各班组的实际消耗量作为支出，收入减支出的结果直接纳入班组工资。通过考核结果的兑现，使班组清楚地看到“节约成本就是增加工资”，从而实现班组成本自理的目的。

4. 班组对个人成本管控（四级管控之第四级）

班组对个人的成本管控方法是进一步细化各工序，并明确小工序的责任人和材料消耗标准，并由班组长在考核个人工作量的同时完成对材料消耗情况的考核，通过对个人材料消耗的考核实现了员工成本的自律管理。

例如：正常支护一排顶部锚杆需用高强锚杆6根、锚固剂12根，而经班组长验收，锚杆支护工领用高强锚杆7根、锚固剂14根，则多余的1根高强锚杆和2根锚固剂由锚杆支护工承担，对等奖罚，并在当班工资中兑现。

四、基于内部市场化运作的成本管控体系的实施效果

1. 经济效益

城郊煤矿在构建基于内部市场化运作的成本管控体系过程中，通过确立四级成本管控体系、“四自”成本管控体系、事前事中事后过程成本管控体系，明确了成本责任主体，界定了责任主体的管理责任，科学确定针对每个责任主体的成本管控手段，利用市场化手段严格考核兑现，把从科室到区队、区队到班组、班组到个人所有人员的利益和成本管控结果挂钩，工资总额等于总收入减去总支

出。为了追求高工资，各级人员在进行生产的同时，努力降低电力、材料的消耗。这种管控方式，强化了全体干部职工“成本就是工资，工资就是成本”的意识，营造了企业人人为成本而算，人人为效益而干的成本管理氛围，促进了企业的节支降耗。城郊煤矿自 2003 年投产至今，矿材料费、电费、租赁费及原煤制造成本逐年降低，利润、营业收入逐年攀升。2011 年城郊煤矿由于该机制的实施，共使用复用材料 1577.34 万元，为矿井节约新材料投入 1577.34 万元。

2. 社会效益

（1）员工的成本意识得到增强。基于内部市场化运作的成本管控体系促进了职工思想观念的转变，通过深化内部市场化成本管控模式，激发了职工的积极性和主动性。市场意识、成本意识、效益意识已经在城郊煤矿广大干部职工的思想中牢固树立。例如，以前材料费没有和工资挂钩，丢弃材料的现象随处可见，实行内部市场化管理后，成本核算方式与内部市场化管理相结合，而且现规定各单位每月材料奖罚结果 95% 直接兑现到区队，4% 由矿直接兑现到各单位负责人（队长、书记各承担 2%），材料员承担 1%，大大增强了各区队材料管理责任人的成本管理积极性，促进了节支降耗。

（2）企业成本管控水平显著提高。城郊煤矿基于内部市场化运作的成本管控体系从矿井实际出发，以过程控制、基础管理为切入点，使各项制度措施与矿井实际紧密结合，不但有效控制了成本费用的增长，也直接促进了各项基础工作的规范化、标准化和精细化的有效提升。同时，基于内部市场化运作的成本管控体系以煤矿精益管理系统为管理平台，利用成本管理的信息化手段达到了成本管理信息的快捷、高效，同时有效提高了各级管理人员的专业技术水平，推动了企业成本管控水平的提升。

（3）企业成本管控机制实现了创新和提升。城郊煤矿基于内部市场化运作的成本管控体系将内部市场理论引入到企业成本管控之中，从改革管理体制入手，把原来承担考核任务的职能部门变成具有经营职能的专业市场，变过去的上级考核下级为有偿服务和有偿交易，有效地解决了国有煤矿高成本、低效率问题。在该模式下，根据“收入—支出 = 工资”的薪酬模式，无论收入的提高还是成本的节约，都会导致职工工资的增加，职工收入得到明显提高，员工的积极性得到充分调动和发挥，企业同时也获得了巨大的经济效益。这种企业和职工“双赢”的成本管控机制，是企业管理体制上的创新，为实现煤矿管理现代化做出了积极的贡献，同时对其他煤炭企业成本管控也具有重要的参考价值。

（成果创造人：上官书民　宋来武　张瑞玉　王丽娜　何灵通　孙东红　赵　鹏　丁文星）

“三标一流”管理模式的构建与应用

河南煤业化工集团永煤公司新桥煤矿

永煤集团是河南省国有大型煤炭企业，是中国500强企业之一，全国工业重点行业效益十佳企业之一。产业涵盖煤炭开采洗选、金属矿业采选、煤化工、发供电、铁路运输、轴承制造、矿建、商贸等。新桥煤矿是河南煤化集团永煤公司建设的第四对现代化矿井，设计生产能力1.2Mt/a，2007年12月建成投产。矿井先后获得重点工程建设先进单位、河南省“五优”矿井等荣誉称号。

一、“三标一流”体系实施的背景和意义

1.“三标一流”体系实施的背景

1998年国家煤炭工业局给各煤管局、省（区）煤炭厅（局、公司）、有关煤炭企事业单位，各煤炭标准化技术委员会下发了一个《关于加强煤炭工业标准化工作的通知》，其中强调：煤炭工业标准化工作是促进煤炭科学技术进步和推动煤炭工业改革与发展的重要基础性工作。做好煤炭工业的标准化工作，关系到煤炭工业的现代化建设，关系到煤矿安全生产、经营管理和经济效益的提高。各省（区、市）煤炭管理部门要切实加强领导，把标准化工作纳入议事日程，保证标准化工作的顺利开展。2003年，煤炭工业协会又发出了一份《关于进一步做好煤炭行业企业标准化工作的通知》。在通知中强调：煤炭企业标准化是煤炭企业实施科学管理的基础，是实施国家科技发展战略的重要内容，也是煤炭行业标准化体系的重要组成部分。全国煤炭企业要加强对标准化工作的管理，在企业法人代表领导下，根据企业的规模和类型，配备相应的标准化专、兼职人员，按上级标准化管理部门有关规定开展标准化工作。所以煤炭企业应该开展标准化工作。在2009年印发的《能源领域行业标准化管理办法（试行）》《能源领域行业标准制定管理实施细则（试行）》和《能源领域行业标准化技术委员会管理实施细则（试行）》，又为能源领域企业标准化的管理提供了方法，促进了能源领域企业标

准化工作的实施。

新桥煤矿设计生产能力为年产量 120 万吨，2008 年原煤产量突破 186 万吨，实现了“当年投产、当年达产、当年达标、当年创‘五优’矿井”的工作目标。虽然新桥煤矿建井周期和试生产周期相对较短，管理基础较薄弱，但为实现矿井“高起点、高标准、高质量、高效率”的发展目标，在建矿之初，新桥煤矿就提出了“工序流程化、管理程序化、操作标准化、行为规范化”的要求，将流程化、标准化与市场化工作相结合，作为矿各项工作的重中之重来抓，力求在最短时间内苦练内功，采用非常规发展方式提升管理能力，不断完善和发展自我，取得了明显成效。

2. “三标一流”体系实施的意义

标准化管理是规范化的主要内容，是企业最基础的管理工作。新桥煤矿开展以明确科室和岗位职责范围、管理和操作流程、岗位入职要求、岗位工作标准和岗位工艺流程为内容的标准化管理工作，有利于统一规范管理人员的思想和行动，优化沟通渠道，从而加速企业发展。

二、“三标一流”体系的构建

1. “一流”体系的构建

（1）流程化管理与标准化管理的联系。流程化管理是标准化管理的基础。标准化管理要对科室职责范围、业务流程、岗位职责和岗位入职要求等进行标准化。在流程化管理下，业务流程管理的层次先是业务流程的再造，然后是业务流程的优化，最后是业务流程的标准化。可见，只有先对业务流程进行优化，才能实施标准化。只有在流程化管理下，业务流程经过多次优化，最终处在能为企业带来最好效益的状态，标准化下也才能为企业制定出最好的标准。业务流程标准化的准确以优化的流程为先决条件。所以要进行标准化管理，流程化管理也是必须的。

（2）流程化管理的本质。流程化管理源于业务流程再造（BPR）。BPR 是对企业的业务流程作根本性的思考和彻底性重建，其目的是在成本、质量、服务和速度等方面取得显著性的改善，使得企业能最大限度地适应以顾客、竞争、变化为特征的现代企业经营环境。换言之，流程化管理模式是一种基于业务流程进行管理、控制的管理模式，代表着一种对新的企业组织工作模式的追求。

流程化管理所强调的管理对象是业务流程，强调以流程为目标，以流程为导向来设计组织框架，同时进行业务流程的不断再造和创新，从而保持企业的活力。

（3）流程化管理的主要内容。

流程规范：整理企业流程，界定流程各环节内容及各环节间交接关系，形成业务的无缝衔接，适合所有企业的正常运营时期。

流程优化：企业流程的持续优化过程，持续审视企业的流程和优化流程，不断自我完善和强化企业的流程体系，适合于企业任何时期。

新桥煤矿的业务流程分为管理流程、岗位流程、工艺流程，管理流程又分为安全生产、经营管理和政工其他三个，工艺流程按类别分为生产类、辅助类。

（4）流程梳理。

①通过流程梳理，明晰部门与部门之间、岗位与岗位之间的工作关系，清晰界定各个部门、岗位的职责。

②通过对流程的完整思考，发现流程中的关键制约因素，认识这些因素有利于达到提高工作效率的目标。

③通过对流程每一个节点的深入思考，找出节点控制要点，提高节点工作效率和效果，以过程控制辅助流程目标的实现，从而达到标准化的发展目标。

④以流程梳理为基础，审视标准化的各项业务和职能，有利于建立针对业务特点的薪酬与考核制度，为流程控制提供充分的支持。

（5）流程优化。

①流程优化设计的原则。并行管理原则、整体最优原则、集成化原则、均衡发展原则、简约化原则。

②流程优化设计框架。流程优化是依据企业的行业状况、发展阶段、内部资源、产品结构等实际情况，通过优化核心业务、组织结构、业务流程和信息流程等，使企业从传统的职能型向流程型转化，由此降低组织成本和经营管理成本，控制经营风险，最终提高企业的效率和效益，增强企业的综合竞争优势。见图 1 所示。

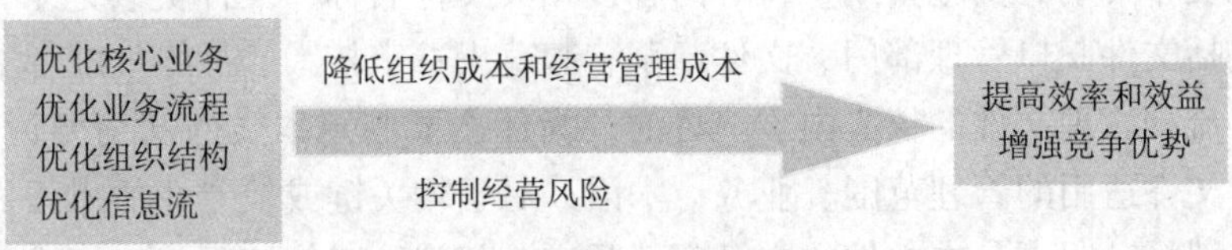

图 1　流程优化设计框架

③流程优化设计的实施流程，见图 2 所示。

（6）新桥煤矿的业务流程。

①新桥煤矿流程管理文件的编制。流程管理文件的编制经过了三个阶段：第一阶段：对矿上的流程进行回查梳理；第二阶段：制定流程管理文件，并完善；第三阶段：进入流程管理文件的实施阶段。

②流程管理文件的分级。按照业务流程的跨度和管理范围大小设定文件级别。第一级：公司级业务流程管理文件，以跨部门业务为主。要求：具有归纳、汇集作用，高度概括性、综合性。第二级：部门级业务流程管理文件，以部门内

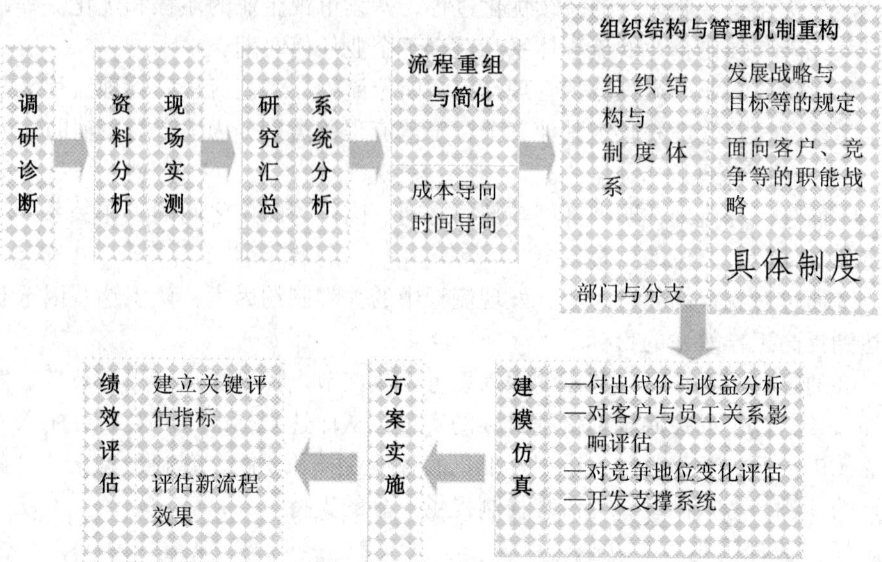

图2 流程优化的实施流程

部核心业务为主。要求：环节详细，职责分明。第三级：专项业务流程文件，以单项业务为主，如科、室内部。

视具体情况，就一些特殊业务或技术手段进行流程化文件设计。如：技术规范。

③构成流程管理文件的要素。准确的名称，如“年度营销计划制定程序”；编号及发布日期、实施日期；核心内容；相关文件名称；文件更改记录；附加说明，包括文件归口管理部门、文件起草、起草人、审核人、最终批准者。

④流程管理文件的核心内容。目的，为什么要制定本文件（简要说明）；范围，本文件适用的管理范围、业务；术语，对于较关键或较专业的术语做出明确定义或解释；职责，本文件的主管部门及实施部门；工作流程，以标准流程图表示；工作内容，包括序号、工作描述、输入、输出、责任部门；工作条例。

2. “三标”体系的构建

（1）标准化体系建立的原则。“简化、统一、协调、优化”是企业标准化体系建立的基本原则。

（2）标准化工作的基本要求。在制定矿各项标准时，不能高于公司标准，更不能与国家、行业、地方标准相抵触。在制定矿各项标准时，积极采用国家、行业、地方、公司标准。

（3）标准化管理机构设置。新桥煤矿为做好标准化管理工作，专门建立了标准化管理委员会。矿长、书记为标准化管理委员会主任，经营矿长为副主任，副总级以上领导、各科室负责人为组员。在标准化管理委员会下，根据生产、技术和经营管理活动的实际需要，又设置了标准化管理办公室、技术标准委员会、管理标准委员会和工作标准委员会 4 个职能部门。

①标准化管理办公室。标准化管理办公室设在企管科。企管科长兼任办公室主任，负责办公室日常管理工作。主要工作是承担档案、保密等日常行政运转工作；参与起草、修订标准工作；承担标准化政策研究工作；负责标准化宣传工作等。

②技术标准委员会。技术标准委员会主任为总工程师，副主任为生产科长、机电科长，组员为全矿技术管理人员。主要工作是负责技术标准的起草、审查、实施情况的监督工作；负责研究、引进最新国家、行业、地方、公司标准；负责技术标准的修订工作。

技术标准委员会下设十个小组，即：作业规程、安全技术措施标准组；安全技术标准组；地测技术标准组；施工工序标准组；设备安装、操作、检修规程组；文明施工标准组；工程验收标准组；“一通三防”、防治水技术标准组；设计技术标准组；节能、环保、计量技术标准组。各小组负责归口技术标准的起草、监督实施与修订工作。

③管理标准委员会。管理标准委员会主任为经营矿长，副主任为企管科长，组员为矿各科室、区队主要负责人。主要工作是负责管理标准的起草、审查、实施情况的监督工作；负责研究、引进最新国家、行业、地方、公司标准；负责管理标准的修订工作。

管理标准委员会下设十个小组，即：安全管理标准组；生产调度管理标准组；经营综合管理标准组；人力资源管理标准组；物资供应管理标准组；技术、信息管理标准组；政工管理标准组；设备与基础设施管理标准；文书办公管理标准；后勤服务管理标准。各小组负责归口技术标准的起草、监督实施与修订工作。

④工作标准委员会。工作标准委员会主任为经营矿长，副主任为人劳科长、企管科长，组员为矿各科室、区队主要负责人。主要工作是负责工作标准的起草、审查、实施情况的监督工作；负责研究、引进最新国家、行业、地方、公司标准；负责工作标准的修订工作。工作标准委员会不再下设小组。

（4）标准的制定。

①标准的制定范围。应对以下方面制定矿标准：生产、技术、经营和管理活动所需的技术标准、管理标准和工作标准；设计、采购、工艺、工装、半成品以及服务的技术标准。

②制定标准的一般程序。调查研究、收集资料→起草标准草案→审查标准→批准与发布。

③标准的复审。标准颁发后，复审周期为一年。复审工作由标准化管理办公室负责组织。

（5）标准化体系的组成。新桥煤矿标准体系由标准体系总纲、技术标准体系、管理标准体系、工作标准体系和标准体系评价与改进组成。标准体系的组成见图3。

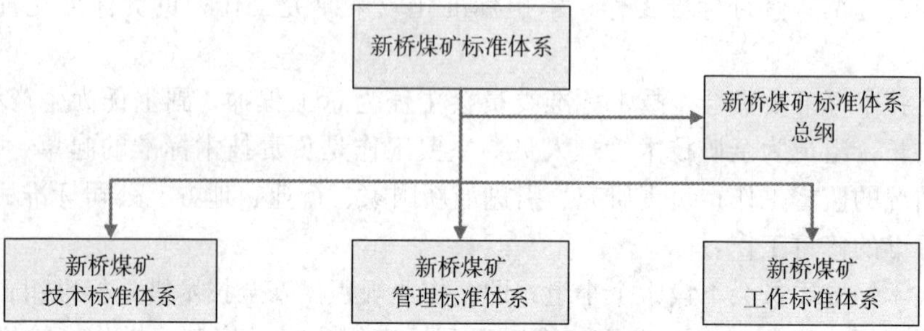

图3 新桥煤矿标准体系的组成

①技术标准体系的建立。新桥煤矿技术标准体系由作业规程标准、安全技术措施标准、安全技术标准、测量技术标准、施工工序标准、设备操作规程、设备检修规程、设备、设施安装标准、文明施工标准、工程验收标准、“一通三防”技术标准、防治水技术标准、设计技术标准、节能、环保、计量技术标准十四大子体系。

②管理标准体系的建立。新桥煤矿管理标准体系由安全管理标准、生产调度管理标准、经营综合管理标准、人力资源管理标准、物资供应管理标准、技术、信息管理标准、政工管理标准、设备与基础设施管理标准、文书办公管理标准、后勤服务管理标准十大子体系。

③工作标准体系的建立。新桥煤矿工作标准由矿领导工作标准、管理人员工作标准、操作人员工作标准三大部分组成。工作标准体系的构成见图4。

三、实施“三标一流”体系的主要做法

1. 实施的基本原则

实施的基本原则包括：实施标准必须符合国家法律、法规的有关规定；国家标准、行业标准、地方标准和公司标准中有关强制性标准，矿必须严格执行；纳入矿标准体系的标准都应严格执行。

2. 实施的程序

（1）制定标准实施计划。实施标准的工作要列入矿计划，规定有关部门应承担的任务和完成时间。实施标准的计划包括：实施标准的方式、内容、步骤、负责人员、起止时间、应达到的要求。

（2）标准实施的准备。实施标准的准备工作包括：明确相应的人员，负责

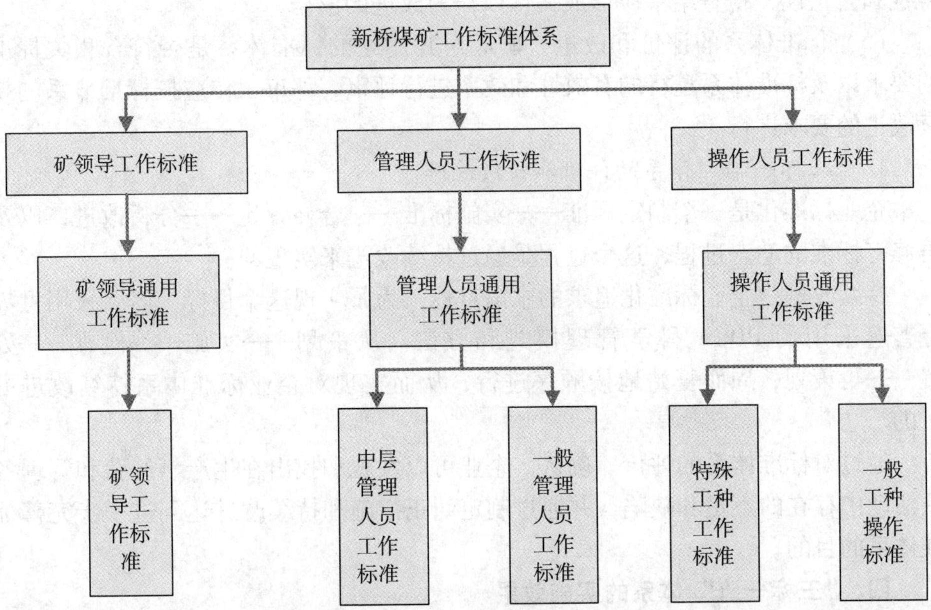

图 4　新桥煤矿工作标准体系的构成

实施标准的组织协调；向有关人员宣传、讲解标准；进行技术准备，必要时进行技术攻关或技术改造；进行物资准备，为实施标准提供必要的资源。

（3）标准实施。依据技术标准、管理标准、工作标准的不同要求和特点，在做好准备工作的基础上，由各单位分别组织实施有关标准。矿各有关单位应严格实施标准。单位在贯彻实施矿标准中遇到的问题，应及时与标准起草机构沟通。

3. 实施的监督检查

（1）总则。实施标准的监督检查是指对标准贯彻执行情况进行督促、检查和处理的活动。通过监督检查，可促进标准的有效执行，并发现标准本身存在的问题，以采取改进措施。

（2）监督检查内容。对标准实施进行监督检查的内容包括：已实施标准的执行情况；矿内技术标准、管理标准和工作标准贯彻执行情况；矿技术改造、引进技术和设备是否符合有关标准化法律、法规、规章和强制性标准要求。

（3）监查方式。标准监查由标准化管理办公室统一管理，对矿标准化管理委员会主任负责。监查采用自查与排查的方式。自查是各归口标准委员会对标准定期自检，对标准执行中出现的问题进行总结。一般周期为二个月。排查由标准化管理办公室抽调人员对各口标准进行系统检查，对标准执行中出现的问题进行总结。一般周期为半年。

（4）监查结果的处理。负责监督检查的部门和人员，应确保监督检查的客观性和公正性，检查结果应形成文件以作为改进的依据。

（5）标准体系的评价和改进。矿应对其建立的标准体系是否符合相关标准的要求以及标准体系运行的有效性和效率进行评审，评审工作应按标准体系的持续改进的要求进行。

4. “三标一流”体系的评价和持续改进

企业标准化是一个制定标准——实施标准——合格评定——分析改进，以及再修订标准的动态过程，这个过程是通过持续改进来实现的。

持续改进是企业标准化追求的永恒目标，为了实现这个目标，需要采用世界上普遍采用的 PDCA 科学管理模式和方法。从策划——实施——检查——处置——再策划，周而复始地按顺序进行，从而实现对企业标准体系持续改进的目的。

通过对标准体系的评价、确认，企业可以发现和找出在生产、经营和管理各项活动中存在的不足和缺陷，并通过制定纠正措施和持续改进达到进一步完善标准体系的目的。

四、“三标一流”体系的实施效果

通过“三标一流”的实施，使新桥煤矿迅速提升了各项工作水平，对经济效益和管理水平的提高起到了明显的推动作用。具体效果如下：

1. 经济效益

（1）劳动效率不断提高。通过“三标一流”体系的实施，员工的操作熟练程度不断增强，处理各项业务所需时间越来越短，员工效率大大提高。原煤工效从 2009 年的 8.02 吨/工，到 2010 年的 13.56 元/工，再到 2011 年的 17.21 吨/工。

（2）原煤制造成本逐年下降。与一般制造企业不同，在原煤制造成本构成中，原材料不构成产品实体，但材料费在原煤成本中占较大比重，因此是原煤成本控制的重点。推行“三标一流”管理的目的是成本控制，特别是材料费，是自一级市场主体矿到四级市场主体岗位、个人费用要素控制的重点。新桥矿实施“三标一流”管理后，单位材料费用出现了大幅度的下降，由 2009 年的 177.04 元/吨，下降到 2011 年 162.9 元/吨。

（3）利润总额逐年上升。“三标一流”体系的实施，使新桥矿利润总额呈逐月攀升态势。2009 年利润总额为 52466.2 万元，到了 2011 年，利润总额达到了 77129 万元，增长了 147%。新桥煤矿投产三年以来已全部收回矿井 12.2 亿元的建井投资。

2. 社会效应

新桥矿“三标一流”管理模式的实施，在为企业创造良好管理效应的同时，还具有良好的社会效应。

（1）标准化、流程化管理是管理体制上的重大创新，为新建矿井的有效管理进行了有益的探索和实践。新桥矿实施的“三标一流”管理模式，将标准化、流程化管理引入到新建企业内部管理之中，从构建管理体制入手，把原来承担考核任务的职能部门变成具有经营职能的专业市场，变过去的“上级考核下级”为“上级服务下级，有偿服务和有偿交易”，从根本上解决了职能部门考核中的随意性、责权利不统一等“请客不买单”的问题，也解决了管理机构臃肿、工作效率低下、机关工作作风不良的问题，为新建矿井实现快速发展奠定了良好基础。

（2）标准化、流程化管理是管理机制上的重大创新，为实现新建矿井管理现代化做出了贡献。标准化、流程化管理解决的就是企业内部的管理机制问题，依靠的是管理政策，注重的是“人本管理”，体现的是各级管理者和每名员工的“标准”意识，“上标准岗，干标准活”的思想观念，深入植入每名职工的思想意识，大大提高了职工的安全。

（3）标准化、流程化管理为新建矿井的现场管理、经营管理不断深化和细化指明了发展方向。新桥矿实行“三标一流”管理的实践证明，只要企业的管理体制、管理机制适应发展的需要，只要员工的积极性得到充分调动和发挥，什么奇迹都可能创造。就新桥矿的生产现场来讲，不仅质量标准化符合标准要求，而且每一项工程、每一道工序、每一项工作都制定了比较科学合理的成本单价；不仅有劳动力的工资单价，有生产所需的材料、设备、运输、电力等统一的单价，而且为满足生产需要而提供的矿灯服务、火工品服务、原煤提运服务、矿车运输服务、采掘设备修理服务等都制定了比较详细的服务价格。这种集工作量、质量、价格于一体的市场化精益管理模式，为煤矿企业由粗放式管理向精细化、科学化、规范化的现代管理方式发展提供了有益的思路。

总之，通过构建“三标一流”体系，并实施流程化、标准化管理，实现了内部业务流程再造，将煤矿以职能为中心的传统管理形式转变为以流程为中心的新型流程导向型扁平化管理，企业制度建设更加完善，促进了矿井由粗放型经营向集约型经营转变，最大限度地降低了物耗、能耗，提高了经济运行质量。

（成果创造人：王太续　郑向民　李志友　仲前成　徐显锋）

基于对标管理的降耗提效模式的构建与实施

河南煤业化工集团永煤公司陈四楼选煤厂

陈四楼选煤厂隶属于河南煤业化工集团永煤公司，为矿井型动力煤选煤厂，入选能力可达450万吨/年。主要洗选产品有：洗精煤、洗中块、洗小块、粒煤、筛末煤、煤泥以及沸腾煤等，用于冶金、电力、化工、造气、民用等行业。其中，洗精煤、筛末煤取得“出口煤许可证”，产品远销巴西、东南亚等地，被中国质量检验协会授予“质量合格好产品”称号。先后获得质量标准化选煤厂、优质高效选煤厂、全国十佳选煤厂等荣誉称号。

一、基于对标管理的降耗提效模式的构建背景

1. 节能降耗的需要

当前，世界经济形势严峻复杂，煤炭行业处于结构调整向纵深发展的攻坚时期，煤炭企业必须要增强机遇意识、忧患意识，加强节能降耗、挖潜提效迫在眉睫，这就要求企业必须把节支降耗放在企业管理的核心位置，建立能够发挥每个员工创新能力和责任心的管理机制，把外部市场压力传递给企业内的每一个员工，最大限度地把每一个员工的创新力发挥出来，把工作目标由完成任务转变成挖潜增效，减少企业人力、财力、物力的浪费，进而聚集出企业的整体活力。

2. 对标先进的需要

企业要发展壮大，需要突破思维定势，需要与时俱进，需要有效运用文化、技术、智慧等来引导、加快企业的进步。煤矿企业在发展过程中，必须不断突破自身发展定势，要不断通过“外观、自省”，对标对同行业煤炭洗选企业的先进管理经验和先进指标，深入调研和学习，科学分析和对比，明确自身与先进企业的差距，发掘自己的优势，培植自己的强项，从而构建不断发展和提升的动力，提升企业核心竞争力。

3. 管理创新的需要

随着企业的发展，企业管理创新工作体系日渐成熟，创新氛围日益浓厚，创新条件日益先进，这就为企业从战略高度开展创新工作，尤其是从管理理念、管理方法、管理手段等多个层面实施创新，进而推动企业管理各个环节的与时俱进奠定了坚实的思想基础和理论基础，总体而言，对标管理实施的条件已非常成熟。

二、基于对标管理的降耗提效模式的内涵、原则和实施步骤

1. 内涵

陈四楼选煤厂为提高企业降耗提效水平，通过与同行业中先进企业的指标进行对标分析，确定标杆，并立足企业实际，围绕产品生产对标、成本控制对标和企业管理对标采取了一系列管理和技术措施，具体通过实施成本趋于极限对标管理法、产品生产精细化对标管理法和企业创新对标管理法，促进企业达到标杆或更高水平，进而实现降低消耗、挖潜增效和力争一流的企业管理目标。

2. 原则

（1）细节管理原则。对标管理借助细节管理，强调组织内每个岗位、每位员工都要把自己的事情做好，想方设法去完成任务，把生产过程中的每个细节做好，把每个操作步骤都做好。

（2）目标管理原则。对标管理根据目标管理原则，认真分析同行业内各项先进指标，对目标进行有效分解，转变成各个部门以及各人的分目标，并根据分目标的完成情况对下级进行考核、评价和奖惩，形成协调统一的目标体系，逐步推行，长期坚持，不断完善。

（3）稳步提高原则。对标管理是一项长效性管理方法，不可能一蹴而就，要从实际出发，脚踏实地，从当前工作做起，逐步提高。

3. 实施步骤

对标管理是持续、渐进的管理活动和管理过程。陈四楼选煤厂在推行基于对标管理的降耗提效模式上，采取了四个步骤稳步推进，确保降耗提效的推行效果得以顺利实现。

（1）确定目标。陈四楼选煤厂认真分析同行业或同一组织内的其他选煤厂，立足关乎企业生产经营核心关键指标，并把这个最好水平确定为企业的追求目标和工作方向，进而逐步趋向于同行业或同一组织内的最好水平，以达到降耗提效的目标。

（2）对标实践。陈四楼选煤厂制定对标方案和实施进度计划，将对标管理措施和对标指标目标值分解落实到相关科室、车间、班组和个人，把降耗提效的压力和动力传递到企业内每一层次的管理人员和员工身上，体现对标活动的全过程性和全面性。在对标实践过程中，企业要修订完善规章制度，优化人力资源，

强化能源计量器具配备，加强用能设备检测和管理，落实节能降耗技术改造措施。

(3) 指标评估。陈四楼选煤厂定期对对标活动成效进行评估，对指标改进措施和方案的科学性和有效性进行分析，并撰写对标指标评估分析报告，查找不足，挖掘经验。

(4) 改进提高。企业将对标时间过程中形成的行之有效的措施、手段和制度等进行评估，制定下一阶段能效水平对标活动计划，调整对标标杆，进行更高层面的对标，将能效水平对标活动持续地开展下去。

三、基于对标管理的降耗提效模式构建与实施的主要做法

陈四楼选煤厂"基于对标管理的降耗提效模式"共包括二部分内容：一是对内对标，二是对外对标，目的旨在通过内、外对标，实现降耗提效的目标，见图 1 所示。同时，为了确保该降耗提效模式的有效推行，采取了"1233"对标管理措施和对标内容，即通过实施"一个目标、两个对标数据库、三个对标管理体系和三大控制手段"，以此确保对标管理体系的全面覆盖和对标目标的高效完成，如图 2 所示。

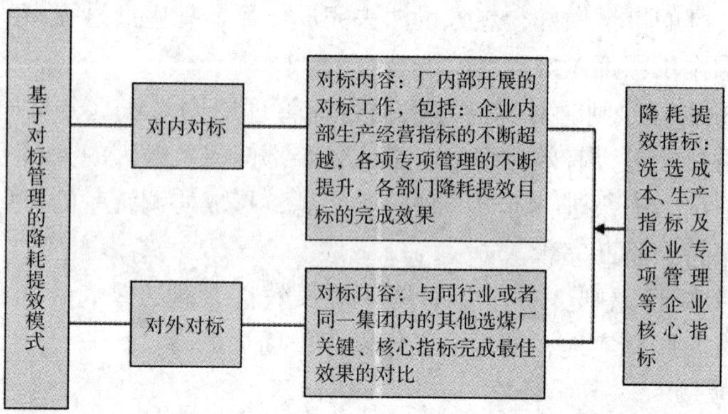

图 1 基于对标管理的降耗提效模式体系图

1. 制定降耗提效对标管理体系

(1) 成立对标管理领导小组。陈四楼选煤厂从上到下高度重视降耗提效对标工作，成立了专门的对标管理职能部门开展工作，厂长任对标管理第一责任人，并明确专门业务部门和专人负责对标指标的过程控制管理，推进对标管理工作，形成了规范的、严格的对标管理组织机构。

(2) 制定对标管理制度。

①建立过程控制制度。过程控制包括目标保证、过程控制和监督评价三方面措施。陈四楼选煤厂制定了对标规划和阶段性目标，制定了完善的对标管理规章制度，及时提出阶段性的控制和改进要求，促使相关对标责任部门及时制定并实

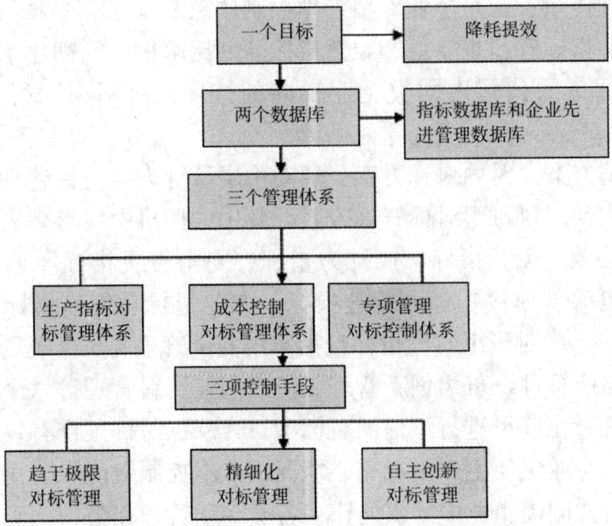

图2 “1233”降耗提效对标管理主要内容

施相关能效改进的技术和管理措施，强化对标指标管理。

②建立信息发布制度。信息发布内容包括：按对标周期发布各类对标指标；按年度发布指标综合分析结果；适时发布对标管理典型经验，按年度发布标杆单位；动态发布对标工作简报等信息；按需要发布对标工作其他相关信息。

③建立经验交流制度。陈四楼选煤厂每月召开对标工作例会，通报各部门对标工作进展情况和指标完成情况，安排布置重点工作，加强监督检查，确保对标工作不断规范和完善。

④建立对标评估制度。陈四楼选煤厂对标管理职能部门负责本企业对标工作管理机制的建设和内部评估，并及时完善和改进，通过对企业各项对标指标的综合评价分析，查摆不足，制定整改措施，形成了对标管理不断改进、完善的科学机制。

（3）建立对标数据库。陈四楼选煤厂对本单位近5年的产品生产指标、成本控制情况以及专项管理检查排名情况进行了梳理和汇总，并对同行业同类企业的相同指标进行了数据搜集和整理，建立了完备、翔实的数据库，为进行本单位各类指标纵向对标分析和与同行业的横向分析，确定对标目标奠定了坚实的数据依据。

（4）制定对标管理内容、指标及方案。

①对标管理内容。陈四楼选煤厂通过认真调研和分析行业形势和同类企业生产经营情况，结合对内、对外对标体系，紧密结合“降耗提效”这一主题，制订了“降耗提效”对标管理体系，共包括3项内容：一是生产指标管理体系；二

是成本控制管理体系；三是企业专项管理控制体系。

②具体对标指标有：主要生产经营指标计划比水平、同期比水平；重点工作完成水平；对标集团公司内同类企业横向的排序；对标在同行业中的横向比水平。

③具体实施方案。对内对标方案：厂对中层管理人员对标管理方案、厂对车间对标管理方案和厂对班组对标管理方案，其中：厂对中层管理人员对标管理内容包括“单位绩效、创新指标、执行力指标、安全否决指标”四个方面；厂对车间对标内容包括“绩效指标、管理指标、专业指标、创新指标、安全否决指标”等五个方面；厂对班组对标指标包括班组安全管理、班组现场管理、班组培训管理、班组生产管理、班组创新管理、班组内业资料管理等六个方面。每一项对标中均设置可量化或可进行评估的对标项目，确保对标工作有效推进。

对外对标：企业主要生产指标完成情况及成本控制效能在公司同类企业中的横向比、在同行业同类企业中的横向比，各类专项管理在公司同类企业中的考核排名等。

（5）加强对标激励。陈四楼选煤厂针对位居对标前列的单位、个人或者班组，除给予物质奖励外，最重要的是提炼先进经验给予通报表扬；针对对标管理落后的单位或个人，同样给予物质和精神处罚，以此确保对标工作的严肃性和常态化，确保对标工作落到实处，发挥实效，实现持续推进。

2. 以精细化对标管理法贯穿生产提效全过程

陈四楼选煤厂主要产品是块煤、精煤等。商品煤的质量指标浮动不是很大，常常被人们所忽视，普遍认为产品质量指标能符合合同要求就行了，不可能刚好等于合同指标；另外，不同计价方式、不同销售价格条件下，产品质量指标的变化，对经济效益影响程度各不相同。

陈四楼选煤厂为了确保生产指标对标目标的实现，制定了生产指标对标方案，将各个商品煤品种的产率、质量分别与计划、极限以及同行业的先进指标进行对标，通过对控制煤炭产品质量指标进行分析研究和测算对比，制定提高选煤厂管理和过程控制水平的措施，完善工艺，使煤炭产品结构进一步优化，产品质量尽可能接近合同指标，避免质量过剩，从而实现质量指标的经济效益最大化。

（1）建立健全了全方位的产品生产保证体系。陈四楼选煤厂始终坚持“优化产品结构，多出块煤和末精煤，向结构调整要效益”的指导思想，紧跟市场需求、市场价格和集团公司战略要求，及时优化产品结构，调整洗选工艺，实现了产品结构最优；同时以“靠开源增效益，靠节支挖潜力”为指导思想，挑战极限指标，即把煤质质量指标中的核心指标——水分、灰分、发热量科学接近用户要求的质量“底线”。通过开展精益化控制，提升了产品产量和质量空间，实现了指标的效益最大化。

①充分发挥调度指挥中心的作用，搞好各系统间的综合平衡和协调工作，保证煤流系统和各生产环节正常运转，实现安全、生产、效益的最佳结合。

②建立产品结构考核体系，把精煤产率、块煤率作为有关科室和生产车间主要负责人及部分岗位的重点考核硬指标，实行重奖重罚。

③根据市场需求，优化配煤技术，及时做好低热值煤炭附属产品的配煤工作，力争取得效益最大化。

（2）构建精益化的工艺流程，加强生产过程控制。在生产工艺管理上，陈四楼选煤厂明确生产各环节的生产管理责任制，制定各种生产应急预案，及时调整生产工艺和掺配方法，持续不断地对跳汰机、煤泥水系统等重点生产环节进行改造，完善重要生产工艺处理系统，增强洗选工艺的灵活性，实现了工序标准的精益化，确保了商品煤质量。

①强化现场管理，努力搞好各系统间的综合平衡和协调工作，保证煤流系统和各生产环节正常运转。

②优化工艺流程和生产岗位，使每个系统的各道工序和各个环节都得到有机衔接，实现安全、生产、效益的最佳结合。

③制定了《精品煤生产管理办法》，加强对精品煤的生产控制，合理确定跳汰精煤、浮选精煤、粗精煤的掺配比例，确保产品产量、质量均趋于最优。

（3）建立精益化 ISO 企业质量保证体系。陈四楼选煤厂始终以提高和稳定产品质量为目标，不断改进生产技术，加强和完善质量管理体系，并于 2002 年 12 月 11 日通过了 ISO 质量管理体系认证。

①设置专业科室，配备高素质工作人员。陈四楼选煤厂成立了独立的煤质部门，建有化验室，配备了工作人员共 25 人，专门负责产品质量检测和技术指导。对厂内检查、指导生产单位对质量的控制情况，保证了产品质量监控以及商品煤质量采制化的及时性，指导生产以及保证产品销售的合格；对厂外检测、联系销售部门和客户，及时沟通产品质量方面的各种信息，如有质量不合格则立刻采取煤质应急预案保证产品质量的合格与稳定。此外，还逐步引进了新型采制化设备，加强和完善质量管理体系，以提高和稳定产品质量为目标不断改进生产技术。

②完善煤质管理体系，夯实质量管理根基。陈四楼选煤厂结合现场生产实际情况，从制度着手，从点着手，建立健全了煤质管理体系；同时下发了一系列煤质管理办法、煤质考核办法等相关文件制度，全面推动煤质管理工作的进步，为质量管理夯实根基。

③提高质量监控水平，保证质量管理效果。陈四楼选煤厂采用了现代化的监测仪器，提高质量监控力度，确保数据的及时性和准确性；要求采制化必须严格按照国标要求进行，并且不定期地进行精确度试验，保证采制化结果的准确性；

同时加快采样频率，缩短采样时间，以便用最快的速度为生产控制提供及时准确的检测数据，随时调整生产控制。

（4）构建精益化的对标控制体系。陈四楼选煤厂建立了严格的考核对标激励机制，从而鼓励每一个员工不断挑战自我、突破极限。

①加强对标考核力度。通过制定《生产指标管理办法》和《指标对标考核办法》，进一步明确了各科室车间的管理职责，将指标层层分解，责任到人。每月对各单位产品质量管理和控制情况与计划、同期和先进目标分别进行对标，对标管理成绩突出贡献的单位和个人，给予应得的奖励；对标管理成绩落后的，加大处罚力度。

②构建严格的改进持续机制。陈四楼选煤厂根据对标情况，狠抓责任落实，建立办事高效、运转协调、行为规范的管理体系；狠抓各级管理人员带头落实各项制度，增强工作责任心，带动全厂职工，朝着厂既定的工作目标与方向，扑下身子，注重每一个细节，抓好每一个细节；全方位落实好责任制，引导全体员工追求优质高效，做到敬业爱岗，以高度的责任心确保高效地工作，全面提高每个岗位的工作质量；进一步加大督查、考核力度，对不执行生产精细化管理制度的单位和个人，取消其工资、奖金等待遇，确保产品对标目标的实现。

通过精细化对标管理体系的构建，陈四楼选煤厂主要生产指标对标管理取得了丰硕成果：2011 年精品煤产率达到 70% 左右，精品煤的产品质量指标控制达到历史最优，均处于同行业领先水平，2010 年、2011 年累计为企业增效 13159 万元，实现了矿井原煤洗选加工的最优经济效益，圆满完成了企业提效目标。

3. 以趋于极限对标管理法开展成本降耗控制

陈四楼选煤厂在实施成本对标管理上开展了趋于极限控制，具体是对洗煤加工费、电耗、水耗、油耗等成本项目实行趋于极限控制，通过对全年生产经营目标进行科学分解，并与先进企业进行对标，确定企业可以承受的极限成本目标，在企业节支降耗方面取得优异成绩。

（1）建立精细化的全面预算管理体系。陈四楼选煤厂对业务、资金、信息进行整合，按照“统一领导、归口管理”的原则，编制生产预算、产品成本预算、资金预算等各种具体目标，各单位通报对口业务各类资金、费用计划后，通过会议研究，最终形成成本计划并下达执行，实现成本计划管理，对加强内控、减少决策的随意性和盲目性、提高整体管理水平有重大意义。

（2）推行成本全员极限化管理。陈四楼选煤厂将公司下达的可控成本指标进行横向、纵向细化分解。横向按成本要素划分，将材料费、工资、电力、修理费、管理费用等指标分解到有关职能部门，纵向按成本目标分解到车间、班组乃至各个岗位，明确成本控制方向，做到指标到人，责任到人，形成了“千斤重担众人挑、人人肩上有目标”的成本控制局面。

（3）推行成本全过程极限化管理。陈四楼选煤厂从采购、生产、使用、销售及修旧利废等各个环节上严格把关。一是在材料采购上严格执行招议标、竞价询价、市场调查等办法，选择质优价廉材料，超过1000元以上的物资采购，必须按照公司物资采购规定和招标程序进行招标；二是对材料、电力、修理费等重点项目进行控制，如对大功率压风机、水泵等主要用电设备加强维护和管理，提高工作效率；三是做好日常核算，做好各项原始记录，审核汇总，归集计算分配各项成本费用，对成本管理效果进行评价和奖罚；四是加强成本效果管理，以最小的投入获取最大的经济效益，把降低成本这个“算盘”挂在身上，精打细算；五是对非生产性支出进行严格控制，加大对招待费、差旅费等支出的管理和监督力度。

（4）推行成本全方位极限化管理。陈四楼选煤厂加大材料循环利用力度，积极组织开展修旧利废和废旧物资回收；另外，把成本管理向班组、个人进行延伸，建立二、三级成本控制和考核体系，各车间为完成成本目标，划小成本考核单位，如班组、包片、包机范围等都纳入到核算单位中，制定了详细的计划价格表，规范领用台账和消耗台账的填写程序，严格成本考核和兑现成本奖罚，使每一个班组的员工都感到了成本压力和责任，节支降耗意识日益增强；此外，加大考核奖罚力度，实行成本日清日结、每日算好明白账，并把各单位材料、配件、电耗、油耗等完成情况与单位、个人收入挂钩，每月对节余（超出）目标成本部分按比例增加（扣减）工资，季度累计超出目标成本的单位负责人要进行自我批评，提高各单位参与成本控制的积极性。

（5）加强人工成本极限控制。一是梳理内部管理流程，分别针对岗位和项目制定标准化程序理顺工作，使之系统化、流程化；二是完善人力资源规划，结合企业发展规划和经营目标，做出可持续性的核心人才规划，准确预测人员需求和供给情况，保证人力资源管理工作的科学性、客观性和精确性；三是完善培训发展机制，完善培训制度，建立培训考核、评价、立档机制，对各级各类人才的培训，根据实际需要，分层次进行，大大提高员工的综合素质，以此确保人力资源结构不断精简、高效，有效降低人工成本。

（6）构建成本信息化管控体系。陈四楼选煤厂积极利用现代信息技术和通信技术，把与成本管理相关的内部各部门、各个环节有机连接起来，构建了内部市场化信息管理网络体系；各部门和环节及时搜集、整理、加工、生成、储存成本控制信息，开展成本核算、成本结算和成本分析改进工作，并及时、准确的在内部市场化信息管理网络体系上发布和提示，实现了企业内部各部门及企业生产经营各环节所需成本信息的畅通无阻，进而为企业制定切实可行的成本控制方案，真正实现从源头控制成本，从整体上降低企业运营成本。

（7）具体成本指标极限控制措施。

①原料煤成本：陈四楼选煤厂隶属的永煤公司采用内部市场化管理模式，即陈四楼选煤厂的原料煤是收购陈四楼矿井的毛煤，经过手选、破碎之后成为符合入选条件的原煤。手选矸石的拣出量越大，陈四楼选煤厂收购的原煤越少，成本越低，因此陈四楼选煤厂采取加大手选矸石收购考核的管理办法，激励员工的拣矸力度，减少原料煤成本。

②电力管理：陈四楼选煤厂对每一个生产工艺环节尤其是对重点耗能设备进行了认真的研究，通过优化浮选精煤粒度组成、研制自动卸饼器、合理调整加压过滤机工作压力、停止加压过滤机的搅拌机构、创新浮选机操作方式以及在离心机入料刮板里加均煤器等一系列的创新措施，有效降低电耗。

③材料：加强材料的管理，制定修旧利废制度，对一些有用的废铁进行分类回收，做到料尽其用。

④人工费用：采取合岗分流、增效提薪的方法，对厂里的部分岗位进行合并，加大员工培训力度，使员工实现一专多能，减少人工的投入。

⑤节能管理：陈四楼选煤厂利用一切手段对成本控制情况进行对标管控。突出抓好节约用电，严格控制办公费用支出，加强车辆油耗和维修管理，大力推进电子政务建设，提高节能控制水平。

（8）抓好成本对标管控。陈四楼选煤厂建立了严格的成本考核对标激励机制，加大对标考核力度。主要成本指标，如材料费、电费、修理费及四项费用等不仅在单耗上进行对标，在总耗上也要进行对标。对成本对标管理成绩突出贡献的单位和个人，拿出成本节约的50%进行奖励，对标管理成绩落后的，按照超额100%予以处罚。

通过成本的趋于极限控制，陈四楼选煤厂成本对标管理做到了责任落实到位、措施执行到位、流程规范到位、考核细化到位、奖罚兑现到位，实现了精细化、日常化、深入化的控制目标，主要成本指标对标管理取得了丰硕成果。洗煤成本尤其是材料、电力等可控指标在与计划、同比、同行业横向比等多个指标对标中均取得了显著成效，2011年洗煤加工费较2010年下降了9.5个百分点，单位油耗、电耗创历史新低，企业“降耗”目标全面实现。

4. 积极开展创新对标活动

陈四楼选煤厂对全厂企业管理体系进行巩固和优化，为对标管理提供组织保证。其核心内容是加大自主创新工作力度，创建“双三”绩效考核激励手段，改变企业职能机构重叠、中间层次多、流程不闭环等，达到节约企业运作资本和提高工作效率的效果。

陈四楼选煤厂加大自主创新力度，使对标管理充满活力。主要包括三个内容：一是观念创新，在转变思想观念的过程中，通过与行业内先进单位的重点指标进行对标，看到了差距，由此激发了他们超越自我、追求卓越的信念。二是技术创新，着力研究生产现场中安全、工艺、设备、作业、效率等问题，实行创新成果收购买卖制，给予员工物质奖励，并在工作中检验员工创新成果，不断提高创新成果的应用效果，形成了“比学赶超，争做创新明星”的创新氛围，树立了一批管理创新的典型，形成了人人都是创新主体的新观念；三是管理创新，积极探索对标管理的新思路和新措施，并融入到企业管理实践中，促使企业围绕成本控制和生产管理，开展对标控制，以自主创新打造企业竞争新优势。

四、对标管理在降耗提效体系中的实施效果

1. 各项指标降耗提效成绩显著

自实施对标管理以来，通过持续改进、不断创新，各项技术经济指标持续优化，各类生产指标、成本指标均达到同行业先进水平，促进劳动生产率大幅提高，企业经济效益显著增长：2011 年精煤产率达到 48. 51%、块煤产率达到 16. 5%，精煤灰分达到 10. 72%、精煤水分达到 8. 7%，可控洗选成本达到 9. 87 元/吨、浮选油耗达到 0. 62kg/吨、电耗 4. 22 度/吨，劳动生产率完成 703. 3 万元/人，实现收入 33. 02 亿元、营业利润 6. 81 亿元，均位居同类型选煤厂前列。

2. 增强了各项意识

通过对标分析，明差距，订措施，进一步增强了各项工作的目标性、主动性和紧迫性，激发广大员工“赶超一流水平、勇创一流业绩”的工作激情，营造了比学赶超的浓厚氛围，力争通过对标达到先进水平，不断改进工作，提升工作水平。

3. 企业管理水平稳步提高

对标管理有力地推动了各项基础管理工作，使陈四楼选煤厂的管理重心从注重物到注重人，从粗略管理到精细控制，从目标管理到极限管理，为逐年实现“质量效益年”“管理升级年”“企业文化年”等战略目标打下了坚实基础，在同行业评比中获得多项奖励，先后被中国煤炭加工利用协会评为质量标准化选煤厂、优质高效选煤厂、全国十佳选煤厂等荣誉称号。

（成果创造人：付才国　孙　乾　李兆忠　王明才　李　英　汤秋林　孔令云　杨　明　王尔刚）

煤矿供电系统开放性主动式风险预控安全管理体系的构建与实施

河南煤业化工集团永煤公司供电处

一、煤矿供电系统开放性主动式风险预控安全管理体系构建与实施的背景

1. 项目实施前永煤矿区电网的状况

（1）已建成以综合自动化、微机化、现代光纤通信等技术为代表的自动化平台。

（2）电网结构复杂，含有 6 条与电力系统公网连接的线路和 2 座发电厂，电网的操作技术难度大、从业人员的业务技能水平参差不齐。

（3）已建成环网供电系统，但未建立全网全过程的风险预警预控机制及作业风险辨识，非受控边际状态下的作业风险不能得到有效控制，“三违”行为时常发生。

（4）各项标准、制度完善，但是由于缺少系统的安全思想的指导和科学化、系统化的管理方式，职工安全监督管理参与度不高，没有实现真正意义上的全员、全过程、全方位的安全管理，安全管理没有形成合力。

2. 永煤矿区供电系统的特殊性

永城矿区供电系统采用的是单电源点放射性供电方式，唯一的电源点线路承担了矿区所有供电负荷，这种供电方式可靠性较低；矿区供电系统采用的行政电话通讯也是比较薄弱的通讯方式；矿区供电系统运行过程中还包含了其他一些限制条件及冲击性、波动性因素：线路通道均是城乡结合部或者采矿塌陷区，且矿上多为大功率感性用电器，供电以感性负荷为主，供电功率不对称性非常大，电压等级及切换点变换较多，绝缘子受污闪影响频次较多，另外永城矿区落雷情况比较严重。由于矿井的安全生产对其供电系统安全可靠性又提出了极高的要求，因此亟需对矿区供电系统进行一次全方位升级。

随着煤矿产能及自动化生产水平的提高和本部各单位用电需求不断攀升，造成永煤电网负荷快速增长，规模越来越大、网架结构越来越复杂，加之电网安全稳定运行的客观环境的改变，使得电网安全生产管理难度大大增加。同时，随着

安全运行天数的累积，干部职工的安全意识及设备安全、可靠的运行周期会随着时间的增长有阶段性的起伏，加之各类安全风险发生的可能性及造成危害的严重性也在积聚。由于煤矿供电的特殊性、重要性、复杂性和多变性的因素，如果不能采取有效的手段加以引导、消除，那么一旦稍有不慎，后果会相当严重。

二、煤矿供电系统开放性主动式风险预控安全管理体系构建与实施的研究思想、研究内容与方案

1. 研究思想

（1）引入工序流程受控及边际状态控制理论，将正常受控状态下和非正常边际状态下的生产过程逐步工序化，同时依据电力行业现行安全生产程序、规定、技术标准，结合供电处岗位和专业设置，按照“突出科学性、讲求实用性、体现可操作性、注重超前性”等方面的要求，通盘考虑电力行业作业点多、面广、现场条件复杂及大量危险点等因素，编辑工序流程作业风险卡，确保作业人员在跨工种、跨工作地、跨具体工作范围等特殊作业条件下，能正确处理好所遇到的各种边际因素，避免在这些作业过程中非受控边际因素的影响，使作业人员能主动有效地实施自保互保，去主动地预测、控制风险，最终实现安全作业和“三个不伤害”。

（2）面向岗位，体现以“人的预防”为中心，通过“评→控→学→练”一体化安全风险管理模式，建立岗位风险评价指标体系对岗位作业过程中潜在的风险进行评价，提出对应的预控措施和整改建议，并根据岗位风险评价结果给出应学习的内容和相应的事故案例，使作业人员掌握本岗位的风险和预控措施，有针对性地学习和训练，提高作业人员安全素质和安全技能，达到安全生产的目的。

（3）积极借鉴和吸收国际先进的安全管理理念和方法，将现代风险管理理论、工序流程边际状态控制理论和供电处实际相结合，系统研究风险管理和工序流程控制理论在供电企业安全管理中的应用，防止各工序流程中受控和边际状态下各种因素对人身伤害为主线，从供电处安全生产条件、人员素质、现场管理、综合管理等方面，系统评估供电处安全管理和安全控制状况，评判供电处安全风险程度，制定相应控制措施，增强作业人员安全风险意识，有效辨识和防范作业现场的安全风险。

2. 研究内容

“评→控→学→练”一体化安全风险管理模式，使永煤集团安全风险管理工作规范化、流程化、系统化，实现对岗位风险的闭环管理，如图 1 所示。

（1）“评”：建立岗位风险评价指标体系。评价指标包括静态风险指标和动态风险指标，静态风险指标涉及岗位作业过程中的生产设备、作业环境和安全管理；动态指标涉及岗位作业过程中的人为活动。对岗位作业过程中的风险进行评估，及时全面掌握岗位安全生产状况。

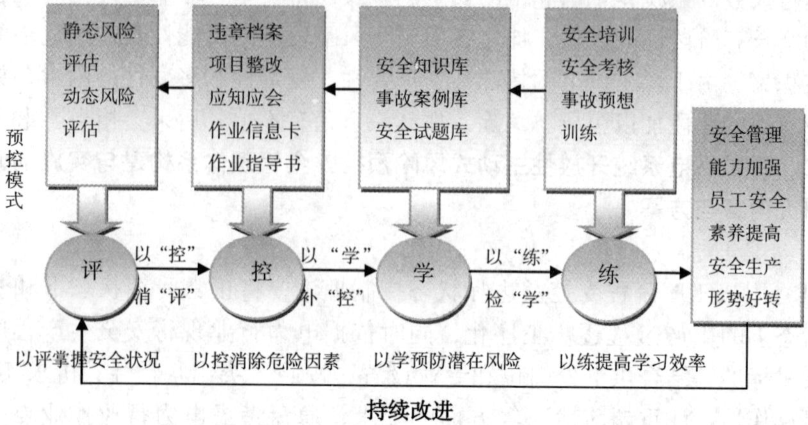

图1 “评→控→学→练”一体化安全风险管理模式图

（2）“控”：通过岗位风险评价结果，建立一一对应的风险预控措施和整改建议，使作业人员预先掌握作业过程中的风险和预控措施，有效地规避风险。并对评价过程中发现的隐患进行闭环管理，及时消除风险。“控”的内容包括：违章档案、项目整改、应知应会、安全措施卡等。

（3）“学”：根据评估情况，为相关人员提出应学习的安全知识，通过学习对“控”进行补充，以此提高企业员工的安全素质，预防潜在风险的发生。主要包括安全知识库、事故案例库、试题库等。

（4）“练”：练习包括员工的自我练习和强制性考核，以“练”对学习的情况进行检验，以此提高学习的效率。主要包括安全培训和事故预想训练等。

（5）以防止人身伤害和人为责任事故为主线，系统性地评估供电处安全管理、安全控制状况和安全风险程度，从一次、二次、输配电、调度四大系统着手，将作业环境、安全工器具、员工业务素质、现场安全管理和制度措施等方面通盘纳入供电处工序流程受控及边际状态控制体系中，针对电力生产过程中常见的触电、高处坠落、误操作、物体打击、机械伤害等事故类型，逐一列举了可能存在的危险因素、需要注意的问题和典型事故案例，并制定相应控制措施，用于辨识和防范现场作业工序中受控部分的安全风险。

（6）实行供电工序结构安全因素综合分析和分级控制法，系统性地控制非受控边际因素。首先对供电改扩建、技改检修等各个工序序列结构和工序内在构成结构重新从安全因素控制的角度进行专业性分解，然后从劳动者在对作业对象所进行的作业活动过程中所涵盖的安全意识、安全价值思维模式、安全标准的执行力、作业环境和条件的判断力、风险和危害的辨识能力及主动控制能力等组成的综合安全事项处理能力，将非受控边际因素控制的要求和行为能力划分为若干个等级，从而达到不改变或少量改动各个工序组成结果，多层面、多过程地纠正劳动者的非正常工作状态，实现主动控制和规范劳动者的行为（动作）、潜意识（习惯）。

（7）实行供电工序流程非受控边际因素动态控制法。从不断变化的作业环境、运行环境、设备环境和人员环境入手，评估作业人员在相对独立而又复杂变化的客观环境下，是否具备在非受控边际状态下的风险意识和风险控制能力。通过从设备危及人身安全、设备因素导致人为责任事故、运行和作业环境方面，评估生产环境中可能导致触电、高空坠落等人身伤害事故或误操作事故的风险，加强生产环境安全风险防范，进而形成统一的，具有边际因素控制信息动态闭环式管理体系，并根据生产环境变化逐步更新这些工序流程中的非受控边际状态的相关信息，以确保相关作业边际状态风险控制信息卡，能有效地随着时间、空间、标准、措施的不断变换指导安全生产，避免理论体系与安全生产实际脱钩的现象。

（8）采用多层次控制方法，有效防止非受控边际因素的产生及其相互之间发生综合作用，并针对特定时空条件下的特定劳动者和其所参与的特殊作业过程进行多层次全方位控制，从而有效防止非受控边际因素的产生及其相互之间综合作用。这主要是通过在每位作业人员参加班前班后会及在每个工作地的作业准备过程中，对可能发生或将要进行的跨工作地、跨管控范围、跨作业组织方式、跨劳动者协作方式、跨工序管理流程及程序、跨安全管理工作程序、跨专业所属等非正常作业活动，对作业者采取提前预警和在作业过程中对相关安全要素实施动态管控来实现。

（9）树立“事故全生产事故可防可控”先进理念，依据河南煤化“012345”安全管理模式，制定《供电处三级安全状况评估评价办法》和《供电处安全隐患排查治理自述旬报制度》，建立体系完备、纵横交错、全覆盖的风险评价评估体系。即各变电站每周对本站的安全生产状况进行一次评估评价；各工区每周对本工区业务范围内的安全生产状况进行一次评估评价；供电处根据站、工区周评估及单位生产实际情况每月对各生产系统进行一次综合安全评估评价，客观地分析、评价各级、各部门的安全生产状态，并将要求供电处行政正职、分管安全、生产的副职及总工程师等行政领导，每 10 天要以个人名义，分系统报送分管业务范围内的重大安全隐患排查治理情况，从全处各专业各层级进行系统的评估评价，从而提高供电处本质安全保障能力，有效控制生产过程中的危险和有害因素，降低生产安全风险，有力防范各类事故发生。

3. 项目方案

（1）根据工序流程受控与非受控边际状态控制理论，全员参与将变电配电运行、调度、一二次检修、线路检修等多种作业过程中受控与非受控、边际内与边际外各种作业风险进行辨识，建立处、工区以及下属班组和变电站统一的、集中的包括生产设备、运行、检修、安全、生产技术、计划、考核等相关业务的安全生产管理信息数据体系。

（2）对现有综自、调度主站系统和视频监控进行数据挖掘，组织编写设备运行标准数据库，将电网运行中的实时数据与预定标准库进行实时比较分析，当运行参数超越或低于运行参数数据库中的数据，或者信号区别于数据库中的信号时，发出实时的异常报警信息，该信息将通知预定的摄像头，调焦对准发生异常的部位，并实时录像，同时将现场画面的信息传输到调度中心，达到提前预控分析事故的目的。

（3）在供电处现有的培训管理制度的基础上突出智能培训，设计智能化培训软件，具有自动培训学员的能力，达到更好的培训效果。以永煤电网为对象，对提高学员的运行水平和故障处理能力有重要意义，采用的“实时”动态故障仿真方法，对变电站系统内所有的操作和异常、事故实时跟踪、记录，能实时地监控电力系统的正常运行状态，异常现象的发生，减轻运行人员的劳动强度，提高劳动效率。

（4）根据电网十八项反措，组织编写《供电处事故案例汇编》和《供电处重特大电力系统生产安全事故预案和事故应急救援预案》，通过编辑拓展，形成智能型预控决策系统，有效协助调度员快速、准确、全面地分析事故情况，找出焦点问题，消除系统越限，并提供适用的事故处理参考方案。

（5）根据供电行业专业特点将供电处所有安全生产工序流程分为，输电、变电、配电、调度四个业务流程，从作业环境、安全工器具防护、人员素质、现场安全管理、安全生产综合管理等五方面分别对受控及边际状态的各类风险进行了分别预控。

①工序流程受控状态下风险预控：

在正常作业环境下，可通过从设备危及人身安全、设备因素导致人为责任事故、运行和作业环境方面，评估生产环境中可能导致触电、高空坠落等人身伤害事故或误操作事故的风险，加强生产环境安全风险防范。

安全工器具防护。从安全工器具、专业实验仪器和防护用品等方面，评估机具与防护是否符合安全标准，定期维护、保管等是否符合管理要求，以及应用过程中是否正确规范等。

人员素质。从安全教育培训、安全知识和安全技能，以及生理、心理素质等方面，评估供电处不同层次人员安全素质方面的风险，促进人力资源的优化配置，达到“人岗合一”的最佳匹配。

现场安全管理。从作业组织、规程制度的执行情况、作业过程安全控制措施、应急工作准备等方面，评估生产作业现场的安全管理和安全风险控制，加强人员技改检修作业过程中的安全预控。

安全生产综合管理。从安全责任制落实、规章制度的制定与落实，“两措”管理、安全文化方面，综合评估供电处安全生产综合管理，从而提供决策依据。

②工序流程边际状态下风险预控：在供电工序流程边际状态下，在可能发生的事故类型或作业环节进行风险辨识，其主要内容包括：可能导致事故发生的危险因素、作业人员思想状态和针对作业风险的典型控制措施及事故案例等，形成工序流程边际状态信息卡，起到预警、提示作业人员在工序流程边际状态下按信息卡开展安全生产的主要目的。

在输电专业上，针对输电线路、线路检修等方面的作业，从作业组织、触电、高处坠落、物体打击、机械损伤等 5 种边际状态，编制了 81 项输电作业边际状态风险信息卡，列举了 173 条该边际状态下的危害因素及控制措施。

在变电专业上，针对变电运行、变电检修专业，从工作组织、检修触电、运行触电、低压交直流系统触电、高处坠落、误操作、物体打击、机械损伤等 8 种边际状态，编制了 71 项变电专业边际状态风险信息卡，列举了 234 条该边际状态下的危害因素及控制措施。

在配电专业上，针对配电运行、配电检修、抢修专业，从工作票操作票办理、停送电联系、触电、高处坠落、状态检修、配电误操作等 6 种边际状态，编制了 213 项配电专业边际状态风险信息卡，列举了 314 条该边际状态下的危害因素及控制措施。

在调度专业上，针对调度运行、继电保护、自动化装置、通信自动化专业，从工作组织、触电、高处坠落、误操作以及其他 18 类边际状态，编制了 83 项调度专业边际状态风险信息卡，列举了 174 条该边际状态下的危害因素及控制措施。

③工序流程受控及边际状态风险控制流程图（略）。

（6）引入开放性基准比对数据分析模式，达到工序流程内部编辑、外部控制。为使每一个使用者得到的统计结果和报表更加精准可靠，采用了基于所有历史数据分析和统计的基本比对纠正模式，使得所有计算公式和参数变量都会根据当前环境的每一个细小变化进行自适应调整，并不断更新历史统计结果，以确保最终结果能真实有效反映当前情况。

三、煤矿供电系统开放性主动式风险预控安全管理体系的实践

1. 在电力和煤矿供电行业首次引入工序流程受控及边际状态控制理论

（1）电力行业工序流程边际状态控制理论涵盖煤矿供电企业各项安全生产活动，并能有效控制劳动者的具体操作行为和心智意识活动，在每个生产活动细节上控制住各种生产过程中产生的非受控边际因素，形成若干个有效控制非受控边际因素的有机集合体，最终达到煤矿供电企业安全管理系统生产目标的最佳

状态。

（2）实现了工序流程的计划管理体系，将年度安全、生产、管理计划分解为季度计划、月度计划、周计划，将临时性计划和不确定检修计划纳入通盘考虑，组织有关人员编制各种安全、生产、检修、运行计划；协助和督促执行单位落实工序流程计划任务，组织实施，保证计划的完成。计划管理体系的推行有效减少刀闸操作次数及停电检修次数，有效降低刀闸操作带来的安全风险，提高供电可靠率；通过全过程实行考核监督、效果评价，避免重复性、无序化、临时性的检修工作。

（3）加大对边际状态下的风险控制，实现受控及边际环境傻瓜式作业，即任何检修人员进入，只要按工序流程相关要求，就能保质保量完成工作，而不受伤害。

（4）杜绝经验型作业，不管经验型技术人员和相关领导在不在作业现场，只要按工序流程受控及边际状态控制体系中相关作业风险预警控制信息卡的要求去做，均能有效避免各类安全事故的发生，避免人为因素干扰，提高了安全生产管理水平和工作效率。

2. 建立了供电系统开放性风险预控体系

基于工序流程边际状态控制理论和 PDCA 原理，通过开展全员参与风险辨识，评价分析，明确永煤电网安全管控的重点；通过风险管理标准的制定，明确安全管理应该管到什么程度；通过风险管理措施的制定，明确安全管理应该怎么管；通过危险源监测，明确危险源是否处于受控状态；通过风险预警，对失控危险源进行及时警示；通过体系考核，检查体系运行效果，强化体系的有效执行，实现持续改进的目标。通过以上五个步骤研究开发、系统编辑，逻辑总成，最终形成供电系统开放性风险预控体系，建立起处、工区以及下属班组和变电站统一的、集中的包括生产设备、运行、检修、安全、生产技术、计划、考核等相关业务的风险数据平台，使生产过程中各类风险清晰、可视、可控，并具有以下几个优势：

（1）办理工作票、操作票过程时，风险预控体系根据前期所收录的此项作业危险点、危险源数据，自动生成作业风险信息卡，让每个班组成员熟悉自己所从事工作任务的危险源及危险源的管理标准及措施，提前预知作业风险及其控制措施。

（2）依据定期或动态录入现场安全管理检查数据，系统自动生成工区、站、班组三级安全风险预警体系，各部门可自主查询本部门存在的问题，及时安排改进。同时，若某类问题、隐患频繁出现且预警等级较高，系统自动发送有关信息通知相应业务部门派出专人，全过程监管并协助解决预警级别高的各类隐患。

（3）目前该风险预控体系已完成全处范围内 437 项任务的风险辨识，共辨识出危险源 1920 个、编辑了 196 个管理工序流程，修订了 238 项管理制度和标准，对 143 项重大风险任务制定了控制措施，形成了独具矿井供电企业特色的安全文化建设实施手册，对全国的煤炭供电企业风险预防预控工作具有指导意义。

（4）基于预控体系开放性特质，采用统一的编辑平台和系统原代码，可与目前电力系统广泛使用的 PMS 和 SG186 工程进行有效衔接和优势互补，使供电企业安全生产管理与安全风险预控工作无缝对接、紧密结合，实现风险预控与生产计划－执行－监督－修正的同步进行，达到人、机、环、管的最佳匹配。

3. 形成矿区电网事故风险控制的可视化

电网运行中的实时数据主要是指电气设备运行的实时电压、电流、有功功率、无功功率、设备温度、设备的泄露以及绝缘状况等，这些实时数据在运行中传输到调度中心。这些上传的信号和数据与预定的设备运行参数数据库进行实时比较分析，当运行参数超越或低于运行参数数据库中的数据，或者信号区别于数据库中的信号时，发出实时的异常报警信息，该信息将通知预定的摄像头，调焦对准发生异常的部位，并实时录像，同时将现场画面的信息传输到调度中心。

另外异常信息报警信号进行多级筛选，并进行故障自愈，确保整个电网的正常运行。针对不同的人通过 sms 企业短信平台进行选择性发送到相关人员的手机。通过系统的逻辑关系判断进行故障自愈，确保矿区的不间断供电，系统一键式操作，确保了事故风险的适时控制，确保人员的人身安全。

4. 建立仿真培训，提高配需效果

根据变电站实景进行设计，将现场所有设备全部建立起演示模型，实现现场场景及运行状态的全部展示，使培训人员身临其境，由知识的被动接受者变成了虚拟环境中的参与者，充分调动了员工的学习积极性，带给员工体验式学习的愉悦经历。在培训中，员工可在一次设备、二次设备以及监控画面上进行相应操作，采用鼠标和键盘相结合的操作方式，简单、直观，能很快熟悉要操作的实际设备，提高了培训效率，缩短了培训周期。在培训中可结合仿真系统中的 3D 角色（如刀闸操作、检修停电、一次设备巡视等）的动作，完成操作流程。进一步提高了操作人员实际操作的能力，避免产生误操作及一些不规范的操作。

同时将广泛收集到的电力行业安全操作教学片及误操作图片链接到培训数据库，当员工出现操作失误时，系统将自动弹出相应的事故状态画面，以强大的视觉冲击，使员工深刻体验恶性或误操作事故的后果，牢固树立起规范标准的操作行为等同于安全目标的观点，从而在运行作业现场工作时自觉规范自己的作业行为。

5. 编写事故预案及案例汇编，形成智能型预控决策平台

当前，电力系统已达到空前的规模，结构极其复杂，影响系统安全的因素越来越多，故障的发生和发展日趋复杂，多重故障、连锁故障造成的后果日益严重。尽管目前供电处已采取了变电站综合自动化和调度主站系统，但由于该系采

集的是稳态周期（5s）的信息，没有采集故障信息，不能反映故障发生后系统的演变过程，致使调度人员仍然缺乏判断故障的科学依据；同时当电网事故发生后，在很短的时间内，调度员会接到来自现场的大量的异常事故汇报，在 SCADA/EMS 系统出现大量的遥信变位信息和越限信息，短时间内重要的信息会被表象的大量数据湮没，调度员难以及时、准确地判断故障，并将导致错失处理事故的最好时机，造成事故扩大。此外，事故后，由于安全运行约束可能受到破坏，如潮流过载、母线电压越限等，需要在尽可能短的时间内将电网从紧急状态恢复到正常运行状态。

基于以上原因，根据电网十八项反措，供电处组织编写《供电处事故案例汇编》和《供电处重特大电力系统生产安全事故预案和事故应急救援预案》，并与南瑞继保公司密切合作，通过编辑拓展，形成智能型预控决策系统，能协助调度员快速、准确、全面地分析事故情况，找出焦点问题，消除系统越限，提供适用的事故处理参考方案，并实现以下功能：

（1）故障统计。电网故障发生后，统计并显示停电区域、损失负荷、发电机功率数据。

（2）电网元件（即设备）和断面（即截取的事故瞬时潮流）的过载处理。

（3）生成故障分析报告。实现自动将事故诊断的条件（开关动作情况、保护、潮流扰动数值）、事故发生前后的电网（潮流、电压、无功等）参数信息、开关变位信息以及故障分析情况等原始资料、过程以及结果，写入实时库及历史库中，以供查询。也可以以文件方式输出格式化或非格式化内容。

（4）生成事故后恢复供电方案。采用时序法将电网复杂故障时的多重事故区分为不同的事故分区，并将每个事故分区的上下游、对应的跳闸开关、区域潮流、区域负荷等信息分析出来，可以按照事故分区相关的跳闸开关的动作时间的先后顺序或按照单区域事故严重程度的顺序进行展示，并依据《供电处事故案例汇编》和《供电处重特大电力系统生产安全事故预案和事故应急救援预案》，生成几乎全部事故处理方案，进行归类汇总，调度人员可以参考这些方案以及潮流变化，结合实际情况，选择相应的方案，迅速准确地作出判断，进行事故处理工作，比传统经验型调度更能够准确、灵活地处理事故。

6. 由经验型生产，向标准化和精细化生产转变

矿井供电系统安全生产管理一体化研究与应用从电网安全生产专业管理的角度出发，对各专业信息、业务和流程进行规范，能够保障并规范专业管理的“业务流程化、操作规范化、管理标准化”。同时还能加强全面、全员、全过程、全方位监督与管理，消除生产过程中的差错和违章及隐患，消除人为责任事故的根源，从而实现电网运行风险的“可控、能控、在控”的目标。

四、煤矿供电系统开放性主动式风险预控安全管理体系构建与实施所取得的效果

1. 经济效益

（1）减少故障停电时间。自2009年该课题全面实施以来，变电站故障停电时间由2008年60次共198小时27分钟减少为2011年11次共5小时49分钟。按每条回路每小时产煤220吨，每吨煤净利润700元人民币计，可提高生产利润约为：（198.25－5.82）×220×700≈3000万元。

（2）自电网事故风险可视化为一体的风险评估、培训体系，每年节省工人岗前及转岗培训费用52.78万元，节省进网作业及年度岗位技能培训费用62.7万，节省实操设备及场地建设费用98.25万元，仅此一项，每年为公司节约人工成本约213.73万元。

（3）潮流计算与故障预判功能可合理分配变电站各回路供电负荷分配，保证供电质量减少供电及矿井生产设备因电压不稳造成的损耗，并减少不必要的故障停电次数，此项可每年节约资金2000万元。

综上所述，煤矿供电系统开放性主动式风险预控安全管理体系的构建与实施每年可为永煤集团本部节约资金5213万元，项目实施三年约节约15639万元。

2. 社会效益

煤矿供电系统开放性主动式风险预控安全管理体系应用后有效解决了人员技能培训、设备状态掌控、电网运行评估评价等问题，对于电网的高效经济运行也起到了良好的促进作用。

（1）提高供电处风险预控管理能力，找出了风险管理中薄弱环节和重点，有效减少和消除危险源，达到了过程管理的风险预控，保障了安全生产目的，实现安全长周期运行2740天。

（2）员工的安全意识明显提高，实现现场管理从静态达标向动态达标转变；管理方法从被动约束向综合激励转变；员工安全责任心从他律向自律转变；员工安全素质从思想认知向行为体现转变；员工安全工作态度从“要我安全”向“我要安全”等“五个转变”。

（3）人员培训取得的效果好：改变了传统的培训模式，变讲解灌输为亲临其境实际模拟操作，变被动接受为主动学习，变想象学习为真实模拟操作。

（4）电网掌控实时性好：能实时监控电网运行状况，发生异常运行状态进行预判断，通过仿真系统预演，合理调配运行方式，为矿井安全生产提供良好服务。

（成果创造人：胡宏军　戚志伟　田　立　郭云川　史春光　许　栋　仝铁军　王新文　黄　鑫）

煤矿安全精细化管理体系构筑及实践

河南煤业化工集团焦煤公司古汉山矿

一、煤矿安全精细化管理体系构筑的实施背景

近几年来，河南煤化焦煤集团采用内部市场化管理机制，集团对各矿区在资金、设备、技术等方面逐步加大投入，全集团煤炭安全生产形势有了较大的改善和提高。

但不得不提出的是，由于古汉山矿地质条件较差（高瓦斯、水患严重），以及矿区在实际管理过程中不同程度地存在着管理盲区和安全隐患。矿区安全状况距集团所提出的“安全管理零理念”尚有差距。古汉山矿安全工作主要存在以下问题：

1. 自然灾害严重，先天条件较差

古汉山矿不仅地质构造比较复杂，而且自然灾害也较为严重，高瓦斯及高出水是古汉山矿安全生产的最大隐患。尤其是随着矿井向深部延伸，矿井瓦斯涌出量增大，瓦斯突出会更加频繁，自然发火危险性也会增大。同时，也面临着大水及冲击地压的威胁，使得井下安全生产在客观上难度越来越大。

2. 软硬件基础较差

古汉山矿是一座开发周期 100 多年的老矿，近来集团虽然在机械设备、基础设施上进行了大量投资，但特殊的地质条件以及历史原因，总体来说井下生产尚需大量人力。加之生产一线的矿工大多以农民工为主，员工的总体文化素质不高、流动性较大，安全生产缺乏保障。

3. 安全投入不足，抗灾能力较低

煤矿与自然灾害斗争，必须有相应的物质保障。由于前几年煤炭总量过剩，煤炭市场疲软，煤价偏低，煤款拖欠严重，企业经济困难，致使安全投入不足。而近年来煤矿企业全面按照市场经济机制运作，经济因素对安全生产的制约作用也较为明显。最为重要的是，煤矿在安全新技术的（如信息化、智能化、网络技术、现场视频监控）科研、运用等方面尚有很大不足。

4. 煤矿安全管理方法及手段较为粗放，精细化程度不足

古汉山矿在安全管理上，近年来取得了长足的进步，但相对于时代发展要求或与其他行业相比，仍处于相对粗放阶段。特别在井下安全岗位的设置、安全监

控手段等方面尚有进一步改进和提高的空间。

综上所述，古汉山矿加强安全管理，采用精细化管理方法和手段，提高安全管理的科学性和有效性，以弥补基础、自然条件和安全经费投入的不足对安全生产和管理造成的影响，是古汉山矿及集团其他矿区面临的现实问题，也是古汉山矿大力推行安全精细化管理的初衷。

二、煤矿安全精细化管理体系的内涵及主要内容

煤炭企业安全管理工作包括建立、健全安全管理机构，执行煤炭生产的有关法律、法规和规定，制定和落实企业生产安全规章制度，编制安全技术措施计划，制定矿井灾害预防与处理计划，对矿井的危险有害因素进行安全分析、安全评价，对煤炭企业的各项安全工作进行监督监察。

煤炭企业安全精细化管理就是对上述煤炭企业各项安全管理工作进行细化、量化，分清职责、落实到人，并贯彻到各项作业、操作工作中去，对煤炭生产过程中的各种危险有害因素进行有效掌握和控制，形成人人知安全、人人讲安全、人人安全做事、事事有安全监管的工作局面。

1. 安全精细化管理的核心

安全精细化管理是企业为适应集约化和规模化生产，而建立的一种严谨、扎实和科学的安全管理模式。在安全精细化管理模式的设计过程中，应紧紧把握住安全精细化管理的核心即：精确定位、合理分工、细化责任、量化考核。

精确定位是指对每个岗位的安全职责都要定位准确，对每个系统的各道工序和各个环节中的安全环节都要规范清晰、有机衔接；合理分工是指细分安全工作职责和办事程序，从而建立制衡有序、管理有责、高效运行的内部安全管理系统；细化责任是指将各部门安全目标量值化，安全责任具体化，对安全行为与结果进行控制的过程；量化考核是指考核时做到定量准确，考核及时，奖惩兑现。

2. 安全精细化管理的模式定位

古汉山矿安全精细化管理模式定位为：全方位、信息化的安全精细化管理。所谓全方位的安全精细化管理模式，就其内容来说主要包括：安全管理思想、安全管理对象、安全管理内容以及安全管理方式四部分组成。

（1）安全管理思想。所谓管理思想即企业安全文化建设。安全文化精细化管理的基点就是淋漓尽致地发挥企业文化力的强大作用，从人的思想观念，特别是员工的健康观念、生命观念、安全意识，到人的行为习惯、职业道德风尚，都给企业员工以“文化”的界定。

（2）安全管理对象。所谓安全管理对象即生产区队与班组。煤矿安全在于现场，现场安全管理的重点在于岗位，井下生产岗位是安全精细化管理的最重要管理对象。

（3）安全管理内容。安全管理内容，一般由安全目标制定与分解、安全流程程序设计及安全岗位价值评估三部分组成。通过安全目标的展开，分解安全管

理目标；通过安全流程程序的设计，确定各级员工的权责；通过安全岗位的价值评估，为安全考核提供依据。

（4）安全管理方式。安全管理方式即安全管理的手段。安全管理的主要手段包括：完善的规章制度即安全责任标准；严格的监督体制即安全现场管控；奖罚分明的激励政策即安全绩效考核；系统的强化教育即安全教育培训。

所谓信息化的安全精细化管理模式，是将信息技术与安全精细化管理结合起来，实现信息化和精细化的同步运行。它是基于计算机及网络技术、软件技术、通讯技术等现代化技术为基础，充分利用信息技术对信息传递、处理的客观、快速与及时性，通过与现场作业自动化监控和报警系统相结合，使安全隐患可以及时发现并处理。实现安全信息的精确、准时地传递、应用，有效解决安全精细化管理与提高效率之间的矛盾，从而大大改善传统模式下安全精细化管理所带来的工作量大、处理缓慢等问题，大幅度地提高安全管理效率。真正做到安全管理工作事前有效预防，事中及时救援，事后分析查处的本质安全管理模式。

3. 安全精细化管理的框架结构设计

通过对安全精细化管理核心以及管理模式的定位，古汉山矿对安全精细化管理模式进行了模块化、标准化的框架结构设计，其框架结构见图1。

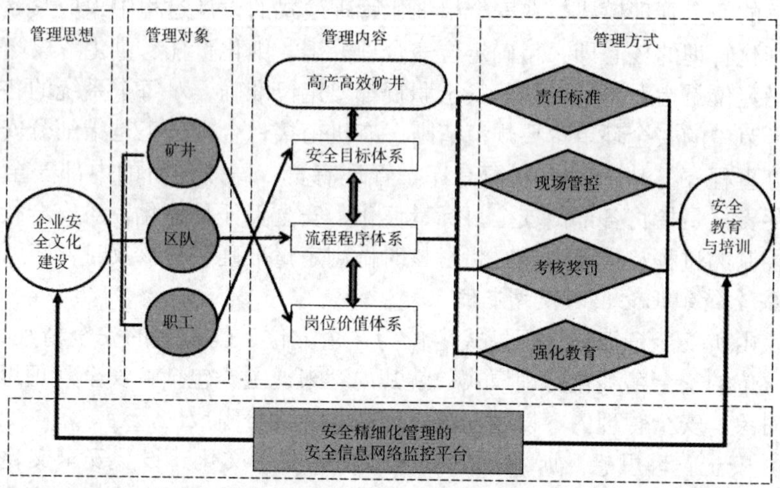

图1　全方位、信息化的安全精细化管理模式总体框架结构图

为了全方位、信息化的安全精细化管理模式在实际推行过程中，更加具有实操性，古汉山矿在安全精细化管理模式总体框架结构基础上，科学性地将安全精细化管理概括为：一个平台；四个系统；八大体系，其系统结构见图2。

一个平台即：安全管理信息网络监控平台。

四个系统即：安全目标管理系统；安全组织实施系统；安全激励控制系统；安全支撑保障系统。

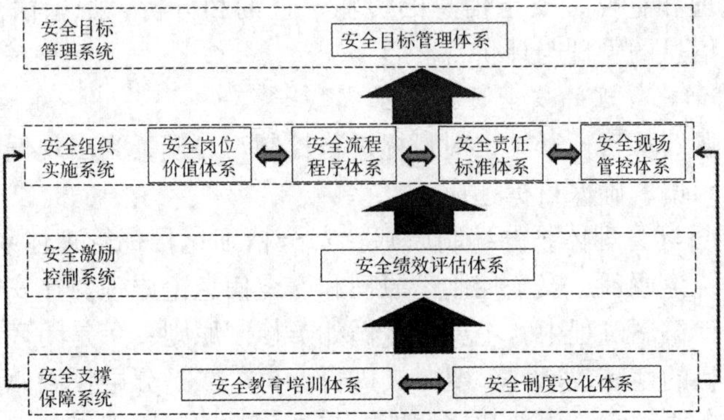

图2　安全精细化管理系统结构图

八大体系即：安全目标管理体系；安全岗位价值体系；安全流程程序体系；安全责任标准体系；安全现场管控体系；安全绩效评估体系；安全教育培训体系；安全制度文化体系。

三、煤矿安全精细化管理体系的主要做法

古汉山煤矿构建“一个平台，四个系统，八大体系”安全精细化管理系统的主要做法如下：

1. 安全精细化管理的安全信息网络监控平台

（1）安全管理信息网络监控平台的设计原则。安全管理精细化管理信息网络监控平台，是根据目前古汉山矿大力推行安全管理精细化以及已初步具备计算机网络管理能力而提出来的，它是实施安全精细化管理的最优手段。故此，“平台”在设计过程中主要遵循了以下原则：

一是安全精细化管理信息网络监控平台，是依据古汉山矿推行安全精细化管理理念；依托现有的计算机网络系统，以及现代安全科学理论和方法提出来的，它符合安全精细化管理的基本要求。

二是安全精细化管理信息网络监控平台，应与目前集团现有计算机网络系统相兼容，并适用集团的统一监控和各矿区的独立管理。同时，应与目前集团视频监控系统相融合。

三是安全精细化管理信息网络监控平台的设计，应符合未来安全精细化管理信息网络系统软件编制的技术要求。

四是安全精细化管理信息网络监控平台，应充分依托集团现有的计算机网络系统及软硬件设施，使其无需大量投资，仅需投入相对较少的资金，组织相应专家队伍，设计编制一套安全精细化管理的系统软件，即可实现安全精细化管理信息网络监控系统平台的有效运行。

（2）安全管理信息网络监控系统简述。根据以上原则和古汉山现实情况，安全信息化网络监控系统的主要框架内容包括：安全信息的发现和收集，隐患信息的筛选、整理和存储，安全信息的传输、查询和分析，隐患信息的监控与管理，以及人员信息的管理与评价等。

2. 安全精细化管理的安全目标管理系统

现代企业运营从目标开始，对目标进行控制与管理，当出现偏离目标的路径时，进行过程纠偏，确保目标达成。

（1）安全目标管理体系的编制原则。安全精细化目标管理体系的编制原则，应遵循安全系统论原理、安全控制论原理和安全信息论原理。在安全精细化目标管理体系的设计编制过程中，主要应遵循如下控制原则：一是闭环控制原则：安全管理要讲求目的性和效果性，要对其进行评价。二是分层控制原则：安全的管理和技术的实现要讲究阶梯性和协调性。三是分级控制原则：管理和控制要有主次，要讲究阶梯性和协调性。四是动态控制性原则：无论技术上或管理上要有自组织、自适应的功能。五是非等同原则：无论是从人的角度还是物的角度，必须是控制因素的功能大于和高于被控制因素的功能。六是反馈原则：对于计划或系统的输入要有自检、评价、修正的功能。

（2）安全目标管理体系的结构。安全管理目标的确定，是从古汉山矿战略、运营计划的制定开始，并依据煤矿实际管理情况，确定煤矿安全责任目标。在此基础上，通过矿职能管理部门将安全目标分解到各区队，并担负安全目标的管理责任。各区队应从现场安全管理要求出发，将安全责任目标分解到各生产班组及各岗位。

安全目标的监察，是安监部门依照分解后的安全目标，对各职能部门、生产区队及岗位进行监督管理，以此形成安全任务目标体系。

（3）安全目标管理体系的构成要件。煤矿安全管理的战略目标—安全“零事故”。安全“零事故”总体目标分解后的具体分目标有以下 8 个方面：

一是知识“零无知”。根据作业岗位安全要求，对煤炭企业的从业人员进行强化培训教育，杜绝员工在安全生产知识、安全操作技能以及安全认识上的愚昧无知。

二是操作“零失误”。管理者要为每一项操作制定作业标准，员工在生产作业过程中，精益求精，严格按照作业标准、程序进行操作。

三是制度“零漏洞”。要建立、健全全方位的安全管理制度，在安全管理制度上不留死角。并且，要严格制度的执行。

四是质量“零缺陷”。工具、各类材料、备品、备件等不存在质量缺陷，以预防因质量问题而引发的安全事故。

五是规章“零违反”。首先是工具、设备、材料，能源、环境等物质因素符合规章的要求，然后要按章办事，坚决杜绝违章作业。

六是设备“零故障”。全力杜绝设备故障发生。一般来说设备故障是由于安装、运行操作、设备自然劣化及日常维修管理等因素引发的故障，如误操作、维护不当或失修等原因引发的故障。

七是环境“零隐患”。在每次作业前，要确保作业环境没有隐患存在，决不允许在存在安全隐患的环境里作业。

八是精力“零分散”。员工一旦投入工作，就要精神百倍地投入到工作之中去，集中精力。更不允许带着情绪工作。如果不能聚精会神地工作，就应该离岗休息。

(4) 安全目标管理体系的设置标准。安全目标管理体系的目标设置，是在安全管理领域推行“精细化”作业，创建“安全精品工程”的基础。安全精品是一种境界、一种文化，是推动安全质量标准化发展、实现安全生产的必要选择，创建“安全精品工程”是提升矿井安全管理水平，推动企业安全管理向深层次发展的有效手段，是规范安全生产的基础，是煤矿企业的形象工程、效益工程和生命工程。因此，古汉山矿将建立“安全精品工程”作为企业推行安全精细化管理工作 A 级标准的重要条件之一。

3. 安全精细化管理的安全组织实施系统

安全组织实施系统是由安全岗位价值、安全流程程序、安全责任标准和安全现场监控四个体系构成。其主要功能是：依据安全精细化管理的目标要求，构建煤矿安全管理的领导机构和组织体系，通过对煤矿安全组织体系中各部门、各岗位的功能、职责的量化、细化和优化，为安全精细化管理工作提供组织保障。

(1) 安全岗位价值体系。安全岗位价值体系是由安全管理组织、安全管理机构设置与职能、安全岗位职责与价值三部分构成。其主要功能是，明确安全管理组织中各机构职能，以及各岗位的工作内容；量化、细化、优化安全管理机构的权责和安全岗位的职责，把安全管理目标与安全岗位职责结合起来，确保每个安全岗位的工作与安全管理目标有机结合。

①安全岗位价值体系的安全组织结构。安全岗位价值体系的组织结构有两种类型，它们是职能型组织结构和直线型组织结构，本体系采用的是职能型组织结构。

②安全岗位价值体系的组织机构设置。安全岗位价值体系中的组织机构设置，是在原有行政管理机构设置及职能的基础上，对安全管理职权关系进行的重新顺序划分，以使其职能更加适应安全精细化管理的要求。安全岗位价值体系的组织机构名称定为古汉山矿安全精细化管理委员会（简称安委会），安全精细化管理委员会下设九个安全管理机构，它们分别是：安全管理委员会的领导机构、文化宣传机构、纪监机构、教育培训机构、救援保障机构群防保卫机构、监察考核机构；生产管控机构、生产执行机构。

③安全岗位价值体系的安全岗位职责。安全岗位价值体系中的安全岗位职责，是保障安全组织体系正常运行，明确安全组织体系中各安全岗位的工作内容、工作标准和工作依据，确保每个安全岗位的工作与组织目标有机结合。要达到以上目的，首先要建立安全精细化管理的责任制度，安全精细化管理责任制度包括：安全工作目标或任务，责任人或责任单位的安全工作定位或分工；安全工作事项。明确每一事项的相关责任或相关责任人的有关责任；安全工作事项完成的时间、地点、方法、内容、标准等；每一项安全工作完成后的成果形成及交付

方式；每一安全工作事项完成成果考核及过程检查方式、时间等。

（2）安全流程程序体系。安全流程程序体系是清晰内部生产与安全管理边界；理清安全管理机构之间的职权界限；划分安全岗位的责任；界定和规范安全工作及作业流程；以便彻底消除安全工作中流程分割、程序混合和管理节点多的弊病。

①安全流程程序体系的设计原则。在进行安全流程程序设计时，应当掌握如下基本原则：一是以安全目标为导向；二是以安全流程程序体系为中心；三是以人为本的安全管理团队。

②安全流程程序体系的设计方法。除了掌握安全流程程序体系的设计原则外，对企业安全管理有关的部门和人员来说，很现实的一个问题就是如何设计和绘制安全流程图。

③安全流程图绘制前的准备工作。企业在安全流程程序体系设计之前，首先要对企业安全管理目前存在的问题进行诊断与分析，找出安全问题的关键所在。这些企业安全管理关键的、亟待解决的安全问题，需要首先建立安全流程程序，我们将其称之为“关键安全流程”。“关键安全流程”应该是指那些效率低下的，但地位又很重要而且落实又可行的安全流程。

④安全流程图绘制方法。一般来说，安全流程图分为一、二、三级。一级安全流程图即企业级的安全流程图，如企业安全管理流程图、企业安全决策流程图等。二级安全流程图即安全管理职能部门的安全流程图，如企业安全监察流程图、安全考核流程图等。三级安全流程图即部门内具体工作岗位的流程图。如现场作业安全控制流程图等。安全流程图应该是环环相套的。上一个级别的流程图中的一个节点，到下一个级别可能就会演化成一张流程图。

流程图有很多类型，古汉山矿使用的是“矩阵式流程图”，这也是国际上通用的一种流程图形式。这种流程图分成纵向、横向两个方面，纵向表示工作的先后顺序，横向表示承担该项工作的部门和岗位。这样通过纵向、横向两个方向的坐标，就可以达到要求，既解决了先做什么、后做什么的问题，又解决了项目由谁来负责的问题。

⑤安全流程图的管理与实施。企业的所有安全流程图绘制完成后，应汇编成册，并下发至各个部门遵照执行。在管理和实施的过程中，要提高领导者对安全流程程序体系的认识；加强培训，使企业上下共同提高对安全流程程序体系的认识；克服旧的管理习惯，逐步适应新的管理规则和管理秩序。

（3）安全责任标准体系。安全责任标准体系是依据安全管理规章制度、技术工艺标准、生产操作规程对部门、岗位制定的安全标准。安全精细化管理岗位标准要以满足安全需要、实现安全生产为目的。

①生产区队安全精细化管理岗位标准的主要内容。生产区队安全精细化管理岗位标准主要由以下几部分组成：国家法律、法规、规程中与本岗位安全有关的内容；作业规程中规定的与本岗位安全有关的内容；安全技术操作规程中规定的与本岗位有关的安全操作标准；本岗位纪律行为标准。

②辅助区队精细化管理岗位标准。专项安全工作区队基本上没有生产任务，主要操作、作业以安全工作本身的操作、作业为主。所以，专项安全工作区队的岗位标准是以专项安全操作、作业为主的岗位标准。专项安全工作区队精细化管理岗位标准的主要内容有：国家安全法律、法规、规程有关规定；工作要求或工作质量标准；岗位操作工序、程序、标准；岗位行为纪律标准。

③区队安全精细化管理岗位标准设置。生产区队的安全精细化管理岗位标准与生产岗位标准是可以统一和复合的。专项安全工作区队精细化管理岗位标准应根据区队的任务量、规模、技术情况确定每一工种人数，制定每一工种的岗位标准，并不是特别地要求专职；若需要一人多职时，只要干不同岗位的工作，就必须按照该岗位的标准操作。

（4）安全现场管控体系。所谓的“管”即各岗位严格按照该岗位专业标准、操作规程及安全规章制度实施生产；所谓的“控”即按照岗位安全责任标准实施及时监督、纠错，这种管理模式称为安全现场管控体系。安全现场管控体系主要包括四部分内容：

①班前安全教育。班前安全教育的主要内容可以包括：安全思想、安全法制、安全制度、安全行为、安全操作、安全施工及安全心理减负、安全行为点评、安全互动。

②四项措施。一是编码管理，就井下作业现场而言，主要包括：材料编码、工具编码、设备、设施编码。二是定置管理，分为区域定置、设备定置、材料定置、人员定置。三是标识管理，其形式和载体为图案符号、文字、色彩、灯光。四是看板管理，分为宣传企业战略目标、理念精神的图文看板；公布各类信息的公开透明的告示看板；作为标识载体的标识看板；作为现场作业管理工具的看板。

③走动巡查。走动巡查就是管理人员按计划对自己所管辖的区域和地段进行巡查，是发现问题和解决问题的一种有效方法。走动巡查的主要内容是，现场工程质量、文明生产情况、隐患排查、安全确认和各种记录的填写情况、各种操作规程执行情况、设备检修维护执行情况、各项制度落实情况、管理人员工作质量、管理职能执行情况、规程措施的执行情况。

④现场隐患排查。专项检查与内部自检自查相结合、定期检查和随机抽查相结合。

4. 安全精细化管理的安全激励控制系统

安全激励控制系统是建立在矿安全绩效评价体系、量化、细化、优化目标体系上的安全奖罚与绩效激励管理系统。

安全精细化管理的安全绩效评价体系，就是通过对安全责任人目标责任实施结果进行评价，将安全奖罚与激励体系与责任人的利益相结合，形成人人都是考核者、人人都被考核的机制，做到每个安全岗位、每项安全工作都置于考核之中。

通过全方位、精细化的安全管理的考核，优化薪酬结构，完善奖惩机制，使制定的安全风险抵押金制度、安全质量结构工资和“双基”建设考核办法落到实处，使安全管理绩效与收入分配机制紧密结合，实现全员关注安全和全员参与管理的安全工作格局。从而有效提升企业的安全管理水平与企业整体效益，达成企业安全精细化管理的目标。

5. 安全精细化管理的安全支撑保障系统

安全支撑保障系统是由安全制度文化体系、安全教育培训体系两部分构成。

（1）安全制度文化体系。安全制度文化体系是企业为实现自身安全目标，而制定的一种对员工安全行为给予一定限制的文化体系，它具有共性和强有力的安全行为规范的性质。各种安全制度是企业安全文化核心精神的具体表现，是协调生产中各方面关系，规范人们行为的各种法律法规、标准、制度和规定的总和。

（2）安全教育培训体系。安全教育培训体系是企业安全文化的重要组成部分，是企业生存和发展的根本保障，是提升企业员工素质和专业技术水平的基础，是企业“以人为本”管理理念，确保安全理念时时、处处的强化灌输的具体体现。把技术、管理、质量、文化教育与安全结合起来，以此形成系统化的全教育培训体系，从而为安全精细化管理提供支撑与保障。

四、煤矿安全精细化管理体系的实施效果

古汉山矿安全精细化管理实施方案的制定，系统性地规范了古汉山矿安全精细化管理工作，使古汉山矿在推行安全管理精细化工作上，统一了思想，明确了方向，提供了方法，具有了手段。通过一年来运行，效果明显。基层区队现场安全精细化管理工作有了不同程度的进步，员工安全精细化管理意识有了不同程度的提高。各单位都按要求制定了具体的实施办法和工作制度，并认真组织实施；主管部门坚持对推进工作全程进行监督检查，同时进一步修改完善了考核奖罚办法；各单位的现场安全管理精细化工作有了不同程度的进步，员工安全管理精细化意识有了不同程度的提高。工作面标准化建设日益规范，上下两巷文明生产持续达标，工作面有良品率大幅度提高，对采掘头面全部实行“精品工程”管理，局部通风管理趋于规范，通风系统进一步完善合理，杜绝了不合理的瓦斯超限现象，作业人员操作行为得到了规范，员工“上标准岗，干标准活”、按章操作意识明显增强。井下各区域全部实施责任区留名挂牌管理，井下现场逐步全面实现了安全精细化管理，达到了标准化标准，消灭了井下作业现场“人、机、物、环”的不安全隐患，提高了现场人员施工安全系数。

（成果创造人：杨建增　李乔成　袁德铸　李志敏　刘　利　张克正　温世平　禹新生　张修振　毋绪勇　张超伟　褚占友）

煤炭产品结构效益模型的构建与实施

河南煤业化工集团鹤煤公司

鹤煤集团的前身原鹤壁矿务局成立于1957年6月3日，1999年5月12日改制为鹤壁煤业（集团）有限责任公司。2008年12月5日，经河南省人民政府批准，鹤煤集团、焦煤集团、永煤集团、中原大化和省煤气化公司联合组建了“河南煤业化工集团有限责任公司”。目前，鹤煤集团拥有河南鹤壁、荥巩、焦作和内蒙古鄂尔多斯、陕西富县五个矿区共47对矿井。本部现有主要生产矿井八对，核定生产能力715万吨，公司配套建设矿井型选煤厂八座，年处理能力750万吨，主要煤炭品种有冶炼精煤、高炉喷吹精煤、混煤及少量手选块煤。精煤供冶金行业使用，选煤副产品中煤、煤泥作为电煤销售，选煤工艺为重介—浮选、跳汰—浮选。

一、煤炭产品结构效益模型的构建背景

2011年我国电力供应紧张，从保证国计民生的大局出发，河南省政府向各煤业集团发出了承担企业的政治和社会责任，采取更加有力措施，确保电煤稳定供应，以实际行动支持河南的经济建设和社会发展的号召。同时向鹤煤集团下达了全年420万吨的保电煤任务。

2011年鹤煤本部原煤计划产量823万吨、计划入洗量657万吨。当时精煤行情向好，需求旺盛且价格高，保电煤就会使420万吨的原煤不能入洗，直接影响企业的收入和利润完成。面对严峻的经营形式，鹤煤集团一方面积极响应省政府号召，全力以赴保证完成全年420万吨的保电煤任务，另一方面还要从企业的发展和职工利益出发，算好经济账，最大限度地减少电煤损失，争取效益最大化。为此构建了“煤炭产品结构选煤效益模型”来指导矿井、选煤厂生产。

2012年以来，受国内外宏观经济形势的影响，鹤煤集团在生产经营上同样遭遇了寒流。一是下游产品钢材价格持续走低，钢厂生产经营困难，对焦企压价

力度不断加大，造成焦炭价格持续回落，限产幅度增大，使瘦精煤市场萎缩，价格下滑；受水电出力增加、电力需求低迷等因素影响，电煤需求疲软，动力煤市场供需矛盾突出，动力煤价格持续下行。

面对当前严峻的经济形势，为实现公司的可持续发展，鹤煤集团只能积极谋划规避市场风险，在保证安全生产的前提下，以追求效益最大化为目标，顺应市场需求，提升煤炭质量，优化煤炭产品结构，及时合理调配各品种煤生产比例，加强成本核算，提高商品煤综合售价，积极应对寒流冲击。在此背景下，结合鹤煤煤种、煤质特性，确立煤炭洗选加工产品结构方案，确立商品煤品种、质量规格，充分发挥煤炭洗选加工生产系统的功能，做好资源配置，运用好煤炭产品结构选煤效益模型，就显得尤为重要。

二、煤炭产品结构效益模型构建的内涵和创新点

选煤加工是一个处理大宗物料的生产过程，产品结构和产品产率的微小变化都会引起经济效益的变化。在严峻的经营环境下，为实现效益最大化目标，一方面必须紧紧把握市场行情，以用户需求为导向组织生产；另一方面还要算好经济账，依据原煤特性，合理确定分选和产品搭配方案。一个选煤厂虽然设备及流程已经确定，但只要对操作制度做一些调整、对流程做一些简单的变动或对产品的灰分做些调整，都会大幅增加或降低选煤厂收入，同时由于选煤生产各分选作业选出的灰分和产率都不尽相同，这就可以通过采用不同分选作业产品的质量搭配方案，在满足客户质量要求的前提下，通过产品结构调整来最大限度地提高选煤经济效益。

选煤厂的利润是由精煤、混煤、中煤、煤泥等产品的销售总收入减去总成本构成的，提高经济效益可以从降低成本、增加收入两个渠道获得。建立煤炭产品结构效益模型的创新点在于：通过建立优选模型可以使各选煤厂能够根据市场变化，对模型进行分析，制订不同的煤炭产品加工方案，及时调整产品结构及分选方案，改变作业的分选效率，提高产品质量，增加高附加值产品的产率，实现煤炭产品的总销售收入最大化。

三、煤炭产品结构效益模型的建立

1. 煤炭产品结构效益模型原理

以“原煤销售收入=洗选品种煤销售收入-洗煤成本”为收入平衡点，调整煤炭产品结构。只有当原煤销售收入小于扣除洗煤成本后的各品种煤总销售收入时，原煤入洗才有利可图，对煤炭产品进行结构调整才有意义。

2. 建立煤炭产品结构效益模型

（1）效益模型：原煤销售收入<洗选品种煤销售收入-洗煤成本，即“$QP < qr_1p_1 + qr_2p_2 + qr_3p_3 + qr_4p_4 + (Q-q)p - C$”，

式中：

Q 为原煤产量，P 为原煤售价，q 为入洗煤量；C 为洗煤成本

p_1 为精煤售价，r_1 为精煤产率，精煤产量 $q_1 = qr_1$

p_2 为煤泥售价，r_2 为煤泥产率，煤泥产量 $q_2 = qr_2$

p_3 为中煤售价，r_3 为中煤产率，中煤产量 $q_3 = qr_3$

p_4 为矸石售价，r_4 为矸石产率，矸石产量 $q_4 = qr_4$

（2）释义。当原煤销售收入大于洗煤综合收入时要减少入洗量，降低精煤产量；当原煤销售收入小于洗煤综合收入时要增加入洗量，提高精煤产量。

四、煤炭产品结构选煤效益模型的实施

公司选煤厂均为与矿井产能配套的选煤厂。根据选煤厂类型、矿井原煤质量及所生产精煤的品种，鹤煤公司八对选煤厂可分为两大类，选取有代表性的中山洗煤厂、九矿洗煤厂进行详细分析。

1. 中山洗煤厂

（1）2011 年运行情况分析。中山洗煤厂入洗原煤为粘结指数 16—42 的瘦煤，采用浮选－跳汰工艺，主要产品为炼焦精煤。

2011 年为完成省政府保电煤任务，采取原煤部分入洗，洗后产品煤泥、中煤与未入洗原煤掺配销售的方式组织生产。

按照鹤煤公司现行的煤炭产品结构，可分为原煤直接销售；部分入洗，洗后产品直接销售；部分入洗，洗后副产品与剩余原煤掺配销售与原煤全部入洗分品种销售四种模式。

与中山洗煤厂配套的鹤煤二矿 2011 年 1—10 月份共生产原煤 69.51 万吨，选煤厂入洗原煤 55.13 万吨，商品煤产量 60.84 万吨，洗煤加工成本为 23.75 元/吨，按照选煤效益模型 $QP < qr_1p_1 + qr_2p_2 + qr_3p_3 + qr_4p_4 + (Q-q)p - C$ 测算，见表 1 所示。

表 1　煤炭产品分品种统计表

品种＼项目	产量（万吨）	产率（%）	单价（元/吨）
入洗原煤	55.13		675
精煤	30.63	55.56	1277.84
中煤	9.70	17.60	450
煤泥	5.52	10.01	280
洗矸	9.28	16.83	
混煤	14.38		476.72

①原煤不入洗直接按原煤销售。原煤销售收入＝原煤量×原煤售价＝69.51 万吨×675 元/吨＝46919.25 万元。

②入洗 55. 13 万吨原煤，洗后副产品与原煤不掺配，分品种直接销售。

品种煤销售收入 = 精煤产量 × 精煤售价 + 中煤产量 × 中煤售价 + 煤泥产量 × 煤泥售价 + 剩余原煤量 × 原煤售价 - 洗煤成本 = 30. 63 万吨 × 1277. 84 元/吨 + 9. 70 万吨 ×450 元/吨 + 5. 52 万吨 ×280 元/吨 + （69. 51 - 55. 13）万吨 ×675 元/吨 - 60. 84 × 23. 75 元/吨 = 39140. 24 + 4365 + 1545. 6 + 9706. 5 - 1444. 95 = 53312. 39 万元

折合吨原煤售价为：53312. 39 万元 ÷69. 51 万吨 =766. 97 元/吨

③入洗 55. 13 万吨原煤，洗后副产品与未入洗原煤掺配按混煤销售，掺配后按混煤平均价格 476. 72 元/吨计算。

销售收入 = 精煤产量 × 精煤价格 + （中煤产量 + 煤泥产量 + 剩余原煤量 + 部分洗矸）× 混煤价格 - 洗煤成本 =30. 63 万吨 ×1277. 84 元/吨 + （9. 70 +5. 52 + 14. 38 + 9. 28 × 50%） × 476. 72 元/吨 - 64. 87 × 23. 75 元/吨 = 39140. 24 + 16313. 36 - 1540. 66 =53912. 94 万元

折合吨原煤售价为：53912. 94 ÷69. 51 =775. 61 元/吨

④原煤全部入洗分品种销售经济效益情况。综合销售收入 = 原煤量 × 精煤产率 × 精煤价格 + 原煤量 × 中煤产率 × 中煤价格 + 原煤量 × 煤泥产率 × 煤泥价格 - 商品煤产量 × 洗煤单位成本 = 69. 51 × （55. 56% ×1277. 84 + 17. 60% ×450 + 10. 01% ×280） -60. 84 ×23. 75 =55358. 34 万元

折合吨原煤售价为：55358. 34 ÷69. 51 =796. 41 元/吨

⑤各方案效益比较。

方案一：原煤不入洗直接销售原煤时收入为 46919. 25 万元，吨原煤售价 675 元。

方案二：原煤部分入洗副产品单独销售时，收入为 53312. 39 万元，折合吨原煤售价为 766. 97 元。

方案三：部分入洗副产品掺混煤销售时，收入为 54008. 65 万元，折合吨原煤售价 776. 99 元。

方案四：原煤全部入洗销售时，销售收入为 55358. 34 万元，折合吨原煤售价为 796. 41 元。

通过四种方案的对比分析，可以看出：原煤全部入洗，提高精煤产率，增加精煤产量，是公司效益最大化的保证。

（2）以 2012 年 6 月份煤炭产品数据为例。鹤煤二矿 6 月份共生产原煤 56591 吨，商品煤产量 47556 吨，洗煤加工成本为 30. 59 元/吨，按照选煤经济效益模型 $QP < qr_1p_1 + qr_2p_2 + qr_3p_3 + qr_4p_4 + (Q-q)p - C$ 测算如下：

①原煤不入洗直接按原煤销售。原煤销售收入 = 原煤量 × 原煤售价 =56591 吨 ×577 元/吨 =3265. 3 万元

②按 6 月份 56591 吨原煤全部入洗，各品种煤直接销售。实际生产精煤 37455 吨、中煤 5066 吨、煤泥 5035 吨，精煤售价 1121.7 元/吨、中煤售价 305 元/吨、煤泥售价 349 元/吨。

综合销售收入 = 精煤产量 × 精煤售价 + 混煤产量 × 混煤售价 + 中煤产量 × 中煤售价 + 煤泥产量 × 煤泥售价 - 洗煤成本 = 37455 吨 × 1121.7 元/吨 + 5066 吨 × 305 元/吨 + 5035 吨 × 349 元/吨 - 47556 × 30.59 元/吨 = 4201.32 + 154.51 + 175.72 万元 - 145.47 万元 = 4386.08 万元

折合吨煤售价为：4386.08 万元 ÷ 56591 吨 = 775.05 元/吨

③入洗 4.59 万吨原煤，剩余原煤与洗后产品掺配按混煤销售，具体数量见表 2。

表 2　部分原煤入洗统计表

品种＼项目	产量（吨）	产率（%）	单价（元/吨）
入洗原煤	45900		577
精煤	30432	66.3	1121.7
中煤	4237	9.23	
煤泥	3525	7.68	
洗矸	7706	16.79	
剩余原煤	10691		490

综合销售收入 = 精煤产量 × 精煤价格 + （中煤产量 + 煤泥产量 + 剩余原煤量 + 部分洗矸）× 混煤价格 - 洗煤成本 = 30432 吨 × 1121.7 元/吨 + （4237 + 3252 + 10691 + 3853）× 490 元/吨 - 52465 × 30.59 元/吨 = 3413.56 + 1079.61 - 160.49 = 4329.68 万元

折合吨原煤售价为：4329.68 万元 ÷ 56591 吨 = 765 元/吨

④各方案效益比较。

方案一：原煤不入洗直接销售原煤时收入为 3265.3 万元，吨原煤售价 577 元。

方案二：原煤全部入洗，副产品单独销售时，销售收入为 4386.08 万元，折合吨原煤售价为 775 元。

方案三：原煤部分入洗，洗煤副产品与剩余原煤掺配作为混煤销售，收入为 4402.78 万元，折合吨原煤售价为 765 元。

通过对三种方案的对比分析，可以看出：在煤炭价格下降，精煤价格与原煤价格差距缩小时，全部入洗与部分入洗相比优势不是特别明显，这就要求准确把握原煤入洗量，选煤效益模型的运用尤为重要。

2. 九矿洗煤厂

（1）2011 年运行情况分析。九矿选煤厂入洗原煤为粘结指数 0 ~ 5 的贫煤，采用浮选跳汰工艺，主要产品为高炉喷吹精煤。

在必须完成省政府保电煤任务情况下，采取原煤部分入洗，洗后产品煤泥和中煤与未入洗原煤掺配销售的方式组织生产。

九矿选煤厂 2011 年 1 ~ 10 月份共生产原煤 66.09 万吨，选煤厂入洗原煤 54.20 万吨，商品煤产量 62.96 万吨，洗煤加工成本为 27.26 元/吨，按照选煤效益模型 $QP < qr_1p_1 + qr_2p_2 + qr_3p_3 + qr_4p_4 + (Q - q)p - C$ 测算，见表 3 所示。

表3　煤炭产品分品种统计表

项目 品种	产量（万吨）	产率（%）	单价（元/吨）
入洗原煤	54.20		675
精煤	32.95	60.79	1108.62
中煤	8.95	16.52	487.50
煤泥	5.41	9.98	500.00
洗矸	6.89	12.71	
混煤	11.89		471.79

①原煤不入洗直接按混煤销售。原煤销售收入 = 原煤量 × 原煤售价 = 66.09 万吨 ×675 元/吨 = 44610.75 万元

②入洗 54.20 万吨原煤，洗后副产品与原煤不掺配，分品种直接销售。

品种煤销售收入 = 精煤产量 × 精煤价格 + 中煤产量 × 中煤价格 + 煤泥产量 × 煤泥价格 + 剩余原煤量 × 原煤价格—洗煤成本 = 32.95 万吨 × 1108.62 元/吨 + 8.95 万吨 × 487.5 元/吨 + 5.41 万吨 × 500 元/吨 +（66.09 - 54.2）万吨 × 471.79 元/吨 - 62.96 × 27.26 元/吨 = 36529.03 + 4363.13 + 2705 + 5609.58 - 1716.29 = 47490.45 万元

折合吨原煤售价为：47490.45 ÷ 66.09 = 718.57 元/吨。

③入洗 54.20 万吨原煤，洗后副产品与未入洗原煤掺配按混煤销售，掺配后按混煤价格平均价格 471.79 元/吨计算。

销售收入 = 精煤产量 × 精煤价格 +（中煤产量 + 煤泥产量 + 剩余原煤量 + 部分洗矸）× 混煤价格 - 洗煤成本 = 32.95 万吨 × 1108.62 元/吨 +（8.95 + 5.41 + 11.89 + 3.45）× 471.79 元/吨 - 62.65 × 27.26 元/吨 = 36529 + 14012.16 - 1707.84 = 48833.32 万元

折合吨原煤售价为：48833.32 ÷ 66.09 = 738.89 元/吨

④原煤全部入洗分品种销售经济效益情况。综合销售收入 = 原煤量 × 精煤产率 × 精煤价格 + 原煤量 × 中煤产率 × 中煤价格 + 原煤量 × 煤泥产率 × 煤泥价格 − 商品煤产量 × 洗煤单位成本 = 66.09 × （60.79% × 1108.62 + 16.52% × 487.5 + 9.98% × 500） − 62.96 × 27.26 = 51444.2 万元

折合吨原煤售价为：51444.2 ÷ 66.09 = 778.39 元/吨

⑤各方案效益比较。

方案一：原煤不入洗直接销售原煤时收入为 44610.75 万元，吨原煤售价 675 元。

方案二：原煤部分入洗副产品单独销售时，收入为 47490.45 万元，折合吨原煤售价 718.57 元。

方案三：洗煤副产品掺配部分原煤销售时，收入为 48833.32 万元，折合吨原煤售价 738.89 元/吨

方案四：原煤全部入洗销售时，销售收入为 51444.2 万元，折合吨原煤售价为 778.39 元/吨。

通过四种方案的对比分析可以看出：原煤尽可能全部入洗，提高精煤产率，增加煤炭产量，才能保证公司效益最大化。

（2）以 2012 年 6 月份煤炭产品数据为例。九矿 6 月份共生产原煤 55860 吨，商品煤产量 49620 吨，洗煤加工成本为 26.37 元/吨，按照选煤经济效益模型 $QP < qr_1p_1 + qr_2p_2 + qr_3p_3 + qr_4p_4 + (Q-q)p - C$ 测算如下：

①原煤不入洗直接按原煤销售。原煤销售收入 = 原煤量 × 原煤售价 = 55860 吨 × 577 元/吨 = 3223.12 万元

②按 55860 吨原煤全部入洗，各品种煤直接销售。综合销售收入 = 精煤产量 × 精煤售价 + 中煤产量 × 中煤售价 + 煤泥产量 × 煤泥售价 − 洗煤成本 = 34594 吨 × 1001.53 元/吨 + 7396 吨 × 420.46 元/吨 + 7630 吨 × 344.7 元/吨 − 49620 × 26.37 元/吨 = 3464.69 + 310.97 + 263 万元 − 130.85 万元 = 3907.81 万元

折合吨煤售价为：3907.81 万元 ÷ 55860 吨 = 699.57 元/吨

③按 6 月份实际入洗 55105 吨，剩余原煤与洗后产品掺配按混煤销售，具体数量见表 4。

表 4　部分原煤入洗统计表

项目 品种	产量（吨）	产率（%）	单价元/吨）
入洗原煤	55105		577
精煤	34126	61.93	1001.53

项目 品种	产量（吨）	产率（%）	单价元/吨）
中煤	7396	13.00	
煤泥	7630	12.05	
洗矸	7175	13.02	
剩余原煤	755		
混煤			490

综合销售收入=精煤产量×精煤价格+（中煤产量+煤泥产量+剩余原煤量+部分洗矸）×混煤价格-洗煤成本=34126吨×1121.7元/吨+（4237+3252+10691+3587）×490元/吨-55893×30.59元/吨=3827.91+1066.58-170.98=4723.51万元

折合吨原煤售价为：4723.51万元÷56591吨=834.68元/吨

④各方案效益比较。

方案一：原煤不入洗直接销售原煤时收入为3265.3万元，吨原煤售价577元。

方案二：原煤全部入洗，副产品单独销售时，销售收入为3907.81万元，折合吨原煤售价为699.57元。

方案三：原煤部分入洗，洗煤副产品与剩余原煤掺配作为混煤销售，收入为4723.51万元，折合吨原煤售价为834.68元。

通过三种方案比较可以看出：在这种情况下，可适当减少原煤入洗量，降低高炉喷吹精煤产量，增加掺配混煤产量，以保证公司效益最大化。

五、煤炭效益模型运用实例

以2011年6月份福源精煤公司生产组织为例（品种煤统计数量见表5）。福源精煤公司生产的是炼焦精煤，其经济效益较高，为完成省政府下达的保电煤任务，矿井原煤不能最大限度入洗，公司效益损失较大。

表5 2011年6月份品种煤资料统计表

项目	产量（吨）	产率（%）	价格	精煤加工费
矿井原煤	128221			
入洗原煤	128221			28.95
冶炼用炼焦精煤	74496.4	58.1	1282.22	
中煤	18425.35	14.37	471	
煤泥	13386.27	10.44	470	

项目	产量（吨）	产率（%）	价格	精煤加工费
洗矸	21292.97	17.09		
外购煤	12857		641	
电煤	47668.62		471	

按照选煤效益模型：$QP < qr_1p_1 + qr_2p_2 + qr_3p_3 + qr_4p_4 + (Q-q)p - C$ 测算如下：

方案一：原煤全入洗，商品煤分品种销售。

综合收入 = 原煤量（精煤产率 × 精煤价格 + 中煤产率 × 中煤价格 + 煤泥产率 × 煤泥价格） - 商品煤产量 × 洗煤单位成本 = 128221（58.1% ×1282.22 + 14.37% ×471 + 10.44% ×470） - 106308 × 28.95 = 10742.02 万元

方案二：扣除保电煤用原煤，剩余原煤矿井入洗，洗煤副产品掺配后销售。

为保 6 月份 4.5 万吨电煤任务，需用原煤 2 万吨与洗后副产品进行掺配。

收入 = 入洗原煤 × 精煤产率 × 精煤价格 + （入洗原煤 × 中煤产率 + 入洗原煤 × 煤泥产率 + 掺配原煤量 + 部分洗矸） × 电煤价格 - 商品煤产量 × 洗煤单位成本 = 108221 × 58.1% × 1282.22 + （108221 × 14.37% + 108221 × 10.44% + 20000 + 5000） × 471 - 114725.4 × 28.95 = 10172.01 万元

方案三：用外购原煤置换本部矿井原煤，矿井原煤全部入洗，洗后副产品与部分矿井原煤、外购煤掺配销售。

收入 = 矿井原煤 × 精煤产率 × 精煤价格 + （矿井原煤 × 中煤产率 + 矿井原煤 × 煤泥产率 + 外购原煤量 + 部分洗矸） × 电煤价格 - 商品煤产量 × 洗煤单位成本 - 外购煤成本 = 128221 × 58.1% × 1282.22 + （128221 × 14.37% + 128221 × 10.44% + 12857 + 3000） × 471 - 122165 × 28.95 - 12857 × 641 = 10619.47 万元

根据选煤效益模型，2011 年 6 月份福源精煤公司按照方案三组织生产，外购 12857 吨原煤置换本部矿井原煤，这样，既保证了政府电煤任务的完成，又将公司损失降到最低，保证了公司利益最大化。

六、选煤经济效益模型分析结论

通过对 2011 年 1 - 10 月、2012 年 6 月份选煤厂产品结构分析得出如下结论：

1. 在煤炭市场比较平稳，价格比较坚挺情况下

（1）应按精煤产量最大化原则组织生产，以达到选煤经济效益最大化。选煤厂应依据选煤经济效益模型，按照效益最大化原则，选择高效益模式组织生产。因此，各厂均需建立以入洗原煤质量为基础的选煤加工方案，确定精煤产率和排矸率，在数质量平衡的基础上，建立选煤产品结构效益模型，以效益最大化原则组织生产。

（2）根据电煤质量要求，各厂制定电煤掺配方案，明确所需外购煤（用以掺配）数量和质量，用外购煤置换本部矿井原煤，保证本部矿井原煤全部入洗。

(3) 通过对鹤煤公司两个有代表性的选煤厂四种生产经营方案的对比分析得出如下结论：一是无论是炼焦精煤还是高炉喷吹精煤，在原煤全部入洗情况下，选煤厂实现的效益最大。二是若受条件限制，混煤需要量较大，原煤不能全部入洗时，要保证公司效益最大化，要最大限度保证精煤产量，再将洗煤副产品、原煤、部分洗矸掺配达到满足用户需要的混煤，以实现公司整体效益最大化。

2. 在煤炭市场疲软，价格持续走低的情况下

(1) 目前煤炭价格持续走低，但炼焦精煤、原煤、混煤之间的价差，大于高炉喷吹精煤、原煤、混煤之间的价差。根据煤炭产品结构效益模型，公司适时调整了产品结构，加大炼焦精煤的生产与销售，公司高附加值销售比率由去年的50.2%增加到今年的59.8%，抵消了部分煤炭价格下滑因素对公司效益的影响。

(2) 由于高炉喷吹精煤价格低于炼焦精煤，当高炉喷吹精煤价格与原煤价格价差缩小时，可适当减少高炉喷吹精煤产量，增加掺配混煤的产量，保证公司综合经济效益最大。

七、运用煤炭产品结构效益模型带来的效益

1. 经济效益

(1) 2011 年在煤炭产品结构效益模型的指导下，公司采用外购部分原煤，最大限度地置换本部矿井原煤入洗，保证精煤的生产，仅置换原煤保电煤一项使公司减少损失 2.27 亿元。

(2) 2012 年在煤炭价格持续下滑的情况下，通过调整产品结构，公司累计煤炭综合售价 591 元/吨，比去年 586.55 元/吨高出 4.45 元/吨，增加收入、利润 2413.87 (530.52 × 4.45) 万元；2012 年 6 月煤炭综合售价达到 722.74 元/吨，比 2011 年同期煤炭综合售价 591.89 元/吨高出 130.85 元/吨，增加收入、利润 62.17 万元，为公司经济度过“严冬”起到了雪中送炭的作用。

2. 社会效益

保证电煤供应其社会效益远大于其经济效益。2011 年在全国电力紧张，河南省政府要求煤炭企业必须力保电煤供应，若不采取置换、掺配等方式，既保证不了圆满完成电煤供应任务，又不能保证公司效益最大化。通过运用煤炭产品结构效益模型的分析，公司确定了合理的产品结构方案，完成了全年 420 万吨的保电煤任务，最大限度地支持了河南电力的发展。

（成果创造人：马正兰　董正亮　冯修民　黄宪平　尹乐东　秦艳俊　赵鹤民　王利红　石　楠　田　莉）

企业学习型组织“12345”体系构建的创新实践

河南煤业化工集团中原大化公司

河南煤化集团中原大化公司前身是河南省中原化肥厂，1985 年注册登记，是国家“七五”期间的重点建设项目，具有当代世界先进技术水平和生产装置，1990 年 5 月建成投产，1997 年改制成立为河南省中原大化集团有限责任公司，2008 年 12 月与永煤、鹤煤、焦煤、省煤气公司重组为河南煤业化工集团。目前，企业下属 3 个事业部（甲醇事业部、化肥事业部、三聚氰胺事业部），9 家子公司，4 家中外合资公司，拥有两个省级研发中心和一个市级研发中心，是河南省化工行业生产、科研、人才的三大培训基地。现有装置规模为 30 万吨合成氨、52 万吨尿素、50 万吨甲醇、10 万吨复合肥、6 万吨三聚氰胺，是河南省最大的化肥生产企业和亚洲最大的三聚氰胺生产企业之一。

一、企业学习型组织“12345”体系的产生背景

2008 年以来，受世界经济危机的影响，公司生产经营面临严峻挑战，短短三个多月，就出现了亿元亏损。2008 年 12 月，河南煤化集团实行了重组，公司成为了河南煤化集团的成员企业。重组以来，河南煤化集团虽然给予了公司强有力的支持，但巨亏的局面并没有得到遏制。面对严峻形势，2010 年 8 月，河南煤化集团果断调整了公司领导班子。新班子上任后，不断加大改革力度，深化组织架构调整，提出了“两调整、两提高”战略，即优化调整人力资源结构，不断提高员工综合素质；优化调整产业产品结构，不断提高综合经济效益。并在公司培训专题会议上提出了“1136”人才培养工程，决定将中原大化打造成河南煤化集团化工板块的“黄埔军校”。这对企业创建学习型组织，改善员工知识结构、提高员工整体素质提出了更高要求，然而当时员工队伍的整体素质与新的形势和任务要求并不相适应，特别是一些部门对创建学习型组织缺乏足够的重视，人才

的培养、激励、评价、使用机制还没有建立，出现了高素质人才总量严重不足、断档非常严重的现象。对此公司格外重视，组织精兵强将，深入研究公司在创建学习型组织方面存在的问题，在公司领导的正确领导下，通过系统总结、分析国内外优秀企业的人才培养工作和创建学习型组织的经验和办法，结合公司实际，构建了具有公司特色的企业学习型组织“12345”创新体系，并成功运用于人才培养、教育培训工作中，较好地服务了公司发展战略。

二、企业学习型组织“12345”体系的基本内涵

“12345”就是公司将人才培养、教育培训融入到创建学习型组织的过程，通过积极运作，让企业持续学习不断适应外在环境的变化，以便让企业里的员工平等地、和谐地进行个人和集体学习，并应用学习到的成果来促进个人和企业的效能增强，从而提高企业适应市场经济变化的能力。

“1”指一项原则和10%的培训工资。一项原则即培训工作坚持“立足实际，注重实用、力求实效”的原则。10%的培训工资即公司将员工工资实行切块管理，公司将工资总额的10%作为培训工资对各单位进行绩效考核，基层单位则将员工工资的10%拿出来参与对个人的绩效考核。

“2”指两项支撑，即以员工学习创新工作室（员工实操培训基地）和员工星级管理为支撑。

“3”指三种格局，即在人才培养工作中实现了“课堂现场化、现场课堂化、课堂现场一体化”的良好学习格局，使人才培养工作更加贴近生产实际，更加贴近业务实际。

“4”指四项计划，即为了实现“1136”人才培养工程，实施了员工技能提升培训计划、青年人才成长培养计划、工程技术人员创新培训计划、中级管理人员创新思维创新管理能力提升培训计划。

“5”指五个载体，即基层班组微型课堂、工程师技术讲堂、干部管理论坛、员工夜校、校企合作。

三、企业实施学习型组织“12345”体系的主要做法

1. 坚持以基础建设为切入点，建立健全构建企业学习型组织的工作职责体系、层级体系、制度体系、考核体系

（1）建立健全了“1+5”学习型组织创建的职责体系。公司成立了以董事长、党委书记、总经理为组长的学习型组织创建暨人才培养工作领导小组，人力资源部牵头并负责整个体系的建立、实施、监督、检查和考核，党委工作部、工会、生产管理部、机械动力部、安全环保部等5个部门分工合作。其中党委工作部负责中级以上管理人员的培训；生产管理部负责化工操作人员及化工分析人员的培训、机械动力部负责化工设备管理及化工维修工、仪维维修工、化工维修电工的培训；安全环保部负责安全知识的培训；工会负责班组长培训和员工技术比

武工作。“1 +5”职责体系的建立明确了责任，划分了职权，理清了彼此之间的关系，使人才培养工作很快进入了有人管的快车道。

(2) 建立了“三级三层五类”人才培养管理体系。“三级”指培训工作分为三级管理，其中一级培训由公司负责，二级培训由事业部负责，三级培训由班组负责。“三层”指将培训对象分层管理，分别是管理层、执行层、操作层三个层面。“五类”指培训对象的类别，分别是中高层管理人员、班组长、工程师、一般员工和特殊作业人员。通过分级分层分类管理，解决了各部门各单位该管什么，不该管什么，该管谁，管到什么程度的问题。

(3) 建立了完善的人才培养制度体系。自2010年7月份以来，公司陆续出台了《中原大化公司员工培训评价办法》《中原大化公司员工培训工作管理及考核办法》《中原大化公司员工职业生涯规划与管理指导意见》《中原大化公司员工培训经费管理制度》《中原大化公司关于实施员工星级管理的指导意见》等17项制度，建立了较为完备的创建学习型组织暨人才培养的制度体系。

(4) 建立了完善的培训考核指标考核体系。2010年以来，公司层面，将工资总额的10%拿出来进行培训考核。基层单位则将员工工资的10%拿出来进行绩效考核。为将考核更加细化、量化，具有可操作性，公司将人才培养考核指标体系分为基础管理、培训实施、培训效果、培训创新等4个维度13大类指标进行考核。不仅如此，人才培养工作的好坏，还与公司各级领导班子的年度考核、薪酬考核关联，公司规定学习力建设占干部绩效考核权重的15%，占班子绩效考核的5%。这样，学习力建设不仅与员工的薪酬挂钩，而且还与干部的薪酬挂钩、干部的绩效挂钩、班子的综合评定挂钩，干部的晋升晋职、评先评优挂钩。考核体系运行以来，有效激发了全体员工学习的积极性和主动性。

2. 以思想好、业务精为导向，以技能工人为对象，积极实施员工技能提升计划

(1) 开辟人才“H”型建设通道，搭起技能人才成长的舞台。为了想干事的有机会、能干事的有舞台、干成事的受重用、混日子的没市场。2010年4月开始，公司出台了《中原大化公司薪酬管理暨技能人才多通道建设实施办法》，按照“统一标准、自主申报、单位考核、公司聘任”的原则，建立了以职业能力为导向、以工作业绩为重点，注重职业道德和技能水平的技能人才评价体系，每年评审一次。评为主任工程师、副主任工程师、特聘师、高级技师、技师等技术职称的，分别享受每人每月3000元、2500元、1500元、1200元、1000元、800元、600元、400元不等的技术和岗位津贴，解决了长期以来技术工人晋升通道单一的问题，开辟了技术工人成长、成才的通道，充分调动了广大技能人才的工作潜能。

(2) 实行员工星级管理，积极培养“精一岗、会两岗、懂三岗”的复合型

技能工人。所谓员工星级管理，就是根据员工掌握岗位技能的实际情况，结合综合表现，对员工进行星级评定，星级越高说明业务技能水平越高。公司实施员工星级管理主要有全员学习、导师带徒、岗位资格认证、每月之星、星级管理、核心员工。

全员学习，即通过开展“创建学习型组织、争做知识型员工”活动，组织员工学理论、学政策、学业务、学理念，形成共同的行为准则和愿景，推动个人素质提高和公司和谐发展。

导师带徒，即选择思想好、技术精、作风硬、纪律严的优秀员工做师傅，根据“缺什么、补什么，干什么、学什么”的原则，采取“1 +1”或“1 +2”的形式签订导师带徒协议。

岗位资格认证，即以培养“精一岗、懂两岗、会三岗”的优秀员工为载体，实施转岗、轮岗学习，学会一个岗位认证一个岗位，奖励一个岗位。岗位资格证书纳入《员工星级管理》档案，成为员工星级评定的依据，同时作为员工岗位调整和晋级的重要依据，从而确保员工的有序发展和进步。

每月之星，即根据基层单位员工的综合表现，特别是处理重大问题上的突出表现，由基层单位星级员工评定委员会进行评定，直接授予每月之星，给予一次性奖励。

星级管理即在岗位认证和每月之星的基础上，根据个人业务技能和综合表现，确定员工星级。由所在单位制定办法，根据星级高低调整岗位工资和市场化工资的分配系数。星级越高同岗位岗位工资调整的越高，市场化工资的分配系数也越高。

阶梯计划即后备人才培养计划，根据德才兼备的原则，将星级较高的员工确定为核心员工，作为后备人才进行培养，并推荐参加多通道建设评定。

（3）全面推行国家职业资格证书准入制度，积极打造技能提升的快速通道。公司坚持做好职业技能鉴定工作，进一步扩大国家职业资格证书的覆盖范围，坚持学历证书和职业资格证书并重，鼓励提倡员工在职学习，通过公司审核把关，每年有200多名员工考取国家从业资格证书，从而大大提高了员工自主学习、自主提升的热情和动力。

（4）加快技能人才培训培养基地建设，充分发挥实训基地在技能人才培养中的作用。在过去建设的基础上，2011年公司继续增加投入，分别建立了化工仪表维修工、化工维修电工、化工分析工、化工检修焊工实训基地，并依托郑州大学、河南大学、河南工业大学、安阳工学院、河南化工技师学院、濮阳技校建立了校外技能人才的培训基地。

（5）积极开展技能提升资源保障系统建设。从2010年开始，公司就开展了教师资源库、教材资源库、考核资源库的建设。

（6）积极开展学技术、提技能，争当首席技术工人活动。自2010年以来，公司每年组织两次理论技术比武，一次实操技能大赛，并及时为比武中涌现出来的优秀技术工人授予一定荣誉、颁发一定奖金。2012年公司还首次组织了员工技术运动会，23个单位17个工种的956人参加了技术比武。由于技术比武层层选拔，人人参与，很快就在公司内营造了学技术、提技能、争当首席员工的良好氛围。

3. 以勇挑重担，成就理想为导向，以青年员工为对象，积极实施青年人才成长计划

青年员工是企业发展的希望，公司对青年员工的培养一直倾注了大量心血。从2011年开始积极实施了首席专业技术能手培养计划。这里所谓的"首席专业技术能手"是指在公司某一领域某一方面的技术权威、能工巧匠。不仅如此，公司还从各方面关心青年员工、支持青年员工、培养青年员工。

（1）加强职业道德教育，坚持思想育人。公司注重抓好员工入厂之初、到岗之初、任职之初三个关键时期的思想教育。入厂之初，从董事长、党委书记、总经理到基层单位党政一把手，都是新员工入职教育的培训师，积极主动给新员工上课。到岗之初，各单位及时选聘优秀师傅做他们的导师，签订师徒合同，确保一年后新员工能够完全顶岗操作。任职之初，各单位均要求新员工及时撰写工作体会，注意培养新员工的组织协调能力、分析解决问题的能力。

（2）强化技能学习，坚持练功育人。公司在培养青年员工时，紧紧抓住打基础、练硬功、提素质这一根本，大力加强青年人才的技能培养。公司每年在组织全体员工技能大赛的基础上，还单独组织一次青工技术比武，成绩纳入《青年员工职业生涯设计档案》，联挂个人晋级、提干、评先。

（3）注重培养青年员工的综合能力，坚持实践育人。公司通过采取先下后上、上下结合的方式，放手让青工在实践中接受锻炼。有意识地在项目建设、外出服务、装置大修、技术改造中给青工出题目、压担子、搭舞台，让青工在复杂的环境中锻炼成长。

（4）注意从青年员工中发展党员，坚持组织育人。各级党组织不仅始终坚持从青年员工中发展党员，而且还跟踪检查导师带徒制度，协助行政做好青年党员的转正评价工作。从统计数据看，近三年，每批发展党员中，青年党员均占到发展党员总数的75%以上。

（5）积极实施青年人才梯队建设。公司通过实施员工星级管理，作为青年员工职业生涯管理的重要制度常抓不懈。在实施员工星级管理时，公司形成了一整套员工职业生涯晋升、考评、发展晋升体系。

（6）不拘一格大胆提拔使用青年员工。公司在用人上始终坚持"四不用三优先三鼓励"的用人政策，引导和鼓励青年员工把心思和注意力用在干事创业

上。"四不用"，即不思进取、不干实事的不用；品头论足、善于"公关"的不用；不敢负责、不敢碰硬的不用；搞花架子、善于作秀的不用。"三优先"，即优先从一流的团队选拔干部，从做出一流业绩的员工中选拔干部，从在艰苦地区受到锻炼的员工中选拔干部。"三鼓励"，是指鼓励机关和本地区干部到艰苦地区工作，鼓励专家型人才进入技术或业务型职业岗位发展，鼓励干部向技术化和职业化转变。近几年，公司特别重视核心员工的管理，全面推行关键绩效指标360 度考核干部，形成赛马不相马，良好业绩出干部、优秀团队出干部、艰苦环境出干部，用事业留人，靠机制选人的用人文化。建立了以业绩为导向的薪酬分配和绩效考评体系。形成了业绩与能力相结合、短期与中长期相结合、现金与福利相结合的薪酬激励机制。

（7）在青工培养上，各单位党政一把手为第一责任人，亲自研究青年人才培养工作，亲自分析和解决青年人才培养工作中存在的突出问题，亲自抓好青年人才培养工作的组织和落实。并在走动式管理中主动关心青年人才的培养，以远大的眼光和开阔的胸襟，热心发现青年人才，诚心使用青年人才，精心爱惜青年人才，用心留住青年人才。

4. 以提高创新能力为导向，以工程技术人员为对象，积极实施创新培训计划

创新是一个民族进步的不竭动力，也是企业保持生机与活力的重要源泉。公司在积极实施创新管理时，突出表现是设立员工学习创新工作室，让学习创新工作室成为创建学习型组织，争当知识型员工的前沿阵地。

学习创新工作室是在高素质人才（技术专家、劳模先进人物、技术能手、高级技术工人、在某一领域有专长的人员）带领下，由相关管理人员、业务技术骨干和技术工人为基本成员，围绕安全生产和经营管理过程中存在的重点、难点、关键点，开展学习、研究、培训、交流、攻关、创新、应用的学习型组织，是展示职工技能、提高职工技术水平的平台。

自 2010 年以来，公司以单位和优秀员工的名字先后命名了高建军学习创新工作室、李明安学习创新工作室、肖彬学习创新工作室、孙建堂学习创新工作室、白斌学习创新工作室、曲斌学习创新工作室、白金光学习创新工作室 7 个学习创新工作室和分析化验工培训基地、化工仪表维修工培训基地、化工维修电工培训基地等四个实训基地工作室。单位在设立学习创新工作室时一般分为三类，即学习工作室、创新工作室、培训基地等；按照工作类型一般分为：技能传授型、技术攻关型、创新研究型、复合型等。

虽然学习创新工作室在基层单位设立创建，但公司仍然积极支持学习创新工作室开展活动，并明确员工学习创新室的活动形式。一是专题学习：即由学习创新工作室的带头人针对工作室工作目标和阶段性工作重点，确定专题学习计划并

组织实施。二是技术攻关：学习创新工作室在成立之后就把现场遇到的技术难题列成了课题，成立了课题攻关组，积极开展专题研究、课题攻关活动。三是情况通报：公司对工作室成员的学习工作情况定期进行通报，让学习创新工作室的成员及时了解现场遇到或需要解决的技术问题，掌握第一手资料。四是经验交流：不仅工作室，而且公司每季度组织一期总结、学习、交流、推广经验交流会。这样，由于学习创新工作室灵活多样的学习方式，公司很容易地实现了课堂教学现场化、现场教学课堂化、课堂现场教学一体化，大大提高了学习效果，实现了理论教学和实际工作的融入。

为了更好地发挥学习创新工作室的效能。公司还完善建立了学习创新工作室考评机制，由公司统一组织，每半年对学习创新工作室组织一次检查、考核，每年组织一次综合评比，评选的“学习创新工作室示范点”分别给予 2000－5000 元的现金奖励或物质支持；对长期不能发挥作用或进行整改后不达标的工作室，予以取消。并且对学习创新工作室带头人给予外出考察、交流、疗养的机会。

5. *以提高管理能力为导向，以管理人员为对象，积极实施管理能力提升培训计划*

（1）按照“职业化、现代化、国际化”要求，公司加大了企业职业经理人的培养力度，组织开展了两批 126 人的职业经理人培训，有步骤地选派干部参加了厦门大学、南开大学、北方交通大学、河南大学的工商管理培训。

（2）立足当前，着眼长远，加大后备人才培训力度。公司后备人才培训分为三个环节进行：一是党性教育培训，以公司领导授课和到红色圣地实际体验相结合的形式进行，主要内容是思想政治理论、现代企业核心知识，目的是搭建知识框架，提高战略意识、强化思想政治理论水平。二是形势教育培训：主要是公司面临的形势、任务、生产经营实际情况、发展战略、企业文化等，重点培养后备人才的领导力、执行力、综合管理能力、全局观念。三是管理知识培训：重点是有针对性的专业培训，提升专业能力，兼顾综合管理能力的培养。

（3）以提高经营管理人员的履职能力为目的，进一步完善了企业经营管理人员的知识结构，提高经营管理人员的综合素质。选派或自主安排了 10 期经营管理人员参加节能减排、风险管理、审计、非财务人员财务培训、非人力资源管理、法律等培训项目的培训。

（4）以公司内部讲师为载体，积极开展“千人上讲台”活动。公司在实施千人上讲台时，主要是利用班组课堂、工程师讲堂、管理论坛、职工夜校等形式开展，通过各级各类人员积极登台讲课，不断提升各级管理人员的教练水平，同时通过领导干部的学习带动广大员工人人上讲台，人人当讲师，加强业务技术交流，营造良好学习氛围，激发员工学习热情，提高员工综合素质。

（5）创新学习路径，积极开办网络商学院。为营造公司内部良好学习氛围，督促员工合理分配时间，积极获取知识、提高技能，2012 年 5 月，公司与上海时代光华教育发展有限公司联合开办了“中原大化网络商学院”。设立网络商学院，是公司创建学习型企业、进一步拓宽员工学习渠道的一项有效举措，通过利用网络学院这个学习平台，切实发挥网络商学院的人力资源培养和提升作用，把网络商学院作为团队建设的有效平台，积极帮助和指导员工开展学习，使其工作能力尽快获得提升，使网络商学院成为公司企业文化的孕育基地。

6. 以考核为手段，以效果为重点，不断加大培训的执行力度，保证培训计划落地生根

考核虽然不是培训工作的目的，但却是确认培训效果的有效手段和途径。考核分为公司级考核和公司二级单位考核的“二级考核”方法。公司考核时将培训内容分为通用规范性指标和特性指标两方面。通用规范性指标中，企业文化和规章制度由相关职能部门负责规范和制定；安全管理由安环部负责；素质提升和岗位规范由党委工作部和人力资源部负责。企业文化学习内容由党委工作部负责，规章制度学习内容由纪检监察审计部、人力资源部负责，安全学习内容由安全环保部负责。各培训职能单位月底将考核结果报人力资源部统一汇总。特性指标部分主要是指培训形式和内容创新，各单位根据自身特点及时更新题库和开展班组课堂、技术讲堂、管理论坛等形式的培训，人力资源部、生产技术部和机械动力部月底时对每月各单位培训情况抽取进行考核，考核结果运用在 10% 教育培训工资中。

四、企业实施学习型组织“12345”体系取得的成效

公司自企业学习型组织“12345”体系构建以来，成效显著，公司连续两年同比减亏，累计达 3.48 亿，有效地推动了企业的改革发展。

1. 员工素质明显提高，技术比武，成绩骄人

公司不仅广泛开展形式多样的岗位练兵、技术比武、实操技能大赛、技术创新与攻关活动，而且还对比武中涌现出来的优秀技术工人给予一定荣誉和物质奖励，在公司内形成了比学赶帮的良好学习氛围，并在河南省和河南煤化集团举办的多项职业技能大赛上都取得骄人成绩。在 2010 年河南省化工总控工职业技能大赛中获得个人第一、第二、第三，团体第一的优异成绩；在 2010 年河南省化工焊工职业技能大赛获得个人第二、团体第二的优异成绩；2011 年在河南煤化集团第三届员工技能大赛中，分析化验工分别获得个人第一、第二、第三和团体第一的好成绩；仪表维修工获得个人第三、团体第三的好成绩。在濮阳市第三届员工技术运动会中分别囊括六项比赛中的三项技术冠军。

2. 技术创新成效显现，技术革新热潮蔚然成风

公司坚持以员工学习创新工作室为支撑，以“整合技术资源、打造优势团队、发挥骨干作用，解决生产问题”为重点，员工学习热情空前高涨，技术创新

工作扎实推进，员工学习创新工作室和培训基地相继完成技术攻关、技术改造、技术创新170多项，奖励群众性“五小”成果185项，推广成果8项，获得国家专利6项。员工技术创新为公司节约增效5000多万元。在员工技术创新工作中，涌现出一批创新领军人物，员工学习创新工作室带头人之一，特聘技师李明安2011年被中国煤炭工业协会命名为全国煤炭行业首批“技能大师”称号，“李明安焊工培训基地”被命名为全国煤炭行业首批“技能大师工作室”。2012年4月，三聚氰胺事业部员工学习创新工作室被中国能源化工会命名为“全国能源化学系统‘工人先锋号’荣誉称号”。2012年5月，高建军学习创新工作室被中华全国总工会授予全国“工人先锋号”荣誉称号。公司学习创新工作室工作经验则在河南省石化行业推广，在全国技术创新工作会议上进行交流。

3. 生产装置运行质量、单套装置产量和运行周期屡创新高

经过努力，化肥事业部2011年3月23日创出日产尿素1864.2吨的历史最好成绩。2011年3月，化肥事业部生产尿素52800吨，创装置建成以来同期月度产量的最高纪录。2012年5月，化肥事业部又创出合成氨装置和尿素装置双双A级运行超过100天的优异成绩。甲醇事业部2011年3月16日创出了日产甲醇1274.3吨的历史最好纪录。2012年4月、5月，在历史技改最长时间内，没有出现一起轻伤事故，交出了一份圆满的安全答卷。2010年12月25日，在化肥装置停车检修后，三胺事业部迅速启动三聚氰胺装置冬季独立运行方案，不仅在冬季运行取得了一次成功，创国内高压法三聚氰胺装置冬季独立运行的先河，在2011年1月14日创造出日产三聚氰胺202吨历史最好纪录之后，三聚氰胺第二套装置又创出A级长周期运行339天的历史最好纪录。

4. 员工自觉学习成为风气，自觉把学习作为一种追求、一种责任、一种习惯

通过不断建立健全培训体系，公司上下形成了良好的学习氛围。班组课堂、技术讲堂、管理论坛、周末论坛、每周一课、每周一题、千人上讲台等多种形式的内部培训使公司上下不同层次人员工作素质均得到了提升，公司全员培训走上了发展的快车道。

（成果创造人：陈国平　谢剑军　周瑞庆　冯怀成　晁忠谱　康　乐　王啸宙　王玉洁　王翠民　任许娜）

大型化工企业事业部制改革的实践与探索

河南煤业化工集团中原大化公司

河南煤化集团中原大化公司前身是河南省中原化肥厂，1985 年注册登记，是国家“七五”期间的重点建设项目，具有当代世界先进技术水平和生产装置，1990 年 5 月建成投产，1997 年改制成立为河南省中原大化集团有限责任公司，2008 年 12 月与永煤、鹤煤、焦煤、省煤气公司重组为河南煤业化工集团。目前，企业下属 3 个事业部（甲醇事业部、化肥事业部、三聚氰胺事业部），9 家子公司，4 家中外合资公司，拥有两个省级研发中心和一个市级研发中心，是河南省化工行业生产、科研、人才的三大培训基地。现有装置规模为 30 万吨合成氨、52 万吨尿素、50 万吨甲醇、10 万吨复合肥、6 万吨三聚氰胺，是河南省最大的化肥生产企业和亚洲最大的三聚氰胺生产企业之一。

一、事业部制架构改革的背景

企业重组以前，受金融危机的影响，中原大化出现了巨额亏损，资产负债率达 90%，流动资金紧张，资金链条一度达到断裂边缘，职工群众对企业失去信心，职工跳槽现象时有发生。与此同时，职工思想观念保守，企业没有好的机制，缺乏内生动力。特别是 2010 年以来，经营形势更加恶化，因原材料问题、市场问题、机制体制问题等多种因素陷入了亏损的泥潭，1 ~ 6 月份亏损 30400 万元，一时间中原大化生产经营举步维艰，员工士气极其低落。长期以来企业职工受计划经济的影响非常严重，大锅饭思想、重生产轻经营思想根深蒂固。2010 年 7 月，新班子成立后，中原大化公司稳步推进管理创新、机制创新，不断完善市场化、制度化、规范化工作，经过专家论证，对中原大化现行组织架构进行了调整，形成以事业部制为核心的企业管理模式。公司先后完成了利润中心、成本中心、利润考核、全员竞聘上岗、辅业单位改革等工作。在新的组织架构下，生产装置实现了安全稳定生产，广大干部职工的思想、干部的管理方式、用人机制发生了重大转变；2011 年，生产装置运行时间出现了历史性新突破，产品产量屡创记录，辅业单位焕发生机。仅 2010 年 1 - 11 月份营业收入净增 12 亿元，同比增幅超过 57%，生产经营局势持续向好的方向发展，特别是 2011 年 11 月实现了整体扭亏为盈。

二、事业部制的内涵

事业部制组织结构亦称 M 型结构或多部门结构，有时也称为产品部式结构或战略经营单位。即按产品或地区设立事业部（或大的子公司），每个事业部都有自己较完整的职能机构。

事业部制最早是由美国通用汽车公司总裁斯隆于 1924 年提出的，故有“斯隆模型”之称，是一种高度（层）集权下的分权管理体制。

事业部是具有较大经营自主权的利润中心，其下级单位则是成本中心。事业部制具有集中决策、分散实施的特点。公司最高层（或总部）只掌握重大问题决策权，从而从日常生产经营活动中解放出来。事业部本质上是一种企业界定其二级经营单位的模式。“集中决策、分散实施”为事业部制管理的最核心原则。

三、以事业部制为核心的企业管理架构的设计

在组织机构设计中应有核心，组织的管理不可追求尽善尽美，它应该有焦点且管理的焦点必须落在核心业务上。因此组织机构设计必须确定核心部门。核心部门定下来了，其他单位就能够围绕“如何帮助这个核心部门开展工作”，从而找准自己的定位，也就避免了每个单位各自为政的问题。因此，设立事业部就成了中原大化组织机构设置的核心。

1. 总部权力设计

为了保证公司总部对各个事业部的有效控制，公司在设计组织结构时，首先保证了总部的三大基本权力：重大决策权、合理监控权、人事任免权。该三种权力不仅是总部所拥有的核心权力，而且是总部所拥有的最底线的权力，这样总部对事业部的管控就不会出现大的问题。

2. 组织形态设计

公司在进行事业部架构设计师确定了三个核心内容：即组织结构、权限划分以及控制体系。事业部架构管控模式如图 1 所示。

所谓组织结构，即设计总部、事业部组织结构，包括部门构成、确定部门职责以及相关岗位设计。

所谓权限划分，即具体集权和分权的内容，是指对具体的管理内容，总部与事业部各自行使的权力的划分。

所谓控制体系，是指总部对事业部管理进行有效计划、监督、控制与激励的管理体系。

组织结构是设计管理模式的基础工作，它不仅是权限实现的载体，而且是控

制体系得以顺畅执行的平台；管理模式的本质是界定清楚总部与事业部之间的权限划分，因此权限划分是整个管理模式得以成功的保障；控制体系则是管理模式内容的核心。

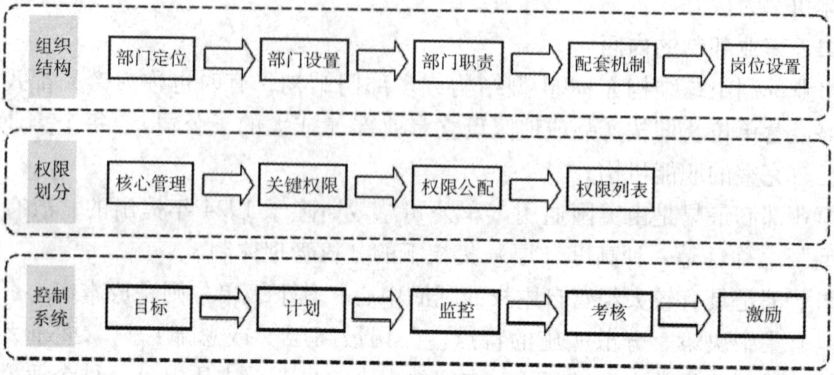

图 1　事业部制管理模式图

3. 运行机制设计

事业部制管理模式对总部和事业部各自的定位体现出“集中决策、分散经营”的原则，具体定位如表 1 所示。

表 1　事业部制管理模式下的总部/事业部定位

	体现原则	序号	定位	解释
总部	集中决策	1	战略管理中心	制定公司整体战略规划，以及对事业部进行战略指引，并监督事业部的执行情况。
		2	财务控制中心	进行公司财务预算以及资金管理，完成对下各个事业部的财务分析以及监控。
		3	人力资源管理中心	制定公司整体的人力资源规划，以及基本政策制度，进行各个事业部管理人事选聘、考核以及奖惩。
		4	经营协调中心	进行跨事业部项目或者业务往来的整体协调。
事业部	分散经营	2	生产管理中心	负责本事业部的生产管理、人员管理。

需要说明的是，战略管理中心、财务控制中心和人力资源管理中心分别是总部“三大权力”的具体体现。另外，在机构设计时公司十分强调经营协调中心的作用，它是总部在各个事业部之间充当协调人和服务者的角色，这样就降低了事业部之间的协调成本，实现公司资源的充分利用。对三个中心，公司在设置部门时，突出了机构的五大职能即战略发展职能、运行管控职能、整体监督职能、

生产保障职能、支持服务职能，初步形成了以适度集权和合理放权为原则，以事业部、实业单位、辅业单位自主管理为主，责任明确、运转顺畅、管控有力、活力增强的“1234”集团化管控模式（即一个监督部门，两个发展实施部门，三个利润中心，三个生产管理部门，三个辅助生产单位，四个支持服务部门，四个实业单位，四个辅业单位）。

4. 职权定位设计

根据事业部制管理模式，公司将核心管理内容从战略规划、财务管理、人力资源管理以及经营协调管理四大方面进行细化。

（1）总部与事业部核心管理。战略与年度经营计划管理（预算管理），人力资源管理，财务管理，审计管理，经营协调管理，制度优化管理。

（2）总部及事业部职权定义。审批权：批准管理方案（制度）付之实施的权力。监控权：对管理方案（制度）执行过程进行监督、审计和调控的权力。奖惩权：对考核和审计结果按照相关规定对相关责任者进行奖惩的权力。提案权：提出或编制管理方案（制度）的权力。执行权：组织执行管理方案（制度）的权力。

（3）总部与事业部权力分配，见图 2。

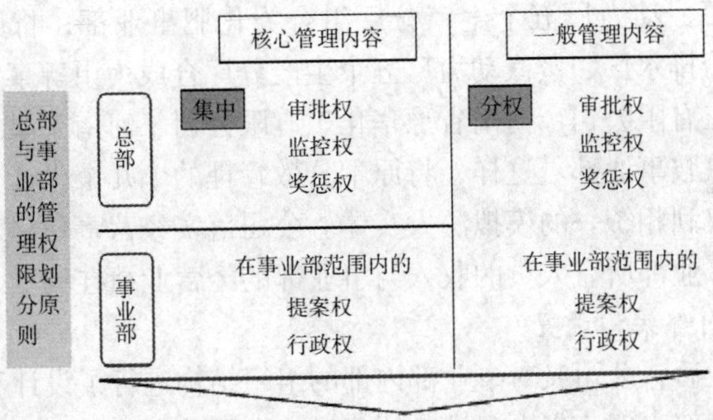

图 2　总部与事业部权力分配框架

5. 管理控制体系设计

管理控制体系本质上是执行 PDCA 的循环系统，其中包括了从计划、执行、监控、完善的过程。这种思想体现在事业部制管理控制体系中，公司从四个方面构建了管理控制模型，具体情况如图 3 所示。该模型涉及四大方面：战略决策方面、业务管理方面、财务控制方面以及辅助支持方面。并从三个层面向大家解释其中的管理思想：第一层面，即指战略决策方面，是从总部层面解决事业部“（P）做什么”的问题。第二层面，即包括业务管理方面（D&C）和财务监控方面（C）的内容，主要是从执行层面解决事业部“怎么做”的问题。第三层面，即包括总部对事业部生产经营状况的业绩评价以及管理人员的激励内容，主要是从支持层面解决事业部“改进和提高（A）”的问题。

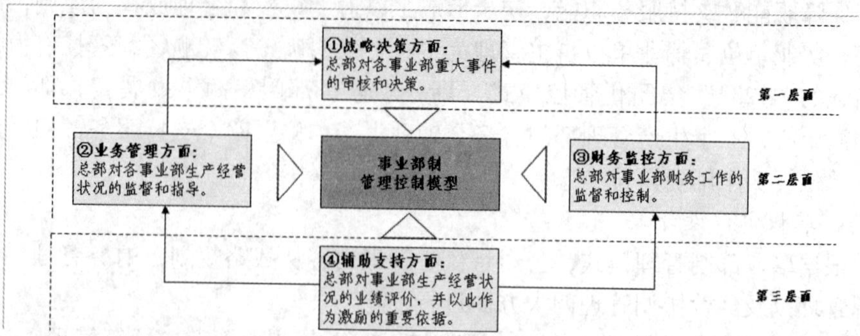

图3　管理控制体系设计

四、以事业部制为核心的组织架构设置

1. 事业部设置

在设置事业部时，公司的指导思想是遵循市场经济运行规律，变以行政命令为主的计划经济管理模式为以利润为中心的市场经济管理模式，即以产品为链条，以利润为核心，成立事业部，划小核算单位。将原合成氨厂、尿素厂、尿素包装厂、供水厂、动力厂五个生产分厂组合为化肥事业部；将原气化厂、空分厂、甲醇厂、给排水厂、蒸汽动力厂五个生产分厂合成为甲醇事业部；将原河南省豫华精细化工有限公司、河南省豫华化工有限公司、河南宇星三聚氰胺有限公司合并为三聚氰胺事业部。这样，将原本分散管理的十几个生产分厂组合成三个相对独立、责权利相统一的模拟法人实体。公司落实经营责任，对事业部进行经营业绩考核，事业部所有人员的收入与事业部的经营业绩挂钩。

2. 事业部内部架构设置

事业部成立后，公司又对事业部内部的组织结构进行了设计和设置。

以甲醇事业部为例：当出现设备故障时，由甲醇事业部的设备技术部负责制订维修计划、组织维修活动而非由公司的机械动力部负责，但机械动力部要求甲醇事业部上报设备维修方案及维修过程记录文件，对其维修过程进行监督，并对该事业部因维修所需的备品备件采购计划提出第三方的审核意见或协助公司组织招议标活动等。此例意在说明，公司各职能管理部门要从“操作型”管理向“管控服务型”角色的转变，职能部门在行使体系管理职责时必须扮演好“指导者、服务者”的角色。各业务部门必须清楚职能部门关于操作细节方面所提的建议属指导而非强制。只有这样，才能真正促使各事业部逐步完全承担起自己的责任。

3. 事业部保障服务部门设置

围绕三个事业部的高效运作，公司按照战略发展职能、运营管控职能、整体监督职能、生产保障职能、支持服务职能、利润中心等六大职能分别对管理部门进行了梳理和调整。

公司的主要职能部门包括规划发展部、经济运行部、人力资源部、财务部、生产技术部、机械动力部、安全环保部以及纪检监察审计部。各职能部门履行管控职能的要点是明确对业务部门管什么、服务什么。克服以往的操作型管理习惯，变成以服务为主。

以机械动力部为例：该部门职责是建立健全制度体系并通过对体系运行情况的监督控制使公司的生产设备与固定资产的“安全保值”处在受控状态。在达成上述目的的同时，机械动力部避免越俎代庖，使各业务部门承担起对所辖设备与固定资产的管理责任。为保障事业部的生产活动的正常进行，公司将电气维修公司、仪表维修公司、中心化验室定位为生产保障部门，对成本、支出进行管理。例如控制合理的备品备件储备水平、做好修旧利废等工作以避免资源浪费。

公司组织机构经过调整后，机关部室由原来的 18 个精简为 13 个，机构总数由原来的 44 个减为 28 个，减少 36. 36%。通过组织架构的梳理和调整，各部门间的协调更加紧密，部门管理职能更加明晰，岗位人员工作热情得到激发，工作效率大幅度提升，为事业部的高效运作提供了强有力的支持和保障。

4. 辅业单位设置

对于距离价值链远、不参与增值活动的部门、单位，公司考虑撤转、承包或其他方式，以减少经营、管理资源占用；将离退休办公室、计生办并入工会，将幼儿园、物业公司、复合肥厂、建材厂、塑编厂、精细化工厂、职工医院和大华宾馆进行承包经营。

五、事业部及管理部室设置后的配套工作

1. 开展“双定”工作，合理设置岗位

公司在经过认真细致的考察和调研后，根据自身实际，结合产业结构和生产工艺流程，按照“精一岗、会两岗、懂三岗”，“一人多岗、符合定员”的原则，开展了“双定”工作，对公司全部岗位进行了梳理与调整，编订了公司各单位岗位说明书，使得现行岗位设置更加趋于合理，最大限度地盘活了人力资源。

2. 开展全员竞聘，盘活人力资源

机构改革后，公司实施了全员竞聘上岗，打破等级观念，打乱岗位编制，尤其是中层管理人员打破身份界限，和一般员工在一个起跑线上重新竞聘上岗。通过竞聘上岗，机关部室人员由原来的 275 人精简到 209 人，减少了 24%。待岗人员进入劳动力市场，通过培训重新转岗就业，目前已举办 11 期培训班，126 人进入新工作岗位。全员竞聘活动的开展，实现了由“伯乐相马”到“赛场赛马”的转变。建立了配套的考核奖惩机制，对中级管理人员、工程技术人员采取年终末位淘汰制，一些干事不积极，工作能力欠缺的人员被淘汰，真正达到了让“想干事的有机会、能干事的有舞台、肯干事的受重用、混日子的没市场。”

同时公司按照“机会均等、信息公开、科学考评、择优推荐”的原则，建

立了内部劳动力市场，通过内部劳动力市场，解决企业改革过程中产生的转岗（分流）、待岗职工再上岗问题；通过内部公开竞聘、调动、培训、辞退、解除劳动合同等灵活的用工方式，促进人力资源的有序流动。

3. 通过辅业改制，盘活现有资产

事业部及机关部室调整后，中原大化公司对辅业单位改变了原先“大锅饭”的经营模式，实行“独立核算，分灶吃饭，自负盈亏”，坚持“成熟一个，实施一个，一厂一策，稳步推进，不走回头路”的原则。辅业单位通过改革改制，经营意识得到增强，业务范围得到拓展，出现了“向市场要效益、向管理要收益”的氛围，经营规模不断扩大，经营效益明显好转。濮阳大化工贸公司对复合肥厂和建材厂实行了租赁经营；塑料编织袋厂引进了战略合作伙伴开封永大公司；幼儿园和物业管理公司实行了承包经营，盘活了现有资产，实现了企业增效、职工增收的目标。对外技术服务部门进行了创新经营模式，指导国龙物流公司不断开拓市场，充分利用公司品牌、销售网络等优势，率先采取限量销售、适当增加库存的销售策略，改变了以往“坐等靠要”的形式，较好地抓住了尿素、甲醇、三聚氰胺等产品价格不断上扬的有利时机，实现了盈利目标。

4. 成立工程公司，广开创收渠道

公司依托中原大化雄厚的专业技术力量，集聚技术优势、人才优势、创新优势，成立了工程技术服务中心，有计划地开展对外技术服务工作，努力为公司创收。同时加大工程技术服务中心开拓外部技术服务市场的力度，通过率先实行“全面推向市场”的战略，对天津碱厂、永乐生物、贵州六盘水、宏业化工等公司开展技术服务，在成立后的两个多月的时间里，就创收200多万元。

六、事业部制改革的实施效果

1. 找到了持续发展的动力

在新的组织架构下，公司以产品为纽带，以利润为核心，组建了化肥、甲醇、三胺三个相对独立的事业部和物流、工程两个法人实体公司，实行切块管理、分灶吃饭、分兵突围，将扭亏脱困的责任目标分解到各个利润中心，分解到各个运行班组。由于有了明确的责权利关系，因此各单位不仅管理工作变得更细更扎实，而且算账搞生产的意识也变得更强，实现了由生产型向生产经营型的转变。改革后，公司实行了对标管理、看板化管理，坚持算账搞生产、算账搞经营、算账搞检修，不但调动了职工的工作积极性，同时也给各级管理人员带来了工作的动力，公司的生产经营工作也因此捷报频传：2010年8月份调整当月，三个事业部生产装置的开车均实现了历史用时最短、消耗最少、效果最好的喜人局面。2010年10月6日尿素单日产量1740吨，创近5年新高，2010年11月8日化肥事业部又创出日产尿素1827吨的历史新纪录。2010年9月19日三套三胺装置日产达到200.5吨，首次突破200吨，创装置建成以来的新纪录，2010年11

月 10 日三套三胺装置日产量达到 201 吨，再创历史最好水平和最高盈利水平。

2. 经济效益呈现向好势头

随着组织机构梳理的全面、深入推进，在外购原材料价格大幅上涨的条件下，中原大化 2010 年下半年比上半年减亏 1 个多亿，其中 2010 年 9 月份亏损额环比降低 1300 万元、2010 年 10 月份亏损额环比降低 2061 万元，2010 年 11 月份实现整体盈利 243 万元，创 2009 年以来的历史最好水平，也是 2007 年以来同月份最好水平，扭转了长期亏损的被动局面。公司又在 2011 年实现了新突破，累计实现营业收入 49.17 亿元，同比增加 14.82 亿元，增幅 43.14%；去掉复合肥装置报废损失和三胺资产评估减值损失，同比减亏 1.8 亿元。

3. 员工思想观念发生了深刻变化

通过组织机构调整和全员竞聘上岗，员工的思想观念有了重大转变，员工的效益意识、进取意识不断提高，责任感和进取心不断增强。“想干事的有机会、能干事的有舞台、肯干事的受重用、混日子的没市场”观念深入人心。同时也增强了职能管理部门员工的服务意识，工作效率明显提高，公司各项工作实现了大跨越，从上到下风清气正，充满了健康和谐发展的新气象。

4. 集团企业的管控模式初步形成

2010 年架构调整之后，公司不断适应市场和经济运行形势，在对先前架构调整运行效果进行全面评估的基础上，将生产管理部更名为生产技术部，加强了生产过程的管控；撤销技术管理部，成立规划发展部，加强了公司发展规划和产学研项目的研究；成立了工程管理部，明确了项目施工的主体管理职能；对事业部组织架构的设置进行了优化调整，强化了事业部自主管理职能。通过持续进行机构改革，“1234”组织架构责任更加明确、运转更加顺畅、管控更加有力、活力更加顺畅，初步形成了以适度集权和合理放权为核心，以事业部自主管理和实体单位、辅业单位独立运行为主的集团管控模式。

5. 人力资源结构进一步优化

按照河南煤化集团“调结构、提素质”的要求，公司多措并举，多策齐施，人力资源结构调整和员工培训工作取得新成效。一是加大现有岗位人力资源结构调整，通过岗位合并，精简劳务工 503 人；严格管理，强化考核，解除劳动合同 75 人。二是加大人才输送力度。近三年，公司积极支援河南煤化集团新建项目建设，输送技术骨干和操作人员 285 人。三是 2010 年、2011 年新招聘大学生 220 多名，为公司发展注入了新鲜血液。四是加大培训力度，员工综合素质不断提高。经过连续两年的人力资源结构调整，公司人员由 2010 年改革前的 3500 人减少到目前的 2861 人，减员幅度达到 18.3%，人力资源结构整体得到优化，素质得到提高。

（成果创造人：陈国平　周瑞庆　冯怀成　晁忠谱　谢剑军　王啸宙）

以精细化为导向的和谐矿井建设

平顶山天安煤业股份有限公司二矿

平顶山天安煤业股份有限公司二矿于1955年9月8日破土动工，1957年10月1日建成投产，是平顶山矿区开发建设的第一对矿井，原设计生产能力21万吨，1971年首次实现产量翻番，进入新世纪以来，二矿抓住煤炭市场形势好转的有利机遇，实施科技兴矿战略，改造生产系统，提升矿井生产能力，矿井原煤产量逐步攀升，突破300万吨，步入大型骨干矿井之列。

一、以精细化为导向的和谐矿井建设的实施背景

1. 建设本质安全矿井的客观要求

随着矿井延伸，煤与瓦斯突出、水患、自然发火、地温、复杂地质结构等自然灾害日益突出，严重威胁着矿井安全生产。提高矿井防突管理水平是确保矿井安全生产的必要手段，二矿把煤与瓦斯突出管理作为重点工作，全面实施精细化管理。通过“高标准、细流程、严考核、重闭环”的精细化管理手段，减少人的不安全行为、物的不安全状态、环境的不安全因素，实现全过程、无缝隙控制，从源头杜绝各类事故的发生，是适应本质安全矿井建设的客观要求，为打造和谐矿井提供可靠保障。

2. 提升矿井管理水平的需要

二矿从建矿五十多年来的低瓦斯矿井定位直接进入了突出矿井行列，在快速发展中来自安全、成本、煤质、民生四个方面的问题在逐步增多，给安全生产经营管理工作带来了严峻挑战。二矿作为煤炭生产企业，在管理上虽然经过不断的改革与创新，矿井管理方法日趋成熟，但仍存在管理粗放、管理制度不完善、管理标准不高等问题。因此，在矿井全面推行精细管理，完善管理制度，优化管理程序，提升矿井综合实力，推进矿井和谐建设是二矿迫在眉睫的选择。

3. 管理工作离卓越管理的要求仍有明显差距

二矿在新世纪之初就提出了推行精细化管理，虽然也取得了一定的成绩，但与全面精细化管理这一卓越管理的要求还有很大差距，主要表现在三个方面：一是部分职工思想上对精细化管理理念还认识不足，不能正确对待精细化管理内涵；二是实施精细化管理过程中流于形式，虽然制定了规章制度，但却过于笼统抽象，不够具体和细化，不能根据工作中出现的新情况、新问题及时地加以修正，很多规章制度缺乏可操作性；三是精细化管理制度在运作过程中，缺乏必要的监督机构和检查机制等。本课题就是通过实施精细化管理管理方法，探索矿井和谐发展的新途径。

二、以精细化为导向的和谐矿井建设的基本内涵及主要做法

“以精细化为导向的和谐矿井建设”的基本内涵是：以最大限度地减少企业所占用的资源和降低企业管理及运营成本为目标，通过建立精细化管理的制度体系、安全管理模式、经营管控机制、生产管理和技术支撑体系，进而细化目标、细化标准、任务细分、流程细分，充分发挥“人、机、物”等资源效能，提高效率效益，提升矿井核心竞争力，实现矿井持续、稳定、和谐发展。其主要做法是：

1. 培育精细化管理意识

（1）改变职工的思维模式。二矿将精细管理思想的宣灌作为培训工作的重要组成部分，通过班前诵读、业余培训、编写理念践行故事等活动；通过组织专题讲座、下发配套文件、报刊宣传等多种手段，分层面对全员进行精细化管理理论、方法培训；大力宣灌“不为失误找理由，只为成功找办法；要想工作高质量，必须自身高素质”的管理箴言，“践行理念，精细管理，尽职尽责，日清日高”的管理方略等理念，并将理念具体化，使全体职工认知和理解，成为指导职工安全生产、经营管理等各个方面的行为准则，成为统领全矿职工思想和行为的精神旗帜。

（2）改变职工的行为模式。开展准军事化管理和安全行为养成训练，从“严、细、实”三个方面入手，建立约束职工行为的调控机制，使全员在安全生产、经营管理全过程中都有规范的行为准则、标准化的作业方法，提高工作效率，取得最佳工作效果。

2. 建立精细化的管理制度

精细化管理的实施必须依托于完善、系统化的制度。二矿对过去的管理标准、规章制度等进行全面整合，建立起纵向矿、区、队、班组、个人，横向安全管理、生产管理、经营管理、后勤服务管理等一套科学完整的制度体系。同时，编制了“二书一卡”（即岗位说明书、作业计划书、岗位双述操作明白卡），规范了岗位操作，通过制度整合确保了精细化管理的顺利实施，奠定了矿井和谐发

展的基石。

3. 创新安全管理模式

二矿在安全管理工作中以“三不四可”安全指导思想为统领，锁定“三零”目标，严格落实“三基三抓一追究”，从“看惯了、听惯了”的身边小事抓起，建立“4+8”安全管理网络，实施职工班前礼仪、管理人员走动巡查和安全考核、隐患复查、职工入井、岗位交接程序化管理，塑造本质安全人，丰富安全管理载体，探索安全生产长效机制，把精细化管理思维运用到每一个环节，做到防患于未然。

（1）构建“4+8”安全管理网络。“4”是由矿、区、队、班组四个纵向管理层次，“8”是行政、组干、纪委、宣教、保卫、工会、团委、女工横向安全监督检查“八条线”，组成了“纵向到底、横向到边、科学有序”的安全管理网络。明确四个管理层次的每个层级管理内容、管理标准和管理责任，实现“职工保班组，班组保区队，区队保战线，战线保全矿”的层层保障体系；安全“八条线”根据各自工作业务范围与安全监督有机结合，开展特色管理，明确检查责任、活动内容、范围、时间和任务等，定期对井下重点区域、重点岗位进行集体督查。

群监线开展的群众安全工作、组织线开展的党员安全责任区活动等在安全管理工作中起到良好效果。群监线形成了矿群监会、区队群监组、班组群监员的三级群监组织网络，实施以百分考评、三级考核、竞赛平台、三项制度、奖惩机制为主要内容的群监员“五位一体”考核管理长效机制。组织线开展的争创“四个三”党员安全责任区活动为集团首创，即“班前三个带头，班中三个自觉，班后三不离岗，日常三个坚持”。“三个带头”：带头参加班前礼仪，带头集体入井，带头排查整改隐患；“三个自觉”：自觉按章操作，自觉熟练运用“双述”，自觉搞好自保互保；“三不离岗”：隐患不整改不离岗，工程质量不达标不离岗，帮带职工没有完成任务不离岗；“三个坚持”：坚持参加安全培训，坚持参加“八条线”活动，坚持参与“三违”帮教。在日常管理中，把“四个三”纳入岗位流程，每一个步骤、每一项要求都与党员（安全）责任区活动实际工作相结合，实现了安全监督检查的网络化管理。

（2）实施安全程序化管理。

①职工班前礼仪程序化。职工班前会不仅是企业安全教育的第一课堂，更是安全生产的第一道工序。二矿把班前会规范为“班前点名、齐唱矿歌、诵读理念、员工讲评、干部点评、布置工作、安全宣誓、整队上岗”八项程序，会议内容更具针对性，会议重点更加突出；在时间上，规定班前会控制在二十分钟以内，使班前会短而精，既保证会议质量，又提高会议效率；在职工讲评环节上，让当班职工针对上班次安全生产中存在的不足进行点评，并对当班安全生产工作

重点进行讲评，制定出具体工作措施。职工班前礼仪程序化使班前会成为职工接受安全教育，预防安全事故的有效阵地，起到了事半功倍的良好效果，在中国平煤神马集团内部全面得到推广。

②干部走动巡查和安全考核程序化。干部走动巡查和安全考核程序化整合为“挂牌入井、班中汇报、隐患排查、信息反馈、信息处理、落实责任、输入档案、信息共享、网上查询、严格考核”十个程序，使走动巡查工作规范化运作，做到时间不间断、区域全覆盖、过程全控制。强化责任追究，自主研发了管理人员走动巡查与安全考核信息管理系统，适时监控管理人员走动巡查全过程，对现场排查隐患不认真而被他人发现隐患的，对该管理人员进行处罚，当班发生安全事故，对该管理人员进行责任追究。建立职工安全上岗档案，将隐患排查人员、隐患内容、责任人、“三违”人员处理情况等定时录入，用 W、Z 分别代表“三违”和隐患事故责任人，通过矿内信息网络实现信息共享，由区队对其“三违”和隐患事故责任人在班前会上进行个人点评和干部讲评，并与职工日清卡考核挂钩。

③隐患复查程序化。在四级隐患排查过程中，对查出的隐患按 A、B、C 三级进行分类处理，对查出的隐患编制安全信息隐患通知书和复查台账，按照“五定四签字”原则进行隐患整改，整改后经复查给予销号。凡经三次复查后仍不符合要求的，不但要继续整改直至消除隐患，还要对该区队党政正职给予处分。

④职工入井程序化。将干部职工的入井秩序规范为排队领灯、整队集合、清点人数、情况汇报、安全确认、入井宣誓、工资考勤、列队验身、排队入井九个程序；建立检查通报制度，各职能部门不定期进行检查通报；建立考核奖惩制度，检查结果纳入基层单位及管理人员“四位一体”考核和准军事化考核，并与政工挂队人员、战线领导考核挂钩。

⑤岗位交接班程序化。交接班时段是安全管理工作的重点。把岗位交接和“手指口述”操作法、安全确认制有机结合，明确规定了交接准备、提出交接、手指口述、检查确认、填写记录五个程序，严格落实“一必须、七不交接”制度，交接清楚，各负其责，相互监督、相互制约，把事故隐患消灭在萌芽状态，使安全生产重点时段和薄弱环节得到了有效的监督和控制，确保了安全生产有序进行。

（3）丰富安全管理载体。建立健全安全、质量考评体系，实行安全质量结构工资，使安全管理机制落到实处；推行月现场会考评机制，推动区队质量标准化稳步提升；实施班组长任免安全一票否决制度，班组发生轻伤事故，取消当班班组长资格，一年内不得任用；严格落实“双述”操作法，对“三违”人员从处罚、帮教、培训、监督等全程管理；结合矿井实际制定《深入推进“三基三抓一追究”量化细化考核办法》，推行百分制考核；现场管理实行“日排查、周评价、月考评”制度。“日排查”即每天对所包区队工作面，查隐患、反“三违”、堵塞安全漏洞，对发现的问题汇总、筛选，定单位、定时间、定资金、定责任人、定期复查；“周评价”即每周召开安全例会，摆问题、查重点，对安全、质量等工作进行评估，并作为月底考评的重要依据；“月考评”即每月中、下旬分两次组织相关业务部门共同参与自检互检，对井下各头各面进行综合考评，排出名次，奖优罚劣，在工资分配中予以兑现。矿井先后建成 16 个示范头面、硐室，集团多次在二矿开现场会推广先进经验。

（4）塑造本质安全人。在全矿开展塑造本质安全人实践活动，下发《关于开展塑造本质安全人实践活动的通知》，制定培育本质安全人、本质安全岗典型实施细则，建立奖罚机制，按照全员培训、重点打造、择优命名的思路，把塑造本质安全人分为想安全、会安全、能安全三个层次，分宣传发动、组织实施、综合评定三个阶段，开展塑造本质安全人实践活动。一是围绕集团及矿安全生产重点工作，制定下发“打造特色安全文化，大力塑造本质安全人”等多期形势任务宣传材料，引导职工争做本质安全人。二是组织开展塑造本质安全人座谈会、战线推进会等，坚持典型引导的原则，帮助基层建立完善本质安全人考核台账。三是做好本质安全人的月考核、季命名工作，2011 年命名本质安全人典型 515 名，本质安全岗典型 517 个，完成“双五百”工程目标。

4. 完善精细化经营管控机制

二矿成为突出矿井后，管控压力加大，如果不在经营管理方面加强管理，就会影响到矿井稳定发展。为保证精细化管理顺利推行，二矿建立了科学的经营管控机制，从成本管理、质量管理、对标管理等方面，对管理过程日日控制、事事控制、人人控制，将小事做细、细事做实。

（1）实行全面成本管理。按照“全面预算、过程监控、提前预警、强化责任”的原则，推进生产经营管理由目标成本型向成本效益型转变；建立了科学的成本决策体系、指标体系、控制体系、核算体系和考核体系，将成本指标层层分解，形成矿、战线、区队、班组四级管理模式，做到人人头上有指标，人人肩上有责任；加强项目实施过程中的管理控制与监督，降低管理成本，实现每一项决策的经济效益最大化；在成本管理过程中，将控制难度较大的工资、材料、质量等少数指标进行重点控制，形成制度化管理。

（2）推行物资一体化管理。实施物资管理全过程控制，推行物资周转复用一体化管理法，制定“两图两卡一牌板”（物资管理流程图、全矿在用大型材料分布图、物资管理人员现场信息卡、当日材料运送统计卡、井上大型物资管理牌板），有效掌控物资流向，减少费用支出。建立物资信息日报制，将当日物资周转使用情况、动态管理考核情况及次日物资管理工作等信息公开，便于实时物资管控。

（3）实施“五＋五”煤质管理。“五＋五”煤质管理，即建立煤质管理保证、标准、信息、预警、考核激励五大管理体系，抓好煤质超前控制、井下现场管理、井口筛分选矸、地面储装运、商品煤采制化五个关键环节，实现煤质全过程管理；实行煤炭产品配采配售，将已组煤产量的1/3用于与庚组煤配销，既保证煤炭资源的充分开采，又实现煤炭资源的合理利用，经过合理配采配销的煤炭产品附加值高，可以满足不同用户的需求。

（4）实施对标管理。一是开展自我分析，运用绘制流程图的方法，对相关业务和管理工作流程进行客观描述，通过深入分析与自我诊断，进一步理清管理和业务流程，初步找出存在的问题，编写对标管理自评报告；二是选择对标内容，针对要解决的重点问题，确定以安全、吨煤材料费、吨煤电费、吨煤人工薪酬、煤质质量、综采工作面单产、岩巷月进尺、煤巷月进尺、全员劳动生产率、建设“五精矿井”、安全文化建设等几个方面为对标项目；三是确定标杆单位，结合已确定的对标内容，积极与先进企业进行联系，选择适合的标杆单位；四是过程控制，按照“三三二二”（即三个分解、三个确定、两个例会、两个奖惩）的工作思路，开展矿、战线、队、班组四个层次的对标管理；五是积极创标，建设感恩山公园、建成全煤最长架空乘人系统，分别在矸石山治理、入井人员运输方面成为平煤集团乃至是全煤行业的标杆。

（5）构建区队三级管控机制。二矿着重从区队、班组、岗位三个层次抓基层管理工作，激发基层活力。实施区队管理最好最差评比制度，提高基层区队管理水平。从矿井各项管理要素中挑选出安全生产、质量标准化、材料管理、煤质管理等十四个单项要素，每月对各基层区队单项要素的日常管理情况进行考核评比，评出最好、最差的单位或部门。及时跟踪反馈，每月评比结果在矿务公开栏中公布，对单项管理连续两个月以上被评为最差区队或部门，要求其分析原因、提出整改方案，在实际中实时跟进督导，对基层区队提供帮助和指导。

5. 加强技术创新和系统改造

（1）完善了通风、排水、运输等系统的改造工作。优化通风系统，逐步形成了“两进两回”的通风系统，各采区均实现了独立通风；2011年投入运行了三水平回风井，全矿总进风量达到13374m^3/min，总排风量达到14945m^3/min，确保通风系统运行稳定可靠。升级改造矿井排水系统，安装投用庚一－500m泵房、庚三－280泵房、庚三－450m泵房，拆除－240泵房、庚一上部泵房；在各泵房安装远程监控系统，实现无人值守和井下排水系统的监测监控；矿井形成了较为完备的排水系统。升级改造运输提升系统。实施己庚煤分运，将普通皮带升级为普强皮带和高强皮带，实现了原煤运输系统“大运量、长运距、高运速”，年运输提升能力达到了350万吨以上，不仅解决了运输提升的瓶颈问题，也使二矿在该领域处于行业先进水平。

（2）实施精确调度指挥。新建安全生产调度指挥中心，实时显示井下各种设备的运行、各煤仓的原煤存储、入井人员数量及工作地点分布、瓦斯、风速等信息，实现生产调度数字化、网络化。建立调度“三汇报”制度，即事故汇报、变化汇报、问题汇报，逐日对各单位当日安全生产过程中发生的事故、出现的生产变化情况、存在的问题进行总结、分析。实行现场“三必到、三走到”管理，即变化情况必到，存在重大隐患必到，问题最多、管理最差的单位现场必到；新采区、新工作面要走到，新技术、新工艺、新装备、新材料现场要走到，最远的生产区域要走到。转变调度指挥理念，实行生产安排“四超前”管理，即根据生产总体部署超前生产安排，根据生产进度超前盯班分工，根据生产需求超前物资督促，根据生产难度超前政策激励；丰富生产调度例会内容，由以工作平衡为主向工作平衡与责任追究同步进行转变，在及时正确平衡工作的同时，做到责任追究小事不过夜，大事不过天。

（3）实施矿井数字化建设。以“建设数字二矿”为目标，按照“统一规划，分步实施，效益驱动，突出重点”的工作策略，建立矿井信息化工作管理体系；推进信息化基础设施建设，扩建局域网，实施“工业光纤自愈环型以太网络系统”建设工程，建成“井下信息高速公路”；自主开发职工医院管理系统、职工安全档案系统、职工日清考核系统、安全检查信息录入系统、机电事故统计系统、任务复命系统、编码管理信息系统、岗位价值管理信息系统等，并成功与集团互联互通，矿井数字化、信息化、自动化水平不断提高。

（4）实施“英雄冠名行动”。“英雄行动”是造就作业精英、管理精英的有效平台，是提高职工技能的重要载体。二矿率先在集团开展此项工作。一是采取“试点先行、全面推开”方法，选取精优作业法、卓越管理法、创新成果、精英品牌、创记录五个方面为突破点，开展以创新革新、创效提效为“英雄行动”。二是下发《关于开展“英雄行动”活动的安排意见》，对其主要内容进行规范，各区队根据实际情况及时拿出方案措施。三是建立“三三三”运行机制，规范立项、指导、申报三个程序，严把战线初评、小组复评、项目命名三个关口，做到表彰奖励、媒体宣传、成果推广三个到位，每年命名 1－2 批“英雄行动”优秀成果，共产生 50 多个优秀项目和精英品牌，对原创人发放奖励 1000－5000 元。

（5）建立学习工作室。建立综采学习工作室、综掘学习工作室、机电学习工作室、机电新技术研究室、一通三防学习工作室、安全书画创作室和孙伟民学习工作室等 7 个学习工作室，核心成员 41 人，技术骨干 93 人；制定《学习工作室创建考核实施办法》，开展经常性学习交流活动、导师带徒活动、立项攻关活动；职工技协每月召开学习工作室例会，每季度由职工技协、科技办联合对学习工作室进行考核、评比、奖励。五年来，累计开展职工技术培训、技术攻关、课题研究 200 多次，培训职工 1800 多人次，培养技术骨干 160 人次，完成技术攻关、技术革新 40 多项，推广应用新技术 130 多项，有效解决了生产中的技术难题。

（6）完善科技创新工作机制。实行项目责任制，按阶段汇报进度，专家指导，动态管理，定期检查和考核。建立激励机制，每年进行一次成果评审，设置重大科技攻关成果奖（集团级以上含集团级），技术进步奖，优秀论文、合理化建议奖，优秀设计奖，作业规程、施工措施奖，科技工作先进集体和个人等十大奖项，按奖项级别的高低进行千元到万元不等的奖励。

（7）促进成果转化。注重将各项创新成果、小改小革广泛应用到矿井生产经营和工作实践当中，逐步转化为生产力。建立以企业为主体、以市场为导向、产学研相结合的技术创新体系，与河南理工大学、西安科技大学、河南城建学院等院校合作的《回采巷道锚杆回收技术的应用研究》《庚组煤层深部开采瓦斯综合治理》《灰岩承压水条件下安全开采技术的研究与应用》等项目在安全生产工作上收到良好效果。“瓦斯抽放系统卸压报警装置”“煤矿瓦斯抽放管自动泄水装置”荣获国家发明专利，在矿井瓦斯治理方面起到明显的效果。

6. 建设舒适、和谐的工作生活环境

（1）打造舒适的工作环境。坚持井下与井上并重的原则，实施井上下质量标准化提档升级工程，对巷道进行硬化、美化、亮化，打造精品线路；建成了八部总长为 8300 米的井下架空乘人系统，直接将职工送至采掘工作面片盘口，降低职工劳动强度，节省升入井时间，提高工作效率；建设三水平回风井，增大通风量，改善地温对工作环境的影响；导入安全视觉、听觉识别系统，打造井上下两条安全文化长廊，安装防爆音响，循环播放音乐和安全常识，形成了视听交融、多元立体的安全宣教体系；新建展览馆，打造职工矿史教育基地；建设集读书、学习、娱乐、健身为一体职工体育馆，成立文学创作、音乐舞蹈、书画、摄影、篮球等九个协会，定期举办各种文体娱乐活动，增进职工情感交流。

（2）构建优美的生活环境。制定统一的整治改造规划，在矿区工业广场建设以朱红为主色调的古色古香的建筑风格，建设集休闲、娱乐、景观为一体的“一园一林一山两馆”（和园、谐林、感恩山、体育馆、展览馆）的园林式花园，被评为河南省园林绿化先进单位；“两堂一舍”改造以高标准定位，全部规范化配备，实施专业化管理；建设两个大型地下停车场，解决职工停车难问题；新建职工高层住宅，实施棚户区改造工程，为家属区安装暖气，实现水、电、路、通信、电视、网络“六通”；投入使用 24 小时后勤服务大厅，集成物业管理职能，为职工提供一站式服务；开展“文明新风进万家，创建文明楼道”活动，建成 5 个高标准的文明小区，其中“胜利花苑”被授予“全国文明小区”和省级“园林小区”称号。

(3) 培育和谐的人文环境。实施党建工作“三个融入”，把党建工作融入到矿井经营决策、安全生产、人才建设；维护职工权益，建立职工代表激励机制；完善平等协商、集体合同制度；建立困难职工帮扶中心，完善帮扶基金、阳光基金、救济金和职工互助金“四金”保障机制；建立领导干部联系困难户“一帮一、结对子”制度；实施“送温暖”“送清凉”工程；建立三个到位、三个结合的民情快速反应机制等。近五年共救助困难职工、金秋助学、为单身职工发放生日餐、为采掘一线单身职工集体过生日等万余人次，每年为入井职工送西瓜 10 万多斤。

三、以精细化为导向的和谐矿井建设的实施效果

二矿以精细化管理为导向，结合二矿实际，推动了矿井和谐建设。矿井实现安全、生产、经营全过程精细化管理，人财物等各种资源得到系统优化，处处体现了以人为本思想，实现了矿井效益最大化，提升了矿井核心竞争力，提高了职工生活幸福指数，实现了持续稳定和谐发展。

1. 经济效益显著

2011 年原煤产量 303 万吨，年均增长 28.48%，资产保值增值率达到 64.16%；销售收入达到 11.36 亿元，同比增长 28.65%，利润提高到 1.46 亿元，同比增长 20%；职工人均收入由 55132 元提高到 61385 元，年均增幅达 11% 以上；全员工效 3.72 吨/工，在同等条件矿井中居先进行列。

2. 矿井综合管理能力显著增强

精细管理成果的实施，规范了矿井管理流程，改变了煤矿传统管理观念，增强了职工的创新意识，提升了职工的执行力，提高了矿井综合管理水平，进行了由科学管理向文化管理有益探索，形成了独具二矿特色的和谐文化管理模式，提升了管理品位。

3. 社会效益明显

建成全煤系统最长的架空乘人系统，不仅树立了二矿品牌，也扩大了集团在全国煤炭行业的影响力；创新实施的安全程序化管理、“两评一考”绩效管理、“英雄行动”等多项管理经验在集团推广应用，成为集团的亮点窗口单位；形成了主体建筑色彩统一、“一园一林一山两馆”（和园、谐林、感恩山、体育馆、展览馆）的人文景观和文化阵地，改变了人们对煤矿“脏、乱、差”的传统认识，提高了矿井在集团及全煤系统的知名度和美誉度，为集团实现新的跨越做出了应有的贡献。

（成果创造人：秦海清　杨志安　丁永民　吴　龙　李晓方　谢璐璐　孟朝阳　裴君雷　范跃丽　赵　宇　高红恩　刘继娜）

以提升资源整合煤矿发展潜力为目标的“双五”管理

中国平煤神马能源化工集团有限责任公司梨园矿

梨园矿前身是河南省平顶山市梨园矿务局。2004年8月，梨园矿务局在资源整合政策的指引下，破产重组，加盟中国平煤神马集团。梨园矿有郭庄、宁庄、长虹三个原煤生产矿区，机械厂、鑫源公司、居源公司等非煤生产单位，全矿职工家属万余人。企业先后获河南省“安康杯”竞赛优胜企业、河南省一级安全质量标准化矿井、河南省“五优”矿井、全国煤炭工业安全高效矿井、全国煤炭系统文明煤矿、全国煤炭工业企业文化示范矿等荣誉称号。

一、以提升资源整合煤矿发展潜力为目标的“双五”管理的实施背景

1. 安全管理提升的需要

资源整合前，梨园矿井型小，井口分散，是典型的传统粗放式管理模式。长期的粗放管理，造成了管理流程冗长，管理制度不健全，人员散漫等，再加上管理方法不够精细化，与快速发展、可持续发展不相适应。为了更好地使管理出效益，更有效地发挥管理在市场竞争中的优势，必须推进规范化管理，必须从思想上、行动上高度重视安全管理，不断探索和实施适合资源整合煤矿特点的安全管理方法，完善矿井安全生产系统，推动安全管理提升。

2. 文化理念融合的需要

在资源整合前，梨园矿有70%的人员下岗自谋生计，50%的家庭沦为困难户。整合后，由于文化理念的差异，梨园人对集团公司持怀疑态度，认为加盟平煤集团还不如自己单干。随着企业的发展壮大，上班人员逐渐增多，但是，由于人员结构比较复杂，外来工、协议工、固定工、合同工等参差不齐，职工的思想、理念，远远不能适应集团管理理念的要求。面对干部职工队伍结构的复杂化、价值取向的多元化，就迫切需要文化引领文化铸魂，减少思想冲突、增进价

值认同，引导干部职工团结一致，干事创业，赢得新的更大的发展。

3. 发展潜力提升的需要

整合前，梨园矿有郭庄、宁庄、长虹三个原煤生产矿区，全是小煤窑的形式，采掘工艺落后。但是梨园矿煤质优良，是典型的工业用煤和炼焦用煤，具有很大的发展潜力。通过推进机械化采掘进程、改革支护形式等提升矿井生产力举措，必将有力推动资源整合煤矿快速发展。

综上所述，适合资源整合煤矿特点及内在潜力的“双五”管理，通过提升安全管理水平、深度文化融合、强化质量标准化、加大机械化建设，使管理规范化、制度化、系统化等举措，有利于安全生产，有利于和谐矿区建设，有利于梨园矿又好又快发展。

二、以提升资源整合煤矿发展潜力为目标的“双五”管理的内涵与特点

1. 内涵

“双五”管理，即五个推进，五个提升。一是推进文化引领深入化，提升团队凝聚力；二是推进班组建设特色化，提升基层战斗力；三是推进全员质量标准化，提升安全保障力；四是推进生产装备机械化，提升先进生产力；五是推进区域管理精细化，提升现场管控力。梨园矿“双五”管理是以文化引领深入化为前提，以班组建设特色化为基础，以全员质量标准化为核心，以生产装备机械化为手段，以实施5E精细化管理为依托，加强职工教育，解放职工思想，提升人员素质，实施科技兴企，提高生产能力，强化管理水平，最终实现团队凝聚力、基层战斗力、安全保障力、先进生产力、现场管控力的全面提升，为资源整合煤矿的管理树立典范。

2. 特点

梨园矿“双五”管理是以企业文化培育为先导，打造资源整合煤矿团队凝聚力，用文化铸魂，培育敬业爱岗、无私奉献、干事创业职工；是以提升班组战斗力，建设“学习型、安全型、创新型、效能型、和谐型”班组；是以井下质量标准化为核心，开展全员质量标准化，提升企业安全保障力；是以生产装备机械化为手段，激活生产力，实现企业安全效益双丰收；是以区域精细化管理实现整体管理水平和生产效率的最大化，提升现场管控力，为企业又好又快发展奠定良好基础。

三、以提升资源整合煤矿发展潜力为目标的“双五”管理的主要做法

1. 推进文化引领深入化，提升团队凝聚力

（1）坚持理念渗透。企业理念是企业文化的核心，梨园矿采取多管齐下，发挥阵地优势，通过广播、电视、橱窗、黑板报、条幅、横幅等有效宣传工具，全面宣灌集团企业文化理念和矿上战略发展目标，在潜移默化中，让企业理念根植于职工内心。在工业广场、井下大巷、井口、浴室、会议室以及办公场所等，

设置了醒目、精致的理念牌板，开辟文化宣传长廊，集文化理念、管理制度、奋斗目标为一炉，烘炙职工心灵。在理念渗透上，持之以恒，坚决克服“一阵风、一阵热”的倾向，常抓不懈，并且从单纯的理念诵读，逐步向准确、生动的诠释推进，从而加深了职工对企业理念的理解，使企业理念成为职工对照自己思想和行动的一面镜子，达到自我管理自我提高的目的，成为干好本质工作的动力之源，进一步提高了干事创业、勇于拼搏的意志和信念。

（2）完善愿景体系。企业愿景是创建学习型企业的精髓。只有愿景趋同，才能促进共同的目标追求。梨园矿采用上下互动、相互沟通的方式逐步形成个人愿景和团队愿景，然后集中筛选、提炼整合，通过集体讨论、愿景诠释、愿景发布等形式，逐步完善了个人—班组—区队—井（厂）—矿“五级”愿景体系。

在完善愿景体系的过程中，首先鼓励职工发展自己的个人愿景。个人愿景往往定位在本人职责岗位的角色之上，体现出本人对团队发展的责任和承诺。将个人愿景汇聚、提升，最终形成团队的愿景，达到个人愿景与团队愿景的和谐一致，从而让个人为团队愿景作出全心全意的付出与努力。为了能产生强大的凝聚力和感召力，在“凝”字上下功夫，做到凝聚人心；在“炼”字上花时间，做到感召人心，真正发挥企业愿景的作用。

（3）提铸企业精神。几年来，随着企业的发展，梨园人总结提炼出“不怕困难、想事干事、争创一流”的企业精神。通过加强企业精神的宣传灌输，使企业精神渗透到各级管理人员和广大职工头脑中去，做到入心、入脑、入耳，成为广大职工重要的指导思想和约束规则，逐步把企业的规范管理转变为职工的自觉行动。在企业愿景提炼出来后，通过有效宣传工具和途径，对企业精神进行广泛的宣传，使企业精神真正深入人心，成为众心所向。

（4）构建和谐矿区。一是解难帮困、凝聚人心。抓住“倾听职工之声、体察职工之情、了解职工之忧、温暖职工之心”四个环节，并始终坚持“不让一个职工看不起病、不让一个职工子女上不起学、不让一个职工过不去年”三不让工作，通过节日慰问、“金秋助学”“困难帮扶”等活动，大力实施“温暖工程”和“梨园春暖”爱心互助，使困难职工真正感受到了企业的关怀，激发干事创业、报效企业之心。

二是企业发展，职工富裕。梨园矿坚持职工创造的成果由职工自己共享，千方百计提高职工工资收入水平。加盟前，在岗职工年人均收入不足7000元，现在年人均收入超过4.5万元；坚持不断改善职工生产、生活环境，装修美化了各生产单位的工业广场、办公楼，对井下候车室进行了硬化美化；棚户区改造工程使1800户居民住上环境优美的新区。这些被誉为“民心工程”的先后实施，形成了共建和谐、安居乐业的新风尚。

2. 推进班组建设特色化，提升基层战斗力

班组是企业最基本的生产单元，各项工作最终都要由班组落实。因此，班组

是否有活力直接影响班组的执行力和战斗力。梨园矿不断强化班组建设，将推进特色化班组建设作为提高工作效率和实现安全生产的重要举措。

（1）努力打造五型班组（学习型、安全型、创新型、效能型、和谐型班组）。学习型班组是给职工灌输终身学习的理念，倡导"三学三提"活动（学习科学知识，提升文化素质；学习道德礼仪，提升文明素质；学习岗位技能，提升业务素质），营造良好的学习氛围。安全型班组是增强职工安全意识，让职工争当要安全、会安全、能安全的本质安全人，杜绝"三违"现象的发生。创新型班组是创新观念，简单的事情认真做，认真的事情重复做，重复的事情创新做，杜绝因循守旧，发扬开拓精神。在生产技术上创新，围绕生产实际进行技术攻关；在班组管理上创新，实现管理规范化、安全程序化、生产标准化、质量优良化、操作精细化。效能型班组是让职工树立节约就是创效的观念，时时、事事想到节能降耗、做好修旧利废工作，提高产能和效率；抓好现场管理，坚持文明生产，实现高质、高效生产。和谐型班组是让班组成员相互信任，相互帮助，共同进步；公开班务，公平、公正、公开处理所有涉及职工利益的事；建立帮扶机制，对落后职工进行帮教，对困难职工进行帮扶，让班组成为职工的家。通过推进特色化班组建设，不仅夯实了安全基础，也为高产、高效生产提供了保证。

（2）完善班组安全考核激励机制。明确班组是作业现场安全生产责任主体，实行班组长作业现场安全生产负责制。同时，对班组建设各项工作，实行百分考核制，每月把企业的安全生产控制目标层层分解落实到班组，实行班组安全生产目标考核制度，完善安全、生产、效益结构工资制，加大安全构成比重，严格考核奖惩，对取得前三名的班组长给予奖励，对考评成绩低于 80 分的班组和班组长重罚，促进班组自主管理的主动性。

（3）探索丰富多彩的班组管理法。引导班组长结合自身工作实际，创新思路，探索班组安全管理方法。梨园矿先后总结提炼了充灯班"四五四"工作法，综掘队班组"五检"工作法，运输队班组"三保二及时"工作法，洗衣班工作"六法"等优秀班组管理经验。同时，建立"管理经验"共享机制，成立班组长协会理事会及班组科技攻关工作站，定期召开班组经验交流会，为职工搭建了良好的学习、交流平台，进一步激活了班组活力。对班组长实行安全质量风险抵押金，在提干、入党、评先、学习、荣誉疗休养、劳务工转招等方面给予优待，提高了班组长扎根一线的工作热情。

3. 推进全员质量标准化，提升安全保障力

做好质量标准化工作是实现安全生产的保证。梨园矿打破传统思想束缚，坚持"安全、快速、高效"的矿建原则，围绕"采掘质量精品化，设备管理标准化，安全装备系列化，职工操作规范化"的目标，全面落实全员、全过程、全方位的安全质量标准化管理体系，以"一通三防"、防突和防治水为重点，加大安

全投入，大力实施科技兴安战略，提高采掘机械化水平；建立全员、全过程、全方位的质量标准化管理体系，把质量标准细化到每一道生产环节和每一个工作岗位，使每项工作都有标准可循。并制定了严格的质量标准化工作考核细则，让每名职工都清楚自己在质量标准化建设过程中的责任，全力打造“十化”矿井（采掘质量精品化、机电工程规范化、道路运输铁路化、信息管理数字化、安全装备系列化、管线吊挂艺术化、岗位作业标准化、安全监控自动化、现场环境整洁化、安全文化人本化），提升矿井质量标准化建设和快速发展能力。

（1）理念先行，思想达标带动质量达标。梨园矿从转变思想认识，树立质量理念入手，大力宣传搞好质量标准化工作的重要性，在全矿牢固树立“质量是企业的命根子”“要安全、先达标”“抓质量就等于抓生产、抓质量就等于增效益”等质量理念，从思想上摆正质量标准化与安全、生产、经济效益之间的关系。做到不安全不生产，隐患不排除不生产，措施不落实不生产，质量不达标不生产。这些理念体系的提出和实施，在干部职工的思想上产生了共鸣，极大地激发了工作热情，促进了安全质量标准化的深入开展。

（2）创新管理，强力推动质量标准化。梨园矿始终把创新管理，典型引路作为提升质量标准化水平的一项重点工作来抓，成立安全质量标准化工作领导小组，强化对安全质量标准化达标工作的组织领导。并根据井口分散、三级管理这一特点，制定了“基础 + 特色”的质量标准化创建思路，采取多开小范围质量标准化现场会等方式，不断推进质量标准化工作再上新台阶。其中，“全员质量标准化”按照岗位分工，对全矿职工分配质量标准化创建任务，实现了“人人头上有指标，个个肩上有任务”，明确了任务，细化了责任，为安全生产提供了有力支撑。

（3）健全制度，规范质量标准化管理。为保证安全质量标准化工作顺利开展，建立和完善了管理机制和体制，制订了安全质量标准化规划和验收奖惩制度，开展了采掘头面、运输大巷、皮带巷、回风巷及机电硐室等系列质量标准化达标创建活动。细化各级质量标准化创建责任，实施了“五有”管理法（即：工作有目标、实施有规范、操作有程序、过程有控制、结果有考核），确保了质量标准化创建工作责、权、利的有机结合。树立“干一项工程，出一个精品”理念，把安全质量管理的重心放在现场、区队和班组，每月 3 号、13 号、23 号对井下质量标准化情况进行巡检，月底组织综合大检查，覆盖率达到 100%。同时，实行质量标准化一票否决制，对井下所有工程进行现场评分，发现不合格工程，必须推倒重来，对考核达标的示范工程给予奖励，并挂牌命名表彰，进一步规范了质量标准化管理体系。

（4）狠抓培训，夯实安全质量标准化基础。梨园矿始终把提升职工业务技能水平作为打造本质安全型矿井的基础工作来抓。一是坚持脱产培训与在岗培训相结合，专业培训与综合培训相结合，定期对全矿特殊工种和岗位工种进行培训，保证全矿职工持证率100%。二是不断通过“走出去、请进来”的方法，聘请资深技术人员办班学习，到先进单位参观学习，借鉴先进经验，开拓视野，提高全矿职工整体素质。三是突出抓好现场培训，随着采掘机械化程度的不断提高，在进行理论培训的基础上，开展了现场实物操作培训，极大地提高了职工安全操作技能和驾驭现代化装备的能力。

（5）多措并举，促进质量标准化上台阶。资源整合矿井职工普遍存在外来工多、文化素质偏低等情况，为适应企业快速发展的需要，必须在规范职工安全操作行为、提升质量标准化水平上下功夫。

①扎实推进全员“双述”法。制定“全员参与、人人过关”的总体目标，要求干部职工都能熟练背诵“双述”操作口诀，并能够运用到工作中。为保证“双述”内容熟记于心，把各岗位“双述”内容进行普通话录音，在全井挑选有普通话基础的职工，每天到各区队、班组现场指导，并在班前会上逐一过关，学习会随机抽考，早调会基层领导带头描述。同时，还定期分战线举办“双述”竞赛，对取得前三名的职工给予奖励。

②全面开展准军事化训练。下发了《关于开展军事化训练的通知》等文件，制定了准军事化训练方案，选拔退伍军人作为兼职教练对职工进行军事化班前会、队列行走、安全确认、现场交接班、职业技能训练等多项训练，参训职工必须人人达标。对一次测评达不到要求者，扣发当月效益工资10%；第二次测评达不到要求者，扣发当月效益工资20%；最后测评不合格者，实行停班处理，并对区队主要负责人进行通报批评。

③为职工成才搭建平台。根据立足岗位、注重实效、全员参与的特点，组织引导广大职工广泛开展创先争优、建功立业活动，以创建“工人先锋号”为载体，深入开展各种形式的劳动竞赛。以“导师带徒”活动为载体，为全矿岗位练兵技术比武活动提供了动力支持。以提高技能为主线，培养了一批作风好、业务精、服务优、叫得响的“服务明星”和“技术能手”。以“岗位创新、岗位成才、岗位奉献”为主题，积极开展了群众性合理化建议活动。以“五小”活动为主要内容，深入开展了“创新能手、创新示范岗、创新班组”等竞赛活动，通过活动的开展，为推动全矿安全生产做出了积极贡献。

4. 推进生产装备机械化，提升先进生产力

梨园矿积极采用新技术、新设备、新工艺，优化生产系统，投入巨资完善安全技术装备。建立完善监测监控、人员定位、紧急避险、压风自救、供水施救和通信联络等井下安全避险六大系统，全面提升煤矿安全生产力。

（1）采掘采煤工艺和机电方面。采煤工作面由炮采逐步改变为综采。开掘工作面推行了金属支护，在金属支护的基础上，推行了锚杆、锚索支护；把矿井

提运、排水等方面的淘汰设备列为改造项目进行全部更换改造。梨园矿成立了第一支综采队伍，结束了60年无综采的历史。全矿形成了“两综采三悬移四综掘”的生产格局。供电系统改过去单回路供电为双回路供电，彻底改变了矿井单回路供电的历史，增加了矿井的供电的可靠性。

（2）“一通三防”方面。在各井装备瓦斯监控系统并与集团联网，实现了瓦斯管理全方位、全过程监测监控。对各井进行扩巷降阻，优先选用高效、节能、大功率的通风机，积极改造优化通风系统，维修改造巷道累计超过17400m。投巨资购置完善了长虹公司井上下瓦斯抽放系统、压风自救系统。完善了各井的排水系统，提升了各井的排水能力，购置了瑞利波探测仪、直流电法探测仪、地质探测仪、磁电流量仪、探水钻机等探水设备，提高了矿井防突抗突能力。

（3）“五优”矿井创建方面。先后创建了9条示范化运输大巷、33个精品硐室、27个示范化采掘工作面。在安全防控体系方面，增强井下应急救援能力，健全完善了宁庄井、长虹公司、郭庄井人员定位系统，实现了全矿人员定位系统联网，提高了现场应急救援能力。目前，梨园矿综采机械化程度已经达到了100%，机电设备完好水平达到了95%以上，生产调度和监控主动化水平也达到了95%以上，完全符合生产装备机械化的标准要求。

5. 推进区域管理精细化，提升现场管控力

精细化管理是提高企业现场管理水平，增强企业竞争力的关键所在。梨园矿在企业管理中以精细化管理理念为指导，以追求更高的整体效益和效率为目的，以“生产流程、考核机制、成本控制、人员定位、激励机制”为手段，走出了一条“区域推进，整体发展”的精细化管理之路。

（1）生产流程精细化。在实施区域精细化管理过程中，梨园矿将生产流程作为重点区域，逐一进行细化和梳理，找出具有共同点的工作进行责任明确，权限划定。在具体操作中更注重将部门办事效率和工作质量放在首位，对具体的工作不断进行细化，明确责任人和具体的节点时间，形成流水作业式的办事方法，大大提高了各个部门职能效率。

（2）考核机制精细化。梨园矿在日常管理中不断加强管理力度，制定和出台了一系列考核措施，一是建立督查落实机制，把督查落实工作纳入考核机制。二是扩大民主测评机制，增强考核工作的准确性和公正性。三是夯实过程管理机制，严格落实责任追究。四是落实结果运用机制，激发工作激情和动力。通过不断强化管控和预警机制，防范可能出现的问题，使得管理全面受控，并在落实中加大考核力度，使制度约束与文化融合，实施月度考评完善激励机制，推进绩效考核的月度考评机制，有效改善了管理人员的工作作风，扭转了拖沓、懒散的不良习气，有效激励了广大职工的工作热情，在很大程度上提升了各部门综合管理水平，有效提高了各部门的工作效率。

（3）成本控制精细化。成本管理作为企业经营管理的核心环节，在企业的经营战略中的地位越来越突出。企业要发展，必须要实现成本的精细控制要从数量控制、节约开支、减少环节占用等多方面入手，注重财务动作、注重整体效应、注重人工成本、注重采购成本、注重成本浪费、注重成本理念宣灌，以成本的精细化带动企业整体效益的提升。

（4）人员定位精细化。精确定位是对每个单位、部门和岗位的职能职责定位准确，促使每个系统的各道工序和各个生产环节都得到有机衔接。梨园矿提倡“精细化”管理，抓住“人”这一关键要素，做到事事有安排、事事有标准、事事有人管、事事有考核，让每位职工第一次就把工作做到位，实现投入最小化，产出最大化，为企业管理提升创造了良好的环境。

（5）激励机制精细化。一是实施“三工动态转换”。为了充分调动职工工作的积极性，发挥职工创造力。梨园矿坚持按照5：90：5的比例，评选出A、B、C级职工，明确每级职工所达到的标准和所享受的待遇、奖励等内容。二是实施英雄人物、模范职工经验推广。总结先进人物的先进经验，用先进人物给精优作业法、卓越管理法、创新成果等冠名，实施明星计划，激发职工自我超越激情，最大限度调动职工的主观能动性和创造性，提升企业整体的竞争力。

四、以提升资源整合煤矿发展潜力为目标的“双五”管理的实施效果

1. 经济效果

通过“双五”管理的不断实施，使梨园矿走上了一条科学、系统、高效的发展之路，企业各项经济指标不断攀升。原煤产量由2004年的不足40万吨提高到最高产量198万吨，销售收入由2004年的7000万元提高到2011年的9亿元，利润由2004年的亏损8000万元提高到2011年的盈利9010万元，在岗职工年均收入由加盟前的不足7000元增至2011年的45186元。

2. 综合效果

“双五”管理的稳步推进，使梨园矿的管理层次不断升级，企业呈现出了安全稳定、矿区和谐、发展强劲的良好局面。多次荣获集团安全生产先进单位称号，质量标准化水平达到省一级矿井水平，百万吨死亡率控制为0，创造了加盟集团7年来安全事故为0的记录，安全保障力全面提升；梨园矿“双五”管理模式已经成为广大干部职工的共识，团队的凝聚力、向心力与日俱增；全矿机械化水平达到100%，形成了“两综采三悬移四综掘”的生产格局，生产力水平不断提高。

（成果创造人：王焕忠　刘地生　魏耀东　马庆林　赵玉祥　谢秀国　郑远新　王　征　安国周　李红彦　段雅丽　陆　斐）

大型煤炭企业销售物流体系构建与实施

平顶山天安煤业股份有限公司运销公司

平煤股份运销公司是中国平煤神马集团专业销售公司，担负着集团煤炭运销统一管理和销售业务，年煤炭销售量5000多万吨。目前，运销公司已形成了完善的煤炭销售网络，对外服务机构分为机关本部、驻外分公司、运输保证单位和质量计量管理机构四大部分。近年来，公司先后获得全国煤炭系统文明单位、河南省文明单位、河南省煤炭系统文明单位、河南省“重合同、守信用”企业、河南省煤炭运销工作先进单位等多项荣誉称号。

一、大型煤炭企业销售物流体系构建与实施的背景

1. 培育、提升核心竞争力的需要

事实与实践已经证明，由于物流能够大幅度降低企业的总成本，加快企业资金周转，减少库存积压，促进利润率上升，从而给企业带来可观的经济效益，国际上普遍把物流称为“降低成本的最后边界”，排在降低原材料消耗、提高劳动生产率之后的“第三利润源泉”，是企业整体利润的最大源泉。所以，各国的企业才越来越重视物流，逐渐把企业的物流管理当作一个战略新视角，变为现代企业管理战略中的一个新的着眼点，通过制定各种物流战略，从物流这一巨大的利润空间去寻找出路，以增强企业的竞争力。

煤炭产品交易属于大宗交易，煤炭市场的竞争从某种程度上说就是物流力的竞争。由于铁路运输紧张，市场竞争在某种程度上已经转化为运力的竞争，因此，及时做好运输工作就等于发展和抢占了市场，就有了调控市场的手段。在市场经济条件下，企业的持续发展必须建立在全面、快捷满足客户需求的基础上，公司构建与实施基于物流支持系统的煤炭市场营销体系，就是建立以市场为导向、全面满足客户需求的经营体系，进而提高公司快速响应市场能力，在为客户创造最大价值的过程中实现企业运能最大、成本最低、效益最佳，培育、提升企

业的核心竞争力，实现企业可持续发展的目标。

2. 树立社会和谐意识，践行国企社会责任的需要

构建和谐社会，是社会主义市场体系的核心内容，需要社会全体成员共同努力实现。企业社会责任既是企业价值观的核心之一，也是企业文化建设和经营活动的重要导向。企业基于可持续发展的原则，承担社会责任，来促进所在地区和国家的经济社会全面发展。只有得到社会和公众的长期认可与信任，企业才能长盛不衰。集团公司作为特大型国有企业，煤炭产业是其核心产业之一，具有长期历史和技术条件，具有较强的核心竞争力和社会影响力。集团公司既要通过不断的创新发展实现“企业发展、职工富裕”核心理念，又要通过自身的努力为社会整体和其他企业提供合格资源。在 2011 年的困难形势下，公司加强营销管理，坚持电煤发运绝对优先的原则，对外，积极和政府部门、铁路局站、电煤用户保持协调联系，明确总体需求，争取铁路运力；对内，调研用户情况，多方组织资源，加强调运组织，保障用户生产，全年共保运电煤约 2800 万吨，经济利益损失巨大。但通过实践国企的社会责任，取得了明显的社会效益，树立了集团公司负责任的大企业形象。

3. 满足客户需求，提升客户价值的需要

煤炭运输是煤炭营销工作的重要环节和保障，其传统作用是把煤炭资源及时发运到用户，满足用户需求。随着社会发展和市场开发，运输手段由单一的铁路运输逐渐发展成为铁路、公路、水运多种运输方式，并逐渐向独立的物流产业方向发展。煤炭营销和物流产业的紧密结合将形成煤炭企业未来发展趋势。二者相互依存，相互促进，煤炭营销借助物流手段而完成，物流依靠市场开发而壮大。通过精细管理，使物流效率提升，成本降低，资源节约，效益提升，及时满足用户需求，大力践行社会责任，是煤炭企业应对未来市场变化，走创新发展之路的合理选择。

大力整合物流资源，积极创新发展思路，赋予传统的煤炭运输以新的内涵，煤炭物流与营销紧密结合，既保障了煤炭营销的顺利进行，又壮大了物流产业的发展。2011 年，公司充分发挥现有优势，进一步整合集团内部铁路、港口等物流资源，与煤炭销售相结合，不断优化物流资源配置和物流产业链，实现物流规模的扩张。发挥现有物资采购配送、大宗产品外运、铁路港口中转等优势，大力整合区域运输资源，发展煤炭等物流贸易。利用武汉两个港口资源，发挥路矿港航厂一体化优势，发展沿江市场和水陆联运通道，搭建更多双边、多边贸易平台，稳定上下游企业多项目供应链，使现代物流成为新的经济增长点和效益支撑点。

二、大型煤炭企业销售物流体系构建与实施的内涵

1. 物流与煤炭企业市场营销体系的关系

（1）物流系统是企业煤炭市场营销体系的重要组成部分。企业煤炭市场营

销体系由目标市场、市场辅助组织集合和企业关系集合三部分组成，物流系统正是市场辅助组织集合，即企业提供煤炭产品与客户有形和无形的管道网络。

(2) 物流系统是企业煤炭市场营销体系实施的有力保证。中国平煤神马集团位居中原，是我国重要的能源基地，年产煤炭 5000 万吨以上，我国煤炭资源北多南寡的赋存布局决定了公司的基本流向是南方市场，煤炭市场放开以后，竞争异常激烈，因此，只有构建与实施良好的物流系统，才能保证煤炭交易的顺利完成。

(3) 物流系统是煤炭企业市场营销体系的基本支撑点之一，可以提高企业核心竞争力，增加企业调控市场的能力。良好的物流支持系统，是企业新的经济增长点，是实现煤炭物资空间效益和时间效益的保证。

由此可见，市场营销是物流的前提，而物流又是实现营销活动的保证，物流和市场营销是相互影响、相互制约的。只有重视物流在市场营销中的重要作用，重视市场营销对物流产生的影响，充分认识到营销和物流不可分割的关系，才能实现企业目标，提高企业的竞争优势。

2. 企业物流系统的构成及其特征

煤炭企业物流按照作用来划分，可分为：供应物流、销售物流、生产物流、回收及废弃物物流等。本节所探讨的是与企业煤炭市场体系关系密切的企业销售物流系统。煤炭企业销售物流系统包括企业咨询服务系统和煤炭货物运输系统，企业咨询服务系统是形成企业交易契约的基础，而煤炭货物运输系统则是实现企业交易契约的保证和根本。煤炭企业物流支持系统从其功能看，具有以下特征：

(1) 企业物流系统内的各项活动是彼此相互联系的一个系统，是企业内部后勤管理活动的焦点，是销售、运输、配送和服务的集成。

(2) 它是企业外部资源的整合，在煤炭市场竞争激烈的状况下，尽快地把煤炭产品送达给用户，满足个性化用户的需求，实现企业、客户和物流企业的多赢战略。

(3) 物流具有创造需求的特征。物流与提供服务是密切相关的，物流服务好，就可以增加需要；而且由于降低费用，商品价格也相应降低，也可以增加需求。

(4) 物流系统不是一个孤立的系统，受国家运行的宏观环境和企业发展的微观环境制约。国家运行的宏观环境的不确定性和复杂性制约着企业物流支持系统的发展。

三、大型煤炭企业销售物流体系构建与实施的主要做法

1. 建立物流管理信息系统，为精细调运提供技术支撑

在企业实施营销服务过程中，改变封闭式的运作流程，建立一个开放式的企业—客户互动系统，建立规范的客户参与和沟通流程，公开办事程序，对涉及企

业内部质量检验、物流支持、财务管理等服务客户的环节增加决策透明度，实施"阳光操作"，减少或回避"暗箱"给客户增加的交易成本，提高客户对企业的信任度。"阳光工程"通过善待客户，增进和改善企业客户关系，真正提升客户价值。

2011 年，全国煤炭需求呈"W 型"走势，"淡季不淡、旺季不旺"特征异常明显。面对复杂多变的市场态势，公司在实现高度物流服务的过程中，强化市场信息采集和监测，全方位对市场信息进行收集、整理、分析、利用。一是健全信息网络，建设山西、陕西、淮南、淮北等主要产煤地，秦皇岛港、广州港、黄骅港、汉阳港等主要煤炭集散地，湖南、江西、河南、上海等主要煤炭消费地的信息采集网点；二是充分发挥市场研究部、分公司、专业部的信息收集和分析功能，从分公司的用户点、专业销售部的行业线、市场研究部的整体面三个层次开展销售信息工作；三是做好销售信息的通报和反馈工作，对从各种途径、各种层面收集的信息，经过对比、加工、分析后，将分析结果以专题报告、会议发言等方式汇报集团公司领导，并通过走访、座谈等形式通报给生产厂矿，使信息得到充分利用，同时做好预测、预警、预案，为集团公司转变营销战略、调整产品结构提供了充分信息保障。

2. 整合物流组织体系

现代物流是一项跨行业、跨部门、跨地区的系统工程，需要各方优势互补、密切配合，实施物流企业战略合作。为了实现煤炭资源的均衡运输、及时满足客户需求，公司积极整合物流组织体系，建立与物流企业的战略伙伴关系。

（1）建立战略合作伙伴关系。面对全球经济一体化的新形势，公司一方面积极发展与分销商和物流企业的战略合作伙伴关系，与竞争对手竭诚构建行业销售联合体，坚持"多赢"的原则；另一方面进入客户经营过程，与客户建立战略合作伙伴关系，不断提升企业的核心竞争力。

建立大户档案，充分调动大户中的一切与销售有关的因素，保证与大户之间信息传递的及时、准确；充分关注大户的一切公关活动，及时给予支持或协助，利用一切机会加强与大户之间的情感交流。

积极培育和改善重点大户关系型客户的客户关系，实施合作伙伴关系。重点合作伙伴关系是客户关系的最佳状态，客户合作伙伴战略是以关系营销和客户关系管理为理论基础，供需双方，强强联合，相互斥资，一起成长发展，共同经营抵御风险。"客户合作伙伴战略"建立在供需企业间高度的信赖和互利基础上，促进信息数量与质量达到一个新的高度。在市场竞争激烈的条件下，充实煤炭上下游企业之间的关系内涵，有利于上下游企业的生产经营和稳定发展，拓宽企业生存空间。

（2）整合物流资源。整合客户资源和营销渠道，理性认识煤炭市场及其上下游的产业链，科学圈定公司的销售半径和地理区域，进一步优化和量化区域市场和行业市场结构，实施“大户战略”，提高客户资源的集中度，形成以点带面、以大带小的客户源，确保企业的营销主渠道，为客户提供快速、周到、优质的服务，缩短销售周期，吸引和保持更多的客户。

①整合企业外部资源，搞好与郑州路局、武汉路局的关系。为确保运输畅通，千方百计协调路矿之间的关系，不断提高公司在郑州路局、武汉路局的发运地位，使集团公司的空车配备、去向满足方面呈现良好的局面，实现物流资源的优化配置，提高物流利润。体现在：一是物流时间的节省和物流在各环节上停留时间的减少，加速煤炭产品周转速度；二是企业交易成本的降低；三是客户满意度的增加，有利于企业形象的提高。

②整合企业内部资源，实施畅通运输工程。加强自身运输系统建设。成立煤炭调运中心，在郑州、武汉等地建立办事机构，逐步建立健全从路局、到长江航运以及连云港中转下水的运输保证网络。运输畅通工程与重点大户发展战略的有机结合，对于发展新的重点大户，以及对煤炭市场进行宏观调控起到至关重要的作用。

③再造产销业务流程。将面向库存的业务流程，转向以客户订单为中心的业务流程。缩短物流通达时间，提高物流效率，降低整个流程的物流成本，进而提高客户对集团公司的满意度，提升客户价值。

此外，根据市场预测合理调整库存，盘活存量资产，并运用计算机等现代化技术，为物流支持系统提供信息支持平台。

3. 建设煤炭运输通道，实施物流畅通工程

运输作为纽带和中枢，连接着生产厂矿和终端用户，既要保证生产的顺利进行，又要保障用户的及时供应。为了实现市场、资源、运力三者之间的最优配置，提高物流效率，降低物流成本，公司积极加强物流基础设施的建设和衔接。

(1) 加强物流支持系统硬件建设，提升物流运营能力。

①加快战略装车点建设，提高集运能力。2006 年以来，铁道部提出“两整合、一建设”运输策略，把推进战略装车点建设作为深化内涵提高运输能力的重要途径。为了配合装车点建设，在西部，公司建设了王堂、庙下、小屯等战略装车点；在东部，建设了黄榆店、许昌等战略装车点；利用孟宝线电气化改造和焦柳线电气化改造的契机，增加公司外运量。按照“集中配空、整列承认、整列到开、直进直出、全程直达”的组织方式组织战略装车点作业，极大提高了物流运营能力。上述战略装车点的投入使用，不但解决了公司东西两翼矿区的煤炭外运难题，而且为公司的资源整合创造了物质条件，极大提高了铁路物流运力和运营效率。

②积极推进中平公司快速运煤通道建设。工程主要由铁路站场、配煤中心、输煤通道三部分组成，其中地下输煤通道全长 2200 米，原煤可由配煤中心经地下通道运输皮带直接输送到姚电公司。设计年输送原煤 600 万吨。项目的建成，

节约了运费，解决了污染问题，大幅度降低粉尘污染。

③建设集团公司配煤中心。集团公司配煤中心位于平顶山市鲁山县新集乡四山村附近，配煤中心配煤总规模600万吨，预留二期规模达到1000万吨。煤源主要为集团公司内部低质高硫煤和外购山西、陕西等地区高热、中挥发分、高硫的优质动力煤及河南地区部分地方煤矿原煤。通过配置，使产品发热量达到4000－4500千卡/千克，满足用户需要。

④加速武汉煤炭应急储备基地建设。公司抓住国家建立煤炭应急储备基地的契机，通过大量工作，使平鄂煤港成为了国家首批6家煤炭应急储备基地之一，增强了集团在华中地区煤炭资源的调控能力。港口作为煤炭储备基地，在市场需求疲软的情况下，可以发挥“储水池”的作用，大量储备煤炭，减轻矿区生产和库存压力；在市场需求旺盛而运输不畅时，可以通过动用储备资源满足用户需求。

⑤加快矿区储装运系统改造升级，提高运输效率。为有效缓解矿区运输效率低下问题，公司积极与各方协调，加快矿区铁路及各矿储装运系统的升级改造工作。其次，面对当前市场现状，用户对煤质提出新的要求，公司继续加大煤质管理力度，对具备入洗条件的生产矿，增加动力煤入洗率。对于不具备独立建设洗煤厂的矿井，集中建设大型动力煤洗煤厂，配套建设高规格储装运系统，使动力煤洗煤厂建设成为矿区内部新型的战略装车点，提高运输效率。

（2）创新运输战略，实现运量新飞跃。为保证运量稳步增长，总结多年运输实践，公司继续实施“东进西扩，保南征北”运输战略。“东进”即利用水陆联运和漯阜线运输，建立东进上海、江浙高价区的两条通道，增加公司华东市场份额。“西扩”即根据公司发展需要和平东站运力实际，加强与郑州铁路局合作，强力开发平顶山西站、王堂站、庙下站运输资源，力争年外运煤炭实现新飞跃，进而实现“运输分流、有效牵制”（摆脱对武汉铁路局的过份依赖），建设公司铁路外运双高通道，增加铁路外运保障能力。“保南”即保证公司在湖南、湖北、江西等基本市场的市场优势，稳步提高市场占有率，把上述市场建成公司发展的根据地。“争北”即利用铁路方面有关政策，争取北排运输资源，实现空车均衡配置，增强运输平衡性。通过铁路运输的去向保证，抢占、渗透和巩固市场，放大集团公司区位优势和运输优势，增强集团公司的市场控制能力。

（3）适应铁路改革，完善方案车运输。当前，铁路运输形势仍不容乐观，短期内运力大幅增加难度很大，各铁路局目前均以内部挖潜提效来确保运量增加。为此，平煤适应铁路运输发展需要，做到主动参与铁路运输改革，增开方案车运输。2008年以来，公司在武汉局管内开通15趟方案车运输，目前运行良好。为确保方案车运行畅通，平煤进一步完善方案车运行计划，以计划量调整运输流向，实现精煤与原煤车次套用、其他站点与汉阳站车次套用，从而提高精煤及建材煤运输保障能力；同时加强与港运分公司信息沟通，针对船期及港口接卸情况，合理调配精煤及其他品种资源运输，加快方案车运行，提高运输效率。

（4）实施路企直通运输，提高运输效率。目前，平煤矿区铁路与国铁空重车交接在国铁平东车站，即矿区从平东接入空车进行解编，而混编重车交平东车站，由平东车站对重车进行重新编组。而“路企直通”运输就是改变空车交接点，将其延伸至矿区内部田庄站或申西站，由矿区内部编组站进行空重车的解编作业，然后交于平东站，减少国铁编组作业，加快空车周转率，以利提高国铁运输效率。

当前，公司主渠道市场除河南存在汽运外，其余市场基本全部依靠铁路运输，铁路运量占公司总量的 50% 以上。随着公司的进一步发展，产量规模不断增加，而汽运量已基本饱和，增量有限，因而在国铁运能没有大幅增加的情况下，提高运输效率、实现路企直通运输不失为一条提高运力的有效途径。

为了实现路企直通运输高效运行，公司一方面密切与总调、铁运处联系，加强内部装车、运输的组织调度；另一方面深入矿区一线，及时掌握各矿的生产、存煤情况，按照安全、快捷的原则，实施抢装抢运，加快车辆周转。通过调整短流，加大姚孟电厂的配空，对地销直供用户进行重点保障，对低质高硫煤矿点实施重点销售。总体形成“内外、东西”闭合的运输体系，做到长短结合、远近结合、外运地销联动，实现市场与资源的双最佳配置。

（5）发挥地铁运输优势，调控资源市场。当前，国铁运输趋于饱和，受公路超载、环保以及汽运本身特点（销售半径小、成本高等）影响，大规模汽车运输较难组织且不现实，也很难适应矿区未来发展需要，而依托地铁资源，参与地铁的投资经营不失为一种行之有效的增量途径。联合平禹、朝川铁路及地方铁路，形成地企铁路网，提高竞争能力及应变能力，减少外部环境制约。利用地企铁路优势保障网内用户需求及网内远程运输，基本形成矿区铁路与地方铁路及国有铁路的运输网络，实现四通八达的铁路网络大通道。

4. 实施开放型资源战略，全方位整合资源

为满足客户需求，提升客户价值，公司积极实施开放型资源战略，全方位整合资源，提高集团内部物流运作效率，降低物流成本，开拓外部物流市场，做大物流贸易业务产值，实现集团现代物流产业战略规划。

积极与客户和供应商建立战略联盟，实现供应链上下游企业一体化运营。一方面，发挥现有产品外运、铁路港口中转等优势，大力整合区域运输资源，发展大宗产品的物流贸易。公司现有 300 多公里铁路专用线、两个长江黄金地段港口，仓储面积 100 万平方米，年进出贸易量 6000 万吨。利用武汉两个港口资源，发挥路矿港航厂一体化优势，发展沿江市场和水陆联运通道，搭建更多双边、多边贸易平台，对外充分发挥有竞争优势的物流资源的经济效益。另一方面，通过市场竞争优化配置物流资源，整合省内外煤炭生产购销企业和煤炭专业交易市场

的物流资源，积极建设煤炭中转配送中心和配煤中心。一是发挥公司资源、物流与销售的集合优势，实现“立体营销”。巩固发展战略联盟，利用现有的供应合作、资本合作，突出各代管经营单位作用，建立物流贸易网络，优化集团现有各种资源配置，满足集团能源、化工产能释放，实现各种产品的远距离串换，提升物流贸易层次，扩大物流贸易规模，促进集团融合进程，真正把物流贸易建成第三利润源泉。二是实施开放型资源战略。积极推动矿区东西两个大型煤炭配煤中心建设，充分利用每年 1800 万吨低质煤、高硫煤资源，整合山西、陕西等地区的优质煤炭，实施资源的跨地域大整合，提高产品质量和附加值，实现低成本的资源扩张，使物流贸易成为集团公司新的经济增长点。

2010 年，通过实施开放型资源战略，全方位整合资源，弥补了资源缺口，满足了用户和市场需求，全年共实现贸易收入 190 亿元，其中整合资源完成 52 亿元，为集团规模发展、千亿跨越奠定了坚实的基础。

5. 建立快速价格决策机制

市场经济最灵敏的信号就是价格。公司根据市场对不同煤炭产品的需求情况，灵活调整产品价格，稳定整体市场份额，从而实现整体利益最大化。针对“旺季不旺、淡季不淡”市场态势，公司在建立信息网络系统、全面充分收集分析信息的基础上，根据市场走向预测和用户需求，结合集团公司的产品品种和质量情况，建立快速的价格决策机制，按照“优质优价、低质低价、平稳运行”的价格制定原则，通过市场招标发现价格，综合平衡确定价格，完善价格决策环节，缩短决策反映时间，充分贴近市场、领先市场，实现效益最优化。

6. 实施 KPI 指标考核，提高公司营运管理水平

为了强化公司内部管理，激发全体干部职工的工作热情和创新精神，提高公司各部门的工作绩效和管理水平，全面完成 2011 年集团公司下达的各项目标任务，公司制定了全员动态绩效考核管理办法。按照效益优先、兼顾公平的原则，通过对公司各业务单位和员工的绩效考核与评价，激发全体干部职工的工作积极性、主动性和服务意识，提高执行力度和工作效率，实现管理提效、管理增效、管理创效。

考核方案按照驻外承包单位、机关职能部门所承担的工作职责和公司领导的业务分工，根据不同的工作特点和目标，分别设置考核要素，核定考核指标，分配考核权重，将集团公司下达的各项目标任务层层分解，形成总体目标与分解指标相互闭合的绩效考核体系。

7. 创建客户导向的企业文化

真正做到客户导向、实现和提升客户价值最主要的就是在强化制度保障的基础上，把客户导向融入到企业文化的建设中，使之成为企业文化的核心。建设客户导向的企业文化，创造一种客户导向的氛围，向每一个员工强化客户导向的意

识，这种强化是持久的，手段是多样的，经常性地举行各种活动对创造客户导向氛围、强化客户导向意识有很好的作用；在强化客户导向意识的基础上，逐步完善制度保障。使客户导向的行为由被动而成为一种自觉的行为，在这个环节中确保制度的执行力度是一个关键的问题。

客户导向成为企业文化的核心，客户导向的行为成为一种自觉的行为，公司物流运营能力的提升也就建立了一种长效机制。

四、大型煤炭企业销售物流体系构建与实施的效果

1. 有效应对市场变化，经济效益得到大幅提升

2011 年，面对复杂多变的煤炭市场形势，公司上下一心，积极主动应对市场形势变化，坚持效益优先原则，科学研判经济运行走势，统筹把握“资源、效益、市场、结构”四者关系，强化运输协调，优化资源配置，推动价格调整，加强资金管控，努力实现从“运销公司”向“营销公司”、从“公司物流”向“物流公司”的根本性转变，努力化解“政府、政策、铁路、客户”四重矛盾，实现了“减量不减利，减量不减收”，为支撑集团经济发展做出了积极贡献。全年销售煤炭 4424 万吨，同比减少 136 万吨；煤炭不含税综合售价 550. 21 元/吨，同比提高 61 元/吨；货款回收 295. 7 亿元，回收率 100. 51%；销售收入 243. 4 亿元，同比增加 20. 1 亿元，主要经济指标再创历史最好水平。

2. 实现物流资源的优化配置，提高企业市场竞争力

通过整合铁路、港口等物流资源，不断优化物流资源配置和物流产业链，实现物流畅通工程，对生产、发运计划及执行情况进行动态调整，实现物流调度的精细化、物流资源利用的高效化，调整优化产品结构、市场结构和户型结构，提高公司的物流管理水平。还以此为平台，实现战略联盟和资本合作，为集团的长远发展奠定了坚实的基础。目前，基于物流管理的销售经营已成为集团公司新的发展模式，对实现千亿跨越、奋力挺进世界 500 强、建设具有国际竞争力的新型能源化工集团开辟了新的发展空间。

3. 巩固供需战略合作，实现双方共赢发展

当前，企业之间的竞争已经由产品和技术之间的竞争发展为产业链和供应链之间的竞争。而要构建经济高效的产业链和供应链，企业之间的战略联盟会起到重要的支撑和保障作用。集团公司近年来在战略合作方面已经取得了明显的成效。2009 年以来，与武钢、宝钢等冶金用户，中电投、国电集团等电力集团的战略合作关系更加深入和巩固，进入了新的深度和广度。

（成果创造人：王万恩　吕文培　颜世文　毛晓康　郭许平　任文芳　陈红民　颜　林　张诚冰　刘　燕　薛剑亚　周福庆）

选煤企业卓越绩效管理模式研究与实施

平顶山天安煤业股份有限公司田庄选煤厂

平顶山天安煤业股份有限公司田庄选煤厂1970年由我国自行设计、施工并建成投产，当时被誉为“亚洲第一厂”。目前原煤处理能力800万吨/年，年销售总额达到41亿元以上，主要产品焦精煤、1/3焦精煤，供应宝钢、武钢、湘钢等国内特大型钢铁集团炼焦用煤，在用户中享有盛誉。田庄选煤厂先后通过了ISO9002质量体系、GB/T19000—2000 idt ISO9000：2000系列标准、OHSMS职业安全健康管理体系、ISO14001环境管理体系以及党建体系认证，荣获了全国十佳选煤厂、全国煤炭工业现场管理先进单位、河南省特级质量标准化单位等称号。主要产品“天喜”牌1/3焦精煤和焦精煤被中国质量检验协会评为国家质量检测质量信得过产品，被评为河南省免检产品、河南省名牌产品。

一、选煤企业卓越绩效管理模式研究与实施的背景

1. 企业提升核心竞争力的战略需要

田庄选煤厂地处华中地区，市场对煤炭需求量较大，但与临涣选煤厂、淮北选煤厂相比无区位优势，规模偏小，市场竞争激烈。面对限制性因素，田庄选煤厂依托卓越绩效管理模式，确定了“做精、做强、做大”的发展战略，以“系统最优化，设备先进化，控制自动化，管理科学化”为目标，打造“全国一流现代化、花园式、千万吨级选煤厂”，全面提升田庄选煤厂的核心竞争力，实现河南省内规模第一，全国规模领先，重回行业龙头的位置。

2. 整合内部管理要素的需要

田庄选煤厂是我国目前生产系统最完善、分选效率最高，管理难度也最大的矿区型选煤厂，采用块煤、末煤、粗煤泥、细煤泥分级分选，重介、CSS干扰床分选、浮选联合工艺，管理系统、管理要素比较复杂，在安全控制、生产组织、质量达标、经济效益、文明生产等方面还存在着许多差距和不足，无法完全实现

物尽其用、人尽其才、时尽其效，精密配合、高效运营。因此，这就需要运用系统化的卓越绩效管理模式整合企业的内部管理要素，提升管理水平。

3. 企业自身发展的内在需要

田庄选煤厂坚持打造高效、和谐、卓越的现代化企业，通过推行全面质量管理，建立全方位的对标机制等举措，不断探索先进、适用的管理理念和方法。新体制、新目标、新阶段，使田庄选煤厂具备了创新和发展的新动力。卓越绩效管理模式正契合田庄选煤厂提升管理水平，力求多方共赢的发展需求。

二、选煤企业卓越绩效管理模式研究与实施的内涵及主要做法

选煤企业卓越绩效管理的内涵是：企业为拉高行业的发展标准，争创一流选煤企业为目标，以卓越绩效管理体系为指导，通过将质量管理的系统化、标准化、程序化的管理理念，推广到企业战略管理、过程控制、社会责任和工作质量、服务质量、经营管理质量等系列管理领域。以内部管理的整合、提升、创新为途径，系统分析和整合，通过标杆选树和对比，明确田庄选煤厂的改进和提高空间，整合各项基础性管理，建立起自我完善、追求卓越的可持续发展机制，全面提升企业的科学管理水平，进一步增强企业综合竞争能力，实现田庄选煤厂可持续发展。其主要做法为：

1. 拉高发展标杆，导入卓越绩效模式

多年来，田庄选煤厂传承“出一流产品，育一流人才”的企业精神，融合时代特征，在实践中系统构建起面向未来、适应竞争的价值理念体系。围绕核心价值开展实践活动，田庄选煤厂建立了与员工的“利益、事业、使命”三大共同体。成立以田庄选煤厂主要领导为组长的卓越绩效领导小组，下设推进办公室和工作组，负责日常组织、协调与各专业的推进工作。编制了总体规划，制定出了涵盖导入、培训、宣传、评价、提升、激励等要素的详细实施计划，明确各阶段工作目标。

实施原则：坚持全员参与的原则；坚持与企业实际相结合的原则；坚持传承与创新相结合的原则，通过评价分析、学习借鉴、整合完善、纠正提升，确保卓越绩效管理模式服务和支持于企业的生产经营活动，不断提高企业整体管理效能。

实施目标：通过导入和实施卓越绩效管理模式建立与全国一流选煤厂相匹配的卓越绩效管理体制和运行机制，不断提升企业核心竞争力。

实施步骤：一是通过第三方咨询机构、诊断专家等外智资源，开展企业高层研讨以及全员培训，使企业各层级员工系统地了解卓越绩效管理模式。二是下发《卓越绩效管理模式实施方案》，对卓越绩效模式导入工作进行了全面的部署，明确实施原则、目标、责任，步骤等。三是开展系列知识宣传和主题活动，使追求卓越的理念深入人心。

2. 统筹有序推进，持续提升素质

（1）修订并编制战略规划。田庄选煤厂立足于企业长远发展的战略高度，在对企业内、外部环境充分调研的基础上，综合各种有利、不利因素，结合国家、集团公司的发展战略以及田庄选煤厂自身的特点，重新确定了田庄选煤厂的战略定位，提出了新的发展思路，确定新的发展目标。投资 2.2 亿元实施技术升级改造，改造以建设“全国一流、现代化、花园式、千万吨级选煤厂”为目标，按照“系统最优化、设备一流化、控制自动化、管理科学化”的原则组织实施。

为确保战略目标的实现，田庄选煤厂成立以厂长、党委书记为领导的战略管理委员会，建立领先的战略分析、制定、评估和调整机制，在发展战略引导下，根据外部环境变化和自身发展的内在需求，适时调整，确定了“三步走”战略规划。

第一步：2010—2012 年全面完成产能升级改造，实现产能翻番，达到原煤处理能力 1000 万吨的目标，营业收入 80 亿元左右，实现“系统最优化、设备一流化、控制自动化、管理科学化”的工艺及管理目标，跨入全国一流选煤厂行列，争创市长质量奖。

第二步：2013—2014 通过实施跨区域战略，达到年原煤处理能力 2000 万吨（本厂 1000 万吨、外延 1000 万吨），精煤产量 1000 万吨目标，销售收入 180－200 亿元，实现“资源配置多元化、经营模式多元化、产品系列多元化、职工收入多元化”的经营管理目标，争创省长质量奖。

第三步：2015 年实现管理升级，成为全国选煤行业“标杆”，争创国家质量奖。

（2）强化市场营销，促进和谐共赢。

①科学细分市场，准确识别需求。田庄选煤厂建立完善的用户服务系统。遵循“大行业、大用户、大服务”的思路，规范市场细分程序，依据“区域—行业—顾客类型”三级细分标准进行市场细分和目标顾客群选择；针对不同用户特点分类调研、深入剖析，准确把握终端市场和用户的差异化需求。

②快速服务响应，适应顾客需求。田庄选煤厂坚持“产品高端化、生产柔性化、服务个性化、品种配套化”，以形成差异化竞争优势。为更快应对市场需求变化，构建起“快速服务响应”三位一体机制，整合生产、服务、管理等人才资源，直接面向市场，快速获取需求信息，不断深化服务内涵。

③实施满意工程，超越客户需求。田庄选煤厂深入开展用户满意工程建设。坚持产品质量、服务质量创全国一流、最优。深化“用户标准就是田庄选煤厂标准，用户计划就是田庄选煤厂计划，用户利益就是田庄选煤厂利益”的理念，并落实到全员、全方位、全过程的各个环节，使生产、技术和销售体系共同保证产品以最佳的状态送达客户，促进田庄选煤厂从生产型向服务型转变。

田庄选煤厂注重产品服务，建立并完善售前、售中、售后服务流程，并针对不同的用户分别建立并实施分类维护管理流程，视其为完善顾客满意度的重要程序。针对重要用户，田庄选煤厂建立了有特色、针对性的服务：

特色服务 1：邀请用户来田庄选煤厂座谈参观，听取用户对田庄选煤厂产品的意见和建议，与武钢等战略用户进行联谊活动。2002 年至今，每年举办一次大型用户座谈会。

特色服务 2：建立了田庄选煤厂领导的定期走访制度，通过与用户高层领导的双向沟通，进一步建立共识，赢得谅解，实现协作共赢。

完善顾客满意度调查机制。按照田庄选煤厂《用户满意度调查制度》要求，田庄选煤厂自 2005 年开始进行用户满意度测评工作，设计了用户满意度调查的方法、内容、频次、流程等，形成了用户满意度调查指标体系。通过自查评价与聘请第三方调查相结合，获取科学、客观的顾客满意度信息，同时努力拓展多个渠道以寻求竞争对手的顾客满意度信息，对影响顾客满意的各个因素进行深入、细致分析，及时制定相应改进措施，持续改进。

④加强产业合作，培育战略需求。不断加强国际合作和区域合作，优先选择与国内一流企业建立和谐、稳定、共赢的战略合作伙伴关系。2011 年，田庄选煤厂战略及重点客户销量比例达 85% 以上。

（3）以人为本，夯实企业成长的根基。

①制定和谐分配薪酬制度。田庄选煤厂推行“和谐分配体系”，按照“效率优先、兼顾公平”的原则，在劳动关系的各利益主体之间合理分配劳动成果和体现劳动价值。以岗位优化为基础，绩效量化为关键，薪酬活化为核心，再造企业薪酬分配流程，实施竞争上岗，全面量化、细化考核，概括起来是“建立三个机制、实现四个优化、推动四个促进、达到两个效果”。

建立三个机制：一是建立人员竞争上岗机制；二是内部量化考核机制；三是动态浮动分配机制。实现四个优化：一是人、事、岗优化配置；二是绩效管理和薪酬分配等管理流程优化；三是收入、贡献、绩效三者之间的关系进一步优化；四是职工收入结构优化。推动四个促进：一是变要我学为我要学，促进整体素质的提高；二是使紧缺人力资源发挥更大效用，促进资源的合理配置；三是增强企业活力，促进企业自主创新能力的提高；四是提升以人为本理念，增强企业凝聚力。达到两个效果：激活企业人力资源，挖掘内在潜力，既增强企业活力和市场竞争力，又实现分配关系和劳动关系的和谐稳定。

“和谐分配体系”的建设，使职工收入与本人业绩、贡献挂钩，使人力资源得到有效配置和利用，不断提高全员工作绩效，进而提高企业经济效益和市场竞争力。

②实施细化量化考核。田庄选煤厂建立以经营目标为出发点，以战略为主

线、KPI 为核心的覆盖全员的经营责任考核、一体化考核、安全绩效考核为基础的三级（厂、车间、班组）绩效考评体系。开展岗位价值评价，确定了全厂 13 级岗位工资和 181 个岗位奖金系数，完善了薪酬分配体系。通过有机整合的流程和系统，专注于建立、收集、处理和监控关键绩效数据，以年初集团下达的考核指标为基础，进行层层细化分解，按照工作指标化、业绩考核化、软指标硬化、硬指标量化、量指标细化、细指标岗位化的原则，形成由 300 余项经营指标构成的指标体系，实现考核指标的全覆盖。实现了“总账定方向，分账不漏项，人人都管事，事事有人管，日事要日清，收入考核定”，充分调动了车间、班组、职工的工作积极性。

对专业技术人员考核采取年度专业考评，将考核结果应用到个人晋级、聘任及待遇提高等方面，激励其不断进取；对科级干部每年开展一次民主评议，将评议结果纳入干部业绩评定；对普通职工考核采取车间 OPM 月度考核与班组日常管理考核相结合的原则，依托 6S 管理对职工进行激励。

将绩效考核结果作为职务晋升、薪酬调整、先进评比的依据，指导员工扬长避短，提高工作效率，实现田庄选煤厂效益和个人价值目标的协调统一。

③积极搭建员工成长、成才的平台。田庄选煤厂致力于建立长效人才培养机制，对人力资源进行系统开发和培养，保证人员技能和素质满足岗位需求。

按照 GB/T19025－2001《质量管理培训管理指南》标准的原理和方法，田庄选煤厂对培训工作进行整体的规划和安排。同时，立足培养高技术员工、高素质人才的目的，采取导师带徒、技能比武、技能考核等方式，形成有田庄选煤厂特色的技术工人培养体系。田庄选煤厂多形式、多渠道、多门类、多层次地支持和鼓励职工学习发展。

坚持开展学习型班组创建等活动，有效提高了职工的学习能力；充分利用社会资源，长期与中国矿业大学、平顶山职业技术学院等院校合作，为职工成才搭建平台。根据田庄选煤厂的特点，建立了厂级、部门级、班组级三级培训网络，提高培训的针对性、实效性。

有效的职业生涯规划，充分发挥个人潜力，充分调动职工的积极性，明确潜力开发方向。根据卓越极限管理模式的要求，按照集团公司统一的职系设计，田庄选煤厂设立三个职系，即工程职系、政工职系、经济职系以及横向、纵向两个发展通道，让职工清晰了解在各种职业的通道的晋升机会和发展条件，使之能结合自身实际，找到努力方向。

田庄选煤厂每年对照《职工职业发展规划表》与《职工能力开发需求表》进行检查评估，了解田庄选煤厂的晋升机会和学习培训情况，提出下一阶段的发展建议，并通报其主管领导；建立职工职业发展档案，系统地对职工的职业发展进行管理。

田庄选煤厂下发《中层领导干部选拔任用工作实施细则》，建立了人才后备库，由组干科、劳资科联合培养和管理后备人才，注重发挥工程技术人员和班组长作用，采取工程技术人员下班组，把优秀班组长选拔至领导岗位等形式，培养德才兼备的综合性、实用性人才，确保了中高级管理人才的阶梯供给。

（4）结构调整，积极转变经济发展方式。

①主动调整产品结构，积极推进新产品攻关。自 2011 年以来，由于入洗原煤质量较差，如果仍以 9、10 级精煤组织生产，将会对股份公司和集团造成较大损失。因此，田庄选煤厂以提高股份公司和集团整体经济效益为目标，主动调整产品结构，积极组织 11 级煤的生产，效果明显。经测算，2011 年实现增产精煤 20.57 万吨，增收 2.37 亿元。

根据市场反馈，2011 年主焦精煤属市场短缺产品，供求缺口较大，售价高。在此情况下，田庄选煤厂依靠自身科技力量，组织技术攻关，经过反复试验，用 1/3 焦原煤配洗主焦精煤获得成功。2011 年就利用占入厂原煤总量 36% 的焦原煤资源，生产出占精煤总量约 70% 的焦精煤，极大地提高了焦原煤资源的利用效率，同时也获取了超常的经济效益，实现增收 5400 万元。

②强化技术改造和自主创新。田庄选煤厂联合客户、研究院所、权威专家组建技术研发中心，在合作、学习过程中，通过消化、吸收，不断增强自我技术创新能力。自主研发技术成果有 14 项获得国家专利，其中，具有自主知识产权的双流态微泡浮选机获得国家技术发明二等奖，达到世界先进水平，填补了中国选煤技术的一项空白，解决了入选原料煤中的细粒度煤内在灰分高、难选、易泥化的难题，并在选煤和有色金属选矿中推广使用。企业先后引进国内、外技术最先进、最成熟的设备 38 套，其工艺效果优良，可靠性高。建立起了十分完整的选煤系统，能够完成精煤高效生产、煤泥水处理、煤泥综合利用。其中，重介质选煤的工艺流程和主要生产技术水平及其分选效果都达到了世界先进水平。同时，充分发挥技术人才优势，为全国其他选煤厂提供技术指导和人员培训，并为专业院校的学生提供实习和培训机会。

③推进管理创新，强化过程管控。田庄选煤厂结合选煤企业生产工艺特点、岗位操作规程等，确立微观管理观念，以“精细”管理为核心，创造性地提出单元要素管理的概念，形成特色的微观自主管理模式。

单元要素管理是微观层面的管理方法和模式，它将选煤企业划分为不同的管理单元，每个管理单元按实物、事务、行为三种管理要素进行管理。通过单元要素分析，最大限度地细化明晰岗位作业职责以及作业标准，强调规范化流程管理，注重过程控制。编制了 338 个岗位 800 万字的单元要素管理作业指导书，通过培养职工良好的标准化作业意识，减少作业失误，提高工作效率，最大限度地实现对生产经营管理各个环节的实时有效控制，形成了精细化的过程控制与管理体系。

3. 拉高标准，持续提升发展绩效水平

（1）建立全方位的对标管理体系。坚持“开门对标听建议、出门对标找差距、关门对标定措施”的活动宗旨，从厂、车间、班组三个层面，通过持续、系统的评估过程，选取三十余项关键绩效（KPI）指标与行业最佳绩效进行持续性滚动式的对照，不断优化作业流程，提升作业效率，改善经营管理质量。

（2）导入卓越现场管理，创建标准化现场。以实现优质、高效、低耗、均衡、安全生产为目标，导入卓越现场管理，最大限度发挥人、物、设备的作用，将质量意识全面贯彻到各个岗位中，引导各基层单位从现场标准化作业入手，运用田庄选煤厂独创的“单元要素管理”理念和方法，持续改善过程管理，构建田庄选煤厂卓越现场管理，提高现场执行力。

（3）创新班组管理，建设卓越班组。基于继承和发扬传统班组管理经验，吸收当今先进的班组管理理论，推进卓越绩效模式在班组深化落实，构建具有田庄选煤厂特色的班组卓越绩效管理框架。关注计划（班组级）、基层文化、岗位创新、标准化作业流程、服务等新理念，将工作内容不同、工作标准差异大的不同类型班组全面纳入管理范畴。主要体现行政主抓、工会配合，班组管理方法和工具多样，对班组长的培训和选拔提出更高要求，强调立足岗位的班组创新，强调方法—展开—学习—整合—提升的管理，从局部到全局、层层递进，力求整体提升等特点。

四、选煤企业卓越绩效管理模式研究的实施效果

1. 经济效益

企业运行效率显著提升。2011年田庄选煤厂销售收入达到41.69亿元，同比增长5.53亿元，创历史最高纪录。同时员工人均收入、月均千人轻伤率、影响时间、吨煤水耗、吨煤电耗等指标亦创出历史新高，经济效益综合指标在全国煤炭洗选企业中保持了行业第一梯队的位置。

2. 社会效益

田庄选煤厂持续改进、追求卓越的机制融化、落实到每个职能、每个环节和每个流程，成为田庄选煤厂高层领导、中层团队和基层员工共同的显性目标。员工标准化、规范化作业水平明显提高，自主工作能力显著增强。员工的凝聚力、向心力，企业的竞争力和社会形象大幅提升。

（成果创造人：孔忠伟　李军民　李金良　张同军　张丙申　朱玉爱　曾庆刚　晋学硕　尚　勇　赵　勇　樊军恒　刘永红）

监理企业以提升竞争优势为目标的绩效管理

河南兴平工程管理有限公司

河南兴平工程管理有限公司隶属于中国平煤神马集团公司直属单位，始建于1995年11月，是具有独立法人资格的经济实体，2003年8月公司通过ISO-9001：2000质量管理体系认证。公司先后获得河南省工程监理二十强单位；全国煤炭监理行业综合实力20强单位；荣获全国政府放心、用户满意十佳优秀工程监理单位等荣誉称号。

一、监理企业以提升竞争优势为目标的绩效管理的实施背景

1. 工程监理的定位不够准确

工程监理按照相关规范说法是受建设单位的委托，在贯彻执行国家有关法律、法规的前提下，控制工程建设的投资、建设工期、工程质量；进行安全生产监督管理、工程建设合同管理；协调有关单位之间的工作关系，促使甲、乙双方签订的工程承包合同得到全面履行。原来兴平公司着重于工程方面的管理，忽视了工程监理本身就是社会性的服务行业，和建设单位是合同关系，建设单位就是监理单位的顾客和客户。只有了解客户的心声，能够不断为顾客提供满意的价值，为顾客创造更多更好的价值，才是那些持续发展企业的不败之本。

2. 监理人员不能满足公司可持续发展的需要

一是所学专业方面，根据现有工程项目及长远的发展，公司在矿井建设及化工项目所占的比重较大，采矿、化工、道路及机电人员较少，不能满足公司的需要；二是在人员年龄上，公司年轻人所占比重较大，中青年以上人员较少，现阶段有实际工作经验的人远远不能满足工程的需要，培养年轻人，一般在5-8年左右，因此，引进有实际生产经验的专业管理人员，是公司面对的问题；三是在学历方面，从目前情况公司专科学历占主要，对公司目前提出的工程项目管理、综合资质的申报，都需要高学历、高素质的专业人员，公司的整体实力才能更上

一台阶。

3. 重视员工的能力提升与职业发展

咨询、监理行业是非常强调员工个人知识、技能更新、发展的行业，从事这一行业的人员要提升能力必须通过持续的培训，一定年限的工作经验积累。尤其是进入 WTO 之后，国内的咨询监理公司都在向项目管理公司方向发展，需要具有懂经济、技术、管理和相关法律的复合人才，近年来国家对各项专业资质管理的加强，使具有注册咨询工程师、注册造价工程师、注册试验检测工程师资格的人员愈加抢手。兴平公司考核过分偏重工作成果的考核，而没有关注到员工能力提升和职业发展的需要。对于通过努力提升了能力的员工也没有给予相应的激励，企业的凝聚力和向心力较差，员工与企业长期共同发展的意识弱。

4. 监理服务范围狭小，业务领域单一，对外开拓市场能力需要进一步扩大

目前，兴平公司监理工作绝大多数只限于施工阶段的监理，缺乏咨询阶段、设计阶段、招投标阶段、造价咨询阶段的管理，监理服务范围过于狭小，主要业务局限在中国平煤神马集团内部，监理专业以监理矿山工程为主，占 70% 以上，难以涉足其他领域和专业。兴平公司存在的这些问题，使得公司监理服务范围狭小，不能满足兴平公司日益发展的需要。

二、监理企业以提升竞争优势为目标的绩效管理的概念与内涵

兴平公司认为可持续竞争优势是通过实施独特战略而获得持续的利益，企业实施的这种独特战略既不能被现实的或潜在的竞争者所实施，也不能被它们复制这种战略利益，可使企业在一定的时间内保持稳定的竞争优势，获取稳定超额利润的优势的能力。

具体内涵是：公司在工程建设监理领域中，从动态的角度出发，根据产业环境的变化，将资源、知识、能力、机制、环境有机结合形成并保持稳定竞争优势的独特合力，并不断地调整自身的关键资源和能力，增强对环境的适应性，实施具有市场价值的战略。可持续竞争优势是贯穿于一个企业的整个发展过程，而非局限于企业发展过程中某一阶段的某种竞争优势。

三、监理企业以提升竞争优势为目标的绩效管理的主要做法

1. 积极开拓市场，推动企业多元化发展

兴平公司积极开拓外部市场，形成多元化发展格局，积极承揽监理业务以外的招投标代理、造价咨询等业务，从单一的监理服务向全面的项目管理转型，可以为顾客提供从咨询到设计、招投标、施工、造价管理等全方面的项目管理，在内部提升服务顾客的品质，在外部积极开拓新的市场。从单一的矿山工程、房建工程监理逐步开拓发展了化工石油、市政公用工程、冶炼工程、电力工程等多专业监理市场，又积极开拓了省外市场，陆续在新疆、内蒙、贵州、安徽、山西等地都承揽到新的项目，设立了分公司，业务市场占有率不断扩大，经营收入不断

增加，利润不断提高，公司的资质也由原来的“三甲”提高到“五甲三乙”，从而培育出公司新的可持续竞争优势。

2. 积极实施顾客价值的评价机制，培育可持续竞争优势

兴平公司真正使命是以顾客为中心，将资源和能力最大程度地转化为顾客价值。其战略目标是内外兼顾，在公司的能力和顾客价值之间创造一种不断改进的和谐。用价值浇铸忠诚，再享受忠诚带来的更大的价值，通过创造与交付优异的顾客价值，公司与其顾客、雇员一起，实现利润、成长和持久价值的交互上升。以顾客价值为导向的战略模式可以视为可持续竞争优势的根本来源。

为检验兴平公司实施顾客导向战略的实际效果，公司建立了客户满意度评价机制，组织人员每半年对全公司所监理矿山工程建设单位进行顾客满意度调查，调查采用背靠背方式，调查人员直接与业主单位相关领导或负责人见面，听取对监理部和监理人员的意见和建议。调查表主要从工程质量控制、进度控制、工期控制、投资控制和合同、信息管理等几个监理业务方面内容，以及监理效果与预期、监理人员个人业务能力、沟通协调能力等效果和个人素质方面的内容。每个小项均分很满意、满意、一般、较差、很差五个档次，分别对应 10 分、8 分、6 分、4 分、2 分，总分为 100 分，这样就保证了调查表的具体性、可操作性、真实性和客观公正性，是对建立的矿山工程监理体系很好的检验。2011 年收到矿山工程顾客满意度调查表 485 份，最低分为 86 分，平均 98. 8 分。

3. 积极探索经营目标的考核机制

公司考核目标值纳入到全年经营计划指标考核及季度的安全质量检查之中，严格进行各项考核，以确保对标目标值的顺利完成。在季度、年度考核完成对标要素目标值的对责任人进行奖励，视完成情况确定奖励标准。年度完成各项对标指标并被上级主管部门通报嘉奖的，对全体职工进行一定的奖励，没有完成各项指标年底取消各项评选资格。

4. 积极实施工程质量安全绩效考核体系

为了应对工程管理行业市场竞争的挑战，使工程项目管理按照“规范化、标准化、科学化”的要求开展。公司出台了《兴平监理公司工程建设监理手册》《矿山工程监理质量手册及程序文件》《公司质量管理有关规定》《项目监理部安全质量考核管理规定》《关于加强资金管理的通知》等一系列规章制度，保证工程项目和企业本身的高效、规范管理与运行。

公司按照 GB/T19001 - 2000、ISO9001：2000 标准要求，成立安全质量检查部，全面负责和制定公司一系列有关项目质量管理规定。主要目的是确保公司质量管理体系正常进行；负责编制公司与质量方针和质量目标相一致的质量管理体系文件；宣传贯彻国家安全生产方针，做好安全监理管理工作。安全质量检查部定期（每一个季度进行一次安全质量大检查）、不定期（采用抽查方法，不事先

通知监理部）对各个项目监理部、公司有关各部门进行检查考核，并根据考核结果兑现安全质量奖金，对不符合公司要求进行通报批评或进行处罚。公司每年初制定出检查考核计划，每次检查考核重点有所不同。每次组织检查前，先制定出检查计划，具体安排检查内容、时间、检查人员等。

安全监理方面，公司成立以总经理为组长，副总经理为副组长的安全监理管理机构，制定了公司安全监理管理制度，加强安全培训工作，同时成立专门机构定期和不定期检查各监理部及监理人员安全监理行为。

5. 培养可持续竞争优势的人才资源

（1）设计了兴平公司监理人员管理体系。以系统管理、人力资源价值链管理理论为基础，运用工作分析、工作分类、工作评价、关系分析法等技术方法和微软 EXCEL 软件工具，针对监理人员招聘、试用、上岗、离职整个过程展开研究，遵从监理人员管理体系的设计原则包括战略目标原则、分工与协作原则、系统性原则、可操作性原则、可比性原则等，对现有的在岗员工包括总监、总代、标段负责人、专业监理师、监理员、资料员五种岗位和优、良、中、差四个评级管理，构建出系统的建筑工程监理企业监理人员管理体系。

设计了监理人员管理体系运作模式，建立起动态的流程化的监理人员管理体系运作模式。按岗分级差别管理，是指对所有监理人员按照岗位重要程度分类管理，每个岗位又按工作考评情况分成优、良、中、差四个等级进行差别管理，即五岗四级管理模式。其中五岗指总监（总代）岗、标段（专业）负责人岗、专业监理工程师岗、监理员岗和资料员岗。借助微软 EXCEL 软件，生成运作模式和管理体系的信息表格体系。该表格体系由在岗员工个人动态信息详表、在岗员工动态信息总表、在岗员工考核详表、在岗员工绩效考核表、在岗员工按岗分级管理总表组成。五岗四级管理运作模式主要包括岗位招聘运作流程图、岗位培训运作流程图、岗位试用期管理运作流程、在岗管理培训图、离岗资料员管理的运作流程和薪酬福利管理等六阶段运作过程。

（2）实施人力资源达标考核。兴平公司结合自己的实际情况，制定出了三级培训和“以师带徒”的培训方式。在公司内部成立了以总经理为组长的“强化培训、以师带徒”活动领导小组，具体的活动内容如下：

①公司各部、室分别制定出年度培训计划及以师带徒方案，报公司备案，经公司总工程师批准后实施。

②培训计划分外培和内培，培训内容要紧密围绕各岗位专业技术要求制定。外培指公司以外的有关培训，内培指公司内部的培训，内培按三级培训开展，即一级培训是公司组织的集中培训，二级培训是部室负责人、总监组织的培训，三级培训是岗位人员自学。公司内部培训必须明确培训内容、培训对象、培训时间，在该时间内达到的培训效果，且公司要组织参加培训人员的考试。外部培

训：外部培训必须个人提出申请，经部、室负责人签字，公司领导审准，外部培训分每月定时脱岗培训和脱岗连续培训。每月定时脱岗培训不超过 10 天者，其工资、奖金待遇不变。连续脱岗培训超过 6 个月以上的长期培训，公司只发岗位工资。凡参加培训人员经考试合格取得毕业证、资格证者公司按有关规定报销培训费用，否则费用自负。

③效果检验与奖惩。凡参加培训人员，经考试、考核合格后方可上岗工作，否则需再次培训，再次培训期间计发岗效工资 50% ~80%，再次培训不合格者，只发生活费，并追究上一级负责人的责任并与其工资奖金挂钩。具体考核办法是实行 100 分制，70 分为合格，考试合格者奖励 500 元人民币，70 分以下为不合格，师傅和徒弟都要受罚，每人罚款 500 元人民币，从目前实施的效果来看，以师带徒的效果很理想。

④对于新进来的员工，首先要进行总监培训，主要是对于新人员的理论知识的再次培训；其次是对现场培训，主要是对新进人员的现场操作的培训，使他们所掌握的理论与实际相结合。培训完以后，对新进人员进行考核，考核共有 3 次机会，考核 3 次不合格者另行考虑。

（3）实施监理部达标考核。为了公司质量目标，逐步提高公司监理服务工作质量，依据国家有关法律、标准规范和公司有关文件，特制定了监理部的质量考核办法。成立了以达标考评小组负责具体组织考评工作，现场考评小组组成人员不低于 3 人，考评小组成员不得与被考评监理部有隶属关系。考评方式参照内部审核的方式、方法，随机抽样，重记录证据。采用集体评议、打分，最后经考评小组审核、批准。考评采用 100 分制，60 分以下为不合格；60 ~75 分为合格；76 ~89 分为良好；90 ~100 分为优秀。对达标的良好监理部奖励 1000 元，优秀监理部奖励 2000 元。对不合格的监理部通报批评并罚款 500 元。公司每半年组织一次考评。

6. 实施安全风险抵押

兴平公司为认真贯彻执行“安全第一，预防为主，综合治理”方针，强化安全监理，层层传递压力，实行安全责任与个人经济利益挂钩，确保安全监理形势持续稳定、健康发展，制定了 2011 年安全风险低押办法。抵押范围为公司副科级以上干部、项目总监及安全管理员，抵押周期为一年，考核周期为一个季度，安全风险抵押金一律由抵押人自己缴纳，抵押金由财劳部纳入安全基金账户，兑现资金由公司从安全奖励基金中列支，不足部分由包干工资解决。

考核兑现办法为：考核周期内实现安全责任目标，前三季度所有抵押人员分别兑现考核周期内抵押金额的 50%；第四季度所有抵押人员兑现考核期内抵押金额的 100%；考核期内，发生一起死亡事故或一级非伤亡事故，没收所有抵押人员抵押金；考核期内发生一起重伤事故或二级非伤亡事故，没收事故单位考核周期抵押金的50%，公司机关部室不兑现，其他单位减发兑现金额的50%；考核期内发生1次轻伤3人（含3人）以上事故或千人负伤率在1以上的，没收事故单位考核周期低押金的25%，公司机关部室减发兑现金额的50%。

7. 创建工程项目绩效评估机制

兴平公司的绩效评估按以下步骤进行：①召开绩效评估沟通会议，对参与绩效评估的人员进行培训；②对各部门的绩效进行评估，由各部门的上级主管与部门负责人进行沟通；③员工进行自我评估；④主管人员评估并与员工沟通；⑤确定评估结果并讨论员工发展计划，制订个人发展计划；⑥综合各项分数，确定最终评估结果；⑦上级主管审批评估结果，评估表格经员工本人、直接主管、上级主管三方签字后交各部门备案；⑧各部门负责人制订员工奖金分配方案、职位调整计划，报公司领导审批后实施。根据以上原理和方法，制订河南兴平工程管理有限公司绩效评估分数标准，评估如下：工作目标、工作产出、完成期限和衡量标准应在工程绩效管理期间之初确定。在绩效期末，根据实际的工作目标确定权重。首先由被评估者进行自我评估然后再由被评估者的直接主管进行评估，最终的评估结果将由被评估者和其直接主管沟通达成。

评价标准设计：90~100分为出色，工作绩效始终超越本职位常规标准要求。75~89分，优秀，工作绩效经常超出本职位常规标准要求。60~74分为可接受，工作绩效经常维持或偶尔超出本职位常规标准要求。50~59分为需改进，工作绩效基本维持或偶尔未达到本职位常规标准要求。50以下为不良，工作绩效显著低于本职位常规标准要求。

8. 创建科技创新和管理创新体系

2010年公司成立了技术中心，旨在加强技术管理，提高创新能力。先后制定了《技术中心内部管理制度》《公司科研与技术工作综合管理办法》《公司科技进步奖奖励办法》《技术开发资金管理办法》等制度。成立了以总经理为组长的科研领导小组，细化了专业分工，重点充实了一线部室的科技力量，为公司科技创新工作有序开展奠定了基础。编制了兴平公司“十二五”科技发展规划，并从政策措施、资金保障、激励到位、基础配套四方面实施公司科技管理与创新的保障措施。构建了兴平公司科技管理创新体系。

9. 创建可持续竞争优势的学习型组织

（1）设立共同愿景，增强员工学习的动力。公司结合企业实际、行业发展方向，制定了符合本企业发展战略，员工追求的远、近期明确目标，形成企业与员工共同发展的共同愿景，吸引和督促员工学习，由被动接受到主动追求，形成一种个人及团队的理念和习惯。

（2）重视做好“一把手工程”。为了把企业打造成学习型组织，各级领导人通过规范学习行为、建立有利于促进学习的体系、鼓励员工提出创新建议、保证知识传播和学习渠道的畅通、企业资源向从事学习的人员和团队倾斜等方式，为从事学习的个人和团队提供强有力的支持；领导者创新学习观念，带头学习，领导群体已成为团队学习的典范。

（3）建立健全学习的激励和评价制度。首先，建立了有效的学习及激励制度。确定学习的目标、学习的地点、学习的时间、学习的形式、学习的内容等，并制订学习结果的考核标准，规范学习行为，保证目标和任务落到实处。其次，建立了发展性评价制度。实行以促进每个人主动学习、全面发展为根本目的，领导与普通员工共同参与的发展性评价制度。使评价成为发现自我、建立自信的过程，从而让他体验到工作的成功，激发学习的动力与需求，实现职业价值和生命价值的统一。

10. 塑造监理企业可持续竞争优势的企业文化

（1）创建企业内部人际关系和谐的文化氛围，使兴平公司成为全体员工同心同德同发展的家园。一是建立与员工的沟通文化，为员工开通有效的沟通渠道；二是建立企业与员工之间的感情文化，为员工驾起宽广的理解桥梁；三是建立企业与员工之间的人才文化，为员工打造实现人生价值的宽广平台。

（2）创建企业外部与顾客关系和谐的文化氛围，使兴平公司成为广大顾客放心省心超值的港湾。一是强化超值的服务意识；二是增强高超的服务本领；三是遵守高尚的职业道德。

（3）创建企业与社会及竞争伙伴关系和谐的文化氛围，使兴平公司成为社会及竞争伙伴协调合作信任的朋友。一是诚信经营，坚决服从政府及业务主管部门的领导；二是胸怀坦荡，积极寻求与竞争对手的和谐共处；三是管理规范，全面树立良好的企业形象。

11. 制定承揽外部业务办法和驻外监理人员管理制度

为拓展兴平公司在中国平煤神马集团公司以外监理市场，加大承揽外部监理业务的力度，鼓励公司职工及社会人士对外联系监理业务。提高承揽外部市场监理业务的积极性，兴平公司制定了承揽监理业务提成管理办法，规定凡是在外部承揽到监理业务的，可根据规定提取一定的报酬。

对于长期在外省（附近省份）和外省偏远地区工作的总监理工程师、监理人员，公司给予工作和生活上的支持和关注。

对于聘用人员，公司根据其工作与身体情况，基本上与监理员作同等要求，同时给予相应待遇。

四、监理企业以提升竞争优势为目标的绩效管理的实施效果

通过实施以提升竞争优势为目标的绩效管理，有效地提升了兴平公司的项目管理水平，使公司在经营收入、上交利税、矿山工程监理业务拓展、行业的知名度等方面有显著提高，顾客满意度、对监理公司的信任忠实度等都达到了新的水平。

1. 工程项目管理水平显著提高

公司始终坚持质量控制是监理的核心，督促施工单位按照合同、技术规范及设计文件要求施工是监理的原则。公司严格依据国家统一质量标准进行严格监督管理，对所监理的项目实施质量、进度、投资“三大控制”，每周一会同业主对安全文明施工进行检查，一旦发现隐患，重则由监理工程师签发《监理工程师通知单》督促施工单位整改，轻则口头督促整改；在月度验收中严把现场监理防线，确保每个项目都是“精品”。2010 年 7 月 14 日，集团首山一矿项目顺利通过验收，公司首山项目部以无事故、质量优的佳绩，获全国煤炭系统十佳优秀监理部、首山一矿中央回风井及相关工程、副井提升系统分获 2007 年度和 2008 年度煤炭行业“太阳杯”荣誉称号。2010 年度平煤二矿回风井工程荣获煤炭行业工程质量“太阳杯”奖。

2. 公司业务范围逐步拓展

2010 年以来，公司通过实施项目可持续竞争优势，扩大了监理业务的范围、领域，而且从单一的监理服务转型为全方面的项目管理，监理专业从矿山工程、房建工程扩大到市政公用工程、化工石油工程、冶炼工程、电力工程，服务领域从中国平煤神马集团内部扩大到中国平煤神马集团外部、省内甚至省外，在新疆、内蒙、贵州、安徽、山西等地生根开花，受到当地业主的一致认可，并取得较好的经济和社会效益。随着公司业务的扩大和多元化发展，监理资质范围不断扩大，从原来的“三甲”提高到“五甲三乙”，使公司得到了快速发展。

3. 公司品牌形象显著提升

2010 年公司首次获得中国建设监理协会颁发的“先进监理企业”、中国建筑业联合会颁发的“全国工程监理行业优秀企业”，中国工程质量监督管理协会颁发的“全国政府放心、用户满意十佳优秀工程监理单位”，开创了兴平监理公司自成立以来工程监理之先河，连年荣获中国煤炭行业监理协会“先进监理企业”、河南省监理协会“先进监理企业”“河南省工程监理二十强”单位、“全国煤炭监理行业综合实力 20 强”；荣获煤炭监理行业协会颁发的“河南平宝公司首山一矿十佳监理部”、河南省建设工程招投标协会“先进单位”、河南省“守合同、重信用”单位等荣誉称号。

公司所监理的各类工程项目合格率 100%，合同履约率 100%。顾客满意度 94% 以上，2010 年度和 2011 年度无发生伤亡和二级非伤亡事故，大大提升了河南兴平工程管理有限公司的品牌形象。

（成果创造人：裴大文　洪　源　王万恩　徐继民　徐　君　刘自鑫　张晨英　李军伟　李晓峰　孟明福　张　雪　尚巧玲）

煤炭企业智慧矿山系统建设与运营管理

郑州煤电股份有限公司通信分公司

郑州煤电股份有限公司通信分公司是郑煤集团的信息管理中心，主要负责集团公司的信息化建设管理和运营。郑煤集团作为河南省大型资源型企业之一，在安全生产管理方面走在全省前列，在较早完成了国家要求的“六大系统”建设任务的同时根据本企业安全管理需要，进一步采用先进管理技术，相继建设完成15大信息化管理系统，内容涉及安全监察、综合办公、生产技术、机电运输、通风管理、地质测量、防治水管理、调度管理、企业管理等方面。在企业信息化建设方面实现了信息广覆盖、管理集中化。

一、煤炭企业智慧矿山系统建设与运营管理的实施背景

郑煤集团实施智慧矿山系统建设的背景主要有三点：

一是从国家层面来说，我国历来重视矿山企业信息化的整体建设，寄希望于引入新的创新技术和科技手段，来提升矿业技术装备水平，提高生产作业安全管理水平，改善我国矿山资源在开发采掘过程中的综合质量和效率，从而促进矿山企业进行管理变革，增强与国际市场的高产、高效、高质量、低成本的矿产品的内在竞争能力。矿山信息化在经历自动化、数字化发展阶段后，正快步迎来智慧化时代。中国传统采矿业，正在面临新一代信息技术的挑战和洗礼。近些年，我国在矿山信息化领域，引进和提出过许多关于矿山整体描述的概念，国务院、国家安全监督管理总局多次提到要加快信息技术集成应用，让煤矿企业走生产集约型、管理智能型、质量效益型和本质安全型的发展道路。为了响应这一号召，郑煤集团经过多次深入调研，反复论证，甄选出集团公司范围内信息化、数字化水平较高的直管矿井做试点，建设应用智慧矿山系统。

二是从省内情况看，河南省各大煤业集团积极响应国务院关于“六大系统要求”的建设任务及指标，在对原有信息系统改造后圆满完成国家和河南省要求的

“六大系统”建设任务。但各矿这些系统的信号、影像传输仍是采用原来的传统模式，通过线路传输至电脑，必须打开电脑界面才能看到相应的信息。为此，郑煤集团积极顺应信息化发展趋势，提出筹备建设智慧矿山系统，此项目一经提出，就受到强烈关注，得到了省领导的高度重视，并期望尽快在全省煤炭企业落地实施、推广。

三是从集团公司层面看，郑煤集团各生产矿井相继建立了综合办公、生产技术、机电运输、通风管理、地质测量、防治水管理、调度管理、企业管理等信息化管理系统，虽然保证了矿井的安全生产工作。但由于煤矿生产的特殊性，各矿井的信息化系统存在着覆盖面广、相对独立的局面，且现有的信息化系统分别管理，部分系统只限于单矿自我管理。主要存在以下特点：各大系统间形成了信息孤岛，没有完全互通互连；现有信息系统仍有少数部分信息系统没有实现集团统一管理；目前安全监控信息等数据存储管理亟待完善；各矿井统一管理平台尚未全面建设完成，在统一管理能力上有所欠缺；现有的信息获取途径仅限于办公网、互联网、监控中心，缺乏灵活的移动监控手段；现有视频监控系统为模拟信号，为适应未来集中管理急需进行数字化改造。

二、智慧矿山系统的内涵

以“统一规划，加强领导；需求主导，面向应用；整合资源，信息共享；充分利用现有资源，防止重复建设；网络建设与常规媒体应用相结合，讲求实效”为原则，充分利用信息技术建立矿山移动安全监控系统及信息综合管理系统，将井下现有的“六大安全避险系统”各种数据及影像和人员定位轨迹推送到移动智能手机上，进一步丰富煤矿安全信息获取途径和监控手段，实现“把安全握在手中、把监控摆在眼前”。真正做到了信息查阅移动化、安全巡检信息化、隐患查找、整改和落实闭环控制，为安全管理人员提供全面、准确、及时的各类安全隐患信息，便于管理者及时发现问题并进行决策，保证现场安全隐患的及时排查和迅速处理，促进安全工作的提高与改善。实现了安全隐患排查管理工作的PDCA循环，建立了隐患的“预防、检查、发现、处罚、整改验收”的闭合工作机制，形成了“确定隐患、下达指令、挂牌公示、检查指导、复查核销、备案存档”的闭合系统，极大地提升了集团公司自动化、智能化、现代化水平。

三、煤炭企业智慧矿山系统建设与运营管理的主要做法

郑煤集团智慧矿山系统的建设共分四步：

1. 进行项目建设需求分析

针对煤矿安全监管工作和隐患治理中存在的问题及矿山安全管理人员对安全管理信息化的需求，结合行业资深安全管理专家的管理经验，要建设的智慧矿山移动监控系统应满足以下几点要求：

（1）适合我国目前煤矿安全管理模式。

（2）可以将风险管理对象涉及到人、机、环、管四种风险类型等数据，通过计算机和网络实现安全隐患工作的信息化、网络化和自动化，提高时效性。

（3）可实现瓦斯等生产安全信息的报警机制。

（4）可实现准时、准确的视频监控功能，提高安全管理意识。

为实现上述目标，郑煤集团建设的智能移动监控系统必须满足如下要求：

（1）实现瓦斯数据等生产安全数据采集数据的准确性、完整性和及时性。

（2）实现安全生产数据超限报警。

（3）实现人员定位系统数据的准确性、完整性和及时性。

（4）解决对生产现场进行移动化的实时视频监控。

（5）实现煤矿重点部门每日工作量及工作安排的信息查询。

（6）实现对安全隐患信息的查询系统。

2. 进行工程建设规划

郑煤集团智慧矿山项目工程前期计划分为两步走：

一期实现手机端信息呈现（即智慧矿山移动监控系统），用以解决全方位信息监控的问题，使各级领导能够摆脱办公地点、监控中心限制，随时随地通过手机了解第一手资料、查看当前煤矿安全生产现状；智慧矿山移动监控系统功能包括安全生产、生产自动化、视频监控、人员定位、生产日报、产量销量六大功能。

二期组建煤矿全信息融合平台。在前期的手机信息呈现系统已经为融合平台打下基础情况下，进一步升级完善现有系统，最终建设成为集安全监控、生产监控、产量监控、视频呈现、历史信息存储、企业办公、矿区管理、后勤保障、产运销管理、质量管理等多方位信息于一体的综合智能化煤矿管理系统。

根据规划，决定首选超化煤矿作为试点矿建设智慧矿山移动监控系统，试点成功后在全集团推广应用。2009 年 8 月份郑煤集团、郑煤通信公司、超化矿、河南联通以及河南联通下属的设计院成立了智慧矿山项目组，项目组于 2009 年 9 月 30 日进驻超化矿开始需求调研，到 2009 年 12 月 10 日一期工程全部开发完毕，六大功能全部实现，系统正式上线运行，经过三个多月的试运行，系统得到了集团公司及超化矿的高度好评，并于 2010 年 4 月 22 日在超化矿召开了郑煤集团智慧矿山项目启动仪式。至此，智慧矿山系统正式在郑煤集团直管矿井全面推广应用。

3. 确定建设内容

分别确定系统建设和规范建设内容。

系统建设方面：以超化矿为试点的智慧矿山系统主要包括 5 个子系统：安全生产系统、生产自动化监测、视频监控系统、人员定位系统、报警记录系统。系统完成的主要功能是：对瓦斯等危险源数据的实时监控，使领导及相关人员实时了解相关数据；实现对生产报表随时查阅功能，为无纸化办公做贡献；对重点部门的生产及排班计划实时查询；对煤矿现场实施远程实时的视频监控；实现一线生产人员位置的实时定位；工程主要建设运行网络平台，包括：网络设备、主机及存储设备、系统软件、应用软件的建设。

规范建设方面：在项目建设过程中，需要不断总结经验，收集好的建设方式方法，逐步形成智能移动监控平台建设规范，为后来系统内其他相关系统的建设提供指导。规范建设要从煤矿安全移动监控的整体高度出发，以便于其下的各个专业子系统的建设、管理与互连互通为目的，为此各个专业子系统的建设采用技术趋同原则，对系统建设所用的开发语言范围、系统架构、数据库结构、接口设计等进行统一规定，确保系统建设工作的顺利开展和逐步深入。

在这个阶段，要十分清楚项目建设的最终目标是依据郑煤集团“数字郑煤”的规划，按照统一部署、分步实施、突出重点、互连互通、强化职责、依法管理的原则，逐步建设与完善系统基础设施建设。要十分明白“智慧矿山移动监控系统”是由1个业务融合平台、1个数据中心和6个应用系统组成。

1个业务融合平台指的是：各个子矿的应用系统通过煤矿综合信息中心平台统一监管。

1个数据中心指的是：各个子矿的业务数据和视频监控数据由郑煤集团统一管理。

6个应用系统指的是：安全生产系统、生产自动化监测、视频监控系统、人员定位系统、生产日报、产量销量。

系统为了便于后续统一信息门户的平滑集成，在系统架构、业务应用实现上充分采用组件式，基于服务的构建方式，并遵循国内、国际的相关行业、技术标准，可以保证后期与统一信息平台的顺利集成与有效融合。

本期工程计划初步建立智能移动监控系统，实现矿方通过数据采集、传输、统计、查询，使监控、预警、管理三大环节工作有机结合，实现信息共享。对原有系统信息内容进行改造，利用移动信息化技术使集团领导、矿领导能够随时随地地了解和掌握煤矿生产、安全以及管理情况。

4. 详细制定项目建设方案

郑煤集团智慧矿山移动监控系统方案是：智能移动监控系统可以通过集团现有信息化系统厂家提供的接口，能够方便、灵活地与生产报表系统、人员定位系统、安全生产监控系统、视频监控系统等应用系统紧密结合，以短/信、手机定制客户端的方式，进行信息收、发的双向传递和交互式传递，满足超化煤矿安全生产管理的移动信息化需求。具体内容如下：

（1）系统框架。郑煤集团智慧矿山移动监控系统由前置服务器、平台侧服务器（手机终端服务模块、数据库服务模块、web 服务模块等）及终端侧手机定制软件组成，其中各软件模块集成到服务器中，见图 1。

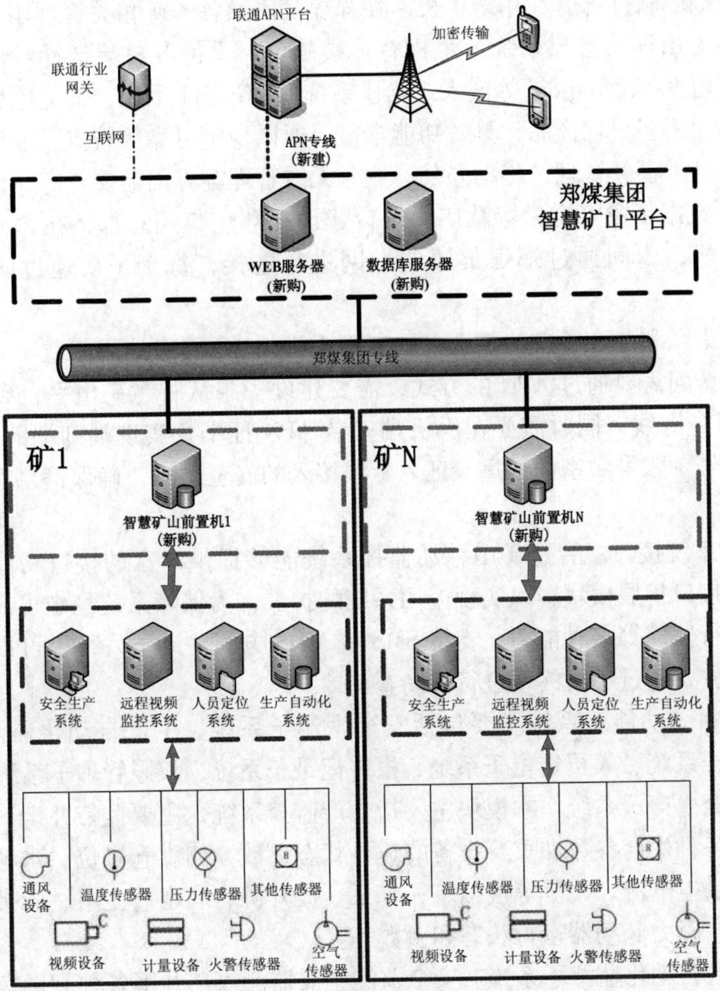

图 1　系统组网图

由图 1 可以看出系统一共分为三个部分：前置服务器、平台服务器和用户手机。

①前置服务器部署在各个煤矿内部，处理和各子矿生产、监控系统的对接。在各个子矿信息中心内网部署智慧矿山前置机，通过局域网与安全生产监控系统互连，实现与瓦斯监控系统等安全生产管理系统的数据集成；通过与视频监控系统相连，将实时、高清的视频画面推送至手机；通过与煤矿人员定位系统相连，实时呈送井下人员分布信息。

②平台服务器部署在郑煤集团总部。平台服务器通过郑煤集团的专用线路连接部署在各个子矿的前置机，平台侧主要包括如下功能模块：数据库服务模块、

手机终端服务模块、Web 服务模块。

③终端侧软件部署在用户手机。在郑煤集团及各子矿相关管理用户手机上部署“智慧矿山移动监控系统”手机客户端软件。手持客户端是针对煤矿行业特征，在采用 IOS、Android 等嵌入式操作系统的 3G 智能手机、掌上电脑上二次开发而成的专用客户端产品，具备功能丰富、通讯稳定可靠等特点，能满足煤矿管理人员通讯、事务管理、移动办公、业务无线管理等方面需要。

（2）数据传输安全。智慧矿山平台建设在郑煤集团总部，在每个子矿部署一台前置机，中间通过郑煤集团的专网进行连接，每个子矿通过防火墙进行隔离。

郑煤集团和各个子矿的管理人员利用手机的 3G 网络访问智慧矿山平台，为确保安全访问需要通过 APN 的方式，需要建设一条从智慧矿山平台到联通 APN 平台的 APN 专线，同时需要在手机端安装 APN 证书，实现端到端的安全控制。提供手机号 + 账号 + 密码三重验证 + 专线接入的安全防护，确保信息在传输过程中的安全。

（3）系统接口。智慧矿山移动监控系统能够提供丰富的接口功能，并提供多重应用接口扩展模块，以实现应用系统的扩展，为保障系统稳定可靠运行，具备系统运行监控等多种能力。支持 SMS 或 MMS 方式主动下发，也可以提供定制客户端等方式通过手机终端进行互动查询。

（4）系统功能。系统主要包括安全生产子系统、生产自动化监测子系统、视频监控子系统、人员定位子系统、报警记录子系统、权限管理子系统等模块。

①安全生产子系统。本模块主要指生产监控系统，主要监控井上、下主要生产环节的各种生产参数和重要设备的运行状态参数，如煤仓煤位、水仓水位、供电电压、供电电流、功率等模拟量；水泵、提升机、局扇、主扇、胶带机、采煤机、开关、磁力起动器运行状态和参数等。

②生产自动化监测子系统。安全监测主要监测煤矿井下各种有毒有害气体及工作面的作业条件，如高浓度甲烷气体、低浓度甲烷气体、一氧化碳、氧气浓度、风速、负压、温度、岩煤温度、顶板压力、烟雾等。

③视频监控子系统。项目实施时，超化煤矿信息监控中心已完成全网的监控视频的集中监看和集中管理。需要的是通过手机视频监控统与现有的视频系统对接，即可利用中国联通高速 3G 网络和手机终端实现对原有视频信号的调用及监控。

实施方案中，手机视频监控系统由视频服务器、手机终端以及服务器与手机终端之间的通信三个部分组成。

所要做的工作包括：与现有监控中心平台提供各视频点的视频信号源对接；与现有的监控中心平台协商控制协议，实现视频点信息提取、视频信号点播控制等；根据现有的监控中心平台提供各视频点的详细列表信息实现视频选通；提供手机端媒体解压及媒体控制软件。

④人员定位子系统。人员定位查询系统主要包括煤矿部门和采区的人员分布情况查询和井下矿工轨迹的查询两部分功能。部门和采区的人员分布情况查询主要是对矿工的分布情况、分布区域实时监控，实时监测全矿井井下矿工的总人数、各部门的矿工人数、各采区的矿工人数；井下矿工轨迹的查询主要是对井下矿工行进路线进行跟踪记录，包括矿工作业过的采区，进入该采区及离开该采区的时间的跟踪记录，并且精确地统计矿工第一次下井时间和工作时长。

人员分布包括部门分布情况和采区分布情况。

⑤报警记录。本功能模块用于显示安全生产环境监测系统当天的报警记录。本模块分以下两个功能模块：安全生产环境监测报警记录和生产自动化监测报警记录。

⑥权限管理。本系统通过服务器端认证系统安全多重加密（手机号、机器码、口令），实现对不同部门、不同管理人员的权限配置、属性、分组控制。

5. 落实组织保障

（1）项目组织机构。根据实施项目经验以及智慧矿山移动监控系统具体情况，实施采用的项目组织结构形式：由项目管控组负责，下设项目协调组，分管产品开发组、项目实施组、技术支持组。

（2）项目角色职责。项目管控组负责项目的总体管控，协调内外部资源，对项目重大问题进行决策。项目协调组协调郑煤集团（各子矿）、联通公司、软硬件厂商、产品开发组、项目实施组以及技术支持组的工作；项目总体进度与质量管理；组织项目总体验收。产品开发组开发《智慧矿山移动监控系统》产品；负责项目的质量保证以及版本控制；对项目实施组提供技术支持。项目实施组负责基础数据准备；负责新系统上线安装、培训等工作；负责智慧矿山系统的验收工作。技术支持组负责软硬件安装调试、集成及技术支持工作；负责新系统上线后产品技术支持工作。

6. 实施策略及关键方法

对于信息系统的建设，推广实施是软件生命周期的一个重要环节，也是软件工程的关键过程之一。智慧矿山系统的推广是在郑煤集团统一组织和协调下，有计划、有步骤进行试点运行和推广部署的系统工程，涉及郑煤集团、各下属煤矿的软硬件集成部署、数据移植、系统培训和技术支持等各项工作。为保障上线工作快速、有序、稳定、顺利的完成，对项目工作进行细化。

（1）前期准备。在上线前期准备中，必须完成以下准备工作：网络条件就绪，建议推广前一个月完成网络建设，保证上线之后，网络稳定可靠；域名准备，把要使用的域名准备好，以免发生域名冲突；硬件设施就绪，包括：主机、存储、客户端等方面；第三方软件就绪，包括：数据库、中间件等方面；按照管控组统一下发的模板与规则准备割接数据，并通过完整性校验和数据正确性确认；系统权限配置数据准备就绪。

（2）资源调度与施工安排。对各矿现有的资源进行调度，并对施工做出周密的安排。

（3）运行维护。系统验收完成，进入运行维护阶段。通过建立维护支持沟通渠道、问题反馈平台和处理机制，形成多层运行维护体系。对维护过程中发现的缺陷及其处理情况进行实时记录，并以系统维护的生命周期进行管理。运行维护时间可依据合同规定或与用户协商而定。

（4）分工界面。智慧矿山系统分工界面是指实施过程中软硬件安装调试，智慧矿山系统部署，系统整体集成进行任务分配和协调，有利于郑煤集团、各下属煤矿、实施厂商、软硬件厂商协调工作，促进项目实施良性发展，提高工作效率。

（5）沟通管理。针对郑煤集团智慧矿山系统涉及的内容多、单位多、参与人员多的特点，项目组建立沟通协商和联动机制，通过召开定期会议、紧急会议，定期联系、沟通、协商项目实施工作，分析问题，研究解决办法，落实改进措施，促进项目实施工作良性发展。

（6）培训管理。培训时间计划表由项目协调组统筹规划。郑煤集团总部、各子矿的管理和技术人员实施集中的统一培训。系统优化升级后，实施新增功能相关培训。培训项目严格按照ISO9001国际标准质量管理体系对培训流程的每一个阶段进行质量监视、评估和控制。通过科学的、合理的培训流程，在整个培训过程中不断地与参加培训用户进行沟通，获取用户对培训的意见回馈，第一时间根据用户的回馈对培训做出调整，保证培训的质量。

（7）风险管理。为了确保郑煤集团智慧矿山系统能够按照预定计划顺利推广上线，需要对整个项目的推广实施过程做好风险管理。具体流程为：风险识别—风险分析—风险控制—风险跟踪。

工作描述：在项目启动时，建立风险条目检查表；根据风险条目检查表，通过定性或定量分析方法，确定风险可度量的标准；依据风险分析的成果，制定风险的应对方案；在整个项目中，按周检查风险列表，通报风险的情况，对要启动的风险，在每天的例会上通报全体人员，并安排专人进行处理。

7. 技术支持与售后服务

在项目推广实施完成后，针对郑煤集团智慧矿山系统成立一个专门的、统一的系统技术支持中心，为系统运行提供完善的技术支持和服务体系，该体系提供如下保障：可信赖的维护接口；充足的服务资源；连续、及时的服务；不间断的电话咨询服务。

（1）售后服务流程及服务内容。技术支持中心负责系统运行期间的技术服务和热线支持工作，并配合系统优化工作，服务工作分为两部分：维护测试、热线支持。

（2）性能分析及应用。在系统实际运行过程中，根据业务运行情况、网络情况等，对系统性能进行优化，确保系统安全、稳定、高效地运行。

（3）故障处理及响应时间。智慧矿山系统故障的处理遵循维护流程，处理响应时间在 2 小时以内，故障排除在 24 小时以内。

四、煤炭企业智慧矿山系统建设与运营管理的实施效果

1. 促进了安全管理

智慧矿井建设，使安全信息能够及时上传，通过手机等终端随时随地查看，使安全管理进一步规范、便捷，安全信息反馈更加灵活、迅速，安全监测监控更加真实可靠，提升了矿井本质安全程度。通过对各种灾害的超前预警和远程调度，有效避免了灾害的发生。智慧矿山的高度自动化和智能化，实现了减人提效、降低了劳动强度、同时避免了人身伤亡。截至 2012 年 6 月 30 日，集团智慧矿井已连续实现安全生产 1010 天。

2. 提升了管理水平

各项安全、成本、运行数据高度集成，每月随业务产生的数据按照业务发生的时点一次进入系统，全程共享，在系统中具有透明性和可追溯性，并且全面反映了企业的生产经营的实际状况，改变了过去各种信息和数据不全面、不准确、不及时、不共享、不透明、很难追溯的局面，为企业进一步挖掘数据，进行问题分析、趋势预测、决策支持，提高管理水平和效率打下坚实的基础。

3. 优化了生产流程

无处不在的数字化网络，推动了矿井管理机制创新，构建了流程化的管理模式，既实现了各工序间的有效衔接，又促进了工作的闭合处理和高效落实。初步实现了由“职能式”管理向“流程式”管理转变，由“多层次”分散管理向“扁平化”集中管理转变，各项工序紧密配合，及时跟进，减小了沟通成本，提高了生产效率。

4. 提高了经济效益

智慧矿山实施以来，不仅大幅削减了用工岗位和用工人员，并且明显减小了材料消耗和库存规模。仅通过实施主要生产系统自动化控制一项，井上下就有 28 个岗点实现了无人值守，减少用工 120 多人，工效比改造前提高了 22%，用工、用电、材料等费用支出相比减少 1000 余万元。

（成果创造人：郜振国　赵洪建　陈顺生　孙怀领　牛立新　李效华　王召力　贾锦波　张绍伟　李丽君　朱清泉　张爱芳）

运用借壳上市方法 推动企业资本运作的创新实践

义马煤业集团股份有限公司

义马煤业集团股份有限公司是国有控股的特大型煤炭企业，原为义马矿务局，始建于1958年，1997年12月经国家煤炭工业部改制为国有独资公司，2002年7月经河南省人民政府批准，由原义煤集团实施债转股后组建成立有限责任公司，2008年12月改制为义马煤业集团股份有限公司，注册资本31亿元。

一、借壳上市概念

1. 概念

借壳上市是指拟上市公司通过把资产注入一家已上市公司，得到该公司一定程度的控股权，利用其上市公司地位，使母公司的资产得以上市。通常该壳公司会被改名。广义的借壳上市既包括母子公司之间的借壳上市行为，又包括非母子公司之间的买壳上市行为。借壳上市有利于形成优胜劣汰的竞争机制，提高上市公司质量，优化股市结构和股权结构，有利于重新配置壳资源，使壳资源价值最大化。

借壳上市一般有三种形式：

（1）股权转让。股权转让包括有偿转让和无偿转让。股权有偿转让是指收购公司根据协议价格受让“壳”公司部分或全部股权，从而获得壳公司控制权。股权无偿划转是指国有股的无偿划转，其实质是公司控制权的转移和管理层重组。股权无偿划转一般由地方政府和行业主管部门牵头，股权的变动对上市公司的持有者并没有损失。

（2）资产置换。资产置换包括整体资产置换和部分资产置换。资产置换是两个公司为调整资产结构、突出各自的主营业务，或处于特定的目的而相互置换资产的重组方式。在我国现阶段，主要是集团内部资产置换，它是通过将上市公司不良资产与集团内部的其他优质资产进行置换来提高上市公司的业绩，同时这些优良资产得以上市。

（3）二级市场收购。非上市公司通过证券市场收购壳公司的若干比例股份以取得上市地位，然后再通过反向收购的方式注入自己有关业务及资产，从而实现间接上市的目的。这种形式在我国较少出现，原因是难度比较大，收购成本比通过收购国有股权的成本要高的多，在股权转让的条件下，收购公司的成本只是略高于每股净资产价格，而收购流通股通常要支付几倍于净资产的价格。另外，在二级市场上进行收购，程序复杂，任何法人直接或间接持有一家上市公司发行在外的5%股份时应作出公告，以后每增加或者减少5%股份都应当作出公告，在持股比例达到30%时，应当发出收购要约，收购要约期满后若持股比例达到发行在外股份50%时，就视为收购成功，否则视为收购失败。

2. 特点及优势

公司上市主要有两种途径，一种是IPO，IPO即首次公开发行股票；另一种就是借壳上市。借壳上市和IPO都是上市，只是前者是间接方式，IPO是直接上市。公司如果要进行IPO，就必须花费金钱聘请审计师、承销商等，也要印刷大量招股书，以及经过上市聆讯，程序繁琐时间较长。而借壳上市就可以免去这些程序，上市较为简便，这也说明了为什么现在大多数企业热衷于借壳上市。

借壳上市相比较于IPO来说，有以下四个优势：一是直接上市对拟上市公司的资质要求较高，而间接上市对收购公司的资质要求相对较低。二是对于IPO而言，证监会要求企业的设立与演变过程清晰，申办程序比较严格、复杂；对借壳上市的要求就没有这么复杂，目前虽也需要专门部门进行审核，但相对比较简单易行。三是IPO由于企业改制、审核、路演等的需要，上市周期时间较长；而借壳上市并没有一套上市程序的限制，上市时间较短。四是IPO募集资金发行时即可融资，从开始运作到资金到位，至少18个月左右，实际资金到位时间并不比借壳上市后增发融资快。

由以上几点比较可以说明，如果一个企业急需上市募集资金，借壳上市是一个很好的选择。

3. 具体操作

当非上市公司准备进行借壳上市时，首先碰到的问题便是如何挑选理想的壳公司。对于壳公司的选择，一般从以下几个方面考虑：

（1）股本要小。小盘股对希望借壳谋求上市的公司来说，具有介入成本低、重组后有再融资空间。

（2）所处行业不景气，净资产收益率低。

（3）股权相对集中。在我国，由于二级市场收购成本较高，而且目标公司较少，因此借壳上市大都采取股权协议转让方式。股权相对集中易于股权协议转让。

（4）壳公司有配股资格。根据中国证监会的规定，上市公司只有在连续 3 年平均净资产收益率在 10% 以上（最低为 6%）时，才可申请配股。因此在选择壳公司的时候，一定要考查公司前几年的净资产收益率。如果该公司最近一两年没有达到这一标准，那么该公司的价值就会大打折扣。

（5）能得到壳公司当地政府和主管部门的支持。在壳资源选定之后，就开始借壳，通常有以下三种形式：一是通过现金收购，这样可以节省大量时间。二是完全通过资产或股权置换，实现“壳”的清理和重组合并容易使壳公司的资产、质量和业绩迅速发生变化，很快实现效果。三是两种方式结合使用，大部分借壳上市都采取这种做法。

重组完成之后，董事会可以对上市壳公司进行内部清理和重组。剥离不良资产或者整顿壳公司原有业务状况，改善经营业绩，并进行再融资或者配股。

二、义煤集团借壳欣网视讯成功实现大有能源上市案例

1. 基本情况介绍

义煤集团的前身系河南省义马矿务局，始建于 1958 年。1997 年 12 月经国家煤炭工业部批准改制为国有独资公司，2002 年 7 月经河南省人民政府批准，由原义煤集团实施债转股后组建成立有限责任公司。2008 年 12 月，公司整体变更为股份有限公司，股东为河南省人民政府国有资产监督管理委员会，中国信达资产管理公司，中国华融资产管理公司，中国建设银行股份有限公司河南省分行。

2. 借壳动因分析

（1）行业分析。义煤集团处于煤炭行业，而煤炭行业一个严峻的现实是市场对企业规模化竞争力的考验加大。2009 年，河南省启动煤炭行业重组，平顶山煤业集团和神马集团之间的重组；由永煤集团主导的河南煤化工集团，则将注入鹤煤集团、中原大化和焦煤集团，进行更大力度的重组。从全国来看，山西、陕西、江西等省市都成立了大型煤炭集团，目前全国 3000 万吨级以上的煤炭企业有 10 家。如果义煤集团不进行较大的资本运营动作，那么义煤集团的行业地位将被迫降低。

（2）政策分析。从 2007 年起，国资委加快推进股份制改革，积极推进具备条件的国有大中型企业集团实施整体改制上市或主营业务整体上市，这为义煤集团进入资本市场提供了有力的政策空间。

（3）企业内因分析。

①企业扩张的资金瓶颈。根据义煤集团规划，2009 年—2011 年规划期内，在建新建项目 28 个，其中 2009 年在建项目共 13 个，新建项目 l4 个，规划建设项目 1 个。规划总投资 1255250 万元，其中 2009 年计划投资 325450 万元、2010 年计划投资 488800 万元、2011 年计划投资 441000 万元。如此大的项目建设其资

金需求单凭企业本身的内源资金提供是远远不够的。

②企业现行的融资渠道单一。多年来，义煤集团“主要依赖于银行贷款负债经营”，由此导致没有足够资本支持企业扩张及技改，也无力摆脱债权人的掣肘，生产经营也面临巨大财务风险。

③企业管理需进一步优化和提升。作为一个具有 50 多年历史的老矿区，许多企业的管理体制不很健全，更没有一套成熟、规范、更为科学的系统的管理制度。同时，伴随着义煤集团的强势发展，企业规模的不断扩大，也对企业规范管理继续深化提出了新的要求。

3. 借壳上市过程

（1）上市途径选择。为了借助资本市场的东风，尽快使企业做大做强，2008 年，义煤集团启动 IPO 上市工作，但由于金融危机等宏观经济形势的急转直下，IPO 工作被迫中断。2009 年末，在各种压力之下，义煤集团转变上市思路，放弃了原先确定的 IPO 上市方式，选择较为便捷的借壳上市。

（2）选择壳资源。目标壳资源的选择有如下条件：一是目标壳资源的企业股本规模和市值要与置入资产规模相匹配，为收购以后再融资留下适当的股本扩张空间。二是最好是净壳收购，最大限度降低买壳成本，实现反向收购。即收购后要进行资产置换，要将义煤集团的优质资产置入上市公司，原有的资产置出上市公司。置出资产最好是原有大股东回购或向其管理层出售。三是当地政府和主管部门支持壳的转让。这是借壳成功的一个重要前提，没有当地政府或者主管部门的支持，借壳成功的可能性将降低，并增加重组的难度。

自 2009 年上半年以来，义煤集团组织专门人员先后与 ST 钛白（002145）、ST 科健（000035）、ST 安彩（600207）、东方银星（600753）、泰山石油（000554）、吉林制药（000545）、欣网视讯（600403）等多家上市公司的控股股东进行了接触、谈判、比较和筛选。

七家公司中欣网视讯的资本体量较小。欣网视讯目前流通股本为 0.7020 亿股，总股本也仅 1.2747 亿股，属于壳资源类的小盘科技股。按照停盘前 20 日均价 11.66 元的市值为 14.86 亿元，义煤集团拟置入上市公司的净资产评估值为 82.20 亿元，若重组成功，义煤集团将成为上市公司占比近 85% 的第一大股东。为后续再融资稀释股权比例留有较大的空间。本次借壳上市还有一个突出的亮点：本次重大资产重组，欣网视讯现有资产、负债以及相关业务向现控股股东出售后，欣网视讯的财务状况为现金资产约 3.3 亿元，负债为零，净资产约 3.3 亿元，完全实现了净壳。净壳的目的不仅避免了此类重组中较常见的财务和法律风险。壳内 3.3 亿现金还相当于中小板或创业板一次较大规模的 IPO 募集资金。

因此，按照“壳公司市值最小，借壳成本最小，最有利于审批，股东利益最大化，国有资产增值最多，优选沪市壳公司”等选壳原则，最终选择了“欣网视讯”。

（3）上市方案及内容。根据《南京欣网视讯科技股份有限公司重大资产出售及发行股份购买资产暨关联交易报告书》，欣网视讯出售截至基准日除货币资金外的全部资产及负债，并购买义煤集团拥有的煤炭业务相关资产，上述两项内容互为前提、同步实施。具体方案如下：

①欣网视讯出售资产。根据《重大资产出售协议》，本次欣网视讯出售的资产为截至基准日2009年12月31日除货币资金外的全部资产及负债。

②义煤集团置入资产。根据《发行股份购买资产协议》，义煤集团借壳上市注入的资产包括拥有的法定手续齐备、符合上市要求的煤炭业务相关资产。包括义煤集团拥有的耿村煤矿、千秋煤矿、常村煤矿、跃进煤矿、杨村煤矿、石壕煤矿、新安煤矿、本部与煤炭业务相关资产、负债（包括煤炭销售中心、物资采购中心、机器设备租赁站、供电中心、铁路运输处、通讯分公司等与煤炭生产密切相关的业务和机构）、孟津公司100%股权、李沟矿业51%股权、义安矿业50.5%股权、义络煤业49%股权、供水供暖公司62.5%股权。

③发行股份的种类、每股面值。股票种类：人民币普通股（A股）；每股面值：人民币1.00元。

④发行股份的价格及定价原则。欣网视讯向义煤集团发行股份的价格为11.64元/股，为除权除息调整后（2010年5月11日欣网视讯实施了2009年度利润分配，每10股派0.2元）的公司第三届董事会第四十五次会议决议公告日前20个交易日的公司股票交易均价。

交易均价的计算公式为：董事会决议公告日前20个交易日公司股票交易均价=决议公告日前20个交易日公司股票交易总额/决议公告日前20个交易日公司股票交易总量。

⑤发行前后上市公司股权结构。本次发行前富欣投资为公司控股股东，义煤集团未持有公司股份；本次发行完成后，义煤集团持有本公司704，971，671股，持股比例将达到84.71%，成为公司控股股东。

⑥本次发行股份的锁定期安排。义煤集团基于非公开发行取得的股份自发行结束之日起三年（36个月）内不得转让，在限售期限届满后，按照中国证监会及上海证券交易所的有关规定执行。

⑦过渡期购买资产损益的处理。自评估基准日（2009年12月31日）起至交割日为过渡期。在过渡期内拟购买资产实现的全部收益由欣网视讯享有，拟购买资产出现的亏损则由义煤集团以现金方式全额向欣网视讯弥补。

⑧会后的资产置入。根据《上市公司重大资产重组管理办法》第三十一条规定“自收到中国证监会核准文件之日起60日内，本次重大资产重组未实施完毕的，上市公司应当于期满后次一工作日将实施进展情况报告中国证监会及其派

出机构，并予以公告；此后每30日应当公告一次，直至实施完毕。超过12个月未实施完毕的，核准文件失效”。根据此次义煤借壳上市的方案，义煤集团需要过户的资产主要包括：11个采矿权、847栋房产以及112宗土地、257辆车辆、106项专利以及5个子公司股权。

⑨股份发行及工商登记工作。根据上市的相关要求，义煤集团在资产过户完成后，将会组织会计师事务所出具验资报告，向上海证券交易所及中国证券登记结算公司申请股份发行及登记工作，在此之后义煤集团也将根据需要进行相应的公司营业范围及注册资金的工商变更登记工作，完成本次重大资产重组。

4. 借壳上市给义煤带来的影响

（1）拓宽融资渠道，企业发展进一步提速。借壳上市后，上市公司义煤股份注册资本为8.25亿元，按照净利润10亿元，25倍市盈率计算，在控股51%股权前提下，可减持变现资金84亿元，同时，还可利用证券融资渠道，通过增发股票、发行债券、减持股权等方式筹措更多资金。

（2）企业知名度进一步提高。企业实施买壳上市，其一举一动都会受到社会的广泛关注，众多新闻媒体都会经常报道借壳上市相关企业，企业知名度大大提高，无形资产迅速升值，产品竞争力会得到有力加强，这些是无法准确用金钱来估量的。

（3）管理进一步规范。通过买壳上市，能够改善企业经营管理体制，建立现代企业制度，使企业运营更加规范化。企业通过买壳上市，加之后续的资产重组，将自己逐渐变为一家上市的股份有限公司，建立起合理的法人治理结构，并由于受来自股东、社会中介机构和证券监督机构的监督，其经营管理不得不更加科学化、民主化、透明化，其经营活动也有必要规范进行，这无疑有利于企业的稳健发展。

（4）全面构建“永续长寿、百年义煤”。成为上市公司后，有利于集中优势资产，开发优势资源，可有效提高国有资产的运营效率和河南煤炭资源的综合开发利用率，实现企业的可持续发展；通过上市公司的融资平台，将为在河南建立一个具有国际竞争优势的大型煤业集团积累资本，储备人才。

5. 案例分析

2010年，经中国证监会审核的重大资产重组项目共有49家，其中46家通过审核，3家未通过审核。义煤上市项目从2009年底筹备到2010年1月4日壳公司停牌，从10月15日中国证监会重组委审核通过到12月6日获中国证监会核准批复，再到2011年2月24日大有能源在上交所A股正式上市交易，仅用九个半月时间，就创造出令社会各界赞叹称奇的“义煤效率、义煤速度”。义煤集团借壳上市的欣网视讯重大资产重组项目获得“2011中国区最佳并购重组项目奖”。这是自证券时报举办“中国区优秀投行”评选活动以来，唯一获此殊荣的煤炭类企业。大有能源成功上市，成为河南省煤炭能源系统的第四支 A 股上市股票，也是河南省煤炭能源系统唯一一家借壳成功上市企业，成为中国证券史上借壳上市的一个成功范例，也是 2010 年国内借壳上市重大并购重组中速度最快的项目。大有能源成功上市主要是在以下几个方面把握住了关键：

（1）壳资源选择正确。欣网视讯的资本体量较小，借壳前，欣网视讯流通股本为 0. 7020 亿股，总股本也仅 1. 2747 亿股，属于壳资源类的小盘科技股。

义煤集团借壳上市附带要求是，上市公司首先将除现金以外的原有资产和负债全部出售给公司大股东富欣投资，该部分资产预估值为 1. 18 亿元，该项资产售出后，欣网视讯将变成一个净壳。这也使其避免了财务及法律风险，使壳资源更加干净。

当地政府和主管部门支持壳的转让。而且这是借壳成功的一个重要前提，没有当地政府或者主管部门的支持，借壳成功的可能性将降低，并增加重组的难度。

（2）借壳上市时机把握及时。义煤集团选择在 2009 年进行借壳上市，而 2009 年正是上证指数从 6124 点下降到 1664 点之后，投资者最为悲观的一年，选择在这个时候进行借壳上市，主要由以下几方面原因。

①时机选择：在股市波动异常、投资者心理不稳定的时期进行上市带有一定的风险性，因为上市的目的是为了筹集资金。但是对于真正有实力、有前景的企业来说，这反倒是一个很好的机会。因为背离大众预期的行为可以赢得公众更多的关注，很可能导致将来成功上市后股价的翻番，这一点是投资者与管理层最乐意看到的。

②方便再融资：市场的低迷不会是永久的。在市场回暖时，已经在市场中获一席之地，拥有自己的投资者群的，或者说被投资者看好的已上市公司的股价，应该是最先攀升的。特别是经历过低迷市场的洗礼，行业中资产与运营能力较差的公司会很快被投资者抛弃，而真正有实力的公司则会留存。

③实现公司战略：在市场条件不太理想的时候，想要通过上市迅速融资是非常困难的，尤其是 IPO，面临着市场价会跌破发行价格的尴尬局面，所以借壳上市不失为一个很好的选择。

（3）决策高度授权、信息高度保密。这也是义煤集团借壳上市取得成功的核心所在。本次借壳上市，为切实做好信息保密工作，河南省国资委以提高决策效率、减少知情人、做好保密工作为出发点，书面授权义煤集团董事长和总经理共同选择拟被借壳上市公司；为便于操作并切实落实信息保密，防止内幕交易发生，根据河南省国资委的授权，义煤集团董事长和总经理书面共同授权一名董事副总经理具体实施本次借壳上市的谈判、选择工作。正是前述高度授权，才得以信息保密工作完好，杜绝了内幕交易的发生。从而为义煤集团顺利通过核查并成功借壳打下了基础。

（4）组建专业队伍，成立专门部门处理借壳上市过程遇到的问题。企业重组上市是个浩瀚工程，在上市的过程中各种专业问题，以及意想不到的困难都会层出不尽，因此没有专门的队伍和部门来操作是难以想象的。为此，义煤集团成立了上市办，抽调了法律、财务、金融、审计等公司内精英来专门处理上市工作。特别在以下几个问题上，义煤集团此次上市处理的较为成功：

①采矿权的转让及名称变更。采矿权作为煤炭企业最为核心、最重要的资产，其名称变更的周期相对而言比较长，多则半年，少则两三个月，因此，对于采矿权的所有权人变更问题，义煤集团在进行上市资产置入的时候事先与国土部或者国土厅进行及时有效的沟通，弄清楚所需要的报件以及相关的程序，并对于报件有瑕疵或者有变更障碍的相关问题要提前作出了准备，为上市做好了基础。

②环保核查问题上。针对义煤集团借壳上市方案究竟是取得国家环保部批复还是河南省环保厅批复，中国证监会上市部有两种不同的理解意见：支持国家环保部批文的一方认为，南京的上市公司购买河南省的煤炭业务，形式上属标准的跨省经营，按照国家环保部文件精神，需取得国家环保部批复无争议；支持河南省环保厅批文的一方认为，虽然是南京的上市公司购买河南的煤炭资产，但该方案是以迁址为前提，最终并不跨省经营，取得河南省环保厅批复即可。看似很小的问题，如果不能有效沟通，结论为需国家环保部批文的话，意味着时间至少要增加 3 个月。义煤集团收集了山煤国际借壳吉林化建案例，着重解释了集团公司借壳上市方案获批后一定会以迁址为前提进行后续工作，咨询并研读了国家环保部发文精神，沟通并协调相关人员和领导，说服其同意只需取得河南省环保厅批文。从而为义煤集团此次借壳上市工作节省了大量的时间。

③土地、房产变更问题。对于土地房产的变更问题最主要的就是变更时的契税问题，义煤集团在进行变更的时候，也做了不少的工作，节省了不少的资金，但由于在资产置入的过程中，部分地区没有进行提前、即时、有效的沟通，导致在资产置入的过程中耽误了不少的时间。因此，在契税的缴纳问题上，提前沟通，并且找到相应的免税文件证明就显得非常的重要。

④车辆权利人变更问题。在借壳上市进行车辆过户的过程中，对于拟注入的车辆，存在各种各样的问题，比如一些车辆手续不全无法变更、一些车辆已经或者接近报废没有进行变更的必要，还有一些车辆本身用途比较特殊无法进行变更等等。

（5）政府的大力支持。义煤集团作为一个国有企业，其重大资产重组行为必须得到河南省国有资产监督管理委员会的批准。正是由于河南省国有资产监督管理委员会的大力支持，才使义煤借壳上市顺利进行。

三、义煤集团成功借壳上市给其他拟上市企业带来的可借鉴之处

1. 壳资源的准确选择是前提

由于我国上市公司的信息披露工作不规范，上市公司财务制度不健全以及买卖双方信息不对称等问题都有可能使买方企业花大量人力、物力、财力买回的“壳”是个“空壳”，甚至是个“烂壳”。因此借壳上市要注意壳目标以及中介机构的选择。在借壳前必须对壳公司进行详细的调查，如：卖壳的目的和原因、壳公司所处行业特点及发展状况、财务资产经营状况、组织结构、人员构成以及壳公司的核心技术、产品开发情况等。另外，由于借壳上市是一种高级、复杂的资本经营活动，需要高超的技巧和高素质人才的专业协作才能完成，所以在调查的过程中，中介机构的选择是否合适对借壳上市成功与否有着重要的关联作用。

2. 政府在资产重组过程中发挥了重要作用

政府的大力支持是重组成功的关键，为保证上市公司的壳资源不流失，许多重组自始至终得到地方政府和中国证监会的大力支持。拟上市公司一定要就重组方案及时与政府和主管部门沟通并取得其对此项工作的支持，否则借壳上市就是空谈。

3. 注意做好保密、授权工作

借壳上市涉及到内幕交易，为切实做好信息保密工作，应注意做好防范措施，尽可能地减少涉密人员，切实落实信息保密，杜绝内幕交易的发生。

（成果创造人：乔国厚　李永久　王东民　张银通　宁建刚　于华锋　畅元林　乔晓冬　王保伟　张　群　牛起元）

大型煤矿战略成本管理的构建与实施

河南大有能源股份有限公司常村煤矿

河南大有能源股份有限公司常村煤矿于1958年建矿，现有在册职工4250余人，井田面积约12.15平方公里，矿井年核定生产能力为220万吨。企业先后获得国家级安全质量标准化煤矿，全国煤炭工业“五精”管理样板煤矿，全国煤炭工业双十佳煤矿等荣誉称号。

一、大型煤矿战略成本管理的构建与实施背景

1. 煤矿安全生产持续发展的需要

常村煤矿于1958年建矿，已有50多年的开采历史。因多次改造扩建，本身存在着矿井设计和巷道支护等方面的问题，安全生产条件较差，防灾抗灾能力弱，安全保障可靠性低，造成矿井通风、运输困难，已经成为制约矿井安全生产的主要瓶颈；同时，随着采深达到800米以上水平，部分采区瓦斯具有突出性，冲击地压显现，巷道变型等情况威胁着矿井的安全生产和持续发展。迫切需要从战略成本管理的角度出发，分析常村煤矿的投入产出关系，研究（产前）技术开发成本、安全成本、环境成本等的投入，对改善系统协调性的关系和作用，进而实现安全生产持续发展的要求。

2. 煤矿成本管理重点转移的需要

煤矿传统成本管理的重点在于成本节约，即力求在原煤的生产过程中不能耗费无谓的成本和改进操作方式节约本将发生的成本支出。随着常村煤矿采深增加，地质条件复杂多变，安全可持续生产要求的提高等因素，成本管理的重点开始转移，从成本支出减少（节约）转变为成本避免，立足于预防，也就是从发展战略定位和价值链构成出发，进行成本动因分析，从源头上控制成本的发生，进而优化矿井设计和支护工艺改革，从技术进步的层面使煤矿生产能够满足成本管理的要求。

3. 煤矿成本管理范围拓展的需要

在市场环境条件下，企业成本的结构中，产前和产后的成本比重呈逐步增加的趋势，尤其是在采深加深、冲击地压、瓦斯突出及市场竞争加剧的背景下，其成本管理不应停留在煤炭产品生产过程的耗费控制方面，而应着眼于产前的优化矿井设计、技术创新，使煤炭生产在技术先进可行和安全保障的条件下进行。同时企业的技术、供应、生产、销售及售后服务等环节要进行成本控制，以便分析和控制各部门内部及各部门之间相互联系的成本。还应超越企业边界进行跨组织的成本管理，如与企业价值链相关的供应商与煤炭用户、运输系统等进行旨在相互协调地进行成本改进。另外还应对企业外部进行对标管理，在相互比较中重塑企业的成本与竞争优势。

4. 对煤矿现有成本管理提出的更高要求

常村煤矿原来成本管理采用的是目标成本管理方法，按照职能分工分解目标成本指标，并着重在成本发生的过程中，建立较为完善的系统反馈机制，发现差异及时处理，成本控制的效果也较好。随着企业环境和生产条件的变化，越来越感到这种成本管理的方法不能适应企业发展的需要。提升、拓宽和细化成本，从源头进行管理，以战略成本管理的理念来适应煤矿安全生产的需要已经成为一种趋势。

二、大型煤矿战略成本管理的基本内涵和主要内容

1. 煤矿战略成本管理的基本内涵

煤矿战略成本管理是为了克服传统成本管理的不适宜性，为煤矿保持安全生产与持续发展的竞争优势，利用成本信息进行战略决策以及在此情况下有效组织成本管理，达到竞争优势以能够适应外部环境变化的目标要求。

煤矿战略成本管理的内涵主要是：将成本控制思想和方法融入到煤矿企业战略中去，将成本因素同煤矿企业的竞争地位联系起来，寻求提高煤矿企业竞争力与降低成本的最佳路径，是现代成本管理的一种发展趋势。

2. 大型煤矿战略成本管理的框架体系

在煤矿企业发展战略定位的前提下，按照煤矿企业内部价值链构成，以实现煤矿企业战略成本目标为核心，针对成本管理对象，构建战略成本管理的框架体系。具体包括：战略成本管理组织体系、战略成本管理控制体系、战略成本管理方法体系、战略成本管理保障体系和战略成本管理考评体系。如图 1 所示。

常村煤矿战略成本管理体系的框架可以分为三个层次。第一层次，包括从煤矿企业的目标及愿景出发，在环境分析的基础上进行战略发展定位，根据煤矿战略成本管理的创新特征，确定煤矿战略成本管理目标，并将其视为框架体系的核心内容。第二层次包括煤矿战略成本管理内容、组织、方法和保障体系，战略成本管理内容和方法反映常村煤矿成本管理目标、重点范围和方法的变化，是战略

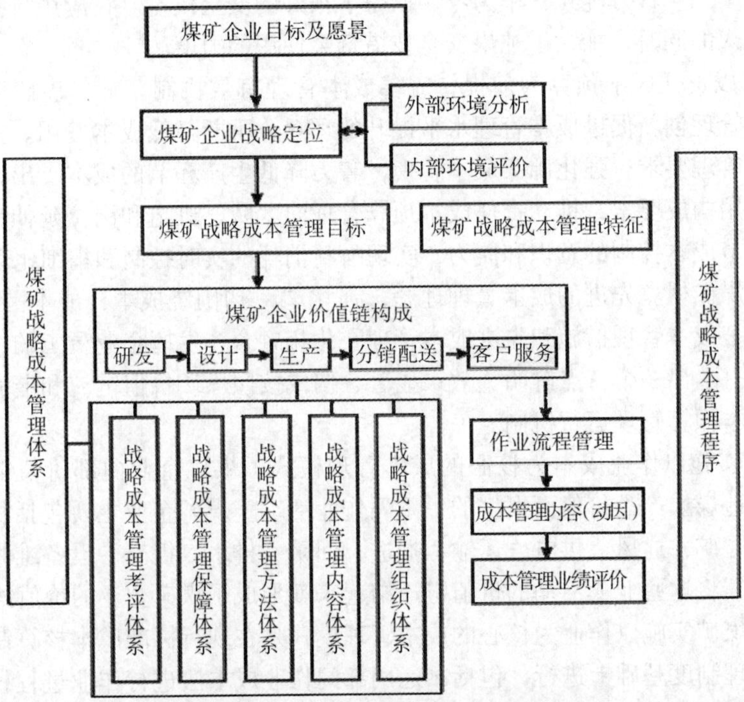

图 1　常村煤矿战略成本管理框架体系示意图

融入成本管理的体现，也是反映价值链和成本动因的分析对有效实现竞争战略的重要性。第三层次是对煤矿战略成本管理的业绩和效果进行评价。

3. 大型煤矿战略成本管理的主要内容

（1）按照战略性成本理念的要求，从源头上进行成本管理。常村煤矿坚持科技进步，不断集成创新，在煤矿安全生产和持续发展的关键环节上取得突破。从 2010 年起，常村煤矿在采区布置困难的情况下，优化矿井生产布局，合理安排采掘接替。恢复 23 采区，解放呆滞煤炭资源储量，按照上下区段顺序双翼开采的要求，合理布置采掘工作面，确保采掘有序交替和矿井合理配采。优化巷道平面布置，变大煤柱（10－25m）为小煤柱护巷（5－6m），下分层巷道内错，将巷道布置在应力降低区；同时优化巷道层位布置，预留底煤，远离煤矸互叠层等软弱易变形层位。完善优化设计工作机制，把技术开发的成本支出作为战略性成本，从源头上进行成本管理，进而提高矿井产能效益，实现矿井安全生产和可持续发展。

（2）基于安全等预防性投入，优化成本管理。安全成本支出属于安全预防性投入，通过科学合理增加预防性支出，能够为持续降低煤矿总体成本奠定坚实的基础。常村煤矿通过加大水、火、煤尘、瓦斯、顶板五大自然灾害及冲击地压等自然灾害的安全投入，全面应用 NOSA 管理系统，建立国家级安全质量标准化体系，连续三年百万吨死亡率为零，取得了很好的安全效益。在应用科技手段降低安全投入的同时，加大了吨煤安全技措资金使用的力度。

（3）以责任成本预算为前提，完善成本管理有效机制。常村煤矿树立用技术进步和管理创新促进成本管理水平提升的理念，不断降低成本费用。按照责任成本预算管理要求，强化源头成本管理，着力降低生产环节的成本支出，细化分解成本费用构成要素，推动责任成本预算管理向区队、班组和岗位延伸，提升煤矿生产环节成本控制的意识和能力，实现材料消耗的实时控制和精细化管理。

常村煤矿树立先进的成本管理理念，强化“一切围绕成本，成本围绕一切”的观点，把成本管理措施和先进成本管理文化相融合，发挥企业员工的主观能动性，努力打造出一个特点鲜明、效果显著、构成按照煤矿价值链、和谐完善的全新责任成本预算管理运行机制。

（4）实施以作业成本为核心的成本管理模式。煤矿企业内部价值链构成是企业为创造煤炭产品价值而发生的一系列作业活动。煤矿企业主要包括材料、设备的供应、矿井通风、供电、运输、掘进、回采、排水、提升、设备维修保养等业务活动，将这些业务活动的价值链连结起来就形成了煤矿企业的价值链。

常村煤矿实施以作业为核心的成本管理模式是在现行标准成本核算制度和责任预算管理制度基础上进行，包括：运用部门作业成本法进行作业过程核算；在内部模拟市场化机制下结合责任成本预算管理制度运用作业成本法，将内部模拟市场和责任预算管理作为优化作业成本法的工具，并使其作为进行作业成本管理的一个模块。

三、大型煤矿战略成本管理构建与实施的基本做法

1. 制定战略规划，明确工作思路

作为一个具有50多年开采历史的老矿，如何能够安全生产、持续发展，具有竞争优势，需要制定战略规划，创新成本管理理念，构建和实施战略成本管理。明确成本管理的目的在于煤矿企业管理战略的实现，形成煤矿企业的竞争优势，保持安全生产、持续发展的环境条件；确定成本管理的重点在于产前煤矿生产布局、矿井工程设计和支护形式改革等技术投入、安全成本和绿色矿山建设投入，使成本更加符合企业价值链的构成；拓展成本管理范围，树立用技术进步和管理创新促进成本管理提升的思想，强化源头成本管理，进行作业分析和价值链优化与改进，寻找在每一个作业活动中降低成本或增加价值的机会，进行价值活动的创新；更新成本管理方法，实施以标准成本管理制度和责任成本预算管理制度等为基础，运用作业成本法，通过作业分析和业务流程再造，控制不增值作业费用支出，系统降低煤炭产品成本。

常村煤矿实施战略成本管理的工作思路：一是明确“战略性成本”理念，强化源头成本管理，以矿井采区生产布局、工程设计、巷道布置及支护形式等生

产技术的创新推动成本管理；以安全、质量、环境成本等预防性投入优化成本管理；以企业文化引导成本管理；以信息集成化促进成本管理。二是规范“经营性成本”标准，坚持“成本领先”和“方方面面降成本，点点滴滴创效益”的经营管理理念，构建三级成本管理体系；实行标准工序管理，着重岗位创新，提升岗位价值，在生产工艺流程再造中提高效率，增加效益；运用作业成本法，进行有效的煤炭产品成本控制，提高企业的竞争优势。三是构建业绩评价体系，深化战略成本管理。

2. 基于价值链分析，实施战略性成本管控

企业内部价值链分析就是通过企业内部各作业之间关系的开发，推进作业的优化与相互协调，为实现企业战略目标而进行作业之间的权衡取舍。常村煤矿企业内部价值链分析的基本步聚：

（1）确定作业活动，划分作业中心。按照主要生产工序和辅助生产工序分类及标准工序管理的相关要求，常村煤矿的作业活动可分为基本作业活动和支援作业活动两项。

基本作业活动主要包括：主要材料、设备供应；煤炭生产过程，即掘进、回采、通风、排水、供电、运输及提升，这是基本作业活动中的核心内容；矿井地面生产系统，即煤炭储存、洗选加工和外运等。

支援作业活动主要包括：采购管理活动；技术研究与开发，主要是指矿井生产布局、采区、工作面及巷道设计，支护方式研究等；人力资源管理，主要是员工招聘、培训、薪酬管理等；质量管理、安全管理、环境保护、企业文化建设等。

在确认作业时，首先应确认煤矿企业的业务单元，以形成企业价值链，然后确认各业务单元的作业，以形成各业务单元的价值链。

（2）确定各作业活动的成本。

（3）确认作业活动的价值。

（4）进行作业分析与价值链优化与改进。

进行价值链分析的动因是明确各作业活动之间的关系，进行作业优化与协调，寻找降低成本，增加价值的信息、机会与方法，以便对价值活动进行改进、优化。常村煤矿基本生产过程中降低成本、提高效率和效益的关键因素，在于技术创新、安全投入等支援作业活动的改善。增加支援作业活动的成本投入，已经成为常村煤矿的“战略性成本”。

进行战略性成本管控，是实施战略成本管理的重要内容。主要表现在：

（1）合理整合资源，科学进行生产采区布置。在 21 采区开采的同时，恢复 23 采区生产，解放呆滞可采储量 360 万吨，避免应力集中，采掘相互干扰，减轻采动压力对巷道支护的影响和破坏，确保矿井采掘正常接替和安全生产。优化巷

道平面布置，变大煤柱（10 - 25m）为小煤柱护巷（5 - 6m），下分层巷道内错，将巷道布置在应力降低区内，优化巷道层位布置，预留底煤，远离煤矸互叠层等软弱易变形层位，确保 21102 工作面安全顺利回采。优化巷道工程设计方案，全面推行加长工作面，减少隔离煤柱，提高回采率，有效抑制煤炭生产成本的攀升。

（2）优化矿井巷道支护方案，提高巷道的支护效果。根据常村煤矿矿井巷道的不同种类、用途、位置、岩性等具体情况，合理确定支护方法和支护参数，并配合矿压观测等手段，及时验证支护效果，在实践中进一步调整和优化，形成一套适应常村煤矿实际情况的支护体系。在全矿推行采区动压巷道和软岩巷道的壁后注浆工艺，并对注浆工艺进行改造简化。坚定不移地推行大断面锚网和 36U 复合支护以及“π”型撑杆抬棚的使用，在实践中探索和研究大断面巷道支护的规律，大胆推行超长锚杆支护工艺，逐步解决大断面施工中存在的防冲、防片冒等问题。

（3）增加预防性投入，优化成本管理。安全成本，环境成本和质量成本属于战略性成本，安全投入、环境保护、生态建设和质量管理是煤矿企业成本的重要组成部分，通过科学合理增加预防性成本支出，为持续降低企业总体成本奠定坚实的基础。根据常村煤矿的地质条件和围岩特点，加大火、煤尘、顶板、冲击地区等自然灾害的安全投入，全面应用综合安全管理系统，建立安全质量标准化体系，使常村煤矿逐步达到本质安全的基本条件。以创建国家级绿色矿山为契机，加大环境保护和生态建设投入，使煤矸石综合利用，井下水过滤净化复用，煤炭开采、运输、提升、装车、外运全封闭，实现清洁生产；绿化美化矿区，提高矿区整体社会效益。通过 ISO9000、ISO2000 质量认证，建立健全煤炭质量保证体系，加大煤质管理投入，提高块煤率，降低灰分和含矸率，使煤质事故大幅减少，进而带动原煤成本降低。

（4）以企业文化引导和信息集成化，推动成本管理。常村煤矿树立“成本领先”和“方方面面降成本、点点滴滴创效益”的成本管理理念，强化“一切围绕成本，成本围绕一切”的观点，创造构筑“人企合一”的成本管理文化，提出“资源有限，节约无限；节约就是创造”的理念，把成本管理措施与先进成本管理文化相融合，为持续降低成本提供原动力。

为适应矿井现代装备水平要求，常村煤矿全面实施了信息化网络工程，建成覆盖全矿区的局域网，使生产、安全、技术、管理、财务、人力等业务达到高度集成化，以“数字矿山”的信息化手段促进成本管理，提高工作效率和企业效益。

3. 基于责任成本预算体系，实施经营性成本管控

通过价值链分析，成本动因分类，常村煤矿把生产过程中产生的成本费用归

类为经营性成本，基于责任预算，构建四级成本管理体系：矿级为一级成本中心，矿属单位科室为二级成本中心，区队、车间为三级成本，班组作业单元为四级成本中心。根据煤炭生产的特点，以原煤作为常村煤矿成本核算的对象，将井下掘进、回采、运输、通风、排水、供电和提升等过程中发生的费用按照成本费用控制要素，由责任单位层层进行分解落实，归口分解到各责任中心进行管理。

(1) 建立责任成本预算管理体系。常村煤矿责任成本预算管理体系如图2所示。

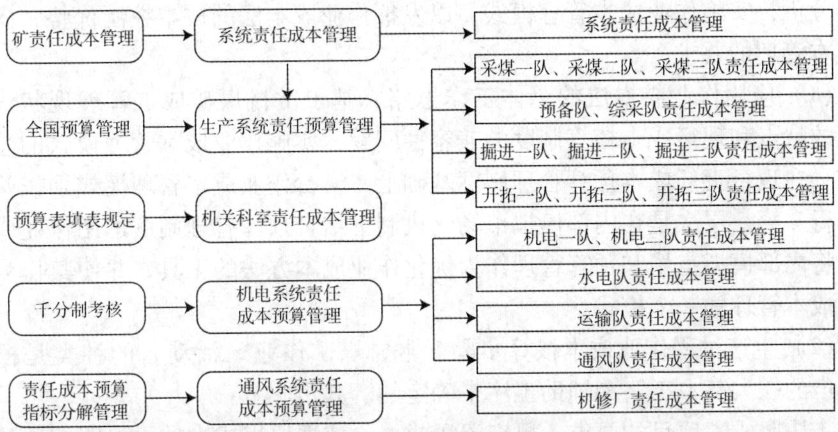

图2 常村煤矿责任成本预算管理体系示意图

(2) 以全面预算为前提，实施责任成本管理。常村煤矿按照责任成本管理实施方案的要求，运用ERP等信息集成管理系统，构建四级责任成本预算管理架构，通过成本分解，控制、分析和考核，有效控制经营性成本。

①常村煤矿四级责任成本预算管理架构。常村煤矿“四级责任成本预算管理体系”的构建是以班组预算（核算）管理基础，实现成本精细化管理。责任成本预算管理主体为4级5个层次，各管理机构的管理职责和相互关系详见图2。

②四级责任成本预算管理的层次关系。一是矿、系统、区队三级责任成本预算管理；二是系统、区队、班组三级责任成本预算管理；三是区队、班组、岗位三级责任成本预算管理；四是班组、岗位、个人三级责任成本预算管理。

③责任成本预算分解。首先是编制预算，预算以产量、进尺、接续计划等业务量为依据，以劳动定额、材料定额、工程定额等六大定额为基础，按照两下两上、四级闭环的原则，对矿、系统、区队、班组依次分解责任成本预算指标，并逐级上报责任成本预算至矿。

④责任成本预算执行管控。根据煤矿生产过程成本核算的特点，设计符合实际需要的预算分析表体系。以预算分析表为载体，健全责任成本预算分析例会制度，定期分析责任成本预算执行情况，对照责任预算指标、定额等，分析原因，

指出生产经营过程中存在的问题，并提出有针对性的管理措施和办法。按照责任成本预算执行结果，严格责任成本考核兑现。通过四级责任成本预算管理体系，细化了成本管理，落实了经济责任，降低了煤炭成本，提高了企业经济效益。

4. 基于成本动因分析，实施作业成本管理模式

传统成本管理方法，无论是在管理的灵活性、管理范围，还是提供成本信息的质量方面都不能单独地满足战略成本管理的要求。常村煤矿根据自身特点和现有管理基础，提出基于作业（活动）消耗资源是成本的动因，按照企业内部价值链分析，实施作业成本管理模式，以发挥作业成本法的成本控制优势，满足战略成本管理的要求。

（1）应用作业成本法的总体工作思路。基于常村煤矿成本管理现状、生产过程的特点和现行成本核算制度的兼容性问题，实施作业成本管理模式的总体思路是：在现行责任成本预算管理制度基础上，实行作业成本管理模式须按两个层次进行。第一层次是在内部模拟市场化机制下结合预算管理制度运用作业成本方法，将内部模拟市场和预算管理作为优化作业成本方法的工具，并使其作为进行作业成本管理的一个模式。

（2）生产过程作业成本核算步骤。常村煤矿作业（活动）的种类是根据煤矿生产的三大基本工序和辅助工序来确定的。其步骤有：

①按照成本项目的要求，界定资源成本。依据原煤成本的主要明细项目，确定资源成本，并分析是否是为完成增值作业而发生的成本支出。

②确认主要作业，划分作业中心。作业是成本核算对象，进行作业分析，确认主要作业，是实施作业成本管理的基础。根据煤矿生产的作业流程划分作业，确定作业中心。常村煤矿采用混合方式定义作业。首先按“自上而下”确定作业中心。主要生产环节作业中心分为开拓作业中心、掘进作业中心、采煤作业中心等，辅助作业部门分为机电作业中心、运输作业中心、通风作业中心等。其次，“自下而上”划分作业中心的作业项目。根据生产过程中的业务流程再将其划分作业项目。

③将归集起来的资源或投入成本分配到每一个作业中心的成本库中。按照作业中心设置的成本库，并代表着它所属的作业中心所引发的成本，将不同区队的同质作业所发生的成本归入同一成本库，进而减少成本核算工作。

④将各个作业中心的成本按成本动因平行结转给成本对象，计算出煤炭产品总成本和单位成本。

⑤通过作业成本核算，计算确认的作业成本和归集的煤炭产品成本与责任成本预算标准进行对比，明确所产生的差异，找出产生差异的原因，进而提出应采取的改进措施。同时利用各作业中心的作业成本与责任成本预算指标进行对比并考核奖惩，从而调动各部门有效控制成本提高经济效益的积极性。

5. 建立全面绩效考核体系，深化战略成本管理

（1）绩效考核的形式。为了正确把握战略成本管理的各项活动是否能给企业带来应有的管理成果，常村煤矿根据所属各单位经营考核形式将其分为责任成本考核单位、利润考核单位和可控费用考核单位等三类，分别制定相应考核指标。在上述考核的基础上，针对不同单位的具体情况分别辅之以安全质量标准化、煤质、机电、生产、精神文明和企业文化建设等专项考核形式。

（2）责任成本考核单位绩效考核体系。针对责任成本预算管理特点，常村煤矿制定了《常村煤矿责任成本千分制管理考核办法》，把责任成本预算执行单位分为六类，即：采煤、掘进、开拓、机电、运输、通风等。对各类单位分别制定了具体的考核指标和标准，考核按千分制，分为资料管理和井下现场管理两部分，根据考核得分规定了三个等级，900 分以上为优秀；800 – 900 分为达标；800 分以上为不达标。考核优秀的单位奖励 5000 元；达标单位奖励 2000 元；不达标单位罚款 5000 元。考核工作由系统归口科室组织日常自查，督导组不定期抽查，矿月底综合考核相结合，对各责任成本预算执行单位进行全面系统的考核。矿属各责任成本考核单位也根据自己的工作特点，制定绩效工资管理实施细则。例如：区队下属班组当班仓库保管员对材料进行发放登记，并实时录入 ERP 信息管理系统，当班验收员对材料的发放和使用情况结合施工量，进行井下工作场地现场考核。这套考核体系的运用，对推动责任成本预算管理发挥了积极的作用。

（3）绩效考核奖罚办法。根据考核对象的不同，常村煤矿分别对生产、辅助单位员工、矿机关科室实行不同的考核奖罚办法。对于责任成本考核单位，矿整体效益占其绩效考核的 20%，本单位责任成本考核结果占其绩效考核的 80%；对于利润考核单位，矿整体效益占其绩效考核的 40%，本单位利润考核结果占其绩效考核的 60%；对于可控费用考核单位，矿整体效益占其绩效考核的 70%，本单位可控费用考核结果占其绩效考核的 30%。考核以月度为主，辅助以季度和年度综合考核相结合。

四、大型煤矿战略成本管理的实施效果

2010 年至 2012 年上半年，常村煤矿通过实施战略成本管理，使煤矿整个成本管理水平显著提高，各项工作都取得了明显的成效，主要表现在以下几个方面：

1. 企业经济效益显著增加

常村煤矿战略成本管理的实施，使企业各项经济技术指标发生了显著变化。2011 年全矿生产原煤 242. 5 万吨，较计划增产 22. 5 万吨，吨煤完全成本 255. 23 元/吨，较计划节约 15. 36 元/吨；非煤利润 166. 45 万元，较计划增长 30. 8%；直接经济效益增加 2608. 33 万元，效益贡献率达到 16%，投入产出率达

到 390%。

2. 安全生产管理得到加强

常村煤矿把技术开发、安全、环境等成本投入作为战略性成本，视为增值性作业，通过投入的有效增加促进了矿井安全生产管理水平的提高。如 21 采区 2－3 煤层 21102 工作面上下巷道，部署内错上分层巷道，留 6 米小煤柱护巷，巷道预留 1.5m～2.5m 厚底煤，显著减少巷道底鼓变形量。直接降低支护费用 85 万元，节约巷修费用 280 万元以上。精品巷道使安全生产得到健康发展，累计多出原煤 3.2 万吨，为企业创造经济效益 1800 万元。

3. 成本管控效果良好

根据市场竞争和安全生产环境条件，按照战略发展定位，进行价值链分析和战略成本动因分析，实施作业成本管理控制、责任成本预算管理、产前（技术开发、安全、环境等）成本管理等，使常村煤矿在地质条件变差、自然灾害因素增多、采深加大、冲击地压显现，巷道支护困难、各项不可控指标攀升的情况下，实现了煤炭成本比预算降低，成本管理成绩显著的结果。如锚注支护替代锚网喷架 36U 型钢支护，材料费用节约 748 万元，锚网钢筋梯替代锚网喷架 36U 型钢支护，材料费用节约 842 万元。在材料价格上涨的情况下，材料成本同口径了降低 0.36 元/吨。

4. 成本降低和控制的途径能够实现

煤矿战略成本管理的实施，使煤炭企业明确了成本管理的科学理念，成本动因与作业增值的内在关系，找到了运用作业成本管理方法，能够有效降低成本和控制成本的途径，具有较强的实际可借鉴意义。

（成果创造人：李书民　姚建武　董银厚　范留香　张　丰　张　轶　李忠鹏　李伟杰　刘乐义　王　娟　杜文丽　段　倩）

企业内外市场联动机制的研究与应用

义煤集团义翔铝业有限公司

义煤集团义翔铝业有限公司是义煤集团控股的中外合资公司，是义煤集团发展“煤、煤化工、铝”三大主业的重点项目之一。公司于2004年成立，占地面积1000亩。

一、企业内外市场联动机制的研究背景

美国管理大师彼得·德鲁克有这样一句话：“管理一旦超出特定的半径就不再有效”。大量的企业案例研究发现，德鲁克的管理半径对企业管理模式同样适用，即一种管理模式仅适用于一定的企业规模和发展环境，当企业规模和发展环境发生巨大变化时，其原有的管理模式和管理水平就不足以支撑其生存和发展。面对严峻的市场环境和增大的企业规模，义翔铝业必须进行管理创新、变革，必须建立一套以市场为导向，以成本管控为核心的管理模式，优化内部市场结构，构建内外部市场联动机制，进一步降低生产成本，削减外部市场压力。

1. 氧化铝市场持续低迷，售价始终在低位徘徊

受我国宏观经济政策和政府调控房地产的影响，氧化铝市场需求增长放缓。与此同时，我国氧化铝产能每年继续以15%以上的速度增长，导致产能过剩，供需失衡，市场竞争激烈，价格低位运行。

（1）市场需求。氧化铝市场销售终端主要在房地产和汽车行业。房地产行业自2010年4月份开始调控起，调控力度日益加大，无论是新屋开工面积同比增长，还是销售面积同比增速都被压制在历史低位水平；汽车行业随着汽车优惠政策的取消，各城市限堵政策的发布及日本地震导致的供应受限等，中国2011年汽车产销量进入低速增长期，全年销量增速在5%以内。两大终端市场对铝产品的需求增长均处于放缓局面。

（2）市场供给。2011年全国氧化铝产量为3885万吨，而2011年全国实际

消费量约在 3370 万吨，全年氧化铝过剩 515 万吨，产能过剩高达 15%。河南省 2011 年氧化铝产量为 1022 万吨，占全国产量的 26%，排名位居国内第二，作为氧化铝产能的集中省份，氧化铝行业面临着更为激烈的市场竞争。

2. 原材料市场价格不断攀升，成本压力逐步增大

随着国家经济走势和节能减排政策的落实，国家加大了能源、资源的调控力度，氧化铝主材价格普遍上涨。折百碱价格较去年同比上升 400 元/吨，平均电价较去年同比每度上涨 0.05 元，煤气同比每标方上涨 0.12 元，煤炭增加 20 元/吨的调节基金，矿石资源紧俏同比上涨 95 元/吨。氧化铝企业成本压力凸显，经营形势严峻。

3. 企业规模扩大，管控难度增加

目前，义翔铝业主要推行以三级梯度考核为框架，以五条线管理为主要内容的“三横五纵”精细化管理模式。该管理模式于 2010 年提出并深入推进，在当时氧化铝 II 期试车达产的关键时期，有效推动了生产优化和管理升级。但随着氧化铝 II 期的达产、稳产，产能由 10 万吨提高到 50 万吨，产值达到 12.1 亿元，从业人数升至 1314 人，劳动力组织结构、生产组织结构也发生重大变化，企业管控难度进一步增加。

二、企业内外市场联动机制的研究

企业内外市场联动机制，就是围绕外部市场压力，优化内部市场结构，与外部市场形成互动、联动，从而提升企业管理水平，降低生产成本，冲减外部市场压力。义翔铝业主要开展了三个方面的研究，具体如图 1 所示。

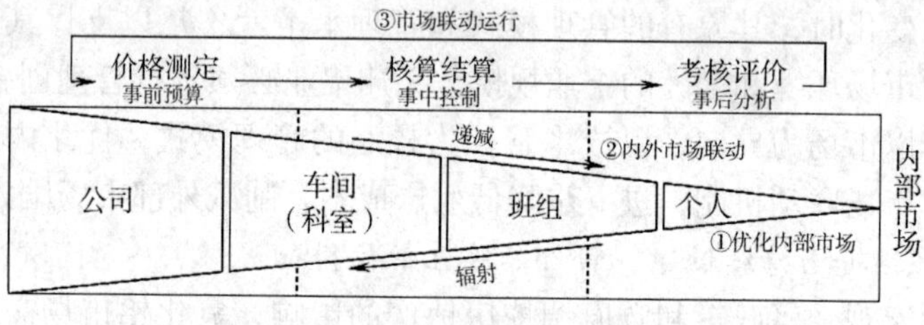

图 1　企业内外部市场联动模型

1. 优化内部市场的研究

结合义翔铝业现有三级梯度考核，将外部市场压力、成本项目逐项分解，横向到边，落实到车间、科室，纵向到底，逐级分解到班组、个人，构成起公司、车间（科室）、班组、个人四级市场主体，形成公司与车间（科室）、车间（科室）与班组、班组与个人三级市场，达到“人人肩上有指标，项项指标联收入”的成本控制格局。

2. 内外市场联动的研究

主要从两个方面联动，一是外部市场压力向内部市场呈递减性传递，即每级

市场主体要承担相应的责任和压力。公司直接面对外部市场，要承担主要压力，并将压力递减，分解到各个车间、科室，班组次之，个人最轻。二是内部市场向外部市场呈辐射性影响，即个人市场的盈利就标志着班组市场的盈利，逐级辐射扩大到车间（科室），乃至公司，从而冲减外部市场压力。

3. 联动机制的运行研究

联动机制的运行，关键在于递减性和辐射性。结合义翔铝业五条线管理情况，将联动机制运行的整个过程分成三大体系，即价格测算体系、核算结算体系、考核评价体系，从而形成“事前预算、事中控制、事后分析”的成本控制格局。

通过以上三个方面的研究，构建起三级市场和三大运行体系，形成“3×3”市场联动机制，使企业内外市场相互联动，生产成本稳步降低，企业效益呈几何级增长。

三、“3×3”市场联动机制的具体应用

义翔铝业“3×3”市场联动机制的实践应用，主要从以下几个方面开展：

1. 明确“3×3”市场联动机制的目标

（1）构建“3×3”市场联动机制。结合“三横五纵”精细化管理，确立公司、车间（科室）、班组、员工四个市场主体，形成公司与车间（科室）、车间（科室）与班组、班组与员工三级市场，构建价格测算、核算结算、考核控制三大运行体系，建立起以外部市场为导向，以成本管控为核心的“3×3”市场联动管理模式，实现内外部市场联动，达到降本增效，冲减外部压力的目的。

（2）创新工资动态分配机制。将市场机制导入义翔铝业各项生产经营管理活动中，调动职工参与市场化运行的积极性，建立起生产、成本、精细化考核与内部市场核算结算挂钩的动态工资分配机制，激发广大干部职工的积极性。

（3）优化企业内部管理。①不断完善三级市场管理体系，实现车间建设、班组（工序）建设由生产型向生产经营型的转变。②围绕内部市场化管理，完善安全、生产、工艺、设备等各类管理制度，满足日常生产经营管理工作的需要。③建立健全全面预算管理和定额管理制度，修订和补充完善义翔铝业物料消耗定额、工时定额等，为内部市场化管理提供依据。④加强计量管理，特别是测量设备的管理，为各级市场主体的生产要素结算提供准确可靠的核算数据。⑤完善信息化系统，加快各类信息的收集、整理、分析、处理、传递、存储等工作效率，实现信息管理准确、高效。

2. 建立市场联动机制领导小组

为保证“3×3”市场联动管理实施的速度和深度，确保内部市场化规范运行，义翔铝业成立了以董事长、总经理为组长，分管副总为副组长，各车间科室负责人为成员的市场联动领导小组。同时，市场联动领导小组下设价格测定小

组、市场化办公室、仲裁小组。

内部市场化办公室主要由企管科、财务科、劳资科等职能科室组成；价格测定小组主要由财务科、劳资科、企管科、设备科等组成；仲裁小组主要由调度室、工艺科、设备科、安环部组成。

3. 建立三级市场

结合公司实际，根据工艺流程及岗位设置，将义翔铝业范围内所有相对独立的核算主体全部纳入内部市场化，构建义翔铝业公司内部市场主体。

一级市场：按照工艺流程、业务范围将公司划分为氧化铝生产、综合修理两大二级市场主体。其中，氧化铝生产包括皮带输送到焙烧等 13 个生产车间；综合修理包括检修车间、电仪车间等辅助车间。

二级市场：以相对独立和稳定，最小核算单位为原则，将二级市场主体分解成工序、班组或岗位。

三级市场：以个人定岗工资为基础，与班组、工序和岗位进行结算。

4. 构建三大运行体系

（1）价格测定体系。

①价格体系的构成。内部价格体系由单项价格和综合价格构成。

单项价格包括人工费、材料费、配件费、租赁费、原材料、燃料及动力、加工修理费等价格。

综合价格包括产品半产品综合价格、服务系列综合价格、单项工程综合价格等。

②价格编制依据。

以产品、半成品及原材料质量标准、生产经营计划、工资总额、材料计划价、物料消耗、费用限额、劳动、定额等为基础制定价格；其中，定额包括原材料定额、工时定额、人员定额维修定额等。

原材料、燃料及动力、辅助材料价格为当月采购价格。

加工修理费以检修定额为依据确定，维护费以近三年装置运行情况为依据确定。

成品、半成品综合价格以该产品成本构成为依据确定。

③价格测算方法。测算方法主要采用完全成本定价法。

$$产品单价 = 单位成本 = \sum 生产要素定额 \div 产量定额$$

④价格测算程序。确定市场主体之间、工序、员工之间联动服务关系；确定市场主体之间交易内容；确定单一的成本要素价格，成本要素包括劳动力（工资）、材料、配件、租赁、原材料、燃料及动力费、修理费价格等；依据公司年度生产经营计划，消耗定额，及成本要素价格等，确定产品基准效益价格；内部市场化领导小组对测定价格进行审定；在局域网对内部市场价格目录进行公示—

周；执行内部市场价格。

⑤价格修订。按照稳定性原则的要求，内部市场价格一经发布，在6个月内原则上不再进行调整。在遇到外部生产经营条件发生重大变化，或公司对生产经营目标进行重大调整，或装置生产工艺、技术装备发生重大技改等特殊情况时，要适当对价格进行调整或追加费用。

具体价格修订，按照公司规定的程序进行测定和审批，各类价格的修订由价格小组依据相关标准进行定额测定和价格测算后研究决定是否修订、何时修订及如何修订等，修订后的价格应另行公示。

公司重新测算的价格或追加的费用，报公司内部市场化领导小组批准后执行，作为结算依据。

（2）核算结算体系。

①一级市场核算结算。核算内容见表1。

表1　一级市场核算内容

市场主体	生产要素	产品	副产品
皮带输送			
原料车间	矿石、循母、石灰、钢球、材料、配件、电、水	原矿浆	
溶出一	原矿浆、蒸汽、材料、配件、电、水	合格矿浆	
溶出二	原矿浆、蒸汽、材料、配件、电、水	合格矿浆	
沉降一	合格矿浆、石灰、工业用布、絮凝剂、材料、配件、电、水	精矿液	
沉降二	合格矿浆、石灰、工业用布、絮凝剂、材料、配件、电、水	精矿液	
分解蒸发	精矿液、蒸汽、液碱、石灰、工业用布、材料、配件、电、水	AH	循环母液
分解分级	精矿液、工业用布、材料、配件、电、水	AH	种分母液
蒸发排盐	种分母液、蒸汽、液碱、石灰、工业用布、材料、配件、电、水	循环母液	
焙烧	AH、材料、配件、煤气、电、水	AO	
动力	水、溶盐炉煤、材料、配件、电	蒸汽	
供热站	水、锅炉煤、材料、配件、电	蒸汽	
检修车间	工时、定额		
电仪车间	工时、定额		

结算流程：产品产量、半成品消耗由二级市场主体核算员汇总后，经调度室签字，报市场办进行核算；生产用原材料、辅助材料、燃料及动力，根据二级市场主体出具的领料单，由质检中心审核后，报市场办核算；维修费用、加工费用由承修单位根据各方认可的《内部市场检修/加工项目竣工验收单》进行工时核算，编制《检修/加工项目服务费用表》，经设备动力科审核后，报市场办进行核算；职能科室依据相关规定对二级市场主体进行现场奖罚。奖罚单据汇总后，报市场办进行核算；市场办根据各项单据，汇总、核算二级市场主体内部利润，报内部市场化领导小组批准后，结算。

②二级市场核算结算。

核算内容：二级市场的核算内容主要包括产量、成本控制、消耗控制、工艺指标合格率、工作量大小、生产稳定性、安全生产情况、环保情况、工作执行、劳动纪律、现场问题安排协调处理情况、内部现场检查、对外协调配合、记录填写、团结协作、卫生打扫情况等指标。

结算流程：车间核算员每周统计一次各班当月产量、成本消耗、工艺控制、设备管理情况，在精细化管理班组看板上填写、公布。

月底，车间核算员根据成本、检修当月实际发生费用，进行结算。经车间市场化领导小组批准后，分摊到各班组。同时，结算班组利润。

③三级市场核算结算。

核算内容：主要有岗位安全、工作完成情况、工艺控制、劳动纪律、人员到岗及出勤情况、临时工作执行情况、卫生打扫情况等。

结算流程：班长或工序长统计核算车间内部量化工作完成人及质量、次数，统计班组成员出勤率及替班、配合情况，并每天进行百分制打分。

月底，车间核算员汇总分数，计算分值，结算员工工资。

（3）考核控制体系。内部市场化考核是公司生产经营目标完成情况和各单位内部管理情况的综合考量，也是公司内、外部市场联动的桥梁。

①考核控制内容。公司对生产经营长期目标、阶段目标完成情况和各单位生产组织、内部管理情况进行科学分析，提出当前存在的问题，明确应重点开展的工作，确保各单位实际工作行为与公司发展战略相一致。

同时，以“三级梯度考核”为框架，对各市场主体产量、成本、安全、工艺、设备、以及其他进行现场考核。

②考核结算兑现。

一级市场。氧化铝生产：内部利润 = 总收入 − 总支出 ± 现场考核

总收入 = 产量 × 产品单价

总支出 = Σ（生产要素 × 单价定额）

产品单价 = Σ生产要素定额 ÷ 产量定额

综合修理：

内部利润 = ∑（工时 × 定额）－∑（生产要素 × 单价定额）

二级市场。将市场化模式进一步细化、分解到工序、岗位或班组。按一级市场模式核算。

三级市场。主要考核员工工作业绩、成本控制、安全等。

员工工资 = 个人总分数 × 分值

分值 = 内部利润 ÷ 车间总分数

③考核评价。为确保内部市场化管理目标的实现，市场办定期组织对内部市场化实施情况进行检查考评、分析总结、查找不足、完善提高，向内部市场化领导小组提交内部市场化管理工作总结。

在月度、季度经济活动分析会上，根据考核结果对产品产量、成本控制、内部利润、管理技术等方面进行有针对性的分析，对生产经营活动中存在的问题落实整改。

适时收集整理内部市场化运行过程中好的做法、好的管理，以点代面，整理提升。

5. 完善内部管理制度

为保证“3×3”市场联动机制实施的规范性、严肃性，对义翔铝业内部管理制度进一步完善、细化。

（1）制定《义翔铝业公司“3×3”市场联动管理实施方案》，对“3×3”市场联动管理框架、组织结构、阶段目标、部门责任等进行详细安排部署，确保市场联动机制的稳步有序实施。

（2）完善《义翔铝业三级梯度考核办法》，考评控制公司市场联动机制的方向、深度、广度，奖优罚劣，激发各级市场推行市场化的热情，确保市场联动机制的实施与公司发展战略目标一致。

（3）建立《义翔铝业内部市场核算、结算办法》，明确各级市场结算人员、流程、利润、单据、结算方式等，均衡各市场主体利益，确保内外部市场的联动性。

（4）建立《义翔铝业内部市场价格测定办法》，明确价格测定的依据、方法、流程，公布各生产要素的定价、原材料定额、工时定额、人员定额等，保证事前预算的准确性、可行性。

（5）完善《义翔铝业精细化检查考评办法》，对二、三、四级市场主体内部市场化的组织、安排、运行、核算结算、考核评价等日常工作进行检查，并将检查结果纳入月度督察考核，保障市场联动机制的扎实开展。

（6）完善《义翔铝业计量管理办法》，明确各生产要素测量点、测量方法、测量单位、测量人员、测量时间等，保障各类信息的准确性和规范性。

（7）建立《义翔铝业内部市场化仲裁办法》，对内部市场化运行中需要进行仲裁的范围、原则、金额、流程等进行明确规定，确保内部交易的公平、公正。

四、"3×3" 市场联动机制的实践效果

1. 企业管理水平明显提升

一个成功企业的管理不是几个领导的管理，而是全员、全方位的管理，是让每个员工都参与企业的管理当中。市场联动机制的出发点就是让各单位、机关职能部门、班组和个人都成为"虚拟的经营实体"，从而最大限度地发挥各单位和每个员工在内部市场化中的能动作用。"3×3" 市场联动机制的实施充分调动了每个员工参与管理、自主管理的积极性，变"我不管"为"我要管"，大大提高了企业的管理水平和管理效率。

2. 成本管理成效显著

通过"3×3" 市场联动机制的深入实践，三级市场的完善，将外部市场压力逐级延伸，传递到每个部门、班组、个人，使员工深刻感受来自市场的压力，从而增加了员工的危机感、责任感，增强了员工的成本意识和节约意识。2011年，碱耗控制在120公斤以内，电耗10月份创下346度的单耗记录，混煤、材料配件、絮凝剂等费用得到有效降低，与上年同比，主要材料成本每月下降500万元左右，单位完全成本下降120元以上。

3. 经济效益与社会效益

创新成果的实施，给义翔铝业公司带来了显著的经济和社会效益。在推行管理创新成果后，义翔铝业公司全年成本投入较上年同比降低3000万元以上。而且实行"3×3" 市场联动机制，降低生产成本，提高管理水平，实现了义翔铝业公司管理规范化、科学化和现代化建设，提高了公司的整体素质和核心竞争力，增强了应对市场风险的能力，实现了公司的可持续发展。

（成果创造人：李煜峰　翟强子　于华锋　王新科　席红波　段朝辉　于　洋　李文博　林晓刚　张东升　杨　阳　丁　丽）

煤矿企业“五精”品牌班组管理法的构建与应用

河南神火煤电股份有限公司

河南神火煤电股份有限公司新庄煤矿是上市公司河南神火煤电股份有限公司的骨干企业，是一家年产原煤240万吨左右的大型地方国有煤矿。投产十余年来，新庄煤矿先后获得了河南省文明单位、全国安全质量标准化矿井、全国煤炭现场管理最佳企业、全国特级安全高效矿井、全国文明煤矿、河南省企业文化示范矿、全国企业文化示范矿等光荣称号、全国十佳煤矿、河南省首批“五优”矿井、“五精”管理样板矿等荣誉称号。企业通过了ISO9001质量管理体系ISO14001环境管理体系、OSHMS18001职业安全健康管理体系、ISO10012计量管理体系的认证。

一、“五精”品牌班组管理法的实施背景

新庄煤矿随着开采水平的延伸，-700以下水平开掘队伍逐渐增多，为缓解主井提煤压力，有效控制矸煤分运，在2009年4月矿专门成立了一个正科级编制的综合性区队——北井工区，主要承担-700以下水平矸石打升井。因北井工区是新成立的队伍，人员都是从其他单位抽调，因队伍庞大，职工工作期间的配合处于磨合期，而且职工思想、技术素质、理论知识参差不齐，在安全上难管理，机电事故频发，职工思想波动大，矿领导多次会议上批评北井工区。鉴于以上情况，工区领导改变安全管理模式，经过深思熟虑，周密制定管理制度，出台了“五精”品牌班组管理法。

二、“五精”品牌班组管理法的内涵

“五精”品牌班组管理法是新庄煤矿北井工区通过长期坚持“加强环节管理，提升班组管理水平；加强队伍建设，提高班组长管理职能；创新管理特色，打造优秀品牌班组；重服务严监督，深化班组对标管理”的工作思路，不断夯实

安全基础，落实安全责任，强化现场管理，着力打造“精细、精准、精确、精益、精美”班组的一个综合性的基层班组管理法。通过多年的运行，效果显著，在工作中既鼓励了先进班组，也鞭策了后进班组，促进了职工团结友爱，关心集体，提高了职工维护团队意识，进一步增强了职工的凝聚力和向心力，杜绝了各类事故的发生，为打造本质安全型区队提供了有力保证。

五精管理是指，管理流程的精细、精准、精确、精益、精美。它是由企业文化引领，着眼以人为本，把文化理念、目标愿景作为管理要素，通过企业管理领域划分，从精细管理起步，逐步实现精准管理、精确管理、精益管理、精美管理，把管理科学、管理文化、管理艺术融为一体的人本、卓越的管理系统。

班组是企业最基层的生产管理组织，它是企业组织结构的基石，也是企业各项工作的落脚点。品牌班组的考核实施，有效约束了职工的作业行为，增强了职工相互之间的诚信、团队、务实、积极、创新意识，增强职工与企业同舟共济的责任意识，培育了职工敬业精神和奉献精神，使职工带着强烈的责任心去关心企业的发展，自觉地把个人的命运与企业的发展融为一体，尽职尽责地做好本职工作，有力地保证了本单位提出的机电设备“系统零缺陷、岗位零隐患、人员零违章”安全生产目标。

“五精”品牌班组管理法，是将“五精管理”充分应用到基层班组管理，通过一系列举措，打造平安班组、和谐班组、创优班组，为企业的安全发展，奠定了坚实的基础。

三、“五精”品牌班组管理法的实施

“五精”品牌班组管理法考核制度共分为九大项，其中有八项为考核扣分项，有一项为奖励项。在每一大项里又分为若干考核项，此考核办法涵盖北井工区工作范围的各个方面。

1. 具体考核扣分项

（1）安全管理占 25 分。包含 5 项考核内容：一是反“三违”情况，二是及时排查整改隐患情况，三是积极开展隐患自查情况，四是职工精神确认情况，五是正确使用设备情况。

（2）工作任务占 15 分。包含 2 项考核内容：一是工作质量情况，二是时间影响情况。

（3）文明卫生占 10 分。包含 2 项考核内容：一是责任区卫生保持情况，二是个人着装清洁情况。

（4）劳动纪律占 10 分。包含 3 项考核内容：一是按时参加各种活动情况，二是按时交接班情况，三是服从领导，听从指挥情况。

（5）培训管理占 10 分。包含 3 项考核内容：一是是否按时参加各类培训，二是是否遵守培训课堂纪律，三是是否加强业务知识学习，完成学习任务。

（6）软件管理占 10 分。包含 2 项考核内容：一是记录填写是否规范，二是记录、牌板等是否完好、干净。

（7）材料管理占 10 分。包含 2 项考核内容：一是记录填写规范材料计划是否按时上报，二是材料管理情况。

（8）责任心占 10 分。有 1 项考核内容：提高管理意识，强化责任心情况。

在以上考核大项里根据工作性质不同所占的分值不一样，在考核中，偏重于安全管理，其次是工作任务，另外 6 项所占的分值同样，在每一大项里又列出许多考核细节，根据查出隐患严重性所扣的分数不一致。

2. 设立奖分项

为激发职工主人翁意识、打造本质安全兴区队，促进职工多为工区出谋划策，有利于工区的安全生产，在考核中单独设立一项奖分项，主要是鼓励职工在安全管理上多提合理化建议，在岗位上做好监督员，在安全管理齐抓共管，营造安全生产良好氛围，减少机电事故的发生。在这一项里设立 4 条加分项。一是自反"三违"，二是反映问题及时，避免重大隐患的，三是受上级表扬的，四是为工区着想，提出合理化建议的。

3. 否决项

在品牌班组考核扣分项里设立了否决项，否决条件如下：

（1）安全管理项里有 4 条否决项：一是出现机电责任事故，二是出现电气设备"失爆"的，三是发生人身伤害事故，四是班内出现"三违"的，五是故意损坏设备或野蛮操作设备导致设备损坏的。

（2）劳动纪律项里有 2 条否决项：一是班组内部不团结，出现不服从管理、打架斗殴等现象，二是违反矿规矿纪，严重影响工区形象的。

（3）培训管理项里有 1 条否决项：在矿及公司培训学习中，不遵守制度造成严重影响的。

（4）材料管理项里 1 条否决项：因材料管理不善，被矿通报罚款的。

（5）责任心项里有 1 条否决项：班内人员有不良行为，触及工区形象的。

4. "五精"品牌班组管理法

（1）评选"五精"班组方式。因北井工区岗位分散，班与班之间的工作环境不同，从事的工种不同，有在井上作业的班组，有在井下作业的班组，为此在月度评选优胜品牌班组时，3 个井上生产班划为一组进行评比，3 个井下生产班划为一个组进行评比，2 个斜巷运输班划为一个组进行评比，4 个大班（电工班、机修班、道工班、抽压维护班）化为一个组进行评比，剩余的划为一个组进行评比。

（2）检查考核方式。在考核中，有 5 种检查方式：一是正常的日常工作检查，二是值班领导查岗，三是生产过程中班里反馈问题，四是内部组织的逢 8 检查，五是上级领导检查，对于以上查出的问题由负责人及时在品牌班组考核记录本上进行记录，并且随时结合扣分细则直接写出所扣的分数，以便统计考核。

（3）隐患整改闭合。对于查出的问题，工区内部本着能立即整改的，责令人员进行整改；对于不能立即整改的，由技术主管负责针对查出的问题，给班组下发整改通知单，限期整改，隐患整改后由班队长在隐患整改书上签字后，再反馈给技术主管，技术主管到现场再进行问题整改验收。对于不能在期限内整改的，由班里进行反馈，可延期整改后再闭合。

工区内部每天根据在品牌班组记录本上记录的问题，及时在班前会上进行通报，对于出现严重问题的班组进行严厉批评，而且班队长在班前会上做检讨。对于班里发生的问题及时通报，能有效提醒班组在工作期间注意事项，避免类似问题发生；在月底针对每班查出的问题再累积进行汇总并计算出班组的得分情况，进行公示。

（4）“五精”品牌班组评比。在月底评选品牌班组时，根据班组之间的分数，再结合否决项定出优胜班组与最差班组，每个大组里面可评出 1 ~ 2 个品牌班组，同时评出 1 ~ 2 个最差班组；对评选的结果在工区会议室的队务公开栏里张贴具体扣分细项和综合考核评分数。

（5）“五精”品牌班组公示牌板。北井工区品牌班组公示牌板张挂在北副井口房内，便于职工观看评选结果，同时也便于各级领导入井前观看。牌板上涵盖工区内所有的班组，上面可公示每个班组 12 个月中的评选情况，根据月度班组评选结果，在班组的对应栏目里贴上红旗、黄旗、蓝旗；红旗代表被评为品牌班组，黄旗代表一般，蓝旗代表最差。

5.“五精”品牌班组工资考核与工资挂钩考核办法

在召开工区内部月度工资平衡会议上，首先结合当月班组工作量以及安全状况等等，把当月各班工资系数以及罚款金额定出来，工区内部的工资系数在 0.78 ~0.9 之间浮动，然后根据当月品牌班组考核结果与工资系数挂钩，在工资系数的基础上再进行加减。

（1）品牌班组考核分值为 100 分制，在考核中分为 5 个等级：班组考评分数到达 98 分 ~100 的工资可上浮 1 个系数；分数考评到达 95 分 ~97 分的在工资中可上浮 0.6 个系数；分数考评到达 90 分 ~95 分的在工资中可上浮 0.4 个系数；分数考评到达 90 分 ~95 分的在工资中可上浮 0.2 个系数；分数考评低于 90 分以下的虽然被评为品牌班组，但是工资不再上浮系数，只能取得荣誉的表扬。

（2）激励政策：在工区内连续 3 个月获得品牌班组的，班里成员每人奖励 200 元以示鼓励；连续 6 个月获得品牌班组的，班里成员每人奖励 400 元；在一年内连续 12 个月被评为品牌班组的，班里成员在工资中每人奖励 800 元，班、队长分别奖 1200 元、1600 元；并且工区内部开表彰会议颁发品牌班组竞赛奖旗一面，纪念品一个，并对取得优胜班组相关的人员向家庭发贺信。

四、辅助考核管理制度

在生产过程中，为避免“五精”品牌班组考核制度在运行中有漏洞，在品牌班组考核的基础上再次细化考核内容，辅助品牌班组考核到每个人。通过细化考核事项，有力地促进了单位的安全生产，使品牌班组管理考核更具有约束力，同时提高班队长的组织能力、管理能力，为单位的安全生产工作打下了良好的基础。

1. 安全管理

（1）“三违”管理（有“三违”的班组除执行考核外，另外月度品牌班组考核中一票否决）。工区内部“三违”：一人一月出现一次“三违”，本人罚款 300 元，同岗人员及本班班长各罚 100 元，并在本班站讲评台 1 天；一人一月出现二次“三违”，本人罚款 600 元，并在本班站讲评台 5 天，同岗人员及本班班长、分管副队长各罚 200 元；一人一月出现三次“三违”，停工一月，取消本班班长本月待遇并加罚 300 元，罚款分管副队长 500 元，班长站班前会做检讨等。

（2）事故管理（发生事故的班组除执行单独考核外，另外月度品牌班组考核中一票否决）。未遂事故：处罚规定按照工区内部“三违”考核处罚。工伤事故：微伤的给予本人及相关责任人各 1000 ~ 2000 元 / 人的罚款、罚当班班长 1000 元 / 人；班长撤职，分管副队长降职三个月。轻伤的给予本人及相关当事人各 2000 元 / 人的罚款、罚当班班长、分管副队长 2000 元，班长、副队长撤职；工区领导接受矿处分。重伤的按照《新庄煤矿事故报告、调查、分析及处理管理规定》处理。

（3）安全奖励：月度无微伤以上事故，无“三违”，各类安全奖励正常兑现。

2. 工作制度

工作任务完不成的、检修质量出现问题的、影响生产的除单独考核外另按品牌班组考核细则规定进行扣分：

（1）根据日常工作及上级部门的安排，各班组接到任务后，必须认真组织，积极完成。出现拖拉或不能按时完成的，给予责任人 200 元的处罚，并对全班其他职工 50 元 / 人、班队长 100 元 / 人的罚款。

（2）各班组必须完成工区安排的工作任务，及时把物料送到指定的位置，否则，根据具体情况处罚班队长 200 元，并对该班组的其他职工罚款 50 元 / 人。

（3）各班组的班队长安排的工作任务，职工必须认真执行，若有不同意见的，及时反映，严禁同班队长发生争吵，否则，当月否决为试用员工，罚款 200 元，并在本班站讲评台 3 天作出书面检讨；情节严重者，经工区班子研究后另行处理。

（4）日常检查检修到位，如设备带病运转或不及时汇报，罚当事人 300 元、当班班队长 200 元。

（5）因检修不到位，造成影响生产的要组织分析原因，对责任人罚 100 ~

300 元/人、班队长 50～100 元/人。

（6）隐患排查不到位，每发现一处罚包机人 100 元、班队长 50 元。

（7）在各级检查中表现突出，受到上级领导表扬的，奖 100～200 元/人次。

3. 文明卫生管理

卫生管理差的班组除单独考核外另按品牌班组考核细则规定进行扣分：

（1）检修工必须将所辖范围内的所有设备卫生打扫干净并保持好，一旦检查发现设备卫生差，对责任人罚款 100 元，对负有直接领导责任的班队长罚款 50 元。

（2）各岗岗位工必须将操作台及岗位附近的环境打扫干净并保持，否则对岗位工罚款 100 元。

（3）在上级领导检查期间出现卫生有死角、卫生不干净等现象罚责任人 200 元。

4. 劳动纪律管理

违反纪律的除单独考核外另按品牌班组考核细则规定进行扣分：

（1）班前会手机鸣响，罚款 200 元。

（2）区值人员手机必须 24 小时开机，一次不开机或开机不回电话罚款 100 元。

（3）会议室内抽烟、随地吐痰、黑身靠墙、乱扔杂物等，罚款 50 元/次；

（4）旷工罚款 200 元/次；班中脱岗、睡岗者按内部“三违”处理。

（5）上班人员应保持头脑清醒。喝酒者，当天不准上班并罚 200 元，在本班站讲评台。

（6）副队长、技术员、办事员、材料员、精细化管理员、通讯员，休班、学习前，必须把自己分管的事务处理完毕，否则不予离开，若擅自离开，罚款 200 元。

（7）班中严禁打游戏、看小说、嬉戏打闹、听 MP_3、打扑克、玩手机等与工作无关的事，否则罚款 100 元/次。

（8）严禁串岗或其他岗位人员随意进出值班室或操作室或在其内逗留，否则罚责任人 100 元（责任人指串岗人员和值班室当班在岗工作人员）。

（9）认真执行交接班制度，按程序交接班，出现交接班不认真、交接不清者，根据情况分别罚责任人 50～100 元；出现不现场交接班或接班人员没到齐而擅自离岗者，责任人按脱岗论处。

5. 培训制度管理

违反培训管理规定的除单独考核外另按品牌班组考核细则规定进行扣分：

（1）根据培训要求，需培训的人员必须按时参加，不参加或在培训期间造成工区被扣分的，每扣 1 分，罚款 50 元。

（2）工种培训学习迟到早退者一次罚款 50 元，旷课者一次罚款 100 元，考试不及格者，学习时间视为休班并加罚200元。

（3）班队长必须按时参加班组长培训，认真完成培训任务；自学作业本必须按时上交（20日前上交到区部），晚交或不交而被培训中心扣分的，罚款200元。

（4）班前会提问每班两人次，不会者罚款50元/次；矿及公司检查中，提问不会者，罚款100元/次。

6. 材料管理

违反材料管理规定的除单独考核外另按品牌班组考核细则规定进行扣分：

（1）各班组必须节约使用各种材料，发现材料和工具丢失、人为损坏、乱扔乱放等现象的，给予责任人50~200元的罚款；

（2）各种工具和材料必须按地点码放整齐，挂牌管理，否则罚款50~200元；

（3）工区给各个班组建立一个材料和工具管理的账本，各班要进行逐日统计和累计。统计金额与实际情况必须一致，各班组发放材料要结合本工区材料管理方案，考核到班组及特殊工种，同时对发放材料进行逐日统计和累计，各班组材料库房要建立发放流水账，发放明细表要有领取人签字，以备查账核对之用。否则，对责任人罚款200元。

（4）月底21号之前各班组必须把本月领用的材料和消耗材料的明细交到工区，并把下月的材料计划上交。否则，每迟交一天罚班队长100元。

（5）各班组必须提前一天上交用料计划，以便材料员第二天工作的安排；杜绝班中临时要料（特殊情况除外）。

7. 隐患排查管理

各类隐患不能按要求整改的除单独考核外另按品牌班组考核规定进行扣分：

（1）工区自查各分管副队长务必准时参加，无故不参加者一次罚款100元。

（2）隐患应及时发布，班队长接到隐患整改通知后签字并按期整改，整改完毕后申请验收并签字，未签字申请验收按未整改处理。

（3）发布不及时罚责任人100元/条；隐患未按照要求不整改罚责任人200元/条，整改不彻底罚责任人100元/条。

（4）月底对当月隐患进行归纳分析，并把分析结果上报给工区领导，由工区领导在下月班队长会议上进行通报。

8. 文明素养管理

违反规定的除执行罚款外另在品牌班组月度考核中视情节轻重扣2~6分：

（1）上班期间着装规范，禁止上班期间穿奇装异服、小背心、短裤、穿拖鞋、赤背，禁止留异样头型，不按规定者罚款100元/次。

（2）井上下把钩工必须工装整齐、系好帽带、上衣扣子全部扣齐，工作服必须干净，否则罚款100元/项，并对负有责任的当班班长罚款50元/人。

（3）说文明话、做文明人，出现污言秽语罚款200元／人；上班期间出现吵架者各罚100～200元／人；上班期间出现打架斗殴者，各罚300～500元／人，情节严重者，移交矿等有关部门处理。

（4）每当检查时，各岗岗位工必须使用好文明用语："欢迎领导来北井工区检查指导工作，我是岗位工×××，请提出宝贵意见"！否则罚款100元／次。

9. 班组管理

（1）月度评选出最优班组1～2个、最差班组（不低于2个），分别给予班组成员奖金系数上浮或下调0.02～1系数的奖罚。

（2）每旬公布品牌班组考核分数，分析失分原因；分管副队长在区部月度召开的班队长会议上进行总结。

（3）值班干部必须把每天值班查岗扣分结果记录在品牌班组考核本上。

（4）对于连续三个月是最差班组的班长给予降职三个月处分，继续是最差班组的班长给予撤职。

（5）对于连续六个月实现品牌班组的班长给予专项奖励，并作为提拔、评先的重要依据。

五、"五精"品牌班组管理法取得的成效

新庄煤矿北井工区自推行"五精"品牌班组管理法以来，在安全生产管理上取得了显著成效，在安全生产中连续三年实现了无"三违"区队、无事故区队、机电设备零影响区队，有力地促进了安全生产。通过实施品牌班组管理制度以来，北井工区连续三年实现了本质安全型区队，为矿上的安全生产工作提供了一定的基础保障。

一是有效调动职工的工作积极性，增强职工的责任意识、创新意识、竞争意识、服务意识和班组的向心力，为单位的安全生产奠定了良好基础。

二是促进了职工加强学习业务知识、岗位技能、提高自身业务素质，创建学习型班组，加强自身修养，强化职工责任心，使职工与企业心连心，树立"企业与我同发展，我与企业共命运"的企业价值观。

三是在设备管理上做到了精细管理、精心操作、精心维护，确保机电设备的安全稳定运行，实现安全生产可控在控。

四是在生产上牢固树立"安全第一"的生产方针，进一步强化了职工的安全生产意识，实现了"人员无盲点、系统无隐患、管理无漏洞、设备无障碍"的安全型品牌班组。

（成果创造人：刘永俊　崔振亚　朱德泰　韩士辉　李静波　刘亚东　曹国堂　何志刚　朗　伟　钱继学　张金峰　蔡胜伟）

"九位一体"打造澄合特色煤炭企业管理品牌

陕西煤业股份有限公司

陕西陕煤澄合矿业有限公司是一家国有重点大型煤炭企业，隶属于陕西煤业化工集团有限责任公司。澄合矿务局筹建于1970年2月，1998年8月由煤炭工业部划归陕西省管理。按照陕西煤业化工集团煤炭板块上市工作要求，2008年12月31日注册成立了陕西陕煤澄合矿业有限公司。目前，澄合矿务局和陕西陕煤澄合矿业有限公司均具有法人资格，按照"一套领导班子、分块独立经营"的思路运转。公司（局）下属15个二级单位，其中10对矿井、5个地面单位。先后被陕西省委省政府授予文明单位标兵称号、陕西省国有企业改革攻坚先进集体等荣誉称号。

一、"九位一体"在老矿区运用的发展背景

1. 管理品牌的建设能够给企业带来长远的利益

一般企业树品牌，绝大多数树的是商品品牌（产品品牌和服务品牌），因为优秀的商品品牌能够为企业带来现实的经济利益，而且这种经济利益与品牌投资之间的关系链较短，效益可衡量。而澄合矿业公司是一个国有大中型煤炭企业，具有资源型、垄断性、承担较多社会职能、国家支持、市场较稳定、市场化程度较低等一些特点，其生存、发展、消亡并不是完全受市场影响，利润并不是其追求的唯一目标。况且澄合矿业公司生产的原煤都是初级品，煤炭的品质和深加工受资源赋存条件影响，产品品质虽然能够影响澄合矿业公司的发展但不能成为其核心竞争力。管理品牌能够给企业带来长远的利益，而且对于澄合矿业公司，管理品牌能够带来现实的战略经济利益。所以，澄合矿业公司打造的品牌，主要是管理品牌，当然也包含对市场的管理、产品质量的管理。

2. 管理品牌的建设有助于提升企业的管理水平

管理品牌是企业管理能力和发展能力的重要体现。一个企业能否成为品牌或

其是否拥有著名品牌，既表明其经济实力和市场地位，又反映其持续发展能力的大小。煤炭企业的管理品牌资产是安全、效益、产品、管理等许多要素的有机联系。当管理成为品牌时，就意味着澄合矿业公司的各生产要素的积极性得到充分发挥，各项管理达到了一个较高水平。企业树立管理品牌的过程，就是全面提升企业管理水平的过程；同时，只有较高的管理水平才能成为企业的管理品牌。

3. 管理品牌的建设有助于企业外部竞争优势的形成与强化

优秀的管理可以使企业获取较强竞争优势和持续发展优势。澄合矿业公司的资源储备、销售市场、生产规模和营业利润等要素在一定时期是相对稳定的，要想在同行业竞争、不同行业挤压中占据主动的发展优势，就必须打造企业的管理品牌，树立企业良好的社会形象。煤炭企业的发展还受政策因素影响较大，政府政策不仅可以影响煤炭行业的市场价格、市场供需情况，而且还影响煤炭企业的资源储备、兼并重组、生产成本等，所以煤炭企业只有获得了较高的社会认可度，才能获得政府的支持。管理品牌一旦形成，就会成为企业的战略性资产，使企业在行业竞争和政府态度等方面获得优势，为企业持续发展奠定良好的基础。

4. 澄合矿业公司管理品牌建设任重而道远

在煤炭行业整个形势较好的大前提下，澄合矿业公司这个国有老煤炭企业通过强化内部管理、外树企业形象赢得了社会的肯定。在发展过程中，企业自觉和不自觉地打造自己的管理品牌，这种管理品牌效应不仅在对外竞争和交流中给企业增添了光彩，而且在内部管理上也起到了一定的助推作用。但是，澄合矿业公司还缺乏统一的管理品牌建设思路。企业内部还存在着对管理品牌内涵认识不清、提升措施不明确的问题，从全行业来看，澄合矿业公司管理品牌的培育还相当不足，企业内部管理还存在诸多问题。

基于澄合矿业公司已经形成了一定的管理品牌，但又没有统一的管理品牌建设思路这个基本现实，企业内部自上而下认识到了打造企业品牌的重要性，澄合矿业公司必须打造自己的管理品牌，而且管理品牌建设任重道远。

二、“九位一体”在老矿区应用的内涵和实践

1. 澄合矿业公司管理品牌的内涵

澄合矿业公司管理品牌的内涵是：让企业管理的各要素处于最优组合，让管理水平成为企业的品牌，企业以管理闻名于行业内外，以管理与其他企业竞争，以管理促进企业健康发展。

提升澄合矿业公司的管理品牌必须坚持三项基本措施、三项保障措施、三项根本措施。提升企业管理品牌需要很多项要素、多项措施处于最优组合，但这 9 项措施是提升澄合矿业公司管理品牌最核心的要素，而且 9 项措施必须落到实处、取得实效、形成体系。所以，把澄合矿业公司管理品牌建设的这种模式称之为“九位一体”管理品牌建设模式。其中，三项基本措施（即，注重企业品牌

营销、形成企业内部价值认同、履行企业社会责任）是品牌建设与传播的基本方法；三项保障措施（即，坚持安全生产、提升企业效益、改善矿区民生）是企业健康发展的基本要求；三项根本措施（即，建设一支素质优良的员工队伍、形成一种干事创业的风气环境、树立一种澄合特色的文化理念）是企业发展壮大的根本要求，见图 1。

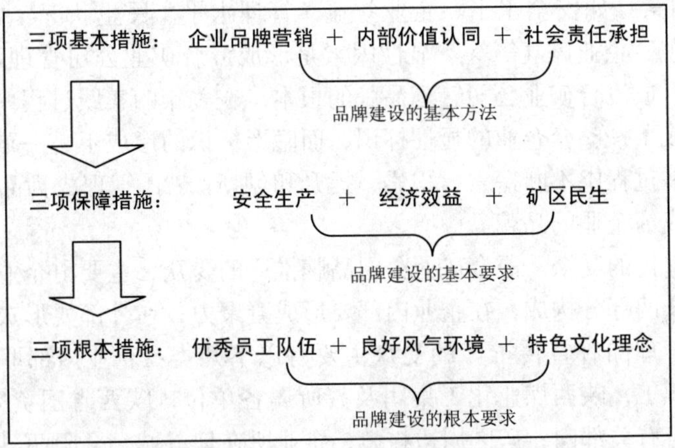

图 1　澄合矿业公司“九位一体”管理品牌建设模式

2. 提升澄合矿业公司管理品牌的三项基本措施

（1）注重企业品牌营销。

①成立品牌建设机构。针对澄合矿业公司管理品牌建设“九龙治水”的局面，公司成立了品牌建设领导小组，具体牵头企业品牌建设工作。品牌建设领导小组由主要领导任组长，分管领导任副组长，班子其他成员和机关有关部门负责人为成员。领导小组下设办公室，办公室设在企业管理部，负责品牌建设领导小组的日常事务。领导小组下设安全生产、行政经营、党群文化三个分组，具体牵头各自范围内的品牌建设工作。在各分组各设置一个办公室，办公室设在该组的牵头部门，具体负责该领域管理品牌建设的日常事务。

②识别竞争领域。澄合矿业公司论规模、论地质条件、论科技装备，都不如神华集团及陕煤化工集团内部一些新成立的煤炭企业，所以，澄合矿业公司要想在这种不利条件下获取竞争优势，就必须对竞争领域进行细分，找一个标准把自己与先进企业放在同一起跑线上，以便知己知彼，扬长避短，获取竞争优势。澄合矿业公司把竞争领域划分为三个层次，制定了竞争战略。第一层次是不可竞争领域。不可竞争领域是澄合矿业公司与竞争对手差距较大，而且短期内无法实现超越的领域，如科技、人才、资源储备等，在该领域实施避其锋芒战略。第二层次是可追赶领域。可追赶领域是澄合矿业公司与竞争对手差距较小，经过一定努力可以达到竞争对手水平的领域，如效益、民生、产品、市场拓展力等，在该领

域实施奋起直追战略。第三层次是可超越领域。可超越领域是澄合矿业公司与竞争对手差距不大，经过一定努力可以超越竞争对手的领域，如安全、企业文化、管理水平等，在该领域实施形成品牌战略。

③构建品牌标识。澄合矿业公司的管理品牌标识包括显性因素和隐性因素两个方面。显性因素：如澄合矿业公司的名称、商标、企业视觉识别系统（简称VI）。隐形因素：如安全水平、企业效益、管理水平、民生状况、内部凝聚力、职工精神面貌、企业风气等等。显性因素是形成澄合矿业公司管理品牌的基础，隐性因素是形成澄合矿业公司管理品牌的根本。在多年的实践过程中，澄合矿业公司已经形成了一整套企业的显性标识，而隐形标识的形成不是一蹴而就的，需要企业在发展过程中不断探索、积累、提升和创新。“让管理成为品牌”就是要让隐性因素成为企业的品牌。

④把握宣传的受众。澄合矿业公司品牌推广的受众，主要由企业内部受众和企业外部受众两部分构成，在企业内部要形成凝聚力，在外部要形成美誉度。澄合矿业公司管理品牌宣传推广的受众主要有以下几类：企业内部职工、职工家属、离退休职工；陕西煤业化工集团及其所属各单位；陕西省国资委、安监局、煤监局等政府有关部门；矿区周边村镇，企业所在地澄城、合阳两县政府及有关部门；渭南市政府、陕西省政府及有关部门；煤炭行业；全社会。

⑤巩固和发展品牌资产。企业品牌资产的五个组成部分具有上下游关系，依次为：品牌基础资产→品牌认知度→品牌知名度→品牌忠诚度→品牌联想。针对品牌资产组成部分的特性，澄合矿业公司提升管理品牌坚持从品牌资产梯形结构图的最底层开始，由下而上不断加强和提升。针对每一品牌资产要素，澄合矿业公司提升管理品牌坚持从管理的一个点上去形成管理品牌，然后发展到一条线上，继而到一个面上，然后到一个空间上，最后发展到一个时空里。

（2）形成企业内部的价值认同。形成企业内部的价值认同是企业打造品牌的前提。澄合矿业公司打造企业品牌，最基本的方法是进行企业文化建设和舆论引导，使企业内部职工对企业品牌广泛认同。

①企业文化建设。企业文化建设的基础工作是建立包括企业形象的理念识别（MI）、行为识别（BI）和视觉识别（VI）在内的企业文化识别系统。澄合理念识别系统（MI）总体上分为两部分，即13项澄合企业基本理念和15项澄合企业系列理念。这些理念是企业文化最本质、最核心、最深刻的反应，是企业生存和发展的灵魂和精神支柱，对员工具有凝聚和感召作用，对企业行为识别系统和视觉识别系统具有统领和指导作用，主导和提携企业文化的整体运作。澄合企业行为规范（BI）包括6S行为规范、5E标准、组织层次行为规范、员工日常行为规范、公共行为规范五个方面的内容。这些规范对于改变员工行为理念、提高员工素质、规范企业行为起到了不可估量的指导引领作用。澄合企业视觉识别（VI）系统把澄合

的标识和陕煤集团的标识有机结合在一起，充分体现大集团、大战略的理念。

②舆论宣传引导。舆论宣传引导工作是打造澄合矿业公司管理品牌的重要措施。始终把握正确的舆论导向，强化新闻传播能力建设，充分发挥了新闻媒体、大型会议、大型活动、意见领袖的积极作用。持续加强澄合矿工报、澄合有线电视、澄合网、澄合宣传、澄合影像、澄合诗刊、澄合科技等自办主流媒体建设，发挥广播、板报、宣传栏、简报等非主流媒介的宣传作用，构建了强势的宣传阵地，积极宣传了企业管理品牌，弘扬了矿区新风正气。

(3) 社会责任履行。履行企业应负的社会责任，是打造和提升企业形象的重要举措。只有理清了企业社会责任的内容，才能找到企业履行社会责任的着力点。在多年的实践工作中，澄合矿业公司主要履行了 8 个方面的社会责任：

①安全责任。煤炭企业属于高危行业，确保安全生产是澄合矿业公司履行社会责任的重中之重。

②生产经营责任。澄合矿业公司为国家和社会提供大量能源、就业岗位，而且作为基础性行业，还带动了其他产业的发展。

③依法缴纳税费责任。澄合矿业公司是一个国有企业，实现利润目标，依法照章纳税，是企业应该承担的社会责任。

④维护职工权益的责任。让职工快乐工作、体面生活，是澄合矿业公司一切工作的出发点和落脚点。

⑤节能环保责任。自然资源具有不可再生性，而且资源型企业对自然环境存在着固有的破坏性，所以，澄合矿业公司对生态环境保护负有重要责任。

⑥参与社区建设的责任。虽然实施了“主辅分离”，澄合矿业公司和社区已经不是一个单位，但是企业与社区有着天然的联系，良好的社区环境对于企业的生存和发展有着重要的意义，企业为社区建设提供力所能及的支持和帮助，是矿区发展的需要，也是企业应尽的责任。

⑦支持慈善公益事业的责任。企业作为社会的一员，要自觉支持慈善公益事业。近年来，澄合矿业公司通过扶贫帮困、金秋助学、节日慰问、志愿服务、物资捐助、新农村建设、千企千村扶助行动、抗灾救灾、对口支援等形式帮助了矿区周边以及贫困地区的发展，提升了企业的公众形象。

⑧维护矿区安定团结的责任。发展是第一要务，稳定是第一责任，自觉维护矿区的安定团结、幸福祥和是国有企业义不容辞的责任。

3. 提升澄合矿业公司管理品牌的三项保障措施

(1) 坚持以安全生产为前提。

①精细管理是实现安全生产的必由之路。实行精细化管理是实现企业安全生产的关键。澄合矿业公司建立和完善了程序化、标准化、定量化管理办法，持续开展了安全质量标准化建设，在巩固已有安全质量标准化工作的基础上，创新升

级工作内容，开展了“精品工程”、区队长示范区建设工程，夯实了安全基础。实行了编码化和信息化管理办法，目前，澄合矿业公司井下的每一根锚杆、每一台设备都有编码、档案，明确了责任人。对每个工种、每个岗点、每个职工的行为进行规范，对每一工作区域的环境进行确认辨识，实现个人达标、系统达标，为实现动态达标、全面达标奠定了坚实基础。

②监督检查是实现安全生产的重要保障。创新监督检查方式，对所有岗位、人员、设备和生产环节实行全方位、全过程的检查控制，按照检查、整改、复查、考核闭环管理办法，实行拉网式大检查、专业检查、小分队动态检查等各类检查，尤其对节假日等特殊时期，坚持组织大检查。发挥带班领导、跟班区队长、班组长和安监员、瓦检员、质检员、群监员的监督作用，狠抓交接班、四点班、零点班及零星作业人员等薄弱环节，保障了安全生产。

③科技创新是实现安全生产的不竭动力。澄合矿业公司建立健全了以专业技术人才科研攻关为主体，普通职工参与创新创效为辅助，与高校院所、科研机构联合搞科研的科技创新工作机制。坚持以机械化、数字化、自动化为目标，不断加大科技投入，实施矿井数字化改造，分批安装了机电运输“信集闭”系统和井下人员定位系统。不断提高采掘机械化水平，累计投入了综采设备 15 套、综掘设备 31 套、液压钻车 3 台，采煤机械化达到了 100%，综掘机械化达到了 85%。深入开展“全员创新创效”，催生了一批自主发明、实用性强的小改革、小发明、小创新，激发了职工创新活力，提升了企业管理水平。

（2）坚持以企业效益为根本。

①做大做强煤炭主业。煤炭企业要发展，资源是前提，产能是保证。2009 年，澄合矿业公司立足局情，启动了“老区改造、资源整合、新区建设”的重要战略，迈出了矿区发展的新步伐。一是依靠科技内部挖潜，实施老区改造，提升了企业效益。对现有的董矿、二矿、王村煤矿、王村斜井等老矿井进行了技改挖潜，逐年提升了老区产量。二是依靠政策外部扩张，实施资源整合，扩大了企业规模。国家关于资源整合的政策，为澄合发展带来新的机遇。2009 年以来，澄合矿业公司先后投资 4.02 亿元，收购了合阳县政府所属的合阳一矿（100% 股权），整合了合阳一矿的储备资源安阳井田；收购了私人经营的合阳百良旭升公司（68% 股权），并进行了 120 万吨/年的扩能改造；收购了 3 家大型国有企业联合投资的董东煤矿（55% 股权），并进行了 100 万吨/年的改造；针对所属董矿、二矿资源枯竭的问题，实施了董家河煤矿扩大区和二矿扩大区工程，让国有老矿焕发了新的生机。三是依靠支持建设新井，实施新区开发，破解了持续发展难题。2009 年澄合矿业公司启动了开发建设新区的重要战略，相继开工建设了设计产能各 300 万吨/年的西卓煤矿项目、山阳煤矿项目。经过 3 年多的不断发展，澄合矿业公司的矿井数量由原来的 5 对增加到了 10 对（含 4 对在建矿井），煤炭

产量增加了260万吨，而且形成了近1000万吨的在建产能，澄合由一个发展举步维艰的企业变成了一个省内赫赫有名、省外小有名气的发展型煤炭企业。

②做优做好非煤产业。在集团公司专业化整合的大背景下，澄合矿业公司对现存的非煤产业精心培育，努力实现新的经济增长点。引进先进生产线，建设了新型建材厂，实现了煤炭（矸石）—电力（煤灰）—建材一体化的循环经济产业链。巩固内部市场，开拓外部市场，发展壮大地勘建井业务，实现了地质公司的跨越式发展。不断拓宽销售渠道，建立煤炭运销长效战略机制，与华能等电力企业实施股权置换，参股发电企业，建立了煤电互依互存的经济关系，维护市场的长期稳定性。在矸石电厂、铁路运输、印刷等其他领域积极用力，推动产业结构向规模化、效益化、洁净化发展，实现了企业规模和发展质量的共同进步。

③坚持走内涵式发展之路。按照现代企业制度的要求，规范了治理结构，完善了企业内部管理体制。全面开展岗位价值精细管理和内部市场化管理，建立了与外部市场相适应的内部价格运行机制，把经营责任落实到了每个岗点，实现了“人人都是经营者，岗位都是利润源”。实施了主辅分离，完善了关联交易管理，建立社会价格管理体系，强势推行了后勤物业社会化、市场化管理，减少了经费单位，增加了利润源。

（3）坚持以改善民生为保障。

①不断提高职工收入。职工收入是衡量企业发展的重要指标，也是体现以人为本理念的关键指标。近年来，澄合矿业公司不断提高职工收入，而且注重收入分配向一线的倾斜，受到了广大干部职工的好评和拥护。

②切实改善职工生活条件。积极推进采煤沉陷治理和棚户区改造工程。采煤沉陷治理项目已竣工5413户，已安置5071户，在建工程2040户住宅2012年可全部完工；棚户区改造项目主要为合阳金水小区，一期工程3100户住宅2012年可完工。实施了西区及城区集中供暖工程，利用矸石电厂余热对矿区住户进行集中供暖，结束了矿区部分居民冬天无暖气的历史。

③不断提高职工福利待遇。提高了职工劳动保护标准，改善井下作业现场条件。在各矿井建成了“井下超市”，使职工在井下能够喝上热水、吃上热饭菜。通过安装架空乘人装置、改善“两堂一舍”条件、提高工人班中餐标准等措施，以优厚的待遇和全面的福利回报职工的辛勤劳动，凝聚了发展的强大合力。

3. 提升澄合矿业公司管理品牌的三项根本措施

（1）建设一支素质优良的员工队伍。

①推进学习型企业建设。制定了学习型企业建设的具体规划和工作方案，建立了严格的学习约束机制和激励机制，使学习这个“软任务”变成了“硬指标”。连续5年与高校组织中高级管理人员培训班，举办了“三学”大讲堂活动，开展了经验交流等活动。实施了学习考核激励机制，变“被动学”为“主

动讲”，充分调动了干部职工学习的积极性。充分发挥现有教育培训资源优势，加大对区队班组以上干部的教育培训力度。树立了一大批“学习型区队”“学习型班组”，全公司职工年平均学习笔记达到了 3 万字以上。

②实施人才规划工作。紧扣企业发展主线，以高层次人才引进和培养为关键，2008 年以来引进了大专以上毕业生 500 余人，并且重视对新招聘大学生的培养、使用和管理，所有大学生至少在基层区队见习一年。不断改善企业人才结构，优化人力资源配置，按专业、年龄、单位实施了全公司的人才规划，并且针对新区矿井和老区矿井的特点制定了用人计划。

③打造高素质干部队伍。一是始终不逾坚持正确的用人导向，把好用人关。坚持德才兼备、以德为先的用人标准，把人品底子好、业务能力强的干部选拔到领导岗位。二是不断增强各级干部的判断力、决策力、管治力、执行力，把好培养关。着力于提高各级领导干部谋划企业、管治企业的能力，正确判断和科学决策的能力，破解难题、化解难事的能力，创新求新、敢闯敢干的能力，打造了一支优秀的干部队伍。

（2）营造一种风清气正的干事创业环境。

①加强干部作风建设。把作风建设始终放在突出位置，以各级领导干部为重点，定期开展作风建设主题活动，企业作风建设不断取得新成效，树立了干部为民、务实、清廉的好形象。

②不断完善用人机制。完善薪酬管理办法，注重待遇留人、事业留人、情感留人，让各级各类人才在澄合有宽松的干事环境，有广阔的事业舞台，有人生价值实现的空间，有温暖的组织和人文环境。

③营造风清气正的干事创业环境。重视对领导干部的日常廉洁提醒教育，筑起拒腐防变的思想道德防线。在项目招投标中引入检察院预防腐败机制，深化效能监察工作，加大了对物资采购、工程建设项目招投标等的监督检查力度。坚决查处违纪违规案件，维护企业和职工群众的利益，营造企业清正之风。

（3）打造具有澄合特色的品牌文化。

①持续深化企业文化落地工作。多年来，澄合矿业公司努力使公司的文化理念和精品意识固化于制度之中，根植于员工心中，外化于企业的形象和员工的行为之中，实现企业的文化自觉和文化自信。在工作实践和管理过程中，自觉把文化理念融会贯通于管理之中，落实到战略规划、组织设计、生产经营、绩效考核等工作中去，切实体现了文化的导向和引领作用。

②持续加强安全文化建设。澄合矿业公司立足于加强安全管理、现场定置管理和劳保着装管理，提升职工的安全意识和安全技能，培育了一批富有吸引力和感染力的安全文化品牌。大力推进安全文化建设示范区队、示范班组、示范岗位、示范点创建活动，建立完善了全员岗位作业管理系统，规范执行区队班前礼仪、班

组“四位一体、三人联签”、岗位危险源辨识和菜单式交接制度，实现了考核奖惩到个人、标准落实到现场、检查激励到岗位的精细化岗位作业管理和控制。

③大力开展创新文化建设。创新是推进精品文化建设的重要内容。大力开展创新文化建设，把科技创新、管理创新和群众性创新相结合，将创新文化渗透到了企业的各个领域里，落实到了各个层面上。以制度创新和机制创新为重点，努力探索管理创新，激发了企业各生产工作单元和各生产要素的活力。大力开展群众性技术创新活动，积极开展小改小革、技术革新、合理化建议等活动，调动职工推动生产力发展的积极性。重视创新激励机制、创新人才的培育使用机制建设，为员工参与创新提供资金保证，奖励创新成果，营造了浓厚的创新文化氛围。

三、“九位一体”在老矿区的实施效果

1. 企业管理水平不断提升

澄合矿业公司管理品牌建设的本质是不断提升企业的管理水平，让管理成为企业的品牌。企业实施管理品牌建设的过程就是提升管理水平的过程。实践证明，在澄合矿业公司实施“九位一体”管理品牌建设的过程中，管理水平得到了很大提升。近年来，公司（局）多次获得国家、行业、省、市、县和集团公司的嘉奖与表彰，并且向集团、全省，乃至全国推出了澄合王村煤矿这个响亮的品牌，王村煤矿的先进经验得到了社会的广泛认可，来澄合王村煤矿参观交流的省内外企业络绎不绝。

2. 企业核心竞争力不断提高

2009 以来，澄合矿业公司的矿井数由原来的 5 对增加到了 10 对，产量由 2008 年的 360 万吨增加到了 2011 年的 618 万吨，而且从一个资源濒临枯竭的企业变为一个“十二五”末煤炭产能实现 2000 万吨的发展型企业。这其中，管理为企业提供了强大的内生动力，管理品牌成为企业获得较高的社会认可、政府支持的重要因素，在兼并重组、资源整合、新区开发的煤炭行业发展浪潮中提升了企业的竞争力。

3. 企业内部凝聚力不断增强

澄合矿业公司内部凝聚力的增强，得益于煤炭产量不断提升，职工收入不断提高；得益于新区建设平稳推进，企业持续发展有望；得益于矿区风气清正，干事有了良好环境，职工人心向上。

4. 企业外部美誉度不断提升

企业美誉度提升得益于内部凝聚力、向心力的增强，得益于企业实力的增强，得益于企业社会责任的良好承担。

（成果创造人：樊志斌　叶东生　屈永利　杨晓民　吴树林　杨建旭　刘江雄）

以自主经营为核心的岗位价值精细化管理模式探索实践

陕西煤业股份有限公司

陕西黄陵二号煤矿有限公司是陕西陕煤黄陵矿业公司下属的大型骨干矿井。二号煤矿地质储量9.75亿吨，可采储量6.2亿吨，是陕西省政府确定的陕北能源化工基地建设的重点项目，也是国产设备单面年生产600万吨科研基地。矿井配套建有一条16公里长的铁路专用线和年洗选能力为600万吨的洗煤厂。矿井始建于2004年5月，2009年2月20日通过700万吨/年竣工验收，实现了当年投产当年达产。

一、以自主经营为核心的岗位价值精细化管理实施背景及意义

1. 实施岗位价值精细化管理是将安全生产责任层层分解到每一名员工，是实现矿井安全目标的需要

煤矿安全管理是一项长期的系统工程，是煤矿企业全面、全员和全过程的管理。黄陵二号煤矿建设起点高，设备配套先进，但人、机、系统之间的磨合时间短，安全质量标准化水平不高，现场管理比较薄弱，安全管理体系不健全。要改进矿井安全管理考核机制不严、不细、不精的现状，就要落实安全生产责任，建立健全逐级安全生产责任制和安全质量标准化考核监督机制，对每个岗位、每个过程、每道工序，都做到严格控制、考核和监督，以每个岗位的安全生产确保矿井安全生产。

2. 实施岗位价值精细管理是企业自身发展的需要

从企业管理角度来说，煤炭企业沿用多年的粗放式管理，使员工作业习惯粗放，做事不细致、不精致、标准意识弱。这样的企业安全管理、生产效率、经济效益各个方面都没有优势，在市场上也就没有竞争力，企业也就不能生存。随着企业向规模化、集约化高产高效的发展，构建超前适时的管理模式迫在眉睫。实

施岗位价值精细化管理，培养员工精细化作业的习惯，标准明确，责任明确到位，加强考核奖惩，推动员工按标准主动去做，能有效降低企业生产成本，控制安全风险，确保企业内部生产和管理各项工作安全有序运行，提高每个岗位的价值输出和企业整体经济效益，推动企业管理由粗放式向精细化、由单一制度管理向制度管理和文化管理并重的转变，提升企业的市场竞争力和发展潜力。

3. 实施岗位价值精细化管理是给员工一个充实自己、展示自身才能、实现自我价值平台的需要

近年来，随着二号煤矿经济效益、社会效益的跨越发展，广大员工发自内心地希望融入到企业发展的潮流，感受自己对企业发展的贡献和推动。岗位价值精细化管理是适合二号煤矿发展现状、适合员工整体要求的良方，其核心就是以人为本，以“自我约束、自我激励、自发学习”为主要特点，通过调动每个岗位的主动性，发挥每个人的能动性来推动整体工作。员工的工作成绩通过电子大屏每天得到直观的展示，有利于激发员工的工作成就感和自豪感，从而更加努力地投入到岗位工作当中，形成推动工作的良性循环。

二、以自主经营为核心的岗位价值精细化管理的主要做法

1. 以自主经营为核心的岗位价值精细化管理基本思路

以实现“岗位增值、企业增效、员工增收”为目的，吸收整合企业管理资源，实行内部模拟市场运作，建立员工收入与工作任务、可控成本、安全管理、质量标准化、综合素质挂钩为主要内容的岗位价值精细化管理考评体系，实现精细化管理各项要素的完全链接，建立内部市场机制，依托信息化平台，及时反映岗位价值成果，激发岗位潜能，增强企业经营管控能力，提高企业经济运行质量，促进企业又好又快发展。

2. 以自主经营为核心的岗位价值精细化管理运行模式

岗位价值精细化管理是以四个目标为导向，三项管理为基础，二个支持为手段，依托信息化管理平台构建的二号煤矿岗位价值精细化系统。

(1)“四个目标”，是指“三增一保”，即岗位增值、企业增效、员工增收、保证安全。陕西黄陵二号煤矿的岗位价值精细管理模式，是以“三增一保”为核心目标、以岗位增值为源头的经营管理模式。

(2)“三个基础”是指全面预算管理、全员安全管理和全过程质量控制。

①全面预算管理是实行以现金流为中心，细化公司的年度经营计划和发展目标，将预算指标横向分解到各管理部室、纵向分解到区队、岗位。

②全员安全管理是为了切实提高公司员工安全意识，规范员工行为，加强基础管理工作，预防事故发生，公司结合自身安全管理实际推行的管理方式。用“横向到边，纵向到底”的管理模式，进行全员管理，将安全目标、安全责任层层分解到区队、岗位、个人。横向到边是指将所有的部门和单位都纳入到安全管

理的体系当中；纵向到底是指每一名员工都与公司的安全指标息息相关。

③全过程质量控制是全员质量管理的过程。通过狠抓生产过程，大力度加强过程控制来保证产品质量，从工程可行性研究、设计、施工、运行、保修等阶段层层把关来保证工程质量，公司建立服务管理保证体系、建立完善的服务保证质量标准和质量监督部室，使服务观念深入到全员思想中去，树立“人人为客户服务”的理念来保证服务质量，通过对产品质量、工程质量、服务质量的全过程控制确保实现安全生产。

（3）“两个支持”即市场运作支持和绩效考核支持。

①市场运作支持是通过制定交易规则，确定市场定额体系、价格体系、租赁体系等，将各区队间的业务往来实行市场化运作；设立了井口物资超市和专用工具租赁中心，并配套制定了索赔仲裁办法，用于处理公司所属各单位或岗位价值实体之间在生产过程中因相互提供产品服务而发生的经营结算纠纷，或因供车、供水、供电、材料配件供应、物料运输、通风瓦斯管理、后勤服务等方面相互影响、误时误事而造成的经济损失。各区队岗位之间出现的纠纷，由区队自行调解，区队与区队之间、区队与部室的纠纷，由公司索酬索赔仲裁委员会协调处理。

②绩效考核支持是指将员工收入与安全、质量标准化、综合素质等考核要素相挂钩，考核比例为50%、30%、20%。

根据岗位价值精细化管理工作总体思路，结合二号矿实际，对基层单位岗位进行划分，并对各岗位进行评价并作说明。

岗位划分：以包机制为基础，以设备定人员，与设备操作、运行、检修的相关人员编成一个单位，作为岗位价值核算单位，确保能够进行经济核算，对于无法明确专职岗位人员统一设置综合岗位。全矿10个基层单位共划分岗位62个。

岗位评价：依据岗位智力要求、技能要求、体能要求、责任要求、工作条件要求等五个方面进行量化评价，确定各单位岗位与岗位之间的相对价值，充分调动员工的工作主动性、积极性和创造性。

岗位说明：在岗位划分的基础上，对各岗位从工作任务、岗位职责、作业标准三方面进行说明，为工作评价、绩效管理、技能提升提供依据。

岗位定额：根据各区队近两年的历史消耗资料和现行计划价格为基础，依据岗位消耗材料的种类、数量，结合现行安全技术规程和矿实际制定。工资定额根据矿工资分配办法和生产经营计划进行制定。

（4）信息化管理平台。系统模块分为基础设置、定额管理、考核表管理、IC卡管理、超市管理、收入核算、综合查询和统计报表。

基础设置：维护和设置各种费用类型，结账时间，计量单位，岗位结账，仓库档案，物资类型，物资档案，岗位信息和人员信息。

考核表管理：主要用于二号煤矿实际业务中用到的考核类型维护、考核表新建、分配、评分、审核等功能等。

定额管理：用于定额类型、定额表、定额分配、定额维护的管理。

IC 卡管理：用于记录各岗位 IC 卡的发放及管理。

超市管理：上线运行后各岗位通过 IC 卡到超市领取材料，该卡与系统中的物资超市模块结合使用。各岗位领用的材料自动计入岗位价值系统中数据库。

费用管理：记录各岗位每天的材料消耗支出情况，为核算提供基础数据。

收入核算：结合职工的 A、B 卡打分、区队工作量、定额等核算出区队工资、岗位工资、职工等日收入和月收入数据等。

综合查询、报表模块：查询、汇总、打印出所需的各种报表数据。

该系统设有客户端和服务器端。客户端分别设在区队办公室、物资供应超市等需要数据录入的单位。服务器架设在公司专用机房中。区队核算员每日录入当天 A、B 卡打分情况，物资供应超市对每日领料金额进行刷卡统计。打分数据和材料耗用数据通过系统传输到核算中心系统中，核算中心核算员对已录入数据进行岗位价值、员工日收入核算。全程数据传输时间短、核算工作量大、核算效率高。最后通过信息化管理平台完成整个系统的运行。

3. 推行岗位价值精细化管理实施的主要步骤

实施岗位价值精细化管理，就是把市场机制引入企业内部管理，使各种生产要素在市场机制作用下合理流动，实现优化配置，把企业的投入产出看作一种由岗位价值链接而成的业务流程，通过岗位精细化管理，由岗位价值最大化达到企业效益最大化。

所谓的岗位，是内部市场链上一个相对独立的经营主体（包机组）。在对全矿 92 个工种进行评价的基础上，划分可核算岗位 62 个，制定了岗位考核标准，编制了主要配件使用周期目录和岗位定额，为岗位价值核算提供了科学依据。岗位价值精细化管理以绩效工资考核为基础，融合全面预算管理、全员安全管理、全过程质量控制、全员目标成本考核，形成了岗位、目标、绩效三位一体的绩效管理体系，即“532”岗位价值精细化考核模式。将员工收入（除津贴、补贴）与安全、质量标准化、综合素质（技能培训、劳动纪律、行为规范）挂钩，比例分别为 50%、30%、20%。通过建立内部市场化运作体系，实施物料配送、专用工具租赁、纠纷仲裁和经济索赔，健全岗位价值核算体系，依托信息化平台，快速、准确、真实反映岗位价值，实现“日事日毕、日清日高”的经营管理目标，使全矿人人都是经营者，岗位都是利润源。具体实施的主要步骤如下：

（1）科学划分岗位。设定岗位是进行岗位精细化管理的基础，它是由一个或多个人员构成的价值实体，并作为一个单元进行核算与管理，对岗位进行评价和说明。

（2）制定消耗定额。由于岗位价值精细化管理要核算到岗位，按照简便实用的原则，把可控费用按全面预算管理的指标，分解落实到岗位，并作为岗位经济核算的计算基础。

（3）实行绩效量化考核。把员工收入与工作任务、可控成本、安全、质量标准化、综合素质（技能培训、劳动纪律、行为规范）管理考核挂钩，实现精细化管理各项考核要素的安全链接，使定性工作得到量化考核，实现岗位自主管理、自主经营。

（4）建立专用工具租赁中心。为了方便区队专用工具的使用，减少资金占压，加快专用工具周转，提高利用效率，矿在井口设立专用工具租赁中心，对常用专用工具进行租赁。

（5）建立井口物资超市。取消各区队小仓库，统一设立井口物资超市，各区队根据生产需要，直接从井口物资超市领用物资，各区队不再储存备用物资。

（6）制定配套管理制度。为了确保岗位价值精细化管理体系的正常运行，制定一系列相关的管理制度，这些制度包括岗位绩效考评、岗位价值精细化核算管理考核、材料管理考核、物资超市运行管理、专用工具租赁中心运行管理、修旧利废管理考核等配套管理办法。

（7）搭建信息化应用平台。开发应用软件，依托计算机来完成大量的日常岗位数据核算，并公布查询岗位价值管理考评结果。

（8）建立岗位价值核算中心。进行岗位价值核算，快速、准确、真实反映岗位的经营和收益成果，实现“日事日毕、日清日高”的经营管理目标，体现分配公平和阳光操作。

4. 三级管理考核体系

在继续坚持全面预算管理、“一酬多挂”绩效考核管理和“三工转换”管理的基础上，建立具有二号煤矿特色的“532”岗位价值精细化管理考核模式，构建和完善矿对区队、区队对岗位、岗位对个人的三级管理考核体系。

（1）全面预算管理体系。全面预算管理是黄陵矿业集团对二号煤矿的考核管理，实行以现金流为中心的全面预算管理，细化公司的年度经营计划和发展目标，把其渗透到经营活动的每一步，让每个单位和个人都参与编制全面预算，明确各自的责任和努力方向，将预算指标横向分解到各管理部室、纵向分解到区队、岗位，激励每个员工参与实现企业经营目标的积极性，激发每个员工提高自己工作能力的积极性，使个体目标与企业整体目标紧密结合起来，从而使员工能自觉地约束自己的行为，提高工作效率，全面完成企业的预算目标。

（2）“一酬多挂”绩效考核管理体系。“一酬多挂”绩效考核管理是二号煤矿对基层区队的考核管理，是将全面预算管理中各项指标细化到区队。公司实行内部市场化运作，相关经营活动实行有偿服务。各基层单位均为独立核算主体，公司将各单位的人工费、材料费、水电费、运输费、加工费、修理费及专用工具租赁费等成本费用指标下达到各区队，实行定额管理，各区队之间的业务往来实行市场化运作，节约归己，超额自负，材料费按节超额的50%进行转化。

在全面预算管理体系基础上，把工资分解下达到各单位，其目的是使薪酬分配细化到每一区队，把区队成本核算、绩效考核、薪酬分配有机结合起来。

“一酬多挂”绩效考核体系以安全管理、质量标准化、精细化、工作任务、成本管理五项指标为考核内容，将各部门、区队工资总额与之挂钩考核，比例分别为30%、30%、20%、10%、10%。

（3）岗位价值精细化管理体系。在实施全面预算管理、“一酬多挂”绩效考核管理和“三工转换”管理的基础上，将工资和成本（目前为材料费）定额分解到岗位和个人，每天由区队对岗位材料消耗、班组对员工工作任务、综合绩效进行考核，将员工收入（除津贴、补助外）与安全、质量标准化、综合素质（技能培训、劳动纪律、行为规范）挂钩，比例分别为50%、30%、20%，形成了矿对区队、区队对岗位、岗位对个人的层层考核管理体系。依托信息化平台，快速、准确、真实反映岗位价值，实现了“日事日毕、日清日高”的经营管理目标，使员工充分认识到，岗位经营的好坏直接关系到自己的切身利益，充分调动员工岗位自主管理、岗位成本核算、岗位绩效考核、岗位薪酬分配的积极性。岗位价值精细化管理是将对区队管理延伸到岗位管理，将岗位作为管理最小核算单元，岗位增值带动企业增效，为提升公司经济运行质量奠定基础。

5. 考核程序

（1）对岗位价值精细化管理进行整体设计，考核子系统包括以下模块：

①基础设置。基础设置主要是进行一些基础数据和档案的预置，方便后续的录入工作，包括组织机构、岗位信息、人员信息、计量单位、物资明细、费用项目、仓库档案、结账日期和职务信息功能。

②定额管理。定额管理主要是根据公司的具体情况将各种定额进行创建，然后根据具体的情况将维护好的定额分配给各单位、岗位、职工，每月初的时候对各自分配的定额进行维护。包括定额类型、定额配置、定额维护。

③考核表。考核表主要是负责管理考核表的创建、表结构、指标的维护，以及分配给各单位、岗位、职工。包括考核表创建、考核表指标维护、考核表配置。

④超市管理。超市管理主要管理二号煤矿的库房和材料超市，实现库房的出入库的数量管理以及超市刷卡领料管理。包括IC卡管理、超市领用和物资调拨等。

⑤绩效考核。绩效考核主要包括单位考核、岗位考核、职工考核。

⑥岗位价值核算。岗位价值核算是实现岗位价值精细化管理的核心模块，主

要实现对岗位价值系数以及安全、质量等进行考核，其结果为后续奖金分配方案提供依据。包括日岗位价值核算、月岗位价值核算等功能。

⑦岗位收入核算。岗位收入核算主要实现对各岗位奖金的核算和管理，包括日岗位收入核算、月岗位收入核算等功能。日岗位收入核算是对日岗位的奖金定额和实际的奖金情况进行核算；月岗位收入核算是对月岗位的奖金定额和实际的奖金情况进行核算。

⑧职工收入核算。职工收入核算主要实现对二号煤矿各岗位下各职工奖金的核算和管理，包括职工日收入核算、职工月收入核算等功能。职工日收入核算是对每日岗位下的职工根据考核表的考核情况和实际工作的情况对其当日的奖金进行核算；职工月收入核算是对每月岗位下的职工根据考核表的考核情况和实际工作的情况对其当月的奖金进行核算。

三、以自主经营为核心的岗位价值精细化管理实施效果

1. 材料考核到岗位

根据各区队近两年的历史消耗资料和现行计划价格为基础，依据岗位消耗材料的种类、数量，结合现行安全技术规程和矿实际制定岗位材料消耗定额。

2. 绩效考核到岗位

对岗位人员，从安全、质量标准化、综合素质三方面制定不同的考核标准。岗位人员班前、班中、班后都有考核标准可依，使职工明确了自己的职责，从行动上规范了自己的行为，从而为安全生产打下了坚实的基础。

3. 实现了对基层区队工资日核算

岗位价值精细化管理过程中，通过工资定额指标、工作量和个人综合绩效得分核算出每位员工当天应得工资额，极大地激励了员工每日多完成工作量、工作过程中确保安全生产、对作业的标准化严格要求，提高了个人素质。核算中心每日公布前一天区队每位职工的应得工资额，使区队工资分配更加透明化、更加公平、公正。

二号煤矿的岗位精细化管理以岗位为对象，将安全生产责任和经营利润指标落到岗位，细分到每一名职工，使岗位行为与企业盈利、个人收益形成利益共同体。这一先进的管理模式不仅落实了安全生产责任，把普通职工由劳动者变成了经营者，使岗位成为了动力源、利润源和安全源，让职工在为企业努力奉献的同时，得到了实实在在的实惠，激发了员工的创业激情，达到了岗位增值、企业增效、员工增收的效果。

（成果创造人：梁　平　赵应升　陈明贵　孙震生　张海峰　张　娟）